智能财务报告

**以VBA与ChatGPT相结合
构建企业财务高效洞察力**

王文玉 ◎ 著

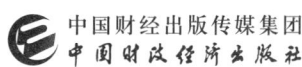

中国财经出版传媒集团
中国财政经济出版社
·北京·

图书在版编目（CIP）数据

智能财务报告：以VBA与ChatGPT相结合构建企业财务高效洞察力/王文玉著. -- 北京：中国财政经济出版社，2024.10. -- ISBN 978-7-5223-3492-9

Ⅰ．F275-39

中国国家版本馆CIP数据核字第20246KB967号

责任编辑：庞丽佳　黎子民　　　责任校对：张　凡
封面设计：陈宇琰　　　　　　　责任印制：党　辉

中国财政经济出版社 出版

URL：http://www.cfeph.cn

E-mail：cfeph@cfeph.cn

（版权所有　翻印必究）

社址：北京市海淀区阜成路甲28号　邮政编码：100142
营销中心电话：010-88191522
天猫网店：中国财政经济出版社旗舰店
网址：https://zgczjjcbs.tmall.com
北京中兴印刷有限公司印刷　各地新华书店经销
成品尺寸：185mm×260mm　16开　36.75印张　1 095 000字
2024年10月第1版　2024年10月北京第1次印刷
定价：118.00元
ISBN 978-7-5223-3492-9
（图书出现印装问题，本社负责调换，电话：010-88190548）
本社质量投诉电话：010-88190744
打击盗版举报热线：010-88191661　QQ：2242791300

前言

在当今这个数据驱动的商业世界里,财务报告不再仅仅是数字的堆砌和简单的会计记录;它已经转变为企业战略决策的关键工具。随着对即时、准确信息的需求日益增长,传统的财务报告方法已难以满足现代企业对于效率和深入洞察的双重要求。《智能财务报告——以VBA与ChatGPT相结合构建企业财务高效洞察力》一书的编写,正是为了应对这一挑战,帮助读者利用最新的技术手段来提升财务报告的价值和实用性。

学了会懂,懂了会用,用了受益,这是读书学习的一种境界。本书聚焦于两种强大的技术:VBA编程和ChatGPT人工智能语言模型,并探讨它们如何共同作用,以实现财务报告的自动化和智能化。VBA,作为Excel中广泛使用的编程语言,其在数据处理和报表自动化方面的功能强大,能够帮助财务专业人员从重复性的工作中解放出来,专注于更具战略性的任务。而ChatGPT,作为一款先进的自然语言处理工具,其在理解和生成人类语言方面的能力,为财务报告的解读和交互提供了前所未有的新途径。本书以大量案例代码、界面截图和操作步骤,系统讲解了建立财务报告可视化自动分析系统模型的方式和方法。读者可以将案例中的数据表格转换成Excel电子表格,直接引用书中的Excel VBA代码和ChatGPT使用流程,领悟到案例技巧后,就能根据需求建立一个属于自己的智能财务报告分析系统。

本书主要内容包括:第1章概述,简要介绍Excel VBA与ChatGPT基本原理,为建立智能财务报告分析系统数据库奠定基础;第2章Excel VBA批量处理工作表和第3章Excel VBA批量处理工作簿,详细讲述了批量处理工作表和工作簿的技术方法和代码,帮助读者掌握从数据库中获取财务可视化自动分析数据的路径方法;第4章至第6章以案例的方式系统介绍了资产负债表智能分析系统、利润表智能分析系统、现金流量表智能分析系统的创建方法,为读者建立智能财务报告分析系统提供了指引。第7章企业财务绩效评价详细介绍了企业财务绩效评价系统的创建方式。

本书是广大财务人员建立财务报告可视化自动分析模型的工具,可以帮助财务人员从烦琐的数据计算中解脱出来,拥有更多的时间洞察财务数据背后的价值。通过本书的学习,可以帮助初学财务数据分析人员从熟悉Excel VBA和ChatGPT开始,学习模仿编写书中的财务数据分析代码,使用ChatGPT生成智能报告技巧,成为财务数据管理的行家里手;可以帮助在校学生掌握一门财务分析技术方法,为未来职业生涯创造价值。本书列有大量的分析案例,加上创新的财务可视化自动分析方法,用于会计数字化教学,可以提升学生的学习兴趣。无论是刚入门的初学者,还是寻求进一步提升的有经验的专业人士，本书都将为您提供宝贵的知识和实用的指导。

在数字化和智能化的大潮中，财务管理的转型已经成为不可逆转的趋势。希望通过本书，使读者获得新的视角，掌握实用的技能，并在自己的工作实践中不断创新和改进，最终实现财务管理的高效和智能化。

本书在编写过程中得到了部分企业、大专院校同仁的大力支持和帮助，在此表示衷心感谢。

由于编制水平有限，书中难免会存在不足之处，敬请广大读者批评指正！

王文玉

2024 年 10 月

目录

第1章 概述 ········· 1
  1.1 智能财务报告 ········· 1
  1.2 VBA 基本原理 ········· 3
  1.3 ChatGPT 自然语言处理工具 ········· 21
  1.4 数据管理 ········· 25
  1.5 财务数据可视化 ········· 46

第2章 Excel VBA 批量处理工作表 ········· 62
  2.1 批量运算工作表 ········· 62
  2.2 批量汇总工作表 ········· 69
  2.3 批量导入工作表数据 ········· 79
  2.4 拆分和合并数据到工作表 ········· 94

第3章 Excel VBA 批量处理工作簿 ········· 102
  3.1 工作簿的拆分 ········· 102
  3.2 工作簿的合并 ········· 114
  3.3 导入工作簿数据 ········· 127
  3.4 工作簿汇总 ········· 144
  3.5 批量处理同一个文件夹里的工作簿 ········· 159
  3.6 打开文件夹中所有文件 ········· 163

第4章 资产负债表智能分析系统 ········· 170
  4.1 系统架构 ········· 170
  4.2 资产负债表智能分析模型 ········· 173
  4.3 VBA 与 ChatGPT 结合洞察全部资产情况 ········· 182
  4.4 VBA 与 ChatGPT 结合洞察全部负债情况 ········· 211
  4.5 VBA 与 ChatGPT 结合洞察权益情况 ········· 234
  4.6 VBA 与 ChatGPT 结合洞察财务状况 ········· 252
  4.7 智能资产负债表评价报告 ········· 265

第5章 利润表智能分析系统 ········· 281
  5.1 系统架构 ········· 281
  5.2 智能利润表分析模型 ········· 283

5.3　VBA 与 ChatGPT 结合洞察整体收益情况 ………………………… 292
5.4　VBA 与 ChatGPT 结合洞察成本构成情况 ………………………… 316
5.5　VBA 与 ChatGPT 结合洞察净利润构成情况 ……………………… 326
5.6　VBA 与 ChatGPT 结合洞察盈利能力情况 ………………………… 343
5.7　应用 ChatGPT 生成综合分析报告 …………………………………… 355

第 6 章　智能现金流量表分析系统 ……………………………………… 373
6.1　系统架构 ……………………………………………………………… 373
6.2　智能现金流量表分析模型 …………………………………………… 377
6.3　VBA 与 ChatGPT 结合洞察现金流量整体情况 …………………… 388
6.4　VBA 与 ChatGPT 结合洞察现金流入构成情况 …………………… 405
6.5　VBA 与 ChatGPT 结合洞察现金流出构成情况 …………………… 421
6.6　VBA 与 ChatGPT 结合洞察现金流量 ……………………………… 438
6.7　应用 ChatGPT 生成现金流量表综合分析报告 …………………… 453
6.8　智能财务报告操作系统 ……………………………………………… 468

第 7 章　企业财务绩效评价 ……………………………………………… 474
7.1　框架设计 ……………………………………………………………… 474
7.2　评价系统 ……………………………………………………………… 481
7.3　导入基础数据代码 …………………………………………………… 494
7.4　评价指标运算代码 …………………………………………………… 516
7.5　导入行业标准值代码 ………………………………………………… 519
7.6　评价赋分 ……………………………………………………………… 523
7.7　绩效评价报告 ………………………………………………………… 539
7.8　应用 ChatGPT 生成财务绩效评价报告 …………………………… 557
7.9　应用 ChatGPT 洞察内部控制风险 ………………………………… 568

第 1 章 概 述

1.1 智能财务报告

1.1.1 财务报告的演变历程

在现代企业决策中,及时准确的财务报告扮演着至关重要的角色。随着技术的飞速发展,我们已经进入一个新时代——智能财务报告的时代。智能财务报告是指在现代信息技术、大数据分析、人工智能等技术的支撑下,通过自动化工具和算法模型,对企业财务报告的生成、分析、解读和预测等过程进行智能化管理和决策支持的一种新型财务报告模式。

自会计学科诞生以来,财务报告就一直是商业沟通的核心。从手工账本到电子表格,再到今天的智能报告系统,这一过程反映了科技的进步和信息需求的日益复杂化。如今,企业需要的不仅仅是数字,而是能够提供深度洞察的、高度自动化且可操作的信息。财务报告的演变历程:

(1)手工记录时代。在计算机和软件出现之前,财务报告主要依靠手工记录和整理。这个过程不仅效率低下,而且容易出错,对人力资源的依赖性强。

(2)电子表格时代。随着个人电脑和电子表格软件(如 Microsoft Excel)的出现,财务数据的记录和整理变得自动化和规范化。这个阶段极大地提高了财务报告的效率和准确性,但仍然需要大量的手动操作。

(3)初级自动化时代。随着 VBA 等编程语言和工具的引入,财务报告的编制进一步自动化。财务人员可以利用 VBA 编写宏来自动执行数据清洗、分析和报表生成等任务。

(4)集成软件时代。专业的财务管理软件(如 SAP、Oracle Financials 等)开始被广泛应用,这些软件提供了集成的解决方案,能够处理更复杂的财务操作,并提供更详细的报告功能。

(5)智能技术时代。随着人工智能和机器学习技术的发展,财务报告进入了一个全新的时代。高级工具如 ChatGPT 的自然语言处理能力,可以解析非结构化数据,生成易于理解的财务洞察。同时,结合 VBA 的数据处理能力,财务报告变得更加精确和高效。

随着技术的不断进步,未来的财务报告可能会更加智能化和个性化。例如,通过大数据分析和预测模型,报告将提供更深入的业务洞察和预测建议。此外,区块链技术可能使财务报告更加透明和不可篡改。

综上所述,财务报告的演变历程反映了技术进步如何不断提高报告的质量和效率。如今,智能技术已成为推动财务报告创新的重要力量,为决策提供了更加丰富和精准的数据支持。

1.1.2 智能技术在财务报告中的应用

近年来,智能技术已成为改进财务报告的主要驱动力。这些技术包括机器学习、大数据分析甚至自然语言处理,它们使财务报告更加快速、准确并且富有洞察力。通过这些技术,财务数据可以被实时分析,风险可以更早被识别,决策支持可以更加有力。

智能技术在财务报告中的应用可以细化为以下几个关键领域:

(1) 数据收集与整合。智能技术能够自动从各种来源(如 ERP 系统、CRM 系统、第三方服务等)收集数据,并将其整合到财务报告中。这种自动化的数据采集减少了手动输入的时间和出错率。

(2) 数据分析与挖掘。利用机器学习和统计分析,智能技术可以对财务数据进行深入分析,识别趋势、异常和潜在的风险点。这些分析有助于企业更好地理解其财务状况,作出更明智的决策。

(3) 预测与建模。智能技术可以帮助企业建立财务预测模型,预测未来的收入、支出、现金流等关键指标。这些模型通常基于历史数据和市场趋势,为企业提供了一种前瞻性的规划工具。

(4) 自然语言处理(NLP)。NLP 技术可以将财务报告的数据转换为易于理解的自然语言描述。这使非专业用户也能快速把握报告的核心内容和结论。

(5) 报告生成与分发。智能技术可以自动生成各种格式的财务报告,包括图表、摘要和全文报告。同时,这些报告可以通过电子邮件或其他在线平台自动分发给相关的利益相关者。

(6) 合规性检查与监控。智能技术可以帮助企业确保其财务报告符合相关的法规和标准。通过自动监控和报告任何潜在的合规性问题,企业可以减少法律风险并保持透明度。

(7) 交互式分析。使用智能技术,如 ChatGPT,用户可以通过自然语言查询财务数据,进行即时的分析和探索。这使得财务报告互动性和灵活性更强,能够迅速响应用户的特定需求。

(8) 可视化。智能技术可以将复杂的财务数据转化为直观的图表,帮助用户快速识别关键信息和性能指标。

通过这些应用,智能技术不仅提高了财务报告的质量和效率,还为企业提供了更加深入和全面的财务洞察。

1.1.3 VBA 与 ChatGPT 结合的优势

将 VBA 和 ChatGPT 结合使用,可以发挥两者的各自优势,创造出更为强大的智能财务报告解决方案。VBA 可以负责处理底层数据和进行数据分析工作,而 ChatGPT 则负责将结果转换为易于理解的语言描述。这种整合不仅提高了报告的生成效率,也增强了可读性和专业性。

在智能财务报告的制作中,结合使用 VBA 和 ChatGPT 可以发挥出以下优势:

(1) 高效数据处理与分析。VBA 在 Excel 中进行自动化数据处理和复杂计算的能力极强,它能够快速整理和分析大量数据。结合 ChatGPT 的自然语言处理能力,可以让用户通过自然语言指令来驱动 VBA 脚本,使数据分析更加直观和便捷。

(2) 增强报告的可读性。虽然 VBA 能够处理复杂的数据,但它生成的报告可能缺乏易于理解的上下文。ChatGPT 可以对 VBA 处理的数据结果进行解释和总结,以通俗易懂的语言生成报告摘要或完整报告，提高非专业用户的阅读体验。

（3）交互式查询与即时反馈。用户可以利用 ChatGPT 的对话式界面进行交互式查询，探索数据的不同方面并获得即时反馈，而 VBA 则在后台提供必要的数据支持，这种实时互动增强了报告的可用性和用户的工作效率。

（4）降低专业技能门槛。对于非财务专业的用户来说，VBA 编程可能过于复杂，而 ChatGPT 提供的自然语言接口简化了操作。用户可以通过自然语言与 ChatGPT 交流，无须深入学习 VBA 即可获得所需的智能财务报告分析代码。用户将本书中代码输入 ChatGPT 提问窗口，可以获取代码含义。

（5）多维度决策支持。VBA 可以为决策者提供精确的数据处理和模型分析，而 ChatGPT 可以对这些数据进行深入的自然语言解释，提供策略建议和业务分析，从而帮助决策者从多个角度考虑问题。

（6）合规性的双重保障。VBA 可以帮助确保数据的准确计算和正确呈现，而 ChatGPT 可以监控报告的语言表达是否符合行业标准和法规要求，共同降低企业的法律风险。

（7）灵活的报告定制。VBA 和 ChatGPT 的结合允许用户根据具体需求灵活地定制报告内容和格式。VBA 可以处理底层数据，而 ChatGPT 可以根据用户的指示生成个性化的报告文本。

（8）促进知识共享与传播。ChatGPT 可以从 VBA 分析得到的数据中提取关键信息，并以图表、摘要等形式轻松共享，有助于内部决策和外部沟通的效率。

综上所述，VBA 与 ChatGPT 的结合为智能财务报告带来了全方位的优化，从数据处理到报告生成，再到决策支持和合规性监控，都体现了这一技术整合的强大潜力。这种结合不仅提高了财务报告的质量和工作效率，还为企业提供了深入的财务分析，支持更加明智的决策制定。

1.2 VBA 基本原理

Excel VBA 是专门针对 Word、Excel、Access 等 Office 应用软件而设计的基于 Visual Basic 语言的二次开发工具。其功能在于通过简单的几行代码来调用 Office 中的已有功能，从而实现自动化办公。财务工作最常接触的桌面软件是 Excel，VBA 是财务人员最适合的初学语言。只要掌握了 VBA 编程基本原理，模仿操作本书中的实务案例，就可以在较短时间内完成以前几天几夜才能完成的工作，这就是 VBA 的魅力。本节主要介绍一下 VBA 基本原理，以帮助读者初步掌握 VBA 编程方法，涉及的具体程序方法将在各章节案例中根据需要进行介绍。

本书以 Excel2016 为写作环境，因此，学习应用本书内容的读者首先应在自己的电脑上下载安装一个 Excel 软件。

1.2.1 在 VBE 与模块中编写代码

1.2.1.1 找到 VBA 编辑器

在编写 VBA 的 Office 软件中，提供了一个专门用于开发 VBA 程序的工具，称为 VBA 编辑器，简称为 VBE（Visual Basic Editor）。

在默认的情况下，Office 将 VBE 设置为隐藏状况，无法被用户看到，所以要手动将其设置为可见状态。Excel 中有一个开发工具，该选项卡中包含了编写 VBA 程序时可能用到的各种功能，其左边第一个按钮（文件下方）就是 VBE，如图 1-1 所示。

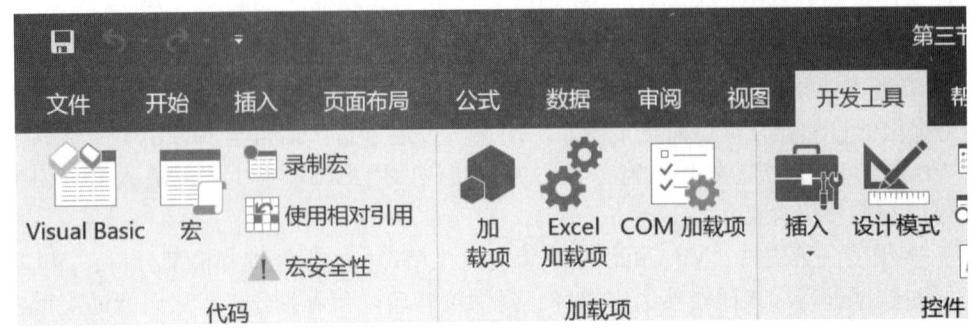

图 1-1　VBE 在功能区位置

开发工具在默认的时候是不会显示在菜单中的，需要通过相关的选项设置方可调出。在 Excel 的办公软件中调出该工具的方法：

打开一个 Excel 工作簿—"文件"—"选项"—"自定义区域"—"勾选开发工具"—"确定"。如图 1-2 所示。

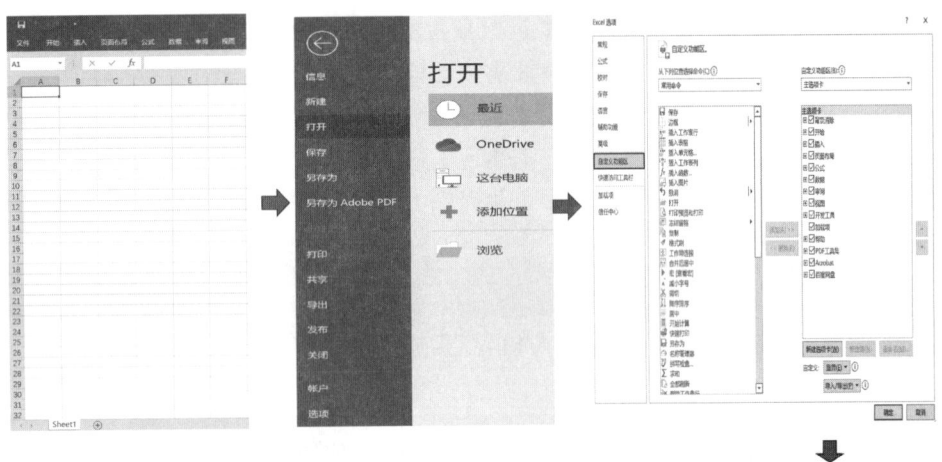

图 1-2　安装开发工具界面

调出开发工具后，点击开发工具—Visual Basic 便可以看到 VBE 界面，我们只需要用到其中的三个部分：工程窗口、代码窗口和运行按钮就可以开发基本的 VBA 程序，如图 1-3 所示。

图 1-3　VBA 编辑器外观

1.2.1.2　编写代码的位置

在实际开发工作中，会经常需要在一个 Office 文件中写多个 VBA 程序，分别完成不同的任务。怎样能够把这些程序保存得井井有条，便于查阅和修改呢？VBA 引入了"工程"（Project）和"模块"（Module）两个概念来对不同类型和用途的代码进行系统化管理。VBA 工程包括事件程序与 Office 对象模块、标准程序与标准模块、图形界面程序与窗口模块、类定义程序与类模块。在这四个模块中最常用的就是标准程序与标准模块，所以标准模块的使用将贯穿本书始终。在工程窗口的任意空白位置点击鼠标右键，在弹出的菜单中选择"插入"—"模块"命令，就可以给打开的工作簿的工程中添加一个标准模块，从而可在代码窗口中编写标准程序，如图 1-4 所示。

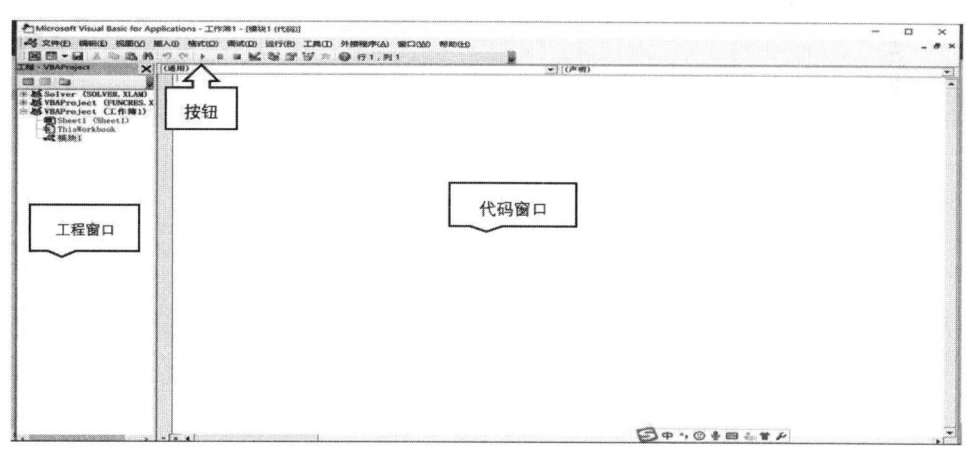

图 1-4　标准窗口界面

1.2.2　宏和宏安全性

在运行 VBA 之前，首先要确认当前的 Excel 是否允许运行任意 VBA 程序。在默认情况下，Excel 及其他各种 Office 软件都禁止运行 VBA 代码，原因在于黑客会利用它编写一些病毒或木马等能够自动运行的恶意程序并保存在 Office 文档中。假如各种软件允许运行宏，用户一旦打开这些文档就会中招。当需要运行可靠的 VBA 程序，并确信 Office 文档中没有恶意代码时，可以将 Excel 设置为"允许运行 VBA"。在 Office2007 及以后版本中，可以在"开发工具"选项卡中找到"宏安全性"按钮。使用 Office2003 及以前版本的用户，可以在"工具"菜单的子菜单"宏"中找到该功能。单击"宏安全性"按钮后可以看到"宏设置"对话框及多个运行选项。如果想运行编写的 VBA 程序，一般要求先选中"启用所有宏"，然后点击"确定"按钮退出即可，如图1-5所示。

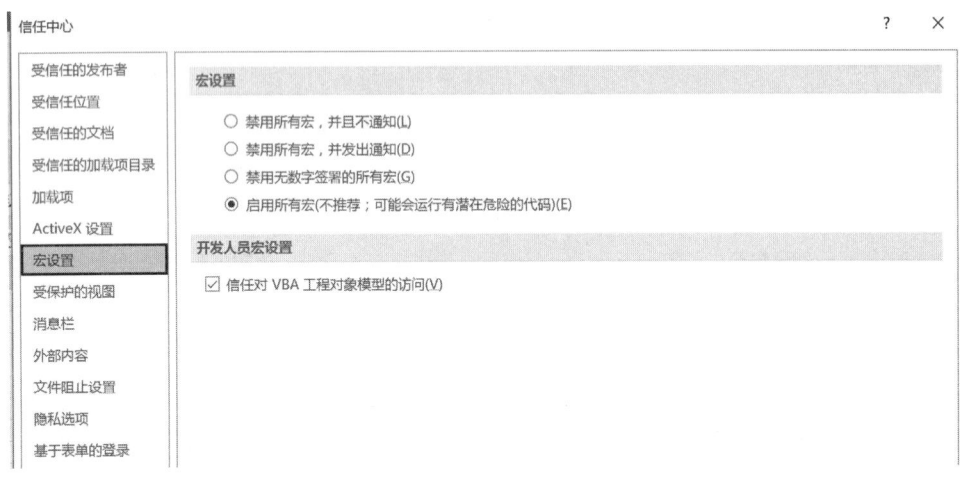

图1-5　宏设置界面

1.2.3　VBA 基本语法

在 VBE 的工程窗口中插入一个模块，然后双击该模块，便可以在"代码窗口"中编写标准程序。VBA 基本语法结构如图1-6所示。

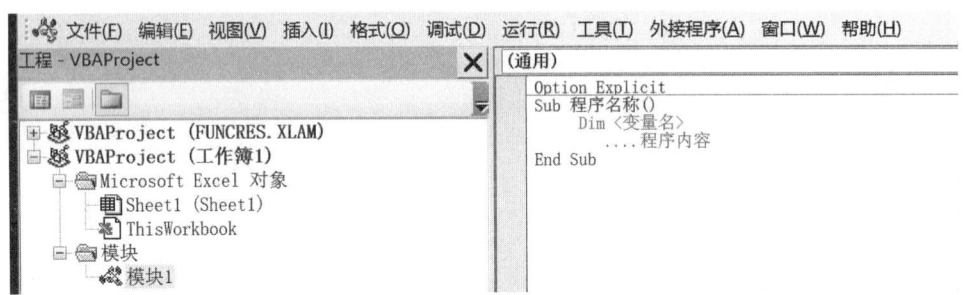

图1-6　VBA 基本语法结构

VBA 基本语法结构含义：

Option Explicit——强制声明。将 VBA 设置为"强制声明"模式后，所有变量都必须做到"先声明后使用"，一旦出现某个从未声明过的变量名，那么 VBA 就会中断程序的运行，并且提示程序存在错误。

Sub 程序名称（字母或文字）( )—程序开头。需要先点击键盘 shift 再点击括号。

Dim <变量名> 【As <数据类型>，<变量名> As <数据类型>】——声明变量类型

　　　　……程序内容

End Sub——程序结尾

下面是一个 VBA 小程序，只要一字不差地输入代码，并单击工具栏的"运行"按钮，就可以看到这段程序的运行结果。要求在工作表 A1 单元格中输入"会计智能化是我的梦想！"，效果如图1-7所示。

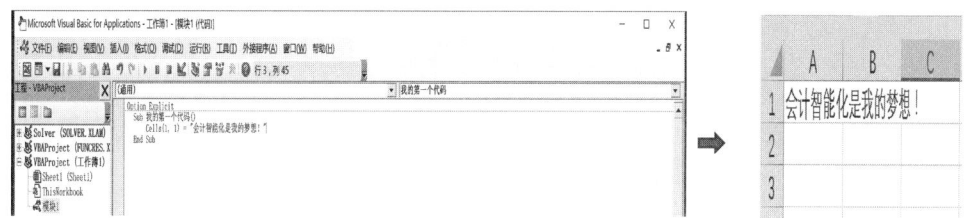

图1-7 编写并运行第一个 VBA 程序步骤

步骤一：打开一个 Excel 工作簿，在该工作簿上编写程序，如图 1-8 所示。

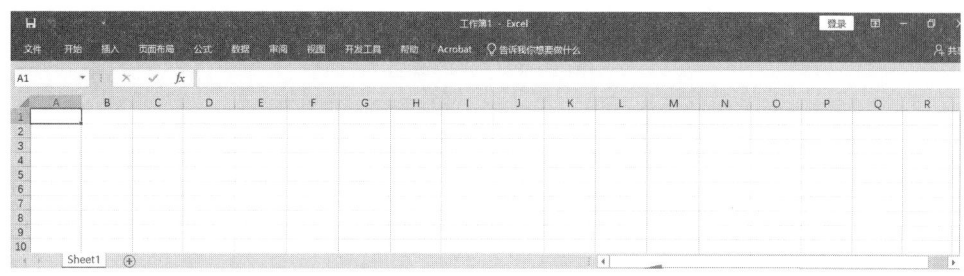

图1-8 新建一个工作簿

步骤二：点击选项卡列表"开发工具"，在功能区最左侧找到 Visual Basic（简称 VBE 编辑器），如图 1-9 所示。

图1-9 进入 VBE 功能区界面

步骤三：点击 VBE 编辑器按钮，打开 VBE 编辑器界面，如图 1-10 所示。

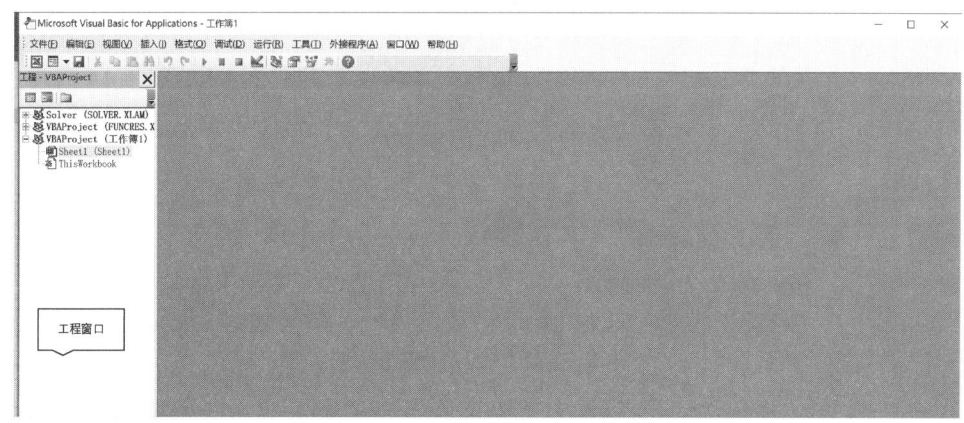

图1-10 VBA 编辑器的主要功能区

步骤四：在 VBE 的工程窗口中任一位置单击鼠标右键，插入一个模块，然后双击该模块,调出代码窗口,如图1-11所示。

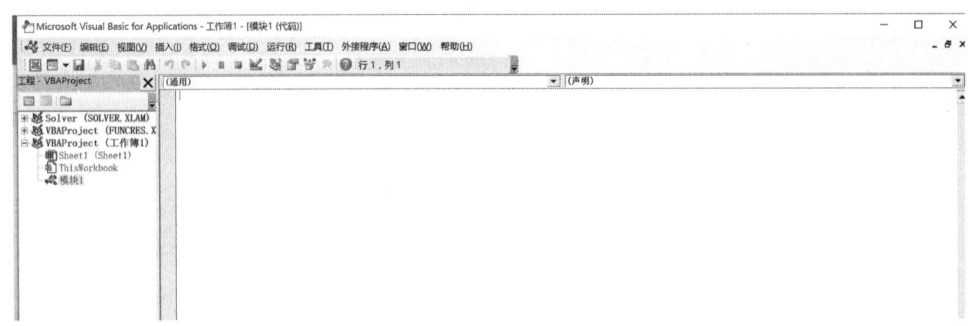

图1-11 代码窗口

步骤五:在代码窗口编写代码,如图1-12所示。

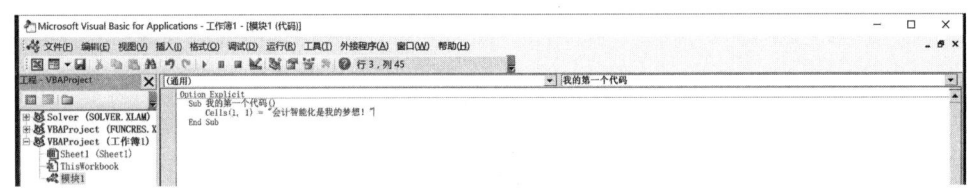

图1-12 参考代码

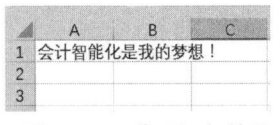

图1-13 代码运行结果

步骤六:单击工具栏上的"运行"按钮▶,就可以看到这段程序的运行结果——让当前工作表A1单元格的内容为"会计智能化是我的梦想!",如图1-13所示。

1.2.4 用VBA控制单元格Cells属性

1.2.4.1 Cells属性

熟悉Excel公式的读者都知道,在表格公式中可以直接用单元格的地址(如A1)代表一个单元格的内容。但是VBA程序并不支持这种表示方式,而是提供了若干种方式在代码中表示Excel单元格,Cells属性就是其中之一,其表示方式Cells(i, j),第一个参数i代表行号,第二个参数j代表列号。需要注意的是:这两个参数必须用逗号(半角符合)隔开,并用一对圆括号(半角符合)将它们括起来,紧随在"Cells"的后面,如图1-14所示。

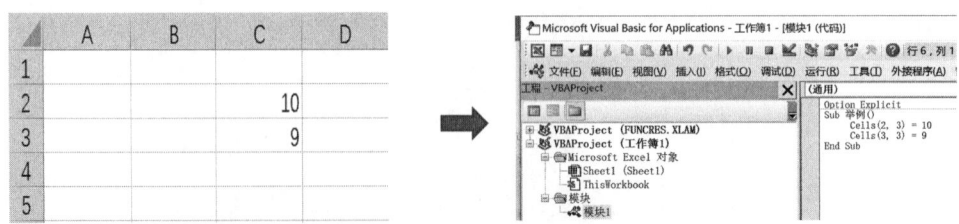

图1-14 使用Cells属性表示单元格

1.2.4.2 VBA赋值操作

VBA赋值操作就是将代码等号右边的值赋予等号左边的元素。当计算机执行到赋值操作语句时,会首先计算等号右边的部分,得到一个确切的结果后再把这个结果赋值给等号左边的元素。比如对于 Cells(3，5) =3 +5 这个语句，计算机会首先处理等号右边的“3 +5”，待计算出最终结果“8”后，再将其赋值给等号左边的 Cells 属性，使 E3 单元格的内容变成“8”。

1.2.4.3　VBA 最常用的算数运算符

在 VBA 中编写算数运算代码，与数学中列算式的方法几乎相同，无非就是加、减、乘、除各种符号的使用。只不过受电脑键盘设计的限制，有的符号的写法略不同，如图 1 –15 所示。

	A	B	C
1	VBA算数运算符		
2	运算符	含义	示例
3	+	加法运算	Cells(3,5) =2+8，结果为10
4	-	减法运算	Cells(3,5) =8-2，结果为6
5	*(星号键)	乘法运算	Cells(3,5) =8*2，结果为16
6	/(斜杠)	除法运算	Cells(3,5)=8/2，结果为4
7	\(反斜杠)	整除运算。舍弃商的小数部分，只保留整数部分	
8	^(脱字符，与数字6同键)	幂运算。A^b	Cells(3,5)=8^2，结果为64
9	Mod(三个字母)	模运算。求两个数字相除后的余数	Cells(3,5)=14Mod5,结果为4。因为14除以5的结果是2余4

图 1 –15　VBA 算数运算符

1.2.5　For...Next 循环语句

For...Next 循环语句是 VBA 的循环语句之一，作用就是让一个变量从一个数值开始逐步增加或减少，直到变为另一个指定的数值。而且，数值每增减一次都会重复执行一次代码。也就是在指定次数的情况下，重复执行某一段程序代码。

语法：For 计次变量 = 起始值 To 终止值

　　　　…程序内容

　　Next 计次变量

【例 1 –1】 图 1 –16 左侧所示的工作表中，存有大华公司四个季度销售记录。要求编写一个程序，计算各季度区域销售合计，将结果写入 J 列。

	B	C	D	E	F	G	H	I	J
1	销售报表 (单位：万元)								
2	季度	北京	上海	沈阳	长春	广东	武汉	成都	合计
3	1	1200	2200	1100	1000	2000	1900	1800	
4	2	1569	2390	1190	1190	2100	2000	1890	
5	3	1980	2519	1210	1200	2400	2100	2000	
6	4	2100	2700	1280	1290	2490	2290	2090	

➡

	B	C	D	E	F	G	H	I	J
1	销售报表 (单位：万元)								
2	季度	北京	上海	沈阳	长春	广东	武汉	成都	合计
3	1	1200	2200	1100	1000	2000	1900	1800	11200
4	2	1569	2390	1190	1190	2100	2000	1890	12329
5	3	1980	2519	1210	1200	2400	2100	2000	13409
6	4	2100	2700	1280	1290	2490	2290	2090	14240

图 1 –16　案例预期运行效果

在不使用循环结构的情况下，也可以编写程序解决〖例 1 –1〗的需求，只不过会大量重复地书写相同语句，十分麻烦。

步骤一：打开需要编写运算代码的工作簿，如图 1 –17 所示。

	A	B	C	D	E	F	G	H	I
1	销售报表（单位：万元）								
2	季度	北京	上海	沈阳	长春	广东	武汉	成都	合计
3	1	1200	2200	1100	1000	2000	1900	1800	
4	2	1569	2390	1190	1190	2100	2000	1890	
5	3	1980	2519	1210	1200	2400	2100	2000	
6	3	2100	2700	1280	1290	2490	2290	2090	
7									
8									
9									
10									

Sheet1　销售报表　⊕

图 1 –17　编写代码的工作簿

步骤二：点击开发工具，进入 VBE 界面。在 VBE 的工程窗口中单击鼠标右键，插入一个模块，然后双击该模块，便可以在"代码窗口"中编写标准程序。参考代码如图 1－18 所示。

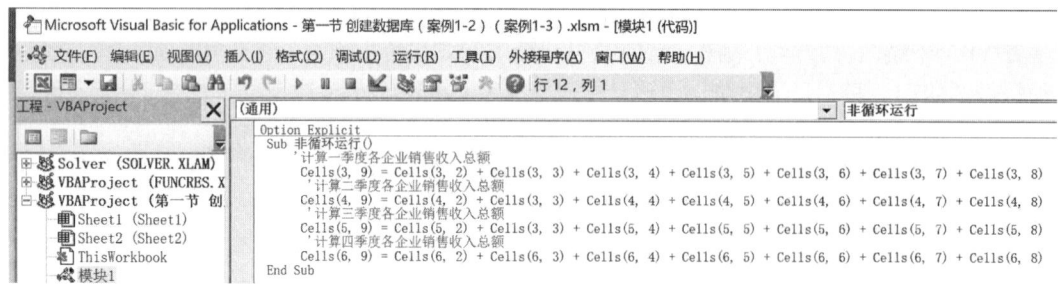

图 1－18　非循环运行代码

成功之钥匙

代码含义：
```
Option Explicit
 Sub 非循环运行()
    '计算一季度各企业销售收入总额
Cells(3,9) = Cells(3,2) + Cells(3,3) + Cells(3,4) + Cells(3,5) + Cells(3,6) + Cells(3,7) + Cells(3,8)
    '计算二季度各企业销售收入总额
Cells(4,9) = Cells(4,2) + Cells(4,3) + Cells(4,4) + Cells(4,5) + Cells(4,6) + Cells(4,7) + Cells(4,8)
    '计算三季度各企业销售收入总额
Cells(5,9) = Cells(5,2) + Cells(5,3) + Cells(5,4) + Cells(5,5) + Cells(5,6) + Cells(5,7) + Cells(5,8)
    '计算四季度各企业销售收入总额
Cells(6,9) = Cells(6,2) + Cells(6,3) + Cells(6,4) + Cells(6,5) + Cells(6,6) + Cells(6,7) + Cells(6,8)
 End Sub
```

如果真的这样书写代码，相信很多读者都会使用复制和粘贴的功能，先写出第一行的代码，然后继续复制操作，最后把复制的代码中的数字换成对应的数字。如果稍有疏忽漏改某处，就会导致错误的运行结果。如果表中的数据不是 4 行，而是 100 行，那么工作量就非常大了。怎样解决这一问题呢？这时循环结构就有了用武之地。参考代码如图 1－19 所示。

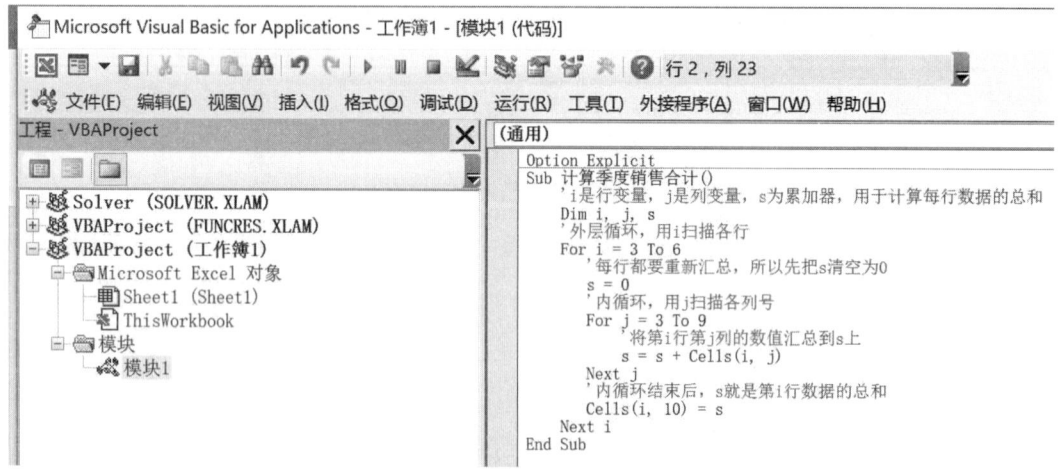

图 1－19　计算季度销售合计代码

成功之钥匙

代码含义：

```
Option Explicit
Sub 计算季度销售合计()
    'i 是行变量,j 是列变量,s 为累加器,用于计算每行数据的总和
    Dim i,j,s
    '外层循环,用 i 扫描各行
    For i =3 To 6
        '每行都要重新汇总,所以先把 s 清空为 0
        s =0
        '内循环,用 j 扫描各列号
        For j =3 To 9
            '将第 i 行第 j 列的数值汇总到 s 上
            s =s + Cells(i,j)
        Next j
        '内循环结束后,s 就是第 i 行数据的总和
        Cells(i,10) =s
    Next i
End Sub
```

在这段代码中，每次进入外循环的循环体时，首先会将变量 s 清零。接下来进入内层循环，将第 3 列到第 9 列数据逐个加到 s 上。于是 s 从 0 开始逐渐增加，直到最后内循环结束时，变成该行各列数字的总和。这时再将 s 写入该行第 10 列单元格，然后让外层循环去处理下一行数据既可。

1.2.6　If 语句与关系运算

1.2.6.1　用 If 语句实现判断结构

判断结构是程序设计中的基本结构之一，它的功能就是让计算机根据运行时遇到的实际情况，选择是否执行某段代码，或者从多段代码中择一而行。

语法：If 判断条件　Then——如果符合判断条件，那么

　　　　一行或多行代码——执行这一行或多行程序代码

　　End If——判断结束

【例 1 –2】 图 1 –20 左侧的表格中列出了大华公司财务部门月度绩效考核评价表，现在需要编写一个 VBA 程序，根据每个人的绩效得分情况计算出奖金金额。奖金发放规则为：评价得分在 80 分及以上者得奖金 2000 元，低于 80 分者不得奖金。

	A	B	C
1	大华公司财务科绩效考核表		
2	姓名	绩效得分	奖金
3	李红良	95	
4	陈琦	90	
5	吴静敏	85	
6	林志国	78	
7	刘兴	75	
8	杨量	82	
9	何静	76	
10	邹际	88	
11	合计		

➡

	A	B	C
1	大华公司财务科绩效考核表		
2	姓名	绩效得分	奖金
3	李红良	95	2000
4	陈琦	90	2000
5	吴静敏	85	2000
6	林志国	78	
7	刘兴	75	
8	杨量	82	2000
9	何静	76	
10	邹际	88	2000
11	合计		

图 1 –20　案例预期运行效果

使用 If 结构，就可以对案例中第 2 列得分进行分析判断，看其数值是否大于等于 80，从决定是否执行第 3 列输入 2000 这个操作。参考代码如图 1 –21 所示。

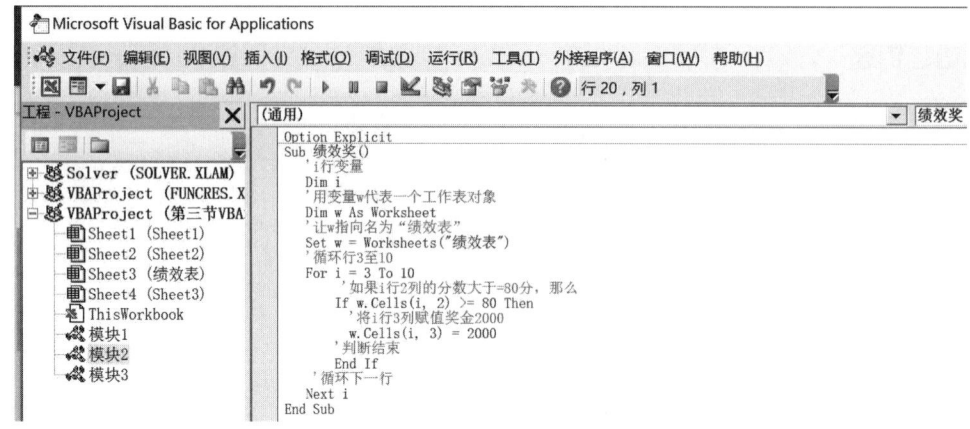

图 1-21 绩效奖计算代码

成功之钥匙

代码含义：
```
Option Explicit
Sub 绩效奖()
    'i 行变量
    Dim i
    '用变量 w 代表一个工作表对象
    Dim w As Worksheet
    '让 w 指向名为"绩效表"
    Set w = Worksheets"绩效表"
    '循环行 3 至 10
    For i = 3 To 10
        '如果 i 行 2 列的分数大于=80 分,那么
        If w.Cells(i,2) >=80 Then
            '将 i 行 3 列赋值奖金 2000
            w.Cells(i,3) =2000
        '判断结束
        End If
    '循环下一行
    Next i
End Sub
```

1.2.6.2 使用 Else 实现双分支判断

使用"If...Else...End If"结构可以实现双分支判断，也就是提供两种备选方案供 VBA 选择。从财务的角度看，图 1-20 给出的参考结果并不完美，因为有 3 个没得奖金的单元格是空白，应当明确填写"0"，以免造成混淆。

【例 1-3】图 1-22 左侧的表格中列出了大华公司财务部门月度绩效考核评价表，现在需要编写一个 VBA 程序，根据每个人的评价得分情况计算出奖金金额。奖金发放规则为：评价得分在 80 分及以上者得奖金 2000 元，低于 80 分者奖金为 0。

图 1-22 案例预期运行效果

编写的参考代码如图 1-23 所示。

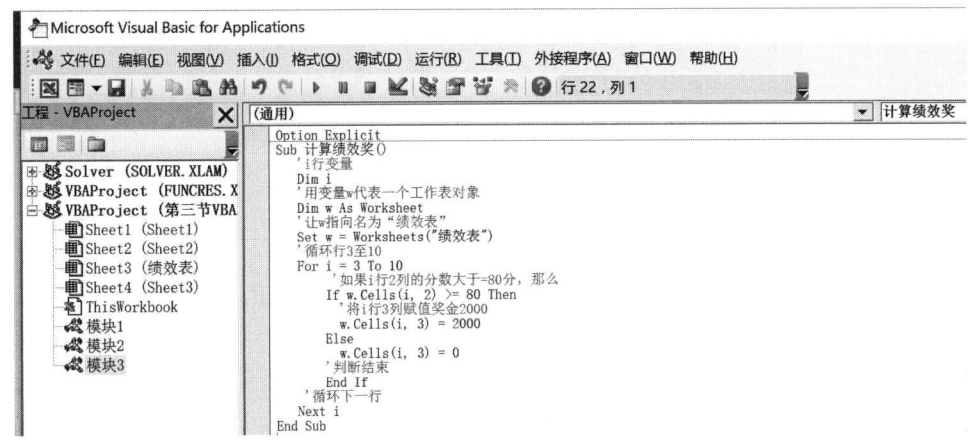

图 1-23 绩效奖金计算代码

成功之钥匙

代码含义：
```
Option Explicit
Sub 计算绩效奖金()
    'i 行变量
    Dim i
    '用变量 w 代表一个工作表对象
    Dim w As Worksheet
    '让 w 指向名为"绩效表"
    Set w = Worksheets"绩效表"
    '循环行 3 至 10
    For i = 3 To 10
        '如果 i 行 2 列的分数大于=80 分,那么
        If w.Cells(i,2) >= 80 Then
            '将 i 行 3 列赋值奖金 2000
            w.Cells(i,3) = 2000
        Else
            w.Cells(i,3) = 0
        '判断结束
        End If
    '循环下一行
    Next i
End Sub
```

在 If 结构中，Else 子句是可选子句，即在代码中可以不使用它，那么就必须保证它处于"If…Then"与"End If"之间，否则它将无法被视作这个判断结构的一部分。一个 If 结构中只能有一个 Else 子句。

1.2.6.3 使用 ElesIf 实现多分支判断

使用 If…ElseIf…Else…End If 可以实现多分支判断，也就是提供多种备选方案供 VBA 选择。

【例 1-4】图 1-24 是财务可视动态分析场景模型，在报告期末，对某一个财务指标进行同比增长与平均增长对比分析过程中，可能会出现表格中描述的六种趋势场景。

应用 Excel VBA 程序编写出六种场景代码。

智能财务报告——以 VBA 与 ChatGPT 相结合构建企业财务高效洞察力

	A	B	C	D	E	F
1					财务可视化动态分析场景模型	
2	项目	同比增长率	平均增长率	结果	情景描述	评价结论
3	场景1	A>0	B>0	A>B	同比增长高于平均增长,持续增长	对资产、收益类项目有利,对负债、成本类项目不利
4	场景2	A>0	B>0	A<B	同比增长低于平均增长,增长有所放缓	对资产、收益类项目有利,对负债、成本类项目不利
5	场景3	A>0	B<0	A>B	由平均负增长转为同比增长,增长开始回升	对资产、收益类项目有利,对负债、成本类项目不利
6	场景4	A<0	B>0	A<B	由平均增长转为同比负增长,增长开始下滑	对资产、收益类项目不利,对负债、成本类项目有利
7	场景5	A<0	B<0	A>B	同比下降水平高于平均下降水平,下滑速度放缓	对资产、收益类项目不利,对负债、成本类项目有利
8	场景6	A<0	B<0	A<B	同比下降水平低于平均下降水平,持续下滑	对资产、收益类项目不利,对负债、成本类项目有利

图 1-24　财务可视生态分析场景模型

案例中描述的场景属于多分支判断结构问题,参考代码如图 1-25 所示。

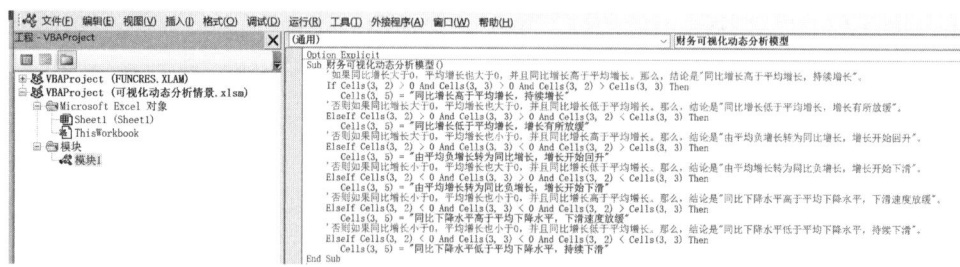

图 1-25　多分支判断结构

成功之钥匙

代码含义:

```
Option Explicit
Sub 财务可视化动态分析模型()
'如果同比增长大于0,平均增长也大于0,并且同比增长高于平均增长。那么,结论是"同比增长高于平均增长,持续增长"。
    If Cells(3,2) >0 And Cells(3,3) >0 And Cells(3,2) >Cells(3,3) Then
        Cells(3,5) = "同比增长高于平均增长,持续增长"
'否则如果同比增长大于0,平均增长也大于0,并且同比增长低于平均增长。那么,结论是"同比增长低于平均增长,增长有所放缓"。
    ElseIf Cells(3,2) >0 And Cells(3,3) >0 And Cells(3,2) <Cells(3,3) Then
        Cells(3,5) = "同比增长低于平均增长,增长有所放缓"
'否则如果同比增长大于0,平均增长也小于0,并且同比增长高于平均增长。那么,结论是"由平均负增长转为同比增长,增长开始回升"。
    ElseIf Cells(3,2) >0 And Cells(3,3) <0 And Cells(3,2) >Cells(3,3) Then
        Cells(3,5) = "由平均负增长转为同比增长,增长开始回升"
'否则如果同比增长小于0,平均增长也大于0,并且同比增长低于平均增长。那么,结论是"由平均增长转为同比负增长,增长开始下滑"。
    ElseIf Cells(3,2) <0 And Cells(3,3) >0 And Cells(3,2) <Cells(3,3) Then
        Cells(3,5) = "由平均增长转为同比负增长,增长开始下滑"
'否则如果同比增长小于0,平均增长也小于0,并且同比增长高于平均增长。那么,结论是"同比下降水平高于平均下降水平,下滑速度放缓"。
    ElseIf Cells(3,2) <0 And Cells(3,3) <0 And Cells(3,2) >Cells(3,3) Then
        Cells(3,5) = "同比下降水平高于平均下降水平,下滑速度放缓"
'否则如果同比增长小于0,平均增长也小于0,并且同比增长低于平均增长。那么,结论是"同比下降水平低于平均下降水平,持续下滑"。
    ElseIf Cells(3,2) <0 And Cells(3,3) <0 And Cells(3,2) <Cells(3,3) Then
        Cells(3,5) = "同比下降水平低于平均下降水平,持续下滑"
End Sub
```

【例 1-5】在图 1-26 左侧所示的工作表有多个商品进口价格,但是各自采用了不同的货币单位计价。请编写一个 Excel VBA 程序,将所有价格都换算为人民币价格,具体换算率为:1USD=6.5、1EUR=8.2、1CAD=5.1、1JPY=0.07。预期效果如图 1-26 所示。

	A	B	C	D	E
1			商品采购价格换算表		
2	产品编号	产品名称	外币价格	外币币种	人民币价格
3	A202201	复印机	10000	USD	
4	B202201	电脑	9000	EUR	
5	C202201	电脑笔记本	6000	CAD	
6	D202201	碎纸机	30000	JPY	
7	E202201	照相机	2000	USD	
8	B202202	电脑A	12000	EUR	

→

	A	B	C	D	E
1			商品采购价格换算表		
2	产品编号	产品名称	外币价格	外币币种	人民币价格
3	A202201	复印机	10000	USD	65000
4	B202201	电脑	9000	EUR	73800
5	C202201	电脑笔记本	6000	CAD	30600
6	D202201	碎纸机	30000	JPY	2100
7	E202201	照相机	2000	USD	13000
8	B202202	电脑A	12000	EUR	98400

图 1-26　外币换算效果

步骤一：编写代码。参考代码如图 1-27 所示。

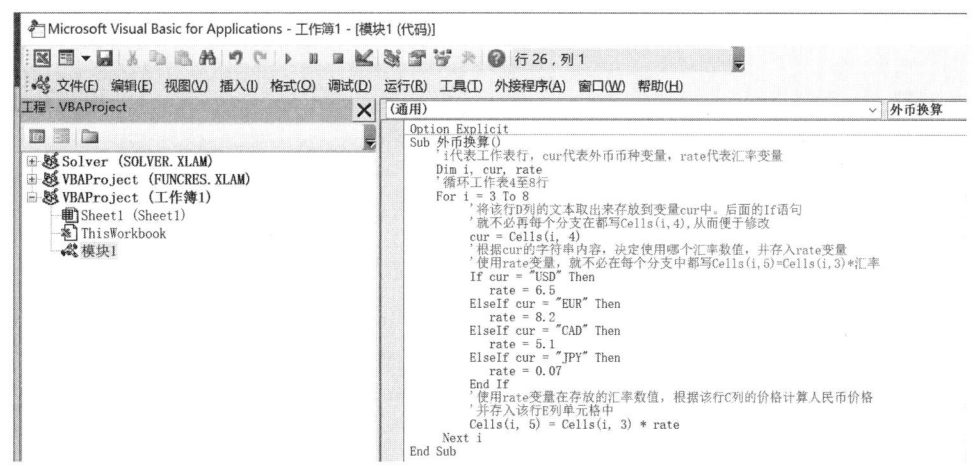

图 1-27　外币换算代码

成功之钥匙

代码含义：
```
Option Explicit
Sub 外币换算()
    'i 代表工作表行,cur 代表外币币种变量,rate 代表汇率变量
    Dim i,cur,rate
    '循环工作表 4 至 8 行
    For i = 3 To 8
        '将该行 D 列的文本取出来存放到变量 cur 中。后面的 If 语句
        '就不必再每个分支在都写 Cells(i,4),从而便于修改
        cur = Cells(i,4)
        '根据 cur 的字符串内容,决定使用哪个汇率数值,并存入 rate 变量
        '使用 rate 变量,就不必在每个分支中都写 Cells(i,5) = Cells(i,3)* 汇率
        If cur = ("USD")Then
            rate = 6.5
        ElseIf cur = ("EUR")Then
            rate = 8.2
        ElseIf cur = ("CAD")Then
            rate = 5.1
        ElseIf cur = ("JPY")Then
            rate = 0.07
        End If
        '使用 rate 变量在存放的汇率数值,根据该行 C 列的价格计算人民币价格
        '并存入该行 E 列单元格中
        Cells(i,5) = Cells(i,3)* rate
    Next i
End Sub
```

步骤二：运行代码，结果如图 1-26 所示。

1.2.7　VBA 读取工作表中数据

读取工作表中的数据就是通过字符串连接操作，按照特定的格式（或模板）读取构造出需要描述的文本文件。

【例 1-6】图 1-28 左侧所示的工作表中存放了利润分析辅助表，现在要编写一个 VBA 代码，读取工作表中数据描述成右侧图表文本格式。

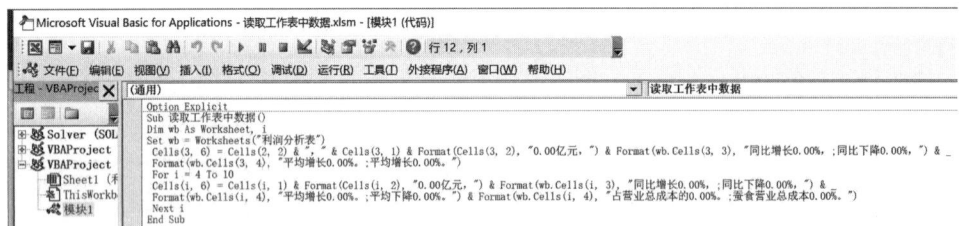

图1-28 读取工作表中数据效果

从图1-28右侧3行的描述结果看,是将数据读取结果放置在F3单元格内,其描述结构如下:

2022年	,	营业总收入	100.60	亿元	,	同比增长	8.77%	,	平均增长	12.54%	。
B2		A3	B3				C3			D3	

上述描述结果基本代码是:"Cells(3,6) = Cells(2,2)& "," & Cells(3,1) & Format(Cells(3,2),"0.00亿元,") & Format(wb. Cells(3,3),"同比增长0.00%,;同比下降0.00%,") & Format(wb. Cells(3,4),"平均增长0.00%。;平均增长0.00%。")"。代码中字符串之间要用字符串连接符"&"进行连接。

基本思路:对独立的项目单独编写代码,对相同的项目通过循环方式编写代码,可以简化代码编写过程。参考代码如图1-29所示。

图1-29 读取工作表在数据代码

成功之钥匙

代码含义:

```
Option Explicit
Sub 读取工作表中数据()
Dim wb As Worksheet,i
Set wb = Worksheets"利润分析表"
Cells(3,6)=Cells(2,2)&"," & Cells(3,1)& Format(Cells(3,2),"0.00亿元,")& Format(wb.Cells(3,3),"同比增长0.00%,;同比下降0.00%,")& _
    Format(wb.Cells(3,4),"平均增长0.00%。;平均增长0.00%。")
For i = 4 To 10
Cells(i,6) = Cells(i,1)& Format(Cells(i,2),"0.00亿元,")& Format(wb.Cells(i,3), _
    "同比增长0.00%,;同比下降0.00%,")& _
Format(wb.Cells(i,4),"平均增长0.00%。;平均下降0.00%。")& Format(wb.Cells(i,4),"占营业总成本的0.00%。;蚕食营业总成本0.00%。")
    Next i
End Sub
```

1.2.8 VBA程序运行与文件保存

1.2.8.1 VBA程序运行方法

1. 使用VBE中的"运行"按钮

在VBE的工具栏上可以看到 ▶ ⏸ ■ 三个按钮,分别用于VBA程序的运行、暂停和终止（重置）。

一个模块中可以包含多个 VBA 程序，那么单击"运行"按钮之后，到底会执行代码窗口中显示的哪一个程序呢？VBE 对此的规定是：光标在哪个程序的代码中闪烁，就执行哪个程序；如果光标不在任何程序代码中，则弹出一个对话框，请用户在所有程序中选择一个程序运行。

使用 VBE 的"运行"按钮，优点在于可以在开发代码的过程中随时执行程序及检查结果，一切开发调试工作都可以在 VBE 界面中完成。但是对于使用这个程序完成日常工作的用户来说，这一方法显得十分麻烦，因为用户必须先调试出 VBE 编辑器，然后不断地在工作表和 VBE 两个界面来回切换。所以这种方法只适合开发过程，编写好代码之后，应该用下面介绍的方式运行程序。

2. 使用 Excel 中的"宏"对话框

点击 Excel"开发工具"选项卡中的"宏"按钮，可以弹出"宏"对话框。该对话框中列出了所有当前可以运行的 VBA 程序，用户只需选择并单击"运行"按钮，即可执行相应 VBA 程序。

在"宏"对话还可以直接创建一个新的 VBA 程序。只要在"宏名称"对话框中输入一个新的 VBA 程序名称，并单击"创建"按钮，Excel 可以自动转到 VBE 编程界面，并自动在当前工程中添加一个模块，还可以在该模块中自动写好"Sub"与"End Sub"两行代码。使用"宏"对话框虽然不必打开 VBE，但用户仍然需要到选项卡和菜单栏寻找"宏"按钮，并且还要记住每一个 VBA 程序的名字才能作出选择，因此这种运行方式对用户仍然不方便。Excel 提供了"按钮"表单控件方法。

3. 使用"按钮"表单控件

现在为〖例 1 - 3〗设置代码运行按钮。点击"开发工具"选项卡的"插入"按钮，可以弹出"表单控件"和"ActiveX 控件"工具箱。选中"表单控件"中的第一项"按钮"，光标会变成十字花形状"+"，此时在 Excel 工作表的任意位置按住鼠标左键，就可以绘制出一个矩形按钮。绘制结束后松开鼠标，Excel 会自动弹出"指定宏"对话框，询问该按钮与哪个 VBA 程序关联。在该对话框中选中一个 VBA 程序的名字，并点击"确定"按钮即可将该程序指定给这个按钮。如图 1 - 30 所示。

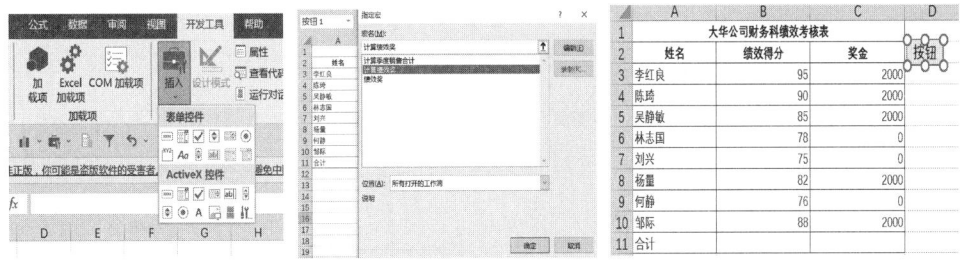

图 1 - 30　"开发工具"选项卡中的"插入"菜单和表单控件

用户也可以在之后的任何时刻，在该按钮上单击鼠标右键，并在弹出的菜单中选中"指定宏"选项，重新进入"指定宏"对话框进行修改。

"表单控件"下方的"ActiveX"控件工具箱同样提供了类似的控件，而且这些控件提供了更加丰富的功能和属性，可以实现一些复杂的控制功能和效果。

1.2.8.2 文件保存

编写完 VBA 程序之后，必须将它保存到一个文件中。否则一旦关闭 Excel 软件，之前编写的代码就会全部丢失，再打开 Excel 软件时将无法找回。

与用户在工作表中填写的数据一样，VBA 程序代码也要一起保存在这个工作簿文件中。在 Excel2003 及之前版本中，工作簿是以".xls"为扩展名的一个文件，比如"利润表.xls"。当在 Excel 界面或 VBE 界面中执行"保存"或"另存为"命令后，程序代码就会和数据保存到同一个文件中。当希望再次运行该程序时，只要打开这个工作簿文件即可。

但是从 Excel2007 开始，微软公司对文件格式进行了调整：在默认情况下，工作簿文件的扩展名为".xlsx"，只能保存数据，不允许包含 VBA 程序代码。所以在编写完 VBA 程序以后，必须在"保存"或"另存为"对话框中将"保存类型"修改为"Excel 启用宏的工作簿（*.xlsm）"，从而将其保存到一个扩展名为".xlsm"的文件中，如图 1-31 所示。如果仍保存为默认的".xlsx"文件，即使提示保存成功，再次打开时也将丢失全部 VBA 代码。

图 1-31 将工作簿保存为"Excel 启用宏的工作簿（*.xlsm）"

工作簿文件的扩展名判断方式是：点击工作簿文件中的工作表名称右键，点击弹出的窗口"属性"，便可以知道工作簿文件的扩展名，如图 1-32 所示。

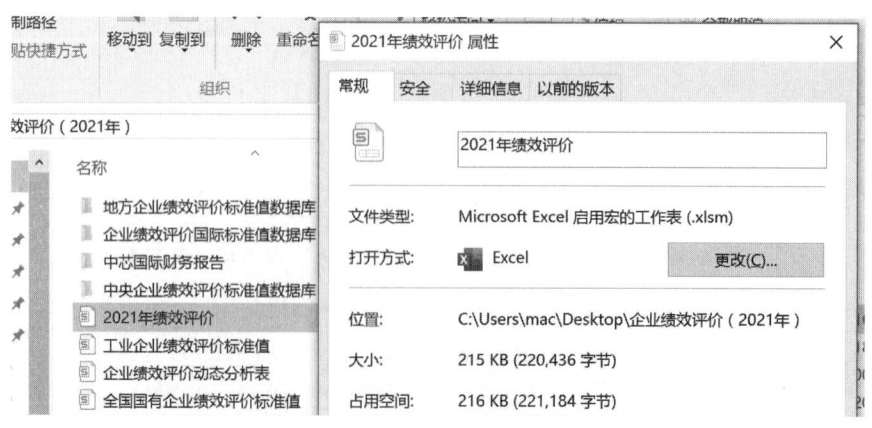

图 1-32 工作簿文件的扩展名判断方式

1.2.9 VBA 程序的保护与解除

1.2.9.1 VBA 程序保护

VBA 工程模块中存放有多个 VBA 程序,而这些程序都是非常重要的代码。因此,为了避免 VBA 程序被盗、被查看或被篡改,需要对一些重要的 VBA 程序进行加密,从而达到保护代码的目的。具体操作步骤如下:

步骤一:进入 VBA 工程窗口,点击鼠标右键,即可弹出 VBAProject 属性。在弹出的菜单中选择 VBAProject 属性命令,然后选择"保护",如图 1-33 所示。

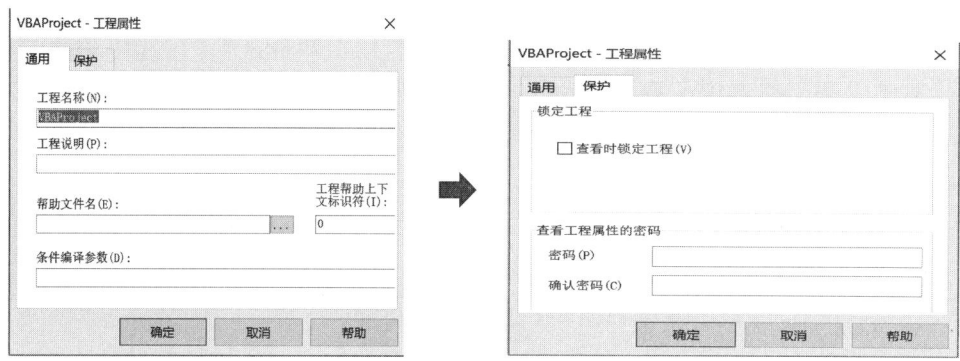

图 1-33 进入保护界面

步骤二:在保护对话框中选中"查看时锁定工程",设置密码点击"确定",即可完成加密,如图 1-34 所示。

图 1-34 设置加密界面

步骤三:查看代码。点击工程窗口 VBAProject(汇总)前"+"号,弹出密码对话框,将设置的密码填入对话框,点击"确定",即可查看到代码,如图 1-35 所示。

1.2.9.2 VBA 程序保护解除

解除 VBA 程序保护具体操作步骤如下:

步骤一:进入工程窗口,在弹出的密码对话框输入密码,如图 1-36 所示。

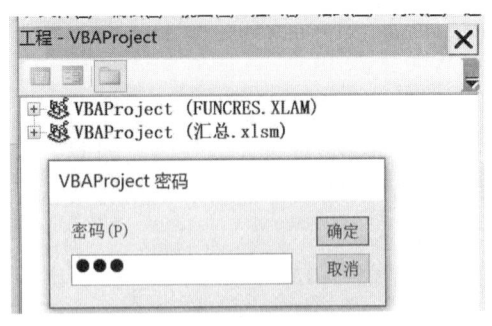
图1-35 查看代码

图1-36 输入密码

步骤二：单击鼠标右键，即可弹出 VBAProject 属性。在弹出的菜单中选择 VBAProject 属性命令，取消"查看时锁定工程"，取消设置的密码，点击"确定"，即可解除保护，如图1-37所示。

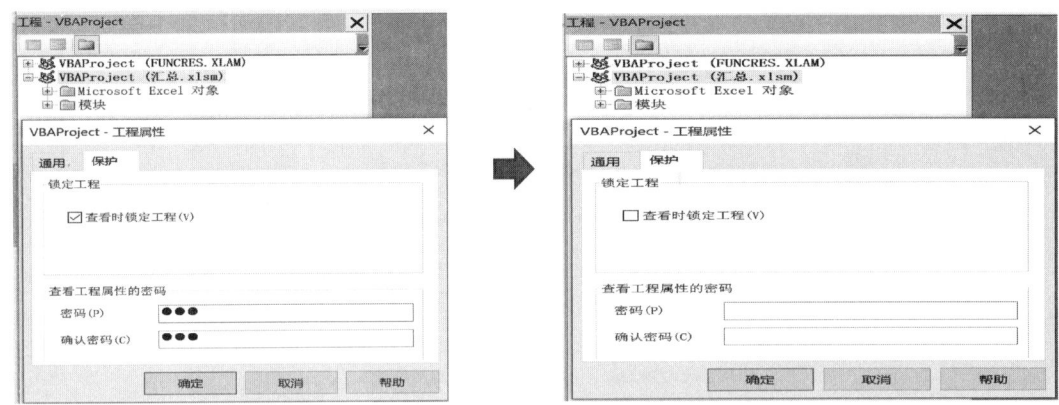
图1-37 解除 VBA 保护

1.2.9.3 数据源读取

在编写 VBA 代码时，可以通过调整 Excel 窗口的布局来同时看到数据源工作表和代码窗口，提高编程效率。具体有以下几种方法可供选择：

（1）调整 Excel 窗口：打开 Excel 文件后，将数据源工作表和 VBA 代码窗口并排放置。可以通过拖动窗口的边缘或使用"视图"选项卡中的"新建窗口"和"窗口排列"功能来实现这一点。

（2）使用工作表名称引用：在编写代码时，可以使用工作表的名称来引用它。例如，如果工作表名称是"数据源"，那么在代码中可以使用 Worksheets("数据源") 或 Sheets("数据源") 来引用该工作表。

（3）使用快捷键：在编写代码时，可以通过按下"Alt + F11"键快速切换到 VBA 编辑器，然后再次按"Alt + F11"返回 Excel 界面。

（4）使用分割窗格：在 Excel 中，可以使用"视图"选项卡下的"分割"功能，将工作表分割成两个独立的窗格，这样可以在一个窗格中查看代码，同时在另一个窗格中查看数据源工作表，如图1-38所示。

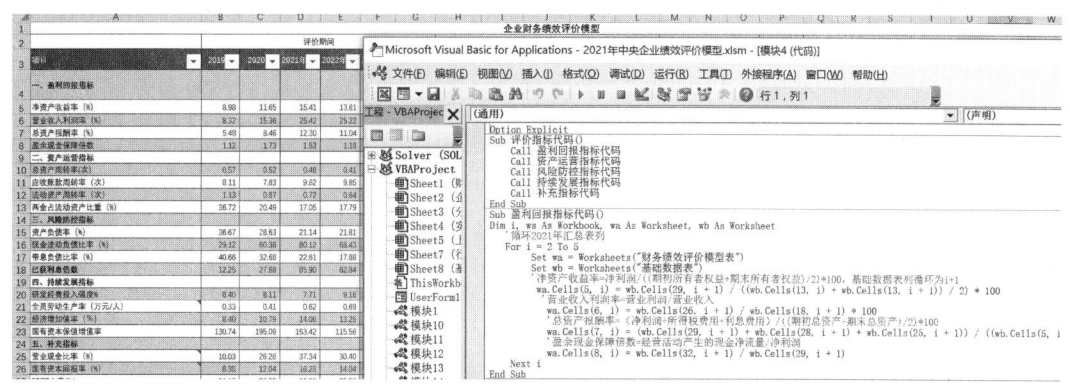

图1-38 数据源工作表和代码窗口同一界面截图

1.2.10 VBA在智能财务报告中的作用

VBA作为一种强大的编程语言,在智能财务报告的制作过程中起着至关重要的作用。它允许用户编写脚本来自动化Excel中的重复任务,如数据整理、分析和报告生成。通过VBA,财务报告可以更容易地定制和更新,极大提高了工作效率和准确性。

以下是VBA在智能财务报告中的几个关键作用:

(1) 自动化重复性任务。VBA能够通过宏(Macro)自动执行一系列重复性的任务,如数据导入、清洗和分析等,从而简化了数据处理流程。财务专业人士可以通过编写宏来减少手动操作,避免人为错误,提高工作效率。

(2) 自定义函数和公式。VBA不仅支持宏的编写,还允许用户根据具体需求编写自定义函数和公式。这些函数和公式可以与Excel内置的函数和公式相结合使用,增强了Excel的计算能力,使得复杂的财务计算变得简单快捷。

(3) 数据处理和分析。VBA擅长处理大量的数据集,它可以帮助财务人员快速地对数据进行排序、筛选和分析,从而提取出有价值的信息。这对于生成洞察性强的财务报告至关重要。

(4) 构建财务模型。VBA在构建财务模型方面也非常有用,它可以帮助财务人员实现复杂的计算和数据处理,特别是在时间价值计算和资金流分析等方面。这些模型对于理解资金流动和作出财务决策非常有帮助。

(5) 提升报告的灵活性。通过VBA,财务报告可以根据不同用户的需求快速调整,如变更报告格式、生成特定数据的分析报告等,使得报告更加灵活和个性化。

总的来说,VBA作为一种强大的编程语言,其在智能财务报告中的应用是多方面的,从自动化日常任务到提供深度数据分析,VBA都发挥着不可替代的作用。通过VBA,财务报告的制作不仅效率更高,而且更加精准和具有洞察力。

1.3 ChatGPT自然语言处理工具

1.3.1 ChatGPT操作界面

ChatGPT是由OpenAI精心打造的先进深度学习模型,以其强大的文本理解和生成能力赢得了业界的广泛赞誉。在使用ChatGPT之前,可通过合理渠道进行注册,一般可通过https://www.yyai8.com/productPage完成注册,如图1-39所示。

图1-39 注册账户流程

在实务中,除了ChatGPT外,用户还可以选用Kimi、文心一言、讯飞星火、通义千问等AI大模型进行财务智能分析,这些模型通常也具有数十亿乃至数千亿的参数,能够执行包括文本生成、语言理解、图像处理等多种复杂任务。

成功登录后,将被引领至ChatGPT的主页。点击AI对话—智能4.0模式,如图1-40所示。

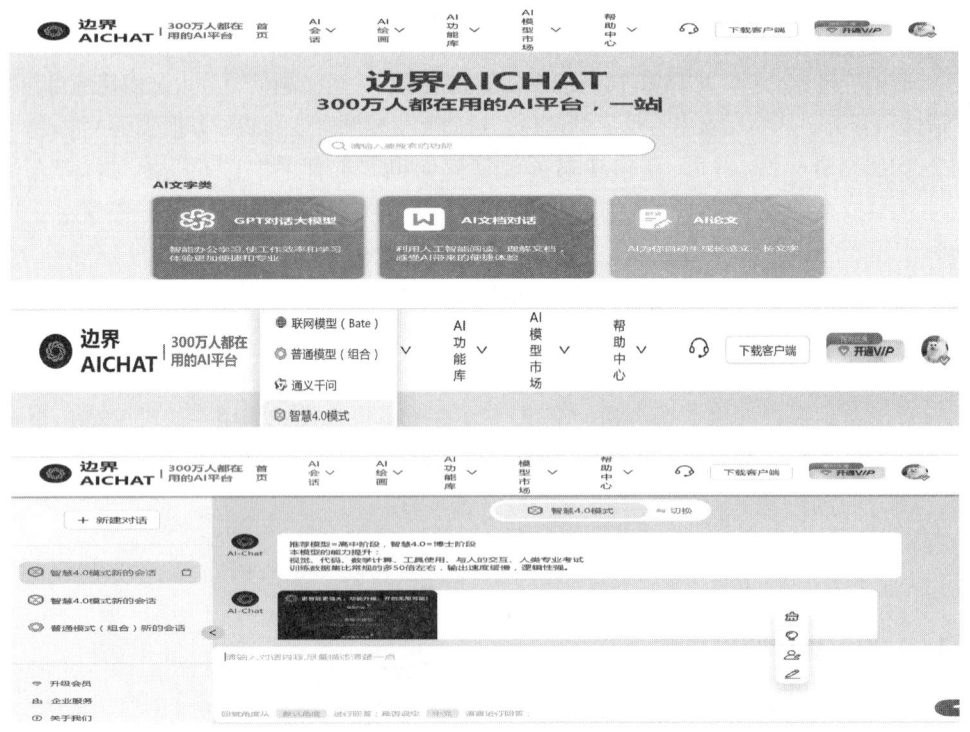

图1-40 ChatGPT操作界面

图 1-40 下方的用户提问输入框。它是与 ChatGPT 交流的入口。在此输入框内输入想要向 ChatGPT 提出的问题，或者通过输入框左侧的上传按钮上传数据、图片、文件等，按回车键或点击发送按钮，问题一经提交，将立即收到 ChatGPT 的精准回答，如图 1-41 所示。

ChatGPT 问答区域主要分为三个部分：

（1）提问区，是指输入问题的窗口，位于图 1-41 下方。

（2）问题区，该区域用于显示用户的提问内容，位于图 1-41 上方。

（3）答复区域，该区域用于 ChatGPT 针对用户的提问展示回复内容，位于图 1-41 中间位置。

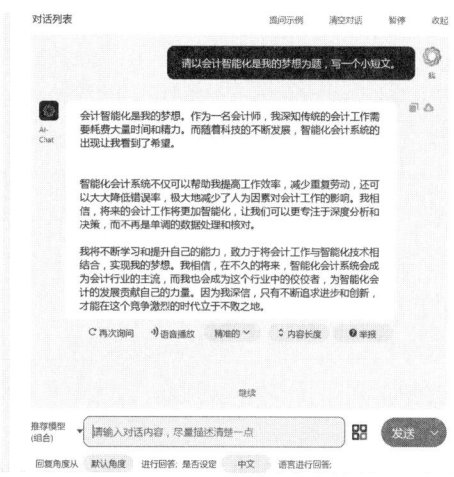

图 1-41　ChatGPT 问答区

1.3.2　ChatGPT 基本原理

ChatGPT 的基本原理是基于大规模语言模型的自然语言处理技术，通过训练大量语料库中的数据来生成模型，从而实现自然语言处理任务。

具体来说，ChatGPT 的工作原理包括以下关键点：

（1）预训练。模型通过学习大量的语言数据，包括书籍、文章、网页等，以预测下一个单词的能力为基础，从而掌握语言的基本结构和语义。

（2）强化学习。ChatGPT 在训练策略上采用了强化学习，这种方法可以使模型在与环境互动的过程中学习到最优策略。

（3）对话生成。模型能够自动生成人类可读的自然语言文本，实现自然、流畅的对话生成。这得益于其对大量"书籍"的阅读和记忆，使其能够理解和回应用户输入的内容。

（4）多场景应用。ChatGPT 不仅可以生成文本、回答问题、摘要、翻译，还可以与用户进行自然和流畅的对话，根据用户的输入创造出各种有趣和有创意的内容。

总的来说，ChatGPT 是一种强大的语言交互工具，它通过预训练、强化学习和对话生成等技术实现了与人类的自然语言交互，并且通过持续的学习和优化不断提升其对话能力。同时，OpenAI 在开发 ChatGPT 时也考虑到了安全性和伦理问题，确保了模型的安全性和可靠性。

1.3.3　ChatGPT 提示词

要想从 ChatGPT 中获得最佳的反馈结果，关键在于了解如何正确使用提示词。提示词可以让用户引导模型输出并生成相关准确且高质量的内容。为了更好地理解提示词的重要性，需要先了解 ChatGPT 的工作流程。基本步骤是：

步骤一：用户将请求信息输入 ChatGPT 提问区窗口。这些输入可以是文字、语音或图像等多种形式。

步骤二：ChatGPT 分析用户输入信息并使用大模型算法生成一个或多个可能的回答结果。

步骤三：ChatGPT 会以文本的形式将分析回答结果反馈给用户。

步骤四：用户继续输入请求信息，ChatGPT 将再次分析，并结合上下文信息，给出反馈。这个过程一直持续到对话结束。

从上述过程可以看出，决定 ChatGPT 对话成功与否的关键因素之一是用于发起和引导对话的请求信息的质量。在 ChatGPT 中，提示词是指一个输入的文本段落或短语，作为生成模型输出的起点或引导。提示词可以是一个问题、一段文字描述、一段对话或任何形式的文本输入。ChatGPT 模型会基于提示词所提供的上下文和语义信息，生成相应的文本。

编写提示词要遵循清晰性、聚焦性、相关性、简洁性原则。

清晰性是指提示词应该能够明确传达想要表达的意思。聚焦性是指提示词应该能够引起 ChatGPT 的注意力并帮助其专注于问题重点。相关性是指在整个对话期间，提示词应该与当前话题或内容相关。简洁性是指提示词应尽可能简洁，避免不必要的词或描述。

提示词的编写步骤如下：

步骤一：明确目标。在编写提示词之前，必须明确希望通过 ChatGPT 获取什么信息。因为明确与 ChatGPT 对话的目的和重点，至少应该制作一个具体且相关的提示词，从而有利于进行深入的对话。

步骤二：构思。明确目标后，依据提示词设计的原则和问题的类型，构思提示词架构，并写下初稿。

步骤三：修改。在初稿的基础上，对提示词进行优化修改。

步骤四：提交。写完提示词后，提交给 ChatGPT 等待反馈结果。如果对反馈结果不满意，则回到上一步，重新修改提示词，直到答案满意为止。

1.3.4　ChatGPT 插件库的功能

插件库是为用户提供各种功能扩展的软件工具集合，它能够辅助用户在软件中更好地提高工作效率和学习体验。如"一键生成 PPT、一键生成思维导图、PDF 文档 AI 翻译、真人语音合成、办公文档 AI 处理"等工具，如图 1-42 所示。

图 1-42　ChatGPT 插件库截图

1.3.5 ChatGPT 在智能财务报告中的作用

自然语言处理正迅速成为财务报告领域的一个革命性工具。ChatGPT 等先进的 NLP 系统不仅能够理解复杂的语言模式，还能够生成符合语法和语义规则的自然文本。在财务报告中使用这类工具，可以极大提升报告的阅读体验和信息的传达效果。

ChatGPT 自然语言处理工具在财务报告领域的作用：

（1）数据解读与解释。ChatGPT 能够将复杂的财务数据和术语转化为易于理解的语言，帮助非专业用户理解财务报告的内容。这种能力不仅提高了报告的可读性，还促进了跨部门的沟通和理解。

（2）即时交互式分析。通过对话式的查询，ChatGPT 等工具能够为用户提供即时的数据解释和分析，增强了财务报告的互动性和用户体验。用户可以快速获得对特定数据的深入分析，而无须等待静态报告的生成。

（3）自动化报告撰写。ChatGPT 可以基于 VBA 等数据分析结果自动撰写报告摘要、结论或完整的财务报告，显著提高工作效率。这一功能对于需要快速生成大量报告的场景尤其有价值。

（4）决策支持优化。通过深度学习和大数据分析，ChatGPT 工具能够提供预测性的见解和建议，帮助企业作出更加数据驱动的决策。这些工具可以从历史数据中识别模式，预测未来趋势，并据此提供战略性建议。

（5）合规性监控。ChatGPT 工具可以监控财务报告的语言和内容，确保其符合行业规范和法律法规的要求。这有助于降低企业因报告不合规而产生的法律风险。

（6）知识共享与传播。ChatGPT 工具能够从财务报告中提取关键信息，并以易于共享的格式（如图表、摘要等）传播，促进了知识的共享和传播。这有助于内部决策和外部沟通的效率。

总的来说，ChatGPT 工具的应用不仅提高了财务报告的可访问性和效率，还为企业提供了更加深入和全面的财务洞察，从而支持更加明智的决策制定。这些工具的应用也标志着财务报告领域向更高水平自动化和智能化的转变。

1.4 数据管理

1.4.1 财务报告数据库

财务报告数据库是进行智能财务分析的数据源。建立财务报告数据库的基本方式：在一个工作表中存放多个表格；在一个工作簿中存放多个工作表；在一个文件夹中存放多个工作簿。数据库设置路径对编写 Excel VBA 智能财务分析应用程序至关重要。

1.4.1.1 在一个工作表中存放多个表格

在一个 Excel 工作表存放多个表格就是将格式相同内容不同的数据表格存放到一个工作表上。以此种方式建立的数据库，可以通过编写 Excel VBA 程序批量处理多个表格。

【例 1-7】在"2021 年区域销售统计"工作簿中的"区域销售"工作表上，存放华北区销量汇总（件）、华东区销量汇总（件）、东北区销量汇总（件）三个大小完全相同、起止行号也完全相同的子表格。

其路径是：2021年区域销售统计\区域销售\区域销售子表格。如图1-43所示。

图1-43 2021年区域销售统计存放路径

1.4.1.2 在一个工作簿中存放多个工作表

掌握好在一个工作簿中存放多个工作表路径，是编写Excel VBA程序进行批量处理工作表的关键环节。存放方式主要有以下两种方式：

（1）将同期的财务报告工作表存放到一个工作簿中。在2021年的财务报告工作簿中存放资产负债表、利润表、现金流量表。其存放路径是：2021年财务报告工作簿—"资产负债表"工作表—"利润表"工作表—"现金流量表"工作表。如图1-44所示。

图1-44 2021年财务报告存放路径

（2）将同类不同时间的工作表存放到一个工作簿中。在2021年月度财务报告工作簿中存放1月至12月共12个月的利润表和一个汇总表。

其存放路径是：2021年月度财务报告\汇总\1月\2月\……\12月。如图1-45所示。

第 1 章 概　　述

	A	B	C	D	E
1			利　润　表		
2	编制单位：大华股份有限公司		2021年1月		单位：元
3	项目	本期金额		上年同期金额	
4		合并	母公司	合并	母公司
5	一、营业收入	88,897,903.33	43,795,357.80	61,279,090.78	22,129,158.30
6	其中：主营业务收入	88,166,792.62	43,089,988.24	60,629,361.88	21,751,945.31
7	其他业务收入	731,110.71	705,369.56	649,728.90	377,212.99
8	减：营业成本	64,438,436.93	31,170,052.84	41,783,180.54	15,828,766.94
9	其中：主营业务成本	64,271,762.37	31,043,438.95	41,474,284.84	15,690,879.49
10	其他业务支出	166,674.56	126,613.89	308,895.70	137,887.45
11	税金及附加	241,077.92	27,090.00	242,824.17	7,705.00
12	销售费用	6,171,499.90	3,239,973.81	6,213,315.53	2,616,950.93
13	管理费用	6,481,898.22	4,272,070.26	5,506,770.16	3,227,434.66
14	财务费用	32,580.30	13,845.94	5,064.54	4,083.56
15	资产减值损失	0.00		0.00	0.00
16	加：公允价值变动收益（损失以"-"号填列）			0.00	0.00
17	投资收益（损失以"-"号填列）	0.00	0.00	0.00	0.00
18	其中：对联营企业和合营企业的投资收益				
19	二、营业利润（亏损以"-"号填列）	11,532,410.06	5,072,324.95	7,527,935.84	444,217.21
20	加：营业外收入	150,260.00	150,260.00	3,800.00	3,800.00
21	减：营业外支出				
22	三、利润总额（亏损总额以"-"号填列）	11,682,670.06	5,222,584.95	7,531,735.84	448,017.21
23	减：所得税费用				
24	四、净利润（净亏损以"-"号填列）	11,682,670.06	5,222,584.95	7,531,735.84	448,017.21
25	归属于母公司所有者的净利润	8,819,663.14		4,410,495.11	
26	少数股东损益	2,863,006.92		3,121,240.73	
27	（一）基本每股收益	0.062	0.037	0.031	0.00
28	（二）稀释每股收益	0.062	0.037	0.031	0.00

图 1 - 45　2021 年月度财务报告存放路径

1.4.1.3　在一个文件夹中存放多个工作簿

把握好在一个文件夹中存放多个工作簿路径，是编写 Excel VBA 程序进行批量处理工作簿的关键环节。存放方式主要有以下几种：

（1）在一个文件夹中存放多个工作簿，每个工作簿中又存放一个或多个工作表。

如大华公司在 2017 年至 2021 年利润表（按报告期）设置的文件夹中，存有 2017 年度利润表（按报告期）、2018 年度利润表（按报告期）、2019 年度利润表（按报告期）、2020 年度利润表（按报告期）、2021 年度利润表（按报告期）五个工作簿，在五个年度的工作簿中又设有 3 月、6 月、9 月、12 月四个报告期利润表。

以 2017 年度利润表（按报告期）为例：其路径是：2017 年至 2021 年利润表（按报告期）\ 2017 年度利润表（按报告期）\ 3 月—6 月—9 月—12 月。如图 1 - 46 所示。

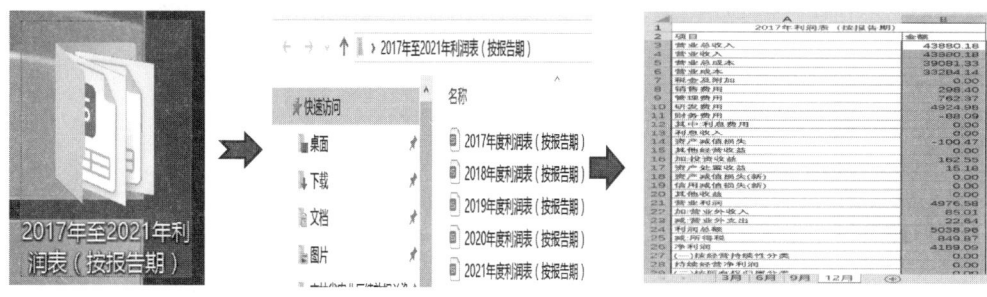

图 1 - 46　一个文件夹中存放多个工作簿，每个工作簿中存放有多个工作表

（2）在一个文件夹中存放多个子文件夹，每个子文件夹又存放多个子工作簿，每个工作簿又存放有一个或多个工作表。

如大华公司在财务报告（按报告期）设置的文件夹中，设有 2017 年至 2023 年利润表（按报告期）、2017 年至 2023 年现金流量表（按报告期）、2017 年至 2023 年资产负债表（按报告期）三个子文件夹；在三个子文件夹中又存放了 2017 年至 2023 年七个工作簿；在每个工作簿里还设有3月、6月、9月、12月四个报告期工作表。

其路径是：财务报告（按报告期）\2017年至2013年利润表（按报告期）\2017年度利润表（按报告期）\3月—6月—9月—12月。如图1-47所示。

图1-47　文件夹中设有子文件夹

在Excel中，工作簿的存放路径主要有三种方式：存放在D盘上，其路径是：D:\财务报告（按报告期）\2017年至2021年利润表（按报告期）\2017年度利润表（按报告期）.xlsx；存放在C盘上，其路径是：C:\财务报告（按报告期）\2017年至2023年利润表（按报告期）\2017年度利润表（按报告期）.xlsx；存放在文档中，其路径是：ThisWorkbook.Path &"\2017年至2023年利润表（按报告期）\2017年度利润表（按报告期）.xlsx"。初步掌握工作簿路径概念，有助于用户理解打开工作簿VBA代码。

1.4.2　建立工作表目录

数据库中每一个工作簿里会有很多工作表，翻看很麻烦。为了方便查找，可以使用VBA程序法建立工作表建立目录。通过编写VBA程序为工作簿中的工作表建一个带超级链接的目录。主要思路：一是创建一个新的工作表，将工作表名称写入新创建的工作表单元格；二是编写一个VBA程序给放置目录的单元格建立创建链接。

【例1-8】在单季度动态模型工作簿中有9个工作表，请编写一个Excel VBA程序建立工作表目录。如图1-48所示。

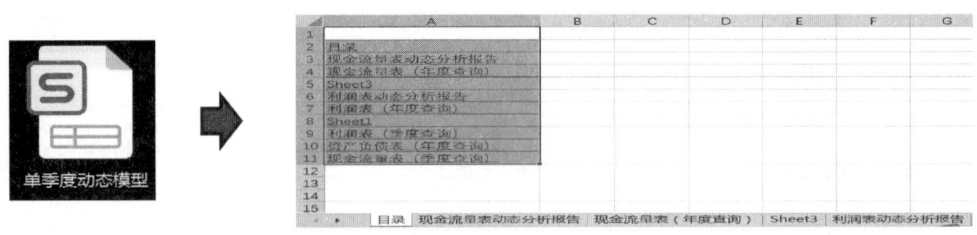

图1-48　工作簿文件夹及目录效果界面

步骤一：找到VBA编辑器。打开要创建工作表目录的工作簿，点击"开发工具"，选择Visual Basic编辑器，就可以直接进入VBE界面。点击工程窗口右键插入一个标准"模块"，便可在代码窗口编写代码。如图1-49所示。

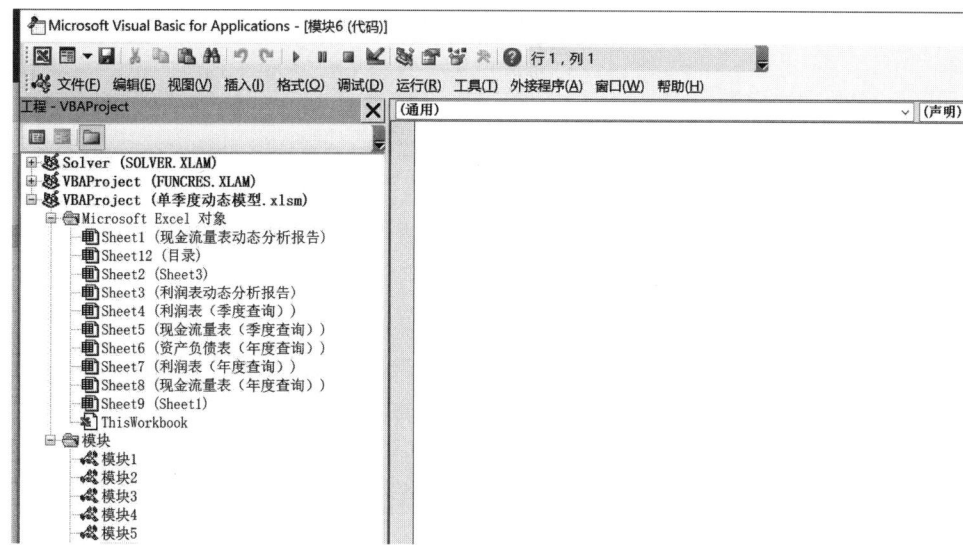

图 1-49　VBA 编辑器

步骤二：编写代码。参考代码如图 1-50 所示。

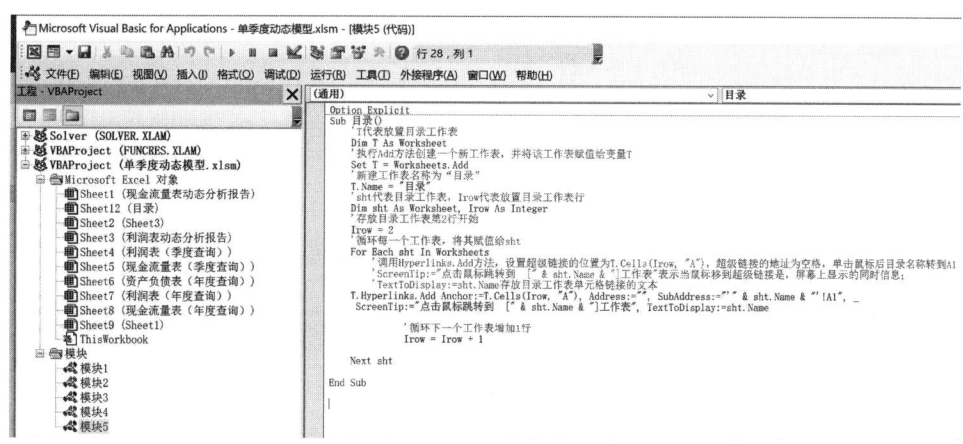

图 1-50　VBA 建立工作目录代码

成功之钥匙

代码含义：
```
Option Explicit
Sub 目录()
    'T 代表放置目录工作表
    Dim T As Worksheet
    '执行 Add 方法创建一个新工作表,并将该工作表赋值给变量 T
    Set T = Worksheets.Add
    '新建工作表名称为"目录"
    T.Name = "目录"
    'sht 代表目录工作表,Irow 代表放置目录工作表(T)行
    Dim sht As Worksheet, Irow As Integer
    '存放目录工作表(T)从第 2 行开始
    Irow = 2
    '循环每一个工作表(包括新添加的名称为"目录"的工作表),将其赋值给 sht
    For Each sht In Worksheets
```
'调用 Hyperlinks.Add 方法,设置超级链接的位置为 T.Cells(Irow,"A"),超级链接的地址为空格,单击鼠标后目录名称转到 A1。一个 Hyperlink 对象,它代表新的超链接。

```
'ScreenTip: = "点击鼠标跳转到[" & sht.Name &"]工作表"表示当鼠标移到超级链接时,屏幕上显示的提示信息;
'TextToDisplay: = sht.Name 存放目录工作表单元格链接的文本。
        T.Hyperlinks.Add Anchor: = T.Cells(Irow,"A"),Address: = "",SubAddress: = "'" & sht.Name & _
("'! A1"),ScreenTip: = "点击鼠标跳转到[" & sht.Name & "]工作表",TextToDisplay: = sht.Name
        '循环下一个工作表增加1行
        Irow = Irow + 1
    Next sht
End Sub
```

步骤三：点击 VBE 工具栏上的运行按钮 ▶ ，便可完成工作表目录创建任务。如图 1 - 51 所示。

图 1 - 51　工作表目录

1.4.3　用 VBA 程序筛选数据

在数据量比较大的情况下，通过编写 VBA 程序筛选数据，可以大大提高工作效率。这里以查询销售明细为例，介绍 VBA 查询筛选方法。

【例 1 - 9】2021 年大华公司销售情况如图 1 - 52 所示。要求根据资料编写一个 Excel VBA 数据查询程序。

	A	B	C	D	E	F	G	H	I
1	销售明细表								
2	销售日期	销售合同编号	客户名称	产品编码	产品名称	计量单位	出库数量	销售单价	销售金额
3	2021/12/2	XS1201	胜利公司	1008	产品H	张	50	99	4950
4	2021/12/3	XS1202	金牌公司	1007	产品G	张	80	149	11920
5	2021/12/3	XS1202	金牌公司	1006	产品F	张	65	78	5070
6	2021/12/7	XS1203	领先公司	1001	产品A	台	60	108	6480
7	2021/12/8	XS1204	胜利公司	1003	产品C	台	95	81	7695
8	2021/12/10	XS1205	金牌公司	1002	产品B	台	50	98	4900
9	2021/12/11	XS1206	领先公司	1004	产品D	台	40	92	3680
10	2021/12/12	XS1207	胜利公司	1002	产品B	台	30	98	2940
11	2021/12/12	XS1207	胜利公司	1006	产品F	张	50	78	3900
12	2021/12/12	XS1207	胜利公司	1008	产品H	张	40	99	3960
13	2021/12/18	XS1208	金牌公司	1001	产品A	台	40	108	4320
14	2021/12/20	XS1209	领先公司	1004	产品D	台	50	92	4600

图 1 - 52　销售明细表

1.4.3.1 设置控件

步骤一：根据销售明细工作表结构设置查询表。在 A3 单元格设置一个查询窗口，作为输入查询信息的窗口，如图 1-53 所示。

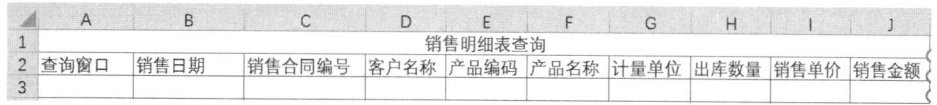

图 1-53 销售明细表查询

步骤二：添加 ActiveX 控件。根据查询需求，设置"销售日期查询""销售合同编号查询""客户名称查询""产品编码查询""产品名称查询"五个控件。

在工作界面点击"开发工具"（Developer tab），点击"插入"，这个时候会出现下面的界面，如图 1-54 所示。

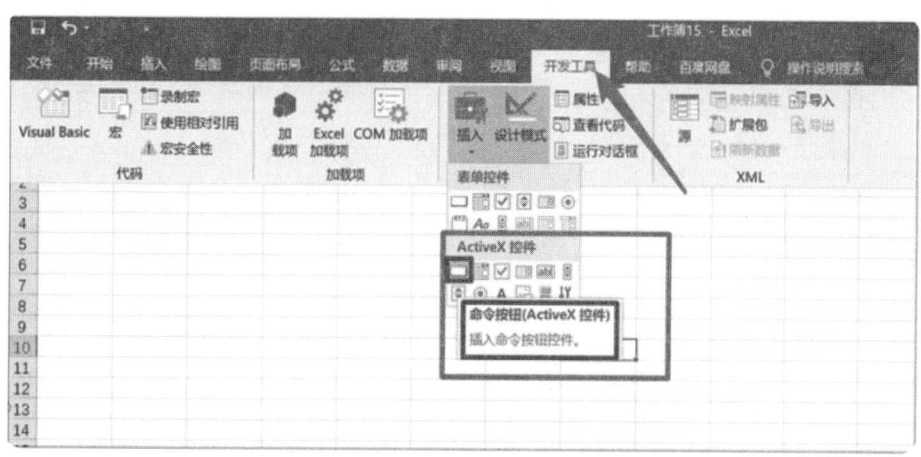

图 1-54 添加 ActiveX 控件界面

点击其中的命令按钮，然后回到工作表界面，在工作表上拖动命令按钮，这个时候工作表上就会出现这个控件了，如图 1-55 所示。

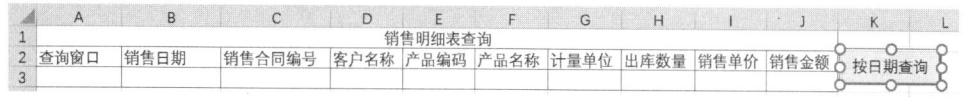

图 1-55 插入控件界面

步骤三：ActiveX 控件的自定义修改。右击刚刚添加的按钮（确保选择了设计模式）。然后单击"属性"来更改控件的标题和名称，如图 1-56 所示。

在 Caption 中，更改命令按钮的标题为"进行查询"，保留 CommandButton1 作为命令按钮的名称，如图 1-57 所示。

1.4.3.2 编写查询代码

步骤一：右击按钮（确保选择了设计模式），选择"查看代码"，如图 1-58 所示。

步骤二：这时就会进入 VBE 窗口，如图 1-59 所示。

步骤三：在其中添加按销售日期查询代码，如图 1-60 所示。

图 1-56 ActiveX 控件的自定义修改界面

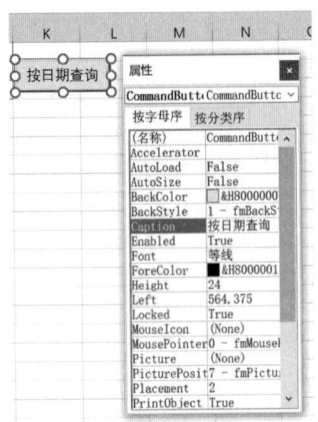 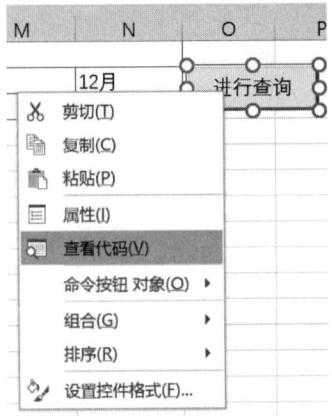

图1-57 ActiveX 控件属性界面　　　　图1-58 查看代码界面

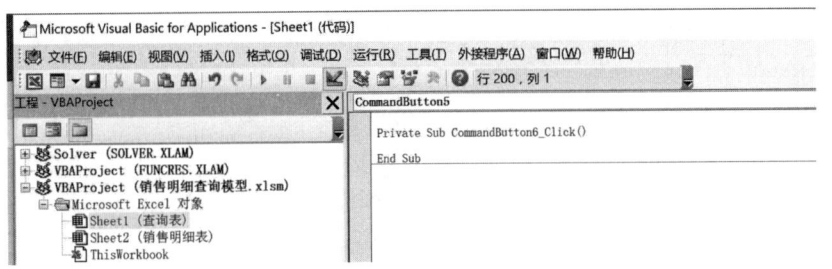

图1-59 插入 VBE 窗口界面

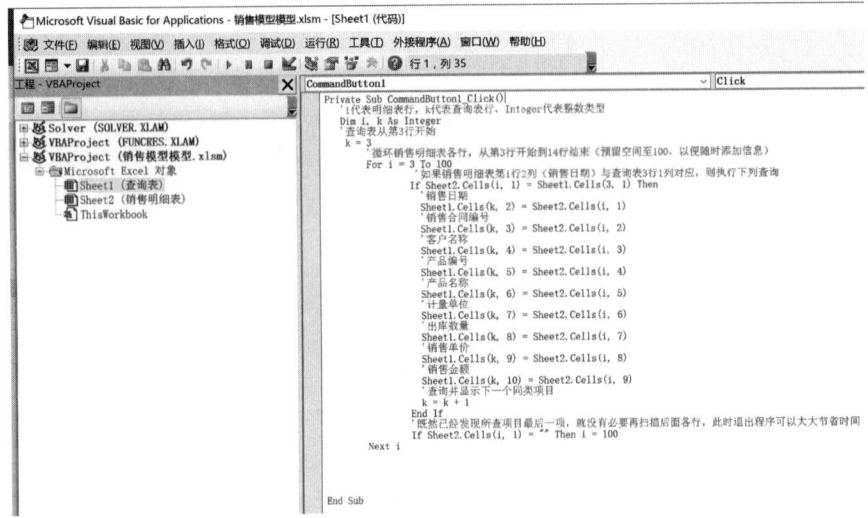

图1-60 编写按日期查询 VBA 编码

成功之钥匙

代码含义：
```
Private Sub CommandButton1_Click()
'i 代表销售明细表行,k 代表查询表行,Integer 代表整数类型
  Dim i,k As Integer
  'wa 和 wb 是工作表对象,分别用于引用"查询表"和"销售明细表"。
  Dim wa As Worksheet,wb As Worksheet
   Set wa = Worksheets("查询表")
   Set wb = Worksheets("销售明细表")
```

```
        '查询表从第 3 行开始
            k = 3
        '循环销售明细表各行,从第 3 行开始到 14 行结束(预留空间至 100,以便随时添加信息)
            For i = 3 To 100
        '如果销售明细表第 i 行 2 列(销售日期)与查询表 3 行 1 列对应,则执行下列查询
                If wb.Cells(i,1) = wa.Cells(3,1) Then
                    '销售日期
                    wa.Cells(k,2) = wb.Cells(i,1)
                    '销售合同编号
                    wa.Cells(k,3) = wb.Cells(i,2)
                    '客户名称
                    wa.Cells(k,4) = wb.Cells(i,3)
                    '产品编号
                    wa.Cells(k,5) = wb.Cells(i,4)
                    '产品名称
                    wa.Cells(k,6) = wb.Cells(i,5)
                    '计量单位
                    wa.Cells(k,7) = wb.Cells(i,6)
                    '出库数量
                    wa.Cells(k,8) = wb.Cells(i,7)
                    '销售单价
                    wa.Cells(k,9) = wb.Cells(i,8)
                    '销售金额
                    wa.Cells(k,10) = wb.Cells(i,9)
                    '查询并显示下一个同类项目
                    k = k + 1
                End If
        '既然已经发现所查项目最后一项,就没有必要再扫描后面各行,此时退出程序可以大大节省时间
                If wb.Cells(i,1) = "" Then i = 100
            Next i
End Sub
```

步骤四: 按上述方法插入按合同编号查询按钮,如图 1-61 所示。

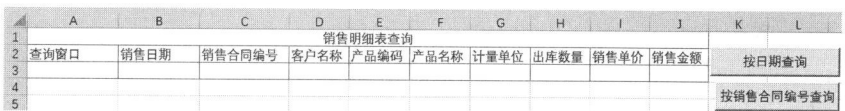

图 1-61　插入按合同编号查询按钮界面

步骤五: 编写按合同编号查询 VBA 程序,如图 1-62 所示。

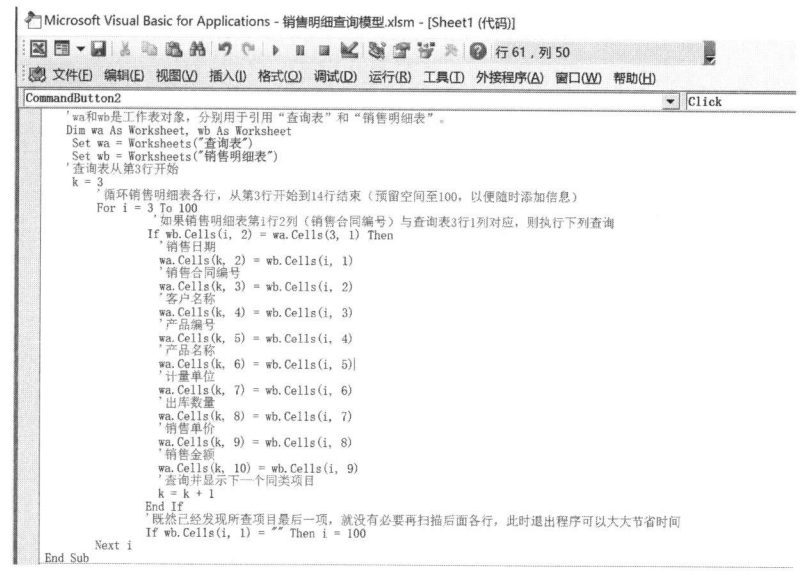

图 1-62　按合同编号查询 VBA 程序

成功之钥匙

代码含义：

```
Private Sub CommandButton2_Click()
    'i 代表销售明细表行,k 代表查询表行,Integer 代表整数类型
    Dim i,k As Integer
    'wa 和 wb 是工作表对象,分别用于引用"查询表"和"销售明细表"。
    Dim wa As Worksheet,wb As Worksheet
    Set wa = Worksheets("查询表")
    Set wb = Worksheets("销售明细表")
    '查询表从第 3 行开始
    k = 3
        '循环销售明细表各行,从第 3 行开始到 14 行结束(预留空间至 100,以便随时添加信息)
        For i = 3 To 100
            '如果销售明细表第 i 行 2 列(销售合同编号)与查询表 3 行 1 列对应,则执行下列查询
            If wb.Cells(i,2) = wa.Cells(3,1) Then
                '销售日期
                wa.Cells(k,2) = wb.Cells(i,1)
                '销售合同编号
                wa.Cells(k,3) = wb.Cells(i,2)
                '客户名称
                wa.Cells(k,4) = wb.Cells(i,3)
                '产品编号
                wa.Cells(k,5) = wb.Cells(i,4)
                '产品名称
                wa.Cells(k,6) = wb.Cells(i,5)
                '计量单位
                wa.Cells(k,7) = wb.Cells(i,6)
                '出库数量
                wa.Cells(k,8) = wb.Cells(i,7)
                '销售单价
                wa.Cells(k,9) = wb.Cells(i,8)
                '销售金额
                wa.Cells(k,10) = wb.Cells(i,9)
                '查询并显示下一个同类项目
                k = k + 1
            End If
            '既然已经发现所查项目最后一项,就没有必要再扫描后面各行,此时退出程序可以大大节省时间
            If wb.Cells(i,1) = "" Then i = 100
        Next i
End Sub
```

步骤六：插入按客户名称查询按钮，如图 1-63 所示。

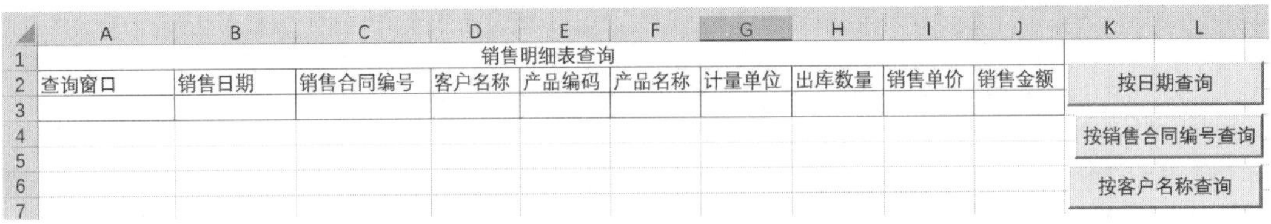

图 1-63 插入按客户名称查询界面

步骤七：编写按客户名称查询 VBA 程序，如图 1-64 所示。

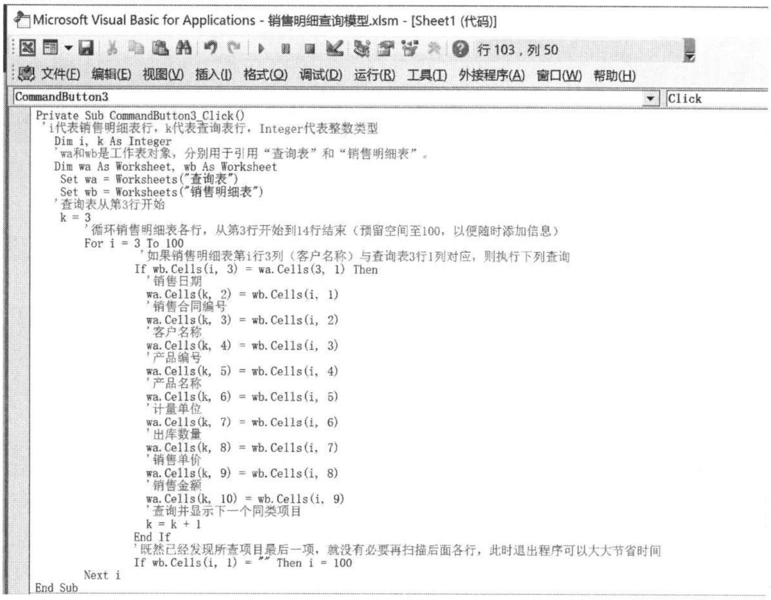

图 1-64　按客户名称查询 VBA 程序

成功之钥匙

```
Private Sub CommandButton3_Click()
 'i 代表销售明细表行,k 代表查询表行,Integer 代表整数类型
    Dim i,k As Integer
    'wa 和 wb 是工作表对象,分别用于引用"查询表"和"销售明细表"。
    Dim wa As Worksheet,wb As Worksheet
     Set wa = Worksheets("查询表")
     Set wb = Worksheets("销售明细表")
    '查询表从第 3 行开始
     k = 3
    '循环销售明细表各行,从第 3 行开始到 14 行结束(预留空间至 100,以便随时添加信息)
        For i = 3 To 100
        '如果销售明细表第 i 行 3 列(客户名称)与查询表 3 行 1 列对应,则执行下列查询
            If wb.Cells(i,3) = wa.Cells(3,1) Then
                '销售日期
                wa.Cells(k,2) = wb.Cells(i,1)
                '销售合同编号
                wa.Cells(k,3) = wb.Cells(i,2)
                '客户名称
                wa.Cells(k,4) = wb.Cells(i,3)
                '产品编号
                wa.Cells(k,5) = wb.Cells(i,4)
                '产品名称
                wa.Cells(k,6) = wb.Cells(i,5)
                '计量单位
                wa.Cells(k,7) = wb.Cells(i,6)
                '出库数量
                wa.Cells(k,8) = wb.Cells(i,7)
                '销售单价
                wa.Cells(k,9) = wb.Cells(i,8)
                '销售金额
                wa.Cells(k,10) = wb.Cells(i,9)
                '查询并显示下一个同类项目
                k = k +1
            End If
        '既然已经发现所查项目最后一项,就没有必要再扫描后面各行,此时退出程序可以大大节省时间
            If wb.Cells(i,1) = "" Then i =100
        Next i
End Sub
```

步骤八：按上述步骤插入按产品编号查询按钮，如图1-65所示。

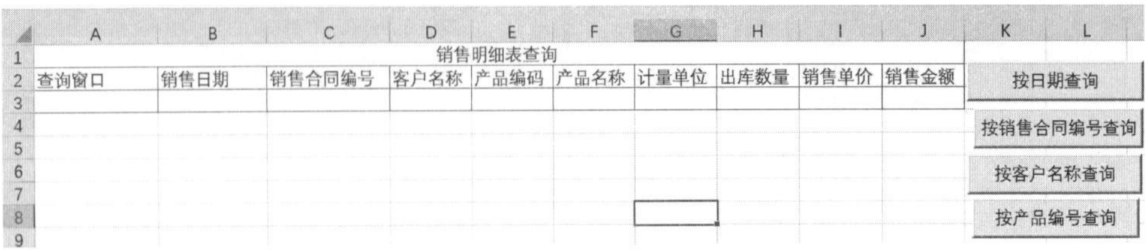

图1-65 插入按产品编号查询按钮界面

步骤九：编写按产品编号查询VBA程序，如图1-66所示。

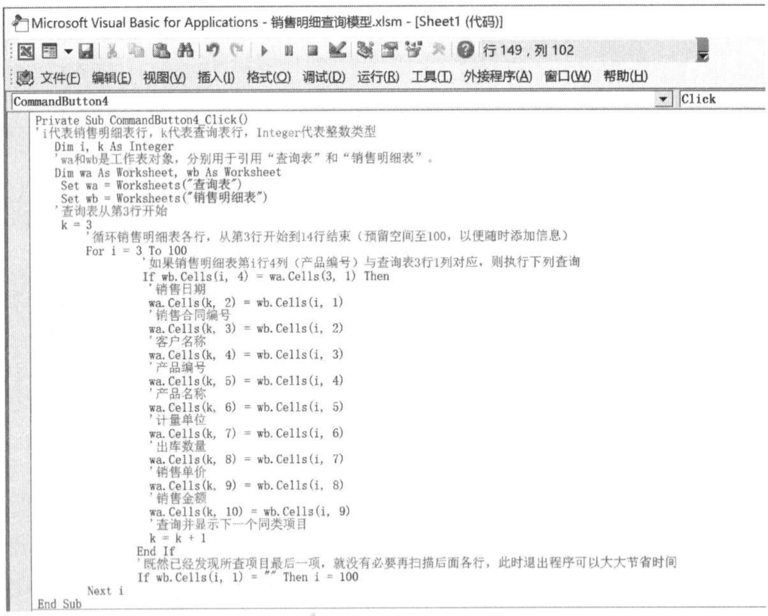

图1-66 按产品编号查询VBA程序

成功之钥匙

```
Private Sub CommandButton4_Click()
'i 代表销售明细表行,k 代表查询表行,Integer 代表整数类型
  Dim i,k As Integer
  'wa 和 wb 是工作表对象,分别用于引用"查询表"和"销售明细表"。
  Dim wa As Worksheet,wb As Worksheet
    Set wa=Worksheets("查询表")
    Set wb=Worksheets("销售明细表")
  '查询表从第3行开始
    k=3
  '循环销售明细表各行,从第3行开始到14行结束(预留空间至100,以便随时添加信息)
      For i=3 To 100
  '如果销售明细表第i行4列(产品编号)与查询表3行1列对应,则执行下列查询
        If wb.Cells(i,4)=wa.Cells(3,1) Then
        '销售日期
        wa.Cells(k,2)=wb.Cells(i,1)
        '销售合同编号
        wa.Cells(k,3)=wb.Cells(i,2)
        '客户名称
        wa.Cells(k,4)=wb.Cells(i,3)
        '产品编号
        wa.Cells(k,5)=wb.Cells(i,4)
        '产品名称
```

```
                    wa.Cells(k,6) = wb.Cells(i,5)
                    '计量单位
                    wa.Cells(k,7) = wb.Cells(i,6)
                    '出库数量
                    wa.Cells(k,8) = wb.Cells(i,7)
                    '销售单价
                    wa.Cells(k,9) = wb.Cells(i,8)
                    '销售金额
                    wa.Cells(k,10) = wb.Cells(i,9)
                    '查询并显示下一个同类项目
                    k = k + 1
                End If
'既然已经发现所查项目最后一项,就没有必要再扫描后面各行,此时退出程序可以大大节省时间
            If wb.Cells(i,1) = "" Then i = 100
        Next i
End Sub
```

步骤十：插入按产品名称查询按钮，如图 1-67 所示。

图 1-67　插入按产品名称查询按钮界面

步骤十一：编写按产品名称查询 VBA 程序，如图 1-68 所示。

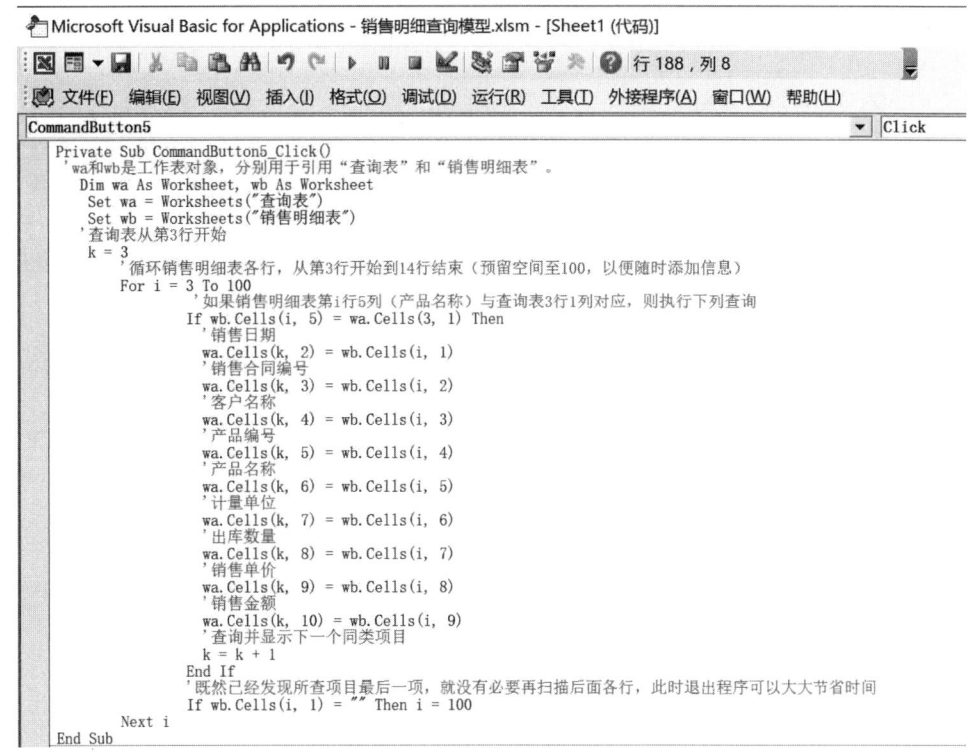

图 1-68　按产品名称查询 VBA 程序

成功之钥匙

代码含义：

```
Private Sub CommandButton5_Click()
'wa 和 wb 是工作表对象,分别用于引用"查询表"和"销售明细表"。
    Dim wa As Worksheet, wb As Worksheet
    Set wa = Worksheets("查询表")
    Set wb = Worksheets("销售明细表")
    '查询表从第 3 行开始
    k = 3
        '循环销售明细表各行,从第 3 行开始到 14 行结束(预留空间至 100,以便随时添加信息)
        For i = 3 To 100
            '如果销售明细表第 i 行 5 列(产品名称)与查询表 3 行 1 列对应,则执行下列查询
            If wb.Cells(i, 5) = wa.Cells(3, 1) Then
                '销售日期
                wa.Cells(k, 2) = wb.Cells(i, 1)
                '销售合同编号
                wa.Cells(k, 3) = wb.Cells(i, 2)
                '客户名称
                wa.Cells(k, 4) = wb.Cells(i, 3)
                '产品编号
                wa.Cells(k, 5) = wb.Cells(i, 4)
                '产品名称
                wa.Cells(k, 6) = wb.Cells(i, 5)
                '计量单位
                wa.Cells(k, 7) = wb.Cells(i, 6)
                '出库数量
                wa.Cells(k, 8) = wb.Cells(i, 7)
                '销售单价
                wa.Cells(k, 9) = wb.Cells(i, 8)
                '销售金额
                wa.Cells(k, 10) = wb.Cells(i, 9)
                '查询并显示下一个同类项目
                k = k + 1
            End If
            '既然已经发现所查项目最后一项,就没有必要再扫描后面各行,此时退出程序可以大大节省时间
            If wb.Cells(i, 1) = "" Then i = 100
        Next i
End Sub
```

步骤十二：进行数据查询。完成上述步骤后，可以在查询窗口输入查询项目信息，便可获取所需信息。如：在查询窗口输入期查询年月日，点击按日期查询按钮，便可获得查询结果，如图 1-69 所示。

	A	B	C	D	E	F	G	H	I	J	K
1	销售明细表查询										
2	查询窗口	销售日期	销售合同编号	客户名称	产品编码	产品名称	计量单位	出库数量	销售单价	销售金额	按日期查询
3	2021/12/12										

	A	B	C	D	E	F	G	H	I	J	K
1	销售明细表查询										
2	查询窗口	销售日期	销售合同编号	客户名称	产品编码	产品名称	计量单位	出库数量	销售单价	销售金额	按日期查询
3	2021/12/12	2021/12/12	XS1207	胜利公司	1002	产品B	台	30	98	2940	
4		2021/12/12	XS1207	胜利公司	1006	产品F	张	50	78	3900	
5		2021/12/12	XS1207	胜利公司	1008	产品H	张	40	99	3960	

图 1-69 按日期查询结果

1.4.4　数据库中工作表的调整

1.4.4.1　删除空白单元格的整行

在调整工作表的过程中，删除某一行的方式比较简单，但要删除工作表中不规则的整行或整列为空格或 0 的单元格就比较麻烦。可以通过编写 Excel VBA 代码方式删除空格或 0 所在的单元格整行。

【**例 1－10**】新华公司某项交易业务数据达千行，在核对时发现工作表数据之间存在有大量的空格或 0，核对起来工作量比较大。为便于理解这里仅列出部分数据，如图 1－70 所示。请编写一个 Excel VBA 代码，删除空格或零所在的单元格整行。

	A	B
1	交易记录	
2	交易时间	2021/11/24
3	2021/10/1	400000
4	2021/10/2	119188
5	2021/10/3	0
6	2021/10/4	400000
7	2021/10/5	519188
8	2021/10/6	0
9	2021/10/7	
10	2021/10/8	0
11	2021/10/9	
12	2021/10/10	200000
13	2021/10/11	319188
14	2021/10/12	0
15	2021/10/13	0
16	2021/10/14	
17	2021/10/15	
18	2021/10/16	
19	2021/10/17	100000
20	2021/10/18	0
21	2021/10/19	
22	2021/10/20	3000
23	2021/10/21	
24	2021/10/22	50000
25	2021/10/23	0
26	2021/10/24	47000
27	2021/10/25	
28	2021/10/26	
29	2021/10/27	5500
30	2021/10/28	0
31	2021/10/29	88000
32		

交易记录

图 1－70　交易记录

步骤一：点击“开发工具”进入 VBE 窗口，编写代码，如图 1－71 所示。

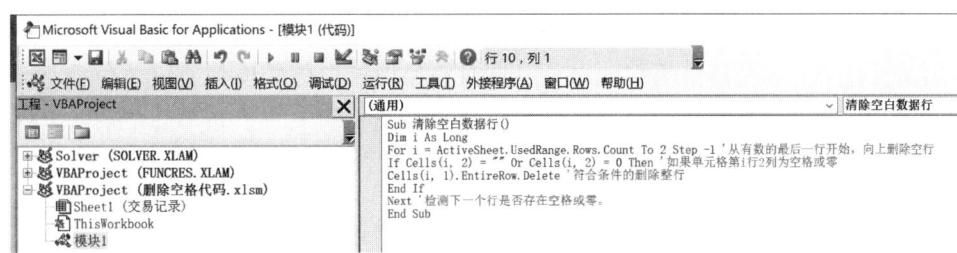

图 1－71　编写清除空格或零行代码

成功之钥匙

```
Option Explicit
Sub 清除空白数据行()
Dim i As Long
For i =ActiveSheet.UsedRange.Rows.Count To 2 Step -1 '从有数的最后一行开始,向上删除空行
If Cells(i,2) ="" Or Cells(i,2) =0 Then '如果单元格第 i 行 2 列为空格或零
Cells(i,1).EntireRow.Delete '符合条件的删除整行
End If
Next '检测下一个行是否存在空格或零。
End Sub
```

步骤二：运行代码，可以获取有用数据的工作表，如图 1 -72 所示。

	A	B
1	交易记录	
2	交易时间	2021/11/24
3	2021/10/1	400000
4	2021/10/2	119188
5	2021/10/3	0
6	2021/10/4	400000
7	2021/10/5	519188
8	2021/10/6	0
9	2021/10/7	
10	2021/10/8	0
11	2021/10/9	
12	2021/10/10	200000
13	2021/10/11	319188
14	2021/10/12	0
15	2021/10/13	0
16	2021/10/14	
17	2021/10/15	
18	2021/10/16	
19	2021/10/17	100000
20	2021/10/18	0
21	2021/10/19	
22	2021/10/20	3000
23	2021/10/21	
24	2021/10/22	50000
25	2021/10/23	0
26	2021/10/24	47000
27	2021/10/25	
28	2021/10/26	
29	2021/10/27	5500
30	2021/10/28	0
31	2021/10/29	88000
32		

交易记录

→

	A	B
1	交易记录	
2	交易时间	2021/11/24
3	2021/10/1	400000
4	2021/10/2	119188
5	2021/10/4	400000
6	2021/10/5	519188
7	2021/10/10	200000
8	2021/10/11	319188
9	2021/10/17	100000
10	2021/10/20	3000
11	2021/10/22	50000
12	2021/10/24	47000
13	2021/10/27	5500
14	2021/10/29	88000
15		
16		
17		
18		
19		
20		
21		
22		
23		
24		
25		
26		
27		
28		
29		
30		
31		
32		

交易记录

图 1 -72　删除空格或零后的工作表

1.4.4.2　数据单位转换

在数据分析过程中，经常会遇到金额数据单位转换问题。有时要把亿元单位转换为万元单位，有时要把万元单位转换为亿元单位，有时又要把元单位转换为万元单位或亿元单位。如果要把万元单位的数据转换成以元为单位，就需要把表格中的数据都逐个乘以 10000，这时如果手工一个一个单元格地去更改，对于数据较多的表格来讲会非常浪费时间，而且还容易出错。这里主要介绍 Excel VBA 数据单位转换功能。

如果一个工作表中的数据有多个计量单位，要统一计量单位，使用 Excel 自动数据单位转换功能会比较烦琐。使用 Excel VBA 数据单位转换功能会快捷完成数据单位转换工作。

【例1－11】图1－73中左边的利润表格中的数据有亿元和万元两个数据单位，不同单位的数据排列也不规则。请编写一个Excel VBA程序把表格里的数据统一变成以亿元为单位。

解决这一问题的基本思路是：明确要统一的数据单位，编写一个代码将数据末尾的单位置换掉。如本例中统一单位为亿元，程序会自动将数据末尾的单位“亿”置换掉；编写一个代码将被转换数据末尾的单位置换掉。如本例中被转换数据单位是万元，程序会自动将数据末尾的单位“万”置换掉；编写一个代码将万元转换为亿元。

在编写程序过程中，要用到文本替换函数Replace。Replace函数的基本格式：Replace(s，a，b)，意即在字符串中寻找所有字符串a，并将它们全都替换为字符串b，从而得到一个新的字符串并返回。

还要用到提取字串函数。这里介绍三个提取字串函数：

Left函数，完整格式是Left(s，n)，它的含义就是从字符串第一位（左边）开始提取n个字符串，从而构成一个新的字符串并返回。

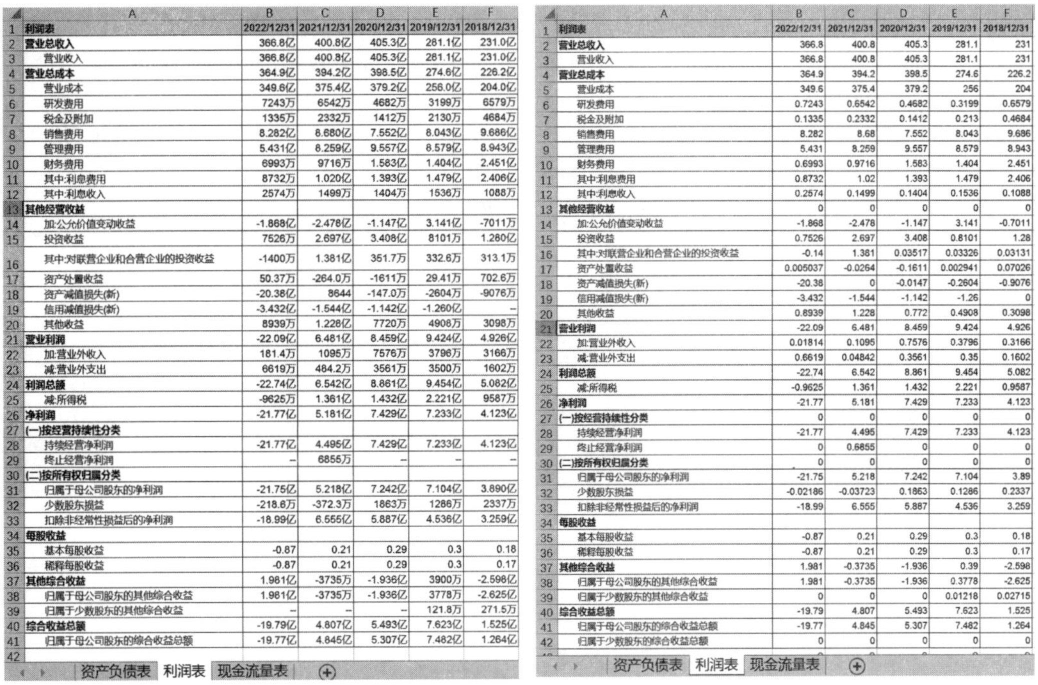

	A	B	C	D	E	F
1	利润表	2022/12/31	2021/12/31	2020/12/31	2019/12/31	2018/12/31
2	营业总收入	366.8亿	400.8亿	405.3亿	281.1亿	231.0亿
3	营业收入	366.8亿	400.8亿	405.3亿	281.1亿	231.0亿
4	营业总成本	364.9亿	394.2亿	398.5亿	274.6亿	226.2亿
5	营业成本	349.6亿	375.4亿	379.2亿	256.0亿	204.0亿
6	研发费用	7243万	6542万	4682万	3199万	6579万
7	税金及附加	1335万	2332万	1412万	2130万	4684万
8	销售费用	8.282亿	8.680亿	7.552亿	8.043亿	9.686亿
9	管理费用	5.431亿	8.259亿	9.557亿	8.579亿	8.943亿
10	财务费用	6993万	9716万	1.583亿	1.404亿	2.451亿
11	其中:利息费用	8732万	1.020亿	1.393亿	1.479亿	2.406亿
12	其中:利息收入	2574万	1499万	1404万	1536万	1088万
13	其他经营收益					
14	加:公允价值变动收益	-1.868亿	-2.478亿	-1.147亿	3.141亿	-7011万
15	投资收益	7526万	2.697亿	3.408亿	8101万	1.280亿
16	其中:对联营企业和合营企业的投资收益	-1400万	1.381亿	351.7万	332.6万	313.1万
17	资产处置收益	50.37万	-264.0万	-1611万	29.41万	702.6万
18	资产减值损失(新)	-20.38亿	8644	-147.0万	-2604万	-9076万
19	信用减值损失(新)	-3.432亿	-1.544亿	-1.142亿	-1.260亿	--
20	其他收益	8939万	1.228亿	7720万	4908万	3098万
21	营业利润	-22.09亿	6.481亿	8.459亿	9.424亿	4.926亿
22	加:营业外收入	181.4万	1095万	7576万	3796万	3166万
23	减:营业外支出	6619万	484.2万	3561万	3500万	1602万
24	利润总额	-22.74亿	6.542亿	8.861亿	9.454亿	5.082亿
25	减:所得税	-9625万	1.361亿	1.432亿	2.221亿	9587万
26	净利润	-21.77亿	5.181亿	7.429亿	7.233亿	4.123亿
27	(一)按经营持续性分类					
28	持续经营净利润	-21.77亿	4.495亿	7.429亿	7.233亿	4.123亿
29	终止经营净利润	--	6855万	--	--	--
30	(二)按所有权归属分类					
31	归属于母公司股东的净利润	-21.75亿	5.218亿	7.242亿	7.104亿	3.890亿
32	少数股东损益	-218.6万	-372.3万	1863万	1286万	2337万
33	扣除非经常性损益后的净利润	-18.99亿	6.555亿	5.887亿	4.536亿	3.259亿
34	每股收益					
35	基本每股收益	-0.87	0.21	0.29	0.3	0.18
36	稀释每股收益	-0.87	0.21	0.29	0.3	0.17
37	其他综合收益	1.981亿	-3735万	-1.936亿	3900万	-2.598亿
38	归属于母公司股东的其他综合收益	1.981亿	-3735万	-1.936亿	3778万	-2.625亿
39	归属于少数股东的其他综合收益	--	--	--	121.8万	271.5万
40	综合收益总额	-19.79亿	4.807亿	5.493亿	7.623亿	1.525亿
41	归属于母公司股东的综合收益总额	-19.77亿	4.845亿	5.307亿	7.482亿	1.264亿
42						

资产负债表　利润表　现金流量表

	A	B	C	D	E	F
1	利润表	2022/12/31	2021/12/31	2020/12/31	2019/12/31	2018/12/31
2	营业总收入	366.8	400.8	405.3	281.1	231
3	营业收入	366.8	400.8	405.3	281.1	231
4	营业总成本	364.9	394.2	398.5	274.6	226.2
5	营业成本	349.6	375.4	379.2	256	204
6	研发费用	0.7243	0.6542	0.4682	0.3199	0.6579
7	税金及附加	0.1335	0.2332	0.1412	0.213	0.4684
8	销售费用	8.282	8.68	7.552	8.043	9.686
9	管理费用	5.431	8.259	9.557	8.579	8.943
10	财务费用	0.6993	0.9716	1.583	1.404	2.451
11	其中:利息费用	0.8732	1.02	1.393	1.479	2.406
12	其中:利息收入	0.2574	0.1499	0.1404	0.1536	0.1088
13	其他经营收益	0	0	0	0	0
14	加:公允价值变动收益	-1.868	-2.478	-1.147	3.141	-0.7011
15	投资收益	0.7526	2.697	3.408	0.8101	1.28
16	其中:对联营企业和合营企业的投资收益	-0.14	1.381	0.03517	0.03326	0.03131
17	资产处置收益	0.005037	-0.0264	-0.1611	0.002941	0.07026
18	资产减值损失(新)	-20.38	0	-0.0147	-0.2604	-0.9076
19	信用减值损失(新)	-3.432	-1.544	-1.142	-1.26	0
20	其他收益	0.8939	1.228	0.772	0.4908	0.3098
21	营业利润	-22.09	6.481	8.459	9.424	4.926
22	加:营业外收入	0.01814	0.1095	0.7576	0.3796	0.3166
23	减:营业外支出	0.6619	0.04842	0.3561	0.35	0.1602
24	利润总额	-22.74	6.542	8.861	9.454	5.082
25	减:所得税	-0.9625	1.361	1.432	2.221	0.9587
26	净利润	-21.77	5.181	7.429	7.233	4.123
27	(一)按经营持续性分类	0	0	0	0	0
28	持续经营净利润	-21.77	4.495	7.429	7.233	4.123
29	终止经营净利润	0	0.6855	0	0	0
30	(二)按所有权归属分类	0	0	0	0	0
31	归属于母公司股东的净利润	-21.75	5.218	7.242	7.104	3.89
32	少数股东损益	-0.02186	-0.03723	0.1863	0.1286	0.2337
33	扣除非经常性损益后的净利润	-18.99	6.555	5.887	4.536	3.259
34	每股收益					
35	基本每股收益	-0.87	0.21	0.29	0.3	0.18
36	稀释每股收益	-0.87	0.21	0.29	0.3	0.17
37	其他综合收益	1.981	-0.3735	-1.936	0.39	-2.598
38	归属于母公司股东的其他综合收益	1.981	-0.3735	-1.936	0.3778	-2.625
39	归属于少数股东的其他综合收益	0	0	0	0.01218	0.02715
40	综合收益总额	-19.79	4.807	5.493	7.623	1.525
41	归属于母公司股东的综合收益总额	-19.77	4.845	5.307	7.482	1.264
42	归属于少数股东的综合收益总额	0	0	0	0	0

资产负债表　利润表　现金流量表

图1－73　Excel VBA数据单位转换效果

Right函数，完整格式是Right(s，n)，它的含义就是从字符串末位（右边）开始提取n个字符串，从而构成一个新的字符串并返回。

Mid函数，完整格式是Mid(s，m，n)，它的含义就是从字符串s的第m个字符开始提取n个字符串，并将新构成的字符串返回。

步骤一：打开代码窗口，编写数据单位转换代码。如图1－74所示。

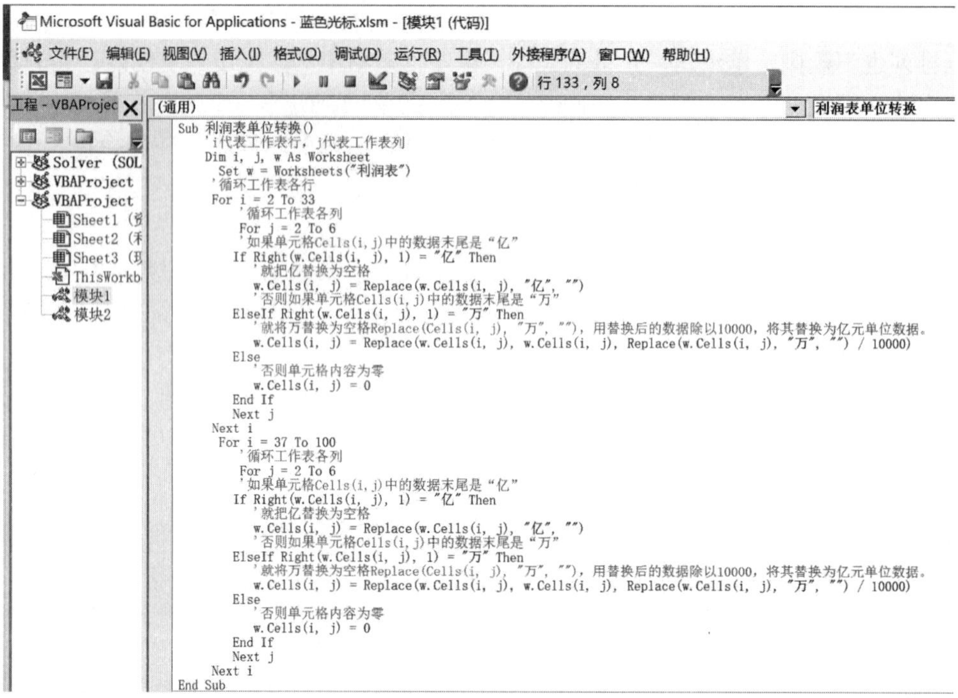

图1-74 Excel VBA 数据单位转换代码

成功之钥匙

代码含义：

```vba
Sub 利润表单位转换()
    'i 代表工作表行,j 代表工作表列
    Dim i, j, w As Worksheet
    Set w = Worksheets("利润表")
    '循环工作表各行
    For i = 2 To 33
        '循环工作表各列
        For j = 2 To 6
            '如果单元格 Cells(i,j) 中的数据末尾是"亿"
            If Right(w.Cells(i,j),1) = "亿" Then
                '就把亿替换为空格
                w.Cells(i,j) = Replace(w.Cells(i,j),"亿","")
                '否则如果单元格 Cells(i,j) 中的数据末尾是"万"
            ElseIf Right(w.Cells(i,j),1) = "万" Then
'就将万替换为空格 Replace(Cells(i,j),"万",""),用替换后的数据除以 10000,将其替换为亿元单位数据。
w.Cells(i,j) = Replace(w.Cells(i,j),w.Cells(i,j),Replace(w.Cells(i,j),"万",""))/10000
            Else
                '否则单元格内容为零
                w.Cells(i,j) = 0
            End If
        Next j
    Next i
    For i = 37 To 100
        '循环工作表各列
        For j = 2 To 6
            '如果单元格 Cells(i,j) 中的数据末尾是"亿"
            If Right(w.Cells(i,j),1) = "亿" Then
                '就把亿替换为空格
                w.Cells(i,j) = Replace(w.Cells(i,j),"亿","")
                '否则如果单元格 Cells(i,j) 中的数据末尾是"万"
            ElseIf Right(w.Cells(i,j),1) = "万" Then
'就将万替换为空格 Replace(Cells(i,j),"万",""),用替换后的数据除以 10000,将其替换为亿元单位数据。
w.Cells(i,j) = Replace(w.Cells(i,j),w.Cells(i,j),Replace(w.Cells(i,j),"万",""))/10000
```

```
      Else
        '否则单元格内容为零
        w.Cells(i,j) = 0
      End If
    Next j
  Next i
End Sub
```

步骤二：点击 VBE 中的第一个"运行"按 ▶ ▐▐ ■，便可获取转换后数据，如图 1 – 73 中右图所示。

1.4.5 字符串的拆分与合并

1.4.5.1 使用 Split 拆分字符串

拆分字符串是文本分析的一个基本方法。拆分字符串，就是指定某个分隔符，从而将一个字符串拆解成多个部分。拆分字符串最简单的办法是使用 VBA 提供的系统函数 Split。其代码表现形式：Split（需要拆分的字符串，分隔符），只要将拆分的字符串和指定的分隔符作为参数交给函数 Split，它就能自动完成拆分工作，并将拆解出来的多个字符串放在一个数组中返回给我们。由于这个数组的长度并不确定（因为不知道会拆成多少个字符串），所以 Split 函数用动态数组作为返回值的类型，其下标从 0 开始。

【例 1 – 12】在图 1 – 75 左图所示的工作表的 A1 单元格中存放一段预算调整政策条款。请以句号为分隔符将该段文字中的每个句子都提取出来，并逐行显示在 B 列。预期效果如图 1 – 75 所示。

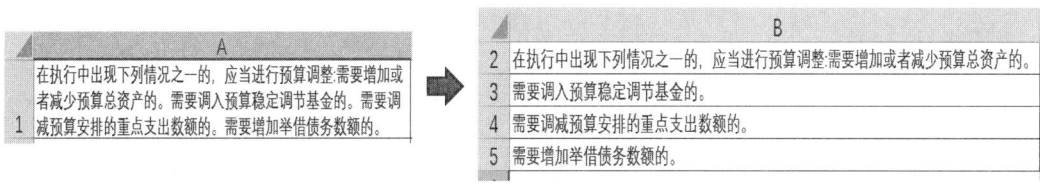

图 1 – 75 案例效果演示

这个例子参考代码如图 1 – 76 所示。

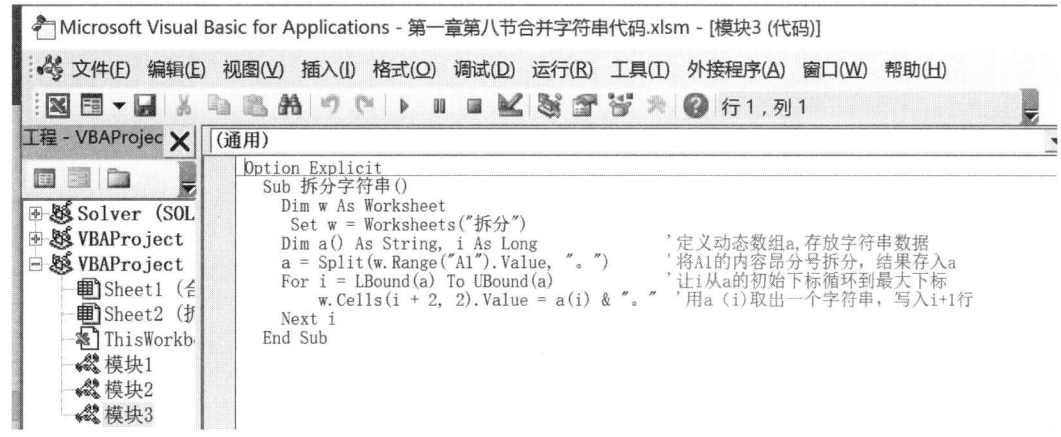

图 1 – 76 拆分字符串代码

👆 **成功之钥匙**

代码含义：

```
Option Explicit
  Sub 拆分字符串()
    Dim w As Worksheet
    Set w = Worksheets("拆分")
    Dim a() As String,i As Long          '定义动态数组 a,存放字符串数据
    a = Split(w.Range("A1").Value,"。")   '将 A1 的内容用句号拆分,结果存入 a
    For i = LBound(a) To UBound(a)       '让 i 从 a 的初始下标循环到最大下标
      w.Cells(i + 2,2).Value = a(i) & "。" '用 a(i)取出一个字符串,写入 i +1 行
    Next i
End Sub
```

这段代码调用了 Split 函数,并将 A1 单元格的内容 w.Range("A1").Value（A1 单元格里的文字）及分隔符"。"作为该函数的两个参数。于是 Split 函数执行后会返回一个动态数组,里面包含了按照句号分开的 4 个字符串。由于返回值被赋值给动态数组 a,因此可以使用 For 循环取出 a 中的每个元素,即拆分后的每个字符串。由于 Split 函数返回的数值以 0 作为参数下标,因此使用 Cells(i + 2,2)可以将其写入从第 2 行开始的 B 列单元格中。

1.4.5.2 使用 Join 合并字符串

字符串的合并也是文本分析的基本方法。使用 Join 函数可以将一维数组中的元素,按照指定的分隔符合并为一个字符串。其代码表现方式：Join（要合并的数组名称,分隔符）,第 1 个参数是合并的数组名称（只能是一维数组）,第 2 个参数是用来分隔各元素中数据的分隔符。第 2 个参数可以省略,VBA 会使用空格作为分隔符。

【例 1 – 13】接〖例 1 – 12〗。将拆分的字符串合并为一个字符串如图 1 – 77 所示。

图 1 – 77 案例效果演示

这个例子参考代码如图 1 – 78 所示。

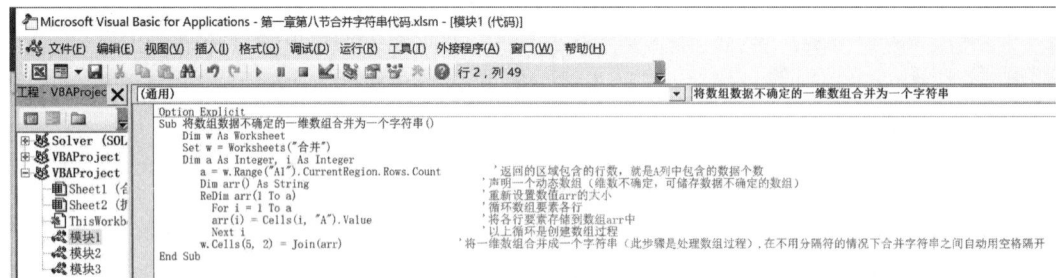

图 1 – 78 将数组数据不确定的一维数组合并为一个字符串

👆 **成功之钥匙**

代码含义：

```
Option Explicit
Sub 将数组数据不确定的一维数组合并为一个字符串()
  Dim w As Worksheet
```

```
      Set w = Worksheets("合并")
    Dim a As Integer, i As Integer
      '返回的区域包含的行数,就是 A 列中包含的数据个数
      a = w. Range("A1"). CurrentRegion. Rows. Count
      '声明一个动态数组(维数不确定,可储存数据不确定的数组)
      Dim arr() As String
      '重新设置数值 arr 的大小
      ReDim arr(1 To a)
      '循环数组要素各行
      For i = 1 To a
        '将各行要素存储到数组 arr 中
        arr(i) = Cells(i,"A").Value
        '以上循环是创建数组过程
      Next i
    '将一维数组合并成一个字符串(此步骤是处理数组过程),在不用分隔符的情况下合并字符串之间自动用空格隔开
      w. Cells(5,2) = Join(arr)
    End Sub
```

代码中的 w. Range("A1"). CurrentRegion 是找出 Range 所处的连续数据区域,也就是 A 列所包含的区域。Rows. Count 表示区域所代码的行数。

上述是数组数据不确定情况下的合并动态数组代码,如果数组数据确定可下述参考代码,如图 1-79 所示。

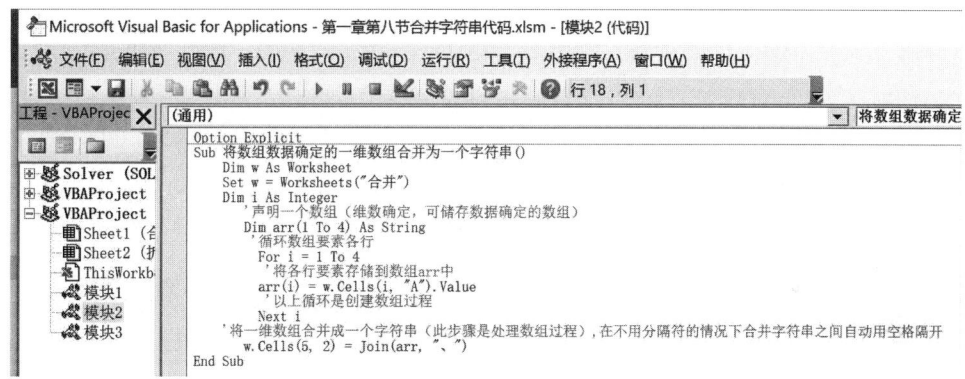

图 1-79 将数组数据确定的一维数组合并为一个字符串

成功之钥匙

代码含义:
```
Option Explicit
Sub 将数组数据确定的一维数组合并为一个字符串()
    Dim w As Worksheet
    Set w = Worksheets("合并")
    Dim i As Integer
      '声明一个数组(维数确定,可储存数据确定的数组)
      Dim arr(1 To 4) As String
      '循环数组要素各行
      For i = 1 To 4
        '将各行要素存储到数组 arr 中
        arr(i) = w. Cells(i,"A").Value
        '以上循环是创建数组过程
      Next i
'将一维数组合并成一个字符串(此步骤是处理数组过程),此案例用句话将会被字符串隔开。在不用分隔符的情况下合并字符串之间自动用空格隔开。
      w. Cells(5,2) = Join(arr,"。")
End Sub
```

1.5 财务数据可视化

财务数据可视化是将企业的财务数据以视觉化的形式展现出来，帮助管理者更直观地分析企业的财务状况。财务数据可视化可以包括利润表、资产负债表、现金流量表等财务报表的图表化展示，也可以通过财务指标的图表等方式展示企业的财务状况。

1.5.1 制作可视化图表基本方法

使用图表来展示财务数据，是财务可视化的一种有效形式，能够直观地展示财务报告中的数据变化情况、变化周期、变化幅度和发展趋势。

Excel 提供了柱形图、条形图、折线图、饼形图、面积图、圆环图、雷达图、曲面图、气泡图、股价图、圆柱图、圆锥图和棱锥图等十余种不同类型的图表。每种图表还有多种不同的具体形式可供选择。创建图表的基本方式如下：

打开数据源—选择数据区域—单击菜单"插入"—"图表"—"推荐图表"—"所有图表"—在图表类型列表框中选择一种图表—单击"确定"。如图 1-80 所示。

图 1-80　创建图表方式

【例 1-14】将图 1-81 左侧利润表主要指标 A2：E3 区域数据制作成右侧所示的柱形图。

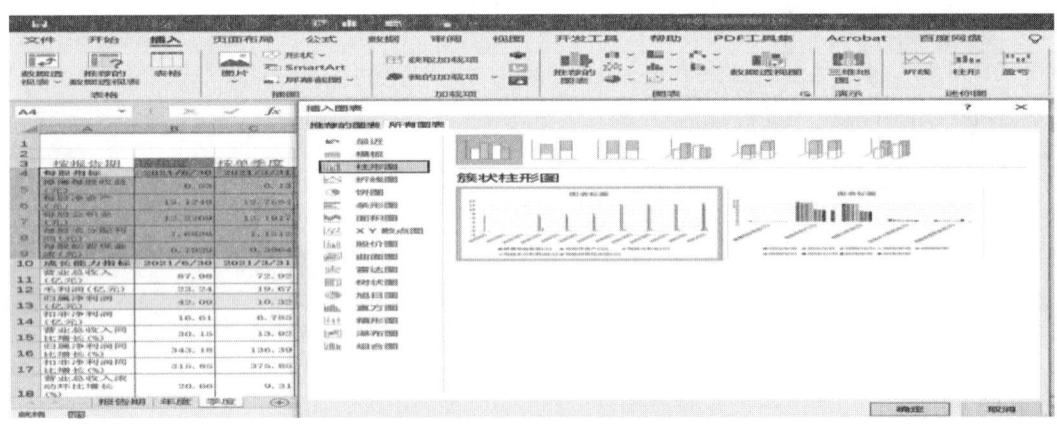

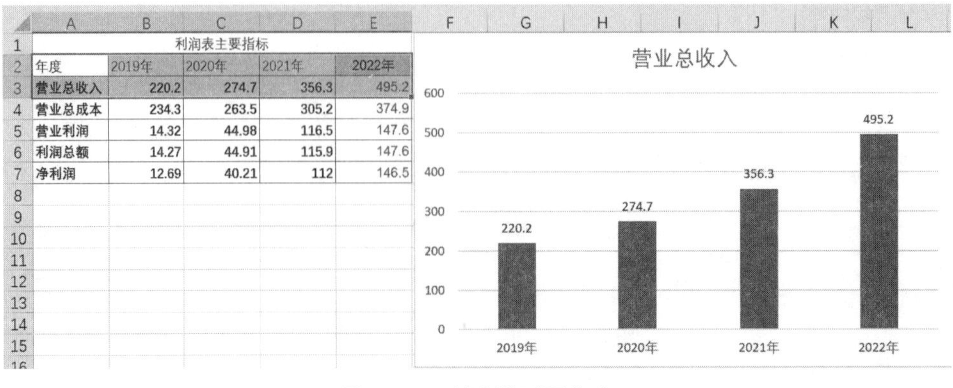

图 1-81　创建柱形图方式

具体步骤如下：

步骤一：打开数据源工作表"利润表主要指标"—选择数据区域 A2：E3。如图 1-82 所示。

	A	B	C	D	E
1	利润表主要指标				
2	年度	2019年	2020年	2021年	2022年
3	营业总收入	220.2	274.7	356.3	495.2

图 1-82　数据区域

步骤二：单击菜单"插入"—"图表"—"推荐图表"—"所有图表"。如图 1-83 所示。

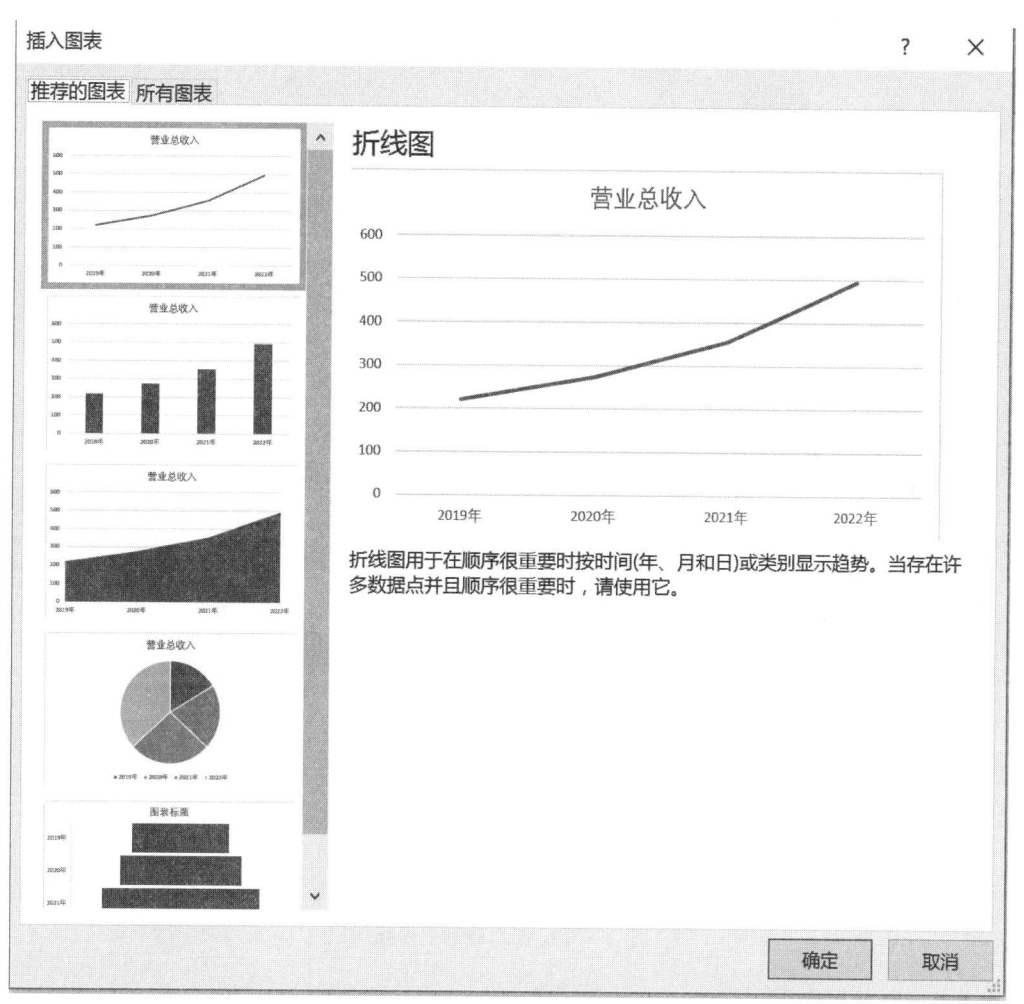

图 1-83　推荐图表

步骤三：在推荐图表在选择柱形图。如图 1-84 所示。

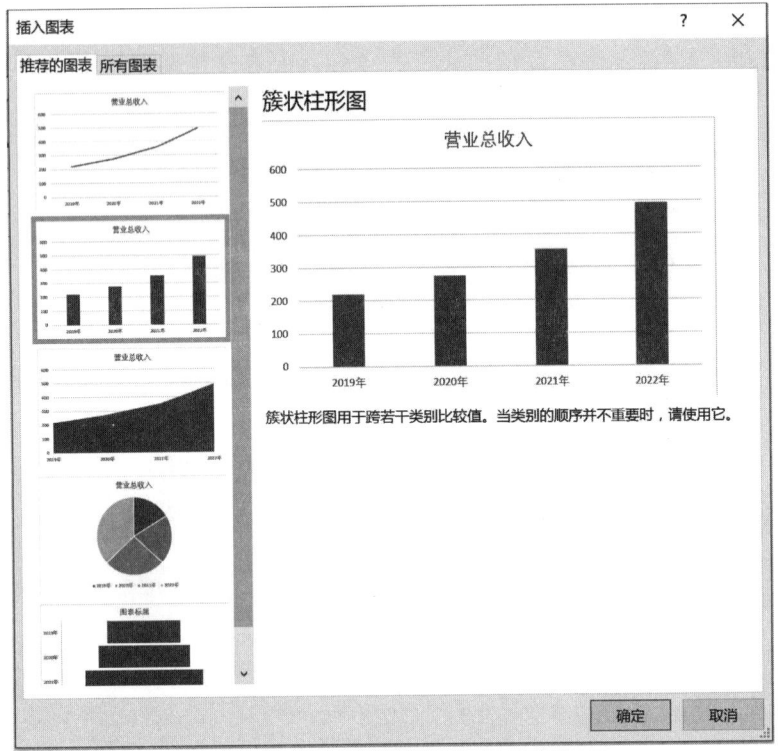

图1-84 选择柱形图表

步骤四:点击"确定",便可获取所需柱形图。如图1-85所示。

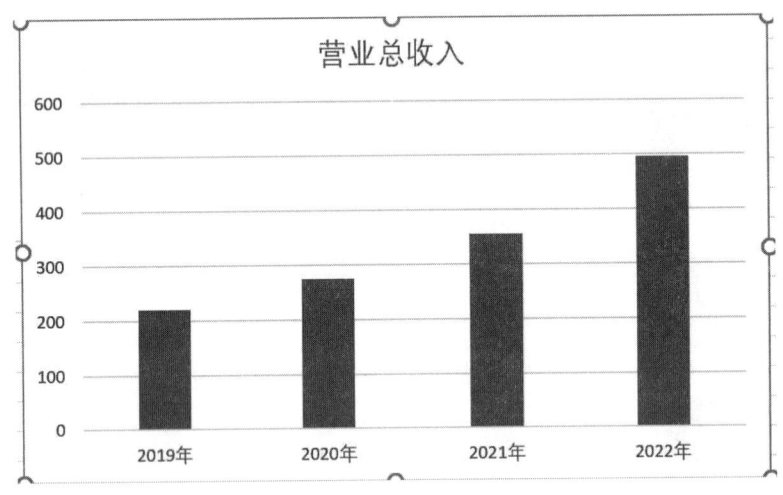

图1-85 创建柱形图效果

1.5.2 财务报告可视化

财务报告可视化是指将财务报告包括资产负债表、利润表、现金流量表中的数据通过图表的形式进行展示,以便更好地理解和分析公司的财务状况。通过财务报告的可视化,可以帮助报告使用者更好地理解公司的财务状况,识别潜在的风险和机会,并作出更明智的决策。

1.5.2.1 财务报表可视化动态图制作方法

财务报表可视化动态图就是利用函数和 VBA 代码相结合的方法制作出的动态可视化图表，当鼠标指针点击某一选项时，图表能够自动展示对应的数据系列。通过图表可以展示资产负债表、利润表和现金流量表中各个项目指标的动态情况。这里以利润表为例，介绍财务可视化动态图的制作方法。应用这一方法也可以制作资产负债表、现金流量表等可视化动态图。

【例 1-15】利用 Web 查询方法从网上下载 A 公司 2018 年至 2022 年利润表数据。如图 1-86 所示。

	A	B	C	D	E	F
1			利润表			单位：亿元
2		年度	2018年	2019年	2020年	2021年
3		营业总收入	230.2	220.2	274.7	356.3
4		营业收入	230.2	220.2	274.7	356.3
5		营业总成本	235.3	234.3	263.5	305.2
6		营业成本	177.2	174.3	209.4	251.9
7		税金及附加	0.9161	1.16	2.418	1.158
8		销售费用	1.9	1.823	1.996	1.762
9		管理费用	11.59	15.18	15.62	16.44
10		研发费用	44.71	47.44	46.72	41.21
11		财务费用	-0.9677	-5.613	-12.6	-7.211
12		其中:利息费用	2.634	4.373	5.06	7.101
13		利息收入	4.428	-9.602	-11.74	-14.39
14		其他经营收益				
15		加:公允价值变动收益	0.245	1.945	3.311	5.075
16		投资收益	-2.704	8.469	6.953	29.27
17		其中:对联营企业和合营企业的投资收益	-3.397	2.558	6.53	14.32
18		资产处置收益	2.143	0.2761	0.1033	2.742
19		资产减值损失(新)	-0.9743	-2.528	-1.499	3.834
20		信用减值损失(新)	-0.05754	-0.1115	0.04547	0.06376
21		其他收益	11.07	20.39	24.89	24.41
22		营业利润	4.551	14.32	44.98	116.5
23		加:营业外收入	0.09475	0.02806	0.1252	0.03858
24		减:营业外支出	0.08198	0.07992	0.1955	0.5517
25		利润总额	4.564	14.27	44.91	115.9
26		减:所得税	0.9613	1.585	4.697	3.914
27		净利润	3.603	12.69	40.21	112
28		(一)按经营持续性分类				
29		持续经营净利润		12.69	40.21	112
30		(二)按所有权归属分类				
31		归属于母公司股东的净利润	7.473	17.94	43.32	107.3
32		少数股东损益	-3.87	-5.252	-3.109	4.694
33		扣除非经常性损益后的净利润	-6.169	-5.221	16.97	53.25
34		每股收益				
35		基本每股收益	0.14	0.34	0.67	1.36
36		稀释每股收益	0.14	0.33	0.64	1.35
37		其他综合收益	24.35	8.351	-95.57	-35.06
38		归属于母公司股东的其他综合收益	18.31	4.435	-65.72	-23.22
39		归属于少数股东的其他综合收益	6.033	3.916	-29.85	-11.85
40		综合收益总额	27.95	21.04	-55.36	76.96
41		归属于母公司股东的综合收益总额	25.79	22.37	-22.4	84.12
42		归属于少数股东的综合收益总额	2.163	-1.336	-32.96	-7.154

图 1-86 A 公司利润表数据

请应用 Excel VBA 程序，创建利润表动态分析图。

具体步骤如下：

步骤一：设立文件格式。由于使用了 VBA 代码，因此要将工作簿保存为"Excel 启用宏的工作簿（*.xlsm）"格式。将利润表数据导入 Excel 工作表/保存（保存类型：Excel 启用宏的工作簿）/点击"保存"。如图 1-87 所示。

步骤二：布局工作表。在图 1-86 单元格区域 B2：F12 放置动态分析图，需要将图 1-86 中的数据整体下移，以 B13：F13 区域为新起点。如图 1-88 所示。

— 49 —

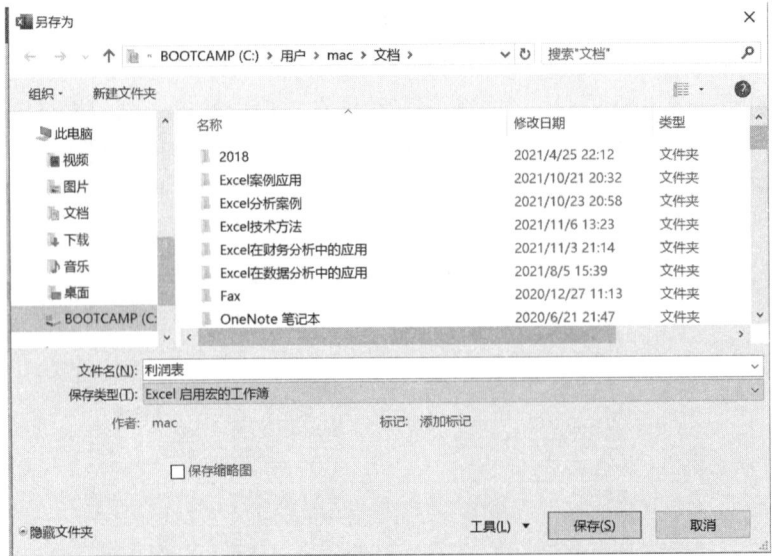

图 1-87　保存文件名方式

	A	B	C	D	E	F
13	年度		2018年	2019年	2020年	2021年
14		营业总收入	230.2	220.2	274.7	356.3
15		营业收入	230.2	220.2	274.7	356.3
16		营业总成本	235.3	234.3	263.5	305.2
17		营业成本	177.2	174.3	209.4	251.9
18		税金及附加	0.9161	1.16	2.418	1.158
19		销售费用	1.9	1.823	1.996	1.762
20		管理费用	11.59	15.18	15.62	16.44
21		研发费用	44.71	47.44	46.72	41.21
22		财务费用	-0.9677	-5.613	-12.6	-7.211
23		其中:利息费用	2.634	4.373	5.06	7.101
24		利息收入	4.428	-9.602	-11.74	-14.39
25		其他经营收益				
26		加:公允价值变动收益	0.245	1.945	3.311	5.075
27		投资收益	-2.704	8.469	6.953	29.27
28		其中:对联营企业和合营企业的投资收益	-3.397	2.558	6.53	14.32
29		资产处置收益	2.143	0.2761	0.1033	2.742
30		资产减值损失(新)	-0.9743	-2.528	-1.499	3.834
31		信用减值损失(新)	-0.05754	-0.1115	0.04547	0.06376
32		其他收益	11.07	20.39	24.89	24.41
33		营业利润	4.551	14.32	44.98	116.5
34		加:营业外收入	0.09475	0.02806	0.1252	0.03858
35		减:营业外支出	0.08198	0.07992	0.1955	0.5517
36		利润总额	4.564	14.27	44.91	115.9
37		减:所得税	0.9613	1.585	4.697	3.914
38		净利润	3.603	12.69	40.21	112
39		(一)按经营持续性分类				
40		持续经营净利润		12.69	40.21	112
41		(二)按所有权归属分类				
42		归属于母公司股东的净利润	7.473	17.94	43.32	107.3
43		少数股东损益	-3.87	-5.252	-3.109	4.694
44		扣除非经常性损益后的净利润	-6.169	-5.221	16.97	53.25
45		每股收益				
46		基本每股收益	0.14	0.34	0.67	1.36
47		稀释每股收益	0.14	0.33	0.64	1.35
48		其他综合收益	24.35	8.351	-95.57	-35.06
49		归属于母公司股东的其他综合收益	18.31	4.435	-65.72	-23.22
50		归属于少数股东的其他综合收益	6.033	3.916	-29.85	-11.85
51		综合收益总额	27.95	21.04	-55.36	76.96
52		归属于母公司股东的综合收益总额	25.79	22.37	-22.4	84.12
53		归属于少数股东的综合收益总额	2.163	-1.336	-32.96	-7.154
54						

图 1-88　布局后工作表存放位置

步骤三：名称管理：将图1-86单元格区域B14：B54项目命名为"LMN"，显示数据范围单元格区域C14：F14命名为"HJK"。点击工作表（图1-86）任意一个单元格—公式—名称管理——新建—名称（行）"LMN"—引用位置（Sheet1！＄B＄14），再点击新建—名称（列）"HJK"—引用位置（Sheet1！＄C＄14：＄F＄14）。如图1-89所示。

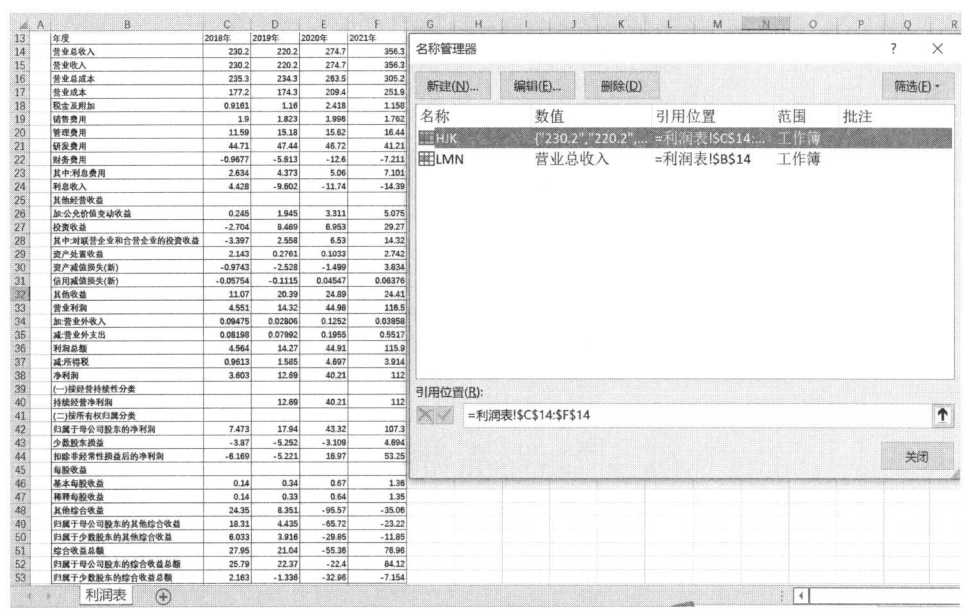

图1-89　名称管理示意图

步骤四：编写 VBA 程序。打开保存为宏的工作表—点击【开发工具】—点击 VBE 窗口—双击【Sheet2（利润表）】—命令，然后在模块代码窗口中输入以下代码，最后关闭 VBE 窗口。这里要注意编写代码时，在工程窗口中双击"Sheet2（利润表）"工作表模块，并在编辑窗口写入代码。如图1-90所示。

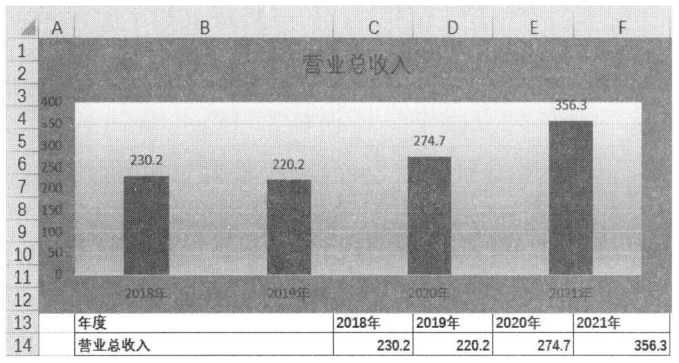

图1-90　插入柱形图

成功之钥匙

宏公式含义：

```
Option Explicit
'当前工作表中选择的单元格范围改变后,所发生的事件。Range 类型参数 Target 代表被选中的单元格范围。
Sub Worksheet_SelectionChange(ByVal Target As Range)
    '如果选择单元格列值等于2(表示列),并且行号在14行至53行之间,则执行下列程序。
```

— 51 —

```
        If Target.Column = 2 And Target.Row > = 14 And Target.Row < = 53 Then
            ActiveWorkbook.Names("LMN").RefersToR1C1 = Target.Resize(1,1)
            '并显示1行5列数据
            Target.Resize(1,5).Select
            '在当前工作簿名称中查找特定列名称("HJK"),返回显示数据1行4列,并将显示位置整体向右移动一列。
            ActiveWorkbook.Names("HJK").RefersToR1C1 = Target.Resize(1,4).Offset(0,1)
            '结束判断。
        End If
    '程序结束
End Sub
```

步骤五：插入图表。选定 B13：G14，插入柱形图。如图 1－91 所示。

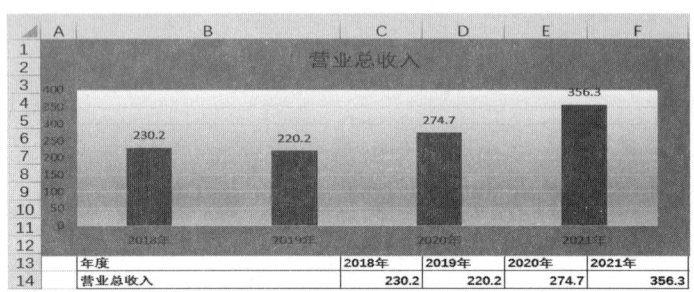

图 1－91　插入柱形图

成功之钥匙

图表美化方式：

①填充图表界面颜色。点击图表任意位置，点击右键—设置绘图区格式—填充—渐变填充（可以根据需要选择填充项）。

②填充边框。点击边框右键—填充—根据需要选择主体颜色。

③调整图表颜色。点击边框右键—填充—根据需要选择主体颜色。

④预测趋势值。点击任一柱形图右键—添加趋势线—设置趋势线—趋势预测—显示公式—显示 R 值。根据显示公式可以进行趋势预测。注意需要分别对各项目添加趋势线进行趋势预测。

步骤六：链接图表。点击图表任意位置—点击右键—选择数据—点击营业收入—编辑—列名称（利润表动态图模型.xlsm！LMN）—系列值（利润表动态图模型.xlsm！HJK）。如图 1－92 所示。这里要注意，名称要写 Excel 操作界面最上面"标题栏"显示的"利润表动态图模型"。

注意：在输入列名称（利润表.xlsm！LMN）—系列值（利润表.xlsm！HJK）时，不要在"利润表"前加"＝"号。

完成上述步骤后，点击利润表任意项目便可动态显示各项指标动态情况。

1.5.2.2　设置平滑滚动

一般来说，在使用 Excel 的过程中，屏幕都无法显示表格中的所有数据，我们需要滚动鼠标去查看。表格中密密麻麻的数字，一不留神，就会搞错行、看错列，导致数据总是对不准。Excel 中的视图功能，可以帮助解决这个问题。

（1）冻结首行。表格中的第一行，通常都是标题行，在录入和查看数据的过程中，如果看不到标题行，都不知道应该录入什么数据了。

点击打开【视图】选项卡—点击单元格 B14—点击【冻结窗格】—选择【冻结首行】。无论行数怎么变化，首行标题固定不动。如图 1－93 所示。

（2）冻结首列。表格中的第一列，通常都是序号列，方便在查看数据时，知道是哪一个数据，但当表格向右拖动时，就看不到对应的序号了。

图1-92 设置表头示意图

图1-93 冻结首行示意图

点击打开【视图】选项卡,点击【冻结窗格】,选择【冻结首列】,无论列数怎么变化,

— 53 —

首列序号固定不动。如图1-94所示。

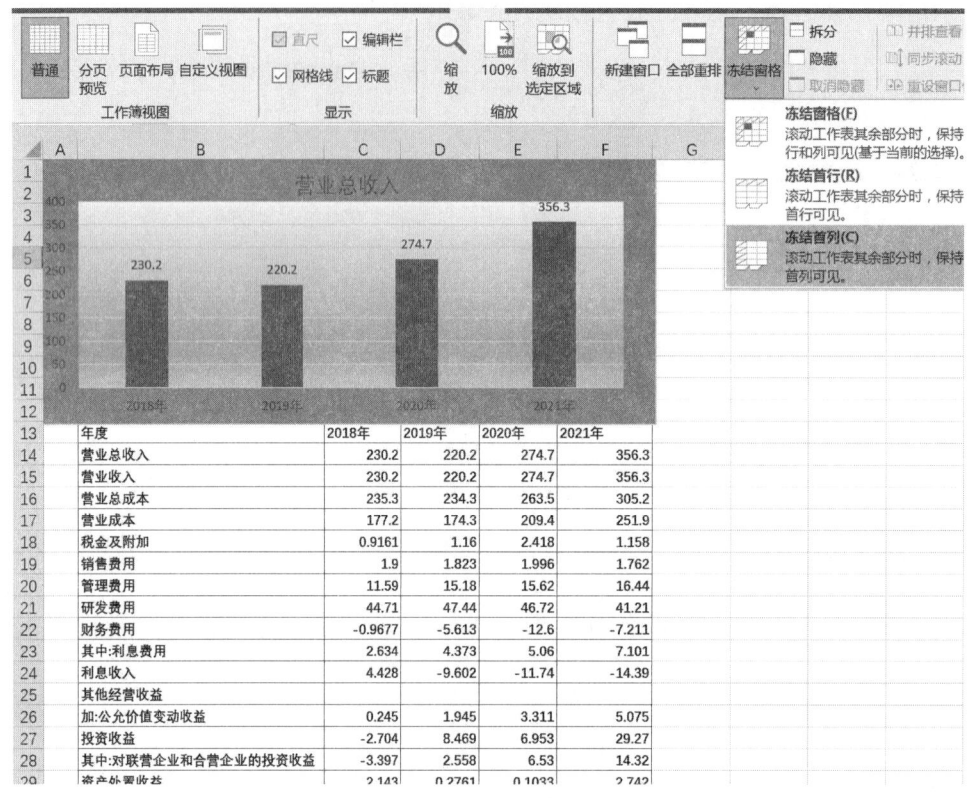

图1-94 冻结首列示意图

（3）冻结窗格。如果要对表格同时冻结行和列，显然，冻结首行和冻结首列的功能，都无法满足要求。这时候，可以使用冻结窗格的功能。见图1-95，第1~12行放置了图表；第13行是标题行；第1列是项目名称。这里需要冻结第13行年度标题行，从第14行开始滚动显示；冻结第2列项目名称，从第3列开始滚动显示。这时，选中单位格【B14】，点击打开【视图】选项卡—点击【冻结窗格】—选择【冻结窗格】，就能锁定第13行和第2列了。

完成上述步骤之后，便可制成可视化态度图表。滚动鼠标点击第14~53行任意一个项目，图表会随着各行数据的变化而变动。

1.5.3 使用VBA制作图表

1.5.3.1 创建图表工作表

创建图表工作表就是将根据数据源创建的图表放到一个新的图表工作表上。Charts集合对象代表一个工作簿中所有的图表工作表，Chart对象代表图表工作表。要创建一个图表工作表，通常先用Charts集合对象的Add2方法新建一个Chart对象（空白的图表工作表），然后使用这个Charts对象的SetSourceDats方法指定图表的数据源。

【例1-16】图1-96是一个利润分析表，请编写一个VBA代码，将工作表中A2：E13区域数据生成柱形图表，并将其放置到新创建的图表工作表中。

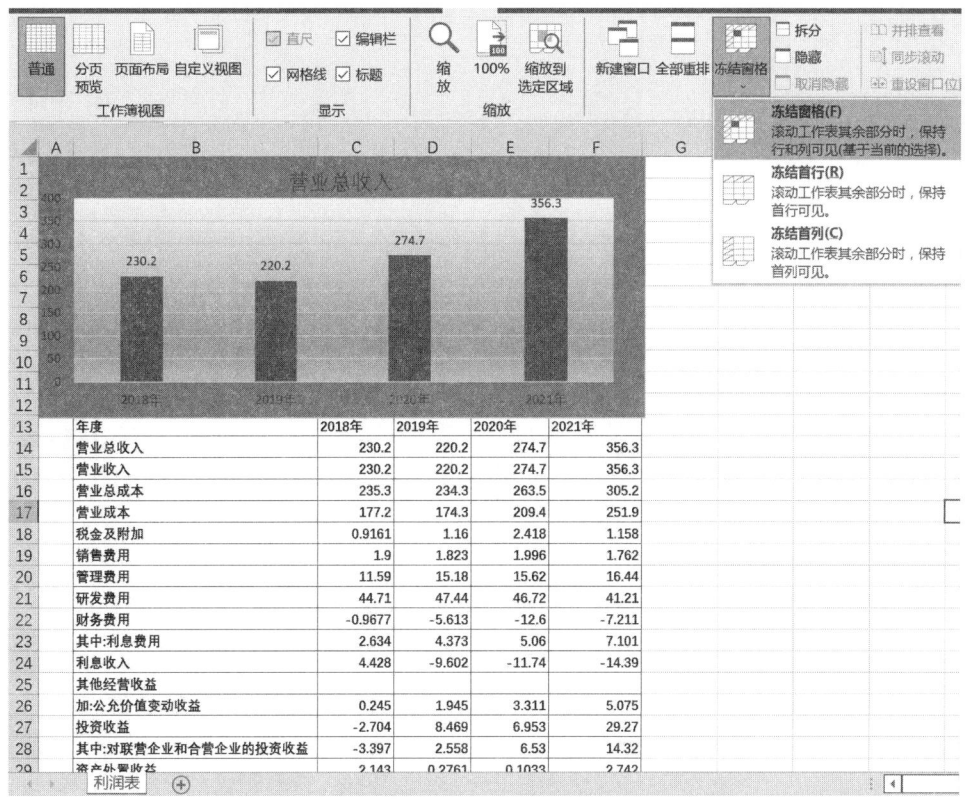

图 1-95 冻结窗格示意图

图 1-96 利润分析表

创建图表工作表参考代码如下所示。

成功之钥匙

代码含义：
```
Sub 创建图表工作表()
    Dim cht As Chart
    '在利润分析表之后插入一个的新图表工作表
    Set cht = ActiveWorkbook.Charts.Add2(After:=Worksheets("利润分析表"))
    '设置数据源
    cht.SetSourceData Source:=Worksheets("利润分析表").Range("A2").CurrentRegion, PlotBy:=xlColumns
End Sub
```

运行效果如图 1-97 所示。

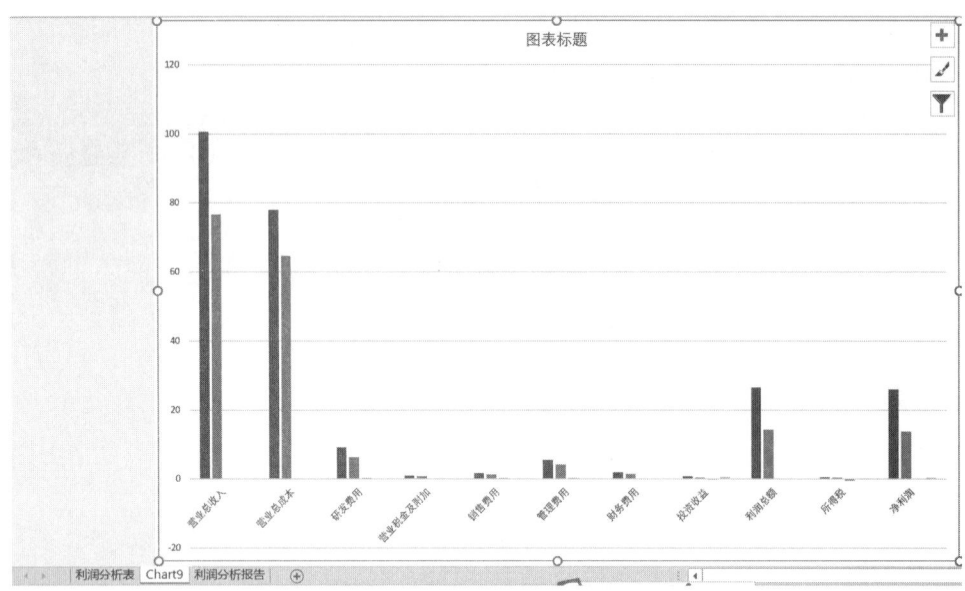

图 1-97 创建图表工作表运行效果

1.5.3.2 创建嵌入式图表

创建嵌入式图表就是将根据数据源创建的图表放置到与数据源相同的工作表中,或放置到指定的工作表上。ChartObjects 集合对象代码一个普通工作表中所有的嵌入式图表。ChartObject 对象则可视为一个容器,其中存放着一个 Chart 对象。要创建一个嵌入式图表,通常先用 ChartObjects 集合对象的 Add 方法新建一个 ChartObject 对象,然后通过这个 ChartObject 对象的 Chart 属性访问容器中的 Chart 对象,再用这个 Chart 对象的 SetSourceDats 方法指定图表的数据源。

(1) 将图表放置到与数据源工作表相同的工作表中。

将图表放置到与数据源工作表相同的工作表中代码的主要功能是:创建一个图表,该图表的数据来自 Sheet1(数据源工作表)中的特定范围,将创建的图表放置到 Sheet1(数据源工作表)中。

【例 1-17】图 1-98 是一个利润分析表,请编写一个 VBA 代码,将工作表中 A2:E13 区域数据生成柱形图表,并将其放置到与利润表同一个工作表中。

	A	B	C	D	E
1	利润分析表				
2	项目	2022年	平均值	同比增减	平均增长率
3	营业总收入	100.6	76.6	8.77%	12.54%
4	营业总成本	77.98	64.57	8.13%	8.03%
5	研发费用	9.21	6.27	29.15%	19.62%
6	税金及附加	0.95	0.8	11.90%	3.08%
7	销售费用	1.68	1.29	28.10%	7.47%
8	管理费用	5.48	4.22	24.22%	10.04%
9	财务费用	2	1.5	5.00%	7.00%
10	投资收益	0.85	0.47	-24.17%	68.17%
11	利润总额	26.53	14.38	12.70%	17.00%
12	所得税	0.54	0.44	-44.43%	0.24%
13	净利润	25.99	13.93	15.10%	48.28%

图 1-98 利润分析表

基本思路：通过 Set 语句将当前工作簿中名为（"利润分析（"的工作表赋值给变量 ws；使用 ChartObjects. Add 方法在工作表 ws 上创建一个 Chart 对象，并将该对象赋值给变量 cht。ChartObjects 是一个集合，Add 方法用于向集合中添加新的 Chart 对象；设置图表的数据范围；将数据范围设置为图表的数据源；设置图表类型。

①将根据连续数据创建的嵌入式图表放置在同一工作表中，即将不间断的数据源制作成图表，放置在于数据源同一个工作表中。参考代码如下所示。

成功之钥匙

代码含义：

```
Option Explicit
Sub 将根据连续数据创建的嵌入式图表放置在同一工作表中()
    Dim ws As Worksheet
    Dim cht As chartObject
    Dim rngData As Range
    '设置工作表和数据源范围
    Set ws = ThisWorkbook.Sheets("利润分析表")
    '设置图表数据源
    Set rngData = ws.Range("A2:E13")
    '创建图表
Set cht = ws.ChartObjects.Add(Left: = rngData.Left,Top: = rngData.Top,Width: =700,Height: =180)
    '设置图表元素
    With cht.chart
        '设置图表类型为组合柱形图
        .ChartType = xlColumnClustered
        '设置数据源
        .SetSourceData Source: = rngData
        '添加标题
        .HasTitle = True
        .ChartTitle.Text = "盈利能力分析"
        '将图例放置在图表下方
        .Legend.Position = xlLegendPositionBottom
    End With
End Sub
```

运行效果如图 1 - 99 所示。

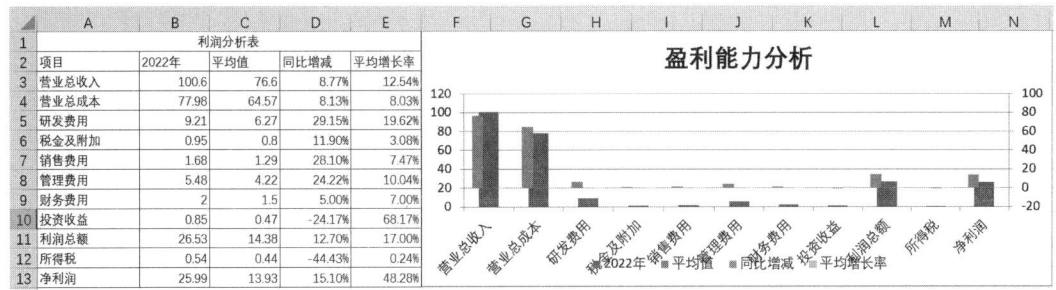

图 1 - 99　将根据连续数据创建的嵌入式图表放置在同一工作表中运行效果

②将根据筛选数据创建的嵌入式图表放置在同一工作表中，即将间断性筛选的数据制作成图表，放置在与数据源同一个工作表中。基本思路：先将筛选的数据区域复制粘贴到指定区域，形成连续区间数据，然后制作嵌入式图表。参考代码如下所示。

成功之钥匙

代码含义：

```
Sub 将根据筛选数据创建的嵌入式图表放置在同一工作表中()
    Dim ws As Worksheet
    Dim cht As chartObject
    Dim rngData As Range
    '复制 A2:E2,A3:E3,A5:E5,A7:E7 区域的数据
    Range("A2:E2,A3:E3,A5:E5,A7:E7").Copy
    '将数据粘贴到 G2:K5 区域
    Range("G2:K5").PasteSpecial Paste:=xlPasteValues
    '选择"利润分析表"工作表
    Sheets("利润分析表").Select
    '设置工作表和数据源范围
    Set ws = ThisWorkbook.Sheets("利润分析表")
    '设置图表数据源
    Set rngData = ws.Range("G2:K5")
    '创建图表
    Set cht = ws.ChartObjects.Add(Left:=rngData.Left, Top:=rngData.Top, Width:=700, Height:=180)
    '设置图表元素
    With cht.chart
        '设置图表类型为组合柱形图
        .ChartType = xlColumnClustered
        '设置数据源
        .SetSourceData Source:=rngData
        '添加标题
        .HasTitle = True
        .ChartTitle.Text = "盈利能力分析"
        '将图例放置在图表下方
        .Legend.Position = xlLegendPositionBottom
    End With
End Sub
```

运行效果如图 1-100 所示。

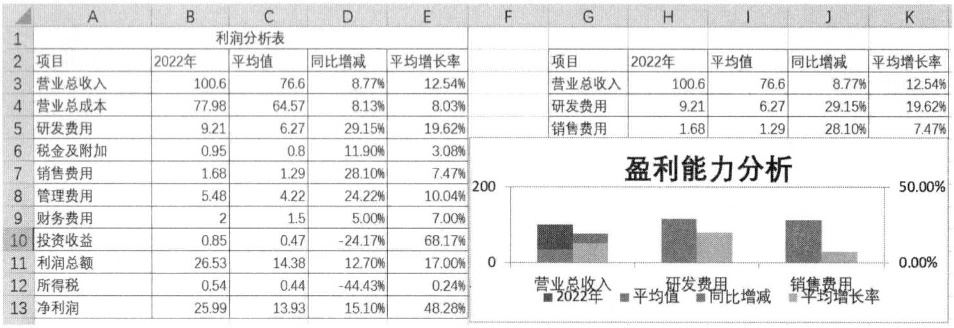

图 1-100 将根据筛选数据创建的嵌入式图表放置在同一工作表中效果

（2）将图表放置到与数据源工作表不同的工作表中。

将图表放置到与数据源工作表不同的工作表中代码的主要功能是：创建一个图表，该图表的数据来自 Sheet1（数据源工作表）中的特定范围，将创建的图表放置到 Sheet2（指定的工作表）中。

【例 1-18】图 1-101 工作簿中有利润分析表和利润分析报告两个工作表，请编写一个 VBA 代码，将利润分析表中 A2：E13 区域数据生成柱形图表，并将其放置到"利润分析报告"工作表中。

	A	B	C	D	E
1			利润分析表		
2	项目	2022年	平均值	同比增减	平均增长率
3	营业总收入	100.6	76.6	8.77%	12.54%
4	营业总成本	77.98	64.57	8.13%	8.03%
5	研发费用	9.21	6.27	29.15%	19.62%
6	税金及附加	0.95	0.8	11.90%	3.08%
7	销售费用	1.68	1.29	28.10%	7.47%
8	管理费用	5.48	4.22	24.22%	10.04%
9	财务费用	2	1.5	5.00%	7.00%
10	投资收益	0.85	0.47	-24.17%	68.17%
11	利润总额	26.53	14.38	12.70%	17.00%
12	所得税	0.54	0.44	-44.43%	0.24%
13	净利润	25.99	13.93	15.10%	48.28%

图 1-101 利润分析表和利润分析报告工作簿

基本思路：定义两个 Worksheet 类型的变量，分别用于存储数据源和工作表；定义一个 ChartObject 类型的变量，用于存储创建的图表对象；确定数据区域范围，作为图表的数据源；在放置图表工作表的适当位置创建一个新的 ChartObject 对象，其宽度、高度等参数根据需要指定；设置图表的类型。

① 将根据连续数据创建的嵌入式图表放置到另一个工作表中，即将不间断的数据源制作成图表，放置在与数据源不同的另一个工作表中。参考代码如下所示。

成功之钥匙

代码含义：

```
Sub 将根据连续数据创建的嵌入式图表放置到另一个工作表中()
    Dim ws As Worksheet
    Dim cht As chartObject
    Dim rng As Range
    '设置工作表
    Set ws = ThisWorkbook.Sheets("利润分析报告")
    '定义图表位置
    Set rng = ws.Range("A2")
    '在工作表中插入一个图表对象
    Set cht = ws.ChartObjects.Add(Left:=rng.Left, Width:=700, Top:=rng.Top, Height:=180)
    '设置图表数据源
    cht.chart.SetSourceData Source:=Range("利润分析表! $A$2:$E$13")
    '设置图表类型为柱形图
    cht.chart.ChartType = xlColumnClustered
    '添加数据标签
    cht.chart.SeriesCollection(1).ApplyDataLabels
    '设置图表标题
    cht.chart.HasTitle = True
    cht.chart.ChartTitle.Text = "盈利能力分析"
    '设置图例位置
    cht.chart.HasLegend = True
    cht.chart.Legend.Position = xlLegendPositionBottom
End Sub
```

运行代码后效果如图 1-102 所示。

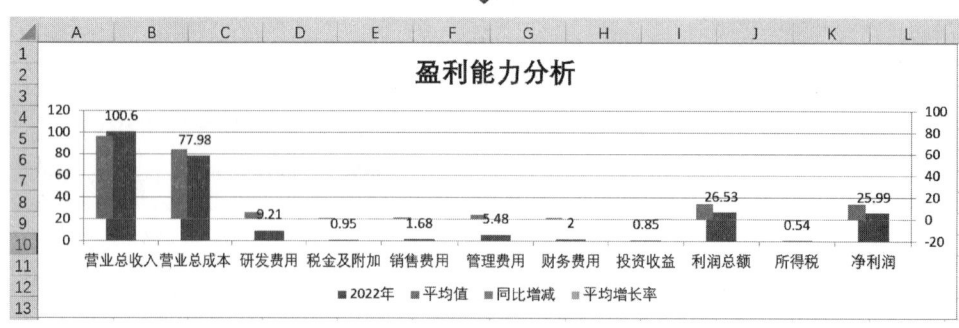

图1-102 将图表放置到与数据源工作表不同的工作表中效果图

②将按照筛选数据创建的嵌入式图表放置到另一个工作表中,即将间断性筛选的数据制作成图表,放置在与数据源不同的另一个工作表中。参考代码如下所示。

成功之钥匙

代码含义:

```
Sub 将按照筛选数据创建的嵌入式图表放置到另一个工作表中()
    Dim ws As Worksheet
    Dim cht As chartObject
    Dim rng As Range
    '复制A2:E2,A3:E3,A5:E5,A7:E7区域的数据
    Range("A2:E2,A3:E3,A5:E5,A7:E7").Copy
    '将数据粘贴到G2:K5区域
    Range("G2:K5").PasteSpecial Paste:=xlPasteValues
    '选择"利润分析表"工作表
    Sheets("利润分析表").Select
    '设置工作表
    Set ws = ThisWorkbook.Sheets("利润分析报告")
    '定义图表位置
    Set rng = ws.Range("A2")
    '在工作表中插入一个图表对象
    Set cht = ws.ChartObjects.Add(Left:=rng.Left,Width:=700,Top:=rng.Top,Height:=180)
    '设置图表数据源
    cht.chart.SetSourceData Source:=Range("利润分析表!$G$2:$K$5")
    '设置图表类型为柱形图
    cht.chart.ChartType = xlColumnClustered
    '添加数据标签
    cht.chart.SeriesCollection(1).ApplyDataLabels
    '设置图表标题
    cht.chart.HasTitle = True
    cht.chart.ChartTitle.Text = "盈利能力分析"
    '设置图例位置
    cht.chart.HasLegend = True
```

```
    cht.chart.Legend.Position = xlLegendPositionBottom
End Sub
```

运行效果如图 1-103 所示。

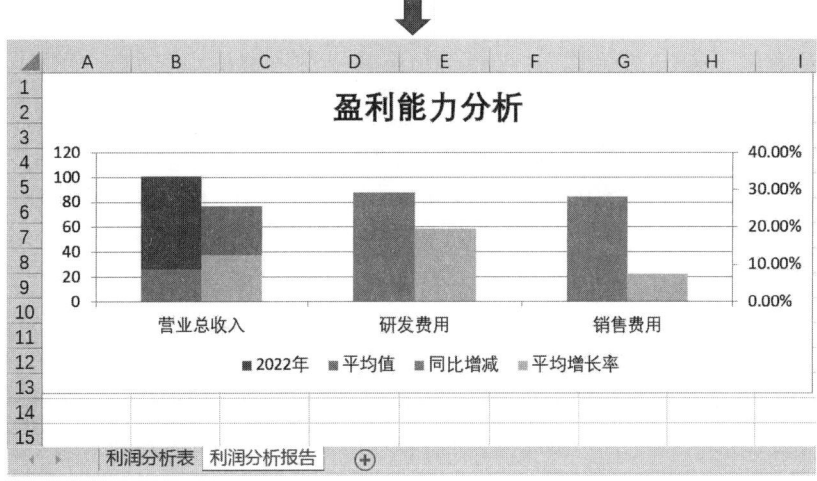

图 1-103　将按照筛选数据创建的嵌入式图表放置到另一个工作表中运行效果

第 2 章　Excel VBA 批量处理工作表

在应用 Excel 制作计算模型中，函数与公式是主力军，数据透视表可以便捷地分析数据和生成报表。但这两种功能，解决不了财务工作中批量处理工作表与工作簿的所有需求，原因在于这两种方法，对于业务流程较复杂、数据经常变换的计算很难处理，无法迅速高效地完成大量的重复操作。Excel 的 VBA 功能，提供了全方位批量处理工作表与工作簿的技能方法。很多人认为 VBA 很神秘，会写代码是自己不可能实现的事情。本书将通过举例的方式，介绍批量处理财务工作表和工作簿 VBA 程序方法，读者可以在套用中领悟 VBA 程序要领，体会其妙处。

2.1　批量运算工作表

在财务工作中，经常需要对一个工作簿中格式相同的多个工作表进行运算，多数用户会采取设置函数公式的方式，逐个运算工作表，操作起来比较烦琐。VBA 程序提供了跨工作表读取数据，快捷批量运算的功能。批量运算工作表，就是应用 VBA 程序同时运算工作簿中的多个工作表。

2.1.1　文件存放格式

从 Excel2007 开始，在默认情况下，工作簿文件的扩展名为 ".xlsx"，只能保存数据，不允许包含 VBA 程序代码。所以在编写完 VBA 程序以后，必须在"保存"或"另存为"对话框中将"保存类型"修改为"Excel 启用宏的工作簿(*.xlsm)"格式。也可以在编写 Excel VBA 程序代码之前将工作簿文件存为"Excel 启用宏的工作簿(*.xlsm)"格式。

【例 2-1】2021 年，大华公司记录销售的工作簿中含有 4 种产品工作表，每个工作表中都含有格式相同的销售数据格式。请在产品 A 工作表上编写一个 VBA 代码程序，自动计算每个工作表中的销售额并写入表格的 G 列。

在编写 Excel VBA 程序之前，应将销售工作簿数据导入 Excel 工作表（图 2-1、图 2-2、图 2-3、图 2-4、图 2-5），并将工作簿文件保存为"Excel 启用宏的工作簿(*.xlsm)"。

	B	C	D	E	F	G
1		产品A销售表			单位：万元	
2	季度	华东区	华西区	华南区	华北区	合计
3	一季度	3000	4000	4500	5000	
4	二季度	2500	3000	2800	3500	
5	三季度	3200	3800	4200	4900	
6	四季度	2800	3900	4300	5000	
7						
8						
9						
10						

图 2-1　产品 A

	B	C	D	E	F	G
1		产品B销售表			单位：万元	
2	季度	华东区	华西区	华南区	华北区	合计
3	一季度	3200	4200	4500	5100	
4	二季度	2700	3100	2900	3500	
5	三季度	3500	3800	4300	4700	
6	四季度	2900	3600	4500	5200	
7						
8						
9						
10						

图 2-2　产品 B

	B	C	D	E	F	G
1		产品C销售表			单位：万元	
2	季度	华东区	华西区	华南区	华北区	合计
3	一季度	3300	4500	4600	5100	
4	二季度	2800	3300	3000	3600	
5	三季度	3500	3800	4500	4700	
6	四季度	3000	3700	4800	5300	
7						
8						
9						
10						

图 2-3　产品 C

	B	C	D	E	F	G
1		产品D销售表			单位：万元	
2	季度	华东区	华西区	华南区	华北区	合计
3	一季度	3500	4600	4700	5300	
4	二季度	2900	3400	3300	3800	
5	三季度	3700	3900	4600	4900	
6	四季度	3100	3800	4900	5500	
7						
8						
9						
10						

图 2-4　产品 D

	B	C	D	E	F	G
1		产品E销售表			单位：万元	
2	季度	华东区	华西区	华南区	华北区	合计
3	一季度	3600	4200	4900	5500	
4	二季度	3000	3100	3700	3600	
5	三季度	3500	3300	4800	4700	
6	四季度	3600	3800	5000	5600	
7						
8						
9						
10						

图 2-5　产品 E

启用宏的工作簿.xlsm 方式：

打开普通 xlsx 文件—文件（左上角）—另存为—保存位置（桌面、文档等）—文件保存类型—启用宏的工作簿.xlsm—保存，如图 2-6 所示。

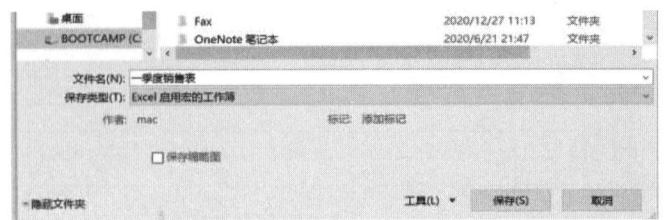

图 2-6 保存文件名方式

2.1.2 批量运算同一工作簿上格式相同的多个工作表

批量运算工作表的基本思路是：先写好一个仅处理一张工作表的 VBA 代码；然后循环扫描每个工作表，每找到一个工作表即运行一遍代码，就能自动运算完所有工作表。接〖例 2-1〗编写 VBA 程序步骤：

步骤一：打开保存为宏的工作表—点击【开发工具】—选定 Visual Basic 编辑器，如图 2-7 所示。

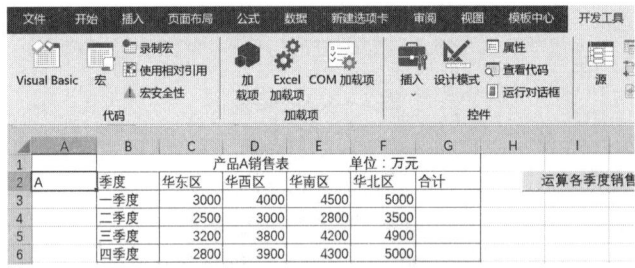

图 2-7 打开 VBA 编辑器界面

步骤二：点击"编辑器"—"插入"—"模块"—"程序编辑器"，如图 2-8 所示。

图 2-8 VBA 编辑器窗口

步骤三：在模块代码窗口中仅编写产品 A 运算代码。参考代码如下所示：

成功之钥匙

代码含义：

```
Option Explicit
Sub 运算 A 产品工作表()
    'i 代表工作表行,j 代表工作表列,s 代表累加器
    Dim i,j,s
    '指定 w 代表工作表
    Dim w As Worksheet
    '让 w 代表产品 A 工作表
    Set w = Worksheets("产品 A")
```

```
        For i = 3 To 6
            '累加器初始值为 0
            s = 0
            '循环工作表列,每循环 i 行 j 列就将其数字累加到 s
            For j = 3 To 6
                '累加工作表 w 的指定单元格数字
                s = s + w.Cells(i,j)
            Next j
            '将计算结果写入工作表 w 的 G 列
            w.Cells(i,7) = s
            '完成 For j 循环后,执行下一个 For i 循环
        Next i
End Sub
```

步骤四：点击运行按钮 ▶，便可获得产品运算结果，如图 2-9 所示。

	A	B	C	D	E	F	G
1			产品A销售表			单位：万元	
2		季度	华东区	华西区	华南区	华北区	合计
3		一季度	3000	4000	4500	5000	16500
4		二季度	2500	3000	2800	3500	11800
5		三季度	3200	3800	4200	4900	16100
6		四季度	2800	3900	4300	5000	16000

图 2-9　产品 A 运算结果

步骤五：循环扫描每张工作表。在产品 A 代码中插入一个循环扫描工作表代码,每找到一个工作表即运行一遍代码,直到循环完第 5 个工作表。

怎样使用 VBA 代码扫描每张工作表呢？使用普通 For 循环与 Worksheets.count 属性；使用 For Each 循环扫描所有工作表。

（1）普通 For 循环与 Worksheets.count 属性。

Worksheets 对象有一个名为 Count 的属性,代表当前包含的工作表总数。如本例工作簿中有 5 个工作表,那么它的 Worksheets.Count 就等于 5。利用这个属性,就能通过 Worksheets（n）的方式取出其中每一个工作表（Worksheet）：从左向右数第一个工作表是 Worksheets（1）,第二个工作表是 Worksheets（2）……最后一个工作表的序号必然等于工作表总数 5,即 Worksheets.Count,所以可以用 Worksheets(Worksheets.Count)找到它。这样,只要做一个从 1 递增到 Worksheets.Count 的循环,就可以按序号查找到每个工作表。

按照上述方法,只要在产品 A 销售表这段代码的外面再套一层循环（For k = 1 To Worksheets.Count）,使之分别用于每个工作表即可。使用 Worksheets 方法可以编写出如下代码。

成功之钥匙

宏代码含义：
```
Option Explicit
Sub 运算批量工作表()
    'i 代表工作表行,j 代表工作表列,s 代表累加器,k 代表循环表序号
    Dim i,j,s,k
    '指定 w 代表工作表
    Dim w As Worksheet
    '让 k 从 1 变化到工作表总数
    For k = 1 To Worksheets.Count
        '指定 w 为第 k 张工作表
        Set w = Worksheets(k)
        '循环工作表行,循环到 i 行执行运算
        For i = 3 To 6
```

```
            '累加器初始值为 0
             s = 0
            '循环工作表列,每循环 i 行 j 列就将其数字累加到 s
             For j = 3 To 6
                '累加工作表 w 的指定单元格数字
                 s = s + w.Cells(i,j)
             Next j
            '将计算结果写入工作表 w 的 G 列
             w.Cells(i,7) = s
            '完成 For j 循环后,执行下一个 For i 循环
         Next i
     Next k
End Sub
```

(2) For Each 循环扫描所有工作表。

在前面的程序中,变量 k 仅用于从小到大扫描工作表的序号。当顺序不重要的时候,可以使用 VBA 中的另一种循环语句——For Each,使程序更加简洁。

For Each 语法:
For Each x In s
……
Next x

它的执行流程是:先读取集合 s 中的第一个元素,并将其赋值给 x;然后执行循环体,直到遇见 Next x。重复循环,读取 s 中的下一个元素,并将其赋值给 x……直到 s 中的所有元素都读取过一次为止。本例代码可以用 For Each 改写为如下所示的代码。

与之前使用 Worksheets.Count 的程序相比,这段代码不需要定义变量 k,也不需要在每次循环中使用 Set 语句将 Worksheets(k) 赋值给 w,明显简洁了很多。

成功之钥匙

宏代码含义:
```
Option Explicit
Sub 运算批量工作表()
    'i 代表工作表行,j 代表工作表列,s 代表累加器
     Dim i,j,s
    '指定 w 代表工作表
     Dim w As Worksheet
    '让 w 代表集合中的一个工作表
     For Each w In Worksheets
         For i = 3 To 6
            '累加器初始值为 0
             s = 0
            '循环工作表列,每循环 i 行 j 列就将其数字累加到 s
             For j = 3 To 6
                '累加工作表 w 的指定单元格数字
                 s = s + w.Cells(i,j)
             Next j
            '将计算结果写入工作表 w 的 G 列
             w.Cells(i,7) = s
            '完成 For j 循环后,执行下一个 For i 循环
         Next i
        '让 w 代表下一个工作表
     Next w
End Sub
```

步骤六:点击上述任意一个程序运行按钮 ▶,便可获得 5 种产品销售运算结果,如图 2-10 所示。

产品A销售表 单位：万元

季度	华东区	华西区	华南区	华北区	合计
一季度	3000	4000	4500	5000	16500
二季度	2500	3000	2800	3500	11800
三季度	3200	3800	4200	4900	16100
四季度	2800	3900	4300	5000	16000

产品B销售表 单位：万元

季度	华东区	华西区	华南区	华北区	合计
一季度	3200	4200	4500	5100	17000
二季度	2700	3100	2900	3500	12200
三季度	3500	3800	4300	4700	16300
四季度	2900	3600	4500	5200	16200

产品C销售表 单位：万元

季度	华东区	华西区	华南区	华北区	合计
一季度	3300	4500	4600	5100	17500
二季度	2800	3300	3000	3600	12700
三季度	3500	3800	4500	4700	16500
四季度	3000	3700	4800	5300	16800

产品D销售表 单位：万元

季度	华东区	华西区	华南区	华北区	合计
一季度	3500	4600	4700	5300	18100
二季度	2900	3400	3300	3800	13400
三季度	3700	3900	4600	4900	17100
四季度	3100	3800	4900	5500	17300

产品E销售表 单位：万元

季度	华东区	华西区	华南区	华北区	合计
一季度	3600	4200	4900	5500	18200
二季度	3000	3100	3700	3600	13400
三季度	3500	3300	4800	4700	16300
四季度	3600	3800	5000	5600	18000

图 2-10 产品销售运算结果

2.1.3 批量运算同一工作表上格式相同的子表格

【例 2-2】在"2021年区域销售统计"工作簿中的"区域销售"工作表上，存放华北区销量汇总（件）、华东区销量汇总（件）、东北区销量汇总（件）三个大小完全相同、起止行号也完全相同的子表格。

其路径是：2021年区域销售统计\区域销售\区域销售子表格，如图 2-11 所示。

图 2-11 2021 年区域销售统计存放路径

现在编写一个程序对每个子表格每行的数据进行季度汇总操作，并将汇总结果写入"合计"列。

每个子表格的数据范围分别是：第 3（C）列至第 5（E）列（子表格 1）、第 9（I）列至第 11（K）列（子表格 2）、第 15（O）列至第 17（Q）列（子表格 3）。所以在循环三个子表格过程中，应该体现每次循环（每个子表格）的起始列号变化。这样可以通过多层次的嵌套循环方式编写 VBA 代码，同时对多个子表格进行运算。编写程序步骤：

步骤一：找到 VBA 编辑器。打开 Excel2021 年企业销售统计工作簿，点击"开发工具"，

选择 Visual Basic 编辑器，就可以直接进入 VBE 界面。点击工程窗口右键插入一个标准"模块"，在代码窗口编写代码，如图 2-12 所示。

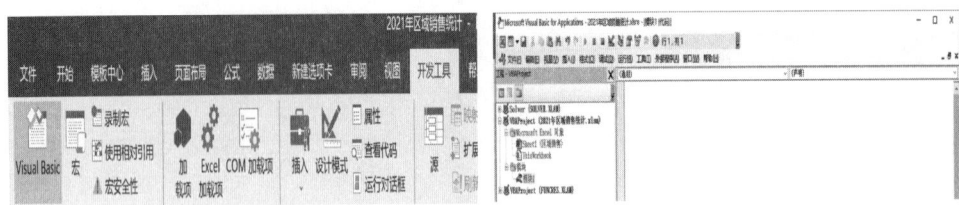

图 2-12 VBA 编辑器

步骤二：编写代码，参考代码如下所示。

成功之钥匙

代码含义：

```
Option Explicit
Sub 同时运算多个子表格()
    's 为累计器,计算每行数据的合计
    Dim k,i,j,s
    'k 为每个子表格的起始列号,即 C、I、O 列,起始列间隔 6
    For k = 3 To 15 Step 6
        '选中一个子表格后,用 i 扫描其各个行号
        For i = 4 To 7
            '进入每行后,先将累加器清零
            s = 0
            '扫描该子表格列号时从变量 k 开始,共 3 列(最后一列为 k+2,如第一张表最后一列为 5 = 起始列 3+2)
            For j = k To k + 2
                '将第 i 行第 j 列的数值汇总到 s 上
                s = s + Cells(i,j)
            Next j
            's 是第 i 行数据的汇合计,k+3 是自表格最后一列
            Cells(i,k + 3) = s
        Next i
    Next k
End Sub
```

步骤三：设置运行按钮。点击"开发工具"—"表单控件"—"按钮"，光标将会变成十字花形状，在区域销售工作表任意位置按住鼠标左键，就可以绘制出一个矩形按钮。

绘制结束后松开鼠标，Excel 会自动弹出"指定宏"对话框，在该对话框中选择"同时运算多个子表格"，并点击"确定"按，即可将程序指定给这个按钮，如图 2-13 所示。

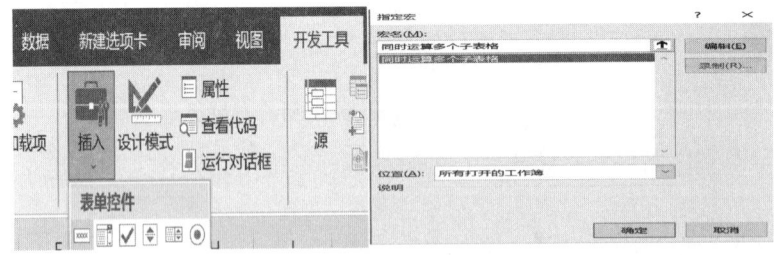

图 2-13 开发工具中插入表单控件

步骤四：点击"按钮"，便可得到多个表格运算结果，如图 2-14 所示。

	A	B	C	D	E	F	G	H	I	J	K	L	M	N	O	P	Q	R
1			华北区域销量汇总(件)						华东区域销量汇总(件)						东北区域销量汇总(件)			
2	按钮																	
3		季度	北京	天津	青岛	合计		季度	上海	杭州	南京	合计		季度	沈阳	哈尔滨	长春	合计
4		1	35400	27400	28900	91700		1	35400	27500	27800	90700		1	36700	27800	28700	93200
5		2	36200	55600	38600	130400		2	36300	56400	52400	145100		2	35890	56900	52400	145190
6		3	37700	52400	68500	158600		3	37600	53200	53100	143960		3	38200	54200	52800	145200
7		4	65000	52100	56800	173900		4	65400	52200	57600	175200		4	63800	53200	54200	171200

图 2-14 多个子表格运算结果

2.2　批量汇总工作表

2.2.1　单项指标汇总

单项指标汇总，就是运用 Excel VBA 程序代码将工作簿中的多个工作表里待汇总的单项同类指标累加后的运算结果填入汇总表中。解决这一问题的基本思路：先使用 For Each 循环列举所有工作表；然后每找到一个工作表，就通过它的一些特点（如工作表名称）来判断其是否属于我们要操作的类型。如果这个工作表不属于我们要操作的类型（如汇总表），就忽略并继续循环寻找下一个工作表。

【例 2 –3】 2021 年，大华公司记录销售的工作簿中含有 5 种产品工作表（参见〖例 2 – 1〗），每个工作表中都含有格式相同的销售数据格式。编写 VBA 程序，自动计算每个表格中的各季度销售总额，并写入表格的 G 列；计算出 4 个区域销售总额，并写入第 7 行；将 5 种产品销售总额填入汇总表的 B2 单元格。如图 2 – 15 所示。

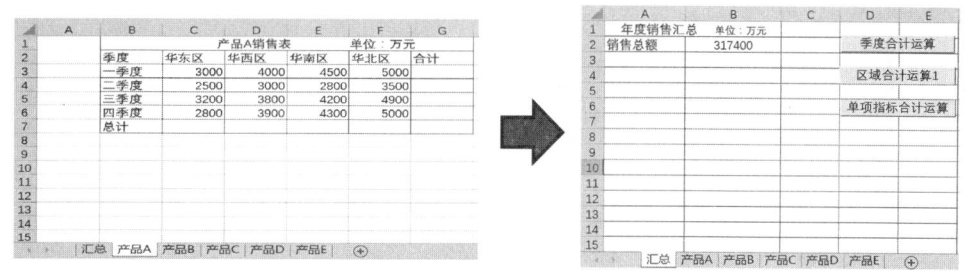

图 2 –15　产品销售表及汇总效果界面

本例与〖例 2 – 1〗基本相同，都需要用一个循环列举 Worksheets 中的工作表，对每个工作表执行汇总计算。但是本例中多了一个汇总表，它不应该向产品销售表那样执行汇总计算，在扫描各个工作表时应该跳过它。

单项指标汇总文件格式：由于使用了 VBA 代码，因此要将工作簿保存为“Excel 启用宏的工作簿（ * . xlsm）”格式。将销售工作簿数据导入 Excel 工作表/保存（保存类型：Excel 启用宏的工作簿）/“保存”。如图 2 – 16 所示。

	A	B	C	D	E	F	G
1				产品A销售表		单位：万元	
2		季度	华东区	华西区	华南区	华北区	合计
3		一季度	3000	4000	4500	5000	
4		二季度	2500	3000	2800	3500	
5		三季度	3200	3800	4200	4900	
6		四季度	2800	3900	4300	5000	
7		总计					
8							
9							
10							

汇总 产品A 产品B 产品C 产品D 产品E

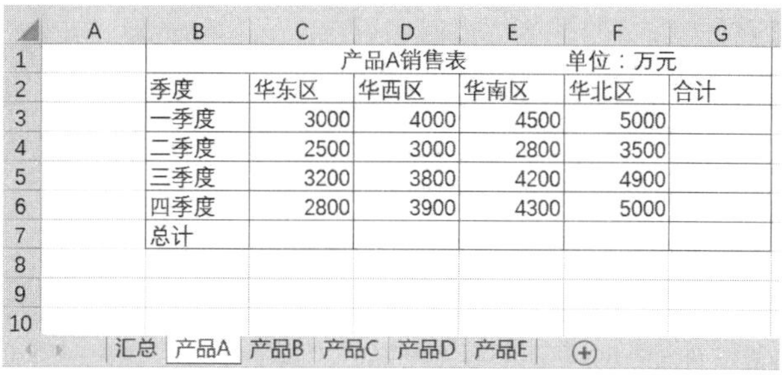

图 2 –16　销售工作簿

单项指标汇总代码编写步骤：

步骤一：在工作簿中插入一个汇总工作表，以便将汇总结果填入 B2 单元格。如图 2 – 17 所示。

图 2-17 插入汇总工作表

步骤二：在汇总表里编写 VBA 代码。打开保存为宏的工作表—点击【开发工具】—Visual Basic 编辑器"—"插入"—"模块"—"程序编辑器"。如图 2-18 所示。

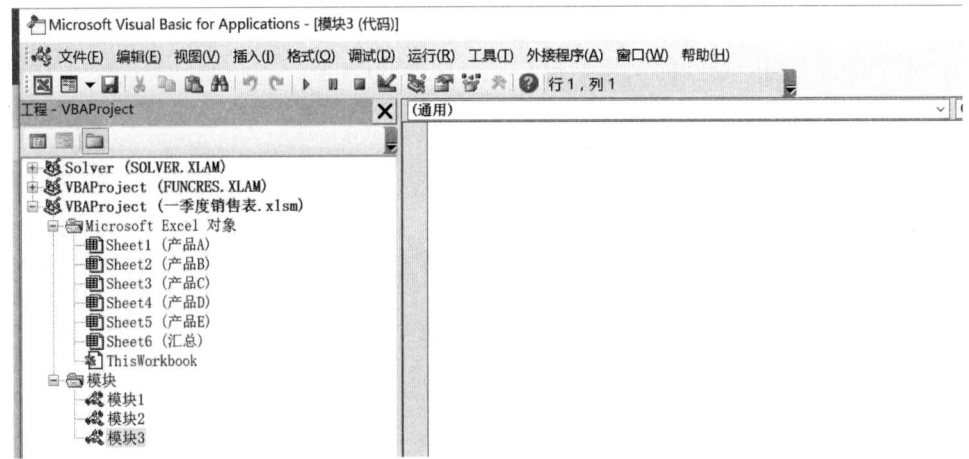

图 2-18 VBA 编辑器窗口

步骤三：在模块代码窗口中输入运算各季度销售总额代码。参考代码如下所示。

成功之钥匙

宏代码含义：

```
Option Explicit
Sub 季度合计运算()
'i 代表工作表行,j 代表工作表列,s 代表累加器
    Dim i,j,s
    '指定 w 代表工作表
    Dim w As Worksheet
    '让 w 代表集合中的一个工作表
    For Each w In Worksheets
        '如果表名不是"汇总"则执行计算
        If w.Name <> "汇总" Then
            For i =3 To 6
               '累加器初始值为 0
               s =0
               '循环工作表列,每循环 i 行 j 列就将其数字累加到 s
               For j =3 To 6
                   '累加工作表 w 的指定单元格数字
                   s = s +w.Cells(i,j)
               Next j
               '将计算结果写入工作表 w 的 G 列
               w.Cells(i,7) = s
           '完成 For j 循环后,执行下一个 For i 循环
           Next i
        End If
```

        '让 w 代表下一个工作表
    Next w
End Sub

步骤四：在模块代码窗口中输入运算各区域销售总额代码，将全年销售总额写入汇总表 B2 单元格。参考代码如下所示。

成功之钥匙

宏代码含义：

```
Sub 区域合计运算()
    'i 代表工作表列,j 代表工作表行,regionSum 代表区域累加器,yearSum 代表年度累加器
    Dim i,j,regionSum,yearSum
    '指定 w 代表工作表
    Dim w As Worksheet
    '让 w 代表集合中的一个工作表
    For Each w In Worksheets
        '如果表命不是"汇总"则执行计算
        If w.Name < > "汇总" Then
            '循环工作表列
            For i = 3 To 7
                '累加器初始值为 0
                regionSum = 0
                '循环工作表行
                For j = 3 To 6
                    '将各行加总到 s 上
                    regionSum = regionSum + w.Cells(j,i)
                '循环下一行数据
                Next j
                '循环结束后,将数据写入 7 行 i 列
                w.Cells(7,i) = regionSum
            '循环下一列数据
            Next i
            '循环完最后一列之后,将该列合计累加到变量 yearSum 上
            yearSum = yearSum + regionSum
        End If
    Next w
    '所有工作表计算完毕后,seasonSum 已经累加了一季度销售总额,将其写入汇总表的 B2 单元格
    Worksheets("汇总").Range("B2").Value = yearSum
End Sub
```

步骤五：在工作表中添加一个表单控件按钮，让它关联到标准模块中的一个宏。

添加运算各季度销售总额按钮。"开发工具"—"插入"—"按钮（窗体控件）"—"点击工作表任意单元格"—"指定宏"—"区域合计运算"—"确定"。点击按右键，点击编辑文字，在按钮中输入季度合计运算。如图 2 - 19 所示。

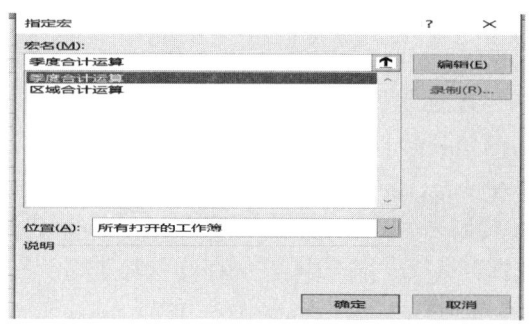 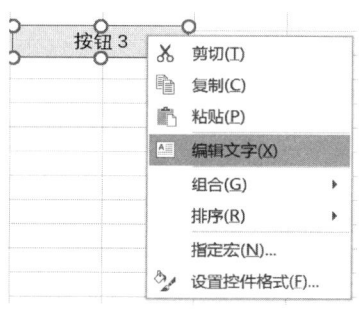

图 2 - 19　添加运算各季度销售总额按钮界面

添加运算区域销售总额按钮。"开发工具"—"插入"—"按钮（窗体控件）"—"点击工作表任意单元格"—"指定宏"—"区域合计运算"—"确定"。点击按右键，点击编

辑文字，在按钮中输入区域合计运算。如图 2－20 所示。

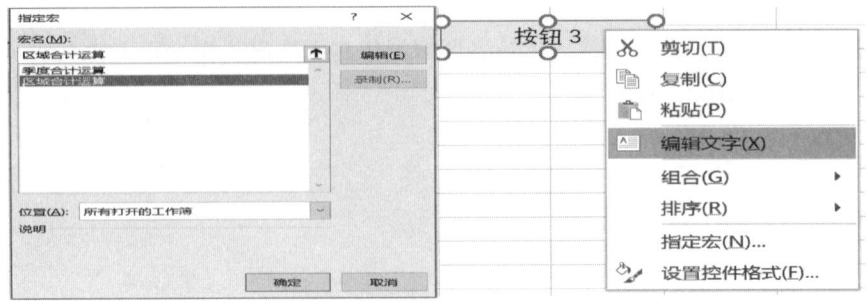

图 2－20　添加季度销售区域销售总额表单按钮界面

步骤六：点击运算按钮，可以自动获得运算结果。如图 2－21 所示。

	A	B	C	D	E
1	年度销售汇总	单位：万元			
2	销售总额			季度合计运算	
3					
4				区域合计运算	

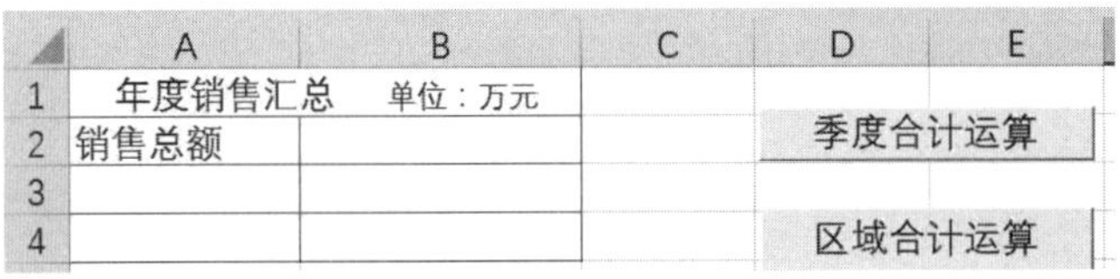

图 2－21　按钮设置界面

如点击“季度合计运算”按钮，自动累计出各季度销售总额，如图 2－22 所示。

	A	B	C	D	E	F	G
1				产品A销售表		单位：万元	
2		季度	华东区	华西区	华南区	华北区	合计
3		一季度	3000	4000	4500	5000	16500
4		二季度	2500	3000	2800	3500	11800
5		三季度	3200	3800	4200	4900	16100
6		四季度	2800	3900	4300	5000	16000
7		总计					

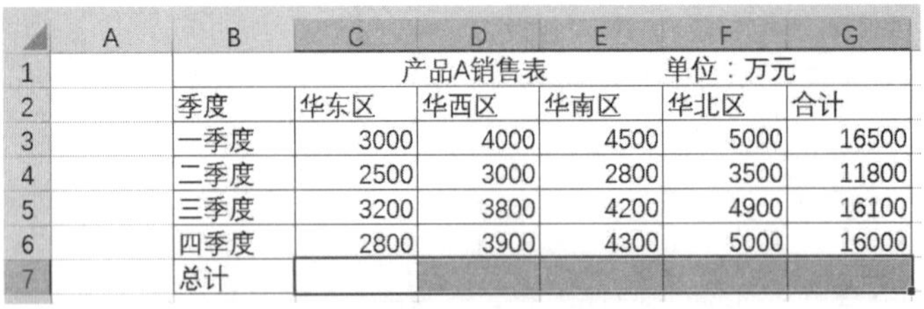

图 2－22　季度合计运算结果界面

如再点击“区域合计运算”按钮，自动累计出各区域销售总额及年度销售总额，如图 2－23 所示。

2.2.2　按项目汇总

按项目汇总，就是按列或行加总工作簿中的每个工作表上的相同项目数据，将运算结果填入汇总表对应的单元格中。

【例 2－4】 2021 年，大华公司记录销售情况的工作簿中，含有 5 种产品工作表（参见〖例 2－1〗），每个工作表中都含有格式相同的销售数据格式。编写 VBA 程序，自动计算每个区域各个季度销售总额，并将计算结果写入与汇总区域所在列对应单元格中。

按项目汇总文件格式：由于使用了 VBA 代码，因此要将工作簿保存为“Excel 启用宏的工作簿（*.xlsm）”格式。将销售工作簿数据导入 Excel 工作表/保存（保存类型：Excel 启用宏的工作簿）/点击“保存”。如图 2－24 所示。

按项目汇总工作表代码编写步骤：

步骤一：在工作簿中插入一个汇总工作表，以便将汇总结果填入汇总区域所在列对应单元格中。如图 2－25 所示。

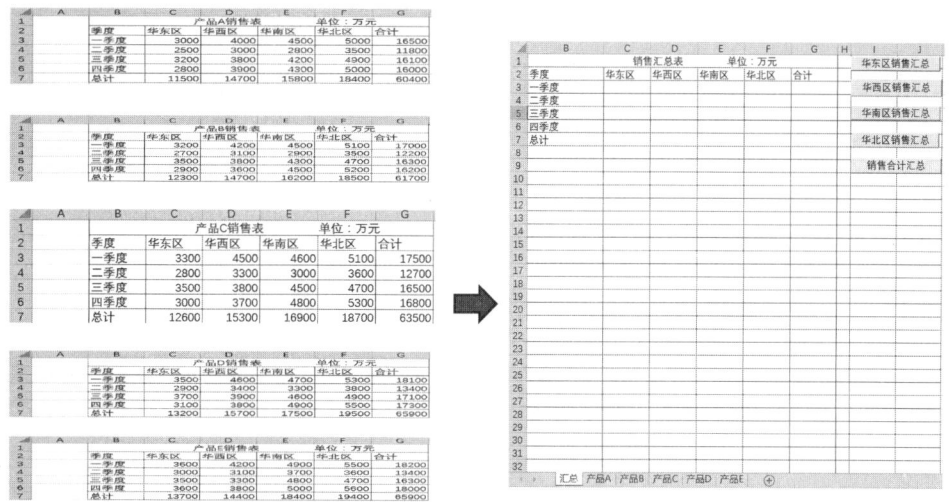

图 2-23　区域合计运算及年度销售总额结果界面

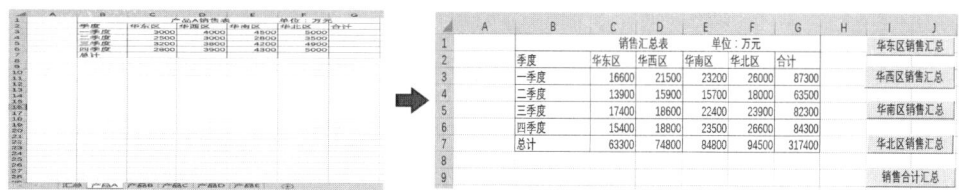

图 2-24　销售工作簿

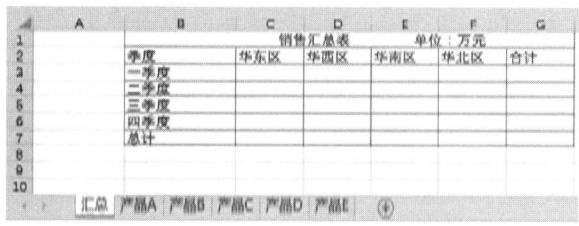

图 2-25　插入项目汇总表

步骤二：在汇总表里编写 VBA 代码。打开保存为宏的工作表—点击【开发工具】—Visual Basic 编辑器"—"插入"—"模块"—"程序编辑器"。如图 2-26 所示。

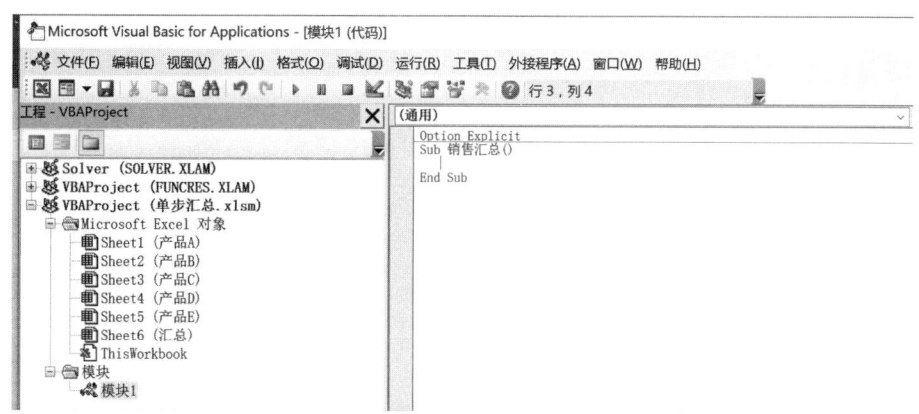

图 2-26　VBA 编辑器窗口

步骤三：在模块1编辑器中，编写华东区销售汇总编码。参考代码如下所示。

👉 成功之钥匙

宏代码含义：

```vb
Option Explicit
Sub 华东区销售汇总()
    'r代表产品工作表行,k代表汇总表行,w代表产品工作表,wb代表汇总表
    Dim k,r,w As Worksheet,wb As Worksheet
    'yearSum代表汇总变量
    Dim yearSum
    '让wb始终代表汇总表
    Set wb = Worksheets("汇总")
    '循环产品工作表行
    For r = 3 To 7
        '循环汇总表行
        For k = 3 To 7
            yearSum = 0
            '扫描工作表名称,将列举工作表赋值给w
            For Each w In Worksheets
                '如果表名不是"汇总"则执行计算
                If w.Name <> "汇总" Then
                    '将工作表k行3列数据累加到yearSum
                    yearSum = yearSum + w.Cells(k,3)
                End If
            Next w
'所有工作表循环完之后,yearSum已经累加了各种产品的销售额,将其写入汇总表对应行列。
            wb.Cells(k,3).Value = yearSu
        Next k
    Next r
End Sub
```

步骤四：设置华东区销售汇总按钮。点击按自动显示出华东区各个季度销售总额。如图2-27所示。

	A	B	C	D	E	F	G	H	I	J
1			销售汇总表			单位：万元				
2		季度	华东区	华西区	华南区	华北区	合计		华东区销售汇总	
3		一季度	16600							
4		二季度	13900							
5		三季度	17400							
6		四季度	15400							
7		总计	63300							

图2-27 华东区销售汇总结果

步骤五：在模块1编辑器中，接着编写华西区销售汇总编码。参考代码如下所示。

👉 成功之钥匙

宏代码含义：

```vb
Sub 华西区销售汇总()
    'r代表产品工作表行,k代表汇总表行,w代表产品工作表,wb代表汇总表
    Dim k,r,w As Worksheet,wb As Worksheet
    'yearSum代表汇总变量
    Dim yearSum
    '让wb始终代表汇总表
    Set wb = Worksheets("汇总")
    '循环产品工作表行
    For r = 3 To 7
        '循环汇总表行
        For k = 3 To 7
            yearSum = 0
            '扫描工作表名称,将列举工作表赋值给w
```

```
        For Each w In Worksheets
          '如果表名不是"汇总"则执行计算
            If w.Name < > "汇总" Then
            '将工作表 k 行 3 列数据累加到 yearSum
              yearSum = yearSum + w.Cells(k,4)
              End If
            Next w
    '所有工作表循环完之后,yearSum 已经累加了各种产品的销售额,将其写入汇总表对应行列。
            wb.Cells(k,4).Value = yearSum
        Next k
      Next r
End Sub
```

步骤六：设置华西区销售汇总按钮。点击按自动显示出华西区各个季度销售总额。如图 2-28 所示。

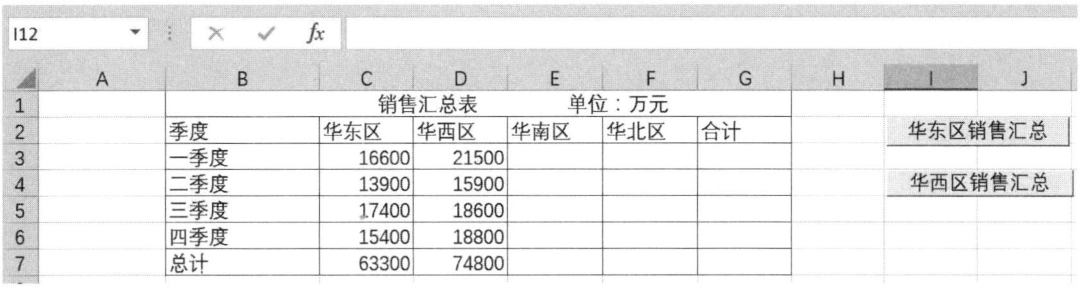

图 2-28 华西区销售汇总结果

步骤七：在模块 1 编辑器中，接着编写华南区销售汇总编码。参考代码如下所示。

成功之钥匙

宏代码含义：

```
Sub 华南区销售汇总()
   'r 代表产品工作表行,k 代表汇总表行,w 代表产品工作表,wb 代表汇总表
    Dim k,r,w As Worksheet,wb As Worksheet
    'yearSum 代表汇总变量
    Dim yearSum
     '让 wb 始终代表汇总表
     Set wb = Worksheets("汇总")
    '循环产品工作表行
    For r = 3 To 7
      '循环汇总表行
      For k = 3 To 7
      yearSum = 0
         '扫描工作表名称,将列举工作表赋值给 w
         For Each w In Worksheets
          '如果表名不是"汇总"则执行计算
            If w.Name < > "汇总" Then
            '将工作表 k 行 3 列数据累加到 yearSum
              yearSum = yearSum + w.Cells(k,5)
              End If
            Next w
    '所有工作表循环完之后,yearSum 已经累加了各种产品的销售额,将其写入汇总表对应行列。
            wb.Cells(k,5).Value = yearSum

        Next k
      Next r
End Sub
```

步骤八：设置华南区销售汇总按钮。点击按自动显示出华南区各个季度销售总额。如图 2-29 所示。

	A	B	C	D	E	F	G	H	I	J
1			销售汇总表			单位：万元			华东区销售汇总	
2		季度	华东区	华西区	华南区	华北区	合计			
3		一季度	16600	21500	23200				华西区销售汇总	
4		二季度	13900	15900	15700					
5		三季度	17400	18600	22400				华南区销售汇总	
6		四季度	15400	18800	23500					
7		总计	63300	74800	84800					

图 2-29 华南区销售汇总结果

步骤九：在模块 1 编辑器中，接着编写华北区销售汇总编码。参考代码如下所示。

👆 成功之钥匙

宏代码含义：

```
Sub 华北区销售汇总()
    'r 代表产品工作表行, k 代表汇总表行, w 代表产品工作表, wb 代表汇总表
    Dim k, r, w As Worksheet, wb As Worksheet
    'yearSum 代表汇总变量
    Dim yearSum
    '让 wb 始终代表汇总表
    Set wb = Worksheets("汇总")
    '循环产品工作表行
    For r = 3 To 7
        '循环汇总表行
        For k = 3 To 7
            yearSum = 0
            '扫描工作表名称, 将列举工作表赋值给 w
            For Each w In Worksheets
                '如果表名不是"汇总"则执行计算
                If w.Name <> "汇总" Then
                    '将工作表 k 行 3 列数据累加到 yearSum
                    yearSum = yearSum + w.Cells(k, 6)
                End If
            Next w
            '所有工作表循环完之后, yearSum 已经累加了各种产品的销售额, 将其写入汇总表对应行列。
            wb.Cells(k, 6).Value = yearSum
        Next k
    Next r
End Sub
```

步骤十：设置华北区销售汇总按钮。点击按自动显示出华区区各个季度销售总额。如图 2-30 所示。

	A	B	C	D	E	F	G	H	I	J
1			销售汇总表			单位：万元			华东区销售汇总	
2		季度	华东区	华西区	华南区	华北区	合计			
3		一季度	16600	21500	23200	26000			华西区销售汇总	
4		二季度	13900	15900	15700	18000				
5		三季度	17400	18600	22400	23900			华南区销售汇总	
6		四季度	15400	18800	23500	26600				
7		总计	63300	74800	84800	94500			华北区销售汇总	

图 2-30 华北区销售汇总结果

步骤十一：在模块 1 编辑器中，接着编写销售合计汇总编码。参考代码如下所示。

👆 成功之钥匙

宏代码含义：

```
Sub 销售汇总()
    'r 代表产品工作表行, k 代表汇总表行, w 代表产品工作表, wb 代表汇总表
    Dim k, r, w As Worksheet, wb As Worksheet
    'yearSum 代表汇总变量
```

```
    Dim yearSum
    '让 wb 始终代表汇总表
    Set wb = Worksheets("汇总")
    '循环产品工作表行
    For r = 3 To 7
      '循环汇总表行
      For k = 3 To 7
        yearSum = 0
        '扫描工作表名称,将列举工作表赋值给 w
        For Each w In Worksheets
          '如果表名不是"汇总"则执行计算
          If w.Name < > "汇总" Then
            '将工作表 k 行 3 列数据累加到 yearSum
            yearSum = yearSum + w.Cells(k,7)
          End If
        Next w
        '所有工作表循环完之后,yearSum 已经累加了各种产品的销售额,将其写入汇总表对应行列。
        wb.Cells(k,7).Value = yearSum
      Next k
    Next r
End Sub
```

步骤十二：设置销售合计汇总按钮。点击按自动显示出各个季度销售总额。如图 2 – 31 所示。

图 2 – 31　销售汇总结果

2.2.3　同步汇总

同步汇总，就是对工作簿中的工作表上的各个项目同时进行计算汇总，将运算结果分别填入汇总表对应的单元格中。基本思路：先循环汇总工作表各列，再循环汇总工作表各行，确定需要汇总的列项指标；遍历各工作表，找到待汇总的工作表，循环与汇总工作表对应的各工作表列行；将遍历的待汇总工作表各列指标累加到汇总工作表对应项目里。

【例 2 – 5】2021 年，大华公司记录销售情况的工作簿中，含有 5 种产品工作表（参见〖例 2 – 1〗），每个工作表中都含有格式相同的销售数据格式。编写 VBA 程序，同步汇总计算每个区域各个季度销售总额，并将计算结果写入与汇总区域所在列对应单元格中。

同步汇总文件格式：由于使用了 VBA 代码，因此要将工作簿保存为"Excel 启用宏的工作簿（*.xlsm）"格式。将销售工作簿数据导入 Excel 工作表/保存（保存类型：Excel 启用宏的工作簿）/点击"保存"。如图 2 – 32 所示。

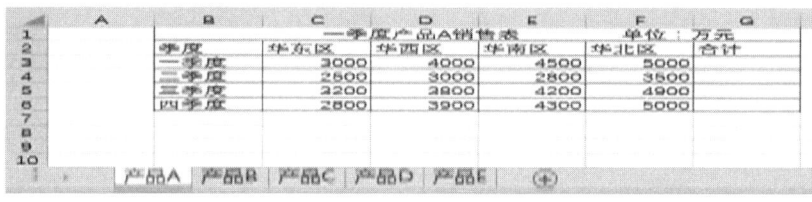

图 2 – 32　销售工作簿

同步汇总工作表代码编写步骤：

步骤一：在工作簿中插入一个汇总工作表，以便将汇总结果填入汇总区域所在列对应单元格中。如图 2-33 所示。

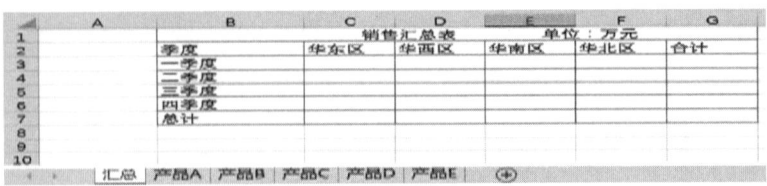

图 2-33 插入销售汇总表

步骤二：在汇总表里编写 VBA 代码。打开保存为宏的工作表—点击【开发工具】—Visual Basic 编辑器"—"插入"—"模块"—"程序编辑器"。如图 2-34 所示。

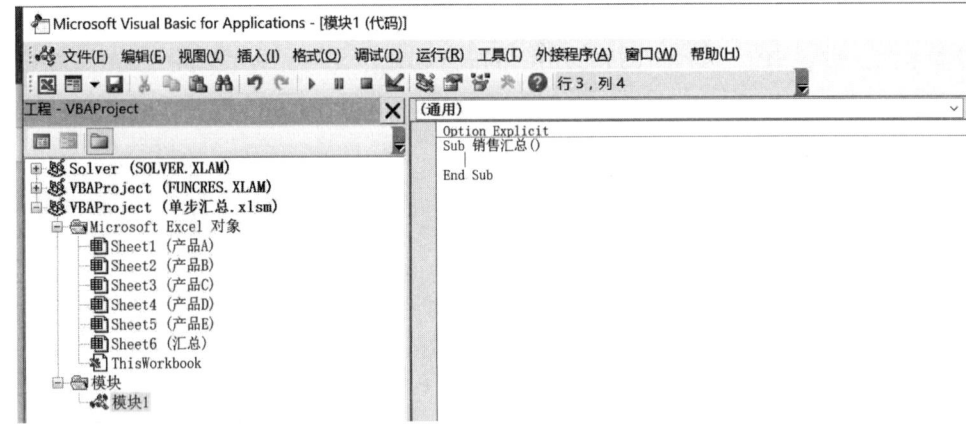

图 2-34 VBA 编辑器窗口

步骤三：在模块代码窗口中输入同步运算各季度销售总额代码。参考代码如下所示。

成功之钥匙

代码含义：

```
Option Explicit
Sub 销售汇总()
    'r 代表工作表列,k 代表工作表行,w 代表产品工作表,wb 代表汇总表
    Dim k,r,w As Worksheet,wb As Worksheet
    'yearSum 代表汇总变量
    Dim yearSum
    '让 wb 始终代表汇总表
    Set wb = Worksheets("汇总")
    '循环工作表列
    For r = 3 To 7
        '循环工作表行
        For k = 3 To 7
            yearSum = 0
            '扫描工作表名称,将列举工作表赋值给 w
            For Each w In Worksheets
                '如果表名不是"汇总"则执行计算
                If w.Name < > "汇总" Then
                    '将工作表 k 行 3 列数据累加到 yearSum
                    yearSum = yearSum + w.Cells(k,r)
                End If
            Next w
            '所有工作表循环完之后,yearSum 已经累加了各种产品的销售额,将其写入汇总表对应行列.
```

```
            wb.Cells(k,r).Value = yearSum
        Next k
    Next r
End Sub
```

步骤四：设置同步汇总按钮。点击按钮会自动显示出各个季度销售总额。如图 2 – 35 所示。

	A	B	C	D	E	F	G	H	I
1			销售汇总表		单位：万元				
2		季度	华东区	华西区	华南区	华北区	合计		同步汇总
3		一季度	16600	21500	23200	26000	87300		
4		二季度	13900	15900	15700	18000	63500		
5		三季度	17400	18600	22400	23900	82300		
6		四季度	15400	18800	23500	26600	84300		
7		总计	63300	74800	84800	94500	317400		

图 2 – 35　同步汇总销售额结果

2.3　批量导入工作表数据

在数据分析中，有时需要将一个工作簿中的多个工作表数据导入一个汇总工作表中，有时需要将一定期间的工作表数据导入一个汇总工作表中，有时需要将多个工作表中的主要财务指标导入一个汇总工作表中，以便进行动态分析。如果工作表数量较少，可以通过复制粘贴的方式将数据导入汇总表，如果工作表数量较多，复制粘贴的导入方法就比较麻烦。那如何快捷地把多个工作表数据导入一个汇总工作表上呢？

2.3.1　导入整体项目数据

导入整体项目数据，就是将工作簿中格式相同的多个工作表中的相同项目数据导入一个汇总工作表上，以便进行动态分析。

【例 2 – 6】大华公司利润表工作簿中，包括 12 个月度利润表和一个年度汇总表（参见图 2 – 36）。每个月度工作表的格式相同，并按照编写的程序进行了计算。请编写一个程序，将各月利润表中的全部项目本期金额自动导入汇总表中。

整体项目数据文件格式：由于使用了 VBA 代码，因此要将工作簿保存为"Excel 启用宏的工作簿（*.xlsm）"格式。将利润表数据导入 Excel 工作表（见图 2 – 37）/保存（保存类型：Excel 启用宏的工作簿）/点击"保存"。如图 2 – 38 所示。

导入整体项目数据代码编写步骤：

步骤一：设置汇总格式。根据被合并工作表的格式在汇总表的纵列设置合并项目，在横列设置需要合并工作表所属年（月）。如图 2 – 39 所示。

步骤二：编写 VBA 程序。打开保存为宏的工作表，在汇总工作表上编写汇总程序。

在设计程序时应首先思考数据的"来源（工作表）"与"目的地（汇总表）"之间的关联模式。

（1）工作表名称模式。就是根据工作表名称中的数字与汇总表单元格中的数字关系，判断汇总表中存放的是哪个月的报表，并将其数字填写到"汇总"的对应单元格中。如本例：汇总表中 B2 单元格中数字为"1"，则填写"1 月"表格的数据；C2 单元格中数字为"2"，则填写"2月"表格的数字……所以汇总表2行为N列,则填写"N月"表格的数据。参考代码如下所示。

	A	B
1	1月份利润表	
2	项目	本期金额
3	营业收入	88897903.33
4	主营业务收入	88166792.62
5	其他业务收入	731110.71
6	营业成本	64438436.93
7	主营业务成本	64271762.37
8	其他业务支出	166674.56
9	税金及附加	241077.92
10	销售费用	6171499.90
11	管理费用	6481898.22
12	财务费用	32580.30
13	资产减值损失	0.00
14	公允价值变动收益	0.00
15	投资收益	0.00
16	对联营企业和合营企业的投资收益	0.00
17	营业利润	11532410.06
18	营业外收入	150260.00
19	营业外支出	0.00
20	利润总额	11682670.06
21	所得税费用	0.00
22	净利润	11682670.06
23	归属于母公司所有者的净利润	8819663.14
24	少数股东损益	2863006.92
25	(一)基本每股收益	0.06
26	(二)稀释每股收益	0.06

	A	B
1	2月份利润表	
2	项目	本期金额
3	营业收入	158870893.76
4	主营业务收入	157645675.06
5	其他业务收入	1225218.70
6	营业成本	115911908.42
7	主营业务成本	115628759.47
8	其他业务支出	283148.95
9	税金及附加	524344.80
10	销售费用	13928460.95
11	管理费用	14196058.07
12	财务费用	29163.52
13	资产减值损失	0.00
14	公允价值变动收益	0.00
15	投资收益	0.00
16	对联营企业和合营企业的投资收益	0.00
17	营业利润	14280958.00
18	营业外收入	153960.00
19	营业外支出	5600.00
20	利润总额	14429318.00
21	所得税费用	0.00
22	净利润	14429318.00
23	归属于母公司所有者的净利润	10187210.58
24	少数股东损益	4242107.42
25	(一)基本每股收益	0.07
26	(二)稀释每股收益	0.07

	A	B
1	3月份利润表	
2	项目	本期金额
3	营业收入	354096629.23
4	主营业务收入	351810040.07
5	其他业务收入	2286589.16
6	营业成本	254199131.03
7	主营业务成本	253729597.11
8	其他业务支出	469533.92
9	税金及附加	2546189.21
10	销售费用	28272165.37
11	管理费用	33624302.38
12	财务费用	32063.55
13	资产减值损失	-29599.31
14	公允价值变动收益	0.00
15	投资收益	0.00
16	对联营企业和合营企业的投资收益	466500.00
17	营业利润	35918877.00
18	营业外收入	110960.03
19	营业外支出	246949.38
20	利润总额	35782887.65
21	所得税费用	2870467.98
22	净利润	32912419.67
23	归属于母公司所有者的净利润	21865220.01
24	少数股东损益	11047199.66
25	(一)基本每股收益	0.15
26	(二)稀释每股收益	0.15

	A	B
1	4月份利润表	
2	项目	本期金额
3	营业收入	394096629.23
4	主营业务收入	391810040.07
5	其他业务收入	2486589.16
6	营业成本	284199131.03
7	主营业务成本	283729597.11
8	其他业务支出	499533.92
9	税金及附加	2846189.21
10	销售费用	29272165.37
11	管理费用	34624302.38
12	财务费用	42063.55
13	资产减值损失	-29599.31
14	公允价值变动收益	0.00
15	投资收益	0.00
16	对联营企业和合营企业的投资收益	466500.00
17	营业利润	43778877.00
18	营业外收入	120960.03
19	营业外支出	256949.38
20	利润总额	43642887.65
21	所得税费用	2970467.98
22	净利润	40672419.67
23	归属于母公司所有者的净利润	30504315.00
24	少数股东损益	10168104.67
25	(一)基本每股收益	0.17
26	(二)稀释每股收益	0.17

A	B
5月份利润表	
项目	本期金额
营业收入	427584271.18
主营业务收入	424694758.96
其他业务收入	2889512.22
营业成本	307480578.19
主营业务成本	306905296.15
其他业务支出	575282.04
税金及附加	3231915.67
销售费用	36122984.97
管理费用	42049189.54
财务费用	374887.51
资产减值损失	-29599.31
公允价值变动收益	0.00
投资收益	0.00
对联营企业和合营企业的投资收益	466500.00
营业利润	38820814.61
营业外收入	165669.79
营业外支出	250949.38
利润总额	38735535.02
所得税费用	2870467.98
净利润	35865067.04
归属于母公司所有者的净利润	22806848.48
少数股东损益	13058218.56
(一)基本每股收益	0.16
(二)稀释每股收益	0.16

A	B
6月份利润表	
项目	本期金额
营业收入	539152618.20
主营业务收入	535639932.41
其他业务收入	3512685.79
营业成本	388155560.47
主营业务成本	387353978.58
其他业务支出	801581.89
税金及附加	3855223.93
销售费用	48960765.56
管理费用	62759970.03
财务费用	718976.06
资产减值损失	-762650.66
公允价值变动收益	0.00
投资收益	0.00
对联营企业和合营企业的投资收益	2045300.00
营业利润	37510072.81
营业外收入	120369.79
营业外支出	284497.49
利润总额	37345945.11
所得税费用	4997849.04
净利润	32348096.07
归属于母公司所有者的净利润	19786815.80
少数股东损益	12561280.27
(一)基本每股收益	0.14
(二)稀释每股收益	0.14

A	B
7月份利润表	
项目	本期金额
营业收入	549152618.20
主营业务收入	545639932.41
其他业务收入	3522685.79
营业成本	397155560.00
主营业务成本	396353978.58
其他业务支出	81581.89
税金及附加	3905223.93
销售费用	49060765.56
管理费用	62769970.03
财务费用	728976.06
资产减值损失	-762650.66
公允价值变动收益	0.00
投资收益	0.00
对联营企业和合营企业的投资收益	2045300.00
营业利润	38340072.00
营业外收入	130369.79
营业外支出	294497.49
利润总额	38175944.30
所得税费用	5097849.04
净利润	33078095.26
归属于母公司所有者的净利润	24808571.45
少数股东损益	8269523.81
(一)基本每股收益	0.18
(二)稀释每股收益	0.18

A	B
8月份利润表	
项目	本期金额
营业收入	596639631.83
主营业务收入	592796522.10
其他业务收入	3843109.73
营业成本	430831521.93
主营业务成本	429905757.79
其他业务支出	925764.14
税金及附加	4197867.17
销售费用	54200283.63
管理费用	70794386.56
财务费用	749160.93
资产减值损失	-762650.66
公允价值变动收益	0.00
投资收益	0.00
对联营企业和合营企业的投资收益	2045300.00
营业利润	38674362.27
营业外收入	121369.79
营业外支出	500151.89
利润总额	38295580.17
所得税费用	4997849.04
净利润	33297731.13
归属于母公司所有者的净利润	19872001.18
少数股东损益	13425729.95
(一)基本每股收益	0.14
(二)稀释每股收益	0.14

	A	B
1	9月份利润表	
2	项目	本期金额
3	营业收入	705025449.76
4	主营业务收入	700152854.10
5	其他业务收入	4872595.66
6	营业成本	508122342.37
7	主营业务成本	506158060.97
8	其他业务支出	1964281.40
9	税金及附加	4947669.39
10	销售费用	64031442.70
11	管理费用	82869876.62
12	财务费用	723781.26
13	资产减值损失	-762650.66
14	公允价值变动收益	0.00
15	投资收益	0.00
16	对联营企业和合营企业的投资收益	3767586.00
17	营业利润	48860574.08
18	营业外收入	176528.87
19	营业外支出	567642.95
20	利润总额	48469460.00
21	所得税费用	6352928.71
22	净利润	42116531.29
23	归属于母公司所有者的净利润	24413044.59
24	少数股东损益	17703486.70
25	（一）基本每股收益	0.17
26	（二）稀释每股收益	0.17

	A	B
1	10月份利润表	
2	项目	本期金额
3	营业收入	720025449.76
4	主营业务收入	715152854.10
5	其他业务收入	5072595.66
6	营业成本	518122342.37
7	主营业务成本	516158060.97
8	其他业务支出	1984281.40
9	税金及附加	5047669.39
10	销售费用	64831442.70
11	管理费用	83869876.62
12	财务费用	823781.26
13	资产减值损失	-762650.66
14	公允价值变动收益	0.00
15	投资收益	0.00
16	对联营企业和合营企业的投资收益	3767586.00
17	营业利润	52040574.00
18	营业外收入	186528.87
19	营业外支出	569642.95
20	利润总额	51657459.92
21	所得税费用	6652928.71
22	净利润	45004531.21
23	归属于母公司所有者的净利润	37503398.00
24	少数股东损益	7501133.21
25	（一）基本每股收益	0.25
26	（二）稀释每股收益	0.25

	A	B
1	11月份利润表	
2	项目	本期金额
3	营业收入	791475773.09
4	主营业务收入	785866469.99
5	其他业务收入	5609303.10
6	营业成本	563104288.64
7	主营业务成本	560988689.94
8	其他业务支出	2115598.70
9	税金及附加	5611421.34
10	销售费用	74601422.71
11	管理费用	89668983.11
12	财务费用	750950.77
13	资产减值损失	-762650.66
14	公允价值变动收益	0.00
15	投资收益	0.00
16	对联营企业和合营企业的投资收益	3767586.00
17	营业利润	62268943.18
18	营业外收入	183528.87
19	营业外支出	593080.19
20	利润总额	61859391.86
21	所得税费用	6352928.71
22	净利润	55506463.15
23	归属于母公司所有者的净利润	32334613.39
24	少数股东损益	23171849.76
25	（一）基本每股收益	0.23
26	（二）稀释每股收益	0.23

	A	B
1	12月份利润表	
2	项目	本期金额
3	营业收入	801475773.09
4	主营业务收入	795866469.99
5	其他业务收入	5609303.10
6	营业成本	571454288.60
7	主营业务成本	568988689.94
8	其他业务支出	2115598.70
9	税金及附加	5711421.34
10	销售费用	74701422.71
11	管理费用	89768983.11
12	财务费用	800950.77
13	资产减值损失	-762650.66
14	公允价值变动收益	0.00
15	投资收益	0.00
16	对联营企业和合营企业的投资收益	3767586.00
17	营业利润	64118943.18
18	营业外收入	383528.87
19	营业外支出	693080.19
20	利润总额	63809391.86
21	所得税费用	6552928.71
22	净利润	57256463.15
23	归属于母公司所有者的净利润	42942347.36
24	少数股东损益	14314115.79
25	（一）基本每股收益	0.32
26	（二）稀释每股收益	0.32

图 2-36 利润表工作簿

第 2 章 Excel VBA 批量处理工作表

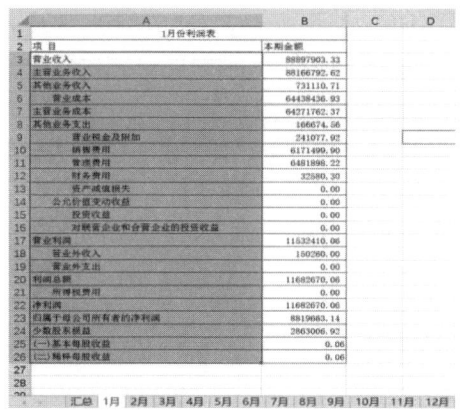

图 2-37 利润表

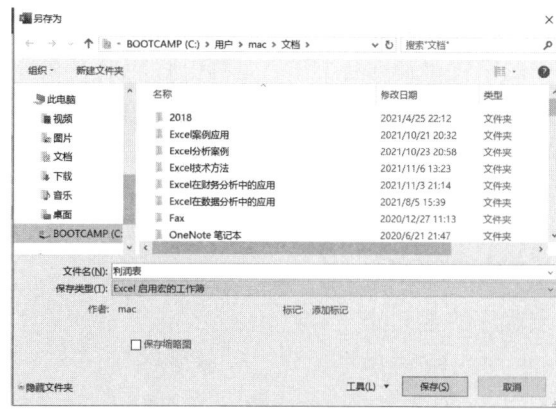

图 2-38 保存文件名方式

图 2-39 利润汇总表

👉 成功之钥匙

宏程序的含义：

```
Option Explicit
Sub 工作表名称进行汇总()
    'wMonth 代表月份工作表,wYear 代表年度汇总工作表
    Dim wMonth As Worksheet,wYear As Worksheet
'i 代表汇总表列变量,j 代表月份表行变量,k 代表汇总表行,shtName 代表月份表名变量
    Dim i,j,k,shtName
    '让 wYear 始终代表汇总工资表
    Set wYear = Worksheets("汇总")
    '扫描汇总表中的列
    For i = 2 To 13
    '根据汇总表中第 2 行第 i 列中的数字,构造对应月度的表名,将其存入 shtName 变量
        shtName = wYear.Cells(2,i)
        '让 wMonth 代表名字为 shtName 的工作表,即与"汇总"表第 i 行对应的月度表
        Set wMonth = Worksheets(shtName)
        '循环月份工作表行
        For k = 3 To 26
'循环汇总工作表行
            For j = 3 To 26
            '在该月份表中循环查找与"汇总表"指标所在行列对应的项目
            If Trim(wMonth.Cells(k,1)) = Trim(wYear.Cells(j,1)) Then
            '循环结束后,将工作表第 k 行,2 列数据字写入"汇总"表第 j 行 i 列
                wYear.Cells(j,i) = wMonth.Cells(k,2)
                Exit For
            End If
            Next j
        Next k
    Next i
End Sub
```

(2) 字符串模式。就是在工作表名没有规律的情况下，根据工作表中类似标题的单元格中的字符串，判断工作表是哪个月的报表并将其数字填写到"汇总"的对应单元格中。如本例中，检查某个工作表 A1 单元格的内容（见图 2 - 40 "1 月份利润表"），如果该字符串以数字 N 开头，那么就将这个工作表的数据写入"汇总表"中第 N + 1 列，或者汇总表中第 2 行为数字 N 的那一列。参考代码如下所示。

成功之钥匙

宏程序的含义：

```vba
Option Explicit
Sub Demo_10_4()
    'wMonth 代表月份工作表,wYear 代表年度汇总工作表
    Dim wMonth As Worksheet,wYear As Worksheet
    'title 代表单元格中的标题字符串变量,mon 代表月份变量,k 代表月份工作表行变量;'r 代表汇总表行
    Dim title,mon,k,r
    '指定 wYear 为汇总工作表
    Set wYear = Worksheets("汇总")
    '循环扫描每个月份工作表,将读取的工作表赋值给 wMonth
    For Each wMonth In Worksheets
        '如果表名为"汇总",则不做任何处理;否则认为是月份表,进行汇总
        If wMonth.Name < > "汇总" Then
            '根据 A1 单元格的年份内容,确定该月份表的月份数字,存入 mon
            'Trim 表示去掉单元格字符串两边的空格
            title = Trim(wMonth.Range("A1"))
'Left 表示从字符串 title 右边第一位开始提取"InStr(title,"月") -1"个字符;InStr 表示字符串中"月"的位
'置;"InStr(title,"月") -1"表示"月"前面的数字位数。
            mon = Left(title,InStr(title,"月") -1)
            '循环汇总工作表行
            For r = 3 To 22
'循环月度工作表行,由于汇总表的格式为:在第 2 列存放 1 月份数据,在第 3 列存放 2 月份数据……所以 mon 月份数据存放汇总表 mon +1 列
                For k = 4 To wMonth.Rows.Count
                    '在该月份表中循环查找与"汇总表"指标所在行列对应的行
                    If Trim(wMonth.Cells(k,1)) = wYear.Cells(r,1) Then
                        '一旦找到就将其数字存入汇总工作表
                        wYear.Cells(r,mon +1) = wMonth.Cells(k,2)
'既然发现汇总表与工作表对应项目,就没有必要再扫描后面各行,此时退出程序可以大大节省时间。
                        Exit For
                    End If
                Next k
            Next r
        End If
    Next wMonth
End Sub
```

步骤三：点击运行按钮 ▶，便可获得汇总结果。如在汇总工作表第 2 列显示数据为 1 月份汇总数。对照图 2 - 36，与 1 月份利润表数据吻合。如图 2 - 40 所示。

(3) 工作表名称模式。就是按照目标工作表名称设置汇总工作表栏目，根据汇总工作表栏目与目标工作表名称的对应关系循环生成工作表名称，每循环一个目标工作表就将其指定数据导入"汇总"工作表的对应单元格中。

【例 2 - 7】大明集团公司 2022 年度利润表汇总工作簿中，包括华明公司、华日公司、明耀公司、久润公司 4 个子公司年度利润表和一个年度汇总表。每个年度利润工作表的格式相同。如图 2 - 41 所示。

项目	1月	2月	3月	4月	5月	6月	7月	8月	9月	10月	11月	12月
		88897903.33	158870893.76	354096629.23	394096629.23	427584271.18	539152618.20	549152618.20	596639631.83	705025449.76	791475773.09	801475773.09
主营业务收入		88166792.62	157645675.06	351810040.07	391810040.07	424694758.96	535639932.41	545639922.41	592796522.10	700152854.10	715152854.10	785866469.99 795866469.99
其他业务收入		731110.71	1225218.70	2286589.16	2486589.16	2889512.22	3512685.79	3522685.79	3843109.73	4872595.66	5072595.66	5609303.10 5609303.10
营业成本		64438436.93	115911908.42	254199131.03	284199131.03	307480578.19	388155560.47	397155560.07	430831521.93	508122342.37	518122342.37	563104288.60 571454288.60
主营业务成本		64271762.37	115628759.47	253729597.11	283729597.11	306905296.15	387353978.58	396353978.58	429905757.79	506158060.97	516158060.97	560988689.94 568988689.94
其他业务支出		166674.56	283148.95	469533.92	469533.92	575282.04	801581.89	81581.89	925764.14	1964281.40	1984201.40	2115598.70 2115598.70
税金及附加		241077.92	524344.80	2546189.21	2846189.21	3231915.67	3855223.93	3905223.93	4197867.17	4947669.39	5047669.39	5611421.34 5711421.34
销售费用		6171499.90	13928460.95	28272165.37	29272165.37	36122984.97	48960765.56	49060765.56	54200283.63	64031442.70	64831442.70	74601422.71 74701422.71
管理费用		6481898.22	14196058.07	33624302.98	34624302.98	40249189.54	62759970.03	70794386.56	82986876.62	83869876.62	83869876.62	89768983.11 89768983.11
财务费用		32580.30	29163.52	32063.55	42063.55	374887.51	718976.06	728976.06	749160.93	723781.26	823781.26	750950.77 800950.77
资产减值损失		0.00	0.00	-29569.31	-29569.31	-29569.31	-762650.66	-762650.66	-762650.66	-762650.66	-762650.66	-762650.66 -762650.66
公允价值变动收益		0.00	0.00	0.00	0.00	0.00	0.00	0.00	0.00	0.00	0.00	0.00 0.00
投资收益		0.00	0.00	0.00	0.00	0.00	0.00	0.00	0.00	0.00	0.00	0.00 0.00
对联营企业和合营企业的投资收益		0.00	0.00	466500.00	466500.00	466500.00	2045300.00	2045300.00	2045300.00	3767586.00	3767586.00	3767586.00 3767586.00
营业利润		11532410.06	14280958.00	35918877.00	43778877.00	38820814.61	37510072.81	38340072.70	38674362.27	48860574.08	52040574.00	62268943.18 641118943.18
营业外收入		150260.00	153960.00	110960.03	120960.03	165669.79	120369.79	130369.79	175628.87	186528.87	186528.87	183528.87 383528.87
营业外支出		0.00	5600.00	246949.38	256949.38	250949.38	284497.49	294497.49	500151.89	56794.95	56964.95	593080.19 693080.19
利润总额		11682670.06	14429318.00	35782687.65	43642687.65	38735535.02	37345945.11	38175944.30	32955680.17	48469460.00	51657459.92	61859391.86 63809391.86
所得税费用		0.00	0.00	2870467.98	2970467.98	2870467.98	4997849.04	5097849.04	4997849.04	6352920.77	6652928.71	6352928.71 6552928.71
净利润		11682670.06	14429318.00	32912419.67	40672419.67	35865067.04	32348095.07	33078095.26	33297733.13	42116531.29	45004531.21	55506463.15 57256463.15
归属于母公司所有者的净利润		8819663.14	10187210.58	21865220.01	30504315.00	22806848.48	19786815.92	24806571.45	19872001.18	24413044.59	37503398.00	32334613.39 42942347.36
少数股东损益		2863006.92	4242107.42	11047199.66	10168104.67	13056218.56	12561280.27	8269623.81	13425729.95	17703486.70	7501133.21	23171849.76 14314115.79
(一) 基本每股收益		0.06	0.07	0.15	0.17	0.15	0.14	0.18	0.14	0.17	0.25	0.23 0.32
(二) 稀释每股收益		0.06	0.07	0.15	0.17	0.15	0.14	0.18	0.14	0.17	0.25	0.23 0.32

图 2-40 汇总结果

华明利润汇总表

项目	金额
一、主营业务收入	4670713717
减:主营业务成本	448179229
主营业务税金及附加	18928888
二、主营业务利润	18702853.76
加:其他业务利润	
减:营业费用	
管理费用	13739915.35
财务费用	4047376.41
三、营业利润	915562
加:营业外收入	
减:营业外支出	35544.58
加:以前年度损益调整	-23093.13
四、利润总额	856924.29
减:所得税费用	133154.79
五、净利润	723769.5

华日利润表

项目	金额
一、主营业务收入	200,223,097.77
减:主营业务成本	193,372,937.93
主营业务税金及附加	100,257.02
二、主营业务利润	6,749,902.82
加:其他业务利润	
减:营业费用	
管理费用	5,865,937.01
财务费用	3,976.58
三、营业利润	879,989.23
加:营业外收入	
减:营业外支出	122.61
加:以前年度损益调整	-26,223.75
四、利润总额	853,642.87
减:所得税费用	60,718.82
五、净利润	792,924.05

明耀利润汇总表

项目	金额
一、主营业务收入	374,426,830.00
减:主营业务成本	362,419,567.80
主营业务税金及附加	179,028.56
二、主营业务利润	11,827,433.64
加:其他业务利润	
减:营业费用	
管理费用	11,097,309.88
财务费用	1,865,237.96
三、营业利润	-1,135,114.20
加:营业外收入	
减:营业外支出	2,017.36
加:以前年度损益调整	-62,343.99
四、利润总额	-1,199,475.55
减:所得税费用	58,073.94
五、净利润	-1,257,549.49

久润利润汇总表

项目	金额
一、主营业务收入	404,163,892.75
减:主营业务成本	389,212,908.24
主营业务税金及附加	153,094.79
二、主营业务利润	14,797,899.72
加:其他业务利润	
减:营业费用	
管理费用	13,950,536.91
财务费用	59,037.54
三、营业利润	788,325.27
加:营业外收入	1,000.00
减:营业外支出	180.4
加:以前年度损益调整	-49,998.47
四、利润总额	739,146.40
减:所得税费用	96,281.84
五、净利润	642,864.56

图 2-41 利润工作表界面

请编写一个程序,将各子公司年度利润表中的全部项目本期金额导入汇总表中。

步骤一:根据子公司利润表项目名称设计汇总工作表。如图 2-42 所示。

	A	B	C	D	E	F
1	大华集团利润汇总表					
2	项目	华明	华日	明耀	久润	合计
3	一、主营业务收入					
4	减:主营业务成本					
5	税金及附加					
6	二、主营业务利润					
7	加:其他业务利润					
8	减:营业费用					
9	管理费用					
10	财务费用					
11	三、营业利润					
12	加:营业外收入					
13	减:营业外支出					
14	加:以前年度损益调整					
15	四、利润总额					
16	减:所得税费用					
17	五、净利润					

图 2-42 汇总工作表模型

步骤二：编写按工作表名称导入数据代码。参考代码如下所示。

成功之钥匙

代码含义：

```
Option Explicit
Sub 导入数据代码()
'wa 代表汇总工作表,w 代表待汇总工作表
Dim wa As Worksheet,wb As Worksheet
'i 代表汇总工作表列变量,j 代表待汇总工作表行变量,k 代表汇总工作表行,shtName 代待汇总工作表名变量
Dim i,j,k,shtName
'让 wa 代表汇总工作表
Set wa = Worksheets("汇总")
    '循环汇总表列
    For i = 2 To 5
    '待汇总工作表名称与汇总表 wa.Cells(2,i)单元格一致
    shtName = wa.Cells(2,i)
    '让 wb 代表待汇总工作表
    Set wb = Worksheets(shtName)
     '循环汇总表行
     For k = 3 To 17
     '循环待汇总工作表行
       For j = 3 To 17
       '如果待工作表 j 行 1 列与汇总工作表 k 行 1 列一致,那么就进行汇总
       If wb.Cells(j,1) = wa.Cells(k,1) Then
       '汇总工作表 k 行 i 列等于待汇总工作表 j 行 2 列
          wa.Cells(k,i) = wb.Cells(j,2)
          End If
          Next j
    Next k
Next i
'循环汇总工作表行列,加总导入数据
For j = 3 To 17
   For i = 2 To 5
   wa.Cells(j,6) = wa.Cells(j,6) + wa.Cells(j,i)
   Next i
Next j
End Sub
```

步骤三：运行代码导入数据。如图 2-43 所示。

	A	B	C	D	E	F
1	大华集团利润汇总表					
2	项目	华明	华日	明耀	久润	合计
3	一、主营业务收入	467,071,371.65	200223098	374426830	404163893	1445885192
4	减：主营业务成本	448,179,229.01	193372938	362419568	389212898	1393184633
5	税金及附加	189,288.88	100257.02	179828.56	153094.79	622469.25
6	二、主营业务利润	18,702,853.76	6749902.8	11827434	14797900	52078089.9
7	加：其他业务利润					0
8	减：营业费用					0
9	管理费用	13,739,915.35	5865937	11097310	13950537	44653699.2
10	财务费用	4,047,376.41	3976.58	1865238	59037.54	5975628.49
11	三、营业利润	915,562.00	879989.23	-1135114	788325.27	1448762.3
12	加：营业外收入				1000	1000
13	减：营业外支出	35544.58	122.61	2017.36	180.4	37864.95
14	加：以前年度损益调整	-23,093.13	-26223.75	-62343.99	-49998.47	-161659.34
15	四、利润总额	856,924.29	853642.87	-1199476	739146.4	1250238.01
16	减：所得税费用	133,154.79	60718.82	58073.94	96281.84	348229.39
17	五、净利润	723,769.50	792924.05	-1257549	642864.56	902008.62

图 2-43　导入数据效果界面

2.3.2　导入指定项目数据

导入指定项目数据，就是根据汇总表设计的主要财务指标，将多个工作表中的对应项目导入汇总表中。

【例 2－8】大华公司利润表工作簿中，包括 12 个月度利润表和一个年度汇总表。每个月度工作表的格式相同，并按照编写的程序进行了计算（参见〖例 2－6〗）。请编写一个程序，将各月利润表中的营业收入、营业成本、销售费用、管理费用、财务费用、利润总额等项目本期金额导入汇总表中。

导入指定项目数据文件格式：由于使用了 VBA 代码，因此要将工作簿保存为“Excel 启用宏的工作簿(＊.xlsm)”格式。将利润表数据导入 Excel 工作表（见图 2－44）/保存（保存类型：Excel 启用宏的工作簿)/点击“保存”。如图 2－45 所示。

	A	B
1	1月份利润表	
2	项 目	本期金额
3	营业收入	88897903.33
4	主营业务收入	88166792.62
5	其他业务收入	731110.71
6	营业成本	64438436.93
7	主营业务成本	64271762.37
8	其他业务支出	166674.56
9	税金及附加	241077.92
10	销售费用	6171499.90
11	管理费用	6481898.22
12	财务费用	32580.30
13	资产减值损失	0.00
14	公允价值变动收益	0.00
15	投资收益	0.00
16	对联营企业和合营企业的投资收益	0.00
17	营业利润	11532410.06
18	营业外收入	150260.00
19	营业外支出	0.00
20	利润总额	11682670.06
21	所得税费用	0.00
22	净利润	11682670.06
23	归属于母公司所有者的净利润	8819663.14
24	少数股东损益	2863006.92
25	(一)基本每股收益	0.06
26	(二)稀释每股收益	0.06

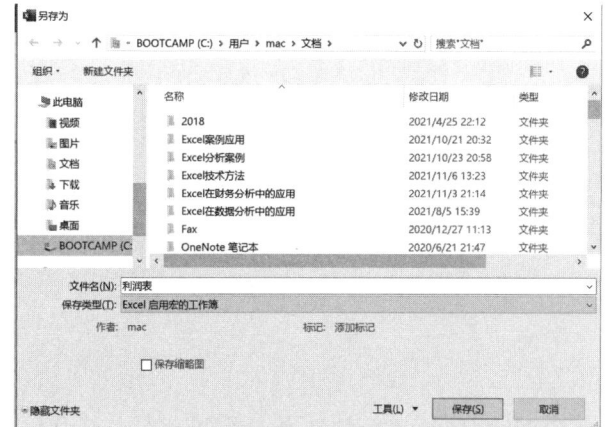

图 2－44　利润表

图 2－45　保存文件名方式

导入指定项目数据代码编写步骤：

步骤一：设置汇总表主要财务指标。根据待合并工作表的格式在汇总工作表 A 列设置主要财务指标，主要财务指标可以根据实际需要选定；在汇总表第 2 行所设置待汇总工作表所属年（月）。如图 2－46 所示。

	A	B	C	D	E	F	G	H	I	J	K	L	M
1							利润汇总表						
2	月份	1月	2月	3月	4月	5月	6月	7月	8月	9月	10月	11月	12月
3	营业收入												
4	营业成本												
5	销售费用												
6	管理费用												
7	财务费用												
8	利润总额												

图 2－46　主要财务指标汇总表

步骤二：编写 VBA 程序。采用上述字符串模式编写的 VBA 程序，可以轻松获取主要财务指标。其主要区别是汇总表项目设置范围不同，整体汇总需要设置全部汇总项目，主要指标汇总只需要设置所需财务指标。打开保存为宏的工作表，在汇总工作表上编写汇总程序。点击【开发工具】—点击 VBE 窗口—双击【对象 Sheet1】—命令，然后在模块代码窗口中输入以下代码，最后关闭 VBE 窗口。参考代码如下所示。

成功之钥匙

代码含义:

```vba
Option Explicit
Sub 主要指标汇总字符串法()
    'wMonth 代表月份工作表,wYear 代表年度汇总工作表
    Dim wMonth As Worksheet, wYear As Worksheet
    'title 代表单元格中的标题字符串变量,mon 代表月份变量,k 代表月份工作表行变量;'r 代表汇总表行
    Dim title, mon, k, r
    '指定 wYear 为汇总工资表
    Set wYear = Worksheets("汇总")
    '循环扫描每个月份工作表
    For Each wMonth In Worksheets
        '如果表名为"汇总",则不做任何处理;否则认为是月份表,进行汇总
        If wMonth.Name <> "汇总" Then
            '根据 B2 单元格的年份内容,确定该月份表的月份数字,存入 mon
            title = Trim(wMonth.Range("A1"))
            mon = Left(title, InStr(title, "月") - 1)
            '循环汇总工作表行
            For r = 3 To 26
                '循环月度工作表
                '由于汇总表的格式为:在第 2 列存放 1 月份数据,在第 3 列存放 2 月份数据…所以 mon
                '月份数据存放汇总表 mon +1 列
                For k = 3 To wMonth.Rows.Count
                    '在该月份表中循环查找与"汇总表"指标所在行列对应的项目
                    If Trim(wMonth.Cells(k, 1)) = Trim(wYear.Cells(r, 1)) Then
                        '一旦找到就将其数字存入汇总工作表
                        wYear.Cells(r, mon + 1) = wMonth.Cells(k, 2)
                        Exit For
                    End If
                Next k
            Next r
        End If
    Next wMonth
End Sub
```

步骤三:点击运行按钮 ▶,便可获得主要财务指标汇总结果。如在汇总工作表第 2 列显示数据为 1 月营业收入、营业成本、销售费用、管理费用、财务费用、利润总额等主要财务指标。如图 2 - 47 所示。

图 2 - 47 汇总结果

2.3.3 导入数据源表格上的数据

2.3.3.1 将数据源表格中的数据导入同一个工作表上新设立的表格上

【例 2 - 9】大华公司利润汇总工作表上,包括 2013 年至 2020 年 8 个年度利润表。请编写一个程序,将各月利润表中的营业收入、营业成本、销售费用、管理费用、财务费用、利润总额等项目金额导入同一工作簿中的利润分析表格上。

导入指定项目数据文件格式:由于使用了 VBA 代码,因此要将工作簿保存为"Excel 启

用宏的工作簿（ *. xlsm）” 格式。将利润汇总表数据导入 Excel 工作表/保存（保存类型：Excel 启用宏的工作簿）/点击 “保存”。如图 2 –48 所示。

利润表								
年度	2013年	2014年	2015年	2016年	2017年	2018年	2019年	2020年
营业总收入	20.69	19.7	22.36	29.14	213.9	230.2	220.2	274.7
营业收入	20.69	19.7	22.36	29.14	213.9	230.2	220.2	274.7
营业总成本	19.15	18.54	18.21	20.64	213.5	235.3	234.3	263.5
营业成本	16.31	14.87	15.54	20.64	160.9	177.2	174.3	209.4
税金及附加	0.0001	0.0001	0.0001	0.0001	1.446	0.92	1.16	2.418
销售费用	0.36	0.38	0.42	0.35	2.285	1.9	1.823	1.996
管理费用	1.382	1.394	2.132	1.574	11.2	11.59	15.18	15.62
研发费用	1.453	1.897	2.372	3.182	35.76	44.71	47.44	46.72
财务费用	-0.34	0.001	0.12	0.001	1.846	-0.97	-5.613	-12.6
其中:利息费用					2.632	2.634	4.373	5.06
利息收入					1.817	4.428	-9.602	-11.74
其他经营收益								
加:公允价值变动收益					0.39	0.25	1.945	3.311
投资收益					0.13	-2.704	8.469	6.953
其中:对联营企业和合营企业的投资收益					0.05	-3.397	2.558	6.53
资产处置收益					1.122	2.143	0.28	0.1
资产减值损失(新)					-3.174	-0.97	-2.528	-1.499
信用减值损失(新)						-0.06	-0.11	0.05
其他收益					10.24	11.07	20.39	24.89
营业利润平衡项目	0.33	0.14	-1.933	-5.105				
营业利润	1.871	1.302	2.22	3.392	9.125	4.551	14.32	44.98
加:营业外收入					0.03	0.09	0.03	0.13
减:营业外支出					0.02	0.09	0.08	0.2
利润总额平衡项目	-0.08	0.08	0.09	-0.29				
利润总额	1.786	1.381	2.309	3.099	9.138	4.564	14.27	44.91
减:所得税	0.41	0.12	0.09	-0.65	0.11	0.96	1.585	4.697
净利润	1.745	1.263	2.223	3.164	9.025	3.603	12.69	40.21
(一)按经营持续性分类								
持续经营净利润							12.69	40.21
(二)按所有权归属分类								
归属于母公司股东的净利润	1.732	1.53	2.534	3.766	12.45	7.473	17.94	43.32
少数股东损益	0.01	-0.27	0.31	-0.6	-3.424	-3.87	-5.252	-3.109
扣除非经常性损益后的净利润					2.733	-6.169	-5.221	16.97
每股收益								
基本每股收益	0.01	0.05	0.07	0.09	0.27	0.14	0.34	0.67
稀释每股收益	0.01	0.04	0.07	0.08	0.27	0.14	0.33	0.64
其他综合收益	0.01	0	2.845	-0.41	-16.26	24.35	8.351	-95.57
归属于母公司股东的其他综合收益	0.01	0	-0.08	-0.41	-11.15	18.31	4.435	-65.72
归属于少数股东的其他综合收益					-5.115	6.033	3.916	-29.85
综合收益总额	1.752	1.259	2.147	2.651	-7.236	27.95	21.04	-55.36
归属于母公司股东的综合收益总额	1.739	1.526	2.458	3.262	1.304	25.79	22.37	-22.4
归属于少数股东的综合收益总额	0.001	-0.27	-0.31	-0.61	-8.54	2.163	-1.336	-32.96

利润分析表								
年度	2013年	2014年	2015年	2016年	2017年	2018年	2019年	2020年
营业总收入								
营业总成本								
毛利								
税金及附加								
销售费用								
管理费用								
研发费用								
财务费用								
费用小计								
营业利润								
利润总额								
净利润								
净利润率								
成本费用利润率								
费用率								
毛利率								
费用率/毛利率								

Sheet1 | 利润汇总表 | 利润分析表 | 分析模型

图 2 –48 利润汇总表及利润分析表

导入指定项目数据代码编写步骤：

步骤一：在利润汇总表工作表上设置一个财务分析表格。根据数据源工作表的格式在利润分析表纵列设置主要财务指标，主要财务指标可以根据实际需要选定；在横栏设置数据源工作表所属年（月）。如图 2 –49 所示。

利润分析表								
年度	2013年	2014年	2015年	2016年	2017年	2018年	2019年	2020年
营业总收入								
营业总成本								
毛利								
税金及附加								
销售费用								
管理费用								
研发费用								
财务费用								
费用小计								
营业利润								
利润总额								
净利润								
净利润率								
成本费用利润率								
费用率								
毛利率								
费用率/毛利率								

图 2 –49 利润分析表

步骤二：编写 VBA 程序。在新设置的 “模块” 代码窗口编写代码。参考代码如下所示。

成功之钥匙

代码含义：

```
Option Explicit
Sub 在一个工作表导入数据()
    'w 利润汇总工作表,s 代表分析模型工作表
    Dim w As Worksheet,s As Worksheet
    ' k 代表工作表列变量;i 代表分析模型行;j 代表利润汇总表行
    Dim k,i,j
```

```
'循环工作表列(利润汇总表和分析模型工作表)
For k = 2 To 9
    Set w = Worksheets("利润汇总表")
    '循环利润分析工作表行
    For i = 3 To 14
        '循环利润汇总表行
        For j = 3 To 29
            '在利润汇总表中循环查找与利润分析表指标所在行列对应的项目
            If Trim(w.Cells(j,1)) = Trim(w.Cells(i,11)) Then
                '一旦找到就将其数字存入利润分析工作表
                w.Cells(i, k + 10) = w.Cells(j, k)
            End If
        Next j
    Next i
Next k
End Sub
```

步骤三：点击运行按钮 ▶，便可获得主要财务指标汇总结果。如图 2-50 所示。

	K	L	M	N	O	P	Q	R	S
1					利润分析表				
2	年度	2013年	2014年	2015年	2016年	2017年	2018年	2019年	2020年
3	营业总收入	20.69	19.70	22.36	29.14	213.90	230.20	220.20	274.70
4	营业总成本	19.15	18.54	18.21	20.64	213.50	235.30	234.30	263.50
5	毛利								
6	税金及附加	0.00	0.00	0.00	0.00	1.45	0.92	1.16	2.42
7	销售费用	0.36	0.38	0.42	0.35	2.29	1.90	1.82	2.00
8	管理费用	1.38	1.39	2.13	1.57	11.20	11.59	15.18	15.62
9	研发费用	1.45	1.90	2.37	3.18	35.76	44.71	47.44	46.72
10	财务费用	(0.34)	0.00	0.12	0.00	1.85	(0.97)	(5.61)	(12.60)
11	费用小计								
12	营业利润	1.87	1.30	2.22	3.39	9.13	4.55	14.32	44.98
13	利润总额	1.79	1.38	2.31	3.10	9.14	4.56	14.27	44.91
14	净利润	1.75	1.26	2.22	3.16	9.03	3.60	12.69	40.21
15	净利润率	8.43%	6.41%	9.94%	10.86%	4.22%	1.57%	5.76%	14.64%
16	成本费用利润率	8.12%	6.22%	9.93%	12.04%	3.43%	1.56%	4.85%	14.14%
17	费用率	13.80%	18.64%	22.56%	17.53%	23.89%	24.86%	26.72%	18.83%
18	毛利率	0.00%	0.00%	0.00%	0.00%	0.00%	0.00%	0.00%	0.00%
19	费用率/毛利率	#DIV/0!	#DIV/0!	#DIV/0!	#DIV/0!	#DIV/0!	#DIV/0!	#DIV/0!	#DIV/0!

图 2-50　导入数据结果

2.3.3.2　将数据源工作表中的数据导入同一工作簿中新建的工作表上

接〖例 2-9〗。将利润汇总表中的数据导入同一工作簿中新建的分析模型工作表上。如图 2-51 所示。

图 2-51　数据源及导入结果

步骤一：在同一工作簿上创建一个利润分析模型工作表。如图 2 - 52 所示。

利润分析表								
年度	2013年	2014年	2015年	2016年	2017年	2018年	2019年	2020年
营业总收入								
营业总成本								
毛利								
税金及附加								
销售费用								
管理费用								
研发费用								
财务费用								
费用小计								
营业利润								
利润总额								
净利润								
净利润率								
成本费用利润率								
费用率								
毛利率								
费用率/毛利率								

Sheet1 | 利润汇总表 | 利润分析表 | 分析模型

图 2 - 52　创建利润分析工作表模型

步骤二：编写 VBA 程序。在新设置的“模块”代码窗口编写代码。参考代码如下所示。

成功之钥匙

代码含义：

```
Option Explicit
Sub 将数据源信息导入另一个工作表()
    'w 利润汇总工作表,s 代表分析模型工作表
    Dim w As Worksheet,s As Worksheet
  ' k 代表工作表列变量(分析模型和利润汇总表);i 代表分析模型行;j 代表利润汇总表行
    Dim k,i,j
        '循环工作表列
        For k =2 To 9
            '指定 s 为分析模型工作表
            Set s =Worksheets("分析模型")
            '指定 w 为利润汇总表
            Set w =Worksheets("利润汇总表")
          '循环分析模型工作表行
            For i =3 To 14
                '循环利润汇总表行
                For j =3 To 29
                '在该月份表中循环查找与"汇总表"指标所在行列对应的项目
                    If Trim(w.Cells(j,1)) =Trim(s.Cells(i,1)) Then
                    '一旦找到就将其数字存入汇总工作表
                    s.Cells(i,k) =w.Cells(j,k)
                    End If
                Next j
            Next i
        Next k
End Sub
```

步骤三：点击运行按钮 ▶，便可获得主要财务指标汇总结果。如图 2 - 53 所示。

利润分析表

年度	2013年	2014年	2015年	2016年	2017年	2018年	2019年	2020年
营业总收入	20.69	19.70	22.36	29.14	213.90	230.20	220.20	274.70
营业总成本	19.15	18.54	18.21	20.64	213.50	235.30	234.30	263.50
毛利	1.54	1.16	4.15	8.50	0.40	(5.10)	(14.10)	11.20
税金及附加	0.00	0.00	0.00	0.00	1.45	0.92	1.16	2.42
销售费用	0.36	0.38	0.42	0.35	2.29	1.90	1.82	2.00
管理费用	1.38	1.39	2.13	1.57	11.20	11.59	15.18	15.62
研发费用	1.45	1.90	2.37	3.18	35.76	44.71	47.44	46.72
财务费用	(0.34)	0.00	0.12	0.00	1.85	(0.97)	(5.61)	(12.60)
费用小计								
营业利润	1.87	1.30	2.22	3.39	9.13	4.55	14.32	44.98
利润总额	1.79	1.38	2.31	3.10	9.14	4.56	14.27	44.91
净利润	1.75	1.26	2.22	3.16	9.03	3.60	12.69	40.21
净利润率	8.43%	6.41%	9.94%	10.86%	4.22%	1.57%	5.76%	14.64%
成本费用利润率	8.12%	6.22%	9.93%	12.04%	3.43%	1.56%	4.85%	14.14%
费用率	13.80%	18.64%	22.56%	17.53%	23.89%	24.86%	26.72%	18.83%
毛利率	7.44%	5.89%	18.56%	29.17%	0.19%	-2.22%	-6.40%	4.08%
费用率/毛利率	185.39%	316.55%	121.54%	60.08%	12772.75%	-1122.16%	-417.23%	461.93%

图 2-53 导入信息效果

2.3.4 隔列导入数据源表格上的数据

隔列导入数据源表格上的数据，就是将同一个工作簿数据源上的工作表中连续排列的数据隔列存放到另一个工作表上。

【例 2-10】大华公司土地增值税清算工作簿中存有项目土地成本分摊表和建筑面积明细表。如图 2-54 和图 2-55 所示。在费用分摊时，需要将建筑面积明细表中的可售面积、已售面积、未售面积导入土地成本分摊表隔列存放的对应栏目中。

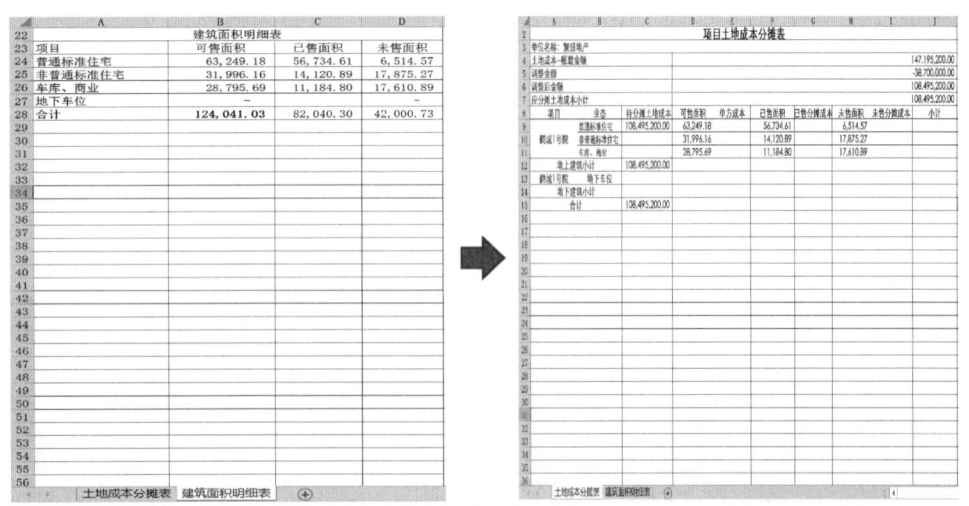

图 2-54 建筑面积明细表　　　　　图 2-55 土地成本分摊表

请编写一个 Excel VBA 代码,将建筑面积明细表中的所列可售面积、已售面积、未售面积数据隔列导入土地成本分摊表相关栏目中。

编写这个代码的基本思路是:找到建筑面积明细表中需要导出数据所在列与土地成本分摊表中相关项目对应列的关系。从建筑面积明细表中可以看到可售面积所在单元格位于工作表的第 2 列,要导出存放在土地成本分摊表的第 4 列;已售面积所在单元格位于工作表的第 3 列,要导出存放在土地成本分摊表的第 6 列;未售面积所在单元格位于工作表的第 4 列,要导出存放在土地成本分摊表的第 8 列。设建筑面积明细表中相关项目列变量为 i,则土地成本分摊表中的相关项目的列变量为 2 * i。

步骤一:编写代码。隔列导入数据源表格上的数据参考代码,参考代码如下所示。

成功之钥匙

代码含义:

```
Option Explicit
Sub 隔列导入工作表数据()
    'i 代表建筑面积工作列变量,k 代土地分摊工作表行变量,j 代表建筑面积工作表行变量
    Dim i,j,k,r
    'Wb 代表土地成本分摊工作表,Wc 代表建筑面积工作表
    Dim Wb As Worksheet,Wc As Worksheet
    Set Wb =Worksheets("土地成本分摊表")
    Set Wc =Worksheets("建筑面积明细表")
    For i =2 To 4            '循环建筑面积工作表列
        For k =9 To 11       '循环土地分摊工作表行变量 k,找到与建筑面积工作表对应的项目
            For j =24 To 26  '循环建筑工作表行变量 j,找到与土地分摊工作表对应的项目
                '如果建筑面积工作表 j 行 1 列某一项目与土地分摊工作表 k 行 2 列某一项目相互一致,那么就运行下面代码
                If Trim(Wc.Cells(j,1)) =Trim(Wb.Cells(k,2)) Then
                    '这里根据土地成本分摊工作表列与建筑面积工作表列的关系"(2 * i)"导入土地成本分摊工作表建筑面积。
                    Wb.Cells(k,2* i) =Wc.Cells(j,i)
                    '既然发现了对应项目就没有必要再扫描后面的各行,此时退出程序可以大大节省时间
                    Exit For
                End If
            Next j
        Next k
    Next i
End Sub
```

步骤二:运行代码。运行代码效果如图 2-56 所示。

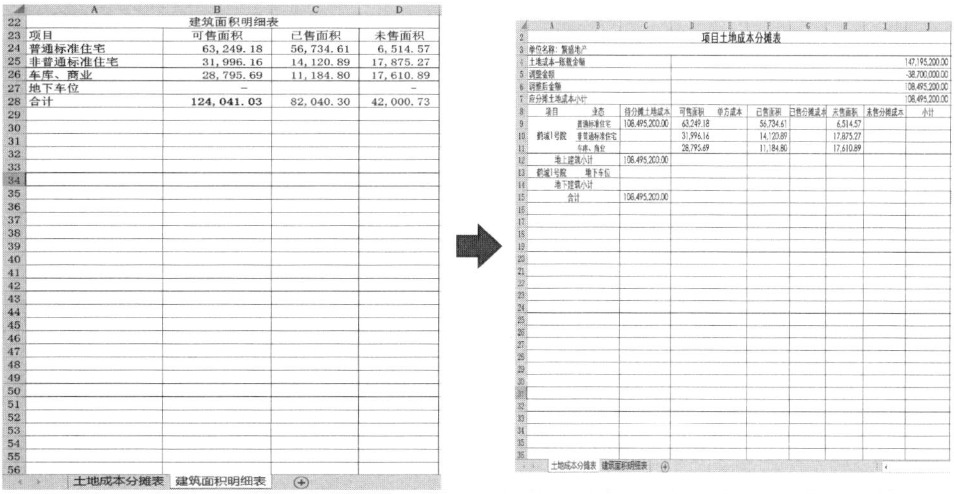

图 2-56 运行隔列导入数据源表格上的数据代码效果

2.4 拆分和合并数据到工作表

拆分数据就是将工作表中的信息，逐条复制粘贴到对应的分表中。在财务工作中，有时需要将工作表某列中的重复信息拆分到同名工作表中，有时需要将工作表某行中的不同类信息拆分到不同名的工作表中。采用简单的复制粘贴方式可以完成这一任务，但操作起来比较繁琐，Excel VBA 程序为我们提供了快捷处理这一问题的方法。

2.4.1 拆分重复项目数据

拆分重复项目数据，就是对行（列）存在重复项目的工作表，按照重复出现的项目名称，将其对应的数据分别拆分到新建的工作表上。

【例 2 – 11】工作簿中有一个存放大华公司 1 月销售记录的工作表，要求将销售记录工作表 C 列中产品名称为雪莲牌、三工牌、佳能牌、金达牌四个产品的相关数据拆分到同名称的新建工作表中。如图 2 – 57 所示。

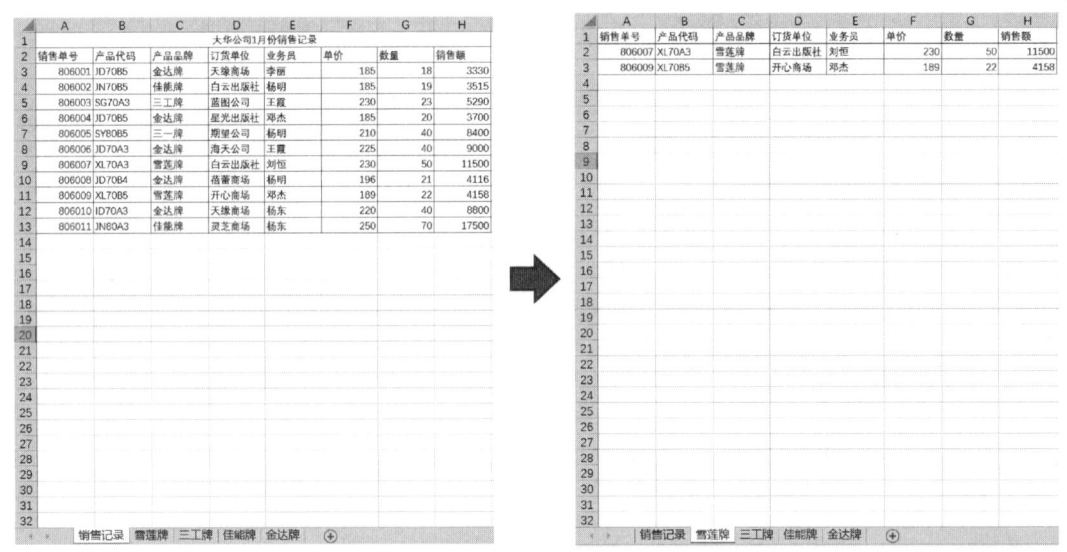

图 2 – 57 销售记录工作表及拆分效果界面

步骤一：创建拆分工作表。根据销售记录工作表 C 列产品名称分类，在存放销售记录工作表的工作簿中创建雪莲牌、三工牌、佳能牌、金达牌四个产品空白工作表。如图 2 – 58 所示。

步骤二：编写 Excel VBA 程序。打开 Visual Basic，添加模块，在代码窗口编写代码。参考代码如下所示。

第 2 章 Excel VBA 批量处理工作表

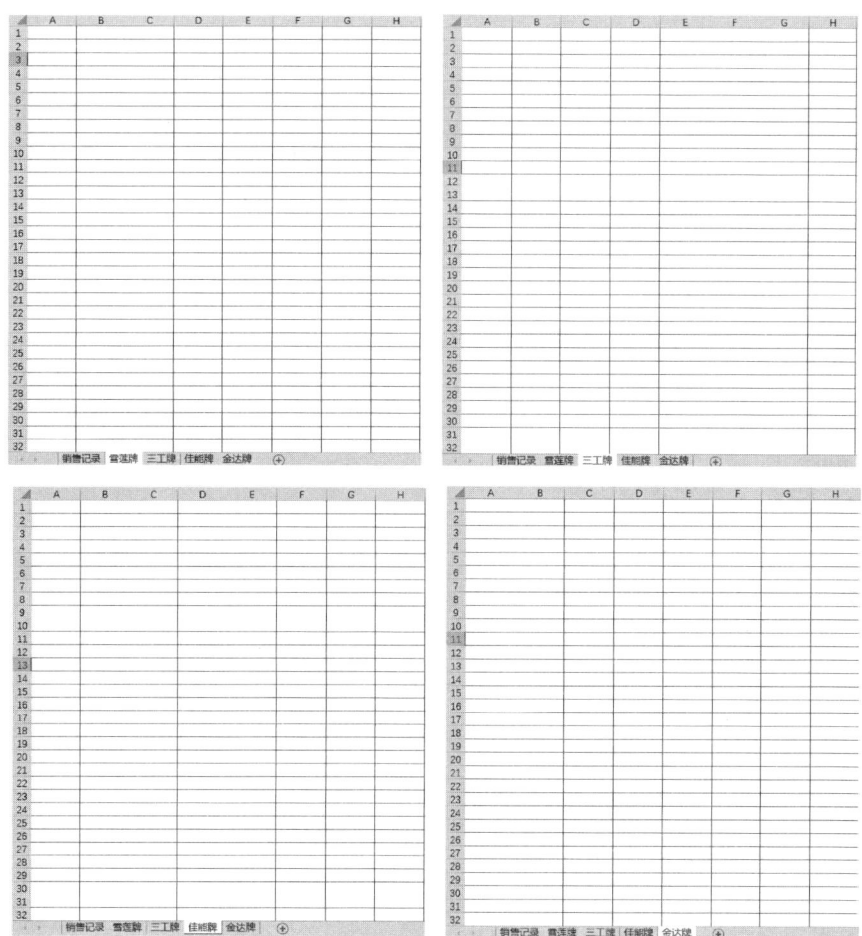

图 2-58 创建拆分工作表

成功之钥匙

代码含义：

```
Option Explicit
Sub 拆分数据到工作表()
    Dim i,k,w As Worksheet
        '扫描全部拆分工作表
        For Each w In Worksheets
            '如果表名不是"销售记录"则执行下列代码
            If w.Name < > "销售记录" Then
'添加一个 for 循环,循环销售记录工作表 C 列中"产品品牌"这列中的每个单元格,找到对应的品牌名称。
                For i = 3 To Worksheets("销售记录").Range("C10000").End(xlUp).Row
'添加一个 if 判断,如果 C 列中单元格的产品名称信息与工作表(拆分出的工作表)名称相同,则将该单元格的整行数据复制到对应的工作表。
                    If Worksheets("销售记录").Range("C" & i) = w.Name Then
                        '将销售记录单元格 A2:H2 的整行数据复制到对应的拆分工作表 A1:H1 行。
                        Worksheets("销售记录").Range("A2:H2").EntireRow.Copy w.Range("A1:H1")
                        '定义一个变量 k,计算各品牌工作表中已有数据的行数,用于将复制过来的数据粘贴至 k +1 这一空白行。
                        k = w.Range("A10000").End(xlUp).Row
                        '将该单元格的整行数据复制到对应的工作表。
                        Worksheets("销售记录").Range("C" & i).EntireRow.Copy w.Range("A" & k +1)
                    End If
                Next i
            End If
        Next w
End Sub
```

步骤三：执行代码得到拆分结果。如图 2-59 所示。

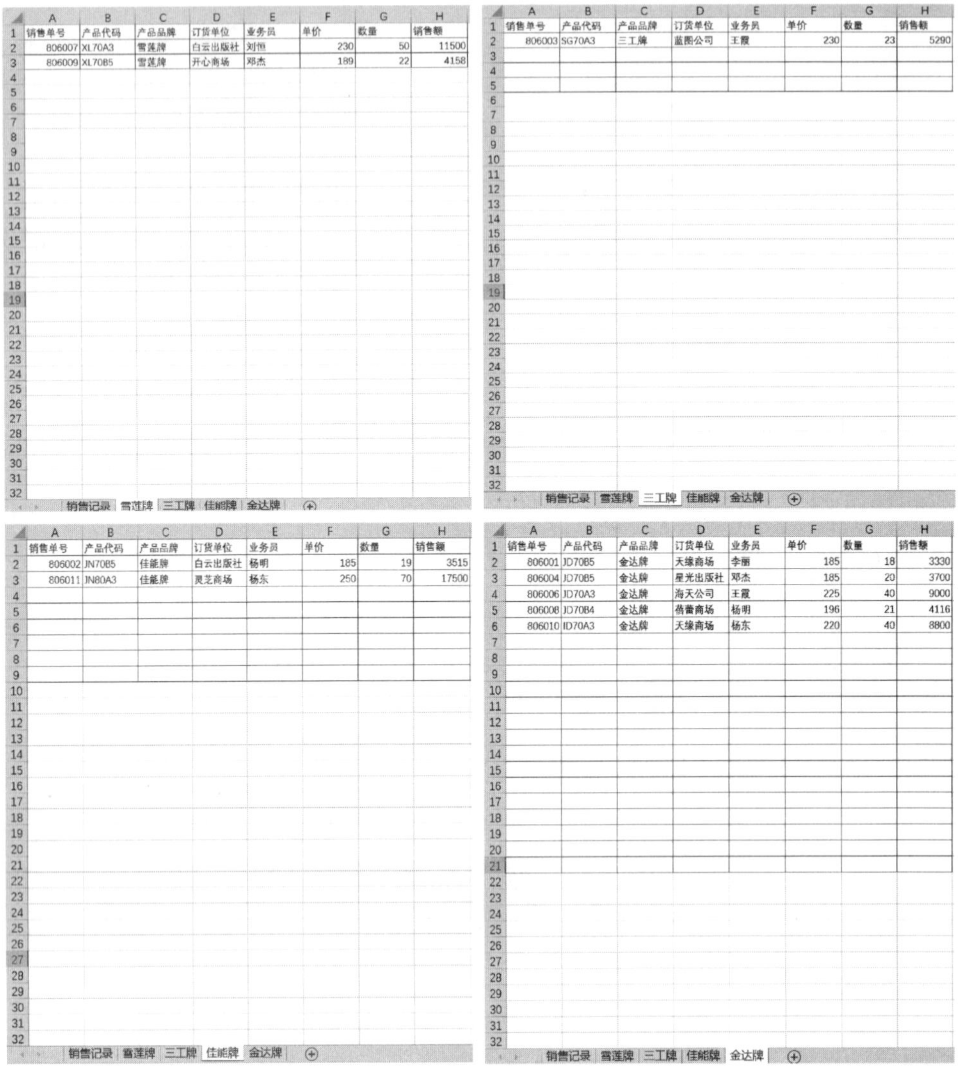

销售单号	产品代码	产品品牌	订货单位	业务员	单价	数量	销售额
806007	XL70A3	雪莲牌	白云出版社	刘恒	230	50	11500
806009	XL70B5	雪莲牌	开心商场	郑杰	189	22	4158

销售单号	产品代码	产品品牌	订货单位	业务员	单价	数量	销售额
806003	SG70A3	三工牌	蓝图公司	王霞	230	23	5290

销售单号	产品代码	产品品牌	订货单位	业务员	单价	数量	销售额
806002	JN70B5	佳能牌	白云出版社	杨明	185	19	3515
806011	JN80A3	佳能牌	灵芝商场	杨东	250	70	17500

销售单号	产品代码	产品品牌	订货单位	业务员	单价	数量	销售额
806001	JD70B5	金达牌	天缘商场	李丽	185	18	3330
806004	JD70B5	金达牌	星光出版社	邓杰	185	20	3700
806006	JD70A3	金达牌	海天公司	王霞	225	40	9000
806008	JD70B4	金达牌	蓓蕾商场	杨明	196	21	4116
806010	ID70A3	金达牌	天缘商场	杨东	220	40	8800

图 2-59　拆分数据到工作表效果界面

2.4.2　拆分不重复项目数据

拆分名称不重复项目数据，就是对行（列）不存在重复项目的工作表，按照指定行（列）项目名称将其对应的数据分别拆分到新的工作表上。

【例 2-12】在一个汇总工作表上保存着 1 月至 12 月利润数据。要求根据行单元格区域 B2：M2 中的月份名称，将各月份的数据拆分到对应月分工作表中。如图 2-60 所示。

步骤一：编写 Excel VBA 程序，在汇总工作表同一工作簿上创建 1 月至 12 月拆分工作表。参考代码如下所示。

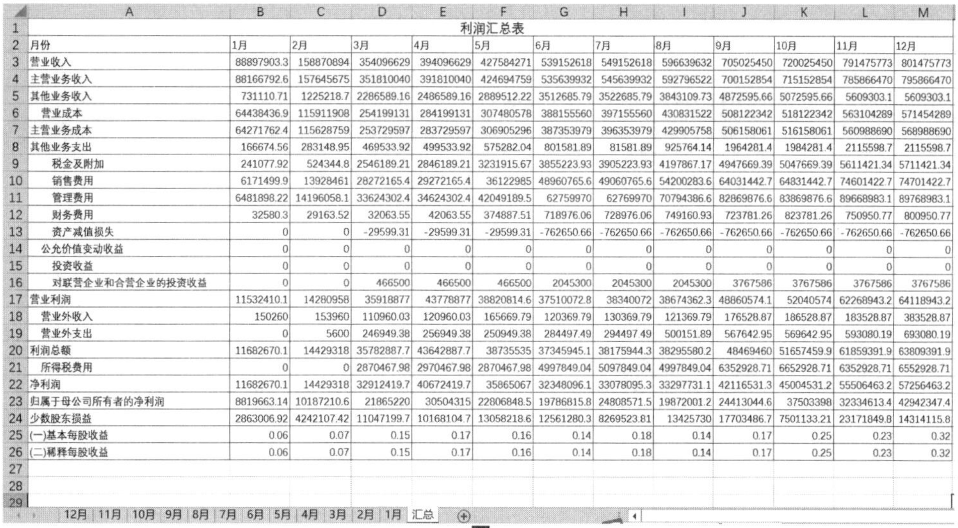

利润汇总表												
月份	1月	2月	3月	4月	5月	6月	7月	8月	9月	10月	11月	12月
营业收入	88897903.3	158870894	354096629	394096629	427584271	539152618	549152618	596639632	705025450	720025450	791475773	801475773
主营业务收入	88166792.6	157645675	351810040	391810040	424694759	535639932	545639932	592796522	700152854	715152854	785866470	795866470
其他业务收入	731110.71	1225218.7	2286589.16	2486589.16	2889512.22	3512685.79	3522685.79	3843109.73	4872595.66	5072595.66	5609303.1	5609303.1
营业成本	64438436.9	115911908	254199131	284199131	307480578	388155560	397155560	430831522	508122342	518122342	563104289	571454289
主营业务成本	64271762.4	115628759	253729597	283729597	306905296	387353979	396353979	429905758	506158061	516158061	560988690	568988690
其他业务支出	166674.56	283148.95	469533.92	499533.92	575282.04	801581.89	81581.89	925764.14	1964281.4	1984281.4	2115598.7	2115598.7
税金及附加	241077.92	524344.8	2546189.21	2846189.21	3231915.67	3855223.93	3905223.93	4197867.17	4947669.39	5047669.39	5611421.34	5711421.34
销售费用	6171499.9	13928461	28272165.4	29272165.4	36122985	48960765.6	49060765.6	54200283.6	64031442.7	64831442.7	74601422.7	74701422.7
管理费用	6481898.22	14196058.1	33624302.4	34624302.4	42049189.5	62759970	62769970	70794386.6	82869876.6	83869876.6	89668983.1	89768983.1
财务费用	32580.3	29163.52	32063.55	42063.55	374887.51	718976.06	728976.06	749160.93	723781.26	823781.26	750950.77	800950.77
资产减值损失	0	0	-29599.31	-29599.31	-29599.31	-762650.66	-762650.66	-762650.66	-762650.66	-762650.66	-762650.66	-762650.66
公允价值变动收益	0	0	0	0	0	0	0	0	0	0	0	0
投资收益	0	0	0	0	0	0	0	0	0	0	0	0
对联营企业和合营企业的投资收益	0	0	466500	466500	466500	2045300	2045300	2045300	3767586	3767586	3767586	3767586
营业利润	11532410.1	14280958	35918877	43778877	38820814.6	37510072.8	38340072	38674362.3	48860574.1	52040574	62268943.2	64118943.2
营业外收入	150260	153960	110960.03	120960.03	165669.79	120369.79	130369.79	121369.79	176528.87	186528.87	183528.87	383528.87
营业外支出	0	5600	246949.38	256949.38	250949.38	284497.49	294497.49	500151.89	567642.95	569642.95	593080.19	693080.19
利润总额	11682670.1	14429318	35782887.7	43642887.7	38735535	37345945.1	38175944.3	38295580.2	48469460	51657459.9	61859391.9	63809391.9
所得税费用	0	0	2870467.98	2970467.98	2870467.98	4997849.04	5097849.04	4997849.04	6352928.71	6652928.71	6352928.71	6552928.71
净利润	11682670.1	14429318	32912419.7	40672419.7	35865067	32348096.1	33078095.3	33297731.1	42116531.3	45004531.2	55506463.2	57256463.2
归属于母公司所有者的净利润	8819663.14	10187210.6	21865220	30504315	22806848.5	19786815.8	24808571.5	19872001.2	24413044.6	37503398	32334613.4	42942347.4
少数股东损益	2863006.92	4242107.42	11047199.7	10168104.7	13058218.6	12561280.3	8269523.81	13425730	17703486.7	7501133.21	23171849.8	14314115.8
(一)基本每股收益	0.06	0.07	0.15	0.17	0.16	0.14	0.18	0.14	0.17	0.25	0.23	0.32
(二)稀释每股收益	0.06	0.07	0.15	0.17	0.16	0.14	0.18	0.14	0.17	0.25	0.23	0.32

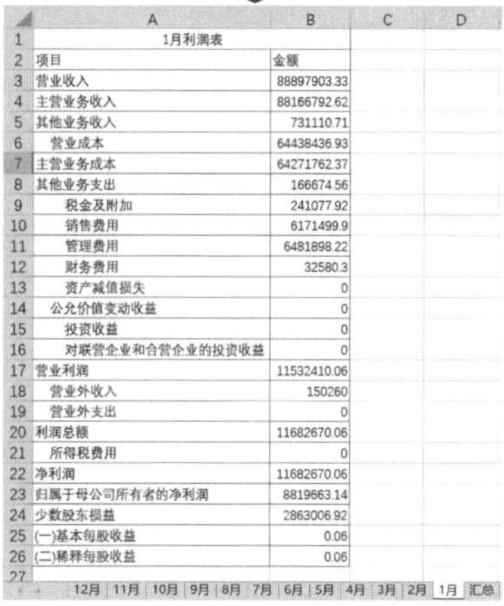

1月利润表	
项目	金额
营业收入	88897903.33
主营业务收入	88166792.62
其他业务收入	731110.71
营业成本	64438436.93
主营业务成本	64271762.37
其他业务支出	166674.56
税金及附加	241077.92
销售费用	6171499.9
管理费用	6481898.22
财务费用	32580.3
资产减值损失	0
公允价值变动收益	0
投资收益	0
对联营企业和合营企业的投资收益	0
营业利润	11532410.06
营业外收入	150260
营业外支出	0
利润总额	11682670.06
所得税费用	0
净利润	11682670.06
归属于母公司所有者的净利润	8819663.14
少数股东损益	2863006.92
(一)基本每股收益	0.06
(二)稀释每股收益	0.06

图 2－60　利润汇总表及拆分效果界面

成功之钥匙

代码含义：

```
Option Explicit
Sub 创建工作表()
    Dim i,w As Worksheet
    '循环生成 12 个工作表
    For i =1 To 12
        '执行 Add 方法创建一个新的工作表,并将该工作表赋值给 w
      Set w =Worksheets.Add
      '将创建的工作表命名为 i 月
      w.Name =i & "月"
      '在 A1 单元格设置工作表名称
      w.Range("A1") =i & "月利润表"
      w.Range("A2") ="项目"
      w.Range("B2") ="金额"
      '将汇总表中的项目复制粘贴到拆分工作表上
      Worksheets("汇总").Range("A3:A26").Copy w.Range("A3:A26")
        '在指定区域添加表格实线
   w.Range("A1:B26").Borders.LineStyle =xlContinuous
    '自动调节列数组列宽
    w.UsedRange.Cells.EntireColumn.AutoFit
    Next i
End Sub
```

步骤二：运行代码，可以看到创建的 12 个拆分工作表。如图 2－61 所示。

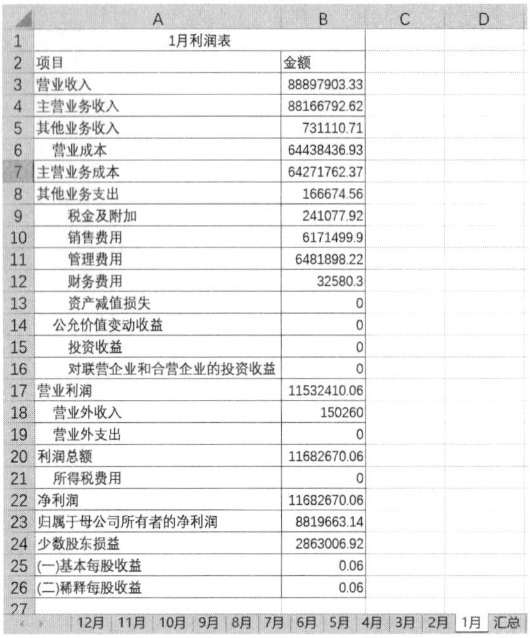

	A	B
1	1月利润表	
2	项目	金额
3	营业收入	88897903.33
4	主营业务收入	88166792.62
5	其他业务收入	731110.71
6	营业成本	64438436.93
7	主营业务成本	64271762.37
8	其他业务支出	166674.56
9	税金及附加	241077.92
10	销售费用	6171499.9
11	管理费用	6481898.22
12	财务费用	32580.3
13	资产减值损失	0
14	公允价值变动收益	0
15	投资收益	0
16	对联营企业和合营企业的投资收益	0
17	营业利润	11532410.06
18	营业外收入	150260
19	营业外支出	0
20	利润总额	11682670.06
21	所得税费用	0
22	净利润	11682670.06
23	归属于母公司所有者的净利润	8819663.14
24	少数股东损益	2863006.92
25	(一)基本每股收益	0.06
26	(二)稀释每股收益	0.06

图 2－61　创建拆分工作表效果界面

步骤三：编写 Excel VBA 程序，将汇总工作表里的数据拆分到新创建的 1 月至 12 月工作表里。参考代码如下所示。

成功之钥匙

代码含义：

```
Option Explicit
Sub 拆分数据到工作表()
    Dim i,k,w As Worksheet
      '扫描全部拆分工作表
     For Each w In Worksheets
       '如果表名不是"汇总"则执行下列代码
       If w.Name < > "汇总" Then
         '添加一个 for 循环,循环汇总工作表中"月份"这行中的每个单元格,找到对应的月份名称。
          For i =2 To 13
            '循环汇总表 3 至 26 行(拆分工作表与汇总表行数一致)
             For k =3 To 26
              '添加一个 if 判断,如果 B2:M2 行中单元格的月份名称信息与工作表(拆分出的工作表)名称相同。
                  If Worksheets("汇总").Cells(2,i) =w.Name Then
                  '将该单元格的整行数据复制到对应的工作表。
                   w.Cells(k,2) =Worksheets("汇总").Cells(k,i)
                End If
                Next k
        Next i
      End If
    Next w
End Sub
```

步骤四：运行代码，得到拆分结果。如图 2－62 所示。

图 2-62 拆分数据到工作表效果界面

2.4.3 合并多个工作表数据到一个工作表中

合并多个工作表数据到一个工作表中,就是将一个工作簿中的多个工作表数据合并到汇总工作表中。基本思路是:将要汇总的数据存入数组;确定目标工作表需要写入数据的单元格;将设置中保存的数据写入目标区域。

【例 2-13】2021 年,大华公司银行对账单工作簿中含有 4 个工作表,每个工作表中都含有格式相同的银行对账单。如图 2-63 所示。

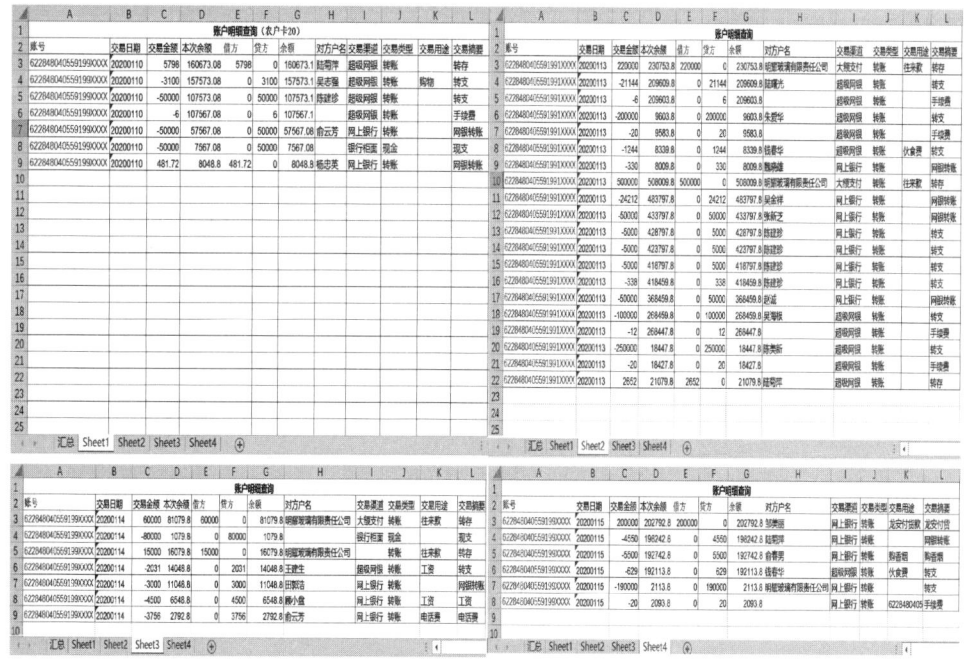

图 2-63 银行对账单明细表

— 99 —

编写 VBA 程序，将四个银行对账单工作表数据合并到当前工作簿中的汇总表里。如图 2－64 所示。

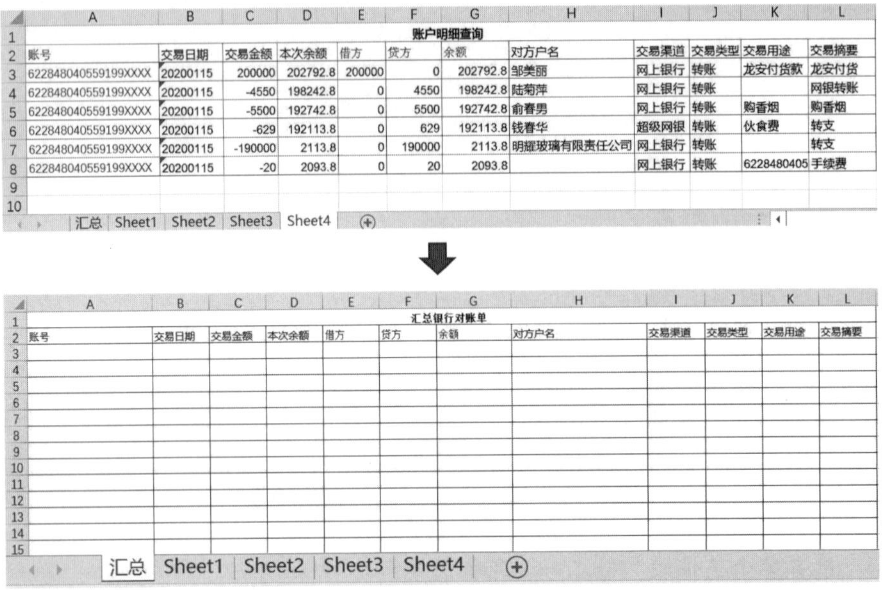

	A	B	C	D	E	F	G	H	I	J	K	L
1	账户明细查询											
2	账号	交易日期	交易金额	本次余额	借方	贷方	余额	对方户名	交易渠道	交易类型	交易用途	交易摘要
3	622848040559199XXXX	20200115	200000	202792.8	200000	0	202792.8	邹美丽	网上银行	转账	龙安付货款	龙安付货
4	622848040559199XXXX	20200115	-4550	198242.8	0	4550	198242.8	陆菊萍	网上银行	转账		网银转账
5	622848040559199XXXX	20200115	-5500	192742.8	0	5500	192742.8	俞春男	网上银行	转账	购香烟	购香烟
6	622848040559199XXXX	20200115	-629	192113.8	0	629	192113.8	钱春华	超级网银	转账	伙食费	转支
7	622848040559199XXXX	20200115	-190000	2113.8	0	190000	2113.8	明耀玻璃有限责任公司	网上银行	转账		转支
8	622848040559199XXXX	20200115	-20	2093.8	0	20	2093.8		网上银行	转账	6228480405	手续费

汇总 Sheet1 Sheet2 Sheet3 Sheet4

	A	B	C	D	E	F	G	H	I	J	K	L
1	汇总银行对账单											
2	账号	交易日期	交易金额	本次余额	借方	贷方	余额	对方户名	交易渠道	交易类型	交易用途	交易摘要

汇总 Sheet1 Sheet2 Sheet3 Sheet4

图 2－64　原始工作表及合并效果

步骤一：编写合并工作表代码。参考代码如下所示。

成功之钥匙

```
Option Explicit
Sub 合并多个工作表的数据()
'DataArr 代表变体数组,DataSht 代表对账单工作表
Dim DataArr As Variant,DataSht As Worksheet
'EndRow 代表对账单工作表整数行,ToSht 代表合并工作表,ToRng 合并工作表区域
Dim EndRow As Long,ToSht As Worksheet,ToRng As Range
'a 代表整数数组,b 代表整数数组
Dim a As Long,b As Long
'ToSht 是保存汇总结果的目标工作表
Set ToSht =Worksheets("汇总")
'遍历对账单工作簿每一个工作表,将其赋值给 DataSht
For Each DataSht In Worksheets
     If DataSht.Name < >"汇总" Then
'EndRow 是打开对账单工作表 A 列最后一行有数据的单元格所在行数
EndRow =DataSht.Range("A1048576").End(xlUp).Row
'将数据保存在 A:H 列。Range("A3").Resize(EndRow -2,8)代表以 A3 单元格为起点,包含行、列的新单元格范围
DataArr =DataSht.Range("A3").Resize(EndRow -2,8).Value
'写入数据的合并工作表的单元格
Set ToRng =ToSht.Range("A1048576").End(xlUp).Offset(1,0)
For a =1 To UBound(DataArr,1)'循环第一维度数组 a
For b =1 To UBound(DataArr,2)'循环第二维度数组 b
  '将数组中超过 15 位的数字转为文本
If Len(DataArr(a,b)) >15 Then
DataArr(a,b) = ("'")& DataArr(a,b)
End If
Next b
Next a
'将数组中保存的数据写入合并工作表区域中
ToRng.Resize(UBound(DataArr,1),8).Value =DataArr
     End If
Next DataSht
MsgBox ("合并完成!")
End Sub
```

步骤二：运行代码。可以获得合并结果。如图2-65所示。

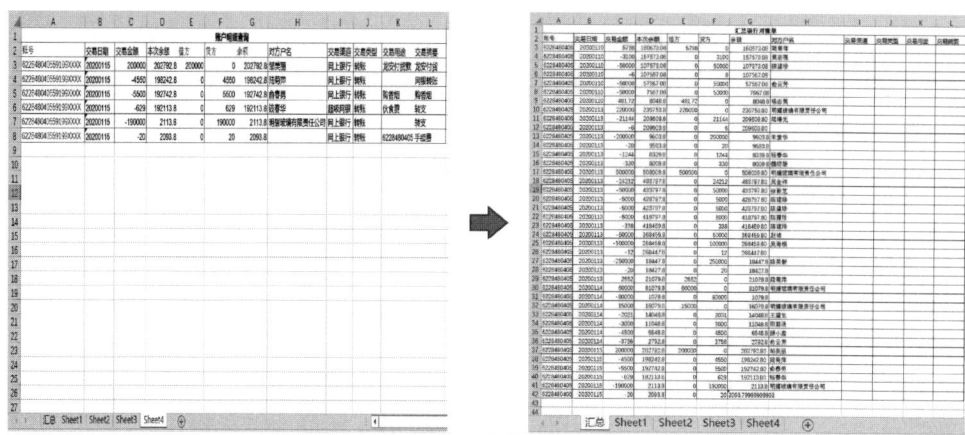

图2-65 将一个工作簿中的工作表导入合并到一个工作簿效果图

第 3 章 Excel VBA 批量处理工作簿

3.1 工作簿的拆分

工作簿的拆分，就是把一个工作簿中的所有工作表分别保存到多个工作簿中。拆分工作簿基本思路如下：循环扫描原工作簿中每个工作表；每找到一个工作表，就打开需要插入该工作表的工作簿文件，或者根据要求创建一个新的工作簿文件；使用 Worksheet 对象的 copy 或 move 等方法将该工作表插入目标工作簿，如果只需导入部分单元格，则可以利用 Range 对象将数据复制到目标工作簿的对应工作表中；保存并关闭该工作簿，并继续循环处理原工作簿中的下一个工作表。

在实际工作中遇到的工作簿拆分情形千变万化，经常会有新的特点和要求，用户在透彻理解上述基本思路之后，可以根据实际问题具体分析和设计程序。

3.1.1 采用 For…To 循环方法拆分工作簿

按统一格式拆分工作簿，就是拆分的工作簿有规律可循，根据工作表标签名称显示规律，确定统一的工作表名称格式进行工作簿拆分的方法。

在编写批量处理工作簿程序时，一个重要的程序代码就是让 Excel 自动打开计算机中的某个工作簿文件（扩展名为 .xls、.xlsx、.xlsm 等形式的文件）。这个操作代码可以使用 Workbooks 集合对象的 Open 方法实现。最常用的写法如下：

Set w = Workbooks. Open（文件名）

这个代码中的"文件名"是一个字符串，应包含工作簿文件的完整存储路径（一般称为绝对路径）和文件名。根据待打开文件的存储位置，文件路径代码一般有三种方式：待打开文件存储在 D 盘里，"D：\ 公司报表 \ 2021 \ 利润表 . xlsx（. xls 、. xlsm）"；待打开文件存储在 C 盘里，"C：\ 公司报表 \ 2021 \ 利润表 . xlsx（. xls 、. xlsm）"；待打开文件存储位置不确定时，先将待打开文件和存放程序的工作簿放到一个文件夹中，将文件路径代码更改为 Workbooks. Open（ThisWorkbooks. Path&" \ 利润表"）。

【例 3 – 1】图 3 – 1 所示的工作簿中含有 12 个月的利润表及一个汇总表。

请编写 VBA 程序，自动生成 12 个 xlsx 文件，将这些文件全部保存在 "C：\ 利润表" 文件夹下，并统一按照 "2018 年第("& i &")月 . xlsx" 的格式命名，如图 3 – 2 所示。

操作步骤：

步骤一：在 C 盘（BOOTCAMP(C:)）中建立一个 "利润表" 文件夹，以便将拆分出来的工作簿导入该文件夹中。打开 "此电脑" — "C：盘" — "新建文件夹" — "利润表"。如图 3 – 3 所示。

利　润　表

编制单位：大华股份有限公司　　2018年1月　　单位：元

项目	本期金额 合并	本期金额 母公司	上年同期金额 合并	上年同期金额 母公司
一、营业收入	88,897,903.33	43,795,357.80	61,279,090.78	22,129,158.30
其中：主营业务收入	88,166,792.62	43,089,988.24	60,629,361.88	21,751,945.31
其他业务收入	731,110.71	705,369.56	649,728.90	377,212.99
减：营业成本	64,438,436.93	31,170,052.84	41,783,180.54	15,828,766.94
其中：主营业务成本	64,271,762.37	31,043,438.95	41,474,284.84	15,690,879.49
其他业务支出	166,674.56	126,613.89	308,895.70	137,887.45
税金及附加	241,077.92	27,090.00	242,824.17	7,705.00
销售费用	6,171,499.90	3,239,973.81	6,213,315.53	2,616,950.93
管理费用	6,481,898.22	4,272,070.26	5.506,770.16	3,227,434.66
财务费用	32,580.30	13,845.94	5,064.54	4,083.56
资产减值损失	0.00	0.00	0.00	0.00
加：公允价值变动收益（损失以"-"号填列）			0.00	0.00
投资收益（损失以"-"号填列）	0.00	0.00	0.00	0.00
其中：对联营企业和合营企业的投资收益				
二、营业利润（亏损以"-"号填列）	11,532,410.06	5,072,324.95	7,527,935.84	444,217.21
加：营业外收入	150,260.00	150,260.00	3,800.00	3,800.00
减：营业外支出	0.00	0.00	0.00	0.00
三、利润总额（亏损总额以"-"号填列）	11,682,670.06	5,222,584.95	7,531,735.84	448,017.21
减：所得税费用	0.00	0.00	0.00	0.00
四、净利润（净亏损以"-"号填列）	11,682,670.06	5,222,584.95	7,531,735.84	448,017.21
归属于母公司所有者的净利润	8,819,663.14		4,410,495.11	
少数股东损益	2,863,006.92		3,121,240.73	
(一)基本每股收益	0.062	0.037	0.031	0.00
(二)稀释每股收益	0.062	0.037	0.031	0.00

汇总　1月　2月　3月　4月　5月　6月　7月　8月　9月　10月　11月　12月

利　润　表

编制单位：大华股份有限公司　　2018年1-2月　　单位：元

项目	本期金额 合并	本期金额 母公司	上年同期金额 合并	上年同期金额 母公司
一、营业收入	158,870,893.76	75,634,125.21	126,048,993.06	50,544,163.94
其中：主营业务收入	157,645,675.06	74,479,790.69	124,985,588.27	49,407,896.74
其他业务收入	1,225,218.70	1,154,334.52	1,063,404.79	1,136,267.20
减：营业成本	115,911,908.42	54,989,713.23	88,026,121.83	36,396,900.45
其中：主营业务成本	115,628,759.47	54,767,345.65	87,559,401.09	36,167,717.95
其他业务支出	283,148.95	222,367.58	466,720.74	229,182.50
税金及附加	524,344.80	49,128.00	676,657.13	122,620.68
销售费用	13,928,460.95	6,973,302.46	11,118,311.29	5,027,905.41
管理费用	14,196,058.07	8,864,083.42	13,096,034.67	8,739,323.35
财务费用	29,163.52	23,018.56	8,905.30	11,075.58
资产减值损失	0.00	0.00	0.00	0.00
加：公允价值变动收益（损失以"-"号填列）			0.00	0.00
投资收益（损失以"-"号填列）	0.00	0.00	0.00	0.00
其中：对联营企业和合营企业的投资收益				
二、营业利润（亏损以"-"号填列）	14,280,958.00	4,734,879.54	13,122,962.84	246,338.47
加：营业外收入	153,960.00	150,960.00	6,200.00	6,200.00
减：营业外支出	5,600.00	5,600.00	61,948.33	27,452.50
三、利润总额（亏损总额以"-"号填列）	14,429,318.00	4,880,239.54	13,067,214.51	225,085.97
减：所得税费用	0.00	0.00	0.00	0.00
四、净利润（净亏损以"-"号填列）	14,429,318.00	4.880,239.54	13,067,214.51	225,085.97
归属于母公司所有者的净利润	10,187,210.58		7,341,664.19	
少数股东损益	4,242,107.42		5,725,550.32	
(一)基本每股收益	0.072	0.034	0.052	0.00
(二)稀释每股收益	0.072	0.034	0.052	0.00

汇总　1月　2月　3月　4月　5月　6月　7月　8月　9月　10月　11月　12月

利　润　表

编制单位：大华股份有限公司　　2018年1-3月　　单位：元

项目	本期金额 合并	本期金额 母公司	上年同期金额 合并	上年同期金额 母公司
一、营业收入	158.870,893.76	75,634,125.21	126,048,993.06	50,544,163.94
其中：主营业务收入	157,645,675.06	74,479,790.69	124.985,588.27	49,407,896.74
其他业务收入	1,225,218.70	1,154,334.52	1,063,404.79	1,136,267.20
减：营业成本	115,911,908.42	54,989,713.23	88,026,121.83	36,396,900.45
其中：主营业务成本	115,628,759.47	54,767,345.65	87,559,401.09	36,167,717.95
其他业务支出	283,148.95	222,367.58	466,720.74	229,182.50
税金及附加	524,344.80	49,128.00	676,657.13	122,620.68
销售费用	13,928,460.95	6,973,302.46	11,118,311.29	5,027,905.41
管理费用	14,196,068.07	8,864,083.42	13,096,034.67	8,739,323.35
财务费用	29,163.52	23,018.56	8,905.30	11,075.58
资产减值损失	0.00	0.00	0.00	0.00
加：公允价值变动收益（损失以"-"号填列）			0.00	0.00
投资收益（损失以"-"号填列）	0.00	0.00	0.00	0.00
其中：对联营企业和合营企业的投资收益				
二、营业利润（亏损以"-"号填列）	14,280,958.00	4,734,879.54	13,122,962.84	246,338.47
加：营业外收入	153,960.00	150,960.00	6,200.00	6,200.00
减：营业外支出	5,600.00	5,600.00	61,948.33	27,452.50
三、利润总额（亏损总额以"-"号填列）	14.429,318.00	4.880,239.54	13,067,214.51	225,085.97
减：所得税费用	0.00	0.00	0.00	0.00
四、净利润（净亏损以"-"号填列）	14.429,318.00	4.880,239.54	13,067,214.51	225,085.97
归属于母公司所有者的净利润	10,187,210.58		7,341,664.19	
少数股东损益	4,242,107.42		5,725,550.32	
(一)基本每股收益	0.072	0.034	0.052	0.00
(二)稀释每股收益	0.072	0.034	0.052	0.00

汇总　1月　2月　3月　4月　5月　6月　7月　8月　9月　10月　11月　12月

利　润　表

编制单位：大华股份有限公司　　2018年1-4月　　单位：元

项目	本期金额 合并	本期金额 母公司	上年同期金额 合并	上年同期金额 母公司
一、营业收入	354,096,629.23	162,305,416.37	258,957,693.45	110,122,528.27
其中：主营业务收入	351,810,040.07	157,387,695.01	256,300,185.96	107,643,983.10
其他业务收入	2,286,589.16	4,917,721.36	2,657,507.49	2,478,545.17
减：营业成本	254,199,131.03	118,537,248.71	181,990,209.71	81,444,670.01
其中：主营业务成本	253,729,597.11	118,127,308.64	181,003,900.60	81,015,116.03
其他业务支出	469,533.92	409,940.07	986,309.11	429,553.98
税金及附加	2,546,189.21	1,183,043.10	1,888,034.26	849,464.42
销售费用	28,272,165.37	12,231,052.45	22,028,758.55	9,542,159.14
管理费用	33,624,302.38	21,050,320.86	28,025,670.14	16,208,085.24
财务费用	32,063.55	-61,546.40	-9,004.80	-28,790.67
资产减值损失	-29,599.31	0.00	0.00	0.00
加：公允价值变动收益（损失以"-"号填列）			0.00	0.00
投资收益（损失以"-"号填列）	0.00	0.00	0.00	0.00
其他收益	466,500.00	466,500.00		
二、营业利润（亏损以"-"号填列）	35,918,877.00	9,831,797.65	25,034,025.59	2,106,940.13
加：营业外收入	110,960.03	57,960.00	34,565.52	34,565.52
减：营业外支出	246,949.38	81,408.81	145,246.09	110,750.26
三、利润总额（亏损总额以"-"号填列）	35,782,887.65	9,808,348.84	24,923,345.02	2,030,755.39
减：所得税费用	2,870,467.98	0.00	2,817,800.24	0.00
四、净利润（净亏损以"-"号填列）	32,912,419.67	9,808,348.84	22,105,544.78	2,030,755.39
归属于母公司所有者的净利润	21,865,220.01		13,171,172.47	
少数股东损益	11,047,199.66		8,934,372.31	
(一)基本每股收益	0.155	0.069	0.093	0.01
(二)稀释每股收益	0.155	0.069	0.093	0.01

汇总　1月　2月　3月　4月　5月　6月　7月　8月　9月　10月　11月　12月

利　润　表

编制单位：大华股份有限公司　　2018年1-5月　　单位：元

项目	本期金额 合并	本期金额 母公司	上年同期金额 合并	上年同期金额 母公司
一、营业收入	427,584,271.18	198,107,212.46	324,918,008.16	145,611,612.23
其中：主营业务收入	424,694,758.96	192,631,154.38	321,459,933.83	142,359,820.43
其他业务收入	2,889,512.22	5,476,058.08	3,458,074.33	3,251,791.80
减：营业成本	307,480,578.19	145.709,669.24	228,771,766.59	107,360,647.66
其中：主营业务成本	306,905,296.15	145,204,481.51	227,573,551.24	106,843,202.19
其他业务支出	575,282.04	505,187.73	1,198,215.35	517,445.47
税金及附加	3,231,915.67	1,532,903.02	2,261,224.25	1,111,880.82
销售费用	36,122,984.97	16,765,451.03	27,405,317.60	12,292,140.82
管理费用	42.049,189.54	26,646,945.99	34,632,573.22	20,263,940.58
财务费用	374,887.51	-40,911.93	5,287.44	-20,973.21
资产减值损失	-29,599.31	0.00	0.00	0.00
加：公允价值变动收益（损失以"-"号填列）			0.00	0.00
投资收益（损失以"-"号填列）	0.00	0.00	0.00	0.00
其他收益	466,500.00	466,500.00		
二、营业利润（亏损以"-"号填列）	38,820,814.61	7,959,655.11	31,841,839.06	4,603,975.56
加：营业外收入	165,669.79	57,960.00	78,174.02	67,624.06
减：营业外支出	250,949.38	81,408.81	145,246.09	110,750.26
三、利润总额（亏损总额以"-"号填列）	38,735,535.02	7,936,206.30	31,774,766.99	4,560,849.36
减：所得税费用	2,870,467.98	0.00	2,530,928.95	0.00
四、净利润（净亏损以"-"号填列）	35,865,067.04	7,936,206.30	29,243,838.04	4,560,849.36
归属于母公司所有者的净利润	22,806,848.48		18,262,554.03	
少数股东损益	13,058,218.56		10,981,284.01	
(一)基本每股收益	0.161	0.056	0.129	0.03
(二)稀释每股收益	0.161	0.056	0.129	0.03

汇总　1月　2月　3月　4月　5月　6月　7月　8月　9月　10月　11月　12月

利　润　表

编制单位：大华股份有限公司　　2018年1-6月　　单位：元

项目	本期金额 合并	本期金额 母公司	上年同期金额 合并	上年同期金额 母公司
一、营业收入	427,584,271.18	198,107,212.46	324,918,008.16	145,611,612.23
其中：主营业务收入	424,694,758.96	192,631,154.38	321,459,933.83	142,359,820.43
其他业务收入	2,889,512.22	5,476,058.08	3,458,074.33	3,251,791.80
减：营业成本	307,480,578.19	145,709,669.24	228,771,766.59	107,360,647.66
其中：主营业务成本	306,905,296.15	145,204,481.51	227,573,551.24	106,843,202.19
其他业务支出	575,282.04	505,187.73	1,198,215.35	517,445.47
税金及附加	3,231,915.67	1,532,903.02	2,261,224.25	1,111,880.82
销售费用	36,122,984.97	16,765,451.03	27,405,317.60	12,292,140.82
管理费用	42,049,189.54	26,646,945.99	34,632,573.22	20,263,940.58
财务费用	374,887.51	-40,911.93	5,287.44	-20,973.21
资产减值损失	-29,599.31	0.00	0.00	0.00
加：公允价值变动收益（损失以"-"号填列）			0.00	0.00
投资收益（损失以"-"号填列）	0.00	0.00	0.00	0.00
其他收益	466,500.00	466,500.00		
二、营业利润（亏损以"-"号填列）	38,820,814.61	7,959,655.11	31,841,839.06	4,603,975.56
加：营业外收入	165,669.79	57,960.00	78,174.02	67,624.06
减：营业外支出	250,949.38	81,408.81	145,246.09	110,750.26
三、利润总额（亏损总额以"-"号填列）	38,735,535.02	7,936,206.30	31,774,766.99	4,560,849.36
减：所得税费用	2,870,467.98	0.00	2,530,928.95	0.00
四、净利润（净亏损以"-"号填列）	35,865,067.04	7,936,206.30	29,243,838.04	4,560,849.36
归属于母公司所有者的净利润	22,806,848.48		18,262,554.03	
少数股东损益	13,058,218.56		10,981,284.01	
(一)基本每股收益	0.161	0.056	0.129	0.03
(二)稀释每股收益	0.161	0.056	0.129	0.03

汇总　1月　2月　3月　4月　5月　6月　7月　8月　9月　10月　11月　12月

图 3-1 Excel 工作簿文件

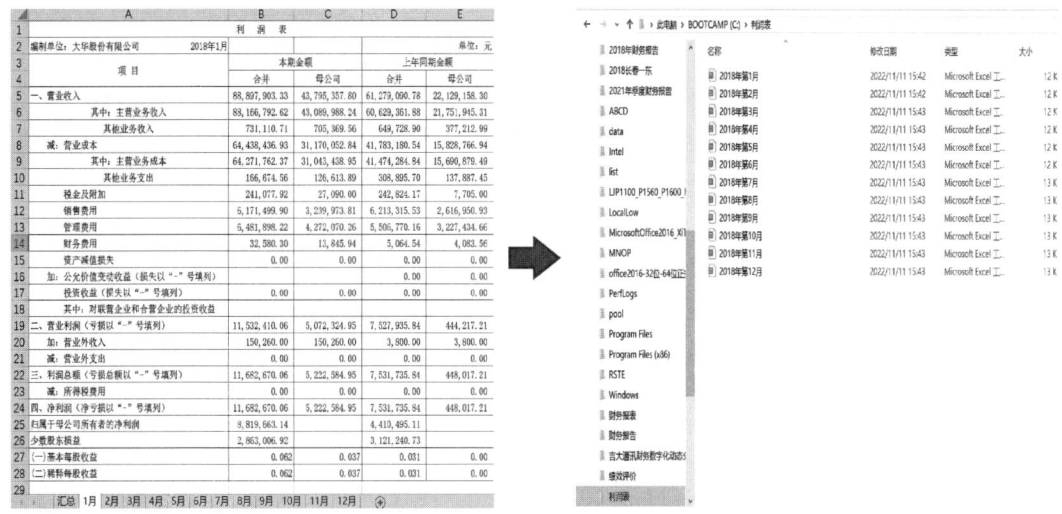

图 3-2 待拆分工作簿及效果

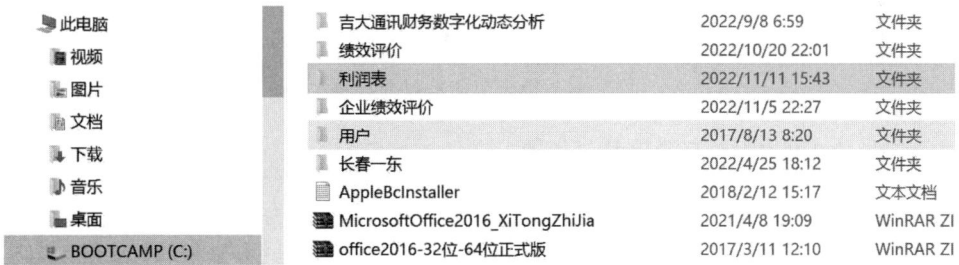

图 3-3 在 C：盘添加文件夹界面

步骤二：编写工作簿拆分代码。参考代码如下所示。

成功之钥匙

宏代码含义：

```
Option Explicit
Sub 分拆工作簿()
    'i 工作表变量,ws As Worksheet 工作表对象,wb As Workbook 工作簿对象
    Dim i,ws As Worksheet,wb As Workbook
    '循环生成 1~12,构造源数据工作簿中的工作表,以及新建工作簿的文件名。
    For i = 1 To 12
        '让 ws 指向源数据工作簿中的工作表。由于本程序保存在这个工作簿中,
        '所以 ThisWorkbook 代表的就是源数据工作簿
        Set ws = ThisWorkbook.Worksheets(i & "月")
        '创建一个新的空白工作簿,存放月度工作表
        Set wb = Workbooks.Add
        '将月度工作表拷贝到新的工作表中,位置在最左侧
        ws.Copy before: = wb.Worksheets(1)
        '使用"另存为"方法,为新工作簿命名并保存到文件夹
        wb.SaveAs ("C:\利润表\2018 年第" & i & "月.xlsx")
        '关闭新的工作簿,继续循环下一个工作表
        wb.Close
    Next i
End Sub
```

步骤三：点击运行按钮，拆分结果如图 3-4 所示。

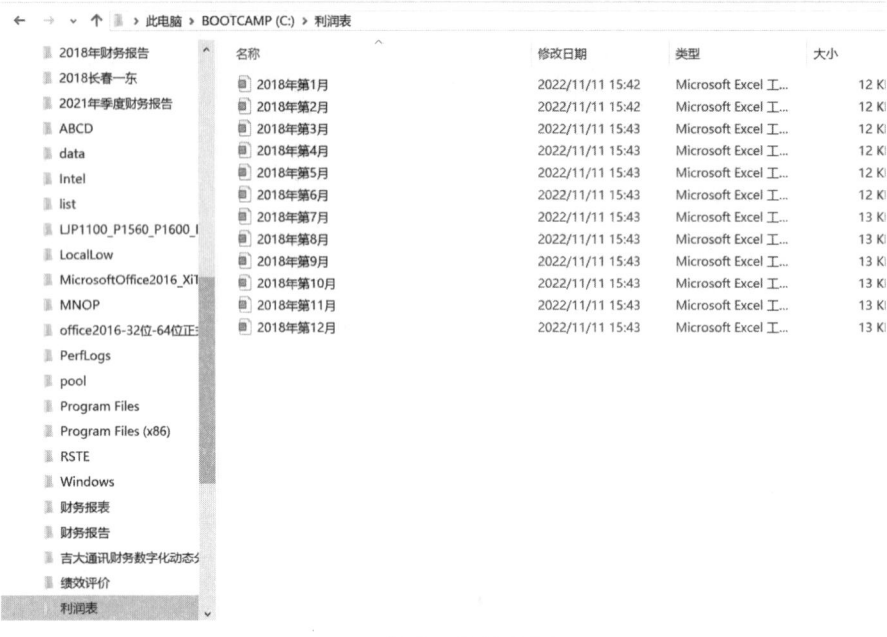

图 3-4 拆分工作簿效果界面

3.1.2 采用 For Each 方法拆分工作簿

名称无规律的工作簿拆分，是指文件夹中的工作簿名称没有规律可循，通过编写 Excel VBA 程序 Copy 代码将工作表复制到新的工作簿中。

【例 3-2】如图 3-5 所示的地方企业绩效评价标准值工作簿中含有 24 行业绩效评价标准值工作表。

请编写 VBA 程序，自动生成 24 个 xlsx 文件，每个文件均含有全行业、大型企业、中型企业、小型企业绩效评价标准值工作表。这些文件全部保存到当前工作簿所在文件夹里，并按"原工作表名称.xlsx" 的格式命名。如图 3-6 所示。

第3章 Excel VBA 批量处理工作簿

地方煤炭工业

项目	优秀值	良好值	平均值	较低值	较差值
一、盈利能力状况					
净资产收益率（%）	13.4	9.6	5.4	0.5	-5.9
总资产报酬率（%）	10.8	5.8	4.1	-0.3	-3.4
销售（营业）利润率（%）	28.5	18.7	11.8	4.7	-4
盈余现金保障倍数	4.5	2.3	1.1	0.1	-0.8
成本费用利润率（%）	22.7	12.5	8.1	1.7	-6.9
资本收益率（%）	17.7	13.5	7.2	1.2	-6.2
二、资产质量状况					
总资产周转率（次）	0.6	0.5	0.4	0.2	0.1
应收账款周转率（次）	25.5	17.7	8.7	2.6	1.2
不良资产率（%）	0.2	0.7	1.3	2.9	7.3
流动资产周转率（次）	2.3	1.7	1.1	0.6	0.3
资产现金回收率（%）	7	3	2.3	-2.7	-8.2
三、债务风险状况					
资产负债率（%）	48.8	53.8	58.6	68.8	83.8
已获利息倍数	8.1	5.5	3	1.7	-1
速动比率（%）	113.3	89.8	67.1	35.1	22.9
现金流动负债比率（%）	16.6	5.9	4	-0.9	-21.7
带息负债比率（%）	31	38	46.4	56.5	66.7
或有负债比率（%）	1.1	1.7	2.5	4.2	6.3
四、经营增长状况					
销售（营业）增长率（%）	32.1	20.5	11.9	2.3	-4.7
资本保值增值率（%）	113.5	108.5	104.3	102.6	93.6
销售（营业）利润增长率（%）	36.5	28.5	10.6	1.4	-7.2
总资产增长率（%）	17.7	12	7.4	-0.7	-4.6
研发经费投入强度（%）	1.9	1.5	1	0.6	0.3
五、补充资料					
存货周转率（次）	33.5	20.2	12.8	5.1	1.3
两金占流动资产比重（%）	2.6	10.2	15.5	23.2	39.7
成本费用总额占营业总收入比重（%）	72.4	81.9	87.5	98	104.8
经济增加值	16.8	7.9	4.8	-1.3	-7.6
EBITDA率（%）	28	21.8	16.1	8.4	-12.9
资本积累率（%）	30.8	17.1	9.3	-0.7	-6.3

地方冶金工业

项目	优秀值	良好值	平均值	较低值	较差值
一、盈利能力状况					
净资产收益率（%）	13.3	8.7	5.9	0.4	-5
总资产报酬率（%）	9.1	5.7	4	0.3	-2.8
销售（营业）利润率（%）	14.3	7.2	4.5	0.3	-3.4
盈余现金保障倍数	2.6	2.3	1.3	0.3	-0.9
成本费用利润率（%）	15.2	7	4.2	-1.5	-12.9
资本收益率（%）	17.6	11	6.4	-0.5	-10.2
二、资产质量状况					
总资产周转率（次）	1.6	1.1	0.5	0.2	0.1
应收账款周转率（次）	30.8	23.2	15.3	5.6	3.2
不良资产率（%）	0.4	0.5	1.1	1.9	4.2
流动资产周转率（次）	3.6	2.7	1.9	0.6	0.3
资产现金回收率（%）	10.7	5.9	2.8	-0.2	-2
三、债务风险状况					
资产负债率（%）	48.8	53.8	58.6	68.8	83.8
已获利息倍数	9.1	6	3.5	1	-2.4
速动比率（%）	123.6	90	67.1	47.4	39.5
现金流动负债比率（%）	25.3	12.4	6.9	-0.3	-4
带息负债比率（%）	27.6	42.5	52.6	61.3	67.7
或有负债比率（%）	2.9	4.7	7.8	11.1	20.9
四、经营增长状况					
销售（营业）增长率（%）	35.9	29.1	21.4	15.5	5.6
资本保值增值率（%）	113.7	109.9	104.8	98.7	93.3
销售（营业）利润增长率（%）	32	27.3	20.6	11.5	4.4
总资产增长率（%）	16.4	11.7	7.6	-3	1
研发经费投入强度（%）	3	1.50	1.1	0.6	0.3
五、补充资料					
存货周转率（次）	19.5	13	9	3.1	1.6
两金占流动资产比重（%）	13	21.5	32.8	49.9	60.6
成本费用总额占营业总收入比重（%）	90.4	94.9	96.2	99.5	105.4
经济增加值	11.1	5.4	1.9	-5.5	-6.7
EBITDA率（%）	24.7	15.2	7.6	1.4	-2.4
资本积累率（%）	21.2	12.1	6.1	-0.8	-6.9

地方建材工业

项目	优秀值	良好值	平均值	较低值	较差值
一、盈利能力状况					
净资产收益率（%）	15.6	11.3	8.5	0.5	-4.1
总资产报酬率（%）	9.5	5.5	4.4	-0.3	-2.7
销售（营业）利润率（%）	14.2	9.2	7.4	-0.1	-12.8
盈余现金保障倍数	2.2	1.9	1.5	-0.6	-1.7
成本费用利润率（%）	15	8.8	7.2	2.2	-5.5
资本收益率（%）	18.6	13.2	6.8	0.5	-12.1
二、资产质量状况					
总资产周转率（次）	0.9	0.7	0.6	0.2	0.1
应收账款周转率（次）	18.9	7.5	4.5	1.4	0.9
不良资产率（%）	0.3	0.8	1.8	3.6	7.4
流动资产周转率（次）	2	1.4	0.9	0.5	0.3
资产现金回收率（%）	8.1	6	3	-1.4	-5.3
三、债务风险状况					
资产负债率（%）	48.2	53.2	58	68.2	83.2
已获利息倍数	7	5.8	3.1	1	-4.4
速动比率（%）	136.2	109.8	74.7	59.9	39
现金流动负债比率（%）	16.4	4.1	1.7	7.8	-10.6
带息负债比率（%）	38.7	50.5	57.5	78.7	85.5
或有负债比率（%）	7.3	7.8	12.1	19	31.5
四、经营增长状况					
销售（营业）增长率（%）	16.1	13	5.2	-1.8	-8.2
资本保值增值率（%）	114.9	110	107.4	101.6	95.8
销售（营业）利润增长率（%）	19.1	10.3	2	7.4	-10.3
总资产增长率（%）	11.8	9.6	5.1	-3.9	-9
研发经费投入强度（%）	2.3	1.6	1.3	0.7	0.3
五、补充资料					
存货周转率（次）	14.9	10.6	7.8	3	1.6
两金占流动资产比重（%）	10.2	28.4	39.8	45	55
成本费用总额占营业总收入比重（%）	84.8	88.6	94.8	97.9	107
经济增加值	12.4	6.4	2.1	-5.5	-8.1
EBITDA率（%）	23.2	16.3	13.4	2	-3.7
资本积累率（%）	24.5	12.5	7.1	-2.9	-9.2

地方化学工业

项目	优秀值	良好值	平均值	较低值	较差值
一、盈利能力状况					
净资产收益率（%）	17.9	10.9	7.6	0.6	-9
总资产报酬率（%）	9.9	6.1	3.8	0.3	-3.7
销售（营业）利润率（%）	16.2	7.1	9.9	-1.9	-15.8
盈余现金保障倍数	2.2	1.1	0.7	-0.1	-0.6
成本费用利润率（%）	17.1	12.4	9.5	-6.4	-35
资本收益率（%）	17.6	9.8	6.8	-2.1	-11.3
二、资产质量状况					
总资产周转率（次）	1.1	0.8	0.6	0.2	0.1
应收账款周转率（次）	19.4	14.4	9.3	4	2.5
不良资产率（%）	0.1	0.9	1.8	5.7	14.6
流动资产周转率（次）	2.6	1.9	1.7	0.6	0.4
资产现金回收率（%）	10.1	5.4	2	-0.3	-2.3
三、债务风险状况					
资产负债率（%）	48.8	53.8	58.6	68.8	83.8
已获利息倍数	7.4	4.8	2.7	0.8	-1.2
速动比率（%）	141.8	103.9	72.9	58.2	38.2
现金流动负债比率（%）	23.6	15.6	11.2	0.8	-6.5
带息负债比率（%）	24.3	33.4	48.2	56.7	64.7
或有负债比率（%）	5.3	6.1	10	16.7	27.9
四、经营增长状况					
销售（营业）增长率（%）	29.5	21.2	14.2	5.9	-7
资本保值增值率（%）	113.8	109.5	105.1	99.3	91.6
销售（营业）利润增长率（%）	24	21.6	15	10.8	3.2
总资产增长率（%）	17.3	12.2	7.9	-3	-8
研发经费投入强度（%）	2.4	2.4	1.9	1	0.6
五、补充资料					
存货周转率（次）	16.9	14	8.9	3.7	2.1
两金占流动资产比重（%）	7.1	16.8	25.4	38.8	47.3
成本费用总额占营业总收入比重（%）	86.7	88.8	90.9	98.3	109.9
经济增加值	16.9	7.8	1.9	-5.5	-7.7
EBITDA率（%）	26.1	18.3	9.1	1.2	-2.5
资本积累率（%）	25.8	13.6	7.7	-0.9	-7.8

地方森林工业

项目	优秀值	良好值	平均值	较低值	较差值
一、盈利能力状况					
净资产收益率（%）	5.4	2.7	1	-2.5	-7.3
总资产报酬率（%）	4.2	2.10	0.8	-0.8	-4.6
销售（营业）利润率（%）	14.3	8	1.6	-1.9	-11.4
盈余现金保障倍数	15.9	5.8	1.1	-4.2	-11.3
成本费用利润率（%）	6.9	5.3	2.1	-0.9	-5.7
资本收益率（%）	8.4	6.1	3.3	-0.2	-4.6
二、资产质量状况					
总资产周转率（次）	1.7	1	0.6	0.4	0.3
应收账款周转率（次）	16.1	10.7	8.3	3.7	2
不良资产率（%）	1.3	1.8	2.7	7.1	14.5
流动资产周转率（次）	2	1.4	0.9	0.5	0.3
资产现金回收率（%）	5.2	2.6	0.8	-6.4	-10.5
三、债务风险状况					
资产负债率（%）	48.8	53.8	58.6	68.8	83.8
已获利息倍数	4.9	2	1.7	1	-1
速动比率（%）	119.5	86.7	71.8	60	49.2
现金流动负债比率（%）	24.4	10.6	3.3	-1.6	-18.6
带息负债比率（%）	31.3	40.5	52	61.7	67.8
或有负债比率（%）	4	7	8.5	11.8	23.8
四、经营增长状况					
销售（营业）增长率（%）	22.5	15.5	10.4	7.4	-1.6
资本保值增值率（%）	104.2	102.6	101	91.6	86.3
销售（营业）利润增长率（%）	28.3	21.7	13	2.8	-6.1
总资产增长率（%）	9.1	8.2	6.7	5.6	0
研发经费投入强度（%）	2	1.8	1	0.8	0.3
五、补充资料					
存货周转率（次）	8	3.6	1.7	1	0
两金占流动资产比重（%）	0.6	17.6	39.5	48.1	54.6
成本费用总额占营业总收入比重（%）	95.2	97.8	99.4	99.3	103	112.8
经济增加值	2.5	0.7	-2.3	-6.4	-13.3
EBITDA率（%）	16.2	12.1	6.8	3	0
资本积累率（%）	18.5	12	4.6	-4.41	-16.9

地方食品工业

项目	优秀值	良好值	平均值	较低值	较差值
一、盈利能力状况					
净资产收益率（%）	13.7	10.1	7.5	-1	-7.4
总资产报酬率（%）	6.7	5.5	4.2	-1.2	-3.8
销售（营业）利润率（%）	7.9	3.8	3.2	-4.3	-11.6
盈余现金保障倍数	2	1.7	1.4	-0.8	-2.6
成本费用利润率（%）	8.2	3.9	3.7	-0.2	-5.6
资本收益率（%）	15.6	11.7	8.4	3.2	-1
二、资产质量状况					
总资产周转率（次）	1.8	1.2	0.9	0.2	0.1
应收账款周转率（次）	18.9	14	10.4	8	3.1
不良资产率（%）	1.1	2	2.3	6	7.9
流动资产周转率（次）	3.1	2	1.3	0.7	0.4
资产现金回收率（%）	10.7	5.3	3	-0.7	-5.7
三、债务风险状况					
资产负债率（%）	48.2	53.2	58	68.2	83.2
已获利息倍数	8.7	4.9	2.9	1.4	-3
速动比率（%）	113.3	72.4	72.3	54.9	39.2
现金流动负债比率（%）	22.2	11.2	8.9	-1.6	-10.7
带息负债比率（%）	11.7	28	40.5	52.4	63
或有负债比率（%）	6.8	8	10.4	10.4	19.3
四、经营增长状况					
销售（营业）增长率（%）	22.2	14	8	-1.4	-6.8
资本保值增值率（%）	111.8	109.2	106.5	104	99
销售（营业）利润增长率（%）	24	7.3	-5.3	-18.9	-29.2
总资产增长率（%）	22.3	12.7	8	-2	-11
研发经费投入强度（%）	1.8	1.5	1	0.8	0.6
五、补充资料					
存货周转率（次）	15.4	9.8	5.9	2.7	1.5
两金占流动资产比重（%）	12.9	26.5	37	47.7	61.2
成本费用总额占营业总收入比重（%）	93.8	94.5	95.3	98.9	108.1
经济增加值	15.8	10.1	6.5	-0.3	-9.4
EBITDA率（%）	15.8	10.1	6.5	-0.3	-3.1
资本积累率（%）	23.4	13.1	8.8	-2.2	-9.8

智能财务报告——以VBA与ChatGPT相结合构建企业财务高效洞察力

地方纺织工业

范围：全行业					
项目	优秀值	良好值	平均值	较低值	较差值
一、盈利能力状况					
净资产收益率（%）	5.2	2.7	1.3	-2.6	-6.9
总资产报酬率（%）	3.4	2.5	2.2	-0.3	-3.5
销售（营业）利润率（%）	8.1	3.8	0.5	-5.5	-11
盈余现金保障倍数	2.7	2	1.2	-0.5	-2.3
成本费用利润率（%）	7.9	4	0.9	-2.1	-5.4
资本收益率（%）	6.3	3.6	0.7	-5.5	-11.6
二、资产质量状况					
总资产周转率（次）	0.9	0.8	0.7	0.2	0.1
应收账款周转率（次）	29.6	19.2	10.3	3.5	1.8
不良资产比率（%）	0.8	1.7	2.3	5	10.1
流动资产周转率（次）	1.8	1.6	1.4	0.6	0.2
资产现金回收率（%）	4.1	1.9	1.5	-0.5	-3
三、债务风险状况					
资产负债率（%）	48.8	53.8	58.6	68.8	83.8
已获利息倍数	5.1	2.6	1.4	0	-3.5
速动比率（%）	129	104.1	76.8	60.8	53.3
现金流动负债比率（%）	12	4.3	3.5	0	-5.9
带息负债比率（%）	12.7	22	35.1	46.5	54.6
或有负债比率（%）	2	3.4	6.8	9.9	18
四、经营增长状况					
销售（营业）增长率（%）	33.2	24.6	15	5.9	-1.9
资本保值增值率（%）	106.1	102.8	100.8	96.1	91.2
销售（营业）利润增长率（%）	9.3	6.2	3.2	0.8	-1.8
总资产增长率（%）	10.9	4.7	2	-4.9	-9.6
研发经费投入强度（%）	1.5	1	0.7	0.4	0.3
五、补充资料					
存货周转率（次）	10.7	7	5.5	1.9	1.1
两金占流动资产比重	17.6	25.4	32.7	45.9	57.4
成本费用总额占营业总收入比重	94.3	98.5	100.2	104.8	116.6
经济增加值率（%）	2.3	-0.6	-2.4	-5.5	-6.5
EBITDA率（%）	20.5	11.9	5.6	1.7	-3.7
资本积累率	12.1	7.2	0.7	-0.6	-5.1

地方化学工业 | 地方森林工业 | 地方食品工业 | **地方纺织工业** | 地方医药

地方医药工业

范围：全行业					
项目	优秀值	良好值	平均值	较低值	较差值
一、盈利能力状况					
净资产收益率	14.4	10.7	7.4	0.5	-7
总资产报酬率	9.1	7.8	6.5	0.3	-4.6
销售（营业）利润率	17.7	10.6	8.1	-0.1	-3.9
盈余现金保障倍数	1.6	1.1	0.8	-0.2	-1.1
成本费用利润率（%）	18.6	10.5	8.6	1.5	-5.1
资本收益率（%）	14.9	10.9	8	-0.3	-5.3
二、资产质量状况					
总资产周转率	0.8	0.7	0.6	0.2	0.1
应收账款周转率（次）	11.6	7.4	5.1	2.7	1.2
不良资产比率（%）	1.2	1.9	3.1	4.3	10.1
流动资金周转率（次）	1.5	1.2	1.1	0.4	0.3
资产现金回收率（%）	8.8	5.3	3.2	-1.7	-5.3
三、债务风险状况					
资产负债率（%）	48.2	53.2	58	68.2	83.2
已获利息倍数	8.1	6.1	3.3	1	-3.8
速动比率（%）	140	121.3	100.6	78.8	61.5
现金流动负债比率（%）	31.8	20.9	12.1	-5.9	-17.5
带息负债比率（%）	15.7	27	39	49.3	58.6
或有负债比率（%）	0.2	1.8	4	10.9	21.4
四、经营增长状况					
销售（营业）增长率（%）	31.2	23.5	16.9	7.4	0.8
资本保值增值率（%）	117	110.9	106.4	98.1	92.4
销售（营业）利润增长率（%）	25.4	18.9	14	8.3	4.9
总资产增长率（%）	22.9	12	7.4	-3.2	-8
研发经费投入强度（%）	6.4	3.6	2.5	1.5	0.9
五、补充资料					
存货周转率（次）	4.5	3.5	2.4	1.5	1
两金占流动资产比重	34.3	37.6	42.1	54.4	63.8
成本费用总额占营业总收入比重	86.6	87.7	88.9	96.3	101.8
经济增加值率（%）	11.2	6.9	5.2	2.3	-6.7
EBITDA率（%）	27.4	17.6	12.5	5	-2.1
资本积累率	19.2	11.2	3	-1.2	-9.3

地方医药工业 | 地方机械工业 | 地方汽车制造业 | 地方电子工业

地方机械工业

范围：全行业					
项目	优秀值	良好值	平均值	较低值	较差值
一、盈利能力状况					
净资产收益率（%）	13.2	7.8	6.5	-0.4	-5.1
总资产报酬率（%）	6	4.9	3.9	-0.4	-3
销售（营业）利润率（%）	9.8	5.5	1.2	-4.3	-10.5
盈余现金保障倍数	4.2	1.8	1.1	-0.6	-1.9
成本费用利润率（%）	10.5	5.6	3.5	-5.6	-11.4
资本收益率（%）	15.1	8.7	6.3	0.9	-6.7
二、资产质量状况					
总资产周转率	0.8	0.7	0.4	0.2	0.1
应收账款周转率（次）	9.6	6.1	5	1.8	1.2
不良资产比率（%）	0.6	1.3	2.4	4.5	8.6
流动资产周转率（次）	1.8	1.4	1.2	0.7	0.3
资产现金回收率（%）	5.9	2.6	1.7	-1.6	-4.9
三、债务风险状况					
资产负债率（%）	48.8	53.8	58.6	68.8	83.8
已获利息倍数	7.5	4.7	2.7	-0.3	-2.3
速动比率（%）	125.3	107.5	92.1	78.9	69
现金流动负债比率（%）	12.7	10	7.2	2.8	-0.6
带息负债比率（%）	7	17.2	27.2	38.3	52.7
或有负债比率（%）	1.4	1.9	7	10.8	21.2
四、经营增长状况					
销售（营业）增长率（%）	25.3	14.8	7.3	0.7	-6.2
资本保值增值率（%）	115	109.2	105.4	101	93.6
销售（营业）利润增长率（%）	19.7	7	4.6	1.4	-2.7
总资产增长率（%）	14.3	7.3	4.5	-4.2	-9.4
研发经费投入强度（%）	3.7	2.3	1.8	1	0.9
五、补充资料					
存货周转率（次）	10.4	6.5	4.5	1.7	1.1
两金占流动资产比重	19.9	28.8	38.5	50.4	57.8
成本费用总额占营业总收入比重	92.9	94.1	95.3	100.8	109.3
经济增加值率（%）	12.5	5.8	2	-5.5	-8.5
EBITDA率（%）	17.7	11.2	9.4	1.1	-5.7
资本积累率	19.1	10.3	8.9	-2.8	-9.9

地方医药工业 | **地方机械工业** | 地方汽车制造业 | 地方电子工业 | 地方

地方汽车制造业

范围：全行业					
项目	优秀值	良好值	平均值	较低值	较差值
一、盈利能力状况					
净资产收益率（%）	13.2	8.3	7.1	-0.5	-7.4
总资产报酬率（%）	5.8	3.8	2.6	-2.8	-6.9
销售（营业）利润率（%）	8.1	7	6.2	-2.3	-8.7
盈余现金保障倍数	2.6	1.4	1.1	-1	-3.1
成本费用利润率（%）	8.9	7.3	6.4	-0.4	-10.2
资本收益率（%）	18.1	11.7	7.6	-0.6	-11.6
二、资产质量状况					
总资产周转率（次）	1.2	1	0.8	0.3	0.1
应收账款周转率（次）	11.3	7.3	6.3	3.2	2
不良资产比率（%）	0.1	1.1	2.1	5.7	13.9
流动资产周转率（次）	1.9	1.6	1.4	0.5	0
资产现金回收率（%）	8.4	4.7	4	-2.7	-6.1
三、债务风险状况					
资产负债率（%）	48.8	53.8	58.6	68.8	83.8
已获利息倍数	7.4	5.8	3.3	-0.4	-3.8
速动比率（%）	134.6	115.8	95.8	78	61.5
现金流动负债比率（%）	19.3	10.4	9	-4.4	-13.6
带息负债比率（%）	0.5	8.3	25.1	47.1	65.9
或有负债比率（%）	0.7	1.8	5.5	16.4	23.3
四、经营增长状况					
销售（营业）增长率（%）	30.1	21.5	7.3	-3.5	-21.7
资本保值增值率（%）	116.8	109.6	101.1	99.8	91.7
销售（营业）利润增长率（%）	14.2	3.9	-2.7	-16.1	-26.7
总资产增长率（%）	13.4	8.7	2.5	-5.5	-10.5
研发经费投入强度（%）	6.2	3.8	2	1.5	0.8
五、补充资料					
存货周转率（次）	11.8	8.5	6.6	3.2	2.3
两金占流动资产比重	18.6	26.4	33.8	47.5	57.7
成本费用总额占营业总收入比重	93.6	94.1	94.7	99.8	107.5
经济增加值率（%）	12	4.8	3	-3	-7.2
EBITDA率（%）	15.1	10.5	9.8	1.9	-2.7
资本积累率	9.50	6.10	3.21	1.80	-5.60

地方医药工业 | 地方机械工业 | **地方汽车制造业** | 地方电子工业

地方电子工业

范围：全行业					
项目	优秀值	良好值	平均值	较低值	较差值
一、盈利能力状况					
净资产收益率（%）	14.7	9.8	6.2	-0.2	-8.9
总资产报酬率（%）	8.5	5.8	3.3	-0.2	-8.9
销售（营业）利润率（%）	14.7	8.9	6.2	-2.3	-8.7
盈余现金保障倍数	2.4	1.7	1.6	-0.4	-1.4
成本费用利润率（%）	17.3	9.4	6.6	-4.8	-10.9
资本收益率（%）	13.9	9	5.5	-3.2	-7.7
二、资产质量状况					
总资产周转率（次）	1.1	0.8	0.5	0.2	0.1
应收账款周转率（次）	8.1	5.8	4.4	2.3	1.6
不良资产比率（%）	0.1	0.6	2.8	4.7	11.7
流动资产周转率（次）	1.6	1.2	1.2	0.7	0
资产现金回收率（%）	7.7	4.2	4.1	-2	-5.9
三、债务风险状况					
资产负债率（%）	48.2	53.2	58	68.2	83.2
已获利息倍数	7.9	6.9	4.5	1	-2.1
速动比率（%）	138.2	116.2	99.8	73.7	42
现金流动负债比率（%）	19.8	10.2	9.3	-3.3	-17.5
带息负债比率（%）	17.2	29.8	41.7	53.3	63.2
或有负债比率（%）	7.3	9	11.1	20	29.5
四、经营增长状况					
销售（营业）增长率（%）	37.7	28.4	21.8	10.8	1.6
资本保值增值率（%）	112.8	107.1	105.1	101.8	94.9
销售（营业）利润增长率（%）	25.5	18.2	14	4.4	-4.7
总资产增长率（%）	18.6	13.3	8.4	-1.9	-7.2
研发经费投入强度（%）	7.1	5.6	4.2	2	1.1
五、补充资料					
存货周转率（次）	9.6	6.7	4.8	1.8	1.3
两金占流动资产比重	24	34.2	45.2	56.9	64.4
成本费用总额占营业总收入比重	87.7	93.5	94.9	98.4	103.2
经济增加值率（%）	18.4	9	3.2	-5.5	-8.2
EBITDA率（%）	22.5	14.3	9	1.7	-8.8
资本积累率	20.7	12	9	-1.7	-9.1

地方电子工业 | 地方电力热力燃气工业 | 地方水生产与供应业 | 地方

地方电力热力燃气工业

范围：全行业					
项目	优秀值	良好值	平均值	较低值	较差值
一、盈利能力状况					
净资产收益率（%）	11.8	7.6	3.6	-0.4	-6.8
总资产报酬率（%）	6.5	4.5	3.4	-0.4	-3.7
销售（营业）利润率（%）	15.3	9.2	3.8	-5.3	-18.1
盈余现金保障倍数	2.9	1.8	0.8	-0.2	-1.1
成本费用利润率（%）	10.7	6	2.8	-0.2	-4.9
资本收益率（%）	13	8.5	4.2	0.2	-7.3
二、资产质量状况					
总资产周转率（次）	0.5	0.4	0.3	0.2	0.1
应收账款周转率（次）	14.4	10	6.2	2.1	1
不良资产比率（%）	0.1	0.4	1.1	1.8	3.3
流动资产周转率（次）	1.9	1.2	1	0.5	0.1
资产现金回收率（%）	8.7	5.9	3.5	-0.8	-6.2
三、债务风险状况					
资产负债率（%）	48.8	53.8	58.6	68.8	83.8
已获利息倍数	5	3.4	1.2	0	-1.1
速动比率（%）	105.8	83.5	71.5	59.7	50.3
现金流动负债比率（%）	39.6	21.6	10	-3.3	-17.9
带息负债比率（%）	45.4	53.7	61.5	69.4	76
或有负债比率（%）	1.1	2.1	3.1	8	15.2
四、经营增长状况					
销售（营业）增长率（%）	29.4	20.1	12.4	2.3	-6.8
资本保值增值率（%）	108.1	104.9	102.6	98	91.3
销售（营业）利润增长率（%）	11.6	5.6	2.1	-7.5	-12.4
总资产增长率（%）	19.4	9.5	7.1	-2.5	-5.2
研发经费投入强度（%）					
五、补充资料					
存货周转率（次）	24.3	16.5	11.7	5.6	4.4
两金占流动资产比重	3.1	12.9	23	30.9	39.7
成本费用总额占营业总收入比重	76.8	87.4	98.5	103.8	118
经济增加值率（%）	3.7	0.5	-3.3	-5.5	-8
EBITDA率（%）	38	26.3	17	2.1	-7.5
资本积累率	15.8	9	2.1	-3.1	-10.1

地方电子工业 | **地方电力热力燃气工业** | 地方水生产与供应业 | 地方

— 108 —

第 3 章 Excel VBA 批量处理工作簿

地方水生产与供应业

项目	优秀值	良好值	平均值	较低值	较差值
范围：全行业					
一、盈利能力状况					
净资产收益率 (%)	8.9	4.9	2.7	-0.2	-2.6
总资产报酬率	4.8	2.8	2.3	0.8	-2
销售（营业）利润率 (%)	21.1	13.3	10.8	-6	-9.9
盈余现金保障倍数	2.8	2.2	1.7	-0.3	-1.3
成本费用利润率 (%)	24.3	13.8	9.6	-7.3	-19.8
资本收益率 (%)	9.5	5	3	-3.2	-13.1
二、资产质量状况					
总资产周转率 (次)	0.5	0.4	0.3	0.2	0.1
应收账款周转率 (次)	13.2	7.5	2.8	2.6	1.6
不良资产比率	0.1	0.2	0.4	0.6	1.3
流动资产周转率 (次)	1.4	1	0.6	0.3	0.2
资产现金回收率 (%)	6.7	4	2.7	0.7	-2.8
三、债务风险状况					
资产负债率 (%)	48.2	53.2	58	68.2	83.2
已获利息倍数	6.5	4.1	2.1	0.7	-1
速动比率 (%)	143.8	114	92.7	68.3	35.9
现金流动负债比率 (%)	27.9	15.1	8.9	-0.9	-10.8
带息负债比率 (%)	27.4	36	47.3	63.6	72.7
或有负债比率 (%)	0.1	2.3	4.5	11.5	25
四、经营增长状况					
销售（营业）增长率 (%)	25.1	17.4	9.8	2.6	-5.4
资本保值增值率 (%)	106.3	102.7	101.7	98.1	92.8
销售（营业）利润增长率 (%)	25.5	15.1	3.5	-11	-22
总资产增长率 (%)	20.9	12.3	5.7	-1.3	-4.3
研发经费投入强度 (%)	3.3	1.4	0.7	0.2	0.1
五、补充资料					
存货周转率 (次)	29.3	17.1	5.2	3	1.8
两金占流动资产比重	5.1	12.8	22.1	34.8	44.9
成本费用总额占营业总收入比率 (%)	82.3	89.6	91.7	98.2	106.9
经济增加值率	2.5	-0.7	-2.9	-5.5	-7
EBITDA率 (%)	42.8	34.5	22.6	9.9	-8.8
资本积累率 (%)	17.1	9	4	-0.2	-4.3

地方轻工业

项目	优秀值	良好值	平均值	较低值	较差值
范围：全行业					
一、盈利能力状况					
净资产收益率 (%)	11.4	7.2	5.1	-1.5	-5.3
总资产报酬率	8	4.4	3.4	-0.3	-4.4
销售（营业）利润率 (%)	14.5	8.4	7.5	-0.5	-4.2
盈余现金保障倍数	2.2	1.1	0.7	-0.2	-1
成本费用利润率 (%)	16.6	8.5	6.9	-4.3	-9.8
资本收益率 (%)	11.4	7.9	4.3	-4.3	-11.7
二、资产质量状况					
总资产周转率 (次)	1	0.7	0.4	0.3	0.1
应收账款周转率 (次)	23.7	15.2	9.1	4.1	2.5
不良资产比率	0.2	0.9	2	9.4	30.8
流动资产周转率 (次)	1.6	1.3	0.7	0.3	0.2
资产现金回收率 (%)	8.5	4.4	2	-0.9	-5.2
三、债务风险状况					
资产负债率 (%)	48.2	53.2	58	68.2	83.2
已获利息倍数	8.4	5.7	2.2	-0.2	-2
速动比率 (%)	155.7	128.9	96	70.2	56.1
现金流动负债比率 (%)	29.5	13.2	7.6	-0.8	-7.9
带息负债比率 (%)	11.7	22	91	47.8	57.4
或有负债比率 (%)	0.4	0.9	5.1	10.2	20.5
四、经营增长状况					
销售（营业）增长率 (%)	27.4	21.2	16.1	1.4	-14.4
资本保值增值率 (%)	111.5	108.4	104	97.2	92.7
销售（营业）利润增长率 (%)	33	25	17.8	1.3	-12.3
总资产增长率 (%)	16.2	8.3	5.7	-2.4	-6.8
研发经费投入强度 (%)	3.1	1.8	1.3	0.8	0.5
五、补充资料					
存货周转率 (次)	11.5	5.6	1.4	1.3	0.7
两金占流动资产比重	1	8.4	24.6	35.6	45.4
成本费用总额占营业总收入比率 (%)	87.6	94	99.4	106.1	116.9
经济增加值率	10.6	5.2	2	-5.5	-8.3
EBITDA率 (%)	23.6	16.7	12.9	2	-3.8
资本积累率 (%)	19.2	10	5.1	-1.9	-7.6

地方建筑业

项目	优秀值	良好值	平均值	较低值	较差值
范围：全行业					
一、盈利能力状况					
净资产收益率 (%)	12.8	6.8	2	-1.1	-10
总资产报酬率	4.1	2.3	1.3	-0.7	-4.3
销售（营业）利润率 (%)	10.8	6	3.4	1.9	-8.5
盈余现金保障倍数	2.1	1.9	1.4	-1.3	-4
成本费用利润率 (%)	10.3	5.3	3.2	-1	-7.7
资本收益率 (%)	13.9	7.5	4.9	-2.4	-5.9
二、资产质量状况					
总资产周转率 (次)	1	0.6	0.3	0.2	0.1
应收账款周转率 (次)	7.7	4.9	2.6	1.2	0.6
不良资产比率	0.1	0.4	0.7	1.1	2.5
流动资产周转率 (次)	1.2	0.8	0.4	0.3	0.1
资产现金回收率 (%)	4.2	1.1	0.6	-1.3	-5.2
三、债务风险状况					
资产负债率 (%)	54.5	64	71.2	85.1	90.4
已获利息倍数	8.7	4.4	1.8	0.8	0.1
速动比率 (%)	150.1	123.5	109.6	90.9	77.5
现金流动负债比率 (%)	8.9	6	3.2	-2.8	-10.5
带息负债比率 (%)	29.3	38.9	43.2	54.4	59.6
或有负债比率 (%)	0.6	1.8	4.5	6.9	18.9
四、经营增长状况					
销售（营业）增长率 (%)	21.1	12.6	10	-8.4	-22.9
资本保值增值率 (%)	111.7	106.3	102.4	98.9	93.7
销售（营业）利润增长率 (%)	22.9	12.6	7.7	-1.3	-3.3
总资产增长率 (%)	26	14.4	8.5	-1.2	-7.1
研发经费投入强度 (%)	1.9	1.6	0.9	0.5	0.4
五、补充资料					
存货周转率 (次)	6	4.9	3.4	1.4	0.8
两金占流动资产比重	19.5	34.5	43.1	54.8	64.1
成本费用总额占营业总收入比率 (%)	90.3	94.5	96.6	98.2	104.2
经济增加值率	8.9	1.8	-3.6	-5.5	-6
EBITDA率 (%)	19.6	10.5	5.3	2.1	-1
资本积累率 (%)	27.2	12.9	5.6	-0.2	-3.9

地方交通运输仓储及邮政业

项目	优秀值	良好值	平均值	较低值	较差值
范围：全行业					
一、盈利能力状况					
净资产收益率 (%)	8.8	3.8	1.3	-2.6	-9.8
总资产报酬率	4.8	2.6	1.9	-0.2	-4
销售（营业）利润率 (%)	13.1	4.9	2.6	-1.6	-18.3
盈余现金保障倍数	2.2	1.7	1	-0.6	-2.3
成本费用利润率 (%)	13.3	4.7	4	-1.7	-13.8
资本收益率 (%)	7.7	4.4	1.7	-3.5	-10.2
二、资产质量状况					
总资产周转率 (次)	0.8	0.4	0.3	0.2	0.1
应收账款周转率 (次)	21.4	13.2	7.3	4.6	2.2
不良资产比率	0.1	0.3	0.5	1	2.9
流动资产周转率 (次)	2	1.3	0.6	0.3	0.1
资产现金回收率 (%)	6.8	3	2	-0.5	-3.6
三、债务风险状况					
资产负债率 (%)	53.2	58.2	63	73.2	88.2
已获利息倍数	4.4	2.2	1.5	0.4	-1
速动比率 (%)	126.2	99.7	70	52.8	42.9
现金流动负债比率 (%)	27	10	7.2	-1.6	-10.7
带息负债比率 (%)	42.4	55	67.4	81.4	103
或有负债比率 (%)	0.1	0.7	3	9.1	15.8
四、经营增长状况					
销售（营业）增长率 (%)	25.1	19.7	14.4	5.8	-4.3
资本保值增值率 (%)	105.8	103.4	101	96.7	89.2
销售（营业）利润增长率 (%)	20.3	1	-14.5	-25.4	
总资产增长率 (%)	22.5	10.8	7.8	-4.1	-9
研发经费投入强度 (%)	1.5	1	0.8	0.7	0.6
五、补充资料					
存货周转率 (次)	11.6	7	1.8	1	0.4
两金占流动资产比重	2.9	12.8	23.6	45.9	58.7
成本费用总额占营业总收入比率 (%)	92	98.4	106.5	115.7	125.2
经济增加值率	4.7	-0.6	-3.7	-5.7	-8.8
EBITDA率 (%)	30.3	20.8	12.8	4.5	-3.8
资本积累率 (%)	17	7.9	6.9	-2.8	-9.7

地方批发和零售贸易业

项目	优秀值	良好值	平均值	较低值	较差值
范围：全行业					
一、盈利能力状况					
净资产收益率 (%)	16.3	8.9	6.4	-0.3	-6
总资产报酬率	6.1	3.8	3.5	-0.6	-5.3
销售（营业）利润率 (%)	5.6	2.3	2.1	-0.1	-4.4
盈余现金保障倍数	2.6	1.8	1.1	-2	-43
成本费用利润率 (%)	6	2.4	1.3	-1.6	-7.5
资本收益率 (%)	17.8	12.3	7.6	0.3	-6.4
二、资产质量状况					
总资产周转率 (次)	2.9	1.9	0.8	0.5	0.2
应收账款周转率 (次)	24.4	16.4	10	3.8	2
不良资产比率	0.3	0.6	1.7	3.8	8.2
流动资产周转率 (次)	3.6	2	1.5	0.8	0.3
资产现金回收率 (%)	9.2	3.5	3	-1.3	-6
三、债务风险状况					
资产负债率 (%)	53.5	58.5	63.3	73.5	88.5
已获利息倍数	6.4	3.3	2.5	0.7	-0.8
速动比率 (%)	136.1	113.1	101.7	89.2	70.1
现金流动负债比率 (%)	18.5	6.6	6.1	-4	-15.1
带息负债比率 (%)	19.4	27.9	31.3	37	44.6
或有负债比率 (%)	0.1	0.8	3.7	8.6	16.6
四、经营增长状况					
销售（营业）增长率 (%)	22.7	17	10	-1.6	-8.7
资本保值增值率 (%)	116.1	110.2	105.4	99	92.8
销售（营业）利润增长率 (%)	25.2	10.2	5.4	-2.1	-12.1
总资产增长率 (%)	16.2	12.1	6.5	-1.6	-12.8
研发经费投入强度 (%)	1	0.7	0.6	0.3	0.1
五、补充资料					
存货周转率 (次)	22.9	14.2	8	3.7	1.9
两金占流动资产比重	8.4	16.6	22	40.4	51.1
成本费用总额占营业总收入比率 (%)	96.2	97.1	98.1	102.8	112.2
经济增加值率	11.4	3.9	-0.5	-5.2	-7.3
EBITDA率 (%)	10.8	5.2	2.7	0.2	-1.3
资本积累率 (%)	20.8	10.2	7.7	-1.9	-8.9

地方住宿和餐饮业

项目	优秀值	良好值	平均值	较低值	较差值
范围：全行业					
一、盈利能力状况					
净资产收益率 (%)	3.5	1	-0.5	-8.7	-16.8
总资产报酬率	2.2	0.4	0.2	-3.5	-6
销售（营业）利润率 (%)	4.6	0.4	-11.3	-16.4	
盈余现金保障倍数	2.8	1.5	0.3	-2.5	-4.4
成本费用利润率 (%)	5	0.5	-6.1	-13.7	-21.4
资本收益率 (%)	3.9	1.4	-0.6	-5.7	-12
二、资产质量状况					
总资产周转率 (次)	1	0.6	0.4	0.3	0.1
应收账款周转率 (次)	30.2	17.4	6.4	4	2.1
不良资产比率	0.2	0.6	1	5.8	12.7
流动资产周转率 (次)	2.3	1.7	0.5	0.3	0.1
资产现金回收率 (%)	7.8	3	1	-2.2	-6.8
三、债务风险状况					
资产负债率 (%)	53.2	58.2	63	73.2	88.2
已获利息倍数	2.1	1	0.4	-4.7	-9.3
速动比率 (%)	127.3	99.1	69.4	44.1	20.5
现金流动负债比率 (%)	15.7	4.9	4.3	-3	-15
带息负债比率 (%)	9.5	20.6	33.2	52.7	62.4
或有负债比率 (%)	0.1	2.3	4.6	9.2	15.2
四、经营增长状况					
销售（营业）增长率 (%)	32.8	21.9	6	-5.9	-14.6
资本保值增值率 (%)	102.6	100.4	98.5	94.6	91.2
销售（营业）利润增长率 (%)	18.8	7.8	-1.7	-5.1	-29.4
总资产增长率 (%)	11.1	5	3.4	-5.3	-10.7
研发经费投入强度 (%)	0.7	0.5	0.4	0.3	0.2
五、补充资料					
存货周转率 (次)	20.5	11.4	3.9	2	1.6
两金占流动资产比重	1.3	6.1	15.2	20	24.7
成本费用总额占营业总收入比率 (%)	97.1	100.6	102.6	108.4	112
经济增加值率	9.8	-0.4	-6	-10.6	-16.3
EBITDA率 (%)	19.3	9.9	6.3	-1.3	-8.5
资本积累率 (%)	20.8	10.2	7.7	-1.9	-22

图3-5 地方国有企业绩效评价标准值表

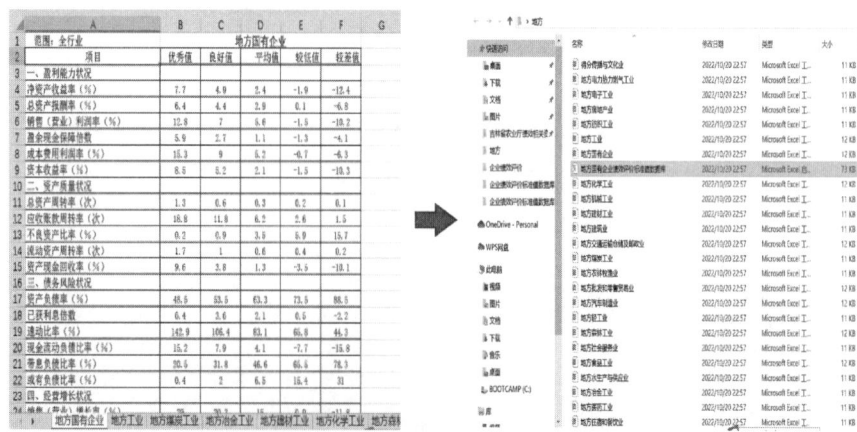

图3-6 地方国有企业绩效评价标准值工作簿及拆分结果

步骤一：打开 VBA 程序窗口编写拆分代码。如图3-7所示。

第3章 Excel VBA 批量处理工作簿

图 3-7 工作簿拆分代码窗口

成功之钥匙

代码含义：

```
Option Explicit
Sub 分拆工作簿()
    Dim Sht As Worksheet
    '让 Sht 代表集合中的一个工作表
    For Each Sht In Worksheets
        '用 Copy 方法将工作表复制到新的工作簿中
        Sht.Copy
        '用 SaveAs 方法将新工作簿保存到当前工作簿里
        ActiveWorkbook.SaveAs ThisWorkbook.Path & ("\") & Sht.Name & (".xlsx")
        '关闭新工作簿文件
        ActiveWorkbook.Close
    Next Sht
End Sub
```

步骤二：点击运行按钮，拆分结果如图 3-8 所示。

图 3-8 工作簿分拆结果

— 111 —

应用这一方法也可以对有规律的文件夹中的工作簿进行分拆。读者可以按照上述代码对〖例 3－1〗进行分拆。

3.1.3 拆分工作表数据到文件夹里

前面的章节已经介绍了怎样将工作表中保存的数据，按某行或某列中的信息拆分到多张工作表中，以及怎样将工作簿中的工作表拆分为单独的工作簿。那么如何将工作表中的数据拆分到文件夹里呢？下面介绍一下具体方法。

基本思路：可以先按某行或某列中的信息将工作表中的数据拆分为工作表，再将工作表另存为单独的工作簿文件并存放到同一个文件夹里。

【例 3－3】 在工作簿中保存着 1 月至 12 月利润汇总表，要求根据单元格区域 B2：M2 中的月份名称，将各月份的数据拆分到对应月份工作簿中。如图 3－9 所示。

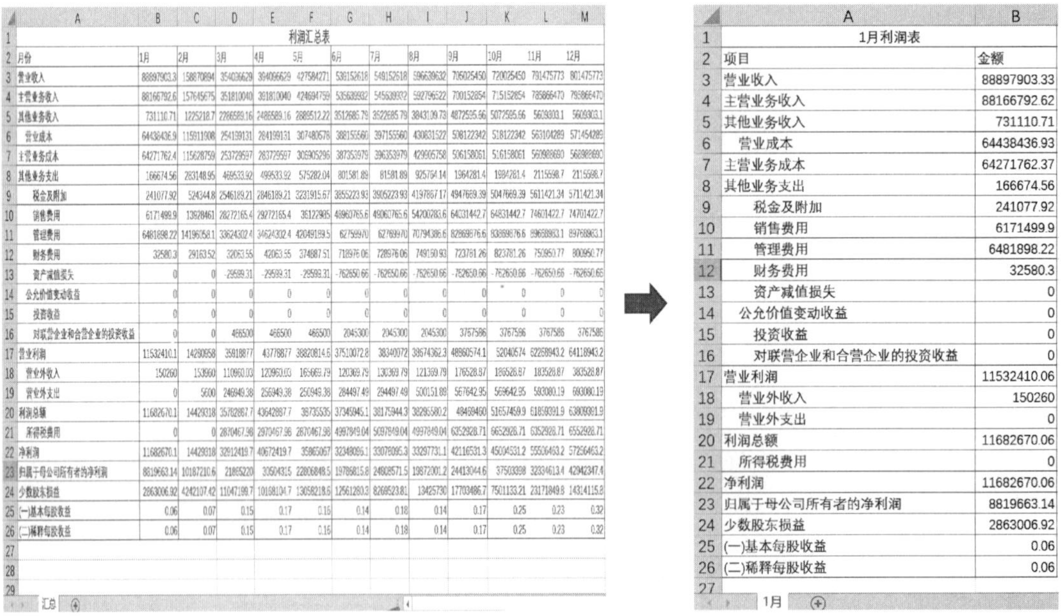

利润汇总表

月份	1月	2月	3月	4月	5月	6月	7月	8月	9月	10月	11月	12月
营业收入	88897903.3	158870894	354036629	394096629	427584271	539152618	549152618	596639632	705025450	720025450	791475773	801475773
主营业务收入	88166792.6	157645675	351810040	391810040	424694759	535639932	545639932	592796522	700152854	715152854	785866470	795866470
其他业务收入	731110.71	1225218.7	2226589.16	2486589.16	2889512.22	3512685.79	3522685.79	3843109.73	4872595.66	5072595.66	5609303.1	5609303.1
营业成本	64438436.9	115911908	254199131	284199131	307480578	388155560	397155560	430831522	508122342	518122342	563104289	571454289
主营业务成本	64271762.4	115628759	253729597	283729597	306905296	387353979	396353979	429905758	506158061	516158061	560988690	568988690
其他业务支出	166674.56	283148.95	469533.92	499533.92	575282.04	801581.89	81581.89	925764.14	1964281.4	1984281.4	2115598.7	2115598.7
税金及附加	241077.92	524344.8	2546189.21	2846189.21	3231915.67	3855223.93	3905223.93	4197867.17	4947669.39	5047669.39	5611421.34	5711421.34
销售费用	6171499.9	13928461	28272165.4	29272165.4	36122985	48960765.6	49060765.6	54200283.6	64031442.7	64831442.7	74601422.7	74701422.7
管理费用	6481898.22	14196058.1	33624302.4	34624302.4	42049189.5	62759970	62769970	70794386.6	82869876.6	83869876.6	89668983.1	89768963.1
财务费用	32580.3	29163.52	32063.55	42063.55	374887.51	718976.06	728976.06	749160.93	723781.26	823781.26	750950.77	800950.77
资产减值损失	0	0	-29599.31	-29599.31	-29599.31	-762650.66	-762650.66	-762650.66	-762650.66	-762650.66	-762650.66	-762650.66
公允价值变动收益	0	0	0	0	0	0	0	0	0	0	0	0
投资收益	0	0	0	0	0	0	0	0	0	0	0	0
对联营企业和合营企业的投资收益	0	0	466500	466500	466500	2045300	2045300	2045300	3767586	3767586	3767586	3767586
营业利润	11532410.1	14280958	35918877	43778877	38820814.6	37510072.8	38340072	38674362.3	48860574.1	52040574	62268943.2	64118943.2
营业外收入	150260	153960	110960.03	120960.03	165669.79	120369.79	130369.79	121369.79	176528.87	186528.87	183528.87	383528.87
营业外支出	0	5600	246949.38	256949.38	250949.38	284497.49	294497.49	500151.89	567642.95	569642.95	593080.19	693080.19
利润总额	11682670.1	14429318	35782887.7	43642887.7	38735535	37345945.1	38175944.3	38295580.2	48469460	51657459.9	61859391.9	63809391.9
所得税费用	0	0	2870467.98	2970467.98	2870467.98	4997849.04	5097849.04	4997849.04	6352928.71	6652928.71	6352928.71	6552928.71
净利润	11682670.1	14429318	32912419.7	40672419.7	35865067	32348096.1	33078095.3	33297731.1	42116531.3	45004531.2	55506463.2	57256463.2
归属于母公司所有者的净利润	8819663.14	10187210.6	21865220	30504315	22806848.5	19786815.8	24808571.5	19872001.2	24413044.6	37503398	32334613.4	42942347.4
少数股东损益	2863006.92	4242107.42	11047199.7	10168104.7	13058218.6	12561280.3	8269523.81	13425730	17703486.7	7501133.21	23171849.8	14314115.8
(一)基本每股收益	0.06	0.07	0.15	0.17	0.16	0.14	0.18	0.14	0.17	0.25	0.23	0.32
(二)稀释每股收益	0.06	0.07	0.15	0.17	0.16	0.14	0.18	0.14	0.17	0.25	0.23	0.32

汇总

1月利润表

项目	金额
营业收入	88897903.33
主营业务收入	88166792.62
其他业务收入	731110.71
营业成本	64438436.93
主营业务成本	64271762.37
其他业务支出	166674.56
税金及附加	241077.92
销售费用	6171499.9
管理费用	6481898.22
财务费用	32580.3
资产减值损失	0
公允价值变动收益	0
投资收益	0
对联营企业和合营企业的投资收益	0
营业利润	11532410.06
营业外收入	150260
营业外支出	0
利润总额	11682670.06
所得税费用	0
净利润	11682670.06
归属于母公司所有者的净利润	8819663.14
少数股东损益	2863006.92
(一)基本每股收益	0.06
(二)稀释每股收益	0.06

1月

图 3－9 工作簿及拆分效果

步骤一：创建工作表代码

在将工作表中数据拆分前，应首先创建拆分数据的工作表代码。运行代码，即可创建工作表。参考代码如下所示。

成功之钥匙

代码含义：

```
Option Explicit
Sub 创建工作表()
   Dim i,w As Worksheet
   '循环生成 12 个工作表
   For i =1 To 12
        '执行 Add 方法创建一个新的工作表,并将该工作表赋值给 w
     Set w =Worksheets.Add
     '将创建的工作表命名为 i 月
     w.Name =i & ("月")
     '在 A1 单元格设置工作表名称
     w.Range("A1") =i & ("月利润表")
```

```
        w.Range("A2") = ("项目")
        w.Range("B2") = ("金额")
    '将汇总表中的项目复制粘贴到拆分工作表上
        Worksheets("汇总").Range("A3:A26").Copy w.Range("A3:A26")
        '在指定区域添加表格实线
    w.Range("A1:B26").Borders.LineStyle = xlContinuous
        '自动调节列数组列宽
        w.UsedRange.Cells.EntireColumn.AutoFit
    Next i
End Sub
```

步骤二：拆分数据到工作表

创建工作表之后，编写拆分数据到工作表代码，将拆分数据存放到对应工作表中。参考代码如下所示。

成功之钥匙

代码含义：

```
Option Explicit
Sub 拆分数据到工作表()
    Dim i,k,w As Worksheet
        '扫描全部拆分工作表
    For Each w In Worksheets
        '如果表名不是"汇总"则执行下列代码
        If w.Name <> "汇总" Then
            '添加一个for循环,循环汇总工作表中"月份"这行中的每个单元格,找到对应的月份名称。
            For i = 2 To 13
                '循环汇总表3至26行(拆分工作表与汇总表行数一致)
                For k = 3 To 26
                    '添加一个if判断,如果B2:M2行中单元格的月份名称信息与工作表(拆分出的工作表)名称相同。
                    If Worksheets("汇总").Cells(2,i) = w.Name Then
                        '将该单元格的整行数据复制到对应的工作表。
                        w.Cells(k,2) = Worksheets("汇总").Cells(k,i)
                    End If
                Next k
            Next i
        End If
    Next w
End Sub
```

步骤三：分拆数据到工作簿

将数据源工作表中的数据拆分到工作表后，编写分拆数据到工作簿的代码，并将拆分到工作表中的数据再存放于单独的工作簿文件中。参考代码如下所示。

成功之钥匙

代码含义：

```
Option Explicit
Sub 分拆数据到工作簿()
    Dim Sht As Worksheet
    '让Sht代表集合中的一个工作表
    For Each Sht In Worksheets
        '用Copy方法将工作表复制到新的工作簿中
        Sht.Copy
        '用SaveAs方法将新工作簿保存到当前工作簿里
        ActiveWorkbook.SaveAs ThisWorkbook.Path & "\" & Sht.Name & ".xlsx"
        '关闭新工作簿文件
        ActiveWorkbook.Close
    Next Sht
End Sub
```

3.2 工作簿的合并

工作簿的合并与工作簿分拆相反，是指将一个或多个工作簿中的工作表合并到一个工作簿中。

3.2.1 将一个工作簿中的所有工作表复制到另一个工作簿中

在解决将多个工作簿中的工作表合并到一个工作簿中之前，我们先看看怎样将一个工作簿中的所有工作表复制到另一个工作簿中。

【例 3－4】 在"C:\2017 年至 2021 年季度利润表"这个文件夹中，保存有 2017 年度利润表（按单季度）、2018 年度利润表（按单季度）、2019 年度利润表（按单季度）、2020 年度利润表（按单季度）、2021 年度利润表（按单季度）工作簿文件，统一按照"& i + 2016 &"年度财务部分 . xlsx"的格式命名。每个工作簿中都包含利润表、现金流量表、资产负债表，同类工作表的格式相同。其中，2017 年度利润表（按单季度）工作簿内容如图 3－10 所示。

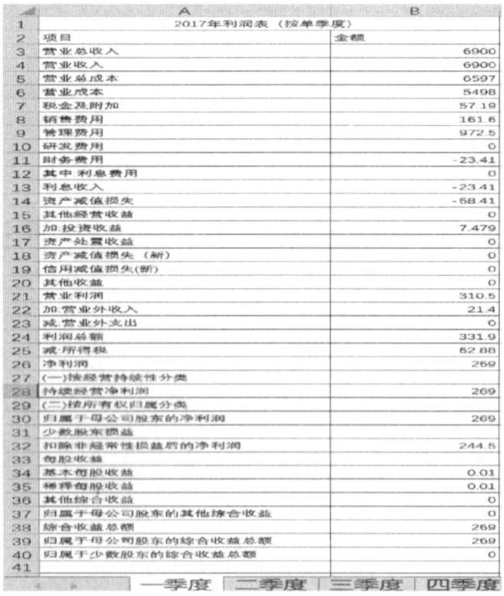

	A	B
1	2017年利润表（按单季度）	
2	项目	金额
3	营业总收入	6900
4	营业收入	6900
5	营业总成本	6597
6	营业成本	5498
7	税金及附加	57.19
8	销售费用	161.6
9	管理费用	972.5
10	研发费用	0
11	财务费用	-23.41
12	其中:利息费用	0
13	利息收入	-23.41
14	资产减值损失	-58.41
15	其他经营收益	0
16	加:投资收益	7.479
17	资产处置收益	0
18	资产减值损失（新）	0
19	信用减值损失(新)	0
20	其他收益	0
21	营业利润	310.5
22	加:营业外收入	21.4
23	减:营业外支出	0
24	利润总额	331.9
25	减:所得税	62.88
26	净利润	269
27	(一)按经营持续性分类	
28	持续经营净利润	269
29	(二)按所有权归属分类	
30	归属于母公司股东的净利润	269
31	少数股东损益	
32	扣除非经常性损益后的净利润	244.5
33	每股收益	
34	基本每股收益	0.01
35	稀释每股收益	0.01
36	其他综合收益	0
37	归属于母公司股东的其他综合收益	0
38	综合收益总额	269
39	归属于母公司股东的综合收益总额	269
40	归属于少数股东的综合收益总额	0
41		

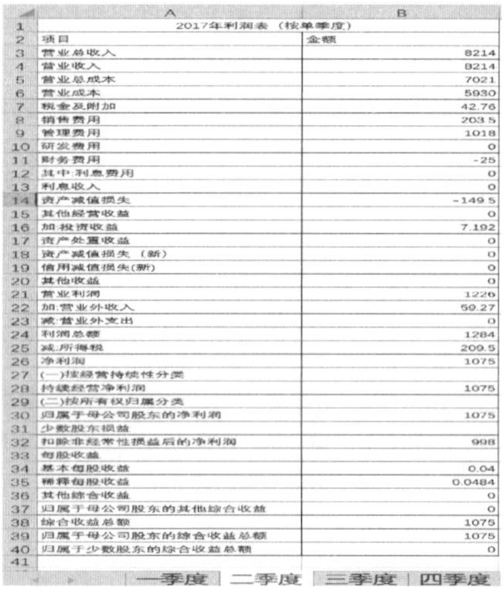

	A	B
1	2017年利润表（按单季度）	
2	项目	金额
3	营业总收入	8214
4	营业收入	8214
5	营业总成本	7021
6	营业成本	5930
7	税金及附加	42.76
8	销售费用	203.5
9	管理费用	1018
10	研发费用	0
11	财务费用	-25
12	其中:利息费用	0
13	利息收入	0
14	资产减值损失	-149.5
15	其他经营收益	0
16	加:投资收益	7.192
17	资产处置收益	0
18	资产减值损失（新）	0
19	信用减值损失(新)	0
20	其他收益	0
21	营业利润	1226
22	加:营业外收入	59.27
23	减:营业外支出	0
24	利润总额	1284
25	减:所得税	209.5
26	净利润	1075
27	(一)按经营持续性分类	
28	持续经营净利润	1075
29	(二)按所有权归属分类	
30	归属于母公司股东的净利润	1075
31	少数股东损益	
32	扣除非经常性损益后的净利润	998
33	每股收益	
34	基本每股收益	0.04
35	稀释每股收益	0.0484
36	其他综合收益	0
37	归属于母公司股东的其他综合收益	0
38	综合收益总额	1075
39	归属于母公司股东的综合收益总额	1075
40	归属于少数股东的综合收益总额	0
41		

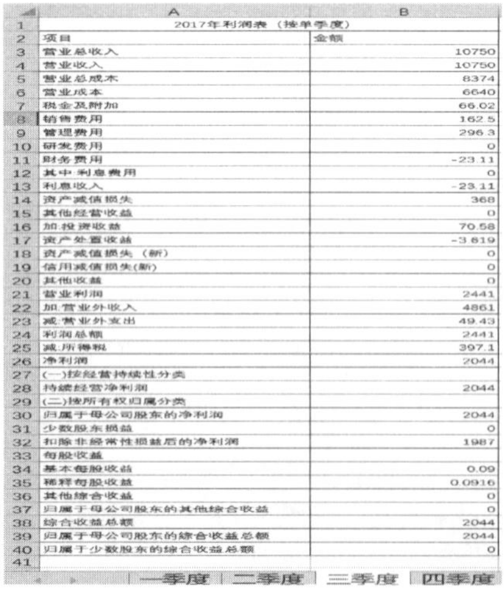

	A	B
1	2017年利润表（按单季度）	
2	项目	金额
3	营业总收入	10750
4	营业收入	10750
5	营业总成本	8374
6	营业成本	6640
7	税金及附加	66.02
8	销售费用	162.5
9	管理费用	296.3
10	研发费用	0
11	财务费用	-23.11
12	其中:利息费用	0
13	利息收入	-23.11
14	资产减值损失	368
15	其他经营收益	0
16	加:投资收益	70.58
17	资产处置收益	-3.819
18	资产减值损失（新）	0
19	信用减值损失(新)	0
20	其他收益	0
21	营业利润	2441
22	加:营业外收入	4861
23	减:营业外支出	49.43
24	利润总额	2441
25	减:所得税	397.1
26	净利润	2044
27	(一)按经营持续性分类	
28	持续经营净利润	2044
29	(二)按所有权归属分类	
30	归属于母公司股东的净利润	2044
31	少数股东损益	0
32	扣除非经常性损益后的净利润	1987
33	每股收益	
34	基本每股收益	0.09
35	稀释每股收益	0.0916
36	其他综合收益	0
37	归属于母公司股东的其他综合收益	0
38	综合收益总额	2044
39	归属于母公司股东的综合收益总额	2044
40	归属于少数股东的综合收益总额	0
41		

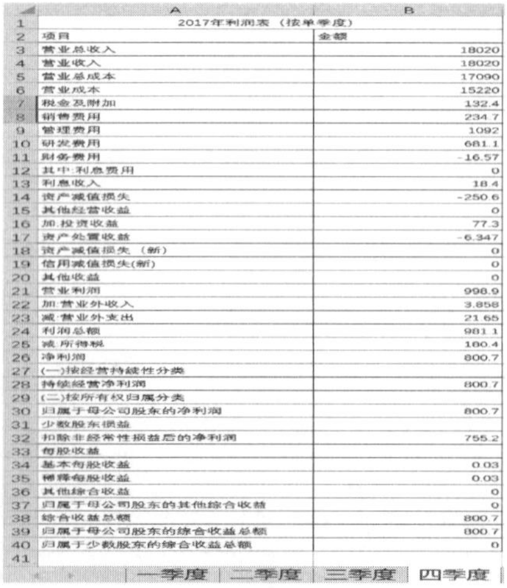

	A	B
1	2017年利润表（按单季度）	
2	项目	金额
3	营业总收入	18020
4	营业收入	18020
5	营业总成本	17090
6	营业成本	15220
7	税金及附加	132.4
8	销售费用	234.7
9	管理费用	1092
10	研发费用	681.1
11	财务费用	-16.57
12	其中:利息费用	0
13	利息收入	18.4
14	资产减值损失	-250.6
15	其他经营收益	0
16	加:投资收益	77.3
17	资产处置收益	-6.347
18	资产减值损失（新）	0
19	信用减值损失(新)	0
20	其他收益	0
21	营业利润	998.9
22	加:营业外收入	3.858
23	减:营业外支出	21.65
24	利润总额	981.1
25	减:所得税	180.4
26	净利润	800.7
27	(一)按经营持续性分类	
28	持续经营净利润	800.7
29	(二)按所有权归属分类	
30	归属于母公司股东的净利润	800.7
31	少数股东损益	
32	扣除非经常性损益后的净利润	755.2
33	每股收益	
34	基本每股收益	0.03
35	稀释每股收益	0.03
36	其他综合收益	0
37	归属于母公司股东的其他综合收益	0
38	综合收益总额	800.7
39	归属于母公司股东的综合收益总额	800.7
40	归属于少数股东的综合收益总额	0
41		

图 3－10　2017 年度利润表（按单季度）工作簿

请编写一个 Excel VBA 程序代码,将文件夹中的 2017 年度利润表(单季度)工作簿中的四个季度工作表复制到一个工作簿中。如图 3 – 11 所示。

图 3 – 11 2017 年度利润表(按单季度)工作簿及复制效果界面

步骤一:打开 VBA 程序窗口编写拆分代码。参考代码如下所示。

成功之钥匙

代码含义:
```
Option Explicit
Sub 将一个工作簿中所有工作表复制到另一个工作簿()
    '不让工作簿闪烁
    Application.ScreenUpdating = False
    'fn 代表字符串,Sh 代表工作表,Sb 代表工作簿
    Dim FileName As String, Sh As Worksheet, wb As Workbook
    '工作簿文件路径
    FileName = ("C:\2017 年至 2021 年季度利润表\2017 年度利润表(按单季度).xlsx")
    '打开工作簿
    Workbooks.Open FileName:=FileName
    '让 Wb 代表当前活动工作簿
    Set wb = ActiveWorkbook
    '循环当前工作簿逐个查找工作表,将查找到的工作表赋值给 Sh
    For Each Sh In wb.Worksheets
        '将查找到的工作表依次复制到代码所在的工作簿中
        Sh.Copy after:=ThisWorkbook.Worksheets(ThisWorkbook.Worksheets.Count)
    Next Sh
    '关闭保存更的工作簿
    wb.Close savechanges:=False
    '恢复工作簿闪烁
    Application.ScreenUpdating = False
End Sub
```

步骤二:创建按钮。点击"开发工具"—"插入"—"按钮(窗体控件)"—将"+"放入存放代码工作表任意位置—点击"将一个工作簿所有工作表复制到另一个工作簿"—点击"确定"—"按钮"。如图 3 – 12 所示。

步骤三:点击运行按钮,合并结果如图 3 – 13 所示。

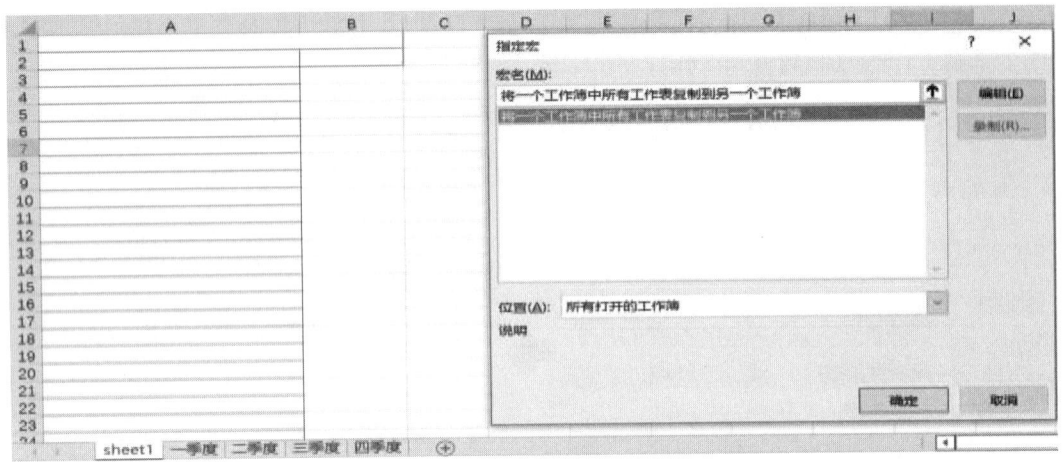

图 3-12　创建按钮界面

图 3-13　合并结果界面

3.2.2　将多个工作簿中的工作表合并到一个工作簿中

解决这个问题的基本思路：打开工作簿，再借助循环语句和 Dir 函数可以获得指定文件夹中所有 Excel 工作簿的名称，根据文件名称依次打开每张工作表，再将它们复制到代码所在的工作簿中，最后再将工作簿关闭。

【例 3-5】 在 "C:\2017 年至 2021 年季度利润表"这个文件夹中，保存有 2017 年度利润表（按单季度）、2018 年度利润表（按单季度）、2019 年度利润表（按单季度）、2020 年度利润表（按单季度）、2021 年度利润表（按单季度）工作簿文件，统一按照"& i + 2016 & "年度财务部分 .xlsx"的格式命名。每个工作簿中都包含利润表、现金流量表、资产负债表，同类工作表的格式相同。

（1）2017 年各季度数据，如图 3-14 所示。

图 3-14 2017 年各季度数据

（2）2018 年各季度数据，如图 3-15 所示。

图 3-15 2018 年各季度数据

(3) 2019 年各季度数据，如图 3-16 所示。

图 3-16 2019 年各季度数据

（4）2020 年各季度数据，如图 3－17 所示。

一季度

	A	B
1	2020年利润表（按单季度）	
2	项目	金额
3	营业总收入	7243
4	营业收入	7243
5	营业总成本	6849
6	营业成本	5814
7	税金及附加	50.3
8	销售费用	162.8
9	管理费用	716.5
10	研发费用	146
11	财务费用	-40.58
12	其中:利息费用	3.291
13	利息收入	43.88
14	资产减值损失	0
15	其他经营收益	0
16	加:投资收益	0
17	资产处置收益	0
18	资产减值损失（新）	0
19	信用减值损失(新)	-33.78
20	其他收益	0.001
21	营业利润	360.3
22	加:营业外收入	2631
23	减:营业外支出	20.04
24	利润总额	340.5
25	减:所得税	71.37
26	净利润	269.2
27	(一)按经营持续性分类	
28	持续经营净利润	269.2
29	(二)按所有权归属分类	
30	归属于母公司股东的净利润	280.5
31	少数股东损益	-11.36
32	扣除非经常性损益后的净利润	297.4
33	每股收益	
34	基本每股收益	0.01
35	稀释每股收益	0.01
36	其他综合收益	0
37	归属于母公司股东的其他综合收益	0
38	综合收益总额	269.2
39	归属于母公司股东的综合收益总额	280.5
40	归属于少数股东的综合收益总额	-11.36
41		

二季度

	A	B
1	2020年利润表（按单季度）	
2	项目	金额
3	营业总收入	6627
4	营业收入	6627
5	营业总成本	5965
6	营业成本	4751
7	税金及附加	108.2
8	销售费用	152.6
9	管理费用	706.6
10	研发费用	311.2
11	财务费用	-64.19
12	其中:利息费用	87.31
13	利息收入	-151.5
14	资产减值损失	0
15	其他经营收益	0
16	加:投资收益	0
17	资产处置收益	0
18	资产减值损失（新）	0
19	信用减值损失(新)	329.5
20	其他收益	0.001
21	营业利润	1029
22	加:营业外收入	5.232
23	减:营业外支出	6846
24	利润总额	1033
25	减:所得税	162.6
26	净利润	870.6
27	(一)按经营持续性分类	
28	持续经营净利润	870.6
29	(二)按所有权归属分类	
30	归属于母公司股东的净利润	881.2
31	少数股东损益	-10.61
32	扣除非经常性损益后的净利润	859.5
33	每股收益	
34	基本每股收益	0.04
35	稀释每股收益	0.0391
36	其他综合收益	0
37	归属于母公司股东的其他综合收益	0
38	综合收益总额	888
39	归属于母公司股东的综合收益总额	898.6
40	归属于少数股东的综合收益总额	-10.61
41		

三季度

	A	B
1	2020年利润表（按单季度）	
2	项目	金额
3	营业总收入	11560
4	营业收入	11560
5	营业总成本	10690
6	营业成本	9461
7	税金及附加	45.5
8	销售费用	126.7
9	管理费用	814.5
10	研发费用	302.3
11	财务费用	-61.41
12	其中:利息费用	0
13	利息收入	-62.51
14	资产减值损失	0
15	其他经营收益	0
16	加:投资收益	4.09
17	资产处置收益	5.61
18	资产减值损失（新）	0
19	信用减值损失(新)	-235.1
20	其他收益	6.814
21	营业利润	656.7
22	加:营业外收入	8.561
23	减:营业外支出	1.585
24	利润总额	663.7
25	减:所得税	227.8
26	净利润	435.9
27	(一)按经营持续性分类	
28	持续经营净利润	435.9
29	(二)按所有权归属分类	
30	归属于母公司股东的净利润	449
31	少数股东损益	-13.15
32	扣除非经常性损益后的净利润	442.9
33	每股收益	
34	基本每股收益	0.02
35	稀释每股收益	0.0209
36	其他综合收益	4.028
37	归属于母公司股东的其他综合收益	4.028
38	综合收益总额	418.4
39	归属于母公司股东的综合收益总额	431.6
40	归属于少数股东的综合收益总额	-13.15
41		

四季度

	A	B
1	2020年利润表（按单季度）	
2	项目	金额
3	营业总收入	23840
4	营业收入	23840
5	营业总成本	21450
6	营业成本	19040
7	税金及附加	102.9
8	销售费用	206.4
9	管理费用	1105
10	研发费用	1031
11	财务费用	-34.43
12	其中:利息费用	69.56
13	利息收入	-104
14	资产减值损失	0
15	其他经营收益	0
16	加:投资收益	36.31
17	资产处置收益	7071
18	资产减值损失（新）	0
19	信用减值损失(新)	-1068
20	其他收益	16.9
21	营业利润	1375
22	加:营业外收入	-3.551
23	减:营业外支出	1.646
24	利润总额	1370
25	减:所得税	-67.28
26	净利润	1437
27	(一)按经营持续性分类	
28	持续经营净利润	1437
29	(二)按所有权归属分类	
30	归属于母公司股东的净利润	1425
31	少数股东损益	12.92
32	扣除非经常性损益后的净利润	1386
33	每股收益	
34	基本每股收益	0.06
35	稀释每股收益	0.06
36	其他综合收益	-45.11
37	归属于母公司股东的其他综合收益	-45.11
38	综合收益总额	1414
39	归属于母公司股东的综合收益总额	1401
40	归属于少数股东的综合收益总额	12.92
41		

图 3－17　2020 年各季度数据

（5）2021 年各季度数据，如图 3－18 所示。

一季度

	A	B	C
1	2021年利润表（按单季度）		
2	项目	金额	
3	营业总收入	9154.89	
4	营业收入	9154.89	
5	营业总成本	8620.92	
6	营业成本	7948.79	
7	税金及附加	70.20	
8	销售费用	197.45	
9	管理费用	950.18	
10	研发费用	200.60	
11	财务费用	-151.30	
12	其中:利息费用	2.39	
13	利息收入	155.27	
14	资产减值损失	0.00	
15	其他经营收益	4.91	
16	加:投资收益	21.85	
17	资产处置收益	0.28	
18	资产减值损失（新）	0.00	
19	信用减值损失(新)	-39.15	
20	其他收益	0.00	
21	营业利润	521.85	
22	加:营业外收入	12.78	
23	减:营业外支出	0.02	
24	利润总额	534.62	
25	减:所得税	99.87	
26	净利润	434.74	
27	(一)按经营持续性分类	0.00	
28	持续经营净利润	0.00	
29	(二)按所有权归属分类	0.00	
30	归属于母公司股东的净利润	447.56	
31	少数股东损益	-12.82	
32	扣除非经常性损益后的净利润	0.00	
33	每股收益		
34	基本每股收益	0.02	
35	稀释每股收益	0.02	
36	其他综合收益		
37	归属于母公司股东的其他综合收益		
38	综合收益总额	427.18	
39	归属于母公司股东的综合收益总额	440.00	
40	归属于少数股东的综合收益总额	-12.82	
41			

二季度

	A	B
1	2021年利润表（按单季度）	
2	项目	金额
3	营业总收入	10258.63
4	营业收入	10258.63
5	营业总成本	8901.25
6	营业成本	7420.31
7	税金及附加	98.35
8	销售费用	194.55
9	管理费用	748.18
10	研发费用	476.44
11	财务费用	-34.59
12	其中:利息费用	8.05
13	利息收入	-356.37
14	资产减值损失	0.00
15	其他经营收益	4.41
16	加:投资收益	33.60
17	资产处置收益	-1.77
18	资产减值损失（新）	0.00
19	信用减值损失(新)	-323.78
20	其他收益	0.00
21	营业利润	1069.85
22	加:营业外收入	0.00
23	减:营业外支出	20.01
24	利润总额	1049.84
25	减:所得税	102.43
26	净利润	947.41
27	(一)按经营持续性分类	0.00
28	持续经营净利润	0.00
29	(二)按所有权归属分类	0.00
30	归属于母公司股东的净利润	964.07
31	少数股东损益	-16.66
32	扣除非经常性损益后的净利润	-
33	每股收益	-
34	基本每股收益	0.04
35	稀释每股收益	0.04
36	其他综合收益	-
37	归属于母公司股东的其他综合收益	-
38	综合收益总额	954.97
39	归属于母公司股东的综合收益总额	971.64
40	归属于少数股东的综合收益总额	-16.66
41		

图 3 - 18   2021 年各季度数据

请编写一个 Excel VBA 程序代码,将文件夹中的 2017 年度(单季度)工作簿中的四个季度工作表合并到一个工作簿中。如图 3 - 19 所示。

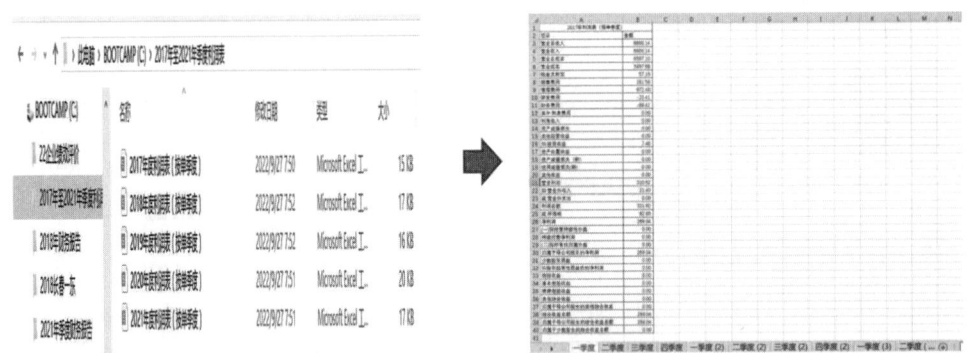

图 3 - 19   文件夹及汇总效果界面

步骤一:打开 VBA 程序窗口编写拆分代码。参考代码如下所示。

成功之钥匙

代码含义:

```
Option Explicit
Sub 将多个工作簿中的工作表合并到另一个工作簿中()
    '不让工作簿闪烁
    Application.ScreenUpdating = False
    'i 代表文件夹中文件参数,fn 代表字符串,n 代表代码所在工作簿
    Dim i,fn,n
    'Sh 代表工作表,Sb 代表工作簿
    Dim Sh As Worksheet,wb As Workbook
    '将编写程序的工作簿名称赋予 n
    n = ThisWorkbook.Name
    '工作簿文件路径
    fn = Dir("C:\2017 年至 2021 年季度利润表\*.*")
    '当指定路径中有文件时,进行循环
    Do While fn <> ""
        '打开工作簿
        Workbooks.Open Filename:="C:\2017 年至 2021 年季度利润表\" & fn
        '让 Wb 代表当前活动工作簿
        Set wb = ActiveWorkbook
        '循环当前工作簿逐个查找工作表,将查找到的工作表赋值给 Sh
        For Each Sh In wb.Worksheets
            '将查找到的工作表依次复制到代码所在的工作簿中
```

```
        Sh.Copy after:=Workbooks(n).Worksheets(Workbooks(n).Worksheets.Count)
    Next Sh
    '关闭保存更的工作簿
    wb.Close savechanges:=False
    '恢复工作簿闪烁
    fn = Dir
    i = i + 1
    Loop
    Application.ScreenUpdating = False
End Sub
```

步骤二：创建按钮。点击"开发工具"—"插入"—"按钮（窗体控件）"—将"+"放入存放代码工作表任意位置—点击"将多个工作簿中的工作表复制到另一个工作簿"—点击"确定"—"按钮"。如图 3-20 所示。

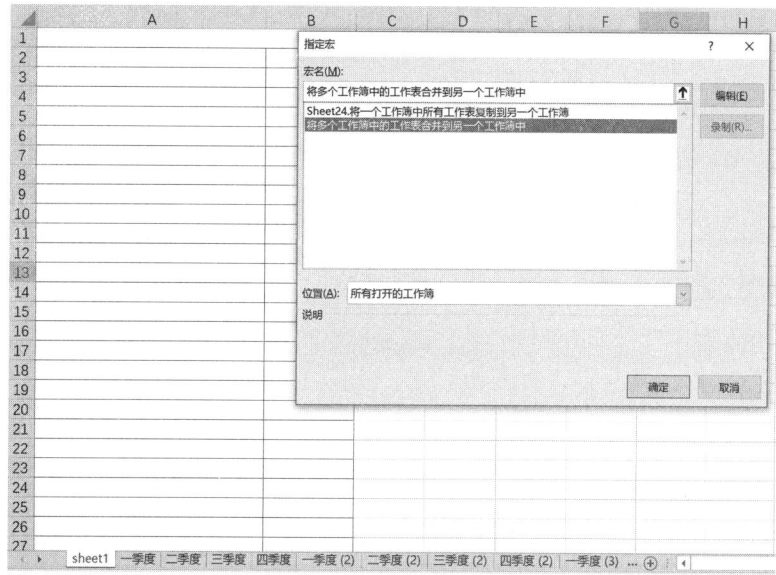

图 3-20　创建按钮界面

步骤三：点击运行按钮，合并结果如图 3-21 所示。

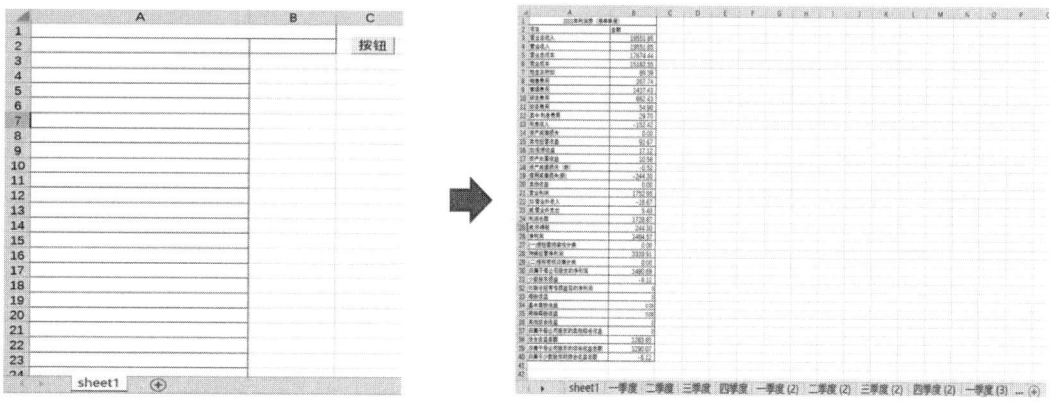

图 3-21　合并结果界面

3.2.3　合并多个工作簿中第一张工作表数据

合并多个工作簿中第一张工作表数据，就是将文件夹中的工作簿上保存的第一张工作表上的数据合并到一个工作表上。

【例3-6】某公司银行对账单文件夹中存放有两个工作簿，农行卡19工作簿中包括2019年10月三张银行对账单；农行卡20工作簿中包括2020年1月四张银行对账单。如图3-22所示。

图3-22 银行对账单文件夹

农行卡19第一张工作表如图3-23所示，农行卡20第一张工作表如图3-24所示。

	A	B	C	D	E	F	G	H	I	J	K	L
1					账户明细查询（农行卡19）							
2	账号	交易日期	交易金额	本次余额	借方	贷方	余额	对方户名	交易渠道	交易类型	交易用途	交易摘要
3	6228480405591991XXXX	20190102	30000	30670.92	30000	0	30670.92	明耀玻璃有限责任公司		转账	往来款	转存
4	6228480405591991XXXX	20190102	-4250	26420.92	0	4250	26420.92	陈武	网上银行	转账	运费	运费
5	6228480405591991XXXX	20190102	-4300	22120.92	0	4300	22120.92	朱文化	网上银行	转账		网银转账
6	6228480405591991XXXX	20190102	-4180	17940.92	0	4180	17940.92	胡正卡	网上银行	转账	运费	运费
7	6228480405591991XXXX	20190102	-4330	13610.92	0	4330	13610.92	冯玉春	网上银行	转账		网银转账

图3-23 农行卡19第一张工作表

	A	B	C	D	E	F	G	H	I	J	K	L
1					账户明细查询（农户卡20）							
2	账号	交易日期	交易金额	本次余额	借方	贷方	余额	对方户名	交易渠道	交易类型	交易用途	交易摘要
3	6228480405591991XXXX	20200110	5798	160673.08	5798	0	160673.08	陆菊萍	超级网银	转账		转存
4	6228480405591991XXXX	20200110	-3100	157573.08	0	3100	157573.08	吴志强	超级网银	转账	购物	转支
5	6228480405591991XXXX	20200110	-50000	107573.08	0	50000	107573.08	陈建珍	超级网银	转账		转支
6	6228480405591991XXXX	20200110	-6	107567.08	0	6	107567.08		超级网银	转账		手续费
7	6228480405591991XXXX	20200110	-50000	57567.08	0	50000	57567.08	俞云芳	网上银行	转账		网银转账
8	6228480405591991XXXX	20200110	-50000	7567.08	0	50000	7567.08		银行柜面	现金		现支
9	6228480405591991XXXX	20200110	481.72	8048.8	481.72	0	8048.8	杨忠英	网上银行	转账		网银转账

图3-24 农行卡20第一张工作表

请编写一个Excel VBA程序，将文件夹下的所有工作簿中第一张工作表上的信息合并到一个汇总工作表上。合并区域为每个源工作表中A3：L3的所有行数据。如图3-25所示。

图 3-25 合并工作表

合并多个工作簿中第一张工作表数据基本思路：使用 Dir 函数取得文件夹中的第一个文件名；打开文件夹中保存数据的工作簿，将要合并的数据存入数组后关闭工作簿；确定目标工作表中要写入数据的单元格，再将数组中保存的数据写入目标区域。

步骤一：编写代码。合并多个工作簿中第一张工作表数据参考代码，参考代码如下所示。

成功之钥匙

代码含义：

```
  Option Explicit
Sub 合并多个工作簿第一张表的数据()
'处理工作簿时,让窗口不闪烁
Application.ScreenUpdating = False
'DataArrd 代表变体数组,DataWb 代表工作簿,DataSht 代表对账单工作表
Dim DataArr As Variant,DataWb As Workbook,DataSht As Worksheet
'EndRow 代表对账单工作表整数行,ToSht 代表合并工作表,ToRng 合并工作表区域
Dim EndRow As Long,ToSht As Worksheet,ToRng As Range
Dim FileName As String '要合并的工作簿名称
'a 代表整数数组,b 代表整数数组
Dim a As Long,b As Long
'ToSht 是保存汇总结果的目标工作表
Set ToSht = ThisWorkbook.Worksheets(1)
'取出文件夹中第一个文件名
FileName = Dir(ThisWorkbook.Path & "\对账单\*.xls?")
'如果取得的文件名不是空串,说明还有更多的文件
Do While FileName <> ""
'打开符合要求的文件
Workbooks.Open FileName:=ThisWorkbook.Path & "\对账单\" & FileName
'DataWb 是当前对账单工作簿
Set DataWb = ActiveWorkbook
'DataSht 对账单工作簿中的第一个工作表
Set DataSht = DataWb.Worksheets(1)
'EndRow 是打开的第一个对账单工作表 A 列最后一行有数据的单元格所在行数
EndRow = DataSht.Range("A1048576").End(xlUp).Row
'将数据保存在 A:H 列。Range("A3").Resize(EndRow - 2,8) 代表以 A3 单元格为起点,包含行、列的新单元格范围
```

```
DataArr = DataSht.Range("A3").Resize(EndRow-2,8).Value
'写入数据的合并工作表的单元格
Set ToRng = ToSht.Range("A1048576").End(xlUp).Offset(1,0)
For a =1 To UBound(DataArr,1)          '循环第一维度数组 a
For b =1 To UBound(DataArr,2)          '循环第二维度数组 b
'将数组中超过15位的数字转为文本
If Len(DataArr(a,b)) >15 Then
DataArr(a,b) = "'" & DataArr(a,b)
End If
Next b
Next a
'将数组中保存的数据写入合并工作表区域中
ToRng.Resize(UBound(DataArr,1),8).Value = DataArr
'将要汇总的数据写入数组后再关闭工作簿
DataWb.Close savechanges: = False
'取出下一个文件名
FileName = Dir
Loop
    '恢复闪烁
Application.ScreenUpdating = True
MsgBox "合并完成!"
End Sub
```

步骤二：运行代码。代码运行结果如图3-26所示。

图3-26 合并工作簿中第一张工作表数据效果

3.2.4 合并多个工作簿中多张工作表数据

合并多个工作簿中多张工作表数据，就是将文件夹中的工作簿上保存的多张工作表上的数据合并到一个工作表上。

【例3-7】某公司银行对账单文件夹中存放有两个工作簿，农行卡19工作簿中包括2019年10月三张银行对账单；农行卡20工作簿中包括2020年1月四张银行对账单。如图3-27所示。

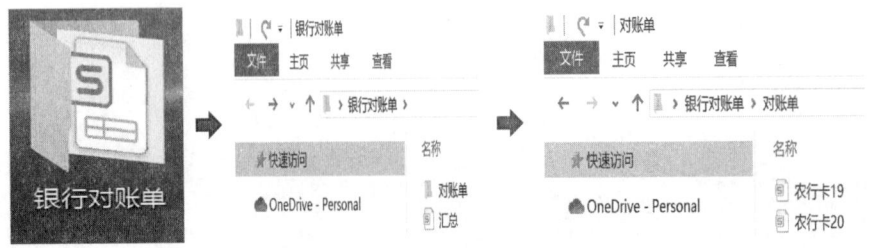

图3-27 银行对账单文件夹

(1) 农行卡 19 对账单工作簿。如图 3-28 所示。

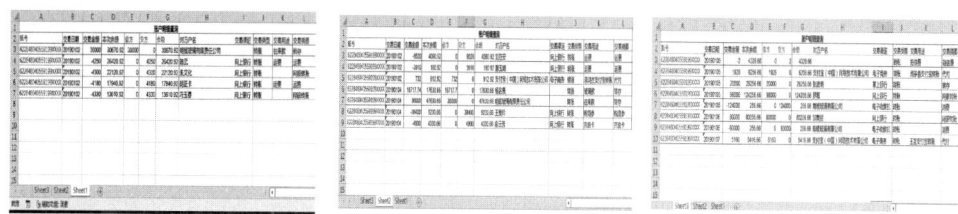

图 3-28 农行卡 19 对账单明细

(2) 农行卡 20 对账单工作簿。如图 3-29 所示。

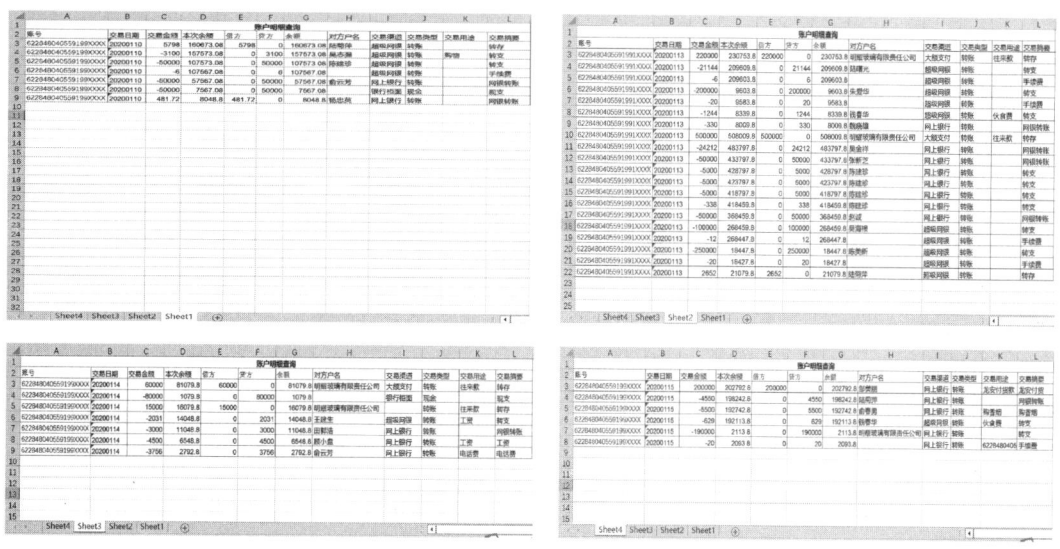

图 3-29 农行卡 20 对账单明细表

请编写一个 Excel VBA 程序，将文件夹下的所有工作簿中的工作表上的信息合并到一个汇总工作表上。合并区域为每个源工作表中 A3：L3 的所有行数据。如图 3-30 所示。

图 3-30 合并工作表

编写合并多个工作簿上所有工作表的数据代码思路与合并多个工作簿中多张工作表数据代码思路基本相同。在编写合并多个工作簿上所有工作表的数据代码时,需要添加一个循环工作簿上的每个工作表 For Each DataSht In DataWb.Worksheets 代码。

步骤一:编写代码。合并工作簿中多张工作表数据参考代码,参考代码如下所示。

🔑 成功之钥匙

代码含义:

```
Option Explicit
Sub 合并多工作簿所有工作表的数据()
    ''处理工作簿时,让窗口不闪烁
    Application.ScreenUpdating = False
    'DataArrd 代表变体数组,DataWb 代表工作簿,DataSht 代表对账单工作表
    Dim DataArr As Variant,DataWb As Workbook,DataSht As Worksheet
    'EndRow 代表对账单工作表整数行,ToSht 代表合并工作表,ToRng 合并工作表区域
    Dim EndRow As Long,ToSht As Worksheet,ToRng As Range
    Dim FileName As String '要合并的工作簿名称
    'a 代表整数数组,b 代表整数数组
    Dim a As Long,b As Long
    'ToSht 是保存汇总结果的目标工作表
    Set ToSht = ThisWorkbook.Worksheets(1)
    '取出文件夹中第一个文件名
    FileName = Dir(ThisWorkbook.Path & "\对账单\*.xls?")
    '如果取得的文件名不是空串,说明还有更多的文件
    Do While FileName < > ""
    '打开符合要求的文件
    Workbooks.Open FileName: = ThisWorkbook.Path & "\对账单\" & FileName
    'DataWb 是当前对账单工作簿
    Set DataWb = ActiveWorkbook
    '遍历对账单工作簿每一个工作表,将其赋值给 DataSht
    For Each DataSht In DataWb.Worksheets
    'EndRow 是打开对账单工作表 A 列最后一行有数据的单元格所在行数
    EndRow = DataSht.Range("A1048576").End(xlUp).Row
    '将数据保存在 A:H 列。Range("A3").Resize(EndRow - 2,8)代表以 A3 单元格为起点,包含行、列的新单元格范围
    DataArr = DataSht.Range("A3").Resize(EndRow - 2,8).Value
    '写入数据的合并工作表的单元格
    Set ToRng = ToSht.Range("A1048576").End(xlUp).Offset(1,0)
    For a = 1 To UBound(DataArr,1) '循环第一维度数组 a
    For b = 1 To UBound(DataArr,2) '循环第二维度数组 b
    '将数组中超过 15 位的数字转为文本
    If Len(DataArr(a,b)) >15 Then
    DataArr(a,b) = "'"& DataArr(a,b)
    End If
    Next b
    Next a
    '将数组中保存的数据写入合并工作表区域中
    ToRng.Resize(UBound(DataArr,1),8).Value = DataArr
    Next DataSht
    '将要汇总的数据写入数组后再关闭工作簿
    DataWb.Close savechanges: = False
    '取出下一个文件名
    FileName = Dir
    Loop
    ''恢复闪烁
    Application.ScreenUpdating = True
    MsgBox ("合并完成!")
End Sub
```

步骤二:运行代码。运行代码结果如图 3-31 所示。

账户明细查询

账号	交易日期	交易金额	本次余额	借方	贷方	余额	对方户名	交易渠道	交易类型	交易用途	交易摘要
622848040559199XXXX	20190105	-2	4328.66	0	2	4,328.66					
622848040559199XXXX	20190105	1928	6256.66	1928	0	6,256.66	支付宝（中国）网络技术有限公司				
622848040559199XXXX	20190105	20000	26256.66	20000	0	26,256.66	张建明				
622848040559199XXXX	20190105	98000	124256.66	98000	0	124,256.66	罗梅				
622848040559199XXXX	20190105	-124000	256.66	0	124000	256.66	南玻玻璃有限公司				
622848040559199XXXX	20190106	80000	80256.66	80000	0	80,256.66	邹美丽				
622848040559199XXXX	20190106	-80000	256.66	0	80000	256.66	南玻玻璃有限公司				
622848040559199XXXX	20190107	5160	5416.66	5160	0	5,416.66	支付宝（中国）网络技术有限公司				
622848040559199XXXX	20190102	-9520	4090.92	0	9520	4,090.92	刘在安				
622848040559199XXXX	20190102	-3910	180.92	0	3910	180.92	黑玉娟				
622848040559199XXXX	20190102	732	912.92	732	0	912.92	支付宝（中国）网络技术有限公司				
622848040559199XXXX	20190104	16717.74	17630.66	16717.74	0	17,630.66	杨名贵				
622848040559199XXXX	20190104	30000	47630.66	30000	0	47,630.66	明耀玻璃有限责任公司				
622848040559199XXXX	20190104	-38400	9230.66	0	38400	9,230.66	王美玲				
622848040559199XXXX	20190104	-4900	4330.66	0	4900	4,330.66	俞云芳				
622848040559199XXXX	20190102	30000	30670.92	30000	0	30,670.92	明耀玻璃有限责任公司				
622848040559199XXXX	20190102	-4250	26420.92	0	4250	26,420.92	陈武				
622848040559199XXXX	20190102	-4300	22120.92	0	4300	22,120.92	朱文化				
622848040559199XXXX	20190102	-4180	17940.92	0	4180	17,940.92	胡正卡				
622848040559199XXXX	20190102	-4330	13610.92	0	4330	13,610.92	冯玉春				
622848040559199XXXX	20200115	200000	202792.8	200000	0	202,792.80	邹美丽				
622848040559199XXXX	20200115	-4550	198242.8	0	4550	198,242.80	陆菊萍				
622848040559199XXXX	20200115	-5500	192742.8	0	5500	192,742.80	俞春男				
622848040559199XXXX	20200115	-629	192113.8	0	629	192,113.80	钱春华				
622848040559199XXXX	20200115	-190000	2113.8	0	190000	2113.8	明耀玻璃有限责任公司				
622848040559199XXXX	20200115	-20	2093.8	0	20	2093.8					
622848040559199XXXX	20200114	60000	81079.8	60000	0	81079.8	明耀玻璃有限责任公司				
622848040559199XXXX	20200114	-80000	1079.8	0	80000	1079.8					
622848040559199XXXX	20200114	15000	16079.8	15000	0	16079.8	明耀玻璃有限责任公司				
622848040559199XXXX	20200114	-2031	14048.8	0	2031	14048.8	王建生				
622848040559199XXXX	20200114	-3000	11048.8	0	3000	11048.8	田郭浩				
622848040559199XXXX	20200114	-4500	6548.8	0	4500	6548.8	顾小盘				
622848040559199XXXX	20200114	-3756	2792.8	0	3756	2792.8	俞云芳				
6228480405591991XXXX	20200113	220000	230753.8	220000	0	230,753.80	明耀玻璃有限责任公司				
6228480405591991XXXX	20200113	-21144	209609.8	0	21144	209,609.80	陆曙光				
6228480405591991XXXX	20200113	-6	209603.8	0	6	209,603.80					
6228480405591991XXXX	20200113	-200000	9603.8	0	200000	9603.8	朱爱华				
6228480405591991XXXX	20200113	-20	9583.8	0	20	9583.8					
6228480405591991XXXX	20200113	-1244	8339.8	0	1244	8339.8	钱春华				
6228480405591991XXXX	20200113	-330	8009.8	0	330	8009.8	魏晓雄				
6228480405591991XXXX	20200113	500000	508009.8	500000	0	508,009.80	明耀玻璃有限责任公司				
6228480405591991XXXX	20200113	-24212	483797.8	0	24212	483,797.80	吴金祥				
6228480405591991XXXX	20200113	-50000	433797.8	0	50000	433,797.80	张新芝				
6228480405591991XXXX	20200113	-5000	428797.8	0	5000	428,797.80	陈建珍				
6228480405591991XXXX	20200113	-5000	423797.8	0	5000	423,797.80	陈建珍				
6228480405591991XXXX	20200113	-5000	418797.8	0	5000	418,797.80	陈建珍				
6228480405591991XXXX	20200113	-338	418459.8	0	338	418,459.80	陈建珍				
6228480405591991XXXX	20200113	-50000	368459.8	0	50000	368,459.80	赵诚				
6228480405591991XXXX	20200113	-100000	268459.8	0	100000	268,459.80	吴海根				
6228480405591991XXXX	20200113	-12	268447.8	0	12	268,447.80					
6228480405591991XXXX	20200113	-250000	18447.8	0	250000	18447.8	陈美新				
6228480405591991XXXX	20200113	-20	18427.8	0	20	18427.8					
6228480405591991XXXX	20200113	2652	21079.8	2652	0	21079.8	陆菊萍				
622848040559199XXXX	20200110	5798	160673.08	5798	0	160,673.08	陆菊萍				
622848040559199XXXX	20200110	-3100	157573.08	0	3100	157,573.08	吴志强				
622848040559199XXXX	20200110	-50000	107573.08	0	50000	107,573.08	陈建珍				
622848040559199XXXX	20200110	-6	107567.08	0	6	107,567.08					
622848040559199XXXX	20200110	-50000	57567.08	0	50000	57,567.08	俞云芳				
622848040559199XXXX	20200110	-50000	7567.08	0	50000	7567.08					
622848040559199XXXX	20200110	481.72	8048.8	481.72	0	8048.8	杨忠英				

汇总

图 3－31　合并工作簿中多张工作表数据效果

3.3　导入工作簿数据

在财务活动中，经常需要从多个工作簿中读取数据，并将其导入一个新的工作簿中。解决这一问题的基本思路是：循环打开每个待汇总的工作簿；读取工作簿中的数据，并将结果记录在目标工作簿中的工作表里；关闭该工作簿，继续循环下一个待汇总工作簿。

3.3.1　导入整体数据

导入整体数据，在不需要运算的情况下，将待汇总的工作簿中的工作表项目数据整体导入目标工作簿的工作表里。

【例 3－8】 在"C:\财务报告\"文件夹下，存有 2011 年至 2021 年 11 个 Excel 工作簿文件，统一按照" & i + 2010 & "年度财务报告 . xlsx"的格式命名。如图 3－32 所示。

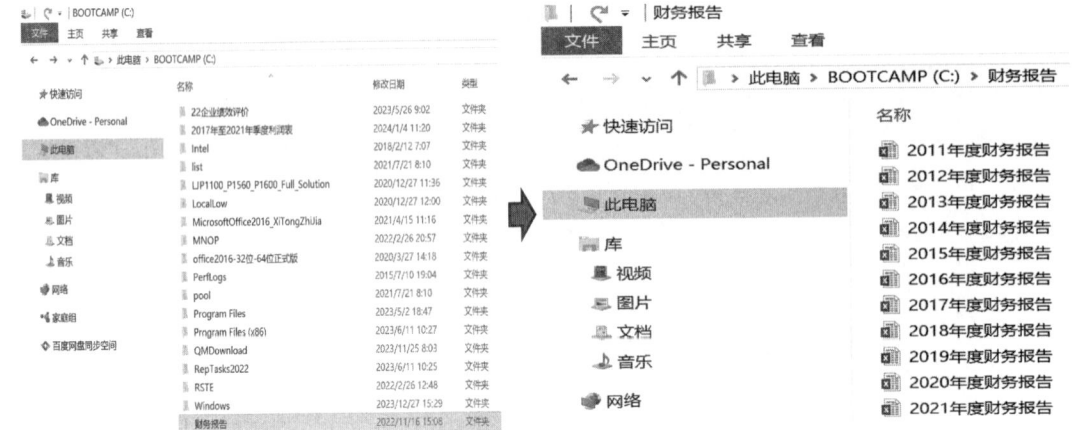

图 3-32　财务报告文件夹

每个工作表中都包含利润表、现金流量表、资产负债表，同类工作表的格式相同。

（1）2011年度财务报告工作簿存放的现金流量表、利润表、资产负债表数据资料。如图 3-33 所示。

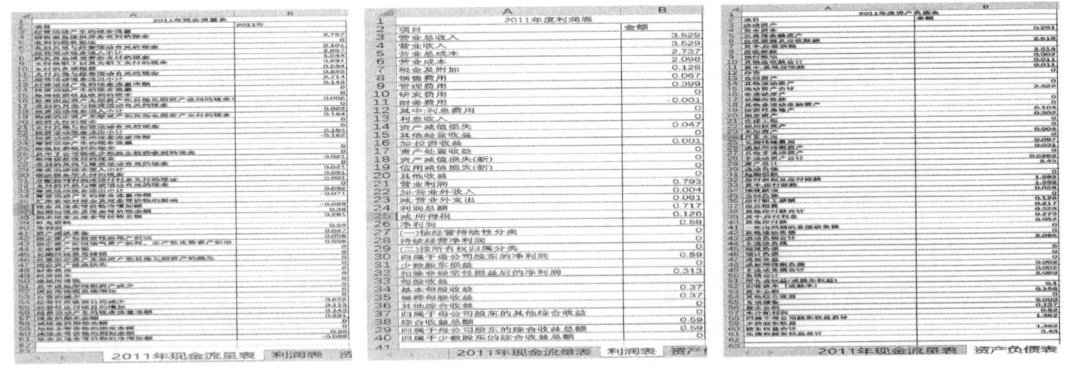

图 3-33　2011年财务报告

（2）2012年度财务报告工作簿存放的现金流量表、利润表、资产负债表数据资料。如图 3-34 所示。

图 3-34　2012年财务报告

（3）2013年度财务报告工作簿存放的现金流量表、利润表、资产负债表数据资料。如图 3-35 所示。

图 3-35　2013 年财务报告

（4）2014 年度财务报告工作簿存放的现金流量表、利润表、资产负债表数据资料。如图 3-36 所示。

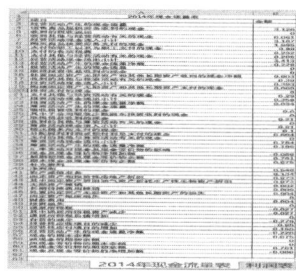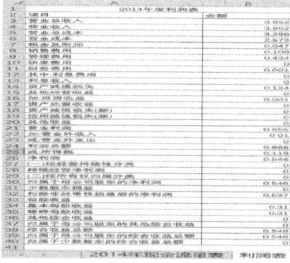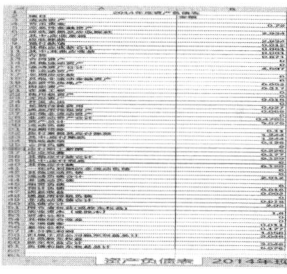

图 3-36　2014 年财务报告

（5）2015 年度财务报告工作簿存放的现金流量表、利润表、资产负债表数据资料。如图 3-37 所示。

图 3-37　2015 年财务报告

（6）2016 年度财务报告工作簿存放的现金流量表、利润表、资产负债表数据资料。如图 3-38 所示。

图 3-38　2016 年财务报告

(7) 2017年度财务报告工作簿存放的现金流量表、利润表、资产负债表数据资料。如图3-39所示。

图3-39　2017年财务报告

(8) 2018年度财务报告工作簿存放的现金流量表、利润表、资产负债表数据资料。如图3-40所示。

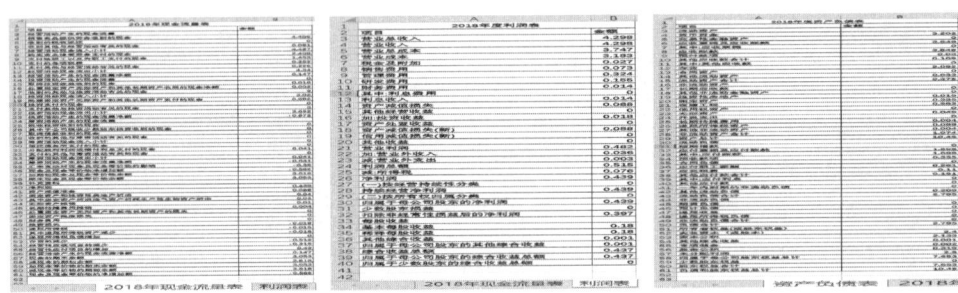

图3-40　2018年财务报告

(9) 2019年度财务报告工作簿存放的现金流量表、利润表、资产负债表数据资料。如图3-41所示。

图3-41　2019年财务报告

(10) 2020年度财务报告工作簿存放的现金流量表、利润表、资产负债表数据资料。如图3-42所示。

(11) 2021年度财务报告工作簿存放的现金流量表、利润表、资产负债表数据资料。如图3-43所示。

图3-42 2020年财务报告

图3-43 2021年财务报告

请在汇总工作簿中编写一个VBA程序,将上述11个工作簿中的现金流量表整体项目年度金额填写到现金流量基础表的对应项目中。如图3-44所示。

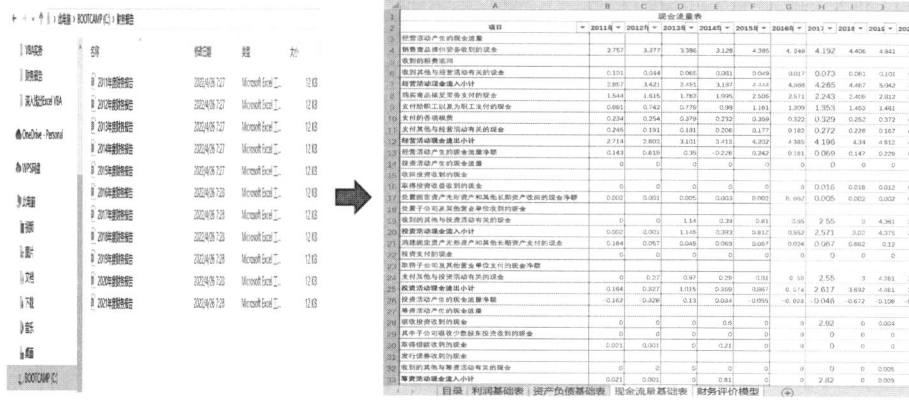

图3-44 待汇总工作簿及汇总效果界面

将各年度现金流量表整体项目数据导入汇总表操作步骤:

步骤一:设置汇总工作表。根据待汇总工作表格式设置现金流量表汇总工作表。如图3-45所示。

	A	B	C	D	E	F	G	H	I	J	K	L
1						现金流量表						
2	项目	2011年	2012年	2013年	2014年	2015年	2016年	2017年	2018年	2019年	2020年	2021年
3	经营活动产生的现金流量											
4	销售商品提供劳务收到的现金											
5	收到的税费返回											
6	收到其他与经营活动有关的现金											
7	经营活动现金流入小计											
8	购买商品接受劳务支付的现金											
9	支付给职工以及为职工支付的现金											
10	支付的各项税费											
11	支付其他与经营活动有关的现金											
12	经营活动现金流出小计											
13	经营活动产生的现金流量净额											
14	投资活动产生的现金流量											
15	收回投资收到的现金											
16	取得投资收益收到的现金											
17	处置固定资产无形资产和其他长期资产收回的现金净额											
18	处置子公司及其他营业单位收到的现金											
19	收到的其他与投资活动有关的现金											
20	投资活动现金流入小计											
21	购建固定资产无形资产和其他长期资产支付的现金											
22	投资支付的现金											
23	取得子公司及其他营业单位支付的现金净额											
24	支付其他与投资活动有关的现金											
25	投资活动现金流出小计											
26	投资活动产生的现金流量净额											
27	筹资活动产生的现金流量											
28	吸收投资收到的现金											
29	其中子公司吸收少数股东投资收到的现金											
30	取得借款收到的现金											
31	发行债券收到的现金											
32	收到的其他与筹资活动有关的现金											
33	筹资活动现金流入小计											

图 3-45 现金流量汇总工作表

步骤二：确定待汇总工作簿路径。"C:\财务报告\" & i + 2010 & "年度财务报告.xlsx"。这里根据待汇总工作簿名称特性设置名称，当 i = 1 时，年度为 2011，当 i = 2 时，年度为 2012……所以年度表示为 i + 2010。

步骤三：编写现金流量表汇总代码。参考代码如下所示。

成功之钥匙

宏代码含义：

```
Option Explicit
Sub 现金流量表整体项目汇总()
    Dim i,j,k,wb As Workbook,ws As Worksheet
    '处理工作簿时,让窗口不闪烁
    Application.ScreenUpdating = False
'循环汇总表列1 到12,构造待汇总的工作簿名称
    For i = 1 To 11
        '根据变量i构造出工作簿路径与文件名,并打开工作簿且让wb指向它工作簿中的工作表名为
'2011年现金流量表时,i第一次循环年度为1 + 2010,第2次循环年度为2 + 2020……第i次循环年度为i + 2020
        Set wb = Workbooks.Open("C:\财务报告\" & i + 2010 & "年度财务报告.xlsx")
        '让变量ws代表工作簿中的"现金流量表"工作表
        Set ws = wb.Worksheets(i + 2010 & "年现金流量表")
        '循环汇总表行变量k
        For k = 4 To 67
            '循环待汇总工作表行变量j
            For j = 4 To 61
                '如果待汇总工作表j行1列某一项目与汇总表k行某一项目相互一致,那么就运行下面代码
If Trim(ws.Cells(j,1)) = Trim(ThisWorkbook.Worksheets("现金流量基础表").Cells(k,1)) Then
                    '循环结束后j就是待汇总数字所在行,将该行数字写入目标工作簿的"汇总"表
```

```
        '次处利用了“汇总”表的格式特征,即第 i 年的数字处于汇总表格中第 i +1 列
        ThisWorkbook.Worksheets("现金流量基础表").Cells(k,i +1) =ws.Cells(j,2)
      '既然发现了对应项目就没有必要再扫描后面的各行,此时退出程序可以大大节省时间
            Exit For
             End If
             Next j
        Next k
        '关闭该工作簿,继续循环,汇总下一个年度工作表
        wb.Close
    Next i
    '恢复闪烁
     Application.ScreenUpdating = True
End Sub
```

步骤四：点击运行按钮，自动生成现金流量表汇总结果。如图 3 –46 所示。

现金流量表											
项目	2011年	2012年	2013年	2014年	2015年	2016年	2017	2018	2019	2020	2021
经营活动产生的现金流量											
销售商品提供劳务收到的现金	2.757	3.377	3.386	3.126	4.385	4.549	4.192	4.406	4.941	4.877	6.291
收到的税费返回											
收到其他与经营活动有关的现金	0.101	0.044	0.065	0.061	0.049	0.017	0.073	0.081	0.101	0.047	0.081
经营活动现金流入小计	2.857	3.421	3.451	3.187	4.444	4.566	4.265	4.487	5.042	4.923	6.373
购买商品接受劳务支付的现金	1.544	1.615	1.763	1.995	2.505	2.571	2.243	2.409	2.812	2.843	3.86
支付给职工以及为职工支付的现金	0.691	0.742	0.779	0.98	1.161	1.309	1.353	1.453	1.461	1.265	1.727
支付的各项税费	0.234	0.254	0.378	0.232	0.359	0.322	0.329	0.252	0.372	0.276	0.33
支付其他与经营活动有关的现金	0.245	0.191	0.181	0.206	0.177	0.182	0.272	0.226	0.167	0.234	0.265
经营活动现金流出小计	2.714	2.802	3.101	3.413	4.202	4.385	4.196	4.34	4.812	4.618	6.181
经营活动产生的现金流量净额	0.143	0.619	0.35	-0.226	0.242	0.181	0.069	0.147	0.229	0.305	0.192
投资活动产生的现金流量	0	0	0	0	0	0	0	0	0	0	0
收回投资收到的现金											
取得投资收益收到的现金	0	0	0	0	0	0	0.016	0.018	0.012	0.006	0.009
处置固定资产无形资产和其他长期资产收回的现金净额	0.002	0.001	0.005	0.003	0.002	0.002	0.005	0.002	0.002	0.003	0.002
处置子公司及其他营业单位收到的现金											
收到的其他与投资活动有关的现金	0	0	1.14	0.39	0.81	0.55	2.55	3	4.361	2.157	3.593
投资活动现金流入小计	0.002	0.001	1.145	0.393	0.812	0.552	2.571	3.02	4.375	2.167	3.604
购建固定资产无形资产和其他长期资产支付的现金	0.164	0.057	0.045	0.069	0.057	0.024	0.067	0.692	0.12	0.06	0.364
投资支付的现金	0	0	0	0	0	0	0	0	0	0	0.063
取得子公司及其他营业单位支付的现金净额											
支付其他与投资活动有关的现金	0	0.27	0.97	0.29	0.81	0.55	2.55	3	4.361	2.157	3.596
投资活动现金流出小计	0.164	0.327	1.015	0.359	0.867	0.574	2.617	3.692	4.481	2.218	4.022
投资活动产生的现金流量净额	-0.162	-0.326	0.13	0.034	-0.055	-0.023	-0.046	-0.672	-0.106	-0.051	-0.418
筹资活动产生的现金流量											
吸收投资收到的现金	0	0	0	0.6	0	0	2.82	0	0.004	0	0.021
其中子公司吸收少数股东投资收到的现金	0	0	0	0	0	0	0	0	0	0	0.021
取得借款收到的现金	0.021	0.001	0	0.21	0	0	0	0	0	0	0.025
发行债券收到的现金											
收到的其他与筹资活动有关的现金	0	0	0	0	0	0	0	0	0.005	0	0
筹资活动现金流入小计	0.021	0.001	0	0.81	0	0	2.82	0	0.009	0	0.046

目录　利润基础表　资产负债基础表　现金流量基础表　财务评价模型

图 3 –46　从工作簿导入现金流量表效果界面

将各年度利润表和资产负债表整体项目数据导入汇总表的代码与导入现金流量表的代码基本相同。

3. 3. 2　导入单项指标

导入单项指标，就是在不需要运算的情况下，将待汇总的工作簿中的工作表数据项目单个导入目标工作簿的工作表里。可以横向选择导入项目数据，也可以纵向选择导入项目数据。

【例 3 –9】 如图 3 –47 所示，在"C:\财务报告\"文件夹下，存有 2011 年至 2021 年 11 个 Excel 工作簿文件，统一按照("& i + 2010 &")年度财务报告 . xlsx"的格式命名。每个工作表中都包含利润表、现金流量表、资产负债表，同类工作表的格式相同。（参见〖例 3 –8〗）请在汇总工作簿中编写一个 VBA 程序，将各年度工作簿里利润表中利润总额导入利润基础表中。

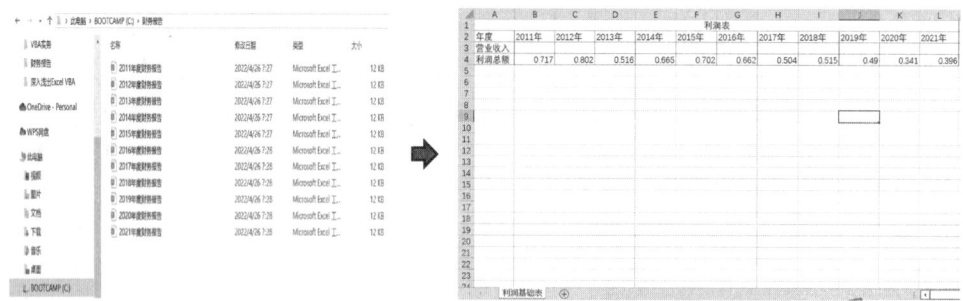

图3-47 待导入工作簿及导入效果界面

操作步骤：

步骤一：设置汇总工作表。根据待汇总工作表格式设置利润表主要指标汇总工作表。如图3-48所示。

图3-48 设置导入单项指标工作表

步骤二：确定待汇总工作簿路径。"C:\财务报告\" & i + 2010 & "年度财务报告.xlsx"。这里根据待汇总工作簿名称特性设置名称，当 i = 1 时，年度为 2011，当 i = 2 时，年度为 2012……所以年度表示为 i + 2010。

步骤三：在设置的汇总工作表中，编写导入单项指标代码。参考代码如下所示。

成功之钥匙

宏代码含义：

```
Option Explicit
Sub 现金流量表横向汇总()
    'i 代表工作簿变量,j 代表汇总工作表行,wb 代表工作簿,ws 代表工作表
    Dim i,j,wb As Workbook,ws As Worksheet
        '处理工作簿时,让窗口不闪烁
        Application.ScreenUpdating = False
    '循环生成 1 到 11,构造待汇总的工作簿名称
    For i = 1 To 11
        '根据变量 i 构造出工作簿路径和文件名,并打开该工作簿且让 wb 指向它
        Set wb = Workbooks.Open("C:\财务报告\" & i + 2010 & "年度财务报告.xlsx")
        '让 ws 代表该工作簿中的利润表
        Set ws = wb.Worksheets("利润表")
        j = 3
        '如果不是"利润总额"就继续循环查找
        Do While ws.Cells(j,1) < > "利润总额"
        j = j + 1
        Loop
        'Do 循环结束后,j 就是数据所在行号,将该行数字写入目标工作簿的"汇总"表
        '次处利用了汇总表格式特点,即第 i 年的数字处于表格中的 i + 1 列
        ThisWorkbook.Worksheets("利润基础表").Cells(4,i+1) = ws.Cells(j,2)
        '关闭工作簿,继续循环,汇总下一个年度的数据
        wb.Close
    Next i
    '恢复闪烁
    Application.ScreenUpdating = True
End Sub
```

步骤四：点击运行按钮，自动生成单项指标汇总结果。如图 3－49 所示。

	A	B	C	D	E	F	G	H	I	J	K	L
1						利润表						
2	年度	2011年	2012年	2013年	2014年	2015年	2016年	2017年	2018年	2019年	2020年	2021年
3	营业收入											
4	利润总额	0.717	0.802	0.516	0.665	0.702	0.662	0.504	0.515	0.49	0.341	0.396
5												
6												
7												

利润基础表

图 3－49　从工作簿导入单项指标效果界面

3.3.3　同时导入多个工作表项目

同时导入多个工作表项目，就是将一个工作簿中的多个工作表数据同时导入另一个工作簿中的目标工作表上。

3.3.3.1　将一个工作簿中的多个工作表数据同时导入另一个工作簿上的目标工作表中

【例 3－10】 如图 3－50 所示，在"C:\2017 至 2021 年季度利润表\"文件夹下，存有 2017 年至 2021 年 5 个 Excel 工作簿文件，统一按照"20××年度利润表（按单季度）.xlsx"的格式命名。每个工作表中又分别包含一季度、二季度、三季度、四季度 4 个工作表，工作表的格式相同。（参见〖例 3－4〗）

请在汇总工作簿中编写一个 VBA 程序，将各年度利润表中的四个季度数据同时导入汇总工作簿中的工作表上。

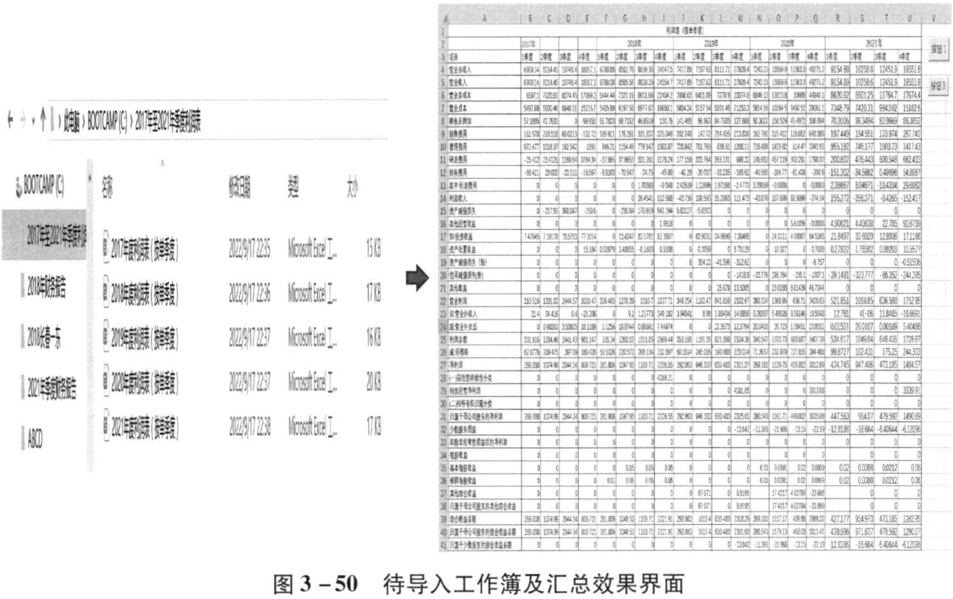

图 3－50　待导入工作簿及汇总效果界面

步骤一：设汇总工作表。根据待汇总工作表格式设置利润表汇总工作表。如图 3－51 所示。

步骤二：确定待汇总工作簿路径。"C:\2017 年至 2021 年季度利润表\2017 年度利润表（按单季度）.xlsx"。

步骤三：在设置的汇总工作表中，编写导入季度数据代码。代码设计思路是：循环打开各年度待汇总的工作簿；循环打开工作簿中的各个季度工作表；读取工作表中的数据，并将结果记录在目标工作簿上；关闭该年度工作簿，继续循环，打开下一个待导入工作簿。需要分别编写各年度分季度导入代码。

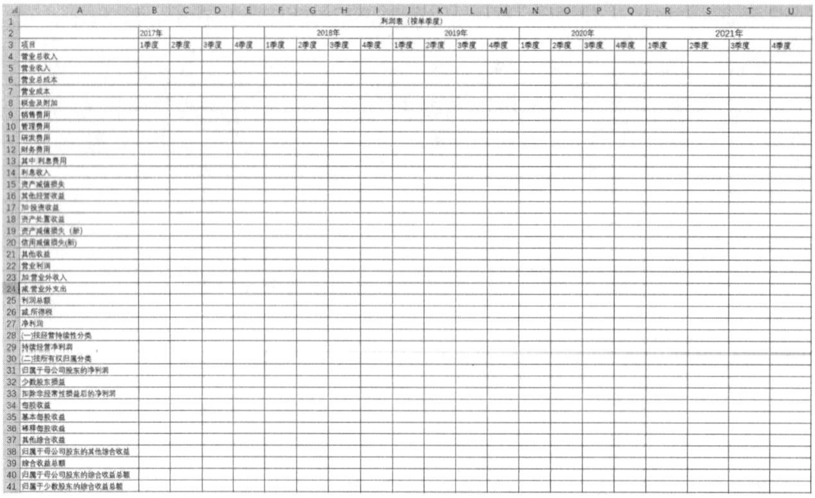

图 3-51 设置导入季度指标工作表

(1) 编写导入 2017 年各季度数据代码。参考代码如下所示。

成功之钥匙

宏代码含义：

```
Option Explicit
Sub 同时导入年度利润表()
    Call 导入2017年各季度利润表
    Call 导入2018年各季度利润表
    Call 导入2019年各季度利润表
    Call 导入2020年各季度利润表
    Call 导入2021年各季度利润表
End Sub
Sub 导入2017年各季度利润表()
'i 代表利润表(年度查询)列变量,k 代表利润表(年度查询表行变量,j 代表待汇总工作簿行变量
Dim i,j,k
'wb 代表打开工作簿,ws 代表季度工作表,wh 代表利润表(年度查询),shtName 代表季度工作表名称
Dim wb As Workbook,ws As Worksheet,wh As Worksheet,shtName
    '处理工作簿时,让窗口不闪烁
    Application.ScreenUpdating = False
        '打开工作簿且让 wb 指向它
        Set wb = Workbooks.Open("C:\2017年至2021年季度利润表\2017年度利润表(按单季度).xlsx")
        '让 wh 代表名称为利润表(年度查询)的工作表
        Set wh = ThisWorkbook.Worksheets("汇总")
        '循环利润表(年度查询)列,构造待汇总季度工作表名称
        For i = 2 To 5
'根据查询表中第14行第i列中的数字,构造对应季度的表名,将其存入 shtName 变量
            shtName = wh.Cells(3,i)
    '让 ws 代表名字为 shtName 的工作表,即与"现利润表(年度查询)"表第 i 列对应的季度表
            Set ws = wb.Worksheets(shtName)
            '循环利润表(年度查询)行变量 k,找到与待汇总工作表对应的项目
            For k = 4 To 41
            '循环待汇总工作表行变量 j,找到与现金流量表(年度查询)对应的项目
                For j = 3 To 40
    '如果待汇总工作表 j 行 1 列某一项目与汇总表 k 行某一项目相互一致,那么就运行下面代码
                    If Trim(ws.Cells(j,1)) = Trim(wh.Cells(k,1)) Then
    '循环结束后 j 就是待汇总数字所在行,将该数字写入目标工作簿的"汇总"表
                        wh.Cells(k,i) = ws.Cells(j,2)
    '既然发现了对应项目就没有必要再扫描后面的各行,此时退出程序可以大大节省时间
                        Exit For
                    End If
                Next j
            Next k
```

```
            Next i
        '关闭该工作簿,继续循环,汇总下一个年度工作表
            wb.Close
        '恢复闪烁
        Application.ScreenUpdating = True
End Sub
```

（2）编写导入 2018 年各季度数据代码。参考代码如下所示。

成功之钥匙

宏代码含义：

```
Sub 导入2018年各季度利润表()
    'i 代表利润表(年度查询)列变量,k 代表利润表(年度查询表行变量,j 代表待汇总工作簿行变量
    Dim i,j,k
    'wb 代表打开工作簿,ws 代表季度工作表,wh 代表利润表(年度查询),shtName 代表季度工作表名称
    Dim wb As Workbook,ws As Worksheet,wh As Worksheet,shtName
        '处理工作簿时,让窗口不闪烁
        Application.ScreenUpdating = False
            '打开工作簿且让 wb 指向它
            Set wb = Workbooks.Open("C:\2017年至2021年季度利润表\2018年度利润表(按单季度).xlsx")
            '让 wh 代表名称为利润表(年度查询)的工作表
            Set wh = ThisWorkbook.Worksheets("汇总")
            '循环利润表(年度查询)列,构造待汇总季度工作表名称
            For i = 6 To 9
    '根据查询表中第14行第i列中的数字,构造对应季度的表名,将其存入 shtName 变量
                shtName = wh.Cells(3,i)
                '让 ws 代表名字为 shtName 的工作表,即与"利润表(年度查询)"表第 i 列对应的季度表
                Set ws = wb.Worksheets(shtName)
                '循环现金流量表(年度查询)行变量 k,找到与待汇总工作表对应的项目
                For k = 4 To 41
                '循环待汇总工作表行变量 j,找到与现金流量表(年度查询)对应的项目
                    For j = 3 To 40
            '如果待汇总工作表 j 行 1 列某一项目与汇总表 k 行某一项目相互一致,那么就运行下面代码
                        If Trim(ws.Cells(j,1)) = Trim(wh.Cells(k,1)) Then
                '循环结束后 j 就是待汇总数字所在行,将该行数字写入目标工作簿的"汇总"表
                            wh.Cells(k,i) = ws.Cells(j,2)
        '既然发现了对应项目就没有必要再扫描后面的各行,此时退出程序可以大大节省时间
                            Exit For
                        End If
                    Next j
                Next k
            Next i
        '关闭该工作簿,继续循环,汇总下一个年度工作表
            wb.Close
        '恢复闪烁
        Application.ScreenUpdating = True
End Sub
```

（3）编写导入 2019 年各季度数据代码。参考代码如下所示。

成功之钥匙

宏代码含义：

```
Sub 导入2019年各季度利润表()
    'i 代表利润表(年度查询)列变量,k 代表利润表(年度查询表行变量,j 代表待汇总工作簿行变量
    Dim i,j,k
    'wb 代表打开工作簿,ws 代表季度工作表,wh 代表利润表(年度查询),shtName 代表季度工作表名称
    Dim wb As Workbook,ws As Worksheet,wh As Worksheet,shtName
        '处理工作簿时,让窗口不闪烁
        Application.ScreenUpdating = False
            '打开工作簿且让 wb 指向它
            Set wb = Workbooks.Open("C:\2017年至2021年季度利润表\2018年度利润表(按单季度).xlsx")
            '让 wh 代表名称为利润表(年度查询)的工作表
            Set wh = ThisWorkbook.Worksheets("汇总")
            '循环现金流量表(年度查询)列,构造待汇总季度工作表名称
```

```vba
        For i =10 To 13
            '根据查询表中第14行第i列中的数字,构造对应季度的表名,将其存入shtName变量
            shtName =wh.Cells(3,i)
            '让ws代表名字为shtName的工作表,即与"利润表(年度查询)"表第i列对应的季度表
            Set ws =wb.Worksheets(shtName)
            '循环现金流量表(年度查询)行变量k,找到与待汇总工作表对应的项目
            For k =4 To 41
                '循环待汇总工作表行变量j,找到与现金流量表(年度查询)对应的项目
                For j =3 To 40
                    '如果待汇总工作表j行1列某一项目与汇总表k行某一项目相互一致,那么就运行下面代码
                    If Trim(ws.Cells(j,1)) =Trim(wh.Cells(k,1)) Then
                        '循环结束后j就是待汇总数字所在行,将该行数字写入目标工作簿的"汇总"表
                        wh.Cells(k,i) =ws.Cells(j,2)
                        '既然发现了对应项目就没有必要再扫描后面的各行,此时退出程序可以大大节省时间
                        Exit For
                    End If
                Next j
            Next k
        Next i
        '关闭该工作簿,继续循环,汇总下一个年度工作表
        wb.Close
    '恢复闪烁
    Application.ScreenUpdating =True
End Sub
```

（4）编写导入2020年各季度数据代码。参考代码如下所示。

👆 成功之钥匙

宏代码含义:

```vba
Sub 导入2020年各季度利润表()
    'i代表利润表(年度查询)列变量,k代表利润表(年度查询表行变量,j代表待汇总工作簿行变量
    Dim i,j,k
    'wb代表打开工作簿,ws代表季度工作表,wh代表利润表(年度查询),shtName代表季度工作表名称
    Dim wb As Workbook,ws As Worksheet,wh As Worksheet,shtName
    '处理工作簿时,让窗口不闪烁
    Application.ScreenUpdating =False
        '打开工作簿且让wb指向它
        Set wb =Workbooks.Open("C:\2017年至2021年季度利润表\2020年度利润表(按单季度).xlsx")
        '让wh代表名称为利润表(年度查询)的工作表
        Set wh =ThisWorkbook.Worksheets("汇总")
        '循环现金流量表(年度查询)列,构造待汇总季度工作表名称
        For i =14 To 17
        '根据查询表中第14行第i列中的数字,构造对应季度的表名,将其存入shtName变量
            shtName =wh.Cells(3,i)
            '让ws代表名字为shtName的工作表,即与"利润表(年度查询)"表第i列对应的季度表
            Set ws =wb.Worksheets(shtName)
            '循环现金流量表(年度查询)行变量k,找到与待汇总工作表对应的项目
            For k =4 To 41
                '循环待汇总工作表行变量j,找到与现金流量表(年度查询)对应的项目
                For j =3 To 40
                    '如果待汇总工作表j行1列某一项目与汇总表k行某一项目相互一致,那么就运行下面代码
                    If Trim(ws.Cells(j,1)) =Trim(wh.Cells(k,1)) Then
                        '循环结束后j就是待汇总数字所在行,将该行数字写入目标工作簿的"汇总"表
                        wh.Cells(k,i) =ws.Cells(j,2)
                        '既然发现了对应项目就没有必要再扫描后面的各行,此时退出程序可以大大节省时间
                        Exit For
                    End If
                Next j
            Next k
        Next i
        '关闭该工作簿,继续循环,汇总下一个年度工作表
        wb.Close
    '恢复闪烁
    Application.ScreenUpdating =True
End Sub
```

（5）编写导入2021年各季度数据代码。参考代码如下所示。

成功之钥匙

宏代码含义：

```
Sub 导入2021年各季度利润表()
    'i代表利润表(年度查询)列变量,k代表利润表(年度查询表行变量,j代表待汇总工作簿行变量
    Dim i,j,k
    'wb代表打开工作簿,ws代表季度工作表,wh代表现利润表(年度查询),shtName代表季度工作表名称
    Dim wb As Workbook,ws As Worksheet,wh As Worksheet,shtName
     '处理工作簿时,让窗口不闪烁
      Application.ScreenUpdating=False
       '打开工作簿且让wb指向它
       Set wb=Workbooks.Open("C:\2017年至2021年季度利润表\2021年度利润表(按单季度).xlsx")
'让wh代表名称为利润表(年度查询)的工作表
       Set wh=ThisWorkbook.Worksheets("汇总")
        '循环现金流量表(年度查询)列,构造待汇总季度工作表名称
        For i=18 To 21
    '根据查询表中第14行第i列中的数字,构造对应季度的表名,将其存入shtName变量
           shtName=wh.Cells(3,i)
           '让ws代表名字为shtName的工作表,即与“利润表(年度查询)”表第i列对应的季度表
            Set ws=wb.Worksheets(shtName)
         '循环现金流量表(年度查询)行变量k,找到与待汇总工作表对应的项目
              For k=4 To 41
           '循环待汇总工作表行变量j,找到与现金流量表(年度查询)对应的项目
                For j=3 To 40
        '如果待汇总工作表j行1列某一项目与汇总表k行某一项目相互一致,那么就运行下面代码
                  If Trim(ws.Cells(j,1))=Trim(wh.Cells(k,1)) Then
       '循环结束后j就是待汇总数字所在行,将该行数字写入目标工作簿的“汇总”表
                   wh.Cells(k,i)=ws.Cells(j,2)
    '既然发现了对应项目就没有必要再扫描后面的各行,此时退出程序可以大大节省时间
                  Exit For
                  End If
               Next j
             Next k
          Next i
          '关闭该工作簿,继续循环,汇总下一个年度工作表
          wb.Close
      '恢复闪烁
      Application.ScreenUpdating=True
End Sub
```

步骤四：点击运行按钮，自动生成同步导入汇总结果。如图 3-52 所示。

	A	B	C	D	E	F	G	H	I	J	K	L	M	N	O	P	Q	R	S	T	U
1	利润表（按单季度）																				
2		2017年				2018年				2019年				2020年				2021年			
3	项目	1季度	2季度	3季度	4季度	1季度	2季度	3季度	4季度	1季度	2季度	3季度	4季度	1季度	2季度	3季度	4季度	1季度	2季度	3季度	4季度
4	营业总收入	6900.14	8214.45	10748.4	18017.1	6780.88	8592.76	9839.35	24547.5	7417.89	7197.63	8111.71	27609.4	7243.23	13869.9	11563.3	49275.2	9154.89	10258.6	12451.9	19551.8
5	营业收入	6900.14	8214.45	10748.4	18017.1	6788.08	8585.56	9839.35	24554.7	7417.89	7197.63	8111.71	27609.4	7243.23	13869.9	11563.3	49275.2	9154.89	10258.6	12451.9	19551.8
6	营业总成本	6597.1	7020.61	8374.45	17089.2	6444.44	7331.19	8611.66	22404.2	7068.63	6451.89	7278.9	23374.8	6849.13	12813.8	10688	44948.1	8620.92	8901.25	11764.7	17674.4
7	营业成本	5497.68	5930.46	6640.31	15215.7	5405.99	6197.58	6977.87	18650.1	5854.34	5157.54	5801.49	21253.3	5814.16	10564.5	9460.52	39061.1	7348.79	7420.31	9943.02	15182.6
8	税金及附加	57.1895	42.7633	0	-99.953	51.7823	68.7152	46.8519	150.76	141.499	66.963	94.7505	127.688	50.3022	158.529	45.4972	306.894	70.2006	98.3494	82.9669	89.3852
9	销售费用	161.578	203.518	66.0213	-132.72	185.911	176.291	331.337	225.048	202.248	147.72	214.455	213.838	162.781	315.412	126.652	648.386	197.449	194.551	133.974	267.741
10	管理费用	972.477	1018.37	162.542	-1391	846.21	1154.46	778.147	1303.87	728.842	781.763	838.31	1208.11	716.488	1423.02	814.47	3341.93	955.182	746.177	1003.73	1417.43
11	研发费用	-23.412	23.4121	1160.64	3764.34	-37.665	37.6655	331.291	1176.24	177.156	323.764	363.131	698.22	145.982	457.119	302.291	1790.37	200.602	476.443	600.546	662.433
12	财务费用	-68.411	20.002	-23.111	-16.567	-9.9163	-70.547	-24.75	-45.09	-41.29	-20.037	-33.235	-105.62	-40.585	-104.77	-61.408	-200.6	-151.302	-34.5862	0.49696	54.8987
13	其中:利息费用	0	0	0	0	0	0	1.70383	-0.048	2.42519	1.12696	1.97168	-2.4773	3.29069	-0.0003	0	-0.0003	2.38667	8.04671	-10.4334	29.6962
14	利息收入	0	0	0	0	0	0	26.4541	112.568	-43.716	108.595	35.2063	111.473	-43.876	107.609	62.5096	-274.14	155.272	-356.371	-0.4265	-152.417
15	资产减值损失	0	-217.91	368.047	-250.6	0	-230.84	170.919	941.164	5.83127	-5.8313	0	0	0	0	0	0	0	0	0	0
16	其他经营收益	0	0	0	0	0	0	0	1.9516	0	0	0	0	0	0	5.61036	-0.0006	4.90621	4.40638	22.785	92.6739
17	加:投资收益	7.47945	7.19178	70.5753	77.3014	0	13.4247	83.1781	82.3507	0	82.9031	24.9699	7.38466	0	24.1211	4.08987	64.5168	21.8497	33.6029	12.8936	17.1166
18	资产处置收益	0	0	0	15.184	0.02879	3.40055	-0.1693	0.1608	0	-0.3959	0	8.70129	0	-10.027	0	-3.7088	0.27822	-1.76592	0.09203	10.5577
19	资产减值损失（新）	0	0	0	0	0	0	0	0	0	354.22	-41.596	-312.62	0	0	0	-6.757	0	0	0	-0.51506
20	信用减值损失(新)	0	0	0	0	0	0	0	0	0	0	0	-1418.9	-33.776	295.764	-235.1	-1007.1	-39.1491	-323.777	-86.352	-244.295
21	其他收益	0	0	0	0	0	0	0	0	0	0	25.679	13.5005	0	23.0185	6.81439	46.7344	0	0	0	0
22	营业利润	310.516	1201.03	2444.57	1020.47	336.465	1278.39	1310.7	2227.71	349.254	1182.47	841.859	2532.67	360.324	1388.95	656.71	3420.83	521.851	1069.85	636.588	1752.95
23	加:营业外收入	21.4	84.416	0.4	-21.206	0	9.2	1.21773	349.182	3.94041	8.88	1.86404	14.0856	0.26307	5.49528	8.56146	10.5048	12.781	4E-06	11.8485	-18.6691
24	减:营业外支出	0	0.98263	3.53805	18.1169	1.1256	19.0744	0.06691	7.44974	0	0	22.3573	12.3764	20.0403	20.723	1.58451	23.9511	0.01501	20.0107	0.00109	5.40486
25	利润总额	331.916	1284.46	2441.43	981.147	335.34	1268.52	1311.85	2569.44	353.195	1191.35	821.366	2534.38	340.547	1373.73	663.687	3407.38	534.617	1049.84	648.435	1728.87
26	减:所得税	62.8776	209.475	397.09	180.426	53.5336	220.572	208.134	332.897	60.3314	245.016	190.883	223.014	71.3657	233.979	227.835	394.488	99.8727	102.431	175.25	244.303
27	净利润	269.038	1074.99	2044.34	800.721	281.806	1047.95	1103.71	2236.55	292.863	946.333	630.483	2311.37	269.181	1139.75	435.852	3012.89	434.745	947.406	473.185	1484.57
28	(一)按经营持续性分类	0	0	0	0	0	0	0	4388.21	0	0	0	0	0	0	0	0	0	0	0	0
29	持续经营净利润	0	0	0	0	0	0	0	0	0	0	0	4181.05	0	0	0	3013.08	0	0	0	3339.91
30	(二)按所有权归属分类	0	0	0	0	0	0	0	0	0	0	0	0	0	0	0	0	0	0	0	0
31	归属于母公司股东的净利润	269.038	1074.99	2044.34	800.721	281.806	1047.95	1103.71	2236.55	292.863	946.333	630.483	2325.01	280.543	1161.71	449.002	3035.08	447.563	964.07	479.592	1490.69
32	少数股东损益	0	0	0	0	0	0	0	0	0	0	0	-13.642	-11.361	-21.966	-13.15	-22.19	-12.8186	-16.664	-6.40644	-6.12096
33	扣除非经常性损益后的净利润	0	0	0	0	0	0	0	0	0	0	0	0	0	0	0	0	0	0	0	0
34	每股收益	0	0	0	0	0	0	0	0	0	0	0	0		0	0	0		0	0	0
35	基本每股收益	0	0	0	0	0	0.05	0.05	0.05	0	0	0	0	0.01	0.0391	0.02	0.0609	0.02	0.0388	0.0212	0.06
36	稀释每股收益	0	0	0	0	0.01	0.05	0.05	0.05	0	0	0	0	0.01	0.0391	0.02	0.0609	0.02	0.0388	0.0212	0.06
37	其他综合收益	0	0	0	0	0	0	0	0	0	67.071	0	6.9195		17.4217	4.02784	-23.668		0	0	0
38	归属于母公司股东的其他综合收益	0	0	0	0	0	0	0	0	0	67.071	0	6.9195		17.4217	4.02784	-23.668		0	0	0
39	综合收益总额	269.038	1074.99	2044.34	800.721	281.806	1048.52	1103.71	2221.91	292.863	1013.4	630.483	2318.29	269.181	1157.17	439.88	2989.22	427.177	954.973	473.185	1283.95
40	归属于母公司股东的综合收益总额	269.038	1074.99	2044.34	800.721	281.806	1048.52	1103.71	2221.91	292.863	1013.4	630.483	2331.93	280.543	1179.13	453.03	3011.41	439.996	971.637	479.592	1290.07
41	归属于少数股东的综合收益总额	0	0	0	0	0	0	0	0	0	0	0	-13.642	-11.361	-21.966	-13.15	-22.19	-12.8186	-16.664	-6.40644	-6.12096

按钮1

按钮3

图 3-52 同步导入数据结果界面

采用同样方法可以导入资产负债表和现金流量表各季度数据。

3.3.3.2 循环将一个工作簿中的内容相同、时期不同的工作表项目导入另一个工作簿的目标工作表中

在各年度导入项目不规则的情况下，一般采用分期编写导入程序的方法导入数据。本例导入项目各年度均为第1季度、第2季度、第3季度、第4季度四项，有规律可循，可以先编写一个只处理一个年度同步导入项目的程序。然后，只要在这段代码的外面再套一层年度工作簿循环，使之分别导入每个年度工作簿中的工作表数据即可。参考代码如下所示。

步骤一：编写代码。

> 成功之钥匙

宏代码含义：

```vba
Option Explicit
Sub 利润表()
'i 代表利润表(年度查询)列变量,k 代表利润表(年度查询表行变量,j 代表待汇总工作簿行变量
Dim i,j,k,x
'wb 代表打开工作簿,ws 代表季度工作表,wh 代表利润表(年度查询),shtName 代表季度工作表名称
Dim wb As Workbook,ws As Worksheet,wh As Worksheet,shtName
    '处理工作簿时,让窗口不闪烁
    Application.ScreenUpdating = False
    For x = 2017 To 2021
        '打开工作簿且让 wb 指向它
        Set wb = Workbooks.Open("C:\2017年至2021年季度利润表\" & x & "年度利润表(按单季度).xlsx")
        '让 wh 代表名称为汇总的工作表
        Set wh = ThisWorkbook.Worksheets("汇总")
'循环汇总表列,构造待汇总季度工作表名称。如2017年数据应列示在汇总工作表2-5列,For i = 4*(2017-2017)+2 To 4*(2017-2017)+5
        For i = 4*(x-2017)+2 To 4*(x-2017)+5
        '根据汇总表中第3行第i列中的数字,构造对应季度的表名,将其存入 shtName 变量
            shtName = wh.Cells(3,i)
            '让 ws 代表名字为 shtName 的工作表,即与"汇总"表第i列对应的季度表
            Set ws = wb.Worksheets(shtName)
                '循环汇总表行变量k,找到与待汇总工作表对应的项目
                For k = 4 To 41
                '循环待汇总工作表行变量j,找到与现金流量表(年度查询)对应的项目
                    For j = 3 To 40
                    '如果待汇总工作表j行1列某一项目与汇总表k行某一项目相互一致,那么就运行下面代码
                        If Trim(ws.Cells(j,1)) = Trim(wh.Cells(k,1)) Then
                        '循环结束后j就是待汇总数字所在行,将该行数字写入目标工作簿的"汇总"表
                            wh.Cells(k,i) = ws.Cells(j,2)
                            '既然发现了对应项目就没有必要再扫描后面的各行,此时退出程序可以大大节省时间
                            Exit For
                        End If
                    Next j
                Next k
        Next i
        '关闭该工作簿,继续循环,汇总下一个年度工作表
        wb.Close
    Next x
    '恢复闪烁
    Application.ScreenUpdating = True
End Sub
```

步骤二：点击运行按钮，自动生成同步导入汇总结果。如图3-53所示。

图 3-53 同步导入数据结果界面

3.3.4 隔列同时导入一个工作表中的多个项目数据

隔列同时导入一个工作表中的多个项目数据,就是将工作簿中的一个工作表里连续排列的多个项目数据,隔列导入另一个工作簿的目标工作表中。编写这个数据导入代码,需要运用数学关系法,找出数据源工作表与目标工作表的行列逻辑关系。

【例 3-11】前进公司内部审计机构对公司 2017 年至 2022 年 10 月的收益情况进行了审计。内审机构在内部审计文件夹中存放了审计利润工作表和账面利润工作表,如图 3-54 所示。

图 3-54 内部审计文件夹

(1) 审计利润汇总表如图 3-55 所示。

	A	B	C	D	E	F	G	H
1					利润汇总表			单位:人民币元
2	项目	2017年	2018年	2019年	2020年	2021年	2022年1-10月	合计
3	一、主营业务收入	218,131,187.54	205410147	235779475	287260181	341926620	206391169.7	1494898780
4	减:主营业务成本	204,321,143.81	192405481	220852105	269073530	320278998	193324395	1400255654
5	税金及附加	124,902.34	109867.28	134569.83	88688.96	105674.66	58766.18	622469.25
6	二、主营业务利润	13685141.39	12894798.1	14792799.8	18097961.5	21541947.7	13008008.5	94020657.02
7	加:其他业务利润	0	0	0	0	0	0	0
8	减:营业费用	0	0	0	0	0	0	0
9	管理费用	6,941,410.60	5663723.89	7797995.1	7504917.4	8180228.56	8544128.29	44632403.84
10	财务费用	760,189.23	1007596.58	884891.47	919096.91	1334945.85	1068908.37	5975628.49
11	三、营业利润	5983541.56	6223477.67	6109913.2	9673947.09	12026773.3	3394971.84	43412624.69
12	加:营业外收入	0	0	0	0	1000	0	1000
13	减:营业外支出	5.06	15505.45	64.26	136.59	22017.94	135.65	37864.95
14	加:以前年度损益调整							
15	四、利润总额	5983536.5	6207972.22	6109848.94	9674810.5	12004755.4	3394836.19	43375759.74
16	减:所得税费用	79,531.98	264355.29	154265.08	17077.83	12669.74	3284.12	531184.04
17	五、净利润	5904004.52	5943616.93	5955583.86	9657732.67	11992085.7	3391552.07	42844575.7

图 3-55 审计利润汇总表

— 141 —

(2) 账面利润汇总表如图 3-56 所示。

	A	B	C	D	E	F	G	H
1					利润汇总表			
2	项目	2017年	2018年	2019年	2020年	2021年	2022年	合计
3	一、主营业务收入	222,668,878.44	205,583,211.27	227,223,265.47	264,899,802.81	307,164,118.85	218,344,428.63	1,445,883,705.47
4	减:主营业务成本	213,763,240.30	197,639,423.84	217,047,449.77	256,112,388.52	296,931,900.23	206,508,490.75	1,388,002,893.41
5	税金及附加	124,902.34	109,867.28	134,569.83	88,688.96	105,674.66	58,766.18	622,469.25
6	二、主营业务利润	8,780,735.80	7,833,920.15	10,041,245.87	8,698,725.33	10,126,543.96	11,777,171.70	57,258,342.81
7	加:其他业务利润	0.00	0.00	0.00	0.00	0.00	0.00	0.00
8	减:营业费用							
9	管理费用	6,941,410.60	5,685,019.20	7,797,995.10	7,504,917.40	8,180,228.56	8,544,128.29	44,653,699.15
10	财务费用	760,189.25	1,007,596.58	884,891.47	919,096.99	1,334,945.84	1,068,908.36	5,975,628.49
11	三、营业利润	1,079,135.95	1,141,304.37	1,358,359.30	274,710.94	611,369.56	2,164,135.05	6,629,015.17
12	加:营业外收入	0.00	0.00	0.00	1,000.00	0.00	0.00	1,000.00
13	减:营业外支出	5.06	15,505.45	64.26	136.59	22,017.94	135.65	37,864.95
14	加:以前年度损益调整	0.00	0.00	-161,659.34	0.00	0.00	0.00	-161,659.34
15	四、利润总额	1,079,130.89	1,125,798.92	1,196,635.70	275,574.35	589,351.62	2,163,999.40	6,430,490.88
16	减:所得税费用	79,531.98	81,400.64	154,265.08	17,077.83	12,669.74	3,284.12	348,229.39
17	五、净利润	999,598.91	1,044,398.28	1,042,370.62	258,496.52	576,681.88	2,160,715.28	6,082,261.49

图 3-56 账面利润汇总表

(3) 审计结果对比分析模型如图 3-57 所示。

	A	B	C	D	E	F	G	H	I	J	K	L	M	N	O	P	Q	R	S	T	U	V
21											审计测判对比总表											
22	项目		2017年			2018年			2019年			2020年			2021年			2022年			合计	
23		账面	审计	差异	账面	审计	差异	账面	审计	差异	账面	审计	差异	账面	审计	差异	账面	审计	差异	账面	审计	差异
24	一、主营业务收入																					
25	减:主营业务成本																					
26	税金及附加																					
27	二、主营业务利润																					
28	加:其他业务利润																					
29	减:营业费用																					
30	管理费用																					
31	财务费用																					
32	三、营业利润																					
33	加:营业外收入																					
34	减:营业外支出																					
35	加:以前年度损益调整																					
36	四、利润总额																					
37	减:所得税费用																					
38	五、净利润																					

图 3-57 审计结果对比分析表

要求：编写一个 Excel VBA 代码将审计利润汇总表和账面利润汇总表数据导入审计结果对比分析模型中。

步骤一：编写导入账面利润汇总表数据代码。参考代码如下所示。

成功之钥匙

代码含义：

```vba
Option Explicit
Sub 导入账面利润数据()
    'i 代表账面利润汇总工作列变量,k 代对比工作表行变量,j 代表账面利润汇总工作表行变量
    Dim i,j,k
    'wb 代表打开工作簿,ws 代表账面利润工作表,wh 代表对比分析工作簿中的工作表
    Dim wb As Workbook,ws As Worksheet,wh As Worksheet,shtName
        '处理工作簿时,让窗口不闪烁
        Application.ScreenUpdating = False
        '打开工作簿且让 wb 指向它
        Set wb = Workbooks.Open(ThisWorkbook.Path & "\账面利润.xlsm")
        '让 wh 代表名称为对比分析工作表中的工作表
        Set wh = ThisWorkbook.Worksheets("合并汇总")
        '循环账面利润汇总工作表列
        For i = 2 To 7
            '让 ws 代表账面利润工作簿中的工作表
            Set ws = wb.Worksheets("汇总")
            '循环合并汇总工作表 k,找到与账面利润工作簿中的工作表对应的项目
            For k = 24 To 38
                '循环账面利润工作表行变量 j,找到与合并汇总工作表对应的项目
                For j = 3 To 17
                    '如果账面利润工作表 j 行 1 列某一项目与合并汇总工作表 k 行某一项目相互一致,那么就运行下面代码
                    If Trim(ws.Cells(j,1)) = Trim(wh.Cells(k,1)) Then
```

```
            '循环结束后 j 就是待导入数字所在行,将该行数字导入"合并汇总"工作表。
            '这里根据合并汇总工作表列与账面利润工作表列的关系,关系式为合并汇总工作表的列等于"(3* (i-1) -1)"。
                                wh.Cells(k,3* (i-1) -1) =ws.Cells(j,i)
            '既然发现了对应项目就没有必要再扫描后面的各行,此时退出程序可以大大节省时间
                                Exit For
                            End If
                        Next j
                    Next k
            Next i
            '关闭该工作簿,继续循环,汇总下一个年度工作表
              wb.Close
            '恢复闪烁
            Application.ScreenUpdating = True
End Sub
```

步骤二：编写导入审计利润汇总表数据代码。参考代码如下所示。

成功之钥匙

代码含义：

```
Sub 导入审计利润数据()
'i 代表审计利润汇总工作列变量,k 代对比工作表行变量,j 代表审计利润汇总工作表行变量
    Dim i,j,k,r
'wb 代表打开工作簿,ws 代表审计利润工作表,wh 代表对比分析工作簿中的工作表
    Dim wb As Workbook,ws As Worksheet,wh As Worksheet,shtName
        '处理工作簿时,让窗口不闪烁
        Application.ScreenUpdating = False
          '打开工作簿且让 wb 指向它
        Set wb = Workbooks.Open(ThisWorkbook.Path & "\审计利润.xlsm")
        '让 wh 代表名称为对比分析工作表中的工作表
        Set wh = ThisWorkbook.Worksheets("合并汇总")
          '循环审计利润汇总工作表列
        For i =2 To 7
                '让 ws 代表审计利润工作簿中的工作表
                 Set ws = wb.Worksheets("汇总")
                '循环合并汇总工作表 k,找到与审计利润工作簿中的工作表对应的项目
                    For k =24 To 38
                '循环审计利润工作表行变量 j,找到与合并汇总工作表对应的项目
                        For j =3 To 17
'如果待汇总工作表 j 行 1 列某一项目与汇总表 k 某一项目相互一致,那么就运行下面代码
                            If Trim(ws.Cells(j,1)) =Trim(wh.Cells(k,1)) Then
            '循环结束后 j 就是待导入数字所在行,将该行数字导入"合并汇总"工作表。
            '这里根据合并汇总工作表列与审计利润工作表列的关系,关系式为合并汇总工作表的列等于"(3* (i-1))"。
                                wh.Cells(k,3* (i-1)) =ws.Cells(j,i)
            '既然发现了对应项目就没有必要再扫描后面的各行,此时退出程序可以大大节省时间
                                Exit For
                            End If
                        Next j
                    Next k
            Next i
            '关闭该工作簿,继续循环,汇总下一个年度工作表
              wb.Close
            '恢复闪烁
            Application.ScreenUpdating = True
End Sub
```

步骤三：编写汇总计算代码。参考代码如下所示。

成功之钥匙

代码含义：

```
Sub 计算()
  Dim i,j,wh As Worksheet
  Set wh = ThisWorkbook.Worksheets("合并汇总")
```

```
  '循环合并汇总工作表列
  For i =4 To 19 Step 3
  '循环合并汇总工作表行
      For j =24 To 38
      wh.Cells(j,i) =wh.Cells(j,i -1) -wh.Cells(j,i -2)
      Next j
    Next i
    For j =24 To 38
wh.Cells(j,20) =wh.Cells(j,2) +wh.Cells(j,5) +wh.Cells(j,8) +wh.Cells(j,11) +wh.Cells(j,14) +wh.Cells(j,17)
wh.Cells(j,21) =wh.Cells(j,3) +wh.Cells(j,6) +wh.Cells(j,9) +wh.Cells(j,12) +wh.Cells(j,15) +wh.Cells(j,18)
wh.Cells(j,22) =wh.Cells(j,4) +wh.Cells(j,7) +wh.Cells(j,10) +wh.Cells(j,13) +wh.Cells(j,16) +wh.Cells(j,19)
        Next j
End Sub
```

步骤四：运行代码，结果如图 3 –58 所示。

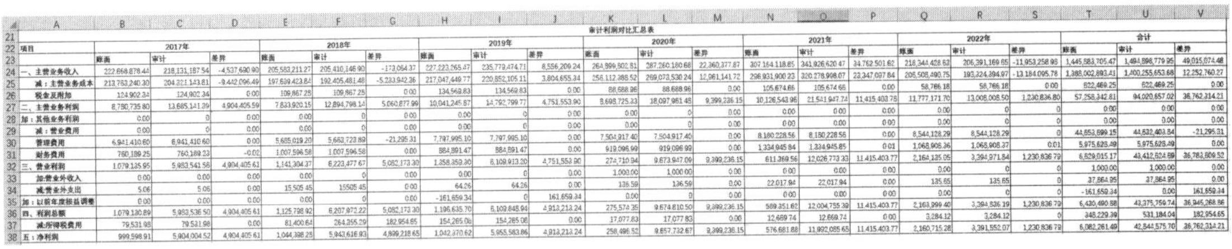

审计利润对比汇总表

项目	2017年 账面	2017年 审计	2017年 差异	2018年 账面	2018年 审计	2018年 差异
一、主营业务收入	222,668,878.44	218,131,187.54	-4,537,690.90	205,583,211.27	205,410,146.90	-173,064.37
减：主营业务成本	213,763,240.30	204,321,143.81	-9,442,096.49	197,639,423.84	192,405,481.48	-5,233,942.36
税金及附加	124,902.34	124,902.34	0.00	109,867.25	109,867.25	0.00
二、主营业务利润	8,780,735.80	13,685,141.39	4,904,405.59	7,833,920.15	12,894,798.14	5,060,877.99
加：其他业务利润	0.00	0	0.00	0.00	0	0.00
减：营业费用	0.00	0	0.00	0.00	0	0.00
管理费用	6,941,410.60	6,941,410.60	0.00	5,685,019.20	5,663,723.89	-21,295.31
财务费用	760,189.25	760,189.23	-0.02	1,007,596.58	1,007,596.58	0.00
三、营业利润	1,079,135.95	5,983,541.56	4,904,405.61	1,141,304.37	6,223,477.67	5,082,173.30
加:营业外收入	0.00	0.00	0.00	0.00	0	0.00
减:营业外支出	5.06	5.06	0.00	15,505.45	15505.45	0.00
加：以前年度损益调整	0.00	0.00	0.00	0.00	0	0.00
四、利润总额	1,079,130.89	5,983,536.50	4,904,405.61	1,125,798.92	6,207,972.22	5,082,173.30
减:所得税费用	79,531.98	79,531.98	0.00	81,400.64	264,355.29	182,954.65
五：净利润	999,598.91	5,904,004.52	4,904,405.61	1,044,398.28	5,943,616.93	4,899,218.65

项目	2019年 账面	2019年 审计	2019年 差异	2020年 账面	2020年 审计	2020年 差异
一、主营业务收入	227,223,265.47	235,779,474.71	8,556,209.24	264,899,802.81	287,260,180.68	22,360,377.87
减：主营业务成本	217,047,449.77	220,852,105.11	3,804,655.34	256,112,388.52	269,073,530.24	12,961,141.72
税金及附加	134,569.83	134,569.83	0.00	88,688.96	88,688.96	0.00
二、主营业务利润	10,041,245.87	14,792,799.77	4,751,553.90	8,698,725.33	18,097,961.48	9,399,236.15
加：其他业务利润	0.00	0	0.00	0.00	0	0.00
减：营业费用	0.00	0	0.00	0.00	0	0.00
管理费用	7,797,995.10	7,797,995.10	0.00	7,504,917.40	7,504,917.40	0.00
财务费用	884,891.47	884,891.47	0.00	919,096.99	919,096.99	0.00
三、营业利润	1,358,359.30	6,109,913.20	4,751,553.90	274,710.94	9,673,947.09	9,399,236.15
加:营业外收入	0.00	0	0.00	1,000.00	1,000.00	0.00
减:营业外支出	64.26	64.26	0.00	136.59	136.59	0.00
加：以前年度损益调整	-161,659.34	0	161,659.34	0.00	0	0.00
四、利润总额	1,196,635.70	6,109,848.94	4,913,213.24	275,574.35	9,674,810.50	9,399,236.15
减:所得税费用	154,265.08	154,265.08	0.00	17,077.83	17,077.83	0.00
五：净利润	1,042,370.62	5,955,583.86	4,913,213.24	258,496.52	9,657,732.67	9,399,236.15

项目	2021年 账面	2021年 审计	2021年 差异	2022年 账面	2022年 审计	2022年 差异	合计 账面	合计 审计	合计 差异
一、主营业务收入	307,164,118.85	341,926,620.47	34,762,501.62	218,344,428.63	206,391,169.65	-11,953,258.98	1,445,583,705.47	1,494,898,779.95	49,015,074.48
减：主营业务成本	296,931,900.23	320,278,998.07	23,347,097.84	206,508,490.75	193,324,394.97	-13,184,095.78	1,388,002,893.41	1,400,255,653.68	12,252,760.27
税金及附加	105,674.66	105,674.66	0.00	58,766.18	58,766.18	0.00	622,469.25	622,469.25	0.00
二、主营业务利润	10,126,543.96	21,541,947.74	11,415,403.78	11,777,171.70	13,008,008.50	1,230,836.80	57,258,342.81	94,020,657.02	36,762,314.21
加：其他业务利润	0.00	0.00	0.00	0.00	0	0	0.00	0.00	0.00
减：营业费用	0.00	0.00	0.00	0.00	0	0	0.00	0.00	0.00
管理费用	8,180,228.56	8,180,228.56	0.00	8,544,128.29	8,544,128.29	0	44,853,699.15	44,832,403.84	-21,295.31
财务费用	1,334,945.84	1,334,945.85	0.01	1,068,906.36	1,068,908.37	0.01	5,975,626.49	5,975,626.49	0.00
三、营业利润	611,369.56	12,026,773.33	11,415,403.77	2,164,135.05	3,394,971.84	1,230,836.79	6,629,015.17	43,412,624.69	36,783,609.52
加:营业外收入	0.00	0.00	0.00	0.00	0	0	1,000.00	1,000.00	0.00
减:营业外支出	22,017.94	22,017.94	0.00	135.65	135.65	0	37,864.95	37,864.95	0.00
加：以前年度损益调整	0.00	0.00	0.00	0.00	0	0	-161,659.34	0.00	161,659.34
四、利润总额	589,351.62	12,004,755.39	11,415,403.77	2,163,999.40	3,394,836.19	1,230,836.79	6,420,490.88	43,375,759.74	36,945,268.86
减:所得税费用	12,669.74	12,669.74	0.00	3,284.12	3,284.12	0	348,229.39	531,184.04	182,954.65
五：净利润	576,681.88	11,992,085.65	11,415,403.77	2,160,715.28	3,391,552.07	1,230,836.79	6,082,261.49	42,844,575.70	36,762,314.21

图 3 –58　导入数据结果

3.4　工作簿汇总

3.4.1　按项目汇总

按项目汇总，就是对工作簿中的工作表上各项目分别进行计算加总，将运算结果填入汇总表对应的单元格中。

【例 3 –12】如图 3 –59 所示，在"C:\2021 年季度财务报告\"文件夹下，存有 4 个季度利润表 Excel 工作簿文件，统一按照"2021 年第" & i & "季度利润表 . xlsx"的格式命名。每个工作表中都包含一个季度利润表，同类工作表的格式相同。

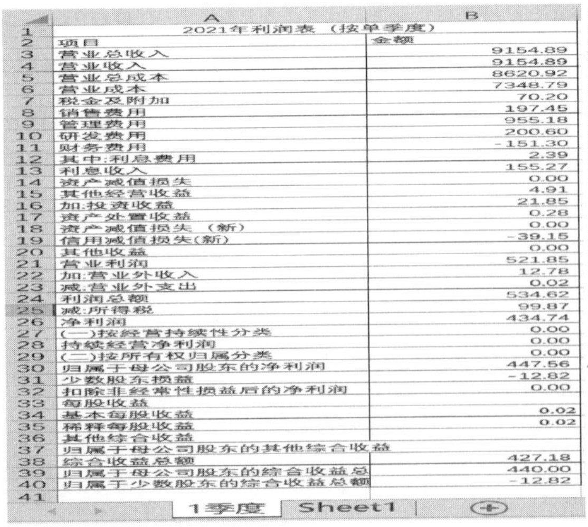

2021年利润表（按单季度）

项目	金额
营业总收入	9154.89
营业收入	9154.89
营业总成本	8620.92
营业成本	7348.79
税金及附加	70.20
销售费用	197.45
管理费用	955.18
研发费用	200.60
财务费用	-151.30
其中:利息费用	2.39
利息收入	155.27
资产减值损失	0.00
其他经营收益	4.91
加:投资收益	21.85
资产处置收益	0.28
资产减值损失（新）	0.00
信用减值损失(新)	-39.15
其他收益	0.00
营业利润	521.85
加:营业外收入	12.78
减:营业外支出	0.02
利润总额	534.62
减:所得税	99.87
净利润	434.74
(一)按经营持续性分类	0.00
持续经营净利润	0.00
(二)按所有权归属分类	0.00
归属于母公司股东的净利润	447.56
少数股东损益	-12.82
扣除非经常性损益后的净利润	0.00
每股收益	
基本每股收益	0.02
稀释每股收益	0.02
其他综合收益	
归属于母公司股东的其他综合收益	
综合收益总额	427.18
归属于母公司股东的综合收益总	440.00
归属于少数股东的综合收益总额	-12.82

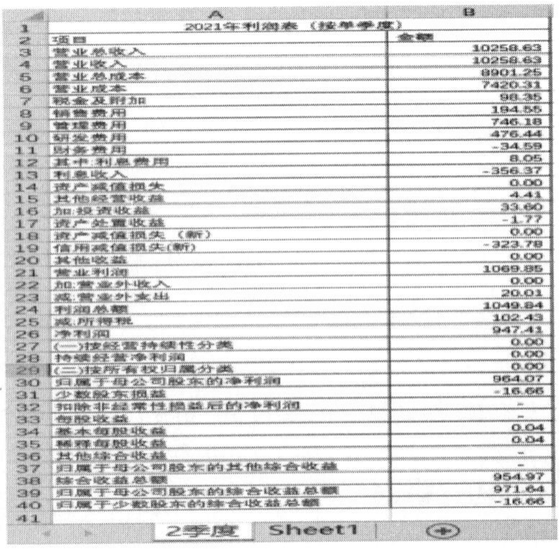

2021年利润表（按单季度）

项目	金额
营业总收入	10258.63
营业收入	10258.63
营业总成本	8901.25
营业成本	7420.31
税金及附加	98.35
销售费用	194.55
管理费用	746.18
研发费用	476.44
财务费用	-34.59
其中:利息费用	8.05
利息收入	-356.37
资产减值损失	0.00
其他经营收益	4.41
加:投资收益	33.60
资产处置收益	-1.77
资产减值损失（新）	0.00
信用减值损失(新)	-323.78
其他收益	0.00
营业利润	1069.85
加:营业外收入	0.00
减:营业外支出	20.01
利润总额	1049.84
减:所得税	102.43
净利润	947.41
(一)按经营持续性分类	0.00
持续经营净利润	0.00
(二)按所有权归属分类	0.00
归属于母公司股东的净利润	964.07
少数股东损益	-16.66
扣除非经常性损益后的净利润	–
每股收益	–
基本每股收益	0.04
稀释每股收益	0.04
其他综合收益	–
归属于母公司股东的其他综合收益	–
综合收益总额	954.97
归属于母公司股东的综合收益总额	971.64
归属于少数股东的综合收益总额	-16.66

图 3-59 2021年季度财务报告

请在汇总工作簿中编写一个 VBA 程序，将 4 个工作簿中的利润表各项目金额合计，分别填写到利润汇总表的对应项目中。如图 3-60 所示。

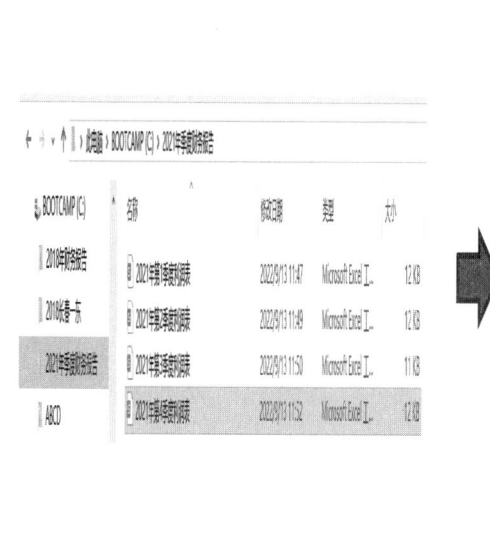

图 3-60 待汇总工作簿及汇总效果界面

将四个季度利润表各项目数据合计导入汇总表步骤：

步骤一：设置汇总工作表。根据待汇总工作表格式设置季度利润表汇总工作表。如图 3-61 所示。

图3-61 利润表汇总工作表

步骤二：确定待汇总工作簿路径"C:\2021年季度财务报告\"2021年第" & i & "季度利润表.xlsx"。这里根据待汇总工作簿名称特性设置名称，当i=1时，季度为1，当i=2时，季度为2……所以季度表示为i。

步骤三：编写利润表项目汇总计算代码。参考代码如下所示。

成功之钥匙

宏代码含义：

```
Option Explicit
Sub 现金流量表整体项目汇总()
    Dim i,j,k,wb As Workbook,ws As Worksheet
      '处理工作簿时,让窗口不闪烁
      Application.ScreenUpdating = False
    '循环生成1-4,构造待汇总的工作簿名称
    For i = 1 To 4
      '根据变量i构造出工作簿路径与文件名,并打开工作簿且让wb指向它,工作簿中的工作表名为
      '2021 1季度利润表时,i第一次循环季度为1,第2次循环年度为2…第i次循环年度为i
      Set wb = Workbooks.Open("C:\2021年季度财务报告\2021年第" & i & "季度利润表.xlsx")
      '让变量ws代表工作簿中的"i季度"工作表
      Set ws = wb.Worksheets(i & "季度")
      '循环汇总表行变量k
      For k = 3 To 40
          '循环待汇总工作表行变量j
          For j = 3 To 40
'如果待汇总工作表j行1列某一项目与汇总表k行某一项目相互一致,那么就运行下面代码
              If Trim(ws.Cells(j,1)) = Trim(ThisWorkbook.Worksheets("汇总1").Cells(k,1)) Then
'将待汇总表第2列各项目所有数字逐项加总到"汇总1"工作表k行B(2)列,循环结束后B列即是四个季度对应项总和
ThisWorkbook.Worksheets("汇总1").Cells(k,2) = ThisWorkbook.Worksheets("汇总1").Cells(k,2) + ws.Cells(j,2)
'既然发现了对应项目就没有必要再扫描后面的各行,此时退出程序可以大大节省时间
              Exit For
```

```
            End If
        Next j
    Next k
    '关闭该工作簿,继续循环,汇总下一个年度工作表
    wb.Close
  Next i
  '恢复闪烁
    Application.ScreenUpdating = True
End Sub
```

步骤四：点击运行按钮，自动生成利润表汇总计算结果。如图3-62所示。

	A	B
1	2021年利润表	
2	项目	金额
3	营业总收入	51417.27
4	营业收入	51417.27
5	营业总成本	46961.344
6	营业成本	39894.679
7	税金及附加	340.90207
8	销售费用	793.71449
9	管理费用	4122.5174
10	研发费用	1940.0242
11	财务费用	-130.4922
12	其中:利息费用	29.696193
13	利息收入	-353.9425
14	资产减值损失	0
15	其他经营收益	124.77148
16	加:投资收益	85.462834
17	资产处置收益	9.162019
18	资产减值损失（新）	-0.515056
19	信用减值损失(新)	-693.5736
20	其他收益	0
21	营业利润	3981.2334
22	加:营业外收入	5.960441
23	减:营业外支出	25.431642
24	利润总额	3961.7622
25	减:所得税	621.85611
26	净利润	3339.9061
27	(一)按经营持续性分类	0
28	持续经营净利润	3339.9061
29	(二)按所有权归属分类	0
30	归属于母公司股东的净利润	3381.9161
31	少数股东损益	-42.01003
32	扣除非经常性损益后的净利润	0
33	每股收益	
34	基本每股收益	0.14
35	稀释每股收益	0.14
36	其他综合收益	0
37	归属于母公司股东的其他综合收益	
38	综合收益总额	3139.283
39	归属于母公司股东的综合收益总额	3181.293
40	归属于少数股东的综合收益总额	-42.01003
41		

图3-62 从工作簿导入各季度利润表汇总计算结果界面

通过编写项目导入汇总计算代码，可以查看到汇总项目及汇总计算结果。具体步骤：

步骤一：设置汇总工作表。根据待汇总工作表格式设置季度利润表汇总工作表。如图3-63所示。

步骤二：确定待汇总工作簿路径。"C:\2021年季度财务报告\"2021年第"& i &"季度利润表.xlsx"。这里根据待汇总工作簿名称特性设置名称，当i=1时，季度为1，当i=2时，季度为2……所以季度表示为i。

步骤三：编写利润表项目导入汇总计算代码。参考代码如下所示。

图 3-63　利润表汇总 2 工作表

成功之钥匙

宏代码含义：

```vba
Option Explicit
Sub 整体导入季度利润表项目并汇总计算()
    Dim i,j,k,wb As Workbook,ws As Worksheet
    '处理工作簿时,让窗口不闪烁
    Application.ScreenUpdating = False
'循环生成 1-4,构造待汇总的工作簿名称
For i = 1 To 4
    '根据变量i构造出工作簿路径与文件名,并打开工作簿且让wb指向它,工作簿中的工作表名为
    '2021年1季度利润表时,i第一次循环季度为为1,第2次循环年度为2…第i次循环年度为i
    Set wb = Workbooks.Open("C:\2021年季度财务报告\2021年第" & i & "季度利润表.xlsx")
    '让变量ws代表工作簿中的"i季度"工作表
    Set ws = wb.Worksheets(i & "季度")
    '循环汇总表行变量 k
    For k = 3 To 40
        '循环待汇总工作表行变量 j
        For j = 3 To 40
'如果待汇总工作表j行1列某一项目与汇总表k行某一项目相互一致,那么就运行下面代码
            If Trim(ws.Cells(j,1)) = Trim(ThisWorkbook.Worksheets("汇总2").Cells(k,1)) Then
    '循环结束后j就是待汇总数字所在行,将该行数字写入目标工作簿的"汇总"表
    '此处利用了"汇总"表的格式特征,即第i季度的数字处于汇总表格中第i+1列
                ThisWorkbook.Worksheets("汇总2").Cells(k,i+1) = ws.Cells(j,2)
'既然发现了对应项目就没有必要再扫描后面的各行,此时退出程序可以大大节省时间
                Exit For
            End If
        Next j
'将待汇总表第2列各项目所有数字逐项加总到"汇总2"工作表k行F(6)列,循环结束后F列即是四个季度对应项目总和
ThisWorkbook.Worksheets("汇总2").Cells(k,6) = ThisWorkbook.Worksheets("汇总2").Cells(k,6) + ws.Cells(j,2)
    Next k
    '关闭该工作簿,继续循环,汇总下一个年度工作表
```

```
        wb.Close
    Next i
    '恢复闪烁
    Application.ScreenUpdating = True
End Sub
```

本代码与上述汇总计算代码主要区别是：每循环完一个待汇总工作表，将其加总到汇总表中。代码为：ThisWorkbook. Worksheets (" 汇总 2"). Cells (k , 6) = ThisWorkbook. Worksheets ("汇总 2"). Cells(k ,6) + ws. Cells(j ,2)

步骤四：点击运行按钮，自动生成利润表项目导入汇总计算结果。如图 3 – 64 所示。

	A	B	C	D	E	F	G
1	2021年利润表						
2	项目	1季度	2季度	3季度	4季度	合计	按钮
3	营业总收入	9154.8882	10258.627	12451.909	19551.846	51417.27	
4	营业收入	9154.8882	10258.627	12451.909	19551.846	51417.27	
5	营业总成本	8620.922	8901.246	11764.74	17674.436	46961.344	
6	营业成本	7348.7896	7420.3125	9943.024	15182.553	39894.679	
7	税金及附加	70.200622	98.349399	82.966898	89.385155	340.90207	
8	销售费用	197.44855	194.55084	133.97408	267.74102	793.71449	
9	管理费用	955.18248	746.17698	1003.7319	1417.426	4122.5174	
10	研发费用	200.60247	476.44253	600.54643	662.43276	1940.0242	
11	财务费用	-151.3017	-34.58615	0.496955	54.898652	-130.4922	
12	其中:利息费用	2.386667	8.046708	-10.43338	29.696193	29.696193	
13	利息收入	155.27153	-356.3706	-0.426499	-152.417	-353.9425	
14	资产减值损失	0	0	0	0	0	
15	其他经营收益	4.906213	4.40638	22.784953	92.673936	124.77148	
16	加:投资收益	21.849712	33.602869	12.89363	17.116623	85.462834	
17	资产处置收益	0.278221	-1.765915	0.092034	10.557679	9.162019	
18	资产减值损失（新）	0	0	0	-0.515056	-0.515056	
19	信用减值损失(新)	-39.14912	-323.7772	-86.35203	-244.2953	-693.5736	
20	其他收益	0	0	0	0	0	
21	营业利润	521.85119	1069.8472	636.58759	1752.9475	3981.2334	
22	加:营业外收入	12.781015	4E-06	11.84853	-18.66911	5.960441	
23	减:营业外支出	0.015005	20.010696	0.001086	5.404855	25.431642	
24	利润总额	534.6172	1049.8365	648.43503	1728.8735	3961.7622	
25	减:所得税	99.872664	102.4308	175.24986	244.30278	621.85611	
26	净利润	434.74453	947.40567	473.18517	1484.5707	3339.9061	
27	(一)按经营持续性分类	0	0	0	0	0	
28	持续经营净利润	0	0	0	3339.9061	3339.9061	
29	(二)按所有权归属分类	0	0	0	0	0	
30	归属于母公司股东的净利润	447.56312	964.0697	479.59162	1490.6917	3381.9161	
31	少数股东损益	-12.81859	-16.66403	-6.406444	-6.120962	-42.01003	
32	扣除非经常性损益后的净利润	0	0	0	0	0	
33	每股收益		0	0	0	0	
34	基本每股收益	0.02	0.0388	0.0212	0.06	0.14	
35	稀释每股收益	0.02	0.0388	0.0212	0.06	0.14	
36	其他综合收益		0	0	0	0	
37	归属于母公司股东的其他综合收益		0	0	0	0	
38	综合收益总额	427.17701	954.9732	473.18517	1283.9476	3139.283	
39	归属于母公司股东的综合收益总额	439.9956	971.63723	479.59162	1290.0685	3181.293	
40	归属于少数股东的综合收益总额	-12.81859	-16.66403	-6.406444	-6.120962	-42.01003	
41							

汇总1　汇总2

图 3 – 64　从工作簿导入各季度利润表项目并进行汇总计算效果界面

3.4.2　单项指标汇总

单项指标汇总，就是将多个工作簿中工作表上同类单项指标运算结果累加后填入另一个工作簿中的汇总工作表上。

【例 3 – 13】 在 “C:\ 财务报告\ ” 文件夹下，存有 2011 年至 2021 年的 11 个 Excel 工作簿文件，统一按照 “& i + 2010 & 年度财务报告 . xlsx” 的格式命名。每个工作表中都包含利润表、现金流量表、资产负债表，同类工作表的格式相同。

（1）2011 年度财务报告工作簿存放的现金流量表、利润表、资产负债表数据资料，如图 3 – 65 所示。

图 3-65　2011 年财务报告

（2）2012 年度财务报告工作簿存放的现金流量表、利润表、资产负债表数据资料，如图 3-66 所示。

图 3-66　2012 年财务报告

（3）2013 年度财务报告工作簿存放的现金流量表、利润表、资产负债表数据资料，如图 3-67 所示。

图 3-67　2013 年财务报告

(4) 2014 年度财务报告工作簿存放的现金流量表、利润表、资产负债表数据资料,如图 3-68 所示。

图 3-68 2014 年财务报告

(5) 2015 年度财务报告工作簿存放的现金流量表、利润表、资产负债表数据资料,如图 3-69 所示。

图 3-69 2015 年财务报告

(6) 2016 年度财务报告工作簿存放的现金流量表、利润表、资产负债表数据资料,如图 3-70 所示。

图 3-70 2016 年财务报告

(7) 2017年度财务报告工作簿存放的现金流量表、利润表、资产负债表数据资料，如图3-71所示。

图3-71 2017年财务报告

(8) 2018年度财务报告工作簿存放的现金流量表、利润表、资产负债表数据资料，如图3-72所示。

图3-72 2018年财务报告

(9) 2019年度财务报告工作簿存放的现金流量表、利润表、资产负债表数据资料，如图3-73所示。

图3-73 2019年财务报告

(10) 2020年度财务报告工作簿存放的现金流量表、利润表、资产负债表数据资料，如图3-74所示。

图 3-74　2020年财务报告

(11) 2021年度财务报告工作簿存放的现金流量表、利润表、资产负债表数据资料，如图3-75所示。

图 3-75　2021年财务报告

请在汇总工作簿中编写一个VBA程序，将各年度工作簿里利润表中的利润总额汇总计算结果导入新建工作簿中的汇总工作表中。如图3-76所示。

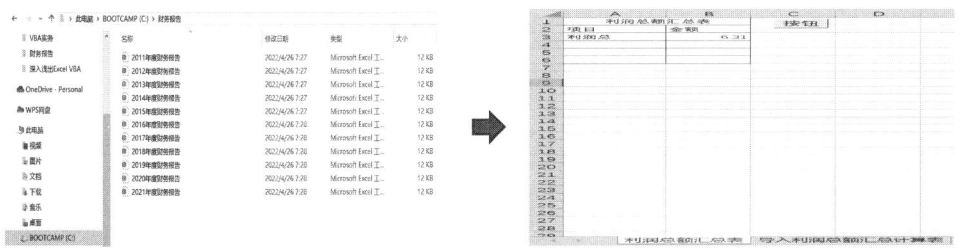

图 3-76　待导入工作簿及汇总效果界面

操作步骤:

步骤一:打开一个工作簿在上面设置一个汇总工作表。根据待汇总工作表格式设置利润汇总工作表。如图3-77所示。

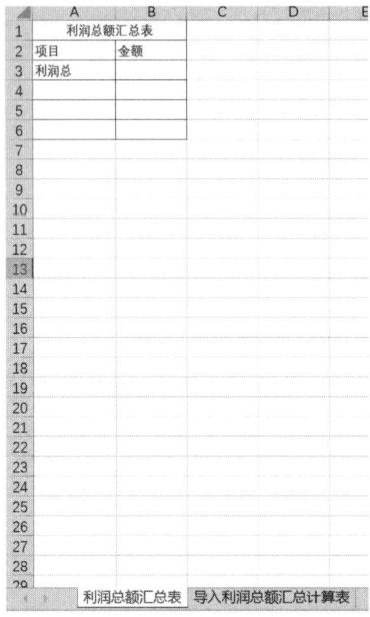

图3-77 设置导入单项指标工作表

步骤二:确定待汇总工作簿路径:"C:\财务报告\" & i + 2010 &"年度财务报告.xlsx"。这里根据待汇总工作簿名称特性设置名称,当i=1时,年度为2011,当i=2时,年度为2012……所以年度表示为i+2010。

步骤三:在设置的汇总工作表中,编写导入单项指标代码。参考代码如下所示。

成功之钥匙

宏代码含义:

```
Option Explicit
Sub 汇总计算利润总额()
    'i 代表工作簿变量,j 代表待汇总工作表行,wb 代表工作簿,ws 代表工作表
    Dim i,j,wb As Workbook,ws As Worksheet
    '处理工作簿时,让窗口不闪烁
        Application.ScreenUpdating = False
'循环生成1到11,构造待汇总的工作簿名称
For i = 1 To 11
    '根据变量 i 构造出工作簿路径和文件名,并打开该工作簿且让 wb 指向它
    Set wb = Workbooks.Open("C:\财务报告\" & i + 2010 & "年度财务报告.xlsx")
    '让 ws 代表该工作簿中的利润表
    Set ws = wb.Worksheets("利润表")
    j = 3
    '如果不是"利润总额"就继续循环查找
    Do While ws.Cells(j,1) < > "利润总额"
    j = j + 1
    Loop
    '将待汇总表第2列各项目所有数字逐项加总到"导入利润总额汇总计算表"工作表3行M(13)列,循环结束后M
    '列即是各年利润总额对应项目总和
    ThisWorkbook.Worksheets("导入利润总额汇总计算表").Cells(3,13) = _
        ThisWorkbook.Worksheets("导入利润总额汇总计算表").Cells(3,13) + ws.Cells(j,2)
    '关闭工作簿,继续循环,汇总下一个年度的数据
    wb.Close
```

```
    Next i
    '恢复闪烁
    Application.ScreenUpdating = True
End Sub
```

步骤四：点击运行按钮，自动生成单项指标汇总结果。如图 3-78 所示。

图 3-78 从工作簿导入单项指标结果界面

通过编写单项导入汇总计算代码，可以查看到汇总项目及汇总计算结果。具体步骤如下：

步骤一：设置汇总工作表。根据待汇总工作表格式设置利润表汇总工作表，如图 3-79 所示。

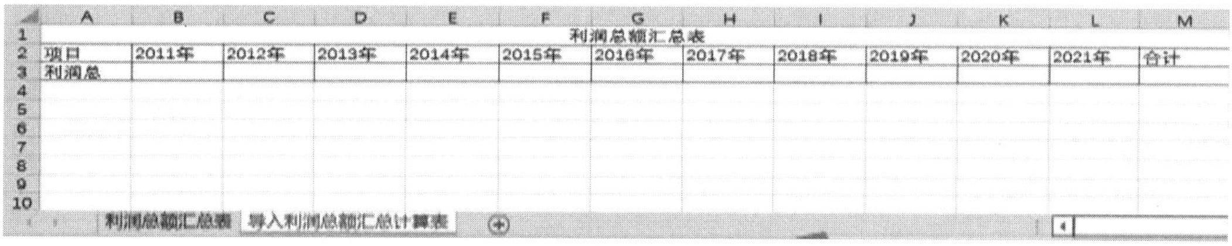

图 3-79 导入利润总额汇总计算表

步骤二：确定待汇总工作簿路径"C:\财务报告\" & i + 2010 & "年度财务报告.xlsx"。这里根据待汇总工作簿名称特性设置名称，当 i = 1 时，年度为 2011，当 i = 2 时，年度为 2012……所以年度表示为 i + 2010。

步骤三：在设置的汇总工作表中，编写导入单项指标代码，参考代码如下所示。

成功之钥匙

宏代码含义：

```
Option Explicit
Sub 导入利润总并汇总计算()
    'i 代表工作簿变量,j 代表待汇总工作表行,wb 代表工作簿,ws 代表工作表
    Dim i,j,wb As Workbook,ws As Worksheet
    '处理工作簿时,让窗口不闪烁
    Application.ScreenUpdating = False
'循环生成 1 到 11,构造待汇总的工作簿名称
    For i = 1 To 11
        '根据变量 i 构造出工作簿路径和文件名,并打开该工作簿且让 wb 指向它
        Set wb = Workbooks.Open("C:\财务报告\" & i + 2010 & "年度财务报告.xlsx")
        '让 ws 代表该工作簿中的利润表
        Set ws = wb.Worksheets("利润表")
        j = 3
        '如果不是"利润总额"就继续循环查找
        Do While ws.Cells(j,1) < > "利润总额"
            j = j + 1
        'Do 循环结束后,j 就是数据所在行号,将该行数字写入目标工作簿的"汇总"表
```

```
        '次处利用了汇总表格式特点,即第 i 年的数字处于表格中的 i +1 列
      ThisWorkbook.Worksheets("导入利润总额汇总计算表").Cells(3,i +1) =ws.Cells(j,2)
        Loop
        '将待汇总表第 2 列各项目所有数字逐项加总到"导入利润总额汇总计算表"工作表 3 行 M(13)列,循环结束后 M
        '列即是各年利润总额对应项目总和
ThisWorkbook.Worksheets("导入利润总额汇总计算表").Cells(3,13) =ThisWorkbook.Worksheets("导入利润总额汇总计算表").Cells(3,13) +ws.Cells(j,2)
        '关闭工作簿,继续循环,汇总下一个年度的数据
        wb.Close
    Next i
    '恢复闪烁
    Application.ScreenUpdating =True
End Sub
```

3.4.3 同步汇总

同步汇总，就是将不同工作簿中格式相同的工作表上各个相同项目同步进行计算加总，将运算结果分别填入新建工作簿中的汇总工作表对应的单元格中。

【例 3 - 14】如图 3 - 80 所示，在"C:\2017 至 2021 年季度利润表\"文件夹下，存有 2017 年至 2021 年 5 个 Excel 工作簿文件，统一按照"& i + 2016 & 年度利润表(按单季度).xlsx"的格式命名。每个工作表中都包含一季度、二季度、三季度、四季度 4 个工作表，工作表的格式相同（资料见本书〖例 3 - 4〗基础资料）。请在汇总工作簿中编写一个 VBA 程序，将各年度利润表中的四个季度数据合计导入汇总工作簿中的工作表中。

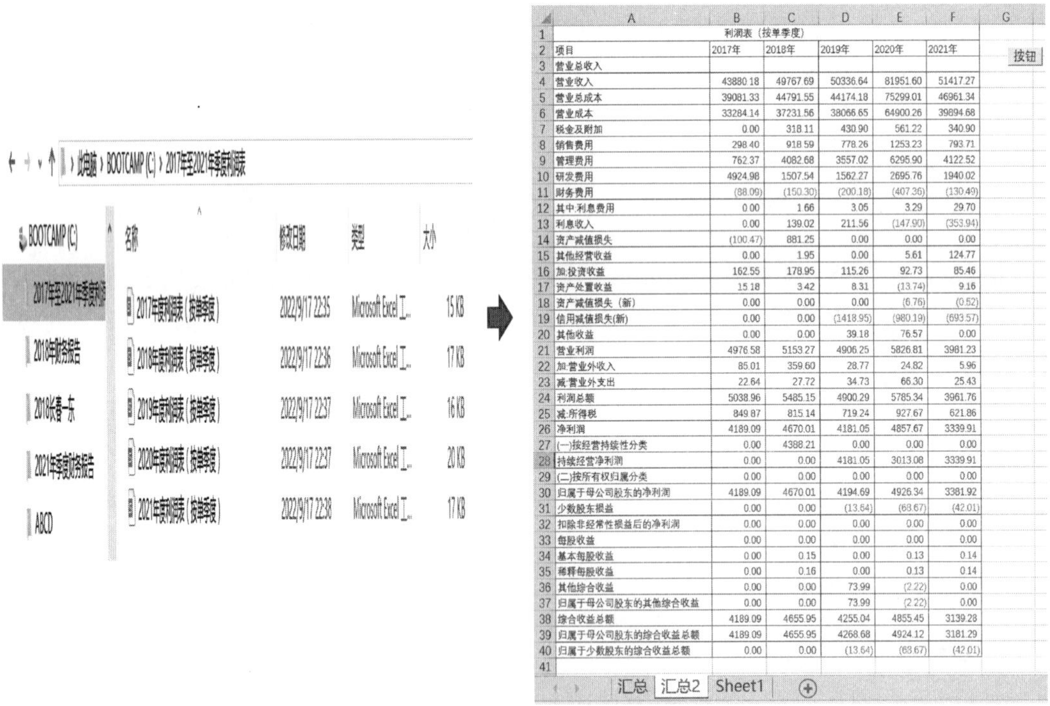

利润表（按单季度）

项目	2017年	2018年	2019年	2020年	2021年
营业总收入					
营业收入	43880.18	49767.69	50336.64	81951.60	51417.27
营业总成本	39081.33	44791.55	44174.18	75299.01	46961.34
营业成本	33284.14	37231.56	38066.65	64900.26	39894.68
税金及附加	0.00	318.11	430.90	561.22	340.90
销售费用	298.40	918.59	778.26	1253.23	793.71
管理费用	762.37	4082.68	3557.02	6295.90	4122.52
研发费用	4924.98	1507.54	1562.27	2695.76	1940.02
财务费用	(88.09)	(150.30)	(200.18)	(407.36)	(130.49)
其中:利息费用	0.00	1.66	3.05	3.29	29.70
利息收入	0.00	139.02	211.56	(147.90)	(353.94)
资产减值损失	(100.47)	881.25	0.00	0.00	0.00
其他经营收益	0.00	1.95	0.00	5.61	124.77
加:投资收益	162.55	178.95	115.26	92.73	85.46
资产处置收益	15.18	3.42	8.31	(13.74)	9.16
资产减值损失（新）	0.00	0.00	0.00	(6.76)	(0.52)
信用减值损失(新)	0.00	0.00	(1418.95)	(980.19)	(693.57)
其他收益	0.00	0.00	39.18	76.57	0.00
营业利润	4976.58	5153.27	4906.25	5826.81	3981.23
加:营业外收入	85.01	359.60	28.77	24.82	5.96
减:营业外支出	22.64	27.72	34.73	66.30	25.43
利润总额	5038.96	5485.15	4900.29	5785.34	3961.76
减:所得税	849.87	815.14	719.24	927.67	621.86
净利润	4189.09	4670.01	4181.05	4857.67	3339.91
(一)按经营持续性分类	0.00	4388.21	0.00	0.00	0.00
持续经营净利润	0.00	0.00	4181.05	3013.08	3339.91
(二)按所有权归属分类	0.00	0.00	0.00	0.00	0.00
归属于母公司股东的净利润	4189.09	4670.01	4194.69	4926.34	3381.92
少数股东损益	0.00	0.00	(13.64)	(68.67)	(42.01)
扣除非经常性损益后的净利润	0.00	0.00	0.00	0.00	0.00
每股收益	0.00	0.00	0.00	0.00	0.00
基本每股收益	0.00	0.15	0.00	0.13	0.14
稀释每股收益	0.00	0.16	0.00	0.13	0.14
其他综合收益	0.00	0.00	73.99	(2.22)	0.00
归属于母公司股东的其他综合收益	0.00	0.00	73.99	(2.22)	0.00
综合收益总额	4189.09	4655.95	4255.04	4855.45	3139.28
归属于母公司股东的综合收益总额	4189.09	4655.95	4268.68	4924.12	3181.29
归属于少数股东的综合收益总额	0.00	0.00	(13.64)	(68.67)	(42.01)

图 3 - 80 待导入工作簿界面

步骤一：在新建工作簿中设汇总计算工作表。根据待汇总工作表格式设置利润表汇总工作表。如图 3 - 81 所示。

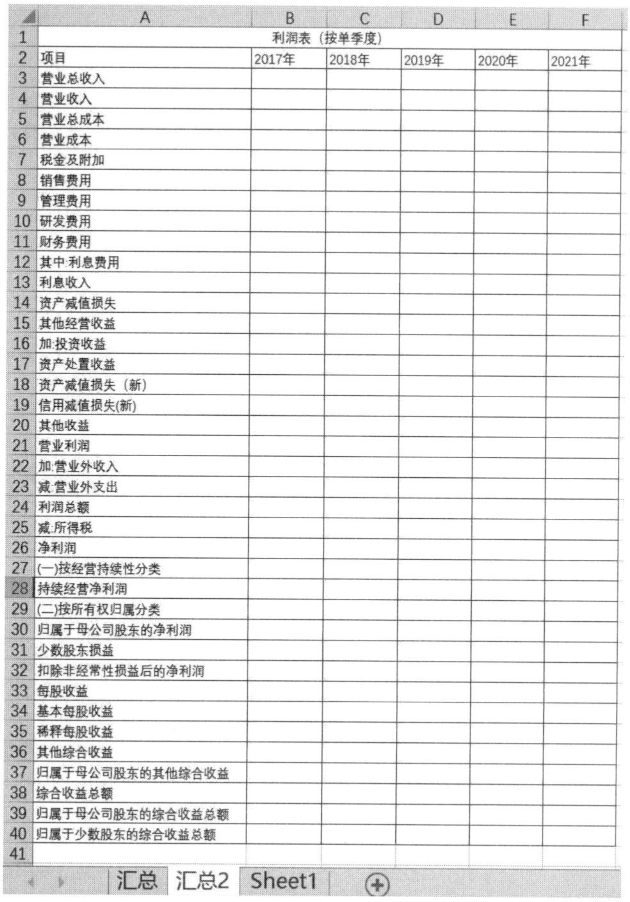

图3-81 设置汇总计算工作表

步骤二：确定待汇总工作簿路径"C:\2017年至2021年季度利润表\" & x + 2016 &"年度利润表（按单季度）.xlsx"。这里根据待汇总工作簿名称特性设置名称，当 i=1 时，年度为2017，当 i=2 时，年度为2018……所以年度表示为 i+2016。

步骤三：在设置的汇总工作表中，编写导入季度实际代码。代码设计思路是：循环打开各年度待汇总的工作簿；循环打开工作簿中的每个季度工作表；读取工作表中的数据，并将结果记录在目标工作簿上；关闭该年度工作簿，继续循环，打开下一个待导入工作簿。需要分别编写各年度分季度导入代码。

成功之钥匙

宏代码含义：

```
Option Explicit
Sub 同步汇总计算()
    'i 代表利润表(年度查询)列变量,k 代表利润表(年度查询表行变量,j 代表待汇总工作簿行变量
Dim i,j,k,x
    ThisWorkbook.Worksheets("导入利润总额汇总计算表").Cells(3,13) = _
    ThisWorkbook.Worksheets("导入利润总额汇总计算表").Cells(3,13) + ws.Cells(j,2)
        '处理工作簿时,让窗口不闪烁
        Application.ScreenUpdating = False
        For x = 1 To 5
            '打开工作簿且让 wb 指向它
Set wb = Workbooks.Open("C:\2017年至2021年季度利润表\" & x + 2016 & "年度利润表(按单季度).xlsx")
'让 wh 代表名称为汇总的工作表
```

```vba
        Set wh = ThisWorkbook.Worksheets("汇总2")
        '让 i 从 1 变化到工资表总数
        For i = 1 To Worksheets.Count
            '指定 ws 代表第 i 张工作表
            Set ws = wb.Worksheets(i)
                '循环汇总表行变量 k,找到与待汇总工作表对应的项目
                For k = 4 To 41
                    '循环待汇总工作表行变量 j,找到与现金流量表(年度查询)对应的项目
                    For j = 3 To 40
                    '如果待汇总工作表 j 行 1 列某一项目与汇总表 k 行某一项目相互一致,那么就运行下面代码
                        If Trim(ws.Cells(j,1)) = Trim(wh.Cells(k,1)) Then
        '将 i 年度各季度利润表 B 列所有数字逐个加总到汇总 2 工作表 j 行 2 列,循环结束后 x+1 列即为各年度季度利润各项目总和
                            wh.Cells(k, x + 1) = wh.Cells(k, x + 1) + ws.Cells(j, 2)
        '既然发现了对应项目就没有必要再扫描后面的各行,此时退出程序可以大大节省时间
                            Exit For
                        End If
                    Next j
                Next k
        Next i
        '关闭该工作簿,继续循环,汇总下一个年度工作表
        wb.Close
    Next x
    '恢复闪烁
    Application.ScreenUpdating = True
End Sub
```

步骤四：点击运行按钮，自动生成利润表项目导入汇总计算结果。如图 3-82 所示。

	A	B	C	D	E	F	G
1		利润表 (按单季度)					
2	项目	2017年	2018年	2019年	2020年	2021年	按钮
3	营业总收入						
4	营业收入	43880.18	49767.69	50336.64	81951.60	51417.27	
5	营业总成本	39081.33	44791.55	44174.18	75299.01	46961.34	
6	营业成本	33284.14	37231.56	38066.65	64900.26	39894.68	
7	税金及附加	0.00	318.11	430.90	561.22	340.90	
8	销售费用	298.40	918.59	778.26	1253.23	793.71	
9	管理费用	762.37	4082.68	3557.02	6295.90	4122.52	
10	研发费用	4924.98	1507.54	1562.27	2695.76	1940.02	
11	财务费用	(88.09)	(150.30)	(200.18)	(407.36)	(130.49)	
12	其中利息费用	0.00	1.66	3.05	3.29	29.70	
13	利息收入	0.00	139.02	211.56	(147.90)	(353.94)	
14	资产减值损失	(100.47)	881.25	0.00	0.00	0.00	
15	其他经营收益	0.00	1.95	0.00	5.61	124.77	
16	加投资收益	162.55	178.95	115.26	92.73	85.46	
17	资产处置收益	15.18	3.42	8.31	(13.74)	9.16	
18	资产减值损失（新）	0.00	0.00	0.00	(6.76)	(0.52)	
19	信用减值损失（新）	0.00	0.00	(1418.75)	(980.19)	(693.57)	
20	其他收益	0.00	0.00	39.18	76.57	0.00	
21	营业利润	4976.58	5153.27	4906.25	5826.81	3981.23	
22	加营业外收入	85.01	359.60	28.77	24.82	5.96	
23	减营业外支出	22.64	27.72	34.73	66.30	25.43	
24	利润总额	5038.96	5485.15	4900.29	5785.34	3961.76	
25	减所得税	849.87	815.14	719.24	927.67	621.86	
26	净利润	4189.09	4670.01	4181.05	4857.67	3339.91	
27	(一)按经营持续性分类	0.00	4388.21	0.00	0.00	0.00	
28	持续经营净利润	0.00	0.00	4181.05	3013.08	3339.91	
29	(二)按所有权归属分类	0.00	0.00	0.00	0.00	0.00	
30	归属于母公司股东的净利润	4189.09	4670.01	4194.69	4926.34	3381.92	
31	少数股东损益	0.00	0.00	(13.64)	(68.67)	(42.01)	
32	扣除非经常性损益后的净利润	0.00	0.00	0.00	0.00	0.00	
33	每股收益	0.00	0.00	0.00	0.00	0.00	
34	基本每股收益	0.00	0.15	0.00	0.13	0.14	
35	稀释每股收益	0.00	0.16	0.00	0.13	0.14	
36	其他综合收益	0.00	0.00	73.99	(2.22)	0.00	
37	归属于母公司股东的其他综合收益	0.00	0.00	73.99	(2.22)	0.00	
38	综合收益总额	4189.09	4655.95	4255.04	4855.45	3139.28	
39	归属于母公司股东的综合收益总额	4189.09	4655.95	4268.68	4924.12	3181.29	
40	归属于少数股东的综合收益总额	0.00	0.00	(13.64)	(68.67)	(42.01)	
41							

图 3-82 同步汇总计算结果

3.5 批量处理同一个文件夹里的工作簿

本章前面各节介绍了采用指定完整存储路径的方式打开工作簿的方法，但在实践中会给使用者带来一些困惑。因为当我们把含有 VBA 程序的工作簿及相关数据文件存放在不同盘符时，即用户很可能把相关数据文件保存在计算机的其他文件夹下，比如保存为"C:\数据文件名\利润表.xlsx"，这时如果 VBA 程序仍然要求打开"D:\数据文件名\利润表.xlsx"，就会发生文件不存在的运行错误。对于这种情况，比较常用的处理方式是将 VBA 程序的工作簿与待自动打开的数据工作簿保存在一个文件夹中，在 VBA 程序中编写 Workbooks. Open (ThisWorkbook. Path & "\利润表")代码，可以便捷进行批量处理工作簿。

【例3-15】在"\财务报告\"文件夹下，存有 2011 年至 2021 年 11 个 Excel 工作簿文件，统一按照"& i + 2010 &"年度财务部分.xlsx"的格式命名（参见〖例3-13〗）。每个工作表中都包含利润表、现金流量表、资产负债表，同类工作表的格式相同。请在汇总工作簿中编写一个 VBA 程序，将 11 个工作簿中的现金流量表、利润表、资产负债表整体项目年度金额分别填写到现金流量基础表、利润基础表、资产负债基础表的对应项目中。将存放 VBA 程序工作簿与相关数据工作簿存放在一个文件夹里进行处理。如图3-83所示。

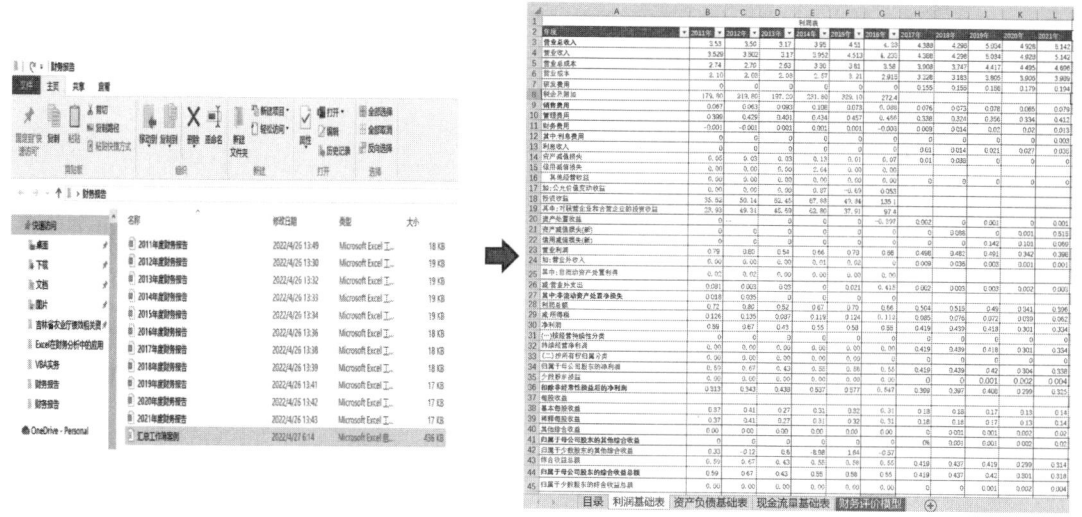

图3-83 待汇总工作簿汇总效果界面

3.5.1 批量处理同一个文件夹里的工作簿代码

步骤一：在 Excel 工作簿中建立利润基础、资产负债基础表、现金流量基础表，并在这个工作簿中编写 VBA 程序。如图3-84所示。

步骤二：编写 VBA 程序。

1. 导入利润表数据程序。

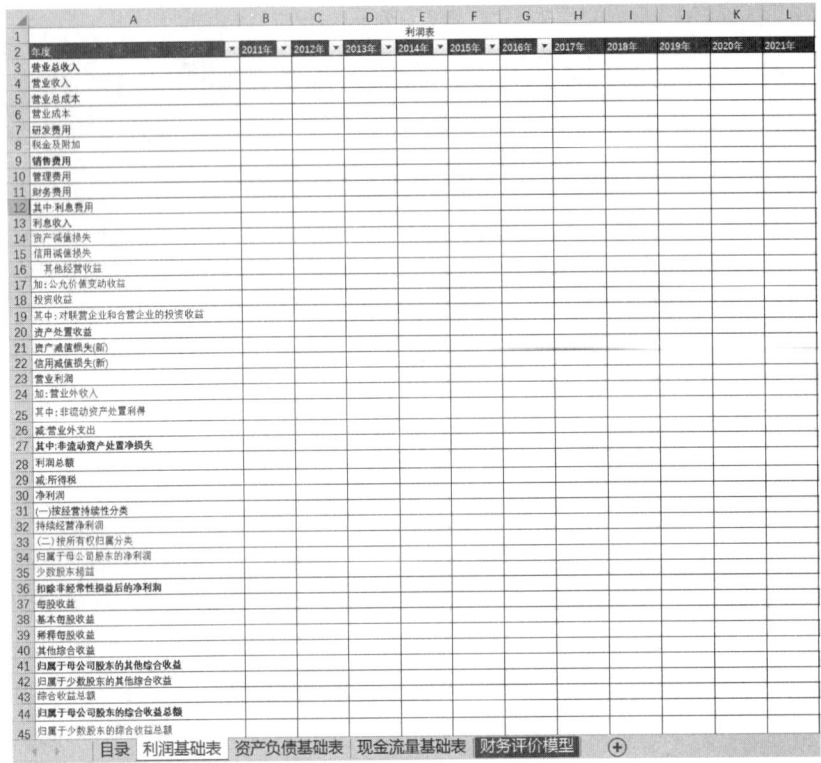

图3-84 设置VBA程序工作簿

成功之钥匙

宏代码含义：

```
Option Explicit
Sub 利润表整体项目汇总()
    Dim i,j,k,wb As Workbook,ws As Worksheet
        '处理工作簿时,让窗口不闪烁
        Application.ScreenUpdating = False
    '循环汇总表列1到12,构造待汇总的工作簿名称
    For i = 1 To 11
            '根据变量i构造出工作簿路径与文件名,并打开工作簿且让wb指向它.工作簿中的工作表名为
    '2011年现金流量表时,i第一次循环年度为1+2010,第2次循环年度为2+2020.....第i次循环年度为i+2020
        Set wb = Workbooks.Open(ThisWorkbook.Path & "\财务报告\" & i + 2010 & "年度财务报告.xlsx")
        '让变量ws代表工作簿中的"利润表"工作表
        Set ws = wb.Worksheets("利润表")
        '循环汇总表行变量k
        For k = 3 To 45
            '循环待汇总工作表行变量j
            For j = 3 To 40
                '如果待汇总工作表j行1列某一项目与汇总表k行某一项目相互一致,那么就运行下面代码
If Trim(ws.Cells(j,1)) = Trim(ThisWorkbook.Worksheets("利润基础表").Cells(k,1)) Then
                '循环结束后j就是待汇总数字所在行,将该行数字写入目标工作簿的"汇总"表
                '次处利用了"汇总"表的格式特征,即第i年的数字处于汇总表格中第i+1列
ThisWorkbook.Worksheets("利润基础表").Cells(k,i + 1) = ws.Cells(j,2)
                '既然发现了对应项目就没有必要再扫描后面的各行,此时退出程序可以大大节省时间
                    Exit For
                End If
            Next j
        Next k
        '关闭该工作簿,继续循环,汇总下一个年度工作表
        wb.Close
    Next i
    '恢复闪烁
```

```
        Application.ScreenUpdating = True
End Sub
```

2. 导入资产负债表数据程序。

成功之钥匙

宏代码含义：

```
Option Explicit
Sub 资产负债表整体项目汇总()
    Dim i,j,k,wb As Workbook,ws As Worksheet
        '处理工作簿时,让窗口不闪烁
        Application.ScreenUpdating = False
    '循环汇总表列 1 到 12,构造待汇总的工作簿名称
        For i = 1 To 11
            '根据变量 i 构造出工作簿路径与文件名,并打开工作簿且让 wb 指向它,工作簿中的工作表名为
    '2011 年资产负债表时,i 第一次循环年度为 1 +2010,第 2 次循环年度为 2 +2020…第 i 次循环年度为 i +2020
            Set wb = Workbooks.Open(ThisWorkbook.Path & "\财务报告\" & i +2010 & "年度财务报告.xlsx")
            '让变量 ws 代表工作簿中的"资产负债表"工作表
            Set ws = wb.Worksheets("资产负债表")
            '循环汇总表行变量 k
            For k = 4 To 74
                '循环待汇总工作表行变量 j
                For j = 4 To 61
                    '如果待汇总工作表 j 行 1 列某一项目与汇总表 k 行某一项目相互一致,那么就运行下面代码
If Trim(ws.Cells(j,1)) = Trim(ThisWorkbook.Worksheets("资产负债基础表").Cells(k,1)) Then
                        '循环结束后 j 就是待汇总数字所在行,将该行数字写入目标工作簿的"汇总"表
                        '次处利用了"汇总"表的格式特征,即第 i 年的数字处于汇总表格中第 i +1 列
                        ThisWorkbook.Worksheets("资产负债基础表").Cells(k,i +1) = ws.Cells(j,2)
                        '既然发现了对应项目就没有必要再扫描后面的各行,此时退出程序可以大大节省时间
                        Exit For
                    End If
                Next j
            Next k
            '关闭该工作簿,继续循环,汇总下一个年度工作表
            wb.Close
        Next i
        '恢复闪烁
        Application.ScreenUpdating = True
End Sub
```

3. 导入现金流量表数据程序。

成功之钥匙

宏代码含义：

```
Option Explicit
Sub 现金流量表整体项目汇总()
    Dim i,j,k,wb As Workbook,ws As Worksheet
        '处理工作簿时,让窗口不闪烁
        Application.ScreenUpdating = False
'循环汇总表列 1 到 12,构造待汇总的工作簿名称
    For i = 1 To 11
        '根据变量 i 构造出工作簿路径与文件名,并打开工作簿且让 wb 指向它,工作簿中的工作表名为
'2011 年现金流量表时,i 第一次循环年度为 1 +2010,第 2 次循环年度为 2 +2020…第 i 次循环年度为 i +2020
        Set wb = Workbooks.Open(ThisWorkbook.Path & "\" & i +2010 & "年度财务报告.xlsx")
            '让变量 ws 代表工作簿中的"现金流量表"工作表
            Set ws = wb.Worksheets(i +2010 & "年现金流量表")
            '循环汇总表行变量 k
            For k = 4 To 67
                '循环待汇总工作表行变量 j
                For j = 4 To 61
                    '如果待汇总工作表 j 行 1 列某一项目与汇总表 k 行某一项目相互一致,那么就运行下面代码
If Trim(ws.Cells(j,1)) = Trim(ThisWorkbook.Worksheets("现金流量基础表").Cells(k,1)) Then
                        '循环结束后 j 就是待汇总数字所在行,将该行数字写入目标工作簿的"汇总"表
                        '次处利用了"汇总"表的格式特征,即第 i 年的数字处于汇总表格中第 i +1 列
```

```
            ThisWorkbook.Worksheets("现金流量基础表").Cells(k,i+1) = ws.Cells(j,2)
        '既然发现了对应项目就没有必要再扫描后面的各行,此时退出程序可以大大节省时间
            Exit For
          End If
        Next j
      Next k
      '关闭该工作簿,继续循环,汇总下一个年度工作表
      wb.Close
    Next i
    '恢复闪烁
    Application.ScreenUpdating = True
End Sub
```

步骤三：打开文档找到待处理工作簿文件夹。以财务报告文件夹为例。如图3-85所示。

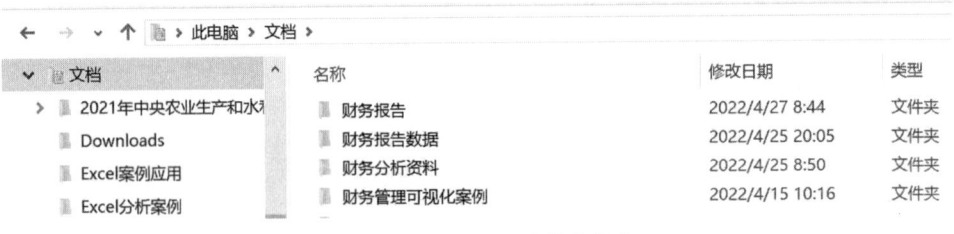

图3-85　待处理工作簿文件夹

步骤四：将带有VBA程序的工作簿复制粘贴到待处理工作簿文件夹里。如图3-86所示。

图3-86　运行文件夹界面

3.5.2　设置VBA运行按钮

点击VBA运行按钮，便可以运行程序自动导入各工作表簿中的利润表、资产负债表、现金流量表数据。如图3-87所示。

	A	B	C	D	E	F	G	H	I	J	K	L
1	利润表											
2	年度	2011年	2012年	2013年	2014年	2015年	2016年	2017年	2018年	2019年	2020年	2021年
3	营业总收入	3.53	3.50	3.17	3.95	4.51	4.23	4.388	4.298	5.034	4.928	5.142
4	营业收入	3.529	3.502	3.17	3.952	4.513	4.233	4.388	4.298	5.034	4.928	5.142
5	营业总成本	2.74	2.70	2.63	3.30	3.81	3.58	3.908	3.747	4.417	4.495	4.696
6	营业成本	2.10	2.03	2.03	2.57	3.21	2.915	3.328	3.183	3.805	3.906	3.989
7	研发费用	0	0	0	0	0	0	0.155	0.155	0.156	0.179	0.194
8	税金及附加	179.80	219.80	197.20	231.80	329.10	272.4					
9	销售费用	0.067	0.063	0.093	0.108	0.073	0.088	0.076	0.073	0.078	0.065	0.079
10	管理费用	0.399	0.429	0.401	0.434	0.457	0.466	0.338	0.324	0.356	0.334	0.412
11	财务费用	-0.001	-0.001	0.001	0.001	0.001	-0.003	0.009	0.014	0.02	0.02	0.013
12	其中:利息费用	0	0	0	0	0	0	0	0	0	0	0.003
13	利息收入	0	0	0	0	0	0	0.01	0.014	0.021	0.027	0.035
14	资产减值损失	0.05	0.03	0.03	0.13	0.01	0.07	0.01	0.088	0	0	0
15	信用减值损失	0.00	0.00	0.00	2.64	0.00	0.00					
16	其他经营收益	0.00	0.00	0.00	0.00	0.00	0.00	0	0	0	0	0
17	加:公允价值变动收益	0.00	0.00	0.00	0.87	-0.69	0.053					
18	投资收益	35.62	50.14	62.45	67.88	49.84	135.1					
19	其中:对联营企业和合营企业的投资收益	23.93	49.31	45.69	62.80	37.91	97.4					
20	资产处置收益	0	--	0	0	0	-0.397	0.002	0	0.001	0	0.001
21	资产减值损失(新)	0	0	0	0	0	0	0	0.088	0	0.001	0.515
22	信用减值损失(新)	0	0	0	0	0	0	0	0	0.142	0.101	0.069
23	营业利润	0.79	0.80	0.54	0.66	0.70	0.66	0.498	0.482	0.491	0.342	0.398
24	加:营业外收入	0.00	0.00	0.00	0.01	0.02	0	0.009	0.036	0.003	0.001	0.001
25	其中:非流动资产处置利得	0.02	0.02	0.00	0.00	0.00	0.00					
26	减:营业外支出	0.081	0.003	0.03	0	0.021	0.415	0.002	0.003	0.003	0.002	0.003
27	其中:非流动资产处置净损失	0.018	0.035	0	0	0	0					
28	利润总额	0.72	0.80	0.52	0.67	0.70	0.66	0.504	0.515	0.49	0.341	0.396
29	减:所得税	0.126	0.135	0.087	0.119	0.124	0.112	0.085	0.076	0.072	0.039	0.062
30	净利润	0.59	0.67	0.43	0.55	0.58	0.55	0.419	0.439	0.418	0.301	0.334
31	(一)按经营持续性分类	0	0	0	0	0	0	0	0	0	0	0
32	持续经营净利润	0.00	0.00	0.00	0.00	0.00	0.00	0.419	0.439	0.418	0.301	0.334
33	(二)按所有权归属分类	0.00	0.00	0.00	0.00	0.00	0	0	0	0	0	0
34	归属于母公司股东的净利润	0.59	0.67	0.43	0.55	0.58	0.55	0.419	0.439	0.42	0.304	0.338
35	少数股东损益	0.00	0.00	0.00	0.00	0.00	0.00	0	0	0.001	0.002	0.004
36	扣除非经常性损益后的净利润	0.313	0.343	0.438	0.537	0.577	0.547	0.399	0.397	0.408	0.299	0.325
37	每股收益											
38	基本每股收益	0.37	0.41	0.27	0.31	0.32	0.31	0.18	0.18	0.17	0.13	0.14
39	稀释每股收益	0.37	0.41	0.27	0.31	0.32	0.31	0.18	0.18	0.17	0.13	0.14
40	其他综合收益	0.00	0.00	0.00	0.00	0.00	0.00	0	0.001	0.001	0.002	0.02
41	归属于母公司股东的其他综合收益	0	0	0	0	0	0	0%	0.001	0.001	0.002	0.02
42	归属于少数股东的其他综合收益	0.33	-0.12	0.6	-8.98	1.64	-0.57					
43	综合收益总额	0.59	0.67	0.43	0.55	0.58	0.55	0.419	0.437	0.419	0.299	0.314
44	归属于母公司股东的综合收益总额	0.59	0.67	0.43	0.55	0.58	0.55	0.419	0.437	0.42	0.301	0.318
45	归属于少数股东的综合收益总额	0.00	0.00	0.00	0.00	0.00	0.00	0	0	0.001	0.002	0.004

目录　利润基础表　资产负债基础表　现金流量基础表　财务评价模型

图 3－87　导入数据结果界面

3.6　打开文件夹中所有文件

前面介绍的读取一个文件夹中所有 Excel 文件的方法是循环产生有规律的数字，构造出工作簿文件名，通过编写 VBA 程序打开所需文件。不过该方法仅适用于文件名称有规律（如“1 月 . xlsx”“2 月 . xlsx”）的情况，假如文件名完全没有规律（如“1 月能源公司利润表 . xlsx”“1 月发电公司利润表 . xlsx”），VBA 能否把它们打开呢？VBA 提供的 Dir 函数可以获得文件夹里的文件列名表，从而实现批量处理一个文件夹里所有文件。

3.6.1　Dir 函数的基本用法

Dir 函数的基本用法包括三个步骤：

步骤一：使用 Dir（文件夹名称），可以得到该文件夹中的第一个文件名；

步骤二：再次调用 Dir，但是不指定任何参数，就可以得到步骤一指定的文件夹中的下一个文件名；

步骤三：重复执行步骤二，每次都可以得到一个新文件名。直至 Dir 函数返回空字符串时，说明该文件夹在的所有文件都已经被找到。

【例 3－16】华明集团股份有限公司 2022 年度合并报表范围包括集团本级和 5 个子公司，在“ThisWorkbook. Path & " \ 2022 年度华明集团母子公司利润表\"”文件夹下，存有 6 个公司 2022 年度利润表 Excel 工作簿文件，以“2022 年度 ××× 有限公司利润表 . xlsx”的格式命名。如图 3－88 所示。

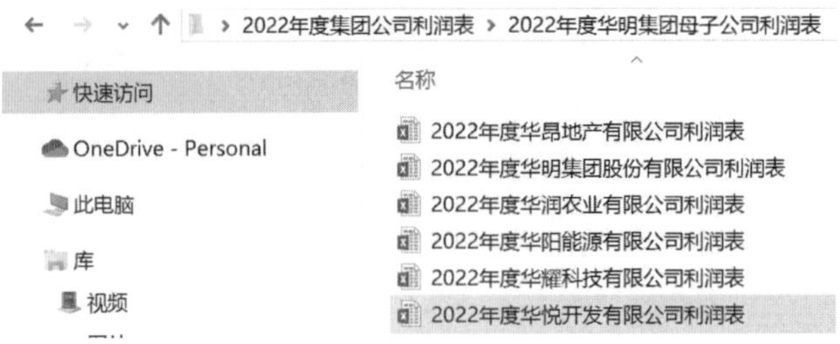

图 3－88　待取出文件夹中文件名界面

每个工作簿中都包含利润表，工作表的格式相同。如图 3－89 所示。

请在新建工作簿中编写一个 VBA 程序，找出 2022 年度华明集团母子公司利润表文件夹中 6 个公司工作簿的文件名，列示到存放文件名工作表中。将存放 VBA 程序的合并利润表工作底稿工作簿与 2022 年度华明集团母子公司利润表文件夹工作簿存放在一个文件夹里进行处理。如图 3－90 所示。

步骤一：在 Excel“合并利润表工作底稿”工作簿中添加“存放文件名”工作表，并在这个工作簿中编写 VBA 程序。如图 3－91 所示。

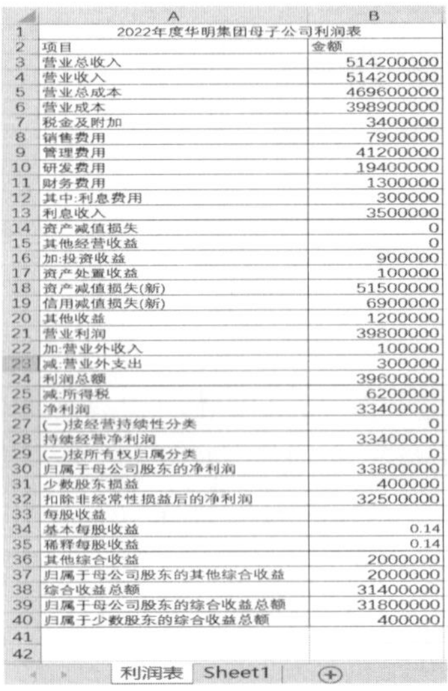

	A	B
1	2022年度华明集团母子公司利润表	
2	项目	金额
3	营业总收入	514200000
4	营业收入	514200000
5	营业总成本	469600000
6	营业成本	398900000
7	税金及附加	3400000
8	销售费用	7900000
9	管理费用	41200000
10	研发费用	19400000
11	财务费用	1300000
12	其中:利息费用	300000
13	利息收入	3500000
14	资产减值损失	0
15	其他经营收益	0
16	加:投资收益	900000
17	资产处置收益	100000
18	资产减值损失(新)	51500000
19	信用减值损失(新)	6900000
20	其他收益	1200000
21	营业利润	39800000
22	加:营业外收入	100000
23	减:营业外支出	300000
24	利润总额	39600000
25	减:所得税	6200000
26	净利润	33400000
27	(一)按经营持续性分类	0
28	持续经营净利润	33400000
29	(二)按所有权归属分类	0
30	归属于母公司股东的净利润	33800000
31	少数股东损益	400000
32	扣除非经常性损益后的净利润	32500000
33	每股收益	
34	基本每股收益	0.14
35	稀释每股收益	0.14
36	其他综合收益	2000000
37	归属于母公司股东的其他综合收益	2000000
38	综合收益总额	31400000
39	归属于母公司股东的综合收益总额	31800000
40	归属于少数股东的综合收益总额	400000
41		
42		

利润表　Sheet1

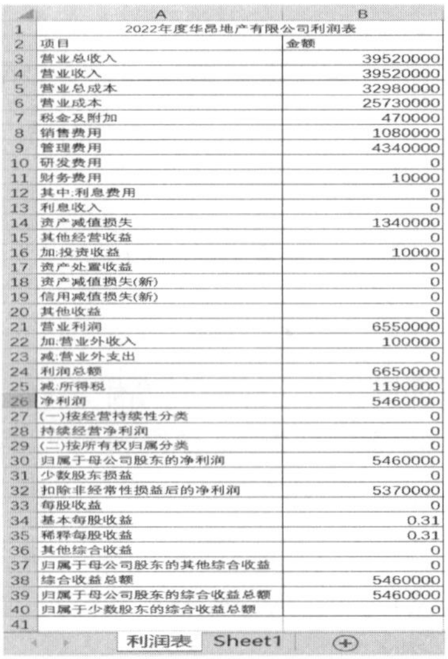

	A	B
1	2022年度华昂地产有限公司利润表	
2	项目	金额
3	营业总收入	39520000
4	营业收入	39520000
5	营业总成本	32980000
6	营业成本	25730000
7	税金及附加	470000
8	销售费用	1080000
9	管理费用	4340000
10	研发费用	0
11	财务费用	10000
12	其中:利息费用	0
13	利息收入	0
14	资产减值损失	1340000
15	其他经营收益	0
16	加:投资收益	10000
17	资产处置收益	0
18	资产减值损失(新)	0
19	信用减值损失(新)	0
20	其他收益	0
21	营业利润	6550000
22	加:营业外收入	100000
23	减:营业外支出	0
24	利润总额	6650000
25	减:所得税	1190000
26	净利润	5460000
27	(一)按经营持续性分类	0
28	持续经营净利润	0
29	(二)按所有权归属分类	0
30	归属于母公司股东的净利润	5460000
31	少数股东损益	0
32	扣除非经常性损益后的净利润	5370000
33	每股收益	0
34	基本每股收益	0.31
35	稀释每股收益	0.31
36	其他综合收益	0
37	归属于母公司股东的其他综合收益	0
38	综合收益总额	5460000
39	归属于母公司股东的综合收益总额	5460000
40	归属于少数股东的综合收益总额	0
41		

利润表　Sheet1

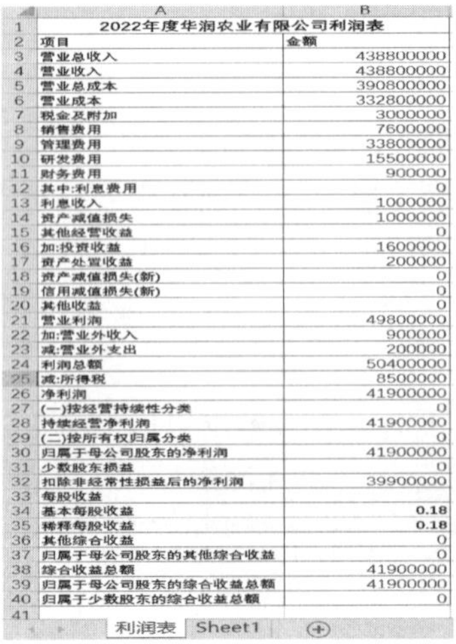

	A	B
1	2022年度华润农业有限公司利润表	
2	项目	金额
3	营业总收入	438800000
4	营业收入	438800000
5	营业总成本	390800000
6	营业成本	332800000
7	税金及附加	3000000
8	销售费用	7600000
9	管理费用	33800000
10	研发费用	15500000
11	财务费用	900000
12	其中:利息费用	0
13	利息收入	1000000
14	资产减值损失	1000000
15	其他经营收益	0
16	加:投资收益	1600000
17	资产处置收益	200000
18	资产减值损失(新)	0
19	信用减值损失(新)	0
20	其他收益	0
21	营业利润	49800000
22	加:营业外收入	900000
23	减:营业外支出	200000
24	利润总额	50400000
25	减:所得税	8500000
26	净利润	41900000
27	(一)按经营持续性分类	0
28	持续经营净利润	41900000
29	(二)按所有权归属分类	0
30	归属于母公司股东的净利润	41900000
31	少数股东损益	0
32	扣除非经常性损益后的净利润	39900000
33	每股收益	
34	基本每股收益	0.18
35	稀释每股收益	0.18
36	其他综合收益	0
37	归属于母公司股东的其他综合收益	0
38	综合收益总额	41900000
39	归属于母公司股东的综合收益总额	41900000
40	归属于少数股东的综合收益总额	0
41		

利润表　Sheet1

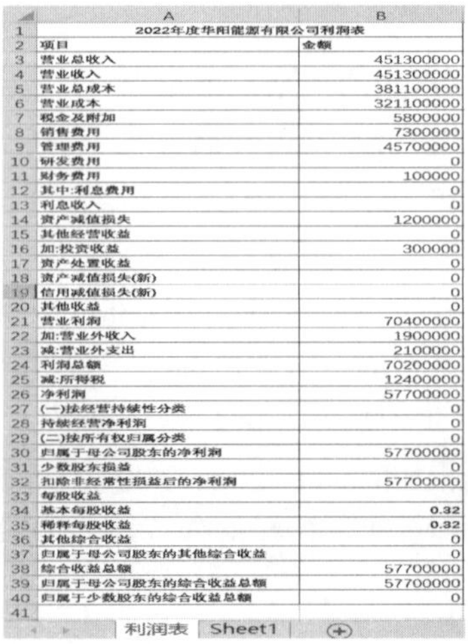

	A	B
1	2022年度华阳能源有限公司利润表	
2	项目	金额
3	营业总收入	451300000
4	营业收入	451300000
5	营业总成本	381100000
6	营业成本	321100000
7	税金及附加	5800000
8	销售费用	7300000
9	管理费用	45700000
10	研发费用	0
11	财务费用	100000
12	其中:利息费用	0
13	利息收入	0
14	资产减值损失	1200000
15	其他经营收益	0
16	加:投资收益	300000
17	资产处置收益	0
18	资产减值损失(新)	0
19	信用减值损失(新)	0
20	其他收益	0
21	营业利润	70400000
22	加:营业外收入	1900000
23	减:营业外支出	2100000
24	利润总额	70200000
25	减:所得税	12400000
26	净利润	57700000
27	(一)按经营持续性分类	0
28	持续经营净利润	0
29	(二)按所有权归属分类	0
30	归属于母公司股东的净利润	57700000
31	少数股东损益	0
32	扣除非经常性损益后的净利润	57700000
33	每股收益	
34	基本每股收益	0.32
35	稀释每股收益	0.32
36	其他综合收益	0
37	归属于母公司股东的其他综合收益	0
38	综合收益总额	57700000
39	归属于母公司股东的综合收益总额	57700000
40	归属于少数股东的综合收益总额	0
41		

利润表　Sheet1

第 3 章　Excel VBA 批量处理工作簿

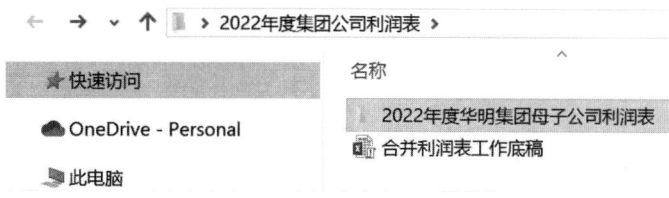

图 3-89　华明集团股份有限公司母子公司利润表

图 3-90　文件夹界面

图 3-91　建立存放文件名界面

步骤二：编写代码，参考代码如下所示。

宏代码含义：

```
Option Explicit
Sub 存入文件名()
```

```
'fn 代表文件名,i 代表文件名个数变量
Dim fn As String,i As Long
i = 1
'取出该文件夹中的第一个文件名
fn = Dir(ThisWorkbook.Path & "\2022 年度华明集团母子公司利润表\")
'如果取得的文件名不是空字符串,说明还有更多文件
Do While fn <> ""
'将取出的文件名写入"存放文件名工作表"第 i 行 A 列
    Worksheets("存放文件名").Cells(i,1) = fn
    '读取该文件夹下一个文件名,注意不要写参数
    fn = Dir
    '将行号 i 增加 1,以便下次文件名能写入新的一行
    i = i + 1
  Loop
End Sub
```

步骤三：设置 VBA 运行按钮。点击 VBA 运行按钮，便可以运行程序在"存入文件名"工作表中会自动导入文件名。如图 3-92 所示。

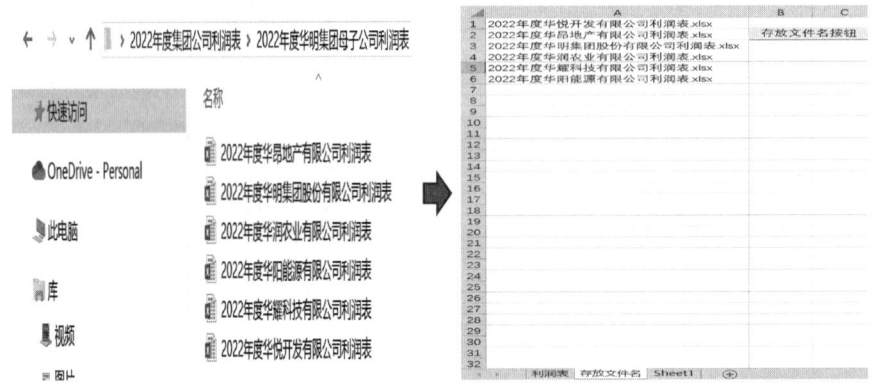

图 3-92 导入文件名界面

3.6.2 导入文件技巧

在批量汇总工作簿数据过程中，需要在目标工作表相关栏目中设置与源工作簿名称对应的名称，如果存放在文件夹中的文件名有规律可循，按照文件夹中的文件顺序，依次在目标工作表相关栏目内填写与源工作簿对应名称即可。但是，如果存放在文件夹中的文件名没有规律可循，只能通过 Dir 函数读取文件名，这样 Dir 读取的第一个文件名不一定是文件夹中第一行列示的文件，如果按照文件夹中的文件顺序，依次在目标工作表相关栏目内写上与源工作簿对应的名称，可能与程序运行的顺序不匹配。解决这一问题的基本思路：将 Dir 函数建立的文件名目录作为目标工作表相关栏目标题，如将 Dir 函数找到的第一个文件名里的"华昂地产"写入合并利润表工作底稿的第 4 行 2 列，这样可以保证合并利润表工作底稿表相关栏目标题与源工作簿名称相一致。但应通过字符串函数，从文件名目录的字符串里提取标志性的字段，作为合并利润表工作底稿相关栏目标题。

【例 3-17】接〖例 3-16〗存放文件名目录工作表中的字符串名称："2022 年度'企业名称'有限公司利润表.xlsm"，要获取标志性字段"企业名称"名称，应去掉"企业名称"前面的 2022 年度 6 个字符串，后面的"有限公司利润表.xlsm"12 个字符串，共去掉 18 个字符串。

将取得的文件名中的"企业名称"写入合并利润表工作底稿 Cells(3,i) = fn（取得的文件名），从中间第 7 个字符串开始获取 Len(fn) - 18 个字符串，Len(fn) 字符串长。代码如下：

```
Worksheets("存入文件名").Cells(i,1) = Mid(fn,7,Len(fn) - 18)。
```

将上例代码修改为提取标志性名称代码。参考代码如下所示。

成功之钥匙

代码含义：

```
Option Explicit
Sub 提取标志性名称()
 Dim fn As String, i As Long
 '提取的第一个文件存放在工作表第12行,所以从第12行开始循环
 i = 2
 '取出该文件夹中的第一个文件名
 fn = Dir(ThisWorkbook.Path & "\2022年度华明集团母子公司利润表\")
 '如果取得的文件名不是空字符串,说明还有更多文件
 Do While fn <> ""
 '将取出的文件名写入"存放文件名工作表"第i行A列
    Worksheets("合并利润表工作底稿").Cells(3,i) = Mid(fn,7,Len(fn) -18)
    '读取该文件夹下一个文件名,注意不要写参数
    fn = Dir
    '将行号i增加1,以便下次文件名能写入新的一行
    i = i + 1
 Loop
End Sub
```

设置 VBA 运行按钮。点击按钮，便可以运行程序，在"合并利润表工作底稿"工作表中会自动导入"标志性名称"。从对比较情况看，Dir 函数生成的目录与文件夹文件目录顺序并不相同。在应用此方法时，应特别注意这一问题，否则会出现张冠李戴现象。在下面一节，用户会体会到这一方法的妙处。如图 3-93 所示。

图 3-93 提取标志性名称界面

3.6.3 打开工作簿文件

通过 Dir 函数能够找到所有文件名，自然可以用 Workbook 语句打开文件夹中的所有 Excel 工作簿文件。需要注意的是，Dir 函数返回的只是文件名，并不包含文件所在的完整路径，因此使用 Workbook 语句打开文件时还有补足完整路径。

【例3-18】华明集团股份有限公司 2022 年度合并报表范围包括集团本级和 5 个子公司，在"ThisWorkbook.Path & "\2022年度华明集团母子公司利润表\"文件夹下，存有 6 个公司 2022 年度利润表 Excel 工作簿文件，以"2022年度×××有限公司利润表.xlsx"的格式命名

(参见〖例 3-16〗)。

请在新建工作簿中编写一个 VBA 程序：找出文件夹中 6 个企业工作簿的文件名，将企业名称自动填写到"合并利润表工作底稿"工作表 B3：G3 单元格中；打开找到的源工作簿，将利润表 B 列（第 2 列）数字填写到"合并利润表工作底稿"工作表 B3：G42 的对应行列中；将计算出的各行合计填写到"合并利润表工作底稿"工作表的 H 列中。解决这一问题的参考代码如下所示。

成功之钥匙

宏代码含义：

```vba
Option Explicit
Sub 导入数据()
    Dim i,j,k,wb As Workbook,ws As Worksheet
    Dim fn As String
    '处理工作簿时,让窗口不闪烁
    Application.ScreenUpdating = False
    '将循环文件夹中文件次数作为合并利润表工作底稿工作表列循环次数,从第 2 列开始循环
    i = 2
    '取出该文件夹中的第一个文件名
    fn = Dir(ThisWorkbook.Path & "\2022 年度华明集团母子公司利润表\")
    '当指定路径中有文件时,进行循环
    Do While fn <> ""
    '字符串名称:字符串名称:"2022 年度'企业名称'有限公司利润表.xlsm",要获取标志性字段"企业名称"名称,
    '应去掉"企业名称"前面的 2022 年度 6 个字符串,后面的"有限公司利润表.xlsm"12 个字符串,共去掉 18 个字符串。
        ThisWorkbook.Worksheets("合并利润表工作底稿").Cells(3,i) = Mid(fn,7,Len(fn)-18)
        '打开符合要求的文件(要写完整路径 ThisWorkbook.Path & "\2022 年度华明集团母子公司利润表\" + 文件名 fn
        Set wb = Workbooks.Open(ThisWorkbook.Path & "\2022 年度华明集团母子公司利润表\" & fn)
        '让变量 ws 代表工作簿中的"利润表"工作表
        Set ws = wb.Worksheets("利润表")
        '循环合并利润表工作底稿工作表行变量 k
        For k = 5 To 42
            '循环源工作表行变量 j
            For j = 3 To 40
    '如果源工作表 j 行 1 列某一项目与合并利润表工作底稿工作表看 k 行 1 列某一项目相互一致,那么就运行下面代码
    If Trim(ws.Cells(j,1)) = Trim(ThisWorkbook.Worksheets("合并利润表工作底稿").Cells(k,1)) Then
        '循环结束后 j 就是源数字所在行,将该行数字写入合并利润表工作底稿工作表的"合并利润表工作底稿"工作表
        '此处利用了"合并利润表工作底稿"工作表的格式特征,即第 i 次循环的数字处于合并利润表工作底稿工作表中第 i 列
                ThisWorkbook.Worksheets("合并利润表工作底稿").Cells(k,i) = ws.Cells(j,2)
            '将合并利润表工作底稿工作表的 i 行,逐个加总到"合并利润表工作底稿"工作表 k 行 8 列,循环结束后 G 列即合计
ThisWorkbook.Worksheets("合并利润表工作底稿").Cells(k,8) = _
ThisWorkbook.Worksheets("合并利润表工作底稿").Cells(k,8) + _
ThisWorkbook.Worksheets("合并利润表工作底稿").Cells(k,i)
            End If
            Next j
        Next k
        '关闭该工作簿,继续循环,汇总下一个年度工作表
        wb.Close
        fn = Dir
    '将合并利润表工作表列号增加 1,以便形成把从文件名里抽取的企业名称及对应列数据写入新的一列
    i = i + 1
    Loop
    '恢复闪烁
    Application.ScreenUpdating = True
End Sub
```

点击 VBA 运行按钮运行程序，会将数据导入"合并利润表工作底稿"工作表中。如图 3-94 所示。

	合并利润表工作底稿									
				2022年度						单位：元
项目	华悦开发	华昂地产	华明集团股份	华润农业	华耀科技	华阳能源	合计数	抵消（调整）分录		少数股东权益
								借方	贷方	
营业总收入	503400000	39520000	514200000	438800000	350200000	451300000	5989660000			
营业收入	503400000	39520000	514200000	438800000	350200000	451300000	5989660000			
营业总成本	441700000	32980000	469600000	390800000	269900000	381100000	5196040000			
营业成本	380500000	25730000	398900000	332800000	202500000	321100000	4342390000			
税金及附加	4300000	470000	3400000	3000000	15300000	5800000	85210000			
销售费用	7800000	1080000	7900000	7600000	6300000	7300000	99340000			
管理费用	35600000	4340000	41200000	33800000	42900000	45700000	519220000			
研发费用	15600000	0	19400000	15500000	0	0	151500000			
财务费用	2000000	10000	1300000	900000	-100000	100000	12430000			
其中:利息费用	0	0	300000	0	0	0	900000			
利息收入	2100000	0	3500000	1000000	0	0	19800000			
资产减值损失	0	1340000	0	1000000	3000000	1200000	17220000			
其他经营收益	0	0	0	0	0	0	0			
加:投资收益	1200000	10000	900000	1600000	100000	300000	11730000			
资产处置收益	100000	0	100000	200000	0	0	1200000			
资产减值损失(新)	0	0	51500000	0	0	0	154500000			
信用减值损失(新)	14200000	0	6900000	0	0	0	63300000			
其他收益	400000	0	1200000	0	0	0	4800000			
营业利润	49100000	6550000	39800000	49800000	80400000	70400000	586550000			
加:营业外收入	300000	100000	100000	900000	0	1900000	6100000			
减:营业外支出	300000	0	200000	0	300000	2100000	4800000			
利润总额	49000000	6650000	39600000	50400000	80200000	70200000	587350000			
减:所得税	7200000	1190000	6200000	8500000	13500000	12400000	95170000			
净利润	41800000	5460000	33400000	41900000	66700000	57700000	492080000			
(一)按经营持续性分类	0	0	0	0	0	0	0			
持续经营净利润	41800000	0	33400000	41900000	0	0	351300000			
(二)按所有权归属分类	0	0	0	0	0	0	0			
归属于母公司股东的净利润	42000000	5460000	33800000	41900000	66700000	57700000	493880000			
少数股东损益	100000	0	400000	0	0	0	1500000			
扣除非经常性损益后的净利润	40800000	5370000	32500000	39900000	34300000	57700000	447710000			
每股收益	0	0	0	0	0	0	0			
基本每股收益	0.17	0.31	0.14	0.18	0.41	0.32	3.13			
稀释每股收益	0.17	0.31	0.14	0.18	0.41	0.32	3.13			
其他综合收益	100000	0	2000000	0	0	0	6300000			
归属于母公司股东的其他综合收益	100000	0	2000000	0	0	0	6300000			
综合收益总额	41900000	5460000	31400000	41900000	66700000	57700000	486380000			
归属于母公司股东的综合收益总额	42000000	5460000	31800000	41900000	66700000	57700000	487880000			
归属于少数股东的综合收益总额	100000	0	400000	0	0	0	1500000			

图 3-94 运行结果界面

第4章 资产负债表智能分析系统

4.1 系统架构

4.1.1 资产负债表智能分析的功能

资产负债表智能分析的功能：

（1）识别关键财务指标：智能分析能够帮助企业识别资产负债表中的关键财务指标，如总资产、总负债、权益、负债比率等，从而更好地了解企业的财务状况。

（2）发现潜在风险：通过智能分析，企业可以更快速地发现资产负债表中的潜在风险和问题，如高风险债务、资产负债不平衡等，有利于及时采取措施进行风险管理。

（3）财务规划和决策支持：智能分析可以帮助企业进行财务规划和决策支持，如分析公司未来的资产需求、债务融资选择等，有助于企业作出更明智的决策。

（4）提高财务报告质量：智能分析可以提高资产负债表的准确性和及时性，减少人为错误和漏洞，从而提高财务报告的质量和可靠性。

总的来说，资产负债表智能分析对企业的财务管理和决策起到了重要的作用，有助于企业更好地了解自身的财务状况，及时发现潜在风险，并提高财务管理的效率和准确性。

4.1.2 系统载体

资产负债表智能分析系统是以文件夹为载体，包括财务报告数据库和系统工作簿两个部分。如图4-1所示。

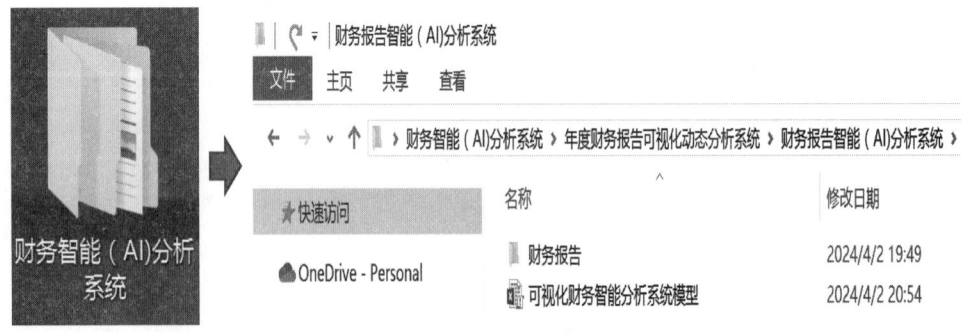

图4-1 资产负债表智能分析系统载体

财务报告数据库是智能分析系统的数据源。明确数据库文件存放路径是编写导入数据VBA代码的基础。

资产负债表智能分析系统是在Excel工作簿中设置的用于建立分析系统的工作表，包括资产负债表智能分析模型、智能报告、资产负债表动态分析图、资产负债表智库等。

4.1.3　财务报告数据库

在建立资产负债表智能分析系统之前，要获取若干年度（一般不低于 3 年）的资产负债表、利润表和现金流量表数据，其存放路径是：财务报告/i 年度财务报告/资产负债表/利润表/现金流量表。

【例 4 -1】 新华公司财务报告文件夹中存有 2018 ~2022 年财务报告工作簿，其中每个工作簿中存有利润表、资产负债表、现金流量表三张工作表。代码路径：财务报告\ "） &i + 2017& （"年度财务报告 . xlsm"）。如图 4 -2 所示。

请根据所学 VBA 和 ChatGPT 技术方法，为新华公司创建一个资产负债表智能分析系统。

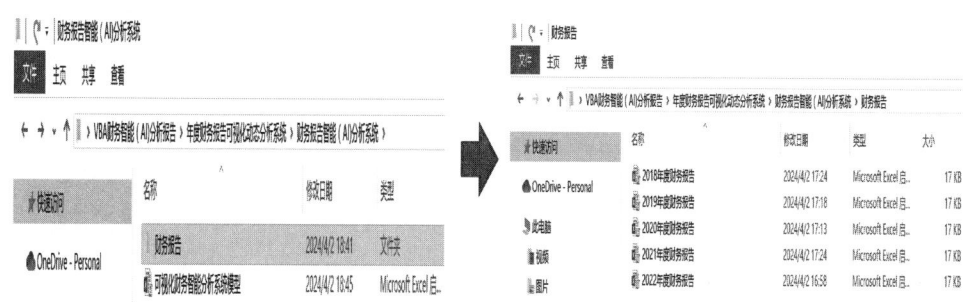

图 4 -2　财务报告数据库文件存放路径

（1）数据库中 2018 ~2022 年资产负债表基础信息如图 4 -3 至图 4 -7 所示。

	A	B	C	D
1	资产负债表			
2	项目	金额		
3	流动资产		流动负债	0.00
4	货币资金	15.38	短期借款	0.00
5	交易性金融资产	0.00	衍生金融负债	
6	衍生金融资产		应付票据及应付账款	8.00
7	应收票据及应收账款	11.08	其中:应付票据	0.84
8	其中:应收票据	5.07	应付账款	7.16
9	应收账款	6.02	预收款项	1.16
10	预付款项	0.68	合同负债	0.00
11	其他应收款合计	11.84	应付职工薪酬	4.43
12	其中:应收利息	0.00	应交税费	0.58
13	存货	11.81	其他应付款合计	6.51
14	一年内到期的非流动资产		其中:应付利息	
15	其他流动资产	0.27	应付股利	
16	流动资产合计	51.06	一年内到期的非流动负债	24.51
17	非流动资产	0.00	其他流动负债	1.35
18	长期股权投资	0.00	流动负债合计	46.54
19	其他权益工具投资		非流动负债	0.00
20	投资性房地产	0.03	长期借款	0.00
21	固定资产	38.98	应付债券	
22	在建工程	3.51	租赁负债	0.00
23	使用权资产	0.00	长期应付职工薪酬	
24	无形资产	2.94	递延收益	2.45
25	商誉	0.17	递延所得税负债	0.17
26	长期待摊费用	0.31	非流动负债合计	3.18
27	递延所得税资产	0.15	负债合计	49.72
28	其他非流动资产	2.77	所有者权益(或股东权益)	0.00
29	非流动资产合计	48.86	实收资本（或股本）	8.30
30			资本公积	60.21
31			其他综合收益	3.47
32			盈余公积	
33			未分配利润	-30.49
34			归属于母公司股东权益总计	41.48
35			少数股东权益	8.72
36			股东权益合计	50.20
37	资产总计	99.92	负债和股东权益总计	99.92
38				

资产负债表　利润表　现金流量表

图 4 -3　2018 年资产负债表

	A	B	C	D
1	资产负债表			
2	项目	金额	项目	金额
3	流动资产		流动负债	0.00
4	货币资金	19.31	短期借款	0.00
5	交易性金融资产	5.08	衍生金融负债	
6	衍生金融资产		应付票据及应付账款	8.49
7	应收票据及应收账款	10.06	其中:应付票据	1.00
8	其中:应收票据	1.91	应付账款	7.49
9	应收账款	8.15	预收款项	1.12
10	预付款项	0.52	合同负债	0.00
11	其他应收款合计	0.13	应付职工薪酬	3.10
12	其中:应收利息	0.06	应交税费	0.38
13	存货	10.55	其他应付款合计	5.36
14	一年内到期的非流动资产		其中:应付利息	
15	其他流动资产	0.44	应付股利	
16	流动资产合计	50.92	一年内到期的非流动负债	0.00
17	非流动资产	0.00	其他流动负债	1.35
18	长期股权投资	0.82	流动负债合计	19.79
19	其他权益工具投资		非流动负债	0.00
20	投资性房地产	0.03	长期借款	15.06
21	固定资产	38.16	应付债券	
22	在建工程	4.89	租赁负债	0.00
23	使用权资产	0.00	长期应付职工薪酬	
24	无形资产	2.75	递延收益	1.52
25	商誉	0.17	递延所得税负债	0.12
26	长期待摊费用	0.27	非流动负债合计	17.26
27	递延所得税资产	0.14	负债合计	37.04
28	其他非流动资产	2.82	所有者权益(或股东权益)	0.00
29	非流动资产合计	50.03	实收资本（或股本）	8.30
30			资本公积	54.50
31			其他综合收益	3.69
32			盈余公积	
33			未分配利润	-12.25
34			归属于母公司股东权益总计	54.23
35			少数股东权益	9.68
36			股东权益合计	63.91
37	资产总计	101.00	负债和股东权益总计	101.00
38				

资产负债表　利润表　现金流量表

图 4 -4　2019 年资产负债表

图4-5 2020年资产负债表

项目	金额	项目	金额
资产负债表			
流动资产		流动负债	0.00
货币资金	68.66	短期借款	0.06
交易性金融资产	9.01	衍生金融负债	
衍生金融资产		应付票据及应付账款	11.28
应收票据及应收账款	12.70	其中:应付票据	0.75
其中:应收票据	3.04	应付账款	10.53
应收账款	9.66	预收款项	0.00
预付款项	0.52	合同负债	2.33
其他应收款合计	0.12	应付职工薪酬	4.46
其中:应收利息	0.00	应交税费	0.45
存货	12.69	其他应付款合计	9.43
一年内到期的非流动资产		其中:应付利息	
其他流动资产	0.19	应付股利	
流动资产合计	109.10	一年内到期的非流动负债	0.98
非流动资产	0.00	其他流动负债	1.35
长期股权投资	1.91	流动负债合计	30.34
其他权益工具投资		非流动负债	0.00
投资性房地产	0.08	长期借款	14.42
固定资产	43.67	应付债券	
在建工程	4.02	租赁负债	0.00
使用权资产	0.00	长期应付职工薪酬	
无形资产	2.74	递延收益	1.67
商誉	0.18	递延所得税负债	0.25
长期待摊费用	0.45	非流动负债合计	16.98
递延所得税资产	0.18	负债合计	47.32
其他非流动资产	2.55	所有者权益(或股东权益)	0.00
非流动资产合计	56.18	实收资本(或股本)	11.30
		资本公积	94.18
		其他综合收益	3.36
		盈余公积	
		未分配利润	-3.02
		归属于母公司股东权益总计	105.80
		少数股东权益	12.18
		股东权益合计	118.00
资产总计	165.30	负债和股东权益总计	165.30

图4-6 2021年资产负债表

项目	金额	项目	金额
资产负债表			
流动资产		流动负债	0.00
货币资金	112.50	短期借款	0.81
交易性金融资产	3.01	衍生金融负债	
衍生金融资产		应付票据及应付账款	13.17
应收票据及应收账款	11.51	其中:应付票据	2.42
其中:应收票据	1.94	应付账款	10.75
应收账款	9.56	预收款项	0.00
预付款项	0.37	合同负债	3.62
其他应收款合计	0.15	应付职工薪酬	5.18
其中:应收利息	0.00	应交税费	0.49
存货	15.48	其他应付款合计	8.49
一年内到期的非流动资产		其中:应付利息	
其他流动资产	0.45	应付股利	
流动资产合计	146.90	一年内到期的非流动负债	8.64
非流动资产	0.00	其他流动负债	2.71
长期股权投资	13.65	流动负债合计	43.11
其他权益工具投资		非流动负债	0.00
投资性房地产		长期借款	0.66
固定资产	44.81	应付债券	
在建工程	5.19	租赁负债	0.49
使用权资产	0.63	长期应付职工薪酬	
无形资产	3.49	递延收益	2.05
商誉	0.18	递延所得税负债	0.47
长期待摊费用	0.25	非流动负债合计	
递延所得税资产	0.25	负债合计	46.91
其他非流动资产	4.07	所有者权益(或股东权益)	0.00
非流动资产合计	75.00	实收资本(或股本)	12.18
		资本公积	137.30
		其他综合收益	3.75
		盈余公积	
		未分配利润	19.66
		归属于母公司股东权益总计	172.90
		少数股东权益	2.11
		股东权益合计	175.00
资产总计	221.90	负债和股东权益总计	221.90

图4-7 2022年资产负债表

单位:亿元

项目	金额	项目	金额
资产负债表			
流动资产		流动负债	0.00
货币资金	127.00	短期借款	
交易性金融资产	0.00	衍生金融负债	
衍生金融资产		应付票据及应付账款	13.44
应收票据及应收账款	12.98	其中:应付票据	3.39
其中:应收票据	2.12	应付账款	10.05
应收账款	10.86	预收款项	0.00
预付款项	0.61	合同负债	4.30
其他应收款合计	0.22	应付职工薪酬	5.85
其中:应收利息	0.00	应交税费	0.86
存货	18.76	其他应付款合计	18.27
一年内到期的非流动资产		其中:应付利息	
其他流动资产	0.87	应付股利	
流动资产合计	166.50	一年内到期的非流动负债	0.58
非流动资产	0.00	其他流动负债	1.38
长期股权投资	14.98	流动负债合计	44.69
其他权益工具投资		非流动负债	0.00
投资性房地产	0.84	长期借款	9.27
固定资产	47.60	应付债券	
在建工程	15.68	租赁负债	0.47
使用权资产	0.65	长期应付职工薪酬	
无形资产	4.98	递延收益	1.96
商誉	1.28	递延所得税负债	1.10
长期待摊费用	0.28	非流动负债合计	13.05
递延所得税资产	1.24	负债合计	57.73
其他非流动资产	5.26	所有者权益(或股东权益)	0.00
非流动资产合计	98.20	实收资本(或股本)	12.18
		资本公积	138.40
		其他综合收益	3.40
		盈余公积	
		未分配利润	45.83
		归属于母公司股东权益总计	199.80
		少数股东权益	7.15
		股东权益合计	207.00
资产总计	264.70	负债和股东权益总计	264.70

(2) 2018 年至 2022 年利润表基础信息。因为第 4 章、第 5 章、第 6 章数据源相同，2018 年至 2022 年利润表基础信息参见第 5 章案例。

(3) 2018 年至 2022 年现金流量表基础信息。因为第 4 章、第 5 章、第 6 章数据源相同，2018 年至 2022 年现金流量表基础信息参见第 6 章案例。

4.2 资产负债表智能分析模型

4.2.1 建立资产负债基础表

资产负债表智能分析模型是存放在资产负债基础工作表中的两个表格，左侧是资产负债基础表，右侧是辅助分析表。分析模型是编写 VBA 代码、建立智能分析系统的基础。如图 4-8 所示。

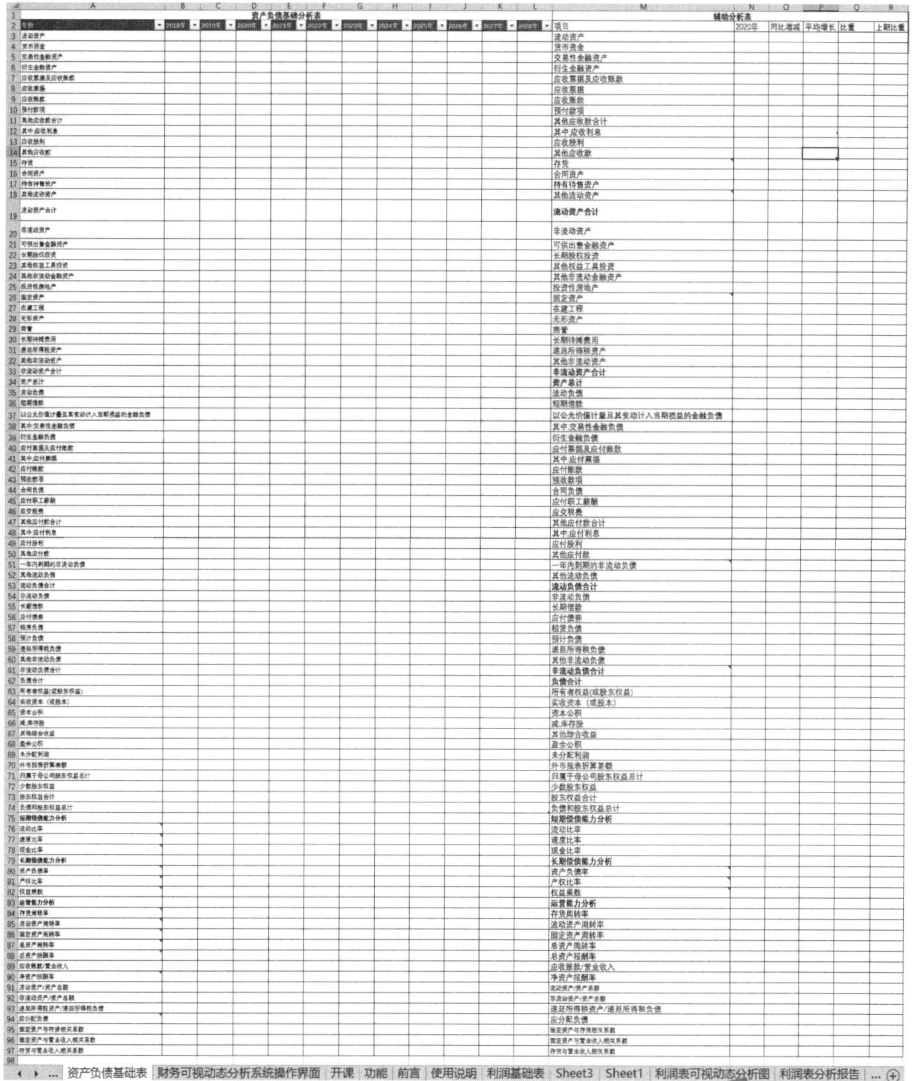

图 4-8 资产负债表智能分析模型

4.2.1.1 建立资产负债基础表

资产负债基础表是根据数据源表格项目和分析需要设计的。设立资产负债基础表的主要目的是集成基础数据，通过编写 VBA 代码，从财务报告数据库中导入基础数据。从图 4-8 可以看到：A3：A74 区域资产负债表中的全部项目；A75：A97 是根据分析需要设计的短期偿债能力、长期偿债能力、运营能力等指标；B2：L2 是分析年度，生产周期不足 5 年的，时间跨度可按实际年度设置，时间周期超过 5 年的，时间跨度一般为 5~10 年，具体时间跨度可以根据分析需要设置。

4.2.1.2 导入数据

导入数据就将数据库中的资产负债表数据集成到资产负债基础表中。可以通过编写Excel VBA 代码，将数据导入资产负债基础表格中。

步骤一：编写导入基础数据代码。将财务报告数据库中的各年度资产负债表数据导入资产负债基础表 B4：F74 区域。参考代码如下所示。

👉 成功之钥匙

代码含义：

```
Option Explicit
Sub 将资产负债表数据导入基础数据表()
    Dim i,j,k,wb As Workbook,ws As Worksheet,wa As Worksheet,wc As Worksheet
    '手动计算
    Application.Calculation = xlManual
    '处理工作簿时,让窗口不闪烁
    Application.ScreenUpdating = False
    '循环汇总表列 1 到 5,构造待汇总的工作簿名称
    For i = 1 To 5
        '根据变量 i 构造出工作簿路径与文件名,并打开工作簿且让 wb 指向它,工作簿中的工作表名为
        '2018 年财务报告时,i 第一次循环年度为 1 +2017,第 2 次循环年度为 2 +2017…第 i 次循环年度为i +2017
        Set wb = Workbooks.Open(ThisWorkbook.Path & "\财务报告\" & i + 2017 & "年度财务报告.xlsm")
        '让变量 wa 代表本工作簿中的"利润基础表"工作表
        Set wa = ThisWorkbook.Worksheets("利润基础表")
        '让变量 wc 代表本工作簿中的"资产负债基础表"工作表
        Set wc = ThisWorkbook.Worksheets("资产负债基础表")
        '让变量 ws 代表打开工作簿中的"资产负债表"工作表
        Set ws = wb.Worksheets("资产负债表")
        '循环汇总表行变量 k
        For k = 4 To 74
            '循环待汇总工作表行变量 j
            For j = 4 To 37
                '如果待汇总工作表 j 行 1 列某一项目与汇总表 k 行某一项目相互一致,那么就运行下面代码。
                If Trim(ws.Cells(j,1)) = Trim(wc.Cells(k,1)) Then
'循环结束后 j 就是待汇总数字所在行,将该行数字写入目标工作簿的"汇总"表
'次处利用了"汇总"表的格式特征,即第 i 年的数字处于汇总表格中第 i +1 列
                    wc.Cells(k,i +1) = ws.Cells(j,2)
                    '既然发现了对应项目就没有必要再扫描后面的各行,此时退出程序可以大大节省时间
                    Exit For
                End If
                If Trim(ws.Cells(j,3)) = Trim(wc.Cells(k,1)) Then
'循环结束后 j 就是待汇总数字所在行,将该行数字写入目标工作簿的"汇总"表
'次处利用了"汇总"表的格式特征,即第 i 年的数字处于汇总表格中第 i +1 列
                    wc.Cells(k,i +1) = ws.Cells(j,4)
                    '既然发现了对应项目就没有必要再扫描后面的各行,此时退出程序可以大大节省时间
                    Exit For
                End If
            Next j
        Next k
        '关闭该工作簿,继续循环,汇总下一个年度工作表
        wb.Close
    '恢复闪烁
    Application.ScreenUpdating = True
```

```
        '自动计算
        Application.Calculation = xlAutomatic
        Next i
End Sub
```

步骤二：编写计算指标代码。在资产负债基础表格 B76：F97 区域计算相关指标。参考代码如下所示。

成功之钥匙

代码含义：

```
Sub 运算资产负债基础表指标()
        Dim i,wa As Worksheet,wc As Worksheet
            '让变量 wa 代表本工作簿中的"利润基础表"工作表
            Set wa = ThisWorkbook.Worksheets("利润基础表")
            '让变量 wc 代表本工作簿中的"资产负债基础表"工作表
            Set wc = ThisWorkbook.Worksheets("资产负债基础表")
            For i = 1 To 5
        '计算流动率
            wc.Cells(76,i+1) = Format((wc.Cells(19,i+1) / wc.Cells(53,i+1)),"0.00")
        '计算速动率
wc.Cells(77,i+1) = Format(((wc.Cells(19,i+1) - wc.Cells(15,i+1) - wc.Cells(18,i+1)) / wc.Cells(53,i+1)),"0.00")
        '计算现金率
            wc.Cells(78,i+1) = Format((wc.Cells(4,i+1) / wc.Cells(53,i+1)),"0.00% ")
        '计算资产负债率
            wc.Cells(80,i+1) = Format((wc.Cells(62,i+1) / wc.Cells(34,i+1)),"0.00% ")
        '计算产权率
            wc.Cells(81,i+1) = Format((wc.Cells(62,i+1) / wc.Cells(73,i+1)),"0.00")
        '计算权益乘数
            wc.Cells(82,i+1) = Format((wc.Cells(34,i+1) / wc.Cells(73,i+1)),"0.00")
                '计算存货周转率
            wc.Cells(84,2) = Format((wa.Cells(6,2) / wc.Cells(15,2)),"0.00")
wc.Cells(84,i+2) = Format((wa.Cells(6,i+1) / ((wc.Cells(15,i+1) + wc.Cells(15,i+2)) / 2)),"0.00")
            '计算流动资产周转率
            wc.Cells(85,2) = Format((wa.Cells(4,2) / wc.Cells(19,2)),"0.00")
wc.Cells(85,i+2) = Format((wa.Cells(4,i+1) / ((wc.Cells(19,i+1) + wc.Cells(19,i+2)) / 2)),"0.00")
            '计算固定资产周转率
            wc.Cells(86,2) = Format((wa.Cells(4,2) / wc.Cells(26,2)),"0.00")
wc.Cells(86,i+2) = Format((wa.Cells(4,i+1) / ((wc.Cells(26,i+1) + wc.Cells(26,i+2)) / 2)),"0.00")
        '计算总资产周转率
                wc.Cells(87,2) = Format((wa.Cells(4,2) / wc.Cells(34,2)),"0.00")
wc.Cells(87,i+2) = Format((wa.Cells(4,i+1) / ((wc.Cells(34,i+1) + wc.Cells(34,i+2)) / 2)),"0.00")
        '计算总资产报酬
wc.Cells(88,2) = Format(((wa.Cells(30,2) + wa.Cells(29,2) + wa.Cells(12,2)) / wc.Cells(34,2)),"0.00")
wc.Cells(88,i+2) = Format(((wa.Cells(30,i+1) + wa.Cells(29,i+1) + wa.Cells(12,i+1)) / ((wc.Cells(34,i+1) + wc.Cells(34,i+2)) / 2)),"0.00")
            '计算应收账款与营业收入比
            wc.Cells(89,i+1) = Format((wc.Cells(40,i+1) / wa.Cells(4,i+1)),"0.00% ")
            '计算净资产报酬
                wc.Cells(90,2) = Format((wa.Cells(30,2) / wc.Cells(73,2)),"0.00")
wc.Cells(90,i+2) = Format((wa.Cells(30,i+1) / ((wc.Cells(73,i+1) + wc.Cells(73,i+2)) / 2)),"0.00")
            '计算流动资产/资产总额
            wc.Cells(91,i+1) = Format((wc.Cells(19,i+1) / wc.Cells(34,i+1)),"0.00")
                '计算非流动资产/资产总额
            wc.Cells(92,i+1) = Format((wc.Cells(33,i+1) / wc.Cells(34,i+1)),"0.00")
                '计算递延所得税资产/递延所得税负债
            wc.Cells(93,i+1) = Format((wc.Cells(31,i+1) / wc.Cells(59,i+1)),"0.00")
                '应分配负债
            wc.Cells(94,i+1) = Format((wc.Cells(45,i+1) + wc.Cells(46,i+1) + wc.Cells(49,i+1)),("0.00")
            '固定资产与存货相关系数
            wc.Cells(95,i+2).FormulaR1C1 = " =CORREL(R26C2:R[-69]C,R15C2:R[-80]C)"
            '固定资产与营业收入相关系数
wc.Cells(96,i+2).FormulaR1C1 = " =CORREL(R26C2:R[-70]C,利润基础表!R3C2:利润基础表!R[-93]C)"
            '存货与营业收入相关系数
wc.Cells(97,i+2).FormulaR1C1 = " =CORREL(R[-82]C2:R[-82]C,利润基础表!R3C2:利润基础表!R[-94]C)"
        Next i
End Sub
```

步骤三：编写主程序，执行子过程。将资产负债表数据导入基础数据表、运算分析指标代码名称写入主程序里。参考代码如下所示。

成功之钥匙

代码含义：

```
Option Explicit
Sub 导入资产负债表主程序()
Call 将资产负债表数据导入基础数据表
Call 运算资产负债基础表指标
End Sub
```

步骤四：运行主程序导入基础数据。

	A	B	C	D	E	F
1				资产负债基础分析表		
2	年份	2018年	2019年	2020年	2021年	2022年
3	流动资产					
4	货币资金	15.38	19.31	68.66	112.50	127.00
5	交易性金融资产	0.00	5.08	9.01	3.01	0.00
6	衍生金融资产					
7	应收票据及应收账款	11.08	10.06	12.70	11.51	12.98
8	应收票据					
9	应收账款	6.02	8.15	9.66	9.56	10.86
10	预付款项	0.68	0.52	0.52	0.37	0.61
11	其他应收款合计	11.84	0.13	0.12	0.15	0.22
12	其中:应收利息	0.00	0.06	0.00	0.00	0.00
13	应收股利					
14	其他应收款					
15	存货	11.81	10.55	12.69	15.48	18.76
16	合同资产					
17	持有待售资产					
18	其他流动资产	0.27	0.44	0.19	0.45	0.87
19	流动资产合计	51.06	50.92	109.10	146.90	166.50
20	非流动资产	0.00	0.00	0.00	0.00	0.00
21	可供出售金融资产					
22	长期股权投资	0.00	0.82	1.91	13.65	14.98
23	其他权益工具投资					
24	其他非流动金融资产					
25	投资性房地产	0.03	0.03	0.08	0.08	0.84
26	固定资产	38.98	38.16	43.67	44.81	47.60
27	在建工程	3.51	4.89	4.02	5.19	15.68
28	无形资产	2.94	2.75	2.74	3.49	4.98
29	商誉	0.17	0.17	0.18	0.18	1.28
30	长期待摊费用	0.31	0.27	0.45	0.25	0.28
31	递延所得税资产	0.15	0.14	0.18	0.25	1.24
32	其他非流动资产	2.77	2.82	2.55	4.07	5.26
33	非流动资产合计	48.86	50.03	56.18	75.00	98.20
34	资产总计	99.92	101.00	165.30	221.90	264.70
35	流动负债					
36	短期借款	0.00	0.00	0.06	0.81	0.00
37	以公允价值计量且其变动计入当期损益的金融负债					
38	其中:交易性金融负债					
39	衍生金融负债					
40	应付票据及应付账款	8.00	8.49	11.28	13.17	13.44
41	其中:应付票据	0.84	1.00	0.75	2.42	3.39
42	应付账款	7.16	7.49	10.53	10.75	10.05
43	预收款项	1.16	1.12	0.00	0.00	0.00
44	合同负债	0.00	0.00	2.33	3.62	4.30
45	应付职工薪酬	4.43	3.10	4.46	5.18	5.85
46	应交税费	0.58	0.38	0.45	0.49	0.86
47	其他应付款合计	6.51	5.36	9.43	8.49	18.27
48	其中:应付利息					

资产负债基础表 | 财务可视动态分析系统操作界面 | 开

图 4 –9　导入数据报表截图

步骤五：将导入数据清零。参考代码如下所示。

成功之钥匙

代码含义：

```
Sub 资产负债表清零()
 Dim i As Integer
 Dim j As Integer,k
If MsgBox("是否确定清零,一旦清零数据不可恢复",vbYesNo + vbDefaultButton2 + vbQuestion,"询问") = vbYes Then
  Sheets("资产负债基础表").Select
   '循环资产负债基础表行
   For i = 4 To 97
       '循环资产负债表列
       For j = 2 To 12
```

```
            '清零范围
            Cells(i,j).Value = ""
        Next j
    Next i
    '循环资产负债基础表行
    For i = 4 To 97
        '循环资产负债表列
            For k = 14 To 18
        '清零范围
            Cells(i,k).Value = ""
            Next k
    Next i
    End If
End Sub
```

4.2.2 建立辅助分析表

4.2.2.1 设计辅助分析表

辅助分析表是根据资产负债基础建立的智能分析系统指标运算表。它是编写 VBA 运算代码的基础。辅助表设置了基础数据、平均值、同比增减、平均增减、占比五个分析项目。可以根据分析需要设置辅助表中的分析项目。

设置下拉菜单。在 N2 单元格设置下拉菜单按钮，点击 N2 单元格—数据—数据工具—数据验证—序列—来源（B2：L2）—确定。如图 4 - 10 所示。

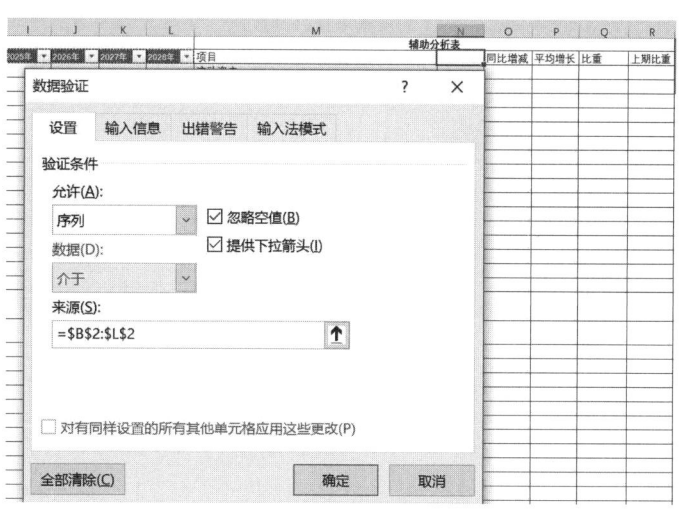

图 4 - 10　建立下拉菜单截图

4.2.2.2 编写运算代码

步骤一：编写 VBA 代码，在辅助分析表格 N3：N97 区域导入报告期数据。参考代码如下所示。

成功之钥匙

代码含义：
```
Sub 导入报告期数据()
    'w 资产负债基础表
    Dim w As Worksheet
    'i 代表工作行;j 代表工作表列
    Dim i,j
    Set w = Worksheets("资产负债基础表")
```

```vba
        '循环工作表行
        For i = 3 To 97
            '循环工作表列
            For j = 2 To 12
                '在利润表中循环查找与资产负债分析辅助表所在行列对应的项目
If Trim(w.Cells(i,1)) = Trim(w.Cells(i,13)) And Trim(w.Cells(2,j)) = Trim(w.Cells(2,14)) Then
                    '一旦找到就将其数字存入资产负债分析辅助工作表
                    w.Cells(i,14) = w.Cells(i,j)
                End If
            Next j
        Next i
End Sub
```

步骤二：编写 VBA 代码，在辅助分析表格 O3：O97 区域计算同比增长率指标。

同比增长率 =（当年的指标值 – 上年同期的值）÷ 上年同期的值 × 100%

= 当年的指标值 ÷ 上年同期的值 × 100% – 1

参考代码如下所示。

👉 成功之钥匙

代码含义：

```vba
Sub 计算同比增长率()
    Dim ws As Worksheet
    Dim growthRate As Double
    Dim i As Long
    Set ws = ThisWorkbook.Worksheets("资产负债基础表") '请将"Sheet1"替换为实际工作表名称
    '循环工作表行
    For i = 3 To 97
If Trim(ws.Cells(i,1)) = Trim(ws.Cells(i,13)) And Trim(ws.Cells(2,2)) = Trim(ws.Cells(2,14)) Then
    ws.Range("O" & i).Value = 0
ElseIf Trim(ws.Cells(i,1)) = Trim(ws.Cells(i,13)) And Trim(ws.Cells(2,3)) = Trim(ws.Cells(2,14)) Then
    If ws.Range("B" & i).Value <> 0 Then
        growthRate = (ws.Range("C" & i).Value - ws.Range("B" & i).Value) / ws.Range("B" & i).Value
        ws.Range("O" & i).Value = growthRate * 100 & "%" '将同比增长率写入 D2 单元格，并添加百分号
    Else
        ws.Range("O" & i).Value = ""
    End If
ElseIf Trim(ws.Cells(i,1)) = Trim(ws.Cells(i,13)) And Trim(ws.Cells(2,4)) = Trim(ws.Cells(2,14)) Then
    If ws.Range("C" & i).Value <> 0 Then
        growthRate = (ws.Range("D" & i).Value - ws.Range("C" & i).Value) / ws.Range("C" & i).Value
        ws.Range("O" & i).Value = growthRate * 100 & "%" '将同比增长率写入 D2 单元格，并添加百分号
    Else
        ws.Range("O" & i).Value = ""
    End If
ElseIf Trim(ws.Cells(i,1)) = Trim(ws.Cells(i,13)) And Trim(ws.Cells(2,5)) = Trim(ws.Cells(2,14)) Then
    If ws.Range("D" & i).Value <> 0 Then
        growthRate = (ws.Range("E" & i).Value - ws.Range("D" & i).Value) / ws.Range("D" & i).Value
        ws.Range("O" & i).Value = growthRate * 100 & "%" '将同比增长率写入 D2 单元格，并添加百分号
    Else
        ws.Range("O" & i).Value = ""
    End If
ElseIf Trim(ws.Cells(i,1)) = Trim(ws.Cells(i,13)) And Trim(ws.Cells(2,6)) = Trim(ws.Cells(2,14)) Then
    If ws.Range("E" & i).Value <> 0 Then
        growthRate = (ws.Range("F" & i).Value - ws.Range("E" & i).Value) / ws.Range("E" & i).Value
        ws.Range("O" & i).Value = growthRate * 100 & "%" '将同比增长率写入 D2 单元格，并添加百分号
    Else
        ws.Range("O" & i).Value = ""
    End If
ElseIf Trim(ws.Cells(i,1)) = Trim(ws.Cells(i,13)) And Trim(ws.Cells(2,7)) = Trim(ws.Cells(2,14)) Then
    If ws.Range("F" & i).Value <> 0 Then
        growthRate = (ws.Range("G" & i).Value - ws.Range("F" & i).Value) / ws.Range("F" & i).Value
        ws.Range("O" & i).Value = growthRate * 100 & "%" '将同比增长率写入 D2 单元格，并添加百分号
    Else
        ws.Range("O" & i).Value = ""
    End If
```

```
        End If
    Next i
End Sub
```

步骤三：编写在 P3：P97 区域计算平均增减指标代码。

$$平均增长率 = \sqrt[n]{\frac{报告期}{基期}} - 1$$

$$平均增长率 = [(报告期/基期)^{1/n} - 1] \times 100\% \ (n = 年数 - 1)$$

参考代码如下所示。

成功之钥匙

代码含义：

```
Sub 计算平均增长率()
    Dim ws As Worksheet
    Dim lastCol As Integer
    Dim avgGrowthRate As Double
    Dim n As Integer
    Dim rng As Range
    Dim i As Long
    Dim j As Long
    '定义工作表
    Set ws = ThisWorkbook.Sheets("资产负债基础表")
    Set rng = ws.Range("B3:L97")
    For j = 2 To 6
    '循环工作表行
    For i = 3 To 97
    '获取数据的列数
    lastCol = rng.Columns(j).Column
    '计算数据个数
    n = lastCol - 1
    If ws.Cells(2,lastCol) = ws.Cells(2,14) Then
    '当报告期大于零,基期也大于零时
     If ws.Cells(i,lastCol).Value > 0 And ws.Cells(i,2).Value > 0 Then
    '计算平均增长率
    avgGrowthRate = (ws.Cells(i,lastCol).Value/ws.Cells(i,2).Value)^(1/(n-1)) - 1
    '将结果输出到工作表
    ws.Cells(i,16).Value = Format(avgGrowthRate,"0.00% ")
    '当报告期小于零,基期小于零时。
    ElseIf ws.Cells(i,lastCol).Value < 0 And ws.Cells(i,2).Value < 0 Then
     '计算平均增长率
    avgGrowthRate = ((Abs(ws.Cells(i,lastCol).Value)/Abs(ws.Cells(i,2).Value))^(1/(n-1))) - 1
    '将结果输出到工作表
    ws.Cells(i,16).Value = Format(avgGrowthRate,"0.00% ")
    '当报告期小于零,基期大于零时。
    ElseIf ws.Cells(i,lastCol).Value < 0 And ws.Cells(i,2).Value > 0 Then
     '计算平均增长率
    avgGrowthRate = ((Abs(ws.Cells(i,lastCol).Value)/ws.Cells(i,2).Value)^(1/(n-1))) - 1
    '将结果输出到工作表
    ws.Cells(i,16).Value = Format(avgGrowthRate,"0.00% ")
    '当报告期小于零或大于零,基期为零时。
    ElseIf ws.Cells(i,lastCol).Value < 0 Or ws.Cells(i,lastCol).Value > 0 And ws.Cells(i,2).Value = 0 Then
        ws.Cells(i,16).Value = ""
     '当报告期大于零,基期小于零时。
     ElseIf ws.Cells(i,lastCol).Value > 0 And ws.Cells(i,2).Value < 0 Then
     '计算平均增长率
    avgGrowthRate = (1 - (ws.Cells(i,lastCol).Value/ws.Cells(i,2).Value))^(1/(n-1))
    '将结果输出到工作表
    ws.Cells(i,16).Value = Format(avgGrowthRate,"0.00% ")
        End If
     End If
  Next i
  Next j
End Sub
```

步骤四：编写 O3：O97 区域计算比重代码。参考代码如下所示。

👆成功之钥匙

代码含义：

```
Sub 计算比重()
 Dim wa As Worksheet,s
  Set wa =ThisWorkbook.Sheets("资产负债基础表")
  '流动资产构成
    For s =4 To 18
      wa.Cells(s,17) =Format((wa.Cells(s,14)/wa.Cells(19,14)),"0.00% ")
     Next s
      '非流动资产构成
    For s =21 To 32
      wa.Cells(s,17) =Format((wa.Cells(s,14)/wa.Cells(33,14)),"0.00% ")
     Next s
      '流动资产占全部资产比重
    wa.Cells(19,17) =Format((wa.Cells(19,14)/wa.Cells(34,14)),"0.00% ")
      '非流动资产占全部资产比重
    wa.Cells(33,17) =Format((wa.Cells(33,14)/wa.Cells(34,14)),"0.00% ")
         '流动负债构成
    For s =36 To 52
      wa.Cells(s,17) =Format((wa.Cells(s,14)/wa.Cells(53,14)),"0.00% ")
     Next s
      '非流动负债构成
    For s =55 To 60
      wa.Cells(s,17) =Format((wa.Cells(s,14)/wa.Cells(61,14)),"0.00% ")
     Next s
       '流动负债占全部负债比重
    wa.Cells(53,17) =Format((wa.Cells(53,14)/wa.Cells(62,14)),"0.00% ")
      '非流动负债占全部负债比重
    wa.Cells(61,17) =Format((wa.Cells(61,14)/wa.Cells(62,14)),"0.00% ")
        '归属于母公司股东权益构成
    For s =64 To 70
      wa.Cells(s,17) =Format((wa.Cells(s,14)/wa.Cells(71,14)),"0.00% ")
     Next s
       '归属于母公司所有者权益比重
    wa.Cells(71,17) =Format((wa.Cells(71,14)/wa.Cells(73,14)),"0.00% ")
       '归属于少数股东权益比重
    wa.Cells(72,17) =Format((wa.Cells(72,14)/wa.Cells(73,14)),"0.00% ")
End Sub
```

步骤五：编写主程序，执行子过程。将导入报告期数据、计算同比增长率、计算平均增长率、计算比重代码名称写入主程序里。参考代码如下所示。

👆成功之钥匙

代码含义：

```
Option Explicit
Sub 资产负债表动态数据计算主程序()
    Call 导入报告期数据
    Call 计算同比增长率
    Call 计算平均增长率
    Call 计算比重
End Sub
```

步骤六：运行主程序。结果如图 4-11 所示。

	M	N	O	P	Q
1	辅助分析表				
2	项目	2022年	同比增减	平均增长	比重
3	流动资产				
4	货币资金	127.00	12.89%	69.52%	76.28%
5	交易性金融资产	0.00	-100.00%		0.00%
6	衍生金融资产				0.00%
7	应收票据及应收账款	12.98	12.77%	4.04%	7.80%
8	应收票据				0.00%
9	应收账款	10.86	13.55%	15.91%	6.52%
10	预付款项	0.61	62.31%	-2.84%	0.36%
11	其他应收款合计	0.22	45.61%	-63.12%	0.13%
12	其中:应收利息	0.00			0.00%
13	应收股利				0.00%
14	其他应收款				0.00%
15	存货	18.76	21.19%	12.27%	11.27%
16	合同资产				0.00%
17	持有待售资产				0.00%
18	其他流动资产	0.87	93.19%	33.74%	0.52%
19	**流动资产合计**	166.50	13.34%	34.38%	62.90%
20	非流动资产	0.00			
21	可供出售金融资产				0.00%
22	长期股权投资	14.98	9.74%		15.25%
23	其他权益工具投资				0.00%
24	其他非流动金融资产				0.00%
25	投资性房地产	0.84	982.65%	136.47%	0.86%
26	固定资产	47.60	6.23%	5.12%	48.47%
27	在建工程	15.68	202.29%	45.41%	15.97%
28	无形资产	4.98	42.69%	14.07%	5.07%
29	商誉	1.28	602.20%	66.62%	1.30%
30	长期待摊费用	0.28	9.62%	-2.60%	0.28%
31	递延所得税资产	1.24	402.03%	68.30%	1.26%
32	其他非流动资产	5.26	29.12%	17.37%	5.35%
33	**非流动资产合计**	98.20	30.93%	19.07%	37.10%
34	**资产总计**	264.70	19.29%	27.58%	
35	流动负债				
36	短期借款	0.00	-100.00%		
37	以公允价值计量且其变动计入当期损益的金融负债				0.00%
38	其中:交易性金融负债				0.00%
39	衍生金融负债				
40	应付票据及应付账款	13.44	2.05%	13.85%	30.07%
41	其中:应付票据	3.39	39.95%	41.57%	7.59%
42	应付账款	10.05	-6.51%	8.86%	22.49%
43	预收款项	0.00		-4.12%	
44	合同负债	4.30	18.96%		9.63%
45	应付职工薪酬	5.85	13.00%	7.22%	13.09%
46	应交税费	0.86	75.39%	10.41%	1.92%
47	其他应付款合计	18.27	115.27%	29.42%	40.88%
48	其中:应付利息				0.00%

图 4-11　主程序运行效果

4.2.2.3　智能分析情景设计

情景设计，是对分析数据未来可能出现的相关事件情景进行假设的基础上，根据数据分析的要求，通过模拟技术，分析相关情景发生的可能性、相应的后果和影响，并以文字和图表的方式展示出来。在财务报告智能分析中，通常用同期增减指标与平均增加指标对比，来表达业务动态趋势。基本情景如图 4-12 所示。

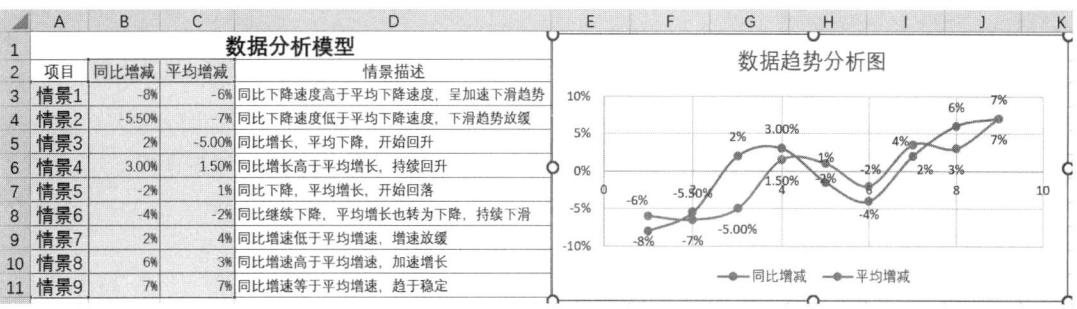

图 4-12　情景设计图表

对于情景分析普遍习惯于通过同期对比进行结论判定,即使将同期指标与平均指标进行对比的情况下,也只是"同期高于平均"或"同期低于平均"类的"描述性结论",而没有进行深入的趋势性分析。从数据分析模型中可以看出:

当同期指标为负数,平均指标为负数时,如果同比下降速度高于平均指标下降速度,呈加速下滑态势;

当同期指标为负数,平均指标为负数时,如果同比下降速度低于平均指标下降速度,下降趋势放缓。这一变化意味着企业某项措施或决策正在产生效果,可以促使企业加大工作力度;

当同期指标为正数,平均指标为负数时,由平均负增长转为同比增长,呈回升趋势。这一变化意味着企业某项措施或决策已经产生明显效果;

当同期指标为正数,平均指标为正数时,同比增长高于平均增长,呈持续增长趋势。这一变化意味着企业某项措施或决策持续发力,效果显著;

当同期指标为负数,平均指标为正数时,由平均增长转为同比负增长,呈回落趋势。这一变化意味着企业某项经济指标趋势向坏,应引起管理者关注;

当同期指标为负数,平均指标负数时,同比负增长高于平均负增长,呈持续下滑趋势。这一变化意味着企业某项经济指标持续向坏,应引起管理者高度关注;

当同期指标为正数,平均指标为正数时,同比增长低于平均增长,呈放缓趋势。这一变化意味着企业某项经济指标虽然增长,当呈放缓趋势,应引起管理者关注。

当同期指标为正数,平均指标为正数时,同比增长等于平均增长,呈稳定趋势。

4.3 VBA 与 ChatGPT 结合洞察全部资产情况

4.3.1 全部资产构成情况分析

4.3.1.1 分析重点

全部资产情况分析重点:资产总规模及变动情况;流动资产规模、增减变动及对总资产的影响;固定资产和流动资产的比例关系(适中型、保守型、激进型)。重点关注流动资产和非流动资产的比例,了解不同类型资产的比重有助于判断企业的资产结构稳健性和流动性状况。对资产负债表中的总资产构成进行深入分析,可以帮助财务分析师全面了解企业的财务状况和经营状况,为企业未来的发展提供有力的支持和指导。

全部资产分析要素:分析公司的资产总额、流动资产总额、非流动资产总额等。一般情况下,资产规模增加,说明公司的经济实力增强。

4.3.1.2 VBA 智能分析代码

步骤一:编写资产总额分析代码。根据资产负债表分析模型中的辅助分析表数据编写 VBA 代码,将分析结果存放到资产负债表分析报告工作表中。参考代码如下所示。

成功之钥匙

代码含义:
```
Sub 资产总额情况分析()
    'i 代表描述信息变量
    Dim i As String,j,wa As Worksheet,wb As Worksheet,wc As Worksheet
```

```
Set wa = Worksheets("资产负债表分析报告")
Set wb = Worksheets("资产负债基础表")
wa.Cells(1,1) = "资产负债表分析报告"
 Set wc = Worksheets("利润基础表")
   wa.Cells(1,1).Font.Bold = True
wa.Cells(2,1) = "一、资产总额情况分析"
 wa.Cells(2,1).Font.Bold = True
wa.Cells(3,1) = "(一)全部资产构成情况分析"
 wa.Cells(3,1).Font.Bold = True
j = 34
    If wb.Cells(j,16) > wc.Cells(3,17) And wb.Cells(j,16) > 0 And wc.Cells(3,17) > 0 Then
k = "平均增长高于营业收入平均增长水平,存在一定的经营风险。"
Else
k = ""
End If
i = wb.Cells(2,14)& "," & wb.Cells(j,13)& Format(wb.Cells(j,14),"0.00")& "亿元," & _
    Format(wb.Cells(j,15),"同比增长 0.00% ,;同比下降 0.00% ,")&_
    Format(wb.Cells(j,16),"平均增长 0.00% ;平均下降 0.00% 。")& k
    '如果同比增长高于平均水平,拥有的经济实力持续增强。
If wb.Cells(j,15) > wb.Cells(j,16) And wb.Cells(j,15) > 0 And wb.Cells(j,16) > 0 Then
    wa.Cells(4,1) = i & "同比增长率高于平均水平,拥有的经济实力持续增强。"
    '如果同比增长等于平均增长,同比与平均都正增长,拥有的经济实力趋于稳定
ElseIf wb.Cells(j,15) = wb.Cells(j,16) And wb.Cells(j,15) > 0 And wb.Cells(j,16) > 0 Then
    wa.Cells(4,1) = i & "同比增长率等于平均增长水平,拥有的经济实力趋于稳定。"
    '如果同比增长等于平均增长,同比增长和平均增长为负数,经济实力下滑趋势没改。
ElseIf wb.Cells(j,15) = wb.Cells(j,16) And wb.Cells(j,15) < 0 And wb.Cells(j,16) < 0 Then
    wa.Cells(4,1) = i & "同比下降率等于平均下降水平,拥有的经济实力下滑趋势没改。"
    '如果同比增长低于平均增长,同比增长和平均增长为正数,拥有的经济实力增速放缓。
ElseIf wb.Cells(j,15) < wb.Cells(j,16) And wb.Cells(j,15) > 0 And wb.Cells(j,16) > 0 Then
    wa.Cells(4,1) = i & "同比增长率低于平均水平,拥有的经济实力增速放缓。"
    '由平均负增长转为增长,拥有的经济实力开始复苏
ElseIf wb.Cells(j,15) > wb.Cells(j,16) And wb.Cells(j,15) > 0 And wb.Cells(j,16) < 0 Then
    wa.Cells(4,1) = i & "由平均下降转为同比增长,拥有的经济实力开始复苏。"
    '由平均增长转为同比负增长,拥有的经济实力开始下滑
ElseIf wb.Cells(j,15) < wb.Cells(j,16) And wb.Cells(j,15) < 0 And wb.Cells(j,16) > 0 Then
    wa.Cells(4,1) = i & "由平均增长转为同比下降,拥有的经济实力开始下滑。"
    '同比负增长低于平均负增长,拥有的经济实力下滑开始放缓
ElseIf Abs(wb.Cells(j,15)) < Abs(wb.Cells(j,16)) And wb.Cells(j,15) < 0 And wb.Cells(j,16) < 0 Then
    wa.Cells(4,1) = i & "同比下降低于平均下降水平,拥有的经济实力下滑开始放缓。"
    '同比负增长高于平均负增长,拥有的经济实力下滑持续加速
ElseIf Abs(wb.Cells(j,15)) > Abs(wb.Cells(j,16)) And wb.Cells(j,15) < 0 And wb.Cells(j,16) < 0 Then
    wa.Cells(4,1) = i & "同比下降高于平均下降水平,拥有的经济实力持续下滑。"
    End If
End Sub
```

步骤二：编写流动资产总额分析代码。参考代码如下所示。

成功之钥匙

代码含义：

```
Sub 流动资产情况分析()
    'i 代表描述信息变量
    Dim i As String,j,wa As Worksheet,wb As Worksheet
    Set wa = Worksheets("资产负债表分析报告")
    Set wb = Worksheets("资产负债基础表")
    j = 19
    i = wb.Cells(j,13)& Format(wb.Cells(j,14),"0.00 亿元,")&_
        Format(wb.Cells(j,17),"占全部资产的 0.00% 。")&_
        Format(wb.Cells(j,15),"同比增长 0.00% ,;同比下降 0.00% ,")&_
        Format(wb.Cells(j,16),"平均增长 0.00% ;平均下降 0.00% 。")
        '如果同比增长高于平均水平,流动资产投入规模持续增强。
    If wb.Cells(j,15) > wb.Cells(j,16) And wb.Cells(j,15) > 0 And wb.Cells(j,16) > 0 Then
        wa.Cells(5,1) = i & "同比增长率高于平均水平,流动资产投入规模持续增强。"
        '如果同比增长等于平均增长,同比与平均都正增长,流动资产投入规模趋于稳定
    ElseIf wb.Cells(j,15) = wb.Cells(j,16) And wb.Cells(j,15) > 0 And wb.Cells(j,16) > 0 Then
        wa.Cells(5,1) = i & "同比增长率等于平均增长水平,流动资产投入规模趋于稳定。"
        '如果同比增长等于平均增长,同比增长和平均增长为负数,流动资产投入购买下滑趋势没改。
```

```vba
        ElseIf wb.Cells(j,15) = wb.Cells(j,16) And wb.Cells(j,15) < 0 And wb.Cells(j,16) < 0 Then
            wa.Cells(5,1) = i & "同比下降率等于平均下降水平,流动资产投入规模下滑趋势没改。"
            '如果同比增长低于平均增长,同比增长和平均增长为正数,流动资产投入规模增速放缓
        ElseIf wb.Cells(j,15) < wb.Cells(j,16) And wb.Cells(j,15) > 0 And wb.Cells(j,16) > 0 Then
            wa.Cells(5,1) = i & "同比增长率低于平均水平,流动资产投入规模增速放缓。"
            '由平均负增长转为增长,流动资产投入购买开始复苏
        ElseIf wb.Cells(j,15) > wb.Cells(j,16) And wb.Cells(j,15) > 0 And wb.Cells(j,16) < 0 Then
            wa.Cells(5,1) = i & "由平均下降转为同比增长,流动资产投入购买开始复苏。"
            '由平均增长转为同比负增长,流动资产投入购买开始下滑
        ElseIf wb.Cells(j,15) < wb.Cells(j,16) And wb.Cells(j,15) < 0 And wb.Cells(j,16) > 0 Then
            wa.Cells(5,1) = i & "由平均增长转为同比下降,流动资产投入规模开始下滑。"
            '同比负增长低于平均负增长,流动资产投入购买下滑开始放缓
        ElseIf Abs(wb.Cells(j,15)) < Abs(wb.Cells(j,16)) And wb.Cells(j,15) < 0 And wb.Cells(j,16) < 0 Then
            wa.Cells(5,1) = i & "同比下降低于平均下降水平,流动资产投入规模下滑开始放缓。"
            '同比负增长高于平均负增长,流动资产投入规模下滑持续加速
        ElseIf Abs(wb.Cells(j,15)) > Abs(wb.Cells(j,16)) And wb.Cells(j,15) < 0 And wb.Cells(j,16) < 0 Then
            wa.Cells(5,1) = i & "同比下降高于平均下降水平,流动资产投入规模持续下滑。"
        End If
End Sub
```

步骤三：编写非流动资产总额分析代码。参考代码如下所示。

🖐 **成功之钥匙**

代码含义：

```vba
Sub 非流动资产情况分析()
    'i 代表描述信息变量
    Dim i As String, j, wa As Worksheet, wb As Worksheet
    Set wa = Worksheets("资产负债表分析报告")
    Set wb = Worksheets("资产负债基础表")
    j = 33
    i = wb.Cells(j,13) & Format(wb.Cells(j,14),"0.00 亿元,") & _
        Format(wb.Cells(j,17),"占全部资产的 0.00% 。") & _
        Format(wb.Cells(j,15),"同比增长 0.00% ,;同比下降 0.00% ,") & _
        Format(wb.Cells(j,16),"平均增长 0.00% ;平均下降 0.00% 。")
    '如果同比增长高于平均水平,非流动资产投入规模持续增强。
    If wb.Cells(j,15) > wb.Cells(j,16) And wb.Cells(j,15) > 0 And wb.Cells(j,16) > 0 Then
        wa.Cells(6,1) = i & "同比增长率高于平均水平,流动资产投入规模持续增强。"
        '如果同比增长等于平均增长,同比与平均都正增长,非流动资产投入规模趋于稳定
    ElseIf wb.Cells(j,15) = wb.Cells(j,16) And wb.Cells(j,15) > 0 And wb.Cells(j,16) > 0 Then
        wa.Cells(6,1) = i & "同比增长率等于平均水平,非流动资产投入规模趋于稳定。"
        '如果同比增长等于平均增长,同比增长和平均增长为负数,非流动资产投入购买下滑趋势没改。
    ElseIf wb.Cells(j,15) = wb.Cells(j,16) And wb.Cells(j,15) < 0 And wb.Cells(j,16) < 0 Then
        wa.Cells(6,1) = i & "同比下降率等于平均下降水平,非流动资产投入规模下滑趋势没改。"
        '如果同比增长低于平均增长,同比增长和平均增长为正数,非流动资产投入规模增速放缓
    ElseIf wb.Cells(j,15) < wb.Cells(j,16) And wb.Cells(j,15) > 0 And wb.Cells(j,16) > 0 Then
        wa.Cells(6,1) = i & "同比增长率低于平均水平,非流动资产投入规模增速放缓。"
        '由平均负增长转为增长,流动资产投入购买开始复苏
    ElseIf wb.Cells(j,15) > wb.Cells(j,16) And wb.Cells(j,15) > 0 And wb.Cells(j,16) < 0 Then
        wa.Cells(6,1) = i & "由平均下降转为同比增长,非流动资产投入购买开始复苏。"
        '由平均增长转为同比负增长,非流动资产投入购买开始下滑
    ElseIf wb.Cells(j,15) < wb.Cells(j,16) And wb.Cells(j,15) < 0 And wb.Cells(j,16) > 0 Then
        wa.Cells(6,1) = i & "由平均增长转为同比下降,非流动资产投入规模开始下滑。"
        '同比负增长低于平均负增长,流动资产投入购买下滑开始放缓
    ElseIf Abs(wb.Cells(j,15)) < Abs(wb.Cells(j,16)) And wb.Cells(j,15) < 0 And wb.Cells(j,16) < 0 Then
        wa.Cells(6,1) = i & "同比下降低于平均下降水平,非流动资产投入规模下滑开始放缓。"
        '同比负增长高于平均负增长,流动资产投入规模下滑持续加速
    ElseIf Abs(wb.Cells(j,15)) > Abs(wb.Cells(j,16)) And wb.Cells(j,15) < 0 And wb.Cells(j,16) < 0 Then
        wa.Cells(6,1) = i & "同比下降高于平均下降水平,非流动资产投入规模持续下滑。"
    End If
End Sub
```

4.3.1.3 可视化图表

步骤一：编写嵌入式柱形图代码。参考代码如下所示。

成功之钥匙

代码含义：

```vba
Sub 制作资产整体情况图表()
    Dim wa As Worksheet
    Dim ws As Worksheet
    Dim cht As ChartObject
    Dim rng As Range
    '选择"资产负债基础表"工作表
    Set wa = ThisWorkbook.Sheets("资产负债基础表")
    '复制M2:Q2,M19:Q19,M33:Q33,M34:Q34区域的数据
    wa.Range("M2:Q2,M19:Q19,M33:Q33,M34:Q34").Copy
    '将数据粘贴到T2:X5区域
    wa.Range("T2:X5").PasteSpecial Paste:=xlPasteValues
    '设置工作表
    Set ws = ThisWorkbook.Sheets("资产负债表分析报告")
    '定义图表位置
    Set rng = ws.Range("A7")
    '在工作表中插入一个图表对象
    Set cht = ws.ChartObjects.Add(Left:=rng.Left, Width:=700, Top:=rng.Top, Height:=180)
    '设置图表数据源
    cht.chart.SetSourceData Source:=wa.Range("$T$2:$X$5")
    '设置图表类型为柱形图
    cht.chart.chartType = xlColumnClustered
    '添加数据标签
    cht.chart.SeriesCollection(1).ApplyDataLabels
    '设置图表标题
    cht.chart.HasTitle = True
    cht.chart.ChartTitle.Text = "资产总体情况分析"
    '设置图例位置
    cht.chart.HasLegend = True
    cht.chart.Legend.Position = xlLegendPositionBottom
End Sub
```

步骤二：运行代码，嵌入可视化图表。如图4-13所示。

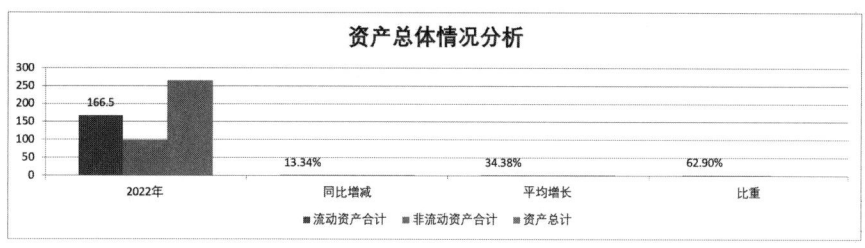

图4-13 嵌入图形截图

步骤三：调整图形。点击柱形图任意位置—数据—切换行/列—更改图表类型。将同比增长、平均增长、比重图形选定为簇状柱形图，并定为次坐标轴。点击"确定"，生成可视化动态分析图。如图4-14所示。

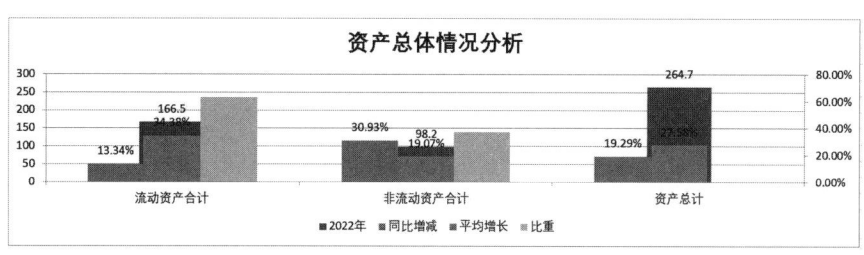

图4-14 可视化动态分析图

步骤四：设置"按钮"。点击开发工具—插入—表单控件—按钮—将十字花放置到"资产负债表分析报告"工作表 B3 单元格—在宏名称中选定"资产整体情况分析主程序"代码名称。如图 4－15 所示。

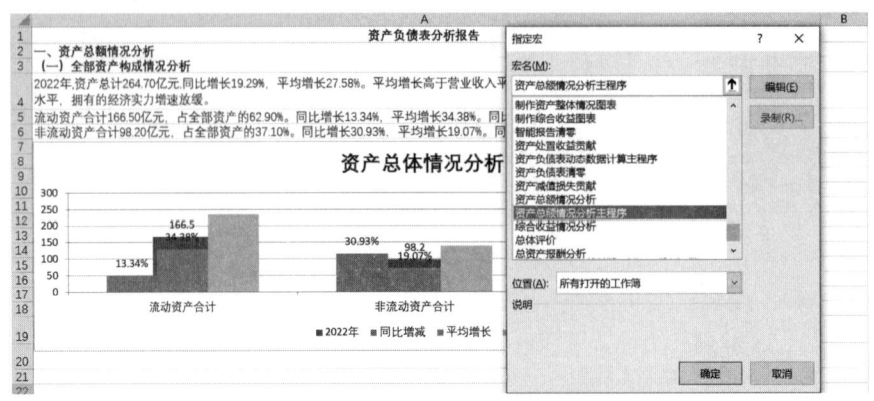

图 4－15　设置代码按钮示意图

点击设置的按钮，便可获取如下结果如图 4－16 所示。

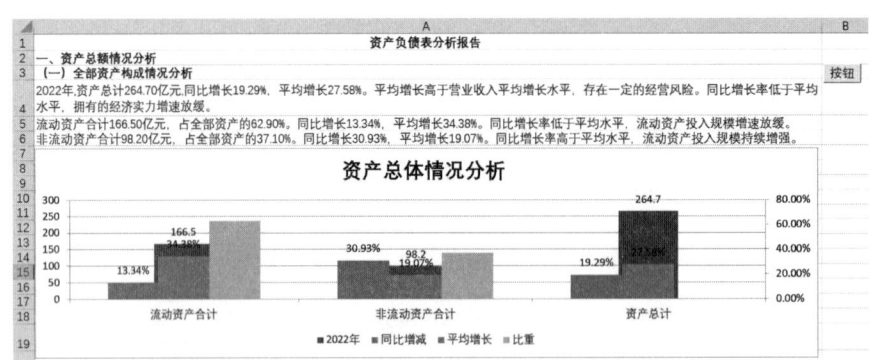

图 4－16　全部资产构成情况分析

4.3.2　流动资产构成情况分析

4.3.2.1　分析重点

流动资产分析重点：分析流动资产的内部结构是否达到同行业平均水平，或财务计划确定的目标，考察流动资产规模变动与资产总额变动的适应程度，进而评价企业财务结构的稳定性和安全性。分析各类、各项流动资产的变动状况；发现变动幅度较大，或对流动资产影响较大的重点类别和重点项目；计算各项流动资产占总流动资产的比重，分析评价企业流动资产结构变动的合理程度；分析会计政策变动的影响。

流动资产分析要素：分析公司的现金、各种存款、交易性金融资产、各种应收应付款项、存货等。一般情况下，流动资产比往年增加，说明公司的支付能力与变现能力增强。

4.3.2.2　VBA 分析代码

步骤一：编写货币资金分析代码。参考代码如下所示。

💡 成功之钥匙

代码含义：

```vb
Sub 货币资金情况分析()
    'i 代表描述信息变量
    Dim i As String,j,k,wa As Worksheet,wb As Worksheet
    Set wa=Worksheets("资产负债表分析报告")
    Set wb=Worksheets("资产负债基础表")
    wa.Cells(20,1)="(二)流动资产构成情况分析"
    wa.Cells(20,1).Font.Bold=True
    j=4
        If wb.Cells(j,17)>0.1 Then
    k="货币资金存量占比较高,应当关注货币资金的投向。"
        Else
    k="货币资金存量占比较低,应当关注货币支付短缺风险。"
        End If
i=wb.Cells(2,14)&","& wb.Cells(19,13)& Format(wb.Cells(19,14),"0.00 亿元,其中")&_
wb.Cells(j,13)& Format(wb.Cells(j,14),"0.00 亿元,")_
& Format(wb.Cells(j,17),"占流动资产的 0.00% 。")& k &_
Format(wb.Cells(j,15),"同比增长 0.00% ,;同比下降 0.00% ,")&_
Format(wb.Cells(j,16),"平均增长 0.00% ;平均下降 0.00% 。")
    '如果同比增长高于平均水平,货币资金投入规模持续增强。
    If wb.Cells(j,15)>wb.Cells(j,16) And wb.Cells(j,15)>0 And wb.Cells(j,16)>0 Then
        wa.Cells(21,1)=i &"同比增长率高于平均水平,货币资金投入规模持续增强。"
        '如果同比增长等于平均增长,同比与平均都正增长,货币资金投入规模趋于稳定
    ElseIf wb.Cells(j,15)=wb.Cells(j,16) And wb.Cells(j,15)>0 And wb.Cells(j,16)>0 Then
        wa.Cells(21,1)=i &"同比增长率等于平均水平,货币资金投入规模趋于稳定。"
        '如果同比增长等于平均增长,同比增长和平均增长为负数,货币资金投入购买下滑趋势没改。
    ElseIf wb.Cells(j,15)=wb.Cells(j,16) And wb.Cells(j,15)<0 And wb.Cells(j,16)<0 Then
        wa.Cells(21,1)=i &"同比下降率等于平均下降水平,货币资金投入规模下滑趋势没改。"
        '如果同比增长低于平均增长,同比增长和平均增长为正数,货币资金投入规模增速放缓
    ElseIf wb.Cells(j,15)<wb.Cells(j,16) And wb.Cells(j,15)>0 And wb.Cells(j,16)>0 Then
        wa.Cells(21,1)=i &"同比增长率低于平均水平,货币资金投入规模增速放缓。"
        '由平均负增长转为增长,货币资金投入规模开始复苏
    ElseIf wb.Cells(j,15)>wb.Cells(j,16) And wb.Cells(j,15)>0 And wb.Cells(j,16)<0 Then
        wa.Cells(21,1)=i &"由平均下降转为同比增长,货币资金投入规模开始复苏。"
        '由平均增长转为同比负增长,货币资金投入规模开始下滑
    ElseIf wb.Cells(j,15)<wb.Cells(j,16) And wb.Cells(j,15)<0 And wb.Cells(j,16)>0 Then
        wa.Cells(21,1)=i &"由平均增长转为同比下降,货币资金投入规模开始下滑。"
        '同比负增长低于平均负增长,货币资金投入下滑开始放缓
    ElseIf Abs(wb.Cells(j,15))<Abs(wb.Cells(j,16)) And wb.Cells(j,15)<0 And wb.Cells(j,16)<0 Then
        wa.Cells(21,1)=i &"同比下降低于平均下降水平,货币资金投入规模下滑开始放缓。"
        '同比负增长高于平均负增长,货币资金投入规模下滑持续加速
    ElseIf Abs(wb.Cells(j,15))>Abs(wb.Cells(j,16)) And wb.Cells(j,15)<0 And wb.Cells(j,16)<0 Then
        wa.Cells(21,1)=i &"同比下降高于平均下降水平,货币资金投入规模持续下滑。"
    End If
End Sub
```

步骤二：交易性金融资产分析代码。参考代码如下所示。

💡 成功之钥匙

代码含义：

```vb
Sub 交易性金融资产情况分析()
    'i 代表描述信息变量
    Dim i As String,j,k,wa As Worksheet,wb As Worksheet
    Set wa=Worksheets("资产负债表分析报告")
    Set wb=Worksheets("资产负债基础表")
    j=5
i=wb.Cells(j,13)& Format(wb.Cells(j,14),"0.00 亿元,")&_
Format(wb.Cells(j,17),"占流动资产的 0.00% 。")&_
Format(wb.Cells(j,15),"同比增长 0.00% ,;同比下降 0.00% ,")&_
Format(wb.Cells(j,16),"平均增长 0.00% ;平均下降 0.00% 。")
    '如果同比增长高于平均水平,规模持续增强。
    If wb.Cells(j,15)>wb.Cells(j,16) And wb.Cells(j,15)>0 And wb.Cells(j,16)>0 Then
```

```vba
            wa.Cells(22,1) = i & "同比增长率高于平均水平,交易性金融资产规模持续增强。"
            '如果同比增长等于平均增长,同比与平均都正增长,规模趋于稳定
        ElseIf wb.Cells(j,15) = wb.Cells(j,16) And wb.Cells(j,15) >0 And wb.Cells(j,16) >0 Then
            wa.Cells(22,1) = i & "同比增长率等于平均水平,交易性金融资产规模趋于稳定。"
            '如果同比增长等于平均增长,同比增长和平均增长为负数,规模下滑趋势没改。
        ElseIf wb.Cells(j,15) = wb.Cells(j,16) And wb.Cells(j,15) <0 And wb.Cells(j,16) <0 Then
            wa.Cells(31,1) = i & "同比下降率等于平均下降水平,交易性金融资产规模下滑趋势没改。"
            '如果同比增长低于平均增长,同比增长和平均增长为正数,规模增速放缓。
        ElseIf wb.Cells(j,15) < wb.Cells(j,16) And wb.Cells(j,15) >0 And wb.Cells(j,16) >0 Then
            wa.Cells(22,1) = i & "同比增长率低于平均水平,交易性金融资产规模增速放缓。"
            '由平均负增长转为增长,规模开始复苏
        ElseIf wb.Cells(j,15) > wb.Cells(j,16) And wb.Cells(j,15) >0 And wb.Cells(j,16) <0 Then
            wa.Cells(22,1) = i & "由平均下降转为同比增长,交易性金融资产规模开始复苏。"
            '由平均增长转为同比负增长,规模开始下滑
        ElseIf wb.Cells(j,15) < wb.Cells(j,16) And wb.Cells(j,15) <0 And wb.Cells(j,16) >0 Then
            wa.Cells(22,1) = i & "由平均增长转为同比下降,交易性金融资产规模开始下滑。"
            '同比负增长低于平均负增长,规模下滑开始放缓
        ElseIf Abs(wb.Cells(j,15)) < Abs(wb.Cells(j,16)) And wb.Cells(j,15) <0 And wb.Cells(j,16) <0 Then
            wa.Cells(22,1) = i & "同比下降低于平均下降水平,交易性金融资产规模下滑开始放缓。"
            '同比负增长高于平均负增长,规模下滑持续加速
        ElseIf Abs(wb.Cells(j,15)) > Abs(wb.Cells(j,16)) And wb.Cells(j,15) <0 And wb.Cells(j,16) <0 Then
            wa.Cells(22,1) = i & "同比下降高于平均下降水平,交易性金融资产规模持续下滑。"
        Else
            wa.Cells(22,1) = "交易性金融资产没有发生额。"
        End If
End Sub
```

步骤三:编写应收票据分析代码。参考代码如下所示。

👆 成功之钥匙

代码含义:

```vba
Sub 应收票据情况分析()
    'i 代表描述信息变量
    Dim i As String,j,k,wa As Worksheet,wb As Worksheet
    Set wa = Worksheets("资产负债表分析报告")
    Set wb = Worksheets("资产负债基础表")
    j = 8
        If wb.Cells(j,17) > wb.Cells(9,17) Then
        k = "从债权结构看,应收票据占比高于应收账款占比,未来赊销债权的回收情况是比较乐观的。"
        Else
        k = "从债权结构看,应收票据占比低于应收账款占比,未来赊销债权的回收存在一定风险。"
        End If
i = wb.Cells(j,13) & Format(wb.Cells(j,14),"0.00 亿元,") & _
Format(wb.Cells(j,17),"占流动资产的 0.00% 。") & k & _
Format(wb.Cells(j,15),"同比增长 0.00% ,;同比下降 0.00% ,") & _
Format(wb.Cells(j,16),"平均增长 0.00% 。;平均下降 0.00% 。")
            '如果同比增长高于平均水平,应收票据规模持续增强
        If wb.Cells(j,15) > wb.Cells(j,16) And wb.Cells(j,15) >0 And wb.Cells(j,16) >0 Then
            wa.Cells(23,1) = i & "同比增长率高于平均水平,应收票据规模持续增强。"
            '如果同比增长等于平均增长,同比与平均都正增长,应收票据规模趋于稳定
        ElseIf wb.Cells(j,15) = wb.Cells(j,16) And wb.Cells(j,15) >0 And wb.Cells(j,16) >0 Then
            wa.Cells(23,1) = i & "同比增长率等于平均水平,应收票据规模趋于稳定。"
            '如果同比增长等于平均增长,同比增长和平均增长为负数,应收票据规模下滑趋势没改。
        ElseIf wb.Cells(j,15) = wb.Cells(j,16) And wb.Cells(j,15) <0 And wb.Cells(j,16) <0 Then
            wa.Cells(23,1) = i & "同比下降率等于平均下降水平,应收票据规模下滑趋势没改。"
            '如果同比增长低于平均增长,同比增长和平均增长为正数,应收票据规模增速放缓。
        ElseIf wb.Cells(j,15) < wb.Cells(j,16) And wb.Cells(j,15) >0 And wb.Cells(j,16) >0 Then
            wa.Cells(23,1) = i & "同比增长率低于平均水平,应收票据规模增速放缓。"
            '由平均负增长转为增长,应收票据规模开始复苏
        ElseIf wb.Cells(j,15) > wb.Cells(j,16) And wb.Cells(j,15) >0 And wb.Cells(j,16) <0 Then
            wa.Cells(23,1) = i & "由平均下降转为同比增长,应收票据规模开始复苏。"
            '由平均增长转为同比负增长,应收票据规模开始下滑
        ElseIf wb.Cells(j,15) < wb.Cells(j,16) And wb.Cells(j,15) <0 And wb.Cells(j,16) >0 Then
            wa.Cells(23,1) = i & "由平均增长转为同比下降,应收票据规模开始下滑。"
            '同比负增长低于平均负增长,应收票据规模下滑开始放缓
        ElseIf Abs(wb.Cells(j,15)) < Abs(wb.Cells(j,16)) And wb.Cells(j,15) <0 And wb.Cells(j,16) <0 Then
```

```
        wa.Cells(23,1) = i & "同比下降低于平均下降水平,应收票据规模下滑开始放缓。"
        '同比负增长高于平均负增长,应收票据规模下滑持续加速
    ElseIf Abs(wb.Cells(j,15))>Abs(wb.Cells(j,16)) And wb.Cells(j,15)<0 And wb.Cells(j,16)<0 Then
        wa.Cells(23,1) = i & "同比下降高于平均下降水平,应收票据规模持续下滑。"
    Else
        wa.Cells(23,1) = "应收票据没有发生额,应关注未来赊销债权的回收风险。"
    End If
End Sub
```

步骤四：编写应收账款分析代码。参考代码如下所示。

👆 **成功之钥匙**

代码含义：

```
Sub 应收账款情况分析()
    'i 代表描述信息变量
    Dim i As String,j,k,wa As Worksheet,wb As Worksheet
    Set wa = Worksheets("资产负债表分析报告")
    Set wb = Worksheets("资产负债基础表")
    j=9
        If (wb.Cells(j,17)+wb.Cells(16,17))>wb.Cells(8,17) Then
    k = "从债权结构看,应收账款加合同资产占比高于应收票据占比,未来赊销债权的回收存在一定风险。"
        Else
    k = "从债权结构看,应收账款加合同资产占比低于应收票据占比,未来赊销债权的回收情况是比较乐观的."
        End If
i = wb.Cells(j,13) & Format(wb.Cells(j,14),"0.00 亿元,") & _
Format(wb.Cells(j,17),"占流动资产的 0.00%。") & k & _
Format(wb.Cells(j,15),"同比增长 0.00% ,;同比下降 0.00% ,") & _
Format(wb.Cells(j,16),"平均增长 0.00%。;平均下降 0.00%。")
    '如果同比增长高于平均水平,应收账款规模持续增强。
    If wb.Cells(j,15)>wb.Cells(j,16) And wb.Cells(j,15)>0 And wb.Cells(j,16)>0 Then
        wa.Cells(24,1) = i & "同比增长率高于平均水平,应收账款规模持续增强。"
        '如果同比增长等于平均增长,同比与平均都正增长,应收账款规模趋于稳定
    ElseIf wb.Cells(j,15)=wb.Cells(j,16) And wb.Cells(j,15)>0 And wb.Cells(j,16)>0 Then
        wa.Cells(24,1) = i & "同比增长率等于平均水平,应收账款规模趋于稳定。"
        '如果同比增长等于平均增长,同比增长和平均增长为负数,应收账款规模下滑趋势没改。
    ElseIf wb.Cells(j,15)=wb.Cells(j,16) And wb.Cells(j,15)<0 And wb.Cells(j,16)<0 Then
        wa.Cells(24,1) = i & "同比下降率等于平均下降水平,应收账款规模下滑趋势没改。"
        '如果同比增长低于平均增长,同比增长和平均增长为正数,应收账款规模增速放缓
    ElseIf wb.Cells(j,15)<wb.Cells(j,16) And wb.Cells(j,15)>0 And wb.Cells(j,16)>0 Then
        wa.Cells(24,1) = i & "同比增长率低于平均水平,应收账款规模增速放缓。"
        '由平均负增长转为增长,应收账款规模开始复苏
    ElseIf wb.Cells(j,15)>wb.Cells(j,16) And wb.Cells(j,15)>0 And wb.Cells(j,16)<0 Then
        wa.Cells(24,1) = i & "由平均下降转为同比增长,应收账款规模开始复苏。"
        '由平均增长转为同比负增长,应收账款规模开始下滑
    ElseIf wb.Cells(j,15)<wb.Cells(j,16) And wb.Cells(j,15)<0 And wb.Cells(j,16)>0 Then
        wa.Cells(24,1) = i & "由平均增长转为同比下降,应收账款规模开始下滑。"
        '同比负增长低于平均负增长,应收账款规模下滑开始放缓
    ElseIf Abs(wb.Cells(j,15))<Abs(wb.Cells(j,16)) And wb.Cells(j,15)<0 And wb.Cells(j,16)<0 Then
        wa.Cells(24,1) = i & "同比下降低于平均下降水平,应收账款规模下滑开始放缓。"
        '同比负增长高于平均负增长,应收账款规模下滑持续加速
    ElseIf Abs(wb.Cells(j,15))>Abs(wb.Cells(j,16)) And wb.Cells(j,15)<0 And wb.Cells(j,16)<0 Then
        wa.Cells(24,1) = i & "同比下降高于平均下降水平,应收账款规模持续下滑。"
    Else
     wa.Cells(24,1) = "应收账款没有发生额,债权质量较高。"
    End If
End Sub
```

步骤五：编写合同资产分析代码。参考代码如下所示。

👆 **成功之钥匙**

代码含义：

```
Sub 合同资产情况分析()
    'i 代表描述信息变量
    Dim i As String,j,k,wa As Worksheet,wb As Worksheet
```

```
        Set wa = Worksheets("资产负债表分析报告")
        Set wb = Worksheets("资产负债基础表")
        j = 16
i = wb.Cells(j,13) & Format(wb.Cells(j,14),"0.00 亿元,") & _
Format(wb.Cells(j,17),"占流动资产的 0.00% 。") & _
Format(wb.Cells(j,15),"同比增长 0.00% ,;同比下降 0.00% ,") & _
Format(wb.Cells(j,16),"平均增长 0.00% 。;平均下降 0.00% 。")
        '如果同比增长高于平均水平,合同资产规模持续增强
        If wb.Cells(j,15) > wb.Cells(j,16) And wb.Cells(j,15) > 0 And wb.Cells(j,16) > 0 Then
            wa.Cells(25,1) = i & "同比增长率高于平均水平,合同资产规模持续增强。"
            '如果同比增长等于平均增长,同比与平均都正增长,合同资产规模趋于稳定
        ElseIf wb.Cells(j,15) = wb.Cells(j,16) And wb.Cells(j,15) > 0 And wb.Cells(j,16) > 0 Then
            wa.Cells(25,1) = i & "同比增长率等于平均水平,应收账款规模趋于稳定。"
            '如果同比增长等于平均增长,同比增长和平均增长为负,合同资产规模下滑趋势没改。
        ElseIf wb.Cells(j,15) = wb.Cells(j,16) And wb.Cells(j,15) < 0 And wb.Cells(j,16) < 0 Then
            wa.Cells(25,1) = i & "同比下降率等于平均下降水平,合同资产规模下滑趋势没改。"
            '如果同比增长低于平均增长,同比增长和平均增长为正数,合同资产规模增速放缓
        ElseIf wb.Cells(j,15) < wb.Cells(j,16) And wb.Cells(j,15) > 0 And wb.Cells(j,16) > 0 Then
            wa.Cells(25,1) = i & "同比增长率低于平均水平,合同资产规模增速放缓。"
            '由平均负增长转为增长,合同资产规模开始复苏
        ElseIf wb.Cells(j,15) > wb.Cells(j,16) And wb.Cells(j,15) > 0 And wb.Cells(j,16) < 0 Then
            wa.Cells(25,1) = i & "由平均下降转为同比增长,合同资产规模开始复苏。"
            '由平均增长转为同比负增长,合同资产规模开始下滑
        ElseIf wb.Cells(j,15) < wb.Cells(j,16) And wb.Cells(j,15) < 0 And wb.Cells(j,16) > 0 Then
            wa.Cells(25,1) = i & "由平均增长转为同比下降,合同资产规模开始下滑。"
            '同比负增长低于平均负增长,合同资产规模下滑开始放缓
        ElseIf Abs(wb.Cells(j,15)) < Abs(wb.Cells(j,16)) And wb.Cells(j,15) < 0 And wb.Cells(j,16) < 0 Then
            wa.Cells(25,1) = i & "同比下降低于平均下降水平,合同资产规模下滑开始放缓。"
            '同比负增长高于平均负增长,合同资产规模下滑持续加剧
        ElseIf Abs(wb.Cells(j,15)) > Abs(wb.Cells(j,16)) And wb.Cells(j,15) < 0 And wb.Cells(j,16) < 0 Then
            wa.Cells(25,1) = i & "同比下降高于平均下降水平,合同资产规模持续下滑。"
        Else
            wa.Cells(25,1) = "合同资产没有发生额,债权质量较好。"
        End If
End Sub
```

步骤六:编写预付账款分析代码。参考代码如下所示。

🔑 成功之钥匙

代码含义:

```
Sub 预付账款情况分析()
        'i 代表描述信息变量
        Dim i As String,j,k,wa As Worksheet,wb As Worksheet
        Set wa = Worksheets("资产负债表分析报告")
        Set wb = Worksheets("资产负债基础表")
        j = 10
i = wb.Cells(j,13) & Format(wb.Cells(j,14),"0.00 亿元,") & _
Format(wb.Cells(j,17),"占流动资产的 0.00% 。") & _
Format(wb.Cells(j,15),"同比增长 0.00% ,;同比下降 0.00% ,") & _
Format(wb.Cells(j,16),"平均增长 0.00% 。;平均下降 0.00% 。")
        '如果同比增长高于平均水平,预付账款规模持续增强。
        If wb.Cells(j,15) > wb.Cells(j,16) And wb.Cells(j,15) > 0 And wb.Cells(j,16) > 0 Then
            wa.Cells(26,1) = i & "同比增长率高于平均水平,预付账款规模持续增强。"
            '如果同比增长等于平均增长,同比与平均都正增长,预付账款规模趋于稳定
        ElseIf wb.Cells(j,15) = wb.Cells(j,16) And wb.Cells(j,15) > 0 And wb.Cells(j,16) > 0 Then
            wa.Cells(26,1) = i & "同比增长率等于平均水平,预付账款规模趋于稳定。"
            '如果同比增长等于平均增长,同比增长和平均增长为负,预付账款规模下滑趋势没改。
        ElseIf wb.Cells(j,15) = wb.Cells(j,16) And wb.Cells(j,15) < 0 And wb.Cells(j,16) < 0 Then
            wa.Cells(26,1) = i & "同比下降率等于平均下降水平,预付账款规模下滑趋势没改。"
            '如果同比增长低于平均增长,同比增长和平均增长为正数,预付账款规模增速放缓
        ElseIf wb.Cells(j,15) < wb.Cells(j,16) And wb.Cells(j,15) > 0 And wb.Cells(j,16) > 0 Then
            wa.Cells(26,1) = i & "同比增长率低于平均水平,预付账款规模增速放缓。"
            '由平均负增长转为增长,预付账款规模开始复苏
        ElseIf wb.Cells(j,15) > wb.Cells(j,16) And wb.Cells(j,15) > 0 And wb.Cells(j,16) < 0 Then
            wa.Cells(26,1) = i & "由平均下降转为同比增长,预付账款规模开始复苏。"
            '由平均增长转为同比负增长,预付账款规模开始下滑
```

```
        ElseIf wb.Cells(j,15) < wb.Cells(j,16) And wb.Cells(j,15) < 0 And wb.Cells(j,16) > 0 Then
            wa.Cells(26,1) = i & "由平均增长转为同比下降,预付账款规模开始下滑。"
        '同比负增长低于平均负增长,预付账款规模下滑开始放缓
        ElseIf Abs(wb.Cells(j,15)) < Abs(wb.Cells(j,16)) And wb.Cells(j,15) < 0 And wb.Cells(j,16) < 0 Then
            wa.Cells(26,1) = i & "同比下降低于平均下降水平,预付账款规模下滑开始放缓。"
        '同比负增长高于平均负增长,预付账款规模下滑持续加速
        ElseIf Abs(wb.Cells(j,15)) > Abs(wb.Cells(j,16)) And wb.Cells(j,15) < 0 And wb.Cells(j,16) < 0 Then
            wa.Cells(26,1) = i & "同比下降高于平均下降水平,预付账款规模持续下滑。"
        Else
            wa.Cells(26,1) = "预付账款没有发生额,信用较好。"
        End If
End Sub
```

步骤七：编写应收利息分析代码。参考代码如下所示。

成功之钥匙

代码含义：

```
Sub 应收利息情况分析()
    'i 代表描述信息变量
    Dim i As String,j,k,wa As Worksheet,wb As Worksheet
    Set wa = Worksheets("资产负债表分析报告")
    Set wb = Worksheets("资产负债基础表")
    j = 12
    i = wb.Cells(j,13) & Format(wb.Cells(j,14),"0.00 亿元,") & _
    Format(wb.Cells(j,17),"占流动资产的 0.00%。") & _
    Format(wb.Cells(j,15),"同比增长 0.00% ,;同比下降 0.00% ,") & _
    Format(wb.Cells(j,16),"平均增长 0.00% 。;平均下降 0.00% 。")
        '如果同比增长高于平均水平,规模持续增强。
        If wb.Cells(j,15) > wb.Cells(j,16) And wb.Cells(j,15) > 0 And wb.Cells(j,16) > 0 Then
            wa.Cells(40,1) = i & "同比增长率高于平均水平,应收利息规模持续增强。"
        '如果同比增长等于平均增长,同比与平均都正增长,规模趋于稳定
        ElseIf wb.Cells(j,15) = wb.Cells(j,16) And wb.Cells(j,15) > 0 And wb.Cells(j,16) > 0 Then
            wa.Cells(40,1) = i & "同比增长率等于平均水平,应收利息规模趋于稳定。"
        '如果同比增长等于平均增长,同比增长和平均增长为负数,规模下滑趋势没改。
        ElseIf wb.Cells(j,15) = wb.Cells(j,16) And wb.Cells(j,15) < 0 And wb.Cells(j,16) < 0 Then
            wa.Cells(40,1) = i & "同比下降率等于平均下降水平,应收利息规模下滑趋势没改。"
        '如果同比增长低于平均增长,同比增长和平均增长为正数,规模增速放缓
        ElseIf wb.Cells(j,15) < wb.Cells(j,16) And wb.Cells(j,15) > 0 And wb.Cells(j,16) > 0 Then
            wa.Cells(40,1) = i & "同比增长率低于平均水平,应收利息规模增速放缓。"
        '由平均负增长转为增长,规模开始复苏
        ElseIf wb.Cells(j,15) > wb.Cells(j,16) And wb.Cells(j,15) > 0 And wb.Cells(j,16) < 0 Then
            wa.Cells(40,1) = i & "由平均下降转为同比增长,应收利息规模开始复苏。"
        '由平均增长转为同比负增长,规模开始下滑
        ElseIf wb.Cells(j,15) < wb.Cells(j,16) And wb.Cells(j,15) < 0 And wb.Cells(j,16) > 0 Then
            wa.Cells(40,1) = i & "由平均增长转为同比下降,应收利息规模开始下滑。"
        '同比负增长低于平均负增长,规模下滑开始放缓
        ElseIf Abs(wb.Cells(j,15)) < Abs(wb.Cells(j,16)) And wb.Cells(j,15) < 0 And wb.Cells(j,16) < 0 Then
            wa.Cells(40,1) = i & "同比下降低于平均下降水平,应收利息规模下滑开始放缓。"
        '同比负增长高于平均负增长,规模下滑持续加速
        ElseIf Abs(wb.Cells(j,15)) > Abs(wb.Cells(j,16)) And wb.Cells(j,15) < 0 And wb.Cells(j,16) < 0 Then
            wa.Cells(40,1) = i & "同比下降高于平均下降水平,应收利息规模持续下滑。"
        Else
            wa.Cells(40,1) = "应收利息没有发生额。"
        End If
End Sub
```

步骤八：编写应收股利分析代码。参考代码如下所示。

成功之钥匙

代码含义：

```
Sub 应收股利情况分析()
    'i 代表描述信息变量
    Dim i As String,j,k,wa As Worksheet,wb As Worksheet
    Set wa = Worksheets("资产负债表分析报告")
```

```
        Set wb = Worksheets("资产负债基础表")
            j = 13
i = wb.Cells(j,13) & Format(wb.Cells(j,14),"0.00 亿元,") & _
Format(wb.Cells(j,17),"占流动资产的 0.00%。") & _
Format(wb.Cells(j,15),"同比增长 0.00% ,;同比下降 0.00% ,") & _
Format(wb.Cells(j,16),"平均增长 0.00% ;平均下降 0.00%。")
            '如果同比增长高于平均水平,规模持续增强。
        If wb.Cells(j,15) > wb.Cells(j,16) And wb.Cells(j,15) > 0 And wb.Cells(j,16) > 0 Then
            wa.Cells(41,1) = i & "同比增长率高于平均水平,应收股利规模持续增强。"
            '如果同比增长等于平均增长,同比与平均都正增长,规模趋于稳定
        ElseIf wb.Cells(j,15) = wb.Cells(j,16) And wb.Cells(j,15) > 0 And wb.Cells(j,16) > 0 Then
            wa.Cells(27,1) = i & "同比增长率等于平均水平,应收股利规模趋于稳定。"
            '如果同比增长等于平均增长,同比增长和平均增长为负数,规模下滑趋势没改。
        ElseIf wb.Cells(j,15) = wb.Cells(j,16) And wb.Cells(j,15) < 0 And wb.Cells(j,16) < 0 Then
            wa.Cells(41,1) = i & "同比下降率等于平均下降水平,应收股利规模下滑趋势没改。"
            '如果同比增长低于平均增长,同比增长和平均增长为正数,规模增速放缓
        ElseIf wb.Cells(j,15) < wb.Cells(j,16) And wb.Cells(j,15) > 0 And wb.Cells(j,16) > 0 Then
            wa.Cells(41,1) = i & "同比增长率低于平均水平,应收股利规模增速放缓。"
            '由平均负增长转为增长,规模开始复苏
        ElseIf wb.Cells(j,15) > wb.Cells(j,16) And wb.Cells(j,15) > 0 And wb.Cells(j,16) < 0 Then
            wa.Cells(41,1) = i & "由平均下降转为同比增长,应收股利规模开始复苏。"
            '由平均增长转为同比负增长,规模开始下滑
        ElseIf wb.Cells(j,15) < wb.Cells(j,16) And wb.Cells(j,15) < 0 And wb.Cells(j,16) > 0 Then
            wa.Cells(41,1) = i & "由平均增长转为同比下降,应收股利规模开始下滑。"
            '同比负增长低于平均负增长,规模下滑开始放缓
        ElseIf Abs(wb.Cells(j,15)) < Abs(wb.Cells(j,16)) And wb.Cells(j,15) < 0 And wb.Cells(j,16) < 0 Then
            wa.Cells(41,1) = i & "同比下降低于平均下降水平,应收股利规模下滑开始放缓。"
            '同比负增长高于平均负增长,规模下滑持续加速
        ElseIf Abs(wb.Cells(j,15)) > Abs(wb.Cells(j,16)) And wb.Cells(j,15) < 0 And wb.Cells(j,16) < 0 Then
            wa.Cells(41,1) = i & "同比下降高于平均下降水平,应收股利规模持续下滑。"
        Else
            wa.Cells(41,1) = "应收股利没有发生额。"
        End If
End Sub
```

步骤九：编写其他应收款分析代码。参考代码如下所示。

成功之钥匙

代码含义：

```
Sub 其他应收情况分析()
    'i 代表描述信息变量
    Dim i As String, j, k, wa As Worksheet, wb As Worksheet
    Set wa = Worksheets("资产负债表分析报告")
    Set wb = Worksheets("资产负债基础表")
        j = 14
i = wb.Cells(j,13) & Format(wb.Cells(j,14),"0.00 亿元,") & _
Format(wb.Cells(j,17),"占流动资产的 0.00%。") & _
Format(wb.Cells(j,15),"同比增长 0.00% ,;同比下降 0.00% ,") & _
Format(wb.Cells(j,16),"平均增长 0.00% ;平均下降 0.00%。")
            '如果同比增长高于平均水平,规模持续增强。
        If wb.Cells(j,15) > wb.Cells(j,16) And wb.Cells(j,15) > 0 And wb.Cells(j,16) > 0 Then
            wa.Cells(42,1) = i & "同比增长率高于平均水平,其他应收款规模持续增强。"
            '如果同比增长等于平均增长,同比与平均都正增长,规模趋于稳定
        ElseIf wb.Cells(j,15) = wb.Cells(j,16) And wb.Cells(j,15) > 0 And wb.Cells(j,16) > 0 Then
            wa.Cells(42,1) = i & "同比增长率等于平均水平,其他应收款规模趋于稳定。"
            '如果同比增长等于平均增长,同比增长和平均增长为负数,规模下滑趋势没改。
        ElseIf wb.Cells(j,15) = wb.Cells(j,16) And wb.Cells(j,15) < 0 And wb.Cells(j,16) < 0 Then
            wa.Cells(42,1) = i & "同比下降率等于平均下降水平,其他应收款规模下滑趋势没改。"
            '如果同比增长低于平均增长,同比增长和平均增长为正数,规模增速放缓
        ElseIf wb.Cells(j,15) < wb.Cells(j,16) And wb.Cells(j,15) > 0 And wb.Cells(j,16) > 0 Then
            wa.Cells(42,1) = i & "同比增长率低于平均水平,其他应收款规模增速放缓。"
            '由平均负增长转为增长,规模开始复苏
        ElseIf wb.Cells(j,15) > wb.Cells(j,16) And wb.Cells(j,15) > 0 And wb.Cells(j,16) < 0 Then
            wa.Cells(42,1) = i & "由平均下降转为同比增长,其他应收款规模开始复苏。"
            '由平均增长转为同比负增长,规模开始下滑
        ElseIf wb.Cells(j,15) < wb.Cells(j,16) And wb.Cells(j,15) < 0 And wb.Cells(j,16) > 0 Then
```

```
            wa.Cells(42,1) = i & "由平均增长转为同比下降,其他应收款规模开始下滑。"
        '同比负增长低于平均负增长,规模下滑开始放缓
        ElseIf Abs(wb.Cells(j,15)) < Abs(wb.Cells(j,16)) And wb.Cells(j,15) < 0 And wb.Cells(j,16) < 0 Then
            wa.Cells(42,1) = i & "同比下降低于平均下降水平,其他应收款规模下滑开始放缓。"
        '同比负增长高于平均负增长,规模下滑持续加速
        ElseIf Abs(wb.Cells(j,15)) > Abs(wb.Cells(j,16)) And wb.Cells(j,15) < 0 And wb.Cells(j,16) < 0 Then
            wa.Cells(42,1) = i & "同比下降高于平均下降水平,其他应收款规模持续下滑。"
        Else
            wa.Cells(42,1) = "其他应收款没有发生额。"
        End If
End Sub
```

步骤十：编写存货分析代码。参考代码如下所示。

👉 **成功之钥匙**

代码含义：

```
Sub 存货情况分析()
    'i 代表描述信息变量
    Dim i As String,j,k,wa As Worksheet,wb As Worksheet
    Set wa = Worksheets("资产负债表分析报告")
    Set wb = Worksheets("资产负债基础表")
    j = 15
i = wb.Cells(j,13) & Format(wb.Cells(j,14),"0.00 亿元,") &_
Format(wb.Cells(j,17),"占流动资产的 0.00% ") &_
Format(wb.Cells(j,15),"同比增长 0.00% ,;同比下降 0.00% ,") &_
Format(wb.Cells(j,16),"平均增长 0.00% ;平均下降 0.00% 。")
        '如果同比增长高于平均水平,规模持续增强。
        If wb.Cells(j,15) > wb.Cells(j,16) And wb.Cells(j,15) > 0 And wb.Cells(j,16) > 0 Then
            wa.Cells(43,1) = i & "同比增长率高于平均水平,存货规模持续增强。"
        '如果同比增长等于平均增长,同比与平均都正增长,规模趋于稳定
        ElseIf wb.Cells(j,15) = wb.Cells(j,16) And wb.Cells(j,15) > 0 And wb.Cells(j,16) > 0 Then
            wa.Cells(43,1) = i & "同比增长率等于平均水平,存货规模趋于稳定。"
        '如果同比增长等于平均增长,同比增长和平均增长为负数,规模下滑趋势没改。
        ElseIf wb.Cells(j,15) = wb.Cells(j,16) And wb.Cells(j,15) < 0 And wb.Cells(j,16) < 0 Then
            wa.Cells(43,1) = i & "同比下降率等于平均下降水平,存货规模下滑趋势没改。"
        '如果同比增长低于平均增长,同比增长和平均增长为正数,规模增速放缓。
        ElseIf wb.Cells(j,15) < wb.Cells(j,16) And wb.Cells(j,15) > 0 And wb.Cells(j,16) > 0 Then
            wa.Cells(43,1) = i & "同比增长率低于平均水平,存货规模增速放缓。"
        '由平均负增长转为增长,规模开始复苏
        ElseIf wb.Cells(j,15) > wb.Cells(j,16) And wb.Cells(j,15) > 0 And wb.Cells(j,16) < 0 Then
            wa.Cells(43,1) = i & "由平均下降转为同比增长,存货规模开始复苏。"
        '由平均增长转为同比负增长,规模开始下滑
        ElseIf wb.Cells(j,15) < wb.Cells(j,16) And wb.Cells(j,15) < 0 And wb.Cells(j,16) > 0 Then
            wa.Cells(43,1) = i & "由平均增长转为同比下降,存货规模开始下滑。"
        '同比负增长低于平均负增长,规模下滑开始放缓
        ElseIf Abs(wb.Cells(j,15)) < Abs(wb.Cells(j,16)) And wb.Cells(j,15) < 0 And wb.Cells(j,16) < 0 Then
            wa.Cells(43,1) = i & "同比下降低于平均下降水平,存货规模下滑开始放缓。"
        '同比负增长高于平均负增长,规模下滑持续加速
        ElseIf Abs(wb.Cells(j,15)) > Abs(wb.Cells(j,16)) And wb.Cells(j,15) < 0 And wb.Cells(j,16) < 0 Then
            wa.Cells(43,1) = i & "同比下降高于平均下降水平,存货规模持续下滑。"
        Else
            wa.Cells(43,1) = "存货没有发生额。"
        End If
End Sub
```

步骤十一：编写持有待售资产分析代码。参考代码如下所示。

👉 **成功之钥匙**

代码含义：

```
Sub 持有待售资产情况分析()
    'i 代表描述信息变量
    Dim i As String,j,k,wa As Worksheet,wb As Worksheet
    Set wa = Worksheets("资产负债表分析报告")
    Set wb = Worksheets("资产负债基础表")
```

```
                j = 17
i = wb.Cells(j,13) & Format(wb.Cells(j,14),"0.00 亿元,") & _
Format(wb.Cells(j,17),"占流动资产的 0.00% 。") & _
Format(wb.Cells(j,15),"同比增长 0.00% ,;同比下降 0.00% ,") & _
Format(wb.Cells(j,16),"平均增长 0.00% 。;平均下降 0.00% 。")
        '如果同比增长高于平均水平,规模持续增强。
        If wb.Cells(j,15) > wb.Cells(j,16) And wb.Cells(j,15) > 0 And wb.Cells(j,16) > 0 Then
            wa.Cells(44,1) = i & "同比增长率高于平均水平,持有待售资产规模持续增强。"
            '如果同比增长等于平均增长,同比与平均都正增长,规模趋于稳定
        ElseIf wb.Cells(j,15) = wb.Cells(j,16) And wb.Cells(j,15) > 0 And wb.Cells(j,16) > 0 Then
            wa.Cells(44,1) = i & "同比增长率等于平均水平,持有待售资产规模趋于稳定。"
            '如果同比增长等于平均增长,同比增长和平均增长为负数,规模下滑趋势没改。
        ElseIf wb.Cells(j,15) = wb.Cells(j,16) And wb.Cells(j,15) < 0 And wb.Cells(j,16) < 0 Then
            wa.Cells(44,1) = i & "同比下降率等于平均下降水平,持有待售资产规模下滑趋势没改。"
            '如果同比增长低十平均增长,同比增长和平均增长为止数,规模增速放缓
        ElseIf wb.Cells(j,15) < wb.Cells(j,16) And wb.Cells(j,15) > 0 And wb.Cells(j,16) > 0 Then
            wa.Cells(44,1) = i & "同比增长率低于平均水平,持有待售资产规模增速放缓。"
            '由平均负增长转为增长,规模开始复苏
        ElseIf wb.Cells(j,15) > wb.Cells(j,16) And wb.Cells(j,15) > 0 And wb.Cells(j,16) < 0 Then
            wa.Cells(44,1) = i & "由平均下降转为同比增长,持有待售资产规模开始复苏。"
            '由平均增长转为同比负增长,规模开始下滑
        ElseIf wb.Cells(j,15) < wb.Cells(j,16) And wb.Cells(j,15) < 0 And wb.Cells(j,16) > 0 Then
            wa.Cells(44,1) = i & "由平均增长转为同比下降,持有待售资产规模开始下滑。"
            '同比负增长低于平均负增长,规模下滑开始放缓
        ElseIf Abs(wb.Cells(j,15)) < Abs(wb.Cells(j,16)) And wb.Cells(j,15) < 0 And wb.Cells(j,16) < 0 Then
            wa.Cells(44,1) = i & "同比下降低于平均下降水平,持有待售资产规模下滑开始放缓。"
            '同比负增长高于平均负增长,规模下滑持续加速
        ElseIf Abs(wb.Cells(j,15)) > Abs(wb.Cells(j,16)) And wb.Cells(j,15) < 0 And wb.Cells(j,16) < 0 Then
            wa.Cells(44,1) = i & "同比下降高于平均下降水平,持有待售资产规模持续下滑。"
        Else
            wa.Cells(44,1) = "持有待售资产没有发生额。"
        End If
End Sub
```

步骤十二：编写其他流动资产分析代码。参考代码如下所示。

成功之钥匙

代码含义：

```
Sub 其他流动资产情况分析()
    'i 代表描述信息变量
    Dim i As String, j, k, wa As Worksheet, wb As Worksheet
    Set wa = Worksheets("资产负债表分析报告")
    Set wb = Worksheets("资产负债基础表")
        j = 18
i = wb.Cells(j,13) & Format(wb.Cells(j,14),"0.00 亿元,") & _
Format(wb.Cells(j,17),"占流动资产的 0.00% 。") & _
Format(wb.Cells(j,15),"同比增长 0.00% ,;同比下降 0.00% ,") & _
Format(wb.Cells(j,16),"平均增长 0.00% 。;平均下降 0.00% 。")
        '如果同比增长高于平均水平,规模持续增强。
        If wb.Cells(j,15) > wb.Cells(j,16) And wb.Cells(j,15) > 0 And wb.Cells(j,16) > 0 Then
            wa.Cells(45,1) = i & "同比增长率高于平均水平,其他流动资产规模持续增强。"
            '如果同比增长等于平均增长,同比与平均都正增长,规模趋于稳定
        ElseIf wb.Cells(j,15) = wb.Cells(j,16) And wb.Cells(j,15) > 0 And wb.Cells(j,16) > 0 Then
            wa.Cells(45,1) = i & "同比增长率等于平均水平,其他流动资产规模趋于稳定。"
            '如果同比增长等于平均增长,同比增长和平均增长为负数,规模下滑趋势没改。
        ElseIf wb.Cells(j,15) = wb.Cells(j,16) And wb.Cells(j,15) < 0 And wb.Cells(j,16) < 0 Then
            wa.Cells(45,1) = i & "同比下降率等于平均下降水平,其他流动资产规模下滑趋势没改。"
            '如果同比增长低于平均增长,同比增长和平均增长为正数,规模增速放缓
        ElseIf wb.Cells(j,15) < wb.Cells(j,16) And wb.Cells(j,15) > 0 And wb.Cells(j,16) > 0 Then
            wa.Cells(45,1) = i & "同比增长率低于平均水平,其他流动资产规模增速放缓。"
            '由平均负增长转为增长,规模开始复苏
        ElseIf wb.Cells(j,15) > wb.Cells(j,16) And wb.Cells(j,15) > 0 And wb.Cells(j,16) < 0 Then
            wa.Cells(45,1) = i & "由平均下降转为同比增长,其他流动资产规模开始复苏。"
            '由平均增长转为同比负增长,规模开始下滑
        ElseIf wb.Cells(j,15) < wb.Cells(j,16) And wb.Cells(j,15) < 0 And wb.Cells(j,16) > 0 Then
            wa.Cells(45,1) = i & "由平均增长转为同比下降,其他流动资产规模开始下滑。"
```

```
        '同比负增长低于平均负增长,规模下滑开始放缓
    ElseIf Abs(wb.Cells(j,15))<Abs(wb.Cells(j,16)) And wb.Cells(j,15)<0 And wb.Cells(j,16)<0 Then
            wa.Cells(45,1)=i & "同比下降低于平均下降水平,其他流动资产规模下滑开始放缓。"
        '同比负增长高于平均负增长,规模下滑持续加速
    ElseIf Abs(wb.Cells(j,15))>Abs(wb.Cells(j,16)) And wb.Cells(j,15)<0 And wb.Cells(j,16)<0 Then
            wa.Cells(45,1)=i & "同比下降高于平均下降水平,其他流动资产规模持续下滑。"
        Else
            wa.Cells(45,1)="其他流动资产没有发生额。"
        End If
End Sub
```

4.3.2.3 可视化图表

依据辅助表,设计可视化动态分析图表。步骤如下:

步骤一:编写制作图表代码。因为流动资产分析项目较多,这里分两部分设置图表。

(1) 选择资产负债辅助分析表 M4:Q10 区域数据,制作成柱形图,存放到资产负债表分析报告 A27 位置。参考代码如下所示。

成功之钥匙

代码含义:

```
Sub 制作流动资产情况图表1()
    Dim wa As Worksheet
    Dim ws As Worksheet
    Dim cht As ChartObject
    Dim rng As Range
    '选择"资产负债基础表"工作表
    Set wa=ThisWorkbook.Sheets("资产负债基础表")
    '复制 M2:Q2,M4:Q10 区域的数据
    wa.Range("M2:Q2,M4:Q10").Copy
    '将数据粘贴到 T17:X25 区域
    wa.Range("T9:X16").PasteSpecial Paste:=xlPasteValues
    '设置工作表
    Set ws=ThisWorkbook.Sheets("资产负债表分析报告")
    '定义图表位置
    Set rng=ws.Range("A27")
    '在工作表中插入一个图表对象
    Set cht=ws.ChartObjects.Add(Left:=rng.Left,Width:=700,Top:=rng.Top,Height:=170)
    '设置图表数据源
    cht.chart.SetSourceData Source:=wa.Range("$T$9:$X$16")
    '设置图表类型为柱形图
    cht.chart.chartType=xlColumnClustered
    '添加数据标签
    cht.chart.SeriesCollection(1).ApplyDataLabels
    '设置图表标题
    cht.chart.HasTitle=True
    cht.chart.ChartTitle.Text="流动资产情况分析"
    '设置图例位置
    cht.chart.HasLegend=True
    cht.chart.Legend.Position=xlLegendPositionBottom
End Sub
```

(2) 选择资产负债辅助分析表 M11:Q18 区域数据,制作成柱形图,存放到资产负债表分析报告 A46 位置。参考代码如下所示。

成功之钥匙

代码含义:

```
Sub 制作流动资产情况图表2()
    Dim wa As Worksheet
    Dim ws As Worksheet
    Dim cht As ChartObject
    Dim rng As Range
```

```
'选择"资产负债基础表"工作表
 Set wa = ThisWorkbook.Sheets("资产负债基础表")
    '复制 M2:Q2,M11:Q18 区域的数据
wa.Range("M2:Q2,M11:Q18").Copy
'将数据粘贴到 T2:X6 区域
wa.Range("T17:X25").PasteSpecial Paste: = xlPasteValues
' 设置工作表
Set ws = ThisWorkbook.Sheets("资产负债表分析报告")
' 定义图表位置
Set rng = ws.Range("A46")
' 在工作表中插入一个图表对象
Set cht = ws.ChartObjects.Add(Left: = rng.Left,Width: = 700,Top: = rng.Top,Height: = 170)
' 设置图表数据源
cht.chart.SetSourceData Source: = wa.Range("$T$17:$X$25")
' 设置图表类型为柱形图
cht.chart.chartType = xlColumnClustered
' 添加数据标签
cht.chart.SeriesCollection(1).ApplyDataLabels
' 设置图表标题
cht.chart.HasTitle = True
cht.chart.ChartTitle.Text = "流动资产情况分析"
' 设置图例位置
cht.chart.HasLegend = True
cht.chart.Legend.Position = xlLegendPositionBottom
End Sub
```

步骤二：嵌入柱形图1。如图4-17所示。

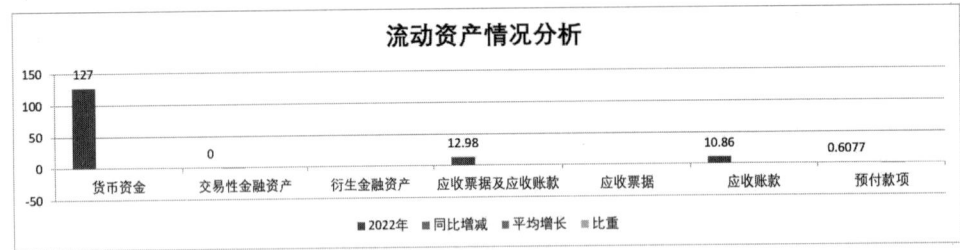

图4-17　嵌入柱形图1

步骤三：更图表类型。按照上面法进行图表更改、美化等步骤后，便可制成可视化动态分析图。如图4-18所示。

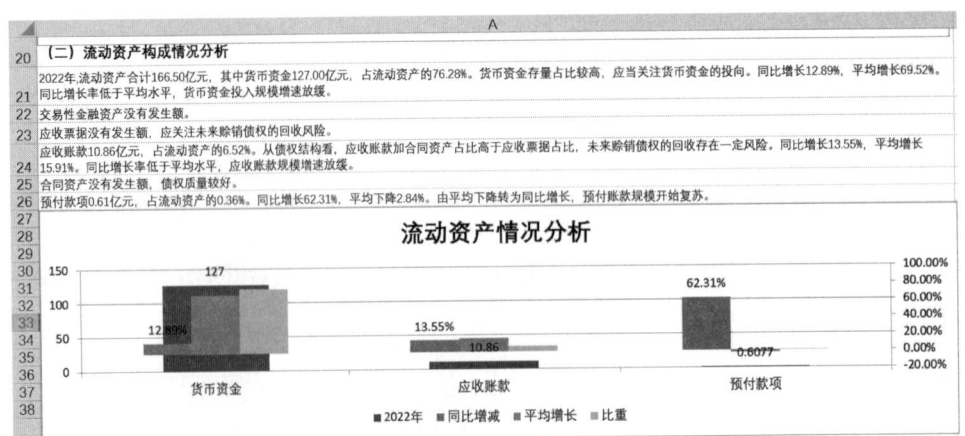

图4-18　流动资产分析情况1

步骤四：嵌入柱形图2。如图4-19所示。

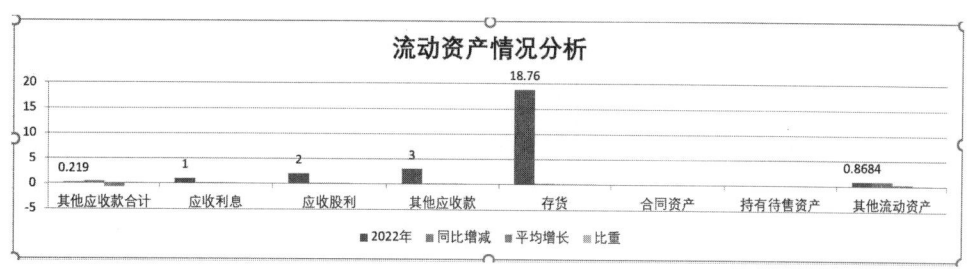

图 4 – 19　嵌入柱形图 2

步骤五：更图表类型。按照上面法进行图表更改、美化等步骤后，便可制成可视化动态分析图。如图 4 – 20 所示。

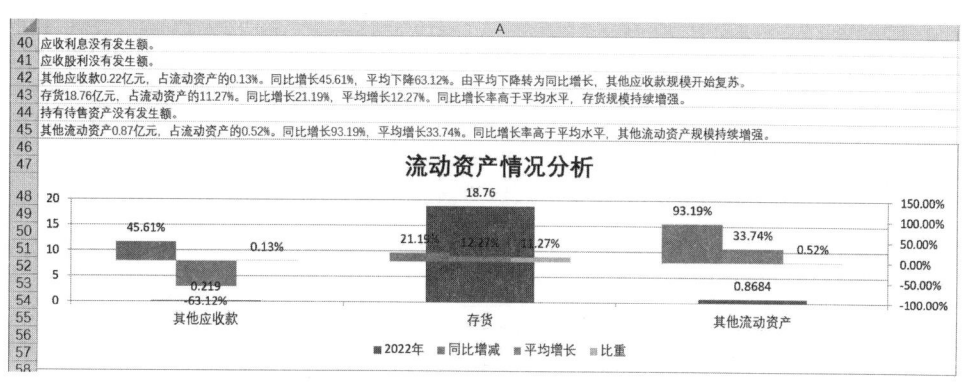

图 4 – 20　流动资产分析情况 2

4.3.3　非流动资产情况分析

4.3.3.1　分析重点

非流动资产分析重点：分析各类、各项非流动资产的变动状况；发现变动幅度较大，或对总资产影响较大的重点类别和重点项目；分析非流动资产变动的合理性与效率性；考察非资产规模变动与资产总额变动的适应程度，进而评价企业财务结构的稳定性和安全性。

非流动资产分析要素：固定资产、长期投资、短期投资、无形资产等。一般情况下，非流动资产比往年提高，说明公司的生产能力提高与发展能力增强。

固定资产增加表明企业生产能力增强。长期投资的增加，表明公司的成长前景看好。

无形资产增加表明企业技术能力增强。

4.3.3.2　VBA 智能分析代码

以辅助分析表 M21：Q33 为数据源编写 VBA 代码，将分析结果存放到资产负债表分析报告 A60：A81 区域。步骤如下：

步骤一：编写长期股权投资分析代码。参考代码如下所示。

☝ 成功之钥匙

代码含义：

```
Sub 长期股权投资分析()
    'i 代表描述信息变量
    Dim i As String,j,k,wa As Worksheet,wb As Worksheet
    Set wa = Worksheets("资产负债表分析报告")
    Set wb = Worksheets("资产负债基础表")
```

```
            wa.Cells(59,1) = "(三)非流动资产构成情况分析"
            wa.Cells(59,1).Font.Bold = True
            j = 22
i = wb.Cells(2,14) & "," & wb.Cells(33,13) & Format(wb.Cells(33,14),"0.00 亿元,其中") &_
wb.Cells(j,13) & Format(wb.Cells(j,14),"0.00 亿元,") &_
Format(wb.Cells(j,17),"占非流动资产的 0.00% 。") &_
Format(wb.Cells(j,15),"同比增长 0.00% ,;同比下降 0.00% ,") &_
Format(wb.Cells(j,16),"平均增长 0.00% 。;平均下降 0.00% 。")
            '如果同比增长高于平均水平,规模持续增强。
            If wb.Cells(j,15) > wb.Cells(j,16) And wb.Cells(j,15) > 0 And wb.Cells(j,16) > = 0 Then
                wa.Cells(60,1) = i & "同比增长率高于平均水平,对外投资规模持续增强。"
            '如果同比增长等于平均增长,同比与平均都正增长,规模趋于稳定
            ElseIf wb.Cells(j,15) = wb.Cells(j,16) And wb.Cells(j,15) > 0 And wb.Cells(j,16) > = 0 Then
                wa.Cells(60,1) = i & "同比增长率等于平均水平,对外投资规模趋于稳定。"
            '如果同比增长等于平均增长,同比增长和平均增长为负数,对外投资规模下滑趋势没改。
            ElseIf wb.Cells(j,15) = wb.Cells(j,16) And wb.Cells(j,15) < 0 And wb.Cells(j,16) < = 0 Then
                wa.Cells(60,1) = i & "同比下降率等于平均下降水平,对外投资规模下滑趋势没改。"
            '如果同比增长低于平均增长,同比增长和平均增长为正数,规模增速放缓
            ElseIf wb.Cells(j,15) < wb.Cells(j,16) And wb.Cells(j,15) > 0 And wb.Cells(j,16) > = 0 Then
                wa.Cells(60,1) = i & "同比增长率低于平均水平,对外投资规模增速放缓。"
            '由平均负增长转为增长,规模开始复苏
            ElseIf wb.Cells(j,15) > wb.Cells(j,16) And wb.Cells(j,15) > 0 And wb.Cells(j,16) < = 0 Then
                wa.Cells(60,1) = i & "由平均下降转为同比增长,对外投资规模开始复苏。"
            '由平均增长转为同比负增长,规模开始下滑
            ElseIf wb.Cells(j,15) < wb.Cells(j,16) And wb.Cells(j,15) < 0 And wb.Cells(j,16) > = 0 Then
                wa.Cells(60,1) = i & "由平均增长转为同比下降,对外投资规模开始下滑。"
            '同比负增长低于平均负增长,下滑开始放缓
            ElseIf Abs(wb.Cells(j,15)) < Abs(wb.Cells(j,16)) And wb.Cells(j,15) < 0 And wb.Cells(j,16) < = 0 Then
                wa.Cells(60,1) = i & "同比下降低于平均下降水平,对外投资规模下滑开始放缓。"
            '同比负增长高于平均负增长,下滑持续加速
            ElseIf Abs(wb.Cells(j,15)) > Abs(wb.Cells(j,16)) And wb.Cells(j,15) < 0 And wb.Cells(j,16) < = 0 Then
                wa.Cells(60,1) = i & "同比下降高于平均下降水平,对外投资规模持续下滑。"
            End If
End Sub
```

步骤二：编写其他权益工具投资分析代码。参考代码如下所示。

成功之钥匙

代码含义：

```
Sub 其他权益投资分析()
    'i 代表描述信息变量
    Dim i As String,j,k,wa As Worksheet,wb As Worksheet
    Set wa = Worksheets("资产负债表分析报告")
    Set wb = Worksheets("资产负债基础表")
    j = 23
i = wb.Cells(j,13) & Format(wb.Cells(j,14),"0.00 亿元,") &_
Format(wb.Cells(j,17),"占非流动资产的 0.00% 。") &_
Format(wb.Cells(j,15),"同比增长 0.00% ,;同比下降 0.00% ,") &_
Format(wb.Cells(j,16),"平均增长 0.00% 。;平均下降 0.00% 。")
            '如果同比增长高于平均水平,规模持续增强。
            If wb.Cells(j,15) > wb.Cells(j,16) And wb.Cells(j,15) > 0 And wb.Cells(j,16) > = 0 Then
                wa.Cells(61,1) = i & "同比增长率高于平均水平,其他权益投资规模持续增强。"
            '如果同比增长等于平均增长,同比与平均都正增长,规模趋于稳定
            ElseIf wb.Cells(j,15) = wb.Cells(j,16) And wb.Cells(j,15) > 0 And wb.Cells(j,16) > = 0 Then
                wa.Cells(61,1) = i & "同比增长率等于平均水平,其他权益投资规模趋于稳定。"
            '如果同比增长等于平均增长,同比增长和平均增长为负数,对外投资规模下滑趋势没改。
            ElseIf wb.Cells(j,15) = wb.Cells(j,16) And wb.Cells(j,15) < 0 And wb.Cells(j,16) < = 0 Then
                wa.Cells(61,1) = i & "同比下降率等于平均下降水平,其他权益投资规模下滑趋势没改。"
            '如果同比增长低于平均增长,同比增长和平均增长为正数,规模增速放缓
            ElseIf wb.Cells(j,15) < wb.Cells(j,16) And wb.Cells(j,15) > 0 And wb.Cells(j,16) > = 0 Then
                wa.Cells(61,1) = i & "同比增长率低于平均水平,其他权益投资规模增速放缓。"
            '由平均负增长转为增长,规模开始复苏
            ElseIf wb.Cells(j,15) > wb.Cells(j,16) And wb.Cells(j,15) > 0 And wb.Cells(j,16) < = 0 Then
                wa.Cells(61,1) = i & "由平均下降转为同比增长,其他权益投资规模开始复苏。"
            '由平均增长转为同比负增长,规模开始下滑
            ElseIf wb.Cells(j,15) < wb.Cells(j,16) And wb.Cells(j,15) < 0 And wb.Cells(j,16) > = 0 Then
```

```
        wa.Cells(61,1) = i & "由平均增长转为同比下降,其他权益投资规模开始下滑。"
    '同比负增长低于平均负增长,下滑开始放缓
    ElseIf Abs(wb.Cells(j,15)) < Abs(wb.Cells(j,16)) And wb.Cells(j,15) < 0 And wb.Cells(j,16) < =0 Then
        wa.Cells(61,1) = i & "同比下降低于平均下降水平,其他权益投资规模下滑开始放缓。"
    '同比负增长高于平均负增长,下滑持续加速
    ElseIf Abs(wb.Cells(j,15)) > Abs(wb.Cells(j,16)) And wb.Cells(j,15) < 0 And wb.Cells(j,16) < =0 Then
        wa.Cells(61,1) = i & "同比下降高于平均下降水平,其他权益投资规模持续下滑。"
    Else
        wa.Cells(61,1) = "其他权益投资没有发生额。"
    End If
End Sub
```

步骤三：编写其他非流动资产分析代码。参考代码如下所示。

成功之钥匙

代码含义：

```
Sub 其他非流动金融资产分析()
    'i 代表描述信息变量
    Dim i As String,j,k,wa As Worksheet,wb As Worksheet
    Set wa = Worksheets("资产负债表分析报告")
    Set wb = Worksheets("资产负债基础表")
    j = 24
i = wb.Cells(j,13) & Format(wb.Cells(j,14),"0.00 亿元,") & _
Format(wb.Cells(j,17),"占非流动资产的 0.00% 。") & _
Format(wb.Cells(j,15),"同比增长 0.00% ;同比下降 0.00% ,") & _
Format(wb.Cells(j,16),"平均增长 0.00% ;平均下降 0.00% 。")
    '如果同比增长高于平均水平,规模持续增强。
    If wb.Cells(j,15) > wb.Cells(j,16) And wb.Cells(j,15) > 0 And wb.Cells(j,16) > =0 Then
        wa.Cells(62,1) = i & "同比增长率高于平均水平,其他非流动金融资产规模持续增强。"
    '如果同比增长等于平均增长,同比与平均都正增长,规模趋于稳定
    ElseIf wb.Cells(j,15) = wb.Cells(j,16) And wb.Cells(j,15) > 0 And wb.Cells(j,16) > =0 Then
        wa.Cells(62,1) = i & "同比增长率等于平均水平,其他非流动金融资产规模趋于稳定。"
    '如果同比增长等于平均增长,同比增长和平均增长为负数,对外投资规模下滑趋势没改。
    ElseIf wb.Cells(j,15) = wb.Cells(j,16) And wb.Cells(j,15) < 0 And wb.Cells(j,16) < =0 Then
        wa.Cells(62,1) = i & "同比下降率等于平均下降水平,其他非流动金融资产投资规模下滑趋势没改。"
    '如果同比增长低于平均增长,同比增长和平均增长为正数,规模增速放缓
    ElseIf wb.Cells(j,15) < wb.Cells(j,16) And wb.Cells(j,15) > 0 And wb.Cells(j,16) > =0 Then
        wa.Cells(62,1) = i & "同比增长率低于平均水平,其他非流动金融资产投资规模增速放缓。"
    '由平均负增长转为增长,规模开始复苏
    ElseIf wb.Cells(j,15) > wb.Cells(j,16) And wb.Cells(j,15) > 0 And wb.Cells(j,16) < =0 Then
        wa.Cells(62,1) = i & "由平均下降转为同比增长,其他非流动金融资产投资规模开始复苏。"
    '由平均增长转为同比负增长,规模开始下滑
    ElseIf wb.Cells(j,15) < wb.Cells(j,16) And wb.Cells(j,15) < 0 And wb.Cells(j,16) > =0 Then
        wa.Cells(62,1) = i & "由平均增长转为同比下降,其他非流动金融资产投资规模开始下滑。"
    '同比负增长低于平均负增长,下滑开始放缓
    ElseIf Abs(wb.Cells(j,15)) < Abs(wb.Cells(j,16)) And wb.Cells(j,15) < 0 And wb.Cells(j,16) < =0 Then
        wa.Cells(62,1) = i & "同比下降低于平均下降水平,其他非流动金融资产投资规模下滑开始放缓。"
    '同比负增长高于平均负增长,下滑持续加速
    ElseIf Abs(wb.Cells(j,15)) > Abs(wb.Cells(j,16)) And wb.Cells(j,15) < 0 And wb.Cells(j,16) < =0 Then
        wa.Cells(62,1) = i & "同比下降高于平均下降水平,其他非流动金融资产投资规模持续下滑。"
    Else
        wa.Cells(62,1) = "其他非流动金融资产投资没有发生额。"
    End If
End Sub
```

步骤四：编写投资性房地产分析代码。参考代码如下所示。

成功之钥匙

代码含义：

```
Sub 投资性房地产分析()
    'i 代表描述信息变量
    Dim i As String,j,k,wa As Worksheet,wb As Worksheet
    Set wa = Worksheets("资产负债表分析报告")
    Set wb = Worksheets("资产负债基础表")
```

```
        j = 25
i = wb.Cells(j,13) & Format(wb.Cells(j,14),"0.00 亿元,") & _
Format(wb.Cells(j,17),"占非流动资产的0.00% 。") & _
Format(wb.Cells(j,15),"同比增长0.00% ;同比下降0.00% ,") & _
Format(wb.Cells(j,16),"平均增长0.00% ;平均下降0.00% 。")
        '如果同比增长高于平均水平,规模持续增强。
        If wb.Cells(j,15) > wb.Cells(j,16) And wb.Cells(j,15) > 0 And wb.Cells(j,16) >= 0 Then
            wa.Cells(63,1) = i & "同比增长率高于平均水平,赚取租金或者资本增值能力增强。"
            '如果同比增长等于平均增长,同比与平均都正增长,规模趋于稳定
        ElseIf wb.Cells(j,15) = wb.Cells(j,16) And wb.Cells(j,15) > 0 And wb.Cells(j,16) >= 0 Then
            wa.Cells(63,1) = i & "同比增长率等于平均水平,赚取租金或者资本增值能力趋于稳定。"
            '如果同比增长等于平均增长,同比增长和平均增长为负数,对外投资规模下滑趋势没改。
        ElseIf wb.Cells(j,15) = wb.Cells(j,16) And wb.Cells(j,15) < 0 And wb.Cells(j,16) <= 0 Then
            wa.Cells(63,1) = i & "同比下降率等于平均下降水平,赚取租金或者资本增值能力下滑趋势没改。"
            '如果同比增长低于平均增长,同比增长和平均增长为正数,规模增速放缓。
        ElseIf wb.Cells(j,15) < wb.Cells(j,16) And wb.Cells(j,15) > 0 And wb.Cells(j,16) >= 0 Then
            wa.Cells(63,1) = i & "同比增长率低于平均水平,赚取租金或者资本增值能力增速放缓。"
            '由平均负增长转为增长,规模开始复苏。
        ElseIf wb.Cells(j,15) > wb.Cells(j,16) And wb.Cells(j,15) > 0 And wb.Cells(j,16) <= 0 Then
            wa.Cells(63,1) = i & "由平均下降转为同比增长,赚取租金或者资本增值能力开始复苏。"
            '由平均增长转为同比负增长,规模开始下滑
        ElseIf wb.Cells(j,15) < wb.Cells(j,16) And wb.Cells(j,15) < 0 And wb.Cells(j,16) >= 0 Then
            wa.Cells(63,1) = i & "由平均增长转为同比下降,赚取租金或者资本增值能力开始下滑。"
            '同比负增长低于平均负增长,下滑开始放缓
        ElseIf Abs(wb.Cells(j,15)) < Abs(wb.Cells(j,16)) And wb.Cells(j,15) < 0 And wb.Cells(j,16) <= 0 Then
            wa.Cells(63,1) = i & "同比下降低于平均下降水平,赚取租金或者资本增值能力下滑开始放缓。"
            '同比负增长高于平均负增长,下滑持续加速
        ElseIf Abs(wb.Cells(j,15)) > Abs(wb.Cells(j,16)) And wb.Cells(j,15) < 0 And wb.Cells(j,16) <= 0 Then
            wa.Cells(63,1) = i & "同比下降高于平均下降水平,赚取租金或者资本增值能力持续下滑。"
        Else
            wa.Cells(63,1) = "投资性房地产没有发生额。"
        End If
End Sub
```

步骤五:编写固定资产分析代码。参考代码如下所示。

成功之钥匙

代码含义:

```
Sub 固定资产分析()
    'i 代表描述信息变量
    Dim i As String, j, k, wa As Worksheet, wb As Worksheet
    Set wa = Worksheets("资产负债表分析报告")
    Set wb = Worksheets("资产负债基础表")
    j = 26
i = wb.Cells(j,13) & Format(wb.Cells(j,14),"0.00 亿元,") & _
Format(wb.Cells(j,17),"占非流动资产的0.00% 。") & _
Format(wb.Cells(j,15),"同比增长0.00% ;同比下降0.00% ,") & _
Format(wb.Cells(j,16),"平均增长0.00% ;平均下降0.00% 。")
        '如果同比增长高于平均水平,规模持续增强。
        If wb.Cells(j,15) > wb.Cells(j,16) And wb.Cells(j,15) > 0 And wb.Cells(j,16) >= 0 Then
            wa.Cells(64,1) = i & "同比增长率高于平均水平,生产能力不断增强,但应关注其配置合理性。"
            '如果同比增长等于平均增长,同比与平均都正增长,规模趋于稳定
        ElseIf wb.Cells(j,15) = wb.Cells(j,16) And wb.Cells(j,15) > 0 And wb.Cells(j,16) >= 0 Then
            wa.Cells(64,1) = i & "同比增长率等于平均水平,生产能力趋于稳定。"
            '如果同比增长等于平均增长,同比增长和平均增长为负数,规模下滑趋势没改。
        ElseIf wb.Cells(j,15) = wb.Cells(j,16) And wb.Cells(j,15) < 0 And wb.Cells(j,16) <= 0 Then
            wa.Cells(64,1) = i & "同比下降率等于平均下降水平,生产能力下滑趋势没改。"
            '如果同比增长低于平均增长,同比增长和平均增长为正数,规模增速放缓
        ElseIf wb.Cells(j,15) < wb.Cells(j,16) And wb.Cells(j,15) > 0 And wb.Cells(j,16) >= 0 Then
            wa.Cells(64,1) = i & "同比增长率低于平均水平,生产能力增速放缓。"
            '由平均负增长转为增长,规模开始复苏
        ElseIf wb.Cells(j,15) > wb.Cells(j,16) And wb.Cells(j,15) > 0 And wb.Cells(j,16) <= 0 Then
            wa.Cells(64,1) = i & "由平均下降转为同比增长,生产能力开始复苏。"
            '由平均增长转为同比负增长,规模开始下滑
        ElseIf wb.Cells(j,15) < wb.Cells(j,16) And wb.Cells(j,15) < 0 And wb.Cells(j,16) >= 0 Then
            wa.Cells(64,1) = i & "由平均增长转为同比下降,生产能力开始下滑。"
```

```
    '同比负增长低于平均负增长,下滑开始放缓
    ElseIf Abs(wb.Cells(j,15))<Abs(wb.Cells(j,16)) And wb.Cells(j,15)<0 And wb.Cells(j,16)<=0 Then
        wa.Cells(64,1)=i & "同比下降低于平均下降水平,生产能力下滑开始放缓。"
    '同比负增长高于平均负增长,下滑持续加速
    ElseIf Abs(wb.Cells(j,15))>Abs(wb.Cells(j,16)) And wb.Cells(j,15)<0 And wb.Cells(j,16)<=0 Then
        wa.Cells(64,1)=i & "同比下降高于平均下降水平,生产能力持续下滑。"
    Else
        wa.Cells(64,1)="固定资产没有发生额。"
    End If
End Sub
```

步骤六：编写在建工程分析代码。参考代码如下所示。

🖐 成功之钥匙

代码含义：

```
Sub 在建工程分析()
    'i 代表描述信息变量
    Dim i As String,j,k,wa As Worksheet,wb As Worksheet
    Set wa=Worksheets("资产负债表分析报告")
    Set wb=Worksheets("资产负债基础表")
    j=27
i=wb.Cells(j,13)& Format(wb.Cells(j,14),"0.00 亿元,")&_
Format(wb.Cells(j,17),"占非流动资产的 0.00% 。")&_
Format(wb.Cells(j,15),"同比增长 0.00% ,;同比下降 0.00% ,")&_
Format(wb.Cells(j,16),"平均增长 0.00% ;平均下降 0.00% 。")
    '如果同比增长高于平均水平,规模持续增强。
    If wb.Cells(j,15)>wb.Cells(j,16) And wb.Cells(j,15)>0 And wb.Cells(j,16)>=0 Then
        wa.Cells(65,1)=i & "同比增长率高于平均水平,在建工程投入不断增强,但应关注其配置合理性。"
    '如果同比增长等于平均增长,同比与平均都正增长,规模趋于稳定
    ElseIf wb.Cells(j,15)=wb.Cells(j,16) And wb.Cells(j,15)>0 And wb.Cells(j,16)>=0 Then
        wa.Cells(65,1)=i & "同比增长率等于平均水平,在建工程投入趋于稳定。"
    '如果同比增长等于平均增长,同比增长和平均增长为负数,规模下滑趋势没改。
    ElseIf wb.Cells(j,15)=wb.Cells(j,16) And wb.Cells(j,15)<0 And wb.Cells(j,16)<=0 Then
        wa.Cells(65,1)=i & "同比下降率等于平均下降水平,在建工程投入下滑趋势没改。"
    '如果同比增长低于平均增长,同比增长和平均增长为正数,规模增速放缓
    ElseIf wb.Cells(j,15)<wb.Cells(j,16) And wb.Cells(j,15)>0 And wb.Cells(j,16)>=0 Then
        wa.Cells(65,1)=i & "同比增长率低于平均水平,在建工程投入增速放缓。"
    '由平均负增长转为增长,规模开始复苏
    ElseIf wb.Cells(j,15)>wb.Cells(j,16) And wb.Cells(j,15)>0 And wb.Cells(j,16)<=0 Then
        wa.Cells(65,1)=i & "由平均下降转为同比增长,在建工程投入开始复苏。"
    '由平均增长转为同比负增长,规模开始下滑
    ElseIf wb.Cells(j,15)<wb.Cells(j,16) And wb.Cells(j,15)<0 And wb.Cells(j,16)>=0 Then
        wa.Cells(65,1)=i & "由平均增长转为同比下降,在建工程投入开始下滑。"
    '同比负增长低于平均负增长,下滑开始放缓
    ElseIf Abs(wb.Cells(j,15))<Abs(wb.Cells(j,16)) And wb.Cells(j,15)<0 And wb.Cells(j,16)<=0 Then
        wa.Cells(65,1)=i & "同比下降低于平均下降水平,在建工程投入下滑开始放缓。"
    '同比负增长高于平均负增长,下滑持续加速
    ElseIf Abs(wb.Cells(j,15))>Abs(wb.Cells(j,16)) And wb.Cells(j,15)<0 And wb.Cells(j,16)<=0 Then
        wa.Cells(65,1)=i & "同比下降高于平均下降水平,在建工程投入持续下滑。"
    Else
        wa.Cells(65,1)="在建工程没有发生额。"
    End If
End Sub
```

步骤七：编写无形资产分析代码。参考代码如下所示。

🖐 成功之钥匙

代码含义：

```
Sub 无形资产分析()
    'i 代表描述信息变量
    Dim i As String,j,k,wa As Worksheet,wb As Worksheet
    Set wa=Worksheets("资产负债表分析报告")
    Set wb=Worksheets("资产负债基础表")
    j=28
```

```
        i = wb.Cells(j,13) & Format(wb.Cells(j,14),"0.00 亿元,") & _
Format(wb.Cells(j,17),"占非流动资产的 0.00% 。") & _
Format(wb.Cells(j,15),"同比增长 0.00% ,;同比下降 0.00% ,") & _
Format(wb.Cells(j,16),"平均增长 0.00% 。;平均下降 0.00% 。")
        '如果同比增长高于平均水平,规模持续增强。
        If wb.Cells(j,15) > wb.Cells(j,16) And wb.Cells(j,15) > 0 And wb.Cells(j,16) > = 0 Then
            wa.Cells(77,1) = i & "同比增长率高于平均水平,可持续发展能力和竞争能力增强。"
        '如果同比增长等于平均增长,同比与平均都正增长,规模趋于稳定
        ElseIf wb.Cells(j,15) = wb.Cells(j,16) And wb.Cells(j,15) > 0 And wb.Cells(j,16) > = 0 Then
            wa.Cells(77,1) = i & "同比增长率等于平均水平,可持续发展能力和竞争能力趋于稳定。"
            '如果同比增长等于平均增长,同比增长和平均增长为负数,规模下滑趋势没改。
        ElseIf wb.Cells(j,15) = wb.Cells(j,16) And wb.Cells(j,15) < 0 And wb.Cells(j,16) < = 0 Then
            wa.Cells(77,1) = i & "同比下降率等于平均下降水平,可持续发展能力和竞争能力下滑趋势没改。"
            '如果同比增长低于平均增长,同比增长和平均增长为正数,规模增速放缓。
        ElseIf wb.Cells(j,15) < wb.Cells(j,16) And wb.Cells(j,15) > 0 And wb.Cells(j,16) > = 0 Then
            wa.Cells(77,1) = i & "同比增长率低于平均水平,可持续发展能力和竞争能力增速放缓。"
            '由平均负增长转为增长,规模开始复苏
        ElseIf wb.Cells(j,15) > wb.Cells(j,16) And wb.Cells(j,15) > 0 And wb.Cells(j,16) < = 0 Then
            wa.Cells(77,1) = i & "由平均下降转为同比增长,可持续发展能力和竞争能力开始复苏。"
            '由平均增长转为同比负增长,规模开始下滑
        ElseIf wb.Cells(j,15) < wb.Cells(j,16) And wb.Cells(j,15) < 0 And wb.Cells(j,16) > = 0 Then
            wa.Cells(77,1) = i & "由平均增长转为同比下降,可持续发展能力和竞争能力开始下滑。"
        '同比负增长低于平均负增长,下滑开始放缓
        ElseIf Abs(wb.Cells(j,15)) < Abs(wb.Cells(j,16)) And wb.Cells(j,15) < 0 And wb.Cells(j,16) < = 0 Then
            wa.Cells(77,1) = i & "同比下降低于平均下降水平,可持续发展能力和竞争能力下滑开始放缓。"
            '同比负增长高于平均负增长,下滑持续加速
        ElseIf Abs(wb.Cells(j,15)) > Abs(wb.Cells(j,16)) And wb.Cells(j,15) < 0 And wb.Cells(j,16) < = 0 Then
            wa.Cells(77,1) = i & "同比下降高于平均下降水平,可持续发展能力和竞争能力持续下滑。"
        Else
            wa.Cells(77,1) = "无形资产没有发生额。"
        End If
End Sub
```

步骤八:编写商誉分析代码。参考代码如下所示。

成功之钥匙

代码含义:

```
Sub 商誉分析()
    'i 代表描述信息变量
    Dim i As String,j,k,wa As Worksheet,wb As Worksheet
    Set wa = Worksheets("资产负债表分析报告")
    Set wb = Worksheets("资产负债基础表")
    j = 29
i = wb.Cells(j,13) & Format(wb.Cells(j,14),"0.00 亿元,") & _
Format(wb.Cells(j,17),"占非流动资产的 0.00% 。") & k & _
Format(wb.Cells(j,15),"同比增长 0.00% ,;同比下降 0.00% ,") & _
Format(wb.Cells(j,16),"平均增长 0.00% 。;平均下降 0.00% 。")
        '如果同比增长高于平均水平,规模持续增强。
        If wb.Cells(j,15) > wb.Cells(j,16) And wb.Cells(j,15) > 0 And wb.Cells(j,16) > = 0 Then
            wa.Cells(78,1) = i & "同比增长率高于平均水平,超额获利能力增强。"
            '如果同比增长等于平均增长,同比与平均都正增长,规模趋于稳定
        ElseIf wb.Cells(j,15) = wb.Cells(j,16) And wb.Cells(j,15) > 0 And wb.Cells(j,16) > = 0 Then
            wa.Cells(78,1) = i & "同比增长率等于平均水平,超额获利能力趋于稳定。"
            '如果同比增长等于平均增长,同比增长和平均增长为负数,规模下滑趋势没改。
        ElseIf wb.Cells(j,15) = wb.Cells(j,16) And wb.Cells(j,15) < 0 And wb.Cells(j,16) < = 0 Then
            wa.Cells(78,1) = i & "同比下降率等于平均下降水平,超额获利能力下滑趋势没改。"
            '如果同比增长低于平均增长,同比增长和平均增长为正数,规模增速放缓
        ElseIf wb.Cells(j,15) < wb.Cells(j,16) And wb.Cells(j,15) > 0 And wb.Cells(j,16) > = 0 Then
            wa.Cells(78,1) = i & "同比增长率低于平均水平,超额获利能力增速放缓。"
            '由平均负增长转为增长,规模开始复苏
        ElseIf wb.Cells(j,15) > wb.Cells(j,16) And wb.Cells(j,15) > 0 And wb.Cells(j,16) < = 0 Then
            wa.Cells(78,1) = i & "由平均下降转为同比增长,超额获利能力开始复苏。"
            '由平均增长转为同比负增长,规模开始下滑
        ElseIf wb.Cells(j,15) < wb.Cells(j,16) And wb.Cells(j,15) < 0 And wb.Cells(j,16) > = 0 Then
            wa.Cells(78,1) = i & "由平均增长转为同比下降,超额获利能力开始下滑。"
            '同比负增长低于平均负增长,下滑开始放缓
```

```
ElseIf Abs(wb.Cells(j,15))<Abs(wb.Cells(j,16)) And wb.Cells(j,15)<0 And wb.Cells(j,16)<=0 Then
    wa.Cells(78,1) = i & "同比下降低于平均下降水平,超额获利能力下滑开始放缓。"
    '同比负增长高于平均负增长,下滑持续加速
ElseIf Abs(wb.Cells(j,15))>Abs(wb.Cells(j,16)) And wb.Cells(j,15)<0 And wb.Cells(j,16)<=0 Then
    wa.Cells(78,1) = i & "同比下降高于平均下降水平,超额获利能力持续下滑。"
    Else
    wa.Cells(78,1) = "商誉没有发生额。"
    End If
End Sub
```

步骤九：编写长期待摊费用分析代码。参考代码如下所示。

成功之钥匙

代码含义：

```
Sub 长期待摊费用分析()
    'i 代表描述信息变量
    Dim i As String,j,k,wa As Worksheet,wb As Worksheet
    Set wa = Worksheets("资产负债表分析报告")
    Set wb = Worksheets("资产负债基础表")
    j = 30
i = wb.Cells(j,13) & Format(wb.Cells(j,14),"0.00 亿元,") & _
Format(wb.Cells(j,17),"占非流动资产的 0.00%。") & k & _
Format(wb.Cells(j,15),"同比增长 0.00% ,;同比下降 0.00% ,") & _
Format(wb.Cells(j,16),"平均下降 0.00% 。")
    '如果同比增长高于平均水平,规模持续增强
    If wb.Cells(j,15)>wb.Cells(j,16) And wb.Cells(j,15)>0 And wb.Cells(j,16)>=0 Then
        wa.Cells(79,1) = i & "同比增长率高于平均水平,未来企业的费用负担越来越重。"
    '如果同比增长等于平均增长,同比与平均都正增长,规模趋于稳定
    ElseIf wb.Cells(j,15) = wb.Cells(j,16) And wb.Cells(j,15)>0 And wb.Cells(j,16)>=0 Then
        wa.Cells(79,1) = i & "同比增长率等于平均水平,未来企业的费用负担趋于稳定。"
    '如果同比增长等于平均增长,同比增长和平均增长为负数,规模下滑趋势没改
    ElseIf wb.Cells(j,15) = wb.Cells(j,16) And wb.Cells(j,15)<0 And wb.Cells(j,16)<=0 Then
        wa.Cells(79,1) = i & "同比下降率等于平均下降水平,未来企业的费用负担下滑趋势没改。"
    '如果同比增长低于平均增长,同比增长和平均增长为正数,规模增速放缓
    ElseIf wb.Cells(j,15)<wb.Cells(j,16) And wb.Cells(j,15)>0 And wb.Cells(j,16)>=0 Then
        wa.Cells(79,1) = i & "同比增长率低于平均水平,未来企业的费用负担增速放缓。"
    '由平均负增长转为增长,规模开始复苏
    ElseIf wb.Cells(j,15)>wb.Cells(j,16) And wb.Cells(j,15)>0 And wb.Cells(j,16)<=0 Then
        wa.Cells(79,1) = i & "由平均下降转为同比增长,未来企业的费用负担开始复苏。"
    '由平均增长转为同比负增长,规模开始下滑
    ElseIf wb.Cells(j,15)<wb.Cells(j,16) And wb.Cells(j,15)<0 And wb.Cells(j,16)>=0 Then
        wa.Cells(79,1) = i & "由平均增长转为同比下降,未来企业的费用负担开始下滑。"
    '同比负增长低于平均负增长,下滑开始放缓
    ElseIf Abs(wb.Cells(j,15))<Abs(wb.Cells(j,16)) And wb.Cells(j,15)<0 And wb.Cells(j,16)<=0 Then
        wa.Cells(79,1) = i & "同比下降低于平均下降水平,未来企业的费用负担下滑开始放缓。"
    '同比负增长高于平均负增长,下滑持续加速
    ElseIf Abs(wb.Cells(j,15))>Abs(wb.Cells(j,16)) And wb.Cells(j,15)<0 And wb.Cells(j,16)<=0 Then
        wa.Cells(79,1) = i & "同比下降高于平均下降水平,未来企业的费用负担持续下滑。"
    Else
    wa.Cells(79,1) = "长期待摊费用没有发生额。"
    End If
End Sub
```

步骤十：编写递延所得税资产分析代码。参考代码如下所示。

成功之钥匙

代码含义：

```
Sub 递延所得税资产分析()
    'i 代表描述信息变量
    Dim i As String,j,k,wa As Worksheet,wb As Worksheet
    Set wa = Worksheets("资产负债表分析报告")
    Set wb = Worksheets("资产负债基础表")
    j = 31
i = wb.Cells(j,13) & Format(wb.Cells(j,14),"0.00 亿元,") & _
```

```
        Format(wb.Cells(j,17),"占非流动资产的0.00%。") & k & _
        Format(wb.Cells(j,15),"同比增长0.00% ,;同比下降0.00% ,") & _
        Format(wb.Cells(j,16),"平均增长0.00% 。;平均下降0.00% 。")
            '如果同比增长高于平均水平,规模持续增强。
        If wb.Cells(j,15) > wb.Cells(j,16) And wb.Cells(j,15) > 0 And wb.Cells(j,16) > =0 Then
            wa.Cells(80,1) = i & "同比增长率高于平均水平,未来税收负担加重。"
            '如果同比增长等于平均增长,同比与平均都正增长,规模趋于稳定
        ElseIf wb.Cells(j,15) = wb.Cells(j,16) And wb.Cells(j,15) > 0 And wb.Cells(j,16) > =0 Then
            wa.Cells(80,1) = i & "同比增长率等于平均水平,未来税收负担趋于稳定。"
            '如果同比增长等于平均增长,同比增长和平均增长为负数,规模下滑趋势没改。
        ElseIf wb.Cells(j,15) = wb.Cells(j,16) And wb.Cells(j,15) < 0 And wb.Cells(j,16) < =0 Then
            wa.Cells(80,1) = i & "同比下降率等于平均下降水平,未来税收负担下滑趋势没改。"
            '如果同比增长低于平均增长,同比增长和平均增长为正数,规模增速放缓
        ElseIf wb.Cells(j,15) < wb.Cells(j,16) And wb.Cells(j,15) > 0 And wb.Cells(j,16) > =0 Then
            wa.Cells(80,1) = i & "同比增长率低于平均水平,未来税收负担增速放缓。"
            '由平均负增长转为增长,规模开始复苏
        ElseIf wb.Cells(j,15) > wb.Cells(j,16) And wb.Cells(j,15) > 0 And wb.Cells(j,16) < =0 Then
            wa.Cells(80,1) = i & "由平均下降转为同比增长,未来税收负担开始复苏。"
            '由平均增长转为同比负增长,规模开始下滑
        ElseIf wb.Cells(j,15) < wb.Cells(j,16) And wb.Cells(j,15) < 0 And wb.Cells(j,16) > =0 Then
            wa.Cells(80,1) = i & "由平均增长转为同比下降,未来税收负担开始下滑。"
            '同比负增长低于平均负增长,下滑开始放缓
        ElseIf Abs(wb.Cells(j,15)) < Abs(wb.Cells(j,16)) And wb.Cells(j,15) < 0 And wb.Cells(j,16) < =0 Then
            wa.Cells(80,1) = i & "同比下降低于平均下降水平,未来税收负担下滑开始放缓。"
            '同比负增长高于平均负增长,下滑持续加速
        ElseIf Abs(wb.Cells(j,15)) > Abs(wb.Cells(j,16)) And wb.Cells(j,15) < 0 And wb.Cells(j,16) < =0 Then
            wa.Cells(80,1) = i & "同比下降高于平均下降水平,未来税收负担持续下滑。"
        Else
            wa.Cells(80,1) = "递延所得税资产没有发生额。"
        End If
End Sub
```

步骤十一:编写其他非流动资产分析代码。参考代码如下所示。

成功之钥匙

代码含义:

```
Sub 其他非流动资产分析()
    'i代表描述信息变量
    Dim i As String, j, k, wa As Worksheet, wb As Worksheet
    Set wa = Worksheets("资产负债表分析报告")
    Set wb = Worksheets("资产负债基础表")
    j = 32
    i = wb.Cells(j,13) & Format(wb.Cells(j,14),"0.00亿元,") & _
    Format(wb.Cells(j,17),"占非流动资产的0.00%。") & k & _
    Format(wb.Cells(j,15),"同比增长0.00% ,;同比下降0.00% ,") & _
    Format(wb.Cells(j,16),"平均增长0.00% 。;平均下降0.00% 。")
        '如果同比增长高于平均水平,规模持续增强。
    If wb.Cells(j,15) > wb.Cells(j,16) And wb.Cells(j,15) > 0 And wb.Cells(j,16) > =0 Then
        wa.Cells(81,1) = i & "同比增长率高于平均水平,资产质量持续减弱。"
        '如果同比增长等于平均增长,同比与平均都正增长,规模趋于稳定
    ElseIf wb.Cells(j,15) = wb.Cells(j,16) And wb.Cells(j,15) > 0 And wb.Cells(j,16) > =0 Then
        wa.Cells(81,1) = i & "同比增长率等于平均水平,资产质量趋于稳定。"
        '如果同比增长等于平均增长,同比增长和平均增长为负数,规模下滑趋势没改。
    ElseIf wb.Cells(j,15) = wb.Cells(j,16) And wb.Cells(j,15) < 0 And wb.Cells(j,16) < =0 Then
        wa.Cells(81,1) = i & "同比下降率等于平均下降水平,资产质量下滑趋势没改。"
        '如果同比增长低于平均增长,同比增长和平均增长为正数,规模增速放缓
    ElseIf wb.Cells(j,15) < wb.Cells(j,16) And wb.Cells(j,15) > 0 And wb.Cells(j,16) > =0 Then
        wa.Cells(81,1) = i & "同比增长率低于平均水平,资产质量下降增速放缓。"
        '由平均负增长转为增长,规模开始复苏
    ElseIf wb.Cells(j,15) > wb.Cells(j,16) And wb.Cells(j,15) > 0 And wb.Cells(j,16) < =0 Then
        wa.Cells(81,1) = i & "由平均下降转为同比增长,资产质量开始下滑。"
        '由平均增长转为同比负增长,规模开始下滑
    ElseIf wb.Cells(j,15) < wb.Cells(j,16) And wb.Cells(j,15) < 0 And wb.Cells(j,16) > =0 Then
        wa.Cells(81,1) = i & "由平均增长转为同比下降,资产质量开始回升。"
        '同比负增长低于平均负增长,下滑开始放缓
    ElseIf Abs(wb.Cells(j,15)) < Abs(wb.Cells(j,16)) And wb.Cells(j,15) < 0 And wb.Cells(j,16) < =0 Then
```

```
          wa.Cells(81,1) = i & "同比下降低于平均下降水平,资产质量回升开始放缓。"
        '同比负增长高于平均负增长,下滑持续加速
        ElseIf Abs(wb.Cells(j,15)) >Abs(wb.Cells(j,16)) And wb.Cells(j,15) <0 And wb.Cells(j,16) < =0 Then
          wa.Cells(81,1) = i & "同比下降高于平均下降水平,资产质量持续回升。"
        Else
          wa.Cells(81,1) = "递延所得税资产没有发生额。"
        End If
End Sub
```

4.3.3.3 可视化图表

依据辅助表,设计可视化动态分析图表。步骤如下:

步骤一:编写制作图表代码。因为非流动资产分析项目较多,这里分两部分设置图表。

(1) 选择资产负债辅助分析表 M21:Q27 区域数据,制作成柱形图,存放到资产负债表分析报告 A27 位置。参考代码如下所示。

👉 成功之钥匙

代码含义:

```
Sub 制作非流动资产情况图表1()
    Dim wa As Worksheet
    Dim ws As Worksheet
    Dim cht As ChartObject
    Dim rng As Range
    '选择"资产负债基础表"工作表
    Set wa = ThisWorkbook.Sheets("资产负债基础表")
    '复制 M2:Q2,M21:Q27 区域的数据
    wa.Range("M2:Q2,M21:Q27").Copy
    '将数据粘贴到 T21:X28 区域
    wa.Range("T21:X28").PasteSpecial Paste: =xlPasteValues
    '设置工作表
    Set ws = ThisWorkbook.Sheets("资产负债表分析报告")
    '定义图表位置
    Set rng = ws.Range("A66")
    '在工作表中插入一个图表对象
    Set cht = ws.ChartObjects.Add(Left: = rng.Left,Width: =700,Top: = rng.Top,Height: =170)
    '设置图表数据源
    cht.chart.SetSourceData Source: = wa.Range("$T$21:$X$28")
    '设置图表类型为柱形图
    cht.chart.chartType = xlColumnClustered
    '添加数据标签
    cht.chart.SeriesCollection(1).ApplyDataLabels
    '设置图表标题
    cht.chart.HasTitle = True
    cht.chart.ChartTitle.Text = "非流动资产情况分析"
    '设置图例位置
    cht.chart.HasLegend = True
    cht.chart.Legend.Position = xlLegendPositionBottom
End Sub
```

(2) 选择资产负债辅助分析表 M28:Q33 区域数据,制作成柱形图,存放到资产负债表分析报告 A27 位置。参考代码如下所示。

👉 成功之钥匙

代码含义:

```
Sub 制作非流动资产情况图表2()
    Dim wa As Worksheet
    Dim ws As Worksheet
    Dim cht As ChartObject
    Dim rng As Range
    '选择"资产负债基础表"工作表
    Set wa = ThisWorkbook.Sheets("资产负债基础表")
```

```
'复制 M2:Q2,M28:Q33 区域的数据
wa.Range("M2:Q2,M28:Q33").Copy
'将数据粘贴到 T28:X34 区域
wa.Range("T28:X34").PasteSpecial Paste:=xlPasteValues
'设置工作表
Set ws = ThisWorkbook.Sheets("资产负债表分析报告")
'定义图表位置
Set rng = ws.Range("A82")
'在工作表中插入一个图表对象
Set cht = ws.ChartObjects.Add(Left:=rng.Left,Width:=700,Top:=rng.Top,Height:=170)
'设置图表数据源
cht.chart.SetSourceData Source:=wa.Range("$T$28:$X$34")
'设置图表类型为柱形图
cht.chart.chartType = xlColumnClustered
'添加数据标签
cht.chart.SeriesCollection(1).ApplyDataLabels
'设置图表标题
cht.chart.HasTitle = True
cht.chart.ChartTitle.Text = "非流动资产情况分析"
'设置图例位置
cht.chart.HasLegend = True
cht.chart.Legend.Position = xlLegendPositionBottom
End Sub
```

- 步骤二：嵌入柱形图1。如图4-21所示。

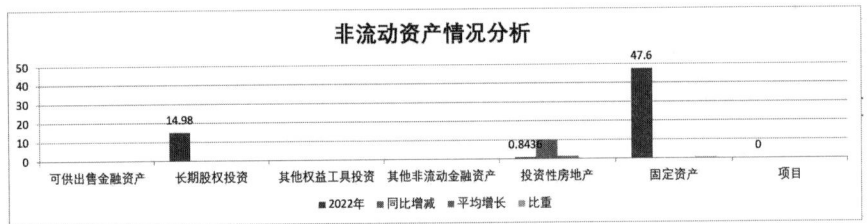

图4-21 嵌入柱形图1

步骤三：更改图表类型。点击图表任意位置"右键"—"更改图表类型"—"组合图"—"将同比增长、平均增长、比重选为柱形图，并改为次坐标"—"确定"，便可制成可视化动态分析图。如图4-22所示。

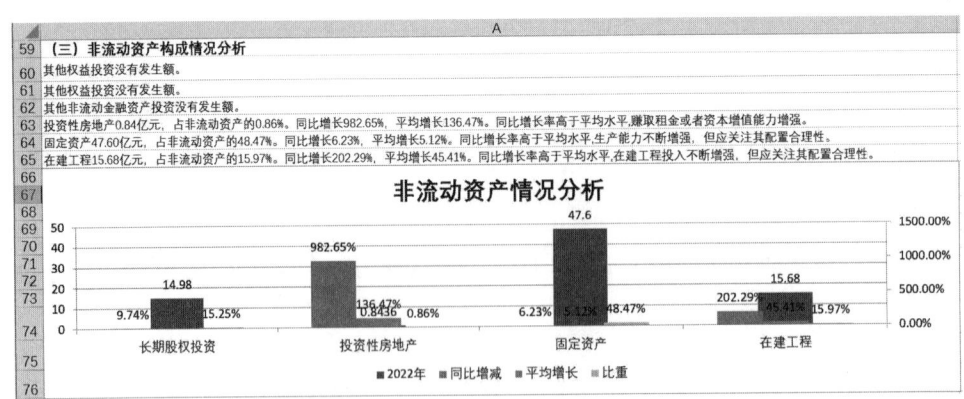

图4-22 非流动资产可视动态分析图1

步骤四：嵌入柱形图2。如图4-23所示。

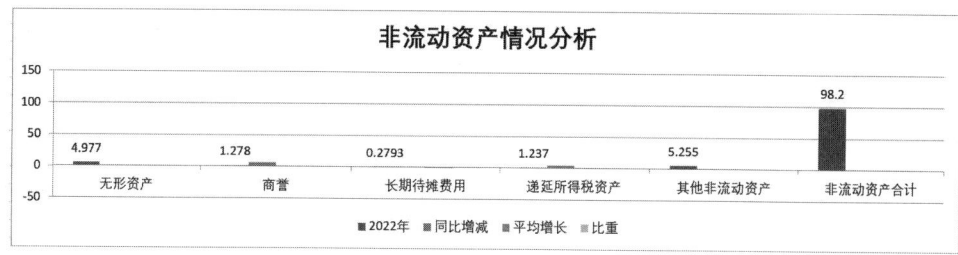

图 4 – 23　嵌入柱形图 2

步骤五：更改图表类型。如图 4 – 24 所示。

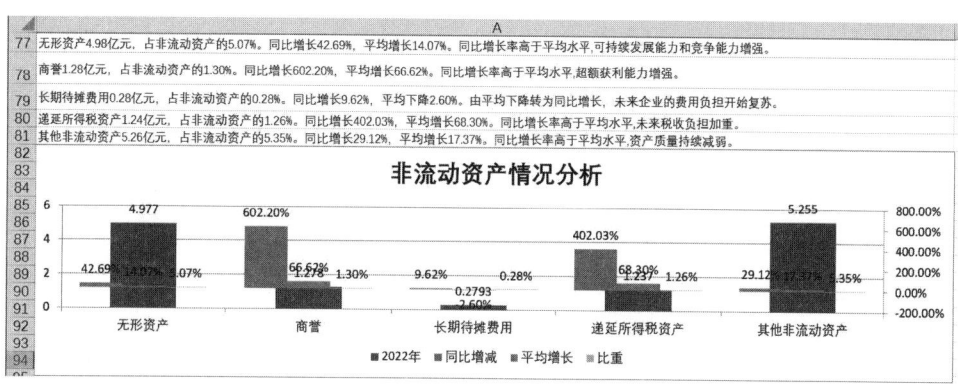

图 4 – 24　非流动资产可视动态分析图 2

步骤六：编写主程序，执行子过程。将资产总额情况分析、流动资产情况分析各子程序代码名称写入主程序里。参考代码如图 4 – 25 所示。

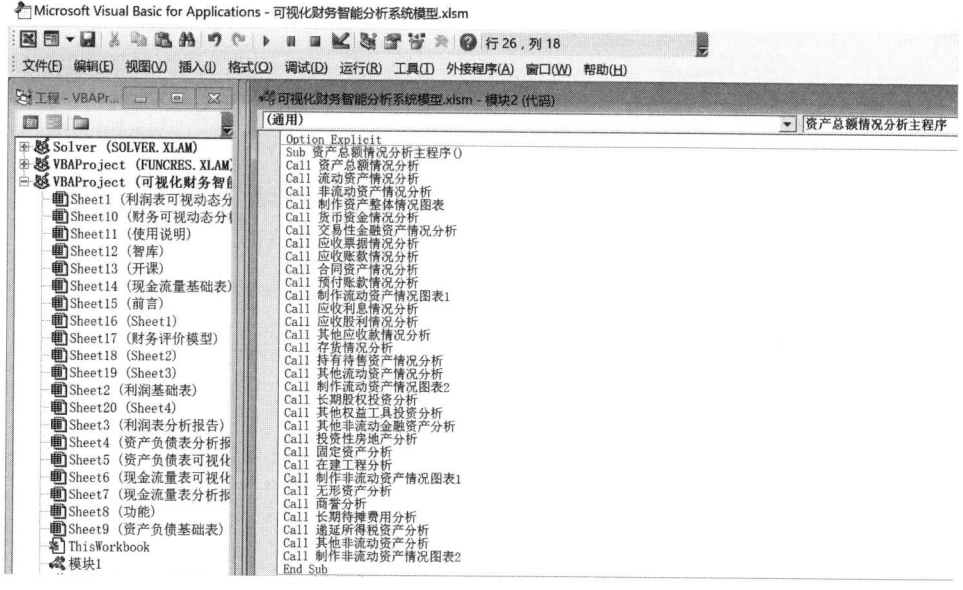

图 4 – 25　全部资产分析情况主程序代码

4.3.4　应用 ChatGPT 生成全部资产情况分析报告

将通过 VBA 生成的智能分析结果，导入 ChatGPT，可以生成全部资产情况分析报告。

步骤一：通过编写 VBA 代码，将“资产负债表分析报告”中，全部资产情况 A2：A81 区域分析结果导入 Word 文档中。参考代码如下所示。

成功之钥匙

代码含义：

```
Option Explicit
Sub 将利润分析报告导入文档()
    Dim WordApp As Object
    Dim WordDoc As Object
    Dim ExcelRange As Range
    Dim WordRange As Object
    Dim rowCount As Integer
    Dim i As Integer
    '创建一个新的 Word 文档
    Set WordApp = CreateObject("Word.Application")
    WordApp.Visible = True
    Set WordDoc = WordApp.Documents.Add
    '指定 Excel 中的数据范围
    Set ExcelRange = ThisWorkbook.Sheets("资产负债表分析报告").Range("A2:A81")
    '在 Word 文档中逐行插入 Excel 数据
    Set WordRange = WordDoc.Content
    For i = 1 To ExcelRange.Rows.Count
        WordRange.InsertAfter ExcelRange.Cells(i,1).Value & vbCrLf
        Set WordRange = WordDoc.Content
    Next i
    '清除对象
    Set WordApp = Nothing
    Set WordDoc = Nothing
    Set ExcelRange = Nothing
    Set WordRange = Nothing
End Sub
```

步骤二：运行代码。在 Word 文档中获得导入结果。如图 4－26 所示。

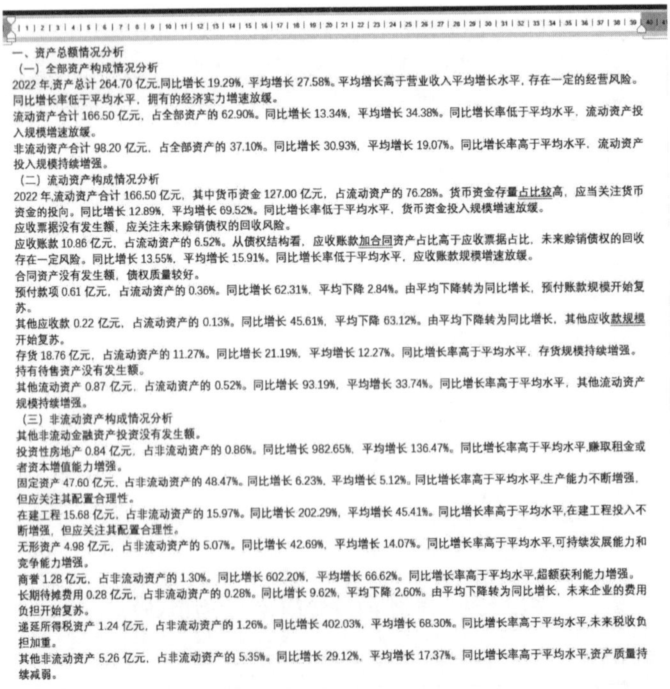
一、资产总额情况分析
（一）全部资产构成情况分析
2022 年,资产总计 264.70 亿元,同比增长 19.29%，平均增长 27.58%。平均增长高于营业收入平均增长水平，存在一定的经营风险。同比增长率低于平均水平，拥有的经济实力增速放缓。
流动资产合计 166.50 亿元，占全部资产的 62.90%。同比增长 13.34%，平均增长 34.38%。同比增长率低于平均水平，流动资产投入规模增速放缓。
非流动资产合计 98.20 亿元，占全部资产的 37.10%。同比增长 30.93%，平均增长 19.07%。同比增长率高于平均水平，流动资产投入规模持续增强。
（二）流动资产构成情况分析
2022 年,流动资产合计 166.50 亿元，其中货币资金 127.00 亿元，占流动资产的 76.28%。货币资金存量占比较高，应当关注货币资金的投向。同比增长 12.89%，平均增长 69.52%。同比增长率低于平均水平，货币资金投入规模增速放缓。
应收票据没有发生额，应关注未来赊销债权的回收风险。
应收账款 10.86 亿元，占流动资产的 6.52%。从债权结构看，应收账款加合同资产占比高于应收票据占比，未来赊销债权的回收存在一定风险。同比增长 13.55%，平均增长 15.91%。同比增长率低于平均水平，应收账款规模增速放缓。
合同资产没有发生额，债权质量较好。
预付款项 0.61 亿元，占流动资产的 0.36%。同比增长 62.31%，平均下降 2.84%。由平均下降转为同比增长，预付账款规模开始复苏。
其他应收款 0.22 亿元，占流动资产的 0.13%。同比增长 45.61%，平均下降 63.12%。由平均下降转为同比增长，其他应收款规模开始复苏。
存货 18.76 亿元，占流动资产的 11.27%。同比增长 21.19%，平均增长 12.27%。同比增长率高于平均水平，存货规模持续增强。
持有待售资产没有发生额。
其他流动资产 0.87 亿元，占流动资产的 0.52%。同比增长 93.19%，平均增长 33.74%。同比增长率高于平均水平，其他流动资产规模持续增强。
（三）非流动资产构成情况分析
其他非流动金融资产投资没有发生额。
投资性房地产 0.84 亿元，占非流动资产的 0.86%。同比增长 982.65%，平均增长 136.47%。同比增长率高于平均水平,赚取租金或者资本增值能力增强。
固定资产 47.60 亿元，占非流动资产的 48.47%。同比增长 6.23%，平均增长 5.12%。同比增长率高于平均水平,生产能力不断增强，但应关注其配置合理性。
在建工程 15.68 亿元，占非流动资产的 15.97%。同比增长 202.29%，平均增长 45.41%。同比增长率高于平均水平,在建工程投入不断增强，但应关注其配置合理性。
无形资产 4.98 亿元，占非流动资产的 5.07%。同比增长 42.69%，平均增长 14.07%。同比增长率高于平均水平,可持续发展能力和竞争能力增强。
商誉 1.28 亿元，占非流动资产的 1.30%。同比增长 602.20%，平均增长 66.62%。同比增长率高于平均水平,超额获利能力增强。
长期待摊费用 0.28 亿元，占非流动资产的 0.28%。同比增长 9.62%，平均下降 2.60%。由平均下降转为同比增长，未来企业的费用负担开始复苏。
递延所得税资产 1.24 亿元，占非流动资产的 1.26%。同比增长 402.03%，平均增长 68.30%。同比增长率高于平均水平,未来税收负担加重。
其他非流动资产 5.26 亿元，占非流动资产的 5.35%。同比增长 29.12%，平均增长 17.37%。同比增长率高于平均水平,资产质量持续减弱。

图 4－26　导入数据效果图

步骤三：编辑"提示词"。在导入的文档中添加上："你是财务分析师，我向你提供背景资料，请帮助写一个《全部资产情况分析报告》。报告分为情况分析、财务分析评估、措施建议三个部分。"注意：在每个小标题中也要提出具体要求。编辑后的提示词，如图4-27所示。

图4-27 提示词

步骤四：将提示词复制粘贴到ChatGPT提问区输入窗口。Ctrl+V，点击回车，便可获取智能分析报告。如图4-28所示。

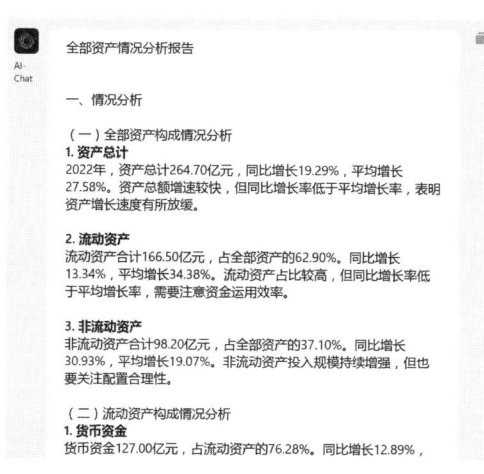

图4-28 ChatGPT反馈的智能报告

步骤五：点击 ChatGPT 答复区右上角复制按钮▇，便可将反馈报告复制粘贴到 Word 文档中。

全部资产情况分析报告

一、情况分析

（一）全部资产构成情况分析

1. 2022 年，资产总计 264.70 亿元，同比增长 19.29%，平均增长 27.58%。资产总额增速较快，但同比增长率低于平均增长率，表明资产增长速度有所放缓。

2. 流动资产合计 166.50 亿元，占全部资产的 62.90%。同比增长 13.34%，平均增长 34.38%。流动资产占比较高，但同比增长率低于平均增长率，需要注意资金运用效率。

3. 非流动资产合计 98.20 亿元，占全部资产的 37.10%。同比增长 30.93%，平均增长 19.07%。非流动资产投入规模持续增强，但也要关注配置合理性。

（二）流动资产构成情况分析

1. 货币资金 127.00 亿元，占流动资产的 76.28%。同比增长 12.89%，平均增长 69.52%。货币资金占比较高，但增速放缓，可能使资金运用效率下降。

2. 应收票据无发生额，需要关注未来赊销债权回收风险。

3. 应收账款 10.86 亿元，占流动资产的 6.52%。同比增长 15%，平均增长 15.91%。应收账款规模和增速稳定，但需谨慎评估回收风险。

4. 预付款项 0.61 亿元，占流动资产的 0.36%。同比增长 62.31%，平均下降 2.84%。预付款项规模出现复苏，需注意管理规范化。

5. 其他应收款 0.22 亿元，占流动资产的 0.13%。同比增长 45.61%，平均下降 63.12%。其他应收款规模开始复苏，应加强风险评估。

6. 存货 18.76 亿元，占流动资产的 11.27%。同比增长 21.19%，平均增长 12.27%。存货规模持续增强，存货周转率值得关注。

7. 其他流动资产 0.87 亿元，占流动资产的 0.52%。同比增长 93.19%，平均增长 33.74%。其他流动资产规模不断增强，需谨慎管理。

（三）非流动资产构成情况分析

1. 投资性房地产 0.84 亿元，占非流动资产的 0.86%。同比增长 982.65%，平均增长 136.47%。投资性房地产增值能力强，但要避免市场波动风险。

2. 固定资产 47.60 亿元，占非流动资产的 48.47%。同比增长 6.23%，平均增长 5.12%。固定资产投资持续增加，需注意固定资产回报率。

3. 在建工程 15.68 亿元，占非流动资产的 15.97%。同比增长 202.29%，平均增长 45.41%。在建工程规模不断增长，需要加强项目进度管理。

4. 无形资产 4.98 亿元，占非流动资产的 5.07%。同比增长 42.69%，平均增长 14.07%。无形资产增长迅速，需确保价值和产权保护。

5. 商誉 1.28 亿元，占非流动资产的 1.30%。同比增长 602.20%，平均增长 66.62%。商誉增速较快，但需注意商誉减值风险。

6. 长期待摊费用 0.28 亿元，占非流动资产的 0.28%。同比增长 9.62%，平均下降 2.60%。长期待摊费用增长较快，应加强成本管理。

7. 递延所得税资产 1.24 亿元，占非流动资产的 1.26%。同比增长 402.03%，平均增长 68.30%。递延所得税资产规模持续扩大，需谨慎进行税务规划。

8. 其他非流动资产 5.26 亿元，占非流动资产的 5.35%。同比增长 29.12%，平均增长 17.37%。其他非流动资产投资增速较快，需加强与公司战略规划的匹配性。

二、风险评估

可能的风险：
1. 存货积压风险：存货规模持续增强，存货周转率需加强。
2. 应收账款回收风险：应收账款规模稳步增长，需要加强回收管理。
3. 资金运用效率不佳：货币资金占比较高，增速放缓，需优化资金运营管理。
4. 固定资产投资回报率不高：固定资产增速较快，应关注固定资产的使用效率和回报率。

三、措施建议
1. 优化存货管理，控制存货规模和提高存货周转率。
2. 强化应收账款管理，优化回款流程，减少回款风险。
3. 深化资金运营，提高货币资金的利用效率。
4. 定期评估固定资产的使用情况，优化固定资产的配置与管理，并关注固定资产的回报情况。

4.4 VBA 与 ChatGPT 结合洞察全部负债情况

4.4.1 全部负债构成情况分析

4.4.1.1 分析重点

主要从筹资角度进行分析评价：分析筹资总额的变动状况；发现变动幅度较大，或对负债响较大的重点类别和重点项目；注意分析评价表外业务的影响。

负债结构分析：负债结构与负债规模；负债结构与负债成本；负债结构与债务偿还期限；负债结构与财务风险；负债结构与经济环境；负债结构与筹资政策。

负债分析要素：负债总额、流动负债总额、非流动负债总额等。一般情况下，负债规模增加，说明公司的财务风险加大。

4.4.1.2 VBA 智能分析代码

以辅助分析表 M53：Q53，M61：Q61，M62：Q62 为数据源编写 VBA 代码，将分析结果存放到资产负债表分析报告 A96：A100 区域。步骤如下：

步骤一：编写负债总额分析代码。参考代码如下所示。

成功之钥匙

代码含义：

```
Sub 负债情况分析()
'i 代表描述信息变量
Dim i As String,j,wa As Worksheet,wb As Worksheet,wc As Worksheet
Set wa=Worksheets("资产负债表分析报告")
Set wb=Worksheets("资产负债基础表")
 Set wc=Worksheets("利润基础表")
wa.Cells(96,1)="二、负债总额情况分析"
 wa.Cells(96,1).Font.Bold=True
wa.Cells(97,1)="(一)全部负债构成情况分析"
 wa.Cells(97,1).Font.Bold=True
 j=62
i=wb.Cells(2,14)&","& wb.Cells(j,13)& Format(wb.Cells(j,14),"0.00")&"亿元," &_
   Format(wb.Cells(j,15),"同比增长 0.00% ,;同比下降 0.00% ,")&_
   Format(wb.Cells(j,16),"平均增长 0.00% ;平均下降 0.00% ")
  '如果同比增长高于平均水平,持续增强。
If wb.Cells(j,15)>wb.Cells(j,16) And wb.Cells(j,15)>0 And wb.Cells(j,16)>0 Then
   wa.Cells(98,1)=i &"同比增长率高于平均水平,负债规模持续增强。"
  '如果同比增长等于平均增长,同比与平均都正增长,趋于稳定
```

```vba
    ElseIf wb.Cells(j,15) = wb.Cells(j,16) And wb.Cells(j,15) > 0 And wb.Cells(j,16) > 0 Then
        wa.Cells(98,1) = i & "同比增长率等于平均水平,负债规模趋于稳定。"
        '如果同比增长等于平均增长,同比增长和平均增长为负数,下滑趋势没改。
    ElseIf wb.Cells(j,15) = wb.Cells(j,16) And wb.Cells(j,15) < 0 And wb.Cells(j,16) < 0 Then
        wa.Cells(98,1) = i & "同比下降率等于平均下降水平,负债规模下滑趋势没改。"
        '如果同比增长低于平均增长,同比增长和平均增长为正数,增速放缓。
    ElseIf wb.Cells(j,15) < wb.Cells(j,16) And wb.Cells(j,15) > 0 And wb.Cells(j,16) > 0 Then
        wa.Cells(98,1) = i & "同比增长率低于平均水平,负债规模增速放缓。"
        '由平均负增长转为增长,开始复苏
    ElseIf wb.Cells(j,15) > wb.Cells(j,16) And wb.Cells(j,15) > 0 And wb.Cells(j,16) < 0 Then
        wa.Cells(98,1) = i & "由平均下降转为同比增长,负债规模开始复苏。"
        '由平均增长转为同比负增长,拥有的经济实力开始下滑
    ElseIf wb.Cells(j,15) < wb.Cells(j,16) And wb.Cells(j,15) < 0 And wb.Cells(j,16) > 0 Then
        wa.Cells(98,1) = i & "由平均增长转为同比下降,负债规模开始下滑。"
        '同比负增长低于平均负增长,下滑开始放缓
    ElseIf Abs(wb.Cells(j,15)) < Abs(wb.Cells(j,16)) And wb.Cells(j,15) < 0 And wb.Cells(j,16) < 0 Then
        wa.Cells(98,1) = i & "同比下降低于平均下降水平,负债规模下滑开始放缓。"
        '同比负增长高于平均负增长,下滑持续加速
    ElseIf Abs(wb.Cells(j,15)) > Abs(wb.Cells(j,16)) And wb.Cells(j,15) < 0 And wb.Cells(j,16) < 0 Then
        wa.Cells(98,1) = i & "同比下降高于平均下降水平,负债规模持续下滑。"
    End If
End Sub
```

步骤二：编写流动负债分析代码。参考代码如下所示。

🔑 成功之钥匙

代码含义：

```vba
Sub 流动负债情况分析()
    'i 代表描述信息变量
    Dim i As String,j,wa As Worksheet,wb As Worksheet,wc As Worksheet
    Set wa = Worksheets("资产负债表分析报告")
    Set wb = Worksheets("资产负债基础表")
    Set wc = Worksheets("利润基础表")
    j = 53
    i = wb.Cells(j,13) & Format(wb.Cells(j,14),"0.00") & "亿元," & _
        Format(wb.Cells(j,17),"占全部负债的 0.00%。") & _
        Format(wb.Cells(j,15),"同比增长 0.00% ;同比下降 0.00% ,") & _
        Format(wb.Cells(j,16),"平均增长 0.00% ;平均下降 0.00% 。")
    '如果同比增长高于平均水平,持续增强。
    If wb.Cells(j,15) > wb.Cells(j,16) And wb.Cells(j,15) > 0 And wb.Cells(j,16) > 0 Then
        wa.Cells(99,1) = i & "同比增长率高于平均水平,流动负债规模持续增强,短期财务风险加大。"
        '如果同比增长等于平均增长,同比与平均都正增长,趋于稳定
    ElseIf wb.Cells(j,15) = wb.Cells(j,16) And wb.Cells(j,15) > 0 And wb.Cells(j,16) > 0 Then
        wa.Cells(99,1) = i & "同比增长率等于平均水平,流动负债规模趋于稳定。"
        '如果同比增长等于平均增长,同比增长和平均增长为负数,下滑趋势没改。
    ElseIf wb.Cells(j,15) = wb.Cells(j,16) And wb.Cells(j,15) < 0 And wb.Cells(j,16) < 0 Then
        wa.Cells(99,1) = i & "同比下降率等于平均下降水平,流动负债规模下滑趋势没改。"
        '如果同比增长低于平均增长,同比增长和平均增长为正数,增速放缓。
    ElseIf wb.Cells(j,15) < wb.Cells(j,16) And wb.Cells(j,15) > 0 And wb.Cells(j,16) > 0 Then
        wa.Cells(99,1) = i & "同比增长率低于平均水平,流动负债规模增速放缓。"
        '由平均负增长转为增长,开始复苏
    ElseIf wb.Cells(j,15) > wb.Cells(j,16) And wb.Cells(j,15) > 0 And wb.Cells(j,16) < 0 Then
        wa.Cells(99,1) = i & "由平均下降转为同比增长,流动负债规模开始复苏。"
        '由平均增长转为同比负增长,拥有的经济实力开始下滑
    ElseIf wb.Cells(j,15) < wb.Cells(j,16) And wb.Cells(j,15) < 0 And wb.Cells(j,16) > 0 Then
        wa.Cells(99,1) = i & "由平均增长转为同比下降,流动负债规模开始下滑。"
        '同比负增长低于平均负增长,下滑开始放缓
    ElseIf Abs(wb.Cells(j,15)) < Abs(wb.Cells(j,16)) And wb.Cells(j,15) < 0 And wb.Cells(j,16) < 0 Then
        wa.Cells(99,1) = i & "同比下降低于平均下降水平,流动负债规模下滑开始放缓。"
        '同比负增长高于平均负增长,下滑持续加速
    ElseIf Abs(wb.Cells(j,15)) > Abs(wb.Cells(j,16)) And wb.Cells(j,15) < 0 And wb.Cells(j,16) < 0 Then
        wa.Cells(99,1) = i & "同比下降高于平均下降水平,流动负债规模持续下滑。"
    End If
End Sub
```

步骤三：编写非流动负债分析代码。参考代码如下所示。

成功之钥匙

代码含义：

```
Sub 非流动负债情况分析()
    'i 代表描述信息变量
    Dim i As String,j,wa As Worksheet,wb As Worksheet,wc As Worksheet
    Set wa=Worksheets("资产负债表分析报告")
    Set wb=Worksheets("资产负债基础表")
    Set wc=Worksheets("利润基础表")
    j=61
    i=wb.Cells(j,13)& Format(wb.Cells(j,14),"0.00") & "亿元," &_
        Format(wb.Cells(j,17),"占全部负债的 0.00% .")&_
        Format(wb.Cells(j,15),"同比增长 0.00% .;同比下降 0.00% ,")&_
        Format(wb.Cells(j,16),"平均增长 0.00% .;平均下降 0.00% .")
    '如果同比增长高于平均水平,持续增强。
    If wb.Cells(j,15)>wb.Cells(j,16) And wb.Cells(j,15)>0 And wb.Cells(j,16)>0 Then
        wa.Cells(100,1)=i & "同比增长率高于平均水平,非流动负债规模持续增强,长期债务风险加大。"
    '如果同比增长等于平均增长,同比与平均都正增长,趋于稳定。
    ElseIf wb.Cells(j,15)=wb.Cells(j,16) And wb.Cells(j,15)>0 And wb.Cells(j,16)>0 Then
        wa.Cells(100,1)=i & "同比增长率等于平均水平,非流动负债规模趋于稳定。"
    '如果同比增长等于平均增长,同比增长和平均增长为负数,下滑趋势没改。
    ElseIf wb.Cells(j,15)=wb.Cells(j,16) And wb.Cells(j,15)<0 And wb.Cells(j,16)<0 Then
wa.Cells(100,1)=i & "同比下降率等于平均下降水平,非流动负债规模下滑趋势没改。长期债务风险呈减弱趋势"
    '如果同比增长低于平均增长,同比增长和平均增长为正数,增速放缓
    ElseIf wb.Cells(j,15)<wb.Cells(j,16) And wb.Cells(j,15)>0 And wb.Cells(j,16)>0 Then
        wa.Cells(100,1)=i & "同比增长率低于平均水平,非流动负债规模增速放缓。"
    '由平均负增长转为增长,开始复苏
    ElseIf wb.Cells(j,15)>wb.Cells(j,16) And wb.Cells(j,15)>0 And wb.Cells(j,16)<0 Then
        wa.Cells(100,1)=i & "由平均下降转为同比增长,非流动负债规模开始复苏。长期债务风险回升"
    '由平均增长转为同比负增长,拥有的经济实力开始下滑
    ElseIf wb.Cells(j,15)<wb.Cells(j,16) And wb.Cells(j,15)<0 And wb.Cells(j,16)>0 Then
        wa.Cells(100,1)=i & "由平均增长转为同比下降,非流动负债规模开始下滑,长期债务风险开始减弱。"
    '同比负增长低于平均负增长,下滑开始放缓
    ElseIf Abs(wb.Cells(j,15))<Abs(wb.Cells(j,16)) And wb.Cells(j,15)<0 And wb.Cells(j,16)<0 Then
        wa.Cells(100,1)=i & "同比下降低于平均下降水平,非流动负债规模下滑开始放缓。"
    '同比负增长高于平均负增长,下滑持续加速
    ElseIf Abs(wb.Cells(j,15))>Abs(wb.Cells(j,16)) And wb.Cells(j,15)<0 And wb.Cells(j,16)<0 Then
        wa.Cells(100,1)=i & "同比下降高于平均下降水平,非流动负债规模持续下滑。长期债务风险减弱。"
    End If
End Sub
```

4.4.1.3 可视化图表

以辅助分析表 M2：Q2，M53：Q53，M61：Q61，M62：Q62 为数据源编写 VBA 代码，将制作的柱形图嵌入资产负债表分析报告 A101：A113 区域。步骤如下：

步骤一：编写制作图表代码。参考代码如下所示。

成功之钥匙

代码含义：

```
Sub 制作全部负债情况图表()
    Dim wa As Worksheet
    Dim ws As Worksheet
    Dim cht As ChartObject
    Dim rng As Range
    '选择"资产负债基础表"工作表
    Set wa=ThisWorkbook.Sheets("资产负债基础表")
    '复制 M2:Q2,M53:Q53,M61:Q61,M62:Q62 区域的数据
    wa.Range("M2:Q2,M53:Q53,M61:Q61,M62:Q62").Copy
    '将数据粘贴到 T53:X56 区域
    wa.Range("T53:X56").PasteSpecial Paste:=xlPasteValues
    '设置工作表
    Set ws=ThisWorkbook.Sheets("资产负债表分析报告")
    '定义图表位置
```

```
        Set rng = ws.Range("A101")
        '在工作表中插入一个图表对象
        Set cht = ws.ChartObjects.Add(Left:=rng.Left,Width:=700,Top:=rng.Top,Height:=170)
        '设置图表数据源
        cht.chart.SetSourceData Source:=wa.Range("$T$53:$X$56")
        '设置图表类型为柱形图
        cht.chart.chartType = xlColumnClustered
        '添加数据标签
        cht.chart.SeriesCollection(1).ApplyDataLabels
        '设置图表标题
        cht.chart.HasTitle = True
        cht.chart.ChartTitle.Text = "全部负债情况分析"
        '设置图例位置
        cht.chart.HasLegend = True
        cht.chart.Legend.Position = xlLegendPositionBottom
End Sub
```

步骤二：嵌入柱形图。如图4-29所示。

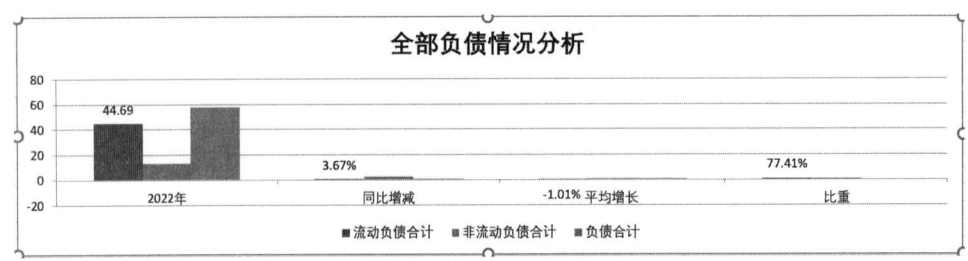

图4-29　嵌入柱形图

步骤三：更改图表类型。点击图表任意位置"右键"—"更改图表类型"—"组合图"—"将同比增长、平均增长、比重选为柱形图，并改为次坐标"—"确定"，便可制成可视化动态分析图。如图4-30所示。

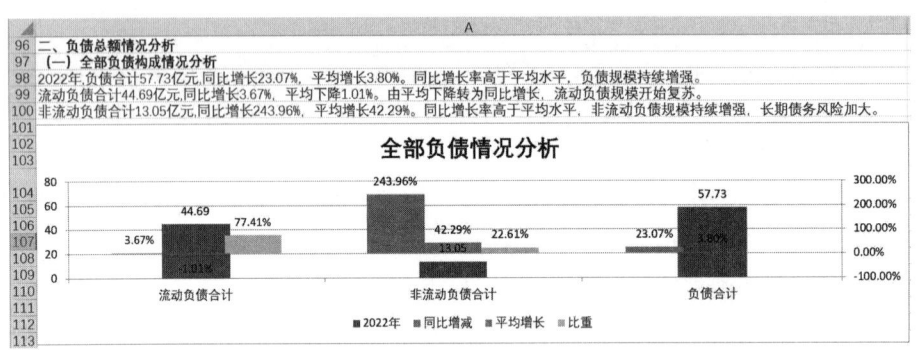

图4-30　负债构成情况动态分析图

4.4.2　流动负债构成情况分析

4.4.2.1　分析重点

流动负债分析重点：分析各类、各项流动负债筹资的变动状况；发现变动幅度较大，或对负债影响较大的重点类别和重点项目；注意分析评价表外业务的影响。

流动负债分析要素：应付账款、预收账款（合同负债）、其他应付款、应交税费。

分析应付账款的规模应注意的问题：

判断企业应付账款的质量与存货相联系。企业应付账款的产生，主要是因为采购生产经营所需的原材料，所以，应付账款一般应高于存货。同时，还应当结合行业、企业生产经营规模、企业经营生命周期以及企业的信用政策来分析。一般而言，对于成长型企业，应付账款较少；而对于成熟型企业，应付账款较多。

分析预收货款的规模应注意的问题：

（1）预收账款的质量界定。判断企业预收账款的质量主要用企业经营的生命周期进行衡量。如果企业正处于初生期、成长期或者衰退期时，预收账款过多，有"做账"嫌疑。在实际工作中，一些企业违反会计制度，往往利用预账款项调整企业的当期损益，逃避税收等。

（2）预收账款是一种"良性"债务。一般而言，预收货款是一种"主动"的债务，它表明收款企业的产品结构和质量较好，所生产的产品供不应求，也意味着该企业具有较好的未来盈利能力和偿债能力。

分析其他应付款应注意的问题：

其他应付款既为"其他"，则在资产负债表中该项目的数额与主营业务的债务相比不应过大，且时间也不宜过长，否则，其他应付款项目中就可能隐含企业之间的非法资金拆借、转移营业收入等违规挂账行为。

分析应交税费应注意的问题：

应交税费与利润表中的营业收入配比。因为企业在一定时期内取得的营业收入、实现的利润，要按国家规定交纳各种税金。如果两者不配比，则说明企业有"漏税"之嫌。但增值税的交纳是采用"抵扣"的方法，进行上项比较时应予以剔除。

4.4.2.2　VBA 智能分析代码

以辅助分析表 M36：Q44 为数据源编，将分析结果存放到资产负债表分析报告 A114：A119 和 A132：A139 区域。步骤如下：

步骤一：编写交易性金融负债分析代码。参考代码如下所示。

🔑 成功之钥匙

代码含义：

```
Sub 交易性金融负债情况分析()
    'i 代表描述信息变量
    Dim i As String,j,k,wa As Worksheet,wb As Worksheet
    Set wa=Worksheets("资产负债表分析报告")
    Set wb=Worksheets("资产负债基础表")
    wa.Cells(114,1)="(二)流动负债构成情况分析"
    wa.Cells(114,1).Font.Bold=True
    j=38
i=wb.Cells(2,14)& "," & wb.Cells(53,13)& Format(wb.Cells(53,14),"0.00 亿元,其中")&_
wb.Cells(j,13)& Format(wb.Cells(j,14),"0.00 亿元,")&_
Format(wb.Cells(j,17),"占流动负债的 0.00%。")&_
Format(wb.Cells(j,15),"同比增长 0.00%,;同比下降 0.00%,")&_
Format(wb.Cells(j,16),"平均增长 0.00%。;平均下降 0.00%。")
    '如果同比增长高于平均水平,规模持续增强
    If wb.Cells(j,15)>wb.Cells(j,16) And wb.Cells(j,15)>0 And wb.Cells(j,16)>0 Then
        wa.Cells(115,1)=i & "同比增长率高于平均水平,交易性金融负债规模持续加大。"
    '如果同比增长等于平均增长,同比与平均增长均正增长,规模趋于稳定
    ElseIf wb.Cells(j,15)=wb.Cells(j,16) And wb.Cells(j,15)>0 And wb.Cells(j,16)>0 Then
        wa.Cells(115,1)=i & "同比增长率等于平均水平,交易性金融负债规模趋于稳定。"
    '如果同比增长等于平均增长,同比增长和平均增长为负数,下滑趋势改。
    ElseIf wb.Cells(j,15)=wb.Cells(j,16) And wb.Cells(j,15)<0 And wb.Cells(j,16)<0 Then
        wa.Cells(115,1)=i & "同比下降率等于平均下降水平,交易性金融负债规模下滑趋势没改。"
    '如果同比增长低于平均增长,同比增长和平均增长为正数,规模增速放缓
    ElseIf wb.Cells(j,15)<wb.Cells(j,16) And wb.Cells(j,15)>0 And wb.Cells(j,16)>0 Then
        wa.Cells(115,1)=i & "同比增长率低于平均水平,交易性金融负债规模增速放缓。"
    '由平均负增长转为增长,开始复苏
    ElseIf wb.Cells(j,15)>wb.Cells(j,16) And wb.Cells(j,15)>0 And wb.Cells(j,16)<0 Then
```

```vba
        wa.Cells(115,1) = i & "由平均下降转为同比增长,交易性金融负债规模开始复苏。"
            '由平均增长转为同比负增长,开始下滑
        ElseIf wb.Cells(j,15) < wb.Cells(j,16) And wb.Cells(j,15) < 0 And wb.Cells(j,16) > 0 Then
            wa.Cells(115,1) = i & "由平均增长转为同比下降,交易性金融负债规模开始下滑。"
        '同比负增长低于平均负增长,开始放缓
        ElseIf Abs(wb.Cells(j,15)) < Abs(wb.Cells(j,16)) And wb.Cells(j,15) < 0 And wb.Cells(j,16) < 0 Then
            wa.Cells(115,1) = i & "同比下降低于平均下降水平,交易性金融负债规模开始放缓。"
            '同比负增长高于平均负增长,货币资金投入规模下滑持续加速
        ElseIf Abs(wb.Cells(j,15)) > Abs(wb.Cells(j,16)) And wb.Cells(j,15) < 0 And wb.Cells(j,16) < 0 Then
            wa.Cells(115,1) = i & "同比下降高于平均下降水平,交易性金融负债规模持续下滑。"
        End If
End Sub
```

步骤二：编写应付票据分析代码。参考代码如下所示。

👉 **成功之钥匙**

代码含义：

```vba
Sub 应付票据情况分析()
    'i 代表描述信息变量
    Dim i As String,j,k,wa As Worksheet,wb As Worksheet
    Set wa = Worksheets("资产负债表分析报告")
    Set wb = Worksheets("资产负债基础表")
    j = 41
i = wb.Cells(j,13) & Format(wb.Cells(j,14),"0.00 亿元,") _
 & Format(wb.Cells(j,17),"占流动负债的 0.00% 。") &_
 Format(wb.Cells(j,15),"同比增长 0.00% ,;同比下降 0.00% ,") &_
 Format(wb.Cells(j,16),"平均增长 0.00% ,;平均下降 0.00% ")
        '如果同比增长高于平均水平,规模持续增强。
        If wb.Cells(j,15) > wb.Cells(j,16) And wb.Cells(j,15) > 0 And wb.Cells(j,16) > 0 Then
            wa.Cells(116,1) = i & "同比增长率高于平均水平,短期现金兑付压力持续加大。"
            '如果同比增长等于平均增长,同比与平均都正增长,规模趋于稳定
        ElseIf wb.Cells(j,15) = wb.Cells(j,16) And wb.Cells(j,15) > 0 And wb.Cells(j,16) > 0 Then
            wa.Cells(116,1) = i & "同比增长率等于平均水平,短期现金兑付压力趋于稳定。"
            '如果同比增长等于平均增长,同比增长和平均增长为负,下滑趋势没改。
        ElseIf wb.Cells(j,15) = wb.Cells(j,16) And wb.Cells(j,15) < 0 And wb.Cells(j,16) < 0 Then
            wa.Cells(116,1) = i & "同比下降率等于平均下降水平,短期现金兑付压力下滑趋势没改。"
            '如果同比增长低于平均增长,同比增长和平均增长为正数,规模增速放缓
        ElseIf wb.Cells(j,15) < wb.Cells(j,16) And wb.Cells(j,15) > 0 And wb.Cells(j,16) > 0 Then
            wa.Cells(116,1) = i & "同比增长率低于平均水平,短期现金兑付压力增速放缓。"
            '由平均负增长转为增长,开始复苏
        ElseIf wb.Cells(j,15) > wb.Cells(j,16) And wb.Cells(j,15) > 0 And wb.Cells(j,16) < 0 Then
            wa.Cells(116,1) = i & "由平均下降转为同比增长,短期现金兑付压力开始复苏。"
            '由平均增长转为同比负增长,开始下滑
        ElseIf wb.Cells(j,15) < wb.Cells(j,16) And wb.Cells(j,15) < 0 And wb.Cells(j,16) > 0 Then
            wa.Cells(116,1) = i & "由平均增长转为同比下降,短期现金兑付压力开始放缓。"
        '同比负增长低于平均负增长,开始放缓
        ElseIf Abs(wb.Cells(j,15)) < Abs(wb.Cells(j,16)) And wb.Cells(j,15) < 0 And wb.Cells(j,16) < 0 Then
            wa.Cells(116,1) = i & "同比下降低于平均下降水平,短期现金兑付压力下滑开始放缓。"
            '同比负增长高于平均负增长,货币资金投入规模下滑持续加速
        ElseIf Abs(wb.Cells(j,15)) > Abs(wb.Cells(j,16)) And wb.Cells(j,15) < 0 And wb.Cells(j,16) < 0 Then
            wa.Cells(116,1) = i & "同比下降高于平均下降水平,短期现金兑付压力持续下滑。"
        End If
End Sub
```

步骤三：编写应付账款分析代码。参考代码如下所示。

👉 **成功之钥匙**

代码含义：

```vba
Sub 应付账款情况分析()
    'i 代表描述信息变量
    Dim i As String,j,k,wa As Worksheet,wb As Worksheet
    Set wa = Worksheets("资产负债表分析报告")
    Set wb = Worksheets("资产负债基础表")
    j = 42
```

```
        i = wb.Cells(j,13) & Format(wb.Cells(j,14),"0.00 亿元,") _
        & Format(wb.Cells(j,17),"占流动负债的 0.00%。") & k & _
        Format(wb.Cells(j,15),"同比增长 0.00% ,;同比下降 0.00% ,") & _
        Format(wb.Cells(j,16),"平均增长 0.00% 。;平均下降 0.00% 。")
            '如果同比增长高于平均水平,规模持续增强。
        If wb.Cells(j,15) > wb.Cells(j,16) And wb.Cells(j,15) > 0 And wb.Cells(j,16) > 0 Then
            wa.Cells(117,1) = i & "同比增长率高于平均水平,短期债务兑付压力持续加大。"
            '如果同比增长等于平均增长,同比与平均都正增长,规模趋于稳定
        ElseIf wb.Cells(j,15) = wb.Cells(j,16) And wb.Cells(j,15) > 0 And wb.Cells(j,16) > 0 Then
            wa.Cells(117,1) = i & "同比增长率等于平均水平,短期债务兑付压力趋于稳定。"
            '如果同比增长等于平均增长,同比增长和平均增长为负数,下滑趋势没改
        ElseIf wb.Cells(j,15) = wb.Cells(j,16) And wb.Cells(j,15) < 0 And wb.Cells(j,16) < 0 Then
            wa.Cells(117,1) = i & "同比下降率等于平均下降水平,短期债务兑付压力下滑趋势没改。"
            '如果同比增长低于平均增长,同比增长和平均增长为正数,规模增速放缓
        ElseIf wb.Cells(j,15) < wb.Cells(j,16) And wb.Cells(j,15) > 0 And wb.Cells(j,16) > 0 Then
            wa.Cells(117,1) = i & "同比增长率低于平均水平,短期债务兑付压力增速放缓。"
            '由平均负增长转为增长,开始复苏
        ElseIf wb.Cells(j,15) > wb.Cells(j,16) And wb.Cells(j,15) > 0 And wb.Cells(j,16) < 0 Then
            wa.Cells(117,1) = i & "由平均下降转为同比增长,短期债务兑付压力开始复苏。"
            '由平均增长转为同比负增长,开始下滑
        ElseIf wb.Cells(j,15) < wb.Cells(j,16) And wb.Cells(j,15) < 0 And wb.Cells(j,16) > 0 Then
            wa.Cells(117,1) = i & "由平均增长转为同比下降,短期债务兑付压力开始下滑。"
            '同比负增长低于平均负增长,开始放缓
        ElseIf Abs(wb.Cells(j,15)) < Abs(wb.Cells(j,16)) And wb.Cells(j,15) < 0 And wb.Cells(j,16) < 0 Then
            wa.Cells(117,1) = i & "同比下降低于平均下降水平,短期债务兑付压力下滑开始放缓。"
            '同比负增长高于平均负增长,货币资金投入规模下滑持续加速
        ElseIf Abs(wb.Cells(j,15)) > Abs(wb.Cells(j,16)) And wb.Cells(j,15) < 0 And wb.Cells(j,16) < 0 Then
            wa.Cells(117,1) = i & "同比下降高于平均下降水平,短期债务兑付压力持续下滑。"
        End If
        If (wb.Cells(41,14) + wb.Cells(42,14)) > wb.Cells(15,14) Then
wa.Cells(118,1) = "综合看:应付账款加应付票据金额高于存货金额,企业产品紧销,销货很快,大大超过付款给供应商的速度,说明企业在产业链中占有绝对竞争优势。"
        Else
wa.Cells(118,1) = "综合看:应付账款加应付票据金额低于存货金额,企业产品销售速度低于付款给供应商的速度,说明企业在产业链中竞争优势不明显。"
        End If
End Sub
```

步骤四:编写合同负债分析代码。参考代码如下所示。

成功之钥匙

代码含义:

```
Sub 合同负债情况分析()
    'i 代表描述信息变量
    Dim i As String,j,k,wa As Worksheet,wb As Worksheet
    Set wa = Worksheets("资产负债表分析报告")
    Set wb = Worksheets("资产负债基础表")
    j = 44
    i = wb.Cells(j,13) & Format(wb.Cells(j,14),"0.00 亿元,") _
    & Format(wb.Cells(j,17),"占流动负债的 0.00%。") & _
    Format(wb.Cells(j,15),"同比增长 0.00% ,;同比下降 0.00% ,") & _
    Format(wb.Cells(j,16),"平均增长 0.00% 。;平均下降 0.00% 。")
        '如果同比增长高于平均水平,规模持续增强。
    If wb.Cells(j,15) > wb.Cells(j,16) And wb.Cells(j,15) > 0 And wb.Cells(j,16) > =0 Then
        wa.Cells(119,1) = i & "同比增长率高于平均水平,商业信誉收款能力持续增强。"
        '如果同比增长等于平均增长,同比与平均都正增长,规模趋于稳定
    ElseIf wb.Cells(j,15) = wb.Cells(j,16) And wb.Cells(j,15) > 0 And wb.Cells(j,16) > =0 Then
        wa.Cells(119,1) = i & "同比增长率等于平均水平,商业信誉收款能力趋于稳定。"
        '如果同比增长等于平均增长,同比增长和平均增长为负数,下滑趋势没改
    ElseIf wb.Cells(j,15) = wb.Cells(j,16) And wb.Cells(j,15) < 0 And wb.Cells(j,16) < =0 Then
        wa.Cells(119,1) = i & "同比下降率等于平均下降水平,商业信誉收款能力下滑趋势没改。"
        '如果同比增长低于平均增长,同比增长和平均增长为正数,规模增速放缓
    ElseIf wb.Cells(j,15) < wb.Cells(j,16) And wb.Cells(j,15) < 0 And wb.Cells(j,16) > =0 Then
        wa.Cells(119,1) = i & "同比增长率低于平均水平,商业信誉收款能力增速放缓。"
        '由平均负增长转为增长,开始复苏
    ElseIf wb.Cells(j,15) > wb.Cells(j,16) And wb.Cells(j,15) > 0 And wb.Cells(j,16) < =0 Then
        wa.Cells(119,1) = i & "由平均下降转为同比增长,商业信誉收款能力开始复苏。"
        '由平均增长转为同比负增长,开始下滑
```

```vba
        ElseIf wb.Cells(j,15) < wb.Cells(j,16) And wb.Cells(j,15) < 0 And wb.Cells(j,16) > = 0 Then
            wa.Cells(119,1) = i & "由平均增长转为同比下降,商业信誉收款能力开始下滑。"
        '同比负增长低于平均负增长,开始放缓
        ElseIf Abs(wb.Cells(j,15)) < Abs(wb.Cells(j,16)) And wb.Cells(j,15) < 0 And wb.Cells(j,16) < = 0 Then
            wa.Cells(119,1) = i & "同比下降低于平均下降水平,商业信誉收款能力下滑开始放缓。"
        '同比负增长高于平均负增长,货币资金投入规模下滑持续加速
        ElseIf Abs(wb.Cells(j,15)) > Abs(wb.Cells(j,16)) And wb.Cells(j,15) < 0 And wb.Cells(j,16) < = 0 Then
            wa.Cells(119,1) = i & "同比下降高于平均下降水平,商业信誉收款能力持续下滑。"
        End If
End Sub
```

步骤五：编写应付职工薪酬分析代码。参考代码如下所示。

👉 成功之钥匙

代码含义：

```vba
Sub 应付职工薪酬情况分析()
    'i代表描述信息变量
    Dim i As String,j,k,wa As Worksheet,wb As Worksheet
    Set wa = Worksheets("资产负债表分析报告")
    Set wb = Worksheets("资产负债基础表")
    j = 45
i = wb.Cells(j,13) & Format(wb.Cells(j,14),"0.00亿元,") _
& Format(wb.Cells(j,17),"占流动负债的0.00%。") & _
Format(wb.Cells(j,15),"同比增长0.00%,;同比下降0.00%,") & _
Format(wb.Cells(j,16),"平均增长0.00%。;平均下降0.00%。")
    '如果同比增长高于平均水平,规模持续增强。
    If wb.Cells(j,15) > wb.Cells(j,16) And wb.Cells(j,15) > 0 And wb.Cells(j,16) > = 0 Then
        wa.Cells(132,1) = i & "同比增长率高于平均水平,工资支付压力持续加大。"
    '如果同比增长等于平均增长,同比与平均都正增长,规模趋于稳定
    ElseIf wb.Cells(j,15) = wb.Cells(j,16) And wb.Cells(j,15) > 0 And wb.Cells(j,16) > = 0 Then
        wa.Cells(132,1) = i & "同比增长率等于平均水平,工资支付压力趋于稳定。"
    '如果同比增长等于平均增长,同比增长和平均增长为负数,下滑趋势没改。
    ElseIf wb.Cells(j,15) = wb.Cells(j,16) And wb.Cells(j,15) < 0 And wb.Cells(j,16) < = 0 Then
        wa.Cells(132,1) = i & "同比下降率等于平均下降水平,工资支付压力下滑趋势没改。"
    '如果同比增长低于平均增长,同比增长和平均增长为正数,规模增速放缓
    ElseIf wb.Cells(j,15) < wb.Cells(j,16) And wb.Cells(j,15) > 0 And wb.Cells(j,16) > = 0 Then
        wa.Cells(132,1) = i & "同比增长率低于平均水平,工资支付压力增长放缓。"
    '由平均负增长转为增长,开始复苏
    ElseIf wb.Cells(j,15) > wb.Cells(j,16) And wb.Cells(j,15) > 0 And wb.Cells(j,16) < = 0 Then
        wa.Cells(132,1) = i & "由平均下降转为同比增长,工资支付压力开始回弹。"
    '由平均增长转为同比负增长,开始下滑
    ElseIf wb.Cells(j,15) < wb.Cells(j,16) And wb.Cells(j,15) < 0 And wb.Cells(j,16) > = 0 Then
        wa.Cells(132,1) = i & "由平均增长转为同比下降,工资支付压力开始下滑。"
    '同比负增长低于平均负增长,开始放缓
    ElseIf Abs(wb.Cells(j,15)) < Abs(wb.Cells(j,16)) And wb.Cells(j,15) < 0 And wb.Cells(j,16) < = 0 Then
        wa.Cells(132,1) = i & "同比下降低于平均下降水平,工资支付压力下滑开始放缓。"
    '同比负增长高于平均负增长,货币资金投入规模下滑持续加速
    ElseIf Abs(wb.Cells(j,15)) > Abs(wb.Cells(j,16)) And wb.Cells(j,15) < 0 And wb.Cells(j,16) < = 0 Then
        wa.Cells(132,1) = i & "同比下降高于平均下降水平,工资支付压力持续下滑。"
    End If
End Sub
```

步骤六：编写应交税费分析代码。参考代码如下所示。

👉 成功之钥匙

代码含义：

```vba
Sub 应交税费情况分析()
    'i代表描述信息变量
    Dim i As String,j,k,wa As Worksheet,wb As Worksheet
    Set wa = Worksheets("资产负债表分析报告")
    Set wb = Worksheets("资产负债基础表")
    j = 46
i = wb.Cells(j,13) & Format(wb.Cells(j,14),"0.00亿元,") _
& Format(wb.Cells(j,17),"占流动负债的0.00%。") & _
```

```
          Format(wb.Cells(j,15),"同比增长 0.00% ,;同比下降 0.00% ,") &_
          Format(wb.Cells(j,16),"平均增长 0.00% 。;平均下降 0.00% 。")
              '如果同比增长高于平均水平,规模持续增强。
          If wb.Cells(j,15) >wb.Cells(j,16) And wb.Cells(j,15) >0 And wb.Cells(j,16) > =0 Then
              wa.Cells(133,1) =i & "同比增长率高于平均水平,税费支付压力持续加大。"
              '如果同比增长等于平均增长,同比与平均都正增长,规模趋于稳定
          ElseIf wb.Cells(j,15) =wb.Cells(j,16) And wb.Cells(j,15) >0 And wb.Cells(j,16) > =0 Then
              wa.Cells(133,1) =i & "同比增长率等于平均水平,税费支付压力趋于稳定。"
              '如果同比增长等于平均增长,同比增长和平均增长为负数,下滑趋势没改。
          ElseIf wb.Cells(j,15) =wb.Cells(j,16) And wb.Cells(j,15) <0 And wb.Cells(j,16) < =0 Then
              wa.Cells(133,1) =i & "同比下降率等于平均下降水平,税费支付压力下滑趋势没改。"
              '如果同比增长低于平均增长,同比增长和平均增长为正数,规模增速放缓
          ElseIf wb.Cells(j,15) <wb.Cells(j,16) And wb.Cells(j,15) >0 And wb.Cells(j,16) > =0 Then
              wa.Cells(133,1) =i & "同比增长率低于平均水平,税费支付压力增速放缓。"
              '由平均负增长转为增长,开始复苏
          ElseIf wb.Cells(j,15) >wb.Cells(j,16) And wb.Cells(j,15) >0 And wb.Cells(j,16) < =0 Then
              wa.Cells(133,1) =i & "由平均下降转为同比增长,税费支付压力开始回弹。"
              '由平均增长转为同比负增长,开始下滑
          ElseIf wb.Cells(j,15) <wb.Cells(j,16) And wb.Cells(j,15) <0 And wb.Cells(j,16) > =0 Then
              wa.Cells(133,1) =i & "由平均增长转为同比下降,税费支付压力开始下滑。"
              '同比负增长低于平均负增长,开始放缓
          ElseIf Abs(wb.Cells(j,15)) <Abs(wb.Cells(j,16)) And wb.Cells(j,15) <0 And wb.Cells(j,16) < =0 Then
              wa.Cells(133,1) =i & "同比下降低于平均下降水平,税费支付压力下滑开始放缓。"
              '同比负增长高于平均负增长,货币资金投入规模下滑持续加速
          ElseIf Abs(wb.Cells(j,15)) >Abs(wb.Cells(j,16)) And wb.Cells(j,15) <0 And wb.Cells(j,16) < =0 Then
              wa.Cells(133,1) =i & "同比下降高于平均下降水平,税费支付压力持续下滑。"
          End If
      End Sub
```

步骤七：编写应付利息分析代码。参考代码如下所示。

成功之钥匙

代码含义：

```
Sub 应付利息情况分析()
    'i 代表描述信息变量
    Dim i As String,j,k,wa As Worksheet,wb As Worksheet
    Set wa =Worksheets("资产负债表分析报告")
    Set wb =Worksheets("资产负债基础表")
    j =48
i =wb.Cells(j,13) & Format(wb.Cells(j,14),"0.00 亿元,") _
& Format(wb.Cells(j,17),"占流动负债的 0.00% 。") &_
Format(wb.Cells(j,15),"同比增长 0.00% ,;同比下降 0.00% ,") &_
Format(wb.Cells(j,16),"平均增长 0.00% 。;平均下降 0.00% 。")
         '如果同比增长高于平均水平,规模持续增强。
      If wb.Cells(j,15) >wb.Cells(j,16) And wb.Cells(j,15) >0 And wb.Cells(j,16) > =0 Then
         wa.Cells(134,1) =i & "同比增长率高于平均水平,利息支付压力持续加大。"
         '如果同比增长等于平均增长,同比与平均都正增长,规模趋于稳定
      ElseIf wb.Cells(j,15) =wb.Cells(j,16) And wb.Cells(j,15) >0 And wb.Cells(j,16) > =0 Then
         wa.Cells(134,1) =i & "同比增长率等于平均水平,利息支付压力趋于稳定。"
         '如果同比增长等于平均增长,同比增长和平均增长为负数,下滑趋势没改。
      ElseIf wb.Cells(j,15) =wb.Cells(j,16) And wb.Cells(j,15) <0 And wb.Cells(j,16) < =0 Then
         wa.Cells(134,1) =i & "同比下降率等于平均下降水平,利息支付压力下滑趋势没改。"
         '如果同比增长低于平均增长,同比增长和平均增长为正数,规模增速放缓
      ElseIf wb.Cells(j,15) <wb.Cells(j,16) And wb.Cells(j,15) >0 And wb.Cells(j,16) > =0 Then
         wa.Cells(134,1) =i & "同比增长率低于平均水平,利息支付压力增速放缓。"
         '由平均负增长转为增长,开始复苏
      ElseIf wb.Cells(j,15) >wb.Cells(j,16) And wb.Cells(j,15) >0 And wb.Cells(j,16) < =0 Then
         wa.Cells(134,1) =i & "由平均下降转为同比增长,利息支付压力开始回弹。"
         '由平均增长转为同比负增长,开始下滑
      ElseIf wb.Cells(j,15) <wb.Cells(j,16) And wb.Cells(j,15) <0 And wb.Cells(j,16) > =0 Then
         wa.Cells(134,1) =i & "由平均增长转为同比下降,利息支付压力开始下滑。"
         '同比负增长低于平均负增长,开始放缓
      ElseIf Abs(wb.Cells(j,15)) <Abs(wb.Cells(j,16)) And wb.Cells(j,15) <0 And wb.Cells(j,16) < =0 Then
         wa.Cells(134,1) =i & "同比下降低于平均下降水平,利息支付压力下滑开始放缓。"
         '同比负增长高于平均负增长,货币资金投入规模下滑持续加速
      ElseIf Abs(wb.Cells(j,15)) >Abs(wb.Cells(j,16)) And wb.Cells(j,15) <0 And wb.Cells(j,16) < =0 Then
```

```
            wa.Cells(134,1) = i & "同比下降高于平均下降水平,利息支付压力持续下滑。"
        Else
            wa.Cells(134,1) = "应付利息没有发生额"
        End If
End Sub
```

步骤八：编写应付股利分析代码。参考代码如下所示。

👉 成功之钥匙

代码含义：

```
Sub 应付股利情况分析()
    'i 代表描述信息变量
    Dim i As String,j,k,wa As Worksheet,wb As Worksheet
    Set wa = Worksheets("资产负债表分析报告")
    Set wb = Worksheets("资产负债基础表")
    j = 49
i = wb.Cells(j,13) & Format(wb.Cells(j,14),"0.00 亿元,") _
& Format(wb.Cells(j,17),"占流动负债的 0.00% 。") & _
Format(wb.Cells(j,15),"同比增长 0.00% ;同比下降 0.00% ,") & _
Format(wb.Cells(j,16),"平均增长 0.00% ;平均下降 0.00% ")
        '如果同比增长高于平均水平,规模持续增强。
        If wb.Cells(j,15) > wb.Cells(j,16) And wb.Cells(j,15) > 0 And wb.Cells(j,16) > = 0 Then
            wa.Cells(135,1) = i & "同比增长率高于平均水平,股东权益兑付压力持续加大。"
        '如果同比增长等于平均增长,同比与平均都正增长,规模趋于稳定
        ElseIf wb.Cells(j,15) = wb.Cells(j,16) And wb.Cells(j,15) > 0 And wb.Cells(j,16) > = 0 Then
            wa.Cells(135,1) = i & "同比增长率等于平均水平,股东权益兑付压力趋于稳定。"
            '如果同比增长等于平均增长,同比增长和平均增长为负数,下滑趋势没改。
        ElseIf wb.Cells(j,15) = wb.Cells(j,16) And wb.Cells(j,15) < 0 And wb.Cells(j,16) < = 0 Then
            wa.Cells(135,1) = i & "同比下降率等于平均下降水平,股东权益兑付压力下滑趋势没改。"
            '如果同比增长低于平均增长,同比增长和平均增长为正数,规模增速放缓。
        ElseIf wb.Cells(j,15) < wb.Cells(j,16) And wb.Cells(j,15) > 0 And wb.Cells(j,16) > = 0 Then
            wa.Cells(135,1) = i & "同比增长率低于平均水平,股东权益兑付压力增速放缓。"
            '由平均负增长转为增长,开始复苏
        ElseIf wb.Cells(j,15) > wb.Cells(j,16) And wb.Cells(j,15) > 0 And wb.Cells(j,16) < = 0 Then
            wa.Cells(135,1) = i & "由平均下降转为同比增长,股东权益兑付压力开始回弹。"
            '由平均增长转为同比负增长,开始下滑
        ElseIf wb.Cells(j,15) < wb.Cells(j,16) And wb.Cells(j,15) < 0 And wb.Cells(j,16) > = 0 Then
            wa.Cells(135,1) = i & "由平均增长转为同比下降,股东权益兑付压力开始下滑。"
        '同比负增长低于平均负增长,开始放缓
        ElseIf Abs(wb.Cells(j,15)) < Abs(wb.Cells(j,16)) And wb.Cells(j,15) < 0 And wb.Cells(j,16) < = 0 Then
            wa.Cells(135,1) = i & "同比下降低于平均下降水平,股东权益兑付压力下滑开始放缓。"
            '同比负增长高于平均负增长,货币资金投入规模下滑持续加速
        ElseIf Abs(wb.Cells(j,15)) > Abs(wb.Cells(j,16)) And wb.Cells(j,15) < 0 And wb.Cells(j,16) < = 0 Then
            wa.Cells(135,1) = i & "同比下降高于平均下降水平,股东权益兑付压力持续下滑。"
        Else
            wa.Cells(135,1) = "应付股利没有发生额"
        End If
        '应分配负债包括应付职工薪酬、应交税费、应付股利等
        If wb.Cells(94,14) > wb.Cells(4,14) Then
            wa.Cells(136,1) = "综合看:应付职工薪酬、应交税费、应付股利、应付利息之和高于货币资金金额,短期内兑付应分配负债保障能力不足。"
        Else
            wa.Cells(136,1) = "综合看:应付职工薪酬、应交税费、应付股利、应付利息之和大于货币资金金额,短期内兑付应分配负债保障能力较好。"
        End If
End Sub
```

步骤九：编写其他应付款分析代码。参考代码如下所示。

👉 成功之钥匙

代码含义：

```
Sub 其他应付款情况分析()
    'i 代表描述信息变量
    Dim i As String,j,k,wa As Worksheet,wb As Worksheet
```

```vb
    Set wa = Worksheets("资产负债表分析报告")
    Set wb = Worksheets("资产负债基础表")
        j = 50
i = wb.Cells(j,13) & Format(wb.Cells(j,14),"0.00 亿元,") _
& Format(wb.Cells(j,17),"占流动负债的 0.00%。") & _
Format(wb.Cells(j,15),"同比增长 0.00% ,;同比下降 0.00% ,") & _
Format(wb.Cells(j,16),"平均增长 0.00%。;平均下降 0.00%。")
        '如果同比增长高于平均水平,规模持续增强。
        If wb.Cells(j,15) > wb.Cells(j,16) And wb.Cells(j,15) > 0 And wb.Cells(j,16) >= 0 Then
            wa.Cells(137,1) = i & "同比增长率高于平均水平,其他应付款支付压力持续加大。"
        '如果同比增长等于平均增长,同比与平均都正增长,规模趋于稳定
        ElseIf wb.Cells(j,15) = wb.Cells(j,16) And wb.Cells(j,15) > 0 And wb.Cells(j,16) >= 0 Then
            wa.Cells(137,1) = i & "同比增长率等于平均水平,其他应付款支付压力趋于稳定。"
        '如果同比增长等于平均增长,同比增长和平均增长为负数,下滑趋势没改。
        ElseIf wb.Cells(j,15) = wb.Cells(j,16) And wb.Cells(j,15) < 0 And wb.Cells(j,16) <= 0 Then
            wa.Cells(136,1) = i & "同比下降率等于平均下降水平,其他应付款支付压力下滑趋势没改。"
        '如果同比增长低于平均增长,同比增长和平均增长为正数,规模增速放缓
        ElseIf wb.Cells(j,15) < wb.Cells(j,16) And wb.Cells(j,15) > 0 And wb.Cells(j,16) >= 0 Then
            wa.Cells(137,1) = i & "同比增长率低于平均水平,其他应付款支付压力增速放缓。"
        '由平均负增长转为增长,开始复苏
        ElseIf wb.Cells(j,15) > wb.Cells(j,16) And wb.Cells(j,15) > 0 And wb.Cells(j,16) <= 0 Then
            wa.Cells(137,1) = i & "由平均下降转为同比增长,其他应付款支付压力开始回弹。"
        '由平均增长转为同比负增长,开始下滑
        ElseIf wb.Cells(j,15) > wb.Cells(j,16) And wb.Cells(j,15) < 0 And wb.Cells(j,16) >= 0 Then
            wa.Cells(137,1) = i & "由平均增长转为同比下降,其他应付款支付压力开始下滑。"
        '同比负增长低于平均负增长,开始放缓
        ElseIf Abs(wb.Cells(j,15)) < Abs(wb.Cells(j,16)) And wb.Cells(j,15) < 0 And wb.Cells(j,16) <= 0 Then
            wa.Cells(137,1) = i & "同比下降低于平均下降水平,其他应付款支付压力下滑开始放缓。"
        '同比负增长高于平均负增长,货币资金投入规模下滑持续加速
        ElseIf Abs(wb.Cells(j,15)) > Abs(wb.Cells(j,16)) And wb.Cells(j,15) < 0 And wb.Cells(j,16) <= 0 Then
            wa.Cells(137,1) = i & "同比下降高于平均下降水平,其他应付款支付压力持续下滑。"
        Else
            wa.Cells(137,1) = "其他应付款没有发生额"
        End If
End Sub
```

步骤十:编写一年内到期的非流动负债分析代码。参考代码如下所示。

成功之钥匙

代码含义:

```vb
Sub 一年内到期的非流动负债情况分析()
    'i 代表描述信息变量
    Dim i As String, j, k, wa As Worksheet, wb As Worksheet
    Set wa = Worksheets("资产负债表分析报告")
    Set wb = Worksheets("资产负债基础表")
        j = 51
i = wb.Cells(j,13) & Format(wb.Cells(j,14),"0.00 亿元,") _
& Format(wb.Cells(j,17),"占流动负债的 0.00%。") & _
Format(wb.Cells(j,15),"同比增长 0.00% ,;同比下降 0.00% ,") & _
Format(wb.Cells(j,16),"平均增长 0.00%。;平均下降 0.00%。")
        '如果同比增长高于平均水平,规模持续增强。
        If wb.Cells(j,15) > wb.Cells(j,16) And wb.Cells(j,15) > 0 And wb.Cells(j,16) >= 0 Then
            wa.Cells(138,1) = i & "同比增长率高于平均水平,短期偿债压力持续加大。"
        '如果同比增长等于平均增长,同比与平均都正增长,规模趋于稳定
        ElseIf wb.Cells(j,15) = wb.Cells(j,16) And wb.Cells(j,15) > 0 And wb.Cells(j,16) >= 0 Then
            wa.Cells(138,1) = i & "同比增长率等于平均水平,短期偿债压力趋于稳定。"
        '如果同比增长等于平均增长,同比增长和平均增长为负数,下滑趋势没改。
        ElseIf wb.Cells(j,15) = wb.Cells(j,16) And wb.Cells(j,15) < 0 And wb.Cells(j,16) <= 0 Then
            wa.Cells(138,1) = i & "同比下降率等于平均下降水平,短期偿债压力下滑趋势没改。"
        '如果同比增长低于平均增长,同比增长和平均增长为正数,规模增速放缓
        ElseIf wb.Cells(j,15) < wb.Cells(j,16) And wb.Cells(j,15) > 0 And wb.Cells(j,16) >= 0 Then
            wa.Cells(138,1) = i & "同比增长率低于平均水平,短期偿债压力增速放缓。"
        '由平均负增长转为增长,开始复苏
        ElseIf wb.Cells(j,15) > wb.Cells(j,16) And wb.Cells(j,15) > 0 And wb.Cells(j,16) <= 0 Then
            wa.Cells(138,1) = i & "由平均下降转为同比增长,短期偿债压力开始回弹。"
        '由平均增长转为同比负增长,开始下滑
```

```
        ElseIf wb.Cells(j,15) < wb.Cells(j,16) And wb.Cells(j,15) < 0 And wb.Cells(j,16) > =0 Then
            wa.Cells(138,1) = i & "由平均增长转为同比下降,短期偿债压力开始下滑。"
        '同比负增长低于平均负增长,开始放缓
    ElseIf Abs(wb.Cells(j,15)) < Abs(wb.Cells(j,16)) And wb.Cells(j,15) < 0 And wb.Cells(j,16) < =0 Then
            wa.Cells(138,1) = i & "同比下降低于平均下降水平,短期偿债压力下滑开始放缓。"
        '同比负增长高于平均负增长,货币资金投入规模下滑持续加速
    ElseIf Abs(wb.Cells(j,15)) > Abs(wb.Cells(j,16)) And wb.Cells(j,15) < 0 And wb.Cells(j,16) < =0 Then
            wa.Cells(138,1) = i & "同比下降高于平均下降水平,短期偿债压力持续下滑。"
        Else
            wa.Cells(138,1) = "一年内到期的非流动负债没有发生额"
        End If
End Sub
```

步骤十一：编写其他流动负债分析代码。参考代码如下所示。

👆 成功之钥匙

代码含义：

```
Sub 其他流动负债情况分析()
    'i 代表描述信息变量
    Dim i As String,j,k,wa As Worksheet,wb As Worksheet
    Set wa = Worksheets("资产负债表分析报告")
    Set wb = Worksheets("资产负债基础表")
    j = 52
i = wb.Cells(j,13) & Format(wb.Cells(j,14),"0.00 亿元,") _
 & Format(wb.Cells(j,17),"占流动负债的 0.00%") & _
Format(wb.Cells(j,15),"同比增长 0.00% ;同比下降 0.00% ,") & _
Format(wb.Cells(j,16),"平均增长 0.00% ;平均下降 0.00% 。")
        '如果同比增长高于平均水平,规模持续增强。
    If wb.Cells(j,15) > wb.Cells(j,16) And wb.Cells(j,15) > 0 And wb.Cells(j,16) > =0 Then
            wa.Cells(139,1) = i & "同比增长率高于平均水平,短期偿债压力持续加大。"
        '如果同比增长等于平均增长,同比与平均都正增长,规模趋于稳定
    ElseIf wb.Cells(j,15) = wb.Cells(j,16) And wb.Cells(j,15) > 0 And wb.Cells(j,16) > =0 Then
            wa.Cells(139,1) = i & "同比增长率等于平均水平,短期偿债压力趋于稳定。"
        '如果同比增长等于平均增长,同比增长和平均增长为负数,下滑趋势没改。
    ElseIf wb.Cells(j,15) = wb.Cells(j,16) And wb.Cells(j,15) < 0 And wb.Cells(j,16) < =0 Then
            wa.Cells(139,1) = i & "同比下降率等于平均下降水平,短期偿债压力下滑趋势没改。"
        '如果同比增长低于平均增长,同比增长和平均增长为正数,规模增速放缓
    ElseIf wb.Cells(j,15) < wb.Cells(j,16) And wb.Cells(j,15) > 0 And wb.Cells(j,16) > =0 Then
            wa.Cells(139,1) = i & "同比增长率低于平均水平,短期偿债压力增速放缓。"
        '由平均负增长转为增长,开始复苏
    ElseIf wb.Cells(j,15) > wb.Cells(j,16) And wb.Cells(j,15) > 0 And wb.Cells(j,16) < =0 Then
            wa.Cells(139,1) = i & "由平均下降转为同比增长,短期偿债压力开始回弹。"
        '由平均增长转为同比增长,开始下滑
    ElseIf wb.Cells(j,15) < wb.Cells(j,16) And wb.Cells(j,15) < 0 And wb.Cells(j,16) > =0 Then
            wa.Cells(139,1) = i & "由平均增长转为同比下降,短期偿债压力开始下滑。"
        '同比负增长低于平均负增长,开始放缓
    ElseIf Abs(wb.Cells(j,15)) < Abs(wb.Cells(j,16)) And wb.Cells(j,15) < 0 And wb.Cells(j,16) < =0 Then
            wa.Cells(139,1) = i & "同比下降低于平均下降水平,短期偿债压力下滑开始放缓。"
        '同比负增长高于平均负增长,货币资金投入规模下滑持续加速
    ElseIf Abs(wb.Cells(j,15)) > Abs(wb.Cells(j,16)) And wb.Cells(j,15) < 0 And wb.Cells(j,16) < =0 Then
            wa.Cells(139,1) = i & "同比下降高于平均下降水平,短期偿债压力持续下滑。"
        Else
            wa.Cells(139,1) = "其他流动负债没有发生额"
        End If
End Sub
```

4.4.2.3 可视化图表

流动负债分析项目较多，为清晰美观，这里分两部分制作图表。

（1）交易性金融负债、应付票据、应付账款、合同负债等分析图表。以辅助分析表 M2：Q2，M36：Q44 为数据源编写 VBA 代码，将制作的柱形图嵌入资产负债表分析报告 A120：A131 区域。步骤如下：

步骤一：编写制作图表代码。参考代码如下所示。

成功之钥匙

代码含义：

```
Sub 制作流动负债情况图表1()
    Dim wa As Worksheet
    Dim ws As Worksheet
    Dim cht As ChartObject
    Dim rng As Range
    '选择"资产负债基础表"工作表
    Set wa = ThisWorkbook.Sheets("资产负债基础表")
    '复制 M2:Q2,M36:Q44 区域的数据
    wa.Range("M2:Q2,M36:Q44").Copy
    '将数据粘贴到 T36:X45 区域
    wa.Range("T36:X45").PasteSpecial Paste:=xlPasteValues
    '设置工作表
    Set ws = ThisWorkbook.Sheets("资产负债表分析报告")
    '定义图表位置
    Set rng = ws.Range("A120")
    '在工作表中插入一个图表对象
    Set cht = ws.ChartObjects.Add(Left:=rng.Left, Width:=700, Top:=rng.Top, Height:=155)
    '设置图表数据源
    cht.chart.SetSourceData Source:=wa.Range("$T$36:$X$45")
    '设置图表类型为柱形图
    cht.chart.chartType = xlColumnClustered
    '添加数据标签
    cht.chart.SeriesCollection(1).ApplyDataLabels
    '设置图表标题
    cht.chart.HasTitle = True
    cht.chart.ChartTitle.Text = "流动负债情况分析"
    '设置图例位置
    cht.chart.HasLegend = True
    cht.chart.Legend.Position = xlLegendPositionBottom
End Sub
```

步骤二：嵌入柱形图。如图 4-31 所示。

图 4-31　嵌入柱形图

步骤三：更改图表类型。点击图表任意位置"右键"—"更改图表类型"—"组合图"—"将同比增长、平均增长、比重"选为柱形图，并改为"次坐标"—"确定"便可制成可视化动态分析图。如图 4-32 所示。

（2）应付职工薪酬、应交税费、应付利息、应付股利、一年内到期的非流动负债、其他非流动负债等分析图表。以辅助分析表 M2：Q2，M45：Q53 为数据源编写 VBA 代码，将制作的柱形图嵌入资产负债表分析报告 A140：A153 区域。步骤如下：

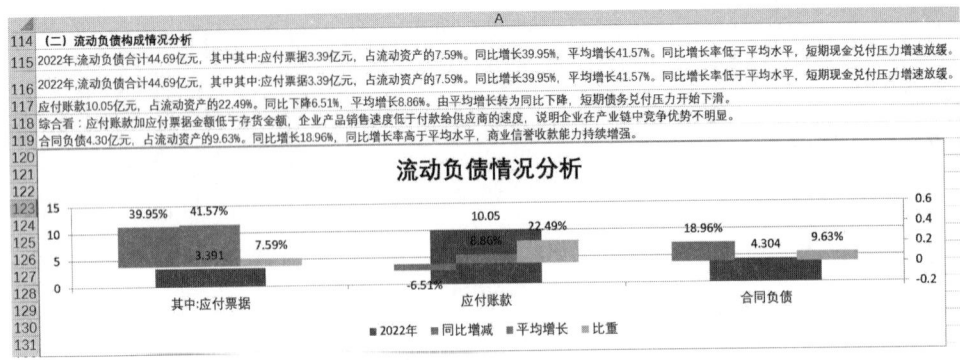

图 4-32 流动负债分析图表 1

步骤一：编写制作图表代码。参考代码如下所示。

成功之钥匙

代码含义：

```
Sub 制作流动负债情况图表2()
    Dim wa As Worksheet
    Dim ws As Worksheet
    Dim cht As ChartObject
    Dim rng As Range
    '选择"资产负债基础表"工作表
    Set wa = ThisWorkbook.Sheets("资产负债基础表")
    '复制 M2:Q2,M45:Q53 区域的数据
    wa.Range("M2:Q2,M45:Q53").Copy
    '将数据粘贴到 T46:X55 区域
    wa.Range("T46:X55").PasteSpecial Paste:=xlPasteValues
    '设置工作表
    Set ws = ThisWorkbook.Sheets("资产负债表分析报告")
    '定义图表位置
    Set rng = ws.Range("A140")
    '在工作表中插入一个图表对象
    Set cht = ws.ChartObjects.Add(Left:=rng.Left, Width:=700, Top:=rng.Top, Height:=170)
    '设置图表数据源
    cht.chart.SetSourceData Source:=wa.Range("$T$46:$X$55")
    '设置图表类型为柱形图
    cht.chart.chartType = xlColumnClustered
    '添加数据标签
    cht.chart.SeriesCollection(1).ApplyDataLabels
    '设置图表标题
    cht.chart.HasTitle = True
    cht.chart.ChartTitle.Text = "流动负债情况分析"
    '设置图例位置
    cht.chart.HasLegend = True
    cht.chart.Legend.Position = xlLegendPositionBottom
End Sub
```

步骤二：嵌入柱形图更改图表类型。如图 4-33 所示。

4.4.3 非流动负债构成情况分析

4.4.3.1 分析重点

非流动负债主要从筹资的角度进行分析评价：分析各类、各项非流动负债筹资的变动状况；发现变动幅度较大，或对负债影响较大的重点类别和重点项目；注意分析评价表外业务的影响。

非流动负债分要素包括长期借款、应付债券、长期应付款项等。

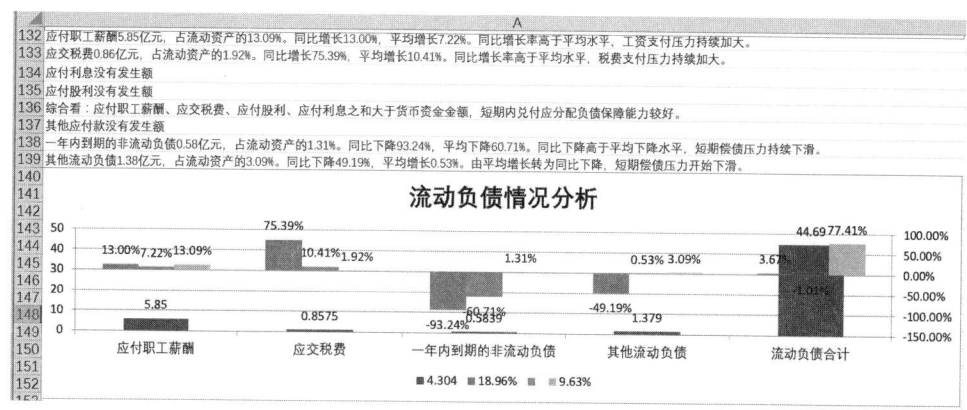

图4-33 流动负债分析图表2

影响长期借款变动的因素有：银行信贷政策及资金市场的供求情况；企业长期资金需要；保持权益结构稳定性；调整负债结构和财务风险。

4.4.3.2 VBA智能分析代码

以辅助分析表M55：Q62为数据源编写VBA代码，将分析结果存放到资产负债表分析报告A154：A160区域。步骤如下：

步骤一：编写长期借款分析代码。参考代码如下所示。

成功之钥匙

代码含义：

```
Sub 长期借款情况分析()
    'i 代表描述信息变量
    Dim i As String,j,k,wa As Worksheet,wb As Worksheet
    Set wa = Worksheets("资产负债表分析报告")
    Set wb = Worksheets("资产负债基础表")
    wa.Cells(154,1) = "(三)非流动负债构成情况分析"
    wa.Cells(154,1).Font.Bold = True
    j = 55
i = wb.Cells(2,14)& "," & wb.Cells(61,13)& Format(wb.Cells(61,14),"0.00 亿元,其中")& _
wb.Cells(j,13)& Format(wb.Cells(j,14),"0.00 亿元,")& _
& Format(wb.Cells(j,17),"占非流动负债的 0.00%。")& _
Format(wb.Cells(j,15),"同比增长 0.00% ,;同比下降 0.00%,")& _
Format(wb.Cells(j,16),"平均增长 0.00% ;平均下降 0.00%。")
    '如果同比增长高于平均水平,规模持续增强。
    If wb.Cells(j,15) > wb.Cells(j,16) And wb.Cells(j,15) > 0 And wb.Cells(j,16) > = 0 Then
        wa.Cells(155,1) = i & "同比增长率高于平均水平,长期借款规模持续加大。"
    '如果同比增长等于平均增长,同比与平均都正增长,规模趋于稳定
    ElseIf wb.Cells(j,15) = wb.Cells(j,16) And wb.Cells(j,15) > 0 And wb.Cells(j,16) > = 0 Then
        wa.Cells(155,1) = i & "同比增长率等于平均水平,长期借款规模趋于稳定。"
    '如果同比增长等于平均增长,同比增长和平均增长为负数,下滑趋势没改。
    ElseIf wb.Cells(j,15) = wb.Cells(j,16) And wb.Cells(j,15) < 0 And wb.Cells(j,16) < = 0 Then
        wa.Cells(155,1) = i & "同比下降率等于平均下降水平,长期借款规模下滑趋势没改。"
    '如果同比增长低于平均增长,同比增长和平均增长为正数,规模增速放缓
    ElseIf wb.Cells(j,15) < wb.Cells(j,16) And wb.Cells(j,15) > 0 And wb.Cells(j,16) > = 0 Then
        wa.Cells(155,1) = i & "同比增长率低于平均水平,长期借款规模增速放缓。"
    '由平均负增长转为增长,开始复苏
    ElseIf wb.Cells(j,15) > wb.Cells(j,16) And wb.Cells(j,15) > 0 And wb.Cells(j,16) < = 0 Then
        wa.Cells(155,1) = i & "由平均下降转为同比增长,长期借款规模开始复苏。"
    '由平均增长转为同比负增长,开始下滑
    ElseIf wb.Cells(j,15) < wb.Cells(j,16) And wb.Cells(j,15) < 0 And wb.Cells(j,16) > = 0 Then
        wa.Cells(155,1) = i & "由平均增长转为同比下降,长期借款规模开始下滑。"
    '同比负增长低于平均负增长,开始放缓
    ElseIf Abs(wb.Cells(j,15)) < Abs(wb.Cells(j,16)) And wb.Cells(j,15) < 0 And wb.Cells(j,16) < = 0 Then
        wa.Cells(155,1) = i & "同比下降低于平均下降水平,长期借款规模开始放缓。"
```

```vba
        '同比负增长高于平均负增长,货币资金投入规模下滑持续加速
    ElseIf Abs(wb.Cells(j,15)) >Abs(wb.Cells(j,16)) And wb.Cells(j,15) <0 And wb.Cells(j,16) <=0 Then
        wa.Cells(155,1) = i & "同比下降高于平均下降水平,长期借款规模持续下滑。"
    Else
        wa.Cells(155,1) ="长期借款没有发生额"
    End If
End Sub
```

步骤二：编写应付债券分析代码。参考代码如下所示。

成功之钥匙

代码含义：

```vba
Sub 应付债券情况分析()
    'i 代表描述信息变量
    Dim i As String,j,k,wa As Worksheet,wb As Worksheet
    Set wa =Worksheets("资产负债表分析报告")
    Set wb =Worksheets("资产负债基础表")
    j =56
i =wb.Cells(j,13) & Format(wb.Cells(j,14),"0.00 亿元,") _
& Format(wb.Cells(j,17),"占非流动负债的 0.00% 。") &_
Format(wb.Cells(j,15),"同比增长 0.00% ,;同比下降 0.00% ,") &_
Format(wb.Cells(j,16),"平均增长 0.00% ,;平均下降 0.00% ,")
        '如果同比增长高于平均水平,规模持续增强。
    If wb.Cells(j,15) >wb.Cells(j,16) And wb.Cells(j,15) >0 And wb.Cells(j,16) >=0 Then
        wa.Cells(156,1) = i & "同比增长率高于平均水平,应付债券规模持续加大。"
        '如果同比增长等于平均增长,同比与平均都正增长,规模趋于稳定
    ElseIf wb.Cells(j,15) =wb.Cells(j,16) And wb.Cells(j,15) >0 And wb.Cells(j,16) >=0 Then
        wa.Cells(156,1) = i & "同比增长率等于平均水平,应付债券规模趋于稳定。"
        '如果同比增长等于平均增长,同比增长和平均增长为负,下滑趋势没改。
    ElseIf wb.Cells(j,15) =wb.Cells(j,16) And wb.Cells(j,15) <0 And wb.Cells(j,16) <=0 Then
        wa.Cells(156,1) = i & "同比下降率等于平均下降水平,应付债券规模下滑趋势没改。"
        '如果同比增长低于平均增长,同比增长和平均增长为正数,规模增速放缓
    ElseIf wb.Cells(j,15) <wb.Cells(j,16) And wb.Cells(j,15) >0 And wb.Cells(j,16) >=0 Then
        wa.Cells(156,1) = i & "同比增长率低于平均水平,应付债券规模增速放缓。"
        '由平均负增长转为增长,开始复苏
    ElseIf wb.Cells(j,15) >wb.Cells(j,16) And wb.Cells(j,15) >0 And wb.Cells(j,16) <0 Then
        wa.Cells(156,1) = i & "由平均下降转为同比增长,应付债券规模开始复苏。"
        '由平均增长转为同比负增长,开始下滑
    ElseIf wb.Cells(j,15) <wb.Cells(j,16) And wb.Cells(j,15) <0 And wb.Cells(j,16) >=0 Then
        wa.Cells(156,1) = i & "由平均增长转为同比下降,应付债券规模开始下滑。"
        '同比负增长低于平均负增长,开始放缓
    ElseIf Abs(wb.Cells(j,15)) <Abs(wb.Cells(j,16)) And wb.Cells(j,15) <0 And wb.Cells(j,16) <=0 Then
        wa.Cells(156,1) = i & "同比下降低于平均下降水平,应付债券规模开始放缓。"
        '同比负增长高于平均负增长,货币资金投入规模下滑持续加速
    ElseIf Abs(wb.Cells(j,15)) >Abs(wb.Cells(j,16)) And wb.Cells(j,15) <0 And wb.Cells(j,16) <=0 Then
        wa.Cells(156,1) = i & "同比下降高于平均下降水平,应付债券规模持续下滑。"
    Else
        wa.Cells(156,1) ="应付债券没有发生额"
    End If
End Sub
```

步骤三：编写租赁负债分析代码。参考代码如下所示。

成功之钥匙

代码含义：

```vba
Sub 租赁负债情况分析()
    'i 代表描述信息变量
    Dim i As String,j,k,wa As Worksheet,wb As Worksheet
    Set wa =Worksheets("资产负债表分析报告")
    Set wb =Worksheets("资产负债基础表")
    j =57
i =wb.Cells(j,13) & Format(wb.Cells(j,14),"0.00 亿元,") _
& Format(wb.Cells(j,17),"占非流动负债的 0.00% 。") &_
Format(wb.Cells(j,15),"同比增长 0.00% ,;同比下降 0.00% ,") &_
```

```
Format(wb.Cells(j,16),"平均增长0.00% 。;平均下降0.00% 。")
    '如果同比增长高于平均水平,规模持续增强。
    If wb.Cells(j,15) >wb.Cells(j,16) And wb.Cells(j,15) >0 And wb.Cells(j,16) > =0 Then
        wa.Cells(157,1) =i & "同比增长率高于平均水平,租赁负债规模持续加大。"
        '如果同比增长等于平均增长,同比与平均都正增长,规模趋于稳定
    ElseIf wb.Cells(j,15) =wb.Cells(j,16) And wb.Cells(j,15) >0 And wb.Cells(j,16) > =0 Then
        wa.Cells(157,1) =i & "同比增长率等于平均水平,租赁负债规模趋于稳定。"
        '如果同比增长等于平均增长,同比增长和平均增长为负数,下滑趋势没改
    ElseIf wb.Cells(j,15) =wb.Cells(j,16) And wb.Cells(j,15) <0 And wb.Cells(j,16) < =0 Then
        wa.Cells(157,1) =i & "同比下降率等于平均下降水平,租赁负债规模下滑趋势没改。"
        '如果同比增长低于平均增长,同比增长和平均增长为正数,规模增速放缓
    ElseIf wb.Cells(j,15) <wb.Cells(j,16) And wb.Cells(j,15) >0 And wb.Cells(j,16) > =0 Then
        wa.Cells(157,1) =i & "同比增长率低于平均水平,租赁负债规模增速放缓。"
        '由平均负增长转为增长,开始复苏
    ElseIf wb.Cells(j,15) >wb.Cells(j,16) And wb.Cells(j,15) >0 And wb.Cells(j,16) < =0 Then
        wa.Cells(157,1) =i & "由平均下降转为同比增长,租赁负债规模开始复苏。"
        '由平均增长转为同比负增长,开始下滑
    ElseIf wb.Cells(j,15) <wb.Cells(j,16) And wb.Cells(j,15) <0 And wb.Cells(j,16) > =0 Then
        wa.Cells(157,1) =i & "由平均增长转为同比下降,租赁负债规模开始下滑。"
        '同比负增长低于平均负增长,开始放缓
    ElseIf Abs(wb.Cells(j,15)) <Abs(wb.Cells(j,16)) And wb.Cells(j,15) <0 And wb.Cells(j,16) < =0 Then
        wa.Cells(157,1) =i & "同比下降低于平均下降水平,租赁负债规模开始放缓。"
        '同比负增长高于平均负增长,货币资金投入规模下滑持续加速
    ElseIf Abs(wb.Cells(j,15)) >Abs(wb.Cells(j,16)) And wb.Cells(j,15) <0 And wb.Cells(j,16) < =0 Then
        wa.Cells(157,1) =i & "同比下降高于平均下降水平,租赁负债规模持续下滑。"
    Else
        wa.Cells(157,1) ="租赁负债没有发生额"
    End If
End Sub
```

步骤四：编写预计负债分析代码。参考代码如下所示。

成功之钥匙

代码含义：

```
Sub 预计负债情况分析()
    'i代表描述信息变量
    Dim i As String,j,k,wa As Worksheet,wb As Worksheet
    Set wa =Worksheets("资产负债表分析报告")
    Set wb =Worksheets("资产负债基础表")
    j =58
i =wb.Cells(j,13) & Format(wb.Cells(j,14),"0.00 亿元,") _
& Format(wb.Cells(j,17),"占非流动负债的0.00% 。") & _
Format(wb.Cells(j,15),"同比增长0.00% ,;同比下降0.00% ,") & _
Format(wb.Cells(j,16),"平均增长0.00% ;平均下降0.00% 。")
    '如果同比增长高于平均水平,规模持续增强。
    If wb.Cells(j,15) >wb.Cells(j,16) And wb.Cells(j,15) >0 And wb.Cells(j,16) > =0 Then
        wa.Cells(158,1) =i & "同比增长率高于平均水平,因或有事项产生的负债规模持续加大。"
        '如果同比增长等于平均增长,同比与平均都正增长,规模趋于稳定
    ElseIf wb.Cells(j,15) =wb.Cells(j,16) And wb.Cells(j,15) >0 And wb.Cells(j,16) > =0 Then
        wa.Cells(158,1) =i & "同比增长率等于平均水平,因或有事项产生的负债规模趋于稳定。"
        '如果同比增长等于平均增长,同比增长和平均增长为负数,下滑趋势没改。
    ElseIf wb.Cells(j,15) =wb.Cells(j,16) And wb.Cells(j,15) <0 And wb.Cells(j,16) < =0 Then
        wa.Cells(158,1) =i & "同比下降率等于平均下降水平,因或有事项产生的负债规模下滑趋势没改。"
        '如果同比增长低于平均增长,同比增长和平均增长为正数,规模增速放缓
    ElseIf wb.Cells(j,15) <wb.Cells(j,16) And wb.Cells(j,15) >0 And wb.Cells(j,16) > =0 Then
        wa.Cells(158,1) =i & "同比增长率低于平均水平,因或有事项产生的负债规模增速放缓。"
        '由平均负增长转为增长,开始复苏
    ElseIf wb.Cells(j,15) >wb.Cells(j,16) And wb.Cells(j,15) >0 And wb.Cells(j,16) < =0 Then
        wa.Cells(158,1) =i & "由平均下降转为同比增长,因或有事项产生的负债规模开始复苏。"
        '由平均增长转为同比负增长,开始下滑
    ElseIf wb.Cells(j,15) <wb.Cells(j,16) And wb.Cells(j,15) <0 And wb.Cells(j,16) > =0 Then
        wa.Cells(158,1) =i & "由平均增长转为同比下降,因或有事项产生的负债规模开始下滑。"
        '同比负增长低于平均负增长,开始放缓
    ElseIf Abs(wb.Cells(j,15)) <Abs(wb.Cells(j,16)) And wb.Cells(j,15) <0 And wb.Cells(j,16) < -0 Then
        wa.Cells(158,1) =i & "同比下降低于平均下降水平,因或有事项产生的负债规模开始放缓。"
        '同比负增长高于平均负增长,货币资金投入规模下滑持续加速
```

```vba
    ElseIf Abs(wb.Cells(j,15)) >Abs(wb.Cells(j,16)) And wb.Cells(j,15) <0 And wb.Cells(j,16) < =0 Then
        wa.Cells(158,1) = i & "同比下降高于平均下降水平,因或有事项产生的负债规模持续下滑。"
    Else
        wa.Cells(158,1) = "预计负债没有发生额"
    End If
End Sub
```

步骤五：编写递延所得税负债分析代码。参考代码如下所示。

👉 成功之钥匙

代码含义：

```vba
Sub 递延所得税负债情况分析()
    'i 代表描述信息变量
    Dim i As String,j,k,wa As Worksheet,wb As Worksheet
    Set wa = Worksheets("资产负债表分析报告")
    Set wb = Worksheets("资产负债基础表")
    j =59
i = wb.Cells(j,13) & Format(wb.Cells(j,14),"0.00 亿元,") _
& Format(wb.Cells(j,17),"占非流动负债的 0.00% 。") & _
Format(wb.Cells(j,15),"同比增长 0.00% ;同比下降 0.00% ,") & _
Format(wb.Cells(j,16),"平均增长 0.00% 。;平均下降 0.00% 。")
    '如果同比增长高于平均水平,规模持续增强。
    If wb.Cells(j,15) >wb.Cells(j,16) And wb.Cells(j,15) >0 And wb.Cells(j,16) > =0 Then
        wa.Cells(159,1) = i & "同比增长率高于平均水平,未来税收负担压力减弱。"
    '如果同比增长等于平均增长,同比与平均都正增长,规模趋于稳定。
    ElseIf wb.Cells(j,15) = wb.Cells(j,16) And wb.Cells(j,15) >0 And wb.Cells(j,16) > =0 Then
        wa.Cells(159,1) = i & "同比增长率等于平均水平,未来税收负担压力趋于稳定。"
    '如果同比增长等于平均增长,同比增长和平均增长为负数,下滑趋势没改。
    ElseIf wb.Cells(j,15) = wb.Cells(j,16) And wb.Cells(j,15) <0 And wb.Cells(j,16) < =0 Then
        wa.Cells(159,1) = i & "同比下降率等于平均下降水平,未来税收负担压力上升趋势没改。"
    '如果同比增长低于平均增长,同比增长和平均增长为正数,规模增速放缓
    ElseIf wb.Cells(j,15) <wb.Cells(j,16) And wb.Cells(j,15) >0 And wb.Cells(j,16) > =0 Then
        wa.Cells(159,1) = i & "同比增长率低于平均水平,未来税收负担压力减弱速度放缓。"
    '由平均负增长转为增长,开始复苏
    ElseIf wb.Cells(j,15) >wb.Cells(j,16) And wb.Cells(j,15) >0 And wb.Cells(j,16) < =0 Then
        wa.Cells(159,1) = i & "由平均下降转为同比增长,未来税收负担压力开始减弱。"
    '由平均增长转为同比负增长,开始下滑
    ElseIf wb.Cells(j,15) <wb.Cells(j,16) And wb.Cells(j,15) <0 And wb.Cells(j,16) > =0 Then
        wa.Cells(159,1) = i & "由平均增长转为同比下降,未来税收负担压力开始回弹。"
    '同比负增长低于平均负增长,开始放缓
    ElseIf Abs(wb.Cells(j,15)) <Abs(wb.Cells(j,16)) And wb.Cells(j,15) <0 And wb.Cells(j,16) < =0 Then
        wa.Cells(159,1) = i & "同比下降低于平均下降水平,未来税收负担压力开始上升。"
    '同比负增长高于平均负增长,货币资金投入规模下滑持续加速
    ElseIf Abs(wb.Cells(j,15)) >Abs(wb.Cells(j,16)) And wb.Cells(j,15) <0 And wb.Cells(j,16) < =0 Then
        wa.Cells(159,1) = i & "同比下降高于平均下降水平,未来税收负担压力持续上升。"
    Else
        wa.Cells(159,1) = "递延所得税负债没有发生额"
    End If
End Sub
```

步骤六：编写其他非流动负债分析代码。参考代码如下所示。

👉 成功之钥匙

代码含义：

```vba
Sub 其他非流动负债情况分析()
    'i 代表描述信息变量
    Dim i As String,j,k,wa As Worksheet,wb As Worksheet
    Set wa = Worksheets("资产负债表分析报告")
    Set wb = Worksheets("资产负债基础表")
    j =60
i = wb.Cells(j,13) & Format(wb.Cells(j,14),"0.00 亿元,") _
& Format(wb.Cells(j,17),"占非流动负债的 0.00% 。") & _
Format(wb.Cells(j,15),"同比增长 0.00% ;同比下降 0.00% ,") & _
Format(wb.Cells(j,16),"平均增长 0.00% 。;平均下降 0.00% 。")
```

```
'如果同比增长高于平均水平,规模持续增强。
If wb.Cells(j,15) >wb.Cells(j,16) And wb.Cells(j,15) >0 And wb.Cells(j,16) >=0 Then
    wa.Cells(160,1) = i & "同比增长率高于平均水平,可能影响债务质量,应关注其构成情况。"
    '如果同比增长等于平均增长,同比与平均都正增长,规模趋于稳定
ElseIf wb.Cells(j,15) =wb.Cells(j,16) And wb.Cells(j,15) >0 And wb.Cells(j,16) >=0 Then
    wa.Cells(160,1) = i & "同比增长率等于平均水平,其他非流动负债规模趋于稳定。"
    '如果同比增长等于平均增长,同比增长和平均增长为负数,下滑趋势没改
ElseIf wb.Cells(j,15) =wb.Cells(j,16) And wb.Cells(j,15) <0 And wb.Cells(j,16) <=0 Then
    wa.Cells(160,1) = i & "同比下降率等于平均下降水平,其他非流动负债规模下降趋势没改。"
    '如果同比增长低于平均增长,同比增长和平均增长为正数,规模增速放缓
ElseIf wb.Cells(j,15) <wb.Cells(j,16) And wb.Cells(j,15) >0 And wb.Cells(j,16) >=0 Then
    wa.Cells(160,1) = i & "同比增长率低于平均水平,其他非流动负债规模增长速度放缓。"
    '由平均负增长转为增长,开始复苏
ElseIf wb.Cells(j,15) >wb.Cells(j,16) And wb.Cells(j,15) >0 And wb.Cells(j,16) <=0 Then
    wa.Cells(160,1) = i & "由平均下降转为同比增长,其他非流动负债规模开始复苏。"
    '由平均增长转为同比负增长,开始下滑
ElseIf wb.Cells(j,15) <wb.Cells(j,16) And wb.Cells(j,15) <0 And wb.Cells(j,16) >=0 Then
    wa.Cells(160,1) = i & "由平均增长转为同比下降,其他非流动负债规模开始下滑。"
    '同比增长低于平均增长,开始放缓
ElseIf Abs(wb.Cells(j,15)) <Abs(wb.Cells(j,16)) And wb.Cells(j,15) <0 And wb.Cells(j,16) <=0 Then
    wa.Cells(160,1) = i & "同比下降低于平均下降水平,其他非流动负债规模开始放缓。"
    '同比增长高于平均负增长,货币资金投入规模下滑持续加速
ElseIf Abs(wb.Cells(j,15)) >Abs(wb.Cells(j,16)) And wb.Cells(j,15) <0 And wb.Cells(j,16) <=0 Then
    wa.Cells(160,1) = i & "同比下降高于平均下降水平,其他非流动负债规模加速下滑。"
Else
    wa.Cells(160,1) = "其他非流动负债没有发生额"
End If
End Sub
```

4.4.3.3 可视化图表

以辅助分析表 M2：Q2，M55：Q62 为数据源编写 VBA 代码,将制作的柱形图嵌入资产负债表分析报告 A161：A174 区域。步骤如下：

步骤一：编写制作图表代码。参考代码如下所示。

成功之钥匙

代码含义：

```
Sub 制作非流动负债情况图表()
    Dim wa As Worksheet
    Dim ws As Worksheet
    Dim cht As ChartObject
    Dim rng As Range
    '选择"资产负债基础表"工作表
    Set wa = ThisWorkbook.Sheets("资产负债基础表")
    '复制 M2:Q2,M55:Q62 区域的数据
    wa.Range("M2:Q2,M55:Q62").Copy
    '将数据粘贴到 T58:X66 区域
    wa.Range("T58:X67").PasteSpecial Paste:=xlPasteValues
    '设置工作表
    Set ws = ThisWorkbook.Sheets("资产负债表分析报告")
    '定义图表位置
    Set rng = ws.Range("A161")
    '在工作表中插入一个图表对象
    Set cht = ws.ChartObjects.Add(Left:=rng.Left,Width:=700,Top:=rng.Top,Height:=170)
    '设置图表数据源
    cht.chart.SetSourceData Source:=wa.Range("$T$58:$X$66")
    '设置图表类型为柱形图
    cht.chart.chartType = xlColumnClustered
    '添加数据标签
    cht.chart.SeriesCollection(1).ApplyDataLabels
    '设置图表标题
    cht.chart.HasTitle = True
    cht.chart.ChartTitle.Text = "非流动负债情况分析"
    '设置图例位置
    cht.chart.HasLegend = True
```

```
cht. chart. Legend. Position = xlLegendPositionBottom
End Sub
```

步骤二：运行代码，嵌入柱形图。如图4-34所示。

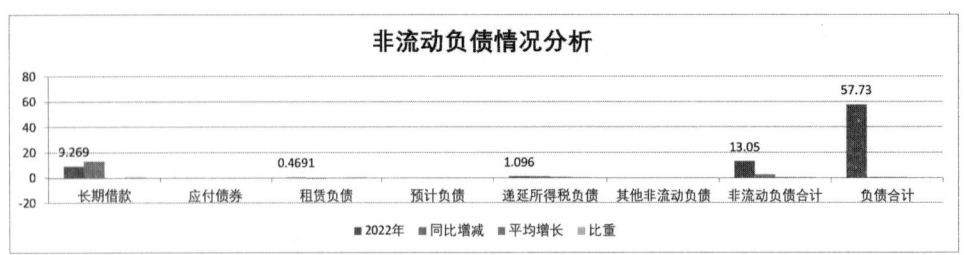

图4-34　插入柱形图

步骤三：更改图表类型。点击图表任意位置"右键"—"更改图表类型"—"组合图"—"将同比增长、平均增长、比重"选为柱形图，并改为"次坐标"—"确定"便可制成可视化动态分析图。如图4-35所示。

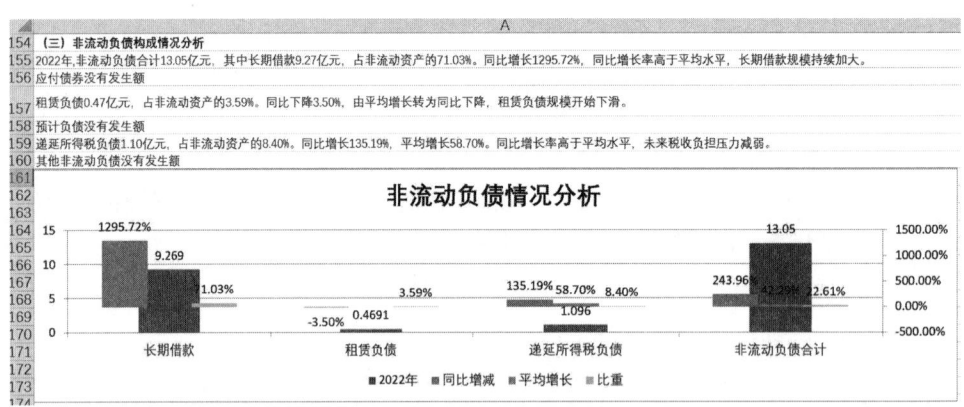

图4-35　非流动负债动态情况分析图

步骤四：编写主程序，执行子过程。将全部负债情况子程序代码名称写入主程序里。参考代码如图4-36所示。

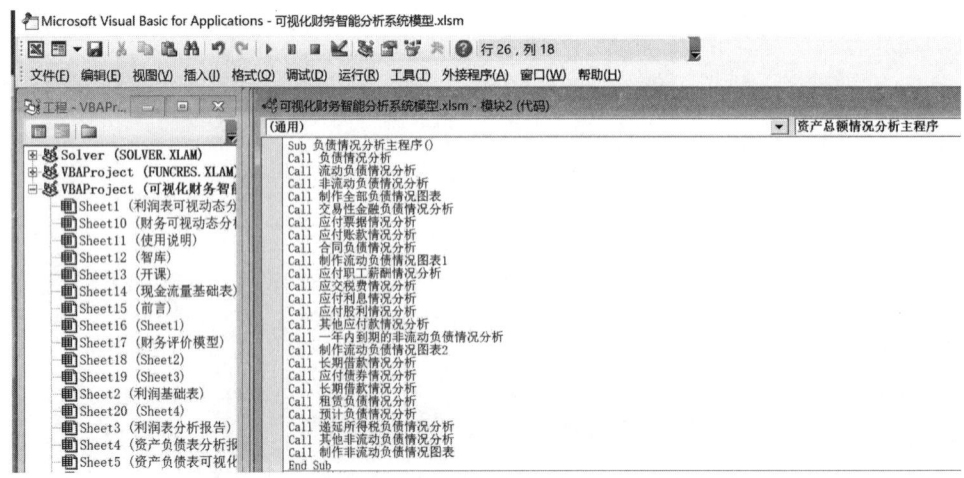

图4-36　负债情况分析主程序代码

4.4.4 应用 ChatGPT 生成全部负债情况分析报告

应用 ChatGPTs 生成全部负债情况分析报告，就是将通过 VBA 生成的智能分析结果，导入 ChatGPT，发挥其强大的智能分析功能，生成一个有情况、有分析、有措施建议，架构体系完整的全部负债情况分析报告。步骤如下：

步骤一：编写导出数据 VBA 代码。将"资产负债表分析报告"中全部负债情况 A96：A160 区域分析结果导入 Word 文档中。参考代码如下所示。

> **成功之钥匙**

代码含义：

```
Option Explicit
Sub 将利润分析报告导入文档()
    Dim WordApp As Object
    Dim WordDoc As Object
    Dim ExcelRange As Range
    Dim WordRange As Object
    Dim rowCount As Integer
    Dim i As Integer
    '创建一个新的 Word 文档
    Set WordApp = CreateObject("Word.Application")
    WordApp.Visible = True
    Set WordDoc = WordApp.Documents.Add
    '指定 Excel 中的数据范围
    Set ExcelRange = ThisWorkbook.Sheets("资产负债表分析报告").Range("A96:A160")
    '在 Word 文档中逐行插入 Excel 数据
    Set WordRange = WordDoc.Content
    For i = 1 To ExcelRange.Rows.Count
        WordRange.InsertAfter ExcelRange.Cells(i,1).Value & vbCrLf
        Set WordRange = WordDoc.Content
    Next i
    '清除对象
    Set WordApp = Nothing
    Set WordDoc = Nothing
    Set ExcelRange = Nothing
    Set WordRange = Nothing
End Sub
```

步骤二：运行代码。在 Word 文档中获得导入结果。如图 4 - 37 所示。

步骤三：编辑"提示词"。在导入的文档中添加上："你是财务分析师，我向你提供背景资料，请帮助写一个《全部负债情况分析报告》。报告分为情况分析、财务分析评估、措施建议三个部分。"注意：在每个小标题中也要提出具体要求。编辑后的提示词，如图 4 - 38 所示。

步骤四：将提示词复制粘贴到 ChatGPT 提问区输入窗口。Ctrl + V，点击回车，便可获取智能分析报告。如图 4 - 39 所示。

步骤五：点击 ChatGPT 答复区右上角复制按钮，便可将反馈报告复制粘贴到 Word 文档中。

二、负债总额情况分析

(一) 全部负债构成情况分析

2022年,负债合计57.73亿元,同比增长23.07%,平均增长3.80%。同比增长率高于平均水平,负债规模持续增强。

流动负债合计44.69亿元,占全部资产的77.41%。同比增长3.67%,平均下降1.01%。由平均下降转为同比增长,流动负债规模开始复苏。

非流动负债合计13.05亿元,占全部资产的22.61%。同比增长243.96%,平均增长42.29%。同比增长率高于平均水平,非流动负债规模持续增强,长期债务风险加大。

(二) 流动负债构成情况分析

2022年,流动负债合计44.69亿元,其中其中,交易性金融负债占流动资产的0.00%。应付利息没有发生额。

其中:应付票据3.39亿元,占流动资产的7.59%。同比增长39.95%,平均增长41.57%。同比增长率低于平均水平,短期现金兑付压力增速放缓。

应付账款10.05亿元,占流动资产的22.49%。同比下降6.51%,平均增长8.86%。由平均增长转为同比下降,短期债务兑付压力开始下滑。

综合看:应付账款加应付票据金额低于存货金额,企业产品销售速度低于付款给供应商的速度,说明企业在产业链中竞争优势不明显。

合同负债4.30亿元,占流动资产的9.63%。同比增长18.96%,同比增长率高于平均水平,商业信誉收款能力持续增强。

应付职工薪酬5.85亿元,占流动资产的13.09%。同比增长13.00%,平均增长7.22%。同比增长率高于平均水平,工资支付压力持续加大。

应交税费0.86亿元,占流动资产的1.92%。同比增长75.39%,平均增长10.41%。同比增长率高于平均水平,税费支付压力持续加大。

综合看:应付职工薪酬、应交税费、应付股利、应付利息之和大于货币资金金额,短期内兑付应分配负债保障能力较好。

一年内到期的非流动负债0.58亿元,占流动资产的1.31%,同比下降93.24%,平均下降60.71%。同比下降高于平均下降水平,短期偿债压力持续下滑。

其他流动负债1.38亿元,占流动资产的3.09%。同比下降49.19%,平均增长0.53%。由平均增长转为同比下降,短期偿债压力开始下滑。

(三) 非流动负债构成情况分析

2022年,非流动负债合计13.05亿元,其中长期借款9.27亿元,占非流动资产的71.03%。同比增长1295.72%,同比增长率高于平均水平,长期借款规模持续加大。

租赁负债0.47亿元,占非流动资产的3.59%。同比下降3.50%,由平均增长转为同比下降,租赁负债规模开始下滑。

递延所得税负债1.10亿元,占非流动资产的8.40%。同比增长135.19%,平均增长58.70%。同比增长率高于平均水平,未来税收负担压力减弱。

图4-37 导入数据效果图

我想让你充当财务分析师,我提供背景资料,请根据背景资料要求,帮助写一 "全部负债情况分析报告"。财务分析报告分三个部分:情况分析、风险评估、措施建议。背景资料如下:

全部负债总额情况分析报告

一、情况分析

(一) 全部负债构成情况分析(要求详细描述这部分3项指标数据,包括平均增长、同比增长等,并分析原因,进行评价。)

1、2022年,负债合计57.73亿元,同比增长23.07%,平均增长3.80%。同比增长率高于平均水平,负债规模持续增强。

2、流动负债合计44.69亿元,占全部资产的77.41%。同比增长3.67%,平均下降1.01%。由平均下降转为同比增长,流动负债规模开始复苏。

3、非流动负债合计13.05亿元,占全部资产的22.61%。同比增长243.96%,平均增长42.29%。同比增长率高于平均水平,非流动负债规模持续增强,长期债务风险加大。

(二) 流动负债构成情况分析(要求详细描述这部分8项指标数据,包括平均增长、同比增长等,并分析原因,进行评价。)

1、2022年,流动负债合计44.69亿元。其中,应付票据3.39亿元,占流动资产的7.59%。同比增长39.95%,平均增长41.57%。同比增长率低于平均水平,短期现金兑付压力增速放缓。

2、应付账款10.05亿元,占流动资产的22.49%。同比下降6.51%,平均增长8.86%。由平均增长转为同比下降,短期债务兑付压力开始下滑。

综合看:应付账款加应付票据金额低于存货金额,企业产品销售速度低于付款给供应商的速度,说明企业在产业链中竞争优势不明显。

3、合同负债4.30亿元,占流动资产的9.63%。同比增长18.96%,同比增长率高于平均水平,商业信誉收款能力持续增强。

4、应付职工薪酬5.85亿元,占流动资产的13.09%。同比增长13.00%,平均增长7.22%。同比增长率高于平均水平,工资支付压力持续加大。

5、应交税费0.86亿元,占流动资产的1.92%。同比增长75.39%,平均增长10.41%。同比增长率高于平均水平,税费支付压力持续加大。

6、综合看:应付职工薪酬、应交税费、应付股利、应付利息之和大于货币资金金额,短期内兑付应分配负债保障能力较好。

7、一年内到期的非流动负债0.58亿元,占流动资产的1.31%,同比下降93.24%,平均下降60.71%。同比下降高于平均下降水平,短期偿债压力持续下滑。

8、其他流动负债1.38亿元,占流动资产的3.09%。同比下降49.19%,平均增长0.53%。由平均增长转为同比下降,短期偿债压力开始下滑。

(三) 非流动负债构成情况分析(要求详细描述这部分3项指标数据,包括平均增长、同比增长等,并分析原因,进行评价。)

1、2022年,非流动负债合计13.05亿元,其中长期借款9.27亿元,占非流动资产的71.03%。同比增长1295.72%,同比增长率高于平均水平,长期借款规模持续加大。

2、租赁负债0.47亿元,占非流动资产的3.59%。同比下降3.50%,由平均增长转为同比下降,租赁负债规模开始下滑。

3、递延所得税负债1.10亿元,占非流动资产的8.40%。同比增长135.19%,平均增长58.70%。同比增长率高于平均水平,未来税收负担压力减弱。

二、风险评估(根据第一部分的情况分析,分析企业可能存在的风险,要详细具体一些。)

三、措施建议(根据第二部分风险评估情况,针对存在的风险,提出合理化建议,要详细具体。)

图4-38 提示词

第4章 资产负债表智能分析系统

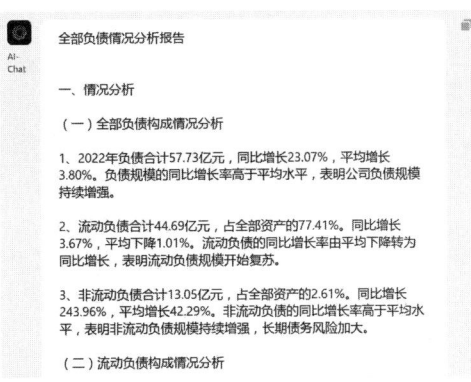

图 4-39　ChatGPT 反馈的智能报告

全部负债情况分析报告

一、情况分析

（一）全部负债构成情况分析

1. 2022 年负债合计 57.73 亿元，同比增长 23.07%，平均增长 3.80%。负债规模的同比增长率高于平均水平，表明公司负债规模持续增强。

2. 流动负债合计 44.69 亿元，占全部资产的 77.41%。同比增长 3.67%，平均下降 1.01%。流动负债的同比增长率由平均下降转为同比增长，表明流动负债规模开始复苏。

3. 非流动负债合计 13.05 亿元，占全部资产的 2.61%。同比增长 243.96%，平均增长 42.29%。非流动负债的同比增长率高于平均水平，表明非流动负债规模持续增强，长期债务风险加大。

（二）流动负债构成情况分析

1. 应付票据 3.39 亿元，占流动资产的 7.59%。同比增长 39.95%，平均增长 41.57%。同比增长率低于平均水平，短期现金兑付压力增速放缓。

2. 应付账款 10.05 亿元，占流动资产的 22.49%。同比下降 6.51%，平均增长 8.86%。由平均增长转为同比下降，短期债务兑付压力开始下滑。

3. 合同负债 4.30 亿元，占流动资产的 9.63%。同比增长 18.96%，同比增长率高于平均水平，商业信誉收款能力持续增强。

4. 应付职工薪酬 5.85 亿元，占流动资产的 13.09%。同比增长 13.00%，平均增长 7.22%。同比增长率高于平均水平，工资支付压力持续加大。

5. 应交税费 0.86 亿元，占流动资产的 1.92%。同比增长 75.39%，平均增长 10.41%。同比增长率高于平均水平，税费支付压力持续加大。

6. 一年内到期的非流动负债 0.58 亿元，占流动资产的 1.31%。同比下降 93.24%，平均下降 60.71%。同比下降高于平均下降水平，短期偿债压力持续下滑。

7. 其他流动负债 1.38 亿元，占流动资产的 3.09%。同比下降 49.19%，平均增长 0.53%。由平均增长转为同比下降，短期偿债压力开始下滑。

（三）非流动负债构成情况分析

1. 长期借款 9.27 亿元，占非流动资产的 71.03%。同比增长 1295.72%，同比增长率高于平均水平，长期借款规模持续加大。

2. 租赁负债 0.47 亿元，占非流动资产的 9%。同比下降为 0，由平均增长转为同比下降，租赁负债规模开始下滑。

3. 递延所得税负债 1.10 亿元，占非流动资产的 8.40%。同比增长 135.19%，平均增长 58.70%。同比增长率高于平均水平，未来税收负担压力减弱。

二、风险评估

根据第一部分的情况分析，企业可能存在的风险主要包括：

1. 流动负债风险：流动负债规模虽然开始复苏，但应付账款和应付票据的金额仍较高，企业需要关注短期现金兑付压力。

2. 长期债务风险：长期借款规模持续加大，可能导致企业长期债务风险增加，需要关注利息支付能力和债务偿还能力。

3. 税费支付风险：应交税费的支付压力持续加大，企业需要合理安排资金，确保税费及时支付。

4. 短期偿债风险：一年内到期的非流动负债和其他流动负债的规模较大，企业需要关注短期偿债压力。

三、措施建议

根据第二部分风险评估情况，针对存在的风险，提出以下合理化建议：

1. 优化负债结构：企业应合理控制流动负债规模，逐步降低应付账款和应付票据的比例，减少短期债务兑付压力。

2. 加强资金管理：企业应加强资金管理，合理安排资金使用，确保税费和其他短期负债及时支付。

3. 控制长期借款规模：企业应根据自身还款能力，合理控制长期借款规模，避免长期债务风险增加。

4. 提高经营效率：企业应提高经营效率，增加销售收入，加快回款速度，提高偿债能力。

5. 加强信用管理：企业应加强信用管理，提高商业信誉，增强收款能力，降低应付职工薪酬和应交税费的压力。

4.5 VBA 与 ChatGPT 结合洞察权益情况

4.5.1 全部权益构成情况分析

4.5.1.1 分析重点

全部权益构成主要包括股东归属于母公司股东权益和少数股东权益两个部分。通过同期和历史水平对比，分析股权结构，判断权益资本增值能力。

4.5.1.2 VBA 智能分析代码

以辅助分析表 M53：Q53，M61：Q61，M62：Q62 为数据源编写 VBA 代码，将分析结果存放到资产负债表分析报告 A96：A100 区域。步骤如下：

步骤一：编写股东权益总额分析代码。参考代码如下所示。

👉 成功之钥匙

代码含义：

```
Sub 股东权益情况分析()
    'i 代表描述信息变量
    Dim i As String,j,k,wa As Worksheet,wb As Worksheet,wc As Worksheet
    Set wa=Worksheets("资产负债表分析报告")
    Set wb=Worksheets("资产负债基础表")
    Set wc=Worksheets("利润基础表")
    wa.Cells(175,1)="三、股东权益情况分析"
    wa.Cells(175,1).Font.Bold=True
    wa.Cells(176,1)="(一)全部股东权益构成情况分析"
    wa.Cells(176,1).Font.Bold=True
    j=73
    i=wb.Cells(2,14)& "," & wb.Cells(j,13)& Format(wb.Cells(j,14),"0.00")& "亿元," &_
```

```
            Format(wb.Cells(j,15),"同比增长 0.00% ,;同比下降 0.00% ,") &_
            Format(wb.Cells(j,16),"平均增长 0.00% ;平均下降 0.00% ")
        '如果同比增长高于平均水平,持续增强。
        If wb.Cells(j,15) > wb.Cells(j,16) And wb.Cells(j,15) >0 And wb.Cells(j,16) >0 Then
            wa.Cells(177,1) = i & "同比增长率高于平均水平,股东权益增值能力持续增强。"
            '如果同比增长等于平均增长,同比与平均都正增长,趋于稳定
        ElseIf wb.Cells(j,15) = wb.Cells(j,16) And wb.Cells(j,15) >0 And wb.Cells(j,16) >0 Then
            wa.Cells(177,1) = i & "同比增长率等于平均水平,股东权益增值能力趋于稳定。"
            '如果同比增长等于平均增长,同比增长和平均增长为负数,下滑趋势没改
        ElseIf wb.Cells(j,15) = wb.Cells(j,16) And wb.Cells(j,15) <0 And wb.Cells(j,16) <0 Then
            wa.Cells(177,1) = i & "同比下降率等于平均下降水平,股东权益增值能力下滑趋势没改。"
            '如果同比增长低于平均增长,同比增长和平均增长为正数,增速放缓
        ElseIf wb.Cells(j,15) < wb.Cells(j,16) And wb.Cells(j,15) >0 And wb.Cells(j,16) >0 Then
            wa.Cells(177,1) = i & "同比增长率低于平均水平,股东权益增值能力增速放缓。"
            '由平均负增长转为增长,开始复苏
        ElseIf wb.Cells(j,15) > wb.Cells(j,16) And wb.Cells(j,15) >0 And wb.Cells(j,16) <0 Then
            wa.Cells(177,1) = i & "由平均下降转为同比增长,股东权益增值能力开始复苏。"
            '由平均增长转为同比负增长,开始下滑
        ElseIf wb.Cells(j,15) < wb.Cells(j,16) And wb.Cells(j,15) <0 And wb.Cells(j,16) >0 Then
            wa.Cells(177,1) = i & "由平均增长转为同比下降,股东权益增值能力开始下滑。"
            '同比负增长低于平均负增长,下滑开始放缓
        ElseIf Abs(wb.Cells(j,15)) < Abs(wb.Cells(j,16)) And wb.Cells(j,15) <0 And wb.Cells(j,16) <0 Then
            wa.Cells(177,1) = i & "同比下降低于平均下降水平,股东权益增值能力下滑开始放缓。"
            '同比负增长高于平均负增长,下滑持续加速
        ElseIf Abs(wb.Cells(j,15)) > Abs(wb.Cells(j,16)) And wb.Cells(j,15) <0 And wb.Cells(j,16) <0 Then
            wa.Cells(177,1) = i & "同比下降高于平均下降水平,股东权益增值能力持续下滑。"
        End If
End Sub
```

步骤二:编写归属于母公司股东权益总额分析代码。参考代码如下所示。

成功之钥匙

代码含义:

```
Sub 归属于母公司所有者权益情况分析()
    'i 代表描述信息变量
    Dim i As String,j,k,wa As Worksheet,wb As Worksheet
    Set wa = Worksheets("资产负债表分析报告")
    Set wb = Worksheets("资产负债基础表")
        j = 71
i = wb.Cells(j,13) & Format(wb.Cells(j,14),"0.00 亿元,") _
& Format(wb.Cells(j,17),"占全部权益的 0.00% ") &_
Format(wb.Cells(j,15),"同比增长 0.00% ,;同比下降 0.00% ,") &_
Format(wb.Cells(j,16),"平均增长 0.00% ;平均下降 0.00% ")
        '如果同比增长高于平均水平,规模持续增强。
        If wb.Cells(j,15) > wb.Cells(j,16) And wb.Cells(j,15) >0 And wb.Cells(j,16) > =0 Then
            wa.Cells(178,1) = i & "同比增长率高于平均水平,归属于母公司所有者增值能力持续增强。"
            '如果同比增长等于平均增长,同比与平均都正增长,规模趋于稳定
        ElseIf wb.Cells(j,15) = wb.Cells(j,16) And wb.Cells(j,15) >0 And wb.Cells(j,16) > =0 Then
            wa.Cells(178,1) = i & "同比增长率等于平均水平,归属于母公司所有者增值能力趋于稳定。"
            '如果同比增长等于平均增长,同比增长和平均增长为负数,下滑趋势没改
        ElseIf wb.Cells(j,15) = wb.Cells(j,16) And wb.Cells(j,15) <0 And wb.Cells(j,16) < =0 Then
            wa.Cells(178,1) = i & "同比下降率等于平均下降水平,归属于母公司所有者增值能力下降趋势没改。"
            '如果同比增长低于平均增长,同比增长和平均增长为正数,规模增速放缓
        ElseIf wb.Cells(j,15) < wb.Cells(j,16) And wb.Cells(j,15) >0 And wb.Cells(j,16) > =0 Then
            wa.Cells(178,1) = i & "同比增长率低于平均水平,归属于母公司所有者增值能力增长速度放缓。"
            '由平均负增长转为增长,开始复苏
        ElseIf wb.Cells(j,15) > wb.Cells(j,16) And wb.Cells(j,15) >0 And wb.Cells(j,16) < =0 Then
            wa.Cells(178,1) = i & "由平均下降转为同比增长,归属于母公司所有者增值能力开始复苏。"
            '由平均增长转为同比负增长,开始下滑
        ElseIf wb.Cells(j,15) < wb.Cells(j,16) And wb.Cells(j,15) <0 And wb.Cells(j,16) > =0 Then
            wa.Cells(178,1) = i & "由平均增长转为同比下降,归属于母公司所有者增值能力开始下滑。"
            '同比负增长低于平均负增长,开始放缓
        ElseIf Abs(wb.Cells(j,15)) < Abs(wb.Cells(j,16)) And wb.Cells(j,15) <0 And wb.Cells(j,16) < =0 Then
            wa.Cells(178,1) = i & "同比下降低于平均下降水平,归属于母公司所有者增值能力放缓。"
            '同比负增长高于平均负增长,货币资金投入规模下滑持续加速
        ElseIf Abs(wb.Cells(j,15)) > Abs(wb.Cells(j,16)) And wb.Cells(j,15) <0 And wb.Cells(j,16) < =0 Then
```

```vba
            wa.Cells(178,1) = i & "同比下降高于平均下降水平,归属于母公司所有者增值能力加速下滑。"
        Else
            wa.Cells(178,1) = "归属于母公司所有者权益没有发生额"
        End If
End Sub
```

步骤三：编写少数股东权益分析代码。参考代码如下所示。

👆 成功之钥匙

代码含义：

```vba
Sub 少数股东权益情况分析()
    'i代表描述信息变量
    Dim i As String,j,k,wa As Worksheet,wb As Worksheet
    Set wa = Worksheets("资产负债表分析报告")
    Set wb = Worksheets("资产负债基础表")
    j = 72
i = wb.Cells(j,13) & Format(wb.Cells(j,14),"0.00 亿元,") _
& Format(wb.Cells(j,17),"占全部权益的 0.00% 。") & _
Format(wb.Cells(j,15),"同比增长 0.00% ,;同比下降 0.00% ,") & _
Format(wb.Cells(j,16),"平均增长 0.00% 。;平均下降 0.00% 。")
        '如果同比增长高于平均水平,规模持续增强。
        If wb.Cells(j,15) > wb.Cells(j,16) And wb.Cells(j,15) > 0 And wb.Cells(j,16) > =0 Then
            wa.Cells(179,1) = i & "同比增长率高于平均水平,少数股东权益增值能力持续增强。"
        '如果同比增长等于平均增长,同比与平均都正增长,规模趋于稳定。
        ElseIf wb.Cells(j,15) = wb.Cells(j,16) And wb.Cells(j,15) > 0 And wb.Cells(j,16) > =0 Then
            wa.Cells(179,1) = i & "同比增长率等于平均水平,少数股东权益增值能力趋于稳定。"
        '如果同比增长等于平均增长,同比增长和平均增长为负数,下滑趋势没改。
        ElseIf wb.Cells(j,15) = wb.Cells(j,16) And wb.Cells(j,15) < 0 And wb.Cells(j,16) < =0 Then
            wa.Cells(179,1) = i & "同比下降率等于平均下降水平,少数股东权益增值能力下降趋势没改。"
        '如果同比增长低于平均增长,同比增长和平均增长为正数,规模增速放缓。
        ElseIf wb.Cells(j,15) < wb.Cells(j,16) And wb.Cells(j,15) > 0 And wb.Cells(j,16) > =0 Then
            wa.Cells(179,1) = i & "同比增长率低于平均水平,少数股东权益增值能力增长速度放缓。"
        '由平均负增长转为增长,开始复苏。
        ElseIf wb.Cells(j,15) > wb.Cells(j,16) And wb.Cells(j,15) > 0 And wb.Cells(j,16) < =0 Then
            wa.Cells(179,1) = i & "由平均下降转为同比增长,少数股东权益增值能力开始复苏。"
        '由平均增长转为同比负增长,开始下滑。
        ElseIf wb.Cells(j,15) < wb.Cells(j,16) And wb.Cells(j,15) < 0 And wb.Cells(j,16) > =0 Then
            wa.Cells(179,1) = i & "由平均增长转为同比下降,少数股东权益增值能力开始下滑。"
        '同比负增长低于平均负增长,开始放缓。
        ElseIf Abs(wb.Cells(j,15)) < Abs(wb.Cells(j,16)) And wb.Cells(j,15) < 0 And wb.Cells(j,16) < =0 Then
            wa.Cells(179,1) = i & "同比下降低于平均下降水平,少数股东权益增值能力开始放缓。"
        '同比负增长高于平均负增长,货币资金投入规模下滑持续加速
        ElseIf Abs(wb.Cells(j,15)) > Abs(wb.Cells(j,16)) And wb.Cells(j,15) < 0 And wb.Cells(j,16) < =0 Then
            wa.Cells(179,1) = i & "同比下降高于平均下降水平,少数股东权益增值能力加速下滑。"
        Else
            wa.Cells(179,1) = "少数股东权益没有发生额"
        End If
End Sub
```

4.5.1.3 可视化图表

以辅助分析表 M2：Q2，M71：Q73 为数据源编写 VBA 代码，将制作的柱形图嵌入资产负债表分析报告 A180：A193 区域。步骤如下：

步骤一：编写制作图表代码。参考代码如下所示。

👆 成功之钥匙

代码含义：

```vba
Sub 制作股东权益情况图表()
    Dim wa As Worksheet
    Dim ws As Worksheet
    Dim cht As ChartObject
    Dim rng As Range
    '选择"资产负债基础表"工作表
```

```
  Set wa = ThisWorkbook.Sheets("资产负债基础表")
    '复制 M2:Q2,M71:Q73 区域的数据
  wa.Range("M2:Q2,M71:Q73").Copy
    '将数据粘贴到 T89:X92 区域
  wa.Range("T89:X92").PasteSpecial Paste:=xlPasteValues
    '设置工作表
  Set ws = ThisWorkbook.Sheets("资产负债表分析报告")
    '定义图表位置
  Set rng = ws.Range("A180")
    '在工作表中插入一个图表对象
  Set cht = ws.ChartObjects.Add(Left:=rng.Left,Width:=700,Top:=rng.Top,Height:=170)
    '设置图表数据源
  cht.chart.SetSourceData Source:=wa.Range("$T$89:$X$92")
    '设置图表类型为柱形图
  cht.chart.chartType = xlColumnClustered
    '添加数据标签
  cht.chart.SeriesCollection(1).ApplyDataLabels
    '设置图表标题
  cht.chart.HasTitle = True
  cht.chart.ChartTitle.Text = "股东权益情况分析"
    '设置图例位置
  cht.chart.HasLegend = True
    cht.chart.Legend.Position = xlLegendPositionBottom
End Sub
```

步骤二：运行代码，嵌入柱形图。更改图表类型后结果如图 4-40 所示。

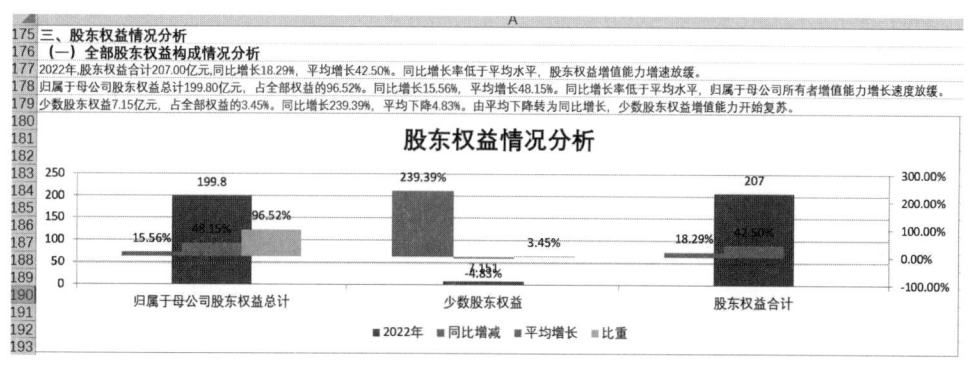

图 4-40　全部权益构成情况动态分析图

4.5.2　归属于母公司所有者权益构成分析

4.5.2.1　分析重点

主要从筹资的角度进行分析评价：分析各类、各项权益的变动状况；发现变动幅度较大，或对所有者权益影响较大的重点类别和重点项目；通过计算盈余公积、未分配利润占总负债的比重，分析评价企业权益结构变动的合理程度。

分析重点：主要是了解股东权益中投入资本的不同形态及股权结构，了解股东权益中各要素的优先清偿顺序等。

分析要素：主要包括实收资本、资本公积、留存收益等。

4.5.2.2　VBA 智能分析代码

以辅助分析表 M53:Q53，M61:Q61，M62:Q62 为数据源编写 VBA 代码，将分析结果存放到资产负债表分析报告 A96:A100 区域。步骤如下：

步骤一：编写实收资本（股本）分析代码。参考代码如下所示。

成功之钥匙

代码含义:

```vba
Sub 实收资本(股本)情况分析()
    'i 代表描述信息变量
    Dim i As String,j,k,wa As Worksheet,wb As Worksheet
    Set wa = Worksheets("资产负债表分析报告")
    Set wb = Worksheets("资产负债基础表")
    wa.Cells(194,1) = "(二)归属于母公司权益构成情况分析"
    wa.Cells(194,1).Font.Bold = True
    j = 64
i = wb.Cells(2,14) & "," & wb.Cells(71,13) & Format(wb.Cells(71,14),"0.00 亿元,其中") & _
wb.Cells(j,13) & Format(wb.Cells(j,14),"0.00 亿元,") _
& Format(wb.Cells(j,17),"占归属于母公司股东权益的 0.00% 。") & _
Format(wb.Cells(j,15),"同比增长 0.00% ;同比下降 0.00% ,") & _
Format(wb.Cells(j,16),"平均增长 0.00% ;平均下降 0.00% 。")
    '如果同比增长高于平均水平,规模持续增强。
    If wb.Cells(j,15) > wb.Cells(j,16) And wb.Cells(j,15) >= 0 And wb.Cells(j,16) > 0 Then
        wa.Cells(195,1) = i & "同比增长率高于平均水平,资本规模持续加大。"
    '如果同比增长等于平均增长,同比与平均都正增长,规模趋于稳定
    ElseIf wb.Cells(j,15) = wb.Cells(j,16) And wb.Cells(j,15) >= 0 And wb.Cells(j,16) > 0 Then
        wa.Cells(195,1) = i & "同比增长率等于平均水平,资本规模趋于稳定。"
        '如果同比增长等于平均增长,同比增长和平均增长为负数,下滑趋势没改。
    ElseIf wb.Cells(j,15) = wb.Cells(j,16) And wb.Cells(j,15) <= 0 And wb.Cells(j,16) < 0 Then
        wa.Cells(195,1) = i & "同比下降率等于平均下降水平,资本规模下滑趋势没改。"
        '如果同比增长低于平均增长,同比增长和平均增长为正数,规模增速放缓。
    ElseIf wb.Cells(j,15) < wb.Cells(j,16) And wb.Cells(j,15) >= 0 And wb.Cells(j,16) > 0 Then
        wa.Cells(195,1) = i & "同比增长率低于平均水平,资本规模增速放缓。"
        '由平均负增长转为增长,开始复苏
    ElseIf wb.Cells(j,15) > wb.Cells(j,16) And wb.Cells(j,15) >= 0 And wb.Cells(j,16) < 0 Then
        wa.Cells(195,1) = i & "由平均下降转为同比增长,资本规模开始复苏。"
        '由平均增长转为同比负增长,开始下滑
    ElseIf wb.Cells(j,15) < wb.Cells(j,16) And wb.Cells(j,15) <= 0 And wb.Cells(j,16) > 0 Then
        wa.Cells(195,1) = i & "由平均增长转为同比下降,资本规模开始下滑。"
        '同比负增长低于平均负增长,开始放缓
    ElseIf Abs(wb.Cells(j,15)) < Abs(wb.Cells(j,16)) And wb.Cells(j,15) <= 0 And wb.Cells(j,16) < 0 Then
        wa.Cells(195,1) = i & "同比下降低于平均下降水平,资本规模开始放缓。"
        '同比负增长高于平均负增长,货币资金投入规模下滑持续加速
    ElseIf Abs(wb.Cells(j,15)) > Abs(wb.Cells(j,16)) And wb.Cells(j,15) <= 0 And wb.Cells(j,16) < 0 Then
        wa.Cells(195,1) = i & "同比下降高于平均下降水平,资本规模持续下滑。"
    End If
End Sub
```

步骤二:编写资本公积分析代码。参考代码如下所示。

成功之钥匙

代码含义:

```vba
Sub 资本公积情况分析()
    'i 代表描述信息变量
    Dim i As String,j,k,wa As Worksheet,wb As Worksheet
    Set wa = Worksheets("资产负债表分析报告")
    Set wb = Worksheets("资产负债基础表")
    j = 65
i = wb.Cells(j,13) & Format(wb.Cells(j,14),"0.00 亿元,") _
& Format(wb.Cells(j,17),"占归属于母公司股东权益的 0.00% 。") & _
Format(wb.Cells(j,15),"同比增长 0.00% ;同比下降 0.00% ,") & _
Format(wb.Cells(j,16),"平均增长 0.00% ;平均下降 0.00% 。")
        '如果同比增长高于平均水平,规模持续增强。
    If wb.Cells(j,15) > wb.Cells(j,16) And wb.Cells(j,15) > 0 And wb.Cells(j,16) >= 0 Then
        wa.Cells(196,1) = i & "同比增长率高于平均水平,非收益性资本增值能力持续增强。"
        '如果同比增长等于平均增长,同比与平均都正增长,规模趋于稳定
    ElseIf wb.Cells(j,15) = wb.Cells(j,16) And wb.Cells(j,15) > 0 And wb.Cells(j,16) >= 0 Then
        wa.Cells(196,1) = i & "同比增长率等于平均水平,非收益性资本增值能力趋于稳定。"
        '如果同比增长等于平均增长,同比增长和平均增长为负数,下滑趋势没改。
```

```
        ElseIf wb.Cells(j,15)=wb.Cells(j,16) And wb.Cells(j,15)<0 And wb.Cells(j,16)<=0 Then
            wa.Cells(196,1)=i & "同比下降率等于平均下降水平,非收益性资本增值能力下降趋势没改。"
          '如果同比增长低于平均增长,同比增长和平均增长为正数,规模增速放缓
        ElseIf wb.Cells(j,15)<wb.Cells(j,16) And wb.Cells(j,15)>0 And wb.Cells(j,16)>=0 Then
            wa.Cells(196,1)=i & "同比增长率低于平均水平,非收益性资本增值能力增长速度放缓。"
          '由平均负增长转为增长,开始复苏
        ElseIf wb.Cells(j,15)>wb.Cells(j,16) And wb.Cells(j,15)>0 And wb.Cells(j,16)<=0 Then
            wa.Cells(196,1)=i & "由平均下降转为同比增长,非收益性资本增值能力开始复苏。"
          '由平均增长转为同比负增长,开始下滑
        ElseIf wb.Cells(j,15)<wb.Cells(j,16) And wb.Cells(j,15)<0 And wb.Cells(j,16)>=0 Then
            wa.Cells(196,1)=i & "由平均增长转为同比下降,非收益性资本增值能力开始下滑。"
          '同比负增长低于平均负增长,开始放缓
        ElseIf Abs(wb.Cells(j,15))<Abs(wb.Cells(j,16)) And wb.Cells(j,15)<0 And wb.Cells(j,16)<=0 Then
            wa.Cells(196,1)=i & "同比下降低于平均下降水平,非收益性资本增值能力开始放缓。"
          '同比负增长高于平均负增长,货币资金投入规模下滑持续加速
        ElseIf Abs(wb.Cells(j,15))>Abs(wb.Cells(j,16)) And wb.Cells(j,15)<0 And wb.Cells(j,16)<=0 Then
            wa.Cells(196,1)=i & "同比下降高于平均下降水平,非收益性资本增值能力加速下滑。"
        Else
            wa.Cells(196,1)="资本公积没有发生额"
        End If
End Sub
```

步骤三：编写其他综合收益分析代码。参考代码如下所示。

成功之钥匙

代码含义：

```
Sub 其他综合收益情况分析()
    'i 代表描述信息变量
    Dim i As String,j,k,wa As Worksheet,wb As Worksheet
    Set wa=Worksheets("资产负债表分析报告")
    Set wb=Worksheets("资产负债基础表")
    j=67
i=wb.Cells(j,13) & Format(wb.Cells(j,14),"0.00 亿元,") _
& Format(wb.Cells(j,17),"占归属于母公司股东权益的 0.00% ") & _
Format(wb.Cells(j,15),"同比增长 0.00% ;同比下降 0.00% ,") & _
Format(wb.Cells(j,16),"平均增长 0.00% ;平均下降 0.00% ")
          '如果同比增长高于平均水平,规模持续增强。
        If wb.Cells(j,15)>wb.Cells(j,16) And wb.Cells(j,15)>0 And wb.Cells(j,16)>=0 Then
            wa.Cells(197,1)=i & "同比增长率高于平均水平,企业未在当期损益中确认的各项利得持续增强。"
          '如果同比增长等于平均增长,同比与平均都正增长,规模趋于稳定
        ElseIf wb.Cells(j,15)=wb.Cells(j,16) And wb.Cells(j,15)>0 And wb.Cells(j,16)>=0 Then
            wa.Cells(197,1)=i & "同比增长率等于平均水平,企业未在当期损益中确认的各项利得和损失趋于稳定。"
          '如果同比增长等于平均增长,同比增长和平均增长为负数,下滑趋势没改
        ElseIf wb.Cells(j,15)=wb.Cells(j,16) And wb.Cells(j,15)<0 And wb.Cells(j,16)<=0 Then
wa.Cells(197,1)=i & "同比下降率等于平均下降水平,企业未在当期损益中确认的各项利得和损失下降趋势没改。"
          '如果同比增长低于平均增长,同比增长和平均增长为正数,规模增速放缓
        ElseIf wb.Cells(j,15)<wb.Cells(j,16) And wb.Cells(j,15)>0 And wb.Cells(j,16)>=0 Then
            wa.Cells(197,1)=i & "同比增长率低于平均水平,企业未在当期损益中确认的各项利得和损失增长速度放缓。"
          '由平均负增长转为增长,开始复苏
        ElseIf wb.Cells(j,15)>wb.Cells(j,16) And wb.Cells(j,15)>0 And wb.Cells(j,16)<=0 Then
            wa.Cells(197,1)=i & "由平均下降转为同比增长,企业未在当期损益中确认的各项利得和损失开始复苏。"
          '由平均增长转为同比负增长,开始下滑
        ElseIf wb.Cells(j,15)<wb.Cells(j,16) And wb.Cells(j,15)<0 And wb.Cells(j,16)>=0 Then
            wa.Cells(197,1)=i & "由平均增长转为同比下降,企业未在当期损益中确认的各项利得和损失开始下滑。"
          '同比负增长低于平均负增长,开始放缓
ElseIf Abs(wb.Cells(j,15))<Abs(wb.Cells(j,16)) And wb.Cells(j,15)<0 And wb.Cells(j,16)<=0 Then
            wa.Cells(197,1)=i & "同比下降低于平均下降水平,企业未在当期损益中确认的各项利得和损失开始放缓。"
          '同比负增长高于平均负增长,货币资金投入规模下滑持续加速
ElseIf Abs(wb.Cells(j,15))>Abs(wb.Cells(j,16)) And wb.Cells(j,15)<0 And wb.Cells(j,16)<=0 Then
            wa.Cells(197,1)=i & "同比下降高于平均下降水平,企业未在当期损益中确认的各项利得和损失加速下滑。"
        Else
            wa.Cells(197,1)="其他综合收益没有发生额"
        End If
End Sub
```

步骤四：编写盈余公积分析代码。参考代码如下所示。

成功之钥匙

代码含义：

```vba
Sub 盈余公积情况分析()
    'i 代表描述信息变量
    Dim i As String,j,k,wa As Worksheet,wb As Worksheet
    Set wa = Worksheets("资产负债表分析报告")
    Set wb = Worksheets("资产负债基础表")
    j = 68
i = wb.Cells(j,13) & Format(wb.Cells(j,14),"0.00 亿元,") _
& Format(wb.Cells(j,17),"占归属于母公司股东权益的 0.00% 。") & _
Format(wb.Cells(j,15),"同比增长 0.00% ,;同比下降 0.00% ,") & _
Format(wb.Cells(j,16),"平均增长 0.00% 。;平均下降 0.00% 。")
    '如果同比增长高于平均水平,规模持续增强。
    If wb.Cells(j,15) > wb.Cells(j,16) And wb.Cells(j,15) > 0 And wb.Cells(j,16) > = 0 Then
        wa.Cells(198,1) = i & "同比增长率高于平均水平,收益性资本增值能力持续增强。"
    '如果同比增长等于平均增长,同比与平均都正增长,规模趋于稳定
    ElseIf wb.Cells(j,15) = wb.Cells(j,16) And wb.Cells(j,15) > 0 And wb.Cells(j,16) > = 0 Then
        wa.Cells(198,1) = i & "同比增长率等于平均水平,收益性资本增值能力趋于稳定。"
    '如果同比增长等于平均增长,同比增长和平均增长为负数,下滑趋势没改。
    ElseIf wb.Cells(j,15) = wb.Cells(j,16) And wb.Cells(j,15) < 0 And wb.Cells(j,16) < = 0 Then
        wa.Cells(198,1) = i & "同比下降率等于平均下降水平,收益性资本增值能力下降趋势没改。"
    '如果同比增长低于平均增长,同比增长和平均增长为正数,规模增速放缓
    ElseIf wb.Cells(j,15) < wb.Cells(j,16) And wb.Cells(j,15) > 0 And wb.Cells(j,16) > = 0 Then
        wa.Cells(198,1) = i & "同比增长率低于平均水平,收益性资本增值能力放缓。"
    '由平均负增长转为增长,开始复苏
    ElseIf wb.Cells(j,15) > wb.Cells(j,16) And wb.Cells(j,15) > 0 And wb.Cells(j,16) < = 0 Then
        wa.Cells(198,1) = i & "由平均下降转为同比增长,收益性资本增值能力开始复苏。"
    '由平均增长转为同比负增长,开始下滑
    ElseIf wb.Cells(j,15) < wb.Cells(j,16) And wb.Cells(j,15) < 0 And wb.Cells(j,16) > = 0 Then
        wa.Cells(198,1) = i & "由平均增长转为同比下降,收益性资本增值能力开始下滑。"
    '同比负增长低于平均负增长,开始放缓
    ElseIf Abs(wb.Cells(j,15)) < Abs(wb.Cells(j,16)) And wb.Cells(j,15) < 0 And wb.Cells(j,16) < = 0 Then
        wa.Cells(198,1) = i & "同比下降低于平均下降水平,收益性资本增值能力开始放缓。"
    '同比负增长高于平均负增长,货币资金投入规模下滑持续加速
    ElseIf Abs(wb.Cells(j,15)) > Abs(wb.Cells(j,16)) And wb.Cells(j,15) < 0 And wb.Cells(j,16) < = 0 Then
        wa.Cells(198,1) = i & "同比下降高于平均下降水平,收益性资本增值能力加速下滑。"
    Else
        wa.Cells(198,1) = "盈余公积没有发生额"
    End If
End Sub
```

步骤五：编写未分配利润分析代码。参考代码如下所示。

成功之钥匙

代码含义：

```vba
Sub 未分配利润情况分析()
    'i 代表描述信息变量
    Dim i As String,j,k,wa As Worksheet,wb As Worksheet
    Set wa = Worksheets("资产负债表分析报告")
    Set wb = Worksheets("资产负债基础表")
    j = 69
i = wb.Cells(j,13) & Format(wb.Cells(j,14),"0.00 亿元,") _
& Format(wb.Cells(j,17),"占归属于母公司股东权益的 0.00% 。") & _
Format(wb.Cells(j,15),"同比增长 0.00% ,;同比下降 0.00% ,") & _
Format(wb.Cells(j,16),"平均增长 0.00% 。;平均下降 0.00% 。")
    '如果同比增长高于平均水平,规模持续增强。
    If wb.Cells(j,15) > wb.Cells(j,16) And wb.Cells(j,15) > 0 And wb.Cells(j,16) > = 0 Then
        wa.Cells(199,1) = i & "同比增长率高于平均水平,股东回报能力持续增强。"
    '如果同比增长等于平均增长,同比与平均都正增长,规模趋于稳定
    ElseIf wb.Cells(j,15) = wb.Cells(j,16) And wb.Cells(j,15) > 0 And wb.Cells(j,16) > = 0 Then
        wa.Cells(199,1) = i & "同比增长率等于平均水平,股东回报能力趋于稳定。"
    '如果同比增长等于平均增长,同比增长和平均增长为负数,下滑趋势没改。
    ElseIf wb.Cells(j,15) = wb.Cells(j;16) And wb.Cells(j,15) < 0 And wb.Cells(j,16) < = 0 Then
```

```
            wa.Cells(199,1) = i & "同比下降率等于平均下降水平,股东回报能力下降趋势没改。"
            '如果同比增长低于平均增长,同比增长和平均增长为正数,规模增速放缓
        ElseIf wb.Cells(j,15) < wb.Cells(j,16) And wb.Cells(j,15) > 0 And wb.Cells(j,16) > =0 Then
            wa.Cells(199,1) = i & "同比增长率低于平均水平,股东回报能力放缓。"
            '由平均负增长转为增长,开始复苏
        ElseIf wb.Cells(j,15) > wb.Cells(j,16) And wb.Cells(j,15) > 0 And wb.Cells(j,16) < =0 Then
            wa.Cells(199,1) = i & "由平均下降转为同比增长,股东回报能力开始复苏。"
            '由平均增长转为同比负增长,开始下滑
        ElseIf wb.Cells(j,15) < wb.Cells(j,16) And wb.Cells(j,15) < 0 And wb.Cells(j,16) > =0 Then
            wa.Cells(199,1) = i & "由平均增长转为同比下降,股东回报能力开始下滑。"
            '同比负增长低于平均负增长,开始放缓
        ElseIf Abs(wb.Cells(j,15)) < Abs(wb.Cells(j,16)) And wb.Cells(j,15) < 0 And wb.Cells(j,16) < =0 Then
            wa.Cells(199,1) = i & "同比下降低于平均下降水平,股东回报能力开始放缓。"
            '同比负增长高于平均负增长,货币资金投入规模下滑持续加速
        ElseIf Abs(wb.Cells(j,15)) > Abs(wb.Cells(j,16)) And wb.Cells(j,15) < 0 And wb.Cells(j,16) < =0 Then
            wa.Cells(199,1) = i & "同比下降高于平均下降水平,股东回报能力加速下滑。"
        Else
            wa.Cells(199,1) = "未分配利润没有发生额"
        End If
End Sub
```

4.5.2.3 可视化图表

以辅助分析表 M2：Q2，M64：Q70 为数据源编写 VBA 代码，将制作的柱形图嵌入资产负债表分析报告 A200：A212 区域。步骤如下：

步骤一：编写制作柱形图代码。参考代码如下所示。

👆 成功之钥匙

代码含义：

```
Sub 制作归属于母公司股东权益构成情况图表()
    Dim wa As Worksheet
    Dim ws As Worksheet
    Dim cht As ChartObject
    Dim rng As Range
    '选择"资产负债基础表"工作表
    Set wa = ThisWorkbook.Sheets("资产负债基础表")
     '复制 M2:Q2,M64:Q70 区域的数据
    wa.Range("M2:Q2,M64:Q70").Copy
    '将数据粘贴到 T94:X101 区域
    wa.Range("T94:X101").PasteSpecial Paste:=xlPasteValues
    '设置工作表
    Set ws = ThisWorkbook.Sheets("资产负债表分析报告")
    '定义图表位置
    Set rng = ws.Range("A200")
    '在工作表中插入一个图表对象
    Set cht = ws.ChartObjects.Add(Left:=rng.Left,Width:=700,Top:=rng.Top,Height:=170)
    '设置图表数据源
    cht.chart.SetSourceData Source:=wa.Range("$T$94:$X$101")
    '设置图表类型为柱形图
    cht.chart.chartType = xlColumnClustered
    '添加数据标签
    cht.chart.SeriesCollection(1).ApplyDataLabels
    '设置图表标题
    cht.chart.HasTitle = True
    cht.chart.ChartTitle.Text = "归属于母公司股东权益构成情况分析"
    '设置图例位置
    cht.chart.HasLegend = True
    cht.chart.Legend.Position = xlLegendPositionBottom
End Sub
```

步骤二：运行代码，嵌入柱形图。更改图表类型后结果如图 4-41 所示。

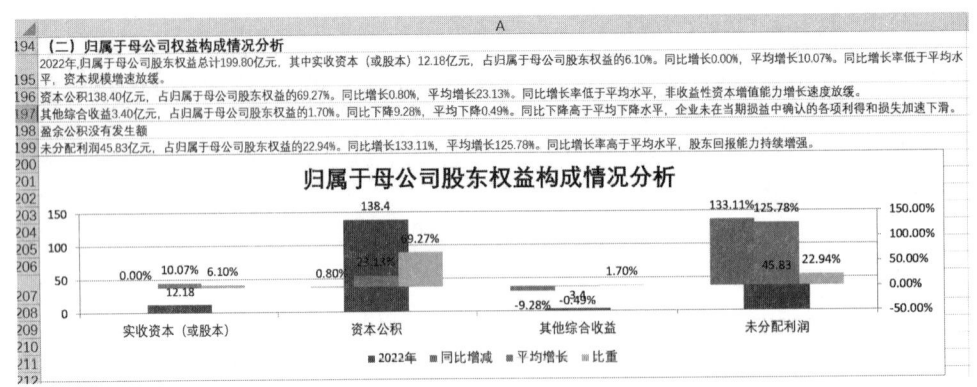

图 4-41　归属于母公司股东权益构成动态分析图

4.5.3　资本构成分析

4.5.3.1　分析重点

资本构成分析包括指标结构分析和资产结构与资本结构匹配分析两部分内容。

1. 资本结构分析

资本结构的分析评价：从静态角度观察资本的构成，结合企业盈利能力和经营风险，评价其合理性；从动态角度分析资本结构的变动情况，分析其对股东收益产生的影响。

资本构成分析要素：负债构成情况和股东权益构成情况。债务水平上升，权益资本下降，债权人保障能力减弱。债务水平下降，权益资本提升，债权人保障能力增强。

2. 资产结构与资本结构匹配

资产结构与资本结构匹配分析重点是，资产与债务资本和权益资本的匹配情况，对企业的资本构成情况作出评价。

（1）保守性结构分析：保守性结构指企业全部资产的资金来源，都是长期资本，即所有者权益和非流动负债。

优点：风险较低。

缺点：资本成本较高；筹资结构弹性较弱。

适用范围：很少被企业采用。

（2）稳健型结构分析：非流动资产依靠长期资金解决，流动资产需要长期资金和短期资金共同解决。

优点：风险较小，负债资本相对较低，并具有一定的弹性。

适用范围：大部分企业。

（3）平衡型结构：非流动资产用长期资金满足，流动资产用流动负债满足。

优点：当二者适应时，企业风险较小，且资本成本较低。

缺点：当二者不适应时，可能使企业陷入财务危机。

适用范围：经营状况良好，流动资产与流动负债内部结构相互适应的企业。

（4）风险型结构：流动负债不仅用于满足流动资产的资金需要，而且用于满足部分非流动资产的资金需要。

优点：资本成本最低。

缺点：财务风险较大。

适用范围：企业资产流动性很好且经营现金流量较充足。

（5）常规型结构：股东权益不仅满足部分流动资产的资金需要，而且用于满足部分非流动资产的资金需要。

优点：资金成本最低，财务分析较小。

缺点：债务杠杆作用发挥不足。

3. 相关性

相关系数计算方法：

方法一：Correl 函数。

分析固定资产与营业收入的相关性。在 E122 单元格中输入 = correl（）触发 correl 函数，选中固定资产数值部分 C121：C122，加一个英文状态下的逗号“，”，再选中营业收入列数值部分 D121：D122。全部选择完毕，回车得出数值。用同样方法在 E123 \ E124 \ E125 \ E126 \ E127 单元格分别输入 = correl（）即可获得对应年度固定资产与收入之间的相关系数。如图 4 – 42 所示。

E122　=CORREL(C121:C122,D121:D122)

	B	C	D	E	F	G
120	年份	固定资产	营业收入	相关系数		
121	2014年	23.08	1464			
122	2015年	49.17	55	1		
123	2016年	68.11	2405	0.997805		
124	2017年	70.99	2429	0.99834		
125	2018年	115.30	2977	0.985403		
126	2019年	124.00	3679	0.975133		
127	2020年	125.80	4191	0.954868		

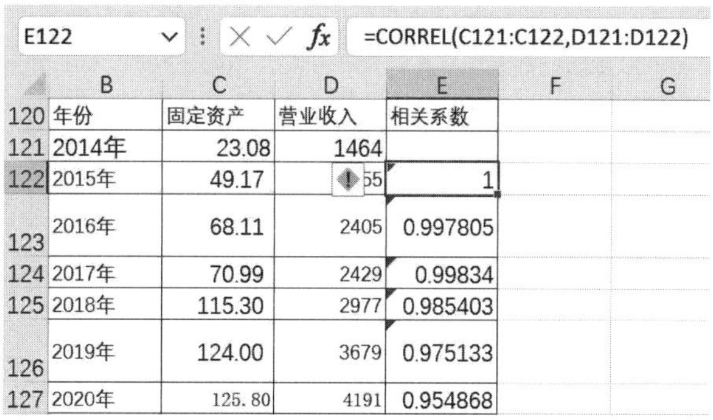

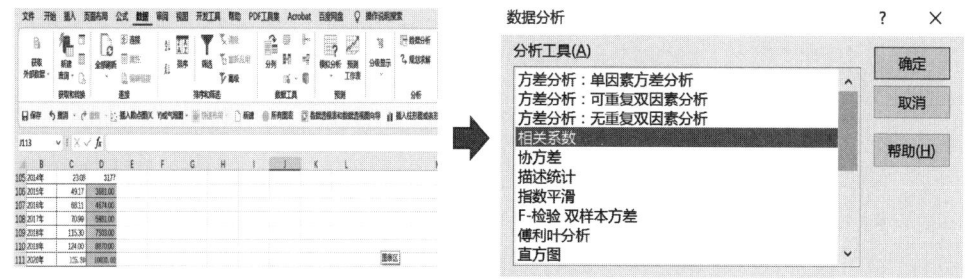

图 4 – 42　相关系数

方法二：Pearson 函数。

在 E122 单元格中输入 = pearson（）触发 pearson 函数，其他步骤同上，结果相同。

方法三：使用数据分析工具。

点击【数据】选项卡下【数据分析】功能。在弹出的对话框中选择【相关系数】，点击确定。如图 4 – 43 所示。

图 4 – 43　分析工具界面

在弹出的对话框中，在输入区域选择数据范围（如果数据是列的形式呈现的，就选择“逐列”，反之为“逐行”），输出区域则为期望放置结果的位置，回车后输出结果。如图 4 – 44 所示。

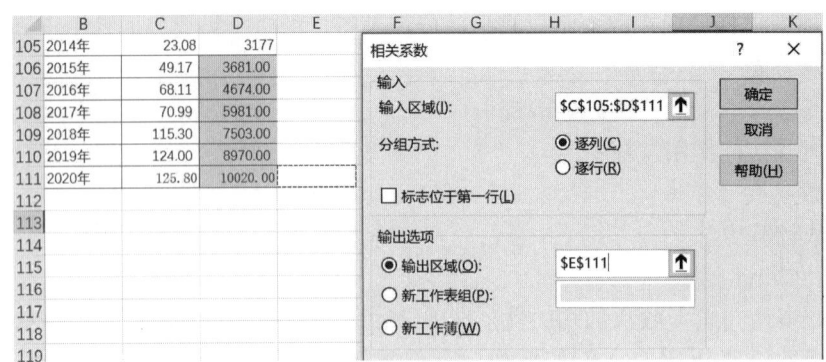

图4-44 选择数据输入范围界面

注意！这一次输入区域的内容为一整块数据（$C$105:$D111$16），而不再像上述两种方法为两块数据+逗号连接（C105：C111，D105：D111）这种方式，注意区别。

相关系数的值介于-1与+1之间，即$-1 \leqslant r \leqslant +1$。其性质如下：

- 当r>0时，表示两变量正相关，r<0时，两变量为负相关。
- 当|r|=1时，表示两变量为完全线性相关，即为函数关系。
- 当r=0时，表示两变量间无线性相关关系。
- 当0<|r|<1时，表示两变量存在一定程度的线性相关。且|r|越接近1，两变量间线性关系越密切；|r|越接近于0，表示两变量的线性相关越弱。
- 一般可按三级划分：|r|<0.4为低度线性相关；$0.4 \leqslant |r| < 0.7$为显著性相关；$0.7 \leqslant |r| < 1$为高度线性相关。

4.5.3.2 VBA智能分析代码

以辅助分析表M53：Q53，M61：Q61，M62：Q62为数据源编写VBA代码，将分析结果存放到资产负债表分析报告A96：A100区域。步骤如下：

步骤一：编写资本构成分析代码。参考代码如下所示。

👆 **成功之钥匙**

代码含义：

```
Sub 资本构成情况分析()
    'i 代表描述信息变量
    Dim i As String,j,k,wa As Worksheet,wb As Worksheet,wc As Worksheet
    Set wa = Worksheets("资产负债表分析报告")
    Set wb = Worksheets("资产负债基础表")
    Set wc = Worksheets("利润基础表")
    wa.Cells(213,1) = "四、资本构成情况分析"
    wa.Cells(213,1).Font.Bold = True
    wa.Cells(214,1) = "(一)资本结构情况分析"
    wa.Cells(214,1).Font.Bold = True
    i = wb.Cells(2,14)& "," & Format(wb.Cells(62,17),"负责占全部资产的0.00% ,")&_
        Format(wb.Cells(62,15),"同比增长0.00% ,;同比下降0.00% ")_
        & Format(wb.Cells(73,17),"权益占全部资产的0.00% ,")&_
        Format(wb.Cells(73,15),"同比增长0.00% ,;同比下降0.00% 。")
    '债务水平上升高于权益资本上升水平,债权人保障能力趋弱。
    If wb.Cells(62,15) > wb.Cells(73,15) And wb.Cells(62,15) > 0 And wb.Cells(73,15) > 0 Then
        wa.Cells(215,1) = i & "债务水平上升高于权益资本上升水平,债权人保障能力趋弱。"
    '债务水平上升等于权益资本上升水平,资本结构趋于稳定。
    ElseIf wb.Cells(62,15) = wb.Cells(73,15) And wb.Cells(62,15) > 0 And wb.Cells(73,15) > 0 Then
        wa.Cells(215,1) = i & "债务水平上升等于权益资本上升水平,资本结构趋于稳定。"
    '债务水平下降等于权益资本下降水平,资本实力减弱。
    ElseIf wb.Cells(62,15) = wb.Cells(73,15) And wb.Cells(62,15) < 0 And wb.Cells(73,15) < 0 Then
```

```
            wa.Cells(215,1) = i & "债务水平下降等于权益资本下降水平,资本实力减弱."
            '债务水平上升低于权益资本上升水平,债权人保障能力趋强。
        ElseIf wb.Cells(62,15) < wb.Cells(73,12) And wb.Cells(62,15) >0 And wb.Cells(73,15) >0 Then
            wa.Cells(215,1) = i & "债务水平上升低于权益资本上升水平,债权人保障能力增强."
            '债务水平下降,权益资本上升,债权人保障能力增强。
        ElseIf wb.Cells(62,15) < wb.Cells(73,15) And wb.Cells(62,15) <0 And wb.Cells(73,15) >0 Then
            wa.Cells(215,1) = i & "债务水平下降,权益资本上升,债权人保障能力增强."
            '债务水平上升,权益资本下降,债权人保障能力减弱。
        ElseIf wb.Cells(62,15) > wb.Cells(73,15) And wb.Cells(62,15) >0 And wb.Cells(73,15) <0 Then
            wa.Cells(215,1) = i & "债务水平上升,权益资本下降,债权人保障能力减弱."
            '债务水平下降低于权益资本下降水平,债权人保障能力下滑。
        ElseIf Abs(wb.Cells(62,15)) < Abs(wb.Cells(73,15)) And wb.Cells(62,15) <0 And wb.Cells(73,15) <0 Then
            wa.Cells(215,1) = i & "债务水平下降低于权益资本下降水平,债权人保障能力下滑."
            '债务水平下降高于权益资本下降水平,债权人保障能力下滑趋缓。
        ElseIf Abs(wb.Cells(62,15)) > Abs(wb.Cells(73,15)) And wb.Cells(62,15) <0 And wb.Cells(73,15) <0 Then
            wa.Cells(215,1) = i & "债务水平下降高于权益资本下降水平,债权人保障能力下滑趋缓."
        End If
End Sub
```

步骤二：编写资产结构与资本结构匹配分析代码。参考代码如下所示。

成功之钥匙

代码含义：

```
Sub 资产结构与资本结构匹配情况分析()
    'i代表描述信息变量
    Dim i As String,j,k,wa As Worksheet,wb As Worksheet,wc As Worksheet
    Set wa = Worksheets("资产负债表分析报告")
    Set wb = Worksheets("资产负债基础表")
    Set wc = Worksheets("利润基础表")
    wa.Cells(230,1) = "(二)资产结构与资本结构情况分析"
     wa.Cells(230,1).Font.Bold = True
    '如果权益加非流动负债等于资产总额,资产与资本匹配属于保守性结构
If (wb.Cells(73,14) + wb.Cells(61,14)) = wb.Cells(34,14) And wb.Cells(53,14) =0 Then
wa.Cells(230,1) = Format((wb.Cells(73,14) + wb.Cells(61,14)),"所有者权益与非流动负债之和0.00 亿元,") & _
    Format(wb.Cells(34,14),"全部资产0.00 亿元。") _
    & "没有举借流动负债,全部资产的资金来源是所有者权益和非流动负债,资产与资本匹配属于保守性结构。风险较低,资本成本较高,筹资结构弹性较弱."
    '如果权益加非流动负债大于非流动资产总额,流动资产大于流动负债,资产与资本匹配属于稳健性结构
    ElseIf (wb.Cells(73,14) + _
wb.Cells(61,14)) > wb.Cells(33,14) And_
wb.Cells(19,14) > wb.Cells(53,14) Then
wa.Cells(230,1) = Format((wb.Cells(73,14) + wb.Cells(61,14)),"所有者权益与非流动负债之和 0.00 亿元,") & "高于" & _
    Format(wb.Cells(33,14),"非流动资产0.00 亿元,") _
    & Format(wb.Cells(19,14),"流动资产0.00 亿元,") & "高于" & Format(wb.Cells(53,14),"流动负债0.00 亿元.") _
    & "资产与资本匹配属于稳健型结构:非流动资产依靠长期资金解决,流动资产需要长期资金和短期资金共同解决;风险较小,负债资本相对较低,并具有一定的弹性."
    '如果权益加非流动负债大于非流动资产总额,流动资产小于流动负债,资产与资本匹配属于平衡性结构
    ElseIf (wb.Cells(73,14) + wb.Cells(61,14)) > = wb.Cells(33,14) And_
wb.Cells(53,14) > = wb.Cells(19,14) Then
wa.Cells(230,1) = Format((wb.Cells(73,14) + wb.Cells(61,14)),"所有者权益与非流动负债之和0.00 亿元,") & "高于" & _
    Format(wb.Cells(33,14),"非流动资产0.00 亿元,") _
    & Format(wb.Cells(19,14),"流动资产0.00 亿元,") & "低于" & Format(wb.Cells(53,14),"流动负债0.00 亿元.") &_
    "资产与资本匹配属于平衡性结构:非流动资产用长期资金满足,流动资产用流动负债满足;当二者适应时,企业风险较小,且资本成本较低。当二者不适应时,可能使企业陷入财务危机."
    '如果权益加非流动负债加流动负债减流动资产小于资产总额,流动资产小于流动负债,资产与资本匹配属于风险结构
ElseIf (wb.Cells(73,14) + wb.Cells(61,14) + wb.Cells(53,14) - wb.Cells(19,14)) < wb.Cells(34,14) And_
wb.Cells(53,14) > = wb.Cells(19,14) Then
wa.Cells(230,1) = Format(wb.Cells(34,14),"全部资产0.00 亿元,") & "等于" & Format((wb.Cells(73,14) + _
    wb.Cells(61,14) + wb.Cells(53,14) - _
wb.Cells(19,14)),"权益加负债减去流动资产0.00 亿元,") & Format(wb.Cells(19,14),"流动资产0.00 亿元,") & "小于" &_
    Format(wb.Cells(53,14),"流动负债0.00 亿元.") _
    & "资产与资本匹配属于风险结构:流动负债不仅用于满足流动资产的资金需要,且用于满足部分非流动资产的资金需要。资本成本较低,财务风险较大."
    '非流动负债大于非流动资产,流动资产大于流动负债,资产与资本匹配属于常规型结构
    ElseIf wb.Cells(33,14) > wb.Cells(61,14) And wb.Cells(19,14) > wb.Cells(53,14) Then
wa.Cells(230,1) = Format(wb.Cells(33,14),"非流动资产0.00 亿元,") & "高于" & Format(wb.Cells(61,14),"非流动负债0.00 亿元,") &_
```

```
Format(wb.Cells(19,14),"流动资产0.00亿元,")&"高于"&Format(wb.Cells(53,14),"流动负债0.00亿元。")&_
"资产与资本匹配属于常规型结构。股东权益不仅满足部分流动资产的资金需要,且用于满足部分非流动资产的资金需
要;资金成本最低,财务分析较小。"
    End If
End Sub
```

步骤三：编写固定资产与存货相关性分析代码。参考代码如下所示。

成功之钥匙

代码含义：

```
Sub 固定资产与存货相关性分析()
'i 代表描述信息变量
    Dim i As String,j,k,wa As Worksheet,wb As Worksheet,wc As Worksheet
    Set wa=Worksheets("资产负债表分析报告")
    Set wb=Worksheets("资产负债基础表")
    Set wc=Worksheets("利润基础表")
If wb.Cells(95,14) >0 Then wb.Cells(95,14) <0.4 Then
wa.Cells(231,1)=Format(wb.Cells(95,14),"固定资产与存货相关系数0.00,")&"固定资产与存货相关性较低,匹配度不高,可能存在固定资产闲置问题。"
ElseIf wb.Cells(95,14) >=0.4 And wb.Cells(95,14) <0.7 Then
wa.Cells(231,1)=Format(wb.Cells(95,14),"固定资产与存货相关系数0.00,")&"固定资产与存货相关性较明显,基本匹配,但可能存在固定资产部分闲置问题。"
ElseIf wb.Cells(95,14) >=0.7 And wb.Cells(95,14) <=1 Then
wa.Cells(231,1)=Format(wb.Cells(95,14),"固定资产与存货相关系数0.00,")&"固定资产与存货高度相关,匹配度较高,资产运营效率好。"
Else
wa.Cells(231,1)=Format(wb.Cells(95,14),"固定资产与存货相关系数0.00,")&"固定资产与存货之间负相关,可能存在固定资产大量闲置问题。"
    End If
End Sub
```

步骤四：编写固定资产与营业收入相关性分析代码。参考代码如下所示。

成功之钥匙

代码含义：

```
Sub 固定资产与营业收入相关性分析()
'i 代表描述信息变量
    Dim i As String,j,k,wa As Worksheet,wb As Worksheet,wc As Worksheet
    Set wa=Worksheets("资产负债表分析报告")
    Set wb=Worksheets("资产负债基础表")
    Set wc=Worksheets("利润基础表")
 If wb.Cells(96,14) >0 And wb.Cells(96,14) <0.4 Then
wa.Cells(232,1)=Format(wb.Cells(96,14),"固定资产与营业收入相关系数0.00,")&"固定资产与营业收入相关性较低,匹配度不高,固定资产运营效率低。"
ElseIf wb.Cells(96,14) >=0.4 And wb.Cells(96,14) <0.7 Then
wa.Cells(232,1)=Format(wb.Cells(96,14),"固定资产与营业收入相关系数0.00,")&"固定资产与营业收入相关性较明显,基本匹配,固定资产运营效率有待提高。"
ElseIf wb.Cells(96,14) >=0.7 And wb.Cells(96,14) <=1 Then
wa.Cells(232,1)=Format(wb.Cells(96,14),"固定资产与营业收入相关系数0.00,")&"固定资产与营业收入高度相关,匹配度较高,固定资产资产运营效率好。"
Else
wa.Cells(232,1)=Format(wb.Cells(96,14),"固定资产与营业收入相关系数0.00,")&"固定资产与营业收入之间负相关,固定资产运营效率大幅下降。"
    End If
End Sub
```

步骤五：编写存货与营业收入相关性分析代码。参考代码如下所示。

成功之钥匙

代码含义：

```
Sub 存货与营业收入相关性分析()
'i 代表描述信息变量
    Dim i As String,j,k,wa As Worksheet,wb As Worksheet,wc As Worksheet
    Set wa=Worksheets("资产负债表分析报告")
    Set wb=Worksheets("资产负债基础表")
     Set wc=Worksheets("利润基础表")
 If wb.Cells(97,14) >0 And wb.Cells(97,14) <0.4 Then
wa.Cells(233,1)=Format(wb.Cells(97,14),"存货与营业收入相关系数0.00,")&"存货与营业收入相关性较低,匹配度不高,存货对营业收入保障程度较低。"
ElseIf wb.Cells(97,14) >=0.4 And wb.Cells(97,14) <0.7 Then
```

```
wa.Cells(233,1)=Format(wb.Cells(96,14),"存货与营业收入相关系数0.00,")&"存货与营业收入相关性较明显,基本匹配,存货对营业收入保障程度提高。"
    ElseIf wb.Cells(97,14) > =0.7 And wb.Cells(97,14) < =1 Then
wa.Cells(233,1)=Format(wb.Cells(97,14),"存货与营业收入相关系数0.00,")&"存货与营业收入高度相关,匹配度较高,存货对营业收入保障程度高。"
    Else
wa.Cells(233,1)=Format(wb.Cells(97,14),"存货与营业收入相关系数0.00,")&"存货与营业收入之间负相关,存货对营业收入保障程度大幅下降。"
    End If
End Sub
```

4.5.3.3 可视化图表

1. 制作指标结构情况图表

以辅助分析表 M62:Q62,M73:Q73 为数据源编写 VBA 代码,将制作的柱形图嵌入资产负债表分析报告 A216:A229 区域。步骤如下:

步骤一:编写制作柱形图代码。参考代码如下所示。

成功之钥匙

代码含义:

```
Sub 制作资本结构情况图表()
    Dim wa As Worksheet
    Dim ws As Worksheet
    Dim cht As ChartObject
    Dim rng As Range
    '选择"资产负债基础表"工作表
    Set wa = ThisWorkbook.Sheets("资产负债基础表")
    '复制 M2:Q2,M62:Q62,M73:Q73 区域的数据
    wa.Range("M2:Q2,M62:Q62,M73:Q73").Copy
    '将数据粘贴到 T105:X107 区域
    wa.Range("T105:X107").PasteSpecial Paste:=xlPasteValues
    '设置工作表
    Set ws = ThisWorkbook.Sheets("资产负债表分析报告")
    '定义图表位置
    Set rng = ws.Range("A216")
    '在工作表中插入一个图表对象
    Set cht = ws.ChartObjects.Add(Left:=rng.Left,Width:=700,Top:=rng.Top,Height:=170)
    '设置图表数据源
    cht.chart.SetSourceData Source:=wa.Range("$T$105:$X$107")
    '设置图表类型为柱形图
    cht.chart.chartType = xlColumnClustered
    '添加数据标签
    cht.chart.SeriesCollection(1).ApplyDataLabels
    '设置图表标题
    cht.chart.HasTitle = True
    cht.chart.ChartTitle.Text = "资本结构情况分析"
    '设置图例位置
    cht.chart.HasLegend = True
    cht.chart.Legend.Position = xlLegendPositionBottom
End Sub
```

步骤二:运行代码,嵌入柱形图。更改图表类型结果如图 4-45 所示。

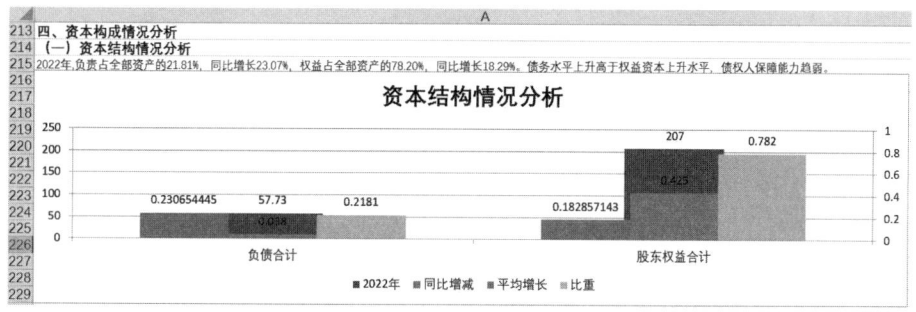

图 4-45 资本结构情况动态分析图

2. 制作相关系数情况图表

以辅助分析表 M2：N2，M95：N95 为数据源编写 VBA 代码，将制作的柱形图嵌入资产负债表分析报告 A234：A113 区域。步骤如下：

步骤一：编写制作相关系数情况图表代码。参考代码如下所示。

🔑 成功之钥匙

代码含义：

```vba
Sub 制作相关系数情况图表()
    Dim wa As Worksheet
    Dim ws As Worksheet
    Dim cht As ChartObject
    Dim rng As Range
    '选择"资产负债基础表"工作表
    Set wa = ThisWorkbook.Sheets("资产负债基础表")
    '复制 M2:N2,M95:N97 区域的数据
    wa.Range("M2:N2,M95:N97").Copy
    '将数据粘贴到 T120:U123 区域
    wa.Range("T120:U123").PasteSpecial Paste:=xlPasteValues
    '设置工作表
    Set ws = ThisWorkbook.Sheets("资产负债表分析报告")
    '定义图表位置
    Set rng = ws.Range("A234")
    '在工作表中插入一个图表对象
    Set cht = ws.ChartObjects.Add(Left:=rng.Left, Width:=700, Top:=rng.Top, Height:=170)
    '设置图表数据源
    cht.chart.SetSourceData Source:=wa.Range("$T$120:$U$123")
    '设置图表类型为柱形图
    cht.chart.chartType = xlColumnClustered
    '添加数据标签
    cht.chart.SeriesCollection(1).ApplyDataLabels
    '设置图表标题
    cht.chart.HasTitle = True
    cht.chart.ChartTitle.Text = "相关性分析"
    '设置图例位置
    cht.chart.HasLegend = True
    cht.chart.Legend.Position = xlLegendPositionBottom
End Sub
```

步骤二：运行代码，嵌入柱形图。更改图表类型结果如图 4－46 所示。

图 4－46　相关性分析图表

步骤三：编写主程序，执行子过程。将全部权益情况子程序代码名称写入主程序里。参考代码如图 4－47 所示。

图 4-47　权益分析主程序代码

4.5.4　应用 ChatGPT 生成全部权益情况分析报告

应用 ChatGPTs 生成全部权益情况分析报告，就是将通过 VBA 生成的智能分析结果，导入 ChatGPT，发挥其强大的智能分析功能，生成一个有情况、有分析、有措施建议，架构体系完整的全部权益情况分析报告。步骤如下：

步骤一：编写导出数据 VBA 代码。将"资产负债表分析报告"中，全部权益情况 A175：A233 区域分析结果导入 Word 文档中。参考代码如下所示。

成功之钥匙

代码含义：

```
Option Explicit
Sub 将利润分析报告导入文档()
    Dim WordApp As Object
    Dim WordDoc As Object
    Dim ExcelRange As Range
    Dim WordRange As Object
    Dim rowCount As Integer
    Dim i As Integer
    '创建一个新的 Word 文档
    Set WordApp = CreateObject("Word.Application")
    WordApp.Visible = True
    Set WordDoc = WordApp.Documents.Add
    '指定 Excel 中的数据范围
    Set ExcelRange = ThisWorkbook.Sheets("资产负债表分析报告").Range("A175:A233")
    '在 Word 文档中逐行插入 Excel 数据
    Set WordRange = WordDoc.Content
    For i = 1 To ExcelRange.Rows.Count
        WordRange.InsertAfter ExcelRange.Cells(i,1).Value & vbCrLf
        Set WordRange = WordDoc.Content
    Next i
    '清除对象
    Set WordApp = Nothing
    Set WordDoc = Nothing
    Set ExcelRange = Nothing
    Set WordRange = Nothing
End Sub
```

步骤二：运行代码。在 Word 文档中获得导入结果。如图 4-48 所示。

股东权益情况分析报告

一、全部股东权益构成情况分析

2022 年,股东权益合计 207.00 亿元,同比增长 18.29%,平均增长 42.50%。同比增长率低于平均水平,股东权益增值能力增速放缓。

归属于母公司股东权益总计 199.80 亿元,占全部权益的 96.52%。同比增长 15.56%,平均增长 48.15%。同比增长率低于平均水平,归属于母公司所有者增值能力增长速度放缓。

少数股东权益 7.15 亿元,占全部权益的 3.45%。同比增长 239.39%,平均下降 4.83%。由平均下降转为同比增长,少数股东权益增值能力开始复苏。

二、归属于母公司权益构成情况分析

2022 年,归属于母公司股东权益总计 199.80 亿元, 其中实收资本(或股本)12.18 亿元,占归属于母公司股东权益的 6.10%。同比增长 0.00%,平均增长 10.07%。同比增长率低于平均水平,资本规模增速放缓。

资本公积 138.40 亿元,占归属于母公司股东权益的 69.27%。同比增长 0.80%,平均增长 23.13%。同比增长率低于平均水平,非收益性资本增值能力增长速度放缓。

其他综合收益 3.40 亿元,占归属于母公司股东权益的 1.70%。同比下降 9.28%,平均下降 0.49%。同比下降高于平均下降水平。企业未在当期损益中确认的各项利得和损失加速下滑。

盈余公积没有发生额

未分配利润 45.83 亿元,占归属于母公司股东权益的 22.94%。同比增长 133.11%,平均增长 125.78%。同比增长率高于平均水平,股东回报能力持续增强。

三、资本构成情况分析

(一)资本结构情况分析

2022 年,负责占全部资产的 21.81%,同比增长 23.07%,权益占全部资产的 78.20%,同比增长 18.29%。债务水平上升高于权益资本上升水平,债权人保障能力趋弱。

所有者权益与非流动负债之和 220.05 亿元,高于非流动资产 98.20 亿元,流动资产 166.50 亿元,高于流动负债 44.69 亿元。资产与资本匹配属于稳健型结构:非流动资产依靠长期资金解决,流动资产需要长期资金和短期资金共同解决;风险较小,负债资本相对较低,并具有一定的弹性。

(二)相关性分析

固定资产与存货相关系数 0.93,固定资产与存货高度相关,匹配度较高,资产运营效率好。

固定资产与营业收入相关系数 0.94,固定资产与营业收入高度相关,匹配度较高,固定资产资产运营效率好。

存货与营业收入相关系数 0.98,存货与营业收入高度相关,匹配度较高,存货对营业收入保障程度高。

图 4-48 导入数据效果图

步骤三:编辑"提示词"。在导入的文档中添加上:"你是财务分析师,我向你提供背景资料,请帮助写一个《全部权益情况分析报告》。报告分为情况分析、财务分析评估、措施建议三个部分。"注意:在每个小标题中也要提出具体要求。编辑后的提示词,如图 4-49 所示。

图 4-49 提示词

步骤四：将提示词复制粘贴到 ChatGPT 提问区输入窗口。Ctrl + V，点击回车，便可获取智能分析报告。如图 4 – 50 所示。

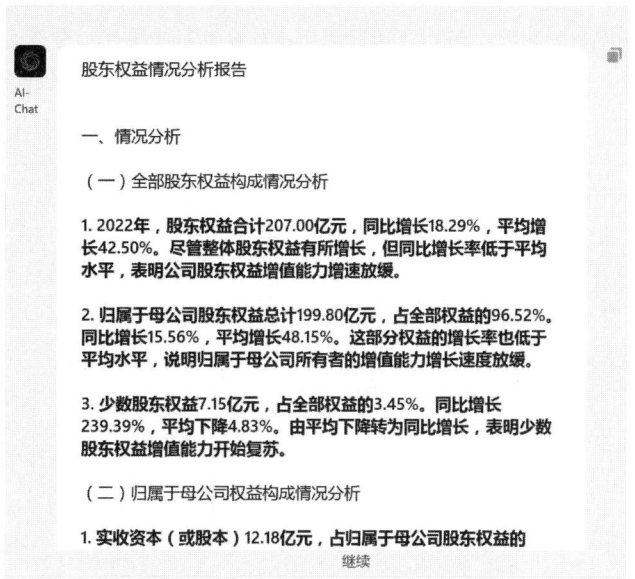

图 4 – 50 ChatGPT 反馈的智能报告

步骤五：点击 ChatGPT 答复区右上角复制按钮，便可将反馈报告复制粘贴到 Word 文档中。

股东权益情况分析报告

一、情况分析

（一）全部股东权益构成情况分析

1. 2022 年，股东权益合计 207.00 亿元，同比增长 18.29%，平均增长 42.50%。尽管整体股东权益有所增长，但同比增长率低于平均水平，表明公司股东权益增值能力增速放缓。

2. 归属于母公司股东权益总计 199.80 亿元，占全部权益的 96.52%。同比增长 15.56%，平均增长 48.15%。这部分权益的增长率也低于平均水平，说明归属于母公司所有者的增值能力增长速度放缓。

3. 少数股东权益 7.15 亿元，占全部权益的 3.45%。同比增长 239.39%，平均下降 4.83%。由平均下降转为同比增长，表明少数股东权益增值能力开始复苏。

（二）归属于母公司权益构成情况分析

1. 实收资本（或股本）12.18 亿元，占归属于母公司股东权益的 6.10%。同比增长 0.00%，平均增长 10.07%。同比增长率低于平均水平，资本规模增速放缓。

2. 资本公积 138.40 亿元，占归属于母公司股东权益的 69.27%。同比增长 0.80%，平均增长 23.13%。同比增长率低于平均水平，非收益性资本增值能力增长速度放缓。

3. 其他综合收益 3.40 亿元，占归属于母公司股东权益的 1.70%。同比下降 9.28%，平均下降 0.49%。同比下降高于平均下降水平，企业未在当期损益中确认的各项利得和损失加速下滑。

4. 未分配利润 45.83 亿元，占归属于母公司股东权益的 22.94%。同比增长 133.11%，平均增长 125.78%。同比增长率高于平均水平，股东回报能力持续增强。

（三）资本构成情况分析

1. 资本结构情况分析。

（1）2022 年，负债占全部资产的 21.81%，同比增长 23.07%，而权益占全部资产的 78.20%，同比增长 18.29%。债务水平上升高于权益资本上升水平，可能会削弱债权人的保障能力。

（2）所有者权益与非流动负债之和为 220.05 亿元，高于非流动资产 98.20 亿元，流动资产 166.50 亿元，高于流动负债 44.69 亿元。资产与资本匹配属于稳健型结构，风险较小。

2. 相关性分析。

（1）固定资产与存货相关系数 0.93，表明固定资产与存货高度相关，资产运营效率好。

（2）固定资产与营业收入相关系数 0.94，表明固定资产与营业收入高度相关，固定资产资产运营效率好。

（3）存货与营业收入相关系数 0.98，表明存货与营业收入高度相关，存货对营业收入保障程度高。

二、风险评估

基于第一部分的情况分析，以下风险值得关注：

1. 债务风险：由于债务水平上升速度超过权益资本上升速度，公司的债权人保障能力可能受到影响。这可能在未来导致融资成本上升和信用评级下降。

2. 盈利能力风险：归属于母公司所有者的增值能力增长放缓，且其他综合收益的下降趋势可能导致公司未来盈利能力受损。

3. 股东回报风险：尽管未分配利润增长显著，但如果公司不能持续保持这种增长势头，股东回报可能会受到影响。

4. 资产流动性风险：虽然资产与资本匹配属于稳健型结构，但如果流动资产增长放缓或流动负债增长加快，可能会影响公司的短期偿债能力。

三、措施建议

针对上述风险，我们建议公司采取以下措施：

1. 债务管理：公司应审慎管理债务水平，优化债务结构，避免过度依赖债务融资，以降低未来融资成本和信用风险。

2. 提升盈利能力：公司应探索新的利润增长点，提高运营效率，同时关注市场趋势，以保持盈利能力的持续增长。

3. 增强股东回报：公司应制定合理的利润分配政策，确保股东回报的稳定增长，同时考虑通过股票回购或增加分红等方式提高股东回报。

4. 提高资产流动性：公司应保持足够的流动资产，以应对可能的流动性需求，并定期评估流动负债的管理，以确保短期偿债能力的稳定。

4.6　VBA 与 ChatGPT 结合洞察财务状况

4.6.1　短期偿债能力分析

4.6.1.1　分析重点

在分析短期偿债能力时，应结合指标的变动趋势，动态地加以评价；要结合同行业平均水平，进行横向比较分析；要进行预算比较分析，以便找出实际与预算目标的差距，探求原因，解决问题。

分析要素：流动比率、速动比率、现金比率等。

4.6.1.2　VBA 智能分析代码

以辅助分析表 M75：P78 为数据源编写 VBA 代码，将分析结果存放到资产负债分析报告 A248：A252 区域。步骤如下：

步骤一：编写流动比率分析代码。参考代码如下所示。

成功之钥匙

代码含义：

```vb
Sub 流动比率分析()
    'i 代表描述信息变量
    Dim i As String,j,k,wa As Worksheet,wb As Worksheet,wc As Worksheet
    Set wa=Worksheets("资产负债表分析报告")
    Set wb=Worksheets("资产负债基础表")
    Set wc=Worksheets("利润基础表")
    wa.Cells(248,1)="四、财务状况评价"
    wa.Cells(248,1).Font.Bold=True
    wa.Cells(249,1)="(一)短期偿债能力分析"
    wa.Cells(249,1).Font.Bold=True
        j=76
        i=Format(wb.Cells(j,14),"流动比率 0.00")&_
          Format(wb.Cells(j,15)/100,"同比增长 0.00% ,;同比下降 0.00% ,")&_
          Format(wb.Cells(j,16)/100,"平均增长 0.00% ,;平均下降 0.00% ")
    If wb.Cells(j,15)>wb.Cells(j,16) And wb.Cells(j,15)>0 And wb.Cells(j,16)>0 Then
        wa.Cells(250,1)=i & "同比增长高于平均水平,流动流动负债偿还保障能力持续增强."
    ElseIf wb.Cells(j,15)<wb.Cells(j,16) And wb.Cells(j,15)>0 And wb.Cells(j,16)>0 Then
        wa.Cells(250,1)=i & "同比增长低于平均水平,流动流动负债偿还保障能力有所放缓."
    ElseIf wb.Cells(j,15)>wb.Cells(j,16) And wb.Cells(j,15)>0 And wb.Cells(j,16)<0 Then
        wa.Cells(250,1)=i & "由平均负增长转为同比增长,流动流动负债偿还保障能力开始回升."
    ElseIf wb.Cells(j,15)<wb.Cells(j,16) And wb.Cells(j,15)<0 And wb.Cells(j,16)>0 Then
        wa.Cells(250,1)=i & "由平均增长转为同比负增长增长,流动流动负债偿还保障能力加速下滑."
    ElseIf Abs(wb.Cells(j,15))<Abs(wb.Cells(j,16)) And wb.Cells(j,15)<0 And wb.Cells(j,16)<0 Then
        wa.Cells(250,1)=i & "同比负增长低于平均水平,流动流动负债偿还保障能力开始回弹."
    ElseIf Abs(wb.Cells(j,15))>Abs(wb.Cells(j,16)) And wb.Cells(j,15)<0 And wb.Cells(j,16)<0 Then
        wa.Cells(250,1)=i & "同比负增长高于平均水平,流动流动负债偿还保障能力加速下滑."
        End If
End Sub
```

步骤二：编写速动比率分析代码。参考代码如下所示。

成功之钥匙

代码含义：

```vb
Sub 速动比率分析()
    'i 代表描述信息变量
    Dim i As String,j,k,wa As Worksheet,wb As Worksheet,wc As Worksheet
    Set wa=Worksheets("资产负债表分析报告")
    Set wb=Worksheets("资产负债基础表")
        j=77
        i=Format(wb.Cells(j,14),"速动比率 0.00")&_
          Format(wb.Cells(j,15)/100,"同比增长 0.00% ,;同比下降 0.00% ,")&_
          Format(wb.Cells(j,16)/100,"平均增长 0.00% ,;平均下降 0.00% ")
    If wb.Cells(j,15)>wb.Cells(j,16) And wb.Cells(j,15)>0 And wb.Cells(j,16)>0 Then
        wa.Cells(251,1)=i & "同比增长高于平均水平,流动资产中可以立即用于偿还流动负债的能力持续提高."
    ElseIf wb.Cells(j,15)<wb.Cells(j,16) And wb.Cells(j,15)>0 And wb.Cells(j,16)>0 Then
        wa.Cells(251,1)=i & "同比增长低于平均水平,流动资产中可以立即用于偿还流动负债的能力有所放缓."
    ElseIf wb.Cells(j,15)>wb.Cells(j,16) And wb.Cells(j,15)>0 And wb.Cells(j,16)<0 Then
        wa.Cells(251,1)=i & "由平均负增长转为同比增长,流动资产中可以立即用于偿还流动负债的能力开始回升."
    ElseIf wb.Cells(j,15)<wb.Cells(j,16) And wb.Cells(j,15)<0 And wb.Cells(j,16)>0 Then
        wa.Cells(251,1)=i & "由平均增长转为同比负增长增长,流动资产中可以立即用于偿还流动负债的能力加速下滑."
    ElseIf Abs(wb.Cells(j,15))<Abs(wb.Cells(j,16)) And wb.Cells(j,15)<0 And wb.Cells(j,16)<0 Then
        wa.Cells(251,1)=i & "同比负增长低于平均水平,流动资产中可以立即用于偿还流动负债的能力开始回弹."
    ElseIf Abs(wb.Cells(j,15))>Abs(wb.Cells(j,16)) And wb.Cells(j,15)<0 And wb.Cells(j,16)<0 Then
        wa.Cells(251,1)=i & "同比负增长高于平均水平,流动资产中可以立即用于偿还流动负债的能力加速下滑."
        End If
End Sub
```

步骤三：编写现金比率分析代码。参考代码如下所示。

成功之钥匙

代码含义：

```vba
Sub 现金比率分析()
    'i代表描述信息变量
    Dim i As String,j,k,wa As Worksheet,wb As Worksheet,wc As Worksheet
    Set wa=Worksheets("资产负债表分析报告")
    Set wb=Worksheets("资产负债基础表")
        j=78
        i=Format(wb.Cells(j,14),"现金比率 0.00") & _
        Format(wb.Cells(j,15)/100,"同比增长 0.00% ,;同比下降 0.00% ,") & _
        Format(wb.Cells(j,16)/100,"平均增长 0.00% ,;平均下降 0.00% ")
    If wb.Cells(j,15) > wb.Cells(j,16) And wb.Cells(j,15) >0 And wb.Cells(j,16) >0 Then
        wa.Cells(252,1) = i & "同比增长高于平均水平,现金直接支付保障能力持续增强。"
    ElseIf wb.Cells(j,15) < wb.Cells(j,16) And wb.Cells(j,15) >0 And wb.Cells(j,16) >0 Then
        wa.Cells(252,1) = i & "同比增长低于平均水平,现金直接支付保障能力有所放缓。"
    ElseIf wb.Cells(j,15) > wb.Cells(j,16) And wb.Cells(j,15) >0 And wb.Cells(j,16) <0 Then
        wa.Cells(252,1) = i & "由平均负增长转为同比增长,现金直接支付保障能力开始回升。"
    ElseIf wb.Cells(j,15) < wb.Cells(j,16) And wb.Cells(j,15) <0 And wb.Cells(j,16) >0 Then
        wa.Cells(252,1) = i & "由平均增长转为同比负增长增长,现金直接支付保障能力加速下滑。"
    ElseIf Abs(wb.Cells(j,15)) < Abs(wb.Cells(j,16)) And wb.Cells(j,15) <0 And wb.Cells(j,16) <0 Then
        wa.Cells(252,1) = i & "同比负增长低于平均水平,现金直接支付保障能力开始回弹。"
    ElseIf Abs(wb.Cells(j,15)) > Abs(wb.Cells(j,16)) And wb.Cells(j,15) <0 And wb.Cells(j,16) <0 Then
        wa.Cells(252,1) = i & "同比负增长高于平均水平,现金直接支付保障能力加速下滑。"
        End If
End Sub
```

4.6.1.3 可视化图表

以辅助分析表 M2：Q2，M53：Q53，M61：Q61，M62：Q62 为数据源编写 VBA 代码，将制作的柱形图嵌入资产负债表分析报告 A101：A113 区域。步骤如下：

步骤一：编写制作柱形图代码。参考代码如下所示。

成功之钥匙

代码含义：

```vba
Sub 制作短期偿债能力图表()
    Dim wa As Worksheet
    Dim ws As Worksheet
    Dim cht As ChartObject
    Dim rng As Range
    '选择"资产负债基础表"工作表
    Set wa=ThisWorkbook.Sheets("资产负债基础表")
    '复制 M2:P2,M76:P78 区域的数据
    wa.Range("M2:P2,M76:P78").Copy
    '将数据粘贴到 T125:W128 区域
    wa.Range("T125:W128").PasteSpecial Paste:=xlPasteValues
    '设置工作表
    Set ws=ThisWorkbook.Sheets("资产负债表分析报告")
    '定义图表位置
    Set rng=ws.Range("A253")
    '在工作表中插入一个图表对象
    Set cht=ws.ChartObjects.Add(Left:=rng.Left,Width:=700,Top:=rng.Top,Height:=170)
    '设置图表数据源
    cht.chart.SetSourceData Source:=wa.Range("$T$125:$W$128")
    '设置图表类型为柱形图
    cht.chart.chartType=xlColumnClustered
    '添加数据标签
    cht.chart.SeriesCollection(1).ApplyDataLabels
    '设置图表标题
    cht.chart.HasTitle=True
    cht.chart.ChartTitle.Text="短期偿债能力分析"
    '设置图例位置
    cht.chart.HasLegend=True
```

```
cht.chart.Legend.Position = xlLegendPositionBottom
End Sub
```

步骤二：运行代码，嵌入柱形图。更改图表类型后结果如图4-51所示。

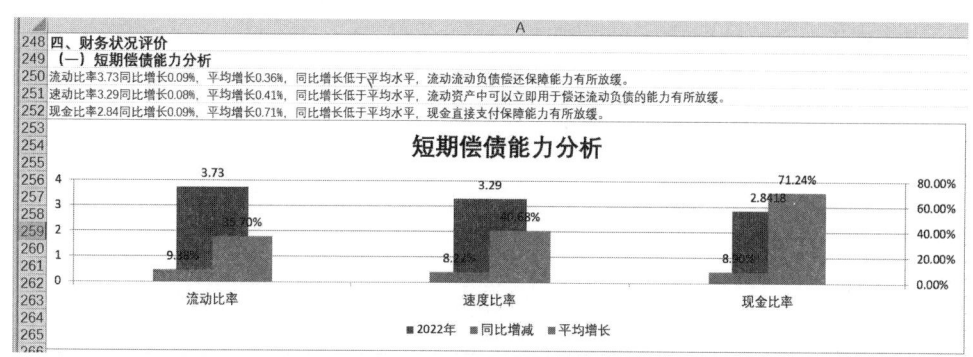

图4-51　短期偿债能力动态分析图

4.6.2　长期偿债能力分析

4.6.2.1　分析重点

企业长期偿债能力的强弱是反映企业财务状况的重要标志。资本结构不同，企业的长期偿债能力也不同。同时，不同的资本结构，其资金成本也有差异，进而会影响企业价值。通过长期偿债能力的分析，可以揭示企业资本结构中存在的问题，及时加以调整，进而优化资本结构，提高企业价值。

财务风险是由于负债融资引起的权益资本收益的变动性及到期不能偿还债务本息而破产的可能性。企业所承担的财务风险与负债筹资直接相关，不同的融资方式和融资结构会对企业形成不同的财务风险，进而影响企业的总风险。负债必须按期归还，而且要支付利息。任何企业只要通过举债筹集资金，就等于承担了一项契约性质的责任或义务，不管企业的经营是盈是亏，其义务必须履行。这就是说，当企业举债时，就可能会出现债务到期不能按时偿付的可能，这就是财务风险的实质所在。而且，企业的负债比率越高，到期不能按时偿付的可能性越大，企业所承担的财务风险越大。如果企业有足够的现金或随时可以变现的资产，即企业偿债能力强时，其财务风险就相对较小；反之，财务风险就较高。

企业生产经营所需资金，通常需要从各种渠道，以各种方式取得。当企业偿债能力强时，说明企业财务状况较好，信誉较高，债权人就愿意将资金借给企业。否则，企业就很难从债权人那里筹集到资金。因此，在企业偿债能力较弱时，企业筹资前景不容乐观。如果企业愿以较高的代价筹资，其结果会使企业承担更高的财务风险。

分析要素包括资产负债率、权益乘数、产权比率等。

4.6.2.2　VBA智能分析代码

以辅助分析表M79：P82为数据源编写VBA代码，将分析结果存放到资产负债表分析报告A267：A270区域。步骤如下：

步骤一：编写资产负债率分析代码。参考代码如下所示。

> **成功之钥匙**
>
> 代码含义：
> Sub 资产负债率分析()

```vba
'i 代表描述信息变量
Dim i As String,j,k,wa As Worksheet,wb As Worksheet,wc As Worksheet
Set wa = Worksheets("资产负债表分析报告")
Set wb = Worksheets("资产负债基础表")
Set wc = Worksheets("利润基础表")
wa.Cells(267,1) = "(二)长期偿债能力分析"
wa.Cells(267,1).Font.Bold = True
    j = 80
    i = Format(wb.Cells(j,14),"资产负债率0.00") & _
      Format(wb.Cells(j,15) / 100,"同比增长 0.00% ,;同比下降 0.00% ,") & _
      Format(wb.Cells(j,16) / 100,"平均增长 0.00% ,;平均下降 0.00% ")
If wb.Cells(j,15) > wb.Cells(j,16) And wb.Cells(j,15) > 0 And wb.Cells(j,16) > 0 Then
    wa.Cells(268,1) = i & "同比增长高于平均水平,债务风险持续加大。"
ElseIf wb.Cells(j,15) < wb.Cells(j,16) And wb.Cells(j,15) > 0 And wb.Cells(j,16) > 0 Then
    wa.Cells(268,1) = i & "同比增长低于平均水平,债务风险有所放缓。"
ElseIf wb.Cells(j,15) > wb.Cells(j,16) And wb.Cells(j,15) > 0 And wb.Cells(j,16) < 0 Then
    wa.Cells(268,1) = i & "由平均负增长转为同比增长,债务风险开始回升。"
ElseIf wb.Cells(j,15) < wb.Cells(j,16) And wb.Cells(j,15) < 0 And wb.Cells(j,16) > 0 Then
    wa.Cells(268,1) = i & "由平均增长转为同比负增长增长,债务风险加速下滑。"
ElseIf Abs(wb.Cells(j,15)) < Abs(wb.Cells(j,16)) And wb.Cells(j,15) < 0 And wb.Cells(j,16) < 0 Then
    wa.Cells(268,1) = i & "同比负增长低于平均水平,债务风险开始回弹。"
ElseIf Abs(wb.Cells(j,15)) > Abs(wb.Cells(j,16)) And wb.Cells(j,15) < 0 And wb.Cells(j,16) < 0 Then
    wa.Cells(268,1) = i & "同比负增长高于平均水平,债务风险加速下滑。"
        End If
End Sub
```

步骤二:编写产权比率分析代码。参考代码如下所示。

👉 **成功之钥匙**

代码含义:

```vba
Sub 产权比率分析()
    'i 代表描述信息变量
    Dim i As String,j,k,wa As Worksheet,wb As Worksheet,wc As Worksheet
    Set wa = Worksheets("资产负债表分析报告")
    Set wb = Worksheets("资产负债基础表")
        j = 81
        i = Format(wb.Cells(j,14),"产权比率0.00") & _
          Format(wb.Cells(j,15) / 100,"同比增长 0.00% ,;同比下降 0.00% ,") & _
          Format(wb.Cells(j,16) / 100,"平均增长 0.00% ,;平均下降 0.00% ")
    If wb.Cells(j,15) > wb.Cells(j,16) And wb.Cells(j,15) > 0 And wb.Cells(j,16) > 0 Then
        wa.Cells(269,1) = i & "同比增长高于平均水平,债权人贷款安全保障程度持续下降。"
    ElseIf wb.Cells(j,15) < wb.Cells(j,16) And wb.Cells(j,15) > 0 And wb.Cells(j,16) > 0 Then
        wa.Cells(269,1) = i & "同比增长低于平均水平,债权人贷款安全保障程度下降有所放缓。"
    ElseIf wb.Cells(j,15) > wb.Cells(j,16) And wb.Cells(j,15) > 0 And wb.Cells(j,16) < 0 Then
        wa.Cells(269,1) = i & "由平均负增长转为同比增长,债权人贷款安全保障程度开始回落。"
    ElseIf wb.Cells(j,15) < wb.Cells(j,16) And wb.Cells(j,15) < 0 And wb.Cells(j,16) > 0 Then
        wa.Cells(269,1) = i & "由平均增长转为同比负增长增长,债权人贷款安全保障程度回升。"
    ElseIf Abs(wb.Cells(j,15)) < Abs(wb.Cells(j,16)) And wb.Cells(j,15) < 0 And wb.Cells(j,16) < 0 Then
        wa.Cells(269,1) = i & "同比负增长低于平均水平,债权人贷款安全保障程度开始放缓。"
    ElseIf Abs(wb.Cells(j,15)) > Abs(wb.Cells(j,16)) And wb.Cells(j,15) < 0 And wb.Cells(j,16) < 0 Then
        wa.Cells(269,1) = i & "同比负增长高于平均水平,债权人贷款安全保障程度加速反弹。"
    ElseIf Abs(wb.Cells(j,15)) = Abs(wb.Cells(j,16)) Then
        wa.Cells(269,1) = i & "同比负增长等于平均水平,债权人贷款安全保障程度趋稳。"
            End If
End Sub
```

步骤三:编写权益乘数分析代码。参考代码如下所示。

👉 **成功之钥匙**

代码含义:

```vba
Sub 权益乘数分析()
    'i 代表描述信息变量
    Dim i As String,j,k,wa As Worksheet,wb As Worksheet,wc As Worksheet
    Set wa = Worksheets("资产负债表分析报告")
```

```
Set wb = Worksheets("资产负债基础表")
    j = 82
    i = Format(wb.Cells(j,14),"权益乘数 0.00") & _
      Format(wb.Cells(j,15)/100,"同比增长 0.00% ,;同比下降 0.00% ,") & _
      Format(wb.Cells(j,16)/100,"平均增长 0.00% ,;平均下降 0.00% ")
If wb.Cells(j,15) > wb.Cells(j,16) And wb.Cells(j,15) > 0 And wb.Cells(j,16) > 0 Then
    wa.Cells(270,1) = i & "同比增长高于平均水平,长期偿债能力持续减弱。"
ElseIf wb.Cells(j,15) < wb.Cells(j,16) And wb.Cells(j,15) > 0 And wb.Cells(j,16) > 0 Then
    wa.Cells(270,1) = i & "同比增长低于平均水平,长期偿债能力减弱有所放缓。"
ElseIf wb.Cells(j,15) > wb.Cells(j,16) And wb.Cells(j,15) > 0 And wb.Cells(j,16) < 0 Then
    wa.Cells(270,1) = i & "由平均负增长转为同比增长,长期偿债能力开始回落。"
ElseIf wb.Cells(j,15) < wb.Cells(j,16) And wb.Cells(j,15) < 0 And wb.Cells(j,16) > 0 Then
    wa.Cells(270,1) = i & "由平均增长转为同比负增长增长,长期偿债能力回升。"
ElseIf Abs(wb.Cells(j,15)) < Abs(wb.Cells(j,16)) And wb.Cells(j,15) < 0 And wb.Cells(j,16) < 0 Then
    wa.Cells(270,1) = i & "同比负增长低于平均水平,长期偿债能力开始放缓。"
ElseIf Abs(wb.Cells(j,15)) > Abs(wb.Cells(j,16)) And wb.Cells(j,15) < 0 And wb.Cells(j,16) < 0 Then
    wa.Cells(270,1) = i & "同比负增长高于平均水平,长期偿债能力加速反弹。"
ElseIf Abs(wb.Cells(j,15)) = Abs(wb.Cells(j,16)) Then
    wa.Cells(270,1) = i & "同比负增长等于平均水平,长期偿债能力趋稳。"
    End If
End Sub
```

4.6.2.3 可视化图表

以辅助分析表 M2：P2，M80：P82 为数据源编写 VBA 代码，将制作的柱形图嵌入资产负债表分析报告 A101：A113 区域。步骤如下：

步骤一：编写制作柱形图代码。参考代码如下所示。

成功之钥匙

代码含义：

```
Sub 制作长期偿债能力图表()
    Dim wa As Worksheet
    Dim ws As Worksheet
    Dim cht As ChartObject
    Dim rng As Range
    '选择"资产负债基础表"工作表
    Set wa = ThisWorkbook.Sheets("资产负债基础表")
    '复制 M2:P2,M80:P82 区域的数据
    wa.Range("M2:P2,M80:P82").Copy
    '将数据粘贴到 T129:W132 区域
    wa.Range("T129:W132").PasteSpecial Paste:=xlPasteValues
    '设置工作表
    Set ws = ThisWorkbook.Sheets("资产负债表分析报告")
    '定义图表位置
    Set rng = ws.Range("A271")
    '在工作表中插入一个图表对象
    Set cht = ws.ChartObjects.Add(Left:=rng.Left,Width:=700,Top:=rng.Top,Height:=170)
    '设置图表数据源
    cht.chart.SetSourceData Source:=wa.Range("$T$129:$W$132")
    '设置图表类型为柱形图
    cht.chart.chartType = xlColumnClustered
    '添加数据标签
    cht.chart.SeriesCollection(1).ApplyDataLabels
    '设置图表标题
    cht.chart.HasTitle = True
    cht.chart.ChartTitle.Text = "长期偿债能力分析"
    '设置图例位置
    cht.chart.HasLegend = True
    cht.chart.Legend.Position = xlLegendPositionBottom
End Sub
```

步骤二：运行代码，嵌入柱形图。更改图表类型后结果如图 4-52 所示。

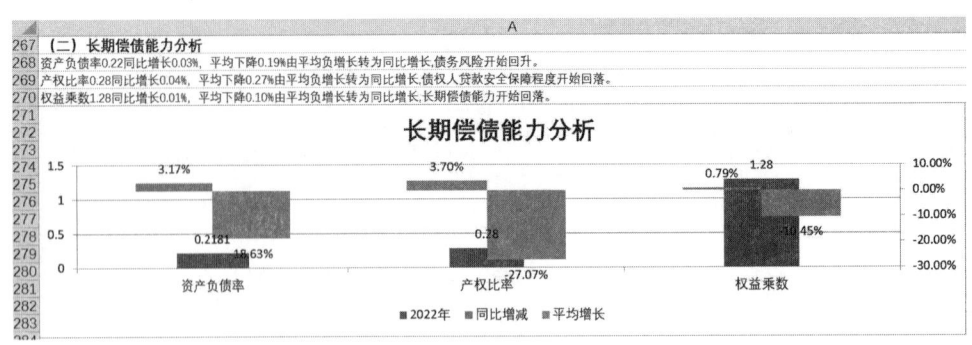

图4-52 长期偿债能力动态分析图

4.6.3 运营能力分析

4.6.3.1 分析重点

企业资产营运能力的实质,就是要以尽可能少的资产占用,尽可能短的时间周转产出尽可能多的产品,实现尽可能多的销售收入,创造尽可能多的纯收入。

分析要素包括存货周转率、流动资产周转率、固定资产周转率、总资产周转率等。

4.6.3.2 VBA智能分析代码

以辅助分析表M84：P87为数据源编写VBA代码,将分析结果存放到资产负债表分析报告A285：A289区域。步骤如下：

步骤一：编写存货周转率分析代码。参考代码如下所示。

👆 成功之钥匙

代码含义：

```
Sub 存货周转率分析()
'i 代表描述信息变量
Dim i As String,j,k,wa As Worksheet,wb As Worksheet,wc As Worksheet
Set wa = Worksheets("资产负债表分析报告")
Set wb = Worksheets("资产负债基础表")
 Set wc = Worksheets("利润基础表")
wa.Cells(285,1) = "(三)运营能力分析"
 wa.Cells(285,1).Font.Bold = True
     j = 84
     i = Format(wb.Cells(j,14),"存货周转率 0.00") & _
       Format(wb.Cells(j,15)/100,"同比增长 0.00% ,;同比下降 0.00% ,") & _
       Format(wb.Cells(j,16)/100,"平均增长 0.00% ,;平均下降 0.00% ")
 If wb.Cells(j,15) > wb.Cells(j,16) And wb.Cells(j,15) > 0 And wb.Cells(j,16) > 0 Then
     wa.Cells(286,1) = i & "同比增长高于平均水平,销售能力增强,占用在存货上的营运资金持续下降"
 ElseIf wb.Cells(j,15) < wb.Cells(j,16) And wb.Cells(j,15) > 0 And wb.Cells(j,16) > 0 Then
     wa.Cells(286,1) = i & "同比增长低于平均水平,销售能力趋缓,占用在存货上的营运资金有所放缓"
 ElseIf wb.Cells(j,15) > wb.Cells(j,16) And wb.Cells(j,15) > 0 And wb.Cells(j,16) < 0 Then
     wa.Cells(286,1) = i & "由平均负增长转为同比增长,销售能力增强,占用在存货上的营运资金开始回升."
 ElseIf wb.Cells(j,15) < wb.Cells(j,16) And wb.Cells(j,15) < 0 And wb.Cells(j,16) > 0 Then
     wa.Cells(286,1) = i & "由平均增长转为同比负增长增长,销售能力下降,占用在存货上的营运资金上升."
 ElseIf Abs(wb.Cells(j,15)) < Abs(wb.Cells(j,16)) And wb.Cells(j,15) < 0 And wb.Cells(j,16) < 0 Then
     wa.Cells(286,1) = i & "同比负增长低于平均水平,销售能力减弱,占用在存货上的营运资金开始回弹."
 ElseIf Abs(wb.Cells(j,15)) > Abs(wb.Cells(j,16)) And wb.Cells(j,15) < 0 And wb.Cells(j,16) < 0 Then
     wa.Cells(286,1) = i & "同比负增长高于平均水平,销售能力下滑,占用在存货上的营运资金加速上升."
       End If
End Sub
```

步骤二：编写流动资产周转率分析代码。参考代码如下所示。

👆 **成功之钥匙**

代码含义：

```vb
Sub 流动资产周转率分析()
    'i 代表描述信息变量
    Dim i As String,j,k,wa As Worksheet,wb As Worksheet,wc As Worksheet
    Set wa=Worksheets("资产负债表分析报告")
    Set wb=Worksheets("资产负债基础表")
    j=85
    i=Format(wb.Cells(j,14),"流动资产周转率 0.00")& _
        Format(wb.Cells(j,15)/100,"同比增长 0.00% ,;同比下降 0.00% ,")& _
        Format(wb.Cells(j,16)/100,"平均增长 0.00% ,;平均下降 0.00% ")
    If wb.Cells(j,15)>wb.Cells(j,16) And wb.Cells(j,15)>0 And wb.Cells(j,16)>0 Then
        wa.Cells(287,1)=i & "同比增长高于平均水平,流动资产利用效率持续提升。"
    ElseIf wb.Cells(j,15)<wb.Cells(j,16) And wb.Cells(j,15)>0 And wb.Cells(j,16)>0 Then
        wa.Cells(287,1)=i & "同比增长低于平均水平,流动资产利用效率有所放缓。"
    ElseIf wb.Cells(j,15)>wb.Cells(j,16) And wb.Cells(j,15)>0 And wb.Cells(j,16)<0 Then
        wa.Cells(287,1)=i & "由平均负增长转为同比增长,流动资产利用效率开始回落。"
    ElseIf wb.Cells(j,15)<wb.Cells(j,16) And wb.Cells(j,15)<0 And wb.Cells(j,16)>0 Then
        wa.Cells(287,1)=i & "由平均增长转为同比负增长增长,流动资产利用效率开始回升。"
    ElseIf Abs(wb.Cells(j,15))<Abs(wb.Cells(j,16)) And wb.Cells(j,15)<0 And wb.Cells(j,16)<0 Then
        wa.Cells(287,1)=i & "同比负增长低于平均水平,流动资产利用效率下滑放缓。"
    ElseIf Abs(wb.Cells(j,15))>Abs(wb.Cells(j,16)) And wb.Cells(j,15)<0 And wb.Cells(j,16)<0 Then
        wa.Cells(287,1)=i & "同比负增长高于平均水平,流动资产利用效率加速下滑。"
    ElseIf Abs(wb.Cells(j,15))=Abs(wb.Cells(j,16)) Then
        wa.Cells(287,1)=i & "同比负增长等于平均水平,流动资产利用效率趋稳。"
    End If
End Sub
```

步骤三：编写固定资产周转率分析代码。参考代码如下所示。

👆 **成功之钥匙**

代码含义：

```vb
Sub 固定资产周转率分析()
    'i 代表描述信息变量
    Dim i As String,j,k,wa As Worksheet,wb As Worksheet,wc As Worksheet
    Set wa=Worksheets("资产负债表分析报告")
    Set wb=Worksheets("资产负债基础表")
    j=86
    i=Format(wb.Cells(j,14),"固定资产周转率 0.00")& _
        Format(wb.Cells(j,15)/100,"同比增长 0.00% ,;同比下降 0.00% ,")& _
        Format(wb.Cells(j,16)/100,"平均增长 0.00% ,;平均下降 0.00% ")
    If wb.Cells(j,15)>wb.Cells(j,16) And wb.Cells(j,15)>0 And wb.Cells(j,16)>0 Then
        wa.Cells(288,1)=i & "同比增长高于平均水平,固定资产利用效率持续提升。"
    ElseIf wb.Cells(j,15)<wb.Cells(j,16) And wb.Cells(j,15)>0 And wb.Cells(j,16)>0 Then
        wa.Cells(288,1)=i & "同比增长低于平均水平,固定资产利用效率有所放缓。"
    ElseIf wb.Cells(j,15)>wb.Cells(j,16) And wb.Cells(j,15)>0 And wb.Cells(j,16)<0 Then
        wa.Cells(288,1)=i & "由平均负增长转为同比增长,固定资产利用效率开始回落。"
    ElseIf wb.Cells(j,15)<wb.Cells(j,16) And wb.Cells(j,15)<0 And wb.Cells(j,16)>0 Then
        wa.Cells(288,1)=i & "由平均增长转为同比负增长增长,固定资产利用效率开始回升。"
    ElseIf Abs(wb.Cells(j,15))<Abs(wb.Cells(j,16)) And wb.Cells(j,15)<0 And wb.Cells(j,16)<0 Then
        wa.Cells(288,1)=i & "同比负增长低于平均水平,固定资产利用效率下滑放缓。"
    ElseIf Abs(wb.Cells(j,15))>Abs(wb.Cells(j,16)) And wb.Cells(j,15)<0 And wb.Cells(j,16)<0 Then
        wa.Cells(288,1)=i & "同比负增长高于平均水平,固定资产利用效率加速下滑。"
    ElseIf Abs(wb.Cells(j,15))=Abs(wb.Cells(j,16)) Then
        wa.Cells(288,1)=i & "同比负增长等于平均水平,固定资产利用效率趋稳。"
    End If
End Sub
```

步骤四：编写总资产周转率分析代码。参考代码如下所示。

👆 **成功之钥匙**

代码含义：

```
Sub 总资产周转率分析()
    'i 代表描述信息变量
    Dim i As String,j,k,wa As Worksheet,wb As Worksheet,wc As Worksheet
    Set wa = Worksheets("资产负债表分析报告")
    Set wb = Worksheets("资产负债基础表")
        j = 87
        i = Format(wb.Cells(j,14),"总资产周转率 0.00") & _
            Format(wb.Cells(j,15)/100,"同比增长 0.00% ,;同比下降 0.00% ,") & _
            Format(wb.Cells(j,16)/100,"平均增长 0.00% ,;平均下降 0.00% ")
    If wb.Cells(j,15) > wb.Cells(j,16) And wb.Cells(j,15) > 0 And wb.Cells(j,16) > 0 Then
        wa.Cells(289,1) = i & "同比增长高于平均水平,全部资产经营效率持续提升。"
    ElseIf wb.Cells(j,15) < wb.Cells(j,16) And wb.Cells(j,15) > 0 And wb.Cells(j,16) > 0 Then
        wa.Cells(289,1) = i & "同比增长低于平均水平,全部资产经营效率有所放缓。"
    ElseIf wb.Cells(j,15) > wb.Cells(j,16) And wb.Cells(j,15) > 0 And wb.Cells(j,16) < 0 Then
        wa.Cells(289,1) = i & "由平均负增长转为同比增长,全部资产经营效率开始回落。"
    ElseIf wb.Cells(j,15) < wb.Cells(j,16) And wb.Cells(j,15) < 0 And wb.Cells(j,16) > 0 Then
        wa.Cells(289,1) = i & "由平均增长转为同比负增长增长,全部资产经营效率开始回升。"
    ElseIf Abs(wb.Cells(j,15)) < Abs(wb.Cells(j,16)) And wb.Cells(j,15) < 0 And wb.Cells(j,16) < 0 Then
        wa.Cells(289,1) = i & "同比负增长低于平均水平,全部资产经营效率下滑放缓。"
    ElseIf Abs(wb.Cells(j,15)) > Abs(wb.Cells(j,16)) And wb.Cells(j,15) < 0 And wb.Cells(j,16) < 0 Then
        wa.Cells(289,1) = i & "同比负增长高于平均水平,全部资产经营效率加速下滑。"
    ElseIf Abs(wb.Cells(j,15)) = Abs(wb.Cells(j,16)) Then
        wa.Cells(289,1) = i & "同比负增长等于平均水平,全部资产经营效率趋稳。"
    End If
End Sub
```

4.6.3.3 可视化图表

以辅助分析表 M2：Q2，M53：Q53，M61：Q61，M62：Q62 为数据源编写 VBA 代码，将制作的柱形图嵌入资产负债表分析报告 A101：A113 区域。步骤如下：

步骤一：编写制作柱形图代码。参考代码如下所示。

👆 **成功之钥匙**

代码含义：

```
Sub 制作运营能力图表()
    Dim wa As Worksheet
    Dim ws As Worksheet
    Dim cht As ChartObject
    Dim rng As Range
    '选择"资产负债基础表"工作表
    Set wa = ThisWorkbook.Sheets("资产负债基础表")
    '复制 M2:P2,M84:P87 区域的数据
    wa.Range("M2:P2,M84:P87").Copy
    '将数据粘贴到 T135:W139 区域
    wa.Range("T135:W139").PasteSpecial Paste:=xlPasteValues
    '设置工作表
    Set ws = ThisWorkbook.Sheets("资产负债表分析报告")
    '定义图表位置
    Set rng = ws.Range("A290")
    '在工作表中插入一个图表对象
    Set cht = ws.ChartObjects.Add(Left:=rng.Left,Width:=700,Top:=rng.Top,Height:=170)
    '设置图表数据源
    cht.chart.SetSourceData Source:=wa.Range("$T$135:$W$139")
    '设置图表类型为柱形图
    cht.chart.chartType = xlColumnClustered
    '添加数据标签
    cht.chart.SeriesCollection(1).ApplyDataLabels
    '设置图表标题
    cht.chart.HasTitle = True
    cht.chart.ChartTitle.Text = "运营能力分析"
```

```
    '设置图例位置
    cht.chart.HasLegend = True
    cht.chart.Legend.Position = xlLegendPositionBottom
End Sub
```

步骤二：运行代码，嵌入柱形图。更改图表类型后结果如图 4 – 53 所示。

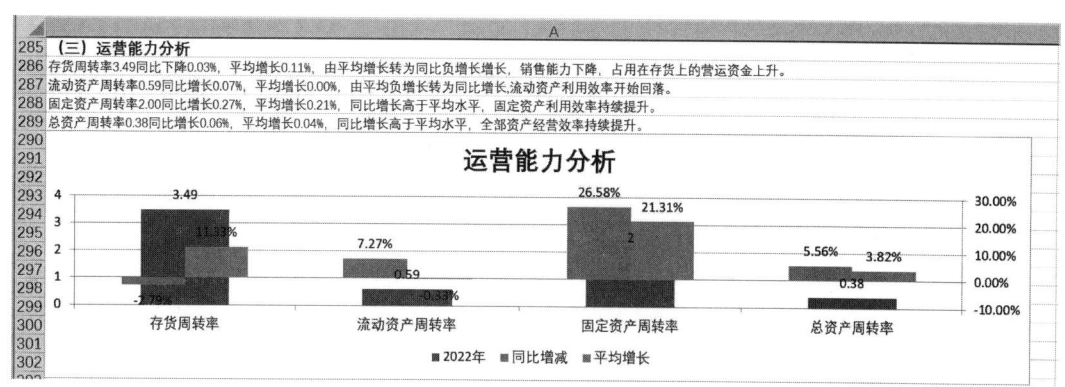

图 4 – 53　运营能力动态分析图

步骤三：编写主程序，执行子过程。将财务状况子程序代码名称写入主程序里。参考代码如图 4 – 54 所示。

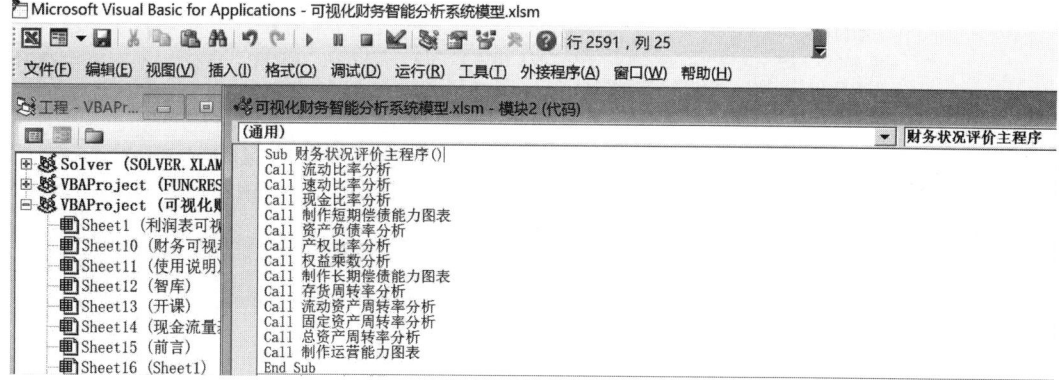

图 4 – 54　财务状况分析主程序代码

4.6.4　应用 ChatGPT 生成财务状况分析报告

应用 ChatGPT 生成财务状况分析报告，就是将通过 VBA 生成的智能分析结果，导入 ChatGPT，发挥其强大的智能分析功能，生成一个有情况、有分析、有措施建议，架构体系完整的分析报告。步骤如下：

步骤一：编写导出数据 VBA 代码。将"资产负债表分析报告"中，财务状况 A248：A289 区域分析结果导入 Word 文档中。参考代码如下所示。

成功之钥匙

代码含义：
```
Option Explicit
Sub 将分析报告导入文档()
    Dim WordApp As Object
    Dim WordDoc As Object
```

```vba
    Dim ExcelRange As Range
    Dim WordRange As Object
    Dim rowCount As Integer
    Dim i As Integer
    ' 创建一个新的 Word 文档
    Set WordApp = CreateObject("Word.Application")
    WordApp.Visible = True
    Set WordDoc = WordApp.Documents.Add
    ' 指定 Excel 中的数据范围
    Set ExcelRange = ThisWorkbook.Sheets("资产负债表分析报告").Range("A248:A289")
    ' 在 Word 文档中逐行插入 Excel 数据
    Set WordRange = WordDoc.Content
    For i = 1 To ExcelRange.Rows.Count
        WordRange.InsertAfter ExcelRange.Cells(i,1).Value & vbCrLf
        Set WordRange = WordDoc.Content
    Next i
    ' 清除对象
    Set WordApp = Nothing
    Set WordDoc = Nothing
    Set ExcelRange = Nothing
    Set WordRange = Nothing
End Sub
```

步骤二：运行代码。在 Word 文档中获得导入结果。如图 4-55 所示。

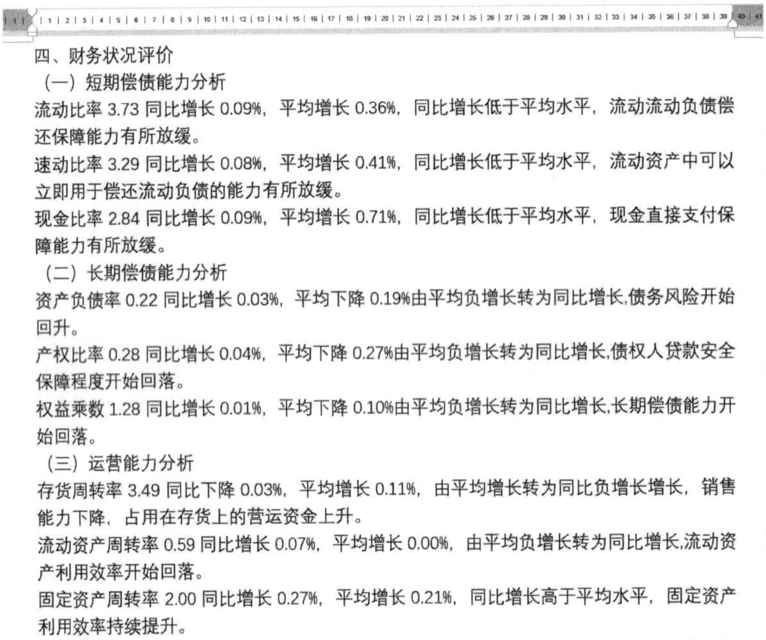

图 4-55　导入数据效果图

步骤三：编辑"提示词"。在导入的文档中添加上："你是财务分析师，我向你提供背景资料，请帮助写一个《财务状况分析报告》。报告分：情况分析、财务分析评估、措施建议三个部分。"注意：在每个小标题中也要提出具体要求。编辑后的提示词，如图 4-56 所示。

步骤四：将提示词复制粘贴到 ChatGPT 提问区输入窗口。Ctrl + V，点击回车，便可获取智能分析报告。如图 4-57 所示。

我想让你充当财务分析师,我提供背景资料,请根据背景资料要求,帮助写一个"股东权益情况分析报告"。财务分析报告分三个部分:情况分析、风险评估、措施建议。背景资料如下:

股东权益情况分析报告

一、情况分析

(一)全部股东权益构成情况分析(要求详细描述这部分 3 项指标数据,包括平均增长、同比增长等,并分析原因,进行评价。)

1、2022 年,股东权益合计 207.00 亿元,同比增长 18.29%,平均增长 42.50%。同比增长率低于平均水平,股东权益增值能力增速放缓。

2、归属于母公司股东权益总计 199.80 亿元,占全部权益的 96.52%。同比增长 15.56%,平均增长 48.15%。同比增长率低于平均水平,归属于母公司所有者增值能力增长速度放缓。

3、少数股东权益 7.15 亿元,占全部权益的 3.45%。同比增长 239.39%,平均下降 4.83%。由平均下降转为同比增长,少数股东权益增值能力开始复苏。

(二)归属于母公司权益构成情况分析(要求详细描述这部分 4 项指标数据,包括平均增长、同比增长等,并分析原因,进行评价。)

1、2022 年,归属于母公司股东权益总计 199.80 亿元,其中实收资本(或股本)12.18 亿元,占归属于母公司股权益总计的 6.10%。同比增长 0.00%,平均增长 10.07%。同比增长率低于平均水平,资本规模增速放缓。

2、资本公积 138.40 亿元,占归属于母公司股东权益的 69.27%。同比增长 0.80%,平均增长 23.13%。同比增长率低于平均水平,非收益性资本增值能力增长速度放缓。

3、其他综合收益 3.40 亿元,占归属于母公司股东权益的 1.70%。同比下降 9.28%,平均下降 0.49%。同比下降高于平均下降水平,企业未在当期损益中确认的各项利得和损失加速下滑。

4、未分配利润 45.83 亿元,占归属于母公司股东权益的 22.94%。同比增长 133.11%,平均增长 125.78%。同比增长率高于平均水平,股东回报能力持续增强。

(三)资本构成情况分析

1、资本结构情况分析(要求详细描述这部分 2 项指标数据,包括平均增长、同比增长等,并分析原因,进行评价。)

(1) 2022 年,负债占全部资产的 21.81%,同比增长 23.07%,权益占全部资产的 78.20%,同比增长 18.29%。债务水平上升而权益资本上升水平,债权人保障能力趋弱。

(2) 所有者权益与非流动负债之和 220.05 亿元,高于非流动资产 98.20 亿元,流动资产 166.50 亿元,高于流动负债 44.69 亿元。资产与资本匹配属于稳健型结构:非流动资产依靠长期资金解决,流动资产需要长期资金和短期资金共同解决;风险较小,负债资本相对较低,并具有一定的弹性。

2、相关性分析(要求详细描述这部分 3 项指标数据,包括平均增长、同比增长等,并分析原因,进行评价。)

(1) 固定资产与存货相关系数 0.93,固定资产与存货高度相关,匹配度较高,资产运营效率好。

(2) 固定资产与营业收入相关系数 0.94,固定资产与营业收入高度相关,匹配度较高,固定资产资产运营效率好。

(3) 存货与营业收入相关系数 0.98,存货与营业收入高度相关,匹配度较高,存货对营业收入保障程度高。

二、风险评估(根据第一部分的情况分析,分析企业可能存在的风险,要详细具体一些。)

三、措施建议(根据第二部分风险评估情况,针对存在的风险,提出合理化建议,要详细具体。)

图 4-56 提示词

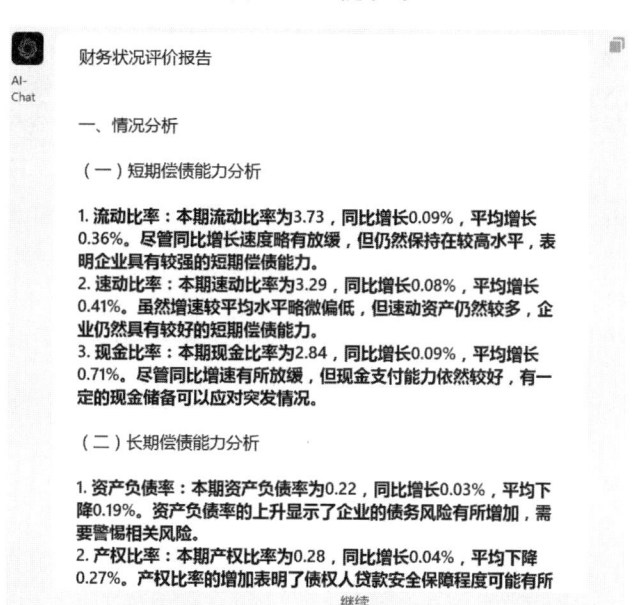

图 4-57 ChatGPT 反馈的智能报告

步骤五:点击 ChatGPT 答复区右上角复制按钮,便可将反馈报告复制粘贴到 Word 文档中。

财务状况评价报告

一、情况分析

（一）短期偿债能力分析

1. 流动比率：本期流动比率为3.73，同比增长0.09%，平均增长0.36%。尽管同比增长速度略有放缓，但仍然保持在较高水平，表明企业具有较强的短期偿债能力。

2. 速动比率：本期速动比率为3.29，同比增长0.08%，平均增长0.41%。虽然增速较平均水平略微偏低，但速动资产仍然较多，企业仍然具有较好的短期偿债能力。

3. 现金比率：本期现金比率为2.84，同比增长0.09%，平均增长0.71%。尽管同比增速有所放缓，但现金支付能力依然较好，有一定的现金储备可以应对突发情况。

（二）长期偿债能力分析

1. 资产负债率：本期资产负债率为0.22，同比增长0.03%，平均下降0.19%。资产负债率的上升显示了企业的债务风险有所增加，需要警惕相关风险。

2. 产权比率：本期产权比率为0.28，同比增长0.04%，平均下降0.27%。产权比率的增加表明了债权人贷款安全保障程度可能有所下降。

3. 权益乘数：本期权益乘数为1.28，同比增长0.01%，平均下降0.10%。企业的长期偿债能力开始有所回落，需要加强资产的自有财务支持。

（三）运营能力分析

1. 存货周转率：本期存货周转率为3.49，同比下降0.03%，平均增长0.11%。存货周转率的下降说明了企业的销售能力有所下降，应注意减少存货占用资金。

2. 流动资产周转率：本期流动资产周转率为0.59，同比增长0.07%，平均增长0.00%。流动资产周转率的提升表明了企业的流动资产利用效率有所改善。

3. 固定资产周转率：本期固定资产周转率为2.00，同比增长0.27%，平均增长0.21%。固定资产周转率的提升表明了企业的固定资产利用效率在持续提升。

4. 总资产周转率：本期总资产周转率为0.38，同比增长0.06%，平均增长0.04%。总资产周转率的提升表明了企业整体资产的经营效率在逐步提升。

二、风险评估

1. 长期偿债能力下降：资产负债率的上升表明企业的债务风险有所增加，可能会影响企业的信用评级，进而影响其融资能力和资金成本。企业需要密切关注债务水平，通过多元化的融资渠道和合理的资本结构来降低融资成本和风险。

2. 存货周转率下降：存货周转率下降表明企业的销售能力有所下降，可能会导致存货积压，影响企业的现金流和资产流动性。企业需要对存货管理进行优化，包括加强销售预测、调整库存水平和加快回款速度，以提高存货周转效率。

3. 运营效率波动：流动资产和固定资产周转率的提升表明企业的运营效率整体上有所改善，但存货周转率的下降表明运营效率存在波动。企业需要深入分析运营效率波动的原因，可能是市场需求变化、生产效率问题或管理流程不畅等因素导致的。针对这些原因，企业应采取相应的措施，如改进生产流程、调整产品结构或加强市场调研，以提高运营效率的稳定性和可持续性。

三、措施建议

1. 对于长期偿债能力下降风险，建议企业优化债务结构，寻求更低成本的融资方式，如发行债券或债务再融资等。同时，加强现金流管理，确保有足够的现金流应对短期债务。企业还应定期评估信用评级，确保债务水平在可控范围内，以维护企业的信用状况和融资能力。

2. 对于存货周转率下降问题，建议企业采取精细化的存货管理策略，如定期进行库存盘点，合理安排生产计划和采购计划，确保库存与市场需求相匹配。同时，提高销售团队的能力，提高销售业绩和存货周转率。企业可以通过培训销售团队、优化销售策略和提高客户服务水平来实现这一目标。

3. 针对运营效率波动问题，建议企业深入分析运营效率波动的原因，并根据分析结果采取相应的措施。企业可以设立专门的小组来负责运营效率的提升，通过改进生产流程、调整产品结构或加强市场调研等措施，提高运营效率的稳定性和可持续性。同时，企业还应定期对运营效率进行评估和监控，确保运营效率的持续提升。

以上措施建议应结合具体情况和实际经营情况，制定更为精细化和有效性的实施方案，以确保企业财务稳健和可持续发展。

4.7 智能资产负债表评价报告

4.7.1 智能资产负债表评价报告特点

智能资产负债表评价报告是一种以 VBA 为基础，结合了 ChatGPT 人工智能技术，对企业的资产负债表进行分析、评估和预测的财务报告。这种报告能够通过自动化的数据分析工具，快速处理大量的财务数据，并利用机器学习算法，对企业的财务状况进行深入挖掘和分析。

智能资产负债表评价报告的主要特点包括：

（1）自动化分析：报告能够运用 VBA 代码自动抓取企业的财务数据，包括资产、负债和股东权益等，并对其进行快速的处理和分析。

（2）深度挖掘：报告能够利用 ChatGPT 机器学习算法，对企业的财务数据进行深入的挖掘和分析，找出潜在的风险和机会，为企业提供更有价值的建议。

（3）实时更新：报告能够实时更新企业的财务数据，使企业能够及时了解自己的财务状况，并根据最新的数据作出决策。

（4）个性化定制：报告可以根据企业的不同需求，提供个性化的分析和建议，帮助企业更好地了解自己的财务状况，并制定相应的财务策略。

智能资产负债表评价报告的应用，可以帮助企业更好地管理自己的财务，提高决策效率，降低财务风险，从而更好地实现企业的长期发展目标。

4.7.2 背景资料获取

应用 VBA 生成的基础分析报告是编写 ChatGPT 提示词的基本数源。从前面各节的案例中可知，一个高质量的财务分析报告，取决于高质量的背景资料。认真学习本书中编写的 VBA 代码，获取科学合理，清晰明了的数据基础信息，是应用 ChatGPT 生成高质量综合分析报告的关键。基本方法是：将 VBA 代码生成的基础分析报告导入 Word 中，根据这一背景资料编写 ChatGPT 提示词，利用 ChatGPT 快速生成评价报告。现在将"资产负债表智能分析系统"生成的基础分析报告导入 Word 文档中，具体步骤如下：

步骤一：运行导出数据代码。将资产负债表分析报告 A1：A289 区域内容导入 Word 文档中。参考代码如下所示。

成功之钥匙

代码含义：

```
Option Explicit
Sub 将分析报告导入文档()
```

```
Dim WordApp As Object
Dim WordDoc As Object
Dim ExcelRange As Range
Dim WordRange As Object
Dim rowCount As Integer
Dim i As Integer
'创建一个新的 Word 文档
Set WordApp = CreateObject("Word.Application")
WordApp.Visible = True
Set WordDoc = WordApp.Documents.Add
'指定 Excel 中的数据范围
Set ExcelRange = ThisWorkbook.Sheets("资产负债表分析报告").Range("A1:A289")
'在 Word 文档中逐行插入 Excel 数据
Set WordRange = WordDoc.Content
For i = 1 To ExcelRange.Rows.Count
    WordRange.InsertAfter ExcelRange.Cells(i,1).Value & vbCrLf
    Set WordRange = WordDoc.Content
Next i
'清除对象
Set WordApp = Nothing
Set WordDoc = Nothing
Set ExcelRange = Nothing
Set WordRange = Nothing
End Sub
```

步骤二：运行代码，获取背景资料如图 4-58 所示。

资产负债表分析报告

一、资产总额情况分析

（一）全部资产构成情况分析

2022 年，资产总计 264.70 亿元，同比增长 19.29%，平均增长 27.58%。平均增长高于营业收入平均增长水平，存在一定的经营风险。同比增长率低于平均水平，拥有的经济实力增速放缓。

流动资产合计 166.50 亿元，占全部资产的 62.90%。同比增长 13.34%，平均增长 34.38%。同比增长率低于平均水平，流动资产投入规模增速放缓。

非流动资产合计 98.20 亿元，占全部资产的 37.10%，同比增长 30.93%，平均增长 19.07%。同比增长率高于平均水平，流动资产投入规模持续增强。

（二）流动资产构成情况分析

2022 年，流动资产合计 166.50 亿元，其中货币资金 127.00 亿元，占流动资产的 76.28%。货币资金存量占比较高，应当关注货币资金的投向。同比增长 12.89%，平均增长 69.52%。同比增长率低于平均水平，货币资金投入规模增速放缓。

交易性金融资产没有发生额。

应收票据没有发生额，应关注未来赊销债权的回收风险。

应收账款 10.86 亿元，占流动资产的 6.52%。从债权结构看，应收账款加合同资产占比高于应收票据占比，未来赊销债权的回收存在一定风险。同比增长 13.55%，平均增长 15.91%。同比增长率低于平均水平，应收账款规模增速放缓。

合同资产没有发生额，债权质量较好。

预付款项 0.61 亿元，占流动资产的 0.36%。同比增长 62.31%，平均下降 2.84%。由平均下降转为同比增长，预付账款规模开始复苏。

其他应收款 0.22 亿元，占流动资产的 0.13%。同比增长 45.61%，平均下降 63.12%。由平均下降转为同比增长，其他应收款规模开始复苏。

存货 18.76 亿元，占流动资产的 11.27%。同比增长 21.19%，平均增长 12.27%。同比增长率高于平均水平，存货规模持续增强。

其他流动资产 0.87 亿元，占流动资产的 0.52%。同比增长 93.19%，平均增长 33.74%。同比增长率高于平均水平，其他流动资产规模持续增强。

（三）非流动资产构成情况分析

2022 年，非流动资产合计 98.20 亿元，其中长期股权投资 14.98 亿元，占非流动资产的 15.25%。同比增长 9.74%，同比增长率高于平均水平，对外投资规模持续增强。

投资性房地产 0.84 亿元，占非流动资产的 0.86%。同比增长 982.65%，平均增长 136.47%。同比增长率高于平均水平，赚取租金或者资本增值能力增强。

固定资产 47.60 亿元，占非流动资产的 48.47%。同比增长 6.23%，平均增长 5.12%。同比增长率高于平均水平，生产能力不断增强，但应关注其配置合理性。

在建工程 15.68 亿元，占非流动资产的 15.97%。同比增长 202.29%，平均增长 45.41%。同比增长率高于平均水平，在建工程投入不断增强，但应关注其配置合理性。

无形资产 4.98 亿元，占非流动资产的 5.07%。同比增长 42.69%，平均增长 14.07%。同比增长率高于平均水平，可持续发展能力和竞争能力增强。

商誉 1.28 亿元，占非流动资产的 1.30%。同比增长 602.20%，平均增长 66.62%。同比增长率高于平均水平，超额获利能力增强。

长期待摊费用 0.28 亿元，占非流动资产的 0.28%。同比增长 9.62%，平均下降 2.60%。由平均下降转为同比增长，未来企业的费用负担开始复苏。

递延所得税资产 1.24 亿元，占非流动资产的 1.26%。同比增长 402.03%，平均增长 68.30%。同比增长率高于平均水平，未来税收负担加重。

其他非流动资产 5.26 亿元，占非流动资产的 5.35%。同比增长 29.12%，平均增长 17.37%。同比增长率高于平均水平，资产质量持续减弱。

二、负债总额情况分析

（一）全部负债构成情况分析

2022 年，负债合计 57.73 亿元，同比增长 23.07%，平均增长 3.80%。同比增长率高于平均水平，负债规模持续增强。

流动负债合计 44.69 亿元，占全部负债的 77.41%。同比增长 3.67%，平均下降 1.01%。由平均下降转为同比增长，流动负债规模开始复苏。

非流动负债合计 13.05 亿元，占全部负债的 22.61%。同比增长 243.96%，平均增长 42.29%。同比增长率高于平均水平，非流动负债规模持续增强，长期债务风险加大。

（二）流动负债构成情况分析

2022 年，流动负债合计 44.69 亿元，其中：交易性金融负债占流动负债的 0.00%。应付利息没有发生额。

其中：应付票据 3.39 亿元，占流动负债的 7.59%。同比增长 39.95%，平均增长 41.57%。同比增长率低于平均水平，短期现金兑付压力增速放缓。

应付账款 10.05 亿元，占流动负债的 22.49%。同比下降 6.51%，平均增长 8.86%。由平均增长转为同比下降，短期债务兑付压力开始下滑。

综合看：应付账款加应付票据金额低于存货金额，企业产品销售速度低于付款给供应商的速度，说明企业在产业链中竞争优势不明显。

合同负债 4.30 亿元，占流动负债的 9.63%。同比增长 18.96%，同比增长率高于平均水平，商业信誉收款能力持续增强。

应付职工薪酬 5.85 亿元，占流动负债的 13.09%。同比增长 13.00%，平均增长 7.22%。同比增长率高于平均水平，工资支付压力持续加大。

应交税费 0.86 亿元，占流动负债的 1.92%。同比增长 75.39%，平均增长 10.41%。同比增长率高于平均水平，税费支付压力持续加大。

综合看：应付职工薪酬、应交税费、应付股利、应付利息之和大于货币资金金额，短期内兑付应分配负债保障能力较好。

一年内到期的非流动负债 0.58 亿元，占流动负债的 1.31%。同比下降 93.24%，平均下降 60.71%。同比下降高于平均下降水平，短期偿债压力持续下滑。

其他流动负债 1.38 亿元，占流动资产的 3.09%。同比下降 49.19%，平均增长 0.53%。由平均增长转为同比下降，短期偿债压力开始下滑。

（三）非流动负债构成情况分析

2022 年，非流动负债合计 13.05 亿元，其中长期借款 9.27 亿元，占非流动负债的 71.03%。同比增长

1295.72%，同比增长率高于平均水平，长期借款规模持续加大。

租赁负债 0.47 亿元，占非流动负债的 3.59%。同比下降 3.50%，由平均增长转为同比下降，租赁负债规模开始下滑。

递延所得税负债 1.10 亿元，占非流动负债的 8.40%。同比增长 135.19%，平均增长 58.70%。同比增长率高于平均水平，未来税收负担压力减弱。

三、股东权益情况分析

（一）全部股东权益构成情况分析

2022 年，股东权益合计 207.00 亿元，同比增长 18.29%，平均增长 42.50%。同比增长率低于平均水平，股东权益增值能力增速放缓。

归属于母公司股东权益总计 199.80 亿元，占全部权益的 96.52%。同比增长 15.56%，平均增长 48.15%。同比增长率低于平均水平，归属于母公司所有者增值能力增长速度放缓。

少数股东权益 7.15 亿元，占全部权益的 3.45%。同比增长 239.39%，平均下降 4.83%。由平均下降转为同比增长，少数股东权益增值能力开始复苏。

（二）归属于母公司权益构成情况分析

2022 年，归属于母公司股东权益总计 199.80 亿元，其中实收资本（或股本）12.18 亿元，占归属于母公司股东权益的 6.10%。同比增长 0.00%，平均增长 10.07%。同比增长率低于平均水平，资本规模增速放缓。

资本公积 138.40 亿元，占归属于母公司股东权益的 69.27%。同比增长 0.80%，平均增长 23.13%。同比增长率低于平均水平，非收益性资本增值能力增长速度放缓。

其他综合收益 3.40 亿元，占归属于母公司股东权益的 1.70%。同比下降 9.28%，平均下降 0.49%。同比下降高于平均下降水平，企业未在当期损益中确认的各项利得和损失加速下滑。

盈余公积没有发生额。

未分配利润 45.83 亿元，占归属于母公司股东权益的 22.94%。同比增长 133.11%，平均增长 125.78%。同比增长率高于平均水平，股东回报能力持续增强。

（三）资本构成情况分析

1. 资本结构情况分析

2022 年，负债占全部资产的 21.81%，同比增长 23.07%，权益占全部资产的 78.20%，同比增长 18.29%。债务水平上升高于权益资本上升水平，债权人保障能力趋弱。

所有者权益与非流动负债之和 220.05 亿元，高于非流动资产 98.20 亿元，流动资产 166.50 亿元，高于流动负债 44.69 亿元。资产与资本匹配属于稳健型结构：非流动资产依靠长期资金解决，流动资产需要长期资金和短期资金共同解决；风险较小，负债资本相对较低，并具有一定的弹性。

2. 相关性分析

固定资产与存货相关系数 0.93，固定资产与存货高度相关，匹配度较高，资产运营效率好。

固定资产与营业收入相关系数 0.94，固定资产与营业收入高度相关，匹配度较高，固定资产资产运营效率好。

固定资产与营业收入相关系数 0.98，存货与营业收入高度相关，匹配度较高，存货对营业收入保障程度高。

四、财务状况评价

（一）短期偿债能力分析

流动比率 3.73 同比增长 0.09%，平均增长 0.36%，同比增长低于平均水平，流动流动负债偿还保障能力有所放缓。

速动比率 3.29 同比增长 0.08%，平均增长 0.41%，同比增长低于平均水平，流动资产中可以立即用于偿还流动负债的能力有所放缓。

现金比率 2.84 同比增长 0.09%，平均增长 0.71%，同比增长低于平均水平，现金直接支付保障能力有所放缓。

（二）长期偿债能力分析

资产负债率 0.22 同比增长 0.03%，平均下降 0.19%，由平均负增长转为同比增长，债务风险开始回升。

产权比率 0.28 同比增长 0.04%，平均下降 0.27%，由平均负增长转为同比增长，债权人贷款安全保障程度开始回落。

权益乘数1.28同比增长0.01%，平均下降0.10%，由平均负增长转为同比增长，长期偿债能力开始回落。

（三）运营能力分析

存货周转率3.49同比下降0.03%，平均增长0.11%，由平均增长转为同比负增长增长，销售能力下降，占用在存货上的营运资金上升。

流动资产周转率0.59同比增长0.07%，平均增长0.00%，由平均负增长转为同比增长，流动资产利用效率开始回落。

固定资产周转率2.00同比增长0.27%，平均增长0.21%，同比增长高于平均水平，固定资产利用效率持续提升。

总资产周转率0.38同比增长0.06%，平均增长0.04%，同比增长高于平均水平，全部资产经营效率持续提升。

图4－58　资产负债表分析报告

4.7.3　报告框架设计

报告架构是编写资产负债表评价报告的提纲。报告架构可以请求ChatGPT帮助草拟提纲，用户可以根据实际需要进行修改完善。如在ChatGPT输入提示词：“我正在编写资产负债表评价报告，请帮助写一个报告提纲，内部包括四个部分：介绍、情况分析、风险评估及建议、评价结论。提纲要详细具体。”便可以获得初步的报告提纲。如图4－59所示。

AI-Chat

报告分：

一、介绍

1. 报告背景
2. 目标资产负债表
3. 评估范围和重点

二、情况分析

（一）资产总额情况分析
1. 全部资产构成情况分析
a. 资产总额的变动趋势
b. 主要资产项目的占比和增长情况
2. 流动资产构成情况分析
a. 流动资产的变动趋势
b. 主要流动资产项目的占比和增长情况
3. 非流动资产构成情况分析
a. 非流动资产的变动趋势
b. 主要非流动资产项目的占比和增长情况

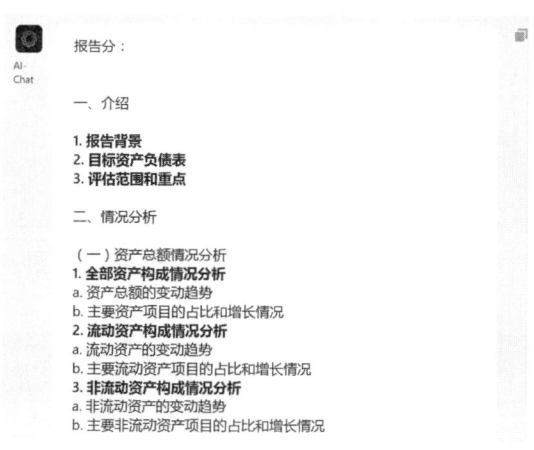

图4－59　资产负债表分析报告提纲

经调整后的资产负债表评价报告提纲。如图4－60所示。

4.7.4　报告生成方式

报告生成方式包括分段式和整体式两种方式。分段式就是根据报告编写提纲，让ChatGPT分段生成分析报告；整体式就是按照报告编写提纲设计提示词，让ChatGPT一次性生成分析报告。这里以整体式生成分析报告为例，介绍报告生成方式。

步骤一：与ChatGPT建立对话关系。提示词：“你是财务分析师，我向你提供提纲和背景资料，你可以帮助我写一个‘资产负债表评价报告’吗？”ChatGPT会作出如下回答。如图4－61所示。

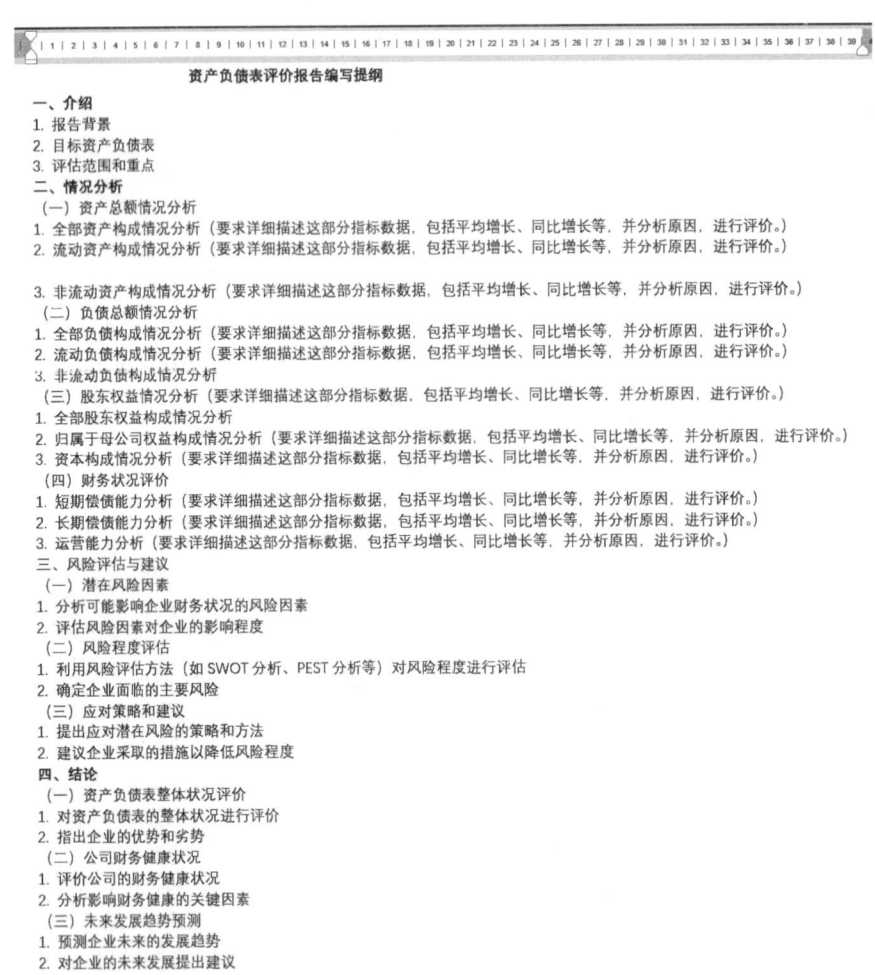

图 4-60　资产负债表评价报告提纲

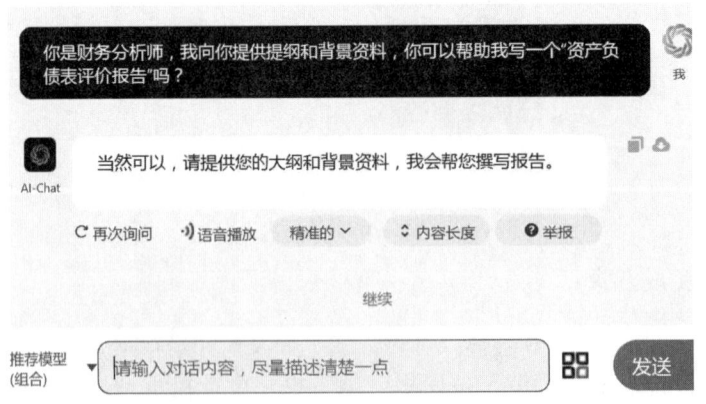

图 4-61　与 ChatGPT 建立对话关系

步骤二：沟通报告编写方式。提示词：现在将资产负债表评估报告编写提纲提供给你，请熟悉一下要求。如果熟悉了，请告知。如图 4-62 所示。

第4章 资产负债表智能分析系统

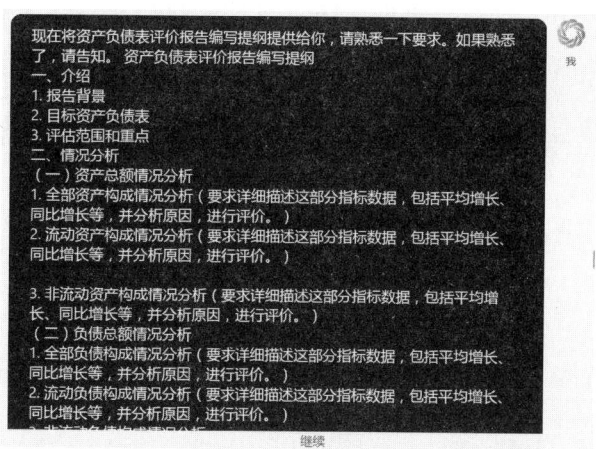

图 4-62 报告编写方式

具体内容如下：

现在将资产负债表评估报告编写提纲提供给你，请熟悉一下要求。如果熟悉了，请告知。

资产负债表评价报告编写提纲

一、介绍

1. 报告背景

2. 目标资产负债表

3. 评估范围和重点

二、情况分析

（一）资产总额情况分析

1. 全部资产构成情况分析（要求详细描述这部分指标数据，包括平均增长、同比增长等，并分析原因，进行评价。）

2. 流动资产构成情况分析（要求详细描述这部分指标数据，包括平均增长、同比增长等，并分析原因，进行评价。）

3. 非流动资产构成情况分析（要求详细描述这部分指标数据，包括平均增长、同比增长等，并分析原因，进行评价。）

（二）负债总额情况分析

1. 全部负债构成情况分析（要求详细描述这部分指标数据，包括平均增长、同比增长等，并分析原因，进行评价。）

2. 流动负债构成情况分析（要求详细描述这部分指标数据，包括平均增长、同比增长等，并分析原因，进行评价。）

3. 非流动负债构成情况分析

（三）股东权益情况分析（要求详细描述这部分指标数据，包括平均增长、同比增长等，并分析原因，进行评价。）

1. 全部股东权益构成情况分析

2. 归属于母公司权益构成情况分析（要求详细描述这部分指标数据，包括平均增长、同比增长等，并分析原因，进行评价。）

3. 资本构成情况分析（要求详细描述这部分指标数据，包括平均增长、同比增长等，并分析原因，进行评价。）

（四）财务状况评价

1. 短期偿债能力分析（要求详细描述这部分指标数据，包括平均增长、同比增长等，并分析原因，进行评价。）

2. 长期偿债能力分析（要求详细描述这部分指标数据，包括平均增长、同比增长等，并分析原因，进行评价。）

3. 运营能力分析（要求详细描述这部分指标数据，包括平均增长、同比增长等，并分析原因，进行评价。）

三、风险评估与建议

（一）潜在风险因素

1. 分析可能影响企业财务状况的风险因素

2. 评估风险因素对企业的影响程度

（二）风险程度评估

1. 利用风险评估方法（如 SWOT 分析、PEST 分析等）对风险程度进行评估

2. 确定企业面临的主要风险

（三）应对策略和建议

1. 提出应对潜在风险的策略和方法

2. 建议企业采取的措施以降低风险程度

四、结论

（一）资产负债表整体状况评价

1. 对资产负债表的整体状况进行评价

2. 指出企业的优势和劣势

（二）公司财务健康状况

1. 评价公司的财务健康状况

2. 分析影响财务健康的关键因素

（三）未来发展趋势预测

1. 预测企业未来的发展趋势

2. 对企业的未来发展提出建议

步骤三：提供背景资料。提示词：可以根据报告背景资料编写报告了。将背景资料复制粘贴到 ChatGPT 提问输入窗口。如图 4-63 所示。

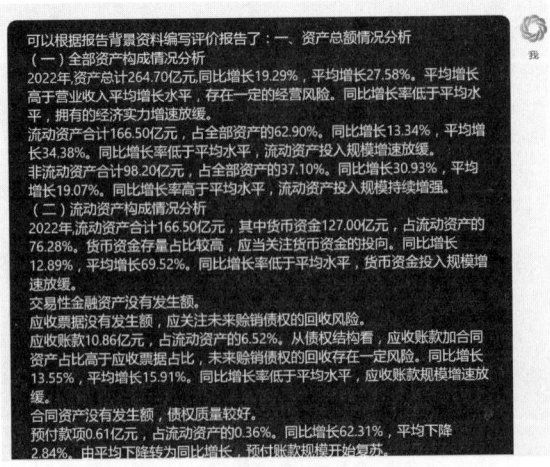

图 4-63 提供背景资料提示词

这部分详细内容：

可以根据报告背景资料编写报告了：

资产负债表分析报告

一、资产总额情况分析

（一）全部资产构成情况分析

2022年，资产总计264.70亿元，同比增长19.29%，平均增长27.58%。平均增长高于营业收入平均增长水平，存在一定的经营风险。同比增长率低于平均水平，拥有的经济实力增速放缓。

流动资产合计166.50亿元，占全部资产的62.90%。同比增长13.34%，平均增长34.38%。同比增长率低于平均水平，流动资产投入规模增速放缓。

非流动资产合计98.20亿元，占全部资产的37.10%。同比增长30.93%，平均增长19.07%。同比增长率高于平均水平，流动资产投入规模持续增强。

（二）流动资产构成情况分析

2022年，流动资产合计166.50亿元，其中货币资金127.00亿元，占流动资产的76.28%。货币资金存量占比较高，应当关注货币资金的投向。同比增长12.89%，平均增长69.52%。同比增长率低于平均水平，货币资金投入规模增速放缓。

交易性金融资产没有发生额。

应收票据没有发生额，应关注未来赊销债权的回收风险。

应收账款10.86亿元，占流动资产的6.52%。从债权结构看，应收账款加合同资产占比高于应收票据占比，未来赊销债权的回收存在一定风险。同比增长13.55%，平均增长15.91%。同比增长率低于平均水平，应收账款规模增速放缓。

合同资产没有发生额，债权质量较好。

预付款项0.61亿元，占流动资产的0.36%。同比增长62.31%，平均下降2.84%。由平均下降转为同比增长，预付账款规模开始复苏。

其他应收款0.22亿元，占流动资产的0.13%。同比增长45.61%，平均下降63.12%。由平均下降转为同比增长，其他应收款规模开始复苏。

存货18.76亿元，占流动资产的11.27%。同比增长21.19%，平均增长12.27%。同比增长率高于平均水平，存货规模持续增强。

其他流动资产0.87亿元，占流动资产的0.52%。同比增长93.19%，平均增长33.74%。同比增长率高于平均水平，其他流动资产规模持续增强。

（三）非流动资产构成情况分析

2022年，非流动资产合计98.20亿元，其中长期股权投资14.98亿元，占非流动资产的15.25%。同比增长9.74%，同比增长率高于平均水平，对外投资规模持续增强。

投资性房地产0.84亿元，占非流动资产的0.86%。同比增长982.65%，平均增长136.47%。同比增长率高于平均水平，赚取租金或者资本增值能力增强。

固定资产47.60亿元，占非流动资产的48.47%。同比增长6.23%，平均增长5.12%。同比增长率高于平均水平，生产能力不断增强，但应关注其配置合理性。

在建工程15.68亿元，占非流动资产的15.97%。同比增长202.29%，平均增长45.41%。同比增长率高于平均水平，在建工程投入不断增强，但应关注其配置合理性。

无形资产4.98亿元，占非流动资产的5.07%。同比增长42.69%，平均增长14.07%。同比增长率高于平均水平，可持续发展能力和竞争能力增强。

商誉1.28亿元，占非流动资产的1.30%。同比增长602.20%，平均增长66.62%。同比增长率高于平均水平，超额获利能力增强。

长期待摊费用0.28亿元，占非流动资产的0.28%。同比增长9.62%，平均下降2.60%。由平均下降转为同比增长，未来企业的费用负担开始复苏。

递延所得税资产 1.24 亿元，占非流动资产的 1.26%。同比增长 402.03%，平均增长 68.30%。同比增长率高于平均水平，未来税收负担加重。

其他非流动资产 5.26 亿元，占非流动资产的 5.35%。同比增长 29.12%，平均增长 17.37%。同比增长率高于平均水平，资产质量持续减弱。

二、负债总额情况分析

（一）全部负债构成情况分析

2022 年，负债合计 57.73 亿元，同比增长 23.07%，平均增长 3.80%。同比增长率高于平均水平，负债规模持续增强。

流动负债合计 44.69 亿元，占全部负债的 77.41%。同比增长 3.67%，平均下降 1.01%。由平均下降转为同比增长，流动负债规模开始复苏。

非流动负债合计 13.05 亿元，占全部负债的 22.61%。同比增长 243.96%，平均增长 42.29%。同比增长率高于平均水平，非流动负债规模持续增强，长期债务风险加大。

（二）流动负债构成情况分析

2022 年，流动负债合计 44.69 亿元，其中：交易性金融负债占流动负债的 0.00%。应付利息没有发生额。

其中：应付票据 3.39 亿元，占流动负债的 7.59%。同比增长 39.95%，平均增长 41.57%。同比增长率低于平均水平，短期现金兑付压力增速放缓。

应付账款 10.05 亿元，占流动负债的 22.49%。同比下降 6.51%，平均增长 8.86%。由平均增长转为同比下降，短期债务兑付压力开始下滑。

综合看：应付账款加应付票据金额低于存货金额，企业产品销售速度低于付款给供应商的速度，说明企业在产业链中竞争优势不明显。

合同负债 4.30 亿元，占流动负债的 9.63%。同比增长 18.96%，同比增长率高于平均水平，商业信誉收款能力持续增强。

应付职工薪酬 5.85 亿元，占流动负债的 13.09%。同比增长 13.00%，平均增长 7.22%。同比增长率高于平均水平，工资支付压力持续加大。

应交税费 0.86 亿元，占流动负债的 1.92%。同比增长 75.39%，平均增长 10.41%。同比增长率高于平均水平，税费支付压力持续加大。

综合看：应付职工薪酬、应交税费、应付股利、应付利息之和大于货币资金金额，短期内兑付应分配负债保障能力较好。

一年内到期的非流动负债 0.58 亿元，占流动负债的 1.31%。同比下降 93.24%，平均下降 60.71%。同比下降高于平均下降水平，短期偿债压力持续下滑。

其他流动负债 1.38 亿元，占流动资产的 3.09%。同比下降 49.19%，平均增长 0.53%。由平均增长转为同比下降，短期偿债压力开始下滑。

（三）非流动负债构成情况分析

2022 年，非流动负债合计 13.05 亿元，其中长期借款 9.27 亿元，占非流动负债的 71.03%。同比增长 1295.72%，同比增长率高于平均水平，长期借款规模持续加大。

租赁负债 0.47 亿元，占非流动负债的 3.59%。同比下降 3.50%，由平均增长转为同比下降，租赁负债规模开始下滑。

递延所得税负债 1.10 亿元，占非流动负债的 8.40%。同比增长 135.19%，平均增长 58.70%。同比增长率高于平均水平，未来税收负担压力减弱。

三、股东权益情况分析

（一）全部股东权益构成情况分析

2022 年，股东权益合计 207.00 亿元，同比增长 18.29%，平均增长 42.50%。同比增长率低于平均水平，股东权益增值能力增速放缓。

归属于母公司股东权益总计 199.80 亿元，占全部权益的 96.52%。同比增长 15.56%，平均增长 48.15%。同比增长率低于平均水平，归属于母公司所有者增值能力增长速度放缓。

少数股东权益 7.15 亿元，占全部权益的 3.45%。同比增长 239.39%，平均下降 4.83%。由平均下降转为同比增长，少数股东权益增值能力开始复苏。

（二）归属于母公司权益构成情况分析

2022 年，归属于母公司股东权益总计 199.80 亿元，其中实收资本（或股本）12.18 亿元，占归属于母公司股东权益的 6.10%。同比增长 0.00%，平均增长 10.07%。同比增长率低于平均水平，资本规模增速放缓。

资本公积 138.40 亿元，占归属于母公司股东权益的 69.27%。同比增长 0.80%，平均增长 23.13%。同比增长率低于平均水平，非收益性资本增值能力增长速度放缓。

其他综合收益 3.40 亿元，占归属于母公司股东权益的 1.70%。同比下降 9.28%，平均下降 0.49%。同比下降高于平均下降水平，企业未在当期损益中确认的各项利得和损失加速下滑。

盈余公积没有发生额。

未分配利润 45.83 亿元，占归属于母公司股东权益的 22.94%。同比增长 133.11%，平均增长 125.78%。同比增长率高于平均水平，股东回报能力持续增强。

（三）资本构成情况分析

1. 资本结构情况分析

2022 年，负责占全部资产的 21.81%，同比增长 23.07%，权益占全部资产的 78.20%，同比增长 18.29%。债务水平上升高于权益资本上升水平，债权人保障能力趋弱。

所有者权益与非流动负债之和 220.05 亿元，高于非流动资产 98.20 亿元，流动资产 166.50 亿元，高于流动负债 44.69 亿元。资产与资本匹配属于稳健型结构：非流动资产依靠长期资金解决，流动资产需要长期资金和短期资金共同解决；风险较小，负债资本相对较低，并具有一定的弹性。

2. 相关性分析

固定资产与存货相关系数 0.93，固定资产与存货高度相关，匹配度较高，资产运营效率好。

固定资产与营业收入相关系数 0.94，固定资产与营业收入高度相关，匹配度较高，固定资产资产运营效率好。

固定资产与营业收入相关系数 0.98，存货与营业收入高度相关，匹配度较高，存货对营业收入保障程度高。

四、财务状况评价

（一）短期偿债能力分析

流动比率 3.73 同比增长 0.09%，平均增长 0.36%，同比增长低于平均水平，流动流动负债偿还保障能力有所放缓。

速动比率 3.29 同比增长 0.08%，平均增长 0.41%，同比增长低于平均水平，流动资产中可以立即用于偿还流动负债的能力有所放缓。

现金比率 2.84 同比增长 0.09%，平均增长 0.71%，同比增长低于平均水平，现金直接支付保障能力有所放缓。

（二）长期偿债能力分析

资产负债率 0.22 同比增长 0.03%，平均下降 0.19% 由平均负增长转为同比增长，债务风险开始回升。

产权比率 0.28 同比增长 0.04%，平均下降 0.27% 由平均负增长转为同比增长，债权人贷款安全保障程度开始回落。

权益乘数 1.28 同比增长 0.01%，平均下降 0.10% 由平均负增长转为同比增长，长期偿债能力开始回落。

（三）运营能力分析

存货周转率 3.49 同比下降 0.03%，平均增长 0.11%，由平均增长转为同比负增长，销售能力下降，占用在存货上的营运资金上升。

流动资产周转率 0.59 同比增长 0.07%，平均增长 0.00%，由平均负增长转为同比增长，流动资产利用效率开始回落。

固定资产周转率 2.00 同比增长 0.27%，平均增长 0.21%，同比增长高于平均水平，固定资产利用效率持续提升。

总资产周转率 0.38 同比增长 0.06%，平均增长 0.04%，同比增长高于平均水平，全部资产经营效率持续提升。

步骤四：编写报告。将背景资料放置到 ChatGPT 输入窗口后，点击"回车键"，可以马上获得评价报告。这期间要与 ChatGPT 不断对话，提出修改意见，最终获得满意的评价报告。为便于读者熟悉程序流程，这里展示了报告编写修改全过程。如图 4-64 所示。

（1）运行中断。如图 4-65 所示，ChatGPT 运行到"3. 非流动负债构成情况分析"停止了。在 ChatGPT 输入窗口输入提示词：接着继续编写报告。ChatGPT 会按照指令，继续编写报告。

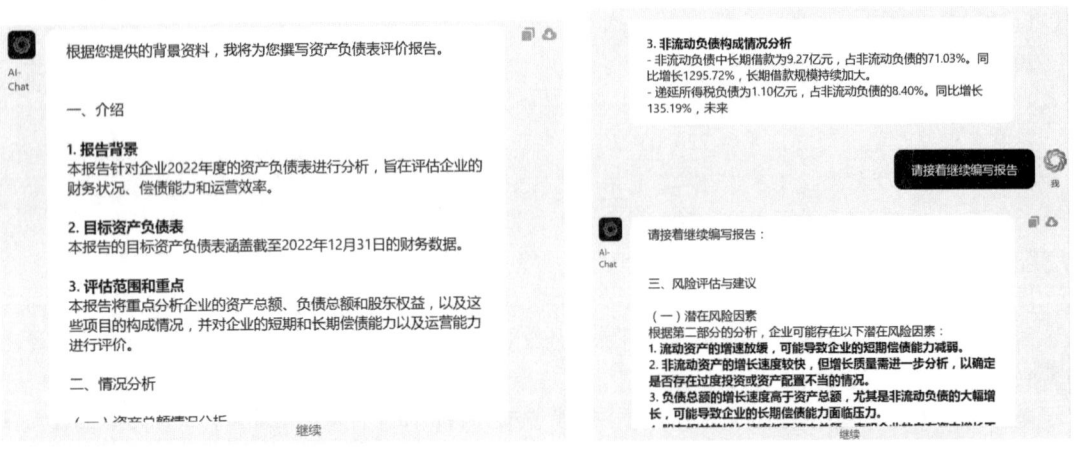

图 4-64　ChatGPT 生成报告　　　　图 4-65　报告中断处理提示词

（2）补充文稿内容。ChatGPT 在编写报告过程中漏写了一部分内容，要求补充提示词："注意：第二部分情况分析内容不全，请根据编写提纲要求和背景资料完善一下这部分内容。"效果如图 4-66 所示。

（3）修改文稿。ChatGPT 对"四、结论"部分内容描述比较简单，要求修改提示词："注意：完善一下六、结论部分内容。"效果如图 4-67 所示。

（4）获取修改后的完整文稿。文稿修改完成后，获取完整文稿提示词："非常棒！请将以上修改后的报告，形成一个完整报告。"修改如图 4-68 所示。

第4章 资产负债表智能分析系统

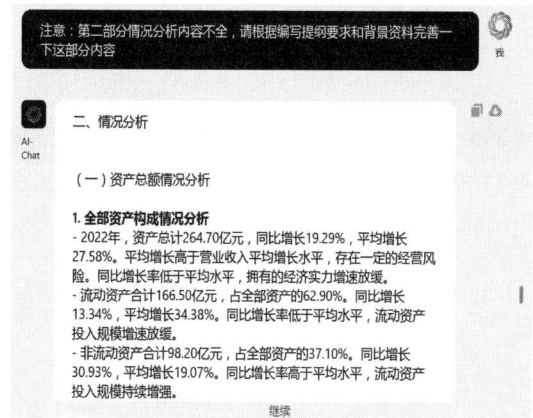

图4-66 补充文稿内容提示词

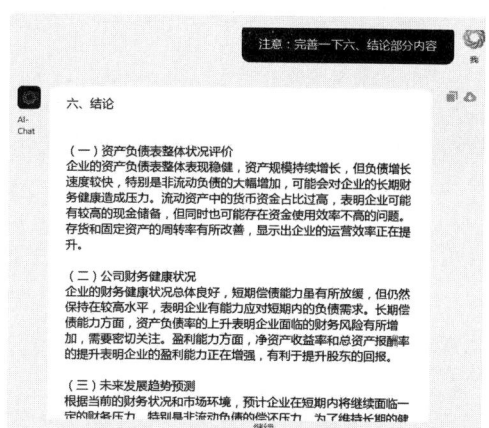

图4-67 采购文稿提示词

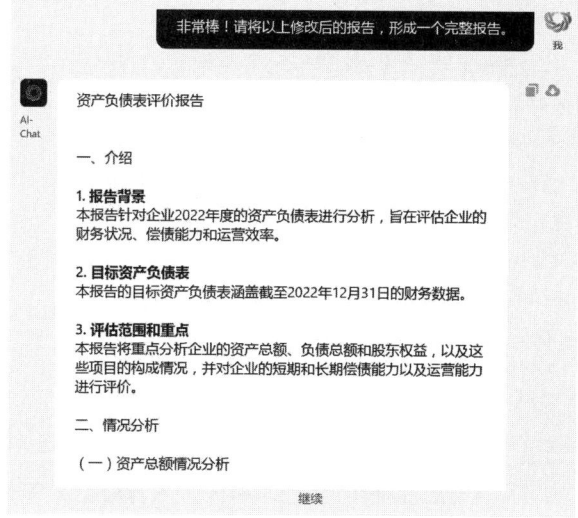

图4-68 获取修改后完整文稿提示词

步骤五：点击ChatGPT答复区右上角复制按钮▇，便可将反馈报告复制粘贴到Word文档中。

<h3 style="text-align:center">资产负债表评价报告</h3>

一、介绍

1. 报告背景

本报告针对企业2022年度的资产负债表进行分析，旨在评估企业的财务状况、偿债能力和运营效率。

2. 目标资产负债表

本报告的目标资产负债表涵盖截至2022年12月31日的财务数据。

3. 评估范围和重点

本报告将重点分析企业的资产总额、负债总额和股东权益，以及这些项目的构成情况，并对企业的短期和长期偿债能力以及运营能力进行评价。

— 277 —

二、情况分析

(一) 资产总额情况分析

1. 全部资产构成情况分析

(1) 2022 年,资产总计 264.70 亿元,同比增长 19.29%,平均增长 27.58%。平均增长高于营业收入平均增长水平,存在一定的经营风险。同比增长率低于平均水平,拥有的经济实力增速放缓。

(2) 流动资产合计 166.50 亿元,占全部资产的 62.90%。同比增长 13.34%,平均增长 34.38%。同比增长率低于平均水平,流动资产投入规模增速放缓。

(3) 非流动资产合计 98.20 亿元,占全部资产的 37.10%。同比增长 30.93%,平均增长 19.07%。同比增长率高于平均水平,流动资产投入规模持续增强。

2. 流动资产构成情况分析

(1) 流动资产中货币资金为 127.00 亿元,占流动资产的 76.28%。同比增长 12.89%,平均增长 69.52%。货币资金存量占比较高,应当关注货币资金的投向。

(2) 应收账款为 10.86 亿元,占流动资产的 6.52%。同比增长 15%,平均增长 15.91%。应收账款增长较慢,可能影响企业的现金流。

(3) 存货为 18.76 亿元,占流动资产的 11.27%。同比增长 21.19%,平均增长 12.27%。存货规模持续增强,可能是因为销售增长或库存管理改善。

3. 非流动资产构成情况分析

(1) 非流动资产中固定资产为 47.60 亿元,占非流动资产的 48.47%。同比增长 6.23%,平均增长 5.12%。生产能力不断增强,但应关注其配置合理性。

(2) 长期股权投资为 14.98 亿元,占非流动资产的 15.25%。同比增长 9.74%,对外投资规模持续增强。

(3) 无形资产为 4.98 亿元,占非流动资产的 5.07%。同比增长 42.69%,可持续发展能力和竞争能力增强。

(二) 负债总额情况分析

1. 全部负债构成情况分析

(1) 2022 年,负债合计 57.73 亿元,同比增长 23.07%,平均增长 3.80%。同比增长率高于平均水平,负债规模持续增强。

(2) 流动负债合计 44.69 亿元,占全部负债的 77.41%。同比增长 3.67%,平均下降 1.01%。由平均下降转为同比增长,流动负债规模开始复苏。

(3) 非流动负债合计 13.05 亿元,占全部负债的 22.61%。同比增长 243.96%,平均增长 42.29%。同比增长率高于平均水平,非流动负债规模持续增强,长期债务风险加大。

2. 流动负债构成情况分析

(1) 流动负债中应付账款为 10.05 亿元,占流动负债的 22.49%。同比下降 6.51%,平均增长 8.86%。短期债务兑付压力开始下滑。

(2) 合同负债为 4.3 亿元,占流动负债的 9.63%。同比增长 18.96%,同比增长率高于平均水平,商业信誉收款能力持续增强。

(3) 应付职工薪酬为 5.85 亿元,占流动负债的 13.09%。同比增长 13.00%,平均增长 7.22%。同比增长率高于平均水平,工资支付压力持续加大。

3. 非流动负债构成情况分析

(1) 非流动负债中长期借款为 9.27 亿元,占非流动负债的 71.03%。同比增长 1295.72%,同比增长率高于平均水平,长期借款规模持续加大。

(2) 递延所得税负债为 1.10 亿元,占非流动负债的 8.40%。同比增长 135.19%,平均增长 58.70%。同比增长率高于平均水平,未来税收负担压力减弱。

（四）股东权益情况分析

1. 全部股东权益构成情况分析

（1）2022年，股东权益合计207.00亿元，同比增长18.29%，平均增长42.50%。同比增长率低于平均水平，股东权益增值能力增速放缓。

（2）归属于母公司股东权益总计199.80亿元，占全部权益的96.52%。同比增长15.56%，平均增长48.15%。同比增长率低于平均水平，归属于母公司所有者增值能力增长速度放缓。

（3）少数股东权益7.15亿元，占全部权益的3.45%。同比增长239.39%，平均下降4.83%。由平均下降转为同比增长，少数股东权益增值能力开始复苏。

2. 归属于母公司权益构成情况分析

（1）归属于母公司股东权益中实收资本（或股本）为12.18亿元，占归属于母公司股东权益的6.10%。同比增长0.00%，平均增长10.07%。同比增长率低于平均水平，资本规模增速放缓。

（2）资本公积为138.40亿元，占归属于母公司股东权益的69.27%。同比增长0.80%，平均增长23.13%。同比增长率低于平均水平，非收益性资本增值能力增长速度放缓。

（3）其他综合收益为3.40亿元，占归属于母公司股东权益的1.70%。同比下降9.28%，平均下降0.49%。同比下降高于平均下降水平，企业未在当期损益中确认的各项利得和损失加速下滑。

（4）盈余公积未发生额。

（5）未分配利润为45.83亿元，占归属于母公司股东权益的22.94%。同比增长133.11%，平均增长125.78%。同比增长率高于平均水平，股东回报能力持续增强。

（五）资本构成情况分析

1. 资本结构情况分析

（1）2022年，负债占全部资产的21.81%，同比增长23.07%，权益占全部资产的78.20%，同比增长18.29%。债务水平上升高于权益资本上升水平，债权人保障能力趋弱。

（2）所有者权益与非流动负债之和220.05亿元，高于非流动资产98.20亿元，流动资产166.50亿元，高于流动负债44.69亿元。资产与资本匹配属于稳健型结构：非流动资产依靠长期资金解决，流动资产需要长期资金和短期资金共同解决；风险较小，负债资本相对较低，并具有一定的弹性。

（3）相关性分析显示，固定资产与存货相关系数为0.93，表示固定资产与存货高度相关，匹配度较高，资产运营效率好。固定资产与营业收入相关系数为0.94，表示固定资产与营业收入高度相关，匹配度较高，固定资产资产运营效率好。存货与营业收入相关系数为0.98，表示存货与营业收入高度相关，匹配度较高，存货对营业收入保障程度高。

2. 资本充足性分析

资本充足率＝（股东权益/负债总额）×100%，2022年为121.57%，同比增长10.57%，平均增长2.57%。资本充足率较高，表明企业资本充足，能够应对各种风险。

三、风险评估与建议

（一）潜在风险因素

根据第二部分的分析，企业可能存在以下潜在风险因素：

1. 流动资产的增速放缓，可能导致企业的短期偿债能力减弱。

2. 非流动资产的增长速度较快，但增长质量需进一步分析，以确定是否存在过度投资或资产配置不当的情况。

3. 负债总额的增长速度高于资产总额，尤其是非流动负债的大幅增长，可能导致企业的长期偿债能力面临压力。

4. 股东权益的增长速度低于资产总额，表明企业的自有资本增长不足，可能影响企业的长期发展潜力。

5. 应收账款和合同资产的增长速度较慢，可能影响企业的现金流，进而影响偿债能力。

（二）风险程度评估

1. 利用 SWOT 分析法，评估企业内部的优势、劣势与外部机会、威胁，确定企业面临的主要风险。
2. 利用 PEST 分析法，评估宏观经济、政策法规、社会环境和技术变革对企业的影响，确定风险的优先级。
3. 利用财务比率分析，如流动比率、速动比率、资产负债率等，评估企业财务状况的稳定性。

（三）应对策略和建议

1. 加强流动资产的管理，提高其周转速度，确保企业有足够的流动性来应对短期债务。
2. 对非流动资产进行定期审查，确保投资决策的合理性，避免过度投资。
3. 优化负债结构，减少长期负债的比例，以降低偿债压力。
4. 提高应收账款和合同资产的管理效率，通过改进信用政策和收账程序，增强现金流。
5. 加强资本管理，通过股权融资或提高盈利能力，增加自有资本，增强企业的财务稳健性。
6. 增强风险管理意识，定期进行财务风险评估，并制定相应的风险控制措施。

四、结论

（一）资产负债表整体状况评价

企业的资产负债表整体表现稳健，资产规模持续增长，但负债增长速度较快，特别是非流动负债的大幅增加，可能会对企业的长期财务健康造成压力。流动资产中的货币资金占比过高，表明企业可能有较高的现金储备，但同时也可能存在资金使用效率不高的问题。存货和固定资产的周转率有所改善，显示出企业的运营效率正在提升。

（二）公司财务健康状况

企业的财务健康状况总体良好，短期偿债能力虽有所放缓，但仍然保持在较高水平，表明企业有能力应对短期内的负债需求。长期偿债能力方面，资产负债率的上升表明企业面临的财务风险有所增加，需要密切关注。盈利能力方面，净资产收益率和总资产报酬率的提升表明企业的盈利能力正在增强，有利于提升股东的回报。

（三）未来发展趋势预测

根据当前的财务状况和市场环境，预计企业在短期内将继续面临一定的财务压力，特别是非流动负债的偿还压力。为了维持长期的健康发展，企业需要采取措施优化负债结构，提高资产使用效率，并加强风险管理。同时，企业应积极寻找新的增长点，提高市场竞争力，以实现可持续的盈利增长。

综上所述，企业在财务方面表现稳健，但也存在一些潜在的风险和挑战。通过采取适当的财务策略和风险管理措施，企业可以进一步提升财务健康水平，实现长期稳定增长。

第 5 章 利润表智能分析系统

5.1 系统架构

5.1.1 利润表智能分析的功能

利润表智能分析的功能:

(1) 强化财务控制:利润表智能分析可以帮助企业更好地进行财务控制,监控和分析企业的盈利能力,及时发现盈利异常情况,有利于提高企业的盈利水平。

(2) 识别盈利模式:智能分析可以帮助企业识别盈利模式和关键盈利因素,深入分析不同业务板块或产品的盈利贡献,有助于企业优化产品组合和战略规划。

(3) 风险预警:利润表智能分析可以帮助企业预测未来的盈利趋势,识别潜在的盈利风险,及时采取措施进行风险管理,保障企业的盈利能力和可持续发展。

(4) 决策支持:智能分析可以为企业管理层提供数据驱动的决策支持,帮助他们制定合理的盈利目标、制定战略规划和业务发展方向,从而实现更加有效的业务决策。

总的来说,利润表智能分析对企业的盈利能力管理和业务决策具有重要意义,有助于企业更好地掌握盈利状况、预测未来盈利趋势和识别盈利风险,并提供数据支持的决策建议,帮助企业实现盈利最大化和可持续发展。

5.1.2 系统载体

智能利润表分析系统是以文件夹为载体,包括财务报告数据库和系统工作簿两个部分。如图 5-1 所示。

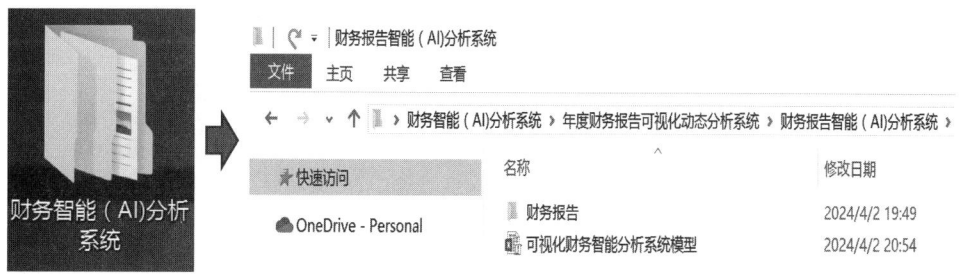

图 5-1 智能利润表分析系统载体

财务报告数据库是智能分析系统的数据源。明确数据库文件存放路径是编写导入数据 VBA 代码的基础。

智能利润表分析系统构成就是在 Excel 工作簿中设置的用于建立分析系统的工作表,包括智能利润表分析模型、智能报告、利润表动态分析图、利润表智库等。

5.1.3 财务报告数据库

在建立智能利润表分析系统之前，要获取若干年度（一般不低于 3 年）的资产负债表、利润表和现金流量表数据，其存放路径是：财务报告/i 年度财务报告/资产负债表/利润表/现金流量表。

【例 5 -1】新华公司财务报告文件夹中存有 2018 ~ 2022 年财务报告工作簿，其中每个工作簿中存有利润表、资产负债表、现金流量表三个工作表。（代码路径：财务报告 \ "）&i + 2017&（"年度财务报告 . xlsm"）。如图 5 -2 所示。

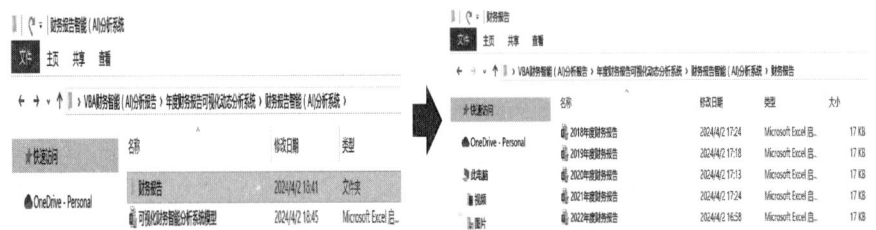

图 5 -2　财务报告数据库文件存放路径

请根据所学 VBA 和 ChatGPT 技术方法，为新华公司创建一个智能利润表分析系统。

（1）数据库中 2018 ~ 2022 年利润表基础信息如图 5 -3 至图 5 -7 所示。

利润表

项目	金额
营业总收入	62.71
营业收入	62.71
营业总成本	57.25
营业成本	46.90
研发费用	4.50
税金及附加	0.85
销售费用	1.26
管理费用	3.74
财务费用	0.00
其中:利息费用	0.61
其中:利息收入	0.26
其他经营收益	0.00
加:公允价值变动收益	0.00
投资收益	0.11
其中:对联营企业和合营企业的投资收益	0.00
资产处置收益	0.09
资产减值损失(新)	(0.72)
信用减值损失(新)	0.00
其他收益	0.91
营业利润	5.86
加:营业外收入	0.11
减:营业外支出	0.06
利润总额	5.91
减:所得税	0.53
净利润	5.38
(一)按经营持续性分类	0.00
持续经营净利润	5.38
终止经营净利润	
(二)按所有权归属分类	0.00
归属于母公司股东的净利润	4.29
少数股东损益	1.08
扣除非经常性损益后的净利润	3.22
每股收益	0.00
基本每股收益	0.49
稀释每股收益	0.49
其他综合收益	(1.12)
归属于母公司股东的其他综合收益	(1.12)
综合收益总额	4.25
归属于母公司股东的综合收益总额	3.17
归属于少数股东的综合收益总额	1.08
总股本	8.790

资产负债表　利润表　现金流量表

图 5 -3　2018 年利润表

利润表

项目	金额
营业总收入	57.43
营业收入	57.43
营业总成本	55.00
营业成本	44.31
研发费用	4.83
税金及附加	0.66
销售费用	1.12
管理费用	3.77
财务费用	0.31
其中:利息费用	0.45
其中:利息收入	0.38
其他经营收益	0.00
加:公允价值变动收益	0.00
投资收益	(0.00)
其中:对联营企业和合营企业的投资收益	(0.00)
资产处置收益	0.02
资产减值损失(新)	(0.37)
信用减值损失(新)	0.31
其他收益	2.39
营业利润	4.78
加:营业外收入	0.33
减:营业外支出	0.05
利润总额	5.06
减:所得税	(0.06)
净利润	5.12
(一)按经营持续性分类	0.00
持续经营净利润	5.12
终止经营净利润	
(二)按所有权归属分类	0.00
归属于母公司股东的净利润	4.01
少数股东损益	1.12
扣除非经常性损益后的净利润	2.06
每股收益	0.00
基本每股收益	0.46
稀释每股收益	0.46
其他综合收益	0.22
归属于母公司股东的其他综合收益	0.22
综合收益总额	5.35
归属于母公司股东的综合收益总额	4.23
归属于少数股东的综合收益总额	1.12
总股本	8.79

资产负债表　利润表　现金

图 5 -4　2019 年利润表

利润表

项目	金额
营业总收入	69.77
营业收入	69.77
营业总成本	60.51
营业成本	50.61
研发费用	5.66
税金及附加	0.69
销售费用	1.06
管理费用	3.70
财务费用	(1.20)
其中:利息费用	0.41
其中:利息收入	0.88
其他经营收益	0.00
加:公允价值变动收益	0.01
投资收益	0.28
其中:对联营企业和合营企业的投资收益	0.11
资产处置收益	0.00
资产减值损失(新)	(0.11)
信用减值损失(新)	0.01
其他收益	1.27
营业利润	10.72
加:营业外收入	0.16
减:营业外支出	0.02
利润总额	10.86
减:所得税	0.26
净利润	10.60
(一)按经营持续性分类	0.00
持续经营净利润	10.60
终止经营净利润	
(二)按所有权归属分类	0.00
归属于母公司股东的净利润	9.64
少数股东损益	0.96
扣除非经常性损益后的净利润	8.53
每股收益	0.00
基本每股收益	0.84
稀释每股收益	0.84
其他综合收益	(0.33)
归属于母公司股东的其他综合收益	(0.33)
综合收益总额	10.26
归属于母公司股东的综合收益总额	9.31
归属于少数股东的综合收益总额	0.95
总股本	12.159

资产负债表　利润表　现金流

图 5 -5　2020 年利润表

	A	B
1	**利润表**	
2	**项目**	**金额**
3	**营业总收入**	92.49
4	营业收入	92.49
5	**营业总成本**	72.12
6	营业成本	59.82
7	研发费用	7.13
8	税金及附加	0.85
9	销售费用	1.31
10	管理费用	4.41
11	财务费用	(1.41)
12	其中:利息费用	0.28
13	其中:利息收入	2.00
14	**其他经营收益**	0.00
15	加:公允价值变动收益	0.00
16	投资收益	1.12
17	其中:对联营企业和合营企业的投资收益	0.91
18	资产处置收益	0.01
19	资产减值损失(新)	0.18
20	信用减值损失(新)	(0.01)
21	其他收益	1.84
22	**营业利润**	23.51
23	加:营业外收入	0.05
24	减:营业外支出	0.02
25	**利润总额**	23.54
26	减:所得税	0.96
27	**净利润**	22.58
28	**(一)按经营持续性分类**	0.00
29	持续经营净利润	22.58
30	终止经营净利润	
31	**(二)按所有权归属分类**	0.00
32	归属于母公司股东的净利润	22.68
33	少数股东损益	(0.10)
34	扣除非经常性损益后的净利润	20.99
35	**每股收益**	0.00
36	基本每股收益	1.76
37	稀释每股收益	1.76
38	**其他综合收益**	0.46
39	归属于母公司股东的其他综合收益	0.39
40	**综合收益总额**	23.04
41	归属于母公司股东的综合收益总额	23.07
42	归属于少数股东的综合收益总额	(0.03)
43	总股本	13.201

图 5－6　2021 年利润表

	A	B
1	利润表	
2	项目	金额
3	营业总收入	100.60
4	营业收入	100.60
5	营业总成本	77.98
6	营业成本	63.67
7	研发费用	9.21
8	税金及附加	0.95
9	销售费用	1.68
10	管理费用	5.48
11	财务费用	(3.01)
12	其中:利息费用	0.32
13	其中:利息收入	2.67
14	其他经营收益	0
15	加:公允价值变动收益	1.26
16	投资收益	0.85
17	其中:对联营企业和合营企业的投资收益	0.53
18	资产处置收益	0.05
19	资产减值损失(新)	(0.84)
20	信用减值损失(新)	0.26
21	其他收益	1.18
22	营业利润	25.37
23	加:营业外收入	1.21
24	减:营业外支出	0.05
25	利润总额	26.53
26	减:所得税	0.54
27	净利润	25.99
28	(一)按经营持续性分类	0.00
29	持续经营净利润	25.99
30	终止经营净利润	
31	(二)按所有权归属分类	0.00
32	归属于母公司股东的净利润	26.17
33	少数股东损益	(0.18)
34	扣除非经常性损益后的净利润	22.52
35	每股收益	0.00
36	基本每股收益	1.98
37	稀释每股收益	1.98
38	其他综合收益	(0.35)
39	归属于母公司股东的其他综合收益	(0.35)
40	综合收益总额	25.64
41	归属于母公司股东的综合收益总额	25.82
42	归属于少数股东的综合收益总额	(0.18)
43	总股本	13.201
44		
45		
46		

资产负债表　利润表　现金流…

图 5－7　2022 年利润表

（2）2018 年至 2022 年资产负债表基础信息。因为第 4 章、第 5 章、第 6 章数据源相同，2018 年至 2022 年资产负债表基础信息参见第 4 章案例。

（3）2018 年至 2022 年现金流量表基础信息。因为第 4 章、第 5 章、第 6 章数据源相同，2018 年至 2022 年现金流量表基础信息参见第 6 章案例。

5.2　智能利润表分析模型

5.2.1　建立利润基础表

智能利润表分析模型是存放在利润基础工作表中的两个表格，左侧是利润基础表，右侧是辅助分析表。分析模型是编写 VBA 代码，建立智能分析系统的基础。如图 5－8 所示。

5.2.1.1　建立利润基础表

利润基础表是根据数据源表格项目和分析需要设计的。建立利润基础表的主要目的是集成基础数据，通过编写 VBA 代码，从财务报告数据库中导入基础数据。从图 5－8 可以看到：A3：A45 区域利润表中的全部项目；A46：A59 是根据分析需要设计的盈利能力指标；B2：L2 是分析年度，生产周期不足 5 年的，时间跨度可按实际年度设置，时间周期超过 5 年的，时间跨度一般在 5～10 年，具体时间跨度可以根据分析需要设置。

5.2.1.2　导入数据

在信息量不大的情况下，采用复制粘贴、函数筛选等技术方法可以将利润表导入事先设计的 Excel 工作簿中，如果信息量较大，可以通过编写 Excel VBA 程序将数据导入利润基础表格中。

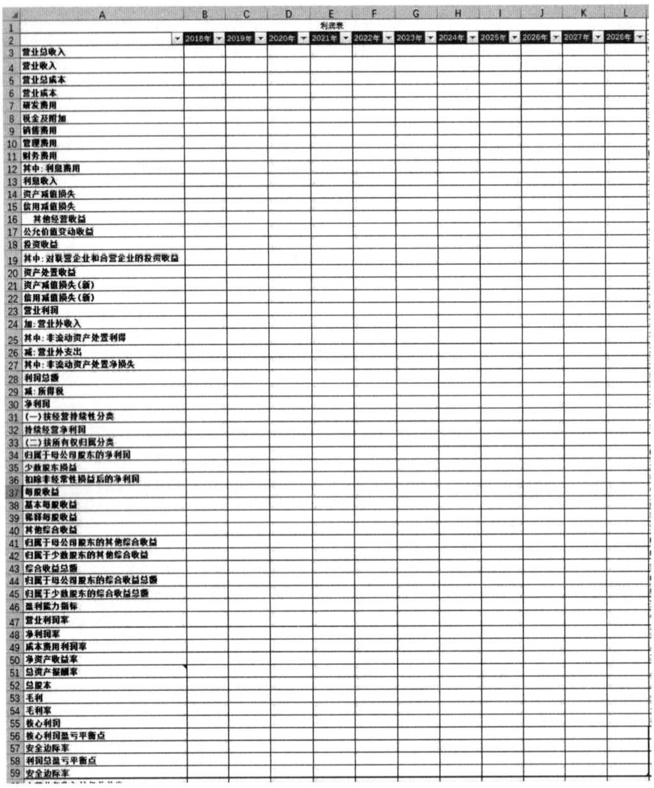

图 5-8　智能利润表分析模型

步骤一：编写导入基础数据代码。将财务报告数据库中的各年度利润表数据导入利润基础表中。参考代码如下所示。

成功之钥匙

代码含义：

```
Sub 将利润表数据导入基础数据表()
    Dim i,j,k,s,wb As Workbook,ws As Worksheet,wa As Worksheet,wc As Worksheet
    '手动计算
Application.Calculation = xlManual
    '处理工作簿时,让窗口不闪烁
        Application.ScreenUpdating = False
    '循环汇总表列 1 到 5,构造待汇总的工作簿名称
    For i=1 To 5
        '根据变量i构造出工作簿路径与文件名,并打开工作簿且让 wb 指向它,工作簿中的工作表名为
        '2018 年财务报告时,i 第一次循环年度为 1+2017,第 2 次循环年度为 2+2017…第 i 次循环年度为 i+2017
        Set wb = Workbooks.Open(ThisWorkbook.Path & "\财务报告\" & i+2017 & "年度财务报告.xlsm")
        '让变量 wa 代表本工作簿中的"利润基础表"工作表
        Set wa = ThisWorkbook.Worksheets("利润基础表")
        '让变量 wc 代表本工作簿中的"资产负债基础表"工作表
        Set wc = ThisWorkbook.Worksheets("资产负债基础表")
        '让变量 ws 代表打开工作簿中的"利润表"工作表
        Set ws = wb.Worksheets("利润表")
        '循环汇总表行变量 k
        For k=3 To 59
```

```
            '循环待汇总工作表行变量 j
            For j = 3 To 44
                '如果待汇总工作表 j 行 1 列某一项目与汇总表 k 行某一项目相互一致,那么就运行下面代码。
                If Trim(ws.Cells(j,1)) = Trim(wa.Cells(k,1)) Then
    '循环结束后 j 就是待汇总数字所在行,将该行数字写入目标工作簿的"汇总"表
    '此处利用了"汇总"表的格式特征,即第 i 年的数字处于汇总表格中第 i + 1 列
                    wa.Cells(k,i +1) = ws.Cells(j,2)
    '既然发现了对应项目就没有必要再扫描后面的各行,此时退出程序可以大大节省时间
                    Exit For
                End If
            Next j
        Next k
        '关闭该工作簿,继续循环,汇总下一个年度工作表
        wb.Close
    Next i
    '恢复闪烁
    Application.ScreenUpdating = True
    '自动计算
    Application.Calculation = xlAutomatic
End Sub
```

步骤二：编写计算盈利能力指标代码。在利润基础表格 B46：G54 区域计算相关指标。参考代码如下所示。

成功之钥匙

代码含义：

```
Sub 运算分析指标()
    Dim i,wa As Worksheet,wc As Worksheet
        Set wa = Worksheets("利润基础表")
        Set wc = Worksheets("资产负债基础表")
    For i = 1 To 5
    '计算营业利润率
    wa.Cells(47,i +1) = Format((wa.Cells(23,i +1)/ wa.Cells(3,i +1)),"0.00%")
    '计算净利润率
    wa.Cells(48,i +1) = Format((wa.Cells(30,i +1)/ wa.Cells(3,i +1)),"0.00%")
    '计算成本费用利润率
    wa.Cells(49,i +1) = Format((wa.Cells(28,i +1)/ wa.Cells(5,i +1)),"0.00%")
    '计算净资产收益率
    wa.Cells(50,2) = Format((wa.Cells(30,2)/ wc.Cells(73,2)),"0.00%")
wa.Cells(50,i +2) = Format((wa.Cells(30,i +2)/ ((wc.Cells(73,i +1) + wc.Cells(73,i +2))/ 2)),"0.00%")
        '计算总资产报酬率
wa.Cells(51,2) = Format(((wa.Cells(30,2) + wa.Cells(29,2) + wa.Cells(12,2))/ wc.Cells(34,2)),"0.00%")
wa.Cells(51,i +2) = Format(((wa.Cells(30,i +2) + wa.Cells(29,i +2) + wa.Cells(12,i +2))/ ((wc.Cells(34,i +1) + wc.Cells(34,i +2))/ 2)),"0.00%")
    '计算毛利
    wa.Cells(53,i +1) = Format((wa.Cells(4,i +1) - wa.Cells(6,i +1)),"0.00")
    '计算毛利率
    wa.Cells(54,i +1) = Format((wa.Cells(53,i +1)/ wa.Cells(4,i +1)),"0.00%")
    '计算核心利润
    wa.Cells(55,i +1) = Format((wa.Cells(3,i +1) - wa.Cells(5,i +1)),"0.00")
    '计算核心利润盈亏平衡点
    wa.Cells(56,i +1) = wa.Cells(5,i +1)
    '计算核心利润边际贡献率
wa.Cells(57,i +1) = Format(((wa.Cells(3,i +1) - wa.Cells(56,i +1))/ wa.Cells(3,i +1)),"0.00%")
    '计算利润总额盈亏平衡点
    wa.Cells(58,i +1) = wa.Cells(3,i +1) - wa.Cells(28,i +1)
    '计算利润总额边际贡献率
wa.Cells(59,i +1) = Format(((wa.Cells(3,i +1) - wa.Cells(58,i +1))/ wa.Cells(3,i +1)),"0.00%")
    Next i
End Sub
```

步骤三：编写主程序，执行子过程。将利润表数据导入基础数据表、运算分析指标代码名称写入主程序里。参考代码如图 5-9 所示。

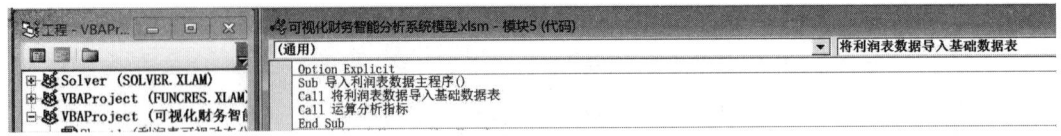

图 5－9　导入利润表数据主程序

步骤四：运行主程序导入基础数据。如图 5－10 所示。

	A	B	C	D	E	F
1					利润表	
2		2018年	2019年	2020年	2021年	2022年
3	营业总收入	62.71	57.43	69.77	92.49	100.60
4	营业收入	62.71	57.43	69.77	92.49	100.60
5	营业总成本	57.25	55.00	60.51	72.12	77.98
6	营业成本	46.90	44.31	50.61	59.62	63.67
7	研发费用	4.50	4.83	5.66	7.13	9.21
8	税金及附加	0.85	0.66	0.69	0.85	0.95
9	销售费用	1.26	1.12	1.06	1.31	1.68
10	管理费用	3.74	3.77	3.70	4.41	5.48
11	财务费用	0.00	0.31	(1.20)	(1.41)	(3.01)
12	其中：利息费用	0.61	0.45	0.41	0.28	0.32
13	利息收入					
14	资产减值损失					
15	信用减值损失					
16	其他经营收益	0.00	0.00	0.00	0.00	0.00
17	公允价值变动收益					
18	投资收益	0.11	(0.00)	0.28	1.12	0.85
19	其中：对联营企业和合营企业的投资收益	0.00	(0.00)	0.11	0.91	0.53
20	资产处置收益	0.09	0.02	0.00	0.01	0.05
21	资产减值损失(新)	(0.72)	(0.37)	(0.11)	0.18	(0.84)
22	信用减值损失(新)	0.00	0.31	0.01	(0.01)	0.26
23	营业利润	5.86	4.78	10.72	23.51	25.37
24	加：营业外收入	0.11	0.33	0.16	0.05	1.21
25	其中：非流动资产处置利得					
26	减：营业外支出	0.06	0.05	0.02	0.02	0.05
27	其中：非流动资产处置净损失					
28	利润总额	5.91	5.06	10.86	23.54	26.53
29	减：所得税	0.53	(0.06)	0.26	0.96	0.54
30	净利润	5.38	5.12	10.60	22.58	25.99
31	(一)按经营持续性分类	0.00	0.00	0.00	0.00	0.00
32	持续经营净利润	5.38	5.12	10.60	22.58	25.99
33	(二)按所有权归属分类	0.00	0.00	0.00	0.00	0.00
34	归属于母公司股东的净利润	4.29	4.01	9.64	22.68	26.17
35	少数股东损益	1.08	1.12	0.96	(0.10)	(0.18)
36	扣除非经常性损益后的净利润	3.22	2.06	8.53	20.99	22.52
37	每股收益	0.00	0.00	0.00	0.00	0.00
38	基本每股收益	0.49	0.46	0.84	1.76	1.98
39	稀释每股收益	0.49	0.46	0.84	1.76	1.98
40	其他综合收益	(1.12)	0.22	(0.33)	0.46	(0.35)
41	归属于母公司股东的其他综合收益	(1.12)	0.22	(0.33)	0.39	(0.35)
42	归属于少数股东的其他综合收益					
43	综合收益总额	4.25	5.35	10.26	23.04	25.64
44	归属于母公司股东的综合收益总额	3.17	4.23	9.31	23.07	25.82
45	归属于少数股东的综合收益总额	1.08	1.12	0.95	(0.03)	(0.18)
46	盈利能力指标					
47	营业利润率	9.34%	8.32%	15.36%	25.42%	25.22%
48	净利润率	8.57%	8.92%	15.19%	24.41%	25.83%
49	成本费用利润率	10.32%	9.20%	17.95%	32.64%	34.02%
50	净资产收益率	10.71%	8.98%	11.65%	15.41%	13.61%
51	总资产报酬率	6.52%	5.48%	8.46%	12.30%	11.04%
52	总股本	8.79	8.79	12.16	13.20	13.20
53	毛利	15.81	13.12	19.16	32.67	36.93
54	毛利率	25.21%	22.85%	27.46%	35.32%	36.71%
55	核心利润	5.46	2.43	9.26	20.37	22.62
56	核心利润盈亏平衡点	57.25	55.00	60.51	72.12	77.98
57	安全边际率	8.71%	4.23%	13.27%	22.02%	22.49%
58	利润总盈亏平衡点	56.80	52.37	58.91	68.95	74.07
59	安全边际率	9.42%	8.81%	15.57%	25.45%	26.37%

资产负债基础表　利润基础表　资产负

图 5－10　导入数据报表截图

步骤五：将导入数据清零。参考代码如下所示。

成功之钥匙

代码含义：

```
Sub 利润表清零()
 Dim i As Integer
 Dim j As Integer
If MsgBox("是否确定清零,一旦清零数据不可恢复",vbYesNo + vbDefaultButton2 + vbQuestion,"询问") = vbYes Then
  Sheets("利润基础表").Select
    '循环利润基础表行
    For i = 3 To 59
        '循环利润基础表列
        For j = 2 To 12
```

```
            '清零范围
            Cells(i,j).Value = ""
         Next j
    Next i
    '循环利润基础表行
    For i = 3 To 59
        '循环利润基础表列
        For j = 14 To 18
            '清零范围
            Cells(i,j).Value = ""
        Next j
    Next i
  End If
End Sub
```

5.2.2 建立辅助分析表

5.2.2.1 建计辅助分析表

辅助分析表是根据利润基础建立的智能分析系统指标运算表。它是编写 VBA 运算代码的基础。从图 5-11 可以看出：辅助表设置了基础数据、平均值、同比增减、平均增减、占比五个分析项目。可以根据分析需要设置辅助表中的分析项目。

设置下拉菜单。在 N2 单元格设置下拉菜单按钮，点击 N2 单元格—数据—数据工具—数据验证—序列—来源（B2：L2）—确定。如图 5-11 所示。

图 5-11 建立下拉菜单截图

5.2.2.2 编写运算代码

步骤一：编写在 N3：N59 单元格导入报告期数据代码。参考代码如下所示。

成功之钥匙

代码含义：

```
Sub 导入报告期数据()
    'w 利润基础表
    Dim w As Worksheet
    ' i 代表工作行;j 代表工作表列
    Dim i,j
    Set w = Worksheets("利润基础表")
        '循环工作表行
        For i = 3 To 59
```

```
            '循环工作表列
            For j = 2 To 12
                '在利润表中循环查找与利润分析辅助表所在行列对应的项目
            If Trim(w.Cells(i,1)) = Trim(w.Cells(i,13)) And Trim(w.Cells(2,j)) = Trim(w.Cells(2,14)) Then
                    '一旦找到就将其数字存入利润分析辅助工作表
                    w.Cells(i,14) = w.Cells(i,j)
                End If
            Next j
        Next i
End Sub
```

步骤二：编写在 O2：O59 区域计算平均值指标代码。参考代码如下所示。

🔑 成功之钥匙

代码含义：

```
Sub 计算平均数()
    Dim ws As Worksheet
    Dim i As Long
    Dim sum As Double
    Dim average As Double
    Set ws = ThisWorkbook.Worksheets("利润基础表") '请将"Sheet1"替换为实际工作表名称
    '循环工作表行
    For i = 3 To 59
        If Trim(ws.Cells(i,1)) = Trim(ws.Cells(i,13)) And Trim(ws.Cells(2,2)) = Trim(ws.Cells(2,14)) Then
            sum = Application.WorksheetFunction.sum(ws.Range("B" & i))
            average = sum/1 '因为有1列数据,所以除以1
            ws.Cells(i,15).Value = average '将平均数写入15列对应行
        ElseIf Trim(ws.Cells(i,1)) = Trim(ws.Cells(i,13)) And Trim(ws.Cells(2,3)) = Trim(ws.Cells(2,14)) Then
            sum = Application.WorksheetFunction.sum(ws.Range("B" & i & ":C" & i))
            average = sum/2 '因为有2列数据,所以除以2
            ws.Cells(i,15).Value = average '将平均数写入15列对应行
        ElseIf Trim(ws.Cells(i,1)) = Trim(ws.Cells(i,13)) And Trim(ws.Cells(2,4)) = Trim(ws.Cells(2,14)) Then
            sum = Application.WorksheetFunction.sum(ws.Range("B" & i & ":D" & i))
            average = sum/3 '因为有3列数据,所以除以3
            ws.Cells(i,15).Value = average '将平均数写入15列对应行
        ElseIf Trim(ws.Cells(i,1)) = Trim(ws.Cells(i,13)) And Trim(ws.Cells(2,5)) = Trim(ws.Cells(2,14)) Then
            sum = Application.WorksheetFunction.sum(ws.Range("B" & i & ":E" & i))
            average = sum/4 '因为有4列数据,所以除以4
            ws.Cells(i,15).Value = average '将平均数写入15列对应行
        ElseIf Trim(ws.Cells(i,1)) = Trim(ws.Cells(i,13)) And Trim(ws.Cells(2,6)) = Trim(ws.Cells(2,14)) Then
            sum = Application.WorksheetFunction.sum(ws.Range("B" & i & ":F" & i))
            average = sum/5 '因为有5列数据,所以除以5
            ws.Cells(i,15).Value = average '将平均数写入15列对应行
        ElseIf Trim(ws.Cells(i,1)) = Trim(ws.Cells(i,13)) And Trim(ws.Cells(2,7)) = Trim(ws.Cells(2,14)) Then
            sum = Application.WorksheetFunction.sum(ws.Range("B" & i & ":G" & i))
            average = sum/6 '因为有6列数据,所以除以6
            ws.Cells(i,15).Value = average '将平均数写入15列对应行
        End If
    Next i
End Sub
```

步骤三：编写在 P2：P59 区域计算同比增减指标代码。参考代码如下所示。

🔑 成功之钥匙

代码含义：

```
Sub 计算同比增长率()
    Dim ws As Worksheet
    Dim growthRate As Double
    Dim i As Long
    Set ws = ThisWorkbook.Worksheets("利润基础表") '请将"Sheet1"替换为实际工作表名称
    '循环工作表行
    For i = 3 To 59
        If Trim(ws.Cells(i,1)) = Trim(ws.Cells(i,13)) And Trim(ws.Cells(2,2)) = Trim(ws.Cells(2,14)) Then
            ws.Range("P" & i).Value = 0
```

```vba
    ElseIf Trim(ws.Cells(i,1)) = Trim(ws.Cells(i,13)) And Trim(ws.Cells(2,3)) = Trim(ws.Cells(2,14)) Then
        If ws.Range("B" & i).Value <> 0 Then
            growthRate = (ws.Range("C" & i).Value - ws.Range("B" & i).Value) / ws.Range("B" & i).Value
            ws.Range("P" & i).Value = growthRate * 100 & "%"  '将同比增长率写入 D2 单元格,并添加百分号
        Else
            ws.Range("P" & i).Value = ""
        End If
    ElseIf Trim(ws.Cells(i,1)) = Trim(ws.Cells(i,13)) And Trim(ws.Cells(2,4)) = Trim(ws.Cells(2,14)) Then
        If ws.Range("C" & i).Value <> 0 Then
            growthRate = (ws.Range("D" & i).Value - ws.Range("C" & i).Value) / ws.Range("C" & i).Value
            ws.Range("P" & i).Value = growthRate * 100 & "%"  '将同比增长率写入 D2 单元格,并添加百分号
        Else
            ws.Range("P" & i).Value = ""
        End If
    ElseIf Trim(ws.Cells(i,1)) = Trim(ws.Cells(i,13)) And Trim(ws.Cells(2,5)) = Trim(ws.Cells(2,14)) Then
        If ws.Range("D" & i).Value <> 0 Then
            growthRate = (ws.Range("E" & i).Value - ws.Range("D" & i).Value) / ws.Range("D" & i).Value
            ws.Range("P" & i).Value = growthRate * 100 & "%"  '将同比增长率写入 D2 单元格,并添加百分号
        Else
            ws.Range("P" & i).Value = ""
        End If
    ElseIf Trim(ws.Cells(i,1)) = Trim(ws.Cells(i,13)) And Trim(ws.Cells(2,6)) = Trim(ws.Cells(2,14)) Then
        If ws.Range("E" & i).Value <> 0 Then
            growthRate = (ws.Range("F" & i).Value - ws.Range("E" & i).Value) / ws.Range("E" & i).Value
            ws.Range("P" & i).Value = growthRate * 100 & "%"  '将同比增长率写入 D2 单元格,并添加百分号
        Else
            ws.Range("P" & i).Value = ""
        End If
    ElseIf Trim(ws.Cells(i,1)) = Trim(ws.Cells(i,13)) And Trim(ws.Cells(2,7)) = Trim(ws.Cells(2,14)) Then
        If ws.Range("F" & i).Value <> 0 Then
            growthRate = (ws.Range("G" & i).Value - ws.Range("F" & i).Value) / ws.Range("F" & i).Value
            ws.Range("P" & i).Value = growthRate * 100 & "%"  '将同比增长率写入 D2 单元格,并添加百分号
        Else
            ws.Range("P" & i).Value = ""
        End If
    End If
    Next i
End Sub
```

步骤四：编写在 Q2：Q59 区域计算平均增减指标代码。参考代码如下所示。

成功之钥匙

代码含义：

```vba
Sub 计算平均增长率()
    Dim ws As Worksheet
    Dim lastCol As Integer
    Dim avgGrowthRate As Double
    Dim n As Integer
    Dim rng As Range
    Dim i As Long
    Dim j As Long
    '定义工作表
    Set ws = ThisWorkbook.Sheets("利润基础表")
    Set rng = ws.Range("B3:L72")
    For j = 2 To 6
    '循环工作表行
    For i = 3 To 59
    '获取数据的列数
    lastCol = rng.Columns(j).Column
    '计算数据个数
    n = lastCol - 1
    '当报告期大于零,基期也大于零时
    If ws.Cells(2,lastCol) = ws.Cells(2,14) Then
        If ws.Cells(i,lastCol).Value > 0 And ws.Cells(i,2).Value > 0 Then
        '计算平均增长率
        avgGrowthRate = (ws.Cells(i,lastCol).Value / ws.Cells(i,2).Value) ^ (1 / (n - 1)) - 1
```

```vba
        '将结果输出到工作表
        ws.Cells(i,17).Value = Format(avgGrowthRate,"0.00% ")
        '当报告期小于零,基期小于零时。
        ElseIf ws.Cells(i,lastCol).Value <0 And ws.Cells(i,2).Value <0 Then
        '计算平均增长率
avgGrowthRate = ((Abs(ws.Cells(i,lastCol).Value)/ Abs(ws.Cells(i,2).Value))^ (1 / (n-1))) -1
        '将结果输出到工作表
        ws.Cells(i,17).Value = Format(avgGrowthRate,"0.00% ")
        '当报告期小于零,基期大于零时。
        ElseIf ws.Cells(i,lastCol).Value <0 And ws.Cells(i,2).Value >0 Then
        '计算平均增长率
        avgGrowthRate = ((Abs(ws.Cells(i,lastCol).Value)/ ws.Cells(i,2).Value)^ (1 / (n-1))) -1
        '将结果输出到工作表
        ws.Cells(i,17).Value = Format(avgGrowthRate,"0.00% ")
        '当报告期小于零或大于零,基期为零时。
ElseIf ws.Cells(i,lastCol).Value <0 Or ws.Cells(i,lastCol).Value >0 And ws.Cells(i,2).Value =0 Then
        ws.Cells(i,17).Value = ""
        '当报告期大于零,基期小于零时。
        ElseIf ws.Cells(i,lastCol).Value >0 And ws.Cells(i,2).Value <0 Then
        '计算平均增长率
        avgGrowthRate = (1 - (ws.Cells(i,lastCol).Value / ws.Cells(i,2).Value))^ (1 / (n-1))
        '将结果输出到工作表
        ws.Cells(i,17).Value = Format(avgGrowthRate,"0.00% ")
            End If
            End If
        Next i
        Next j
End Sub
```

步骤五：编写 R2：R59 区域计算比重代码。参考代码如下所示。

🔑 成功之钥匙

代码含义：

```vba
Sub 计算比重()
 Dim wa As Worksheet,s
  Set wa = ThisWorkbook.Sheets("利润基础表")
  '营业成本占营业总收入比重
        wa.Cells(5,18) = Format((wa.Cells(5,14)/wa.Cells(3,14)),"0.00% ")
      '计算成本费用明细占总成本比重
      For s = 6 To 15
        wa.Cells(s,18) = Format((wa.Cells(s,14)/wa.Cells(5,14)),"0.00% ")
      Next s
      '计算其他经营收益占营业利润比重
      For s = 16 To 22
        wa.Cells(s,18) = Format((wa.Cells(s,14)/wa.Cells(23,14)),"0.00% ")
      Next s
      '计算营业利润、营业外收入占利润总额比重
      For s = 23 To 27
        wa.Cells(s,18) = Format((wa.Cells(s,14)/wa.Cells(28,14)),"0.00% ")
      Next s
      '计算净利润利润、所得税费用占利润总额比重
      For s = 29 To 30
        wa.Cells(s,18) = Format((wa.Cells(s,14)/wa.Cells(28,14)),"0.00% ")
      '计算持续经营占净利润比重
        wa.Cells(32,18) = Format((wa.Cells(32,14)/wa.Cells(30,14)),"0.00% ")
      Next s
        '计算所有权分类占净利润比重
      For s = 34 To 35
        wa.Cells(s,18) = Format((wa.Cells(s,14)/wa.Cells(30,14)),"0.00% ")
      Next s
        '计算扣非净利润占净利润比重
        wa.Cells(36,18) = Format((wa.Cells(36,14)/wa.Cells(30,14)),"0.00% ")
        '计算其他综合收益比重
      For s = 41 To 42
        wa.Cells(s,18) = Format((wa.Cells(s,14)/wa.Cells(43,14)),"0.00% ")
      Next s
```

```
    '计算综合收益比重
  For s = 44 To 45
   wa.Cells(s,18) = Format((wa.Cells(s,14)/wa.Cells(40,14)),"0.00% ")
   Next s
End Sub
```

步骤六：编写主程序，执行子过程。将导入报告期数据、计算平均数、计算同比增长率、计算平均增长率、计算比重代码名称写入主程序里。参考代码如图 5－12 所示。

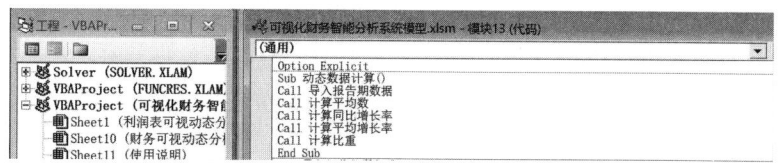

图 5－12　动态数据计算主程序代码

步骤七：运行主程序。结果如图 5－13 所示。

	M	N	O	P	Q	R
1	利润分析辅助表					
2	项目	2022年	平均值	同比增减	平均增长率	比重
3	营业总收入	100.60	76.60	8.77%	12.54%	
4	营业收入	100.60	76.60	8.77%	12.54%	
5	营业总成本	77.98	64.57	8.13%	8.03%	77.51%
6	营业成本	63.67	53.06	6.44%	7.94%	81.65%
7	研发费用	9.21	6.27	29.15%	19.62%	11.81%
8	税金及附加	0.95	0.80	11.90%	3.08%	1.22%
9	销售费用	1.68	1.29	28.10%	7.47%	2.16%
10	管理费用	5.48	4.22	24.22%	10.04%	7.02%
11	财务费用	(3.01)	(1.06)	114.15%	497.84%	-3.86%
12	其中：利息费用	0.32	0.41	16.88%	-14.74%	0.42%
13	利息收入		0.00			0.00%
14	资产减值损失		0.00			0.00%
15	信用减值损失		0.00			0.00%
16	其他经营收益	0.00	0.00			0.00%
17	公允价值变动收益		0.00			0.00%
18	投资收益	0.85	0.47	-24.17%	68.17%	3.34%
19	其中：对联营企业和合营企业的投资收益	0.53	0.31	-41.74%		2.08%
20	资产处置收益	0.05	0.03	540.63%	-14.81%	0.20%
21	资产减值损失(新)	(0.84)	(0.37)	-570.84%	3.96%	-3.30%
22	信用减值损失(新)	0.26	0.11	-2888.88%		1.01%
23	营业利润	25.37	14.05	7.91%	44.27%	95.63%
24	加：营业外收入	1.21	0.37	2303.66%	82.16%	4.56%
25	其中：非流动资产处置利得		0.00			0.00%
26	减：营业外支出	0.05	0.04	230.50%	-3.58%	0.20%
27	其中：非流动资产处置净损失		0.00			0.00%
28	利润总额	26.53	14.38	12.70%	45.58%	
29	减：所得税	0.54	0.44	-44.43%	0.24%	2.02%
30	净利润	25.99	13.93	15.10%	48.28%	97.96%
31	(一)按经营持续性分类	0.00	0.00			
32	持续经营净利润	25.99	13.93	15.10%	48.28%	100.00%
33	(二)按所有权归属分类	0.00	0.00			
34	归属于母公司股东的净利润	26.17	13.36	15.39%	57.12%	100.69%
35	少数股东损益	(0.18)	0.58	77.37%	-36.16%	-0.69%
36	扣除非经常性损益后的净利润	22.52	11.47	7.29%	62.60%	86.65%
37	每股收益	0.00	0.00			
38	基本每股收益	1.98	1.11	12.36%	41.93%	
39	稀释每股收益	1.98	1.11	12.25%	41.89%	
40	其他综合收益	(0.35)	(0.22)	-176.09%	-25.27%	
41	归属于母公司股东的其他综合收益	(0.35)	(0.24)	-189.99%	-25.38%	-1.36%
42	归属于少数股东的其他综合收益		0.00			0.00%
43	综合收益总额	25.64	13.71	11.28%	56.69%	
44	归属于母公司股东的综合收益总额	25.82	13.12	11.92%	68.90%	-7377.14%
45	归属于少数股东的综合收益总额	(0.18)	0.59	516.45%	-35.93%	52.03%
46	盈利能力指标		0.00			
47	营业利润率	25.22%	0.17	-0.79%	28.19%	
48	净利润率	25.83%	16.58%	5.82%	31.76%	
49	成本费用利润率	34.02%	20.83%	4.23%	34.75%	
50	净资产收益率	13.61%	12.07%	-11.68%	6.17%	
51	总资产报酬率	11.04%	8.76%	-10.24%	14.07%	
52	总股本	13.20	11.23	6.14E-06	10.70%	
53	毛利	36.93	23.54	13.04%	23.63%	
54	毛利率	36.71%	29.51%	3.94%	9.85%	
55	核心利润	22.62	12.03	11.05%	42.67%	
56	核心利润盈亏平衡点	77.98	64.57	8.13%	8.03%	
57	安全边际率	0.22	0.14	2.13%	26.76%	
58	利润总盈亏平衡点	74.07	62.22	7.43%	6.86%	
59	安全边际率	0.26	0.17	3.61%	29.35%	

图 5－13　主程序运行效果

5.2.3　智能利润表评价报告

5.2.3.1　智能利润表评价报告架构

智能利润表评价报告包括基本情况分析、财务风险评估、措施建议三个部分。

1. 基本情况分析

（1）收益整体情况分析包括利润构成情况分析；核心利润情况分析；营业利润构成情况分析。

（2）收入成本分析包括收入构成分析；成本构成分析。

（3）净利润构成分析包括按所属权分析；每股收益分析；综合收益分析。

（4）盈利能力分析包括盈利率分析；盈亏平衡分析。

2. 财务风险评估

根据基本情况分析，指出企业可能存在的风险及其影响。

3. 措施建议

根据财务风险评估结果，有针对性地提出风险控制措施办法。

基本情况分析部分，系统将通过 VBA 代码智能获取分析结果；财务风险评估和措施建议部分，在将用 VBA 生成的基本情况分析结果输入给 ChatGPT 后，会智能生成一个完整的分析报告。

5.2.3.2 基本分析方法

智能利润表分析系统分析方法：

（1）总体分析，分析企业的盈利状况和变化趋势。

（2）结构分析，通过利润构成的结构分析，分析企业持续产生盈利的能力，利润形成的合理性。

（3）财务比率分析，利用财务比率指标进行评价分析。

（4）项目分析，对企业经营成果产生较大影响的项目和变化幅度较大的项目进行具体分析，主要是通过对比营业收入、营业成本、营业利润、利润总额、净利润增长趋势来判断问题原因和可能存在的风险。

5.3　VBA 与 ChatGPT 结合洞察整体收益情况

5.3.1　收益构成情况分析

5.3.1.1　分析重点

通过对利润表的水平分析，从利润的形成角度，反映利润额的变动情况，揭示企业在利润形成过程中的管理业绩及存在的问题。

营业收入总额：通过同比增长与历史平均增长水平进行的比较，分析判断企业营业收入增长能力。

营业成本总额：通过分析各成本项目所占比重，可以重点控制、调节和关注比重较大的成本项目的支出。通过与历史比较及营业收入增长的比较，分析判断企业成本控制能力。

营业利润：通过与历史比较及收入增长的比较，查找提升盈利能力的潜力。

利润总额：通过与历史比较及营业利润的比较，分析判断企业整体营业能力。

净利润：通过与历史比较及利润总增长的比较，分析判断企业对股东回报能力。

5.3.1.2　VBA 分析代码

步骤一：编写营业总收入分析代码。以利润基础表 M3：Q3 为数据源，将分析结果写入利润表分析报告 F4 单元格中。参考代码如下所示。

成功之钥匙

代码含义：

```
Sub 营业总收入()
    'i 代表描述信息变量
    Dim i As String,j,wa As Worksheet,wb As Worksheet,wc As Worksheet
```

```
    Set wa = Worksheets("利润表分析报告")
    Set wb = Worksheets("利润基础表")
    Set wc = Worksheets("智库")
    wa.Cells(1,6) = "利润表分析报告"
    wa.Cells(2,6) = "一、收益整体情况"
    wa.Cells(3,6) = "(一)收益基本构成情况"
    '读取数据
i = Format(wb.Cells(3,16),"同比增长 0.00% ;同比下降 0.00% ,") & Format(wb.Cells(3,17),"平均增长 0.00% ,;平均下降 0.00% ,")
    '如果同比增长高于平均水平,营收能力持续增强。
    If wb.Cells(3,16) > wb.Cells(3,17) And wb.Cells(3,16) > 0 And wb.Cells(3,17) > 0 Then
wa.Cells(4,6) = wb.Cells(2,14) & "," & wb.Cells(3,1) & Format(wb.Cells(3,14),"0.00") & "亿元," & i & "营收能力持续增强。"
    '如果同比增长等于平均增长,同比与平均都正增长,营收能力增长趋于稳定
    ElseIf wb.Cells(3,16) = wb.Cells(3,17) And wb.Cells(3,16) > 0 And wb.Cells(3,17) > 0 Then
wa.Cells(4,6) = wb.Cells(2,14) & "," & wb.Cells(3,1) & Format(wb.Cells(3,14),"0.00") & "亿元," & i & "营收能力趋于稳定。"
    '如果同比增长等于平均增长,同比增长和平均增长为负数,营收能下长趋缓
    ElseIf wb.Cells(3,16) = wb.Cells(3,17) And wb.Cells(3,16) < 0 And wb.Cells(3,17) < 0 Then
wa.Cells(4,6) = wb.Cells(2,14) & "," & wb.Cells(3,1) & Format(wb.Cells(3,14),"0.00") & "亿元," & i & "营收能力下滑趋缓。"
    '如果同比增长低于平均增长,同比增长和平均增长为正数,营收能力增速放缓
    ElseIf wb.Cells(3,16) < wb.Cells(3,17) And wb.Cells(3,16) > 0 And wb.Cells(3,17) > 0 Then
wa.Cells(4,6) = wb.Cells(2,14) & "," & wb.Cells(3,1) & Format(wb.Cells(3,14),"0.00") & "亿元," & i & "营收能力增速放缓。"
    '由平均负增长转为增长,营收能力开始复苏
    ElseIf wb.Cells(3,16) > wb.Cells(3,17) And wb.Cells(3,16) > 0 And wb.Cells(3,17) < 0 Then
wa.Cells(4,6) = wb.Cells(2,14) & "," & wb.Cells(3,1) & Format(wb.Cells(3,14),"0.00") & "亿元," & i & "营收能力开始复苏。"
    '由平均增长转为同比负增长,营收能力开始下滑
    ElseIf wb.Cells(3,16) < wb.Cells(3,17) And wb.Cells(3,16) < 0 And wb.Cells(3,17) > 0 Then
wa.Cells(4,6) = wb.Cells(2,14) & "," & wb.Cells(3,1) & Format(wb.Cells(3,14),"0.00") & "亿元," & i & "营收能力开始下滑。"
    '同比负增长低于平均负增长,营收能力下滑放缓
    ElseIf Abs(wb.Cells(3,16)) < Abs(wb.Cells(3,17)) And wb.Cells(3,16) < 0 And wb.Cells(3,17) < 0 Then
wa.Cells(4,6) = wb.Cells(2,14) & "," & wb.Cells(3,1) & Format(wb.Cells(3,14),"0.00") & "亿元," & i & "营收能力下滑放缓。"
    '同比负增长高于平均负增长,营收能力下滑持续加速
    ElseIf Abs(wb.Cells(3,16)) > Abs(wb.Cells(3,17)) And wb.Cells(3,16) < 0 And wb.Cells(3,17) < 0 Then
wa.Cells(4,6) = wb.Cells(2,14) & "," & wb.Cells(3,1) & Format(wb.Cells(3,14),"0.00") & "亿元," & i & "营收能力加速下滑。"
    End If
End Sub
```

步骤二：编写营业总成本分析代码。代码编写思路参见步骤一（下同）。参考代码如下所示。

成功之钥匙

代码含义：

```
Sub 营业总成本()
    Dim i,wa As Worksheet,wb As Worksheet,wc As Worksheet
    Set wa = Worksheets("利润表分析报告")
    Set wb = Worksheets("利润基础表")
    Set wc = Worksheets("智库")
i = Format(wb.Cells(5,16),"同比增长 0.00% ,;同比下降 0.00% ,") & Format(wb.Cells(5,17),"平均增长 0.00% 。;平均下降 0.00% 。")
    '如果同比增长高于平均水平,但低于营业收入平均增长率。
If wb.Cells(5,16) > wb.Cells(5,17) And wb.Cells(5,16) > 0 And wb.Cells(5,17) > 0 And wb.Cells(3,17) > 0 And wb.Cells(5,16) < wb.Cells(3,17) Then
wa.Cells(5,6) = wb.Cells(5,1) & Format(wb.Cells(5,14),"0.00") & "亿元," & i & "成本增长低于营收增长水平,说明企业成本控制较好。"
    '如果同比增长高于平均水平,同时高于营业收入平均增长率。
ElseIf wb.Cells(5,16) > wb.Cells(5,17) And wb.Cells(5,16) > 0 And wb.Cells(5,17) > 0 And wb.Cells(3,17) > 0 And wb.Cells(5,16) > wb.Cells(3,17) Then
wa.Cells(5,6) = wb.Cells(5,1) & Format(wb.Cells(5,14),"0.00") & "亿元," & i & "成本增长高于营收增长水平,说明企业成本控制存在问题。"
    '如果同比增长等于平均增长,同比增长与平均增长都为正数,高于营业收入增长
ElseIf wb.Cells(5,16) = wb.Cells(5,17) And wb.Cells(5,16) > 0 And wb.Cells(5,17) > 0 And wb.Cells(5,16) > wb.Cells(3,17) Then
wa.Cells(5,6) = wb.Cells(5,1) & Format(wb.Cells(5,14),"0.00") & "亿元," & i & "成本增长高于营收增长,说明企业边际收益空间收窄。"
    '如果同比增长等于平均增长,同比增长与平均增长都为正数,低于营业平均增长收入
ElseIf wb.Cells(5,16) = wb.Cells(5,17) And wb.Cells(5,16) < wb.Cells(3,17) And wb.Cells(5,16) > 0 And wb.Cells(5,17) > 0 And wb.Cells(3,17) > 0 Then
wa.Cells(5,6) = wb.Cells(5,1) & Format(wb.Cells(5,14),"0.00") & "亿元," & i & "成本增长低于营收增长,说明企业边际收益空间上升。"
    '如果同比增长等于平均增长,同比增长和平均增长为负数,营收入增长
ElseIf wb.Cells(5,16) = wb.Cells(5,17) And wb.Cells(5,16) < 0 And wb.Cells(5,16) < 0 And wb.Cells(3,17) > 0 Then
wa.Cells(5,6) = wb.Cells(5,1) & Format(wb.Cells(5,14),"0.00") & "亿元," & i & "成本下降,营收上升,说明企业成本控制较好,营收能力较强。"
    '如果同比增长等于平均增长,同比增长和平均增长为负数,营收入下降
ElseIf wb.Cells(5,16) = wb.Cells(5,17) And wb.Cells(5,16) < 0 And wb.Cells(5,16) < 0 And wb.Cells(3,17) < 0 Then
wa.Cells(5,6) = wb.Cells(5,1) & Format(wb.Cells(5,14),"0.00") & "亿元," & i & "成本下降,营收下降,说明企业营运能力收窄。"
    '如果同比增长低于平均增长,同比增长和平均增长为正数,并低于营业收入平均增长率。
```

```vba
ElseIf wb.Cells(5,16) <wb.Cells(5,17) And wb.Cells(5,16) >0 And wb.Cells(5,17) >0 And wb.Cells(3,17) >0 And wb.Cells(5,16) <wb.Cells(3,17) Then
wa.Cells(5,6)=wb.Cells(5,1) & Format(wb.Cells(5,14),"0.00") & "亿元," & i & "成本增长低于营收增长水平,成本上升趋缓,营收能力增强。"
    '如果同比增长低于平均增长,同比增长和平均增长为正数,但高于营业收入平均增长率。
ElseIf wb.Cells(5,16) <wb.Cells(5,17) And wb.Cells(5,16) >0 And wb.Cells(5,17) >0 And wb.Cells(3,17) >0 And wb.Cells(5,17) >wb.Cells(3,17) Then
wa.Cells(5,6)=wb.Cells(5,1) & Format(wb.Cells(5,14),"0.00") & "亿元," & i & "成本上升趋缓,但高于营收增长,制约了企业盈利上升空间。"
    '由平均负增长转为增长,但低于营业收入平均增长率。
ElseIf wb.Cells(5,16) >wb.Cells(5,17) And wb.Cells(5,16) >0 And wb.Cells(5,17) <0 And wb.Cells(3,17) >0 And wb.Cells(5,16) <wb.Cells(3,17) Then
wa.Cells(5,6)=wb.Cells(5,1) & Format(wb.Cells(5,14),"0.00") & "亿元," & i & "成本开始反弹,但低于营收增长水平,成本控制的较好。"
    '由平均负增长转为增长,但高于营业收入平均增长率。
ElseIf wb.Cells(5,16) >wb.Cells(5,17) And wb.Cells(5,16) >0 And wb.Cells(5,17) >0 And wb.Cells(3,16) >0 And wb.Cells(5,16) >wb.Cells(3,16) Then
wa.Cells(5,6)=wb.Cells(5,1) & Format(wb.Cells(5,14),"0.00") & "亿元," & i & "成本开始反弹,同时高于营收增长水平,边际收益空间收缩。"
    '由平均增长转为同比负增长,营业收入同比上升。
ElseIf wb.Cells(5,16) <wb.Cells(5,17) And wb.Cells(5,16) <0 And wb.Cells(5,17) >0 And wb.Cells(3,16) >0 And wb.Cells(5,16) <wb.Cells(3,16) Then
wa.Cells(5,6)=wb.Cells(5,1) & Format(wb.Cells(5,14),"0.00") & "亿元," & i & "成本回落,营收增长,边际收益空间上升。"
    '由平均增长转为同比负增长,营业收入同比下降。
ElseIf wb.Cells(5,16) <wb.Cells(5,17) And wb.Cells(5,16) <0 And wb.Cells(5,17) >0 And wb.Cells(3,16) <0 Then
wa.Cells(5,6)=wb.Cells(5,1) & Format(wb.Cells(5,14),"0.00") & "亿元," & i & "成本下降,营收下降,运营能力收缩。"
    '同比下降高于平均下降水平
ElseIf Abs(wb.Cells(5,16)) >Abs(wb.Cells(5,17)) And wb.Cells(5,16) <0 And wb.Cells(5,17) <0 Then
wa.Cells(5,6)=wb.Cells(5,1) & Format(wb.Cells(5,14),"0.00") & "亿元," & i & "成本控制能力好,提升了边际收益空间。"
    '同比下降低于平均下降水平
ElseIf Abs(wb.Cells(5,16)) <Abs(wb.Cells(5,17)) And wb.Cells(5,16) <0 And wb.Cells(5,17) <0 Then
wa.Cells(5,6)=wb.Cells(5,1) & Format(wb.Cells(5,14),"0.00") & "亿元," & i & "成本下降水平趋缓,制约了盈利上升空间。"
    End If
End Sub
```

步骤三：编写营业利润分析代码。参考代码如下所示。

成功之钥匙

代码含义：

```vba
Sub 营业利润()
    Dim i,wa As Worksheet,wb As Worksheet,wc As Worksheet
    Set wa = Worksheets("利润表分析报告")
    Set wb = Worksheets("利润基础表")
    Set wc = Worksheets("智库")
i=Format(wb.Cells(23,16),"同比增长0.00% ,;同比下降0.00% ,") & Format(wb.Cells(23,17),"平均增长0.00% ,;平均下降0.00% ,")
    '如果同比增长高于平均水平,高于营业收入平均增长。
If wb.Cells(23,16) >wb.Cells(23,17) And wb.Cells(23,16) >0 And wb.Cells(23,17) >0 And wb.Cells(23,16) >wb.Cells(3,17) Then
wa.Cells(6,6)=wb.Cells(23,1) & Format(wb.Cells(23,14),"0.00") & "亿元," & i & "同比增长高于平均水平,高于营业收入平均增长。盈利能力持续增强,生产效率提升。"
    '如果同比增长高于平均水平,低于营业收入平均增长。
ElseIf wb.Cells(23,16) >wb.Cells(23,17) And wb.Cells(23,16) >0 And wb.Cells(23,17) >0 And wb.Cells(23,16) <wb.Cells(3,17) Then
wa.Cells(6,6)=wb.Cells(23,1) & Format(wb.Cells(23,14),"0.00") & "亿元," & i & "同比增长高于平均水平,低于营业收入平均增长。运营效率提升,盈利能力持续增强。"
    '如果同比增长等于平均增长,高于营业收入平均增长
ElseIf wb.Cells(23,16) =wb.Cells(23,17) And wb.Cells(23,16) >0 And wb.Cells(23,17) >0 And wb.Cells(3,17) >0 And wb.Cells(23,16) >wb.Cells(3,17) Then
wa.Cells(6,6)=wb.Cells(23,1) & Format(wb.Cells(23,14),"0.00") & "亿元," & i & "同比增长等于平均增长,高于营业收入平均增长。生产效率提升,盈利能力趋稳。"
    '如果同比增长等于平均增长,低于营业收入平均增长
ElseIf wb.Cells(23,16) =wb.Cells(23,17) And wb.Cells(23,16) >0 And wb.Cells(23,17) >0 And wb.Cells(23,16) <wb.Cells(3,17) Then
wa.Cells(6,6)=wb.Cells(23,1) & Format(wb.Cells(23,14),"0.00") & "亿元," & i & "同比增长等于平均增长,低于营业收入平均增长。运营效率提升,盈利能力趋稳。"
    '同比下降等于平均下降水平,但营业收入平均增长
ElseIf wb.Cells(23,16) =wb.Cells(23,17) And wb.Cells(23,16) <0 And wb.Cells(23,17) <0 And wb.Cells(3,17) >0 Then
wa.Cells(6,6)=wb.Cells(23,1) & Format(wb.Cells(23,14),"0.00") & "亿元," & i & "同比下降等于平均下降水平,但营业收入平均增长。运营效率提升,盈利能力下降趋势为改。"
    '同比下降等于平均下降水平,营业收入同比下降
ElseIf wb.Cells(23,16) =wb.Cells(23,17) And wb.Cells(23,16) <0 And wb.Cells(23,17) <0 And wb.Cells(3,17) <0 Then
wa.Cells(6,6)=wb.Cells(23,1) & Format(wb.Cells(23,14),"0.00") & "亿元," & i & "同比下降等于平均下降水平,但营业收入平均下降。运营效率下降,盈利能力下降趋势未改。"
    '如果同比增长低于平均增长,高于营业收入平均增长
ElseIf wb.Cells(23,16) <wb.Cells(23,17) And wb.Cells(23,16) >0 And wb.Cells(23,17) >0 And wb.Cells(3,17) >0 And wb.Cells(23,16) >wb.Cells(3,17) Then
wa.Cells(6,6)=wb.Cells(23,1) & Format(wb.Cells(23,14),"0.00") & "亿元," & i & "如果同比增长低于平均增长,高于营业收入平均增长。运营效率下降,盈利能力趋缓。"
    '如果同比增长低于平均增长,低于营业收入平均增长
ElseIf wb.Cells(23,16) <wb.Cells(23,17) And wb.Cells(23,16) >0 And wb.Cells(23,17) >0 And wb.Cells(3,17) >0 And wb.Cells(23,16) <wb.Cells(3,17) Then
wa.Cells(6,6)=wb.Cells(23,1) & Format(wb.Cells(23,14),"0.00") & "亿元," & i & "如果同比增长低于平均增长,低于营业收入平均增长。运营效率下降,盈利能力回升。"
    '由平均负增长转为增长,高于营业收入平均增长
ElseIf wb.Cells(23,16) >wb.Cells(23,17) And wb.Cells(23,16) >0 And wb.Cells(23,17) <0 And wb.Cells(3,17) >0 And wb.Cells(23,16) >wb.Cells(3,17) Then
wa.Cells(6,6)=wb.Cells(23,1) & Format(wb.Cells(23,14),"0.00") & "亿元," & i & "由平均负增长转为增长,高于营业收入平均增长。生产效率提升,盈利能力回升。"
    '由平均负增长转为增长,低于营业收入平均增长
ElseIf wb.Cells(23,16) >wb.Cells(23,17) And wb.Cells(23,16) >0 And wb.Cells(23,17) <0 And wb.Cells(3,17) >0 And wb.Cells(23,16) <wb.Cells(3,17) Then
wa.Cells(6,6)=wb.Cells(23,1) & Format(wb.Cells(23,14),"0.00") & "亿元," & i & "由平均负增长转为增长,低于营业收入平均增长。运营效率提升,盈利能力回升。"
```

```
        '由平均增长转为同比负增长,盈利能力开始下滑
ElseIf wb.Cells(23,16) < wb.Cells(23,17) And wb.Cells(23,16) < 0 And wb.Cells(23,17) > 0 Then
wa.Cells(6,6)=wb.Cells(23,1) & Format(wb.Cells(23,14),"0.00") & "亿元," & i & "由平均增长转为同下降,盈利能力开始下滑。"
        '同比负增长高于平均负增长,营收能力持续下滑
ElseIf Abs(wb.Cells(23,16)) > Abs(wb.Cells(23,17)) And wb.Cells(23,16) < 0 And wb.Cells(23,17) < 0 Then
wa.Cells(6,6)=wb.Cells(23,1) & Format(wb.Cells(23,14),"0.00") & "亿元," & i & "同比下降高于平均下降水平,盈利能力持续下滑。"
        '同比负增长低于平均负增长,营收能力下滑持趋缓
ElseIf Abs(wb.Cells(23,16)) < Abs(wb.Cells(23,17)) And wb.Cells(23,16) < 0 And wb.Cells(23,17) < 0 Then
wa.Cells(6,6)=wb.Cells(23,1) & Format(wb.Cells(23,14),"0.00") & "亿元," & i & "同比下降低于平均下降水平,盈利能力下滑趋缓。"
    End If
End Sub
```

步骤四：编写利润总额分析代码。参考代码如下所示。

成功之钥匙

代码含义：

```
Sub 利润总额()
    Dim i,wa As Worksheet,wb As Worksheet,wc As Worksheet
    Set wa = Worksheets("利润表分析报告")
    Set wb = Worksheets("利润基础表")
    Set wc = Worksheets("智库")
i = Format(wb.Cells(28,16),"同比增长 0.00% ,;同比下降 0.00% ,") & Format(wb.Cells(28,17),"平均增长 0.00% 。;平均下降 0.00% 。")
        '如果同比增长高于平均水平,高于营业利润平均增长率。
If wb.Cells(28,16) > wb.Cells(28,17) And wb.Cells(28,16) > 0 And wb.Cells(28,17) > 0 And wb.Cells(23,17) > 0 And wb.Cells(28,16) > wb.Cells(23,17) Then
wa.Cells(7,6)=wb.Cells(28,1) & Format(wb.Cells(28,14),"0.00") & "亿元," & i & "同比增长高于平均水平,高于营业利润平均增长率。非营业收益增加,整体盈利能力提升。"
        '如果同比增长高于平均水平,低于营业利润平均增长率。
ElseIf wb.Cells(28,16) > wb.Cells(28,17) And wb.Cells(28,16) > 0 And wb.Cells(28,17) > 0 And wb.Cells(23,17) > 0 And wb.Cells(28,16) < wb.Cells(23,17) Then
wa.Cells(7,6)=wb.Cells(28,1) & Format(wb.Cells(28,14),"0.00") & "亿元," & i & "同比增长高于平均水平,低于营业利润平均增长率。非营业收益减少,整体盈利能力仍然在提升。"
        '如果同比增长等于平均增长,总体盈利能力增长趋于稳定
ElseIf wb.Cells(28,16) = wb.Cells(28,17) And wb.Cells(28,16) > 0 And wb.Cells(28,17) > 0 Then
wa.Cells(7,6)=wb.Cells(28,1) & Format(wb.Cells(28,14),"0.00") & "亿元," & i & "同比增长等于平均增长,总体盈利能力增长趋于稳定。"
        '如果同比增长等于平均增长,同比增长和平均增长为负数,营收能下滑趋缓
 ElseIf wb.Cells(28,16) = wb.Cells(28,17) And wb.Cells(28,16) < 0 And wb.Cells(28,17) < 0 Then
wa.Cells(7,6)=wb.Cells(28,1) & Format(wb.Cells(28,14),"0.00") & "亿元," & i & "同比下降等于平均下降水平,总体盈利能力下滑有所收敛。"
        '如果同比增长低于平均增长,高于营业利润平均增长率
ElseIf wb.Cells(28,16) < wb.Cells(28,17) And wb.Cells(28,16) > 0 And wb.Cells(28,17) > 0 And wb.Cells(23,17) > 0 And wb.Cells(28,16) > wb.Cells(23,17) Then
wa.Cells(7,6)=wb.Cells(28,1) & Format(wb.Cells(28,14),"0.00") & "亿元," & i & "同比增长低于平均增长,高于营业利润平均增长率。非营业收益增加,整体盈利能力趋缓。"
        '如果同比增长低于平均增长,低于于营业利润平均增长率
ElseIf wb.Cells(28,16) < wb.Cells(28,17) And wb.Cells(28,16) > 0 And wb.Cells(28,17) > 0 And wb.Cells(23,17) > 0 And wb.Cells(28,16) < wb.Cells(23,17) Then
wa.Cells(7,6)=wb.Cells(28,1) & Format(wb.Cells(28,14),"0.00") & "亿元," & i & "同比增长低于平均增长,低于营业利润平均增长率。非营业收益减少,整体盈利能力趋缓。"
        '由平均负增长转为增长,但低于营业利润平均增长率
ElseIf wb.Cells(28,16) > wb.Cells(28,17) And wb.Cells(28,16) > 0 And wb.Cells(28,17) < 0 And wb.Cells(23,17) > 0 And wb.Cells(28,16) < wb.Cells(23,17) Then
wa.Cells(7,6)=wb.Cells(28,1) & Format(wb.Cells(28,14),"0.00") & "亿元," & i & "由平均下降转为同比增长,但低于营业利润平均增长率。非营业收益虽然减少,但整体盈利能力开始回升。"
        '由平均负增长转为增长,同时高于营业利润平均增长率
ElseIf wb.Cells(28,16) > wb.Cells(28,17) And wb.Cells(28,16) > 0 And wb.Cells(28,17) < 0 And wb.Cells(23,17) > 0 And wb.Cells(28,16) > wb.Cells(23,17) Then
wa.Cells(7,6)=wb.Cells(28,1) & Format(wb.Cells(28,14),"0.00") & "亿元," & i & "由平均下降转为同比增长,高于营业利润平均增长率。非营业收益增加,整体盈利能力开始回升。"
        '由平均增长转为同比负增长,营业利润增长
ElseIf wb.Cells(28,16) < wb.Cells(28,17) And wb.Cells(28,16) < 0 And wb.Cells(28,17) > 0 And wb.Cells(23,17) > 0 Then
wa.Cells(7,6)=wb.Cells(28,1) & Format(wb.Cells(28,14),"0.00") & "亿元," & i & "由平均增长转为同比下降,营业利润增长。非营业收益减少,整体盈利能力开始下滑。"
        '由平均增长转为同比负增长,营业利润下降
ElseIf wb.Cells(28,16) < wb.Cells(28,17) And wb.Cells(28,16) < 0 And wb.Cells(28,17) > 0 And wb.Cells(23,17) < 0 Then
wa.Cells(7,6)=wb.Cells(28,1) & Format(wb.Cells(28,14),"0.00") & "亿元," & i & "由平均增长转为同比下降,营业利润下降,整体盈利能力开始下滑。"
        '同比负增长高于平均负增长,整体盈利能力持续下滑
ElseIf Abs(wb.Cells(28,16)) > Abs(wb.Cells(28,17)) And wb.Cells(28,16) < 0 And wb.Cells(28,17) < 0 Then
wa.Cells(7,6)=wb.Cells(28,1) & Format(wb.Cells(28,14),"0.00") & "亿元," & i & "同比下降高于平均下降水平,整体盈利能力持续下滑。"
        '同比负增长低于平均负增长,营收能力下滑趋缓
ElseIf Abs(wb.Cells(28,16)) < Abs(wb.Cells(28,17)) And wb.Cells(28,16) < 0 And wb.Cells(28,17) < 0 Then
wa.Cells(7,6)=wb.Cells(28,1) & Format(wb.Cells(28,14),"0.00") & "亿元," & i & "同比下降低于平均下降水平,整体盈利能力下滑趋缓。"
    End If
End Sub
```

步骤五：编写净利润分析代码。参考代码如下所示。

🔑 成功之钥匙

代码含义：

```vba
Sub 净利润()
    Dim i, wa As Worksheet, wb As Worksheet, wc As Worksheet
    Set wa = Worksheets("利润表分析报告")
    Set wb = Worksheets("利润基础表")
    Set wc = Worksheets("智库")
i = Format(wb.Cells(30,16),"同比增长 0.00% ;,同比下降 0.00% ,") & Format(wb.Cells(30,17),"平均增长 0.00% ;平均下降 0.00% ")
    '如果同比增长高于平均水平,高于利润总额平均增长率,股东回报持续增强。
    If wb.Cells(30,16) > wb.Cells(30,17) And wb.Cells(30,16) > 0 And wb.Cells(30,17) > 0 And wb.Cells(28,17) > 0 And wb.Cells(30,16) > wb.Cells(28,17) Then
    wa.Cells(8,6) = wb.Cells(30,1) & Format(wb.Cells(30,14),"0.00") & "亿元," & i & "同比增长高于平均水平,高于利润总额平均增长率,股东回报持续增强。"
        '如果同比增长高于平均水平,低于利润总额平均增长率,营收能力持续增强。
    ElseIf wb.Cells(30,16) > wb.Cells(30,17) And wb.Cells(30,16) > 0 And wb.Cells(30,17) > 0 And wb.Cells(28,17) > 0 And wb.Cells(30,16) < wb.Cells(28,17) Then
    wa.Cells(8,6) = wb.Cells(30,1) & Format(wb.Cells(30,14),"0.00") & "亿元," & i & "同比增长高于平均水平,低于利润总额平均增长率,股东回报能力减弱。"
        '如果同比增长等于平均增长,股东回报能力趋于稳定
    ElseIf wb.Cells(30,16) = wb.Cells(30,17) And wb.Cells(30,16) > 0 And wb.Cells(30,17) > 0 Then
    wa.Cells(8,6) = wb.Cells(30,1) & Format(wb.Cells(30,14),"0.00") & "亿元," & i & "同比增长等于平均增长,股东回报能力趋于稳定。"
        '如果同比增长等于平均增长,同比增长和平均增长为负数,股东回报下滑势头未改
    ElseIf wb.Cells(30,16) = wb.Cells(30,17) And wb.Cells(30,16) < 0 And wb.Cells(30,17) < 0 Then
    wa.Cells(8,6) = wb.Cells(30,1) & Format(wb.Cells(30,14),"0.00") & "亿元," & i & "同比下降等于平均下降水平,股东回报能力未得到改善。"
        '如果同比增长低于平均增长,高于利润总平均增长,同比增长和平均增长为正数,股东回报能力增速放缓
    ElseIf wb.Cells(30,16) < wb.Cells(30,17) And wb.Cells(30,16) > 0 And wb.Cells(30,17) > 0 And wb.Cells(28,17) > 0 And wb.Cells(30,16) > wb.Cells(28,17) Then
    wa.Cells(8,6) = wb.Cells(30,1) & Format(wb.Cells(30,14),"0.00") & "亿元," & i & "同比增长低于平均增长,高于利润总平均增长,股东回报能力增速放缓。"
        '如果同比增长低于平均增长,低于利润总平均增长,同比增长和平均增长为正数,营收能力增速放缓
    ElseIf wb.Cells(30,16) < wb.Cells(30,17) And wb.Cells(30,16) > 0 And wb.Cells(30,17) > 0 And wb.Cells(28,17) > 0 And wb.Cells(30,16) < wb.Cells(28,17) Then
    wa.Cells(8,6) = wb.Cells(30,1) & Format(wb.Cells(30,14),"0.00") & "亿元," & i & "同比增长低于平均增长,低于利润总平均增长,股东回报能力趋紧。"
        '由平均负增长转为增长,同比增长高于利润总平均增长
    ElseIf wb.Cells(30,16) > wb.Cells(30,17) And wb.Cells(30,16) > 0 And wb.Cells(30,17) < 0 And wb.Cells(28,17) > 0 And wb.Cells(30,16) > wb.Cells(28,17) Then
    wa.Cells(8,6) = wb.Cells(30,1) & Format(wb.Cells(30,14),"0.00") & "亿元," & i & "由平均下降转为平均增长,同比增长高于利润总平均增长,股东回报能力开始回升。"
        '由平均负增长转为增长,同比增长低于利润总平均增长
    ElseIf wb.Cells(30,16) > wb.Cells(30,17) And wb.Cells(30,16) > 0 And wb.Cells(30,17) < 0 And wb.Cells(28,17) > 0 And wb.Cells(30,16) < wb.Cells(28,17) Then
    wa.Cells(8,6) = wb.Cells(30,1) & Format(wb.Cells(30,14),"0.00") & "亿元," & i & "由平均下降转为平均增长,同比增长低于利润总平均增长,股东回报能力开始回升,但不够稳定。"
        '由平均增长转为同比负增长,利润总额平均增长
    ElseIf wb.Cells(30,16) < wb.Cells(30,17) And wb.Cells(30,16) < 0 And wb.Cells(30,17) > 0 And wb.Cells(28,17) > 0 Then
    wa.Cells(8,6) = wb.Cells(30,1) & Format(wb.Cells(30,14),"0.00") & "亿元," & i & "由平均增长转为同比下降,利润总额平均增长,整体盈利水平虽然有所提升,但股东回报能力开始回落。"
        '由平均增长转为同比负增长,利润总额平均下降
    ElseIf wb.Cells(30,16) < wb.Cells(30,17) And wb.Cells(30,16) < 0 And wb.Cells(30,17) > 0 And wb.Cells(28,17) < 0 Then
    wa.Cells(8,6) = wb.Cells(30,1) & Format(wb.Cells(30,14),"0.00") & "亿元," & i & "由平均增长转为同比下降,利润总额平均下降,股东回报能力开始下滑。"
        '同比负增长高于平均负增长,股东回报能力持续下滑
    ElseIf Abs(wb.Cells(30,16)) > Abs(wb.Cells(30,17)) And wb.Cells(30,16) < 0 And wb.Cells(30,17) < 0 Then
    wa.Cells(8,6) = wb.Cells(30,1) & Format(wb.Cells(30,14),"0.00") & "亿元," & i & "同比负增长高于平均增长,股东回报能力持续下滑。"
        '同比负增长低于平均负增长,股东回报能力下滑趋缓
    ElseIf Abs(wb.Cells(30,16)) < Abs(wb.Cells(30,17)) And wb.Cells(30,16) < 0 And wb.Cells(30,17) < 0 Then
    wa.Cells(8,6) = wb.Cells(30,1) & Format(wb.Cells(30,14),"0.00") & "亿元," & i & "同比下降低于平均下降水平,股东回报能力下滑趋缓。"
    End If
End Sub
```

步骤六：设置按钮。进入"利润表分析报告"工作表界面：点击开发工具—插入—表单控件—按钮▨▨▨—将十字花放置到"利润表析报告"工作表 G4 单元格—在宏名称中选定"营业总收入"代码名称，按钮名称为"收入"。营业总成本、营业利润、利润总额、净利润代码按钮设置方法相同。如图 5-14 所示。

步骤七：修改报告。点击修改项目按钮，便可从"智库"中随机选取满意的分析结果。

5.3.1.3 可视化图型

步骤一：编写设置图表代码。

从利润基础工作表中选取 N2：Q2，N3：Q3，N5：Q5，N23：Q23，N28：Q28，N30：Q30 区域，作为图表代码数据源，制作成嵌入式柱形图，存放到"利润表分析报告"工作表 F9：F21 区域。参考代码如下所示。

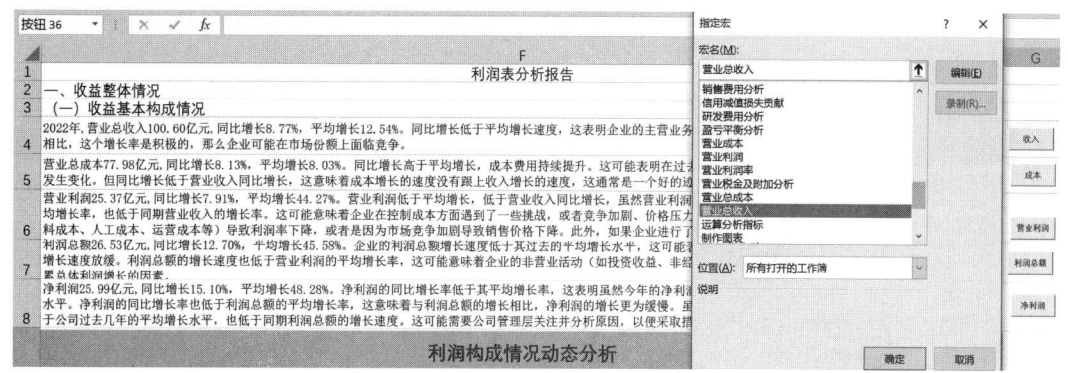

图 5-14 设置代码按钮

成功之钥匙

代码含义：

```
Sub 制作收益基本构成情况图表()
    Dim wa As Worksheet
    Dim ws As Worksheet
    Dim cht As ChartObject
    Dim rng As Range
    '选择"利润基础表"工作表
    Set wa = ThisWorkbook.Sheets("利润基础表")
    '复制 M2:Q2,M3:Q3,M5:Q5,M23:Q23,M28:Q28,M30:Q30 区域的数据
    wa.Range("M2:Q2,M3:Q3,M5:Q5,M23:Q23,M28:Q28,M30:Q30").Copy
    '将数据粘贴到 T2:X6 区域
    wa.Range("T2:X6").PasteSpecial Paste: = xlPasteValues
    '设置工作表
    Set ws = ThisWorkbook.Sheets("利润表分析报告")
    '定义图表位置
    Set rng = ws.Range("F9")
    '在工作表中插入一个图表对象
    Set cht = ws.ChartObjects.Add(Left: = rng.Left,Width: = 700,Top: = rng.Top,Height: = 180)
    '设置图表数据源
    cht.chart.SetSourceData Source: = wa.Range("$T$2:$X$6")
    '设置图表类型为柱形图
    cht.chart.chartType = xlColumnClustered
    '添加数据标签
    cht.chart.SeriesCollection(1).ApplyDataLabels
    '设置图表标题
    cht.chart.HasTitle = True
    cht.chart.ChartTitle.Text = "收益基本构成情况分析"
    '设置图例位置
    cht.chart.HasLegend = True
    cht.chart.Legend.Position = xlLegendPositionBottom
End Sub
```

步骤二：运行代码，在利润表分析报告便可看到柱形图。如图 5-15 所示。

5.3.1.4 VBA 与 ChatGPT 结合生成收益构成情况分析报告

将通过 VBA 生成的智能分析基本情况，导入 ChatGPT，可以生成利润构成情况综合报告。

步骤一：通过编写 VBA 代码，将"利润分析报告中"收益基本构成情况 F3:F8 区域分析结果导入 Word 文档中。参考代码如下所示。

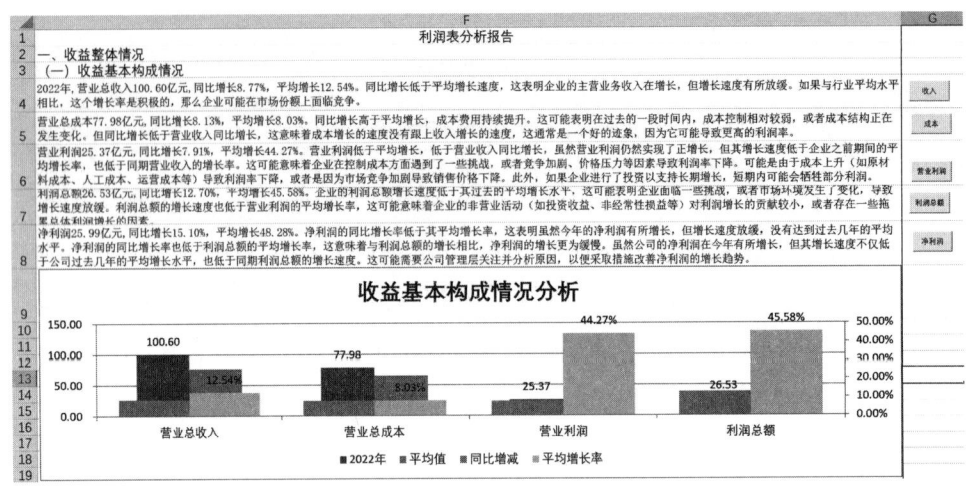

图 5-15　收益构成情况动态分析图

成功之钥匙

代码含义：

```vba
Sub 将利润表分析报告导入文档()
    Dim WordApp As Object
    Dim WordDoc As Object
    Dim ExcelRange As Range
    Dim WordRange As Object
    Dim rowCount As Integer
    Dim i As Integer
    ' 创建一个新的 Word 文档
    Set WordApp = CreateObject("Word.Application")
    WordApp.Visible = True
    Set WordDoc = WordApp.Documents.Add
    ' 指定 Excel 中的数据范围
    Set ExcelRange = ThisWorkbook.Sheets("利润表分析报告").Range("F3:F8")
    ' 在 Word 文档中逐行插入 Excel 数据
    Set WordRange = WordDoc.Content
    For i = 1 To ExcelRange.Rows.Count
        WordRange.InsertAfter ExcelRange.Cells(i, 1).Value & vbCrLf
        Set WordRange = WordDoc.Content
    Next i
    ' 清除对象
    Set WordApp = Nothing
    Set WordDoc = Nothing
    Set ExcelRange = Nothing
    Set WordRange = Nothing
End Sub
```

步骤二：运行代码。在 Word 文档中获得导入结果。如图 5-16 所示。

步骤三：编辑"提示词"。在导入的文档中添加上："你是财务分析师，我向你提供背景资料，请帮助写一个《收益基本构成情况分析报告》。报告分：情况分析、财务分析评估、措施建议三个部分。"编辑后的提示词，如图 5-17 所示。

步骤四：将提示词复制粘贴到 ChatGPT 提问区输入窗口。Ctrl + V，点击回车，便可获取智能分析报告。如图 5-18 所示。

步骤五：点击 ChatGPT 答复期右上角复制按钮■，便可将反馈报告复制粘贴到 Word 文档中。

(一) 收益基本构成情况

2022年,营业总收入100.60亿元,同比增长8.77%,平均增长12.54%。同比增长低于平均增长速度,这表明企业的主营业务收入在增长,但增长速度有所放缓。如果与行业平均水平相比,这个增长率是积极的,那么企业可能在市场份额上面临竞争。

营业总成本77.98亿元,同比增长8.13%,平均增长8.03%。同比增长高于平均增长,成本费用持续提升。这可能表明在过去的一段时间内,成本控制相对较弱,或者成本结构正在发生变化。但同比增长低于营业收入同比增长,这意味着成本增长的速度没有跟上收入增长的速度,这通常是一个好的迹象,因为它可能导致更高的利润率。

营业利润25.37亿元,同比增长7.91%,平均增长44.27%。营业利润低于平均增长,低于营业收入同比增长,虽然营业利润仍然实现了正增长,但其增长速度低于企业之前期间的平均增长率,也低于同期营业收入的增长率。这可能意味着企业在控制成本方面遇到了一些挑战,或者竞争加剧、价格压力等因素导致利润率下降。可能是由于成本上升(如原材料成本、人工成本、运营成本等)导致利润率下降,或者是因为市场竞争加剧导致销售价格下降。此外,如果企业进行了投资以支持长期增长,短期内可能会牺牲部分利润。

利润总额26.53亿元,同比增长12.70%,平均增长45.58%。企业的利润总额增长速度低于其过去的平均增长水平,这可能表明企业面临一些挑战,或者市场环境发生了变化,导致增长速度放缓。利润总额的增长速度也低于营业利润的平均增长率,这可能意味着企业的非营业活动(如投资收益、非经常性损益等)对利润增长的贡献较小,或者存在一些拖累总体利润增长的因素。

净利润25.99亿元,同比增长15.10%,平均增长48.28%。净利润的同比增长率低于其平均增长率,这表明虽然今年的净利润有所增长,但增长速度放缓,没有达到过去几年的平均水平。净利润的同比增长率也低于利润总额的平均增长率,这意味着与利润总额的增长相比,净利润的增长更为缓慢。虽然公司的净利润在今年有所增长,但其增长速度不仅低于公司过去几年的平均增长水平,也低于同期利润总额的增长速度。这可能需要公司管理层关注并分析原因,以便采取措施改善净利润的增长趋势。

图5-16 导入数据效果图

你是财务分析师,我向你提供背景资料,请帮助写一个《收益基本构成情况分析报告》。报告分:情况分析、财务分析评估、措施建议三个部分。背景资料如下:

收益基本构成情况分析报告

一、**情况分析**(要求:要详细描述背景资料中5项指标数据,包括同比增长、平均增长等数据,分析指标变化原因,进行平均。)

1、2022年,营业总收入100.60亿元,同比增长8.77%,平均增长12.54%。同比增长低于平均增长速度,这表明企业的主营业务收入在增长,但增长速度有所放缓。如果与行业平均水平相比,这个增长率是积极的,那么企业可能在市场份额上面临竞争。

2、营业总成本77.98亿元,同比增长8.13%,平均增长8.03%。同比增长高于平均增长,成本费用持续提升。这可能表明在过去的一段时间内,成本控制相对较弱,或者成本结构正在发生变化。但同比增长低于营业收入同比增长,这意味着成本增长的速度没有跟上收入增长的速度,这通常是一个好的迹象,因为它可能导致更高的利润率。

3、营业利润25.37亿元,同比增长7.91%,平均增长44.27%。营业利润低于平均增长,低于营业收入同比增长,虽然营业利润仍然实现了正增长,但其增长速度低于企业之前期间的平均增长率,也低于同期营业收入的增长率。这可能意味着企业在控制成本方面遇到了一些挑战,或者竞争加剧、价格压力等因素导致利润率下降。可能是由于成本上升(如原材料成本、人工成本、运营成本等)导致利润率下降,或者是因为市场竞争加剧导致销售价格下降。此外,如果企业进行了投资以支持长期增长,短期内可能会牺牲部分利润。

4、利润总额26.53亿元,同比增长12.70%,平均增长45.58%。企业的利润总额增长速度低于其过去的平均增长水平,这可能表明企业面临一些挑战,或者市场环境发生了变化,导致增长速度放缓。利润总额的增长速度也低于营业利润的平均增长率,这可能意味着企业的非营业活动(如投资收益、非经常性损益等)对利润增长的贡献较小,或者存在一些拖累总体利润增长的因素。

5、净利润25.99亿元,同比增长15.10%,平均增长48.28%。净利润的同比增长率低于其平均增长率,这表明虽然今年的净利润有所增长,但增长速度放缓,没有达到过去几年的平均水平。净利润的同比增长率也低于利润总额的平均增长率,这意味着与利润总额的增长相比,净利润的增长更为缓慢。虽然公司的净利润在今年有所增长,但其增长速度不仅低于公司过去几年的平均增长水平,也低于同期利润总额的增长速度。这可能需要公司管理层关注并分析原因,以便采取措施改善净利润的增长趋势。

二、**财务风险评估**(要求:根据情况分析结果,详细描述企业可能存在的财务风险。)

三、**措施建议**(要求:根据财务分析评估情况,提出有针对性的措施建议。)

图5-17 编辑后的提示词

图 5-18 ChatGPT 反馈的智能报告

《收益基本构成情况分析报告》

一、情况分析

1. 2022 年,营业总收入为 100.60 亿元,同比增长 8.77%,平均增长 12.54%。尽管营业总收入实现了同比增长,但增长速度低于平均增长速度,这可能表明企业在市场中的竞争地位面临挑战,或者主营业务收入的增长动力有所减弱。

2. 营业总成本为 77.98 亿元,同比增长 8.13%,平均增长 8.03%。成本的增长速度高于营业收入的增长速度,这可能是由于成本控制措施不足或成本结构发生了变化。如果成本上涨是由于原材料成本、人工成本或运营成本等因素,那么企业可能需要寻找成本节约的机会来维持利润率。

3. 营业利润为 25.37 亿元,同比增长 7.91%,平均增长 44.27%。营业利润的增长速度低于营业收入和营业成本的增长速度,这表明企业在成本控制或定价策略上可能存在问题。如果市场竞争加剧或价格压力增大,企业可能需要重新评估其产品定价策略以保持盈利能力。

4. 利润总额为 26.53 亿元,同比增长 12.70%,平均增长 45.58%。利润总额的增长速度低于营业利润的增长速度,这可能意味着企业的非营业活动(如投资收益、非经常性损益等)对利润增长的贡献较小,或者存在一些拖累总体利润增长的因素。

5. 净利润为 25.99 亿元,同比增长 15.10%,平均增长 48.28%。净利润的增长速度虽然高于营业利润和利润总额的增长速度,但低于其平均增长速度,这表明企业可能面临一些挑战,影响其净利润的增长。

二、财务风险评估

基于上述情况分析,企业可能面临的财务风险包括:

1. 成本控制不足:如果企业无法有效控制成本,尤其是在成本上涨的情况下,可能会侵蚀利润率,影响盈利能力。

2. 市场竞争加剧:激烈的市场竞争可能导致企业不得不降低价格以维持市场份额,这可能会压缩利润空间。

3. 定价策略调整:如果企业的定价策略不当,可能会导致收入增长不足以覆盖成本上涨,进而影响利润。

4. 非营业活动影响:企业非营业活动的表现可能会影响总体利润的增长,如果这些活动表现不佳,可能会对净利润产生负面影响。

三、措施建议

针对上述财务风险，提出以下措施建议：

1. 强化成本控制：企业应通过提高效率和优化成本结构来降低成本，以保护利润率。
2. 优化定价策略：企业应评估并调整定价策略，以确保收入增长能够覆盖成本上涨。
3. 市场竞争应对：企业应通过提升产品和服务的质量及差异化来应对市场竞争，减少价格战的影响。
4. 增强非营业活动：企业应关注并优化非营业活动，如投资收益和政府补贴等，以提高总体利润。
5. 持续经营改进：企业应持续改进经营流程，提高管理效率，降低不必要的开支。

通过实施这些措施，企业可以增强其财务状况，提升盈利能力，并应对潜在的财务风险。

5.3.2 核心利润情况分析

5.3.2.1 分析重点

通过对企业初始获利能力和经营活动盈利能力动态分析，判断企业盈利发展趋势。

毛利：毛利水平反映了企业初始获利能力，它是企业实现利润总额的起点，可以表明对营业费用、管理费用、财务费用等期间费用的承受能力。

毛利率：毛利率是毛利与营业收入净额之比。其中毛利等于营业收入净额扣除成本后的差额。其计算公式为：

$$收入毛利率 = (主营业务收入 - 主营业务成本)/主营业务收入$$

通过对毛利率分析，可以掌握毛利水平和期间费用两个因素对获得利润的影响。

核心利润：核心利润 = 毛利 – 三项费用（销售费用、管理费用、财务费用） – 营业税金及附加。反映企业的纯经营活动带来的利润，这是分析企业经营活动盈利能力的核心。

5.3.2.2 VBA 智能分析代码

步骤一：编写毛利分析代码。用于在利润基础表中分析数据，并在利润表分析报告中显示与毛利相关的分析结果。参考代码如下所示。

成功之钥匙

代码含义：

```
Sub 毛利润()
    Dim i,wa As Worksheet,wb As Worksheet,wc As Worksheet
    Set wa = Worksheets("利润表分析报告")
    Set wb = Worksheets("利润基础表")
    Set wc = Worksheets("智库")
    wa.Cells(22,6) = "(二)核心利润情况分析"
i = Format(wb.Cells(53,16),"同比增长 0.00% ;同比下降 0.00%") & Format(wb.Cells(53,17),"平均增长 0.00% ;平均下降 0.00% ")
    '如果同比增长高于平均水平,初始盈利能力持续增强。
    If wb.Cells(53,16) > wb.Cells(53,17) And wb.Cells(53,16) > 0 And wb.Cells(53,17) > 0 Then
wa.Cells(23,6) = wb.Cells(2,14) & "," & wb.Cells(53,1) & Format(wb.Cells(53,14),"0.00") & "亿元," & i & "初始盈利能力持续增强。"
    '如果同比增长等于平均增长,同比与平均都正增长,盈利能力增长趋于稳定
    ElseIf wb.Cells(53,16) = wb.Cells(53,17) And wb.Cells(53,16) > 0 And wb.Cells(53,17) > 0 Then
wa.Cells(23,6) = wb.Cells(2,14) & "," & wb.Cells(53,1) & Format(wb.Cells(53,14),"0.00") & "亿元," & i & "盈利能力增长趋于稳定。"
    '如果同比增长等于平均增长,同比增长和平均增长为负数,盈利能下滑长趋缓
    ElseIf wb.Cells(53,16) = wb.Cells(53,17) And wb.Cells(53,16) < 0 And wb.Cells(53,17) < 0 Then
wa.Cells(23,6) = wb.Cells(2,14) & "," & wb.Cells(53,1) & Format(wb.Cells(53,14),"0.00") & "亿元," & i & "盈利能下滑长趋缓。"
    '如果同比增长低于平均增长,同比增长和平均增长为正数,初始盈利能力增速放缓
    ElseIf wb.Cells(53,16) < wb.Cells(53,17) And wb.Cells(53,16) > 0 And wb.Cells(53,17) > 0 Then
wa.Cells(23,6) = wb.Cells(2,14) & "," & wb.Cells(53,1) & Format(wb.Cells(53,14),"0.00") & "亿元," & i & "初始盈利能力增速放缓。"
    '由平均负增长转为增长,初始盈利能力开始复苏
    ElseIf wb.Cells(53,16) > wb.Cells(53,17) And wb.Cells(53,16) > 0 And wb.Cells(53,17) < 0 Then
```

```vba
wa.Cells(23,6) =wb.Cells(2,14) & "," & wb.Cells(53,1) & Format(wb.Cells(53,14),"0.00") & "亿元," & i & "初始盈利能力开始复苏。"
        '由平均增长转为同比负增长,初始盈利能力开始下滑
    ElseIf wb.Cells(53,16) < wb.Cells(53,17) And wb.Cells(53,16) <0 And wb.Cells(53,17) >0 Then
wa.Cells(23,6) =wb.Cells(2,14) & "," & wb.Cells(53,1) & Format(wb.Cells(53,14),"0.00") & "亿元," & i & "初始盈利能力开始下滑。"
        '同比负增长低于平均负增长,初始盈利能力下滑放缓
ElseIf Abs(wb.Cells(53,16)) < Abs(wb.Cells(53,17)) And wb.Cells(53,16) <0 And wb.Cells(53,17) <0 Then
wa.Cells(23,6) =wb.Cells(2,14) & "," & wb.Cells(53,1) & Format(wb.Cells(53,14),"0.00") & "亿元," & i & "初始盈利能力下滑放缓。"
        '同比负增长高于平均负增长,初始盈利能力持续下滑
ElseIf Abs(wb.Cells(53,16)) > Abs(wb.Cells(53,17)) And wb.Cells(53,16) <0 And wb.Cells(53,17) <0 Then
wa.Cells(23,6) =wb.Cells(2,14) & "," & wb.Cells(53,1) & Format(wb.Cells(53,14),"0.00") & "亿元," & i & "初始盈利能力持续下滑。"
        End If
End Sub
```

步骤二：编写毛利率分析代码。参考代码如下所示。

👆 成功之钥匙

代码含义：

```vba
Sub 毛利率()
    Dim i,wa As Worksheet,wb As Worksheet,wc As Worksheet
    Set wa=Worksheets("利润表分析报告")
    Set wb=Worksheets("利润基础表")
    Set wc=Worksheets("智库")
i=Format(wb.Cells(54,16),"同比增长 0.00% ,;同比下降 0.00% ,") & Format(wb.Cells(54,17),"平均增长 0.00% 。;平均下降 0.00% 。")
        '如果同比增长高于平均水平,产品竞争能力持续增强
    If wb.Cells(54,16) > wb.Cells(54,17) And wb.Cells(54,16) >0 And wb.Cells(54,17) >0 Then
wa.Cells(24,6) =wb.Cells(54,1) & Format(wb.Cells(54,14),"0.00") & "亿元," & i & "产品竞争能力持续增强。"
        '如果同比增长等于平均增长,同比与平均都正增长,产品竞争能力趋于稳定
    ElseIf wb.Cells(54,16) = wb.Cells(54,17) And wb.Cells(54,16) >0 And wb.Cells(54,17) >0 Then
wa.Cells(24,6) =wb.Cells(54,1) & Format(wb.Cells(54,14),"0.00") & "亿元," & i & "产品竞争能力趋于稳定。"
        '如果同比增长等于平均增长,同比增长和平均增长为负数,产品竞争能力下滑长趋缓
    ElseIf wb.Cells(54,16) = wb.Cells(54,17) And wb.Cells(54,16) <0 And wb.Cells(54,17) <0 Then
wa.Cells(24,6) =wb.Cells(54,1) & Format(wb.Cells(54,14),"0.00") & "亿元," & i & "产品竞争能力下滑长趋缓。"
        '如果同比增长低于平均增长,同比增长和平均增长为正数,产品竞争能力增速放缓
    ElseIf wb.Cells(54,16) < wb.Cells(54,17) And wb.Cells(54,16) >0 And wb.Cells(54,17) >0 Then
wa.Cells(24,6) =wb.Cells(54,1) & Format(wb.Cells(54,14),"0.00") & "亿元," & i & "产品竞争能力增速放缓。"
        '由平均负增长转为增长,产品竞争能力开始复苏
    ElseIf wb.Cells(54,16) > wb.Cells(54,17) And wb.Cells(54,16) >0 And wb.Cells(54,17) <0 Then
wa.Cells(24,6) =wb.Cells(54,1) & Format(wb.Cells(54,14),"0.00") & "亿元," & i & "产品竞争能力开始复苏。"
        '由平均增长转为同比负增长,产品竞争能力开始下滑
    ElseIf wb.Cells(54,16) < wb.Cells(54,17) And wb.Cells(54,16) <0 And wb.Cells(54,17) >0 Then
wa.Cells(24,6) =wb.Cells(54,1) & Format(wb.Cells(54,14),"0.00") & "亿元," & i & "产品竞争能力开始下滑。"
        '同比负增长低于平均负增长,产品竞争能力下滑放缓
    ElseIf Abs(wb.Cells(54,16)) < Abs(wb.Cells(54,17)) And wb.Cells(54,16) <0 And wb.Cells(54,17) <0 Then
wa.Cells(24,6) =wb.Cells(54,1) & Format(wb.Cells(54,14),"0.00") & "亿元," & i & "产品竞争能力下滑放缓。"
        '同比负增长高于平均负增长,产品竞争能力持续下滑
    ElseIf Abs(wb.Cells(54,16)) > Abs(wb.Cells(54,17)) And wb.Cells(54,16) <0 And wb.Cells(54,17) <0 Then
wa.Cells(24,6) =wb.Cells(54,1) & Format(wb.Cells(54,14),"0.00") & "亿元," & i & "产品竞争能力持续下滑。"
        End If
End Sub
```

步骤三：编写核心利润分析代码。参考代码如下所示。

👆 成功之钥匙

代码含义：

```vba
Sub 核心利润()
    Dim i,wa As Worksheet,wb As Worksheet,wc As Worksheet
    Set wa=Worksheets("利润表分析报告")
    Set wb=Worksheets("利润基础表")
    Set wc=Worksheets("智库")
i=Format(wb.Cells(55,16),"同比增长 0.00% ,;同比下降 0.00% ,") & Format(wb.Cells(55,17),"平均增长 0.00% 。;平均下降 0.00% 。")
        '核心利润同比增长高于平均增长,经营能力增强,核心盈利能力持续提高。
    If wb.Cells(55,16) > wb.Cells(55,17) And wb.Cells(55,16) >0 And wb.Cells(55,17) >0 Then
wa.Cells(25,6) =wb.Cells(55,1) & Format(wb.Cells(55,14),"0.00") & "亿元," & i & "核心盈利能力持续提高。"
        '核心利润同比增长等于平均增长,经营能力稳健,核心盈利能力趋稳。
```

```
    ElseIf wb.Cells(55,16)=wb.Cells(55,17) And wb.Cells(55,16)>0 And wb.Cells(55,17)>0 Then
wa.Cells(25,6)=wb.Cells(55,1) & Format(wb.Cells(55,14),"0.00") & "亿元," & i & "经营能力稳健,核心盈利能力趋稳。"
        '核心利润同比下降等于平均下降水平,经营能力仍在下滑,核心盈利能力下滑没有改观。
    ElseIf wb.Cells(55,16)=wb.Cells(55,17) And wb.Cells(55,16)<0 And wb.Cells(55,17)<0 Then
wa.Cells(25,6)=wb.Cells(55,1) & Format(wb.Cells(55,14),"0.00") & "亿元," & i & "经营能力仍在下滑,核心盈利能力下滑没有改观。"
        '核心利润同比增长低于平均增长,经营能力趋弱,核心盈利能力放缓。
    ElseIf wb.Cells(55,16)<wb.Cells(55,17) And wb.Cells(55,16)>0 And wb.Cells(55,17)>0 Then
wa.Cells(25,6)=wb.Cells(55,1) & Format(wb.Cells(55,14),"0.00") & "亿元," & i & "经营能力趋弱,核心盈利能力放缓。"
        '核心利润由平均下降转为同比增长,经营能力开始复苏,核心盈利能力回升。
    ElseIf wb.Cells(55,16)>wb.Cells(55,17) And wb.Cells(55,16)>0 And wb.Cells(55,17)<0 Then
wa.Cells(25,6)=wb.Cells(55,1) & Format(wb.Cells(55,14),"0.00") & "亿元," & i & "经营能力开始复苏,核心盈利能力回升。"
        '核心利润由平均增长转为同比下降,经营能力趋弱,核心盈利能力开始回落。
    ElseIf wb.Cells(55,16)<wb.Cells(55,17) And wb.Cells(55,16)<0 And wb.Cells(55,17)>0 Then
wa.Cells(25,6)=wb.Cells(55,1) & Format(wb.Cells(55,14),"0.00") & "亿元," & i & "经营能力趋弱,核心盈利能力开始回落。"
        '核心利润同比下降低于平均下降水平,经营能力回弹,核心盈利能力下滑放缓。
    ElseIf Abs(wb.Cells(55,16))<Abs(wb.Cells(55,17)) And wb.Cells(55,16)<0 And wb.Cells(55,17)<0 Then
wa.Cells(25,6)=wb.Cells(55,1) & Format(wb.Cells(55,14),"0.00") & "亿元," & i & "经营能力回弹,核心盈利能力下滑放缓。"
        '核心利润同比下降高于平均下降水平,经营能力加速下滑,经营盈利能力持续回落。
    ElseIf Abs(wb.Cells(55,16))>Abs(wb.Cells(55,17)) And wb.Cells(55,16)<0 And wb.Cells(55,17)<0 Then
wa.Cells(25,6)=wb.Cells(55,1) & Format(wb.Cells(55,14),"0.00") & "亿元," & i & "经营能力加速下滑,经营盈利能力持续回落。"
    End If
End Sub
```

步骤四：设置按钮。进入"利润表分析报告"工作表界面：点击开发工具—插入—表单控件—按钮▭—将十字花放置到"利润表析报告"工作表 G23 单元格—在宏名称中选定"毛利润"代码名称，按钮名称为"毛利润"。毛利率、核心利润代码按钮设置方法相同。如图 5 – 19 所示。

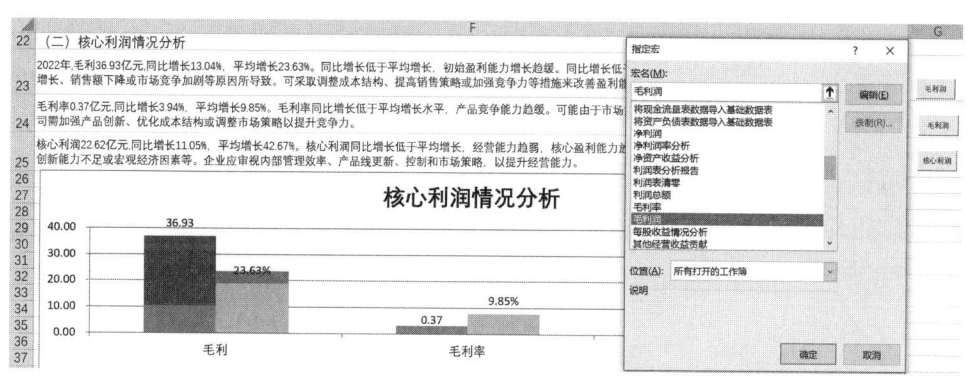

图 5 – 19　设置代码按钮

步骤七：修改报告。点击修改项目按钮，便可从"智库"中随机选取满意的分析结果。

5.3.2.3　可视化图形

步骤一：编写设置图表代码。

从利润基础工作表中选取 M2：Q2，M53：Q53，M54：Q54，M55：Q55 区域，作为图表代码数据源，制作成嵌入式柱形图，存放到"利润表分析报告"工作表 F26：F41 区域。参考代码如下所示。

成功之钥匙

代码含义：

```
Sub 制作核心利润情况图表()
    Dim wa As Worksheet
    Dim ws As Worksheet
    Dim cht As ChartObject
    Dim rng As Range
    '选择"利润基础表"工作表
```

```vba
    Set wa = ThisWorkbook.Sheets("利润基础表")
    '复制 M2：Q2,M53：Q53,M54：Q54,M55：Q55 区域的数据
    wa.Range("M2：Q2,M53：Q53,M54：Q54,M55：Q55").Copy
    '将数据粘贴到 T8：X11 区域
    wa.Range("T8：X11").PasteSpecial Paste: = xlPasteValues
    '设置工作表
    Set ws = ThisWorkbook.Sheets("利润表分析报告")
    '定义图表位置
    Set rng = ws.Range("F26")
    '在工作表中插入一个图表对象
    Set cht = ws.ChartObjects.Add(Left: = rng.Left,Width: =700,Top: = rng.Top,Height: =180)
    '设置图表数据源
    cht.chart.SetSourceData Source: = wa.Range("$T$8:$X$11")
    '设置图表类型为柱形图
    cht.chart.chartType = xlColumnClustered
    '添加数据标签
    cht.chart.SeriesCollection(1).ApplyDataLabels
    '设置图表标题
    cht.chart.HasTitle = True
    cht.chart.ChartTitle.Text = "核心利润情况分析"
    '设置图例位置
    cht.chart.HasLegend = True
    cht.chart.Legend.Position = xlLegendPositionBottom
End Sub
```

步骤二：运行代码，获取嵌入式柱形图。如图 5-20 所示。

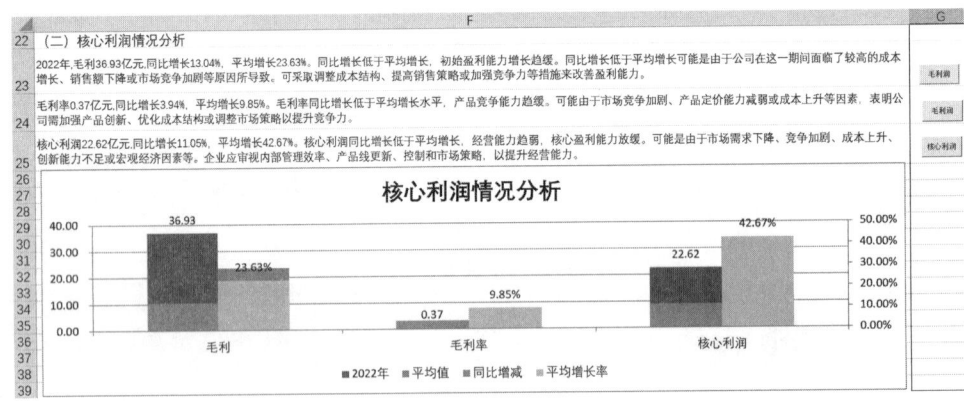

图 5-20 核心利润动态分析图

5.3.2.4　VBA 与 ChatGPT 结合生成核心利润情况报告

将通过 VBA 生成的智能分析结果，导入 ChatGPT，可以生成核心利润情况分析报告。

步骤一：通过编写 VBA 代码，将"利润分析报告中"核心利润构成情况 F22：F25 区域分析结果导入 Word 文档中。参考代码如下所示。

成功之钥匙

代码含义：

```vba
Sub 将利润分析报告导入文档()
    Dim WordApp As Object
    Dim WordDoc As Object
    Dim ExcelRange As Range
    Dim WordRange As Object
    Dim rowCount As Integer
    Dim i As Integer
    '创建一个新的 Word 文档
    Set WordApp = CreateObject("Word.Application")
    WordApp.Visible = True
    Set WordDoc = WordApp.Documents.Add
```

```
    ' 指定 Excel 中的数据范围
    Set ExcelRange = ThisWorkbook.Sheets("利润表分析报告").Range("F22:F25")
    ' 在 Word 文档中逐行插入 Excel 数据
    Set WordRange = WordDoc.Content
    For i =1 To ExcelRange.Rows.Count
        WordRange.InsertAfter ExcelRange.Cells(i,1).Value & vbCrLf
        Set WordRange = WordDoc.Content
    Next i
    ' 清除对象
    Set WordApp = Nothing
    Set WordDoc = Nothing
    Set ExcelRange = Nothing
    Set WordRange = Nothing
End Sub
```

步骤二：运行代码。在 Word 文档中获得导入结果。如图 5－21 所示。

（二）核心利润情况分析

2022 年,毛利 36.93 亿元,同比增长 13.04%，平均增长 23.63%。同比增长低于平均增长，初始盈利能力增长趋缓。同比增长低于平均增长可能是由于公司在这一期间面临了较高的成本增长、销售额下降或市场竞争加剧等原因所导致。可采取调整成本结构、提高销售策略或加强竞争力等措施来改善盈利能力。

毛利率 0.37 亿元,同比增长 3.94%，平均增长 9.85%。毛利率同比增长低于平均增长水平，产品竞争能力趋缓。可能由于市场竞争加剧、产品定价能力减弱或成本上升等因素，表明公司需加强产品创新、优化成本结构或调整市场策略以提升竞争力。

核心利润 22.62 亿元,同比增长 11.05%，平均增长 42.67%。核心利润同比增长低于平均增长，经营能力趋弱，核心盈利能力放缓。可能是由于市场需求下降、竞争加剧、成本上升、创新能力不足或宏观经济因素等。企业应审视内部管理效率、产品线更新、控制和市场策略，以提升经营能力。

图 5－21　导入数据效果图

步骤三：编辑“提示词”。在导入的文档中添加上：“你是财务分析师，我向你提供背景资料，请帮助写一个《核心利润情况分析报告》。报告分：情况分析、财务分析评估、措施建议三个部分。”编辑后的提示词，如图 5－22 所示。

你是财务分析师，我向你提供背景资料，请帮助写一个《核心情况分析报告》。报告分：情况分析、财务分析评估、措施建议三个部分。

核心利润情况分析报告

一、情况分析（要求：以图表形式显示 3 项指标数据，分析指标变化原因，进行评价。）

1、2022 年,毛利 36.93 亿元,同比增长 13.04%，平均增长 23.63%。同比增长低于平均增长，初始盈利能力增长趋缓。同比增长低于平均增长可能是由于公司在这一期间面临了较高的成本增长、销售额下降或市场竞争加剧等原因所导致。可采取调整成本结构、提高销售策略或加强竞争力等措施来改善盈利能力。

2、毛利率 0.37 亿元,同比增长 3.94%，平均增长 9.85%。毛利率同比增长低于平均增长水平，产品竞争能力趋缓。可能由于市场竞争加剧、产品定价能力减弱或成本上升等因素，表明公司需加强产品创新、优化成本结构或调整市场策略以提升竞争力。

3、核心利润 22.62 亿元,同比增长 11.05%，平均增长 42.67%。核心利润同比增长低于平均增长，经营能力趋弱，核心盈利能力放缓。可能是由于市场需求下降、竞争加剧、成本上升、创新能力不足或宏观经济因素等。企业应审视内部管理效率、产品线更新、控制和市场策略，以提升经营能力。

二、财务风险评估（要求：根据情况分析结果，详细描述企业可能存在的财务风险。）

三、措施建议（要求：根据财务风险评估情况，提出有针对性的措施建议。）

图 5－22　编辑后的提示词

步骤四：将提示词复制粘贴到 ChatGPT 提问区输入窗口。Ctrl + V，点击回车，便可获取智能分析报告。如图 5－23 所示。

这里要注意：ChatGPT 可以文本和表格方式描述分析指标数据，但在提示词中要写明

"请以表格方式描述各项指标数据"。

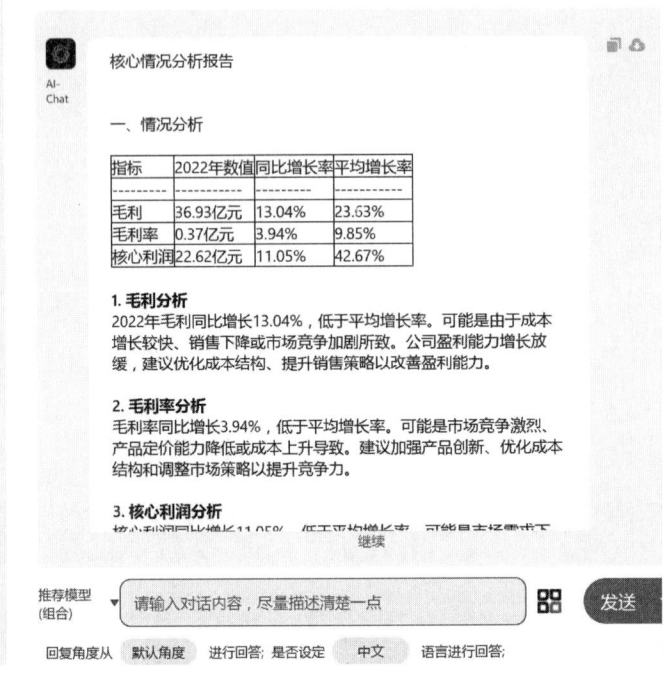

图 5-23　ChatGPT 反馈的智能报告

步骤五：点击 ChatGPT 答复期右上角复制按钮▣，便可将反馈报告复制粘贴到 Word 文档中。

核心利润情况分析报告

一、情况分析

指标	2022 年数值	同比增长率	平均增长率
毛利	36.93 亿元	13.04%	23.63%
毛利率	0.37 亿元	3.94%	9.85%
核心利润	22.62 亿元	11.05%	42.67%

1. 毛利分析。2022 年毛利同比增长 13.04%，低于平均增长率。可能是由于成本增长较快、销售下降或市场竞争加剧所致。公司盈利能力增长放缓，建议优化成本结构、提升销售策略以改善盈利能力。

2. 毛利率分析。毛利率同比增长 3.94%，低于平均增长率。可能是市场竞争激烈、产品定价能力降低或成本上升导致。建议加强产品创新、优化成本结构和调整市场策略以提升竞争力。

3. 核心利润分析。核心利润同比增长 11.05%，低于平均增长率。可能是市场需求下降、竞争加剧、成本上升或创新能力不足所致。公司应审视内部管理效率、更新产品线、控制成本和调整市场策略以提升经营能力。

二、财务风险评估

1. 市场竞争风险。公司面临市场竞争加剧风险，产品定价能力减弱，需加强差异化竞争策略，提升产品竞争力。

2. 成本管理风险。成本上升可能影响毛利率，公司应加强成本管理，控制生产成本，优化供应链管理，以提高盈利能力。

3. 经营风险。核心利润增长趋缓表明公司经营能力有所下降，需审视市场需求、竞争环境变化，加强内部管理与控制，确保经营稳健发展。

三、措施建议

基于财务风险评估，提出以下措施建议：

1. 加强市场营销与产品创新：开展市场调研，不断优化产品设计，提升产品性能，提高市场竞争力。

2. 优化成本管理：加强成本核算，控制生产成本，提高资源利用效率，提高毛利率。

3. 加强内部管理与控制：建立完善的内部管理制度，加强风险管理意识，提高企业的经营风险应对能力。

5.3.3 营业利润构成情况分析

5.3.3.1 分析重点

盈利能力是指企业通过经营活动获取利润的能力。企业的盈利能力增强，带来的现金流入量越多，则给予股东的回报越高，偿债能力越强，企业价值越大。

其他经营收益：通过与历史比较和对营业利润贡献的比较，分析判断其他经营收益对营业利润的贡献程度，挖掘提升其他经营盈利潜力。

公允价值变动收益：通过与历史比较和对营业利润贡献的比较，分析判断投资活动对营业利润的贡献程度，控制金融资产交易风险。

投资收益：通过与历史比较和对营业利润贡献的比较，分析判断交易性金融资产对营业利润的贡献程度，控制投资活动风险。

资产处置收益：通过与历史比较和对营业利润贡献的比较，分析判断出售划分为持有待售资产对营业利润的贡献程度，控制资产运营质量。

5.3.3.2 VBA智能分析代码

步骤一：编写营业利润对核心利润贡献分析代码。用于在利润基础表中分析数据，并在利润表分析报告中显示与营业利润相关的分析结果。参考代码如下所示。

成功之钥匙

代码含义：

```
Sub 核心利润贡献()
    Dim i,wa As Worksheet,wb As Worksheet,wc As Worksheet
    Set wa = Worksheets("利润表分析报告")
    Set wb = Worksheets("利润基础表")
    Set wc = Worksheets("智库")
    wa.Cells(42,6) = "(三)营业利润构成情况分析"
    '核心利润贡献
    If wb.Cells(55,18) >= 0.5 Then
wa.Cells(43,6) = wb.Cells(23,13) & Format(wb.Cells(23,14),"0.00") & "亿元,其中," & _
wb.Cells(55,13) & Format(wb.Cells(55,14),"0.00") & "亿元," & _
"对营业利润贡献率" & Format(wb.Cells(55,18),"0.00% ,") & "在营业利润中占主导地位."
    ElseIf wb.Cells(55,18) >= 0.1 And wb.Cells(55,18) < 0.5 Then
wa.Cells(43,6) = wb.Cells(23,13) & Format(wb.Cells(23,14),"0.00") & "亿元,其中," & _
wb.Cells(55,13) & Format(wb.Cells(55,14),"0.00") & "亿元," & _
"对营业利润贡献率" & Format(wb.Cells(55,18),"0.00% ,") & "在营业利润中占重要地位."
    ElseIf wb.Cells(55,18) > 0 And wb.Cells(55,18) < 0.1 Then
wa.Cells(43,6) = wb.Cells(23,13) & Format(wb.Cells(23,14),"0.00") & "亿元,其中," & _
wb.Cells(55,13) & Format(wb.Cells(55,14),"0.00") & "亿元," & "对营业利润贡献率" & _
Format(wb.Cells(55,18),"0.00% ,") & "在营业利润中占次要地位."
    Else
wa.Cells(43,6) = wb.Cells(23,13) & Format(wb.Cells(23,14),"0.00") & "亿元,其中," & _
```

```vba
wb.Cells(55,13) & Format(wb.Cells(55,14),"0.00") & "亿元," & "对营业利润贡献率" &_
Format(wb.Cells(55,18),"0.00% ,") & "在营业利润无贡献。"
    End If
End Sub
```

步骤二：编写其他经营收益对营业利润贡献分析代码。参考代码如下所示。

👆 成功之钥匙

代码含义：

```vba
Sub 其他经营收益贡献()
    Dim i,j,wa As Worksheet,wb As Worksheet,wc As Worksheet
    Set wa=Worksheets("利润表分析报告")
    Set wb=Worksheets("利润基础表")
    Set wc=Worksheets("智库")
    '影响程度
    If wb.Cells(16,18)>=0.5 Then
j=wb.Cells(16,13) & Format(wb.Cells(16,14),"0.00") & "亿元," & "对营业利润贡献率" & Format(wb.Cells(16,18),"0.00% ,") &_
"在营业利润中占主导地位。" & Format(wb.Cells(16,16),"同比增长0.00% ,;同比下降0.00% ,") & Format(wb.Cells(16,17),"平均增长0.00% 。;平均下降0.00% 。")
    ElseIf wb.Cells(16,18)>=0.1 And wb.Cells(16,18)<0.5 Then
j=wb.Cells(16,13) & Format(wb.Cells(16,14),"0.00") & "亿元," & "对营业利润贡献率" & Format(wb.Cells(16,18),"0.00% ,") &_
"在营业利润中占重要地位。" & Format(wb.Cells(16,16),"同比增长0.00% ,;同比下降0.00% ,") & Format(wb.Cells(16,17),"平均增长0.00% 。;平均下降0.00% 。")
    ElseIf wb.Cells(16,18)>0 And wb.Cells(16,18)<0.1 Then
j=wb.Cells(16,13) & Format(wb.Cells(16,14),"0.00") & "亿元," & "对营业利润贡献率" & Format(wb.Cells(16,18),"0.00% ,") &_
"在营业利润中占次要地位。" & Format(wb.Cells(16,16),"同比增长0.00% ,;同比下降0.00% ,") & Format(wb.Cells(16,17),"平均增长0.00% 。;平均下降0.00% 。")
    Else
j=wb.Cells(16,13) & Format(wb.Cells(16,14),"0.00") & "亿元," & "对营业利润贡献率" & Format(wb.Cells(16,18),"0.00% ,") &_
"对营业利润无贡献。" & Format(wb.Cells(16,16),"同比增长0.00% ,;同比下降0.00% ,") & Format(wb.Cells(16,17),"平均增长0.00% 。;平均下降0.00% 。")
    End If
    '其他收益同比增长高于平均增长,收到的政府补助或债务重组收益等持续增加。
    If wb.Cells(16,16)>wb.Cells(16,17) And wb.Cells(16,16)>0 And wb.Cells(16,17)>0 Then
        wa.Cells(44,6)=j & "收到的政府补助或债务重组收益等持续增加。"
    '其他收益同比增长等于平均增长,收到的政府补助或债务重组收益等增长趋于稳定。
    ElseIf wb.Cells(16,16)=wb.Cells(16,17) And wb.Cells(16,16)>0 And wb.Cells(16,17)>0 Then
        wa.Cells(44,6)=j & "收到的政府补助或债务重组收益等增长趋于稳定。"
    '其他收益同比下降等于平均下降水平,收到的政府补助或债务重组收益等下降趋势没有改观。
    ElseIf wb.Cells(16,16)=wb.Cells(16,17) And wb.Cells(16,16)<0 And wb.Cells(16,17)<0 Then
        wa.Cells(44,6)=j & "收到的政府补助或债务重组收益等下降趋势没有改观。"
    '其他收益同比增长低于平均增长,收到的政府补助或债务重组收益等增速放缓。
    ElseIf wb.Cells(16,16)<wb.Cells(16,17) And wb.Cells(16,16)>0 And wb.Cells(16,17)>0 Then
        wa.Cells(44,6)=j & "收到的政府补助或债务重组收益等增速放缓。"
    '其他收益由平均下降转为同比增长,收到的政府补助或债务重组收益等开始回弹。
    ElseIf wb.Cells(16,16)>wb.Cells(16,17) And wb.Cells(16,16)>0 And wb.Cells(16,17)<0 Then
        wa.Cells(44,6)=j & "收到的政府补助或债务重组收益等开始回弹。"
    '其他收益由平均增长转为同比下降,收到的政府补助或债务重组收益等开始回落。
    ElseIf wb.Cells(16,16)<wb.Cells(16,17) And wb.Cells(16,16)<0 And wb.Cells(16,17)>0 Then
        wa.Cells(44,6)=j & "收到的政府补助或债务重组收益等开始回落。"
    '其他收益同比下降低于平均下降水平,收到的政府补助或债务重组收益等开始回弹。
    ElseIf Abs(wb.Cells(16,16))<Abs(wb.Cells(16,17)) And wb.Cells(16,16)<0 And wb.Cells(16,17)<0 Then
        wa.Cells(44,6)=j & "收到的政府补助或债务重组收益等开始回弹。"
    '其他收益同比下降高于平均下降水平,收到的政府补助或债务重组收益等持续下降。
    ElseIf Abs(wb.Cells(16,16))>Abs(wb.Cells(16,17)) And wb.Cells(16,16)<0 And wb.Cells(16,17)<0 Then
        wa.Cells(44,6)=j & "收到的政府补助或债务重组收益等持续下降。"
    ElseIf Abs(wb.Cells(16,16))=Abs(wb.Cells(16,17)) And wb.Cells(16,16)=0 And wb.Cells(16,17)=0 Then
        wa.Cells(44,6)=j & "没有发生额。"
    End If
End Sub
```

步骤三：编写公允价值变动损益对营业利润贡献分析代码。参考代码如下所示。

👆 成功之钥匙

代码含义：

```vba
Sub 公允价值变动收益贡献()
    Dim i,j,wa As Worksheet,wb As Worksheet,wc As Worksheet
    Set wa=Worksheets("利润表分析报告")
```

```vb
    Set wb = Worksheets("利润基础表")
    Set wc = Worksheets("智库")
    '影响程度
    If wb.Cells(17,18) > = 0.5 Then
j=wb.Cells(17,13) & Format(wb.Cells(17,14),"0.00") & "亿元," & "对营业利润贡献率" & Format(wb.Cells(17,18),"0.00% ,") & _
"在营业利润中占主导地位。" & Format(wb.Cells(17,16),"同比增长 0.00% ,;同比下降 0.00% ,") & Format(wb.Cells(17,17),"平均增长 0.00% ;平均下降 0.00% 。")
    ElseIf wb.Cells(17,18) > = 0.1 And wb.Cells(17,18) < 0.5 Then
j=wb.Cells(17,13) & Format(wb.Cells(17,14),"0.00") & "亿元," & "对营业利润贡献率" & Format(wb.Cells(17,18),"0.00% ,") & _
"在营业利润中占重要地位。" & Format(wb.Cells(17,16),"同比增长 0.00% ,;同比下降 0.00% ,") & Format(wb.Cells(17,17),"平均增长 0.00% ;平均下降 0.00% 。")
    ElseIf wb.Cells(17,18) >0 And wb.Cells(17,18) <0.1 Then
j=wb.Cells(17,13) & Format(wb.Cells(17,14),"0.00") & "亿元," & "对营业利润贡献率" & Format(wb.Cells(17,18),"0.00% ,") & _
"在营业利润中占次要地位。" & Format(wb.Cells(17,16),"同比增长 0.00% ,;同比下降 0.00% ,") & Format(wb.Cells(17,17),"平均增长 0.00% ;平均下降 0.00% 。")
    Else
j=wb.Cells(17,13) & Format(wb.Cells(17,14),"0.00") & "亿元," & "对营业利润贡献率" & Format(wb.Cells(17,18),"0.00% ,") & _
"对营业利润无贡献。" & Format(wb.Cells(17,16),"同比增长 0.00% ,;同比下降 0.00% ,") & Format(wb.Cells(17,17),"平均增长 0.00% ;平均下降 0.00% 。")
    End If
         '公允价值变动收益同比增长高于平均增长,对营业利润贡献持续增强。
    If wb.Cells(17,16) >wb.Cells(17,17) And wb.Cells(17,16) >0 And wb.Cells(17,17) >0 Then
        wa.Cells(45,6)=j & "对营业利润贡献持续增强。"
        '公允价值变动收益同比增长等于平均增长,交易性金融资产对营业利润影响趋于稳定。
    ElseIf wb.Cells(17,16) = wb.Cells(17,17) And wb.Cells(17,16) >0 And wb.Cells(17,17) >0 Then
        wa.Cells(45,6)=j & "交易性金融资产对营业利润影响趋于稳定。"
        '公允价值变动收益同比下降等于平均下降水平,交易性金融资产对营业利润影响仍然下滑。
    ElseIf wb.Cells(17,16) = wb.Cells(17,17) And wb.Cells(17,16) <0 And wb.Cells(17,17) <0 Then
        wa.Cells(45,6)=j & "交易性金融资产对营业利润影响仍然下滑。"
        '公允价值变动收益同比增长低于平均增长,交易性金融资产对营业利润贡献放缓。
    ElseIf wb.Cells(17,16) < wb.Cells(17,17) And wb.Cells(17,16) >0 And wb.Cells(17,17) >0 Then
        wa.Cells(45,6)=j & "交易性金融资产对营业利润贡献放缓。"
        '公允价值变动收益由平均下降转为同比增长,交易性金融资产对营业利润贡献开始复苏。
    ElseIf wb.Cells(17,16) > wb.Cells(17,17) And wb.Cells(17,16) >0 And wb.Cells(17,17) <0 Then
        wa.Cells(45,6)=j & "交易性金融资产对营业利润贡献开始复苏。"
        '公允价值变动收益由平均增长转为同比下降,交易性金融资产对营业利润贡献开始回落。
    ElseIf wb.Cells(17,16) < wb.Cells(17,17) And wb.Cells(17,16) <0 And wb.Cells(17,17) >0 Then
        wa.Cells(45,6)=j & "交易性金融资产对营业利润贡献开始回落。"
        '公允价值变动收益同比下降低于平均下降水平,金融资产对营业利润贡献开始反弹。
    ElseIf Abs(wb.Cells(17,16)) <Abs(wb.Cells(17,17)) And wb.Cells(17,16) <0 And wb.Cells(17,17) <0 Then
        wa.Cells(45,6)=j & "金融资产对营业利润贡献开始反弹。"
        '公允价值变动收益同比下降高于平均下降水平,金融资产对营业利润贡献持续下滑。
    ElseIf Abs(wb.Cells(17,16)) >Abs(wb.Cells(17,17)) And wb.Cells(17,16) <0 And wb.Cells(17,17) <0 Then
        wa.Cells(45,6)=j & "金融资产对营业利润贡献持续下滑。"
    ElseIf Abs(wb.Cells(17,16)) = Abs(wb.Cells(17,17)) And wb.Cells(17,16) =0 And wb.Cells(17,17) =0 Then
        wa.Cells(45,6)=j & "没有发生额。"
    End If
End Sub
```

步骤四：编写投资收益对营业利润贡献分析代码。参考代码如下所示。

成功之钥匙

代码含义：

```vb
Sub 投资收益贡献()
    Dim i,j,wa As Worksheet,wb As Worksheet,wc As Worksheet
    Set wa = Worksheets("利润表分析报告")
    Set wb = Worksheets("利润基础表")
    Set wc = Worksheets("智库")
    '影响程度
    If wb.Cells(18,18) > = 0.5 Then
j=wb.Cells(18,13) & Format(wb.Cells(18,14),"0.00") & "亿元," & "对营业利润贡献率" & Format(wb.Cells(18,18),"0.00% ,") & _
"在营业利润中占主导地位。" & Format(wb.Cells(18,16),"同比增长 0.00% ,;同比下降 0.00% ,") & Format(wb.Cells(18,17),"平均增长 0.00% ;平均下降 0.00% 。")
    ElseIf wb.Cells(18,18) > = 0.1 And wb.Cells(18,18) < 0.5 Then
j=wb.Cells(18,13) & Format(wb.Cells(18,14),"0.00") & "亿元," & "对营业利润贡献率" & Format(wb.Cells(18,18),"0.00% ,") & _
"在营业利润中占重要地位。" & Format(wb.Cells(18,16),"同比增长 0.00% ,;同比下降 0.00% ,") & Format(wb.Cells(18,17),"平均增长 0.00% ;平均下降 0.00% 。")
    ElseIf wb.Cells(18,18) >0 And wb.Cells(18,18) <0.1 Then
j=wb.Cells(18,13) & Format(wb.Cells(18,14),"0.00") & "亿元," & "对营业利润贡献率" & Format(wb.Cells(18,18),"0.00% ,") & _
"在营业利润中占次要地位。" & Format(wb.Cells(18,16),"同比增长 0.00% ,;同比下降 0.00% ,") & Format(wb.Cells(18,17),"平均增长 0.00% ;平均下降 0.00% 。")
    Else
j=wb.Cells(18,13) & Format(wb.Cells(18,14),"0.00") & "亿元," & "对营业利润贡献率" & Format(wb.Cells(18,18),"0.00% ,") & _
```

```vba
"对营业利润无贡献。" & Format(wb.Cells(18,16),"同比增长 0.00% ,;同比下降 0.00% ,") & Format(wb.Cells(18,17),"平均增长 0.00% 。;平均下降 0.00% 。")
        End If
        '投资收益同比高于平均增长,投资活动带来的利润持续增强。
        If wb.Cells(18,16) > wb.Cells(18,17) And wb.Cells(18,16) >0 And wb.Cells(18,17) >0 Then
            wa.Cells(46,6) = j & "投资活动带来的利润持续增强。"
        '投资收益同比增长等于平均增长,投资活动带来的利润趋于稳定。
        ElseIf wb.Cells(18,16) = wb.Cells(18,17) And wb.Cells(18,16) >0 And wb.Cells(18,17) >0 Then
            wa.Cells(46,6) = j & "投资活动带来的利润趋于稳定。"
        '投资收益同比下降等于平均下降水平,投资活动带来的利润下滑趋势没有改变。
        ElseIf wb.Cells(18,16) = wb.Cells(18,17) And wb.Cells(18,16) <0 And wb.Cells(18,17) <0 Then
            wa.Cells(46,6) = j & "投资活动带来的利润下滑趋势没有改变。"
        '投资收益同比增长低于平均增长水平,投资活动带来的利润增长趋势放缓。
        ElseIf wb.Cells(18,16) < wb.Cells(18,17) And wb.Cells(18,16) >0 And wb.Cells(18,17) >0 Then
            wa.Cells(46,6) = j & "投资活动带来的利润增长趋势放缓。"
        '投资收益由平均下降转为同比增长,投资活动带来的利润开始复苏。
        ElseIf wb.Cells(18,16) > wb.Cells(18,17) And wb.Cells(18,16) >0 And wb.Cells(18,17) <0 Then
            wa.Cells(46,6) = j & "投资活动带来的利润开始复苏。"
        '投资收益由平均增长转为同比下降,投资活动带来的利润开始回落。
        ElseIf wb.Cells(18,16) < wb.Cells(18,17) And wb.Cells(18,16) <0 And wb.Cells(18,17) >0 Then
            wa.Cells(46,6) = j & "投资活动带来的利润开始回落。"
        '投资收益同比下降低于平均下降水平,投资活动带来的利润下滑趋势放缓。
        ElseIf Abs(wb.Cells(18,16)) < Abs(wb.Cells(18,17)) And wb.Cells(18,16) <0 And wb.Cells(18,17) <0 Then
            wa.Cells(46,6) = j & "投资活动带来的利润下滑趋势放缓。"
        '投资收益同比下降高于平均下降水平,投资活动带来的利润持续下滑。
        ElseIf Abs(wb.Cells(18,16)) > Abs(wb.Cells(18,17)) And wb.Cells(18,16) <0 And wb.Cells(18,17) <0 Then
            wa.Cells(46,6) = j & "投资活动带来的利润持续下滑。"
        ElseIf Abs(wb.Cells(18,16)) = Abs(wb.Cells(18,17)) And wb.Cells(18,16) =0 And wb.Cells(18,17) =0 Then
            wa.Cells(46,6) = j & "没有发生额。"
        End If
End Sub
```

步骤五:编写资产处置收益对营业利润贡献分析代码。参考代码如下所示。

成功之钥匙

代码含义:

```vba
Sub 资产处置收益贡献()
    Dim j,wa As Worksheet,wb As Worksheet,wc As Worksheet
    Set wa = Worksheets("利润表分析报告")
    Set wb = Worksheets("利润基础表")
    Set wc = Worksheets("智库")
    '影响程度
    If wb.Cells(20,18) > =0.5 Then
j = wb.Cells(20,13) & Format(wb.Cells(20,14),"0.00") & "亿元," & "对营业利润贡献率" & Format(wb.Cells(20,18),"0.00% ,") & _
"在营业利润中占主导地位。" & Format(wb.Cells(20,16),"同比增长 0.00% ,;同比下降 0.00% ,") & Format(wb.Cells(20,17),"平均增长 0.00% 。;平均下降 0.00% 。")
    ElseIf wb.Cells(20,18) > =0.1 And wb.Cells(20,18) <0.5 Then
j = wb.Cells(20,13) & Format(wb.Cells(20,14),"0.00") & "亿元," & "对营业利润贡献率" & Format(wb.Cells(20,18),"0.00% ,") & _
"在营业利润中占重要地位。" & Format(wb.Cells(20,16),"同比增长 0.00% ,;同比下降 0.00% ,") & Format(wb.Cells(20,17),"平均增长 0.00% 。;平均下降 0.00% 。")
    ElseIf wb.Cells(20,18) >0 And wb.Cells(20,18) <0.1 Then
j = wb.Cells(20,13) & Format(wb.Cells(20,14),"0.00") & "亿元," & "对营业利润贡献率" & Format(wb.Cells(20,18),"0.00% ,") & _
"在营业利润中占次要地位。" & Format(wb.Cells(20,16),"同比增长 0.00% ,;同比下降 0.00% ,") & Format(wb.Cells(20,17),"平均增长 0.00% 。;平均下降 0.00% 。")
    Else
j = wb.Cells(20,13) & Format(wb.Cells(20,14),"0.00") & "亿元," & "对营业利润贡献率" &Format(wb.Cells(20,18),"0.00% ,") & _
"对营业利润无贡献。" & Format(wb.Cells(20,16),"同比增长 0.00% ,;同比下降 0.00% ,") & Format(wb.Cells(20,17),"平均增长 0.00% 。;平均下降 0.00% 。")
    End If
    '资产处置收益同比增长高于平均增长,出售划分为持有待售资产带来的利润持续增加。
    If wb.Cells(20,16) > wb.Cells(18,17) And wb.Cells(20,16) >0 And wb.Cells(20,17) >0 Then
        wa.Cells(47,6) = j & "出售划分为持有待售资产带来的利润持续增加。"
    '资产处置收益同比增长等于平均增长,出售划分为持有待售资产带来的利润趋于稳定。
    ElseIf wb.Cells(20,16) = wb.Cells(20,17) And wb.Cells(20,16) >0 And wb.Cells(20,17) >0 Then
        wa.Cells(47,6) = j & "出售划分为持有待售资产带来的利润趋于稳定。"
    '资产处置收益同比下降等于平均下降水平,出售划分为持有待售资产带来的利润下降趋于稳定。
    ElseIf wb.Cells(20,16) = wb.Cells(20,17) And wb.Cells(20,16) <0 And wb.Cells(20,17) <0 Then
        wa.Cells(47,6) = j & "出售划分为持有待售资产带来的利润下降趋于稳定。"
    '资产处置收益同增长低于平均增长水平,出售划分为持有待售资产带来的利润趋缓。
    ElseIf wb.Cells(20,16) < wb.Cells(20,17) And wb.Cells(20,16) >0 And wb.Cells(20,17) >0 Then
        wa.Cells(47,6) = j & "出售划分为持有待售资产带来的利润趋缓。"
```

```
            '资产处置收益由平均下降转为同比增长,出售划分为持有待售资产带来的利润开始复苏。
        ElseIf wb.Cells(20,16) >wb.Cells(20,17) And wb.Cells(20,16) >0 And wb.Cells(20,17) <0 Then
            wa.Cells(47,6) =j & "出售划分为持有待售资产带来的利润开始复苏。"
            '资产处置收益由平均增长转为同比下降,出售划分为持有待售资产带来的利润开始回落。
        ElseIf wb.Cells(20,16) <wb.Cells(20,17) And wb.Cells(20,16) <0 And wb.Cells(20,17) >0 Then
            wa.Cells(47,6) =j & "出售划分为持有待售资产带来的利润开始回落。"
            '资产处置收益同比下降低于平均下降水平,出售划分为持有待售资产带来的利润下降趋缓。
        ElseIf Abs(wb.Cells(20,16)) <Abs(wb.Cells(20,17)) And wb.Cells(20,16) <0 And wb.Cells(20,17) <0 Then
            wa.Cells(47,6) =j & "出售划分为持有待售资产带来的利润下降趋缓。"
            '资产处置收益同比下降高于平均下降水平,出售划分为持有待售资产带来的利润持续回落。
        ElseIf Abs(wb.Cells(20,16)) >Abs(wb.Cells(20,17)) And wb.Cells(20,16) <0 And wb.Cells(20,17) <0 Then
            wa.Cells(47,6) =j & "出售划分为持有待售资产带来的利润持续回落。"
        ElseIf Abs(wb.Cells(20,16)) =Abs(wb.Cells(20,17)) And wb.Cells(20,16) =0 And wb.Cells(20,17) =0 Then
            wa.Cells(47,6) =j & "没有发生额。"
        End If
End Sub
```

步骤六:编写资产减值损失对营业利润贡献分析代码。参考代码如下所示。

成功之钥匙

代码含义:

```
Sub 资产减值损失贡献()
    Dim wa As Worksheet,wb As Worksheet,wc As Worksheet
    Set wa =Worksheets("利润表分析报告")
    Set wb =Worksheets("利润基础表")
    Set wc =Worksheets("智库")
        '计提资产减值损失,蚕食营业利润。
    If wb.Cells(21,14) <0 Then
wa.Cells(48,6) =Format(wb.Cells(21,14),"转回资产减值损失 0.00 亿元,;计提资产减值损失 0.00 亿元,") & _
Format(wb.Cells(21,18),"对营业利润贡献 0.00% ,;蚕食营业利润 0.00% ,") & "计提资产减值损失,蚕食营业利润。"
        '转回转回资产减值损失,增厚营业利润。
    ElseIf wb.Cells(20,14) >0 Then
wa.Cells(48,6) =Format(wb.Cells(21,14),"转回资产减少损失 0.00 亿元,;计提资产减值损失 0.00 亿元,") & _
Format(wb.Cells(21,18),"对营业利润贡献 0.00% ,;蚕食营业利润 0.00% ,") & "转回转回资产减值损失,增厚营业利润。"
    End If
End Sub
```

步骤七:编写信用减值损失对营业利润贡献分析代码。参考代码如下所示。

成功之钥匙

代码含义:

```
Sub 信用减值损失贡献()
    Dim i,wa As Worksheet,wb As Worksheet,wc As Worksheet
    Set wa =Worksheets("利润表分析报告")
    Set wb =Worksheets("利润基础表")
    Set wc =Worksheets("智库")
        '计提信用减值损失,蚕食营业利润。
    If wb.Cells(22,14) <0 Then
wa.Cells(49,6) =Format(wb.Cells(22,14),"转回预期信用损失 0.00 亿元,;计提信用减值损失 0.00 亿元,") & _
Format(wb.Cells(22,18),"对营业利润贡献 0.00% ,;蚕食营业利润 0.00% ,") & "计提信用减值损失,蚕食营业利润。"
        '转回转回信用减值损失,增厚营业利润。
    ElseIf wb.Cells(22,14) >0 Then
wa.Cells(49,6) =Format(wb.Cells(22,14),"转回预期信用损失 0.00 亿元,;计提预期信用损失 0.00 亿元,") & _
Format(wb.Cells(22,18),"对营业利润贡献 0.00% ,;蚕食营业利润 0.00% ,") & "转回转回信用减值损失,增厚营业利润。"
    End If
End Sub
```

步骤八:设置按钮。进入"利润表分析报告"工作表界面:点击开发工具—插入—表单控件—按钮[xxx]—将十字花放置到"利润表析报告"工作表 G43 单元格—在宏名称中选定"核心利润贡献"代码名称,按钮名称为"核心利润贡献"。其他收益贡献、公允价值收益、投资收益、资产处置收益、资产减值贡献代码按钮设置方法相同。如图 5-24 所示。

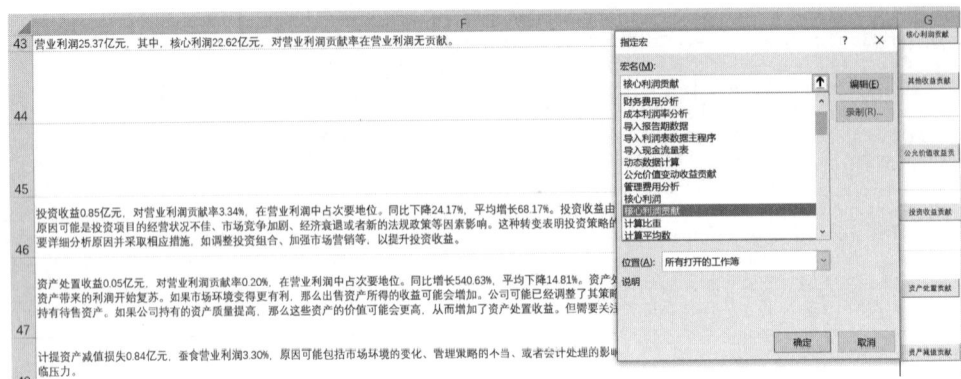

图 5-24 设置代码按钮

步骤九：修改报告。点击修改项目按钮，便可从"智库"中随机选取满意的分析结果。

5.3.3.3 可视化图形

步骤一：编写设置图表代码。

从利润基础工作表中选取 M2：Q2，M53：Q53，M54：Q54，M55：Q55 区域，作为图表代码数据源，制作成嵌入式柱形图，存放到"利润表分析报告"工作表 F26：F41 区域。参考代码如下所示。

👆 成功之钥匙

代码含义：

```
Sub 制作营业利润构成情况图表()
    Dim wa As Worksheet
    Dim ws As Worksheet
    Dim cht As ChartObject
    Dim rng As Range
    '选择"利润基础表"工作表
    Set wa = ThisWorkbook.Sheets("利润基础表")
    '复制 M2:R2,M16:R16,M17:R17,M18:R18,M20:R20,M21:R21,M22:R22 区域的数据
    wa.Range("M2:R2,M16:R16,M17:R17,M18:R18,M20:R20,M21:R21,M22:R22").Copy
    '将数据粘贴到 T13:Y19 区域
    wa.Range("T13:Y19").PasteSpecial Paste:=xlPasteValues
    '设置工作表
    Set ws = ThisWorkbook.Sheets("利润表分析报告")
    '定义图表位置
    Set rng = ws.Range("F50")
    '在工作表中插入一个图表对象
    Set cht = ws.ChartObjects.Add(Left:=rng.Left, Width:=700, Top:=rng.Top, Height:=180)
    '设置图表数据源
    cht.chart.SetSourceData Source:=wa.Range("$T$13:$Y$19")
    '设置图表类型为柱形图
    cht.chart.chartType = xlColumnClustered
    '添加数据标签
    cht.chart.SeriesCollection(1).ApplyDataLabels
    '设置图表标题
    cht.chart.HasTitle = True
    cht.chart.ChartTitle.Text = "营业利润构成情况分析"
    '设置图例位置
    cht.chart.HasLegend = True
    cht.chart.Legend.Position = xlLegendPositionBottom
End Sub
```

步骤二：运行代码，嵌入柱形图。如图 5-25 所示。

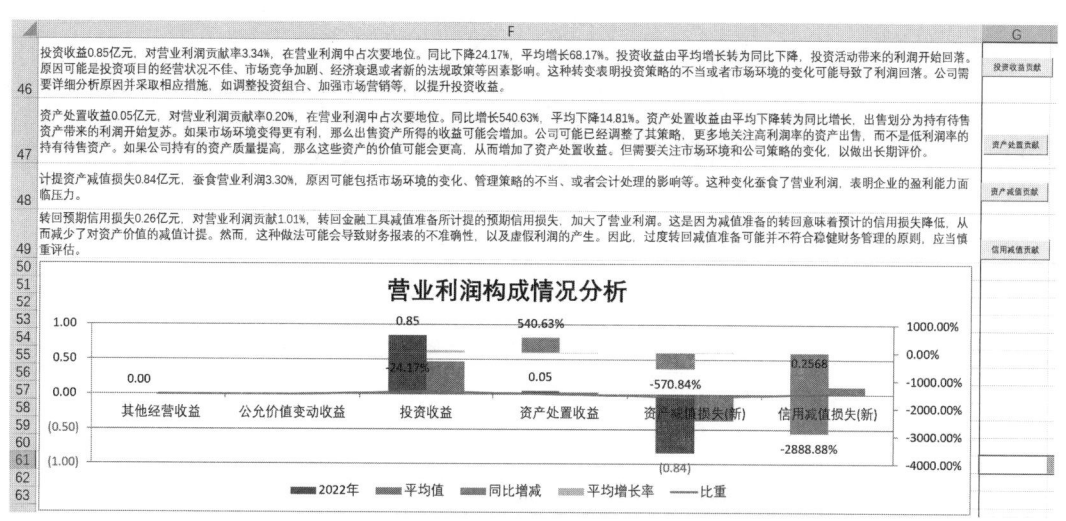

图 5-25 营业利润构成情况动态分析图

5.3.3.4 VBA 与 ChatGPT 结合生成营业利润构成情况报告

将通过 VBA 生成的智能分析结果，导入 ChatGPT，可以生成营业利润构成情况分析报告。

步骤一：通过编写 VBA 代码，将"利润分析报告中"营业利润构成情况 F42：F49 区域分析结果导入 Word 文档中。参考代码如下所示。

成功之钥匙

代码含义：

```
Sub 将利润分析报告导入文档()
    Dim WordApp As Object
    Dim WordDoc As Object
    Dim ExcelRange As Range
    Dim WordRange As Object
    Dim rowCount As Integer
    Dim i As Integer
    '创建一个新的 Word 文档
    Set WordApp = CreateObject("Word.Application")
    WordApp.Visible = True
    Set WordDoc = WordApp.Documents.Add
    '指定 Excel 中的数据范围
    Set ExcelRange = ThisWorkbook.Sheets("利润表分析报告").Range("F42:F49")
    '在 Word 文档中逐行插入 Excel 数据
    Set WordRange = WordDoc.Content
    For i = 1 To ExcelRange.Rows.Count
        WordRange.InsertAfter ExcelRange.Cells(i,1).Value & vbCrLf
        Set WordRange = WordDoc.Content
    Next i
    '清除对象
    Set WordApp = Nothing
    Set WordDoc = Nothing
    Set ExcelRange = Nothing
    Set WordRange = Nothing
End Sub
```

步骤二：运行代码。在 Word 文档中获得导入结果。如图 5-26 所示。

（三）营业利润构成情况分析

营业利润 25.37 亿元，其中，核心利润 22.62 亿元，对营业利润贡献率在营业利润无贡献。

投资收益 0.85 亿元，对营业利润贡献率 3.34%，在营业利润中占次要地位。同比下降 24.17%，平均增长 68.17%。投资收益由平均增长转为同比下降，投资活动带来的利润开始回落。原因可能是投资项目的经营状况不佳、市场竞争加剧、经济衰退或者新的法规政策等因素影响。这种转变表明投资策略的不当或者市场环境的变化可能导致了利润回落。公司需要详细分析原因并采取相应措施，如调整投资组合、加强市场营销等，以提升投资收益。

资产处置收益 0.05 亿元，对营业利润贡献率 0.20%，在营业利润中占次要地位。同比增长 540.63%，平均下降 14.81%。资产处置收益由平均下降转为同比增长，出售划分为持有待售资产带来的利润开始复苏。如果市场环境变得更有利，那么出售资产所得的收益可能会增加。公司可能已经调整了其策略，更多地关注高利润率的资产出售，而不是低利润率的持有待售资产。如果公司持有的资产质量提高，那么这些资产的价值可能会更高，从而增加了资产处置收益。但需要关注市场环境和公司策略的变化，以做出长期评价。

计提资产减值损失 0.84 亿元，蚕食营业利润 3.30%，原因可能包括市场环境的变化、管理策略的不当、或者会计处理的影响等。这种变化蚕食了营业利润，表明企业的盈利能力面临压力。

转回预期信用损失 0.26 亿元，对营业利润贡献 1.01%，转回金融工具减值准备所计提的预期信用损失，加大了营业利润。这是因为减值准备的转回意味着预计的信用损失降低，从而减少了对资产价值的减值计提。然而，这种做法可能会导致财务报表的不准确性，以及虚假利润的产生。因此，过度转回减值准备可能并不符合稳健财务管理的原则，应当慎重评估。

图 5-26　导入数据效果图

步骤三：编辑"提示词"。在导入的文档中添加上："你是财务分析师，我向你提供背景资料，请帮助写一个《营业利润构成情况分析报告》。报告分：情况分析、财务分析评估、措施建议三个部分。"编辑后的提示词，如图 5-27 所示。

你是财务分析师，我向你提供背景资料，请帮助写一个《营业利润构成情况分析报告》。报告分：情况分析、财务分析评估、措施建议三个部分。背景资料如下：

营业利润构成情况分析报告

一、情况分析（要求详细描述这部分 4 项指标数据，包括平均增长、同比增长等，并分析原因，进行评价。）

1、营业利润 25.37 亿元，其中，核心利润 22.62 亿元，对营业利润贡献率在营业利润无贡献。

2、投资收益 0.85 亿元，对营业利润贡献率 3.34%，在营业利润中占次要地位。同比下降 24.17%，平均增长 68.17%。投资收益由平均增长转为同比下降，投资活动带来的利润开始回落。原因可能是投资项目的经营状况不佳、市场竞争加剧、经济衰退或者新的法规政策等因素影响。这种转变表明投资策略的不当或者市场环境的变化可能导致了利润回落。公司需要详细分析原因并采取相应措施，如调整投资组合、加强市场营销等，以提升投资收益。

2、资产处置收益 0.05 亿元，对营业利润贡献率 0.20%，在营业利润中占次要地位。同比增长 540.63%，平均下降 14.81%。资产处置收益由平均下降转为同比增长，出售划分为持有待售资产带来的利润开始复苏。如果市场环境变得更有利，那么出售资产所得的收益可能会增加。公司可能已经调整了其策略，更多地关注高利润率的资产出售，而不是低利润率的持有待售资产。如果公司持有的资产质量提高，那么这些资产的价值可能会更高，从而增加了资产处置收益。但需要关注市场环境和公司策略的变化，以做出长期评价。

3、计提资产减值损失 0.84 亿元，蚕食营业利润 3.30%，原因可能包括市场环境的变化、管理策略的不当、或者会计处理的影响等。这种变化蚕食了营业利润，表明企业的盈利能力面临压力。

4、转回预期信用损失 0.26 亿元，对营业利润贡献 1.01%，转回金融工具减值准备所计提的预期信用损失，加大了营业利润。这是因为减值准备的转回意味着预计的信用损失降低，从而减少了对资产价值的减值计提。然而，这种做法可能会导致财务报表的不准确性，以及虚假利润的产生。因此，过度转回减值准备可能并不符合稳健财务管理的原则，应当慎重评估。

二、风险评估（根据第一部分的分析情况，分析企业可能存在的风险，要详细具体一些。）

三、措施建议（针对存在的风险，提出合理化建议，要详细具体。）

图 5-27　编辑后的提示词

步骤四：将提示词复制粘贴到 ChatGPT 提问区输入窗口。Ctrl+V，点击回车，便可获取智能分析报告。如图 5-28 所示。

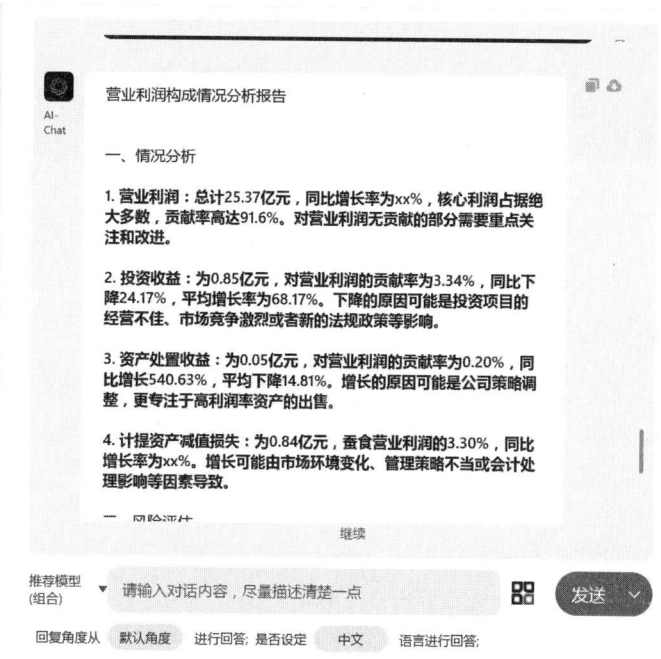

图 5-28 ChatGPT 反馈的智能报告

步骤五：点击 ChatGPT 答复期右上角复制按钮■，便可将反馈报告复制粘贴到 Word 文档中。

营业利润构成情况分析报告

一、情况分析

1. 营业利润：总计 25.37 亿元，同比增长率为 7.91%，核心利润占据绝大多数，贡献率高达 91.6%。表明企业盈利主要依赖于稳定的主营业务，而非非经常性收益。这反映了企业具有较高的盈利质量和风险抵抗能力，但需结合行业特点和企业发展情况进行综合评估。

2. 投资收益：为 0.85 亿元，对营业利润的贡献率为 3.34%，同比下降 24.17%，平均增长率为 68.17%。下降的原因可能是投资项目经营不佳、市场竞争激烈或者新的法规政策等影响。

3. 资产处置收益：为 0.05 亿元，对营业利润的贡献率为 0.20%，同比增长 540.63%，平均下降 14.81%。增长的原因可能是公司策略调整，更专注于高利润率资产的出售。

4. 计提资产减值损失：为 0.84 亿元，蚕食营业利润的 3.30%，同比下降 570.84%，平均增长 3.96%。增长可能由市场环境变化、管理策略不当或会计处理影响等因素导致。

二、风险评估

1. 投资收益波动：投资收益下降和增长率变动显示出公司的投资活动存在一定风险，需关注市场变化和投资策略。

2. 资产处置收益变动：资产处置收益增长可能暂时性的，需审慎评估公司的资产处置策略是否符合长期盈利目标。

3. 计提资产减值损失风险：减值损失的增长表明公司面临资产质量下降的风险，可能需要进一步评估和管理资产风险。

三、措施建议

1. 调整投资策略：根据市场变化调整投资组合，优化投资结构，提高投资收益的稳定性。

2. 加强资产质量管理：加强资产质量评估，提高资产管理水平，以减少减值损失对营业利润的冲击。

3. 完善风险管理：建立健全的风险管理机制，及时发现和应对投资风险、资产风险，确保公司持续稳健发展。

在实施上述措施时，公司需谨慎评估并落实，确保措施的有效性和可持续性。同时，应加强内部沟通和监督，以保障措施的执行和成效。

5.4 VBA 与 ChatGPT 结合洞察成本构成情况

5.4.1 分析重点

成本费用分析包括产品销售成本分析和期间费用分析两部分。产品销售成本分析包括销售总成本分析和单位销售成本分析；期间费用分析包括销售费用分析、管理费用和财务费用分析。

费用是收入的扣除，费用的确认、扣除正确与否直接关系公司的盈利。所以分析费用项目时，一方面，应注意费用包含的内容是否适当。确认费用应贯彻权责发生制原则、历史成本原则、划分收益性支出与资本性支出的原则等；另一方面，要对成本费用的结构与变动趋势进行分析，分析各项费用占营业收入百分比，分析费用结构是否合理，对不合理的费用要查明原因。同时对费用的各个项目进行分析，看看各个项目的增减变动趋势，以此判定公司的管理水平和财务状况，预测公司的发展前景。

5.4.2 VBA 智能分析代码

步骤一：编写营业成本分析代码。用于在利润基础表中分析数据，并在利润表分析报告中显示与成本构成相关的分析结果。参考代码如下所示。

🗝 成功之钥匙

代码含义：

```
Sub 营业成本()
'i 代表描述信息变量
    Dim i As String,j,wa As Worksheet,wb As Worksheet,wc As Worksheet
    Set wa =Worksheets("利润表分析报告")
    Set wb =Worksheets("利润基础表")
    Set wc =Worksheets("智库")
    wa.Cells(65,6) ="二、成本构成情况分析"
    '营业成本
    If wb.Cells(6,18) > =0.5 Then
j=wb.Cells(2,14) & wb.Cells(5,13) & Format(wb.Cells(5,14),"0.00 亿元,其中,") & wb.Cells(6,13) &_
    Format(wb.Cells(6,14),"0.00 亿元,") & "占营业总成本的" & Format(wb.Cells(6,18),"0.00% ,") &_
"在营业总成本中占主导地位。" & Format(wb.Cells(6,16),"同比增长 0.00% ,;同比下降 0.00% ,") & Format(wb.Cells(6,17),"平均增长 0.00% 。;平均下降 0.00% 。")
    ElseIf wb.Cells(6,18) > =0.1 And wb.Cells(6,18) <0.5 Then
j=wb.Cells(2,14) & wb.Cells(5,13) & Format(wb.Cells(5,14),"0.00 亿元,其中,") & wb.Cells(6,13) &_
    Format(wb.Cells(6,14),"0.00 亿元,") & "占营业总成本的" & Format(wb.Cells(6,18),"0.00% ,") &_
"在营业总成本中占重要地位。" & Format(wb.Cells(6,16),"同比增长 0.00% ,;同比下降 0.00% ,") & Format(wb.Cells(6,17),"平均增长 0.00% 。;平均下降 0.00% 。")
    ElseIf wb.Cells(6,18) >0 And wb.Cells(6,18) <0.1 Then
j=wb.Cells(2,14) & wb.Cells(5,13) & Format(wb.Cells(5,14),"0.00 亿元,其中,") & wb.Cells(6,13) &_
    Format(wb.Cells(6,14),"0.00 亿元,") & "占营业总成本的" & Format(wb.Cells(6,18),"0.00% ,") &_
"在营业总成本中占次要地位。" & Format(wb.Cells(6,16),"同比增长 0.00% ,;同比下降 0.00% ,") & Format(wb.Cells(6,17),"平均增长 0.00% 。;平均下降 0.00% 。")
    Else
j=wb.Cells(2,14) & wb.Cells(5,13) & Format(wb.Cells(5,14),"0.00 亿元,其中,") & wb.Cells(6,13) &_
    Format(wb.Cells(6,14),"0.00 亿元,") & "占营业总成本的" & Format(wb.Cells(6,18),"0.00% ,") &_
"对营业总成本没有影响。" & Format(wb.Cells(6,16),"同比增长 0.00% ,;同比下降 0.00% ,") & Format(wb.Cells(6,17),"平均增长 0.00% 。;平均下降 0.00% 。")
    End If
If wb.Cells(6,16) >wb.Cells(6,17) And wb.Cells(6,16) >0 And wb.Cells(6,17) >0 Then '营业成本同比增长高于平均增长,营业成本持续上升
```

```
            wa.Cells(66,6) = j & "营业成本持续上升。"
        '营业成本同比增长等平均增长,营业成本持续上升没有改变。
        ElseIf wb.Cells(6,16) = wb.Cells(6,17) And wb.Cells(6,16) > 0 And wb.Cells(6,17) > 0 Then
            wa.Cells(66,6) = j & "营业成本持续上升没有改变。"
        '营业成本同比下降等平均下降水平,营业成本持续下降没有改变。
        ElseIf wb.Cells(6,16) = wb.Cells(6,17) And wb.Cells(6,16) < 0 And wb.Cells(6,17) < 0 Then
            wa.Cells(66,6) = j & "营业成本持续下降没有改变。"
        '营业成本同比增长低于平均增长水平,成本下降趋缓。
        ElseIf wb.Cells(6,16) < wb.Cells(6,17) And wb.Cells(6,16) > 0 And wb.Cells(6,17) > 0 Then
            wa.Cells(66,6) = j & "成本下降趋缓。"
        '营业成本由平均下降转为同比增长,营业成本开始上升。
        ElseIf wb.Cells(6,16) > wb.Cells(6,17) And wb.Cells(6,16) > 0 And wb.Cells(6,17) < 0 Then
            wa.Cells(66,6) = j & "营业成本开始上升。"
        '营业成本由平均上升转为同比下降,营业成本开始回落。
        ElseIf wb.Cells(6,16) < wb.Cells(6,17) And wb.Cells(6,16) < 0 And wb.Cells(6,17) > 0 Then
            wa.Cells(66,6) = j & "营业成本开始回落。"
        '营业成本同比下降低于平均下降水平,营业成本回落放缓。
        ElseIf Abs(wb.Cells(6,16)) < Abs(wb.Cells(6,17)) And wb.Cells(6,16) < 0 And wb.Cells(6,17) < 0 Then
            wa.Cells(66,6) = j & "营业成本回落放缓。"
        '营业成本同比下降高于平均下降水平,营业成本持续回落。
        ElseIf Abs(wb.Cells(6,16)) > Abs(wb.Cells(6,17)) And wb.Cells(6,16) < 0 And wb.Cells(6,17) < 0 Then
            wa.Cells(66,6) = j & "营业成本持续回落。"
        End If
End Sub
```

步骤二：编写研发费用分析代码。参考代码如下所示。

成功之钥匙

代码含义：

```
Sub 研发费用分析()
'i 代表描述信息变量
    Dim i As String,j,wa As Worksheet,wb As Worksheet,wc As Worksheet
    Set wa = Worksheets("利润表分析报告")
    Set wb = Worksheets("利润基础表")
    Set wc = Worksheets("智库")
        '研发费用
    If wb.Cells(7,18) > = 0.5 Then
j = wb.Cells(7,13) & Format(wb.Cells(7,14),"0.00 亿元,") & "占营业总成本的" & Format(wb.Cells(7,18),"0.00% ,") & _
"在营业总成本中占主导地位。" & Format(wb.Cells(7,16),"同比增长 0.00% ,;同比下降 0.00% ,") & Format(wb.Cells(7,17),"平均增长 0.00% 。;平均下降 0.00% 。")
        ElseIf wb.Cells(7,18) > = 0.1 And wb.Cells(7,18) < 0.5 Then
j = wb.Cells(7,13) & Format(wb.Cells(7,14),"0.00 亿元,") & "占营业总成本的" & Format(wb.Cells(7,18),"0.00% ,") & _
"在营业总成本中占重要地位。" & Format(wb.Cells(7,16),"同比增长 0.00% ,;同比下降 0.00% ,") & Format(wb.Cells(7,17),"平均增长 0.00% 。;平均下降 0.00% 。")
        ElseIf wb.Cells(7,18) > 0 And wb.Cells(7,18) < 0.1 Then
j = wb.Cells(7,13) & Format(wb.Cells(7,14),"0.00 亿元,") & "占营业总成本的" & Format(wb.Cells(7,18),"0.00% ,") & _
"在营业总成本中占次要地位。" & Format(wb.Cells(7,16),"同比增长 0.00% ,;同比下降 0.00% ,") & Format(wb.Cells(7,17),"平均增长 0.00% 。;平均下降 0.00% 。")
        Else
j = wb.Cells(7,13) & Format(wb.Cells(7,14),"0.00 亿元,") & "占营业总成本的" & Format(wb.Cells(7,18),"0.00% ,") & _
"对营业总成本没有影响。" & Format(wb.Cells(7,16),"同比增长 0.00% ,;同比下降 0.00% ,") & Format(wb.Cells(7,17),"平均增长 0.00% 。;平均下降 0.00% 。")
        End If
        '研发费用同比增长高于平均增长,研发投入力度持续增强。
    If wb.Cells(7,16) > wb.Cells(7,17) And wb.Cells(7,16) > 0 And wb.Cells(7,17) > 0 Then
        wa.Cells(67,6) = j & "研发投入力度持续增强。"
        '研发费用同比增长等于平均增长,研发投入力度趋于稳定。
        ElseIf wb.Cells(7,16) = wb.Cells(7,17) And wb.Cells(7,16) > 0 And wb.Cells(7,17) > 0 Then
            wa.Cells(67,6) = j & "研发投入力度趋于稳定。"
        '研发费用同比下降等于平均下降水平,研发投入力度下滑趋于稳定。
        ElseIf wb.Cells(7,16) = wb.Cells(7,17) And wb.Cells(7,16) < 0 And wb.Cells(7,17) < 0 Then
            wa.Cells(67,6) = j & "研发投入力度下滑趋于稳定。"
        '研发费用同比增长低于平均增长,研发投入力度放缓。
        ElseIf wb.Cells(7,16) < wb.Cells(7,17) And wb.Cells(7,16) > 0 And wb.Cells(7,17) > 0 Then
            wa.Cells(67,6) = j & "研发投入力度放缓。"
        '研发费用由平均下降转为同比增长,研发投入力度开始回升。
        ElseIf wb.Cells(7,16) > wb.Cells(7,17) And wb.Cells(7,16) > 0 And wb.Cells(7,17) < 0 Then
            wa.Cells(67,6) = j & "研发投入力度开始回升。"
        '研发费用由平均增长转为同比下降,研发投入力度开始下滑。
        ElseIf wb.Cells(7,16) < wb.Cells(7,17) And wb.Cells(7,16) < 0 And wb.Cells(7,17) > 0 Then
```

```
            wa.Cells(67,6) = j & "研发投入力度开始下滑。"
        '研发费用同比下降低于平均下降水平,研发投入力度下滑趋缓。
        ElseIf Abs(wb.Cells(7,16)) < Abs(wb.Cells(7,17)) And wb.Cells(7,16) < 0 And wb.Cells(7,17) < 0 Then
            wa.Cells(67,6) = j & "研发投入力度下滑趋缓。"
        '研发费用同比下降高于平均下降水平,研发投入力度持续下滑。
        ElseIf Abs(wb.Cells(7,16)) > Abs(wb.Cells(7,17)) And wb.Cells(7,16) < 0 And wb.Cells(7,17) < 0 Then
            wa.Cells(67,6) = j & "研发投入力度持续下滑。"
        End If
End Sub
```

步骤三：编写税金及附加分析代码。参考代码如下所示。

成功之钥匙

代码含义：

```
Sub 税金及附加分析()
    'i 代表描述信息变量
    Dim i As String,j,wa As Worksheet,wb As Worksheet,wc As Worksheet
    Set wa = Worksheets("利润表分析报告")
    Set wb = Worksheets("利润基础表")
    Set wc = Worksheets("智库")
    i = 8
    If wb.Cells(i,18) > = 0.5 Then
j = wb.Cells(i,13) & Format(wb.Cells(i,14),"0.00 亿元,") & "占营业总成本的" & Format(wb.Cells(i,18),"0.00% ,") & _
"在营业总成本中占主导地位。" & Format(wb.Cells(7,16),"同比增长 0.00% ;同比下降 0.00% ,") & Format(wb.Cells(7,17),"平均增长 0.00% 。;平均下降 0.00% 。")
        ElseIf wb.Cells(i,18) > = 0.1 And wb.Cells(i,18) < 0.5 Then
j = wb.Cells(i,13) & Format(wb.Cells(i,14),"0.00 亿元,") & "占营业总成本的" & Format(wb.Cells(i,18),"0.00% ,") & _
"在营业总成本中占重要地位。" & Format(wb.Cells(i,16),"同比增长 0.00% ;同比下降 0.00% ,") & Format(wb.Cells(i,17),"平均增长 0.00% 。;平均下降 0.00% 。")
        ElseIf wb.Cells(i,18) > 0 And wb.Cells(i,18) < 0.1 Then
j = wb.Cells(i,13) & Format(wb.Cells(i,14),"0.00 亿元,") & "占营业总成本的" & Format(wb.Cells(i,18),"0.00% ,") & _
"在营业总成本中占次要地位。" & Format(wb.Cells(i,16),"同比增长 0.00% ;同比下降 0.00% ,") & Format(wb.Cells(i,17),"平均增长 0.00% 。;平均下降 0.00% 。")
        Else
j = wb.Cells(i,13) & Format(wb.Cells(i,14),"0.00 亿元,") & "占营业总成本的" & Format(wb.Cells(i,18),"0.00% ,") & _
"对营业总成本没有影响。" & Format(wb.Cells(i,16),"同比增长 0.00% ;同比下降 0.00% ,") & Format(wb.Cells(i,17),"平均增长 0.00% 。;平均下降 0.00% 。")
        End If
        '税金及附加同比增长高于平均增长,税收负担持续上升。
        If wb.Cells(i,16) > wb.Cells(i,17) And wb.Cells(i,16) > 0 And wb.Cells(i,17) > 0 Then
            wa.Cells(68,6) = j & "税收负担持续上升。"
        '税金及附加同比增长等于平均增长水平,税收负担上升趋势放缓。
        ElseIf wb.Cells(i,16) = wb.Cells(i,17) And wb.Cells(i,16) > 0 And wb.Cells(i,17) > 0 Then
            wa.Cells(68,6) = j & "税收负担上升趋势放缓。"
        '税金及附加同比下降等于平均下降水平,税收负担下降趋势放缓。
        ElseIf wb.Cells(i,16) = wb.Cells(i,17) And wb.Cells(i,16) < 0 And wb.Cells(i,17) < 0 Then
            wa.Cells(68,6) = j & "税收负担下降趋势放缓。"
        '税金及附加同比增长低于平均增长水平,税收负担上升趋势放缓。
        ElseIf wb.Cells(i,16) < wb.Cells(i,17) And wb.Cells(i,16) > 0 And wb.Cells(i,17) > 0 Then
            wa.Cells(68,6) = j & "税收负担上升趋势放缓。"
        '税金及附加由平均下降转为同比增长,税收负担开始回升。
        ElseIf wb.Cells(i,16) > wb.Cells(i,17) And wb.Cells(i,16) > 0 And wb.Cells(i,17) < 0 Then
            wa.Cells(68,6) = j & "税收负担开始回升。"
        '税金及附加由平均增长转为同比下降,税收负担开始回落。
        ElseIf wb.Cells(i,16) < wb.Cells(i,17) And wb.Cells(i,16) < 0 And wb.Cells(i,17) > 0 Then
            wa.Cells(68,6) = j & "税收负担开始回落。"
        '税金及附加同比下降低于平均下降水平,税收负担下降趋势减缓。
        ElseIf Abs(wb.Cells(i,16)) < Abs(wb.Cells(i,17)) And wb.Cells(i,16) < 0 And wb.Cells(i,17) < 0 Then
            wa.Cells(68,6) = j & "税收负担下降趋势减缓。"
        '税金及附加同比下降高于平均下降水平,税收负担持续回落。
        ElseIf Abs(wb.Cells(i,16)) > Abs(wb.Cells(i,17)) And wb.Cells(i,16) < 0 And wb.Cells(i,17) < 0 Then
            wa.Cells(68,6) = j & "税收负担持续回落。"
        End If
End Sub
```

步骤四：编写销售费用分析代码。参考代码如下所示。

成功之钥匙

代码含义：

```vb
Sub 销售费用分析()
'i 代表描述信息变量
    Dim i As String,j,wa As Worksheet,wb As Worksheet,wc As Worksheet
    Set wa=Worksheets("利润表分析报告")
    Set wb=Worksheets("利润基础表")
    Set wc=Worksheets("智库")
    i=9
    If wb.Cells(i,18)>=0.5 Then
j=wb.Cells(i,13) & Format(wb.Cells(i,14),"0.00 亿元,") & "占营业总成本的" & Format(wb.Cells(i,18),"0.00% ,") &_
"在营业总成本中占主导地位。" & Format(wb.Cells(7,16),"同比增长 0.00% ,;同比下降 0.00% ,") & Format(wb.Cells(7,17),"平均增长 0.00% 。;平均下降 0.00% 。")
    ElseIf wb.Cells(i,18)>=0.1 And wb.Cells(i,18)<0.5 Then
j=wb.Cells(i,13) & Format(wb.Cells(i,14),"0.00 亿元,") & "占营业总成本的" & Format(wb.Cells(i,18),"0.00% ,") &_
"在营业总成本中占重要地位。" & Format(wb.Cells(i,16),"同比增长 0.00% ,;同比下降 0.00% ,") & Format(wb.Cells(i,17),"平均增长 0.00% 。;平均下降 0.00% 。")
    ElseIf wb.Cells(i,18)>0 And wb.Cells(i,18)<0.1 Then
j=wb.Cells(i,13) & Format(wb.Cells(i,14),"0.00 亿元,") & "占营业总成本的" & Format(wb.Cells(i,18),"0.00% ,") &_
"在营业总成本中占次要地位。" & Format(wb.Cells(i,16),"同比增长 0.00% ,;同比下降 0.00% ,") & Format(wb.Cells(i,17),"平均增长 0.00% 。;平均下降 0.00% 。")
    Else
j=wb.Cells(i,13) & Format(wb.Cells(i,14),"0.00 亿元,") & "占营业总成本的" & Format(wb.Cells(i,18),"0.00% ,") &_
"对营业总成本没有影响。" & Format(wb.Cells(i,16),"同比增长 0.00% ,;同比下降 0.00% ,") & Format(wb.Cells(i,17),"平均增长 0.00% 。;平均下降 0.00% 。")
    End If
    '销售费用同比增长高于平均增长,对成本的影响程度持续上升。
    If wb.Cells(i,16)>wb.Cells(i,17) And wb.Cells(i,16)>0 And wb.Cells(i,17)>0 Then
        wa.Cells(69,6)=j & "对成本的影响程度持续上升。"
    '销售费用同比增长等于平均增长,对成本的影响程度趋于稳定。
    ElseIf wb.Cells(i,16)=wb.Cells(i,17) And wb.Cells(i,16)>0 And wb.Cells(i,17)>0 Then
        wa.Cells(69,6)=j & "对成本的影响程度趋于稳定。"
    '销售费用同比下降等于平均下降水平,销售费用下滑趋于稳定。
    ElseIf wb.Cells(i,16)=wb.Cells(i,17) And wb.Cells(i,16)<0 And wb.Cells(i,17)<0 Then
        wa.Cells(69,6)=j & "销售费用下滑趋于稳定。"
    '销售费用同比增长低于平均下降水平,销售费用下滑趋于放缓。
    ElseIf wb.Cells(i,16)<wb.Cells(i,17) And wb.Cells(i,16)>0 And wb.Cells(i,17)>0 Then
        wa.Cells(69,6)=j & "销售费用下滑趋于放缓。"
    '销售费用由平均下降转为同比增长,销售费用开始回升。
    ElseIf wb.Cells(i,16)>wb.Cells(i,17) And wb.Cells(i,16)>0 And wb.Cells(i,17)<0 Then
        wa.Cells(69,6)=j & "销售费用开始回升。"
    '销售费用由平均增长转为同比下降,销售费用开始回落。
    ElseIf wb.Cells(i,16)<wb.Cells(i,17) And wb.Cells(i,16)<0 And wb.Cells(i,17)>0 Then
        wa.Cells(69,6)=j & "销售费用开始回落。"
    '销售费用同比下降低于平均下降水平,销售费用下降水平放缓。
    ElseIf Abs(wb.Cells(i,16))<Abs(wb.Cells(i,17)) And wb.Cells(i,16)<0 And wb.Cells(i,17)<0 Then
        wa.Cells(69,6)=j & "销售费用下降水平放缓。"
    '销售费用同比下降高于平均下降水平,销售费用持续回落。
    ElseIf Abs(wb.Cells(i,16))>Abs(wb.Cells(i,17)) And wb.Cells(i,16)<0 And wb.Cells(i,17)<0 Then
        wa.Cells(69,6)=j & "销售费用持续回落。"
    End If
End Sub
```

步骤五：编写管理费用分析代码。参考代码如下所示。

成功之钥匙

代码含义：

```vb
Sub 管理费用分析()
'i 代表描述信息变量
    Dim i As String,j,wa As Worksheet,wb As Worksheet,wc As Worksheet
    Set wa=Worksheets("利润表分析报告")
    Set wb=Worksheets("利润基础表")
    Set wc=Worksheets("智库")
    i=10
    If wb.Cells(i,18)>=0.5 Then
j=wb.Cells(i,13) & Format(wb.Cells(i,14),"0.00 亿元,") & "占营业总成本的" & Format(wb.Cells(i,18),"0.00% ,") &_
"在营业总成本中占主导地位。" & Format(wb.Cells(7,16),"同比增长 0.00% ,;同比下降 0.00% ,") & Format(wb.Cells(7,17),"平均增长 0.00% 。;平均下降 0.00% 。")
```

```
        ElseIf wb.Cells(i,18) >=0.1 And wb.Cells(i,18) <0.5 Then
j=wb.Cells(i,13) & Format(wb.Cells(i,14),"0.00 亿元,") & "占营业总成本的" & Format(wb.Cells(i,18),"0.00% ,") & _
"在营业总成本中占重要地位。" & Format(wb.Cells(i,16),"同比增长 0.00% ;同比下降 0.00% ,") & Format(wb.Cells(i,17),"平均增长 0.00% 。;平均下降 0.00% 。")
        ElseIf wb.Cells(i,18) >0 And wb.Cells(i,18) <0.1 Then
j=wb.Cells(i,13) & Format(wb.Cells(i,14),"0.00 亿元,") & "占营业总成本的" & Format(wb.Cells(i,18),"0.00% ,") & _
"在营业总成本中占次要地位。" & Format(wb.Cells(i,16),"同比增长 0.00% ;同比下降 0.00% ,") & Format(wb.Cells(i,17),"平均增长 0.00% 。;平均下降 0.00% 。")
        Else
j=wb.Cells(i,13) & Format(wb.Cells(i,14),"0.00 亿元,") & "占营业总成本的" & Format(wb.Cells(i,18),"0.00% ,") & _
"对营业总成本没有影响。" & Format(wb.Cells(i,16),"同比增长 0.00% ;同比下降 0.00% ,") & Format(wb.Cells(i,17),"平均增长 0.00% 。;平均下降 0.00% 。")
        End If
        '管理费用同比增长高于平均增长,管理费用持续上升。
        If wb.Cells(i,16) >wb.Cells(i,17) And wb.Cells(i,16) >0 And wb.Cells(i,17) >0 Then
            wa.Cells(70,6) =j & "管理费用持续上升。"
        '管理费用同比增长等于平均增长,增长速度趋于稳定。
        ElseIf wb.Cells(i,16) =wb.Cells(i,17) And wb.Cells(i,16) >0 And wb.Cells(i,17) >0 Then
            wa.Cells(70,6) =j & "增长速度趋于稳定。"
        '管理费用同比下降等于平均下降水平,下降速度趋于稳定。
        ElseIf wb.Cells(i,16) =wb.Cells(i,17) And wb.Cells(i,16) <0 And wb.Cells(i,17) <0 Then
            wa.Cells(70,6) =j & "下降速度趋于稳定。"
        '管理费用同比增长低于平均增长,管理费用上升趋势放缓。
        ElseIf wb.Cells(i,16) <wb.Cells(i,17) And wb.Cells(i,16) >0 And wb.Cells(i,17) >0 Then
            wa.Cells(70,6) =j & "管理费用上升趋势放缓。"
        '管理费用由平均下降转为同比增长,管理费用开始回升。
        ElseIf wb.Cells(i,16) >wb.Cells(i,17) And wb.Cells(i,16) >0 And wb.Cells(i,17) <0 Then
            wa.Cells(70,6) =j & "管理费用开始回升。"
        '管理费用由平均增长转为同比下降,管理费用开始回落。
        ElseIf wb.Cells(i,16) <wb.Cells(i,17) And wb.Cells(i,16) <0 And wb.Cells(i,17) >0 Then
            wa.Cells(70,6) =j & "管理费用开始回落。"
        '管理费用同比下降低于平均下降水平,管理费用下降速度放缓。
        ElseIf Abs(wb.Cells(i,16)) <Abs(wb.Cells(i,17)) And wb.Cells(i,16) <0 And wb.Cells(i,17) <0 Then
            wa.Cells(70,6) =j & "管理费用下降速度放缓。"
        '管理费用同比下降高于平均下降水平,管理费用持续回落。
        ElseIf Abs(wb.Cells(i,16)) >Abs(wb.Cells(i,17)) And wb.Cells(i,16) <0 And wb.Cells(i,17) <0 Then
            wa.Cells(70,6) =j & "管理费用持续回落。"
        End If
End Sub
```

步骤六:编写财务费用分析代码。参考代码如下所示。

成功之钥匙

代码含义:

```
Sub 财务费用分析()
    'i 代表描述信息变量
    Dim i As String,j,wa As Worksheet,wb As Worksheet,wc As Worksheet
    Set wa =Worksheets("利润表分析报告")
    Set wb =Worksheets("利润基础表")
    Set wc =Worksheets("智库")
    i =11
    If wb.Cells(i,18) >=0.5 Then
j=wb.Cells(i,13) & Format(wb.Cells(i,14),"0.00 亿元,") & "占营业总成本的" & Format(wb.Cells(i,18),"0.00% ,") & _
"在营业总成本中占主导地位。" & Format(wb.Cells(7,16),"同比增长 0.00% ;同比下降 0.00% ,") & Format(wb.Cells(7,17),"平均增长 0.00% 。;平均下降 0.00% 。")
        ElseIf wb.Cells(i,18) >=0.1 And wb.Cells(i,18) <0.5 Then
j=wb.Cells(i,13) & Format(wb.Cells(i,14),"0.00 亿元,") & "占营业总成本的" & Format(wb.Cells(i,18),"0.00% ,") & _
"在营业总成本中占重要地位。" & Format(wb.Cells(i,16),"同比增长 0.00% ;同比下降 0.00% ,") & Format(wb.Cells(i,17),"平均增长 0.00% 。;平均下降 0.00% 。")
        ElseIf wb.Cells(i,18) >0 And wb.Cells(i,18) <0.1 Then
j=wb.Cells(i,13) & Format(wb.Cells(i,14),"0.00 亿元,") & "占营业总成本的" & Format(wb.Cells(i,18),"0.00% ,") & _
"在营业总成本中占次要地位。" & Format(wb.Cells(i,16),"同比增长 0.00% ;同比下降 0.00% ,") & Format(wb.Cells(i,17),"平均增长 0.00% 。;平均下降 0.00% 。")
        Else
j=wb.Cells(i,13) & Format(wb.Cells(i,14),"0.00 亿元,") & "占营业总成本的" & Format(wb.Cells(i,18),"0.00% ,") & _
"对营业总成本没有影响。" & Format(wb.Cells(i,16),"同比增长 0.00% ;同比下降 0.00% ,") & Format(wb.Cells(i,17),"平均增长 0.00% 。;平均下降 0.00% 。")
        End If
        '财务费用同比增长高于平均增长,财务费用持续增加。
        If wb.Cells(i,16) >wb.Cells(i,17) And wb.Cells(i,16) >0 And wb.Cells(i,17) >0 Then
            wa.Cells(71,6) =j & "财务费用持续增加。"
        '财务费用同比增长等于平均增长,财务费用上升趋于稳定。
        ElseIf wb.Cells(i,16) =wb.Cells(i,17) And wb.Cells(i,16) >0 And wb.Cells(i,17) >0 Then
```

```
        wa.Cells(71,6)=j & "财务费用上升趋于稳定."
        '财务费用同比下降等于平均下降水平,财务费用下降趋势趋于稳定。
    ElseIf wb.Cells(i,16)=wb.Cells(i,17) And wb.Cells(i,16)<0 And wb.Cells(i,17)<0 Then
        wa.Cells(71,6)=j & "财务费用下降趋势趋于稳定."
        '财务费用同比增长低于平均水平,财务费用增长开始放缓。
    ElseIf wb.Cells(i,16)<wb.Cells(i,17) And wb.Cells(i,16)>0 And wb.Cells(i,17)>0 Then
        wa.Cells(71,6)=j & "财务费用增长开始放缓."
        '财务费用由同比下降转为同比增长,财务费用开始回升。
    ElseIf wb.Cells(i,16)>wb.Cells(i,17) And wb.Cells(i,16)>0 And wb.Cells(i,17)<0 Then
        wa.Cells(71,6)=j & "财务费用开始回升."
        '财务费用由同比增长转为同比下降,财务费用开始回落。
    ElseIf wb.Cells(i,16)<wb.Cells(i,17) And wb.Cells(i,16)<0 And wb.Cells(i,17)>0 Then
        wa.Cells(71,6)=j & "财务费用开始回落."
        '财务费用同比下降低于平均下降水平,财务费用下降趋势反弹。
    ElseIf Abs(wb.Cells(i,16))<Abs(wb.Cells(i,17)) And wb.Cells(i,16)<0 And wb.Cells(i,17)<0 Then
        wa.Cells(71,6)=j & "财务费用下降趋势反弹."
        '财务费用同比下降高于平均下降水平,财务费用持续下降。
    ElseIf Abs(wb.Cells(i,16))>Abs(wb.Cells(i,17)) And wb.Cells(i,16)<0 And wb.Cells(i,17)<0 Then
        wa.Cells(71,6)=j & "财务费用持续下降."
    End If
End Sub
```

步骤七：设置按钮。进入"利润表分析报告"工作表界面：点击开发工具—插入—表单控件—按钮▭—将十字花放置到"利润表析报告"工作表 G66 单元格—在宏名称中选定"营业成本"代码名称，按钮名称为"营业成本"。研发费用、税金及附加、销售费用、管理费用、财务费用代码按钮设置方法相同。如图 5-29 所示。

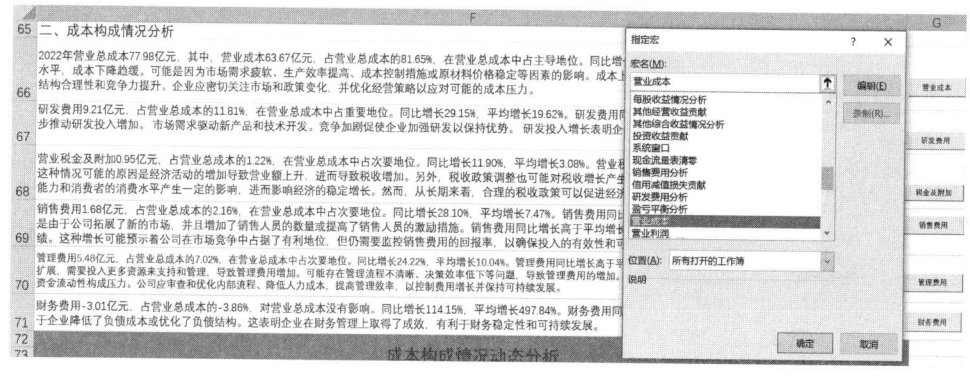

图 5-29　代码运行按钮

5.4.3　VBA 可视化图表

步骤一：编写制作图表代码：从利润基础工作表中选取 M2：R2，M6：R6，M7：R7，M8：R8，M9：R9，M10：R10，M11：R11 区域，作为图表代码数据源，制作成嵌入式柱形图，存放到"利润表分析报告"工作表 F72：F85 区域。参考代码如下所示。

🔑 成功之钥匙

代码含义：
```
Sub 制作成本构成情况图表()
    Dim wa As Worksheet
    Dim ws As Worksheet
    Dim cht As ChartObject
    Dim rng As Range
    '选择"利润基础表"工作表
    Set wa=ThisWorkbook.Sheets("利润基础表")
    '复制 M2:R2,M6:R6,M7:R7,M8:R8,M9:R9,M10:R10,M11:R11 区域的数据
    wa.Range("M2:R2,M6:R6,M7:R7,M8:R8,M9:R9,M10:R10,M11:R11").Copy
```

```vba
'将数据粘贴到 T21:Y27 区域
wa.Range("T21:Y27").PasteSpecial Paste:=xlPasteValues
'设置工作表
Set ws = ThisWorkbook.Sheets("利润表分析报告")
'定义图表位置
Set rng = ws.Range("F72")
'在工作表中插入一个图表对象
Set cht = ws.ChartObjects.Add(Left:=rng.Left,Width:=700,Top:=rng.Top,Height:=180)
'设置图表数据源
cht.chart.SetSourceData Source:=wa.Range("$T$21:$Y$27")
'设置图表类型为柱形图
cht.chart.chartType = xlColumnClustered
'添加数据标签
cht.chart.SeriesCollection(1).ApplyDataLabels
'设置图表标题
cht.chart.HasTitle = True
cht.chart.ChartTitle.Text = "成本构成情况分析"
'设置图例位置
cht.chart.HasLegend = True
cht.chart.Legend.Position = xlLegendPositionBottom
End Sub
```

步骤二：嵌入柱形图。如图 5-30 所示。

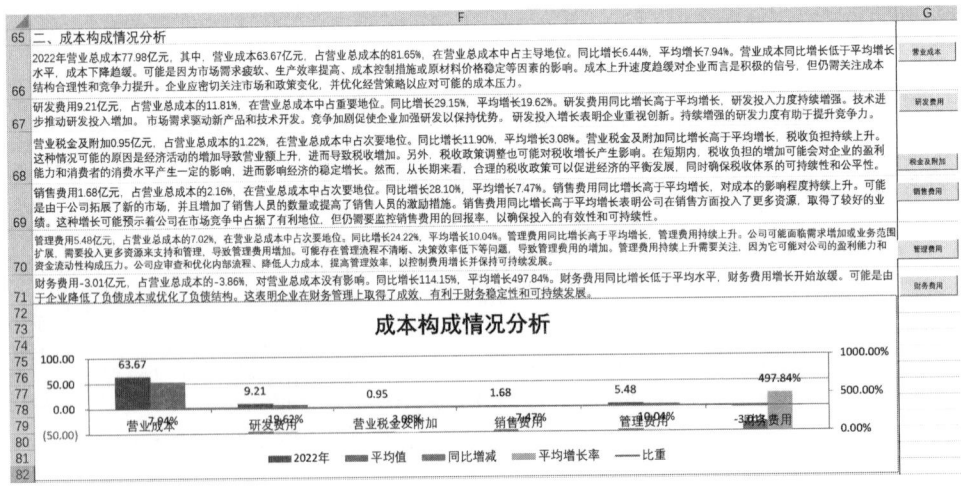

图 5-30 成本构成情况动态分析

5.4.4 应用 ChatGPT 生成成本构成情况报告

将通过 VBA 生成的智能分析结果，导入 ChatGPT，可以生成营业成本构成情况分析报告。

步骤一：通过编写 VBA 代码，将"利润分析报告中"营业成本构成情况 F65：F71 区域分析结果导入 Word 文档中。参考代码如下所示。

🔑 成功之钥匙

代码含义：

```vba
Sub 将利润分析报告导入文档()
    Dim WordApp As Object
    Dim WordDoc As Object
    Dim ExcelRange As Range
    Dim WordRange As Object
    Dim rowCount As Integer
    Dim i As Integer
    '创建一个新的 Word 文档
```

```
Set WordApp = CreateObject("Word.Application")
WordApp.Visible = True
Set WordDoc = WordApp.Documents.Add
' 指定 Excel 中的数据范围
Set ExcelRange = ThisWorkbook.Sheets("利润表分析报告").Range("F65:F71")
' 在 Word 文档中逐行插入 Excel 数据
Set WordRange = WordDoc.Content
For i = 1 To ExcelRange.Rows.Count
    WordRange.InsertAfter ExcelRange.Cells(i,1).Value & vbCrLf
    Set WordRange = WordDoc.Content
Next i
' 清除对象
Set WordApp = Nothing
Set WordDoc = Nothing
Set ExcelRange = Nothing
Set WordRange = Nothing
End Sub
```

步骤二：运行代码。在 Word 文档中获得导入结果。如图 5-31 所示。

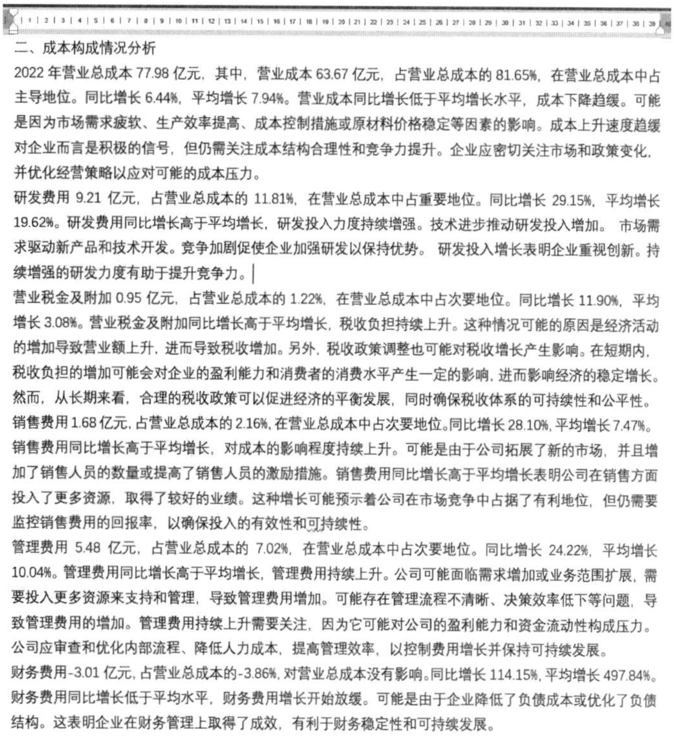

二、成本构成情况分析

2022 年营业总成本 77.98 亿元，其中，营业成本 63.67 亿元，占营业总成本的 81.65%，在营业总成本中占主导地位。同比增长 6.44%，平均增长 7.94%。营业成本同比增长低于平均增长水平，成本下降趋缓。可能是因为市场需求疲软、生产效率提高、成本控制措施或原材料价格稳定等因素的影响。成本上升速度趋缓对企业而言是积极的信号，但仍需关注成本结构合理性和竞争力提升。企业应密切关注市场和政策变化，并优化经营策略以应对可能的成本压力。

研发费用 9.21 亿元，占营业总成本的 11.81%，在营业总成本中占重要地位。同比增长 29.15%，平均增长 19.62%。研发费用同比增长高于平均增长，研发投入力度持续增强。技术进步推动研发投入增加。市场需求驱动新产品和技术开发。竞争加剧促使企业加强研发以保持优势。研发投入增长表明企业重视创新。持续增强的研发力度有助于提升竞争力。

营业税金及附加 0.95 亿元，占营业总成本的 1.22%，在营业总成本中占次要地位。同比增长 11.90%，平均增长 3.08%。营业税金及附加同比增长高于平均增长，税收负担持续上升。这种情况可能的原因是经济活动的增加导致营业额上升，进而导致税收增加。另外，税收政策调整也可能对税收增长产生影响。在短期内，税收负担的增加可能会对企业的盈利能力和消费者的消费水平产生一定的影响，进而影响经济的稳定增长。然而，从长期来看，合理的税收政策可以促进经济的平衡发展，同时确保税收体系的可持续性和公平性。

销售费用 1.68 亿元，占营业总成本的 2.16%，在营业总成本中占次要地位。同比增长 28.10%，平均增长 7.47%。销售费用同比增长高于平均增长，对成本的影响程度持续上升。可能是由于公司拓展了新的市场，并且增加了销售人员的数量或提高了销售人员的激励措施。销售费用同比增长高于平均增长表明公司在销售方面投入了更多资源，取得了较好的业绩。这种增长可能预示着公司在市场竞争中占据了有利地位，但仍需要监控销售费用的回报率，以确保投入的有效性和可持续性。

管理费用 5.48 亿元，占营业总成本的 7.02%，在营业总成本中占次要地位。同比增长 24.22%，平均增长 10.04%。管理费用同比增长高于平均增长，管理费用持续上升。公司可能面临需求增加或业务范围扩展，需要投入更多资源来支持和管理，导致管理费用增加。可能存在管理流程不清晰、决策效率低下等问题，导致管理费用的增加。管理费用持续上升需要关注，因为它可能对公司的盈利能力和资金流动性构成压力。公司应审查和优化内部流程、降低人力成本，提高管理效率，以控制费用增长并保持可持续发展。

财务费用 -3.01 亿元，占营业总成本的 -3.86%，对营业总成本没有影响。同比增长 114.15%，平均增长 497.84%。财务费用同比增长低于平均水平，财务费用增长开始放缓。可能是由于企业降低了负债成本或优化了负债结构。这表明企业在财务管理上取得了成效，有利于财务稳定性和可持续发展。

图 5-31 导入数据效果图

步骤三：编辑"提示词"。在导入的文档中添加上："你是财务分析师，我向你提供背景资料，请帮助写一个《成本构成情况分析报告》。报告分：情况分析、财务分析评估、措施建议三个部分。"编辑后的提示词，如图 5-32 所示。

步骤四：将提示词复制粘贴到 ChatGPT 提问区输入窗口。Ctrl+V，点击回车，便可获取智能分析报告。如图 5-33 所示。

你是财务分析师，我向你提供背景资料，请帮助写一个《成本构成情况分析报告》。报告分：情况分析、财务分析评估、措施建议三个部分。背景资料如下：

成本构成情况分析报告

一、情况分析（要求：要详细描述背景资料中6项指标数据，包括同比增长、平均增长等数据，分析指标变化原因，进行评价。）

1、2022年营业总成本77.98亿元，其中，营业成本63.67亿元，占营业总成本的81.65%，在营业总成本中占主导地位。同比增长6.44%，平均增长7.94%。营业成本同比增长低于平均增长水平，成本下降趋缓。可能是因为市场需求疲软、生产效率提高、成本控制措施或原材料价格稳定等因素的影响。成本上升速度趋缓对企业而言是积极的信号，但仍需关注成本结构合理性和竞争力提升。企业应密切关注市场和政策变化，并优化经营策略以应对可能的成本压力。

2、研发费用9.21亿元，占营业总成本的11.81%，在营业总成本中占重要地位。同比增长29.15%，平均增长19.62%。研发费用同比增长高于平均增长，研发投入力度持续增强。技术进步推动研发投入增加。市场需求驱动新产品和技术开发。竞争加剧促使企业加强研发以保持优势。研发投入增加表明企业重视创新。持续增强的研发力度有助于提升竞争力。

3、营业税金及附加0.95亿元，占营业总成本的1.22%，在营业总成本中占次要地位。同比增长11.90%，平均增长3.08%。营业税金及附加同比增长高于平均增长，税收负担持续上升。这种情况可能的原因是经济活动的增加导致营业额上升，进而导致税收增加。另外，税收政策调整也可能对税收增长产生影响。在短期内，税收负担的增加可能会对企业的盈利能力和消费者的消费水平产生一定的影响，进而影响经济的稳定增长。然而，从长期来看，合理的税收政策可以促进经济的平衡发展，同时确保税收体系的可持续性和公平性。

4、销售费用1.68亿元，占营业总成本的2.16%，在营业总成本中占次要地位。同比增长28.10%，平均增长7.47%。销售费用同比增长高于平均增长，对成本的影响程度持续上升。可能是由于公司拓展了新的市场，并且增加了销售人员的数量或提高了销售人员的激励措施。销售费用增长高于平均增长表明公司在销售方面投入了更多资源，取得了较好的业绩。这种增长可能预示者公司在市场竞争中占据了有利地位，但仍需要监控销售费用的回报率，以确保投入的有效性和可持续性。

5、管理费用5.48亿元，占营业总成本的7.02%，在营业总成本中占次要地位。同比增长24.22%，平均增长10.04%。管理费用同比增长高于平均增长，管理费用持续上升。可能原因是需求增加或业务范围扩展，需要投入更多资源来支持和管理，导致管理费用增加。也可能存在管理流程不清晰、决策效率低下等问题，导致管理费用的增加。管理费用持续上升需要关注，因为它可能对公司的盈利能力和资金流动性构成压力。公司应审查和优化内部流程、降低人力成本、提高管理效率，以控制费用增长并保持可持续发展。

财务费用-3.01亿元，占营业总成本的-3.86%，对营业总成本没有影响。同比增长114.15%，平均增长497.84%。6、财务费用同比增长低于平均水平，财务费用增长开始放缓。可能是由于企业降低了负债成本或优化了负债结构。这表明企业在财务管理上取得了成效，有利于财务稳定性和可持续发展。

二、财务风险评估（要求：根据情况分析结果，详细描述企业可能存在的财务风险。）

三、措施建议（要求：根据财务分析评估情况，提出有针对性的措施建议。）

图 5-32 编辑后的提示词

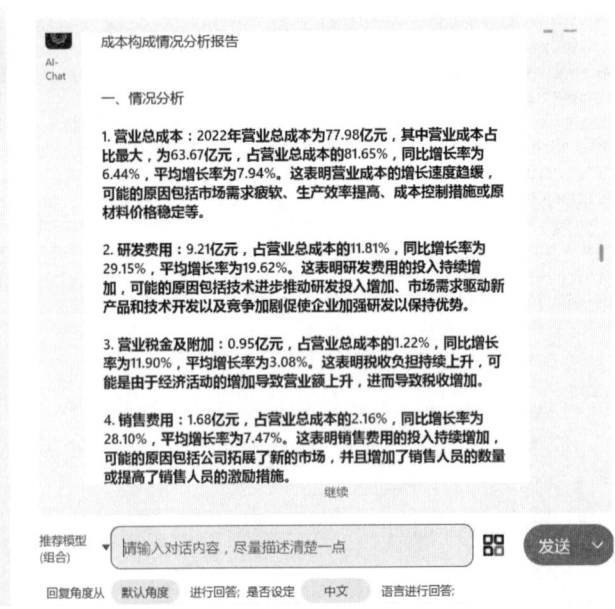

图 5-33 ChatGPT 反馈的智能报告

步骤五：点击 ChatGPT 答复期右上角复制按钮■，便可将反馈报告复制粘贴到 Word 文档中。

成本构成情况分析报告

一、情况分析

1. 营业总成本：2022年营业总成本为77.98亿元，其中营业成本占比最大，为63.67亿元，占营业总成本的81.65%，同比增长率为6.44%，平均增长率为7.94%。这表明营业成本的增长速度趋缓，可能的原因包括市场需求疲软、生产效率提高、成本控制措施或原材料价格稳定等。

2. 研发费用：9.21亿元，占营业总成本的11.81%，同比增长率为29.15%，平均增长率为19.62%。这表明研发费用的投入持续增加，可能的原因包括技术进步推动研发投入增加、市场需求驱动新产品和技术开发以及竞争加剧促使企业加强研发以保持优势。

3. 营业税金及附加：0.95亿元，占营业总成本的1.22%，同比增长率为11.90%，平均增长率为3.08%。这表明税收负担持续上升，可能是由于经济活动的增加导致营业额上升，进而导致税收增加。

4. 销售费用：1.68亿元，占营业总成本的2.16%，同比增长率为28.10%，平均增长率为7.47%。这表明销售费用的投入持续增加，可能的原因包括公司拓展了新的市场，并且增加了销售人员的数量或提高了销售人员的激励措施。

5. 管理费用：5.48亿元，占营业总成本的7.02%。同比增长率为24.22%，平均增长率为10.04%。这表明管理费用的持续上升，可能的原因包括管理流程不清晰、决策效率低下等。

6. 财务费用：-3.01亿元，占营业总成本的-3.86%。这表明财务费用对营业总成本没有影响，同比增长率为114.15%，平均增长率为497.84%。这说明财务费用增长开始放缓。

整体评价：从上述数据可以看出，企业的成本构成中，营业成本和销售费用增长趋缓，而研发费用、管理费用和财务费用的增长则较为明显。这些费用的增长可能会导致企业面临一定的财务风险。特别是在管理费用的增长中，可能需要关注管理流程和决策效率的问题。同时，财务费用的持续增长也可能会对企业的财务稳定性和可持续发展产生影响。

二、财务风险评估

1. 营业成本增长趋缓，但需要关注成本控制措施的有效性和竞争力提升。

虽然营业成本同比增长率低于平均增长率，但营业成本占营业总成本的比重较大，需要继续关注成本控制措施的有效性，以提高生产效率和控制成本。同时，需要关注市场需求变化、原材料价格波动等因素对成本控制的影响，以及成本控制措施对竞争力的提升效果。

2. 研发费用持续增长，表明企业重视创新。持续增强的研发力度有助于提升竞争力。

研发费用占营业总成本的比重较大，且同比增长率高于平均增长率。这表明企业持续增强研发投入，积极推动技术创新和产品升级。企业应继续关注研发项目的进展和质量，加强知识产权保护，以提高技术水平和产品竞争力。

3. 税收负担持续上升，可能对企业的盈利能力和消费者的消费水平产生一定影响。

营业税金及附加占营业总成本的比重较小，但同比增长率高于平均增长率。这表明税收负担持续上升，可能的原因是经济活动的增加导致营业额上升，进而导致税收增加。企业应关注税收政策变化，合理规划税收，以降低税收负担对企业的盈利能力和消费者的影响。

4. 销售费用持续增长，表明公司在销售方面投入了更多资源，取得了较好的业绩，但需要关注销售费用的回报率。

销售费用占营业总成本的比重较大，且同比增长率高于平均增长率。这表明企业在销售方面投入了更多资源，积极拓展市场和增加销售渠道。然而，企业应关注销售费用的回报率，确保投入的有效性和可持续性。企业可以通过优化销售策略、提高销售人员素质和效率等方式，提高销售费用的回报率。

5. 管理费用持续上升，可能对公司的盈利能力和资金流动性构成压力。需要优化内部流程、降低人力成本，提高管理效率。

管理费用占营业总成本的比重较大，且同比增长率高于平均增长率。这表明企业管理费用持续上升,可能的原因是管理流程不清晰、决策效率低下等问题,导致管理费用的增加。企业应优化内部流程,提高管理效率,降低人力成本和管理费用支出,以控制费用增长并保持可持续发展。同时,企业应关注管理费用的合理性和可持续性,确保管理费用的投入能够带来相应的回报和效益。

6. 财务费用增长放缓,但需关注负债结构优化和负债成本控制。

财务费用占营业总成本的比重较小,但同比增长率高于平均水平。这表明财务费用增长开始放缓。可能是由于企业降低了负债成本或优化了负债结构。这表明企业在财务管理上取得了成效,有利于财务稳定性和可持续发展。然而,企业仍需关注负债结构的优化和负债成本的控制,以确保财务状况的稳健。

三、措施建议

1. 加强成本控制:企业应继续关注市场动态和原材料价格变化,优化生产流程和成本控制措施,以提高生产效率和控制成本。

2. 加强财务管理:企业应优化负债结构,降低负债成本,同时加强资金管理,提高资金使用效率和流动性。

3. 提高管理效率:企业应优化管理流程,提高决策效率,降低管理费用支出。同时,加强内部监督和管理,确保资源的有效利用和节约。

4. 加强研发投入:企业应继续加强研发投入,关注技术进步和市场趋势,开发新产品和技术,以提高竞争力并保持可持续发展。

5. 拓展新市场:企业应积极拓展新市场,增加销售渠道和销售人员数量,以提高销售效率和回报率。同时,加强销售人员的培训和管理,提高销售人员的积极性和效率。

6. 关注负债结构优化:企业应关注负债结构的优化和负债成本的控制,以确保财务状况的稳健。

以上是对财务分析评估的主要内容,希望对您有所帮助。

5.5 VBA 与 ChatGPT 结合洞察净利润构成情况

5.5.1 按所有权归属分析

5.5.1.1 分析重点

归属于母公司所有者的净利润,是反映在企业合并净利润中,归属于母公司股东(所有者)所有的那部分净利润。少数股东损益,是反映在企业合并净利润中,归属于少数股东权益的份额。通过分析归属于母公司股东的净利润和少数股东损益项目,可以判断出企业对股东回报的保障能力。

5.5.1.2 VBA 智能分析代码

步骤一:编写净利润贡献分析代码。参考代码如下所示。

👉 成功之钥匙

代码含义:

```
Sub 净利润贡献()
'i 代表描述信息变量
    Dim i As String,j,k,wa As Worksheet,wb As Worksheet,wc As Worksheet
    Set wa = Worksheets("利润表分析报告")
    Set wb = Worksheets("利润基础表")
    Set wc = Worksheets("智库")
    wa.Cells(86,6) = "三、净利润构成情况分析"
    wa.Cells(87,6) = "(一)按所属权归属分类"
    i = 30
```

```
    '净利润
j=wb.Cells(2,14) & Format(wb.Cells(i,14),"净利润0.00 亿元,;净亏损0.00 元;") & Format(wb.Cells(i,18),"占综合收益的0.00% ;蚕食综合收益0.00% 。") & _
Format(wb.Cells(i,16),"同比增长0.00% ,;同比下降0.00% ,") & Format(wb.Cells(i,17),"平均增长0.00% ;平均下降0.00% 。")
    '同比增长高于平均增长,净利润持续上升。
    If wb.Cells(i,16) >wb.Cells(i,17) And wb.Cells(i,16) >0 And wb.Cells(i,17) >0 Then
        wa.Cells(88,6) =j & "股东回报能力持续增长。"
    '同比增长等平均增长,净利润增长趋于稳定。
    ElseIf wb.Cells(i,16) =wb.Cells(i,17) And wb.Cells(i,16) >0 And wb.Cells(i,17) >0 Then
        wa.Cells(88,6) =j & "股东回报能力趋于稳定。"
    '同比下降等平均下降水平,净利润下降速度趋稳。
    ElseIf wb.Cells(i,16) =wb.Cells(i,17) And wb.Cells(i,16) <0 And wb.Cells(i,17) <0 Then
        wa.Cells(88,6) =j & "股东回报能力下降速度趋稳。"
    '同比增长低于平均增长水平,净利润下降趋缓。
    ElseIf wb.Cells(i,16) <wb.Cells(i,17) And wb.Cells(i,16) >0 And wb.Cells(i,17) >0 Then
        wa.Cells(88,6) =j & "股东回报能力下降趋缓。"
    '由平均下降转为同比增长,净利润开始上升。
    ElseIf wb.Cells(i,16) >wb.Cells(i,17) And wb.Cells(i,16) >0 And wb.Cells(i,17) <0 Then
        wa.Cells(88,6) =j & "股东回报能力开始回升。"
    '由平均上升转为同比下降,净利润开始回落。
    ElseIf wb.Cells(i,16) <wb.Cells(i,17) And wb.Cells(i,16) <0 And wb.Cells(i,17) >0 Then
        wa.Cells(88,6) =j & "股东回报能力开始回落。"
    '同比下降低于平均下降水平,净利润回落放缓。
    ElseIf Abs(wb.Cells(i,16)) <Abs(wb.Cells(i,17)) And wb.Cells(i,16) <0 And wb.Cells(i,17) <0 Then
        wa.Cells(88,6) =j & "股东回报能力回落放缓。"
    '同比下降高于平均下降水平,净利润持续回落。
    ElseIf Abs(wb.Cells(i,16)) >Abs(wb.Cells(i,17)) And wb.Cells(i,16) <0 And wb.Cells(i,17) <0 Then
        wa.Cells(88,6) =j & "股东回报能力持续回落。"
    End If
End Sub
```

步骤二:编写归属于母公司所有者权益分析代码。参考代码如下所示。

成功之钥匙

代码含义:

```
Sub 归属于母公司净利润()
    'i 代表描述信息变量
    Dim i As String,j,k,wa As Worksheet,wb As Worksheet
    Set wa =Worksheets("利润表分析报告")
    Set wb =Worksheets("利润基础表")
    i =34
j=Format(wb.Cells(i,14),"归属于母公司净利润0.00 亿元,;归属于母公司净亏损") & Format(wb.Cells(i,18),"占净利润的0.00% ,;蚕食净利润0.00% ") & _
Format(wb.Cells(i,16),"同比增长0.00% ,;同比下降0.00% ,") & Format(wb.Cells(i,17),"平均增长0.00% ;平均下降0.00% ")
    '同比增长高于平均增长,归属于母公司净利润持续上升。
    If wb.Cells(i,16) >wb.Cells(i,17) And wb.Cells(i,16) >0 And wb.Cells(i,17) >0 Then
        wa.Cells(89,6) =j & "归属于母公司净利润持续增长。"
    '同比增长等平均增长,归属于母公司利润增长趋于稳定。
    ElseIf wb.Cells(i,16) =wb.Cells(i,17) And wb.Cells(i,16) >0 And wb.Cells(i,17) >0 Then
        wa.Cells(89,6) =j & "归属于母公司净利润趋于稳定。"
    '同比下降等平均下降水平,归属于母公司利润下降速度趋稳。
    ElseIf wb.Cells(i,16) =wb.Cells(i,17) And wb.Cells(i,16) <0 And wb.Cells(i,17) <0 Then
        wa.Cells(89,6) =j & "归属于母公司净利润下降速度趋稳。"
    '同比增长低于平均增长水平,归属于母公司净利润下降趋缓。
    ElseIf wb.Cells(i,16) <wb.Cells(i,17) And wb.Cells(i,16) >0 And wb.Cells(i,17) >0 Then
        wa.Cells(89,6) =j & "归属于母公司净利润下降趋缓。"
    '由平均下降转为同比增长,归属于母公司净利润开始上升。
    ElseIf wb.Cells(i,16) >wb.Cells(i,17) And wb.Cells(i,16) >0 And wb.Cells(i,17) <0 Then
        wa.Cells(89,6) =j & "归属于母公司净利润开始回升。"
    '由平均上升转为同比下降,归属于母公司净利润开始回落。
    ElseIf wb.Cells(i,16) <wb.Cells(i,17) And wb.Cells(i,16) <0 And wb.Cells(i,17) >0 Then
        wa.Cells(89,6) =j & "归属于母公司净利润开始回落。"
    '同比下降低于平均下降水平,归属于母公司净利润回落放缓。
    ElseIf Abs(wb.Cells(i,16)) <Abs(wb.Cells(i,17)) And wb.Cells(i,16) <0 And wb.Cells(i,17) <0 Then
        wa.Cells(89,6) =j & "归属于母公司净利润回落放缓。"
    '同比下降高于平均下降水平,归属于母公司净利润持续回落。
    ElseIf Abs(wb.Cells(i,16)) >Abs(wb.Cells(i,17)) And wb.Cells(i,16) <0 And wb.Cells(i,17) <0 Then
        wa.Cells(89,6) =j & "归属于母公司净利润持续回落。"
```

```
        End If
End Sub
```

步骤三：编写少数股东权益分析代码。参考代码如下所示。

👆 成功之钥匙

代码含义：

```
Sub 少数股东损益()
'i 代表描述信息变量
    Dim i As String,j,wa As Worksheet,wb As Worksheet
    Set wa = Worksheets("利润表分析报告")
    Set wb = Worksheets("利润基础表")
     i = 35
j = Format(wb.Cells(i,14),"少数股东收益 0.00 亿元,;少数股东损失") & Format(wb.Cells(i,18),"占净利润的 0.00% ,;蚕食净利润 0.00% ") & _
Format(wb.Cells(i,16),"同比增长 0.00% ,;同比下降 0.00% ,") & Format(wb.Cells(i,17),"平均增长 0.00% 。;平均下降 0.00% 。")
    '同比增长高于平均增长,少数股东损益持续上升。
    If wb.Cells(i,16) > wb.Cells(i,17) And wb.Cells(i,16) > 0 And wb.Cells(i,17) > 0 Then
        wa.Cells(90,6) = j & "少数股东损益持续增长。"
    '同比增长等平均增长,少数股东损益增长趋于稳定。
    ElseIf wb.Cells(i,16) = wb.Cells(i,17) And wb.Cells(i,16) > 0 And wb.Cells(i,17) > 0 Then
        wa.Cells(90,6) = j & "少数股东损益趋于稳定。"
    '同比下降等平均下降水平,少数股东损益下降速度趋稳。
    ElseIf wb.Cells(i,16) = wb.Cells(i,17) And wb.Cells(i,16) < 0 And wb.Cells(i,17) < 0 Then
        wa.Cells(90,6) = j & "少数股东损益下降速度趋稳。"
    '同比增长低于平均增长水平,少数股东损益下降趋缓。
    ElseIf wb.Cells(i,16) < wb.Cells(i,17) And wb.Cells(i,16) > 0 And wb.Cells(i,17) > 0 Then
        wa.Cells(89,6) = j & "少数股东损益下降趋缓。"
    '由平均下降转为同比增长,少数股东损益开始上升。
    ElseIf wb.Cells(i,16) > wb.Cells(i,17) And wb.Cells(i,16) > 0 And wb.Cells(i,17) < 0 Then
        wa.Cells(90,6) = j & "少数股东损益开始回升。"
    '由平均上升转为同比下降,少数股东损益开始回落。
    ElseIf wb.Cells(i,16) < wb.Cells(i,17) And wb.Cells(i,16) < 0 And wb.Cells(i,17) > 0 Then
        wa.Cells(90,6) = j & "少数股东损益开始回落。"
    '同比下降低于平均下降水平,少数股东损益回落放缓。
    ElseIf Abs(wb.Cells(i,16)) < Abs(wb.Cells(i,17)) And wb.Cells(i,16) < 0 And wb.Cells(i,17) < 0 Then
        wa.Cells(90,6) = j & "少数股东损益回落放缓。"
    '同比下降高于平均下降水平,少数股东损益持续回落。
    ElseIf Abs(wb.Cells(i,16)) > Abs(wb.Cells(i,17)) And wb.Cells(i,16) < 0 And wb.Cells(i,17) < 0 Then
        wa.Cells(90,6) = j & "少数股东损益持续回落。"
    End If
End Sub
```

步骤四：编写扣除非常损失后的净利润分析代码。参考代码如下所示。

👆 成功之钥匙

代码含义：

```
Sub 扣除非常损失后的净利润()
'i 代表描述信息变量
    Dim i As String,j,k,wa As Worksheet,wb As Worksheet
    Set wa = Worksheets("利润表分析报告")
    Set wb = Worksheets("利润基础表")
     i = 36
    '扣除非经常性损益后的净利润
    If wb.Cells(i,14) <= 0 Then
wa.Cells(91,6) = Format(wb.Cells(i,14),"扣除非经常性损益后的净利润 0.00 亿元,;扣除非经常性损益后的净损失 0.00 亿元,") & _
    Format(wb.Cells(i,18),"占净利润的 0.00% 。;蚕食净利润 0.00% 。")
    Else
k = Format(wb.Cells(i,14),"扣除非经常性损益后的净利润 0.00 亿元,;扣除非经常性损益后的净损失 0.00 亿元,") & _
    Format(wb.Cells(i,18),"占净利润的 0.00% ,;蚕食净利润 0.00% ,") & _
Format(wb.Cells(i,16),"同比增长 0.00% ,;同比下降 0.00% ,") & Format(wb.Cells(i,17),"平均增长 0.00% 。;平均下降 0.00% 。")
    '同比增长高于平均增长,经营业务产生的净利润持续增强。
    If wb.Cells(i,14) > 0 And wb.Cells(i,16) > wb.Cells(i,17) And wb.Cells(i,16) > 0 And wb.Cells(i,17) > 0 Then
        wa.Cells(91,6) = k & "经营业务产生的净利润持续增长。"
    '同比增长等平均增长,经营业务产生的净利润增长趋于稳定。
```

```
ElseIf wb.Cells(i,16)=wb.Cells(i,17) And wb.Cells(i,16)>0 And wb.Cells(i,17)>0 And wb.Cells(i,14)>0 Then
    wa.Cells(90,6) = k & "经营业务产生的净利润趋于稳定。"
    '同比下降等平均下降水平,经营业务产生的净利润下降速度趋稳。
ElseIf wb.Cells(i,16)=wb.Cells(i,17) And wb.Cells(i,16)<0 And wb.Cells(i,17)<0 And wb.Cells(i,14)>0 Then
    wa.Cells(91,6) = k & "经营业务产生的净利润下降速度趋稳。"
    '同比增长低于平均增长水平,归属于母公司净利润下降趋缓。
ElseIf wb.Cells(i,16)<wb.Cells(i,17) And wb.Cells(i,16)>0 And wb.Cells(i,17)>0 And wb.Cells(i,14)>0 Then
    wa.Cells(91,6) = k & "经营业务产生的净利润下降趋缓。"
    '由平均下降转为同比增长,经营业务产生的净利润开始上升。
ElseIf wb.Cells(i,16)>wb.Cells(i,17) And wb.Cells(i,16)>0 And wb.Cells(i,17)>0 And wb.Cells(i,14)>0 Then
    wa.Cells(91,6) = k & "经营业务产生的净利润开始回升。"
    '由平均上升转为同比下降,经营业务产生的净利润开始回落。
ElseIf wb.Cells(i,16)<wb.Cells(i,17) And wb.Cells(i,16)<0 And wb.Cells(i,17)>0 And wb.Cells(i,14)>0 Then
    wa.Cells(91,6) = k & "经营业务产生的净利润开始回落。"
    '同比下降低于平均下降水平,经营业务产生的净利润回落放缓。
ElseIf Abs(wb.Cells(i,16))<Abs(wb.Cells(i,17)) And wb.Cells(i,16)<0 And wb.Cells(i,17)<0 And wb.Cells(i,14)>0 Then
    wa.Cells(91,6) = k & "经营业务产生的净利润回落放缓。"
    '同比下降高于平均下降水平,经营业务产生的净利润持续回落。
ElseIf Abs(wb.Cells(i,16))>Abs(wb.Cells(i,17)) And wb.Cells(i,16)<0 And wb.Cells(i,17)<0 And wb.Cells(i,14)>0 Then
    wa.Cells(90,6) = k & "经营业务产生的净利润持续回落。"
    End If
    End If
End Sub
```

步骤五：设置按钮。进入"利润表分析报告"工作表界面；点击开发工具—插入—表单控件—按钮▭—将十字花放置到"利润表析报告"工作表 G88 单元格—在宏名称中选定"净利润贡献"代码名称，按钮名称为"净利润贡献"。归属于母公司净利润、少数股东损益、扣除非常损失后的净利润代码按钮设置方法相同。如图 5-34 所示。

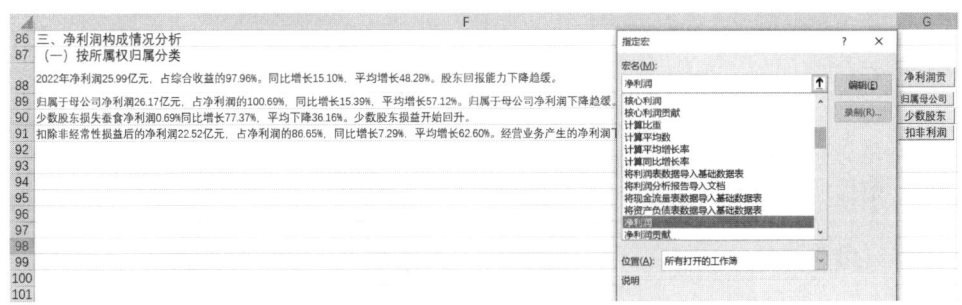

图 5-34 代码运行按钮

5.5.1.3 可视化图表

步骤一：编写制作图表代码：从利润基础工作表中选取 M2：R2，M6：R6，M7：R7，M8：R8，M9：R9，M10：R10，M11：R11 区域，作为图表代码数据源，制作成嵌入式柱形图，存放到"利润表分析报告"工作表 F72：F85 区域。参考代码如下所示。

成功之钥匙

代码含义：

```
Sub 制作按所有权归属净利润构成图表()
    Dim wa As Worksheet
    Dim ws As Worksheet
    Dim cht As ChartObject
    Dim rng As Range
    '选择"利润基础表"工作表
    Set wa = ThisWorkbook.Sheets("利润基础表")
    '复制 M2:R2,M34:R34,M35:R35,M36:R36 区域的数据
    wa.Range("M2:R2,M34:R34,M35:R35,M36:R36").Copy
    '将数据粘贴到 T29:Y32 区域
    wa.Range("T29:Y32").PasteSpecial Paste:=xlPasteValues
```

```
' 设置工作表
Set ws = ThisWorkbook.Sheets("利润表分析报告")
' 定义图表位置
Set rng = ws.Range("F92")
' 在工作表中插入一个图表对象
Set cht = ws.ChartObjects.Add(Left:=rng.Left, Width:=700, Top:=rng.Top, Height:=150)
' 设置图表数据源
cht.chart.SetSourceData Source:=wa.Range("$T$29:$Y$32")
' 设置图表类型为柱形图
cht.chart.chartType = xlColumnClustered
' 添加数据标签
cht.chart.SeriesCollection(1).ApplyDataLabels
' 设置图表标题
cht.chart.HasTitle = True
cht.chart.ChartTitle.Text - "净利润构成情况分析"
' 设置图例位置
cht.chart.HasLegend = True
cht.chart.Legend.Position = xlLegendPositionBottom
End Sub
```

步骤二：嵌入柱形图。如图 5－35 所示。

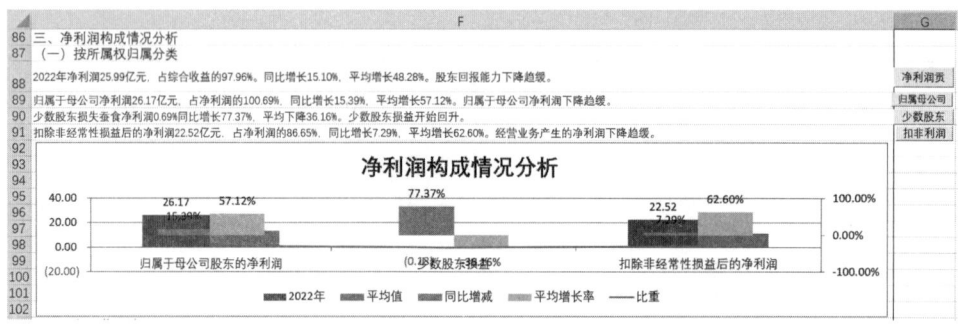

图 5－35　净利润按所有权归属分类动态分析

5.5.2　每股收益情况

5.5.2.1　分析重点

每股收益，是衡量上市公司盈利能力最重要的财务指标。它反映普通股的获利水平。在分析时，可以进行公司间的比较，以评价该公司相对的盈利能力；可以进行不同时期的比较，了解该公司盈利能力的变化趋势；可以进行经营实绩和盈利预测的比较，掌握该公司的管理能力。

基本每股收益 = 归属于普通股股东的当期净利润/当期发行在外普通股的加权平均数

相对于基本每股收益，稀释每股收益充分考虑了潜在普通股对每股收益的稀释作用，以反映公司在未来股本结构下的资本盈利水平。

每股收益增长率指标使用方法：公司的每股收益增长率和整个市场的比较；和同一行业其他公司的比较；和公司本身历史每股收益增长率的比较；以每股收益增长率和销售收入增长率的比较，衡量公司未来的成长潜力。

5.5.2.2　VBA 智能分析代码

步骤一：编写基本每股收益分析代码。用于在利润基础表中分析数据，并在利润表分析报告中显示与每股收益相关的分析结果。参考代码如下所示。

成功之钥匙

代码含义:

```
Sub 基本每股收益分析()
'i 代表描述信息变量
    Dim i As String,j,k,wa As Worksheet,wb As Worksheet,wc As Worksheet
    Set wa = Worksheets("利润表分析报告")
    Set wb = Worksheets("利润基础表")
    Set wc = Worksheets("智库")
    wa.Cells(103,6) = "(二)每股收益情况分析"
    i = 38
    '基本每股收益
    If wb.Cells(i,14) < = 0 Then
wa.Cells(104,6) = Format(wb.Cells(i,14),"基本每股收益0.00元,;基本每股亏损0.00元,") & Format(wb.Cells(i,16),"同比增长0.00% ,;同比下降0.00% ,") & _
    Format(wb.Cells(i,17),"平均增长 0.00% 。;平均下降 0.00% 。")
    Else
k = Format(wb.Cells(i,14),"基本每股收益0.00元,;基本每股亏损0.00元,") & Format(wb.Cells(i,16),"同比增长0.00% ,;同比下降0.00% ,") _
    & Format(wb.Cells(i,17),"平均增长 0.00% 。;平均下降 0.00% 。")
        '同比增长高于平均增长,资本回报能力持续上升。
If wb.Cells(i,14) >0 And wb.Cells(i,16) >wb.Cells(i,17) And wb.Cells(i,16) >0 And wb.Cells(i,17) >0 Then
    wa.Cells(104,6) = k & "资本回报能力持续增长。"
        '同比增长等平均增长,资本回报能力增长趋于稳定。
ElseIf wb.Cells(i,16) = wb.Cells(i,17) And wb.Cells(i,16) >0 And wb.Cells(i,17) >0 And wb.Cells(i,14) >0 Then
    wa.Cells(104,6) = k & "资本回报能力趋于稳定。"
        '同比下降等平均下降水平,资本回报能力下降速度趋稳。
ElseIf wb.Cells(i,16) = wb.Cells(i,17) And wb.Cells(i,16) <0 And wb.Cells(i,17) <0 And wb.Cells(i,14) >0 Then
    wa.Cells(104,6) = k & "资本回报能力下降速度趋稳。"
        '同比增长低于平均增长水平,资本回报能力下降趋缓。
ElseIf wb.Cells(i,16) <wb.Cells(i,17) And wb.Cells(i,16) >0 And wb.Cells(i,17) >0 And wb.Cells(i,14) >0 Then
    wa.Cells(104,6) = k & "资本回报能力下降趋缓。"
        '由平均下降转为同比增长,资本回报能力开始上升。
ElseIf wb.Cells(i,16) >wb.Cells(i,17) And wb.Cells(i,16) >0 And wb.Cells(i,17) <0 And wb.Cells(i,14) >0 Then
    wa.Cells(104,6) = k & "资本回报能力开始回升。"
        '由平均上升转为同比下降,资本回报能力开始回落。
ElseIf wb.Cells(i,16) <wb.Cells(i,17) And wb.Cells(i,16) <0 And wb.Cells(i,17) >0 And wb.Cells(i,14) >0 Then
    wa.Cells(104,6) = k & "资本回报能力开始回落。"
        '同比下降低于平均下降水平,资本回报能力回落放缓。
ElseIf Abs(wb.Cells(i,16)) <Abs(wb.Cells(i,17)) And wb.Cells(i,16) <0 And wb.Cells(i,17) <0 And wb.Cells(i,14) >0 Then
    wa.Cells(104,6) = k & "资本回报能力回落放缓。"
        '同比下降高于平均下降水平,资本回报能力持续回落。
ElseIf Abs(wb.Cells(i,16)) >Abs(wb.Cells(i,17)) And wb.Cells(i,16) <0 And wb.Cells(i,17) <0 And wb.Cells(i,14) >0 Then
    wa.Cells(104,6) = k & "资本回报能力持续回落。"
    End If
    End If
End Sub
```

步骤二:编写稀释每股收益分析代码。参考代码如下所示。

成功之钥匙

代码含义:

```
Sub 稀释每股收益分析()
'i 代表描述信息变量
    Dim i As String,j,k,wa As Worksheet,wb As Worksheet,wc As Worksheet
    Set wa = Worksheets("利润表分析报告")
    Set wb = Worksheets("利润基础表")
    Set wc = Worksheets("智库")
    i = 39
    '稀释每股收益
    If wb.Cells(i,14) < = 0 Then
    wa.Cells(105,6) = Format(wb.Cells(i,14),"稀释每股收益0.00元,;稀释每股亏损0.00元,")
    & _;Format(wb.Cells(i,16),"同比增长0.00% ,;同比下降0.00% ,") & _
    Format(wb.Cells(i,17),"平均增长 0.00% 。;平均下降 0.00% 。")
    Else
    k = Format(wb.Cells(i,14),"每股收益0.00元,;每股亏损0.00元,")
```

```
            & ;Format(wb.Cells(i,16),"同比增长0.00% ;同比下降0.00% ,") & _
            Format(wb.Cells(i,17),"平均增长0.00% ;平均下降0.00% 。")
            '同比增长高于平均增长,资本回报能力持续上升。
    If wb.Cells(i,14)>0 And wb.Cells(i,16) >wb.Cells(i,17) And wb.Cells(i,16) >0 And wb.Cells(i,17) >0 Then
        wa.Cells(105,6) = k & "稀释资本回报能力持续增长。"
            '同比增长等平均增长,资本回报能力增长趋于稳定。
    ElseIf wb.Cells(i,16) = wb.Cells(i,17) And wb.Cells(i,16) >0 And wb.Cells(i,17) >0 And wb.Cells(i,14) >0 Then
        wa.Cells(105,6) = k & "稀释资本回报能力趋于稳定。"
            '同比下降等平均下降水平,资本回报能力下降速度趋稳。
    ElseIf wb.Cells(i,16) = wb.Cells(i,17) And wb.Cells(i,16) <0 And wb.Cells(i,17) <0 And wb.Cells(i,14) >0 Then
        wa.Cells(105,6) = k & "稀释资本回报能力下降速度趋稳。"
            '同比增长低于平均增长水平,资本回报能力下降趋缓。
    ElseIf wb.Cells(i,16) <wb.Cells(i,17) And wb.Cells(i,16) >0 And wb.Cells(i,17) >0 And wb.Cells(i,14) >0 Then
        wa.Cells(105,6) = k & "稀释资本回报能力下降趋缓。"
            '由平均下降转为同比增长,资本回报能力开始上升。
    ElseIf wb.Cells(i,16) >wb.Cells(i,17) And wb.Cells(i,16) >0 And wb.Cells(i,17) >0 And wb.Cells(i,14) >0 Then
        wa.Cells(105,6) = k & "稀释资本回报能力开始回升。"
            '由平均上升转为同比下降,资本回报能力开始回落。
    ElseIf wb.Cells(i,16) <wb.Cells(i,17) And wb.Cells(i,16) <0 And wb.Cells(i,17) >0 And wb.Cells(i,14) >0 Then
        wa.Cells(105,6) = k & "稀释资本回报能力开始回落。"
            '同比下降低于平均下降水平,资本回报能力回落放缓。
    ElseIf Abs(wb.Cells(i,16)) <Abs(wb.Cells(i,17)) And wb.Cells(i,16) <0 And wb.Cells(i,17) <0 And wb.Cells(i,14) >0 Then
        wa.Cells(105,6) = k & "稀释资本回报能力回落放缓。"
            '同比下降高于平均下降水平,资本回报能力持续回落。
    ElseIf Abs(wb.Cells(i,16)) >Abs(wb.Cells(i,17)) And wb.Cells(i,16) <0 And wb.Cells(i,17) <0 And wb.Cells(i,14) >0 Then
        wa.Cells(105,6) = k & "稀释资本回报能力持续回落。"
        End If
      End If
End Sub
```

步骤三：设置按钮。进入"利润表分析报告"工作表界面：点击开发工具—插入—表单控件—按钮▨—将十字花放置到"利润表析报告"工作表G103单元格—在宏名称中选定"基本每股收益"代码名称，按钮名称为"基本每股收益"。如图5-36所示。

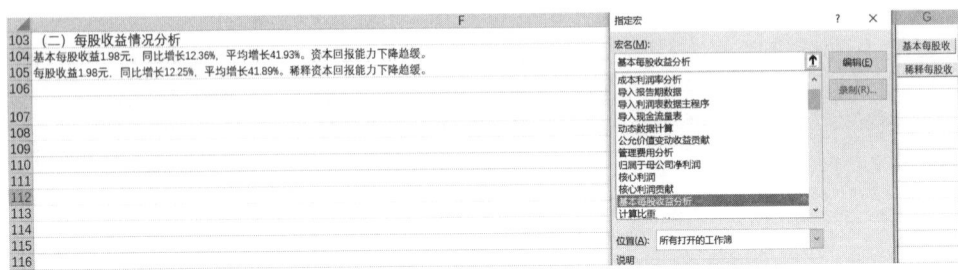

图5-36 每股收益按钮

5.5.2.3 可视化图表

步骤一：编写制作图表代码：从利润基础工作表中选取M2：Q2，M38：Q38，M39：Q39区域，作为图表代码数据源，制作成嵌入式柱形图，存放到"利润表分析报告"工作表F106：F117区域。参考代码如下所示。

成功之钥匙

代码含义：
```
Sub 制作每股收益图表()
    Dim wa As Worksheet
    Dim ws As Worksheet
    Dim cht As ChartObject
    Dim rng As Range
    '选择"利润基础表"工作表
    Set wa = ThisWorkbook.Sheets("利润基础表")
      '复制M2:Q2,M38:Q38,M39:Q39区域的数据
```

```
    wa.Range("M2:Q2,M38:Q38,M39:Q39").Copy
    '将数据粘贴到T34:X36区域
    wa.Range("T34:X36").PasteSpecial Paste:=xlPasteValues
    '设置工作表
    Set ws = ThisWorkbook.Sheets("利润表分析报告")
    '定义图表位置
    Set rng = ws.Range("F106")
    '在工作表中插入一个图表对象
    Set cht = ws.ChartObjects.Add(Left:=rng.Left,Width:=700,Top:=rng.Top,Height:=160)
    '设置图表数据源
    cht.chart.SetSourceData Source:=wa.Range("$T$34:$X$36")
    '设置图表类型为柱形图
    cht.chart.chartType = xlColumnClustered
    '添加数据标签
    cht.chart.SeriesCollection(1).ApplyDataLabels
    '设置图表标题
    cht.chart.HasTitle = True
    cht.chart.ChartTitle.Text = "每股收益情况分析"
    '设置图例位置
    cht.chart.HasLegend = True
    cht.chart.Legend.Position = xlLegendPositionBottom
End Sub
```

步骤二：嵌入柱形图。如图5-37所示。

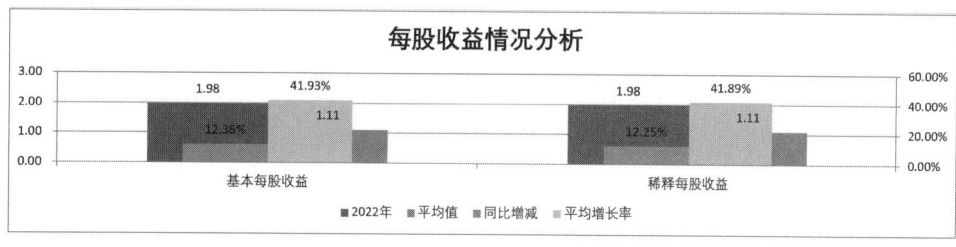

图5-37　净利润按所有权归属分类动态分析

5.5.3　其他综合收益分析

5.5.3.1　分析重点

其他综合收益是指企业根据会计准则规定未在当期损益中确认的各项利得和损失。其他综合收益的税后净额，是指其他综合收益扣除所得税影响后的净额。

通过对其他综合收益的分析，判断未在当期损益中确认的各项利得和损失情况。

5.5.3.2　VBA智能分析代码

步骤一：编写其他综合收益分析代码。用于在利润基础表中分析数据，并在利润表分析报告中显示与其他综合收益相关的分析结果。参考代码如下所示。

成功之钥匙

代码含义：

```
Sub 其他综合收益情况分析()
'i 代表描述信息变量
    Dim i As String,j,k,wa As Worksheet,wb As Worksheet,wc As Worksheet
    Set wa = Worksheets("利润表分析报告")
    Set wb = Worksheets("利润基础表")
    Set wc = Worksheets("智库")
    wa.Cells(118,6) = "(三)其他综合收益情况分析"
    i = 40
    k = Format(wb.Cells(i,14),"其他综合收益0.00亿元,;其他综合损失0.00亿元,") _
    & ;Format(wb.Cells(40,18),"占综合收益的0.00%  ;蚕食综合收益0.00% 。") & _
    Format(wb.Cells(i,16),"同比增长0.00% ;同比下降0.00% ,")
```

```vba
            & _ ;Format(wb.Cells(i,17),"平均增长 0.00% ;平均下降 0.00% 。")
        '同比增长高于平均增长,其他综合收益持续上升。
        If wb.Cells(i,16) > wb.Cells(i,17) And wb.Cells(i,16) > 0 And wb.Cells(i,17) > 0 Then
            wa.Cells(119,6) = k & "其他综合收益持续增长。"
        '同比增长等平均增长,其他综合收益趋于稳定。
        ElseIf wb.Cells(i,16) = wb.Cells(i,17) And wb.Cells(i,16) > 0 And wb.Cells(i,17) > 0 Then
            wa.Cells(119,6) = k & "其他综合收益趋于稳定。"
        '同比下降等平均下降水平,其他综合收益下降速度趋稳。
        ElseIf wb.Cells(i,16) = wb.Cells(i,17) And wb.Cells(i,16) < 0 And wb.Cells(i,17) < 0 Then
            wa.Cells(119,6) = k & "其他综合收益下降速度趋稳。"
        '同比增长低于平均增长水平,其他综合收益下降趋缓。
        ElseIf wb.Cells(i,16) < wb.Cells(i,17) And wb.Cells(i,16) > 0 And wb.Cells(i,17) > 0 Then
            wa.Cells(119,6) = k & "其他综合收益下降趋缓。"
        '由平均下降转为同比增长,其他综合收益开始上升。
        ElseIf wb.Cells(i,16) > wb.Cells(i,17) And wb.Cells(i,16) > 0 And wb.Cells(i,17) < 0 Then
            wa.Cells(119,6) = k & "其他综合收益开始回升。"
        '由平均上升转为同比下降,其他综合收益开始回落。
        ElseIf wb.Cells(i,16) < wb.Cells(i,17) And wb.Cells(i,16) < 0 And wb.Cells(i,17) > 0 Then
            wa.Cells(119,6) = k & "其他综合收益开始回落。"
        '同比下降低于平均下降水平,其他综合收益回落放缓。
        ElseIf Abs(wb.Cells(i,16)) < Abs(wb.Cells(i,17)) And wb.Cells(i,16) < 0 And wb.Cells(i,17) < 0 Then
            wa.Cells(119,6) = k & "其他综合收益回落放缓。"
        '同比下降高于平均下降水平,其他综合收益持续回落。
        ElseIf Abs(wb.Cells(i,16)) > Abs(wb.Cells(i,17)) And wb.Cells(i,16) < 0 And wb.Cells(i,17) < 0 Then
            wa.Cells(119,6) = k & "其他综合收益持续回落。"
        End If
End Sub
```

步骤二:编写归属于母公司股东的其他综合收益分析代码。参考代码如下所示。

成功之钥匙

代码含义:

```vba
Sub 归属于母公司股东的其他综合收益情况分析()
'i 代表描述信息变量
    Dim i As String,j,k,wa As Worksheet,wb As Worksheet
    Set wa = Worksheets("利润表分析报告")
    Set wb = Worksheets("利润基础表")
        i = 41
k = Format(wb.Cells(i,14),"其中,归属于母公司股东的其他综合收益 0.00 亿元,;其中,归属于母公司股东的其他综合损失 0.00 亿元,") & _
    Format(wb.Cells(i,18),"占其他综合收益的 0.00% ;蚕食其他综合收益 0.00% 。") & _
    Format(wb.Cells(i,16),"同比增长 0.00% ,;Format(wb.Cells(i,17),"平均增长 0.00% ;平均下降 0.00% 。")
    '同比增长高于平均增长,归属于母公司股东的其他综合收益持续上升。
    If wb.Cells(i,16) > wb.Cells(i,17) And wb.Cells(i,16) > 0 And wb.Cells(i,17) > 0 Then
        wa.Cells(120,6) = k & "归属于母公司股东的其他综合收益持续增长。"
    '同比增长等平均增长,归属于母公司股东的其他综合收益趋于稳定。
    ElseIf wb.Cells(i,16) = wb.Cells(i,17) And wb.Cells(i,16) > 0 And wb.Cells(i,17) > 0 Then
        wa.Cells(120,6) = k & "归属于母公司股东的其他综合收益趋于稳定。"
    '同比下降等平均下降水平,归属于母公司股东的其他综合收益下降速度趋稳。
    ElseIf wb.Cells(i,16) = wb.Cells(i,17) And wb.Cells(i,16) < 0 And wb.Cells(i,17) < 0 Then
        wa.Cells(120,6) = k & "归属于母公司股东的其他综合收益下降速度趋稳。"
    '同比增长低于平均增长水平,归属于母公司股东的其他综合收益下降趋缓。
    ElseIf wb.Cells(i,16) < wb.Cells(i,17) And wb.Cells(i,16) > 0 And wb.Cells(i,17) > 0 Then
        wa.Cells(120,6) = k & "归属于母公司股东的其他综合收益下降趋缓。"
    '由平均下降转为同比增长,归属于母公司股东的其他综合收益开始上升。
    ElseIf wb.Cells(i,16) > wb.Cells(i,17) And wb.Cells(i,16) > 0 And wb.Cells(i,17) < 0 Then
        wa.Cells(120,6) = k & "归属于母公司股东的其他综合收益开始回升。"
    '由平均上升转为同比下降,归属于母公司股东的其他综合收益开始回落。
    ElseIf wb.Cells(i,16) < wb.Cells(i,17) And wb.Cells(i,16) < 0 And wb.Cells(i,17) > 0 Then
        wa.Cells(120,6) = k & "归属于母公司股东的其他综合收益开始回落。"
    '同比下降低于平均下降水平,归属于母公司股东的其他综合收益回落放缓。
    ElseIf Abs(wb.Cells(i,16)) < Abs(wb.Cells(i,17)) And wb.Cells(i,16) < 0 And wb.Cells(i,17) < 0 Then
        wa.Cells(120,6) = k & "归属于母公司股东的其他综合收益回落放缓。"
    '同比下降高于平均下降水平,归属于母公司股东的其他综合收益持续回落。
    ElseIf Abs(wb.Cells(i,16)) > Abs(wb.Cells(i,17)) And wb.Cells(i,16) < 0 And wb.Cells(i,17) < 0 Then
        wa.Cells(120,6) = k & "归属于母公司股东的其他综合收益持续回落。"
    End If
```

步骤三：编写归属于少数股东的其他综合收益分析代码。参考代码如下所示。

成功之钥匙

代码含义：

```
Sub 归属于少数股东的其他综合收益情况分析()
'i 代表描述信息变量
    Dim i As String,j,k,wa As Worksheet,wb As Worksheet
    Set wa=Worksheets("利润表分析报告")
    Set wb=Worksheets("利润基础表")
    i=42
k=Format(wb.Cells(i,14),"其中,归属于少数股东的其他综合收益0.00亿元,;其中,归属于少数股东的其他综合损失0.00亿元,") &_
    Format(wb.Cells(i,18),"占其他综合收益的0.00%。;蚕食其他综合收益0.00%。") &_
Format(wb.Cells(i,16),"同比增长0.00%,;同比下降0.00%,") & Format(wb.Cells(i,17),"平均增长0.00%。;平均下降0.00%。")
    '同比增长高于平均增长,归属于少数股东的其他综合收益持续上升。
    If wb.Cells(i,16)>wb.Cells(i,17) And wb.Cells(i,16)>0 And wb.Cells(i,17)>0 Then
        wa.Cells(121,6)=k & "归属于少数股东的其他综合收益持续增长。"
    '同比增长等于平均增长,归属于少数股东的其他综合收益趋于稳定。
    ElseIf wb.Cells(i,16)=wb.Cells(i,17) And wb.Cells(i,16)>0 And wb.Cells(i,17)>0 Then
        wa.Cells(121,6)=k & "归属于少数股东的其他综合收益趋于稳定。"
    '同比下降等平均下降水平,归属于少数股东的其他综合收益下降速度趋稳。
    ElseIf wb.Cells(i,16)=wb.Cells(i,17) And wb.Cells(i,16)<0 And wb.Cells(i,17)<0 Then
        wa.Cells(121,6)=k & "归属于少数股东的其他综合收益下降速度趋稳。"
    '同比增长低于平均增长水平,归属于少数股东的其他综合收益下降趋缓。
    ElseIf wb.Cells(i,16)<wb.Cells(i,17) And wb.Cells(i,16)>0 And wb.Cells(i,17)>0 Then
        wa.Cells(121,6)=k & "归属于少数股东的其他综合收益下降趋缓。"
    '由平均下降转为同比增长,归属于少数股东的其他综合收益开始上升。
    ElseIf wb.Cells(i,16)>wb.Cells(i,17) And wb.Cells(i,16)>0 And wb.Cells(i,17)<0 Then
        wa.Cells(121,6)=k & "归属于少数股东的其他综合收益开始回升。"
    '由平均上升转为同比下降,归属少数司股东的其他综合收益开始回落。
    ElseIf wb.Cells(i,16)<wb.Cells(i,17) And wb.Cells(i,16)<0 And wb.Cells(i,17)>0 Then
        wa.Cells(121,6)=k & "归属于少数股东的其他综合收益开始回落。"
    '同比下降低于平均下降水平,归属于少数股东的其他综合收益回落放缓。
    ElseIf Abs(wb.Cells(i,16))<Abs(wb.Cells(i,17)) And wb.Cells(i,16)<0 And wb.Cells(i,17)<0 Then
        wa.Cells(121,6)=k & "归属于少数股东的其他综合收益回落放缓。"
    '同比下降高于平均下降水平,归属于少数股东的其他综合收益持续回落。
    ElseIf Abs(wb.Cells(i,16))>Abs(wb.Cells(i,17)) And wb.Cells(i,16)<0 And wb.Cells(i,17)<0 Then
        wa.Cells(121,6)=k & "归属于少数股东的其他综合收益持续回落。"
    End If
End Sub
```

步骤四：设置按钮。进入"利润表分析报告"工作表界面：点击开发工具—插入—表单控件—按钮▭▭▭—将十字花放置到"利润表析报告"工作表 G119 单元格—在宏名称中选定"其他综合收益"代码名称，按钮名称为"其他综合收益"。归属于母公司股东的其他综合收益、归属于少数股东的其他综合收益代码按钮设置方法相同。如图 5-38 所示。

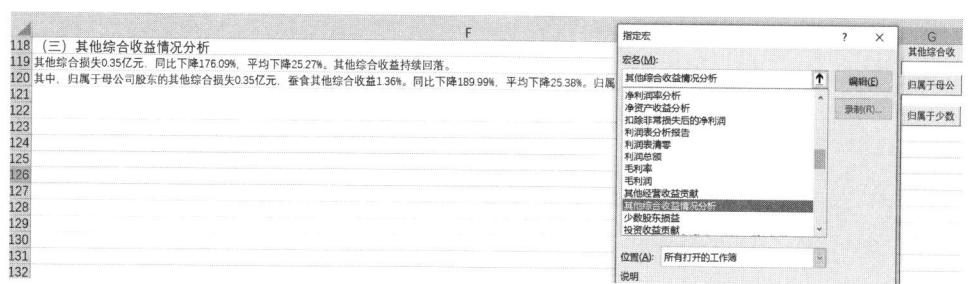

图 5-38 运行代码按钮

5.5.3.3 可视化图表

步骤一：编写制作图表代码：从利润基础工作表中选取 M2：R2，M40：R40，M41：

R41,M42:R42 区域,作为图表代码数据源,制作成嵌入式柱形图,存放到"利润表分析报告"工作表 F121:F133 区域。参考代码如下所示。

成功之钥匙

代码含义:

```
Sub 制作其他综合收益图表()
    Dim wa As Worksheet
    Dim ws As Worksheet
    Dim cht As ChartObject
    Dim rng As Range
    '选择"利润基础表"工作表
    Set wa = ThisWorkbook.Sheets("利润基础表")
    '复制 M2:R2,M40:R40,M41:R41,M42:R42 区域的数据
    wa.Range("M2:R2,M40:R40,M41:R41,M42:R42").Copy
    '将数据粘贴到 T38:Y41 区域
    wa.Range("T38:Y41").PasteSpecial Paste:=xlPasteValues
    '设置工作表
    Set ws = ThisWorkbook.Sheets("利润表分析报告")
    '定义图表位置
    Set rng = ws.Range("F121")
    '在工作表中插入一个图表对象
    Set cht = ws.ChartObjects.Add(Left:=rng.Left,Width:=700,Top:=rng.Top,Height:=160)
    '设置图表数据源
    cht.chart.SetSourceData Source:=wa.Range("$T$38:$Y$41")
    '设置图表类型为柱形图
    cht.chart.chartType = xlColumnClustered
    '添加数据标签
    cht.chart.SeriesCollection(1).ApplyDataLabels
    '设置图表标题
    cht.chart.HasTitle = True
    cht.chart.ChartTitle.Text = "其他综合收益情况分析"
    '设置图例位置
    cht.chart.HasLegend = True
    cht.chart.Legend.Position = xlLegendPositionBottom
End Sub
```

步骤二:嵌入柱形图。如图 5-39 所示。

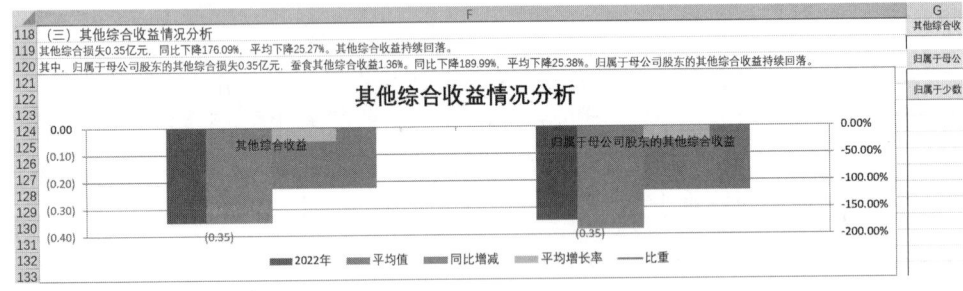

图 5-39 其他综合收益动态分析

5.5.4 综合收益分析

5.5.4.1 分析重点

综合收益是指在会计期间除所有人投资和所有人派得以外的全部所有者权益变动,反映净利润和其他综合收益扣除所得税影响后的净额相加后的合计金额。通过综合收益分析,可以判断综合收益对股东回报的保障程度。

5.5.4.2 VBA 智能分析代码

步骤一:编写综合收益分析代码。参考代码如下所示。

成功之钥匙

代码含义:

```vb
Sub 综合收益情况分析()
'i 代表描述信息变量
    Dim i As String,j,k,wa As Worksheet,wb As Worksheet,wc As Worksheet
    Set wa=Worksheets("利润表分析报告")
    Set wb=Worksheets("利润基础表")
    Set wc=Worksheets("智库")
     wa.Cells(134,6)="(四)综合收益情况分析"
    i=43
    k=Format(wb.Cells(i,14),"综合收益 0.00 亿元,;综合损失 0.00 亿元,") _
    &;Format(wb.Cells(i,16),"同比增长 0.00% ,;同比下降 0.00% ,") & _
    Format(wb.Cells(i,17),"平均增长 0.00% 。;平均下降 0.00% 。")
       '同比增长高于平均增长,综合收益持续上升。
    If wb.Cells(i,16)>wb.Cells(i,17) And wb.Cells(i,16)>0 And wb.Cells(i,17)>0 Then
        wa.Cells(135,6)=k & "综合收益持续增长。"
           '同比增长等平均增长,综合收益趋于稳定。
    ElseIf wb.Cells(i,16)=wb.Cells(i,17) And wb.Cells(i,16)>0 And wb.Cells(i,17)>0 Then
        wa.Cells(135,6)=k & "综合收益趋于稳定。"
           '同比下降等平均下降水平,综合收益下降速度趋稳。
    ElseIf wb.Cells(i,16)=wb.Cells(i,17) And wb.Cells(i,16)<0 And wb.Cells(i,17)<0 Then
        wa.Cells(135,6)=k & "综合收益下降速度趋稳。"
           '同比增长低于平均增长水平,综合收益下降趋缓。
    ElseIf wb.Cells(i,16)<wb.Cells(i,17) And wb.Cells(i,16)>0 And wb.Cells(i,17)>0 Then
        wa.Cells(135,6)=k & "综合收益下降趋缓。"
           '由平均下降转为同比增长,综合收益开始上升。
    ElseIf wb.Cells(i,16)>wb.Cells(i,17) And wb.Cells(i,16)>0 And wb.Cells(i,17)<0 Then
        wa.Cells(135,6)=k & "综合收益开始回升。"
           '由平均上升转为同比下降,综合收益开始回落。
    ElseIf wb.Cells(i,16)<wb.Cells(i,17) And wb.Cells(i,16)<0 And wb.Cells(i,17)>0 Then
        wa.Cells(135,6)=k & "综合收益开始回落。"
           '同比下降低于平均下降水平,综合收益回落放缓。
    ElseIf Abs(wb.Cells(i,16))<Abs(wb.Cells(i,17)) And wb.Cells(i,16)<0 And wb.Cells(i,17)<0 Then
        wa.Cells(135,6)=k & "综合收益回落放缓。"
           '同比下降高于平均下降水平,综合收益持续回落。
    ElseIf Abs(wb.Cells(i,16))>Abs(wb.Cells(i,17)) And wb.Cells(i,16)<0 And wb.Cells(i,17)<0 Then
        wa.Cells(135,6)=k & "综合收益持续回落。"
    End If
End Sub
```

步骤二:编写归属于母公司所有者的综合收益分析代码。参考代码如下所示。

成功之钥匙

代码含义:

```vb
Sub 归属于母公司所有者的综合收益情况分析()
'i 代表描述信息变量
    Dim i As String,j,k,wa As Worksheet,wb As Worksheet,wc As Worksheet
    Set wa=Worksheets("利润表分析报告")
    Set wb=Worksheets("利润基础表")
    Set wc=Worksheets("智库")
     i=44
k=Format(wb.Cells(i,14),"其中,归属于母公司股东的综合收益 0.00 亿元,;其中,归属于母公司股东的综合损失 0.00 亿元,") & _
    Format(wb.Cells(i,18),"占综合收益的 0.00% ;蚕食综合收益 0.00% 。") & _
Format(wb.Cells(i,16),"同比增长 0.00% ,;同比下降 0.00% ,") & Format(wb.Cells(i,17),"平均增长 0.00% 。;平均下降 0.00% 。")
       '同比增长高于平均增长,归属于母公司股东的综合收益持续上升。
    If wb.Cells(i,16)>wb.Cells(i,17) And wb.Cells(i,16)>0 And wb.Cells(i,17)>0 Then
        wa.Cells(136,6)=k & "归属于母公司股东的综合收益持续增长。"
           '同比增长等平均增长,归属于母公司股东的综合收益趋于稳定。
    ElseIf wb.Cells(i,16)=wb.Cells(i,17) And wb.Cells(i,16)>0 And wb.Cells(i,17)>0 Then
        wa.Cells(136,6)=k & "归属于母公司股东的综合收益趋于稳定。"
           '同比下降等平均下降水平,归属于母公司股东的综合收益下降速度趋稳。
    ElseIf wb.Cells(i,16)=wb.Cells(i,17) And wb.Cells(i,16)<0 And wb.Cells(i,17)<0 Then
        wa.Cells(136,6)=k & "归属于母公司股东的综合收益下降速度趋稳。"
```

```vba
            '同比增长低于平均增长水平,归属于母公司股东的综合收益下降趋缓。
            ElseIf wb.Cells(i,16) < wb.Cells(i,17) And wb.Cells(i,16) > 0 And wb.Cells(i,17) > 0 Then
                wa.Cells(136,6) = k & "归属于母公司股东的综合收益下降趋缓。"
            '由平均下降转为同比增长,归属于母公司股东的综合收益开始上升。
            ElseIf wb.Cells(i,16) > wb.Cells(i,17) And wb.Cells(i,16) > 0 And wb.Cells(i,17) < 0 Then
                wa.Cells(136,6) = k & "归属于母公司股东的综合收益开始回升。"
            '由平均上升转为同比下降,归属于母公司股东的综合收益开始回落。
            ElseIf wb.Cells(i,16) < wb.Cells(i,17) And wb.Cells(i,16) < 0 And wb.Cells(i,17) > 0 Then
                wa.Cells(136,6) = k & "归属于母公司股东的综合收益开始回落。"
            '同比下降低于平均下降水平,归属于母公司股东的综合收益回落放缓。
            ElseIf Abs(wb.Cells(i,16)) < Abs(wb.Cells(i,17)) And wb.Cells(i,16) < 0 And wb.Cells(i,17) < 0 Then
                wa.Cells(136,6) = k & "归属于母公司股东的综合收益回落放缓。"
            '同比下降高于平均下降水平,归属于母公司股东的综合收益持续回落。
            ElseIf Abs(wb.Cells(i,16)) > Abs(wb.Cells(i,17)) And wb.Cells(i,16) < 0 And wb.Cells(i,17) < 0 Then
                wa.Cells(136,6) = k & "归属于母公司股东的综合收益持续回落。"
            End If
End Sub
```

步骤三：编写归属于少数股东的综合收益分析代码。参考代码如下所示。

成功之钥匙

代码含义：

```vba
Sub 归属于少数股东的综合收益情况分析()
'i 代表描述信息变量
    Dim i As String,j,k,wa As Worksheet,wb As Worksheet,wc As Worksheet
    Set wa = Worksheets("利润表分析报告")
    Set wb = Worksheets("利润基础表")
    Set wc = Worksheets("智库")
    i = 45
k = Format(wb.Cells(i,14),"归属于少数股东的综合收益 0.00 亿元,;归属于少数股东的综合损失 0.00 亿元,") & _
    Format(wb.Cells(i,18),"占综合收益的 0.00% 。;蚕食综合收益 0.00% 。") & _
Format(wb.Cells(i,16),"同比增长 0.00% ,;同比下降 0.00% ,") & Format(wb.Cells(i,17),"平均增长 0.00% 。;平均下降 0.00% 。")
            '同比增长高于平均增长,归属于少数股东的综合收益持续上升。
            If wb.Cells(i,16) > wb.Cells(i,17) And wb.Cells(i,16) > 0 And wb.Cells(i,17) > 0 Then
                wa.Cells(137,6) = k & "归属于少数股东的综合收益持续增长。"
            '同比增长等平均增长,归属于少数股东的综合收益增长趋于稳定。
            ElseIf wb.Cells(i,16) = wb.Cells(i,17) And wb.Cells(i,16) > 0 And wb.Cells(i,17) > 0 Then
                wa.Cells(137,6) = k & "归属于少数股东的综合收益趋于稳定。"
            '同比下降等平均下降水平,归属于少数股东的综合收益下降速度趋稳。
            ElseIf wb.Cells(i,16) = wb.Cells(i,17) And wb.Cells(i,16) < 0 And wb.Cells(i,17) < 0 Then
                wa.Cells(137,6) = k & "归属于少数股东的综合收益下降速度趋稳。"
            '同比增长低于平均增长水平,归属于少数股东的综合收益下降趋缓。
            ElseIf wb.Cells(i,16) < wb.Cells(i,17) And wb.Cells(i,16) > 0 And wb.Cells(i,17) > 0 Then
                wa.Cells(137,6) = k & "归属于少数股东的综合收益下降趋缓。"
            '由平均下降转为同比增长,归属于少数股东的综合收益开始上升。
            ElseIf wb.Cells(i,16) > wb.Cells(i,17) And wb.Cells(i,16) > 0 And wb.Cells(i,17) < 0 Then
                wa.Cells(137,6) = k & "归属于少数股东的综合收益开始回升。"
            '由平均上升转为同比下降,归属于少数股东的综合收益开始回落。
            ElseIf wb.Cells(i,16) < wb.Cells(i,17) And wb.Cells(i,16) < 0 And wb.Cells(i,17) > 0 Then
                wa.Cells(137,6) = k & "归属于少数股东的综合收益开始回落。"
            '同比下降低于平均下降水平,归属于少数股东的综合收益回落放缓。
            ElseIf Abs(wb.Cells(i,16)) < Abs(wb.Cells(i,17)) And wb.Cells(i,16) < 0 And wb.Cells(i,17) < 0 Then
                wa.Cells(137,6) = k & "归属于少数股东的综合收益回落放缓。"
            '同比下降高于平均下降水平,归属于少数股东的综合收益持续回落。
            ElseIf Abs(wb.Cells(i,16)) > Abs(wb.Cells(i,17)) And wb.Cells(i,16) < 0 And wb.Cells(i,17) < 0 Then
                wa.Cells(137,6) = k & "归属于少数股东的综合收益持续回落。"
            End If
End Sub
```

步骤四：设置按钮。进入"利润表分析报告"工作表界面：点击开发工具—插入—表单控件—按钮 ▭ —将十字花放置到"利润表析报告"工作表 G134 单元格—在宏名称中选定"综合收益"代码名称，按钮名称为"综合收益"。归属于母公司所有者的综合收益、归属于少数股东的综合收益代码按钮设置方法相同。如图 5-40 所示。

5.5.4.3 可视化图表

步骤一：编写制作图表代码：从利润基础工作表中选取 M2：R2，M40：R40，M41：R41，M42：R42 区域，作为图表代码数据源，制作成嵌入式柱形图，存放到"利润表分析报告"工作表 F138：155 区域。参考代码如下所示。

成功之钥匙

代码含义：

```
Sub 制作综合收益图表()
    Dim wa As Worksheet
    Dim ws As Worksheet
    Dim cht As ChartObject
    Dim rng As Range
    '选择"利润基础表"工作表
    Set wa = ThisWorkbook.Sheets("利润基础表")
    '复制 M2:R2,M40:R40,M41:R41,M42:R42 区域的数据
    wa.Range("M2:R2,M43:R43,M44:R44,M45:R45").Copy
    '将数据粘贴到 T43:Y46 区域
    wa.Range("T43:Y46").PasteSpecial Paste:=xlPasteValues
    '设置工作表
    Set ws = ThisWorkbook.Sheets("利润表分析报告")
    '定义图表位置
    Set rng = ws.Range("F138")
    '在工作表中插入一个图表对象
    Set cht = ws.ChartObjects.Add(Left:=rng.Left,Width:=700,Top:=rng.Top,Height:=160)
    '设置图表数据源
    cht.chart.SetSourceData Source:=wa.Range("$T$43:$Y$46")
    '设置图表类型为柱形图
    cht.chart.chartType = xlColumnClustered
    '添加数据标签
    cht.chart.SeriesCollection(1).ApplyDataLabels
    '设置图表标题
    cht.chart.HasTitle = True
    cht.chart.ChartTitle.Text = "综合收益情况分析"
    '设置图例位置
    cht.chart.HasLegend = True
    cht.chart.Legend.Position = xlLegendPositionBottom
End Sub
```

步骤二：嵌入柱形图。如图 5-41 所示。

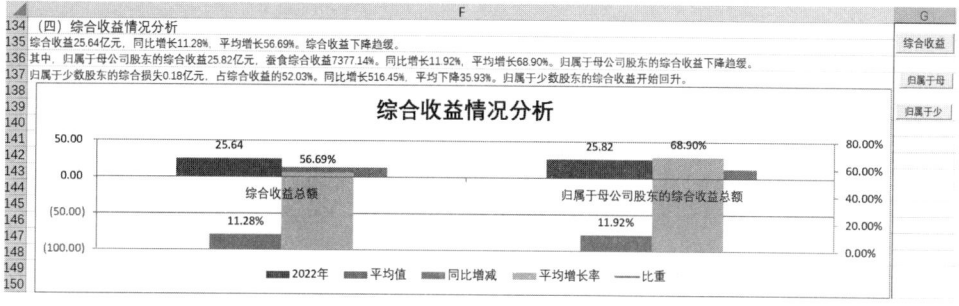

图 5-41　综合收益动态分析

5.5.5　VBA 与 ChatGPT 结合生成净利润构成情况报告

将通过 VBA 生成的智能分析结果，导入 ChatGPT，可以生成净利润构成情况分析报告。

步骤一：通过编写 VBA 代码，将"利润分析报告"中，净利润构成情况 F86：F137 区域分析结果导入 Word 文档中。参考代码如下所示。

> 成功之钥匙
>
> 代码含义：

```
Sub 将利润分析报告导入文档()
    Dim WordApp As Object
    Dim WordDoc As Object
    Dim ExcelRange As Range
    Dim WordRange As Object
    Dim rowCount As Integer
    Dim i As Integer
    '创建一个新的 Word 文档
    Set WordApp = CreateObject("Word.Application")
    WordApp.Visible = True
    Set WordDoc = WordApp.Documents.Add
    '指定 Excel 中的数据范围
    Set ExcelRange = ThisWorkbook.Sheets("利润表分析报告").Range("F86:F137")
    '在 Word 文档中逐行插入 Excel 数据
    Set WordRange = WordDoc.Content
    For i = 1 To ExcelRange.Rows.Count
        WordRange.InsertAfter ExcelRange.Cells(i,1).Value & vbCrLf
        Set WordRange = WordDoc.Content
    Next i
    '清除对象
    Set WordApp = Nothing
    Set WordDoc = Nothing
    Set ExcelRange = Nothing
    Set WordRange = Nothing
End Sub
```

步骤二：运行代码。在 Word 文档中获得导入结果。如图 5-42 所示。

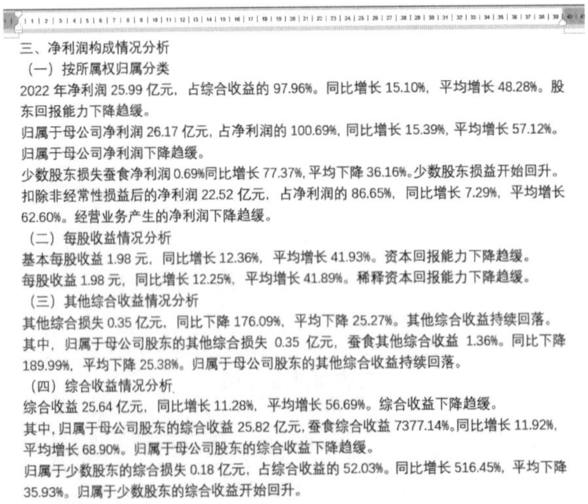

图 5-42　导入数据效果图

步骤三：编辑"提示词"。在导入的文档中添加上："你是财务分析师，我向你提供背景资料，请帮助写一个《净利润构成情况分析报告》。报告分：情况分析、财务风险评估、措施建议三个部分。"编辑后的提示词，如图 5-43 所示。

你是财务分析师，我向你提供背景资料，请帮助写一个《净利润构成情况分析报告》。报告分：情况分析、财务风险评估、措施建议三个部分。背景资料如下：
净利润构成情况分析报告
一、情况分析
（一）按所属权归属分类（要求：详细描述这部分4项指标数据，包括平均增长、同比增长等，并分析原因，进行评价。）
1、2022年净利润25.99亿元，占综合收益的97.96%。同比增长15.10%，平均增长48.28%。股东回报能力下降趋缓。
2、归属于母公司净利润26.17亿元，占净利润的100.69%，同比增长15.39%，平均增长57.12%。归属于母公司净利润下降趋缓。
3、少数股东损失蚕食净利润0.69%同比增长77.37%，平均下降36.16%。少数股东损益开始回升。
4、扣除非经常性损益后的净利润22.52亿元，占净利润的86.65%，同比增长7.29%，平均增长62.60%。经营业务产生的净利润下降趋缓。
（二）每股收益情况分析（要求：详细描述这部分2项指标数据，包括平均增长、同比增长等，并分析原因，进行评价。）
1、基本每股收益1.98元，同比增长12.36%，平均增长41.93%。资本回报能力下降趋缓。
2、每股收益1.98元，同比增长12.25%，平均增长41.89%。稀释资本回报能力下降趋缓。
（三）其他综合收益情况分析（要求：详细描述这部分2项指标数据，包括平均增长、同比增长等，并分析原因，进行评价。）
1、其他综合损失0.35亿元，同比下降176.09%，平均下降25.27%。其他综合收益持续回落。
2、归属于母公司股东的其他综合损失0.35亿元，蚕食其他综合收益1.36%。同比下降189.99%，平均下降25.38%。归属于母公司股东的其他综合收益持续回落。
（四）综合收益情况分析（要求：详细描述这部分3项指标数据，包括平均增长、同比增长等，并分析原因，进行评价。）
1、综合收益25.64亿元，同比增长11.28%，平均增长56.69%。综合收益下降趋缓。
2、归属于母公司股东的综合收益25.82亿元，蚕食综合收益7377.14%。同比增长11.92%，平均增长68.90%。归属于母公司股东的综合收益下降趋缓。
3、归属于少数股东的综合损失0.18亿元，占综合收益的52.03%。同比增长516.45%，平均下降35.93%。归属于少数股东的综合收益开始回升。
二、财务风险评估（根据第一部分的分析情况，分析企业可能存在的风险，要详细具体一些。）
三、措施建议（针对存在的风险，提出合理化建议，要详细具体。）

图 5-43　编辑后的提示词

步骤四：将提示词复制粘贴到 ChatGPT 提问区输入窗口。Ctrl + V，点击回车，便可获取智能分析报告。如图 5-44 所示。

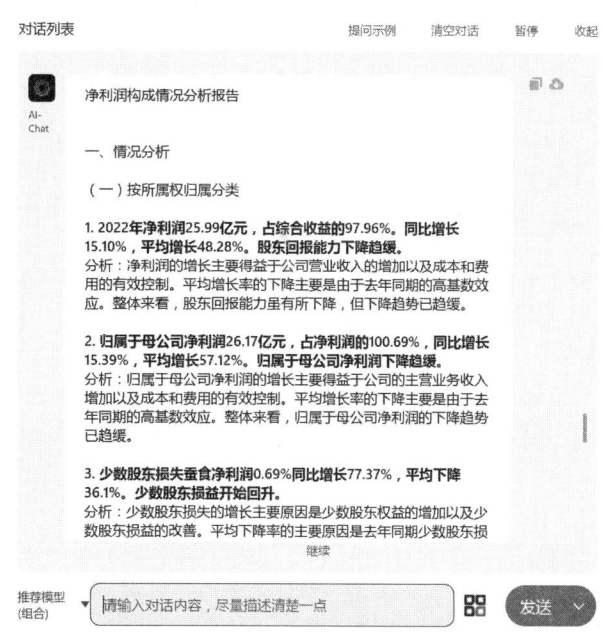

图 5-44　ChatGPT 反馈的智能报告

步骤五：点击 ChatGPT 答复期右上角复制按钮▣，便可将反馈报告复制粘贴到 Word 文档中。

净利润构成情况分析报告

一、情况分析

（一）按所属权归属分类

1. 2022 年净利润 25.99 亿元，占综合收益的 97.96%。同比增长 15.10%，平均增长 48.28%。股东回报能力下降趋缓。

分析：净利润的增长主要得益于公司营业收入的增加以及成本和费用的有效控制。平均增长率的下降主要是由于去年同期的高基数效应。整体来看，股东回报能力虽有所下降，但下降趋势已趋缓。

2. 归属于母公司净利润 26.17 亿元，占净利润的 100.69%，同比增长 15.39%，平均增长 57.12%。归属于母公司净利润下降趋缓。

分析：归属于母公司净利润的增长主要得益于公司的主营业务收入增加以及成本和费用的有效控制。平均增长率的下降主要是由于去年同期的高基数效应。整体来看，归属于母公司净利润的下降趋势已趋缓。

3. 少数股东损失蚕食净利润 0.69% 同比增长 77.37%，平均下降 36.1%。少数股东损益开始回升。

分析：少数股东损失的增长主要原因是少数股东权益的增加以及少数股东损益的改善。平均下降率的主要原因是去年同期少数股东损益的较低水平。整体来看，少数股东损益开始回升。

4. 扣除非经常性损益后的净利润 22.52 亿元，占净利润的 86.65%，同比增长 7.29%，平均增长 62.60%。经营业务产生的净利润下降趋缓。

分析：扣除非经常性损益后的净利润的增长主要得益于公司主营业务收入的增加以及成本和费用的有效控制。平均增长率的下降主要是由于去年同期的高基数效应。整体来看，经营业务产生的净利润的下降趋势已趋缓。

（二）每股收益情况分析

1. 基本每股收益 1.98 元，同比增长 12.36%，平均增长 41.93%。资本回报能力下降趋缓。

分析：基本每股收益的增长主要得益于公司净利润的增加以及总股本的控制。平均增长率的下降主要是由于去年同期的高基数效应。整体来看，资本回报能力的下降趋势已趋缓。

2. 每股收益 1.98 元，同比增长 12.25%，平均增长 41.89%。稀释资本回报能力下降趋缓。

分析：每股收益的增长主要得益于公司净利润的增加以及总股本的控制。平均增长率的下降主要是由于去年同期的高基数效应。整体来看，稀释资本回报能力的下降趋势已趋缓。

（三）其他综合收益情况分析

1. 其他综合损失 0.35 亿元，同比下降 176.09%，平均下降 25.27%。其他综合收益持续回落。

分析：其他综合损失的增长主要原因是市场波动导致的其他综合收益的减少。平均下降率的主要原因是去年同期其他综合收益较高。整体来看，其他综合收益持续回落。

2. 归属于母公司股东的其他综合损失 0.35 亿元，蚕食其他综合收益 1.36%。同比下降 189.99%，平均下降 25.38%。归属于母公司股东的其他综合收益持续回落。

分析：归属于母公司股东的其他综合损失的增长主要原因是市场波动导致的其他综合收益的减少。平均下降率的主要原因是去年同期其他综合收益较高。整体来看，归属于母公司股东的其他综合收益持续回落。

（四）综合收益情况分析

1. 综合收益 25.64 亿元，同比增长 11.28%，平均增长 56.69%。综合收益下降趋缓。

分析：综合收益的增长主要得益于公司净利润的增加。平均增长率的下降主要是由于去年同期的高基数效应。整体来看，综合收益的下降趋势已趋缓。

2. 归属于母公司股东的综合收益 25.82 亿元，蚕食综合收益 7377.14%。同比增长 11.92%，平均增长 68.90%。归属于母公司股东的综合收益下降趋缓。

分析：归属于母公司股东的综合收益的增长主要得益于公司净利润的增加。平均增长率的下降主要是由于去年同期的高基数效应。整体来看，归属于母公司股东的综合收益的下降趋势已趋缓。

3. 少数股东的综合损失 0.18 亿元，占综合收益的 52.03%。同比增长 516.45%，平均下降 35.93%。归属于少数股东的综合收益开始回升。

分析：归属于少数股东的综合损失的增长主要原因是少数股东权益的减少以及少数股东损益的改善。平均下降率的主要原因是去年同期少数股东损益的较低水平。整体来看，归属于少数股东的综合损益改善的原因主要是公司对成本和费用的有效控制，以及公司主营业务收入的增长。

二、财务风险评估

根据情况分析，公司面临的主要财务风险包括：

1. 净利润增长趋缓：虽然净利润有所增长，但增长趋势放缓，可能影响公司的长期盈利能力和投资者信心。
2. 少数股东损益波动：少数股东损益的波动可能影响公司的整体盈利水平和股东权益。
3. 其他综合收益下降：其他综合收益的下降可能影响公司的整体财务表现和市场估值。
4. 综合收益波动：综合收益的波动可能影响公司的财务稳定性和投资者信心。

三、措施建议

为了应对上述财务风险，建议公司采取以下措施：

1. 提高运营效率：通过优化内部流程和提高生产效率，降低成本和提高利润率。
2. 多元化投资：通过多元化投资组合来分散风险，提高整体盈利稳定性。
3. 加强风险管理：建立有效的风险管理机制，及时识别和应对市场波动和潜在风险。
4. 优化资本结构：通过适当的融资策略，优化资本结构，降低财务风险。
5. 加强投资者关系：通过定期发布财务报告和投资者沟通，增强市场对公司财务状况的理解和信心。

通过上述措施，公司可以更好地应对财务风险，保持财务稳定性和盈利能力，为股东创造长期价值。

5.6 VBA 与 ChatGPT 结合洞察盈利能力情况

5.6.1 盈利能力分析

5.6.1.1 分析重点

盈利能力就是公司赚取利润的能力。反映公司盈利能力的指标很多，通常使用的主要有营业利率、净利润率、成本费用率、净资产收益率、总资产报酬等。

营业利润率：营业利润率 = 营业利润/营业收入

该比例越大，企业的盈利能力越强。

净利润率：净利润率 = 净利润/营业收入

主营业务净利润率是反映企业盈利能力的一项重要指标，这项指标越高，说明企业从主营业务收入中获取的利润的能力越强。影响该指标的因素较多，主要有商品质量、成本、价格、销售数量、期间费用及税金等。

成本费用利润率：成本费用利润率 = 利润总额/成本费用总额

该比例越大，企业的经营效益越高。

净资产收益率：净资产收益率又称所有者权益收益率或股东权益收益率，它是获得的净利润占所有者权益平均余额的百分比。其计算公式为：

$$净资产收益率 = 净利润/所有者权益平均余额$$

通过对该指标的分析可以反映所有者投资的获利能力；为企业的投资者提供了获得投资回报情况的信息；反映企业经营者对受托资产经营成果。

总资产报酬率：总资产报酬率是指实现的净利润（税后利润）与总资产平均占用额之比，该指标反映了企业利用全部资源的获利能力。其计算公式如下：

$$总资产报酬率 = 净利润/总资产平均余额 = 净利率 \times 总资产周转率$$

由公式可以看出，总资产报酬率取决于净利润水平和总资产周转速度。

资产净利润率主要用来衡量企业利用资产获取利润的能力，反映了企业总资产的利用效率，表示企业每单位资产能获得净利润的数量，这一比率越高，说明企业全部资产的盈利能力越强。该指标与净利润率成正比，与资产平均总额成反比。

5.6.1.2 VBA智能分析代码

步骤一：编写营业利润率分析代码。参考代码如下所示。

> 成功之钥匙

代码含义：

```vba
Sub 营业利润率()
'i 代表描述信息变量
    Dim i As String,j,k,wa As Worksheet,wb As Worksheet,wc As Worksheet
    Set wa = Worksheets("利润表分析报告")
    Set wb = Worksheets("利润基础表")
    Set wc = Worksheets("智库")
     wa.Cells(151,6) = "四、盈利能力分析"
      wa.Cells(152,6) = "（一）盈利率分析"
i = 47
        '营业利润率
    j = wb.Cells(2,14) & Format(wb.Cells(i,14),"营业利润率0.00% ;营业亏损率0.00% ,")
    & _ Format(wb.Cells(i,16),"同比增长0.00% ;同比下降0.00% ,") & _
    Format(wb.Cells(i,17),"平均增长0.00% ;平均下降0.00% ,")
        '同比增长高于平均增长,市场竞争力持续增强,盈利能力提升。
    If wb.Cells(i,16) > wb.Cells(i,17) And wb.Cells(i,16) > 0 And wb.Cells(i,17) > 0 Then
        wa.Cells(153,6) = j & "同比增长高于平均增长,市场竞争力持续增强,盈利能力提升。"
        '营业利润率同比增长等于平均增长,市场竞争力平稳,盈利能力提升。
    ElseIf wb.Cells(i,16) = wb.Cells(i,17) And wb.Cells(i,16) > 0 And wb.Cells(i,17) > 0 Then
        wa.Cells(153,6) = j & "营业利润率同比增长等于平均增长,市场竞争力平稳,盈利能力提升。"
        '营业利润率同比下降等于平均下降,市场竞争力下滑回稳,盈利能力仍然回落。
    ElseIf wb.Cells(i,16) = wb.Cells(i,17) And wb.Cells(i,16) < 0 And wb.Cells(i,17) < 0 Then
        wa.Cells(153,6) = j & "营业利润率同比下降等于平均下降,市场竞争力下滑回稳,盈利能力仍然回落。"
        '营业利润率同比增长低于平均增长水平,市场竞争力上升趋缓,盈利能力提升放慢。
    ElseIf wb.Cells(i,16) < wb.Cells(i,17) And wb.Cells(i,16) > 0 And wb.Cells(i,17) > 0 Then
        wa.Cells(153,6) = j & "营业利润率同比增长低于平均增长水平,市场竞争力上升趋缓,盈利能力提升放慢。"
        '营业利润率由平均下降转为同比增长,市场竞争力开始增强,盈利能力提升。
    ElseIf wb.Cells(i,16) > wb.Cells(i,17) And wb.Cells(i,16) > 0 And wb.Cells(i,17) < 0 Then
        wa.Cells(153,6) = j & "营业利润率由平均下降转为同比增长,市场竞争力开始增强,盈利能力提升。"
        '营业利润率由平均增长转为同比下降,市场竞争力开始转弱,盈利能力回落。
    ElseIf wb.Cells(i,16) < wb.Cells(i,17) And wb.Cells(i,16) < 0 And wb.Cells(i,17) > 0 Then
        wa.Cells(153,6) = j & "营业利润率由平均增长转为同比下降,市场竞争力开始转弱,盈利能力回落。"
        '营业利润率同比下降低于平均下降水平,市场竞争力下滑放缓,盈利能力仍然下降。
    ElseIf Abs(wb.Cells(i,16)) < Abs(wb.Cells(i,17)) And wb.Cells(i,16) < 0 And wb.Cells(i,17) < 0 Then
        wa.Cells(153,6) = j & "营业利润率同比下降低于平均下降水平,市场竞争力下滑放缓,盈利能力仍然下降。"
        '营业利润率同比下降高于平均下降水平,市场竞争力持续减弱,盈利能力持续下滑。
    ElseIf Abs(wb.Cells(i,16)) > Abs(wb.Cells(i,17)) And wb.Cells(i,16) < 0 And wb.Cells(i,17) < 0 Then
        wa.Cells(153,6) = j & "营业利润率同比下降高于平均下降水平,市场竞争力持续减弱,盈利能力持续下滑。"
    End If
End Sub
```

步骤二：编写净利润率分析代码。参考代码如下所示。

成功之钥匙

代码含义:

```vb
Sub 净利润率分析()
'i 代表描述信息变量
    Dim i As String,j,k,wa As Worksheet,wb As Worksheet,wc As Worksheet
    Set wa = Worksheets("利润表分析报告")
    Set wb = Worksheets("利润基础表")
    Set wc = Worksheets("智库")
 i = 48
    '净利润率
    j = wb.Cells(2,14) & Format(wb.Cells(i,14),"净利润率 0.00% ,;净亏损率 0.00% ,") _
    & ;Format(wb.Cells(i,16),"同比增长 0.00% ,;同比下降 0.00% ,") & _
    Format(wb.Cells(i,17),"平均增长 0.00% 。;平均下降 0.00% 。")
    '净利润率同比增长高于平均增长,整体盈利能力持续增强。
    If wb.Cells(i,16) > wb.Cells(i,17) And wb.Cells(i,16) > 0 And wb.Cells(i,17) > 0 Then
        wa.Cells(154,6) = j & "净利润率同比增长高于平均增长,整体盈利能力持续增强。"
        '净利润率同比增长等于平均增长,整体盈利能力趋于稳定。
    ElseIf wb.Cells(i,16) = wb.Cells(i,17) And wb.Cells(i,16) > 0 And wb.Cells(i,17) > 0 Then
        wa.Cells(154,6) = j & "净利润率同比增长等于平均增长,整体盈利能力趋于稳定。"
        '净利润率同比下降等于平均下降水平,整体盈利能力未出现加速或减缓的趋势。
    ElseIf wb.Cells(i,16) = wb.Cells(i,17) And wb.Cells(i,16) < 0 And wb.Cells(i,17) < 0 Then
        wa.Cells(154,6) = j & "净利润率同比下降等于平均下降水平,整体盈利能力未出现加速或减缓的趋势。"
        '净利润率同比增长低于平均增长水平,整体盈利能力趋缓。
    ElseIf wb.Cells(i,16) < wb.Cells(i,17) And wb.Cells(i,16) > 0 And wb.Cells(i,17) > 0 Then
        wa.Cells(154,6) = j & "净利润率同比增长低于平均增长水平,整体盈利能力趋缓。"
        '净利润率由平均下降转为同比增长,整体盈利能力开始复苏。
    ElseIf wb.Cells(i,16) > wb.Cells(i,17) And wb.Cells(i,16) > 0 And wb.Cells(i,17) < 0 Then
        wa.Cells(154,6) = j & "净利润率由平均下降转为同比增长,整体盈利能力开始复苏。"
        '净利润率由平均增长转为同比下降,整体盈利能力开始回落。
    ElseIf wb.Cells(i,16) < wb.Cells(i,17) And wb.Cells(i,16) < 0 And wb.Cells(i,17) > 0 Then
        wa.Cells(154,6) = j & "净利润率由平均增长转为同比下降,整体盈利能力开始回落。"
        '净利润率同比下降低于平均下降水平,整体盈利能力有所反弹。
    ElseIf Abs(wb.Cells(i,16)) < Abs(wb.Cells(i,17)) And wb.Cells(i,16) < 0 And wb.Cells(i,17) < 0 Then
        wa.Cells(154,6) = j & "净利润率同比下降低于平均下降水平,整体盈利能力有所反弹。"
        '净利润率同比下降高于平均下降水平,整体盈利能力查询下滑。
    ElseIf Abs(wb.Cells(i,16)) > Abs(wb.Cells(i,17)) And wb.Cells(i,16) < 0 And wb.Cells(i,17) < 0 Then
        wa.Cells(154,6) = j & "净利润率同比下降高于平均下降水平,整体盈利能力查询下滑。"
    End If
End Sub
```

步骤三:编写成本利润率分析代码。参考代码如下所示。

成功之钥匙

代码含义:

```vb
Sub 成本利润率分析()
'i 代表描述信息变量
    Dim i As String,j,k,wa As Worksheet,wb As Worksheet,wc As Worksheet
    Set wa = Worksheets("利润表分析报告")
    Set wb = Worksheets("利润基础表")
    Set wc = Worksheets("智库")
 i = 49
    '成本利润率
    j = wb.Cells(2,14) & Format(wb.Cells(i,14),"成本利润率 0.00% ,;成本亏损率 0.00% ,") _
    & ;Format(wb.Cells(i,16),"同比增长 0.00% ,;同比下降 0.00% ,") & _
    Format(wb.Cells(i,17),"平均增长 0.00% 。;平均下降 0.00% 。")
    '成本利润率同比增长高于平均增长,成本控制能力和盈利能力持续增强。
    If wb.Cells(i,16) > wb.Cells(i,17) And wb.Cells(i,16) > 0 And wb.Cells(i,17) > 0 Then
        wa.Cells(155,6) = j & "成本利润率同比增长高于平均增长,成本控制能力和盈利能力持续增强。"
        '成本利润率同比增长等于平均增长,竞争能力和盈利能力趋于稳定。
    ElseIf wb.Cells(i,16) = wb.Cells(i,17) And wb.Cells(i,16) > 0 And wb.Cells(i,17) > 0 Then
        wa.Cells(155,6) = j & "成本利润率同比增长等于平均增长,竞争能力和盈利能力趋于稳定。"
        '成本利润率同比下降等于平均下降水平,盈利压力和竞争困难没有改观。
    ElseIf wb.Cells(i,16) = wb.Cells(i,17) And wb.Cells(i,16) < 0 And wb.Cells(i,17) < 0 Then
```

```
        wa.Cells(155,6) = j & "成本利润率同比下降等于平均下降水平,盈利压力和竞争困难没有改观。"
        '成本利润率同比增长低于平均增长,竞争能力和盈利能力趋缓。
    ElseIf wb.Cells(i,16) < wb.Cells(i,17) And wb.Cells(i,16) >0 And wb.Cells(i,17) >0 Then
        wa.Cells(155,6) = j & "成本利润率同比增长低于平均增长,竞争能力和盈利能力趋缓。"
        '成本利润率由平均下降转为同比增长,竞争能力和盈利能力开始反弹。
    ElseIf wb.Cells(i,16) > wb.Cells(i,17) And wb.Cells(i,16) >0 And wb.Cells(i,17) <0 Then
        wa.Cells(155,6) = j & "成本利润率由平均下降转为同比增长,竞争能力和盈利能力开始反弹。"
        '成本利润率由平均增长转为同比下降,竞争能力和盈利能力开始回落。
    ElseIf wb.Cells(i,16) < wb.Cells(i,17) And wb.Cells(i,16) <0 And wb.Cells(i,17) >0 Then
        wa.Cells(155,6) = j & "成本利润率由平均增长转为同比下降,竞争能力和盈利能力开始回落。"
        '成本利润率同比下降低于平均下降水平,竞争能力和盈利能力下滑减慢。
    ElseIf Abs(wb.Cells(i,16)) < Abs(wb.Cells(i,17)) And wb.Cells(i,16) <0 And wb.Cells(i,17) <0 Then
        wa.Cells(155,6) = j & "成本利润率同比下降低于平均下降水平,竞争能力和盈利能力下滑减慢。"
        '成本利润率同比下降高于平均下降水平,竞争能力和盈利能力持续下滑。
    ElseIf Abs(wb.Cells(i,16)) > Abs(wb.Cells(i,17)) And wb.Cells(i,16) <0 And wb.Cells(i,17) <0 Then
        wa.Cells(155,6) = j & "成本利润率同比下降高于平均下降水平,竞争能力和盈利能力持续下滑。"
    End If
End Sub
```

步骤四:编写净资产收益率分析代码。参考代码如下所示。

成功之钥匙

代码含义:

```
Sub 净资产收益分析()
'i 代表描述信息变量
    Dim i As String,j,k,wa As Worksheet,wb As Worksheet,wc As Worksheet
    Set wa = Worksheets("利润表分析报告")
    Set wb = Worksheets("利润基础表")
    Set wc = Worksheets("智库")
    i = 50
    '净资产收益率
    j = wb.Cells(2,14) & Format(wb.Cells(i,14),"净资产收益率0.00% ,;净资产亏损率0.00% ,")
    & _ ;Format(wb.Cells(i,16),"同比增长0.00% ,;同比下降0.00% ,") & _
    Format(wb.Cells(i,17),"平均增长0.00% 。;平均下降0.00% 。")
    '净资产收益率同比增长高于平均增长水平,自有资本获取收益的能力增强,对投资人和债权人的利益保障程度提高。
    If wb.Cells(i,16) > wb.Cells(i,17) And wb.Cells(i,16) >0 And wb.Cells(i,17) >0 Then
wa.Cells(156,6) = j & "净资产收益率同比增长高于平均增长水平,自有资本获取收益的能力增强,对投资人和债权人的利益保障程度提高。"
        '净资产收益率同比增长等于平均增长水平,自有资本获取收益的能力相对稳定,对投资人和债权人的利益有保障。
    ElseIf wb.Cells(i,16) = wb.Cells(i,17) And wb.Cells(i,16) >0 And wb.Cells(i,17) >0 Then
wa.Cells(156,6) = j & "净资产收益率同比增长等于平均增长水平,自有资本获取收益的能力相对稳定,对投资人和债权人的利益有保障。"
        '净资产收益率同比下降等于平均下降水平,自有资本获取收益的能力困难未改,对投资人和债权人的利益减弱程度没变。
    ElseIf wb.Cells(i,16) = wb.Cells(i,17) And wb.Cells(i,16) <0 And wb.Cells(i,17) <0 Then
wa.Cells(156,6) = j & "净资产收益率同比下降等于平均下降水平,自有资本获取收益的能力困难未改,对投资人和债权人的利益减弱程度没变。"
        '净资产收益率同比增长低于平均增长水平,自有资本获取收益的能力趋缓,对投资人和债权人的利益保障程度减弱。
    ElseIf wb.Cells(i,16) < wb.Cells(i,17) And wb.Cells(i,16) >0 And wb.Cells(i,17) >0 Then
wa.Cells(156,6) = j & "净资产收益率同比增长低于平均增长水平,自有资本获取收益的能力趋缓,对投资人和债权人的利益保障程度减弱。"
        '净资产收益率由平均下降转为同比增长,自有资本获取收益的能力开始反弹,对投资人和债权人的利益保障程度开始回升。
    ElseIf wb.Cells(i,16) > wb.Cells(i,17) And wb.Cells(i,16) >0 And wb.Cells(i,17) <0 Then
wa.Cells(156,6) = j & "净资产收益率由平均下降转为同比增长,自有资本获取收益的能力开始反弹,对投资人和债权人的利益保障程度开始回升。"
        '净资产收益率由平均增长转为同比下降,自有资本获取收益的能力开始回落,对投资人和债权人的利益保障程度减弱。
    ElseIf wb.Cells(i,16) < wb.Cells(i,17) And wb.Cells(i,16) <0 And wb.Cells(i,17) >0 Then
wa.Cells(156,6) = j & "净资产收益率由平均增长转为同比下降,自有资本获取收益的能力开始回落,对投资人和债权人的利益保障程度减弱。"
        '净资产收益率同比下降低于平均下降水平,自有资本获取收益的能力下滑趋缓,对投资人和债权人的利益保障程度有所反弹。
    ElseIf Abs(wb.Cells(i,16)) < Abs(wb.Cells(i,17)) And wb.Cells(i,16) <0 And wb.Cells(i,17) <0 Then
wa.Cells(156,6) = j & "净资产收益率同比下降低于平均下降水平,自有资本获取收益的能力下滑趋缓,对投资人和债权人的利益保障程度有所反弹。"
        '净资产收益率同比下降高于平均下降水平,自有资本获取收益的能力持续下滑,对投资人和债权人的利益保障程度恶化。
    ElseIf Abs(wb.Cells(i,16)) > Abs(wb.Cells(i,17)) And wb.Cells(i,16) <0 And wb.Cells(i,17) <0 Then
wa.Cells(156,6) = j & "净资产收益率同比下降高于平均下降水平,自有资本获取收益的能力持续下滑,对投资人和债权人的利益保障程度恶化。"
    End If
End Sub
```

步骤五:编写总资产报酬率分析代码。参考代码如下所示。

成功之钥匙

代码含义：

```
Sub 总资产报酬分析()
'i 代表描述信息变量
    Dim i As String,j,k,wa As Worksheet,wb As Worksheet,wc As Worksheet
    Set wa = Worksheets("利润表分析报告")
    Set wb = Worksheets("利润基础表")
    Set wc = Worksheets("智库")
i = 51
    '总资产报酬率
    j = wb.Cells(2,14) & Format(wb.Cells(i,14),"总资产报酬率0.00% ,;总资产损失率0.00% ,") _
    & ,;Format(wb.Cells(i,16),"同比增长0.00% ,;同比下降0.00% ,") & _
    Format(wb.Cells(i,17),"平均增长0.00% ,;平均下降0.00% ,")
    '总资产报酬率同比增长高于平均增长水平,资产利用效益高,获利能力持续增强。
    If wb.Cells(i,16) > wb.Cells(i,17) And wb.Cells(i,16) > 0 And wb.Cells(i,17) > 0 Then
        wa.Cells(157,6) = j & "总资产报酬率同比增长高于平均增长水平,资产利用效益高,获利能力持续增强。"
    '总资产报酬率同比增长等于平均增长水平,资产利用效益稳定,获利能力增长趋势未改。
    ElseIf wb.Cells(i,16) = wb.Cells(i,17) And wb.Cells(i,16) > 0 And wb.Cells(i,17) > 0 Then
wa.Cells(157,6) = j & "总资产报酬率同比增长等于平均增长水平,资产利用效益稳定,获利能力增长趋势未改。"
    '总资产报酬率同比下降等于平均下降水平,资产利用效益下滑趋势未改,获利能力趋弱。
    ElseIf wb.Cells(i,16) = wb.Cells(i,17) And wb.Cells(i,16) < 0 And wb.Cells(i,17) < 0 Then
wa.Cells(157,6) = j & "总资产报酬率同比下降等于平均下降水平,资产利用效益下滑趋势未改,获利能力趋弱。"
    '总资产报酬率同比增长低于平均增长水平,资产利用效益不高,获利能力趋缓。
    ElseIf wb.Cells(i,16) < wb.Cells(i,17) And wb.Cells(i,16) > 0 And wb.Cells(i,17) > 0 Then
        wa.Cells(157,6) = j & "总资产报酬率同比增长低于平均增长水平,资产利用效益不高,获利能力趋缓。"
    '总资产报酬率由平均下降转为同比增长,资产利用效益开始提升,盈利能力有所提高。
    ElseIf wb.Cells(i,16) > wb.Cells(i,17) And wb.Cells(i,16) > 0 And wb.Cells(i,17) < 0 Then
wa.Cells(157,6) = j & "总资产报酬率由平均下降转为同比增长,资产利用效益开始提升,盈利能力有所提高。"
    '总资产报酬率由平均增长转为同比下降,资产利用效益下降,盈利能力开始回落。
    ElseIf wb.Cells(i,16) < wb.Cells(i,17) And wb.Cells(i,16) < 0 And wb.Cells(i,17) > 0 Then
        wa.Cells(157,6) = j & "总资产报酬率由平均增长转为同比下降,资产利用效益下降,盈利能力开始回落。"
    '总资产报酬率同比下降低于平均下降水平,资产利用效益有所反弹,盈利能力下降趋缓。
    ElseIf Abs(wb.Cells(i,16)) < Abs(wb.Cells(i,17)) And wb.Cells(i,16) < 0 And wb.Cells(i,17) < 0 Then
wa.Cells(157,6) = j & "总资产报酬率同比下降低于平均下降水平,资产利用效益有所反弹,盈利能力下降趋缓。"
    '总资产报酬率同比下降高于于平均下降水平,资产利用效益下滑,盈利能力持续回落。
    ElseIf Abs(wb.Cells(i,16)) > Abs(wb.Cells(i,17)) And wb.Cells(i,16) < 0 And wb.Cells(i,17) < 0 Then
        wa.Cells(157,6) = j & "总资产报酬率同比下降高于于平均下降水平,资产利用效益下滑,盈利能力持续回落。"
    End If
End Sub
```

步骤六：设置按钮。方法同上。如图 5-45 所示。

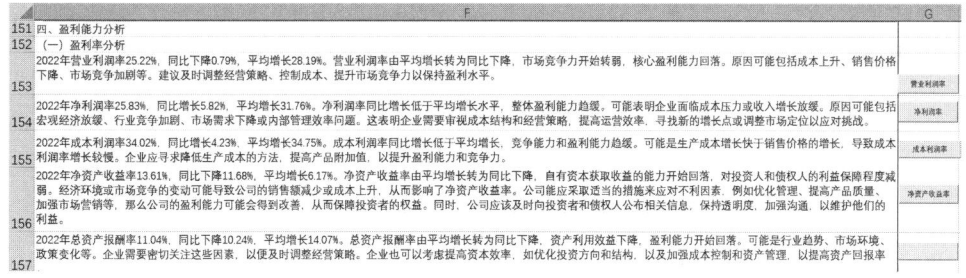

图 5-45 运行代码按钮

5.6.1.3 可视化图表

步骤一：编写制作图表代码：从利润基础工作表中选取 M2：Q2，M47：Q47，M48：Q48，M49：Q49，M50：Q50，M51：Q51 区域，作为图表代码数据源，制作成嵌入式柱形图，存放到"利润表分析报告"工作表 F158：F169 区域。参考代码如下所示。

> 成功之钥匙

代码含义：

```vba
Sub 制作盈利能力图表()
    Dim wa As Worksheet
    Dim ws As Worksheet
    Dim cht As ChartObject
    Dim rng As Range
    '选择"利润基础表"工作表
    Set wa = ThisWorkbook.Sheets("利润基础表")
    '复制M2:Q2,M47:Q47,M48:Q48,M49:Q49,M50:Q50,M51:Q51区域的数据
    wa.Range("M2:Q2,M47:Q47,M48:Q48,M49:Q49,M50:Q50,M51:Q51").Copy
    '将数据粘贴到T48:X53区域
    wa.Range("T48:X53").PasteSpecial Paste:=xlPasteValues
    '设置工作表
    Set ws = ThisWorkbook.Sheets("利润表分析报告")
    '定义图表位置
    Set rng = ws.Range("F158")
    '在工作表中插入一个图表对象
    Set cht = ws.ChartObjects.Add(Left:=rng.Left, Width:=700, Top:=rng.Top, Height:=160)
    '设置图表数据源
    cht.chart.SetSourceData Source:=wa.Range("$T$48:$X$53")
    '设置图表类型为柱形图
    cht.chart.chartType = xlColumnClustered
    '添加数据标签
    cht.chart.SeriesCollection(1).ApplyDataLabels
    '设置图表标题
    cht.chart.HasTitle = True
    cht.chart.ChartTitle.Text = "盈利能力情况分析"
    '设置图例位置
    cht.chart.HasLegend = True
    cht.chart.Legend.Position = xlLegendPositionBottom
End Sub
```

步骤二：嵌入柱形图。如图5-46所示。

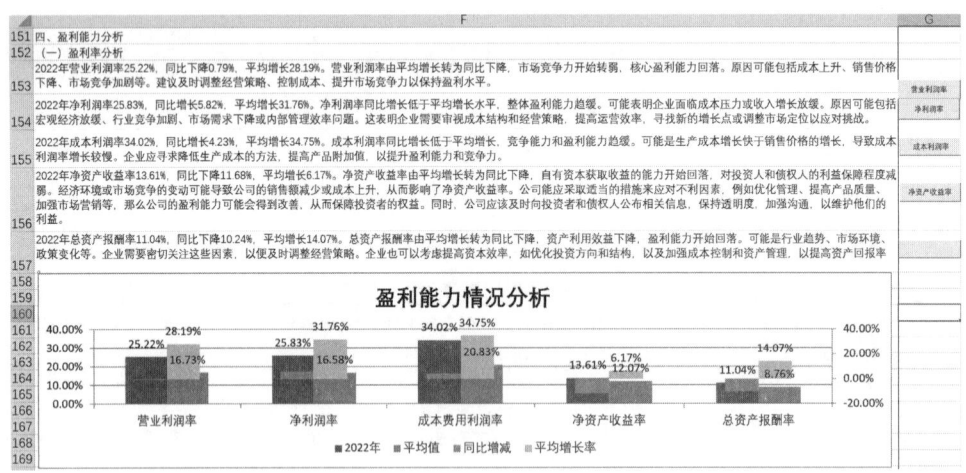

图5-46 盈利能力动态分析

5.6.1.4 VBA与ChatGPT结合生成盈利能力情况报告

将通过VBA生成的智能分析结果，导入ChatGPT，可以生成盈利能力情况分析报告。

步骤一：通过编写VBA代码，将"利润分析报告"中，盈利能力情况F151：F157区域分析结果导入Word文档中。参考代码如下所示。

成功之钥匙

代码含义：

```
Sub 将利润分析报告导入文档()
    Dim WordApp As Object
    Dim WordDoc As Object
    Dim ExcelRange As Range
    Dim WordRange As Object
    Dim rowCount As Integer
    Dim i As Integer
    '创建一个新的 Word 文档
    Set WordApp = CreateObject("Word.Application")
    WordApp.Visible = True
    Set WordDoc = WordApp.Documents.Add
    '指定 Excel 中的数据范围
    Set ExcelRange = ThisWorkbook.Sheets("利润表分析报告").Range("F151:F157")
    '在 Word 文档中逐行插入 Excel 数据
    Set WordRange = WordDoc.Content
    For i = 1 To ExcelRange.Rows.Count
        WordRange.InsertAfter ExcelRange.Cells(i,1).Value & vbCrLf
        Set WordRange = WordDoc.Content
    Next i
    '清除对象
    Set WordApp = Nothing
    Set WordDoc = Nothing
    Set ExcelRange = Nothing
    Set WordRange = Nothing
End Sub
```

步骤二：运行代码。在 Word 文档中获得导入结果。如图 5-47 所示。

步骤三：编辑"提示词"。在导入的文档中添加上："你是财务分析师，我向你提供背景资料，请帮助写一个《盈利能力分析报告》。报告分：情况分析、财务风险评估、措施建议三个部分。"编辑后的提示词，如图 5-48 所示。

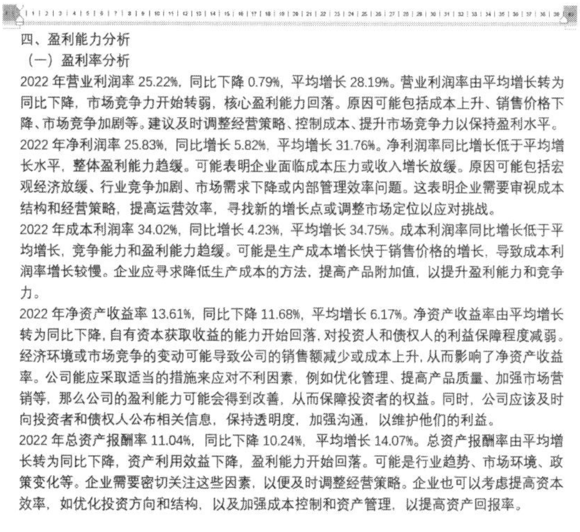

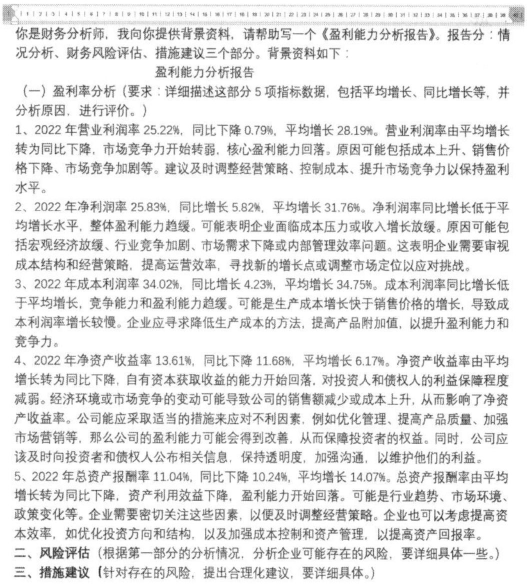

图 5-47　导入数据效果图　　　　　图 5-48　编辑后的提示词

步骤四：将提示词复制粘贴到 ChatGPT 提问区输入窗口。Ctrl + V，点击回车，便可获取智能分析报告。如图 5-49 所示。

图 5-49 ChatGPT 反馈的智能报告

步骤五：点击 ChatGPT 答复区右上角复制按钮■，便可将反馈报告复制粘贴到 Word 文档中。

盈利能力分析报告

一、盈利率分析

1. 营业利润率分析：

2022 年营业利润率为 25.22%，同比下降 0.79%，平均增长 28.19%。营业利润率的下降表明公司的盈利能力有所减弱，可能是由于成本上升、销售价格下降或市场竞争加剧等原因所致。建议公司及时调整经营策略、控制成本，提升市场竞争力，以维持盈利水平。

2. 净利润率分析：

2022 年净利润率为 25.83%，同比增长 5.82%，平均增长 31.76%。净利润率增长低于平均增长水平，可能意味着公司面临成本压力或收入增长放缓。建议公司审视成本结构和经营策略，提高运营效率，寻找新的增长点或调整市场定位。

3. 成本利润率分析：

2022 年成本利润率为 34.02%，同比增长 4.23%，平均增长 34.75%。成本利润率增长较慢可能是由于生产成本增长快于销售价格增长所致。建议公司寻求降低生产成本的方法，提高产品附加值，以提升盈利能力和竞争力。

4. 净资产收益率分析：

2022 年净资产收益率为 13.61%，同比下降 11.68%，平均增长 6.17%。净资产收益率下降可能是由于经济环境或市场竞争变动导致的销售额减少或成本上升。建议公司优化管理、提高产品质量、加强市场营销等措施，以维护投资人和债权人的利益。

5. 总资产报酬率分析：

2022 年总资产报酬率为 11.04%，同比下降 10.24%，平均增长 14.07%。总资产报酬率下降可能是由于资产利用效益下降所致。建议公司关注行业趋势和市场环境变化，优化投资方向和结构，加强成本控制和资产管理，以提高资产回报率。

二、风险评估

根据以上盈利率分析，公司可能面临的主要财务风险包括：

1. 市场风险：市场竞争激烈，可能导致销售价格下降，影响营业利润率。
2. 成本风险：生产成本上升速度快于销售价格增长，可能影响成本利润率。
3. 经济环境风险：宏观经济环境变化可能导致销售额减少，影响净资产收益率。

三、措施建议

1. 市场风险应对：
- 加强市场调研，了解竞争对手动态，制定灵活的价格策略。
- 不断提升产品品质和服务，提高市场占有率，增强竞争力。

2. 成本风险应对：
- 优化供应链管理，降低采购成本，提高生产效率。
- 持续优化成本结构，控制各项费用支出，提升成本利润率。

3. 经济环境风险应对：
- 多元化产品线，拓展市场，降低单一市场风险。
- 提高经营风险意识，加强财务预警，做好资金准备，应对不确定性。

4. 风险管理：
- 建立健全的风险管理机制，进行风险评估和防范措施。
- 定期进行风险评估和应急预案演练，增强公司的抗风险能力。

以上措施建议旨在帮助公司全面应对可能存在的财务风险，提升盈利能力和市场竞争力。希望能为公司的业务发展提供有效支持。

5.6.2 盈亏平衡分析

5.6.2.1 分析重点

1. 盈亏平衡分析

盈亏平衡分析是针对某一特定项目、产品或投资进行的分析，旨在确定在何种情况下能达到盈亏平衡点。在盈亏平衡点上，总收入等于总成本，没有盈利也没有亏损。

盈亏平衡分析通常涉及以下几个关键因素：

（1）成本结构：包括固定成本和变动成本。固定成本是在生产或经营过程中不变的费用，如租金、折旧费用等；变动成本是随着产量或销售量的增加而相应增加的费用，如原材料费用、人工费用等。

（2）销售价格：产品或服务的售价，决定了每单位的收入。

（3）单位成本：每单位产品或服务的成本，包括固定成本和变动成本。

（4）盈亏平衡点：在何种销售量下，总收入等于总成本，达到盈亏平衡。

通过盈亏平衡分析，企业可以评估项目或产品的盈利潜力，制定合理的定价策略和生产计划，从而最大化利润。同时，盈亏平衡分析也可以帮助企业识别风险和可能的亏损情况，及时调整经营策略，避免亏损。

在年度利润表分析中，很难找到固定成本、变动成本、销售价格、单位成本等关键要素，但是，根据盈亏平衡点的基本原理，可以从利润表中找到用销售总额表示的年度盈亏平衡点。这里设计两个盈亏平衡指标：核心利润盈亏平衡点和利润总额盈亏平衡点。

从利润表中可以看到：

$$核心利润 = 营业总收入 - 营业总成本$$

核心利润盈亏平衡点实质上就是营业总成本。

营业利润＝核心利润＋投资收益净额（非传统经营活动的利润）

利润总额＝营业利润＋营业外收支净额

利润总额盈亏平衡点实质上是营业总收入减去利润总额的差额。

2. 安全边际分析

安全边际率是衡量企业销售收入超过盈亏临界点销售额的差额比率，它反映了企业在面临销售下降时能够承受的风险程度。

安全边际率是用于评估企业的经营风险和市场销售状况指标。安全边际率通过比较实际或预计的销售量（或销售额）与保本点销售量（即盈亏平衡点）的差距来计算。这个比率表明了在销售下降多少百分比之前，企业仍能保持盈利状态。安全边际率的计算公式为：

安全边际率＝(实际或预计的销售量－保本量)/实际或预计的销售量×100%

安全边际率在40%以上通常被认为是很安全的。具体来说，安全边际率是衡量企业抵御市场风险能力的一个重要指标。它反映了企业在销售额下降时仍能保持盈利的余地。不同行业和市场环境对安全边际率的要求可能不同，但一般可以参考以下标准：

10%以下：被认为是危险水平，企业经营安全性较低，需要采取措施提高销售额或降低成本以增加安全边际率。

10%～20%：处于这个范围的企业需要注意，经营安全性不高，可能需要关注市场变化并制定应对策略。

20%～30%：属于较安全水平，企业对市场波动的承受能力较强，但仍有提升空间。

30%～40%：认为是安全水平，企业有较大的缓冲区间来应对市场下滑。

40%以上：是很安全的水平，企业具有较高的市场风险抵御能力，能够在面对较大的市场波动时仍保持盈利状态。

需要注意的是，这些比例只是一个参考，实际应用时需要结合企业的具体情况和市场环境来综合考虑。例如，一个新兴行业的企业可能需要更高的安全边际率来应对市场的不确定性。另外，历史数据的变化也会影响安全边际率的设定，因此企业需要定期审视和调整自己的安全边际率，以确保其反映当前的市场状况和企业能力。

安全边际率是企业风险管理的重要工具，通过维持一定的安全边际率，企业可以更好地应对市场的不确定性和波动，从而保持持续的盈利能力。

5.6.2.2 VBA智能分析代码

步骤一：编写核心利润盈亏平衡点分析代码。参考代码如下所示。

☞ **成功之钥匙**

代码含义：

```
Sub 盈亏平衡分析()
    'i 代表描述信息变量
    Dim i As String,j,k,r,wa As Worksheet,wb As Worksheet,wc As Worksheet
    Set wa = Worksheets("利润表分析报告")
    Set wb = Worksheets("利润基础表")
    Set wc = Worksheets("智库")
        wa.Cells(170,6) = "(二)盈亏平衡分析"
    '核心利润盈亏平衡点
j = wb.Cells(2,14) & Format(wb.Cells(56,14),"核心利润盈亏平衡点 0.00 亿元,") & Format(wb.Cells(57,14),"安全边际率 0.00% ,") & _
Format(wb.Cells(57,16),"同比增长 0.00% ,;同比下降 0.00% ,") & Format(wb.Cells(57,17),"平均增长 0.00% ;平均下降 0.00% 。")
    '  核心利润安全边际率大于等于40%
    If wb.Cells(57,14) > = 0.4 Then
```

```
wa.Cells(171,6) = j & "企业经营处于很安全的水平,具有较高的市场风险抵御能力,能够在面对较大的市场波动时仍保持盈利状态。"
    ElseIf wb.Cells(57,14) > = 0.3 And wb.Cells(70,14) < 0.4 Then
        wa.Cells(171,6) = j & "企业经营处于安全水平,有较大的缓冲区间来应对市场下滑。"
    ElseIf wb.Cells(57,14) > = 0.2 And wb.Cells(70,14) < 0.3 Then
        wa.Cells(171,6) = j & "企业经营较安全水平,对市场波动的承受能力较强,但仍有提升空间。"
    ElseIf wb.Cells(57,14) > = 0.1 And wb.Cells(70,14) < 0.2 Then
        wa.Cells(171,6) = j & "企业需要注意,经营安全性不高,可能需要关注市场变化并制定应对策略。"
    Else
wa.Cells(171,6) = j & "企业经营处于危险水平,经营安全性较低,需要采取措施提高销售额或降低成本以增加安全边际率。"
    End If
r = Format(wb.Cells(58,14),"利润总额为基础盈亏平衡点 0.00 亿元,") & Format(wb.Cells(59,14),"安全边际率 0.00% ,") & _
Format(wb.Cells(59,16),"同比增长 0.00% ;同比下降 0.00% ,") & Format(wb.Cells(59,17),"平均增长 0.00% 。平均下降 0.00% 。")
    If (wb.Cells(59,14) - wb.Cells(57,14)) > 0 Then
wa.Cells(172,6) = r & Format((wb.Cells(59,14) - wb.Cells(57,14)),"经营利润提升安全边际率 0.00% 。")
    Else
wa.Cells(172,6) = r & Format((wb.Cells(57,14) - wb.Cells(59,14)),"非经营利润下拉安全边际率 0.00。")
    End If
End Sub
```

步骤二:设置按钮。如图 5-50 所示。

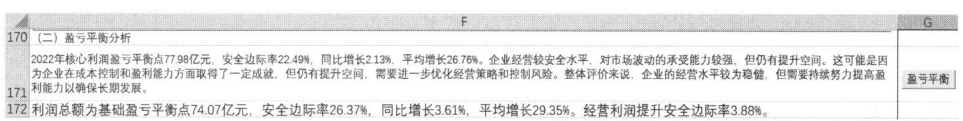

图 5-50 运行代码按钮

步骤三:编写主程序代码。将子程序代码名称写入主程序代码中,用于统一运行代码。如图 5-51 所示。

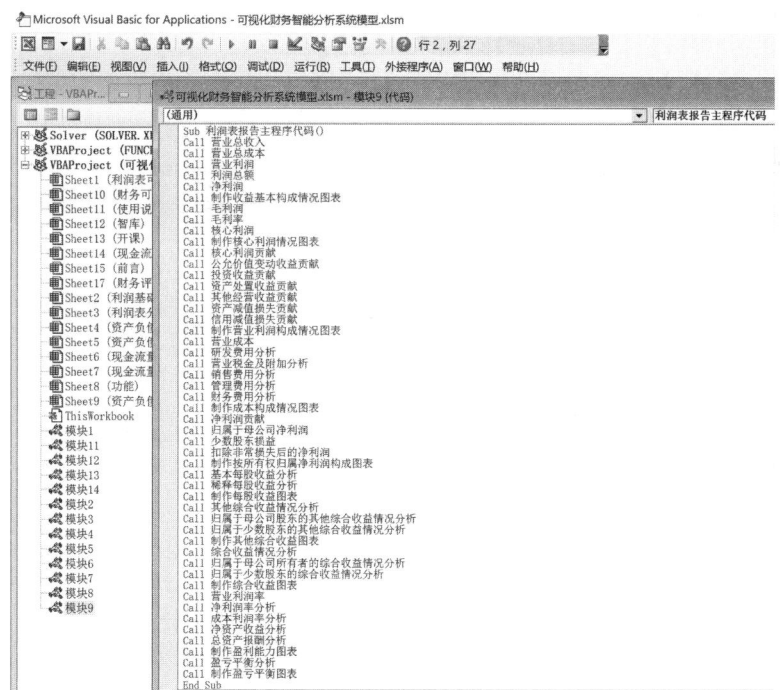

图 5-51 主程序代码

步骤四:编写报告清零代码。用于将评价报告中的内容清零。参考代码如下所示。

成功之钥匙

代码含义：

```vba
Sub 智能报告清零()
  Dim i As Integer
  Dim j As Integer
If MsgBox("是否确定清零,一旦清零数据不可恢复",vbYesNo +vbDefaultButton2 +vbQuestion,"询问") =vbYes Then
  Sheets("利润表分析报告").Select
    '循环利润基础表行
    For i =1 To 157
        '循环现金流量基础表列
        For j =6 To 6
        '清零范围
        Cells(i,j).Value =""
        Next j
    Next i
  End If
End Sub
```

5.6.2.3 可视化图表

步骤一：编写制作图表代码。参考代码如下所示。

成功之钥匙

代码含义：

```vba
Sub 制作盈亏平衡图表()
    Dim wa As Worksheet
    Dim ws As Worksheet
    Dim cht As ChartObject
    Dim rng As Range
    '选择"利润基础表"工作表
    Set wa =ThisWorkbook.Sheets("利润基础表")
      '复制 M2:Q2,M56:Q56,M57:Q57,M58:Q58,M59:Q59 区域的数据
    wa.Range("M2:Q2,M56:Q56,M57:Q57,M58:Q58,M59:Q59").Copy
    '将数据粘贴到 T56:X60 区域
    wa.Range("T56:X60").PasteSpecial Paste:=xlPasteValues
    '设置工作表
    Set ws =ThisWorkbook.Sheets("利润表分析报告")
    '定义图表位置
    Set rng =ws.Range("F173")
    '在工作表中插入一个图表对象
    Set cht =ws.ChartObjects.Add(Left:=rng.Left,Width:=700,Top:=rng.Top,Height:=160)
    '设置图表数据源
    cht.chart.SetSourceData Source:=wa.Range("$T$56:$X$60")
    '设置图表类型为柱形图
    cht.chart.chartType =xlColumnClustered
    '添加数据标签
    cht.chart.SeriesCollection(1).ApplyDataLabels
    '设置图表标题
    cht.chart.HasTitle =True
    cht.chart.ChartTitle.Text ="盈亏平衡分析"
    '设置图例位置
    cht.chart.HasLegend =True
    cht.chart.Legend.Position =xlLegendPositionBottom
End Sub
```

步骤二：嵌入柱形图。如图 5-52 所示。

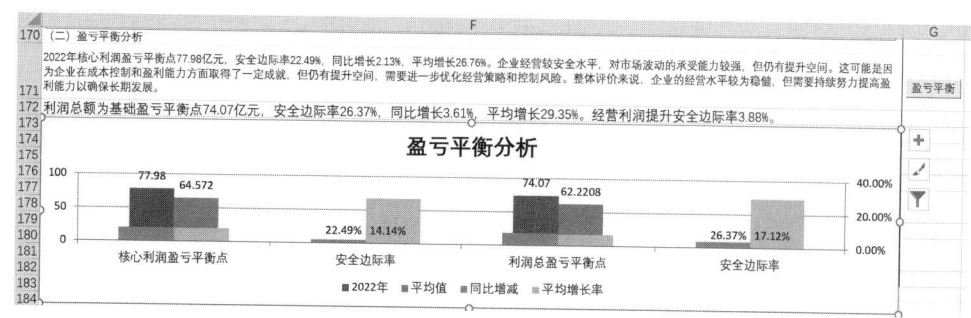

图 5-52 盈亏平衡可视化分析图

5.7 应用 ChatGPT 生成综合分析报告

5.7.1 背景资料获取

从前面各节的案例中可知，一个高质量的财务分析报告，取决于高质量的背景资料。所以，认真学习本书中编写的 VBA 代码，设计成科学合理、清晰明了的数据基础分析代码是应用 ChatGPT 生成高质量综合分析报告的关键，也是编写 ChatGPT 提示词的基础数源。背景资料获取的基本方法是：将 VBA 代码生成的基础分析报告导入 Word 中，为编写提示词提供数源。具体步骤如下：

步骤一：运行导出基础分析报告代码。将利润表分析报告 F1：F172 区域内容导入 Word 文档中。参考代码如下所示。

👆 成功之钥匙

步骤二：运行代码，获取背景资料，代码含义如下：

```
Option Explicit
Sub 将利润分析报告导入文档()
    Dim WordApp As Object
    Dim WordDoc As Object
    Dim ExcelRange As Range
    Dim WordRange As Object
    Dim rowCount As Integer
    Dim i As Integer
    '创建一个新的 Word 文档
    Set WordApp = CreateObject("Word.Application")
    WordApp.Visible = True
    Set WordDoc = WordApp.Documents.Add
    '指定 Excel 中的数据范围
    Set ExcelRange = ThisWorkbook.Sheets("利润表分析报告").Range("F1:F172")
    '在 Word 文档中逐行插入 Excel 数据
    Set WordRange = WordDoc.Content
    For i = 1 To ExcelRange.Rows.Count
        WordRange.InsertAfter ExcelRange.Cells(i,1).Value & vbCrLf
        Set WordRange = WordDoc.Content
    Next i
    '清除对象
    Set WordApp = Nothing
    Set WordDoc = Nothing
    Set ExcelRange = Nothing
    Set WordRange = Nothing
End Sub
```

利润表分析报告

一、收益整体情况

（一）收益基本构成情况

2022年，营业总收入100.60亿元，同比增长8.77%，平均增长12.54%。同比增长低于平均增长速度，这表明企业的主营业务收入在增长，但增长速度有所放缓。如果与行业平均水平相比，这个增长率是积极的，那么企业可能在市场份额上面临竞争。

营业总成本77.98亿元，同比增长8.13%，平均增长8.03%。同比增长高于平均增长，成本费用持续提升。这可能表明在过去的一段时间内，成本控制相对较弱，或者成本结构正在发生变化。但同比增长低于营业收入同比增长，这意味着成本增长的速度没有跟上收入增长的速度，这通常是一个好的迹象，因为它可能导致更高的利润率。

营业利润25.37亿元，同比增长7.91%，平均增长44.27%。营业利润低于平均增长，低于营业收入同比增长，虽然营业利润仍然实现了正增长，但其增长速度低于企业之前期间的平均增长率，也低于同期营业收入的增长率。这可能意味着企业在控制成本方面遇到了一些挑战，或者竞争加剧、价格压力等因素导致利润率下降。可能是由于成本上升（如原材料成本、人工成本、运营成本等）导致利润率下降，或者是因为市场竞争加剧导致销售价格下降。此外，如果企业进行了投资以支持长期增长，短期内可能会牺牲部分利润。

利润总额26.53亿元，同比增长12.70%，平均增长45.58%。企业的利润总额增长速度低于其过去的平均增长水平，这可能表明企业面临一些挑战，或者市场环境发生了变化，导致增长速度放缓。利润总额的增长速度也低于营业利润的平均增长率，这可能意味着企业的非营业活动（如投资收益、非经常性损益等）对利润增长的贡献较小，或者存在一些拖累总体利润增长的因素。

净利润25.99亿元，同比增长15.10%，平均增长48.28%。净利润的同比增长率低于其平均增长率，这表明虽然今年的净利润有所增长，但增长速度放缓，没有达到过去几年的平均水平。净利润的同比增长率也低于利润总额的平均增长率，这意味着与利润总额的增长相比，净利润的增长更为缓慢。虽然公司的净利润在今年有所增长，但其增长速度不仅低于公司过去几年的平均增长水平，也低于同期利润总额的增长速度。这可能需要公司管理层关注并分析原因，以便采取措施改善净利润的增长趋势。

（二）核心利润情况分析

2022年，毛利36.93亿元，同比增长13.04%，平均增长23.63%。同比增长低于平均增长，初始盈利能力增长趋缓。同比增长低于平均增长可能是由于公司在这一期间面临了较高的成本增长、销售额下降或市场竞争加剧等原因所导致。可采取调整成本结构、提高销售策略或加强竞争力等措施来改善盈利能力。

毛利率0.37亿元，同比增长3.94%，平均增长9.85%。毛利率同比增长低于平均增长水平，产品竞争能力趋缓。可能由于市场竞争加剧、产品定价能力减弱或成本上升等因素，表明公司需加强产品创新、优化成本结构或调整市场策略以提升竞争力。

核心利润22.62亿元，同比增长11.05%，平均增长42.67%。核心利润同比增长低于平均增长，经营能力趋弱，核心盈利能力放缓。可能是由于市场需求下降、竞争加剧、成本上升、创新能力不足或宏观经济因素等。企业应审视内部管理效率、产品线更新、控制和市场策略，以提升经营能力。

（三）营业利润构成情况分析

营业利润25.37亿元，其中，核心利润22.62亿元，对营业利润贡献率在营业利润无贡献。

投资收益0.85亿元，对营业利润贡献率3.34%，在营业利润中占次要地位。同比下降24.17%，平均增长68.17%。投资收益由平均增长转为同比下降，投资活动带来的利润开始回落。原因可能是投资项目的经营状况不佳、市场竞争加剧、经济衰退或者新的法规政策等因素影响。这种转变表明投资策略的不当或者市场环境的变化可能导致了利润回落。公司需要详细分析原因并采取相应措施，如调整投资组合、加强市场营销等，以提升投资收益。

资产处置收益 0.05 亿元，对营业利润贡献率 0.20%，在营业利润中占次要地位。同比增长 540.63%，平均下降 14.81%。资产处置收益由平均下降转为同比增长，出售划分为持有待售资产带来的利润开始复苏。如果市场环境变得更有利，那么出售资产所得的收益可能会增加。公司可能已经调整了其策略，更多地关注高利润率的资产出售，而不是低利润率的持有待售资产。如果公司持有的资产质量提高，那么这些资产的价值可能会更高，从而增加了资产处置收益。但需要关注市场环境和公司策略的变化，以作出长期评价。

计提资产减值损失 0.84 亿元，蚕食营业利润 3.30%，原因可能包括市场环境的变化、管理策略的不当、或者会计处理的影响等。这种变化蚕食了营业利润，表明企业的盈利能力面临压力。

转回预期信用损失 0.26 亿元，对营业利润贡献 1.01%，转回金融工具减值准备所计提的预期信用损失，加大了营业利润。这是因为减值准备的转回意味着预计的信用损失降低，从而减少了对资产价值的减值计提。然而，这种做法可能会导致财务报表的不准确性，以及虚假利润的产生。因此，过度转回减值准备可能并不符合稳健财务管理的原则，应当慎重评估。

二、成本构成情况分析

2022年营业总成本 77.98 亿元，其中，营业成本 63.67 亿元，占营业总成本的 81.65%，在营业总成本中占主导地位。同比增长 6.44%，平均增长 7.94%。营业成本同比增长低于平均增长水平，成本下降趋缓。可能是因为市场需求疲软、生产效率提高、成本控制措施或原材料价格稳定等因素的影响。成本上升速度趋缓对企业而言是积极的信号，但仍需关注成本结构合理性和竞争力提升。企业应密切关注市场和政策变化，并优化经营策略以应对可能的成本压力。

研发费用 9.21 亿元，占营业总成本的 11.81%，在营业总成本中占重要地位。同比增长 29.15%，平均增长 19.62%。研发费用同比增长高于平均增长，研发投入力度持续增强。技术进步推动研发投入增加。市场需求驱动新产品和技术开发。竞争加剧促使企业加强研发以保持优势。研发投入增长表明企业重视创新。持续增强的研发力度有助于提升竞争力。

税金及附加 0.95 亿元，占营业总成本的 1.22%，在营业总成本中占次要地位。同比增长 11.90%，平均增长 3.08%。营业税金及附加同比增长高于平均增长，税收负担持续上升。这种情况可能的原因是经济活动的增加导致营业额上升，进而导致税收增加。另外，税收政策调整也可能对税收增长产生影响。在短期内，税收负担的增加可能会对企业的盈利能力和消费者的消费水平产生一定的影响，进而影响经济的稳定增长。然而，从长期来看，合理的税收政策可以促进经济的平衡发展，同时确保税收体系的可持续性和公平性。

销售费用 1.68 亿元，占营业总成本的 2.16%，在营业总成本中占次要地位。同比增长 28.10%，平均增长 7.47%。销售费用同比增长高于平均增长，对成本的影响程度持续上升。可能是由于公司拓展了新的市场，并且增加了销售人员的数量或提高了销售人员的激励措施。销售费用同比增长高于平均增长表明公司在销售方面投入了更多资源，取得了较好的业绩。这种增长可能预示着公司在市场竞争中占据了有利地位，但仍需要监控销售费用的回报率，以确保投入的有效性和可持续性。

管理费用 5.48 亿元，占营业总成本的 7.02%，在营业总成本中占次要地位。同比增长 24.22%，平均增长 10.04%。管理费用同比增长高于平均增长，管理费用持续上升。公司可能面临需求增加或业务范围扩展，需要投入更多资源来支持和管理，导致管理费用增加。可能存在管理流程不清晰、决策效率低下等问题，导致管理费用的增加。管理费用持续上升需要关注，因为它可能对公司的盈利能力和资金流动性构成压力。公司应审查和优化内部流程、降低人力成本，提高管理效率，以控制费用增长并保持可持续发展。

财务费用 -3.01 亿元，占营业总成本的 -3.86%，对营业总成本没有影响。同比增长 114.15%，平均增长 497.84%。财务费用同比增长低于平均水平，财务费用增长开始放缓。可能是由于企业降低了负债成本或优化了负债结构。这表明企业在财务管理上取得了成效，有利于财务稳定性和可持续发展。

三、净利润构成情况分析
（一）按所属权归属分类
2022年净利润25.99亿元，占综合收益的97.96%。同比增长15.10%，平均增长48.28%。股东回报能力下降趋缓。

归属于母公司净利润26.17亿元，占净利润的100.69%，同比增长15.39%，平均增长57.12%。归属于母公司净利润下降趋缓。

少数股东损失蚕食净利润0.69%同比增长77.37%，平均下降36.16%。少数股东损益开始回升。

扣除非经常性损益后的净利润22.52亿元，占净利润的86.65%，同比增长7.29%，平均增长62.60%。经营业务产生的净利润下降趋缓。

（二）每股收益情况分析
基本每股收益1.98元，同比增长12.36%，平均增长41.93%。资本回报能力下降趋缓。
每股收益1.98元，同比增长12.25%，平均增长41.89%。稀释资本回报能力下降趋缓。

（三）其他综合收益情况分析
其他综合损失0.35亿元，同比下降176.09%，平均下降25.27%。其他综合收益持续回落。

其中，归属于母公司股东的其他综合损失0.35亿元，蚕食其他综合收益1.36%。同比下降189.99%，平均下降25.38%。归属于母公司股东的其他综合收益持续回落。

（四）综合收益情况分析
综合收益25.64亿元，同比增长11.28%，平均增长56.69%。综合收益下降趋缓。

其中，归属于母公司股东的综合收益25.82亿元，蚕食综合收益7377.14%。同比增长11.92%，平均增长68.90%。归属于母公司股东的综合收益下降趋缓。

归属于少数股东的综合损失0.18亿元，占综合收益的52.03%。同比增长516.45%，平均下降35.93%。归属于少数股东的综合收益开始回升。

四、盈利能力分析
（一）盈利率分析
2022年营业利润率25.22%，同比下降0.79%，平均增长28.19%。营业利润率由平均增长转为同比下降，市场竞争力开始转弱，核心盈利能力回落。原因可能包括成本上升、销售价格下降、市场竞争加剧等。建议及时调整经营策略、控制成本、提升市场竞争力以保持盈利水平。

2022年净利润率25.83%，同比增长5.82%，平均增长31.76%。净利润率同比增长低于平均增长水平，整体盈利能力趋缓。可能表明企业面临成本压力或收入增长放缓。原因可能包括宏观经济放缓、行业竞争加剧、市场需求下降或内部管理效率问题。这表明企业需要审视成本结构和经营策略，提高运营效率，寻找新的增长点或调整市场定位以应对挑战。

2022年成本利润率34.02%，同比增长4.23%，平均增长34.75%。成本利润率同比增长低于平均增长，竞争能力和盈利能力趋缓。可能是生产成本增长快于销售价格的增长，导致成本利润率增长较慢。企业应寻求降低生产成本的方法，提高产品附加值，以提升盈利能力和竞争力。

2022年净资产收益率13.61%，同比下降11.68%，平均增长6.17%。净资产收益率由平均增长转为同比下降，自有资本获取收益的能力开始回落，对投资人和债权人的利益保障程度减弱。经济环境或市场竞争的变动可能导致公司的销售额减少或成本上升，从而影响了净资产收益率。公司能应采取适当的措施来应对不利因素，例如优化管理、提高产品质量、加强市场营销等，那么公司的盈利能力可能会得到改善，从而保障投资者的权益。同时，公司应该及时向投资者和债权人公布相关信息，保持透明度，加强沟通，以维护他们的利益。

2022年总资产报酬率11.04%，同比下降10.24%，平均增长14.07%。总资产报酬率由平均增长转为同比下降，资产利用效益下降，盈利能力开始回落。可能是行业趋势、市场环境、政策变化等。企业需要密切关注这些因素，以便及时调整经营策略。企业也可以考虑提高资本效率，如优化投资方向和结构,以及加强成本控制和资产管理,以提高资产回报率。

(二)盈亏平衡分析

2022年核心利润盈亏平衡点77.98亿元,安全边际率22.49%,同比增长2.13%,平均增长26.76%。企业经营较安全水平,对市场波动的承受能力较强,但仍有提升空间。这可能是因为企业在成本控制和盈利能力方面取得了一定成就,但仍有提升空间,需要进一步优化经营策略和控制风险。整体评价来说,企业的经营水平较为稳健,但需要持续努力提高盈利能力以确保长期发展。

利润总额为基础盈亏平衡点74.07亿元,安全边际率26.37%,同比增长3.61%,平均增长29.35%。经营利润提升安全边际率3.88%。

5.7.2 报告框架设计

报告架构是生成智能分析报告的提纲,是报告生成的目标。报告架构可以请求ChatGPT帮助草拟提纲,用户可以根据实际需要进行修改完善。如在ChatGPT输入提示词:"我正在编写利润表分析报告,请帮助写一个报告提纲,内部包括四个部分:情况分析、风险评估、措施建议、预算规划。提纲要详细具体。"便可以获得初步的报告提纲。如图5-53所示。

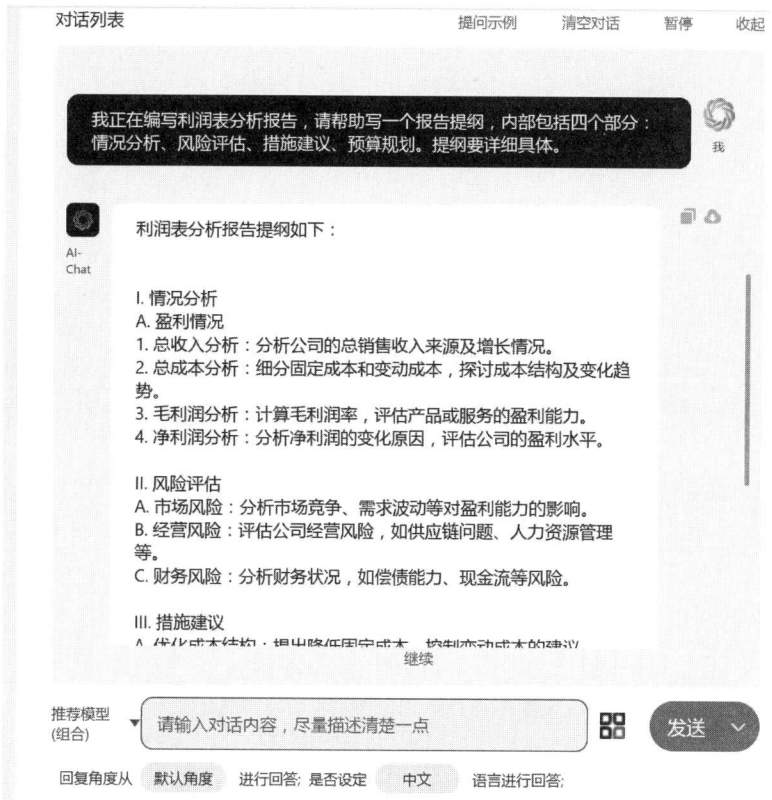

图5-53 利润表分析报告提纲

经调整后的利润表分析报告提纲。如图5-54所示。

5.7.3 报告生成方式

报告生成方式包括分段式和整体式两种方式。分段式就是根据报告编写提纲,让ChatGPT分段生成分析报告;整体式就是按照报告编写提纲设计提示词,让ChatGPT一次性生成分析报告。这里以分段式生成分析报告为例，介绍报告生成方式。

图 5-54　利润表分析报告提纲

步骤一：与 ChatGPT 建立对话关系。提示词："你是财务分析师，我向你提供背景资料，你可以帮助我写一个"利润表分析报告"吗？ChatGPT 会作出如下回答。如图 5-55 所示。

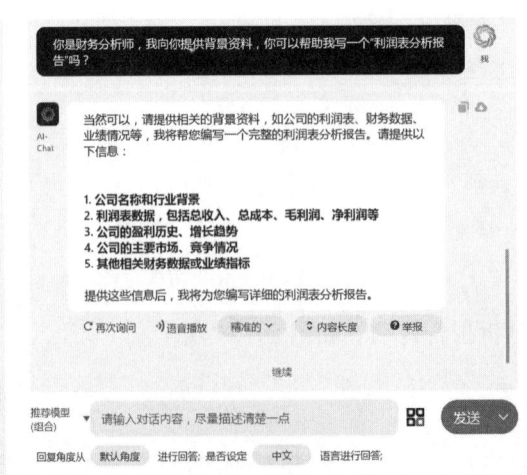

图 5-55　与 ChatGPT 建立对话关系

步骤二：沟通报告编写方式。提示词：报告分四个部分：情况分析、风险评估、措施建议、预算规划。我分四个部分分别提供背景资料，按部分完成编写任务，可以吗？反馈结果如图5-56所示。

步骤三：提供第一部分背景资料。反馈结果如图5-57所示。

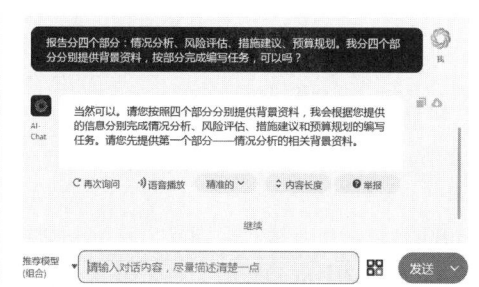

图5-56　报告编写方式

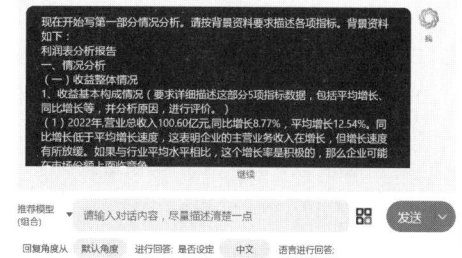

图5-57　编写第一部分内容提示词

详细内容如下：提示词：现在开始写第一部分情况分析。请按背景资料要求描述各项指标。背景资料如下：

利润表分析报告

一、情况分析

（一）收益整体情况

1. 收益基本构成情况（要求详细描述这部分5项指标数据，包括平均增长、同比增长等，并分析原因，进行评价。）

（1）2022年，营业总收入100.60亿元，同比增长8.77%，平均增长12.54%。同比增长低于平均增长速度，这表明企业的主营业务收入在增长，但增长速度有所放缓。如果与行业平均水平相比，这个增长率是积极的，那么企业可能在市场份额上面临竞争。

（2）营业总成本77.98亿元，同比增长8.13%，平均增长8.03%。同比增长高于平均增长，成本费用持续提升。这可能表明在过去的一段时间内，成本控制相对较弱，或者成本结构正在发生变化。但同比增长低于营业收入同比增长，这意味着成本增长的速度没有跟上收入增长的速度，这通常是一个好的迹象，因为它可能导致更高的利润率。

（3）营业利润25.37亿元，同比增长7.91%，平均增长44.27%。营业利润低于平均增长，低于营业收入同比增长，虽然营业利润仍然实现了正增长，但其增长速度低于企业之前期间的平均增长率，也低于同期营业收入的增长率。这可能意味着企业在控制成本方面遇到了一些挑战，或者竞争加剧、价格压力等因素导致利润率下降。可能是由于成本上升（如原材料成本、人工成本、运营成本等）导致利润率下降，或者是因为市场竞争加剧导致销售价格下降。此外，如果企业进行了投资以支持长期增长，短期内可能会牺牲部分利润。

（4）利润总额26.53亿元，同比增长12.70%，平均增长45.58%。企业的利润总额增长速度低于其过去的平均增长水平，这可能表明企业面临一些挑战，或者市场环境发生了变化，导致增长速度放缓。利润总额的增长速度也低于营业利润的平均增长率，这可能意味着企业的非营业活动（如投资收益、非经常性损益等）对利润增长的贡献较小，或者存在一些拖累总体利润增长的因素。

（5）净利润25.99亿元，同比增长15.10%，平均增长48.28%。净利润的同比增长率低于其平均增长率，这表明虽然今年的净利润有所增长，但增长速度放缓，没有达到过去几年的平均水平。净利润的同比增长率也低于利润总额的平均增长率，这意味着与利润总额的增长相比，净利润的增长更为缓慢。虽然公司的净利润在今年有所增长，但其增长速度不仅低于公司过去几年的平均增长水平，也低于同期利润总额的增长速度。这可能需要公司管理层关注并分析原因，以便采取措施改善净利润的增长趋势。

2. 核心利润情况分析（要求详细描述这部分5项指标数据，包括平均增长、同比增长等，并分析原因，进行评价。）

（1）2022年，毛利36.93亿元，同比增长13.04%，平均增长23.63%。同比增长低于平均增长，初始盈利能力增长趋缓。同比增长低于平均增长可能是公司在这一期间面临了较高的成本增长、销售额下降或市场竞争加剧等原因所导致。可采取调整成本结构、提高销售策略或加强竞争力等措施来改善盈利能力。

（2）毛利率0.37亿元，同比增长3.94%，平均增长9.85%。毛利率同比增长低于平均增长水平，产品竞争能力趋缓。可能由于市场竞争加剧、产品定价能力减弱或成本上升等因素，表明公司需加强产品创新、优化成本结构或调整市场策略以提升竞争力。

（3）核心利润22.62亿元，同比增长11.05%，平均增长42.67%。核心利润同比增长低于平均增长，经营能力趋弱，核心盈利能力放缓。可能是由于市场需求下降、竞争加剧、成本上升、创新能力不足或宏观经济因素等。企业应审视内部管理效率、产品线更新、控制和市场策略，以提升经营能力。

3. 营业利润构成情况分析

（1）营业利润25.37亿元，其中，核心利润22.62亿元，对营业利润贡献率在营业利润无贡献。

（2）投资收益0.85亿元，对营业利润贡献率3.34%，在营业利润中占次要地位。同比下降24.17%，平均增长68.17%。投资收益由平均增长转为同比下降，投资活动带来的利润开始回落。原因可能是投资项目的经营状况不佳、市场竞争加剧、经济衰退或者新的法规政策等因素影响。这种转变表明投资策略的不当或者市场环境的变化可能导致了利润回落。公司需要详细分析原因并采取相应措施，如调整投资组合、加强市场营销等，以提升投资收益。

（3）资产处置收益0.05亿元，对营业利润贡献率0.20%，在营业利润中占次要地位。同比增长540.63%，平均下降14.81%。资产处置收益由平均下降转为同比增长，出售划分为持有待售资产带来的利润开始复苏。如果市场环境变得更有利，那么出售资产所得的收益可能会增加。公司可能已经调整了其策略，更多地关注高利润率的资产出售，而不是低利润率的持有待售资产。如果公司持有的资产质量提高，那么这些资产的价值可能会更高，从而增加了资产处置收益。但需要关注市场环境和公司策略的变化，以做出长期评价。

（4）计提资产减值损失0.84亿元，蚕食营业利润3.30%，原因可能包括市场环境的变化、管理策略的不当、或者会计处理的影响等。这种变化蚕食了营业利润，表明企业的盈利能力面临压力。

（5）转回预期信用损失0.26亿元，对营业利润贡献1.01%，转回金融工具减值准备所计提的预期信用损失，加大了营业利润。这是因为减值准备的转回意味着预计的信用损失降低，从而减少了对资产价值的减值计提。然而，这种做法可能会导致财务报表的不准确性，以及虚假利润的产生。因此，过度转回减值准备可能并不符合稳健财务管理的原则，应当慎重评估。

（二）成本构成情况分析（要求详细描述这部分5项指标数据，包括平均增长、同比增长等，并分析原因，进行评价。）

（1）2022年营业总成本77.98亿元，其中，营业成本63.67亿元，占营业总成本的81.65%，在营业总成本中占主导地位。同比增长6.44%，平均增长7.94%。营业成本同比增长低于平均增长水平，成本下降趋缓。可能是因为市场需求疲软、生产效率提高、成本控制措施或原材料价格稳定等因素的影响。成本上升速度趋缓对企业而言是积极的信号，但仍需关注成本结构合理性和竞争力提升。企业应密切关注市场和政策变化，并优化经营策略以应对可能的成本压力。

（2）研发费用9.21亿元，占营业总成本的11.81%，在营业总成本中占重要地位。同比增长29.15%，平均增长19.62%。研发费用同比增长高于平均增长，研发投入力度持续增强。技术进步推动研发投入增加。市场需求驱动新产品和技术开发。竞争加剧促使企业加强研发以保持优势。研发投入增长表明企业重视创新。持续增强的研发力度有助于提升竞争力。

（3）税金及附加 0.95 亿元，占营业总成本的 1.22%，在营业总成本中占次要地位。同比增长 11.90%，平均增长 3.08%。营业税金及附加同比增长高于平均增长，税收负担持续上升。这种情况可能的原因是经济活动的增加导致营业额上升，进而导致税收增加。另外，税收政策调整也可能对税收增长产生影响。在短期内，税收负担的增加可能会对企业的盈利能力和消费者的消费水平产生一定的影响，进而影响经济的稳定增长。然而，从长期来看，合理的税收政策可以促进经济的平衡发展，同时确保税收体系的可持续性和公平性。

（4）销售费用 1.68 亿元，占营业总成本的 2.16%，在营业总成本中占次要地位。同比增长 28.10%，平均增长 7.47%。销售费用同比增长高于平均增长，对成本的影响程度持续上升。可能是由于公司拓展了新的市场，并且增加了销售人员的数量或提高了销售人员的激励措施。销售费用同比增长高于平均增长表明公司在销售方面投入了更多资源，取得了较好的业绩。这种增长可能预示着公司在市场竞争中占据了有利地位，但仍需要监控销售费用的回报率，以确保投入的有效性和可持续性。

（5）管理费用 5.48 亿元，占营业总成本的 7.02%，在营业总成本中占次要地位。同比增长 24.22%，平均增长 10.04%。管理费用同比增长高于平均增长，管理费用持续上升。公司可能面临需求增加或业务范围扩展，需要投入更多资源来支持和管理，导致管理费用增加。可能存在管理流程不清晰、决策效率低下等问题，导致管理费用的增加。管理费用持续上升需要关注，因为它可能对公司的盈利能力和资金流动性构成压力。公司应审查和优化内部流程、降低人力成本，提高管理效率，以控制费用增长并保持可持续发展。

（6）财务费用 -3.01 亿元，占营业总成本的 -3.86%，对营业总成本没有影响。同比增长 114.15%，平均增长 497.84%。财务费用同比增长低于平均水平，财务费用增长开始放缓。可能是由于企业降低了负债成本或优化了负债结构。这表明企业在财务管理上取得了成效，有利于财务稳定性和可持续发展。

（三）净利润构成情况分析

1. 按所属权归属分类（要求详细描述这部分 3 项指标数据，包括平均增长、同比增长等，并分析原因，进行评价。）

（1）2022 年净利润 25.99 亿元，占综合收益的 97.96%。同比增长 15.10%，平均增长 48.28%。股东回报能力下降趋缓。

（2）归属于母公司净利润 26.17 亿元，占净利润的 100.69%，同比增长 15.39%，平均增长 57.12%。归属于母公司净利润下降趋缓。

（3）少数股东损失蚕食净利润 0.69% 同比增长 77.37%，平均下降 36.16%。少数股东损益开始回升。

扣除非经常性损益后的净利润 22.52 亿元，占净利润的 86.65%，同比增长 7.29%，平均增长 62.60%。经营业务产生的净利润下降趋缓。

2. 每股收益情况分析（要求详细描述这部分 2 项指标数据，包括平均增长、同比增长等，并分析原因，进行评价。）

（1）基本每股收益 1.98 元，同比增长 12.36%，平均增长 41.93%。资本回报能力下降趋缓。

（2）每股收益 1.98 元，同比增长 12.25%，平均增长 41.89%。稀释资本回报能力下降趋缓。

3. 其他综合收益情况分析（要求详细描述这部分 2 项指标数据，包括平均增长、同比增长等，并分析原因，进行评价。）

（1）其他综合损失 0.35 亿元，同比下降 176.09%，平均下降 25.27%。其他综合收益持续回落。

（2）归属于母公司股东的其他综合损失 0.35 亿元，蚕食其他综合收益 1.36%。同比下降 189.99%，平均下降 25.38%。归属于母公司股东的其他综合收益持续回落。

4. 综合收益情况分析（要求详细描述这部分 3 项指标数据，包括平均增长、同比增长等，并分析原因，进行评价。）

(1) 综合收益 25.64 亿元, 同比增长 11.28%, 平均增长 56.69%。综合收益下降趋缓。

(2) 归属于母公司股东的综合收益 25.82 亿元, 蚕食综合收益 7377.14%。同比增长 11.92%, 平均增长 68.90%。归属于母公司股东的综合收益下降趋缓。

(3) 归属于少数股东的综合损失 0.18 亿元, 占综合收益的 52.03%。同比增长 516.45%, 平均下降 35.93%。归属于少数股东的综合收益开始回升。

(四) 盈利能力分析

1. 盈利率分析（要求详细描述这部分 5 项指标数据, 包括平均增长、同比增长等, 并分析原因, 进行评价。）

(1) 2022 年营业利润率 25.22%, 同比下降 0.79%, 平均增长 28.19%。营业利润率由平均增长转为同比下降, 市场竞争力开始转弱, 核心盈利能力回落。原因可能包括成本上升、销售价格下降、市场竞争加剧等。建议及时调整经营策略、控制成本、提升市场竞争力以保持盈利水平。

(2) 2022 年净利润率 25.83%, 同比增长 5.82%, 平均增长 31.76%。净利润率同比增长低于平均增长水平, 整体盈利能力趋缓。可能表明企业面临成本压力或收入增长放缓。原因可能包括宏观经济放缓、行业竞争加剧、市场需求下降或内部管理效率问题。这表明企业需要审视成本结构和经营策略, 提高运营效率, 寻找新的增长点或调整市场定位以应对挑战。

(3) 2022 年成本利润率 34.02%, 同比增长 4.23%, 平均增长 34.75%。成本利润率同比增长低于平均增长, 竞争能力和盈利能力趋缓。可能是生产成本增长快于销售价格的增长, 导致成本利润率增长较慢。企业应寻求降低生产成本的方法, 提高产品附加值, 以提升盈利能力和竞争力。

(4) 2022 年净资产收益率 13.61%, 同比下降 11.68%, 平均增长 6.17%。净资产收益率由平均增长转为同比下降, 自有资本获取收益的能力开始回落, 对投资人和债权人的利益保障程度减弱。经济环境或市场竞争的变动可能导致公司的销售额减少或成本上升, 从而影响了净资产收益率。公司能应采取适当的措施来应对不利因素, 例如优化管理、提高产品质量、加强市场营销等, 那么公司的盈利能力可能会得到改善, 从而保障投资者的权益。同时, 公司应该及时向投资者和债权人公布相关信息, 保持透明度, 加强沟通, 以维护他们的利益。

(5) 2022 年总资产报酬率 11.04%, 同比下降 10.24%, 平均增长 14.07%。总资产报酬率由平均增长转为同比下降, 资产利用效益下降, 盈利能力开始回落。可能是行业趋势、市场环境、政策变化等。企业需要密切关注这些因素, 以便及时调整经营策略。企业也可以考虑提高资本效率, 如优化投资方向和结构, 以及加强成本控制和资产管理, 以提高资产回报率。

2. 盈亏平衡分析（要求详细描述这部分 2 项指标数据, 包括平均增长、同比增长等, 并分析原因, 进行评价。）

(1) 2022 年核心利润盈亏平衡点 77.98 亿元, 安全边际率 22.49%, 同比增长 2.13%, 平均增长 26.76%。企业经营较安全水平, 对市场波动的承受能力较强, 但仍有提升空间。这可能是因为企业在成本控制和盈利能力方面取得了一定成就, 但仍有提升空间, 需要进一步优化经营策略和控制风险。整体评价来说, 企业的经营水平较为稳健, 但需要持续努力提高盈利能力以确保长期发展。

(2) 利润总额为基础盈亏平衡点 74.07 亿元, 安全边际率 26.37%, 同比增长 3.61%, 平均增长 29.35%。经营利润提升安全边际率 3.88%。

步骤四：从 ChatGPT 复制粘贴第一部分生成的内容。如图 5-58 所示。

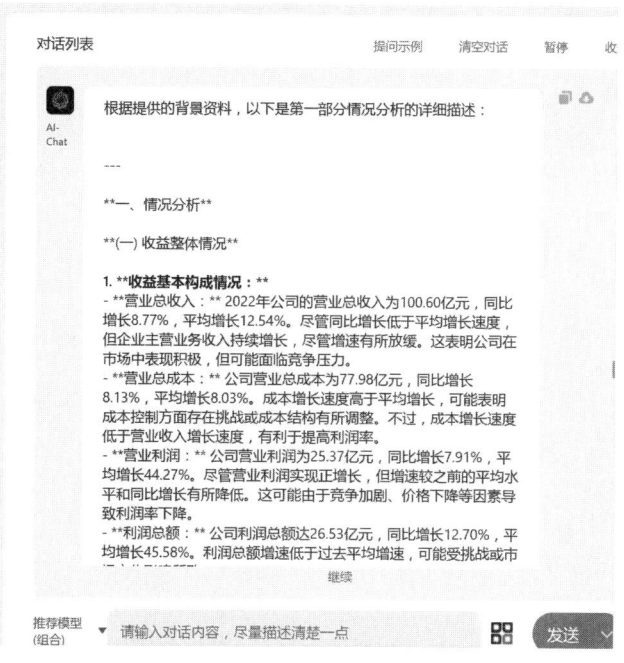

图 5-58 生成第一部分内容

ChatGPT 反馈的详细内容如下：

根据提供的背景资料，以下是第一部分情况分析的详细描述：

利润表分析报告

一、情况分析

（一）收益整体情况

1. **收益基本构成情况：**
- **营业总收入：** 2022 年公司的营业总收入为 100.60 亿元，同比增长 8.77%，平均增长 12.54%。尽管同比增长低于平均增长速度，但企业主营业务收入持续增长，尽管增速有所放缓。这表明公司在市场中表现积极，但可能面临竞争压力。
- **营业总成本：** 公司营业总成本为 77.98 亿元，同比增长 8.13%，平均增长 8.03%。成本增长速度高于平均增长，可能表明成本控制方面存在挑战或成本结构有所调整。不过，成本增长速度低于营业收入增长速度，有利于提高利润率。
- **营业利润：** 公司营业利润为 25.37 亿元，同比增长 7.91%，平均增长 44.27%。尽管营业利润实现正增长，但增速较之前的平均水平和同比增长有所降低。这可能由于竞争加剧、价格下降等因素导致利润率下降。
- **利润总额：** 公司利润总额达 26.53 亿元，同比增长 12.70%，平均增长 45.58%。利润总额增速低于过去平均增速，可能受挑战或市场变化影响所致。
- **净利润：** 公司净利润为 25.99 亿元，同比增长 15.10%，平均增长 48.28%。尽管净利润增长，但增速较之前平均水平和同比增速有所下降，需要关注原因并采取措施改善增长趋势。

2. **核心利润情况分析：**
- **毛利：** 公司毛利为 36.93 亿元，同比增长 13.04%，平均增长 23.63%。增速低于平均水平，可能是由于成本上升或销售额下降。需要采取措施提高盈利能力。
- **毛利率：** 公司毛利率为 0.37 亿元，同比增长 3.94%，平均增长 9.85%。增速低于平均水平，显示出产品竞争能力趋缓，需要加强产品创新和成本控制。

- ****核心利润：**** 公司核心利润为 22.62 亿元，同比增长 11.05%，平均增长 42.67%。增速较低，表明经营能力有所下降，需要优化管理和市场策略。

（二）成本构成情况分析

1. ****营业总成本：****

— 2022 年营业总成本为 77.98 亿元，其中营业成本占 63.67 亿元，占比 81.65%，是营业总成本的主要组成部分。营业成本同比增长 6.44%，低于平均增长 7.94%，表明成本上升速度有所放缓。这可能是由于市场需求疲软、生产效率提高、成本控制措施或原材料价格稳定等因素的影响。

总成本为 77.98 亿元，其中营业成本占比 81.65%。成本同比增长 6.44%，低于平均增长 7.94%，显示出成本控制有效，但成本持续上升趋势需关注。

2. ****研发费用：****

— 研发费用为 9.21 亿元，占比 11.81%，同比增长 29.15%，高于平均增长 19.62%，表明公司加大研发投入，有利于长期竞争力提升。

3. ****税金及附加：****

— 税金及附加为 0.95 亿元，占比 1.22%，同比增长 11.90%，高于平均增长 3.08%，税收负担持续上升，可能对盈利产生影响。

4. ****销售费用：****

— 销售费用为 1.68 亿元，占比 2.16%，同比增长 28.10%，高于平均增长 7.47%，销售费用增长迅速，需监控其回报率。

5. ****管理费用：****

— 管理费用为 5.48 亿元，占比 7.02%，同比增长 24.22%，高于平均增长 10.04%，管理费用持续上升，需优化内部流程和控制成本。

6. ****财务费用：****

— 财务费用为 -3.01 亿元，占比 -3.86%，同比增长 114.15%，高于平均增长 497.84%，财务费用由负转正，表明财务管理取得成效。

（三）净利润构成情况分析

1. ****按所属权归属分类：****

— 净利润为 25.99 亿元，其中归属于母公司净利润为 26.17 亿元，同比增长 15.39%，表明母公司盈利能力良好。

— 少数股东损失为 0.69 亿元，同比增长 77.37%，表明少数股东损益有所改善。

2. ****每股收益情况分析：****

— 基本每股收益为 1.98 元，同比增长 12.36%，表明资本回报能力有所改善。

— 稀释每股收益为 1.98 元，同比增长 12.25%，与基本每股收益一致。

3. ****其他综合收益情况分析：****

— 其他综合损失为 0.35 亿元，同比下降 176.09%，表明其他综合收益持续回落。

— 归属于母公司股东的其他综合损失为 0.35 亿元，同比下降 189.99%，表明归属于母公司股东的其他综合收益持续回落。

4. ****综合收益情况分析：****

— 综合收益为 25.64 亿元，同比增长 11.28%，表明综合收益下降趋缓。

— 归属于母公司股东的综合收益为 25.82 亿元，同比增长 11.92%，表明归属于母公司股东的综合收益下降趋缓。

— 归属于少数股东的综合损失为 0.18 亿元，同比增长 516.45%，表明归属于少数股东的综合收益开始回升。

（四）盈利能力分析

1. **盈利率分析：**
- 营业利润率为 25.22%，同比下降 0.79%，平均增长 28.19%，表明市场竞争力开始转弱，需采取措施提升盈利能力。
- 净利润率为 25.83%，同比增长 5.82%，平均增长 31.76%，表明盈利能力趋缓，需审视成本结构和经营策略。
- 成本利润率为 34.02%，同比增长 4.23%，平均增长 34.75%，表明竞争能力和盈利能力趋缓，需寻求降低生产成本的方法。
- 净资产收益率为 13.61%，同比下降 11.68%，平均增长 6.17%，表明自有资本获取收益能力下降，需采取措施提高盈利能力。
- 总资产报酬率为 11.04%，同比下降 10.24%，平均增长 14.07%，表明资产利用效益下降，需提高资本效率。

2. **盈亏平衡分析：**
- 核心利润盈亏平衡点为 77.98 亿元，安全边际率为 22.49%，同比增长 2.13%，平均增长 26.76%，表明企业经营较安全，但仍有提升空间。
- 利润总额为基础盈亏平衡点为 74.07 亿元，安全边际率为 26.37%，同比增长 3.61%，平均增长 29.35%，表明经营利润提升安全边际率。

步骤五：编写第二部风险评估。如图 5-59 所示。

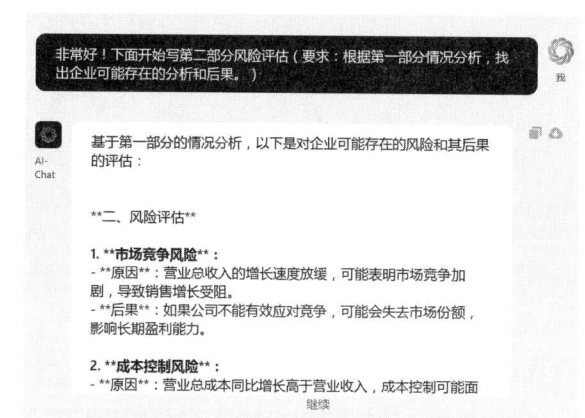

图 5-59 编写第二部分内容提示词

在 ChatGPT 输入提示词：非常好！下面开始写第二部分风险评估（要求：根据第一部分情况分析，找出企业可能存在的风险和后果）。会反馈如下内容：

基于第一部分的情况分析，以下是对企业可能存在的风险和其后果的评估：

二、风险评估

1. **市场竞争风险**：
- **原因**：营业总收入的增长速度放缓，可能表明市场竞争加剧，导致销售增长受阻。
- **后果**：如果公司不能有效应对竞争，可能会失去市场份额，影响长期盈利能力。

2. **成本控制风险**：
- **原因**：营业总成本同比增长高于营业收入，成本控制可能面临挑战。
- **后果**：持续的成本增长可能会压缩利润空间，影响公司的盈利能力。

3. **利润率下降风险**：
- **原因**：营业利润和净利润的同比增长率低于平均增长率，表明利润率可能下降。

- **后果**：利润率下降可能会影响公司的盈利质量和股东回报。
4. **研发投入风险**：
   - **原因**：研发费用增长迅速，但可能需要较长时间才能转化为收益。
   - **后果**：如果研发成果不能有效转化为市场销售，可能会影响公司的财务表现。
5. **投资收益波动风险**：
   - **原因**：投资收益同比下降，表明投资收益可能不稳定。
   - **后果**：依赖不稳定投资收益可能影响公司的盈利稳定性。
6. **税收负担增加风险**：
   - **原因**：营业税金及附加同比增长高于平均增长，税收负担可能持续上升。
   - **后果**：税收负担的增加可能会侵蚀公司的利润，影响盈利能力。
7. **销售和管理费用增长风险**：
   - **原因**：销售和管理费用同比增长较高，表明公司在销售和管理方面的投入增加。
   - **后果**：如果费用增长速度超过收入增长速度，可能会对盈利能力产生负面影响。
8. **资产减值风险**：
   - **原因**：资产减值损失蚕食了部分营业利润，表明可能存在资产减值风险。
   - **后果**：资产减值可能导致利润下降，影响公司的财务状况。
9. **信用损失转回风险**：
   - **原因**：转回预期信用损失可能夸大了营业利润，可能存在会计处理的风险。
   - **后果**：过度转回减值准备可能影响财务报表的准确性，可能导致未来利润的不稳定。
10. **盈亏平衡点变化风险**：
    - **原因**：核心利润盈亏平衡点和利润总额为基础的盈亏平衡点有所上升。
    - **后果**：盈亏平衡点的上升可能表明公司对市场波动的承受能力减弱，可能需要更多的销售收入来维持盈利。

总结：企业面临的主要风险包括市场竞争、成本控制、利润率下降、研发投入、投资收益波动、税收负担增加、销售和管理费用增长、资产减值、信用损失转回以及盈亏平衡点的变化。这些风险可能会影响公司的盈利能力、市场地位和财务稳定性。公司需要采取相应的风险管理措施，以减轻这些风险可能带来的负面影响。

步骤六：编写第三部分措施建议。如图 5-60 所示。

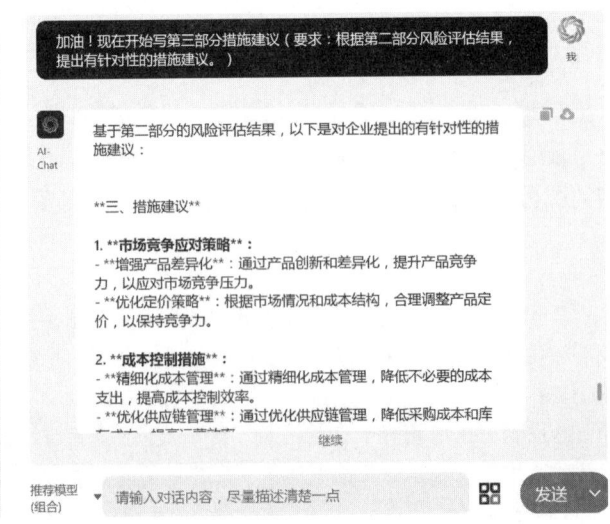

图 5-60　编写第三部分内容提示词

在 ChatGPT 输入提示词：加油！现在开始写第三部分措施建议（要求：根据第二部分风险评估结果，提出有针对性的措施建议）。反馈结果如下：

基于第二部分的风险评估结果，以下是对企业提出的有针对性的措施建议：

三、措施建议

1. **市场竞争应对策略**：
   - **增强产品差异化**：通过产品创新和差异化，提升产品竞争力，以应对市场竞争压力。
   - **优化定价策略**：根据市场情况和成本结构，合理调整产品定价，以保持竞争力。
2. **成本控制措施**：
   - **精细化成本管理**：通过精细化成本管理，降低不必要的成本支出，提高成本控制效率。
   - **优化供应链管理**：通过优化供应链管理，降低采购成本和库存成本，提高运营效率。
3. **提升利润率**：
   - **提高售价**：通过提升产品附加值和品牌影响力，提高产品售价，以提高利润率。
   - **降低成本**：通过持续降低成本，尤其是可变成本，以提高利润率。
4. **研发投入管理**：
   - **确保研发效率**：确保研发投入能够转化为有市场竞争力的产品或服务，以实现投资回报。
   - **风险评估**：在研发项目开始前进行充分的风险评估，确保研发方向与市场需求相符。
5. **投资收益管理**：
   - **多元化投资组合**：通过多元化投资组合，分散投资风险，提高投资收益的稳定性。
   - **定期评估**：定期评估投资项目的表现，及时调整投资策略。
6. **税收筹划**：
   - **合规税务筹划**：通过合规的税务筹划，合理降低税收负担，提高盈利水平。
   - **关注税收政策**：密切关注税收政策变化，确保公司能够充分利用税收优惠政策。
7. **销售和管理费用控制**：
   - **优化销售策略**：通过优化销售策略，提高销售效率，降低销售成本。
   - **管理效率提升**：通过提升管理效率，降低管理费用，提高盈利能力。
8. **资产减值和信用损失管理**：
   - **严格资产减值政策**：严格执行资产减值政策，确保资产价值的准确性。
   - **信用风险管理**：加强信用风险管理，减少信用损失的发生。
9. **盈亏平衡点优化**：
   - **提升销售收入**：通过提升销售收入，降低盈亏平衡点，提高公司的盈利能力。
   - **成本结构优化**：通过优化成本结构，降低成本，提高盈亏平衡点的效率。

总结：企业应针对评估出的风险，制定相应的风险管理措施，包括市场竞争应对策略、成本控制措施、提升利润率、研发投入管理、投资收益管理、税收筹划、销售和管理费用控制以及资产减值和信用损失管理。通过这些措施，企业可以提高自身的竞争力和盈利能力，降低风险，实现可持续发展。

按照上述步骤，笔者基本上是一气呵成完成分析报告。这就是 VBA 与 ChatGPT 集合的强大功能。

5.7.4 预测规划

ChatGPT 可以根据规划求解、回归分析等方法进行财务预测规划。当你把利润表提供给 ChatGPT 后，它可以帮助你进行预测规划。以利润表为例，如图 5-61 所示。

	A	B	C	D	E	F
1		利润表				
2	年度	2019年	2020年	2021年	2022年	2023年
3	营业总收入	62.71	57.43	69.77	92.49	100.6
4	营业收入	62.71	57.43	69.77	92.49	100.6
5	营业总成本	57.25	55	60.51	72.12	77.98
6	营业成本	46.9	44.31	50.61	59.82	63.67
7	研发费用	4.498	4.826	5.661	7.132	9.211
8	税金及附加	0.85	0.66	0.69	0.85	0.95
9	销售费用	1.261	1.12	1.06	1.313	1.682
10	管理费用	3.736	3.768	3.699	4.41	5.478
11	财务费用	0.002357	0.3099	-1.199	-1.406	-3.011
12	投资收益	0.11	0	0.28	1.12	0.85
13	资产处置收益	0.09435	0.01822	0.000455	0.007758	0.0497
14	资产减值损失(新)	-0.7174	-0.3657	-0.1126	0.178	-0.8381
15	信用减值损失(新)	0	0.3088	0.009841	-0.00921	0.2568
16	营业利润	5.86	4.78	10.72	23.51	25.37
17	加:营业外收入	0.11	0.33	0.16	0.05	1.21
18	其中:非流动资产处置利得					
19	减:营业外支出	0.06018	0.045	0.02082	0.01574	0.05202
20	利润总额	5.91	5.06	10.86	23.54	26.53
21	减:所得税	0.5302	-0.06474	0.2594	0.9635	0.5354
22	净利润	5.38	5.12	10.6	22.58	25.99

图 5-61 利润表

在 ChatGPT 中输入提示词：现在，向你提供数据资料，请帮助完成第四部分预算规划编写任务（要求：用表格描述各项指标，预测 2024 年度各项预算指标，将结果写入报告中。同时根据企业财务整体情况，分析实现目标的可能性及完成预算目标的措施建议。）如图 5-62 所示。

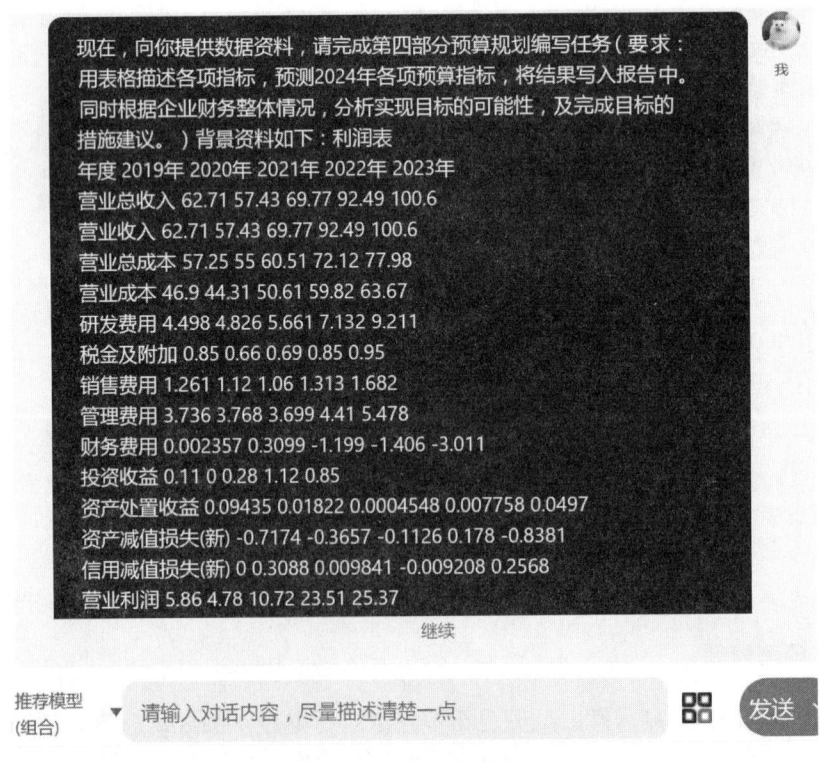

图 5-62 财务预测提示词

ChatGPT 反馈结果如图 5-63 所示。

图 5-63 ChatGPT 财务预测结果

根据您提供的数据资料，以下是对 2024 年预算规划的编写任务，包括预测的各项指标预算的表格描述，以及实现目标的可能性分析和建议措施。

四、预算规划

1. 2024 年预算预测表

表格：预测2024年各项预算指标

指标名称	2019年	2020年	2021年	2022年	2023年	2024年预测
营业总收入	62.71	57.43	69.77	92.49	100.6	110.00
营业收入	62.71	57.43	69.77	92.49	100.6	110.00
营业总成本	57.25	55	60.51	72.12	77.98	85.00
营业成本	46.9	44.31	50.61	59.82	63.67	68.00
研发费用	4.498	4.826	5.661	7.132	9.211	10.50
税金及附加	0.85	0.66	0.69	0.85	0.95	1.00
销售费用	1.261	1.12	1.06	1.313	1.682	1.80
管理费用	3.736	3.768	3.699	4.41	5.478	6.00
财务费用	0.0023	570.3099	-1.199	-1.406	-3.011	-2.00
投资收益	0.11	0	0.28	1.12	0.85	1.00
资产处置收益	0.09435	0.01822	0.00045480	0.007758	0.0497	0.05
资产减值损失	-0.7174	-0.3657	-0.1126	0.178	-0.8381	-1.00
信用减值损失	0	0.3088	0.009841	-0.009208	0.2568	0.30
营业利润	5.86	4.78	10.72	21	25.37	28.00
营业外收入	0.11	0.33	0.16	0.05	1.21	1.50
营业外支出	0.06018	0.045	0.02082	0.01574	0.05202	0.05
利润总额	5.91	5.06	10.86	23.54	26.53	27.50

2. 实现目标的可能性分析

根据历史数据和当前市场情况，预测 2024 年的财务指标显示出公司有实现预算目标的潜力。营业总收入和营业收入的增长预测基于对公司市场扩张和产品销售能力的分析。同时，对成本的控制预测考虑了公司提高生产效率和优化供应链的努力。研发费用的增加反映了公司对创新和技术进步的承诺，这可能会带来长期的市场优势。

然而，这些预测也面临一些挑战。市场竞争的加剧可能会影响销售增长和利润率。原材料成本的波动、劳动力市场的变化，以及宏观经济的不确定性都可能对预算产生影响。此外，税收政策和法规的变化也可能影响最终的净利润。

3. 完成预算目标的措施

为了实现预算目标，公司可以采取以下措施：

- **加强市场分析和预测**：通过深入的市场分析和消费者研究，更好地预测市场趋势和消费者需求，从而调整产品线和营销策略。
- **提升生产效率**：通过引入新的生产技术和流程，提高生产效率，降低单位成本。
- **优化库存管理**：通过改进库存管理，减少库存积压和过时库存，降低资金占用和仓储成本。
- **增强研发能力**：加大研发投入，推动产品创新，以满足市场对新产品和技术的需求。
- **加强风险管理**：建立有效的风险管理体系，监控和评估市场、财务和运营风险，并制定应对策略。
- **提高财务效率**：通过优化资本结构和财务管理，降低融资成本，提高资金使用效率。
- **增强客户关系**：通过提高客户满意度和忠诚度，增加市场份额和销售收入。

通过这些措施，公司可以提高其运营效率和盈利能力，从而更有可能实现其预算目标。

第6章 智能现金流量表分析系统

6.1 系统架构

6.1.1 现金流量表智能分析的功能

现金流量表分析是指对现金流量表中的有关数据进行比较、分析和研究，从而了解企业的现金流量状况，发现企业在现金流量方面存在的问题，预测企业未来的现金流量状况，为报表使用者科学决策提供依据。

无论是企业的经营者还是企业投资者、债权人、政府有关部门以及其他报表使用者，对现金流量表进行分析都具有十分重要的意义。通过现金流量表分析，可以了解企业本期及以前各期现金的流入、流出及结余情况，从而正确评价企业当前及未来的偿债能力和支付能力，发现企业在财务方面存在的问题，正确评价企业当期及以前各期取得的利润的质量，科学地预测企业未来的财务状况，从而为其科学决策提供充分的、有效的依据。

现金流量表智能分析的作用包括：

1. 现金流监控：智能分析可以帮助企业监控现金流入和流出的情况，识别现金流动态，及时发现现金流问题，有助于企业保持良好的现金流稳定性。

2. 预测现金流：现金流量表智能分析可以基于历史数据和趋势对未来现金流进行预测，帮助企业制定合理的现金流管理策略，预防资金不足和现金流压力。

3. 现金流优化：通过智能分析，企业可以深入分析现金流量表中的各项现金流，识别影响现金流的关键因素，制定有针对性的现金管理策略，优化现金流结构和提高现金流效率。

4. 决策支持：智能分析可以为企业管理层提供数据支持的决策建议，帮助他们根据各项现金流指标作出合理的经营决策，确保企业的现金流稳健和可持续发展。

总的来说，现金流量表智能分析对企业的资金管理和财务决策具有重要意义，有助于企业监控和管理现金流状况、预测未来现金流、优化现金流结构，并提供数据支持的决策建议，帮助企业实现良好的现金流管理和持续发展。

6.1.2 系统载体

智能现金流量表分析系统是以文件夹为载体，包括财务报告数据库和系统工作簿两个部分。如图6-1所示。

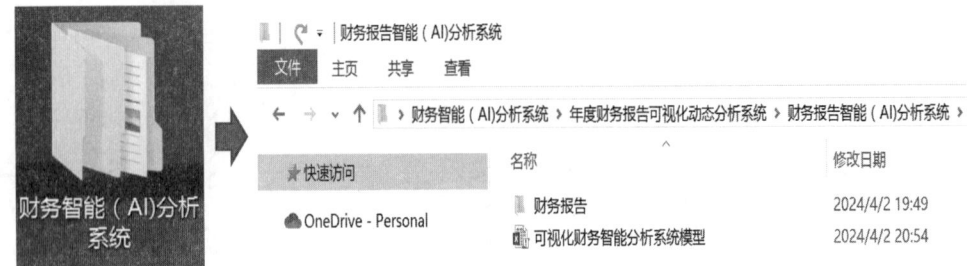

图6-1 智能现金流量表分析系统载体

财务报告数据库是智能分析系统的数据源。明确数据库文件存放路径是编写导入数据VBA代码的基础。

智能现金流量表分析系统构成就是在Excel工作簿中设置的用于建立分析系统的工作表，包括智能现金流量表分析模型、智能报告、现金流量表动态分析图、现金流量表表智库等。

6.1.3 财务报告数据库

在建立智能现金流量表分析系统之前，要获取若干年度（一般不低于3年）的资产负债表、利润表和现金流量表数据，其存放路径是：财务报告/i年度财务报告/资产负债表/利润表/现金流量表。

【例6-1】新华公司财务报告文件夹中存有2018年至2022年财务报告工作簿，其中每个工作簿中存有利润表、资产负债表、现金流量表三个工作表。代码路径：财务报告\") & i + 2017 & ("年度财务报告.xlsm")。如图6-2所示。

要请：根据VBA和ChatGPT技术方法，为新华公司创建一个智能现金流量表分析系统。

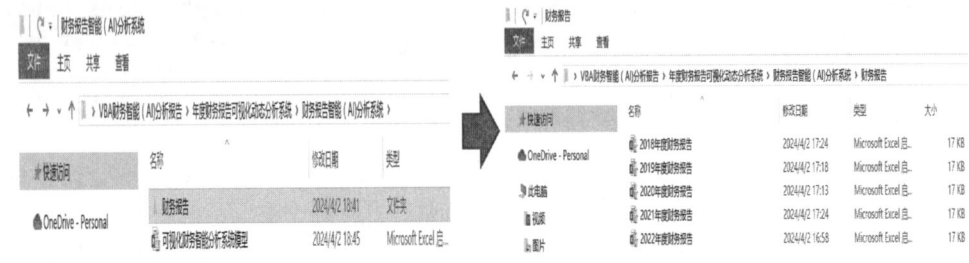

图6-2 财务报告数据库文件存放路径

2018年至2022年现金流量表如图6-3至图6-7所示。

（1）2018年至2022年资产负债表基础信息。因为第4章、第5章、第6章数据源相同，2018年至2022年资产负债表基础信息参见第4章案例。

（2）2018年至2022年利润表基础信息。因为第4章、第5章、第6章数据源相同，2018年至2022年利润表基础信息参见第5章案例。

	A	B
1	现金流量表	
2	项目	金额
3	经营活动产生的现金流量	
4	销售商品、提供劳务收到的现金	57.93
5	收到的税收返还	0.98
6	收到其他与经营活动有关的现金	2.95
7	经营活动现金流入小计	61.87
8	购买商品、接受劳务支付的现金	26.26
9	支付给职工以及为职工支付的现金	13.92
10	支付的各项税费	4.01
11	支付其他与经营活动有关的现金	2.86
12	经营活动现金流出小计	47.05
13	经营活动产生的现金流量净额	14.82
14	投资活动产生的现金流量	0.00
15	收回投资收到的现金	0.00
16	取得投资收益收到的现金	0.12
17	处置固定资产、无形资产和其他长期资产收回的现金净额	0.11
18	处置子公司及其他营业单位收到的现金	
19	收到的其他与投资活动有关的现金	57.16
20	投资活动现金流入小计	57.39
21	购建固定资产、无形资产和其他长期资产支付的现金	5.44
22	投资支付的现金	0.00
23	取得子公司及其他营业单位支付的现金净额	0.00
24	支付其他与投资活动有关的现金	57.70
25	投资活动现金流出小计	63.14
26	投资活动产生的现金流量净额	-5.75
27	筹资活动产生的现金流量	0.00
28	吸收投资收到的现金	0.85
29	其中:子公司吸收少数股东投资到的现金	0.85
30	取得借款收到的现金	0.00
31	收到的其他与筹资活动有关的现金	0.00
32	筹资活动现金流入小计	0.85
33	偿还债务所支付的现金	2.53
34	分配股利、利润或偿付利息支付的现金	1.28
35	其中:子公司支付给少数股东的股利、利润	
36	支付的其他与筹资活动有关的现金	3.31
37	筹资活动现金流出小计	7.12
38	筹资活动产生的现金流量净额	-6.27
39	汇率变动对现金及现金等价物的影响	0.36
40	现金及现金等价物净增加额	3.17
41	加:期初现金及现金等价物余额	12.00
42	期末现金及现金等价物余额	15.17
43	补充资料	0.00
44	净利润	5.38
45	资产减值准备	0.72
46	固定资产和投资性房地产折旧	9.15
47	其中:固定资产折旧、油气资产折耗、生产性生物资产折旧	9.15
48	无形资产摊销	0.25
49	长期待摊费用摊销	0.13
50	处置固定资产、无形资产和其他长期资产的损失	-0.09
51	固定资产报废损失	0.01
52	公允价值变动损失	0.00
53	财务费用	0.26
54	投资损失	-0.11
55	递延所得税	0.09
56	其中:递延所得税资产减少	0.02
57	递延所得税负债增加	0.06
58	存货的减少	-2.75
59	经营性应收项目的减少	-1.72
60	经营性应付项目的增加	3.52
61	经营活动产生的现金流量净额	
62	现金的期末余额	15.17
63	减:现金的期初余额	12.00
64	现金及现金等价物的净增加额	3.17

图 6-3 2018 年现金流量表

	A	B
1	现金流量表	
2	项目	金额
3	经营活动产生的现金流量	
4	销售商品、提供劳务收到的现金	47.76
5	收到的税收返还	0.51
6	收到其他与经营活动有关的现金	2.45
7	经营活动现金流入小计	50.71
8	购买商品、接受劳务支付的现金	23.06
9	支付给职工以及为职工支付的现金	14.78
10	支付的各项税费	3.06
11	支付其他与经营活动有关的现金	4.05
12	经营活动现金流出小计	44.95
13	经营活动产生的现金流量净额	5.76
14	投资活动产生的现金流量	0.00
15	收回投资收到的现金	0.00
16	取得投资收益收到的现金	0.00
17	处置固定资产、无形资产和其他长期资产收回的现金净额	0.02
18	处置子公司及其他营业单位收到的现金	
19	收到的其他与投资活动有关的现金	36.04
20	投资活动现金流入小计	36.06
21	购建固定资产、无形资产和其他长期资产支付的现金	6.12
22	投资支付的现金	0.82
23	取得子公司及其他营业单位支付的现金净额	0.00
24	支付其他与投资活动有关的现金	29.52
25	投资活动现金流出小计	36.47
26	投资活动产生的现金流量净额	-0.41
27	筹资活动产生的现金流量	
28	吸收投资收到的现金	0.00
29	其中:子公司吸收少数股东投资到的现金	0.00
30	取得借款收到的现金	14.80
31	收到的其他与筹资活动有关的现金	0.00
32	筹资活动现金流入小计	14.80
33	偿还债务所支付的现金	0.00
34	分配股利、利润或偿付利息支付的现金	1.55
35	其中:子公司支付给少数股东的股利、利润	
36	支付的其他与筹资活动有关的现金	15.05
37	筹资活动现金流出小计	16.60
38	筹资活动产生的现金流量净额	-1.80
39	汇率变动对现金及现金等价物的影响	0.19
40	现金及现金等价物净增加额	3.75
41	加:期初现金及现金等价物余额	15.17
42	期末现金及现金等价物余额	18.91
43	补充资料	0.00
44	净利润	5.12
45	资产减值准备	0.37
46	固定资产和投资性房地产折旧	6.62
47	其中:固定资产折旧、油气资产折耗、生产性生物资产折旧	6.62
48	无形资产摊销	0.30
49	长期待摊费用摊销	0.17
50	处置固定资产、无形资产和其他长期资产的损失	-0.02
51	固定资产报废损失	0.00
52	公允价值变动损失	0.00
53	财务费用	0.69
54	投资损失	0.00
55	递延所得税	-0.03
56	其中:递延所得税资产减少	0.02
57	递延所得税负债增加	-0.05
58	存货的减少	1.62
59	经营性应收项目的减少	-6.09
60	经营性应付项目的增加	-2.68
61	经营活动产生的现金流量净额	
62	现金的期末余额	18.91
63	减:现金的期初余额	15.17
64	现金及现金等价物的净增加额	3.75

图 6-4 2019 年现金流量表

	A	B
1	现金流量表	
2	项目	金额
3	经营活动产生的现金流量	
4	销售商品、提供劳务收到的现金	61.02
5	收到的税收返还	0.74
6	收到其他与经营活动有关的现金	3.24
7	经营活动现金流入小计	64.99
8	购买商品、接受劳务支付的现金	24.90
9	支付给职工以及为职工支付的现金	14.94
10	支付的各项税费	3.67
11	支付其他与经营活动有关的现金	3.07
12	经营活动现金流出小计	46.67
13	经营活动产生的现金流量净额	18.32
14	投资活动产生的现金流量	0.00
15	收回投资收到的现金	0.00
16	取得投资收益收到的现金	0.10
17	处置固定资产、无形资产和其他长期资产收回的现金净额	0.02
18	处置子公司及其他营业单位收到的现金	
19	收到的其他与投资活动有关的现金	13.92
20	投资活动现金流入小计	14.03
21	购建固定资产、无形资产和其他长期资产支付的现金	5.73
22	投资支付的现金	1.47
23	取得子公司及其他营业单位支付的现金净额	2.15
24	支付其他与投资活动有关的现金	17.36
25	投资活动现金流出小计	26.70
26	投资活动产生的现金流量净额	-12.67
27	筹资活动产生的现金流量	0.00
28	吸收投资收到的现金	42.54
29	其中:子公司吸收少数股东投资收到的现金	0.00
30	取得借款收到的现金	0.34
31	收到的其他与筹资活动有关的现金	2.69
32	筹资活动现金流入小计	45.57
33	偿还债务所支付的现金	0.00
34	分配股利、利润或偿付利息支付的现金	0.79
35	其中:子公司支付给少数股东的股利、利润	
36	支付的其他与筹资活动有关的现金	0.25
37	筹资活动现金流出小计	1.04
38	筹资活动产生的现金流量净额	44.53
39	汇率变动对现金及现金等价物的影响	-0.66
40	现金及现金等价物净增加额	49.52
41	加:期初现金及现金等价物余额	18.91
42	期末现金及现金等价物余额	68.44
43	补充资料	0.00
44	净利润	10.60
45	资产减值准备	0.11
46	固定资产和投资性房地产折旧	6.78
47	其中:固定资产折旧、油气资产折耗、生产性生物资产折旧	6.78
48	无形资产摊销	0.36
49	长期待摊费用摊销	0.19
50	处置固定资产、无形资产和其他长期资产的损失	0.00
51	固定资产报废损失	0.00
52	公允价值变动损失	-0.01
53	财务费用	-0.32
54	投资损失	-0.28
55	递延所得税	-0.04
56	其中:递延所得税资产减少	
57	递延所得税负债增加	0.00
58	存货的减少	-0.74
59	经营性应收项目的减少	-4.32
60	经营性应付项目的增加	6.00
61	经营活动产生的现金流量净额	
62	现金的期末余额	68.44
63	减:现金的期初余额	18.91
64	现金及现金等价物的净增加额	49.52

图 6-5　2020年现金流量表

	A	B
1	现金流量表	
2	项目	金额
3	经营活动产生的现金流量	
4	销售商品、提供劳务收到的现金	90.27
5	收到的税收返还	0.53
6	收到其他与经营活动有关的现金	4.45
7	经营活动现金流入小计	95.25
8	购买商品、接受劳务支付的现金	32.84
9	支付给职工以及为职工支付的现金	19.68
10	支付的各项税费	5.44
11	支付其他与经营活动有关的现金	2.74
12	经营活动现金流出小计	60.70
13	经营活动产生的现金流量净额	34.54
14	投资活动产生的现金流量	0.00
15	收回投资收到的现金	0.00
16	取得投资收益收到的现金	0.22
17	处置固定资产、无形资产和其他长期资产收回的现金净额	0.04
18	处置子公司及其他营业单位收到的现金	
19	收到的其他与投资活动有关的现金	25.23
20	投资活动现金流入小计	25.50
21	购建固定资产、无形资产和其他长期资产支付的现金	12.66
22	投资支付的现金	12.82
23	取得子公司及其他营业单位支付的现金净额	0.00
24	支付其他与投资活动有关的现金	19.04
25	投资活动现金流出小计	44.52
26	投资活动产生的现金流量净额	-19.02
27	筹资活动产生的现金流量	0.00
28	吸收投资收到的现金	49.90
29	其中:子公司吸收少数股东投资收到的现金	0.00
30	取得借款收到的现金	1.42
31	收到的其他与筹资活动有关的现金	3.50
32	筹资活动现金流入小计	54.82
33	偿还债务所支付的现金	6.58
34	分配股利、利润或偿付利息支付的现金	1.22
35	其中:子公司支付给少数股东的股利、利润	
36	支付的其他与筹资活动有关的现金	18.13
37	筹资活动现金流出小计	25.94
38	筹资活动产生的现金流量净额	28.89
39	汇率变动对现金及现金等价物的影响	-0.40
40	现金及现金等价物净增加额	44.00
41	加:期初现金及现金等价物余额	68.44
42	期末现金及现金等价物余额	112.40
43	补充资料	0.00
44	净利润	22.58
45	资产减值准备	-0.18
46	固定资产和投资性房地产折旧	7.28
47	其中:固定资产折旧、油气资产折耗、生产性生物资产折旧	7.28
48	无形资产摊销	0.33
49	长期待摊费用摊销	0.30
50	处置固定资产、无形资产和其他长期资产的损失	-0.01
51	固定资产报废损失	0.00
52	公允价值变动损失	0.00
53	财务费用	0.59
54	投资损失	-1.12
55	递延所得税	0.15
56	其中:递延所得税资产减少	-0.07
57	递延所得税负债增加	0.22
58	存货的减少	-2.54
59	经营性应收项目的减少	0.84
60	经营性应付项目的增加	6.14
61	经营活动产生的现金流量净额	
62	现金的期末余额	112.40
63	减:现金的期初余额	68.44
64	现金及现金等价物的净增加额	44.00

图 6-6　2021年现金流量表

图 6-7　2022 年现金流量表

6.2　智能现金流量表分析模型

6.2.1　建立现金流量基础表

智能现金流量表分析模型是存放在利润基础工作表中的两个表格，左侧是利润基础表，右侧是辅助分析表。分析模型是编写 VBA 代码，建立智能分析系统的基础。如图 6-8 所示。

6.2.1.1　建立现金流量基础表

现金流量基础表是根据数据源表格项目和分析需要设计的。设立现金流量基础表的主要目的是集成基础数据，通过编写 VBA 代码，从财务报告数据库中导入基础数据。从图 6-8 可以看到：A3：A71 区域现金流量表中的全部项目；A72：A99 是根据分析需要设计的现金流量表分析指标；B2：L2 是分析年度（2018 年至 2028 年），生产周期不足 5 年的，时间跨度可按实际年度设置，时间周期超过 5 年的，时间跨度一般在 5~10 年，具体时间跨度可以根据分析需要设置。

图 6-8 现金流量表基础

6.2.1.2 导入数据

导入数据是指将数据库中的现金流量表数据导入现金流量基础表的过程。主要方法是运行 Excel VBA 代码来完成数据导入工作。

步骤一：编写导入基础数据代码。将财务报告数据库中的各年度现金流量表中的数据导入现金流量基础表 A3：L71Q 区域。参考代码如下所示。

👆 成功之钥匙

代码含义：

```
Option Explicit
Sub 将现金流量表数据导入基础数据表()
    Dim i,j,k,wb As Workbook,ws As Worksheet,wa As Worksheet,wc As Worksheet,wr As Worksheet
    '手动计算
    Application.Calculation = xlManual
        '处理工作簿时,让窗口不闪烁
        Application.ScreenUpdating = False
    '循环汇总表列 1 到 5,构造待汇总的工作簿名称
    For i = 1 To 5
        '根据变量 i 构造出工作簿路径与文件名,并打开工作簿且让 wb 指向它,工作簿中的工作表名为
        '2018 年财务报告时,i 第一次循环年度为 1 +2017,第 2 次循环年度为 2 +2017…第 i 次循环年度为 i +2017
        Set wb = Workbooks.Open(ThisWorkbook.Path &"\财务报告\"& i +2017 &"年度财务报告.xlsm")
            '让变量 wa 代表本工作簿中的"利润基础表"工作表
            Set wa = ThisWorkbook.Worksheets("利润基础表")
            '让变量 wc 代表本工作簿中的"资产负债基础表"工作表
            Set wc = ThisWorkbook.Worksheets("资产负债基础表")
            '让变量 wc 代表本工作簿中的"现金流量基础表"工作表
            Set wr = ThisWorkbook.Worksheets("现金流量基础表")
            '让变量 ws 代表打开工作簿中的"现金流量表"工作表
            Set ws = wb.Worksheets("现金流量表")
        '循环汇总表行变量 k
        For k = 4 To 71
            '循环待汇总工作表行变量 j
            For j = 4 To 64
            '如果待汇总工作表 j 行 1 列某一项目与汇总表 k 行某一项目相互一致,那么就运行下面代码。
                If Trim(ws.Cells(j,1)) = Trim(wr.Cells(k,1)) Then
        '循环结束后 j 就是待汇总数字所在行,将该行数字写入目标工作簿的"汇总"表
        '次处利用了"汇总"表的格式特征,即第 i 年的数字处于汇总表格中第 i+1 列
                    wr.Cells(k,i +1) = ws.Cells(j,2)
                    '既然发现了对应项目就没有必要再扫描后面的各行,此时退出程序可以大大节省时间
                    Exit For
                End If
            Next j
        Next k
        '关闭该工作簿,继续循环,汇总下一个年度工作表
        wb.Close
    '恢复闪烁
    Application.ScreenUpdating = True
        '自动计算
    Application.Calculation = xlAutomatic
    Next i
End Sub
```

步骤二：编写运算现金流量基础表分析指标代码。在现金流量基础表 A72：L99 区域，运算各项分析指标。参考代码如下所示。

👆 成功之钥匙

代码含义：

```
Sub 运算现金流量基础表分析指标()
    Dim i,j,k,wb As Workbook,ws As Worksheet,wa As Worksheet,wc As Worksheet,wr As Worksheet
    '让变量 wa 代表本工作簿中的"利润基础表"工作表
    Set wa = ThisWorkbook.Worksheets("利润基础表")
```

```vba
        '让变量 wc 代表本工作簿中的"资产负债基础表"工作表
        Set wc = ThisWorkbook.Worksheets("资产负债基础表")
        '让变量 wr 代表本工作簿中的"现金流量基础表"工作表
        Set wr = ThisWorkbook.Worksheets("现金流量基础表")
            For i = 1 To 5
    '现金流入总额
wr.Cells(72,i+1) = Format((wr.Cells(7,i+1) + wr.Cells(20,i+1) + wr.Cells(33,i+1)),"0.00")
    '现金流出总额
wr.Cells(73,i+1) = Format((wr.Cells(12,i+1) + wr.Cells(25,i+1) + wr.Cells(39,i+1)),"0.00")
        '经营活动产生现金流入/现金流入总额
        wr.Cells(74,i+1) = Format((wr.Cells(7,i+1) / wr.Cells(72,i+1)),"0.00")
        '投资活动产生现金流入/现金流入总额
        wr.Cells(75,i+1) = Format((wr.Cells(20,i+1) / wr.Cells(72,i+1)),"0.00")
        '筹资活动产生现金流入/现金流入总额
    wr.Cells(76,i+1) = Format((wr.Cells(33,i+1) / wr.Cells(72,i+1)),"0.00")
        '经营活动产生现金流出/现金流出总额
    wr.Cells(77,i+1) = Format((wr.Cells(12,i+1) / wr.Cells(73,i+1)),"0.00")
        '投资活动产生现金流出/现金流出总额
    wr.Cells(78,i+1) = Format((wr.Cells(43,i+1) / wr.Cells(73,i+1)),"0.00")
        '筹资活动产生现金流出/现金流出总额
    wr.Cells(79,i+1) = Format((wr.Cells(39,i+1) / wr.Cells(73,i+1)),"0.00")
        '经营活动现金流入流出比
    wr.Cells(80,i+1) = Format((wr.Cells(7,i+1) / wr.Cells(12,i+1)),"0.00")
        '投资活动现金流入流出比
    wr.Cells(81,i+1) = Format((wr.Cells(20,i+1) / wr.Cells(25,i+1)),"0.00")
        '筹资活动现金流入流出比
    wr.Cells(82,i+1) = Format((wr.Cells(32,i+1) / wr.Cells(39,i+1)),"0.00")
        '现金到期债务比
wr.Cells(84,i+1) = Format((wr.Cells(13,i+1) / (wc.Cells(41,i+1) + wc.Cells(51,i+1))),"0.00")
        '现金流动负债比
    wr.Cells(85,i+1) = Format((wr.Cells(13,i+1) / wc.Cells(53,i+1)),"0.00")
        '现金流量与负债比
    wr.Cells(86,i+1) = Format((wr.Cells(13,i+1) / wc.Cells(62,i+1)),"0.00")
        '现金流量与负债比
    wr.Cells(87,i+1) = Format((wc.Cells(53,i+1) / wr.Cells(13,i+1)),"0.00")
        '现金流量与负债比
    wr.Cells(88,i+1) = Format((wc.Cells(62,i+1) / wr.Cells(13,i+1)),"0.00")
        '销售现金比率
    wr.Cells(90,i+1) = Format((wr.Cells(13,i+1) / wa.Cells(4,i+1)),"0.00")
        '每股现金净流量
    wr.Cells(91,i+1) = Format((wr.Cells(13,i+1) / wa.Cells(52,i+1)),"0.00")
        '总资产现金回收率
        wr.Cells(92,2) = Format((wr.Cells(13,2) / wa.Cells(34,2)),"0.00")
wr.Cells(92,i+1) = Format((wr.Cells(13,i+1) / ((wa.Cells(34,i+1) + wa.Cells(34,i+2)) / 2)),"0.00")
        '现金再投资率
        wr.Cells(94,i+1) = Format((wr.Cells(13,i+1) / (wa.Cells(26,i+1) + wa.Cells(27,i+2) + _
wa.Cells(19,i+2) - wa.Cells(53,i+2))),"0.00")
        '折旧影响率
        wr.Cells(95,i+1) = Format((wr.Cells(49,i+1) / wr.Cells(13,i+1)),"0.00%")
        '现金净流量
wr.Cells(97,i+1) = Format((wr.Cells(13,i+1) + wr.Cells(26,i+1) + wr.Cells(40,i+1)),"0.00")
        '经营现金净流量
    wr.Cells(98,i+1) = Format((wr.Cells(46,i+1) + wr.Cells(48,i+1) + wr.Cells(51,i+1) + _
    wr.Cells(52,i+1) + (wr.Cells(53,i+1) + wr.Cells(54,i+1) + wr.Cells(55,i+1) + _
    wr.Cells(56,i+1)) * (1 - 0.25) + wr.Cells(57,i+1) + wr.Cells(58,i+1) + wr.Cells(59,i+1) + _
    wr.Cells(60,i+1) + wr.Cells(61,i+1) + wr.Cells(62,i+1) + wr.Cells(63,i+1)),"0.00")
        '经营现金毛流量
        wr.Cells(99,i+1) = Format((wr.Cells(46,i+1) + wr.Cells(48,i+1) + wr.Cells(51,i+1) + _
        wr.Cells(52,i+1) + (wr.Cells(53,i+1) + wr.Cells(54,i+1) + wr.Cells(55,i+1) + _
        wr.Cells(56,i+1)) * (1 - 0.25)),"0.00")
        '营业指数
        wr.Cells(96,i+1) = Format((wr.Cells(98,i+1) / wr.Cells(99,i+1)),"0.00%")
            Next i
End Sub
```

步骤三：运行代码，完成数据导入工作。如图 6-9 所示。

第6章 智能现金流量表分析系统

	A	B	C	D	E	F	G	H	I	J	K	L
1					现金流量表							
2		2018年	2019年	2020年	2021年	2022年	2023年	2024年	2025年	2026年	2027年	2028年
3	经营活动产生的现金流量											
4	销售商品、提供劳务收到的现金	57.93	47.76	61.02	90.27	94.6						
5	收到的税费返回											
6	收到其他与经营活动有关的现金	2.954	2.448	3.235	4.446	4.735						
7	经营活动现金流入小计	61.87	50.71	64.99	95.25	100.2						
8	购买商品、接受劳务支付的现金	26.26	23.06	24.99	32.84	39.3						
9	支付给职工以及为职工支付的现金	13.92	14.78	14.94	19.68	22						
10	支付的各项税费	4.01	3.057	3.674	5.437	5.608						
11	支付其他与经营活动有关的现金	2.857	4.054	3.072	2.741	2.685						
12	经营活动现金流出小计	47.05	44.95	46.67	60.7	69.59						
13	经营活动产生的现金流量净额	14.82	5.763	18.32	34.54	30.58						
14	投资活动产生的现金流量	0	0	0	0	0						
15	收回投资收到的现金	0	0	0	0	0.4211						
16	取得投资收益收到的现金	0.1154	0.002535	0.09652	0.2243	0.3142						
17	处置固定资产、无形资产和其他长期资产收回的现金净额	0.112	0.01596	0.02049	0.0422	0.6508						
18	处置子公司及其他营业单位收到的现金											
19	收到的其他与投资活动有关的现金	57.16	36.04	13.92	25.23	39.04						
20	投资活动现金流入小计	57.39	36.06	14.03	25.5	40.43						
21	购建固定资产、无形资产和其他长期资产支付的现金	5.444	6.123	5.726	12.66	21.35						
22	投资支付的现金	0	0.82	1.466	12.82	2.81						
23	取得子公司及其他营业单位支付的现金净额	0	0	2.148	0	0.787						
24	支付其他与投资活动有关的现金	57.7	29.52	17.36	19.04	36.04						
25	投资活动现金流出小计	63.14	36.47	26.7	44.52	60.98						
26	投资活动产生的现金流量净额	-5.752	-0.4071	-12.67	-19.02	-20.56						
27	筹资活动产生的现金流量	0	0	0	0	0						
28	吸收投资收到的现金	0.8536	0	42.54	49.9	6.402						
29	其中:子公司吸收少数股东投资收到的现金	0.8536	0	0	0	6.402						
30	取得借款收到的现金	0	14.8	0.3363	1.424	8.48						
31	发行债券收到的现金											
32	收到的其他与筹资活动有关的现金	0	0	2.694	3.5	0.5979						
33	筹资活动现金流入小计	0.8536	14.8	45.57	54.82	15.48						
34	偿还债务所支付的现金	2.527	0	0	6.582	9.624						
35	分配股利、利润或偿付利息支付的现金	1.28	1.551	0.7887	1.223	2.535						
36	其中:子公司支付给少数股东的股利、利润											
37	支付的其他与筹资活动有关的现金	3.313	15.05	0.2491	18.13	0.4254						
38	筹资活动现金流出的其他项目											
39	筹资活动现金流出小计	7.12	16.6	1.038	25.94	12.58						
40	筹资活动产生的现金流量净额	-6.267	-1.796	44.53	28.89	2.896						
41	汇率变动对现金及现金等价物的影响	0.3645	0.1859	-0.6579	-0.4045	1.632						
42	现金及现金等价物净增加额	3.171	3.745	49.52	44	14.56						
43	加:期初现金及现金等价物余额	12	15.17	18.91	68.44	112.4						
44	期末现金及现金等价物余额	15.17	18.91	68.44	112.4	127						
45	补充资料	0	0	0	0	0						
46	净利润	5.376	5.124	10.6	22.58	25.99						
47	少数股东损益											
48	资产减值准备	0.7174	0.3657	0.1126	-0.178	0.8381						
49	固定资产和投资性房地产折旧	9.153	6.624	6.777	7.28	8.345						
50	其中:固定资产折旧、油气资产折耗、生产性生物资产折旧	9.153	6.624	6.777	7.28	8.345						

51	无形资产摊销	0.2513	0.3027	0.3613	0.3338	0.373
52	长期待摊费用摊销	0.1274	0.1653	0.1946	0.2978	0.2173
53	处置固定资产、无形资产和其他长期资产的损失	-0.09435	-0.01822	-0.00045	-0.00776	-0.0497
54	公允价值变动损失	0	-0.00035	-0.01191	-0.00094	-1.255
55	财务费用	0.2579	0.6876	-0.3212	0.5938	-0.3412
56	投资损失	-0.1059	0.000343	-0.2777	-1.117	-0.847
57	递延所得税	0.08736	-0.03251	-0.03842	0.1517	-0.3894
58	其中:递延所得税资产减少	0.02409	0.01715	-0.04208	-0.06721	-0.88
59	递延所得税负债增加	0.06328	-0.04966	0.003658	0.2189	0.4906
60	存货的减少	-2.748	1.617	-0.7422	-2.538	-3.498
61	经营性应收项目的减少	-1.721	-6.089	-4.318	0.8374	-5.957
62	经营性应付项目的增加	3.518	-2.675	5.998	6.142	6.213
63	经营活动产生的现金流量净额其他项目					
64	经营活动产生的现金流量净额	14.82	5.763	18.32	34.54	30.58
65	现金的期末余额	15.17	18.91	68.44	112.4	127
66	减:现金的期初余额	12	15.17	18.91	68.44	112.4
67	现金及现金等价物的净增加额	3.171	3.745	49.52	44	14.56
68	2、不涉及现金收支的重大投资和筹资活动					
69	债务转为资本					
70	一年内到期的可转换公司债券					
71	融资租入固定资产					
72	现金流入总额	120.11	101.57	124.59	175.57	156.11
73	现金流出总额	117.31	98.02	74.41	131.16	143.15
74	经营活动产生现金流入/现金流入总额	52.00%	50.00%	52.00%	54.00%	64.00%
75	投资活动产生现金收入/现金流入总额	48.00%	36.00%	11.00%	15.00%	26.00%
76	筹资活动产生现金收入/现金流入总额	1.00%	15.00%	37.00%	31.00%	10.00%
77	经营活动产生现金流出/现金流出总额	40.00%	46.00%	63.00%	46.00%	49.00%
78	投资活动产生现金流出/现金流出总额	10.00%	15.00%	25.00%	52.00%	79.00%
79	筹资活动产生现金流出/现金流出总额	6.00%	17.00%	1.00%	20.00%	9.00%
80	经营活动现金流入流出比	1.31	1.13	1.39	1.57	1.44
81	投资活动现金流入流出比	0.91	0.99	0.53	0.57	0.66
82	筹资活动现金流入流出比	0.00	0.00	2.60	0.13	0.05
83	现金偿债能力评价					
84	现金到期债务比	0.58	5.77	10.58	3.12	7.69
85	现金流动负债比率	0.32	0.29	0.60	0.80	0.68
86	现金流量与负债比	0.30	0.16	0.39	0.74	0.53
87	流动负债偿还年限	3.14	3.43	1.66	1.25	1.46
88	全部负债偿还年限	3.35	6.43	2.58	1.36	1.89
89	获取现金能力评价					
90	销售现金比率	24.00%	10.00%	26.00%	37.00%	30.00%
91	每股经营现金净流量	1.69	0.66	1.51	2.62	2.32
92	总资产现金回收率	345.00%	84.00%	113.00%	141.00%	234.00%
93	财务弹性评价					
94	现金再投资率	-113.00%	-30.00%	-58.00%	-95.00%	58785.00%
95	折旧影响率	61.76%	114.94%	36.99%	21.08%	27.29%
96	营运指数	0.88	-0.12	1.08	1.21	0.84
97	现金流量·净额	2.8	3.56	50.18	44.41	12.92
98	经营现金净流量	5.74	-0.75	11.67	27.38	21.53
99	经营现金毛流量	6.52	6.46	10.81	22.63	25.55

现金流量基础表 | 现金流量表分析报告 | 现金流量表可视化动态分…

图 6-9 导入数据截图

步骤四：编写将导入数据清零代码。参考代码如下所示。

成功之钥匙

```
Sub 现金流量基础表清零()
  Dim i As Integer
  Dim j As Integer
If MsgBox("是否确定清零,一旦清零数据不可恢复",vbYesNo+vbDefaultButton2+vbQuestion,"询问")=vbYes Then
  Sheets("现金流量基础表").Select
      '循环利润基础表行
      For i=4 To 99
          '循环现金流量基础表列
          For j=2 To 12
              '清零范围
              Cells(i,j).Value=""
          Next j
      Next i
      '循环利润基础表行
      For i=4 To 99
          '循环现金流量基础表列
          For j=14 To 18
              '清零范围
              Cells(i,j).Value=""
          Next j
      Next i
  End If
End Sub
```

6.2.2 建立辅助分析表

6.2.2.1 设计辅助分析表

为了建立智能现金流量表分析系统，还应设计一个辅助分析表。如图6-8所示。右侧M1∶R99所示，在辅助风险表格中，设置了基础数据、平均值、同比增减、平均增减、占比五个分析项目。

设置下拉菜单。在N2单元格设置下拉菜单按钮，点击N2单元格—数据—数据工具—数据验证—序列—来源（B2∶L2）—确定。如图6-10所示。

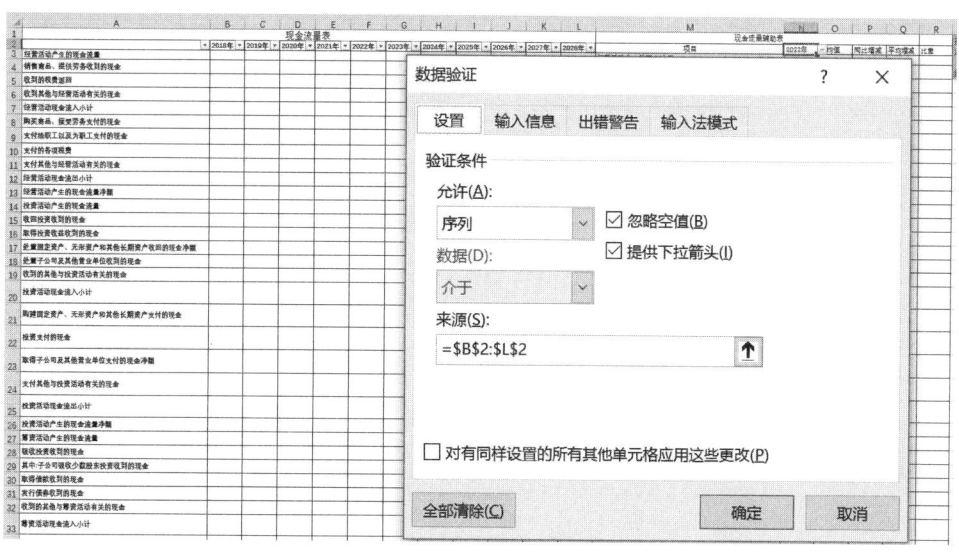

图6-10 建立下拉菜单截图

6.2.2.2 编写运算代码

步骤一：编写在 N3：N99 单元格导入报告期数据代码。参考代码如下所示。

👆 **成功之钥匙**

代码含义：

```vba
Sub 导入报告期数据()
'w 现金流量基础表
    Dim w As Worksheet
    'i 代表工作行;j 代表工作表列
    Dim i,j
    Set w = Worksheets("现金流量基础表")
        '循环工作表行
        For i = 3 To 99
            '循环工作表列
            For j = 2 To 12
                '在现金流量表格中循环查找与现金流量分析辅助表所在行列对应的项目
If Trim(w.Cells(i,1)) = Trim(w.Cells(i,13)) And Trim(w.Cells(2,j)) = Trim(w.Cells(2,14)) Then
                '一旦找到就将其数字存入利润分析辅助工作表
                    w.Cells(i,14) = w.Cells(i,j)
                End If
            Next j
        Next i
End Sub
```

步骤二：编写在 O3：O99 单元格导入平均代码。参考代码如下所示。

👆 **成功之钥匙**

代码含义：

```vba
Sub 计算平均数()
    Dim ws As Worksheet
    Dim i As Long
    Dim sum As Double
    Dim average As Double
    Set ws = ThisWorkbook.Worksheets("现金流量基础表") '请将"Sheet1"替换为实际工作表名称
    '循环工作表行
    For i = 3 To 99
If Trim(ws.Cells(i,1)) = Trim(ws.Cells(i,13)) And Trim(ws.Cells(2,2)) = Trim(ws.Cells(2,14)) Then
            sum = Application.WorksheetFunction.sum(ws.Range("B"& i))
            average = sum/1 '因为有 1 列数据,所以除以 1
            ws.Cells(i,15).Value = average '将平均数写入 15 列对应行
ElseIf Trim(ws.Cells(i,1)) = Trim(ws.Cells(i,13)) And Trim(ws.Cells(2,3)) = Trim(ws.Cells(2,14)) Then
            sum = Application.WorksheetFunction.sum(ws.Range("B"& i &":C"& i))
            average = sum/2 '因为有 2 列数据,所以除以 2
            ws.Cells(i,15).Value = average '将平均数写入 15 列对应行
ElseIf Trim(ws.Cells(i,1)) = Trim(ws.Cells(i,13)) And Trim(ws.Cells(2,4)) = Trim(ws.Cells(2,14)) Then
            sum = Application.WorksheetFunction.sum(ws.Range("B"& i &":D"& i))
            average = sum/3 '因为有 3 列数据,所以除以 3
            ws.Cells(i,15).Value = average '将平均数写入 15 列对应行
ElseIf Trim(ws.Cells(i,1)) = Trim(ws.Cells(i,13)) And Trim(ws.Cells(2,5)) = Trim(ws.Cells(2,14)) Then
            sum = Application.WorksheetFunction.sum(ws.Range("B"& i &":E"& i))
            average = sum/4 '因为有 4 列数据,所以除以 4
            ws.Cells(i,15).Value = average '将平均数写入 15 列对应行
ElseIf Trim(ws.Cells(i,1)) = Trim(ws.Cells(i,13)) And Trim(ws.Cells(2,6)) = Trim(ws.Cells(2,14)) Then
            sum = Application.WorksheetFunction.sum(ws.Range("B"& i &":F"& i))
            average = sum/5 '因为有 5 列数据,所以除以 5
            ws.Cells(i,15).Value = average '将平均数写入 15 列对应行
ElseIf Trim(ws.Cells(i,1)) = Trim(ws.Cells(i,13)) And Trim(ws.Cells(2,7)) = Trim(ws.Cells(2,14)) Then
            sum = Application.WorksheetFunction.sum(ws.Range("B"& i &":G"& i))
            average = sum/6 '因为有 6 列数据,所以除以 6
            ws.Cells(i,15).Value = average '将平均数写入 15 列对应行
        End If
    Next i
```

End Sub

步骤三：编写在 P3：P99 单元格导入同比增长率代码。参考代码如下所示。

成功之钥匙

代码含义：

```vba
Sub 计算同比增长率()
    Dim ws As Worksheet
    Dim growthRate As Double
    Dim i As Long
    Set ws = ThisWorkbook.Worksheets("现金流量基础表")  '请将"Sheet1"替换为实际工作表名称
    '循环工作表行
    For i = 3 To 99
If Trim(ws.Cells(i,1)) = Trim(ws.Cells(i,13)) And Trim(ws.Cells(2,2)) = Trim(ws.Cells(2,14)) Then
    ws.Range("P" & i).Value = 0
ElseIf Trim(ws.Cells(i,1)) = Trim(ws.Cells(i,13)) And Trim(ws.Cells(2,3)) = Trim(ws.Cells(2,14)) Then
    If ws.Range("B" & i).Value <> 0 Then
        growthRate = (ws.Range("C" & i).Value - ws.Range("B" & i).Value) / ws.Range("B" & i).Value
        ws.Range("P" & i).Value = growthRate * 100 & "%"  '将同比增长率写入 D2 单元格,并添加百分号
    Else
        ws.Range("P" & i).Value = ""
    End If
ElseIf Trim(ws.Cells(i,1)) = Trim(ws.Cells(i,13)) And Trim(ws.Cells(2,4)) = Trim(ws.Cells(2,14)) Then
    If ws.Range("C" & i).Value <> 0 Then
        growthRate = (ws.Range("D" & i).Value - ws.Range("C" & i).Value) / ws.Range("C" & i).Value
        ws.Range("P" & i).Value = growthRate * 100 & "%"  '将同比增长率写入 D2 单元格,并添加百分号
    Else
        ws.Range("P" & i).Value = ""
    End If
ElseIf Trim(ws.Cells(i,1)) = Trim(ws.Cells(i,13)) And Trim(ws.Cells(2,5)) = Trim(ws.Cells(2,14)) Then
    If ws.Range("D" & i).Value <> 0 Then
        growthRate = (ws.Range("E" & i).Value - ws.Range("D" & i).Value) / ws.Range("D" & i).Value
        ws.Range("P" & i).Value = growthRate * 100 & "%"  '将同比增长率写入 D2 单元格,并添加百分号
    Else
        ws.Range("P" & i).Value = ""
    End If
ElseIf Trim(ws.Cells(i,1)) = Trim(ws.Cells(i,13)) And Trim(ws.Cells(2,6)) = Trim(ws.Cells(2,14)) Then
    If ws.Range("E" & i).Value <> 0 Then
        growthRate = (ws.Range("F" & i).Value - ws.Range("E" & i).Value) / ws.Range("E" & i).Value
        ws.Range("P" & i).Value = growthRate * 100 & "%"  '将同比增长率写入 D2 单元格,并添加百分号
    Else
        ws.Range("P" & i).Value = ""
    End If
ElseIf Trim(ws.Cells(i,1)) = Trim(ws.Cells(i,13)) And Trim(ws.Cells(2,7)) = Trim(ws.Cells(2,14)) Then
    If ws.Range("F" & i).Value <> 0 Then
        growthRate = (ws.Range("G" & i).Value - ws.Range("F" & i).Value) / ws.Range("F" & i).Value
        ws.Range("P" & i).Value = growthRate * 100 & "%"  '将同比增长率写入 D2 单元格,并添加百分号
    Else
        ws.Range("P" & i).Value = ""
    End If
End If
    Next i
End Sub
```

步骤四：编写在 Q3：Q99 单元格导入平均增长率代码。参考代码如下所示。

成功之钥匙

代码含义：

```vba
Sub 计算平均增长率()
    Dim ws As Worksheet
    Dim lastCol As Integer
    Dim avgGrowthRate As Double
    Dim n As Integer
    Dim rng As Range
```

```vba
    Dim i As Long
    Dim j As Long
    '定义工作表
    Set ws = ThisWorkbook.Sheets("现金流量基础表")
    Set rng = ws.Range("B3:L72")
    For j = 2 To 6
    '循环工作表行
    For i = 3 To 99
    '获取数据的列数
    lastCol = rng.Columns(j).Column
    '计算数据个数
    n = lastCol - 1
    If ws.Cells(2, lastCol) = ws.Cells(2, 14) Then
    '当报告期大于零,基期也大于零时
     If ws.Cells(i, lastCol).Value > 0 And ws.Cells(i, 2).Value > 0 Then
    '计算平均增长率
    avgGrowthRate = (ws.Cells(i, lastCol).Value/ws.Cells(i, 2).Value)^(1/(n - 1)) - 1
    '将结果输出到工作表
    ws.Cells(i, 17).Value = Format(avgGrowthRate, "0.00%")
    '当报告期小于零,基期小于零时.
    ElseIf ws.Cells(i, lastCol).Value < 0 And ws.Cells(i, 2).Value < 0 Then
    '计算平均增长率
    avgGrowthRate = ((Abs(ws.Cells(i, lastCol).Value)/Abs(ws.Cells(i, 2).Value))^(1/(n - 1))) - 1
    '将结果输出到工作表
    ws.Cells(i, 17).Value = Format(avgGrowthRate, "0.00%")
    '当报告期小于零,基期大于零时.
    ElseIf ws.Cells(i, lastCol).Value < 0 And ws.Cells(i, 2).Value > 0 Then
    '计算平均增长率
    avgGrowthRate = ((Abs(ws.Cells(i, lastCol).Value)/ws.Cells(i, 2).Value)^(1/(n - 1)) - 1
    '将结果输出到工作表
    ws.Cells(i, 17).Value = Format(avgGrowthRate, "0.00%")
    '当报告期小于零或大于零,基期为零时.
ElseIf ws.Cells(i, lastCol).Value < 0 Or ws.Cells(i, lastCol).Value > 0 And ws.Cells(i, 2).Value = 0 Then
        ws.Cells(i, 17).Value = ""
    '当报告期大于零,基期小于零时.
    ElseIf ws.Cells(i, lastCol).Value > 0 And ws.Cells(i, 2).Value < 0 Then
    '计算平均增长率
    avgGrowthRate = (1 - (ws.Cells(i, lastCol).Value/ws.Cells(i, 2).Value))^(1/(n - 1))
    '将结果输出到工作表
    ws.Cells(i, 17).Value = Format(avgGrowthRate, "0.00%")
        End If
    End If
  Next i
  Next j
End Sub
```

步骤五：编写在 N3：N99 单元格导入比重代码。参考代码如下所示。

👆 成功之钥匙

代码含义：

```vba
Sub 计算比重()
 Dim wa As Worksheet, s
  Set wa = ThisWorkbook.Sheets("现金流量基础表")
    '计算经营活动现金流入构成比率
    For s = 4 To 6
      wa.Cells(s, 18) = Format((wa.Cells(s, 14)/wa.Cells(7, 14)), "0.00%")
      Next s
      '计算经营活动现金流出构成占比
    For s = 8 To 11
      wa.Cells(s, 18) = Format((wa.Cells(s, 14)/wa.Cells(12, 14)), "0.00%")
      Next s
      '计算投资活动现金流入构成比率
    For s = 14 To 19
      wa.Cells(s, 18) = Format((wa.Cells(s, 14)/wa.Cells(20, 14)), "0.00%")
      Next s
      '计算投资活动现金流出构成比率
```

```
      For s =21 To 24
        wa.Cells(s,18) = Format((wa.Cells(s,14)/wa.Cells(25,14)),"0.00%")
      Next s
      For s =27 To 32
    '计算融资活动现金流出构成比率
        wa.Cells(s,18) = Format((wa.Cells(s,14)/wa.Cells(33,14)),"0.00%")
      Next s
        For s =34 To 38
    '计算融资活动现金流入构成比率
        wa.Cells(s,18) = Format((wa.Cells(s,14)/wa.Cells(39,14)),"0.00%")
      Next s
End Sub
```

步骤六：编写主程序代码。运行代码，便可取得计算结果。参考代码如图6-11所示。

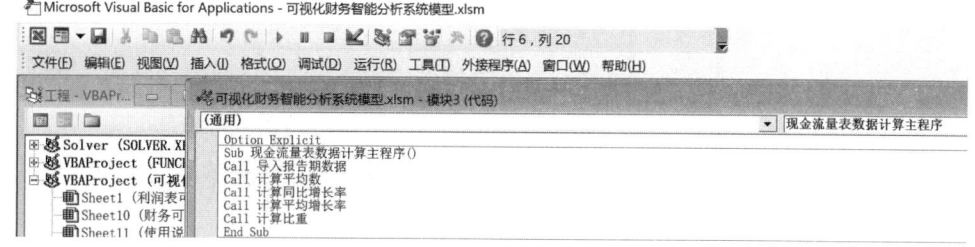

图6-11 现金流量表计算主程序代码

6.2.3 智能现金流量表评价报告

6.2.3.1 基本架构

现金流量表分析的内容主要有四个：现金流量的结构分析，现金流量的趋势分析，偿债能力分析，支付能力分析。

现金流量表可视化动态分析基本架构：

1. 现金流量整体情况分析包括现金流量净额情况分析、现金流入动态分析、现金流出动态分析。

2. 现金流入构成分析包括经营活动现金流入分析、投资活动现金流入分析、筹资活动现金流入分析。

3. 现金流出分析包括经营活动现金流出分析、投资活动现金流出分析、筹资活动现金流出分析。

4. 现金流量评价包括现金流入流出比评价、现金偿债能力分析、获取现金能力评价、财务弹性评价。

6.2.3.2 基本分析方法

总体分析：分析企业现金净流量的情况，为经营管理决策提供依据。

结构分析：包括经营活动产生现金流量、投资活动产生现金流量、筹资活动产生现金流量分别占现金及现金等价物净增加额的比重以及各自结构的分析。通过结构分析，分析企业产生现金流量的能力。

财务比率分析：利用财务比率指标分析。

①流动比分析。

现金到期的债务比 = 经营活动现金净流量 ÷ 本期到期的债务

现金流动负债比 = 经营活动现金净流量 ÷ 流动负债

现金债务总额比 = 经营活动现金净流量 ÷ 债务总额

②获取现金能力分析。

$$销售现金比率 = 经营活动现金净流量 \div 销售额$$
$$每股营业现金净流量 = 经营活动现金净流量 \div 普通股股数$$
$$全部资产现金回收率 = 经营活动现金净流量 \div 资产总额$$

③财务弹性分析。

$$现金满足投资比率 = 近5年平均经营活动现金净流量$$
$$\div 近5年平均资本支出、存货、增加、现金股利之和$$
$$现金股利保障倍数 = 每股经营活动现金净流量 \div 每股现金股利$$

④收益质量分析。

$$营运指数 = 经营活动现金净流量 \div 经营所得现金$$
$$经营所得现金 = 净利润 - 非经营收益 + 非付现费用$$

6.3 VBA与ChatGPT结合洞察现金流量整体情况

6.3.1 现金流量净额分析

6.3.1.1 分析重点

现金流量净额分析包括期末现金及现金等价物余额、经营活动产生的现金净流量、投资活动产生的现金净流量、筹资活动产生的现金净流量分析。通过对各项指标动态趋势分析，判断企业现金主要来源及保障程度，为经营管理决策提供依据。分析重点包括：

1. 当经营活动产生的现金净流量、投资活动产生的现金净流量、投资活动产生的现金净流量都为正值时，企业属成熟企业，但要当心企业背负费用融资的后续目的。

经营活动的现金流为正，说明企业经营活动的现金流情况良好，营业收入足以支付日常经营开支（购材料、发工资、缴税等）。也就是说，它的经营活动具有造血功能，表现出这种特性的企业，通常经营活动是健康的。

投资活动现金流也为正，说明企业的投资收益获取现金的能力比较好，还有一部分处置资产所得。

但融资活动现金流也为正，就应引起注意了。如果没有投资支出，经营活动产生的现金流量又比较充足，融资干嘛呢？要么是为防不时之用，要么是有不合规的动机。

2. 当经营活动产生的现金净流量和投资活动产生的现金净流量为正值，筹资活动产生的现金净流量为负值时，这是处于成熟阶段企业最常见的现金流状况。

前两项为正，说明经营活动不错，投资也有收益；融资活动现金流为负，说明企业可能在给银行还本付息，或者给股东分红。

3. 当经营活动产生的现金净流量和筹资活动产生的现金净流量为正值，投资活动产生的现金净流量为负值时，这是处于成长阶段企业最常见的现金流状况。

说明企业经营上自给自足，还有现金净流入；但同时也在融资与投资。也就是将经营净得与融资全部拿来投资，投资将直接决定这个企业未来的发展，所以投资也就成了对企业最需要关注的问题，防止规模扩张太快。投资需要一定周期才能产生效益的，期间是不断花钱的，一旦资金链断裂，将面临很大的风险。

4. 当经营活动产生的现金净流量为正值，筹资活动产生的现金净流量和投资活动产生的现金净流量为负值时,这是处于成长阶段和成熟阶段企业最常见的现金流状况。

说明企业的经营活动现金流不仅能投资,还能用来还债。对这类企业最主要是关注企业的净现金流,也就是经营、投资和融资这三者的总和。如果净现金流为负,意味着企业正在消耗它的现金存量,企业的资金链是相对吃紧的。就要重新考察它投资的规模和节奏,考量企业是不是做足了准备来防止资金链可能出现的问题。

5. 当经营活动产生的现金净流量为负值,筹资活动产生的现金净流量和投资活动产生的现金净流量为正值时,这种情况多出现在企业初创或衰退的时候。

经营活动的现金流为负,意味着企业的销售额无法产生足够的现金。初创阶段,由于企业的市场竞争力不足,销售和回报的速度都比较慢,有可能出现这种状态;衰退阶段,由于市场的竞争太过激烈,公司有可能卖不出产品,或者虽然卖出了产品但收不回钱,因此也有可能出现这种状态。

企业的投资活动现金流是正的,说明它产生了投资收益。如果是来自金融性资产的投资收益,比如买卖股票,市场波动大,企业依旧有风险;如果是来自实业型投资的收益或者子公司的分红,那是可持续的。

公司的筹资活动现金流是正的,一般说明企业融资能力强,对生产和投资有资金保障能力。

6. 当经营活动产生的现金净流量和筹资活动产生的现金净流量为负值,投资活动产生的现金净流量为正值时,说明企业在变卖资产的同时还要还债,正处于衰退期。

7. 经营活动和投资活动的现金流都是负的,只有融资活动的现金流是正的。这一般是初创企业。因为在初创阶段,一方面很难依靠经营活动创造现金流,另一方面又需要不断投资,这类企业往往需要依靠融资活下来。还有一种情况,就是老企业转型,但这时转型是很困难的,因为很难找到支持力量。

8. 当经营活动产生的现金净流量、筹资活动产生的现金净流量、投资活动产生的现金净流量为负值时,企业经营很困难,面临关闭风险。

6.3.1.2 VBA 智能分析代码

步骤一:编写期末现金及现金等价物余额分析代码。参考代码如下所示。

成功之钥匙

代码含义:

```
Sub 期末现金及现金等价物余额分析()
'i 代表描述信息变量
    Dim i As String,j,k,wa As Worksheet,wb As Worksheet
    Set wa = Worksheets("现金流量表分析报告")
    Set wb = Worksheets("现金流量基础表")
    wa.Cells(1,1) = "现金流量表分析报告"
     wa.Cells(1,1).Font.Bold = True
    wa.Cells(2,1) = "一、现金流量总体情况"
     wa.Cells(2,1).Font.Bold = True
    wa.Cells(3,1) = "(一)现金流量净额情况分析"
    '读取数据
    j = 44:k = 4
    i = wb.Cells(2,14) & wb.Cells(j,13) & Format(wb.Cells(j,14),"0.00 亿元,") & _
    Format(wb.Cells(j,16),"同比增长 0.00%,;同比下降 0.00%,") & _
    Format(wb.Cells(j,17),"平均增长 0.00%,;平均下降 0.00%")
      '如果同比增长高于平均水平,拥有的经济实力持续增强
    If wb.Cells(j,16) > wb.Cells(j,17) And wb.Cells(j,16) > 0 And wb.Cells(j,17) > 0 Then
     wa.Cells(k,1) = i & "同比增长率高于平均水平,现金规模持续增强。"
```

```
        '如果同比增长等于平均增长,同比与平均都正增长,拥有的经济实力趋于稳定
        ElseIf wb.Cells(j,16) = wb.Cells(j,17) And wb.Cells(j,16) > 0 And wb.Cells(j,17) > 0 Then
            wa.Cells(k,1) = i & "同比增长率等于平均水平,现金规模趋于稳定。"
            '如果同比增长等于平均增长,同比增长和平均增长为负数,经济实力下滑趋势没改。
        ElseIf wb.Cells(j,16) = wb.Cells(j,17) And wb.Cells(j,16) < 0 And wb.Cells(j,17) < 0 Then
            wa.Cells(k,1) = i & "同比下降率等于平均下降水平,现金规模下滑趋势没改。"
            '如果同比增长低于平均增长,同比增长和平均增长为正数,拥有的经济实力增速放缓
        ElseIf wb.Cells(j,16) < wb.Cells(j,17) And wb.Cells(j,16) > 0 And wb.Cells(j,17) > 0 Then
            wa.Cells(k,1) = i & "同比增长率低于平均水平,现金规模增速放缓。"
            '由平均负增长转为增长,拥有的经济实力开始复苏
        ElseIf wb.Cells(j,16) > wb.Cells(j,17) And wb.Cells(j,16) > 0 And wb.Cells(j,17) < 0 Then
            wa.Cells(k,1) = i & "由平均下降转为同比增长,现金规模开始复苏。"
            '由平均增长转为同比负增长,拥有的经济实力开始下滑
        ElseIf wb.Cells(j,16) < wb.Cells(j,17) And wb.Cells(j,16) < 0 And wb.Cells(j,17) > 0 Then
            wa.Cells(k,1) = i & "由平均增长转为同比下降,现金规模开始下滑。"
            '同比负增长低于平均负增长,拥有的经济实力下滑开始放缓
        ElseIf Abs(wb.Cells(j,16)) < Abs(wb.Cells(j,17)) And wb.Cells(j,16) < 0 And wb.Cells(j,17) < 0 Then
            wa.Cells(k,1) = i & "同比下降低于平均下降水平,现金规模下滑开始放缓。"
            '同比负增长高于平均负增长,拥有的经济实力下滑持续加速
        ElseIf Abs(wb.Cells(j,16)) > Abs(wb.Cells(j,17)) And wb.Cells(j,16) < 0 And wb.Cells(j,17) < 0 Then
            wa.Cells(k,1) = i & "同比下降高于平均下降水平,现金规模持续下滑。"
        End If
End Sub
```

步骤二:编写经营活动产生的现金净流量分析代码。参考代码如下所示。

👉 成功之钥匙

代码含义:

```
Sub 经营活动产生的现金净流量分析()
'i 代表描述信息变量,j 代表数据源所在行,k 代表分析数据存放在分析报告中的位置
    Dim i As String,j,k,wa As Worksheet,wb As Worksheet
    Set wa = Worksheets("现金流量表分析报告")
    Set wb = Worksheets("现金流量基础表")
    j = 13: k = 5    '读取数据
i = Format(wb.Cells(j,14),"经营活动产生的现金净流量 0.00 亿元,;经营活动产生的现金净流量赤字 0.00 亿元,") & _
Format(wb.Cells(j,16),"同比增长 0.00% ,;同比下降 0.00% ,") & Format(wb.Cells(j,17),"平均增长 0.00% 。;平均下降 0.00% 。")
    If wb.Cells(j,14) > 0 Then
    End If
    '如果为正数,同比增长高于平均水平,为企业发展提供了资金保障。
If wb.Cells(j,14) > 0 And wb.Cells(j,16) > wb.Cells(j,17) And wb.Cells(j,16) > 0 And wb.Cells(j,17) > 0 Then
    wa.Cells(k,1) = i & "同比增长率高于平均水平,经营活动资金保障能力持续增强,为企业发展提供了资金保障。"
    '如果为负数,同比增长高于平均水平,不能为企业发展提供可靠的资金保障。
ElseIf wb.Cells(j,14) < 0 And wb.Cells(j,16) > wb.Cells(j,17) And wb.Cells(j,16) > 0 And wb.Cells(j,17) > 0 Then
wa.Cells(k,1) = i & "同比增长率高于平均水平,经营活动产生的现金净流量赤字规模持续扩大,不能为企业发展提供可靠的资金保障。"
    '如果为正数,同比增长等于平均增长,资金保障能力趋于稳定
ElseIf wb.Cells(j,14) > 0 And wb.Cells(j,16) = wb.Cells(j,17) And wb.Cells(j,16) > 0 And wb.Cells(j,17) > 0 Then
wa.Cells(k,1) = i & "同比增长率等于平均水平,经营活动资金保障能力趋于稳定。"
    '如果为负数,同比增长等于平均增长
ElseIf wb.Cells(j,14) < 0 And wb.Cells(j,16) = wb.Cells(j,17) And wb.Cells(j,16) > 0 And wb.Cells(j,17) > 0 Then
wa.Cells(k,1) = i & "同比增长率等于平均水平,经营活动产生的现金净流量赤字规模趋于稳定,经营活动资金保障能力下滑没有改变。"
    '如果为正数,同比下降等于平均下降水平,经营活动现金保障能力下滑趋缓。
ElseIf wb.Cells(j,14) > 0 And wb.Cells(j,16) = wb.Cells(j,17) And wb.Cells(j,16) < 0 And wb.Cells(j,17) < 0 Then
wa.Cells(k,1) = i & "同比下降率等于平均下降水平,经营活动现金保障能力下滑趋缓。"
    '如果为负数,同比下降等于平均下降水平,经营活动现金保障能力下滑趋势没改。
ElseIf wb.Cells(j,14) < 0 And wb.Cells(j,16) = wb.Cells(j,17) And wb.Cells(j,16) < 0 And wb.Cells(j,17) < 0 Then
wa.Cells(k,1) = i & "同比下降率等于平均下降水平,经营活动现金保障能力下滑趋势没改。"
    '如果为正数,同比增长低于平均增长
ElseIf wb.Cells(j,14) > 0 And wb.Cells(j,16) < wb.Cells(j,17) And wb.Cells(j,16) > 0 And wb.Cells(j,17) > 0 Then
wa.Cells(k,1) = i & "同比增长率低于平均水平,经营活动现金保障能力增速放缓。"
    '如果为负数,同比增长低于平均增长,经营活动现金保障能力下滑放缓
ElseIf wb.Cells(j,14) < 0 And wb.Cells(j,16) < wb.Cells(j,17) And wb.Cells(j,16) > 0 And wb.Cells(j,17) > 0 Then
wa.Cells(k,1) = i & "同比增长率低于平均水平,经营活动现金保障能力下滑放缓。"
    '如果为正数,由平均负增长转为增长
ElseIf wb.Cells(j,14) > 0 And wb.Cells(j,16) > wb.Cells(j,17) And wb.Cells(j,16) > 0 And wb.Cells(j,17) < 0 Then
wa.Cells(k,1) = i & "由平均下降转为同比增长,经营活动现金保障能力开始复苏。"
    '如果负正数,由平均负增长转为增长
```

```
ElseIf wb.Cells(j,14) <0 And wb.Cells(j,16) >wb.Cells(j,17)And wb.Cells(j,16) >0 And wb.Cells(j,17) <0 Then
    wa.Cells(k,1) = i & "由平均下降转为同比增长,经营活动现金保障能力开始下滑。"
'如果为正数,由平均增长转为同比负增长
ElseIf wb.Cells(j,14) >0 And wb.Cells(j,16) <wb.Cells(j,17)And wb.Cells(j,16) <0 And wb.Cells(j,17) >0 Then
    wa.Cells(k,1) = i & "由平均增长转为同比下降,经营活动现金保障能力开始回落。"
'如果为负数,由平均增长转为同比负增长
ElseIf wb.Cells(j,14) <0 And wb.Cells(j,16) <wb.Cells(j,17)And wb.Cells(j,16) <0 And wb.Cells(j,17) >0 Then
    wa.Cells(k,1) = i & "由平均增长转为同比下降,经营活动现金保障能力开始回弹。"
'如果为正数,同比负增长低于平均负增长,经营活动现金保障能力下滑开始放缓
ElseIf wb.Cells(j,14) >0 And Abs(wb.Cells(j,16)) <Abs(wb.Cells(j,17))And wb.Cells(j,16) <0 And wb.Cells(j,17) <0 Then
    wa.Cells(k,1) = i & "同比下降低于平均下降水平,经营活动现金保障能力下滑开始放缓。"
'如果为负数,同比负增长低于平均负增
ElseIf wb.Cells(j,14) <0 And Abs(wb.Cells(j,16)) <Abs(wb.Cells(j,17))And wb.Cells(j,16) <0 And wb.Cells(j,17) <0 Then
        wa.Cells(k,1) = i & "同比下降低于平均下降水平,经营活动现金保障能力加速下滑。"
'如果为正数,同比负增长高于平均负增长,经营活动现金保障能力下滑持续加速
ElseIf wb.Cells(j,14) >0 And Abs(wb.Cells(j,16)) >Abs(wb.Cells(j,17))And wb.Cells(j,16) <0 And wb.Cells(j,17) <0 Then
    wa.Cells(k,1) = i & "同比下降高于平均下降水平,经营活动现金保障能力持续下滑。"
'如果为负数,同比增长高于平均负增长
ElseIf wb.Cells(j,14) >0 And Abs(wb.Cells(j,16)) >Abs(wb.Cells(j,17))And wb.Cells(j,16) <0 And wb.Cells(j,17) <0 Then
    wa.Cells(k,1) = i & "同比下降高于平均下降水平,经营活动现金保障能力下滑开始回弹。"
        End If
End Sub
```

步骤三：编写投资活动产生的现金净流量分析代码。参考代码如下所示。

👆 成功之钥匙

代码含义：

```
Sub 投资活动产生的现金净流量分析()
'i 代表描述信息变量,j 代表数据源所在行,k 代表分析数据存放在分析报告中的位置
    Dim i As String,j,k,wa As Worksheet,wb As Worksheet
    Set wa = Worksheets("现金流量表分析报告")
    Set wb = Worksheets("现金流量基础表")
    j = 26: k = 6    '读取数据
i = Format(wb.Cells(j,14),"投资活动产生的现金净流量 0.00 亿元,;投资活动产生的现金净流量赤字 0.00 亿元,") & _
Format(wb.Cells(j,16),"同比增长 0.00% ,;同比下降 0.00% ,") & Format(wb.Cells(j,17),"平均增长 0.00% 。;平均下降 0.00% 。")
    If wb.Cells(j,14) >0 Then
        End If
        '如果为正数,同比增长高于平均水平,现金回报能力增强,应关注流入结构。
If wb.Cells(j,14) >0 And wb.Cells(j,16) >wb.Cells(j,17)And wb.Cells(j,16) >0 And wb.Cells(j,17) >0 Then
    wa.Cells(k,1) = i & "同比增长率高于平均水平,投资活动现金回报能力增强,应关注资金流入结构。"
    '如果为负数,同比增长高于平均水平,投资支出力度加大,应关注资金投出结构。
ElseIf wb.Cells(j,14) <0 And wb.Cells(j,16) >wb.Cells(j,17)And wb.Cells(j,16) >0 And wb.Cells(j,17) >0 Then
    wa.Cells(k,1) = i & "同比增长率高于平均水平,投资支出力度加大,应关注资金投出结构。"
'如果为正数,同比增长等于平均增长,投活动现金回报趋于稳定
ElseIf wb.Cells(j,14) >0 And wb.Cells(j,16) =wb.Cells(j,17)And wb.Cells(j,16) >0 And wb.Cells(j,17) >0 Then
    wa.Cells(k,1) = i & "同比增长率等于平均水平,投资活动现金回报趋于稳定。"
'如果为负数,同比增长等于平均增长
ElseIf wb.Cells(j,14) <0 And wb.Cells(j,16) =wb.Cells(j,17)And wb.Cells(j,16) >0 And wb.Cells(j,17) >0 Then
    wa.Cells(k,1) = i & "同比增长率等于平均水平,投资支出力度上升趋势没有改变。"
'如果为正数,同比下降等于平均下降水平,投资活动现金回报能力下滑趋势没有改变。
ElseIf wb.Cells(j,14) >0 And wb.Cells(j,16) =wb.Cells(j,17)And wb.Cells(j,16) <0 And wb.Cells(j,17) <0 Then
    wa.Cells(k,1) = i & "同比下降率等于平均下降水平,投资活动现金回报能力下滑趋缓没有改变。"
'如果为负数,同比下降等于平均下降水平,投资支出下滑趋势没改。
ElseIf wb.Cells(j,14) <0 And wb.Cells(j,14) <0 And wb.Cells(j,16) =wb.Cells(j,17)And wb.Cells(j,16) <0 And wb.Cells(j,17) <0 Then
    wa.Cells(k,1) = i & "同比下降率等于平均下降水平,投资支出下滑趋势没改。"
'如果为正数,同比增长低于平均增长
ElseIf wb.Cells(j,14) >0 And wb.Cells(j,16) <wb.Cells(j,17)And wb.Cells(j,16) >0 And wb.Cells(j,17) >0 Then
    wa.Cells(k,1) = i & "同比增长率低于平均水平,投资活动现金回报能力增速放缓。"
'如果为负数,同比增长低于平均增长,投资支出下滑放缓
ElseIf wb.Cells(j,14) <0 And wb.Cells(j,16) <wb.Cells(j,17)And wb.Cells(j,16) >0 And wb.Cells(j,17) >0 Then
    wa.Cells(k,1) = i & "同比增长率低于平均水平,投资支出下滑放缓。"
'如果为正数,由平均负增长转为增长
ElseIf wb.Cells(j,14) >0 And wb.Cells(j,16) >wb.Cells(j,17)And wb.Cells(j,16) >0 And wb.Cells(j,17) <0 Then
    wa.Cells(k,1) = i & "由平均下降转为同比增长,投资活动现金回报能力开始复苏。"
'如果负正数,由平均负增长转为增长
ElseIf wb.Cells(j,14) <0 And wb.Cells(j,16) >wb.Cells(j,17)And wb.Cells(j,16) >0 And wb.Cells(j,17) <0 Then
```

```vba
        wa.Cells(k,1) = i & "由平均下降转为同比增长,投资支出开始回升。"
        '如果为正数,由平均增长转为同比负增长
        ElseIf wb.Cells(j,14) >0 And wb.Cells(j,16) <wb.Cells(j,17) And wb.Cells(j,16) <0 And wb.Cells(j,17) >0 Then
        wa.Cells(k,1) = i & "由平均增长转为同比下降,投资活动现金回报能力开始回落。"
        '如果为负数,由平均增长转为同比负增长
        ElseIf wb.Cells(j,14) <0 And wb.Cells(j,16) <wb.Cells(j,17) And wb.Cells(j,16) <0 And wb.Cells(j,17) >0 Then
        wa.Cells(k,1) = i & "由平均增长转为同比下降,投资支出开始回落。"
        '如果为正数,同比负增长低于平均负增长,投资活动现金回报能力下滑开始放缓
        ElseIf wb.Cells(j,14) >0 And Abs(wb.Cells(j,16)) <Abs(wb.Cells(j,17)) And wb.Cells(j,16) <0 And wb.Cells(j,17) <0 Then
            wa.Cells(k,1) = i & "同比下降低于平均下降水平,投资活动现金回报能力下滑开始放缓。"
        '如果为负数,同比负增长低于平均负增长
        ElseIf wb.Cells(j,14) <0 And Abs(wb.Cells(j,16)) <Abs(wb.Cells(j,17)) And wb.Cells(j,16) <0 And wb.Cells(j,17) <0 Then
            wa.Cells(k,1) = i & "同比下降低于平均下降水平,投资支出下滑趋缓。"
        '如果为正数,同比负增长高于平均负增长,投资活动现金回报能力加速下滑
        ElseIf wb.Cells(j,14) >0 And Abs(wb.Cells(j,16)) >Abs(wb.Cells(j,17)) And wb.Cells(j,16) <0 And wb.Cells(j,17) <0 Then
            wa.Cells(k,1) = i & "同比下降高于平均下降水平,投资活动现金回报能力加速下滑。"
        '如果为负数,同比负增长高于平均负增长
        ElseIf wb.Cells(j,14) >0 And Abs(wb.Cells(j,16)) >Abs(wb.Cells(j,17)) And wb.Cells(j,16) <0 And wb.Cells(j,17) <0 Then
            wa.Cells(k,1) = i & "同比下降高于平均下降水平,投资支出持续下滑。"
            End If
End Sub
```

步骤四:编写筹资活动产生的现金净流量分析代码。参考代码如下所示。

👆 成功之钥匙

代码含义:

```vba
Sub 筹资活动产生的现金净流量分析()
'i 代表描述信息变量,j 代表数据源所在行,k 代表分析数据存放在分析报告中的位置
    Dim i As String,j,k,wa As Worksheet,wb As Worksheet
    Set wa = Worksheets("现金流量表分析报告")
    Set wb = Worksheets("现金流量基础表")
        j = 40: k = 7    '读取数据
i = Format(wb.Cells(j,14),"筹资活动产生的现金净流量 0.00 亿元,;筹资活动产生的现金净流量赤字 0.00 亿元,") & _
Format(wb.Cells(j,16),"同比增长 0.00% ,;同比下降 0.00% ,") & Format(wb.Cells(j,17),"平均增长 0.00% ;平均下降 0.00% 。")
        If wb.Cells(j,14) >0 Then
            End If
        '如果为正数,同比增长高于平均水平,筹资保障能力增强。
    If wb.Cells(j,14) >0 And wb.Cells(j,16) >wb.Cells(j,17) And wb.Cells(j,16) >0 And wb.Cells(j,17) >0 Then
            wa.Cells(k,1) = i & "同比增长率高于平均水平,筹资保障能力增强。"
        '如果为负数,同比增长高于平均水平,筹资活动支出力度加大。
    ElseIf wb.Cells(j,14) <0 And wb.Cells(j,16) >wb.Cells(j,17) And wb.Cells(j,16) >0 And wb.Cells(j,17) >0 Then
            wa.Cells(k,1) = i & "同比增长率高于平均水平,筹资支出力度加大。"
        '如果为正数,同比增长等于平均增长,筹资保障能力趋于稳定
    ElseIf wb.Cells(j,14) >0 And wb.Cells(j,16) =wb.Cells(j,17) And wb.Cells(j,16) >0 And wb.Cells(j,17) >0 Then
            wa.Cells(k,1) = i & "同比增长率等于平均水平,筹资保障能力趋于稳定。"
        '如果为负数,同比增长等于平均增长
    ElseIf wb.Cells(j,14) <0 And wb.Cells(j,16) =wb.Cells(j,17) And wb.Cells(j,16) >0 And wb.Cells(j,17) >0 Then
            wa.Cells(k,1) = i & "同比增长率等于平均水平,筹资支出上升趋势没有改变。"
        '如果为正数,同比下降等于平均下降水平,筹资保障能力下滑趋势没有改变。
    ElseIf wb.Cells(j,14) >0 And wb.Cells(j,16) =wb.Cells(j,17) And wb.Cells(j,16) <0 And wb.Cells(j,17) <0 Then
            wa.Cells(k,1) = i & "同比下降率等于平均下降水平,筹资保障能力下滑趋势没有改变。"
        '如果为负数,同比下降等于平均下降水平,筹资支出下滑趋势没改。
    ElseIf wb.Cells(j,14) <0 And wb.Cells(j,14) <0 And wb.Cells(j,16) =wb.Cells(j,17) And wb.Cells(j,16) <0 And wb.Cells(j,17) <0 Then
            wa.Cells(k,1) = i & "同比下降率等于平均下降水平,筹资支出下滑趋势没改。"
        '如果为正数,同比增长低于平均增长
    ElseIf wb.Cells(j,14) >0 And wb.Cells(j,16) <wb.Cells(j,17) And wb.Cells(j,16) >0 And wb.Cells(j,17) >0 Then
            wa.Cells(k,1) = i & "同比增长率低于平均水平,筹资保障能力增速放缓。"
        '如果为负数,同比增长低于平均增长,筹资支出下滑放缓
    ElseIf wb.Cells(j,14) <0 And wb.Cells(j,16) <wb.Cells(j,17) And wb.Cells(j,16) >0 And wb.Cells(j,17) >0 Then
            wa.Cells(k,1) = i & "同比增长率低于平均水平,筹资支出下滑放缓。"
        '如果为正数,由平均负增长转为增长
    ElseIf wb.Cells(j,14) >0 And wb.Cells(j,16) >wb.Cells(j,17) And wb.Cells(j,16) >0 And wb.Cells(j,17) <0 Then
            wa.Cells(k,1) = i & "由平均下降转为同比增长,筹资保障能力开始复苏。"
        '如果负正数,由平均负增长转为增长
    ElseIf wb.Cells(j,14) <0 And wb.Cells(j,16) >wb.Cells(j,17) And wb.Cells(j,16) >0 And wb.Cells(j,17) <0 Then
            wa.Cells(k,1) = i & "由平均下降转为同比增长,筹资支出开始回升。"
```

'如果为正数，由平均增长转为同比负增长
ElseIf wb.Cells(j,14) >0 And wb.Cells(j,16) <wb.Cells(j,17) And wb.Cells(j,16) <0 And wb.Cells(j,17) >0 Then
        wa.Cells(k,1) = i & "由平均增长转为同比下降,筹资保障能力开始回落。"
'如果为负数，由平均增长转为同比负增长
ElseIf wb.Cells(j,14) <0 And wb.Cells(j,16) <wb.Cells(j,17) And wb.Cells(j,16) <0 And wb.Cells(j,17) >0 Then
        wa.Cells(k,1) = i & "由平均增长转为同比下降,筹资支出开始回落。"
'如果为正数，同比负增长低于平均负增长,筹资保障能力下滑开始放缓
ElseIf wb.Cells(j,14) >0 And Abs(wb.Cells(j,16)) <Abs(wb.Cells(j,17)) And wb.Cells(j,16) <0 And wb.Cells(j,17) <0 Then
        wa.Cells(k,1) = i & "同比下降低于平均下降水平,筹资保障能力下滑开始放缓。"
'如果为负数，同比负增长低于平均下降
ElseIf wb.Cells(j,14) <0 And Abs(wb.Cells(j,16)) <Abs(wb.Cells(j,17)) And wb.Cells(j,16) <0 And wb.Cells(j,17) <0 Then
        wa.Cells(k,1) = i & "同比下降低于平均下降水平,筹资支出下滑趋缓。"
'如果为正数，同比负增长高于平均负增长,筹资保障能力加速下滑
ElseIf wb.Cells(j,14) >0 And Abs(wb.Cells(j,16)) >Abs(wb.Cells(j,17)) And wb.Cells(j,16) <0 And wb.Cells(j,17) <0 Then
        wa.Cells(k,1) = i & "同比下降高于平均下降水平,筹资保障能力加速下滑。"
'如果为负数，同比负增长高于平均负增长
ElseIf wb.Cells(j,14) <0 And Abs(wb.Cells(j,16)) >Abs(wb.Cells(j,17)) And wb.Cells(j,16) <0 And wb.Cells(j,17) <0 Then
        wa.Cells(k,1) = i & "同比下降高于平均下降水平,筹资支出持续下滑。"
    End If
End Sub
```

步骤五：编写总体分析代码。参考代码如下所示。

## 成功之钥匙

代码含义：

```
Sub 现金净流量综合分析()
    Dim i As String,j,k,wa As Worksheet,wb As Worksheet    'i代表描述信息变量,j代表数据源所在行,k代表分析数据存放在分析报告中的位置
    Set wa=Worksheets("现金流量表分析报告")
    Set wb=Worksheets("现金流量基础表")
    k=8
    If wb.Cells(13,14) >=0 And wb.Cells(26,14) >=0 And wb.Cells(40) >=0 Then
        wa.Cells(k,1) ="从总体情况看,经营活动现金流状况良好,投资效果良好,应关注融资目的。"
    ElseIf wb.Cells(13,14) >=0 And wb.Cells(26,14) >=0 And wb.Cells(40) <=0 Then
        wa.Cells(k,1) ="从总体情况看,经营活动良好,投资也有效益,偿债与分红有一定的资金保障。"
    ElseIf wb.Cells(13,14) >=0 And wb.Cells(26,14) <=0 And wb.Cells(40) >=0 Then
wa.Cells(k,1) ="从总体情况看,经营上能自给自足,还有现金净流入;同时也在融资与投资,经营现金流量与融为投资提供了资金保障,但应防止投资规模过快。"
    ElseIf wb.Cells(13,14) >=0 And wb.Cells(26,14) <=0 And wb.Cells(40) <=0 Then
wa.Cells(k,1) ="从总体情况看,经营活动现金流不仅能为投资提供保障,还能用来还债,但应关注现金流量总额是否大于零。"
        wa.Cells(k,1) ="从总体看,经营活动没有产生足够的现金流量;投资活动产生的现金净流量,如来自投资收益,说明投资取得良好效果;如果来自处置资产收益,未来经营风险较大;筹资活动产生的现金净流量,应关注负债经营的风险。"
    ElseIf wb.Cells(13,14) <=0 And wb.Cells(26,14) >=0 And wb.Cells(40) <=0 Then
        wa.Cells(k,1) ="从总体情况看,要变卖资产,还要还债,经营比较艰难。"
    ElseIf wb.Cells(13,14) <=0 And wb.Cells(26,14) >=0 And wb.Cells(40) >=0 Then
wa.Cells(k,1) ="从总体情况看,经营活动现金流不能自给自足,加大了资产投入,主要依靠融资保障经营和投资需要。"
    ElseIf wb.Cells(13,14) <=0 And wb.Cells(26,14) <=0 And wb.Cells(40) <=0 Then
        wa.Cells(k,1) ="经营活动、投资活动和筹资活动现金净流量均出现赤字,继续经营下去十分困难。"
    End If
End Sub
```

6.3.1.3 可视化图表

依据辅助分析表，设计可视化动态分析图表。步骤如下：

步骤一：编写制作图表代码。选择现金流量辅助分析表 M2：Q2，M13：Q13，M16：Q16，M40：Q40 区域数据，制作成柱形图，存放到现金流量表分析报告 A9 位置。参考代码如下所示。

成功之钥匙

代码含义：

```
Sub 制作现金净流量构成图表()
    Dim wa As Worksheet
```
```

```
    Dim ws As Worksheet
    Dim cht As ChartObject
    Dim rng As Range
    '选择"利润基础表"工作表
    Set wa = ThisWorkbook.Sheets("现金流量基础表")
      '复制 M2:Q2,M13:Q13,M16:Q16,M40:Q40 区域的数据
    wa.Range("M2:Q2,M13:Q13,M16:Q16,M40:Q40").Copy
    '将数据粘贴到 T2:X5 区域
    wa.Range("T2:X5").PasteSpecial Paste:=xlPasteValues
    '设置工作表
    Set ws = ThisWorkbook.Sheets("现金流量表分析报告")
    '定义图表位置
    Set rng = ws.Range("A9")
    '在工作表中插入一个图表对象
    Set cht = ws.ChartObjects.Add(Left:=rng.Left, Width:=700, Top:=rng.Top, Height:=170)
    '设置图表数据源
    cht.chart.SetSourceData Source:=wa.Range("$T$2:$X$5")
    '设置图表类型为柱形图
    cht.chart.chartType = xlColumnClustered
    '添加数据标签
    cht.chart.SeriesCollection(1).ApplyDataLabels
    '设置图表标题
    cht.chart.HasTitle = True
    cht.chart.ChartTitle.Text = "现金净流量构成分析"
    '设置图例位置
    cht.chart.HasLegend = True
    cht.chart.Legend.Position = xlLegendPositionBottom
End Sub
```

步骤二：运行代码，嵌入柱形图。如图 6-12 所示。

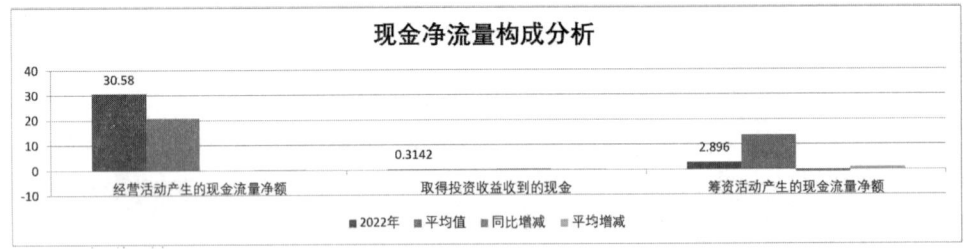

图 6-12　嵌入柱形图

步骤三：更改图表类型。点击图表任意位置"右键"—"更改图表类型"—"组合图"—"将同比增长、平均增长改为次坐标"—"确定"，便可制成可视化动态分析图。如图 6-13 所示。

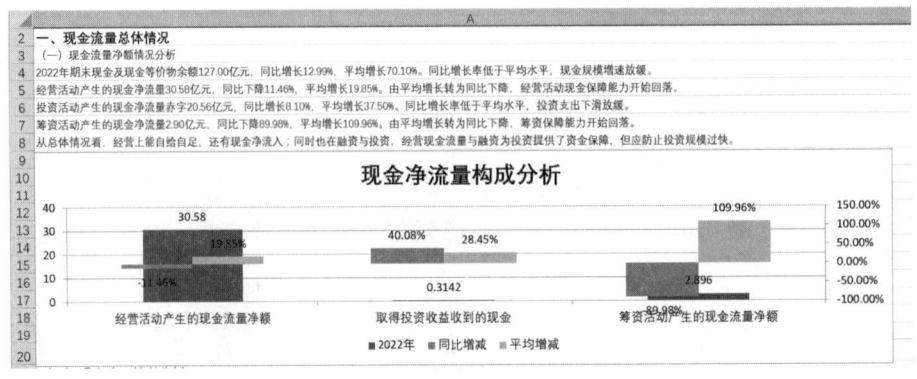

图 6-13　现金流量净额动态分析图

6.3.2 现金流入分析

6.3.2.1 分析重点

现金流入构成是反映企业的各项业务活动现金流入，如经营活动的现金流入、投资活动现金流入、筹资活动现金流入等在全部现金流入中的比重。通过分析明确企业的现金来源，并根据各项目动态趋势，判断企业资金保障能力，找到增加现金流入的措施等。

6.3.2.2 VBA智能分析代码

步骤一：编写现金流入总额和经营活动现金流入分析代码。参考代码如下所示。

成功之钥匙

代码含义：

```
Sub 经营活动现金流入分析()
 'i代表描述信息变量
    Dim i As String,j,k,wa As Worksheet,wb As Worksheet
    Set wa=Worksheets("现金流量表分析报告")
    Set wb=Worksheets("现金流量基础表")
    wa.Cells(21,1)="(二)现金流入情况分析"
  '读取数据
    j=7:k=22
 i=wb.Cells(2,14)& wb.Cells(72,13)& Format(wb.Cells(72,14),"0.00 亿元,")& _
  Format(wb.Cells(j,14),"经营活动现金流入 0.00 亿元,")& _
Format(wb.Cells(j,18),"占现金流入总量的 0.00%,")& Format(wb.Cells(j,16),"同比增长 0.00%,;同比下降 0.00%,")& _
  Format(wb.Cells(j,17),"平均增长 0.00%,;平均下降 0.00%,")
    '如果同比增长高于平均水平,持续增强。
    If wb.Cells(j,16)>wb.Cells(j,17)And wb.Cells(j,16)>0 And wb.Cells(j,17)>0 Then
       wa.Cells(k,1)=i &"同比增长率高于平均水平,经营活动现金回报能力持续增强。"
      '如果同比增长等于平均增长,同比与平均都正增长,趋于稳定
    ElseIf wb.Cells(j,16)=wb.Cells(j,17)And wb.Cells(j,16)>0 And wb.Cells(j,17)>0 Then
       wa.Cells(k,1)=i &"同比增长率等于平均水平,经营活动现金回报能力趋于稳定。"
       '如果同比增长等于平均增长,同比增长和平均增长为负数,下滑趋势没改。
    ElseIf wb.Cells(j,16)=wb.Cells(j,17)And wb.Cells(j,16)<0 And wb.Cells(j,17)<0 Then
       wa.Cells(k,1)=i &"同比下降率等于平均下降水平,经营活动现金回报能力下滑趋势没改。"
        '如果同比增长低于平均增长,同比增长和平均增长为正数,增速放缓
    ElseIf wb.Cells(j,16)<wb.Cells(j,17)And wb.Cells(j,16)>0 And wb.Cells(j,17)>0 Then
       wa.Cells(k,1)=i &"同比增长率低于平均水平,经营活动现金回报能力增速放缓。"
       '由平均负增长转为增长,开始复苏
    ElseIf wb.Cells(j,16)>wb.Cells(j,17)And wb.Cells(j,16)>0 And wb.Cells(j,17)<0 Then
       wa.Cells(k,1)=i &"由平均下降转为同比增长,经营活动现金回报能力开始复苏。"
       '由平均增长转为同比负增长,开始下滑
    ElseIf wb.Cells(j,16)>wb.Cells(j,17)And wb.Cells(j,16)<0 And wb.Cells(j,17)>0 Then
       wa.Cells(k,1)=i &"由平均增长转为同比下降,经营活动现金回报能力开始下滑。"
    '同比负增长低于平均负增长,开始放缓
    ElseIf Abs(wb.Cells(j,16))<Abs(wb.Cells(j,17))And wb.Cells(j,16)<0 And wb.Cells(j,17)<0 Then
       wa.Cells(k,1)=i &"同比下降低于平均下降水平,经营活动现金回报能力下滑开始放缓。"
    '同比负增长高于平均负增长,持续加速
    ElseIf Abs(wb.Cells(j,16))>Abs(wb.Cells(j,17))And wb.Cells(j,16)<0 And wb.Cells(j,17)<0 Then
       wa.Cells(k,1)=i &"同比下降高于平均下降水平,经营活动现金回报能力持续下滑。"
    ElseIf wb.Cells(j,14)<>0 And wb.Cells(j,16)=wb.Cells(j,17)And wb.Cells(j,16)=0 And wb.Cells(j,17)=0 Then
       wa.Cells(k,1)=Format(wb.Cells(j,14),"经营活动现金流入 0.00 亿元,")& _
          Format(wb.Cells(j,18),"占现金流入总量的 0.00%,")&"以前年度没有发生额。"
    ElseIf wb.Cells(j,16)<>0 And wb.Cells(j,17)=0 Then
       wa.Cells(k,1)=i &"基期没有发生额。"
    Else
       wa.Cells(k,1)="经营活动现金流入没有发生额。"
    End If
End Sub
```

步骤二：编写投资活动现金流入分析代码。参考代码如下所示。

成功之钥匙

代码含义：

```vba
Sub 投资活动现金流入分析()
    'i代表描述信息变量
    Dim i As String,j,k,wa As Worksheet,wb As Worksheet
    Set wa=Worksheets("现金流量表分析报告")
    Set wb=Worksheets("现金流量基础表")
    '读取数据
    j=20:k=23
    i = Format(wb.Cells(j,14),"投资活动现金流入0.00亿元,")& _
Format(wb.Cells(j,18),"占现金流入总量的0.00%,")& Format(wb.Cells(j,16),"同比增长0.00%,;同比下降0.00%,")& _
    Format(wb.Cells(j,17),"平均增长0.00%,;平均下降0.00%。")
        '如果同比增长高于平均水平,持续增强。
        If wb.Cells(j,16) > wb.Cells(j,17) And wb.Cells(j,16) >0 And wb.Cells(j,17) >0 Then
            wa.Cells(k,1) = i &"同比增长率高于平均水平,投资活动现金回报能力持续增强。"
        '如果同比增长等于平均增长,同比与平均都正增长,趋于稳定
        ElseIf wb.Cells(j,16) = wb.Cells(j,17) And wb.Cells(j,16) >0 And wb.Cells(j,17) >0 Then
            wa.Cells(k,1) = i &"同比增长率等于平均水平,投资活动现金回报能力趋于稳定。"
        '如果同比增长等于平均增长,同比增长和平均增长为负数,下滑趋势没改。
        ElseIf wb.Cells(j,16) = wb.Cells(j,17) And wb.Cells(j,16) <0 And wb.Cells(j,17) <0 Then
            wa.Cells(k,1) = i &"同比下降率等于平均下降水平,投资活动现金回报能力下滑趋势没改。"
        '如果同比增长低于平均增长,同比增长和平均增长为正数,增速放缓
        ElseIf wb.Cells(j,16) < wb.Cells(j,17) And wb.Cells(j,16) >0 And wb.Cells(j,17) >0 Then
            wa.Cells(k,1) = i &"同比增长率低于平均水平,投资活动现金回报能力增速放缓。"
        '由平均负增长转为增长,开始复苏
        ElseIf wb.Cells(j,16) > wb.Cells(j,17) And wb.Cells(j,16) >0 And wb.Cells(j,17) <0 Then
            wa.Cells(k,1) = i &"由平均下降转为同比增长,投资活动现金回报能力开始复苏。"
        '由平均增长转为同比负增长,开始下滑
        ElseIf wb.Cells(j,16) < wb.Cells(j,17) And wb.Cells(j,16) <0 And wb.Cells(j,17) >0 Then
            wa.Cells(k,1) = i &"由平均增长转为同比下降,投资活动现金回报能力开始下滑。"
        '同比负增长低于平均负增长,开始放缓
        ElseIf Abs(wb.Cells(j,16)) < Abs(wb.Cells(j,17)) And wb.Cells(j,16) <0 And wb.Cells(j,17) <0 Then
            wa.Cells(k,1) = i &"同比下降低于平均下降水平,经营活动现金回报能力下滑开始放缓。"
        '同比负增长高于平均负增长,持续加速
        ElseIf Abs(wb.Cells(j,16)) > Abs(wb.Cells(j,17)) And wb.Cells(j,16) <0 And wb.Cells(j,17) <0 Then
            wa.Cells(k,1) = i &"同比下降高于平均下降水平,投资活动现金回报能力持续下滑。"
        ElseIf wb.Cells(j,14) < >0 And wb.Cells(j,16) = wb.Cells(j,17) And wb.Cells(j,16) = 0 And wb.Cells(j,17) =0 Then
            wa.Cells(k,1) = Format(wb.Cells(j,14),"投资活动现金流入0.00亿元,")& _
                Format(wb.Cells(j,18),"占现金流入总量的0.00%。")&"以前年度没有发生额。"
        ElseIf wb.Cells(j,16) < >0 And wb.Cells(j,17) = 0 Then
            wa.Cells(k,1) = i &"基期没有发生额。"
        Else
            wa.Cells(k,1) = "投资活动现金流入没有发生额。"
        End If
End Sub
```

步骤三：编写筹资活动现金流入分析代码。参考代码如下所示。

成功之钥匙

代码含义：

```vba
Sub 筹资活动现金流入分析()
    'i代表描述信息变量
    Dim i As String,j,k,wa As Worksheet,wb As Worksheet
    Set wa=Worksheets("现金流量表分析报告")
    Set wb=Worksheets("现金流量基础表")
    '读取数据
    j=33:k=24
    i = Format(wb.Cells(j,14),"筹资活动现金流入0.00亿元,")& _
Format(wb.Cells(j,18),"占现金流入总量的0.00%,")& Format(wb.Cells(j,16),"同比增长0.00%,;同比下降0.00%,")& _
    Format(wb.Cells(j,17),"平均增长0.00%,;平均下降0.00%。")
        '如果同比增长高于平均水平,持续增强。
        If wb.Cells(j,16) > wb.Cells(j,17) And wb.Cells(j,16) >0 And wb.Cells(j,17) >0 Then
```

```
            wa.Cells(k,1) = i &"同比增长率高于平均水平,筹资活动现金回报能力持续增强。"
            '如果同比增长等于平均增长,同比与平均都正增长,趋于稳定
        ElseIf wb.Cells(j,16) = wb.Cells(j,17) And wb.Cells(j,16) >0 And wb.Cells(j,17) >0 Then
            wa.Cells(k,1) = i &"同比增长率等于平均水平,筹资活动现金回报能力趋于稳定。"
            '如果同比增长等于平均增长,同比增长和平均增长为负数,下滑趋势没改
        ElseIf wb.Cells(j,16) = wb.Cells(j,17) And wb.Cells(j,16) <0 And wb.Cells(j,17) <0 Then
            wa.Cells(k,1) = i &"同比下降率等于平均下降水平,投资活动现金回报能力下滑趋势没改。"
            '如果同比增长低于平均增长,同比增长和平均增长为正数,增速放缓
        ElseIf wb.Cells(j,16) < wb.Cells(j,17) And wb.Cells(j,16) >0 And wb.Cells(j,17) >0 Then
            wa.Cells(k,1) = i &"同比增长率低于平均水平,筹资活动现金回报能力增速放缓。"
            '由平均负增长转为增长,开始复苏
        ElseIf wb.Cells(j,16) > wb.Cells(j,17) And wb.Cells(j,16) >0 And wb.Cells(j,17) <0 Then
            wa.Cells(k,1) = i &"由平均下降转为同比增长,筹资活动现金回报能力开始复苏。"
            '由平均增长转为同比负增长,开始下滑
        ElseIf wb.Cells(j,16) < wb.Cells(j,17) And wb.Cells(j,16) <0 And wb.Cells(j,17) >0 Then
            wa.Cells(k,1) = i &"由平均增长转为同比下降,筹资活动现金回报能力开始下滑。"
            '同比负增长低于平均负增长,开始放缓
        ElseIf Abs(wb.Cells(j,16)) < Abs(wb.Cells(j,17)) And wb.Cells(j,16) <0 And wb.Cells(j,17) <0 Then
            wa.Cells(k,1) = i &"同比下降低于平均下降水平,经营活动现金回报能力下滑开始放缓。"
            '同比负增长高于平均负增长,持续加速
        ElseIf Abs(wb.Cells(j,16)) > Abs(wb.Cells(j,17)) And wb.Cells(j,16) <0 And wb.Cells(j,17) <0 Then
            wa.Cells(k,1) = i &"同比下降高于平均下降水平,筹资活动现金回报能力持续下滑。"
        ElseIf wb.Cells(j,14) <>0 And wb.Cells(j,16) = wb.Cells(j,17) And wb.Cells(j,16) =0 And wb.Cells(j,17) =0 Then
            wa.Cells(k,1) = Format(wb.Cells(j,14),"筹资活动现金流入 0.00 亿元,") &
                Format(wb.Cells(j,18),"占现金流入总量的 0.00%") &"以前年度没有发生额。"
        ElseIf wb.Cells(j,16) <>0 And wb.Cells(j,17) =0 Then
            wa.Cells(k,1) = i &"基期没有发生额。"
        Else
            wa.Cells(k,1) = "筹资活动现金流入没有发生额。"
        End If
End Sub
```

6.3.2.3 可视化图表

步骤一：编写制作图表代码。选择现金流量辅助分析表 M2：Q2，M13：Q13，M16：Q16，M40：Q40 区域数据，制作成柱形图，存放到现金流量表分析报告 A9 位置。参考代码如下所示。

成功之钥匙

代码含义：

```
Sub 制作现金流入构成图表()
    Dim wa As Worksheet
    Dim ws As Worksheet
    Dim cht As ChartObject
    Dim rng As Range
    '选择"利润基础表"工作表
    Set wa = ThisWorkbook.Sheets("现金流量基础表")
    '复制 M2:Q2,M7:Q7,M20:Q20,M33:Q33 区域的数据
    wa.Range("M2:Q2,M7:Q7,M20:Q20,M33:Q33").Copy
    '将数据粘贴到 T6:X9 区域
    wa.Range("T6:X9").PasteSpecial Paste:=xlPasteValues
    '设置工作表
    Set ws = ThisWorkbook.Sheets("现金流量表分析报告")
    '定义图表位置
    Set rng = ws.Range("A25")
    '在工作表中插入一个图表对象
    Set cht = ws.ChartObjects.Add(Left:=rng.Left,Width:=700,Top:=rng.Top,Height:=170)
    '设置图表数据源
    cht.chart.SetSourceData Source:=wa.Range("$T$6:$X$9")
    '设置图表类型为柱形图
    cht.chart.chartType = xlColumnClustered
    '添加数据标签
    cht.chart.SeriesCollection(1).ApplyDataLabels
    '设置图表标题
    cht.chart.HasTitle = True
```

```
        cht.chart.ChartTitle.Text = "现金流入构成分析"
    '设置图例位置
        cht.chart.HasLegend = True
        cht.chart.Legend.Position = xlLegendPositionBottom
End Sub
```

步骤二：运行代码，嵌入柱形图。更改图表类型（方法同上），便可制成可视化动态分析图。如图6－14所示。

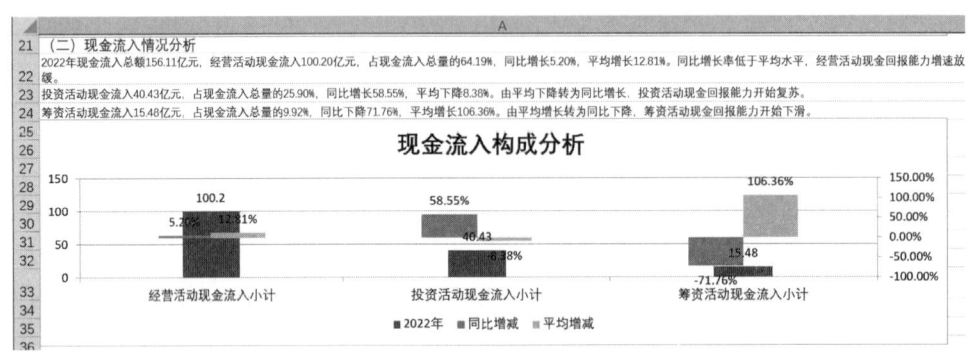

图6－14 现金流入动态分析图

6.3.3 现金流出分析

6.3.3.1 分析重点

现金支出结构分析是指企业的经营活动现金流出、投资活动现金流出、筹资活动现金流出占企业当期全部现金支出的比重。重点分析企业的现金用于哪些方面及各项支出规模变化趋势。

6.3.3.2 VBA智能分析代码

步骤一：编写现金总流出和经营活动现金流出分析代码。参考代码如下所示。

成功之钥匙

代码含义：

```
Sub 经营活动现金流出分析()
    'i 代表描述信息变量
    Dim i As String,j,k,wa As Worksheet,wb As Worksheet
    Set wa = Worksheets("现金流量表分析报告")
    Set wb = Worksheets("现金流量基础表")
    wa.Cells(37,1) = "(三)现金流出情况分析"
    '读取数据
        j = 12:k = 38
    i = wb.Cells(2,14)& wb.Cells(73,13)& Format(wb.Cells(73,14),"0.00 亿元,")&_
    Format(wb.Cells(j,14),"经营活动现金流出 0.00 亿元,")&_
Format(wb.Cells(j,18),"占现金流出总量的 0.00%,")& Format(wb.Cells(j,16),"同比增长 0.00%,;同比下降 0.00%,")&_
    Format(wb.Cells(j,17),"平均增长 0.00%。;平均下降 0.00%。")
        '如果同比增长高于平均水平,持续增强。
        If wb.Cells(j,16) > wb.Cells(j,17)And wb.Cells(j,16) > 0 And wb.Cells(j,17) > 0 Then
            wa.Cells(k,1) = i &"同比增长率高于平均水平,经营活动现金流出规模持续增强。"
            '如果同比增长等于平均增长,同比与平均都正增长,趋于稳定
        ElseIf wb.Cells(j,16) = wb.Cells(j,17)And wb.Cells(j,16) > 0 And wb.Cells(j,17) > 0 Then
            wa.Cells(k,1) = i &"同比增长率等于平均水平,经营活动现金流出规模趋于稳定。"
            '如果同比增长等于平均增长,同比增长和平均增长为负数,下滑趋势没改。
        ElseIf wb.Cells(j,16) = wb.Cells(j,17)And wb.Cells(j,16) < 0 And wb.Cells(j,17) < 0 Then
            wa.Cells(k,1) = i &"同比下降率等于平均下降水平,经营活动现金流出规模下滑趋势没改。"
            '如果同比增长低于平均增长,同比增长和平均增长为正数,增速放缓。
        ElseIf wb.Cells(j,16) < wb.Cells(j,17)And wb.Cells(j,16) > 0 And wb.Cells(j,17) > 0 Then
            wa.Cells(k,1) = i &"同比增长率低于平均水平,经营活动现金回报能力增速放缓。"
```

```
        '由平均负增长转为增长,开始复苏
        ElseIf wb.Cells(j,16) >wb.Cells(j,17)And wb.Cells(j,16) >0 And wb.Cells(j,17) <0 Then
            wa.Cells(k,1) = i &"由平均下降转为同比增长,经营活动现金流出规模开始复苏。"
            '由平均增长转为同比负增长,开始下滑
        ElseIf wb.Cells(j,16) <wb.Cells(j,17)And wb.Cells(j,16) <0 And wb.Cells(j,17) >0 Then
            wa.Cells(k,1) = i &"由平均增长转为同比下降,经营活动现金流出规模开始下滑。"
        '同比负增长低于平均负增长,开始放缓
        ElseIf Abs(wb.Cells(j,16)) <Abs(wb.Cells(j,17))And wb.Cells(j,16) <0 And wb.Cells(j,17) <0 Then
            wa.Cells(k,1) = i &"同比下降低于平均下降水平,经营活动现金流出规模开始放缓。"
            '同比负增长高于平均负增长,持续加速
    ElseIf Abs(wb.Cells(j,16)) >Abs(wb.Cells(j,17))And wb.Cells(j,16) <0 And wb.Cells(j,17) <0 Then
        wa.Cells(k,1) = i &"同比下降高于平均下降水平,经营活动现金流出规模持续下滑。"
    ElseIf wb.Cells(j,14) <>0 And wb.Cells(j,16) =wb.Cells(j,17)And wb.Cells(j,16) =0 And wb.Cells(j,17) =0 Then
        wa.Cells(k,1) = Format(wb.Cells(j,14),"经营活动现金流出 0.00 亿元,") &_
            Format(wb.Cells(j,18),"占现金流出总量的 0.00%。")&"以前年度没有发生额。"
        ElseIf wb.Cells(j,16) < >0 And wb.Cells(j,17) =0 Then
            wa.Cells(k,1) = i &"基期没有发生额。"
        Else
            wa.Cells(k,1) ="经营活动现金流出没有发生额。"
        End If
End Sub
```

步骤二：编写投资活动现金流出分析代码。参考代码如下所示。

成功之钥匙

代码含义：

```
Sub 投资活动现金流出分析()
 'i 代表描述信息变量
    Dim i As String,j,k,wa As Worksheet,wb As Worksheet
    Set wa = Worksheets("现金流量表分析报告")
    Set wb = Worksheets("现金流量基础表")
    '读取数据
    j = 25:k = 39
    i = Format(wb.Cells(j,14),"投资活动现金流出 0.00 亿元,") &_
Format(wb.Cells(j,18),"占现金流出总量的 0.00%,") & Format(wb.Cells(j,16),"同比增长 0.00%,;同比下降 0.00%,") &_
    Format(wb.Cells(j,17),"平均增长 0.00%。;平均下降 0.00%。")
        '如果同比增长高于平均水平,持续增强。
        If wb.Cells(j,16) >wb.Cells(j,17)And wb.Cells(j,16) >0 And wb.Cells(j,17) >0 Then
            wa.Cells(k,1) = i &"同比增长率高于平均水平,投资活动现金流出规模持续增强。"
            '如果同比增长等于平均增长,同比与平均都正增长,趋于稳定
        ElseIf wb.Cells(j,16) =wb.Cells(j,17)And wb.Cells(j,16) >0 And wb.Cells(j,17) >0 Then
            wa.Cells(k,1) = i &"同比增长率等于平均水平,投资活动现金流出规模趋于稳定。"
             '如果同比增长等于平均增长,同比增长和平均增长为负数,下滑趋势没改。
        ElseIf wb.Cells(j,16) =wb.Cells(j,17)And wb.Cells(j,16) <0 And wb.Cells(j,17) <0 Then
            wa.Cells(k,1) = i &"同比下降率等于平均下降水平,投资活动现金流出规模下滑趋势没改。"
            '如果同比增长低于平均增长,同比增长和平均增长为正数,增速放缓
        ElseIf wb.Cells(j,16) <wb.Cells(j,17)And wb.Cells(j,16) >0 And wb.Cells(j,17) >0 Then
            wa.Cells(k,1) = i &"同比增长率低于平均水平,投资活动现金流出规模增速放缓。"
            '由平均负增长转为增长,开始复苏
        ElseIf wb.Cells(j,16) >wb.Cells(j,17)And wb.Cells(j,16) >0 And wb.Cells(j,17) <0 Then
            wa.Cells(k,1) = i &"由平均下降转为同比增长,投资活动现金流出规模开始复苏。"
            '由平均增长转为同比负增长,开始下滑
        ElseIf wb.Cells(j,16) <wb.Cells(j,17)And wb.Cells(j,16) <0 And wb.Cells(j,17) >0 Then
            wa.Cells(k,1) = i &"由平均增长转为同比下降,投资活动现金流出规模开始下滑。"
        '同比负增长低于平均负增长,开始放缓
        ElseIf Abs(wb.Cells(j,16)) <Abs(wb.Cells(j,17))And wb.Cells(j,16) <0 And wb.Cells(j,17) <0 Then
            wa.Cells(k,1) = i &"同比下降低于平均下降水平,投资活动现金流出规模下滑开始放缓。"
            '同比负增长高于平均负增长,持续加速
        ElseIf Abs(wb.Cells(j,16)) >Abs(wb.Cells(j,17))And wb.Cells(j,16) <0 And wb.Cells(j,17) <0 Then
            wa.Cells(k,1) = i &"同比下降高于平均下降水平,投资活动现金流出规模持续下滑。"
    ElseIf wb.Cells(j,14) <>0 And wb.Cells(j,16) =wb.Cells(j,17)And wb.Cells(j,16) =0 And wb.Cells(j,17) =0 Then
        wa.Cells(k,1) = Format(wb.Cells(j,14),"投资活动现金流出 0.00 亿元,") &_
            Format(wb.Cells(j,18),"占现金流出总量的 0.00%。")&"以前年度没有发生额。"
        ElseIf wb.Cells(j,16) < >0 And wb.Cells(j,17) =0 Then
            wa.Cells(k,1) = i &"基期没有发生额。"
        Else
```

```
        wa.Cells(k,1) = "投资活动现金流出没有发生额."
    End If
End Sub
```

步骤三：编写筹资活动现金流出分析代码。参考代码如下所示。

👆 成功之钥匙

代码含义：

```
Sub 筹资活动现金流出分析()
 'i 代表描述信息变量
    Dim i As String,j,k,wa As Worksheet,wb As Worksheet
    Set wa = Worksheets("现金流量表分析报告")
    Set wb = Worksheets("现金流量基础表")
    '读取数据
    j = 39:k = 40
    i = Format(wb.Cells(j,14),"筹资活动现金流出 0.00 亿元,") & _
Format(wb.Cells(j,18),"占现金流出总量的 0.00%,") & Format(wb.Cells(j,16),"同比增长 0.00%,;同比下降 0.00%,") &_
 Format(wb.Cells(j,17),"平均增长 0.00%,;平均下降 0.00%.")
    '如果同比增长高于平均水平,持续增强
    If wb.Cells(j,16) > wb.Cells(j,17) And wb.Cells(j,16) > 0 And wb.Cells(j,17) > 0 Then
        wa.Cells(k,1) = i & "同比增长率高于平均水平,筹资活动现金流程规模持续增强."
    '如果同比增长等于平均增长,同比与平均都正增长,趋于稳定
    ElseIf wb.Cells(j,16) = wb.Cells(j,17) And wb.Cells(j,16) > 0 And wb.Cells(j,17) > 0 Then
        wa.Cells(k,1) = i & "同比增长率等于平均水平,筹资活动现金流程规模趋于稳定."
    '如果同比增长等于平均增长,同比增长和平均增长为负数,下滑趋势没改.
    ElseIf wb.Cells(j,16) = wb.Cells(j,17) And wb.Cells(j,16) < 0 And wb.Cells(j,17) < 0 Then
        wa.Cells(k,1) = i & "同比下降率等于平均下降水平,筹资活动现金流程规模下滑趋势没改."
    '如果同比增长低于平均增长,同比增长和平均增长为正数,增速放缓
    ElseIf wb.Cells(j,16) < wb.Cells(j,17) And wb.Cells(j,16) > 0 And wb.Cells(j,17) > 0 Then
        wa.Cells(k,1) = i & "同比增长率低于平均水平,筹资活动现金流程规模增速放缓."
    '由平均负增长转为增长,开始复苏
    ElseIf wb.Cells(j,16) > wb.Cells(j,17) And wb.Cells(j,16) > 0 And wb.Cells(j,17) < 0 Then
        wa.Cells(k,1) = i & "由平均下降转为同比增长,筹资活动现金流程规模开始复苏."
    '由平均增长转为同比负增长,开始下滑
    ElseIf wb.Cells(j,16) < wb.Cells(j,17) And wb.Cells(j,16) < 0 And wb.Cells(j,17) > 0 Then
        wa.Cells(k,1) = i & "由平均增长转为同比下降,筹资活动现金流程规模开始下滑."
    '同比负增长低于平均负增长,开始放缓
    ElseIf Abs(wb.Cells(j,16)) < Abs(wb.Cells(j,17)) And wb.Cells(j,16) < 0 And wb.Cells(j,17) < 0 Then
        wa.Cells(k,1) = i & "同比下降低于平均下降水平,筹资活动现金流程规模下滑开始放缓."
    '同比负增长高于平均负增长,持续加速
    ElseIf Abs(wb.Cells(j,16)) > Abs(wb.Cells(j,17)) And wb.Cells(j,16) < 0 And wb.Cells(j,17) < 0 Then
        wa.Cells(k,1) = i & "同比下降高于平均下降水平,筹资活动现金流程规模持续下滑."
    ElseIf wb.Cells(j,14) <> 0 And wb.Cells(j,16) = wb.Cells(j,17) And wb.Cells(j,16) = 0 And wb.Cells(j,17) = 0 Then
        wa.Cells(k,1) = Format(wb.Cells(j,14),"筹资活动现金流出 0.00 亿元,") & _
            Format(wb.Cells(j,18),"占筹现金流出总量的 0.00%.") & "以前年度没有发生额."
    ElseIf wb.Cells(j,16) <> 0 And wb.Cells(j,17) = 0 Then
        wa.Cells(k,1) = i & "基期没有发生额."
    Else
        wa.Cells(k,1) = "筹资活动现金流出没有发生额."
    End If
End Sub
```

6.3.3.3 可视化图表

依据辅助表,设计可视化动态分析图表.步骤如下：

步骤一：编写制作图表代码.选择现金流量辅助分析表 M2：Q2，M12：Q12，M25：Q25，M39：Q39 区域数据,制作成柱形图,存放到现金流量表分析报告 A41 位置.参考代码如下所示.

👆 成功之钥匙

代码含义：

```
Sub 制作现金流出构成图表()
```

```
    Dim wa As Worksheet
    Dim ws As Worksheet
    Dim cht As ChartObject
    Dim rng As Range
    '选择"利润基础表"工作表
    Set wa = ThisWorkbook.Sheets("现金流量基础表")
    '复制 M2:Q2,M12:Q12,M25:Q25,M39:Q39 区域的数据
    wa.Range("M2:Q2,M12:Q12,M25:Q25,M39:Q39").Copy
    '将数据粘贴到 T11:X14 区域
    wa.Range("T11:X14").PasteSpecial Paste:=xlPasteValues
    '设置工作表
    Set ws = ThisWorkbook.Sheets("现金流量表分析报告")
    '定义图表位置
    Set rng = ws.Range("A41")
    '在工作表中插入一个图表对象
    Set cht = ws.ChartObjects.Add(Left:=rng.Left,Width:=700,Top:=rng.Top,Height:=170)
    '设置图表数据源
    cht.chart.SetSourceData Source:=wa.Range("$T$11:$X$14")
    '设置图表类型为柱形图
    cht.chart.chartType = xlColumnClustered
    '添加数据标签
    cht.chart.SeriesCollection(1).ApplyDataLabels
    '设置图表标题
    cht.chart.HasTitle = True
    cht.chart.ChartTitle.Text = "现金流出构成分析"
    '设置图例位置
    cht.chart.HasLegend = True
    cht.chart.Legend.Position = xlLegendPositionBottom
End Sub
```

步骤二：运行代码，嵌入柱形图。更改图表类型（方法同上），便可制成可视化动态分析图。如图 6-15 所示。

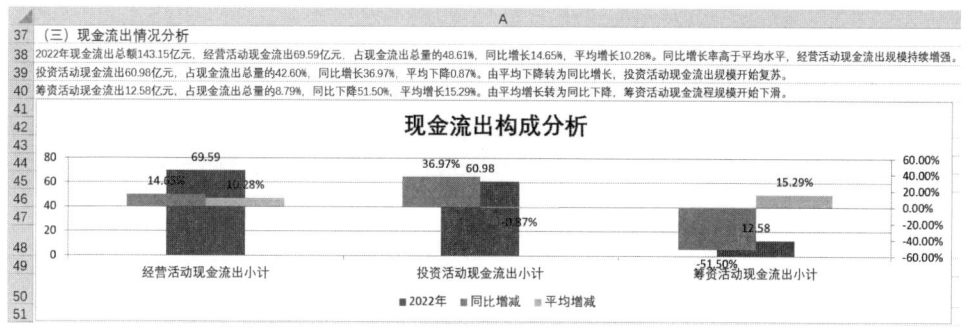

图 6-15　现金流出动态分析图

6.3.4　应用 ChatGPT 生成现金流量总体情况分析报告

将通过 VBA 生成的智能分析结果，导入 ChatGPT，可以生成现金流量总体情况分析报告。

步骤一：通过编写 VBA 代码，将"现金流量表分析报告"中，现金流量总体情况 A2：A40 区域分析结果导入 Word 文档中。参考代码如下所示。

成功之钥匙

代码含义：
```
Option Explicit
Sub 将现金流量总体情况导入文档()
    Dim WordApp As Object
    Dim WordDoc As Object
```

```
    Dim ExcelRange As Range
    Dim WordRange As Object
    Dim rowCount As Integer
    Dim i As Integer
    '创建一个新的 Word 文档
    Set WordApp = CreateObject("Word.Application")
    WordApp.Visible = True
    Set WordDoc = WordApp.Documents.Add
    '指定 Excel 中的数据范围
    Set ExcelRange = ThisWorkbook.Sheets("现金流量表分析报告").Range("A2:A40")
    '在 Word 文档中逐行插入 Excel 数据
    Set WordRange = WordDoc.Content
    For i = 1 To ExcelRange.Rows.Count
        WordRange.InsertAfter ExcelRange.Cells(i,1).Value & vbCrLf
        Set WordRange = WordDoc.Content
    Next i
    '清除对象
    Set WordApp = Nothing
    Set WordDoc = Nothing
    Set ExcelRange = Nothing
    Set WordRange = Nothing
End Sub
```

步骤二：运行代码。在 Word 文档中获得导入结果。如图 6-16 所示。

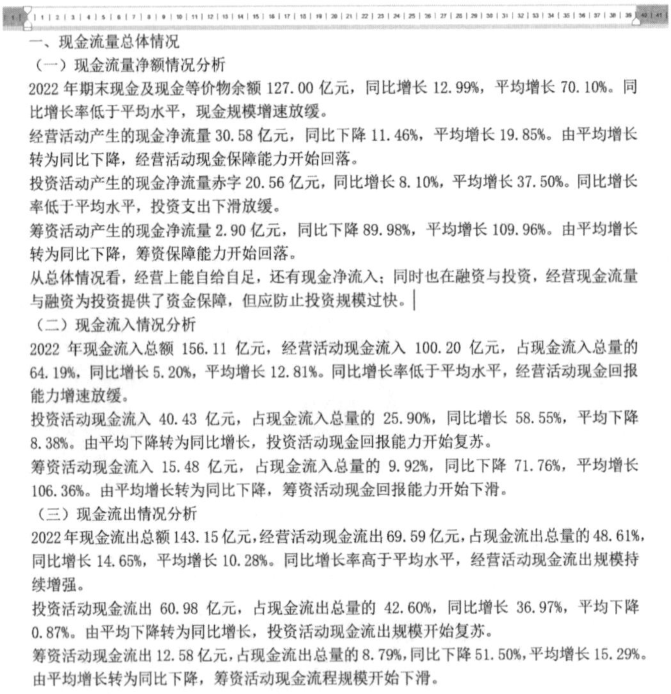

一、现金流量总体情况
（一）现金流量净额情况分析
2022 年期末现金及现金等价物余额 127.00 亿元，同比增长 12.99%，平均增长 70.10%。同比增长率低于平均水平，现金规模增速放缓。
经营活动产生的现金净流量 30.58 亿元，同比下降 11.46%，平均增长 19.85%。由平均增长转为同比下降，经营活动现金保障能力开始回落。
投资活动产生的现金净流量赤字 20.56 亿元，同比增长 8.10%，平均增长 37.50%。同比增长率低于平均水平，投资支出下滑放缓。
筹资活动产生的现金净流量 2.90 亿元，同比下降 89.98%，平均增长 109.96%。由平均增长转为同比下降，筹资保障能力开始回落。
从总体情况看，经营上能自给自足，还有现金净流入；同时也在融资与投资，经营现金流量与融资为投资提供了资金保障，但应防止投资规模过快。
（二）现金流入情况分析
2022 年现金流入总额 156.11 亿元，经营活动现金流入 100.20 亿元，占现金流入总量的 64.19%，同比增长 5.20%，平均增长 12.81%。同比增长率低于平均水平，经营活动现金回报能力增速放缓。
投资活动现金流入 40.43 亿元，占现金流入总量的 25.90%，同比增长 58.55%，平均下降 8.38%。由平均下降转为同比增长，投资活动现金回报能力开始复苏。
筹资活动现金流入 15.48 亿元，占现金流入总量的 9.92%，同比下降 71.76%，平均增长 106.36%。由平均增长转为同比下降，筹资活动现金回报能力开始下滑。
（三）现金流出情况分析
2022 年现金流出总额 143.15 亿元，经营活动现金流出 69.59 亿元，占现金流出总量的 48.61%，同比增长 14.65%，平均增长 10.28%。同比增长率高于平均水平，经营活动现金流出规模持续增强。
投资活动现金流出 60.98 亿元，占现金流出总量的 42.60%，同比增长 36.97%，平均下降 0.87%。由平均下降转为同比增长，投资活动现金流出规模开始复苏。
筹资活动现金流出 12.58 亿元，占现金流出总量的 8.79%，同比下降 51.50%，平均增长 15.29%。由平均增长转为同比下降，筹资活动现金流程规模开始下滑。

图 6-16 导入数据效果图

步骤三：编辑"提示词"。在导入的文档中添加上："我想让你充当财务分析师，我提供背景资料，请根据背景资料要求，帮助写一个'现金流量总体情况评价报告'。分析报告分三个部分：情况分析、风险评估、措施建议。背景资料如下："。编辑后的提示词，如图 6-17 所示。

步骤四：将提示词复制粘贴到 ChatGPT 提问区输入窗口。Ctrl+V，点击回车，便可获取智能分析报告。如图 6-18 所示。

步骤五：点击 ChatGPT 答复区右上角复制按钮，便可将反馈报告复制粘贴到 Word

文档中。

> 我想让你充当财务分析师，我提供背景资料，请根据背景资料要求，帮助写一个"现金流量总体情况评价报告"。分析报告分三个部分：情况分析、风险评估、措施建议。
> 背景资料如下：
>
> **现金流量总体情况评价报告**
>
> **一、情况分析**
>
> （一）现金流量净额情况分析（要求详细描述这部分5项指标数据，包括平均增长、同比增长等，并分析原因，进行评价。）
>
> 1、2022年期末现金及现金等价物余额127.00亿元，同比增长12.99%，平均增长70.10%。同比增长率低于平均水平，现金规模增速放缓。
>
> 2、经营活动产生的现金净流量30.58亿元，同比下降11.46%，平均增长19.85%。由平均增长转为同比下降，经营活动现金保障能力开始回落。
>
> 3、投资活动产生的现金净流量赤字20.56亿元，同比增长8.10%，平均增长37.50%。同比增长率低于平均水平，投资支出下滑放缓。
>
> 4、筹资活动产生的现金净流量2.90亿元，同比下降89.98%，平均增长109.96%。由平均增长转为同比下降，筹资保障能力开始回落。
>
> 5、从总体情况看，经营上能自给自足，还有现金净流入；同时也在融资与投资，经营现金流量与融资为投资提供了资金保障，但应防止投资规模过快。
>
> （二）现金流入情况分析（要求详细描述这部分3项指标数据，包括平均增长、同比增长等，并分析原因，进行评价。）
>
> 1、2022年现金流入总额156.11亿元，经营活动现金流入100.20亿元，占现金流入总量的64.19%，同比增长5.20%，平均增长12.81%。同比增长率低于平均水平，经营活动现金回报能力增速放缓。
>
> 2、投资活动现金流入40.43亿元，占现金流入总量的25.90%，同比增长58.55%，平均下降8.38%。由平均下降转为同比增长，投资活动现金回报能力开始复苏。
>
> 3、筹资活动现金流入15.48亿元，占现金流入总量的9.92%，同比下降71.76%，平均增长106.36%。由平均增长转为同比下降，筹资活动现金回报能力开始下滑。
>
> （三）现金流出情况分析（要求详细描述这部分3项指标数据，包括平均增长、同比增长等，并分析原因，进行评价。）
>
> 1、2022年现金流出总额143.15亿元，经营活动现金流出69.59亿元，占现金流出总量的48.61%，同比增长14.65%，平均增长10.28%。同比增长率高于平均水平，经营活动现金流出规模持续增强。
>
> 2、投资活动现金流出60.98亿元，占现金流出总量的42.60%，同比增长36.97%，平均下降0.87%。由平均下降转为同比增长，投资活动现金流出规模开始复苏。
>
> 3、筹资活动现金流出12.58亿元，占现金流出总量的8.79%，同比下降51.50%，平均增长15.29%。由平均增长转为同比下降，筹资活动现金流程规模开始下滑。
>
> **二、风险评估**（根据第一部分的情况分析，分析企业可能存在的风险，要详细具体一些。）
>
> **三、措施建议**（根据第二部分风险评估情况，针对存在的风险，提出合理化建议，要详细具体。）

图6-17　提示词

> **现金流量总体情况评价报告**
>
> **一、情况分析**
>
> （一）现金流量净额情况分析
>
> 1. 2022年期末现金及现金等价物余额为127.00亿元，同比增长12.99%，平均增长率为70.10%。同比增长率低于平均水平，现金规模增速放缓。这可能表明企业的现金管理策略有所调整，或者市场环境的变化导致增长放缓。
>
> 2. 经营活动产生的现金净流量为30.58亿元，同比下降11.46%。这可能是由于销售回款速度减缓，或者公司支出增加。平均增长率为19.85%，尽管同比下降，但经营活动现金保障能力仍保持相对稳定。
>
> 3. 投资活动产生的现金净流量为赤字20.56亿元，同比增长8.10%。这可能表明企业在投资活动上的支出有所减少，或者投资收益不如预期。平均增长率为37.50%，投资支出下滑放缓。
>
> 继续

图6-18　ChatGPT反馈的智能报告

现金流量总体情况评价报告

一、情况分析

（一）现金流量净额情况分析

1. 2022年期末现金及现金等价物余额为127.00亿元，同比增长12.99%，平均增长率为70.10%。尽管同比增长率低于平均水平，但现金规模增速放缓，这可能表明企业的现金管理策略有所调整，或者市场环境的变化导致增长放缓。

2. 经营活动产生的现金净流量为30.58亿元，同比下降11.46%。这可能是由于销售回款速度减缓，或者公司支出增加。平均增长率为19.85%，尽管同比下降，但经营活动现金保障能力仍保持相对稳定。

3. 投资活动产生的现金净流量为赤字20.56亿元，同比增长8.10%。这可能表明企业在投资活动上的支出有所减少，或者投资收益不如预期。平均增长率为37.50%，投资支出下滑放缓。

4. 筹资活动产生的现金净流量为2.90亿元，同比下降89.98%。这可能是由于企业融资需求减少，或者融资环境的变化导致融资规模下降。平均增长率为109.96%，由平均增长转为同比下降，筹资保障能力开始回落。

5. 从总体情况看，企业的经营现金流可以自给自足，且有现金净流入。同时，经营活动和融资活动为投资活动提供了资金保障，但企业应防止投资规模过快。

（二）现金流入情况分析

1. 2022年的现金流入总额为156.11亿元。其中，经营活动现金流入为100.20亿元，占现金流入总量的64.19%，同比增长5.20%。这表明企业的主要收入来源是经营活动，且其现金回报能力增速放缓。

2. 投资活动现金流入为40.43亿元，占现金流入总量的25.90%，同比增长58.55%。这表明企业的投资活动在逐渐复苏。

3. 筹资活动现金流入为15.48亿元，占现金流入总量的9.92%，同比下降71.76%。这可能与企业的融资策略和市场环境有关。

（三）现金流出情况分析

1. 2022年的现金流出总额为143.15亿元。其中，经营活动现金流出为69.59亿元，占现金流出总量的48.61%，同比增长14.65%。这表明企业的经营支出持续增长。

2. 投资活动现金流出为60.98亿元，占现金流出总量的4.60%，同比增长36.97%。这表明企业的投资活动在逐渐增加。

3. 筹资活动现金流出为12.58亿元，占现金流出总量的8.79%，同比下降51.50%。这可能与企业的融资策略和资金用途有关。

二、风险评估

根据上述情况分析，企业可能面临的风险包括：

1. 经营活动产生的现金流净额波动：虽然目前经营活动产生的现金流净额为正数，但近年来波动较大，可能表明企业的经营活动存在一定的不确定性。企业应关注现金流量的波动并采取措施进行管理。

2. 投资活动产生的现金流净额为负数：这可能表明企业投资规模过大或投资收益不佳，可能导致企业面临资金压力和财务风险。

3. 筹资活动的现金流净额下降：这可能表明企业融资需求减少或融资环境的变化导致融资规模下降。如果这种情况持续下去，可能会影响企业的资金流动性。

三、措施建议

针对上述风险，建议采取以下措施：

1. 加强经营活动的现金流管理：企业应加强应收账款的管理，提高回款速度，同时控制经营活动的支出，以确保现金流量的稳定和充足。

2. 控制投资规模和提高投资收益：企业应合理规划投资项目和资金用途，确保投资活动的收益能够覆盖支出并为企业提供足够的现金流。同时，企业应积极寻求多元化的投资渠道和策略，以降低投资风险。

3. 优化融资策略：企业应根据市场环境和自身需求，制定合理的融资策略，包括选择合适的融资渠道、优化融资结构、控制融资成本等。同时，企业应积极与金融机构建立良好的合作关系，以降低融资难度和成本。

6.4　VBA 与 ChatGPT 结合洞察现金流入构成情况

6.4.1　经营活动现金流入分析

6.4.1.1　分析重点

经营活动现金流入的分析重点项目包括：销售商品、提供劳务收到的现金；收到的税费返还；收到的其他与经营活动有关的现金等。

经营活动产生的现金流入金额与企业确认营收金额（考虑增值税）的对比情况。如果经营活动现金经流入超过净利润和税金，说明公司对于客户和供应商具有一定的竞争优势，有较强的话语权，因此，其盈利能力更有保障。经营活动现金净流入金额高于净利润，说明企业现金流非常稳健。如果企业净利润很高，但经营活动现金净流量为负数。说明企业资产质量进一步恶化，未来收款存在较大的风险，同时，企业对客户和供应商的话语权不强，存在虚增利润的风险。

6.4.1.2　VBA 智能分析代码

步骤一：编写经营活动现金总流入和销售商品提供劳务收到的现金分析代码。参考代码如下所示。

成功之钥匙

代码含义：

```
Sub 销售商品提供劳务收到的现金分析()
'i 代表描述信息变量
    Dim i As String,j,k,wa As Worksheet,wb As Worksheet
    Set wa = Worksheets("现金流量表分析报告")
    Set wb = Worksheets("现金流量基础表")
    wa.Cells(52,1) = "二、现金流入总体情况"
    wa.Cells(52,1).Font.Bold = True
    wa.Cells(53,1) = "(一)经营活动现金流入构成分析"
    '读取数据
    j = 4:k = 54
    i = wb.Cells(2,14) & Format(wb.Cells(7,14),",经营活动现金流入总额 0.00 亿元,") &_
  Format(wb.Cells(j,14),"销售商品提供劳务收到的现金 0.00 亿元,") &_
Format(wb.Cells(j,18),"占经营活动现金流入总额的 0.00%,") & Format(wb.Cells(j,16),"同比增长 0.00%,;同比下降 0.00%,") &_
    Format(wb.Cells(j,17),"平均增长 0.00%;平均下降 0.00%。")
       '如果同比增长高于平均水平,持续增强。
    If wb.Cells(j,16) > wb.Cells(j,17) And wb.Cells(j,16) > 0 And wb.Cells(j,17) > 0 Then
        wa.Cells(k,1) = i &"同比增长率高于平均水平,销售业务回款能力持续增强。"
        '如果同比增长等于平均增长,同比与平均都正增长,趋于稳定
    ElseIf wb.Cells(j,16) = wb.Cells(j,17) And wb.Cells(j,16) > 0 And wb.Cells(j,17) > 0 Then
        wa.Cells(k,1) = i &"同比增长率等于平均水平,销售业务回款能力趋于稳定。"
         '如果同比增长等于平均增长,同比增长和平均增长为负数,下滑趋势没改
    ElseIf wb.Cells(j,16) = wb.Cells(j,17) And wb.Cells(j,16) < 0 And wb.Cells(j,17) < 0 Then
        wa.Cells(k,1) = i &"同比下降率等于平均下降水平,销售业务回款能力下滑趋势没改。"
```

```vba
            '如果同比增长低于平均增长,同比增长和平均增长为正数,增速放缓
            ElseIf wb.Cells(j,16) < wb.Cells(j,17) And wb.Cells(j,16) >0 And wb.Cells(j,17) >0 Then
                wa.Cells(k,1) = i &"同比增长率低于平均水平,销售业务回款能力增速放缓。"
            '由平均负增长转为增长,开始复苏
            ElseIf wb.Cells(j,16) > wb.Cells(j,17) And wb.Cells(j,16) >0 And wb.Cells(j,17) <0 Then
                wa.Cells(k,1) = i &"由平均下降转为同比增长,销售业务回款能力开始复苏。"
            '由平均增长转为同比负增长,开始下滑
            ElseIf wb.Cells(j,16) < wb.Cells(j,17) And wb.Cells(j,16) <0 And wb.Cells(j,17) >0 Then
                wa.Cells(k,1) = i &"由平均增长转为同比下降,销售业务回款能力开始下滑。"
            '同比负增长低于平均负增长,开始放缓
            ElseIf Abs(wb.Cells(j,16)) < Abs(wb.Cells(j,17)) And wb.Cells(j,16) <0 And wb.Cells(j,17) <0 Then
                wa.Cells(k,1) = i &"同比下降低于平均下降水平,销售业务回款能力开始放缓。"
            '同比负增长高于平均负增长,持续加速
            ElseIf Abs(wb.Cells(j,16)) > Abs(wb.Cells(j,17)) And wb.Cells(j,16) <0 And wb.Cells(j,17) <0 Then
                wa.Cells(k,1) = 1 &"同比下降高于平均下降水平,销售业务回款能力持续下滑。"
            ElseIf wb.Cells(j,14) <>0 And wb.Cells(j,16) = wb.Cells(j,17) =0 And wb.Cells(j,17) =0 Then
                wa.Cells(k,1) = Format(wb.Cells(j,14),"销售商品提供劳务收到的现金 0.00 亿元,") &_
                    Format(wb.Cells(j,18),"占经营活动现金流入总额的 0.00%") &"以前年度没有发生额。"
            ElseIf wb.Cells(j,16) <>0 And wb.Cells(j,17) =0 Then
                wa.Cells(k,1) = i &"基期没有发生额。"
            Else
                wa.Cells(k,1) ="销售商品提供劳务收到的现金没有发生额。"
            End If
End Sub
```

步骤二:编写税费返还分析代码。参考代码如下所示。

成功之钥匙

代码含义:

```vba
Sub 收到的税费返还分析()
'i 代表描述信息变量
    Dim i As String,j,k,wa As Worksheet,wb As Worksheet
    Set wa = Worksheets("现金流量表分析报告")
    Set wb = Worksheets("现金流量基础表")
    '读取数据
    j = 5 : k = 55
i = Format(wb.Cells(j,14),"收到的税费返还 0.00 亿元,") & Format(wb.Cells(j,18),"占经营活动现金流入总额的 0.00%,") &_
Format(wb.Cells(j,16),"同比增长 0.00%,;同比下降 0.00%,") & Format(wb.Cells(j,17),"平均增长 0.00%;平均下降 0.00%")
        '如果同比增长高于平均水平,持续增强。
        If wb.Cells(j,16) > wb.Cells(j,17) And wb.Cells(j,16) >0 And wb.Cells(j,17) >0 Then
            wa.Cells(k,1) = i &"同比增长率高于平均水平,税收红利持续增强。"
        '如果同比增长等于平均增长,同比与平均都正增长,趋于稳定
        ElseIf wb.Cells(j,16) = wb.Cells(j,17) And wb.Cells(j,16) >0 And wb.Cells(j,17) >0 Then
            wa.Cells(k,1) = i &"同比增长率等于平均水平,税收红利趋于稳定。"
        '如果同比增长等于平均增长,同比增长和平均增长为负数,下滑趋势没改
        ElseIf wb.Cells(j,16) = wb.Cells(j,17) And wb.Cells(j,16) <0 And wb.Cells(j,17) <0 Then
            wa.Cells(k,1) = i &"同比下降等于平均下降水平,税收红利下滑趋势没改。"
        '如果同比增长低于平均增长,同比增长和平均增长为正数,增速放缓
        ElseIf wb.Cells(j,16) < wb.Cells(j,17) And wb.Cells(j,16) >0 And wb.Cells(j,17) >0 Then
            wa.Cells(k,1) = i &"同比增长率低于平均水平,税收红利增速放缓。"
        '由平均负增长转为增长,开始复苏
        ElseIf wb.Cells(j,16) > wb.Cells(j,17) And wb.Cells(j,16) >0 And wb.Cells(j,17) <0 Then
            wa.Cells(k,1) = i &"由平均下降转为同比增长,税收红利开始复苏。"
        '由平均增长转为同比负增长,开始下滑
        ElseIf wb.Cells(j,16) < wb.Cells(j,17) And wb.Cells(j,16) <0 And wb.Cells(j,17) >0 Then
            wa.Cells(k,1) = i &"由平均增长转为同比下降,税收红利开始下滑。"
        '同比负增长低于平均负增长,开始放缓
        ElseIf Abs(wb.Cells(j,16)) < Abs(wb.Cells(j,17)) And wb.Cells(j,16) <0 And wb.Cells(j,17) <0 Then
            wa.Cells(k,1) = i &"同比下降低于平均下降水平,税收红利开始放缓。"
        '同比负增长高于平均负增长,持续加速
        ElseIf Abs(wb.Cells(j,16)) > Abs(wb.Cells(j,17)) And wb.Cells(j,16) <0 And wb.Cells(j,17) <0 Then
            wa.Cells(k,1) = i &"同比下降高于平均下降水平,税收红利持续下滑。"
        ElseIf wb.Cells(j,14) <>0 And wb.Cells(j,16) = wb.Cells(j,17) =0 And wb.Cells(j,17) =0 Then
            wa.Cells(k,1) = Format(wb.Cells(j,14),"收到的税费返还 0.00 亿元,") &_
                Format(wb.Cells(j,18),"占经营活动现金流入总额的 0.00%") &"以前年度没有发生额。"
        ElseIf wb.Cells(j,16) <>0 And wb.Cells(j,17) =0 Then
```

```
        wa.Cells(k,1) = i &"基期没有发生额。"
    Else
        wa.Cells(k,1) = "收到的税费返还没有发生额。"
    End If
End Sub
```

步骤三：编写收到的其他与经营活动有关的现金分析代码。参考代码如下所示。

💡 成功之钥匙

代码含义：

```
Sub 收到的其他与经营活动有关的现金分析()
    'i 代表描述信息变量
    Dim i As String,j,k,wa As Worksheet,wb As Worksheet
    Set wa = Worksheets("现金流量表分析报告")
    Set wb = Worksheets("现金流量基础表")
    '读取数据
    j = 6:k = 56
i = Format(wb.Cells(j,14),"收到的其他与经营活动有关的现金 0.00 亿元,") & Format(wb.Cells(j,18),"占经营活动现金流入总额的 0.00%,") &_
Format(wb.Cells(j,16),"同比增长 0.00%,") & Format(wb.Cells(j,17),"平均增长 0.00%;平均下降 0.00%。")
    '如果同比增长高于平均水平,持续增强
    If wb.Cells(j,16) > wb.Cells(j,17) And wb.Cells(j,16) > 0 And wb.Cells(j,17) > 0 Then
        wa.Cells(k,1) = i &"同比增长率高于平均水平,由此产生的现金流入持续增强。"
        '如果同比增长等于平均增长,同比与平均都正增长,趋于稳定
    ElseIf wb.Cells(j,16) = wb.Cells(j,17) And wb.Cells(j,16) > 0 And wb.Cells(j,17) > 0 Then
        wa.Cells(k,1) = i &"同比增长率等于平均水平,由此产生的现金流入趋于稳定。"
        '如果同比增长等于平均增长,同比增长和平均增长为负数,下滑趋势没改。
    ElseIf wb.Cells(j,16) = wb.Cells(j,17) And wb.Cells(j,16) < 0 And wb.Cells(j,17) < 0 Then
        wa.Cells(k,1) = i &"同比下降率等于平均下降水平,由此产生的现金流入下滑趋势没改。"
        '如果同比增长低于平均增长,同比增长和平均增长为正数,增速放缓
    ElseIf wb.Cells(j,16) < wb.Cells(j,17) And wb.Cells(j,16) > 0 And wb.Cells(j,17) > 0 Then
        wa.Cells(k,1) = i &"同比增长率低于平均水平,由此产生的现金流入增速放缓。"
        '由平均负增长转为增长,开始复苏
    ElseIf wb.Cells(j,16) > wb.Cells(j,17) And wb.Cells(j,16) > 0 And wb.Cells(j,17) < 0 Then
        wa.Cells(k,1) = i &"由平均下降转为同比增长,由此产生的现金流入开始复苏。"
        '由平均增长转为同比负增长,开始下滑
    ElseIf wb.Cells(j,16) < wb.Cells(j,17) And wb.Cells(j,16) < 0 And wb.Cells(j,17) > 0 Then
        wa.Cells(k,1) = i &"由平均增长转为同比下降,由此产生的现金流入开始下滑。"
        '同比负增长低于平均负增长,开始放缓
    ElseIf Abs(wb.Cells(j,16)) < Abs(wb.Cells(j,17)) And wb.Cells(j,16) < 0 And wb.Cells(j,17) < 0 Then
        wa.Cells(k,1) = i &"同比下降低于平均下降水平,由此产生的现金流入开始放缓。"
        '同比负增长高于平均负增长,持续加速
    ElseIf Abs(wb.Cells(j,16)) > Abs(wb.Cells(j,17)) And wb.Cells(j,16) < 0 And wb.Cells(j,17) < 0 Then
        wa.Cells(k,1) = i &"同比下降高于平均下降水平,由此产生的现金流入持续下滑。"
    ElseIf wb.Cells(j,14) < > 0 And wb.Cells(j,16) = wb.Cells(j,17) And wb.Cells(j,16) = 0 And wb.Cells(j,17) = 0 Then
        wa.Cells(k,1) = Format(wb.Cells(j,14),"收到的其他与经营活动有关的现金 0.00 亿元,") &_
            Format(wb.Cells(j,18),"占经营活动现金流入总额的 0.00%。") &"以前年度没有发生额。"
    ElseIf wb.Cells(j,16) < > 0 And wb.Cells(j,17) = 0 Then
        wa.Cells(k,1) = i &"基期没有发生额。"
    Else
        wa.Cells(k,1) = "收到的其他与经营活动有关的现金没有发生额。"
    End If
End Sub
```

6.4.1.3　可视化图表

步骤一：编写制作图表代码。选择现金流量辅助分析表 M2：Q2，M4：Q6 区域数据,制作成柱形图,存放到现金流量表分析报告 A57 位置。参考代码如下所示。

💡 成功之钥匙

代码含义：

```
Sub 制作经营活动现金流入构成图表()
    Dim wa As Worksheet
    Dim ws As Worksheet
```

```vba
Dim cht As ChartObject
Dim rng As Range
'选择"利润基础表"工作表
 Set wa = ThisWorkbook.Sheets("现金流量基础表")
  '复制 M2:Q2,M4:Q6 区域的数据
wa.Range("M2:Q2,M4:Q6").Copy
'将数据粘贴到 T15:X18 区域
wa.Range("T15:X18").PasteSpecial Paste:=xlPasteValues
'设置工作表
Set ws = ThisWorkbook.Sheets("现金流量表分析报告")
'定义图表位置
Set rng = ws.Range("A57")
'在工作表中插入一个图表对象
Set cht = ws.ChartObjects.Add(Left:=rng.Left, Width:=700, Top:=rng.Top, Height:=170)
'设置图表数据源
cht.chart.SetSourceData Source:=wa.Range("$T$15:$X$18")
'设置图表类型为柱形图
cht.chart.chartType = xlColumnClustered
'添加数据标签
cht.chart.SeriesCollection(1).ApplyDataLabels
'设置图表标题
cht.chart.HasTitle = True
cht.chart.ChartTitle.Text = "经营活动现金流入构成分析"
'设置图例位置
cht.chart.HasLegend = True
cht.chart.Legend.Position = xlLegendPositionBottom
End Sub
```

步骤二：运行代码，嵌入柱形图。更改图表类型（方法同上），便可制成可视化动态分析图。如图 6-19 所示。

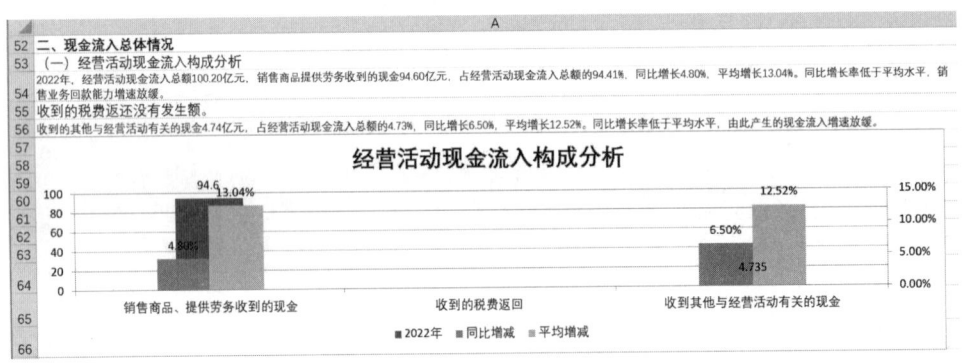

图 6-19　经营活动现金流入构成动态分析图

6.4.2　投资活动现金流入分析

6.4.2.1　分析重点

投资活动的现金流入分析项目有：收回投资所收到的现金；取得投资收益所收到的现金；处置固定资产、无形资产和其他长期资产所收到的现金；收到的其他与投资活动有关的现金等。投资活动取得投资收益收到的现金注意与利润表中确认的投资收益金额进行对比，从而判断企业投资获得的现金分红能力。

6.4.2.2　VBA 智能分析代码

步骤一：编写投资活动现金流入总额和收回投资收到的现金分析代码。参考代码如下所示。

成功之钥匙

代码含义：

```
Sub 收回投资收到的现金分析()
'i 代表描述信息变量
    Dim i As String,j,k,wa As Worksheet,wb As Worksheet
    Set wa = Worksheets("现金流量表分析报告")
    Set wb = Worksheets("现金流量基础表")
    wa.Cells(67,1) = "（二）投资活动现金流入构成分析"
    '读取数据
        j = 15:k = 68
    i = wb.Cells(2,14) & Format(wb.Cells(20,14),",投资活动现金流入总额0.00亿元,") & Format(wb.Cells(j,14),"收回投资收到的现金0.00亿元,") &_
    Format(wb.Cells(j,18),"占投资活动现金流入总额的0.00%,") & Format(wb.Cells(j,16),"同比增长0.00%,;同比下降0.00%,") &_
    Format(wb.Cells(j,17),"平均增长0.00%。;平均下降0.00%。")
        '如果同比增长高于平均水平,持续增强。
        If wb.Cells(j,16) > wb.Cells(j,17) And wb.Cells(j,16) > 0 And wb.Cells(j,17) > 0 Then
            wa.Cells(k,1) = i & "同比增长率高于平均水平,投资回收力度持续增强。"
        '如果同比增长等于平均增长,同比与平均都正增长,趋于稳定。
        ElseIf wb.Cells(j,16) = wb.Cells(j,17) And wb.Cells(j,16) > 0 And wb.Cells(j,17) > 0 Then
            wa.Cells(k,1) = i & "同比增长率等于平均水平,投资回收力度趋于稳定。"
            '如果同比增长等于平均增长,同比增长和平均增长为负数,下滑趋势没改。
        ElseIf wb.Cells(j,16) = wb.Cells(j,17) And wb.Cells(j,16) < 0 And wb.Cells(j,17) < 0 Then
            wa.Cells(k,1) = i & "同比下降率等于平均下降水平,投资回收力度下滑趋势没改。"
            '如果同比增长低于平均增长,同比增长和平均增长为正数,增速放缓
        ElseIf wb.Cells(j,16) < wb.Cells(j,17) And wb.Cells(j,16) > 0 And wb.Cells(j,17) > 0 Then
            wa.Cells(k,1) = i & "同比增长率低于平均水平,投资回收力度增速放缓。"
            '由平均负增长转为增长,开始复苏
        ElseIf wb.Cells(j,16) > wb.Cells(j,17) And wb.Cells(j,16) > 0 And wb.Cells(j,17) < 0 Then
            wa.Cells(k,1) = i & "由平均下降转为同比增长,投资回收力度开始复苏。"
            '由平均增长转为同比负增长,开始下滑
        ElseIf wb.Cells(j,16) < wb.Cells(j,17) And wb.Cells(j,16) < 0 And wb.Cells(j,17) > 0 Then
            wa.Cells(k,1) = i & "由平均增长转为同比下降,投资回收力度开始下滑。"
        '同比负增长低于平均负增长,开始放缓
        ElseIf Abs(wb.Cells(j,16)) < Abs(wb.Cells(j,17)) And wb.Cells(j,16) < 0 And wb.Cells(j,17) < 0 Then
            wa.Cells(k,1) = i & "同比下降低于平均下降水平,投资回升力度开始放缓。"
            '同比负增长高于平均负增长,持续加速
        ElseIf Abs(wb.Cells(j,16)) > Abs(wb.Cells(j,17)) And wb.Cells(j,16) < 0 And wb.Cells(j,17) < 0 Then
            wa.Cells(k,1) = i & "同比下降高于平均下降水平,投资回收力度持续下滑。"
        ElseIf wb.Cells(j,14) <> 0 And wb.Cells(j,16) = wb.Cells(j,16) = 0 And wb.Cells(j,17) = 0 Then
            wa.Cells(k,1) = Format(wb.Cells(j,14),"收回投资收到的现金0.00亿元,") &_
                Format(wb.Cells(j,18),"占投资活动现金流入总额的0.00%。") & "以前年度没有发生额。"
        ElseIf wb.Cells(j,16) <> 0 And wb.Cells(j,17) = 0 Then
            wa.Cells(k,1) = i & "基期没有发生额。"
        Else
            wa.Cells(k,1) = "收回投资收到的现金没有发生额。"
        End If
End Sub
```

步骤二：编写取得投资收益收到的现金分析代码。参考代码如下所示：

成功之钥匙

代码含义：

```
Sub 取得投资收益收到的现金分析()
'i 代表描述信息变量
    Dim i As String,j,k,wa As Worksheet,wb As Worksheet
    Set wa = Worksheets("现金流量表分析报告")
    Set wb = Worksheets("现金流量基础表")
    '读取数据
        j = 16:k = 69
    i = Format(wb.Cells(j,14),"取得投资收益收到的现金0.00亿元,") &_
Format(wb.Cells(j,18),"占投资活动现金流入总额的0.00%,") & Format(wb.Cells(j,16),"同比增长0.00%,;同比下降0.00%,") &_
    Format(wb.Cells(j,17),"平均增长0.00%。;平均下降0.00%。")
        '如果同比增长高于平均水平,持续增强。
        If wb.Cells(j,16) > wb.Cells(j,17) And wb.Cells(j,16) > 0 And wb.Cells(j,17) > 0 Then
```

```vba
            wa.Cells(k,1) = i & "同比增长率高于平均水平,投资现金回报能力持续增强。"
        '如果同比增长等于平均增长,同比与平均都正增长,趋于稳定
        ElseIf wb.Cells(j,16) = wb.Cells(j,17) And wb.Cells(j,16) >0 And wb.Cells(j,17) >0 Then
            wa.Cells(k,1) = i & "同比增长率等于平均水平,投资现金回报能力趋于稳定。"
        '如果同比增长等于平均增长,同比增长和平均增长为负数,下滑趋势没改
        ElseIf wb.Cells(j,16) = wb.Cells(j,17) And wb.Cells(j,16) <0 And wb.Cells(j,17) <0 Then
            wa.Cells(k,1) = i & "同比下降率等于平均下降水平,投资现金回报能力下滑趋势没改。"
        '如果同比增长低于平均增长,同比增长和平均增长为正数,增速放缓
        ElseIf wb.Cells(j,16) < wb.Cells(j,17) And wb.Cells(j,16) >0 And wb.Cells(j,17) >0 Then
            wa.Cells(k,1) = i & "同比增长率低于平均水平,投资现金回报能力增速放缓。"
        '由平均负增长转为增长,开始复苏
        ElseIf wb.Cells(j,16) > wb.Cells(j,17) And wb.Cells(j,16) >0 And wb.Cells(j,17) <0 Then
            wa.Cells(k,1) = i & "由平均下降转为同比增长,投资现金回报能力开始复苏。"
        '由平均增长转为同比增长,开始下滑
        ElseIf wb.Cells(j,16) < wb.Cells(j,17) And wb.Cells(j,16) <0 And wb.Cells(j,17) >0 Then
            wa.Cells(k,1) = i & "由平均增长转为同比下降,投资现金回报能力开始下滑。"
        '同比负增长低于平均负增长,开始放缓
        ElseIf Abs(wb.Cells(j,16)) < Abs(wb.Cells(j,17)) And wb.Cells(j,16) <0 And wb.Cells(j,17) <0 Then
            wa.Cells(k,1) = i & "同比下降低于平均下降水平,投资现金回报能力开始放缓。"
        '同比负增长高于平均负增长,持续加速
        ElseIf Abs(wb.Cells(j,16)) > Abs(wb.Cells(j,17)) And wb.Cells(j,16) <0 And wb.Cells(j,17) <0 Then
            wa.Cells(k,1) = i & "同比下降高于平均下降水平,投资现金回报能力持续下滑。"
        ElseIf wb.Cells(j,14) <>0 And wb.Cells(j,16) = wb.Cells(j,17) And wb.Cells(j,16) =0 And wb.Cells(j,17) =0 Then
            wa.Cells(k,1) = Format(wb.Cells(j,14), "取得投资收益收到的现金 0.00 亿元,") & _
                Format(wb.Cells(j,18), "占投资活动现金流入总额的 0.00%") & "以前年度没有发生额。"
        ElseIf wb.Cells(j,16) < >0 And wb.Cells(j,17) =0 Then
            wa.Cells(k,1) = i & "基期没有发生额。"
        Else
            wa.Cells(k,1) = "取得投资收益收到的现金没有发生额。"
        End If
End Sub
```

步骤三:编写处置固定资产、无形资产和其他资产收回的现金分析代码。参考代码如下所示:

👆 成功之钥匙

代码含义:

```vba
Sub 处置固定资产无形资产和其他长期资产收回的现金净额分析()
    'i 代表描述信息变量
    Dim i As String, j, k, wa As Worksheet, wb As Worksheet
    Set wa = Worksheets("现金流量表分析报告")
    Set wb = Worksheets("现金流量基础表")
    '读取数据
    j = 17: k = 70
    i = Format(wb.Cells(j,14), "处置固定资产、无形资产和其他长期资产收回的现金净额 0.00 亿元,") & _
      Format(wb.Cells(j,18), "占投资活动现金流入总额的 0.00%,") & _
  Format(wb.Cells(j,16), "同比增长 0.00%,") & Format(wb.Cells(j,17), "平均增长 0.00%;平均下降 0.00%。")
    '如果同比增长高于平均水平,持续增强
    If wb.Cells(j,16) > wb.Cells(j,17) And wb.Cells(j,16) >0 And wb.Cells(j,17) >0 Then
        wa.Cells(k,1) = i & "同比增长率高于平均水平,处置资产现金回报能力持续增强。"
        '如果同比增长等于平均增长,同比与平均都正增长,趋于稳定
        ElseIf wb.Cells(j,16) = wb.Cells(j,17) And wb.Cells(j,16) >0 And wb.Cells(j,17) >0 Then
            wa.Cells(k,1) = i & "同比增长率等于平均水平,处置资产现金回报能力趋于稳定。"
        '如果同比增长等于平均增长,同比增长和平均增长为负数,下滑趋势没改。
        ElseIf wb.Cells(j,16) = wb.Cells(j,17) And wb.Cells(j,16) <0 And wb.Cells(j,17) <0 Then
            wa.Cells(k,1) = i & "同比下降率等于平均下降水平,处置资产现金回报能力下滑趋势没改。"
        '如果同比增长低于平均增长,同比增长和平均增长为正数,增速放缓
        ElseIf wb.Cells(j,16) < wb.Cells(j,17) And wb.Cells(j,16) >0 And wb.Cells(j,17) >0 Then
            wa.Cells(k,1) = i & "同比增长率低于平均水平,处置资产现金回报能力增速放缓。"
        '由平均负增长转为增长,开始复苏
        ElseIf wb.Cells(j,16) > wb.Cells(j,17) And wb.Cells(j,16) >0 And wb.Cells(j,17) <0 Then
            wa.Cells(k,1) = i & "由平均下降转为同比增长,处置资产现金回报能力开始复苏。"
        '由平均增长转为同比负增长,开始下滑
        ElseIf wb.Cells(j,16) < wb.Cells(j,17) And wb.Cells(j,16) <0 And wb.Cells(j,17) >0 Then
            wa.Cells(k,1) = i & "由平均增长转为同比下降,处置资产现金回报能力开始下滑。"
```

```
          '同比负增长低于平均负增长,开始放缓
    ElseIf Abs(wb.Cells(j,16)) < Abs(wb.Cells(j,17)) And wb.Cells(j,16) < 0 And wb.Cells(j,17) < 0 Then
          wa.Cells(k,1) = i &"同比下降低于平均下降水平,处置资产现金回报能力开始放缓。"
          '同比负增长高于平均负增长,持续加速
    ElseIf Abs(wb.Cells(j,16)) > Abs(wb.Cells(j,17)) And wb.Cells(j,16) < 0 And wb.Cells(j,17) < 0 Then
          wa.Cells(k,1) = i &"同比下降高于平均下降水平,处置资产现金回报能力持续下滑。"
    ElseIf wb.Cells(j,14) <>0 And wb.Cells(j,16) = wb.Cells(j,17) And wb.Cells(j,16) = 0 And wb.Cells(j,17) = 0 Then
    wa.Cells(k,1) = Format(wb.Cells(j,14),"处置固定资产、无形资产和其他长期资产收回的现金净额 0.00 亿元,") &_
          Format(wb.Cells(j,18),"占投资活动现金流入总额的 0.00%。") &"以前年度没有发生额。"
          ElseIf wb.Cells(j,16) <>0 And wb.Cells(j,17) = 0 Then
            wa.Cells(k,1) = i &"基期没有发生额。"
          Else
            wa.Cells(k,1) = "处置固定资产、无形资产和其他长期资产收回的现金净额没有发生额。"
          End If
End Sub
```

步骤四：编写处置子公司及其他经营单位收到的现金分析代码。参考代码如下所示：

成功之钥匙

代码含义：

```
Sub 处置子公司及其他营业单位收到的现金分析()
  'i 代表描述信息变量
    Dim i As String,j,k,wa As Worksheet,wb As Worksheet
    Set wa = Worksheets("现金流量表分析报告")
    Set wb = Worksheets("现金流量基础表")
    '读取数据
    j = 18:k = 71
    i = Format(wb.Cells(j,14),"处置子公司及其他营业单位收到的现金 0.00 亿元,") &_
    Format(wb.Cells(j,18),"占投资活动现金流入总额的 0.00%,") &_
    Format(wb.Cells(j,16),"同比增长 0.00%,;同比下降 0.00%,") & Format(wb.Cells(j,17),"平均增长 0.00%,;平均下降 0.00%。")
          '如果同比增长高于平均水平,持续增强。
    If wb.Cells(j,16) > wb.Cells(j,17) And wb.Cells(j,16) > 0 And wb.Cells(j,17) > 0 Then
          wa.Cells(k,1) = i &"同比增长率高于平均水平,处置子公司及其他营业单位现金回报能力持续增强。"
          '如果同比增长等于平均增长,同比与平均都正增长,趋于稳定
    ElseIf wb.Cells(j,16) = wb.Cells(j,17) And wb.Cells(j,16) > 0 And wb.Cells(j,17) > 0 Then
          wa.Cells(k,1) = i &"同比增长率等于平均水平,处置子公司及其他营业单位现金回报能力趋于稳定。"
          '如果同比增长等于平均增长,同比增长和平均增长为负数,下滑趋势没改。
    ElseIf wb.Cells(j,16) = wb.Cells(j,17) And wb.Cells(j,16) < 0 And wb.Cells(j,17) < 0 Then
          wa.Cells(k,1) = i &"同比下降率等于平均下降水平,处置子公司及其他营业单位现金回报能力下滑趋势没改。"
          '如果同比增长低于平均增长,同比增长和平均增长为正数,增速放缓
    ElseIf wb.Cells(j,16) < wb.Cells(j,17) And wb.Cells(j,16) > 0 And wb.Cells(j,17) > 0 Then
          wa.Cells(k,1) = i &"同比增长率低于平均水平,处置子公司及其他营业单位现金回报能力增速放缓。"
          '由平均负增长转为增长,开始复苏
    ElseIf wb.Cells(j,16) > wb.Cells(j,17) And wb.Cells(j,16) > 0 And wb.Cells(j,17) < 0 Then
          wa.Abs(k,1) = i &"由平均下降转为同比增长,处置子公司及其他营业单位现金回报能力开始复苏。"
          '由平均增长转为同比负增长,开始下滑
    ElseIf wb.Cells(j,16) < wb.Cells(j,17) And wb.Cells(j,16) < 0 And wb.Cells(j,17) > 0 Then
          wa.Cells(k,1) = i &"由平均增长转为同比下降,处置子公司及其他营业单位现金回报能力开始下滑。"
          '同比负增长低于平均负增长,开始放缓
    ElseIf Abs(wb.Cells(j,16)) < Abs(wb.Cells(j,17)) And wb.Cells(j,16) < 0 And wb.Cells(j,17) < 0 Then
          wa.Cells(k,1) = i &"同比下降低于平均下降水平,处置子公司及其他营业单位现金回报能力开始放缓。"
          '同比负增长高于平均负增长,持续加速
    ElseIf Abs(wb.Cells(j,16)) > Abs(wb.Cells(j,17)) And wb.Cells(j,16) < 0 And wb.Cells(j,17) < 0 Then
          wa.Cells(k,1) = i &"同比下降高于平均下降水平,处置子公司及其他营业单位现金回报能力持续下滑。"
    ElseIf wb.Cells(j,14) <>0 And wb.Cells(j,16) = wb.Cells(j,17) And wb.Cells(j,16) = 0 And wb.Cells(j,17) = 0 Then
          wa.Cells(k,1) = Format(wb.Cells(j,14),"处置子公司及其他营业单位收到的现金 0.00 亿元,") &_
          Format(wb.Cells(j,18),"占投资活动现金流入总额的 0.00%。") &"以前年度没有发生额。"
          ElseIf wb.Cells(j,16) <>0 And wb.Cells(j,17) = 0 Then
            wa.Cells(k,1) = i &"基期没有发生额。"
          Else
            wa.Cells(k,1) = "处置子公司及其他营业单位收到的现金没有发生额。"
          End If
End Sub
```

步骤五：编写收到的其他与投资活动有关的现金分析代码。参考代码如下所示：

成功之钥匙

代码含义：

```
Sub 收到的其他与投资活动有关的现金分析()
'i 代表描述信息变量
    Dim i As String,j,k,wa As Worksheet,wb As Worksheet
    Set wa = Worksheets("现金流量表分析报告")
    Set wb = Worksheets("现金流量基础表")
    '读取数据
    j=19:k=72
i = Format(wb.Cells(j,14),"收到的其他与投资活动有关的现金 0.00 亿元,") & Format(wb.Cells(j,18),"占投资活动现金流入总额的 0.00%") & _
Format(wb.Cells(j,16),"同比增长 0.00%;同比下降 0.00%,") & Format(wb.Cells(j,17),"平均增长 0.00%;平均下降 0.00%。")
    '如果同比增长高于平均水平,持续增强。
    If wb.Cells(j,16) > wb.Cells(j,17) And wb.Cells(j,16) > 0 And wb.Cells(j,17) > 0 Then
        wa.Cells(k,1) = i & "同比增长率高于平均水平,其他投资活动现金回报能力持续增强。"
    '如果同比增长等于平均增长,同比与平均都正增长,趋于稳定
    ElseIf wb.Cells(j,16) = wb.Cells(j,17) And wb.Cells(j,16) > 0 And wb.Cells(j,17) > 0 Then
        wa.Cells(k,1) = i & "同比增长率等于平均水平,其他投资活动现金回报能力趋于稳定。"
    '如果同比增长等于平均增长,同比增长和平均增长为负数,下滑趋势没改。
    ElseIf wb.Cells(j,16) = wb.Cells(j,17) And wb.Cells(j,16) < 0 And wb.Cells(j,17) < 0 Then
        wa.Cells(k,1) = i & "同比下降率等于平均下降水平,其他投资活动现金回报能力下滑趋势没改。"
    '如果同比增长低于平均增长,同比增长和平均增长为正数,增速放缓
    ElseIf wb.Cells(j,16) < wb.Cells(j,17) And wb.Cells(j,16) > 0 And wb.Cells(j,17) > 0 Then
        wa.Cells(k,1) = i & "同比增长率低于平均水平,其他投资活动现金回报能力增速放缓。"
    '由平均负增长转为增长,开始复苏
    ElseIf wb.Cells(j,16) > wb.Cells(j,17) And wb.Cells(j,16) > 0 And wb.Cells(j,17) < 0 Then
        wa.Cells(k,1) = i & "由平均下降转为同比增长,其他投资活动现金回报能力开始复苏。"
    '由平均增长转为同比负增长,开始下滑
    ElseIf wb.Cells(j,16) < wb.Cells(j,17) And wb.Cells(j,16) < 0 And wb.Cells(j,17) > 0 Then
        wa.Cells(k,1) = i & "由平均增长转为同比下降,其他投资活动现金回报能力开始下滑。"
    '同比负增长低于平均负增长,开始放缓
    ElseIf Abs(wb.Cells(j,16)) < Abs(wb.Cells(j,17)) And wb.Cells(j,16) < 0 And wb.Cells(j,17) < 0 Then
        wa.Cells(k,1) = i & "同比下降低于平均下降水平,其他投资活动现金回报能力开始放缓。"
    '同比负增长高于平均负增长,持续加速
    ElseIf Abs(wb.Cells(j,16)) > Abs(wb.Cells(j,17)) And wb.Cells(j,16) < 0 And wb.Cells(j,17) < 0 Then
        wa.Cells(k,1) = i & "同比下降高于平均下降水平,其他投资活动现金回报能力持续下滑。"
    ElseIf wb.Cells(j,14) <> 0 And wb.Cells(j,16) = wb.Cells(j,17) And wb.Cells(j,16) = 0 And wb.Cells(j,17) = 0 Then
        wa.Cells(k,1) = Format(wb.Cells(j,14),"收到的其他与投资活动有关的现金 0.00 亿元,") & _
            Format(wb.Cells(j,18),"占投资活动现金流入总额的 0.00%。") & "以前年度没有发生额。"
    ElseIf wb.Cells(j,16) <> 0 And wb.Cells(j,17) = 0 Then
        wa.Cells(k,1) = i & "基期没有发生额。"
    Else
        wa.Cells(k,1) = "收到的其他与投资活动有关的现金没有发生额。"
    End If
End Sub
```

6.4.2.3 可视化图表

步骤一：编写制作图表代码。选择现金流量辅助分析表 M2：Q2，M15：Q19 区域数据，制作成柱形图，存放到现金流量表分析报告 A73 位置。参考代码如下所示：

成功之钥匙

代码含义：

```
Sub 制作投资活动现金流入构成图表()
    Dim wa As Worksheet
    Dim ws As Worksheet
    Dim cht As ChartObject
    Dim rng As Range
    '选择"利润基础表"工作表
    Set wa = ThisWorkbook.Sheets("现金流量基础表")
    '复制 M2:Q2,M12:Q12,M15:Q19 区域的数据
    wa.Range("M2:Q2,M15:Q19").Copy
    '将数据粘贴到 T20:X25 区域
```

```
        wa.Range("T20:X25").PasteSpecial Paste:=xlPasteValues
        '设置工作表
        Set ws=ThisWorkbook.Sheets("现金流量表分析报告")
        '定义图表位置
        Set rng=ws.Range("A73")
        '在工作表中插入一个图表对象
        Set cht=ws.ChartObjects.Add(Left:=rng.Left,Width:=700,Top:=rng.Top,Height:=170)
        '设置图表数据源
        cht.chart.SetSourceData Source:=wa.Range("$T$20:$X$25")
        '设置图表类型为柱形图
        cht.chart.chartType=xlColumnClustered
        '添加数据标签
        cht.chart.SeriesCollection(1).ApplyDataLabels
        '设置图表标题
        cht.chart.HasTitle=True
        cht.chart.ChartTitle.Text="投资活动现金流入构成分析"
        '设置图例位置
        cht.chart.HasLegend=True
        cht.chart.Legend.Position=xlLegendPositionBottom
End Sub
```

步骤二：运行代码，嵌入柱形图。更改图表类型（方法同上），便可制成可视化动态分析图。如图6-20所示。

6.4.3 筹资活动现金流入分析

6.4.3.1 分析重点

筹资活动的现金流入分析项目包括：吸收投资所收到的现金；借款收到的现金，通过与资产负债表长短期借款增减变动额和资产负债率的对比分析，综合判断企业是否存在财务风险；收到的其他与筹资活动有关的现金。

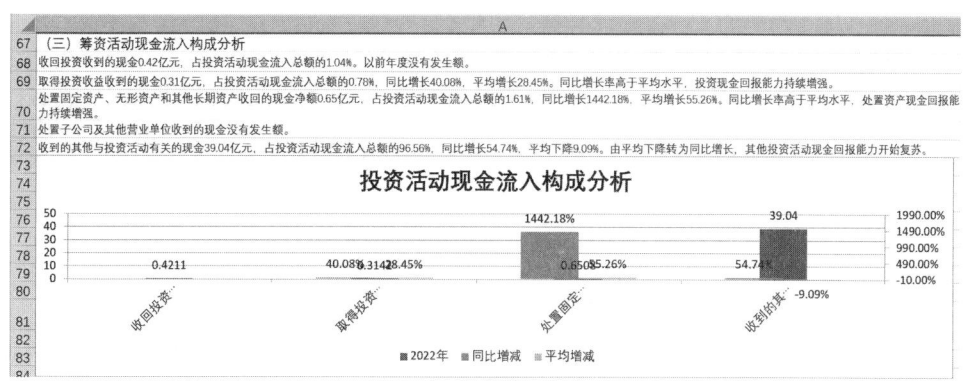

图6-20 投资活动现金流入构成动态分析图

6.4.3.2 VBA智能分析代码

步骤一：编写筹资活动现金流入和吸收投资收到的现金分析代码。参考代码如下所示：

成功之钥匙

代码含义：

```
Sub 吸收投资收到的现金分析()
    'i代表描述信息变量
    Dim i As String,j,k,wa As Worksheet,wb As Worksheet
    Set wa=Worksheets("现金流量表分析报告")
    Set wb=Worksheets("现金流量基础表")
    wa.Cells(67,1)="(三)筹资活动现金流入构成分析"
    '读取数据
```

```
            j=28:k=85
 i=wb.Cells(2,14)& Format(wb.Cells(33,14),"筹资活动现金流入总额 0.00 亿元,")& Format(wb.Cells(j,14),"吸收投资收到的现金 0.00 亿元,")&_
 Format(wb.Cells(j,18),"占筹资活动现金流入总额的 0.00%,")& Format(wb.Cells(j,16),"同比增长 0.00%,;同比下降 0.00%,")&_
    Format(wb.Cells(j,17),"平均增长 0.00%。;平均下降 0.00%。")
         '如果同比增长高于平均水平,持续增强。
         If wb.Cells(j,16)>wb.Cells(j,17)And wb.Cells(j,16)>0 And wb.Cells(j,17)>0 Then
            wa.Cells(k,1)=i &"同比增长率高于平均水平,吸收投资能力持续增强。"
         '如果同比增长等于平均增长,同比与平均都正增长,趋于稳定
         ElseIf wb.Cells(j,16)=wb.Cells(j,17)And wb.Cells(j,16)>0 And wb.Cells(j,17)>0 Then
            wa.Cells(k,1)=i &"同比增长率等于平均水平,吸收投资能力趋于稳定。"
            '如果同比增长等于平均增长,同比增长和平均增长为负数,下滑趋势没改。
         ElseIf wb.Cells(j,16)=wb.Cells(j,17)And wb.Cells(j,16)<0 And wb.Cells(j,17)<0 Then
            wa.Cells(k,1)=i &"同比下降率等于平均下降水平,吸收投资能力滑趋势没改。"
            '如果同比增长低于平均增长,同比增长和平均增长为正数,增速放缓
         ElseIf wb.Cells(j,16)<wb.Cells(j,17)And wb.Cells(j,16)>0 And wb.Cells(j,17)>0 Then
            wa.Cells(k,1)=i &"同比增长率低于平均水平,吸收投资能力增速放缓。"
            '由平均负增长转为增长,开始复苏
         ElseIf wb.Cells(j,16)>wb.Cells(j,17)And wb.Cells(j,16)>0 And wb.Cells(j,17)<0 Then
            wa.Cells(k,1)=i &"由平均下降转为同比增长,吸收投资能力开始复苏。"
            '由平均增长转为同比负增长,开始下滑
         ElseIf wb.Cells(j,16)<wb.Cells(j,17)And wb.Cells(j,16)<0 And wb.Cells(j,17)>0 Then
            wa.Cells(k,1)=i &"由平均增长转为同比下降,吸收投资能力开始下滑。"
         '同比负增长低于平均负增长,开始放缓
         ElseIf Abs(wb.Cells(j,16))<Abs(wb.Cells(j,17))And wb.Cells(j,16)<0 And wb.Cells(j,17)<0 Then
            wa.Cells(k,1)=i &"同比下降低于平均下降水平,吸收投资能力开始放缓。"
            '同比负增长高于平均负增长,持续加速
         ElseIf Abs(wb.Cells(j,16))>Abs(wb.Cells(j,17))And wb.Cells(j,16)<0 And wb.Cells(j,17)<0 Then
            wa.Cells(k,1)=i &"同比下降高于平均下降水平,吸收投资能力持续下滑。"
         ElseIf wb.Cells(j,14)<>0 And wb.Cells(j,16)=wb.Cells(j,17)And wb.Cells(j,16)=0 And wb.Cells(j,17)=0 Then
            wa.Cells(k,1)=Format(wb.Cells(j,14),"吸收投资收到的现金 0.00 亿元,")&_
                Format(wb.Cells(j,18),"占筹资活动现金流入总额的 0.00%。")&"以前年度没有发生额。"
         ElseIf wb.Cells(j,16)<>0 And wb.Cells(j,17)=0 Then
            wa.Cells(k,1)=i &"基期没有发生额。"
         Else
            wa.Cells(k,1)="吸收投资收到的现金没有发生额。"
         End If
End Sub
```

步骤二:编写子公司吸收少数股东投资收到的现金分析代码。参考代码如下所示:

🔑 成功之钥匙

代码含义:

```
Sub 子公司吸收少数股东投资收到的现金分析()
    'i 代表描述信息变量
    Dim i As String,j,k,wa As Worksheet,wb As Worksheet
    Set wa=Worksheets("现金流量表分析报告")
    Set wb=Worksheets("现金流量基础表")
    '读取数据
         j=29:k=86
 i=Format(wb.Cells(j,14),"子公司吸收少数股东投资收到的现金 0.00 亿元,")&_
 Format(wb.Cells(j,18),"占筹资活动现金流入总额的 0.00%,")& Format(wb.Cells(j,16),"同比增长 0.00%,;同比下降 0.00%,")&_
    Format(wb.Cells(j,17),"平均增长 0.00%。;平均下降 0.00%。")
         '如果同比增长高于平均水平,持续增强。
         If wb.Cells(j,16)>wb.Cells(j,17)And wb.Cells(j,16)>0 And wb.Cells(j,17)>0 Then
            wa.Cells(k,1)=i &"同比增长率高于平均水平,子公司吸收少数股东投资能力持续增强。"
            '如果同比增长等于平均增长,同比与平均都正增长,趋于稳定
         ElseIf wb.Cells(j,16)=wb.Cells(j,17)And wb.Cells(j,16)>0 And wb.Cells(j,17)>0 Then
            wa.Cells(k,1)=i &"同比增长率等于平均水平,子公司吸收少数股东投资能力趋于稳定。"
            '如果同比增长等于平均增长,同比增长和平均增长为负数,下滑趋势没改。
         ElseIf wb.Cells(j,16)=wb.Cells(j,17)And wb.Cells(j,16)<0 And wb.Cells(j,17)<0 Then
            wa.Cells(k,1)=i &"同比下降率等于平均下降水平,子公司吸收少数股东投资能力滑趋势没改。"
            '如果同比增长低于平均增长,同比增长和平均增长为正数,增速放缓
         ElseIf wb.Cells(j,16)<wb.Cells(j,17)And wb.Cells(j,16)>0 And wb.Cells(j,17)>0 Then
            wa.Cells(k,1)=i &"同比增长率低于平均水平,子公司吸收少数股东投资能力增速放缓。"
            '由平均负增长转为增长,开始复苏
         ElseIf wb.Cells(j,16)>wb.Cells(j,17)And wb.Cells(j,16)>0 And wb.Cells(j,17)<0 Then
```

```
        wa.Cells(k,1)=i &"由平均下降转为同比增长,子公司吸收少数股东投资能力开始复苏。"
        '由平均增长转为同比负增长,开始下滑
    ElseIf wb.Cells(j,16)<wb.Cells(j,17)And wb.Cells(j,16)<0 And wb.Cells(j,17)>0 Then
        wa.Cells(k,1)=i &"由平均增长转为同比下降,子公司吸收少数股东投资能力开始下滑。"
        '同比负增长低于平均负增长,开始放缓
ElseIf Abs(wb.Cells(j,16))<Abs(wb.Cells(j,17))And wb.Cells(j,16)<0 And wb.Cells(j,17)<0 Then
        wa.Cells(k,1)=i &"同比下降低于平均下降水平,子公司吸收少数股东投资能力开始放缓。"
        '同比负增长高于平均负增长,持续加速
ElseIf Abs(wb.Cells(j,16))<Abs(wb.Cells(j,17))And wb.Cells(j,16)<0 And wb.Cells(j,17)<0 Then
        wa.Cells(k,1)=i &"同比下降高于平均下降水平,子公司吸收少数股东投资能力持续下滑。"
    ElseIf wb.Cells(j,14)<>0 And wb.Cells(j,16)=wb.Cells(j,17)And wb.Cells(j,16)=0 And wb.Cells(j,17)=0 Then
        wa.Cells(k,1)=Format(wb.Cells(j,14),"子公司吸收少数股东投资收到的现金0.00亿元,")&_
            Format(wb.Cells(j,18),"占筹资活动现金流入总额的0.00%。")&"以前年度没有发生额。"
    ElseIf wb.Cells(j,16)<>0 And wb.Cells(j,17)=0 Then
        wa.Cells(k,1)=i &"基期没有发生额。"
    Else
        wa.Cells(k,1)="子公司吸收少数股东投资收到的现金没有发生额。"
    End If
End Sub
```

步骤三：编写取得借款收到的现金分析代码。参考代码如下所示：

成功之钥匙

代码含义：

```
Sub 取得借款收到的现金分析()
'i 代表描述信息变量
    Dim i As String,j,k,wa As Worksheet,wb As Worksheet
    Set wa=Worksheets("现金流量表分析报告")
    Set wb=Worksheets("现金流量基础表")
    '读取数据
    j=30:k=87
    i=Format(wb.Cells(j,14),"取得借款收到的现金0.00亿元,")&_
Format(wb.Cells(j,18),"占筹资活动现金流入总额的0.00%,")& Format(wb.Cells(j,16),"同比增长0.00%.;同比下降0.00%,")&_
    Format(wb.Cells(j,17),"平均增长0.00%;平均下降0.00%。")
        '如果同比增长高于平均水平,持续增强。
    If wb.Cells(j,16)>wb.Cells(j,17)And wb.Cells(j,16)>0 And wb.Cells(j,17)>0 Then
        wa.Cells(k,1)=i &"同比增长率高于平均水平,融资能力持续增强。"
        '如果同比增长等于平均增长,同比与平均都正增长,趋于稳定
    ElseIf wb.Cells(j,16)=wb.Cells(j,17)And wb.Cells(j,16)>0 And wb.Cells(j,17)>0 Then
        wa.Cells(k,1)=i &"同比增长率等于平均水平,融资能力趋于稳定。"
        '如果同比增长等于平均增长,同比增长和平均增长为负数,下滑趋势没改。
    ElseIf wb.Cells(j,16)=wb.Cells(j,17)And wb.Cells(j,16)<0 And wb.Cells(j,17)<0 Then
        wa.Cells(k,1)=i &"同比下降率等于平均下降水平,融资能力滑趋势没改。"
        '如果同比增长低于平均增长,同比增长和平均增长为正数,增速放缓
    ElseIf wb.Cells(j,16)<wb.Cells(j,17)And wb.Cells(j,16)>0 And wb.Cells(j,17)>0 Then
        wa.Cells(k,1)=i &"同比增长率低于平均水平,融资能力增速放缓。"
        '由平均负增长转为增长,开始复苏
    ElseIf wb.Cells(j,16)>wb.Cells(j,17)And wb.Cells(j,16)>0 And wb.Cells(j,17)<0 Then
        wa.Cells(k,1)=i &"由平均下降转为同比增长,融资能力开始复苏。"
        '由平均增长转为同比负增长,开始下滑
    ElseIf wb.Cells(j,16)<wb.Cells(j,17)And wb.Cells(j,16)<0 And wb.Cells(j,17)>0 Then
        wa.Cells(k,1)=i &"由平均增长转为同比下降,融资能力开始下滑。"
        '同比负增长低于平均负增长,开始放缓
ElseIf Abs(wb.Cells(j,16))<Abs(wb.Cells(j,17))And wb.Cells(j,16)<0 And wb.Cells(j,17)<0 Then
        wa.Cells(k,1)=i &"同比下降低于平均下降水平,融资能力开始放缓。"
        '同比负增长高于平均负增长,持续加速
ElseIf Abs(wb.Cells(j,16))>Abs(wb.Cells(j,17))And wb.Cells(j,16)<0 And wb.Cells(j,17)<0 Then
        wa.Cells(k,1)=i &"同比下降高于平均下降水平,融资能力持续下滑。"
    ElseIf wb.Cells(j,14)<>0 And wb.Cells(j,16)=wb.Cells(j,17)And wb.Cells(j,16)=0 And wb.Cells(j,17)=0 Then
        wa.Cells(k,1)=Format(wb.Cells(j,14),"取得借款收到的现金0.00亿元,")&_
            Format(wb.Cells(j,18),"占筹资活动现金流入总额的0.00%。")&"以前年度没有发生额。"
    ElseIf wb.Cells(j,16)<>0 And wb.Cells(j,17)=0 Then
        wa.Cells(k,1)=i &"基期没有发生额。"
    Else
        wa.Cells(k,1)="取得借款收到的现金没有发生额。"
    End If
```

End Sub

步骤四：编写发行债券收到的现金分析代码。参考代码如下所示：

🔑 **成功之钥匙**

代码含义：

```vba
Sub 发行债券收到的现金分析()
    'i代表描述信息变量
    Dim i As String, j, k, wa As Worksheet, wb As Worksheet
    Set wa = Worksheets("现金流量表分析报告")
    Set wb = Worksheets("现金流量基础表")
    '读取数据
    j = 31 : k = 88
    i = Format(wb.Cells(j,14),"发行债券收到的现金0.00亿元,") & _
Format(wb.Cells(j,18),"占筹资活动现金流入总额的0.00%,") & Format(wb.Cells(j,16),"同比增长0.00%,;同比下降0.00%,") & _
    Format(wb.Cells(j,17),"平均增长0.00%。;平均下降0.00%。")
    '如果同比增长高于平均水平,持续增强
    If wb.Cells(j,16) > wb.Cells(j,17) And wb.Cells(j,16) > 0 And wb.Cells(j,17) > 0 Then
        wa.Cells(k,1) = i & "同比增长率高于平均水平,债券融资能力持续增强。"
    '如果同比增长等于平均增长,同比与平均都正增长,趋于稳定
    ElseIf wb.Cells(j,16) = wb.Cells(j,17) And wb.Cells(j,16) > 0 And wb.Cells(j,17) > 0 Then
        wa.Cells(k,1) = i & "同比增长率等于平均水平,债券融资能力趋于稳定。"
    '如果同比增长等于平均增长,同比增长和平均增长为负数,下滑趋势没改
    ElseIf wb.Cells(j,16) = wb.Cells(j,17) And wb.Cells(j,16) < 0 And wb.Cells(j,17) < 0 Then
        wa.Cells(k,1) = i & "同比下降率等于平均下降水平,债券融资能力下滑趋势没改。"
    '如果同比增长低于平均增长,同比增长和平均增长为正数,增速放缓
    ElseIf wb.Cells(j,16) < wb.Cells(j,17) And wb.Cells(j,16) > 0 And wb.Cells(j,17) > 0 Then
        wa.Cells(k,1) = i & "同比增长率低于平均水平,债券融资能力增速放缓。"
    '由平均负增长转为增长,开始复苏
    ElseIf wb.Cells(j,16) > wb.Cells(j,17) And wb.Cells(j,16) > 0 And wb.Cells(j,17) < 0 Then
        wa.Cells(k,1) = i & "由平均下降转为同比增长,债券融资能力开始复苏。"
    '由平均增长转为同比负增长,开始下滑
    ElseIf wb.Cells(j,16) < wb.Cells(j,17) And wb.Cells(j,16) < 0 And wb.Cells(j,17) > 0 Then
        wa.Cells(k,1) = i & "由平均增长转为同比下降,债券融资能力开始下滑。"
    '同比负增长低于平均负增长,开始放缓
    ElseIf Abs(wb.Cells(j,16)) < Abs(wb.Cells(j,17)) And wb.Cells(j,16) < 0 And wb.Cells(j,17) < 0 Then
        wa.Cells(k,1) = i & "同比下降低于平均下降水平,债券融资能力开始放缓。"
    '同比负增长高于平均负增长,持续加速
    ElseIf Abs(wb.Cells(j,16)) > Abs(wb.Cells(j,17)) And wb.Cells(j,16) < 0 And wb.Cells(j,17) < 0 Then
        wa.Cells(k,1) = i & "同比下降高于平均下降水平,债券融资能力持续下滑。"
    ElseIf wb.Cells(j,14) < > 0 And wb.Cells(j,16) = wb.Cells(j,17) And wb.Cells(j,16) = 0 And wb.Cells(j,17) = 0 Then
        wa.Cells(k,1) = Format(wb.Cells(j,14),"发行债券收到的现金0.00亿元,") & _
    Format(wb.Cells(j,18),"占筹资活动现金流入总额的0.00%。") & "以前年度没有发生额。"
    ElseIf wb.Cells(j,16) < > 0 And wb.Cells(j,17) = 0 Then
        wa.Cells(k,1) = i & "基期没有发生额。"
    Else
        wa.Cells(k,1) = "发行债券收到的现金没有发生额。"
    End If
End Sub
```

步骤五：编写收到的其他与筹资活动有关的现金分析代码。参考代码如下所示：

🔑 **成功之钥匙**

代码含义：

```vba
Sub 收到的其他与筹资活动有关的现金分析()
    'i代表描述信息变量
    Dim i As String, j, k, wa As Worksheet, wb As Worksheet
    Set wa = Worksheets("现金流量表分析报告")
    Set wb = Worksheets("现金流量基础表")
    '读取数据
    j = 32 : k = 89
    i = Format(wb.Cells(j,14),"收到的其他与筹资活动有关的现金0.00亿元,") & _
Format(wb.Cells(j,18),"占筹资活动现金流入总额的0.00%,") & Format(wb.Cells(j,16),"同比增长0.00%,;同比下降0.00%,") & _
    Format(wb.Cells(j,17),"平均增长0.00%。;平均下降0.00%。")
```

```
        '如果同比增长高于平均水平,持续增强。
        If wb.Cells(j,16) > wb.Cells(j,17) And wb.Cells(j,16) > 0 And wb.Cells(j,17) > 0 Then
            wa.Cells(k,1) = i &"同比增长率高于平均水平,其他融资能力持续增强。"
            '如果同比增长等于平均增长,同比与平均都正增长,趋于稳定
        ElseIf wb.Cells(j,16) = wb.Cells(j,17) And wb.Cells(j,16) > 0 And wb.Cells(j,17) > 0 Then
            wa.Cells(k,1) = i &"同比增长率等于平均水平,其他融资能力趋于稳定。"
            '如果同比增长等于平均增长,同比增长和平均增长为负数,下滑趋势没改。
        ElseIf wb.Cells(j,16) = wb.Cells(j,17) And wb.Cells(j,16) < 0 And wb.Cells(j,17) < 0 Then
            wa.Cells(k,1) = i &"同比下降率等于平均下降水平,其他融资能力滑趋势没改。"
            '如果同比增长低于平均增长,同比增长和平均增长为正数,增速放缓。
        ElseIf wb.Cells(j,16) < wb.Cells(j,17) And wb.Cells(j,16) > 0 And wb.Cells(j,17) > 0 Then
            wa.Cells(k,1) = i &"同比增长率低于平均水平,其他融资能力增速放缓。"
            '由平均负增长转为增长,开始复苏
        ElseIf wb.Cells(j,16) > wb.Cells(j,17) And wb.Cells(j,16) > 0 And wb.Cells(j,17) < 0 Then
            wa.Cells(k,1) = i &"由平均下降转为同比增长,其他融资能力开始复苏。"
            '由平均增长转为同比负增长,开始下滑
        ElseIf wb.Cells(j,16) < wb.Cells(j,17) And wb.Cells(j,16) < 0 And wb.Cells(j,17) > 0 Then
            wa.Cells(k,1) = i &"由平均增长转为同比下降,其他融资能力开始下滑。"
            '同比负增长低于平均负增长,开始放缓
        ElseIf Abs(wb.Cells(j,16)) < Abs(wb.Cells(j,17)) And wb.Cells(j,16) < 0 And wb.Cells(j,17) < 0 Then
            wa.Cells(k,1) = i &"同比下降低于平均下降水平,其他融资能力开始放缓。"
            '同比负增长高于平均负增长,持续加速
        ElseIf Abs(wb.Cells(j,16)) > Abs(wb.Cells(j,17)) And wb.Cells(j,16) < 0 And wb.Cells(j,17) > 0 Then
            wa.Cells(k,1) = i &"同比下降高于平均下降水平,其他融资能力持续下滑。"
        ElseIf wb.Cells(j,14) <> 0 And wb.Cells(j,16) = wb.Cells(j,17) And wb.Cells(j,16) = 0 And wb.Cells(j,17) = 0 Then
            wa.Cells(k,1) = Format(wb.Cells(j,14),"收到的其他与筹资活动有关的现金0.00亿元,") & _
            Format(wb.Cells(j,18),"占筹资活动现金流入总额的0.00%。") &"以前年度没有发生额"
        ElseIf wb.Cells(j,16) <> 0 And wb.Cells(j,17) = 0 Then
            wa.Cells(k,1) = i &"基期没有发生额。"
        Else
            wa.Cells(k,1) = "收到的其他与筹资活动有关的现金没有发生额。"
        End If
End Sub
```

6.4.3.3 可视化图表

步骤一:编写制作图表代码。选择现金流量辅助分析表 M2:Q2,M28:Q32 区域数据,制作成柱形图,存放到现金流量表分析报告 A89 位置。参考代码如下所示:

成功之钥匙

代码含义:

```
Sub 制作筹资活动现金流入构成图表()
    Dim wa As Worksheet
    Dim ws As Worksheet
    Dim cht As ChartObject
    Dim rng As Range
    '选择"利润基础表"工作表
    Set wa = ThisWorkbook.Sheets("现金流量基础表")
    '复制 M2:Q2,M28:Q32 区域的数据
    wa.Range("M2:Q2,M28:Q32").Copy
    '将数据粘贴到 T27:X32 区域
    wa.Range("T27:X32").PasteSpecial Paste:=xlPasteValues
    '设置工作表
    Set ws = ThisWorkbook.Sheets("现金流量表分析报告")
    '定义图表位置
    Set rng = ws.Range("A89")
    '在工作表中插入一个图表对象
    Set cht = ws.ChartObjects.Add(Left:=rng.Left,Width:=700,Top:=rng.Top,Height:=170)
    '设置图表数据源
    cht.chart.SetSourceData Source:=wa.Range("$T$27:$X$32")
    '设置图表类型为柱形图
    cht.chart.chartType = xlColumnClustered
    '添加数据标签
    cht.chart.SeriesCollection(1).ApplyDataLabels
    '设置图表标题
    cht.chart.HasTitle = True
```

```
            cht.chart.ChartTitle.Text = "筹资活动现金流入构成分析"
        '设置图例位置
            cht.chart.HasLegend = True
            cht.chart.Legend.Position = xlLegendPositionBottom
End Sub
```

步骤二：运行代码，嵌入柱形图。更改图表类型（方法同上），便可制成可视化动态分析图。如图6－21所示。

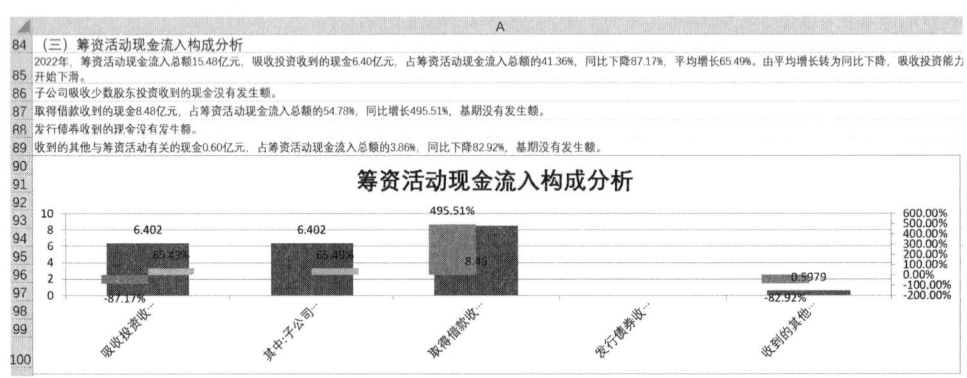

图6－21　筹资活动现金流入构成动态分析图

6.4.4　应用 ChatGPT 生成现金流入评价报告

将通过 VBA 生成的智能分析结果，导入 ChatGPT，可以生成现金流入报告。

步骤一：通过编写 VBA 代码，将"现金流量表分析报告"中，现金流入总体情况 A52：A89 区域分析结果导入 Word 文档中。参考代码如下所示：

👉 **成功之钥匙**

代码含义：

```
Option Explicit
Sub 将现金流入总体情况导入文档()
    Dim WordApp As Object
    Dim WordDoc As Object
    Dim ExcelRange As Range
    Dim WordRange As Object
    Dim rowCount As Integer
    Dim i As Integer
    '创建一个新的 Word 文档
    Set WordApp = CreateObject("Word.Application")
    WordApp.Visible = True
    Set WordDoc = WordApp.Documents.Add
    '指定 Excel 中的数据范围
    Set ExcelRange = ThisWorkbook.Sheets("现金流量表分析报告").Range("A52:A89")
    '在 Word 文档中逐行插入 Excel 数据
    Set WordRange = WordDoc.Content
    For i = 1 To ExcelRange.Rows.Count
        WordRange.InsertAfter ExcelRange.Cells(i,1).Value & vbCrLf
        Set WordRange = WordDoc.Content
    Next i
    '清除对象
    Set WordApp = Nothing
    Set WordDoc = Nothing
    Set ExcelRange = Nothing
    Set WordRange = Nothing
End Sub
```

步骤二：运行代码。在 Word 文档中获得导入结果。如图6－22所示。

第 6 章　智能现金流量表分析系统

> 二、现金流入总体情况
> （一）经营活动现金流入构成分析
> 2022 年，经营活动现金流入总额 100.20 亿元，销售商品提供劳务收到的现金 94.60 亿元，占经营活动现金流入总额的 94.41%，同比增长 4.80%，平均增长 13.04%。同比增长率低于平均水平，销售业务回款能力增速放缓。
> 收到的其他与经营活动有关的现金 4.74 亿元，占经营活动现金流入总额的 4.73%，同比增长 6.50%，平均增长 12.52%。同比增长率低于平均水平，由此产生的现金流入增速放缓。
> （二）投资活动现金流入构成分析
> 收回投资收到的现金 0.42 亿元，占投资活动现金流入总额的 1.04%。以前年度没有发生额。
> 取得投资收益收到的现金 0.31 亿元，占投资活动现金流入总额的 0.78%，同比增长 40.08%，平均增长 28.45%。同比增长率高于平均水平，投资现金回报能力持续增强。
> 处置固定资产、无形资产和其他长期资产收回的现金净额 0.65 亿元，占投资活动现金流入总额的 1.61%，同比增长 1442.18%，平均增长 55.26%。同比增长率高于平均水平，处置资产现金回报能力持续增强。
> 处置子公司及其他营业单位收到的现金没有发生额。
> 收到的其他与投资活动有关的现金 39.04 亿元，占投资活动现金流入总额的 96.56%，同比增长 54.74%，平均下降 9.09%。由平均下降转为同比增长，其他投资活动现金回报能力开始复苏。
> （三）筹资活动现金流入构成分析
> 2022 年，筹资活动现金流入总额 15.48 亿元，吸收投资收到的现金 6.40 亿元，占筹资活动现金流入总额的 41.36%，同比下降 87.17%，平均增长 65.49%。由平均增长转为同比下降，吸收投资能力开始下滑。
> 取得借款收到的现金 8.48 亿元，占筹资活动现金流入总额的 54.78%，同比增长 495.51%，基期没有发生额。
> 发行债券收到的现金没有发生额。
> 收到的其他与筹资活动有关的现金 0.60 亿元，占筹资活动现金流入总额的 3.86%，同比下降 82.92%，基期没有发生额。

图 6 - 22　导入数据效果图

步骤三：编辑"提示词"。在导入的文档中添加上：我想让你充当财务分析师，我提供背景资料，请根据背景资料要求，帮助写一个"现金流量总体情况评价报告"。分析报告分三个部分：情况分析、风险评估、措施建议。编辑后的提示词，如图 6 - 23 所示。

> 我想让你充当财务分析师，我提供背景资料，请根据背景资料要求，帮助写一个"现金流入总体情况评价报告"。分析报告分三个部分：情况分析、风险评估、措施建议。
> 背景资料如下：
> 现金流入总体情况
> 一、情况分析
> （一）经营活动现金流入构成分析（要求详细描述这部分 2 项指标数据，包括平均增长、同比增长等，并分析原因，进行评价。）
> 1、2022 年，经营活动现金流入总额 100.20 亿元，销售商品提供劳务收到的现金 94.60 亿元，占经营活动现金流入总额的 94.41%，同比增长 4.80%，平均增长 13.04%。同比增长率低于平均水平，销售业务回款能力增速放缓。
> 2、收到的其他与经营活动有关的现金 4.74 亿元，占经营活动现金流入总额的 4.73%，同比增长 6.50%，平均增长 12.52%。同比增长率低于平均水平，由此产生的现金流入增速放缓。
> （二）投资活动现金流入构成分析（要求详细描述这部分 4 项指标数据，包括平均增长、同比增长等，并分析原因，进行评价。）
> 1、收回投资收到的现金 0.42 亿元，占投资活动现金流入总额的 1.04%。以前年度没有发生额。
> 2、取得投资收益收到的现金 0.31 亿元，占投资活动现金流入总额的 0.78%，同比增长 40.08%，平均增长 28.45%。同比增长率高于平均水平，投资现金回报能力持续增强。
> 3、处置固定资产、无形资产和其他长期资产收回的现金净额 0.65 亿元，占投资活动现金流入总额的 1.61%，同比增长 1442.18%，平均增长 55.26%。同比增长率高于平均水平，处置资产现金回报能力持续增强。
> 4、收到的其他与投资活动有关的现金 39.04 亿元，占投资活动现金流入总额的 96.56%，同比增长 54.74%，平均下降 9.09%。由平均下降转为同比增长，其他投资活动现金回报能力开始复苏。
> （三）筹资活动现金流入构成分析（要求详细描述这部分 3 项指标数据，包括平均增长、同比增长等，并分析原因，进行评价。）
> 1、2022 年，筹资活动现金流入总额 15.48 亿元，吸收投资收到的现金 6.40 亿元，占筹资活动现金流入总额的 41.36%，同比下降 87.17%，平均增长 65.49%。由平均增长转为同比下降，吸收投资能力开始下滑。
> 2、取得借款收到的现金 8.48 亿元，占筹资活动现金流入总额的 54.78%，同比增长 495.51%，基期没有发生额。
> 3、收到的其他与筹资活动有关的现金 0.60 亿元，占筹资活动现金流入总额的 3.86%，同比下降 82.92%，基期没有发生额。
> 二、风险评估（根据第一部分的情况分析，分析企业可能存在的风险，要详细具体一些。）
> 三、措施建议（根据第二部分风险评估情况，针对存在的风险，提出合理化建议，要详细具体。）

图 6 - 23　提示词

步骤四：将提示词复制粘贴到 ChatGPT 提问区输入窗口。Ctrl + V，点击回车，便可获取智能分析报告。如图 6 - 24 所示。

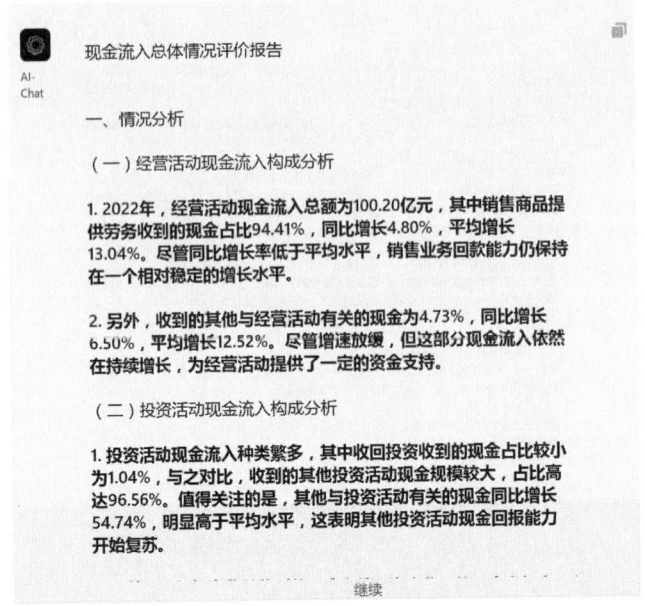

图 6-24 ChatGPT 反馈的智能报告

步骤五：点击 ChatGPT 答复区右上角复制按钮■，便可将反馈报告复制粘贴到 Word 文档中。

现金流入总体情况评价报告

一、情况分析

（一）经营活动现金流入构成分析

1. 2022 年，经营活动现金流入总额为 100.20 亿元，其中销售商品提供劳务收到的现金占比 94.41%，同比增长 4.80%，平均增长 13.04%。尽管同比增长率低于平均水平，销售业务回款能力仍保持在一个相对稳定的增长水平。

2. 另外，收到的其他与经营活动有关的现金为 4.73%，同比增长 6.50%，平均增长 12.52%。尽管增速放缓，但这部分现金流入依然在持续增长，为经营活动提供了一定的资金支持。

（二）投资活动现金流入构成分析

1. 投资活动现金流入种类繁多，其中收回投资收到的现金占比较小为 1.04%，与之对比，收到的其他投资活动现金规模较大，占比高达 96.56%。值得关注的是，其他与投资活动有关的现金同比增长 54.74%，明显高于平均水平，这表明其他投资活动现金回报能力开始复苏。

2. 另外，取得投资收益收到的现金和处置资产收回的现金净额表现出色，分别同比增长 40.08% 和 1442.18%，说明投资现金回报能力持续增强，处置资产现金回报能力也在不断加强。

3. 不过，需要关注的是，取得借款收到的现金同比增长 495.51%，吸收投资收到的现金同比下降 87.17%，这可能导致企业筹资能力下降。

（三）筹资活动现金流入构成分析

1. 2022 年，筹资活动现金流入总额为 15.48 亿元，吸收投资收到的现金占比 41.36%，同比下降 87.17%，可能影响企业筹资能力。而取得借款收到的现金同比增长 495.51%，显示了企业在融资方面的表现良好。

2. 另外，其他与筹资活动有关的现金同比下降 82.92%，可能会对企业筹资活动带来一定影响，需要谨慎管理。

二、风险评估

1. 经营活动现金流入增速放缓：企业需要进一步审查销售回款情况，关注应收账款管理，确保销售回款稳定。同时，企业应加强与客户的沟通，了解其付款习惯和信用状况，以优化收款策略。此外，企业应密切关注其他与经营活动有关的现金的来源和用途，确保其使用效率。

2. 吸收投资收到的现金同比下滑：企业应积极与投资者沟通，了解其需求和期望，以制定合理的吸收投资策略。同时，企业可以探索其他筹资方式，如发行股票或债券，以降低对吸收投资能力的依赖。

3. 筹资活动中的债务融资比例过高：企业应审慎管理借款资金的使用情况，避免过度依赖债务。在制定债务融资策略时，企业应充分考虑自身的偿债能力和债务成本，确保债务融资的合理性。

三、措施建议

1. 加强资金流动性管理：企业应确保具备足够的资金应对日常运营和突发事件。在面对经营活动现金流入增速放缓时，企业可以探索新的收入来源，如扩大销售渠道、开发新产品等，以提高现金流稳定性。

2. 多元化融资渠道：企业应积极探索多元化的融资渠道，降低对单一融资方式的依赖。除了债务融资外，企业还可以考虑股权融资、债券发行、供应链融资等方式，以满足不同阶段的资金需求。

3. 优化投资策略：企业应加强对投资项目的分析和风险管理，确保投资回报能力持续提升。在面对投资活动现金回报能力持续增强和开始复苏的同时，企业应避免盲目投资，确保投资活动的稳健性。

4. 加强债务管理：企业应合理规划借款规模和使用，避免过度负债。在制定债务融资策略时，应考虑债务的期限、利率、偿还方式等因素，以确保债务的可持续性和降低财务风险。

6.5 VBA 与 ChatGPT 结合洞察现金流出构成情况

6.5.1 经营活动现金流出分析

6.5.1.1 分析重点

经营活动现金流出分析的主要项目包括：购买商品、接受劳务支付的现金；支付给职工以及为职工支付的现金；支付的各项税费；支付的其他与经营活动有关的现金。重点分析：

（1）现金流出规模与收入的关系。分析经营活动现金流出的规模与企业的营业收入之间的关系。通常，合理的经营活动现金流出应与营业收入的增长相匹配。如果现金流出的增长速度超过收入的增长，可能表明企业的运营效率在下降或成本控制存在问题。

（2）现金流出结构分析。对经营活动现金流出的具体项目进行分析，购买商品、接受劳务支付的现金；支付给职工以及为职工支付的现金；支付的各项税费；支付的其他与经营活动有关的现金等的增减变动，分析各项支出的合理性和控制情况。

（3）现金流出效率评估。评估企业支付现金的效率，例如支付给供应商的现金、员工工资和税费等。过度的现金支付可能意味着企业资金使用效率不高。

（4）趋势分析。经营活动现金流出的历史数据和发展趋势，判断是否存在季节性波动或长期趋势。

（5）现金流出与政策调整的关系。考察企业是否因为政策调整（如税收政策变化）导致现金流出的变化，并评估这种变化对企业财务状况的长期影响。

（6）现金流出的风险评估。分析可能影响企业未来现金流出的风险因素，如原材料价格波动、劳动力成本上升等，并评估企业对这些风险的应对能力。

6.5.1.2　VBA智能分析代码

步骤一：编写经营活动现金流出总额和购买商品、接受劳务支付的现金分析代码。参考代码如下所示：

👆 **成功之钥匙**

代码含义：

```
Sub 购买商品、接受劳务支付的现金分析()
'i 代表描述信息变量
    Dim i As String,j,k,wa As Worksheet,wb As Worksheet
    Set wa=Worksheets("现金流量表分析报告")
    Set wb=Worksheets("现金流量基础表")
    wa.Cells(101,1)="三、现金流出总体情况"
    wa.Cells(101,1).Font.Bold=True
    wa.Cells(102,1)="(一)经营活动现金流出构成分析"
    '读取数据
    j=8:k=103
    i=wb.Cells(2,14)& Format(wb.Cells(12,14),",经营活动现金流出总额0.00 亿元,")&_
Format(wb.Cells(j,14),"购买商品、接受劳务支付的现金0.00 亿元,")&_
Format(wb.Cells(j,18),"占经营活动现金流出总额的0.00%,")&_
Format(wb.Cells(j,16),"同比增长0.00%,;同比下降0.00%,")&_
Format(wb.Cells(j,17),"平均增长0.00%,;平均下降0.00%,")
        '如果同比增长高于平均水平,持续增强
        If wb.Cells(j,16)>wb.Cells(j,17)And wb.Cells(j,16)>0 And wb.Cells(j,17)>0 Then
            wa.Cells(k,1)=i &"同比增长率高于平均水平,商品和劳务现金支付规模持续增强。"
            '如果同比增长等于平均增长,同比与平均都正增长,趋于稳定
        ElseIf wb.Cells(j,16)=wb.Cells(j,17)And wb.Cells(j,16)>0 And wb.Cells(j,17)>0 Then
            wa.Cells(k,1)=i &"同比增长率等于平均水平,商品和劳务现金支付规模规模趋于稳定。"
            '如果同比增长等于平均增长,同比增长和平均增长为负数,下滑趋势没改。
        ElseIf wb.Cells(j,16)=wb.Cells(j,17)And wb.Cells(j,16)<0 And wb.Cells(j,17)<0 Then
            wa.Cells(k,1)=i &"同比下降率等于平均下降水平,商品和劳务现金支付规模下滑趋势没改。"
            '如果同比增长低于平均增长,同比增长和平均增长为正数,增速放缓
        ElseIf wb.Cells(j,16)<wb.Cells(j,17)And wb.Cells(j,16)>0 And wb.Cells(j,17)>0 Then
            wa.Cells(k,1)=i &"同比增长率低于平均水平,商品和劳务现金支付规模增速放缓。"
            '由平均负增长转为增长,开始复苏
        ElseIf wb.Cells(j,16)>wb.Cells(j,17)And wb.Cells(j,16)>0 And wb.Cells(j,17)<0 Then
            wa.Cells(k,1)=i &"由平均下降转为同比增长,商品和劳务现金支付规模开始复苏。"
            '由平均增长转为同比负增长,开始下滑
        ElseIf wb.Cells(j,16)<wb.Cells(j,17)And wb.Cells(j,16)<0 And wb.Cells(j,17)>0 Then
            wa.Cells(k,1)=i &"由平均增长转为同比下降,商品和劳务现金支付规模开始下滑。"
            '同比负增长低于平均负增长,开始放缓
        ElseIf Abs(wb.Cells(j,16))<Abs(wb.Cells(j,17))And wb.Cells(j,16)<0 And wb.Cells(j,17)<0 Then
            wa.Cells(k,1)=i &"同比下降低于平均下降水平,商品和劳务现金支付规模开始放缓。"
            '同比负增长高于平均负增长,持续加速
        ElseIf Abs(wb.Cells(j,16))>Abs(wb.Cells(j,17))And wb.Cells(j,16)<0 And wb.Cells(j,17)<0 Then
            wa.Cells(k,1)=i &"同比下降高于平均下降水平,商品和劳务现金支付规模持续下滑。"
        End If
End Sub
```

步骤二：编写支付给职工以及为职工支付的现金分析代码。参考代码如下所示：

👆 **成功之钥匙**

代码含义：

```
Sub 支付给职工以及为职工支付的现金分析()
'i 代表描述信息变量
    Dim i As String,j,k,wa As Worksheet,wb As Worksheet
    Set wa=Worksheets("现金流量表分析报告")
    Set wb=Worksheets("现金流量基础表")
    '读取数据
    j=9:k=104
    i=Format(wb.Cells(j,14),"支付给职工以及为职工支付的现金0.00 亿元,")&_
Format(wb.Cells(j,18),"占经营活动现金流出总额的0.00%,")& Format(wb.Cells(j,16),"同比增长0.00%,;同比下降0.00%,")&_
Format(wb.Cells(j,17),"平均增长0.00%,;平均下降0.00%,")
```

```
        '如果同比增长高于平均水平,持续增强。
        If wb.Cells(j,16)>wb.Cells(j,17)And wb.Cells(j,16)>0 And wb.Cells(j,17)>0 Then
            wa.Cells(k,1)=i &"同比增长率高于平均水平,对职工现金支付规模持续增强。"
            '如果同比增长等于平均增长,同比与平均都正增长,趋于稳定
        ElseIf wb.Cells(j,16)=wb.Cells(j,17)And wb.Cells(j,16)>0 And wb.Cells(j,17)>0 Then
            wa.Cells(k,1)=i &"同比增长率等于平均水平,对职工现金支付规模规模趋于稳定。"
            '如果同比增长等于平均增长,同比增长和平均增长为负数,下滑趋势没改。
        ElseIf wb.Cells(j,16)=wb.Cells(j,17)And wb.Cells(j,16)<0 And wb.Cells(j,17)<0 Then
            wa.Cells(k,1)=i &"同比下降率等于平均下降水平,对职工现金支付规模下滑趋势没改。"
            '如果同比增长低于平均增长,同比增长和平均增长为正数,增速放缓
        ElseIf wb.Cells(j,16)<wb.Cells(j,17)And wb.Cells(j,16)>0 And wb.Cells(j,17)>0 Then
            wa.Cells(k,1)=i &"同比增长率低于平均水平,对职工现金支付规模增速放缓。"
            '由平均负增长转为增长,开始复苏
        ElseIf wb.Cells(j,16)>wb.Cells(j,17)And wb.Cells(j,16)>0 And wb.Cells(j,17)<0 Then
            wa.Cells(k,1)=i &"由平均下降转为同比增长,对职工现金支付规模开始复苏。"
            '由平均增长转为同比负增长,开始下滑
        ElseIf wb.Cells(j,16)<wb.Cells(j,17)And wb.Cells(j,16)<0 And wb.Cells(j,17)>0 Then
            wa.Cells(k,1)=i &"由平均增长转为同比下降,对职工现金支付规模开始下滑。"
            '同比负增长低于平均负增长,开始放缓
        ElseIf Abs(wb.Cells(j,16))<Abs(wb.Cells(j,17))And wb.Cells(j,16)<0 And wb.Cells(j,17)<0 Then
            wa.Cells(k,1)=i &"同比下降低于平均下降水平,对职工现金支付规模开始放缓。"
            '同比负增长高于平均负增长,持续加速
        ElseIf Abs(wb.Cells(j,16))>Abs(wb.Cells(j,17))And wb.Cells(j,16)<0 And wb.Cells(j,17)<0 Then
            wa.Cells(k,1)=i &"同比下降高于平均下降水平,对职工现金支付规模持续下滑。"
        End If
End Sub
```

步骤三：编写支付的各项税费分析代码。参考代码如下所示：

成功之钥匙

代码含义：

```
Sub 支付的各项税费分析()
'i 代表描述信息变量
    Dim i As String,j,k,wa As Worksheet,wb As Worksheet
    Set wa=Worksheets("现金流量表分析报告")
    Set wb=Worksheets("现金流量基础表")
    '读取数据
    j=10:k=105
    i=Format(wb.Cells(j,14),"支付的各项税费 0.00 亿元,")& _
Format(wb.Cells(j,18),"占经营活动现金流出总额的 0.00%,")& Format(wb.Cells(j,16),"同比增长 0.00%,;同比下降 0.00%,")& _
    Format(wb.Cells(j,17),"平均增长 0.00%。;平均下降 0.00%。")
        '如果同比增长高于平均水平,持续增强。
        If wb.Cells(j,16)>wb.Cells(j,17)And wb.Cells(j,16)>0 And wb.Cells(j,17)>0 Then
            wa.Cells(k,1)=i &"同比增长率高于平均水平,各项税费现金支付规模持续增强。"
            '如果同比增长等于平均增长,同比与平均都正增长,趋于稳定
        ElseIf wb.Cells(j,16)=wb.Cells(j,17)And wb.Cells(j,16)>0 And wb.Cells(j,17)>0 Then
            wa.Cells(k,1)=i &"同比增长率等于平均水平,各项税费现金支付规模规模趋于稳定。"
            '如果同比增长等于平均增长,同比增长和平均增长为负数,下滑趋势没改。
        ElseIf wb.Cells(j,16)=wb.Cells(j,17)And wb.Cells(j,16)<0 And wb.Cells(j,17)<0 Then
            wa.Cells(k,1)=i &"同比下降率等于平均下降水平,各项税费现金支付规模下滑趋势没改。"
            '如果同比增长低于平均增长,同比增长和平均增长为正数,增速放缓
        ElseIf wb.Cells(j,16)<wb.Cells(j,17)And wb.Cells(j,16)>0 And wb.Cells(j,17)>0 Then
            wa.Cells(k,1)=i &"同比增长率低于平均水平,各项税费现金支付规模增速放缓。"
            '由平均负增长转为增长,开始复苏
        ElseIf wb.Cells(j,16)>wb.Cells(j,17)And wb.Cells(j,16)>0 And wb.Cells(j,17)<0 Then
            wa.Cells(k,1)=i &"由平均下降转为同比增长,各项税费现金支付规模开始复苏。"
            '由平均增长转为同比负增长,开始下滑
        ElseIf wb.Cells(j,16)<wb.Cells(j,17)And wb.Cells(j,16)<0 And wb.Cells(j,17)>0 Then
            wa.Cells(k,1)=i &"由平均增长转为同比下降,各项税费现金支付规模开始下滑。"
            '同比负增长低于平均负增长,开始放缓
        ElseIf Abs(wb.Cells(j,16))<Abs(wb.Cells(j,17))And wb.Cells(j,16)<0 And wb.Cells(j,17)<0 Then
            wa.Cells(k,1)=i &"同比下降低于平均下降水平,各项税费现金支付规模开始放缓。"
            '同比负增长高于平均负增长,持续加速
        ElseIf Abs(wb.Cells(j,16))>Abs(wb.Cells(j,17))And wb.Cells(j,16)<0 And wb.Cells(j,17)<0 Then
            wa.Cells(k,1)=i &"同比下降高于平均下降水平,各项税费现金支付规模持续下滑。"
        ElseIf wb.Cells(j,14)<>0 And wb.Cells(j,16)=wb.Cells(j,17)And wb.Cells(j,16)=0 And wb.Cells(j,17)=0 Then
```

```
            wa.Cells(k,1) = Format(wb.Cells(j,14),"支付的各项税费 0.00 亿元,") & _
            Format(wb.Cells(j,18),"占投资活动现金流出总额的 0.00%。") & "以前年度没有发生额。"
        ElseIf wb.Cells(j,16) <> 0 And wb.Cells(j,17) = 0 Then
            wa.Cells(k,1) = i & "基期没有发生额。"
        Else
            wa.Cells(k,1) = "支付的各项税费没有发生额。"
        End If
End Sub
```

步骤四：编写支付其他与经营活动有关的现金分析代码。参考代码如下所示：

成功之钥匙

代码含义：

```
Sub 支付其他与经营活动有关的现金分析()
'i 代表描述信息变量
    Dim i As String,j,k,wa As Worksheet,wb As Worksheet
    Set wa = Worksheets("现金流量表分析报告")
    Set wb = Worksheets("现金流量基础表")
    '读取数据
    j = 11:k = 106
    i = Format(wb.Cells(j,14),"支付其他与经营活动有关的现金 0.00 亿元,") & _
Format(wb.Cells(j,18),"占经营活动现金流出总额的 0.00%。") & Format(wb.Cells(j,16),"同比增长 0.00%,;同比下降 0.00%,") & _
    Format(wb.Cells(j,17),"平均增长 0.00%。;平均下降 0.00%。")
        '如果同比增长高于平均水平,持续增强。
        If wb.Cells(j,16) > wb.Cells(j,17) And wb.Cells(j,16) > 0 And wb.Cells(j,17) > 0 Then
            wa.Cells(k,1) = i & "同比增长率高于平均水平,其他与经营活动有关的现金支付规模持续增强。"
        '如果同比增长等于平均增长,同比与平均都正增长,趋于稳定
        ElseIf wb.Cells(j,16) = wb.Cells(j,17) And wb.Cells(j,16) > 0 And wb.Cells(j,17) > 0 Then
            wa.Cells(k,1) = i & "同比增长率等于平均水平,其他与经营活动有关的现金支付规模规模趋于稳定。"
        '如果同比增长等于平均增长,同比增长和平均增长为负数,下滑趋势没改。
        ElseIf wb.Cells(j,16) = wb.Cells(j,17) And wb.Cells(j,16) < 0 And wb.Cells(j,17) < 0 Then
            wa.Cells(k,1) = i & "同比下降率等于平均下降水平,其他与经营活动有关的现金支付规模下滑趋势没改。"
        '如果同比增长低于平均增长,同比增长和平均增长为正数,增速放缓。
        ElseIf wb.Cells(j,16) < wb.Cells(j,17) And wb.Cells(j,16) > 0 And wb.Cells(j,17) > 0 Then
            wa.Cells(k,1) = i & "同比增长率低于平均水平,其他与经营活动有关的现金支付规模增速放缓。"
        '由平均负增长转为增长,开始复苏
        ElseIf wb.Cells(j,16) > wb.Cells(j,17) And wb.Cells(j,16) > 0 And wb.Cells(j,17) < 0 Then
            wa.Cells(k,1) = i & "由平均下降转为同比增长,其他与经营活动有关的现金支付规模开始复苏。"
        '由平均增长转为同比负增长,开始下滑
        ElseIf wb.Cells(j,16) < wb.Cells(j,17) And wb.Cells(j,16) < 0 And wb.Cells(j,17) > 0 Then
            wa.Cells(k,1) = i & "由平均增长转为同比下降,其他与经营活动有关的现金支付规模开始下滑。"
        '同比负增长低于平均负增长,开始放缓
        ElseIf Abs(wb.Cells(j,16)) < Abs(wb.Cells(j,17)) And wb.Cells(j,16) < 0 And wb.Cells(j,17) < 0 Then
            wa.Cells(k,1) = i & "同比下降低于平均下降水平,其他与经营活动有关的现金支付规模开始放缓。"
        '同比负增长高于平均负增长,持续加速
        ElseIf Abs(wb.Cells(j,16)) > Abs(wb.Cells(j,17)) And wb.Cells(j,16) < 0 And wb.Cells(j,17) < 0 Then
            wa.Cells(k,1) = i & "同比下降高于平均下降水平,其他与经营活动有关的现金支付规模持续下滑。"
        ElseIf wb.Cells(j,14) <> 0 And wb.Cells(j,16) = wb.Cells(j,14) And wb.Cells(j,16) <> 0 And wb.Cells(j,17) = 0 Then
            wa.Cells(k,1) = Format(wb.Cells(j,14),"支付其他与经营活动有关的现金 0.00 亿元,") & _
            Format(wb.Cells(j,18),"占投资活动现金流出总额的 0.00%。") & "以前年度没有发生额。"
        ElseIf wb.Cells(j,16) <> 0 And wb.Cells(j,17) = 0 Then
            wa.Cells(k,1) = i & "基期没有发生额。"
        Else
            wa.Cells(k,1) = "支付其他与经营活动有关的现金没有发生额。"
        End If
End Sub
```

6.5.1.3 可视化图表

步骤一：编写制作图表代码。选择现金流量辅助分析表 M2：Q2，M8：Q11 区域数据，制作成柱形图，存放到现金流量表分析报告 A107 位置。参考代码如下所示：

成功之钥匙

代码含义：

```vb
Sub 制作经营活动现金流出构成图表()
    Dim wa As Worksheet
    Dim ws As Worksheet
    Dim cht As ChartObject
    Dim rng As Range
    '选择"利润基础表"工作表
    Set wa = ThisWorkbook.Sheets("现金流量基础表")
    '复制M2:Q2,M12:Q12,M8:Q11 区域的数据
    wa.Range("M2:Q2,M8:Q11").Copy
    '将数据粘贴到T34:X38 区域
    wa.Range("T34:X38").PasteSpecial Paste:=xlPasteValues
    '设置工作表
    Set ws = ThisWorkbook.Sheets("现金流量表分析报告")
    '定义图表位置
    Set rng = ws.Range("A107")
    '在工作表中插入一个图表对象
    Set cht = ws.ChartObjects.Add(Left:=rng.Left,Width:=700,Top:=rng.Top,Height:=170)
    '设置图表数据源
    cht.chart.SetSourceData Source:=wa.Range("$T$34:$X$38")
    '设置图表类型为柱形图
    cht.chart.chartType = xlColumnClustered
    '添加数据标签
    cht.chart.SeriesCollection(1).ApplyDataLabels
    '设置图表标题
    cht.chart.HasTitle = True
    cht.chart.ChartTitle.Text = "经营活动现金流出构成分析"
    '设置图例位置
    cht.chart.HasLegend = True
    cht.chart.Legend.Position = xlLegendPositionBottom
End Sub
```

步骤二：运行代码，嵌入柱形图。更改图表类型（方法同上），便可制成可视化动态分析图。如图6-25所示。

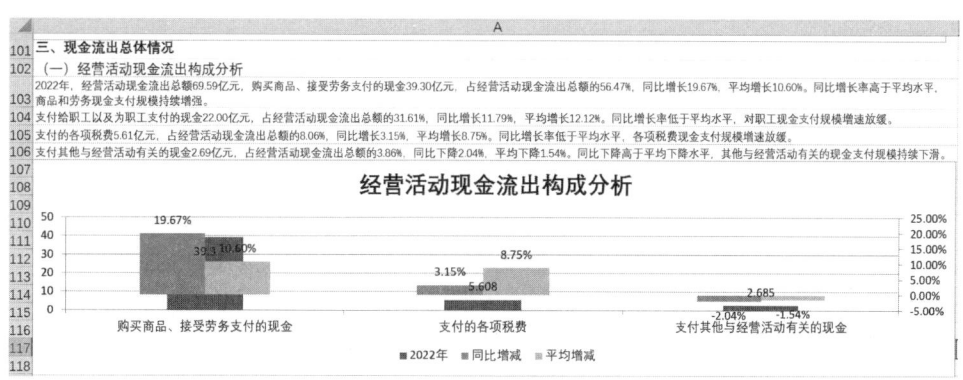

图6-25 经营活动现金流出构成动态分析图

6.5.2 投资活动现金流出分析

6.5.2.1 分析重点

投资活动的现金流出分析项目有：购建固定资产、无形资产和其他长期资产所支付的现金；投资所支付的现金；支付的其他与投资活动有关的现金。分析重点：

（1）资本支出项目。评估资本支出项目的合理性和重要性，包括购买固定资产、投资于新项目等。分析这些支出对企业未来增长和盈利能力的影响。

（2）投资收益情况。关注投资活动带来的收益情况，如股利、利息收入等。分析企业通过投资活动获得的回报是否符合预期，并评估这些投资对企业的贡献。

（3）并购和收购支出。评估企业通过并购或收购所产生的现金支出，包括支付购买价款、清偿债务等。分析并购活动对企业成长和市场地位的影响。

（4）投资项目结构。分析投资活动现金流出的构成，包括长期投资、短期投资、债权投资等，评估这些投资项目对企业战略目标的贡献和风险。

（5）资金需求和来源。评价企业通过投资活动所需的资金量以及资金来源，包括内部现金流和外部融资。分析企业是否有足够的资金支持投资活动，以及是否存在融资风险。

（6）投资效率。评估投资活动的效率和回报率，分析每项投资支出带来的收益与成本之间的关系。检查企业是否有有效的投资评估和监控机制。

（7）风险管理。评估投资活动所带来的风险，包括市场风险、财务风险等。分析企业是否有有效的风险管理策略，保障投资活动的可持续性。

6.5.2.2　VBA智能分析代码

步骤一：编写投资活动现金流出总额和构建固定资产、无形资产和其他长期资产支付的现金分析代码。参考代码如下所示：

> **成功之钥匙**
>
> 代码含义：

```vba
Sub 购建固定资产、无形资产和其他长期资产支付的现金分析()
'i 代表描述信息变量
    Dim i As String,j,k,wa As Worksheet,wb As Worksheet
    Set wa = Worksheets("现金流量表分析报告")
    Set wb = Worksheets("现金流量基础表")
    wa.Cells(119,1) = "(二)投资活动现金流出构成分析"
    '读取数据
    j = 21:k = 120
    i = wb.Cells(2,14) & Format(wb.Cells(25,14),",投资活动现金流出总额 0.00 亿元,") & _
Format(wb.Cells(j,14),"购建固定资产、无形资产和其他长期资产支付的现金 0.00 亿元,") & _
Format(wb.Cells(j,18),"占投资活动现金流出总额的 0.00%,") & Format(wb.Cells(j,16),"同比增长 0.00%,;同比下降 0.00%,") & _
        Format(wb.Cells(j,17),"平均增长 0.00%;平均下降 0.00%")
    '如同比增长高于平均水平,持续增强。
    If wb.Cells(j,16) > wb.Cells(j,17) And wb.Cells(j,16) > 0 And wb.Cells(j,17) > 0 Then
        wa.Cells(k,1) = i & "同比增长率高于平均水平,长期资产现金支付规模持续增强。"
        '如果同比增长等于平均增长,同比与平均都正增长,趋于稳定
    ElseIf wb.Cells(j,16) = wb.Cells(j,17) And wb.Cells(j,16) > 0 And wb.Cells(j,17) > 0 Then
        wa.Cells(k,1) = i & "同比增长率等于平均水平,长期资产现金支付规模规模趋于稳定。"
        '如果同比增长等于平均增长,同比增长和平均增长为负数,下滑趋势没改。
    ElseIf wb.Cells(j,16) = wb.Cells(j,17) And wb.Cells(j,16) < 0 And wb.Cells(j,17) < 0 Then
        wa.Cells(k,1) = i & "同比下降率等于平均下降水平,长期资产现金支付规模下滑趋势没改。"
        '如果同比增长低于平均增长,同比增长和平均增长为正数,增速放缓
    ElseIf wb.Cells(j,16) < wb.Cells(j,17) And wb.Cells(j,16) > 0 And wb.Cells(j,17) > 0 Then
        wa.Cells(k,1) = i & "同比增长率低于平均水平,长期资产现金支付规模增速放缓。"
        '由平均负增长转为增长,开始复苏
    ElseIf wb.Cells(j,16) > wb.Cells(j,17) And wb.Cells(j,16) > 0 And wb.Cells(j,17) < 0 Then
        wa.Cells(k,1) = i & "由平均下降转为同比增长,商品和劳务现金支付规模开始复苏。"
        '由平均增长转为同比负增长,开始下滑
    ElseIf wb.Cells(j,16) < wb.Cells(j,17) And wb.Cells(j,16) < 0 And wb.Cells(j,17) > 0 Then
        wa.Cells(k,1) = i & "由平均增长转为同比下降,长期资产现金支付规模开始下滑。"
        '同比负增长低于平均负增长,开始放缓
    ElseIf Abs(wb.Cells(j,16)) < Abs(wb.Cells(j,17)) And wb.Cells(j,16) < 0 And wb.Cells(j,17) < 0 Then
        wa.Cells(k,1) = i & "同比下降低于平均下降水平,长期资产务现金支付规模开始放缓。"
        '同比负增长高于平均负增长,持续加速
    ElseIf Abs(wb.Cells(j,16)) > Abs(wb.Cells(j,17)) And wb.Cells(j,16) < 0 And wb.Cells(j,17) < 0 Then
        wa.Cells(k,1) = i & "同比下降高于平均下降水平,长期资产现金支付规模持续下滑。"
    ElseIf wb.Cells(j,14) <> 0 And wb.Cells(j,16) = wb.Cells(j,17) And wb.Cells(j,16) = 0 And wb.Cells(j,17) = 0 Then
```

```
        wa.Cells(k,1) = Format(wb.Cells(j,14),"购建固定资产、无形资产和其他长期资产支付的现金0.00亿元,") & _
            Format(wb.Cells(j,18),"占投资活动现金流出总额的0.00%。") & "以前年度没有发生额。"
        ElseIf wb.Cells(j,16) < >0 And wb.Cells(j,17) =0 Then
            wa.Cells(k,1) = i & "基期没有发生额。"
        Else
            wa.Cells(k,1) = "购建固定资产、无形资产和其他长期资产支付的现金没有发生额。"
        End If
End Sub
```

步骤二：编写投资支出分析代码。参考代码如下所示：

成功之钥匙

代码含义：

```
Sub 投资支付的现金分析()
    'i 代表描述信息变量
        Dim i As String,j,k,wa As Worksheet,wb As Worksheet
        Set wa = Worksheets("现金流量表分析报告")
        Set wb = Worksheets("现金流量基础表")
        '读取数据
        j=22:k=121
i=Format(wb.Cells(j,14),"投资支付的现金0.00亿元,") & Format(wb.Cells(j,18),"占投资活动现金流出总额的0.00%,") & _
Format(wb.Cells(j,16),"同比增长0.00%,;同比下降0.00%,") & Format(wb.Cells(j,17),"平均增长0.00%。;平均下降0.00%。")
        '如果同比增长高于平均水平,持续增强。
        If wb.Cells(j,16) > wb.Cells(j,17) And wb.Cells(j,16) >0 And wb.Cells(j,17) >0 Then
            wa.Cells(k,1) = i & "同比增长率高于平均水平,投资现金支付规模持续增强。"
        '如果同比增长等于平均增长,同比与平均都正增长,趋于稳定
        ElseIf wb.Cells(j,16) = wb.Cells(j,17) And wb.Cells(j,16) >0 And wb.Cells(j,17) >0 Then
            wa.Cells(k,1) = i & "同比增长率等于平均水平,投资现金支付规模规模趋于稳定。"
        '如果同比增长等于平均增长,同比增长和平均增长为负数,下滑趋势没改。
        ElseIf wb.Cells(j,16) = wb.Cells(j,17) And wb.Cells(j,16) <0 And wb.Cells(j,17) <0 Then
            wa.Cells(k,1) = i & "同比下降率等于平均下降水平,投资现金支付规模下滑趋势没改。"
        '如果同比增长低于平均增长,同比增长和平均增长为正数,增速放缓
        ElseIf wb.Cells(j,16) < wb.Cells(j,17) And wb.Cells(j,16) >0 And wb.Cells(j,17) >0 Then
            wa.Cells(k,1) = i & "同比增长率低于平均水平,投资现金支付规模增速放缓。"
            '由平均负增长转为增长,开始复苏
        ElseIf wb.Cells(j,16) > wb.Cells(j,17) And wb.Cells(j,16) >0 And wb.Cells(j,17) <0 Then
            wa.Cells(k,1) = i & "由平均下降转为同比增长,投资现金支付规模开始复苏。"
            '由平均增长转为同比负增长,开始下滑
        ElseIf wb.Cells(j,16) < wb.Cells(j,17) And wb.Cells(j,16) <0 And wb.Cells(j,17) >0 Then
            wa.Cells(k,1) = i & "由平均增长转为同比下降,投资现金支付规模开始下滑。"
        '同比负增长低于平均负增长,开始放缓
        ElseIf Abs(wb.Cells(j,16)) < Abs(wb.Cells(j,17)) And wb.Cells(j,16) <0 And wb.Cells(j,17) <0 Then
            wa.Cells(k,1) = i & "同比下降低于平均下降水平,投资现金支付规模开始放缓。"
            '同比负增长高于平均负增长,持续加速
        ElseIf Abs(wb.Cells(j,16)) > Abs(wb.Cells(j,17)) And wb.Cells(j,16) <0 And wb.Cells(j,17) <0 Then
            wa.Cells(k,1) = i & "同比下降高于平均下降水平,投资现金支付规模持续下滑。"
        ElseIf wb.Cells(j,14) < >0 And wb.Cells(j,16) = wb.Cells(j,17) And wb.Cells(j,17) =0 And wb.Cells(j,17) =0 Then
            wa.Cells(k,1) = Format(wb.Cells(j,14),"投资支付的现金0.00亿元,") & _
            Format(wb.Cells(j,18),"占投资活动现金流出总额的0.00%。") & "以前年度没有发生额。"
        ElseIf wb.Cells(j,16) < >0 And wb.Cells(j,17) =0 Then
            wa.Cells(k,1) = i & "基期没有发生额。"
        Else
            wa.Cells(k,1) = "投资支付的现金没有发生额。"
        End If
End Sub
```

步骤三：编写取得子公司及其他营业单位支付的现金分析代码。参考代码如下所示：

成功之钥匙

代码含义：

```
Sub 取得子公司及其他营业单位支付的现金净额分析()
    'i 代表描述信息变量
        Dim i As String,j,k,wa As Worksheet,wb As Worksheet
        Set wa = Worksheets("现金流量表分析报告")
```

```vba
    Set wb = Worksheets("现金流量基础表")
    '读取数据
        j = 23 : k = 122
i = Format(wb.Cells(j,14),"取得子公司及其他营业单位支付的现金净额0.00亿元,") & Format(wb.Cells(j,18),"占投资活动现金流出总额的0.00%,") &_
Format(wb.Cells(j,16),"同比增长0.00%,;同比下降0.00%,") & Format(wb.Cells(j,17),"平均增长0.00%。;平均下降0.00%。")
        '如果同比增长高于平均水平,持续增强。
        If wb.Cells(j,16) > wb.Cells(j,17) And wb.Cells(j,16) > 0 And wb.Cells(j,17) > 0 Then
            wa.Cells(k,1) = i & "同比增长率高于平均水平,企业并购现金支付规模持续增强。"
            '如果同比增长等于平均增长,同比与平均都正增长,趋于稳定
        ElseIf wb.Cells(j,16) = wb.Cells(j,17) And wb.Cells(j,16) > 0 And wb.Cells(j,17) > 0 Then
            wa.Cells(k,1) = i & "同比增长率等于平均水平,企业并购现金支付规模规模趋于稳定。"
            '如果同比增长等于平均增长,同比增长和平均增长为负数,下滑趋势没改。
        ElseIf wb.Cells(j,16) = wb.Cells(j,17) And wb.Cells(j,16) < 0 And wb.Cells(j,17) < 0 Then
            wa.Cells(k,1) = i & "同比下降率等于平均下降水平,企业并购现金支付规模下滑趋势没改。"
            '如果同比增长低于平均增长,同比增长和平均增长为正数,增速放缓。
        ElseIf wb.Cells(j,16) < wb.Cells(j,17) And wb.Cells(j,16) > 0 And wb.Cells(j,17) > 0 Then
            wa.Cells(k,1) = i & "同比增长率低于平均水平,企业并购现金支付规模增速放缓。"
            '由平均负增长转为增长,开始复苏。
        ElseIf wb.Cells(j,16) > wb.Cells(j,17) And wb.Cells(j,16) > 0 And wb.Cells(j,17) < 0 Then
            wa.Cells(k,1) = i & "由平均下降转为同比增长,企业并购现金支付规模开始复苏。"
            '由平均增长转为同比负增长,开始下滑。
        ElseIf wb.Cells(j,16) < wb.Cells(j,17) And wb.Cells(j,16) < 0 And wb.Cells(j,17) > 0 Then
            wa.Cells(k,1) = i & "由平均增长转为同比下降,企业并购现金支付规模开始下滑。"
            '同比负增长低于平均负增长,开始放缓。
        ElseIf Abs(wb.Cells(j,16)) < Abs(wb.Cells(j,17)) And wb.Cells(j,16) < 0 And wb.Cells(j,17) < 0 Then
            wa.Cells(k,1) = i & "同比下降低于平均下降水平,企业并购现金支付规模开始放缓。"
            '同比负增长高于平均负增长,持续加速。
        ElseIf Abs(wb.Cells(j,16)) > Abs(wb.Cells(j,17)) And wb.Cells(j,16) < 0 And wb.Cells(j,17) < 0 Then
            wa.Cells(k,1) = i & "同比下降高于平均下降水平,企业并购现金支付规模持续下滑。"
        ElseIf wb.Cells(j,14) <> 0 And wb.Cells(j,16) = wb.Cells(j,17) And wb.Cells(j,16) = 0 And wb.Cells(j,17) = 0 Then
            wa.Cells(k,1) = Format(wb.Cells(j,14),"取得子公司及其他营业单位支付的现金净额0.00亿元,") &_
                Format(wb.Cells(j,18),"占投资活动现金流出总额的0.00%。") & "以前年度没有发生额。"
        ElseIf wb.Cells(j,16) <> 0 And wb.Cells(j,17) = 0 Then
            wa.Cells(k,1) = i & "基期没有发生额。"
        Else
            wa.Cells(k,1) = "取得子公司及其他营业单位支付的现金净额没有发生额。"
        End If
End Sub
```

步骤四:编写支付其他与投资活动有关的现金分析代码。参考代码如下所示:

🖐 成功之钥匙

代码含义:

```vba
Sub 支付其他与投资活动有关的现金分析()
    'i 代表描述信息变量
    Dim i As String, j, k, wa As Worksheet, wb As Worksheet
    Set wa = Worksheets("现金流量表分析报告")
    Set wb = Worksheets("现金流量基础表")
    '读取数据
        j = 24 : k = 123
i = Format(wb.Cells(j,14),"支付其他与投资活动有关的现金0.00亿元,") & Format(wb.Cells(j,18),"占投资活动现金流出总额的0.00%,") &_
Format(wb.Cells(j,16),"同比增长0.00%,;同比下降0.00%,") & Format(wb.Cells(j,17),"平均增长0.00%。;平均下降0.00%。")
        '如果同比增长高于平均水平,持续增强。
        If wb.Cells(j,16) > wb.Cells(j,17) And wb.Cells(j,16) > 0 And wb.Cells(j,17) > 0 Then
            wa.Cells(k,1) = i & "同比增长率高于平均水平,由此产生的现金支付规模持续增强。"
            '如果同比增长等于平均增长,同比与平均都正增长,趋于稳定
        ElseIf wb.Cells(j,16) = wb.Cells(j,17) And wb.Cells(j,16) > 0 And wb.Cells(j,17) > 0 Then
            wa.Cells(k,1) = i & "同比增长率等于平均水平,由此产生的现金支付规模规模趋于稳定。"
            '如果同比增长等于平均增长,同比增长和平均增长为负数,下滑趋势没改。
        ElseIf wb.Cells(j,16) = wb.Cells(j,17) And wb.Cells(j,16) < 0 And wb.Cells(j,17) < 0 Then
            wa.Cells(k,1) = i & "同比下降率等于平均下降水平,由此产生的现金支付规模下滑趋势没改。"
            '如果同比增长低于平均增长,同比增长和平均增长为正数,增速放缓。
        ElseIf wb.Cells(j,16) < wb.Cells(j,17) And wb.Cells(j,16) > 0 And wb.Cells(j,17) > 0 Then
            wa.Cells(k,1) = i & "同比增长率低于平均水平,由此产生的现金支付规模增速放缓。"
            '由平均负增长转为增长,开始复苏。
        ElseIf wb.Cells(j,16) > wb.Cells(j,17) And wb.Cells(j,16) > 0 And wb.Cells(j,17) < 0 Then
```

```
        wa.Cells(k,1) = i &"由平均下降转为同比增长,由此产生的现金支付规模开始复苏。"
           '由平均增长转为同比负增长,开始下滑
        ElseIf wb.Cells(j,16) < wb.Cells(j,17) And wb.Cells(j,16) < 0 And wb.Cells(j,17) > 0 Then
            wa.Cells(k,1) = i &"由平均增长转为同比下降,由此产生的现金支付规模开始下滑。"
           '同比负增长低于平均负增长,开始放缓
        ElseIf Abs(wb.Cells(j,16)) < Abs(wb.Cells(j,17)) And wb.Cells(j,16) < 0 And wb.Cells(j,17) < 0 Then
            wa.Cells(k,1) = i &"同比下降低于平均下降水平,现金支付规模开始放缓。"
           '同比负增长高于平均负增长,持续加速由此产生的
        ElseIf Abs(wb.Cells(j,16)) > Abs(wb.Cells(j,17)) And wb.Cells(j,16) < 0 And wb.Cells(j,17) < 0 Then
            wa.Cells(k,1) = i &"同比下降高于平均下降水平,由此产生的现金支付规模持续下滑。"
        ElseIf wb.Cells(j,14) <> 0 And wb.Cells(j,16) = wb.Cells(j,17) And wb.Cells(j,16) = 0 And wb.Cells(j,17) = 0 Then
            wa.Cells(k,1) = Format(wb.Cells(j,14),"支付其他与投资活动有关的现金 0.00 亿元,") & _
            Format(wb.Cells(j,18),"占投资活动现金流出总额的 0.00%。") &"以前年度没有发生额。"
        ElseIf wb.Cells(j,16) <> 0 And wb.Cells(j,17) = 0 Then
            wa.Cells(k,1) = i &"基期没有发生额。"
        Else
            wa.Cells(k,1) = "支付其他与投资活动有关的现金没有发生额。"
        End If
End Sub
```

6.5.2.3　可视化图表

步骤一：编写制作图表代码。选择现金流量辅助分析表 M2：Q2，M21：Q24 区域数据，制作成柱形图，存放到现金流量表分析报告 A124 位置。参考代码如下所示：

成功之钥匙

代码含义：

```
Sub 制作投资活动现金流出构成图表()
    Dim wa As Worksheet
    Dim ws As Worksheet
    Dim cht As ChartObject
    Dim rng As Range
    '选择"利润基础表"工作表
    Set wa = ThisWorkbook.Sheets("现金流量基础表")
    '复制 M2:Q2,M21:Q24 区域的数据
    wa.Range("M2:Q2,M21:Q24").Copy
    '将数据粘贴到 T40:X44 区域
    wa.Range("T40:X44").PasteSpecial Paste:=xlPasteValues
    '设置工作表
    Set ws = ThisWorkbook.Sheets("现金流量表分析报告")
    '定义图表位置
    Set rng = ws.Range("A124")
    '在工作表中插入一个图表对象
    Set cht = ws.ChartObjects.Add(Left:=rng.Left,Width:=700,Top:=rng.Top,Height:=170)
    '设置图表数据源
    cht.chart.SetSourceData Source:=wa.Range("$T$40:$X$44")
    '设置图表类型为柱形图
    cht.chart.chartType = xlColumnClustered
    '添加数据标签
    cht.chart.SeriesCollection(1).ApplyDataLabels
    '设置图表标题
    cht.chart.HasTitle = True
    cht.chart.ChartTitle.Text = "投资活动现金流出构成分析"
    '设置图例位置
    cht.chart.HasLegend = True
    cht.chart.Legend.Position = xlLegendPositionBottom
End Sub
```

步骤二：运行代码，嵌入柱形图。更改图表类型（方法同上），便可制成可视化动态分析图。如图 6-26 所示。

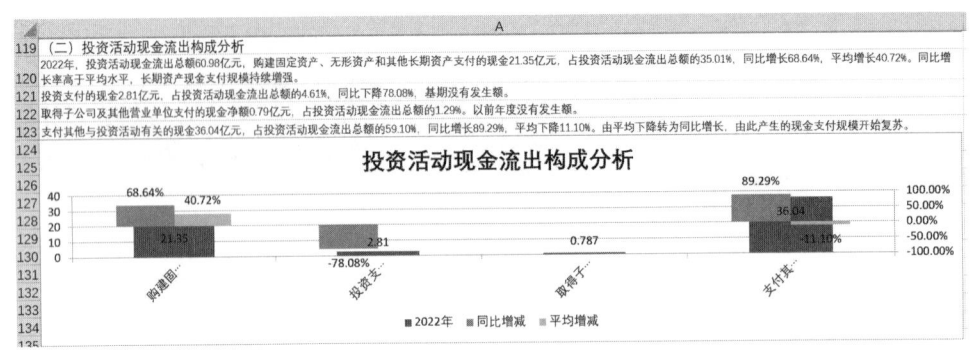

图 6-26 投资活动现金流出构成动态分析图

6.5.3 筹资活动现金流出分析

6.5.3.1 分析重点

筹资活动的现金流出分析项目包括：偿还债务支付的现金，分配股利、利润或偿付利息支付的现金，子公司支付给少数股东的股利、利润，支付的其他与筹资活动有关的现金。分析重点：

（1）债务融资活动。分析债务融资活动对现金流出的影响。评估长期债务、短期借款以及债券发行等债务融资方式所带来的现金流出情况、债务偿还计划和债务结构。

（2）分红与利润留存。评价企业通过分红政策对股东进行现金分配的情况。分析红利政策对现金流出的影响，并评估其在维持投资者信心、提高企业价值方面的作用。

（3）融资成本与效益。综合考虑筹资活动的成本和收益。分析融资所产生的成本（如利息、股息等）与融资活动带来的效益（如扩大规模、增加投资等）之间的平衡，评估筹资活动的效益是否能覆盖成本。

（4）融资结构优化。评估企业的融资结构是否合理和优化。根据企业的资本需求、风险承受能力和成长战略，提出优化融资结构的建议，确保融资活动能够支持企业的长期发展。

通过对以上方面的深入分析和评价，可以全面了解企业的筹资活动现金流出构成情况，为企业提供有针对性的融资建议和资本结构优化方案，以提升企业的财务健康和长期发展。

6.5.3.2 VBA 智能分析代码

步骤一：编写筹资活动现金流出总额和偿还债务支付的现金分析代码。参考代码如下所示：

> **成功之钥匙**

代码含义：

```
Sub 偿还债务所支付的现金分析()
'i 代表描述信息变量
    Dim i As String,j,k,wa As Worksheet,wb As Worksheet
    Set wa = Worksheets("现金流量表分析报告")
    Set wb = Worksheets("现金流量基础表")
    wa.Cells(136,1) = "(二)筹资活动现金流出构成分析"
    '读取数据
    j = 34:k = 137
    i = wb.Cells(2,14) & Format(wb.Cells(39,14),",筹资活动现金流出总额 0.00 亿元,") & _
    Format(wb.Cells(j,14),"偿还债务所支付的现金 0.00 亿元,") & _
Format(wb.Cells(j,18),"占筹资活动现金流出总额的 0.00%,") & Format(wb.Cells(j,16),"同比增长 0.00%,;同比下降 0.00%,") & _
    Format(wb.Cells(j,17),"平均增长 0.00%,;平均下降 0.00%,")
```

```
            '如果同比增长高于平均水平,持续增强。
        If wb.Cells(j,16)>wb.Cells(j,17)And wb.Cells(j,16)>0 And wb.Cells(j,17)>0 Then
            wa.Cells(k,1)=i &"同比增长率高于平均水平,债务支付保障能力持续增强。"
            '如果同比增长等于平均增长,同比与平均都正增长,趋于稳定
        ElseIf wb.Cells(j,16)=wb.Cells(j,17)And wb.Cells(j,16)>0 And wb.Cells(j,17)>0 Then
            wa.Cells(k,1)=i &"同比增长率等于平均水平,债务支付保障能力趋于稳定。"
            '如果同比增长等于平均增长,同比增长和平均增长为负数,下滑趋势没改。
        ElseIf wb.Cells(j,16)=wb.Cells(j,17)And wb.Cells(j,16)<0 And wb.Cells(j,17)<0 Then
            wa.Cells(k,1)=i &"同比下降率等于平均下降水平,债务支付保障能力下滑趋势没改。"
            '如果同比增长低于平均增长,同比增长和平均增长为正数,增速放缓
        ElseIf wb.Cells(j,16)<wb.Cells(j,17)And wb.Cells(j,16)>0 And wb.Cells(j,17)>0 Then
            wa.Cells(k,1)=i &"同比增长率低于平均水平,债务支付保障能力增速放缓。"
            '由平均负增长转为增长,开始复苏
        ElseIf wb.Cells(j,16)>wb.Cells(j,17)And wb.Cells(j,16)>0 And wb.Cells(j,17)<0 Then
            wa.Cells(k,1)=i &"由平均下降转为同比增长,债务支付保障能力开始复苏。"
            '由平均增长转为同比负增长,开始下滑
        ElseIf wb.Cells(j,16)<wb.Cells(j,17)And wb.Cells(j,16)<0 And wb.Cells(j,17)>0 Then
            wa.Cells(k,1)=i &"由平均增长转为同比下降,债务支付保障能力开始下滑。"
            '同比负增长低于平均负增长,开始放缓
        ElseIf Abs(wb.Cells(j,16))<Abs(wb.Cells(j,17))And wb.Cells(j,16)<0 And wb.Cells(j,17)<0 Then
            wa.Cells(k,1)=i &"同比下降低于平均下降水平,债务支付保障能力开始放缓。"
            '同比负增长高于平均负增长,持续加速
        ElseIf Abs(wb.Cells(j,16))>Abs(wb.Cells(j,17))And wb.Cells(j,16)<0 And wb.Cells(j,17)<0 Then
            wa.Cells(k,1)=i &"同比下降高于平均下降水平,债务支付保障能力持续下滑。"
        ElseIf wb.Cells(j,14)<>0 And wb.Cells(j,16)=wb.Cells(j,17)And wb.Cells(j,16)=0 And wb.Cells(j,17)=0 Then
            wa.Cells(k,1)=i &Format(wb.Cells(j,14),"偿还债务所支付的现金0.00 亿元,")&_
            Format(wb.Cells(j,18),"占投资活动现金流出总额的0.00%。")&"以前年度没有发生额。"
        ElseIf wb.Cells(j,16)<>0 And wb.Cells(j,17)=0 Then
            wa.Cells(k,1)=i &"基期没有发生额。"
        Else
            wa.Cells(k,1)="偿还债务所支付的现金没有发生额。"
        End If
End Sub
```

步骤二：编写分配股利、利润或偿付利息支付的现金分析代码。参考代码如下所示：

🗝 成功之钥匙

代码含义：

```
Sub 分配股利、利润或偿付利息支付的现金分析()
'i 代表描述信息变量
    Dim i As String,j,k,wa As Worksheet,wb As Worksheet
    Set wa=Worksheets("现金流量表分析报告")
    Set wb=Worksheets("现金流量基础表")
    wa.Cells(136,1)="(二)筹资活动现金流出构成分析"
    '读取数据
    j=35:k=138
    i=Format(wb.Cells(j,14),"分配股利、利润或偿付利息支付的现金0.00 亿元,")&_
Format(wb.Cells(j,18),"占筹资活动现金流出总额的0.00%,")& Format(wb.Cells(j,16),"同比增长0.00%,;同比下降0.00%,")&_
    Format(wb.Cells(j,17),"平均增长0.00%。;平均下降0.00%。")
    '如果同比增长高于平均水平,持续增强。
    If wb.Cells(j,16)>wb.Cells(j,17)And wb.Cells(j,16)>0 And wb.Cells(j,17)>0 Then
        wa.Cells(k,1)=i &"同比增长率高于平均水平,股东分配和利息支付保障能力持续增强。"
        '如果同比增长等于平均增长,同比与平均都正增长,趋于稳定
    ElseIf wb.Cells(j,16)=wb.Cells(j,17)And wb.Cells(j,16)>0 And wb.Cells(j,17)>0 Then
        wa.Cells(k,1)=i &"同比增长率等于平均水平,股东分配和利息支付保障能力趋于稳定。"
        '如果同比增长等于平均增长,同比增长和平均增长为负数,下滑趋势没改。
    ElseIf wb.Cells(j,16)=wb.Cells(j,17)And wb.Cells(j,16)<0 And wb.Cells(j,17)<0 Then
        wa.Cells(k,1)=i &"同比下降率等于平均下降水平,股东分配和利息支付保障能力下滑趋势没改。"
        '如果同比增长低于平均增长,同比增长和平均增长为正数,增速放缓
    ElseIf wb.Cells(j,16)<wb.Cells(j,17)And wb.Cells(j,16)>0 And wb.Cells(j,17)>0 Then
        wa.Cells(k,1)=i &"同比增长率低于平均水平,股东分配和利息支付保障能力增速放缓。"
        '由平均负增长转为增长,开始复苏
    ElseIf wb.Cells(j,16)>wb.Cells(j,17)And wb.Cells(j,16)>0 And wb.Cells(j,17)<0 Then
        wa.Cells(k,1)=i &"由平均下降转为同比增长,股东分配和利息支付保障能力开始复苏。"
        '由平均增长转为同比负增长,开始下滑
    ElseIf wb.Cells(j,16)<wb.Cells(j,17)And wb.Cells(j,16)<0 And wb.Cells(j,17)>0 Then
```

```vba
            wa.Cells(k,1) = i &"由平均增长转为同比下降,股东分配和利息支付保障能力开始下滑。"
            '同比负增长低于平均负增长,开始放缓
        ElseIf Abs(wb.Cells(j,16)) < Abs(wb.Cells(j,17)) And wb.Cells(j,16) < 0 And wb.Cells(j,17) < 0 Then
            wa.Cells(k,1) = i &"同比下降低于平均下降水平,股东分配和利息支付保障能力开始放缓。"
            '同比负增长高于平均负增长,持续加速
        ElseIf Abs(wb.Cells(j,16)) > Abs(wb.Cells(j,17)) And wb.Cells(j,16) < 0 And wb.Cells(j,17) < 0 Then
            wa.Cells(k,1) = i &"同比下降高于平均下降水平,股东分配和利息支付保障能力持续下滑。"
        ElseIf wb.Cells(j,14) < >0 And wb.Cells(j,16) = wb.Cells(j,17) And wb.Cells(j,16) = 0 And wb.Cells(j,17) = 0 Then
            wa.Cells(k,1) = Format(wb.Cells(j,14),"分配股利、利润或偿付利息支付的现金 0.00 亿元,") & _
                Format(wb.Cells(j,18),"占投资活动现金流出总额的 0.00%。") &"以前年度没有发生额。"
        ElseIf wb.Cells(j,16) < >0 And wb.Cells(j,17) = 0 Then
            wa.Cells(k,1) = i &"基期没有发生额。"
        Else
            wa.Cells(k,1) ="分配股利、利润或偿付利息支付的现金没有发生额。"
        End If
End Sub
```

步骤三：编写子公司支付给少数股东的股利、利润分析代码。参考代码如下所示：

🔑 成功之钥匙

代码含义：

```vba
Sub 子公司支付给少数股东的股利、利润分析()
'i 代表描述信息变量
    Dim i As String,j,k,wa As Worksheet,wb As Worksheet
    Set wa = Worksheets("现金流量表分析报告")
    Set wb = Worksheets("现金流量基础表")
    wa.Cells(136,1) ="（二）筹资活动现金流出构成分析"
    '读取数据
    j = 36:k = 139
    i = Format(wb.Cells(j,14),"子公司支付给少数股东的股利、利润 0.00 亿元,") & _
Format(wb.Cells(j,18),"占筹资活动现金流出总额的 0.00%,") & Format(wb.Cells(j,16),"同比增长 0.00%,;同比下降 0.00%,") & _
    Format(wb.Cells(j,17),"平均增长 0.00%。;平均下降 0.00%。")
    '如果同比增长高于平均水平,持续增强
    If wb.Cells(j,16) > wb.Cells(j,17) And wb.Cells(j,16) > 0 And wb.Cells(j,17) > 0 Then
        wa.Cells(k,1) = i &"同比增长率高于平均水平,对少数股东支付保障能力持续增强。"
        '如果同比增长等于平均增长,同比与平均都正增长,趋于稳定
    ElseIf wb.Cells(j,16) = wb.Cells(j,17) And wb.Cells(j,16) > 0 And wb.Cells(j,17) > 0 Then
        wa.Cells(k,1) = i &"同比增长率等于平均水平,对少数股东支付保障能力趋于稳定。"
        '如果同比增长等于平均增长,同比增长和平均增长为负数,下滑趋势没改
    ElseIf wb.Cells(j,16) = wb.Cells(j,17) And wb.Cells(j,16) < 0 And wb.Cells(j,17) < 0 Then
        wa.Cells(k,1) = i &"同比下降率等于平均下降水平,对少数股东支付保障能力下滑趋势没改。"
        '如果同比增长低于平均增长,同比增长和平均增长为正数,增速放缓
    ElseIf wb.Cells(j,16) < wb.Cells(j,17) And wb.Cells(j,16) > 0 And wb.Cells(j,17) > 0 Then
        wa.Cells(k,1) = i &"同比增长率低于平均水平,对少数股东支付保障能力增速放缓。"
        '由平均负增长转为增长,开始复苏
    ElseIf wb.Cells(j,16) > wb.Cells(j,17) And wb.Cells(j,16) > 0 And wb.Cells(j,17) < 0 Then
        wa.Cells(k,1) = i &"由平均下降转为同比增长,对少数股东支付保障能力开始复苏。"
        '由平均增长转为同比负增长,开始下滑
    ElseIf wb.Cells(j,16) < wb.Cells(j,17) And wb.Cells(j,16) < 0 And wb.Cells(j,17) > 0 Then
        wa.Cells(k,1) = i &"由平均增长转为同比下降,对少数股东支付保障能力开始下滑。"
        '同比负增长低于平均负增长,开始放缓
    ElseIf Abs(wb.Cells(j,16)) < Abs(wb.Cells(j,17)) And wb.Cells(j,16) < 0 And wb.Cells(j,17) < 0 Then
        wa.Cells(k,1) = i &"同比下降低于平均下降水平,股东分配和利息支付保障能力开始放缓。"
        '同比负增长高于平均负增长,持续加速
    ElseIf Abs(wb.Cells(j,16)) > Abs(wb.Cells(j,17)) And wb.Cells(j,16) < 0 And wb.Cells(j,17) < 0 Then
        wa.Cells(k,1) = i &"同比下降高于平均下降水平,对少数股东支付保障能力持续下滑。"
    ElseIf wb.Cells(j,14) < >0 And wb.Cells(j,16) = wb.Cells(j,17) And wb.Cells(j,16) = 0 And wb.Cells(j,17) = 0 Then
        wa.Cells(k,1) = Format(wb.Cells(j,14),"子公司支付给少数股东的股利、利润 0.00 亿元,") & _
            Format(wb.Cells(j,18),"占投资活动现金流出总额的 0.00%。") &"以前年度没有发生额。"
    ElseIf wb.Cells(j,16) < >0 And wb.Cells(j,17) = 0 Then
        wa.Cells(k,1) = i &"基期没有发生额。"
    Else
        wa.Cells(k,1) ="子公司支付给少数股东的股利、利润没有发生额。"
    End If
End Sub
```

步骤四：编写支付的其他与筹资活动有关的现金分析代码。参考代码如下所示：

成功之钥匙

代码含义：

```vb
Sub 支付的其他与筹资活动有关的现金分析()
    'i 代表描述信息变量
    Dim i As String,j,k,wa As Worksheet,wb As Worksheet
    Set wa = Worksheets("现金流量表分析报告")
    Set wb = Worksheets("现金流量基础表")
    wa.Cells(136,1) = "(二)筹资活动现金流出构成分析"
    '读取数据
    j = 37:k = 140
i = Format(wb.Cells(j,14),"支付的其他与筹资活动有关的现金 0.00 亿元,") & Format(wb.Cells(j,18),"占筹资活动现金流出总额的 0.00%,") &_
Format(wb.Cells(j,16),"同比增长 0.00%.;同比下降 0.00%,") & Format(wb.Cells(j,17),"平均增长 0.00%。;平均下降 0.00%")
    '如果同比增长高于平均水平,持续增强。
    If wb.Cells(j,16) > wb.Cells(j,17) And wb.Cells(j,16) > 0 And wb.Cells(j,17) > 0 Then
        wa.Cells(k,1) = i & "同比增长率高于平均水平,由此产生的现金支付规模持续增强。"
    '如果同比增长等于平均增长,同比与平均都正增长,趋于稳定
    ElseIf wb.Cells(j,16) = wb.Cells(j,17) And wb.Cells(j,16) > 0 And wb.Cells(j,17) > 0 Then
        wa.Cells(k,1) = i & "同比增长率等于平均水平,由此产生的现金支付规模趋于稳定。"
    '如果同比增长等于平均增长,同比增长和平均增长为负数,下滑趋势没改。
    ElseIf wb.Cells(j,16) = wb.Cells(j,17) And wb.Cells(j,16) < 0 And wb.Cells(j,17) < 0 Then
        wa.Cells(k,1) = i & "同比下降率等于平均下降水平,由此产生的现金支付规模下滑趋势没改。"
    '如果同比增长低于平均增长,同比增长和平均增长为正数,增速放缓
    ElseIf wb.Cells(j,16) < wb.Cells(j,17) And wb.Cells(j,16) > 0 And wb.Cells(j,17) > 0 Then
        wa.Cells(k,1) = i & "同比增长率低于平均水平,由此产生的现金支付规模增速放缓。"
    '由平均负增长转为增长,开始复苏
    ElseIf wb.Cells(j,16) > wb.Cells(j,17) And wb.Cells(j,16) > 0 And wb.Cells(j,17) < 0 Then
        wa.Cells(k,1) = i & "由平均下降转为同比增长,对少数股东支付保障能力开始复苏。"
    '由平均增长转为同比负增长,开始下滑
    ElseIf wb.Cells(j,16) < wb.Cells(j,17) And wb.Cells(j,16) < 0 And wb.Cells(j,17) > 0 Then
        wa.Cells(k,1) = i & "由平均增长转为同比下降,由此产生的现金支付规模开始下滑。"
    '同比负增长低于平均负增长,开始放缓
    ElseIf Abs(wb.Cells(j,16)) < Abs(wb.Cells(j,17)) And wb.Cells(j,16) < 0 And wb.Cells(j,17) < 0 Then
        wa.Cells(k,1) = i & "同比下降低于平均下降水平,由此产生的现金支付规模开始放缓。"
    '同比负增长高于平均负增长,持续加速
    ElseIf Abs(wb.Cells(j,16)) > Abs(wb.Cells(j,17)) And wb.Cells(j,16) < 0 And wb.Cells(j,17) < 0 Then
        wa.Cells(k,1) = i & "同比下降高于平均下降水平,由此产生的现金支付规模持续下滑。"
    ElseIf wb.Cells(j,14) <> 0 And wb.Cells(j,16) = wb.Cells(j,17) And wb.Cells(j,16) = 0 And wb.Cells(j,17) = 0 Then
        wa.Cells(k,1) = Format(wb.Cells(j,14),"支付的其他与筹资活动有关的现金 0.00 亿元,") &_
        Format(wb.Cells(j,18),"占投资活动现金流出总额的 0.00%。") & "以前年度没有发生额。"
    ElseIf wb.Cells(j,16) <> 0 And wb.Cells(j,17) = 0 Then
        wa.Cells(k,1) = i & "基期没有发生额。"
    Else
        wa.Cells(k,1) = "支付的其他与筹资活动有关的现金没有发生额。"
    End If
End Sub
```

6.5.3.3 可视化图表

步骤一：编写制作图表代码。选择现金流量辅助分析表 M2：Q2，M34：Q37 区域数据，制作成柱形图，存放到现金流量表分析报告 A141 位置。参考代码如下所示：

成功之钥匙

代码含义：

```vb
Sub 制作筹资活动现金流出构成图表()
    Dim wa As Worksheet
    Dim ws As Worksheet
    Dim cht As ChartObject
    Dim rng As Range
    '选择"利润基础表"工作表
    Set wa = ThisWorkbook.Sheets("现金流量基础表")
    '复制 M2:Q2,M34:Q37 区域的数据
    wa.Range("M2:Q2,M34:Q37").Copy
```

```
'将数据粘贴到 T46:X50 区域
    wa.Range("T46:X50").PasteSpecial Paste:=xlPasteValues
    '设置工作表
    Set ws = ThisWorkbook.Sheets("现金流量表分析报告")
    '定义图表位置
    Set rng = ws.Range("A141")
    '在工作表中插入一个图表对象
    Set cht = ws.ChartObjects.Add(Left:=rng.Left,Width:=700,Top:=rng.Top,Height:=170)
    '设置图表数据源
    cht.chart.SetSourceData Source:=wa.Range("$T$46:$X$50")
    '设置图表类型为柱形图
    cht.chart.chartType = xlColumnClustered
    '添加数据标签
    cht.chart.SeriesCollection(1).ApplyDataLabels
    '设置图表标题
    cht.chart.HasTitle = True
    cht.chart.ChartTitle.Text = "筹资活动现金流出构成分析"
    '设置图例位置
    cht.chart.HasLegend = True
    cht.chart.Legend.Position = xlLegendPositionBottom
End Sub
```

步骤二：运行代码，嵌入柱形图。更改图表类型（方法同上），便可制成可视化动态分析图。如图6-27所示。

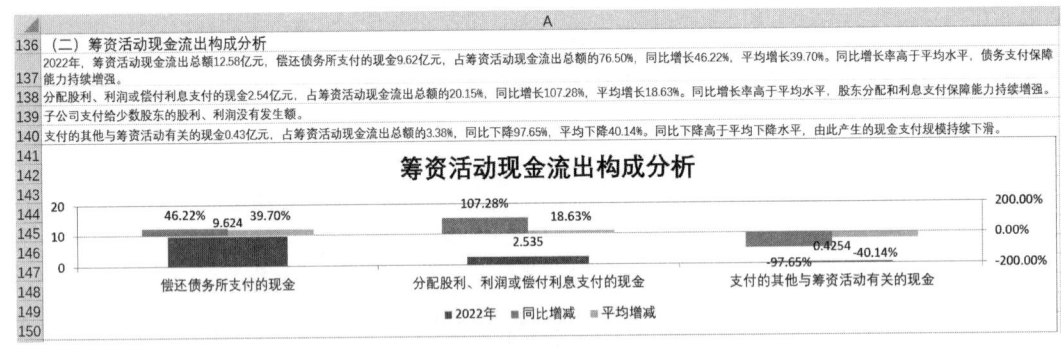

图6-27 筹资活动现金流出构成动态分析图

6.5.4 应用ChatGPT生成现金流出评价报告

将通过VBA生成的智能分析结果，导入ChatGPT，可以生成现金流出评价报告。

步骤一：通过编写VBA代码，将"现金流量表分析报告"中，现金流出总体情况A101:A140区域分析结果导入Word文档中。参考代码如下所示：

🔑 成功之钥匙

```
Option Explicit
Sub 将现金流出总体情况导入文档()
    Dim WordApp As Object
    Dim WordDoc As Object
    Dim ExcelRange As Range
    Dim WordRange As Object
    Dim rowCount As Integer
    Dim i As Integer
    '创建一个新的Word文档
    Set WordApp = CreateObject("Word.Application")
    WordApp.Visible = True
    Set WordDoc = WordApp.Documents.Add
    '指定Excel中的数据范围
    Set ExcelRange = ThisWorkbook.Sheets("现金流量表分析报告").Range("A101:A140")
    '在Word文档中逐行插入Excel数据
```

```
        Set WordRange = WordDoc.Content
        For i =1 To ExcelRange.Rows.Count
            WordRange.InsertAfter ExcelRange.Cells(i,1).Value & vbCrLf
            Set WordRange = WordDoc.Content
        Next i
        '清除对象
        Set WordApp = Nothing
        Set WordDoc = Nothing
        Set ExcelRange = Nothing
        Set WordRange = Nothing
    End Sub
```

步骤二：运行代码。在 Word 文档中获得导入结果。如图 6-28 所示。

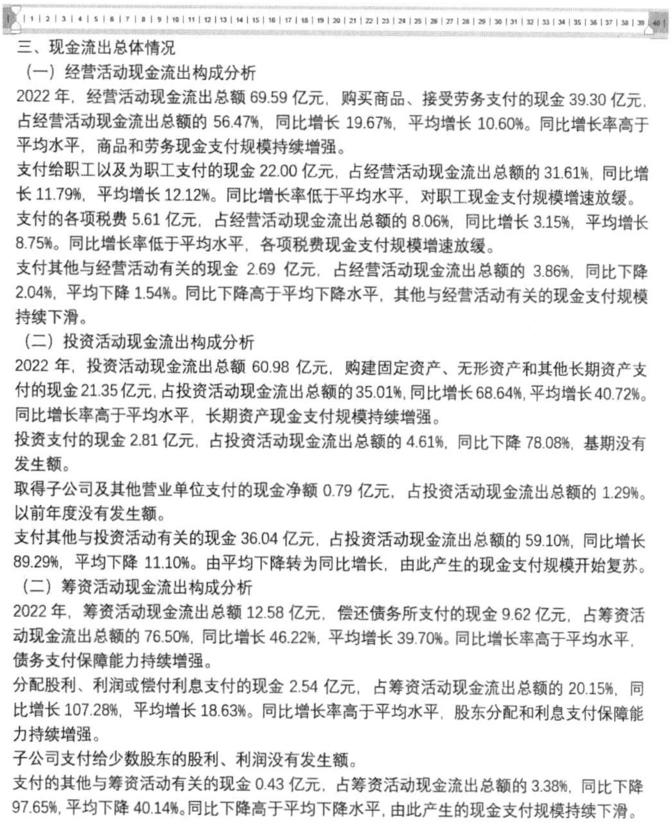

三、现金流出总体情况

（一）经营活动现金流出构成分析

2022 年，经营活动现金流出总额 69.59 亿元，购买商品、接受劳务支付的现金 39.30 亿元，占经营活动现金流出总额的 56.47%，同比增长 19.67%，平均增长 10.60%。同比增长率高于平均水平，商品和劳务现金支付规模持续增强。

支付给职工以及为职工支付的现金 22.00 亿元，占经营活动现金流出总额的 31.61%，同比增长 11.79%，平均增长 12.12%。同比增长率低于平均水平，对职工现金支付规模增速放缓。

支付的各项税费 5.61 亿元，占经营活动现金流出总额的 8.06%，同比增长 3.15%，平均增长 8.75%。同比增长率低于平均水平，各项税费现金支付规模增速放缓。

支付其他与经营活动有关的现金 2.69 亿元，占经营活动现金流出总额的 3.86%，同比下降 2.04%，平均下降 1.54%。同比下降高于平均下降水平，其他与经营活动有关的现金支付规模持续下滑。

（二）投资活动现金流出构成分析

2022 年，投资活动现金流出总额 60.98 亿元，购建固定资产、无形资产和其他长期资产支付的现金 21.35 亿元，占投资活动现金流出总额的 35.01%，同比增长 68.64%，平均增长 40.72%。同比增长率高于平均水平，长期资产现金支付规模持续增强。

投资支付的现金 2.81 亿元，占投资活动现金流出总额的 4.61%，同比下降 78.08%，基期没有发生额。

取得子公司及其他营业单位支付的现金净额 0.79 亿元，占投资活动现金流出总额的 1.29%。以前年度没有发生额。

支付其他与投资活动有关的现金 36.04 亿元，占投资活动现金流出总额的 59.10%，同比增长 89.29%，平均下降 11.10%。由平均下降转为同比增长，由此产生的现金支付规模开始复苏。

（二）筹资活动现金流出构成分析

2022 年，筹资活动现金流出总额 12.58 亿元，偿还债务所支付的现金 9.62 亿元，占筹资活动现金流出总额的 76.50%，同比增长 46.22%，平均增长 39.70%。同比增长率高于平均水平，债务支付保障能力持续增强。

分配股利、利润或偿付利息支付的现金 2.54 亿元，占筹资活动现金流出总额的 20.15%，同比增长 107.28%，平均增长 18.63%。同比增长率高于平均水平，股东分配和利息支付保障能力持续增强。

子公司支付给少数股东的股利、利润没有发生额。

支付的其他与筹资活动有关的现金 0.43 亿元，占筹资活动现金流出总额的 3.38%，同比下降 97.65%，平均下降 40.14%。同比下降高于平均下降水平，由此产生的现金支付规模持续下滑。

图 6-28 导入数据效果图

步骤三：编辑"提示词"。在导入的文档中添加上："我想让你充当财务分析师，我提供背景资料，请根据背景资料要求，帮助写一个'现金流出总体情况评价报告'。分析报告分三个部分：情况分析、风险评估、措施建议。背景资料如下："。小标题中的提示词：要求详细描述这部分 n 项指标数据，包括占比、平均增长、同比增长等，从占比和动态趋势等方面进行分析评价。编辑后的提示词，如图 6-29 所示。

步骤四：将提示词复制粘贴到 ChatGPT 提问区输入窗口。Ctrl + V，点击回车，便可获取智能分析报告。如图 6-30 所示。

步骤五：点击 ChatGPT 答复区右上角复制按钮■，便可将反馈报告复制粘贴到 Word 文档中。

我想让你充当财务分析师,我提供背景资料,请根据背景资料要求,帮助写一个"现金流出总体情况评价报告"。分析报告分三个部分:情况分析、风险评估、措施建议。
背景资料如下:

现金流出总体情况评价报告

一、情况分析

(一)经营活动现金流出构成分析(要求详细描述这部分 4 项指标数据,包括占比、平均增长、同比增长等,从占比和动态趋势等方面进行分析评价。)

1、2022 年,经营活动现金流出总额 69.59 亿元,购买商品、接受劳务支付的现金 39.30 亿元,占经营活动现金流出总额的 56.47%,同比增长 19.67%,平均增长 10.60%。同比增长率高于平均水平,商品和劳务现金支付规模持续增强。

2、支付给职工以及为职工支付的现金 22.00 亿元,占经营活动现金流出总额的 31.61%,同比增长 11.79%,平均增长 12.12%。同比增长率低于平均水平,对职工现金支付规模增速放缓。

3、支付的各项税费 5.61 亿元,占经营活动现金流出总额的 8.06%,同比增长 3.15%,平均增长 8.75%,同比增长率低于平均水平,各项税费现金支付规模增速放缓。

4、支付其他与经营活动有关的现金 2.69 亿元,占经营活动现金流出总额的 3.86%,同比下降 2.04%,平均下降 1.54%。同比下降高于平均下降水平,其他与经营活动有关的现金支付规模持续下滑。

(二)投资活动现金流出构成分析(要求详细描述这部分 4 项指标数据,包括占比、平均增长、同比增长等,从占比和动态趋势等方面进行分析评价。)

1、2022 年,投资活动现金流出总额 60.98 亿元,购建固定资产、无形资产和其他长期资产支付的现金 21.35 亿元,占投资活动现金流出总额的 35.01%,同比增长 68.64%,平均增长 40.72%。同比增长率高于平均水平,长期资产现金支付规模持续增强。

2、投资支付的现金 2.81 亿元,占投资活动现金流出总额的 4.61%,同比下降 78.08%,基期没有发生额。

3、取得子公司及其他营业单位支付的现金净额 0.79 亿元,占投资活动现金流出总额的 1.29%。以前年度没有发生额。

4、支付其他与投资活动有关的现金 36.04 亿元,占投资活动现金流出总额的 59.10%,同比增长 89.29%,平均下降 11.10%。由平均下降转为同比增长,由此产生的现金支付规模开始复苏。

(三)筹资活动现金流出构成分析(要求详细描述这部分 3 项指标数据,包括占比、平均增长、同比增长等,从占比和动态趋势等方面进行分析评价。)

1、2022 年,筹资活动现金流出总额 12.58 亿元,偿还债务所支付的现金 9.62 亿元,占筹资活动现金流出总额的 76.50%,同比增长 46.22%,平均增长 39.70%。同比增长率高于平均水平,债务支付保障能力持续增强。

2、分配股利、利润或偿付利息支付的现金 2.54 亿元,占筹资活动现金流出总额的 20.15%,同比增长 107.28%,平均增长 18.63%,同比增长率高于平均水平,股东分配和利息支付保障能力持续增强。

3、支付的其他与筹资活动有关的现金 0.43 亿元,占筹资活动现金流出总额的 3.38%,同比下降 97.65%,平均下降 40.14%。同比下降高于平均下降水平,由此产生的现金支付规模持续下滑。

二、风险评估(根据第一部分的情况分析,分析企业可能存在的风险,要详细具体一些。)

三、措施建议(根据第二部分风险评估情况,针对存在的风险,提出合理化建议,要详细具体。)

图 6-29 提示词

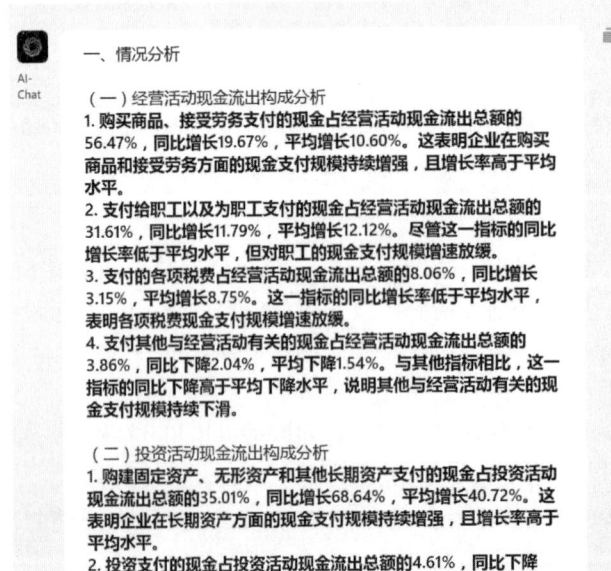

图 6-30 ChatGPT 反馈的智能报告

现金流出总体情况评价报告

一、情况分析

（一）经营活动现金流出构成分析

1. 购买商品、接受劳务支付的现金占经营活动现金流出总额的56.47%，同比增长19.67%，平均增长10.60%。这表明企业在购买商品和接受劳务方面的现金支付规模持续增强，且增长率高于平均水平。

2. 支付给职工以及为职工支付的现金占经营活动现金流出总额的31.61%，同比增长11.79%，平均增长12.12%。尽管这一指标的同比增长率低于平均水平，但对职工的现金支付规模增速放缓。

3. 支付的各项税费占经营活动现金流出总额的8.06%，同比增长3.15%，平均增长8.75%。这一指标的同比增长率低于平均水平，表明各项税费现金支付规模增速放缓。

4. 支付其他与经营活动有关的现金占经营活动现金流出总额的3.86%，同比下降2.04%，平均下降1.54%。与其他指标相比，这一指标的同比下降高于平均下降水平，说明其他与经营活动有关的现金支付规模持续下滑。

（二）投资活动现金流出构成分析

1. 购建固定资产、无形资产和其他长期资产支付的现金占投资活动现金流出总额的35.01%，同比增长68.64%，平均增长40.72%。这表明企业在长期资产方面的现金支付规模持续增强，且增长率高于平均水平。

2. 投资支付的现金占投资活动现金流出总额的4.61%，同比下降78.08%，基期没有发生额。这可能表明企业在投资方面的支出有所减少。

3. 取得子公司及其他营业单位支付的现金净额占投资活动现金流出总额的1.29%。以前年度没有发生额。这可能是企业在新年度进行的一次性投资。

4. 支付其他与投资活动有关的现金占投资活动现金流出总额的59.10%，同比增长89.29%，平均下降11.10%。由平均下降转为同比增长，说明由此产生的现金支付规模开始复苏。

（三）筹资活动现金流出构成分析

1. 偿还债务所支付的现金占筹资活动现金流出总额的76.50%，同比增长46.22%，平均增长39.70%。这表明企业在债务支付方面的保障能力持续增强。

2. 分配股利、利润或偿付利息支付的现金占筹资活动现金流出总额的20.15%，同比增长107.28%，平均增长18.63%。这表明企业在股东分配和利息支付方面的保障能力持续增强。

3. 支付的其他与筹资活动有关的现金占筹资活动现金流出总额的3.38%，同比下降97.65%，平均下降40.14%。与其他指标相比，这一指标的同比下降高于平均下降水平，说明由此产生的现金支付规模持续下滑。

二、风险评估

根据上述情况分析，企业可能存在的风险主要包括：

1. 经营活动现金流出增长过快，可能导致企业现金流紧张，需要关注现金流管理。
2. 投资活动现金流出中，长期资产支付增长迅速，需要注意投资效益和资金使用效率。
3. 筹资活动现金流出中，债务偿还和股东分配支付增长，需要注意债务管理和股东关系维护。

三、措施建议

针对存在的风险，提出以下合理化建议：

1. 加强现金流管理，优化经营活动现金流支出结构，控制不必要的现金支出。
2. 关注投资项目的效益，确保投资资金得到有效利用，避免资金浪费。
3. 合理规划债务偿还和股东分配策略，保持债务在合理水平，维护良好的股东关系。
4. 提高资金使用效率，通过内部管理提升和外部融资渠道优化，降低资金成本。
5. 加强风险监控和预警机制，及时应对可能出现的现金流风险。

6.6　VBA 与 ChatGPT 结合洞察现金流量

6.6.1　现金偿债能力分析

6.6.1.1　分析重点

现金偿债能力分析，反映了企业可用现金流量偿付到期债务的能力。主要包括现金到期债务比率、现金流动负债比率、现金负债总额比率。

1. 现金到期债务比率

$$现金到期债务比率 = 经营现金净流量 \div 本期到期的债务$$

$$本期到期的债务 = 本期到期长期负债 + 本期应付票据$$

通常作为企业到期的长期负债和本期应付票据是不能延期的，到期必须如数偿还，企业设置的标准值为 1.5。该比率越高，企业资金流动性越好，企业到期偿还债务的能力就越强。

2. 现金流动负债比率

$$现金流动负债比率 = 年经营现金净流量 / 年末流动负债 \times 100\%$$

年经营现金净流量是指一定时期内，由企业经营活动所产生的现金及现金等价物的流入量与流出量的差额。该指标是从现金流入和流出的动态角度对企业实际偿债能力进行考察。一般该指标大于 1，表示企业流动负债的偿还有可靠保证。

3. 现金负债总额比率

$$现金负债总额比率 = 年经营现金净流量 / 年末负债总 \times 100\%$$

该指标属于现金流量的流动性分析比率，企业能够用来偿还债务的除借新债还旧债外，一般应当是经营活动的现金流入才能还债。计算结果要与过去比较、与同业比较。这个比率越高，说明企业承担债务的能力越强。这个比率同时也体现企业的最大付息能力。

6.6.1.2　VBA 智能分析代码

步骤一：编写现金到期债务比分析代码。参考代码如下所示：

> 成功之钥匙

代码含义：

```
Sub 现金到期债务比率分析()
    'i 代表描述信息变量
    Dim i As String,j,k,wa As Worksheet,wb As Worksheet
    Set wa = Worksheets("现金流量表分析报告")
    Set wb = Worksheets("现金流量基础表")
    wa.Cells(151,1) = "四、现金流量评价"
    wa.Cells(151,1).Font.Bold = True
    wa.Cells(152,1) = "(一)现金偿还能力评价"
    '读取数据
    j = 84:k = 153
    If wb.Cells(j,14) > = 1.5 Then
i = wb.Cells(2,14) & Format(wb.Cells(j,14),",现金到期债务比率 0.00,") & "大于1.5,有充足的现金偿还债务。" & _
Format(wb.Cells(j,16),"同比增长 0.00%,;同比下降 0.00%,") & Format(wb.Cells(j,17),"平均增长 0.00%。;平均下降 0.00%。")
    Else
i = wb.Cells(2,14) & Format(wb.Cells(j,14),",现金到期债务比率 0.00,") & "小于1.5,偿还到期债务的现金不够充足。" & _
Format(wb.Cells(j,16),"同比增长 0.00%,;同比下降 0.00%,") & Format(wb.Cells(j,17),"平均增长 0.00%。;平均下降 0.00%。")
    End If
        '如果同比增长高于平均水平,持续增强。
        If wb.Cells(j,16) > wb.Cells(j,17) And wb.Cells(j,16) > 0 And wb.Cells(j,17) > 0 Then
            wa.Cells(k,1) = i & "同比增长率高于平均水平,偿还到期债务能力增强。"
```

```vb
            '如果同比增长等于平均增长,同比与平均都正增长,趋于稳定
        ElseIf wb.Cells(j,16) = wb.Cells(j,17) And wb.Cells(j,16) > 0 And wb.Cells(j,17) > 0 Then
            wa.Cells(k,1) = i & "同比增长率等于平均水平,偿还到期债务能力趋于稳定。"
            '如果同比增长等于平均增长,同比增长和平均增长为负数,下滑趋势没改。
        ElseIf wb.Cells(j,16) = wb.Cells(j,17) And wb.Cells(j,16) < 0 And wb.Cells(j,17) < 0 Then
            wa.Cells(k,1) = i & "同比下降率等于平均下降水平,偿还到期债务能力下滑趋势没改。"
            '如果同比增长低于平均增长,同比增长和平均增长为正数,增速放缓
        ElseIf wb.Cells(j,16) < wb.Cells(j,17) And wb.Cells(j,16) > 0 And wb.Cells(j,17) > 0 Then
            wa.Cells(k,1) = i & "同比增长率低于平均水平,偿还到期债务能力增速放缓。"
            '由平均负增长转为增长,开始复苏
        ElseIf wb.Cells(j,16) > wb.Cells(j,17) And wb.Cells(j,16) > 0 And wb.Cells(j,17) < 0 Then
            wa.Cells(k,1) = i & "由平均下降转为同比增长,偿还到期债务能力开始复苏。"
            '由平均增长转为同比负增长,开始下滑
        ElseIf wb.Cells(j,16) < wb.Cells(j,17) And wb.Cells(j,16) < 0 And wb.Cells(j,17) > 0 Then
            wa.Cells(k,1) = i & "由平均增长转为同比下降,偿还到期债务能力开始下滑。"
            '同比负增长低于平均负增长,开始放缓
        ElseIf Abs(wb.Cells(j,16)) < Abs(wb.Cells(j,17)) And wb.Cells(j,16) < 0 And wb.Cells(j,17) < 0 Then
            wa.Cells(k,1) = i & "同比下降低于平均下降水平,偿还到期债务能力开始放缓。"
            '同比负增长高于平均负增长,持续加速
        ElseIf Abs(wb.Cells(j,16)) > Abs(wb.Cells(j,17)) And wb.Cells(j,16) < 0 And wb.Cells(j,17) < 0 Then
            wa.Cells(k,1) = i & "同比下降高于平均下降水平,偿还到期债务能力持续下滑。"
        End If
End Sub
```

步骤二:编写现金流动负债比率分析代码。参考代码如下所示:

成功之钥匙

代码含义:

```vb
Sub 现金流动负债比率分析()
    'i 代表描述信息变量
    Dim i As String,j,k,wa As Worksheet,wb As Worksheet
    Set wa = Worksheets("现金流量表分析报告")
    Set wb = Worksheets("现金流量基础表")
    '读取数据
        j = 85:k = 154
    If wb.Cells(j,14) > = 1.5 Then
        i = Format(wb.Cells(j,14),"现金流动负债比率0.00,") & "大于1,现金偿还流动负债的能力较强。" & _
Format(wb.Cells(j,16),"同比增长0.00%,;同比下降0.00%,") & Format(wb.Cells(j,17),"平均增长0.00%;平均下降0.00%")
    ElseIf wb.Cells(j,14) < 0 Then
        i = Format(wb.Cells(j,14),"现金流动负债比率0.00,") & "现金偿还流动负债能力严重不足。" & _
Format(wb.Cells(j,16),"同比增长0.00%,;同比下降0.00%,") & Format(wb.Cells(j,17),"平均增长0.00%;平均下降0.00%")
    Else
        i = Format(wb.Cells(j,14),"现金流动负债比率0.00,") & "现金偿还流动负债能力不足。" & _
Format(wb.Cells(j,16),"同比增长0.00%,;同比下降0.00%,") & Format(wb.Cells(j,17),"平均增长0.00%;平均下降0.00%")
        End If '如果同比增长高于平均水平,持续增强。
        If wb.Cells(j,16) > wb.Cells(j,17) And wb.Cells(j,16) > 0 And wb.Cells(j,17) > 0 Then
            wa.Cells(k,1) = i & "同比增长率高于平均水平,偿还流动负债能力增强。"
            '如果同比增长等于平均增长,同比与平均都正增长,趋于稳定
        ElseIf wb.Cells(j,16) = wb.Cells(j,17) And wb.Cells(j,16) > 0 And wb.Cells(j,17) > 0 Then
            wa.Cells(k,1) = i & "同比增长率等于平均水平,偿还流动负债能力趋于稳定。"
            '如果同比增长等于平均增长,同比增长和平均增长为负数,下滑趋势没改。
        ElseIf wb.Cells(j,16) = wb.Cells(j,17) And wb.Cells(j,16) < 0 And wb.Cells(j,17) < 0 Then
            wa.Cells(k,1) = i & "同比下降率等于平均下降水平,偿还流动负债能力下滑趋势没改。"
            '如果同比增长低于平均增长,同比增长和平均增长为正数,增速放缓
        ElseIf wb.Cells(j,16) < wb.Cells(j,17) And wb.Cells(j,16) > 0 And wb.Cells(j,17) > 0 Then
            wa.Cells(k,1) = i & "同比增长率低于平均水平,偿还流动负债能力增速放缓。"
            '由平均负增长转为增长,开始复苏
        ElseIf wb.Cells(j,16) > wb.Cells(j,17) And wb.Cells(j,16) > 0 And wb.Cells(j,17) < 0 Then
            wa.Cells(k,1) = i & "由平均下降转为同比增长,偿还流动负债能力开始复苏。"
            '由平均增长转为同比负增长,开始下滑
        ElseIf wb.Cells(j,16) < wb.Cells(j,17) And wb.Cells(j,16) < 0 And wb.Cells(j,17) > 0 Then
            wa.Cells(k,1) = i & "由平均增长转为同比下降,偿还流动负债能力开始下滑。"
            '同比负增长低于平均负增长,开始放缓
ElseIf Abs(wb.Cells(j,16)) < Abs(wb.Cells(j,17)) And wb.Cells(j,16) < 0 And wb.Cells(j,17) < 0 Then
            wa.Cells(k,1) = i & "同比下降低于平均下降水平,偿还流动负债能力开始放缓。"
```

```vba
        '同比负增长高于平均负增长,持续加速
        ElseIf Abs(wb.Cells(j,16)) > Abs(wb.Cells(j,17)) And wb.Cells(j,16) < 0 And wb.Cells(j,17) < 0 Then
            wa.Cells(k,1) = i & "同比下降高于平均下降水平,偿还流动负债能力持续下滑。"
        End If
End Sub
```

步骤三：编写现金流量负债比率分析代码。参考代码如下所示：

🔑 成功之钥匙

代码含义：

```vba
Sub 现金流量负债比率分析()
  'i代表描述信息变量
    Dim i As String,j,k,wa As Worksheet,wb As Worksheet
    Set wa = Worksheets("现金流量表分析报告")
    Set wb = Worksheets("现金流量基础表")
  '读取数据
    j = 86:k = 155
    If wb.Cells(j,14) >= 1.5 Then
      i = Format(wb.Cells(j,14),"现金流量负债比率 0.00,") & "大于1,现金偿还负债的能力较强。" & _
Format(wb.Cells(j,16),"同比增长 0.00%,;同比下降 0.00%,") & Format(wb.Cells(j,17),"平均增长 0.00%;平均下降 0.00%")
    ElseIf wb.Cells(j,14) < 0 Then
      i = Format(wb.Cells(j,14),"现金流量负债比率 0.00,") & "现金偿还负债能力严重不足。" & _
Format(wb.Cells(j,16),"同比增长 0.00%,;同比下降 0.00%,") & Format(wb.Cells(j,17),"平均增长 0.00%;平均下降 0.00%")
    Else
      i = Format(wb.Cells(j,14),"现金流量负债比率 0.00,") & "现金偿还负债能力不足。" & _
Format(wb.Cells(j,16),"同比增长 0.00%,;同比下降 0.00%,") & Format(wb.Cells(j,17),"平均增长 0.00%;平均下降 0.00%")
    End If
        '如果同比增长高于平均水平,持续增强。
        If wb.Cells(j,16) > wb.Cells(j,17) And wb.Cells(j,16) > 0 And wb.Cells(j,17) > 0 Then
            wa.Cells(k,1) = i & "同比增长率高于平均水平,偿还负债能力增强。"
        '如果同比增长等于平均增长,同比与平均都正增长,趋于稳定
        ElseIf wb.Cells(j,16) = wb.Cells(j,17) And wb.Cells(j,16) > 0 And wb.Cells(j,17) > 0 Then
            wa.Cells(k,1) = i & "同比增长率等于平均水平,偿还负债能力趋于稳定。"
        '如果同比增长等于平均增长,同比增长和平均增长为负数,下滑趋势没改。
        ElseIf wb.Cells(j,16) = wb.Cells(j,17) And wb.Cells(j,16) < 0 And wb.Cells(j,17) < 0 Then
            wa.Cells(k,1) = i & "同比下降率等于平均下降水平,偿还负债能力下滑趋势没改。"
        '如果同比增长低于平均增长,同比增长和平均增长为正数,增速放缓
        ElseIf wb.Cells(j,16) < wb.Cells(j,17) And wb.Cells(j,16) > 0 And wb.Cells(j,17) > 0 Then
            wa.Cells(k,1) = i & "同比增长率低于平均水平,偿还负债能力增速放缓。"
        '由平均负增长转为增长,开始复苏
        ElseIf wb.Cells(j,16) > wb.Cells(j,17) And wb.Cells(j,16) > 0 And wb.Cells(j,17) < 0 Then
            wa.Cells(k,1) = i & "由平均下降转为同比增长,偿还负债能力开始复苏。"
        '由平均增长转为同比负增长,开始下滑
        ElseIf wb.Cells(j,16) < wb.Cells(j,17) And wb.Cells(j,16) < 0 And wb.Cells(j,17) > 0 Then
            wa.Cells(k,1) = i & "由平均增长转为同比下降,偿还负债能力开始下滑。"
        '同比负增长低于平均负增长,开始放缓
        ElseIf Abs(wb.Cells(j,16)) < Abs(wb.Cells(j,17)) And wb.Cells(j,16) < 0 And wb.Cells(j,17) < 0 Then
            wa.Cells(k,1) = i & "同比下降低于平均下降水平,偿还负债能力开始放缓。"
        '同比负增长高于平均负增长,持续加速
        ElseIf Abs(wb.Cells(j,16)) > Abs(wb.Cells(j,17)) And wb.Cells(j,16) < 0 And wb.Cells(j,17) < 0 Then
            wa.Cells(k,1) = i & "同比下降高于平均下降水平,偿还负债能力持续下滑。"
        End If
End Sub
```

步骤四：编写流动负债偿还期分析代码。参考代码如下所示：

🔑 成功之钥匙

代码含义：

```vba
Sub 流动负债偿还期分析()
  'i代表描述信息变量
    Dim i As String,j,k,wa As Worksheet,wb As Worksheet
    Set wa = Worksheets("现金流量表分析报告")
    Set wb = Worksheets("现金流量基础表")
  '读取数据
```

```vb
        j = 87: k = 156
i = Format(wb.Cells(j,14),"流动负债偿还期 0.00 年,") & Format(wb.Cells(j,16),"同比增长 0.00%,;同比下降 0.00%,") & _
    Format(wb.Cells(j,17),"平均增长 0.00%;平均下降 0.00%")
        '如果同比增长高于平均水平,持续增强。
        If wb.Cells(j,16) > wb.Cells(j,17) And wb.Cells(j,16) > 0 And wb.Cells(j,17) > 0 Then
            wa.Cells(k,1) = i & "同比增长率高于平均水平,债务偿还期限持续延长。"
        '如果同比增长等于平均增长,同比与平均都正增长,趋于稳定
        ElseIf wb.Cells(j,16) = wb.Cells(j,17) And wb.Cells(j,16) > 0 And wb.Cells(j,17) > 0 Then
            wa.Cells(k,1) = i & "同比增长率等于平均水平,债务偿还期限趋于稳定。"
            '如果同比增长等于平均增长,同比增长和平均增长为负数,下滑趋势没改。
        ElseIf wb.Cells(j,16) = wb.Cells(j,17) And wb.Cells(j,16) < 0 And wb.Cells(j,17) < 0 Then
            wa.Cells(k,1) = i & "同比下降率等于平均下降水平,债务偿还期限下滑趋势没改。"
            '如果同比增长低于平均增长,同比增长和平均增长为正数,增速放缓
        ElseIf wb.Cells(j,16) < wb.Cells(j,17) And wb.Cells(j,16) > 0 And wb.Cells(j,17) > 0 Then
            wa.Cells(k,1) = i & "同比增长率低于平均水平,债务偿还期限增速放缓。"
            '由平均负增长转为增长,开始复苏
        ElseIf wb.Cells(j,16) > wb.Cells(j,17) And wb.Cells(j,16) > 0 And wb.Cells(j,17) < 0 Then
            wa.Cells(k,1) = i & "由平均下降转为同比增长,债务偿还期限开始反弹。"
            '由平均增长转为同比负增长,开始下滑
        ElseIf wb.Cells(j,16) < wb.Cells(j,17) And wb.Cells(j,16) < 0 And wb.Cells(j,17) > 0 Then
            wa.Cells(k,1) = i & "由平均增长转为同比下降,债务偿还期限开始下滑。"
            '同比负增长低于平均负增长,开始放缓
        ElseIf Abs(wb.Cells(j,16)) < Abs(wb.Cells(j,17)) And wb.Cells(j,16) < 0 And wb.Cells(j,17) < 0 Then
            wa.Cells(k,1) = i & "同比下降低于平均下降水平,债务偿还期限开始放缓。"
            '同比负增长高于平均负增长,持续加速
        ElseIf Abs(wb.Cells(j,16)) > Abs(wb.Cells(j,17)) And wb.Cells(j,16) < 0 And wb.Cells(j,17) < 0 Then
            wa.Cells(k,1) = i & "同比下降高于平均下降水平,债务偿还期限持续回落。"
        End If
End Sub
```

步骤五：编写全部负债偿还期分析代码。参考代码如下所示：

成功之钥匙

代码含义：

```vb
Sub 全部负债偿还期分析()
    'i 代表描述信息变量
    Dim i As String, j, k, wa As Worksheet, wb As Worksheet
    Set wa = Worksheets("现金流量表分析报告")
    Set wb = Worksheets("现金流量基础表")
    '读取数据
    j = 88: k = 157
i = Format(wb.Cells(j,14),"全部负债偿还期 0.00 年,") & Format(wb.Cells(j,16),"同比增长 0.00%,;同比下降 0.00%,") & _
    Format(wb.Cells(j,17),"平均增长 0.00%;平均下降 0.00%")
        '如果同比增长高于平均水平,持续增强。
        If wb.Cells(j,16) > wb.Cells(j,17) And wb.Cells(j,16) > 0 And wb.Cells(j,17) > 0 Then
            wa.Cells(k,1) = i & "同比增长率高于平均水平,债务偿还期限持续延长。"
        '如果同比增长等于平均增长,同比与平均都正增长,趋于稳定
        ElseIf wb.Cells(j,16) = wb.Cells(j,17) And wb.Cells(j,16) > 0 And wb.Cells(j,17) > 0 Then
            wa.Cells(k,1) = i & "同比增长率等于平均水平,债务偿还期限趋于稳定。"
            '如果同比增长等于平均增长,同比增长和平均增长为负数,下滑趋势没改。
        ElseIf wb.Cells(j,16) = wb.Cells(j,17) And wb.Cells(j,16) < 0 And wb.Cells(j,17) < 0 Then
            wa.Cells(k,1) = i & "同比下降率等于平均下降水平,债务偿还期限下滑趋势没改。"
            '如果同比增长低于平均增长,同比增长和平均增长为正数,增速放缓
        ElseIf wb.Cells(j,16) < wb.Cells(j,17) And wb.Cells(j,16) > 0 And wb.Cells(j,17) > 0 Then
            wa.Cells(k,1) = i & "同比增长率低于平均水平,债务偿还期限增速放缓。"
            '由平均负增长转为增长,开始复苏
        ElseIf wb.Cells(j,16) > wb.Cells(j,17) And wb.Cells(j,16) > 0 And wb.Cells(j,17) < 0 Then
            wa.Cells(k,1) = i & "由平均下降转为同比增长,债务偿还期限开始反弹。"
            '由平均增长转为同比负增长,开始下滑
        ElseIf wb.Cells(j,16) < wb.Cells(j,17) And wb.Cells(j,16) < 0 And wb.Cells(j,17) > 0 Then
            wa.Cells(k,1) = i & "由平均增长转为同比下降,债务偿还期限开始下滑。"
    '同比负增长低于平均负增长,开始放缓
    ElseIf Abs(wb.Cells(j,16)) < Abs(wb.Cells(j,17)) And wb.Cells(j,16) < 0 And wb.Cells(j,17) < 0 Then
            wa.Cells(k,1) = i & "同比下降低于平均下降水平,债务偿还期限开始放缓。"
            '同比负增长高于平均负增长,持续加速
    ElseIf Abs(wb.Cells(j,16)) > Abs(wb.Cells(j,17)) And wb.Cells(j,16) < 0 And wb.Cells(j,17) < 0 Then
```

```
            wa.Cells(k,1) = i & "同比下降高于平均下降水平,债务偿还期限持续回落。"
        End If
End Sub
```

6.6.1.3 可视化图表

步骤一：编写制作图表代码。选择现金流量辅助分析表 M2：Q2，M84：Q88 区域数据，制作成柱形图，存放到现金流量表分析报告 A158 位置。参考代码如下所示：

> 成功之钥匙

代码含义：

```
Sub 制作现金偿还能力评价图表()
    Dim wa As Worksheet
    Dim ws As Worksheet
    Dim cht As ChartObject
    Dim rng As Range
    '选择"利润基础表"工作表
    Set wa = ThisWorkbook.Sheets("现金流量基础表")
    '复制 M2:Q2,M84:Q88 区域的数据
    wa.Range("M2:Q2,M84:Q88").Copy
    '将数据粘贴到 T52:X57 区域
    wa.Range("T52:X57").PasteSpecial Paste:=xlPasteValues
    '设置工作表
    Set ws = ThisWorkbook.Sheets("现金流量表分析报告")
    '定义图表位置
    Set rng = ws.Range("A158")
    '在工作表中插入一个图表对象
    Set cht = ws.ChartObjects.Add(Left:=rng.Left, Width:=700, Top:=rng.Top, Height:=170)
    '设置图表数据源
    cht.chart.SetSourceData Source:=wa.Range("$T$52:$X$57")
    '设置图表类型为柱形图
    cht.chart.chartType = xlColumnClustered
    '添加数据标签
    cht.chart.SeriesCollection(1).ApplyDataLabels
    '设置图表标题
    cht.chart.HasTitle = True
    cht.chart.ChartTitle.Text = "现金偿还能力评价"
    '设置图例位置
    cht.chart.HasLegend = True
    cht.chart.Legend.Position = xlLegendPositionBottom
End Sub
```

步骤二：运行代码，嵌入柱形图。更改图表类型（方法同上），便可制成可视化动态分析图。如图 6-31 所示。

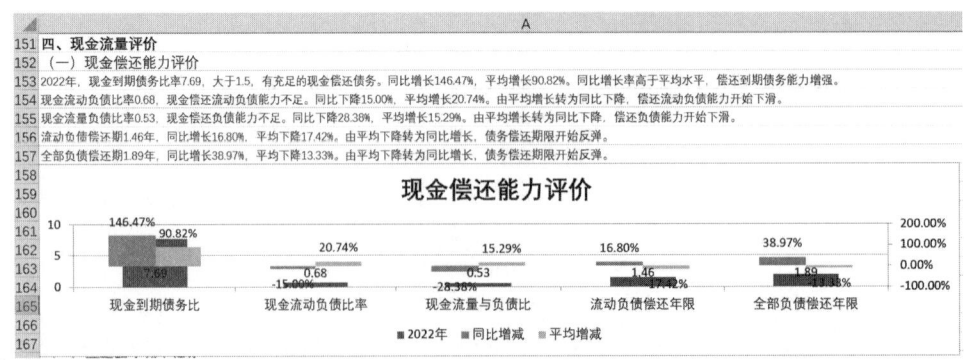

图 6-31 现金偿还能力动态分析图

6.6.2 获取现金能力分析

6.6.2.1 分析重点

获取现金能力分析，反映了企业资源获取现金的能力。主要包括销售现金比率、每股经营现金净流量和总资产现金回收率。

1. 销售现金比率

销售现金比率是指经营现金净流入和投入资源的比值。该指标反映企业销售质量的高低，与企业的赊销政策有关。如果企业有虚假收入，会使该指标过低。

销售现金比率计算公式：

销售现金比率＝经营现金净流入/营业收入×100%（营业收入包括营业收入和应向购买者收取的增值税销项税额）

销售得到的现金流入相对量较上期下降，企业获取现金能力下降，并没有将账面收益转化为现金流量；销售得到的现金流入相对量较上期上升，企业获取现金能力上升，将账面收益转化为了现金流量。

2. 每股经营现金净流量

每股经营现金净流量＝经营活动现金净流量/普通股数

该指标旨在评价企业对股东派现能力，比值越大派现能力越强。

3. 总资产现金回收率

总资产现金回收率是指经营现金净额与平均总资产的比值。

总资产现金回收率＝经营现金净额/平均总资产×100%

该指标旨在考评企业总资产产生现金的能力，该比值越大越好。

6.6.2.2 VBA智能分析代码

步骤一：编写销售现金比率分析代码。参考代码如下所示：

成功之钥匙

代码含义：

```
Sub 销售现金比率分析()
 'i 代表描述信息变量
    Dim i As String,j,k,wa As Worksheet,wb As Worksheet
    Set wa = Worksheets("现金流量表分析报告")
    Set wb = Worksheets("现金流量基础表")
    wa.Cells(168,1) = "(二)获取现金能力评价"
 '读取数据
    j = 90:k = 169
i = wb.Cells(2,14) & Format(wb.Cells(j,14),"销售现金比率0.00,") & Format(wb.Cells(j,16),"同比增长0.00%,;同比下降0.00%,") &_
 Format(wb.Cells(j,17),"平均增长0.00%,;平均下降0.00%,")
    '如果同比增长高于平均水平,持续增强。
    If wb.Cells(j,16) > wb.Cells(j,17) And wb.Cells(j,16) > 0 And wb.Cells(j,17) > 0 Then
        wa.Cells(k,1) = i & "同比增长率高于平均水平,销售变现能力持续增强。"
    '如果同比增长等于平均增长,同比与平均都正增长,趋于稳定
    ElseIf wb.Cells(j,16) = wb.Cells(j,17) And wb.Cells(j,16) > 0 And wb.Cells(j,17) > 0 Then
        wa.Cells(k,1) = i & "同比增长率等于平均水平,销售变现能力趋于稳定。"
    '如果同比增长等于平均增长,同比增长和平均增长为负数,下滑趋势没改。
    ElseIf wb.Cells(j,16) = wb.Cells(j,17) And wb.Cells(j,16) < 0 And wb.Cells(j,17) < 0 Then
        wa.Cells(k,1) = i & "同比下降率等于平均下降水平,销售变现能力下滑趋势没改。"
    '如果同比增长低于平均增长,同比增长和平均增长为正数,增速放缓
    ElseIf wb.Cells(j,16) < wb.Cells(j,17) And wb.Cells(j,16) > 0 And wb.Cells(j,17) > 0 Then
        wa.Cells(k,1) = i & "同比增长率低于平均水平,销售变现能力增速放缓。"
        '由平均负增长转为增长,开始复苏
    ElseIf wb.Cells(j,16) > wb.Cells(j,17) And wb.Cells(j,16) > 0 And wb.Cells(j,17) < 0 Then
```

```vba
        wa.Cells(k,1) = i &"由平均下降转为同比增长,销售变现能力开始复苏。"
            '由平均增长转为同比负增长,开始下滑销售变现能力
        ElseIf wb.Cells(j,16) < wb.Cells(j,17) And wb.Cells(j,16) < 0 And wb.Cells(j,17) > 0 Then
            wa.Cells(k,1) = i &"由平均增长转为同比下降,销售变现能力开始下滑。"
            '同比负增长低于平均负增长,开始放缓
        ElseIf Abs(wb.Cells(j,16)) < Abs(wb.Cells(j,17)) And wb.Cells(j,16) < 0 And wb.Cells(j,17) < 0 Then
            wa.Cells(k,1) = i &"同比下降低于平均下降水平,销售变现能力开始放缓。"
            '同比负增长高于平均负增长,持续加速
        ElseIf Abs(wb.Cells(j,16)) > Abs(wb.Cells(j,17)) And wb.Cells(j,16) < 0 And wb.Cells(j,17) < 0 Then
            wa.Cells(k,1) = i &"同比下降高于平均下降水平,销售变现能力持续下滑。"
        End If
End Sub
```

步骤二：编写每股经营现金净流量分析代码。参考代码如下所示：

🔑 **成功之钥匙**

代码含义：

```vba
Sub 每股经营现金净流量分析()
    'i 代表描述信息变量
    Dim i As String,j,k,wa As Worksheet,wb As Worksheet
    Set wa = Worksheets("现金流量表分析报告")
    Set wb = Worksheets("现金流量基础表")
    '读取数据
    j = 91:k = 170
i = Format(wb.Cells(j,14),"每股经营现金净流量 0.00,")& Format(wb.Cells(j,16),"同比增长 0.00%,;同比下降 0.00%,")& _
    Format(wb.Cells(j,17),"平均增长 0.00%。;平均下降 0.00%。")
        '如果同比增长高于平均水平,持续增强。
        If wb.Cells(j,16) > wb.Cells(j,17) And wb.Cells(j,16) > 0 And wb.Cells(j,17) > 0 Then
            wa.Cells(k,1) = i &"同比增长率高于平均水平,股利支付能力持续增强。"
            '如果同比增长等于平均增长,同比与平均都正增长,趋于稳定
        ElseIf wb.Cells(j,16) = wb.Cells(j,17) And wb.Cells(j,16) > 0 And wb.Cells(j,17) > 0 Then
            wa.Cells(k,1) = i &"同比增长率等于平均增长,股利支付能力趋于稳定。"
            '如果同比增长等于平均增长,同比增长和平均增长为负数,下滑趋势没改。
        ElseIf wb.Cells(j,16) = wb.Cells(j,17) And wb.Cells(j,16) < 0 And wb.Cells(j,17) < 0 Then
            wa.Cells(k,1) = i &"同比下降率等于平均下降水平,股利支付能力下滑趋势没改。"
            '如果同比增长低于平均增长,同比增长和平均增长为正数,增速放缓
        ElseIf wb.Cells(j,16) < wb.Cells(j,17) And wb.Cells(j,16) > 0 And wb.Cells(j,17) > 0 Then
            wa.Cells(k,1) = i &"同比增长率低于平均水平,股利支付能力增速放缓。"
            '由平均负增长转为增长,开始复苏
        ElseIf wb.Cells(j,16) > wb.Cells(j,17) And wb.Cells(j,16) > 0 And wb.Cells(j,17) < 0 Then
            wa.Cells(k,1) = i &"由平均下降转为同比增长,股利支付能力开始复苏。"
            '由平均增长转为同比负增长,开始下滑销售变现能力
        ElseIf wb.Cells(j,16) < wb.Cells(j,17) And wb.Cells(j,16) < 0 And wb.Cells(j,17) > 0 Then
            wa.Cells(k,1) = i &"由平均增长转为同比下降,股利支付能力开始下滑。"
            '同比负增长低于平均负增长,开始放缓
        ElseIf Abs(wb.Cells(j,16)) < Abs(wb.Cells(j,17)) And wb.Cells(j,16) < 0 And wb.Cells(j,17) < 0 Then
            wa.Cells(k,1) = i &"同比下降低于平均下降水平,股利支付能力开始放缓。"
            '同比负增长高于平均负增长,持续加速
        ElseIf Abs(wb.Cells(j,16)) > Abs(wb.Cells(j,17)) And wb.Cells(j,16) < 0 And wb.Cells(j,17) < 0 Then
            wa.Cells(k,1) = i &"同比下降高于平均下降水平,股利支付能力持续下滑。"
        End If
End Sub
```

步骤三：编写总资产现金回收率分析代码。参考代码如下所示：

🔑 **成功之钥匙**

代码含义：

```vba
Sub 总资产现金回收率分析()
    'i 代表描述信息变量
    Dim i As String,j,k,wa As Worksheet,wb As Worksheet
    Set wa = Worksheets("现金流量表分析报告")
    Set wb = Worksheets("现金流量基础表")
    '读取数据
    j = 92:k = 171
```

```
            i = Format(wb.Cells(j,14),"总资产现金回收率 0.00,") & Format(wb.Cells(j,16),"同比增长 0.00%,;同比下降 0.00%,") &_
                Format(wb.Cells(j,17),"平均增长 0.00%。;平均下降 0.00%。")
                '如果同比增长高于平均水平,持续增强
            If wb.Cells(j,16) > wb.Cells(j,17) And wb.Cells(j,16) > 0 And wb.Cells(j,17) > 0 Then
                wa.Cells(k,1) = i & "同比增长率高于平均水平,获取现金能力持续增强。"
                '如果同比增长等于平均增长,同比与平均都正增长,趋于稳定
            ElseIf wb.Cells(j,16) = wb.Cells(j,17) And wb.Cells(j,16) > 0 And wb.Cells(j,17) > 0 Then
                wa.Cells(k,1) = i & "同比增长率等于平均水平,获取现金能力趋于稳定。"
                '如果同比增长等于平均增长,同比增长和平均增长为负数,下滑趋势没改
            ElseIf wb.Cells(j,16) = wb.Cells(j,17) And wb.Cells(j,16) < 0 And wb.Cells(j,17) < 0 Then
                wa.Cells(k,1) = i & "同比下降率等于平均下降水平,获取现金能力下滑趋势没改。"
                '如果同比增长低于平均增长,同比增长和平均增长为正数,增速放缓
            ElseIf wb.Cells(j,16) < wb.Cells(j,17) And wb.Cells(j,16) > 0 And wb.Cells(j,17) > 0 Then
                wa.Cells(k,1) = i & "同比增长率低于平均水平,获取现金能力增速放缓。"
                '由平均负增长转为增长,开始复苏
            ElseIf wb.Cells(j,16) > wb.Cells(j,17) And wb.Cells(j,16) > 0 And wb.Cells(j,17) < 0 Then
                wa.Cells(k,1) = i & "由平均下降转为同比增长,获取现金能力开始复苏。"
                '由平均增长转为同比负增长,开始下滑销售变现能力
            ElseIf wb.Cells(j,16) < wb.Cells(j,17) And wb.Cells(j,16) < 0 And wb.Cells(j,17) > 0 Then
                wa.Cells(k,1) = i & "由平均增长转为同比下降,获取现金能力开始下滑。"
                '同比负增长低于平均负增长,开始放缓
            ElseIf Abs(wb.Cells(j,16)) < Abs(wb.Cells(j,17)) And wb.Cells(j,16) < 0 And wb.Cells(j,17) < 0 Then
                wa.Cells(k,1) = i & "同比负增长低于平均下降水平,获取现金能力开始放缓。"
                '同比负增长高于平均负增长,持续加速
            ElseIf Abs(wb.Cells(j,16)) > Abs(wb.Cells(j,17)) And wb.Cells(j,16) < 0 And wb.Cells(j,17) < 0 Then
                wa.Cells(k,1) = i & "同比下降高于平均下降水平,获取现金能力持续下滑。"
            End If
        End Sub
```

6.6.2.3 可视化图表

步骤一：编写制作图表代码。选择现金流量辅助分析表 M2：Q2，M90：Q92 区域数据，制作成柱形图，存放到现金流量表分析报告 A172 位置。参考代码如下所示：

成功之钥匙

代码含义：

```
Sub 制作获取现金能力评价图表()
    Dim wa As Worksheet
    Dim ws As Worksheet
    Dim cht As ChartObject
    Dim rng As Range
    '选择"利润基础表"工作表
    Set wa = ThisWorkbook.Sheets("现金流量基础表")
    '复制 M2:Q2,M90:Q92 区域的数据
    wa.Range("M2:Q2,M90:Q92").Copy
    '将数据粘贴到 T59:X62 区域
    wa.Range("T59:X62").PasteSpecial Paste:=xlPasteValues
    '设置工作表
    Set ws = ThisWorkbook.Sheets("现金流量表分析报告")
    '定义图表位置
    Set rng = ws.Range("A172")
    '在工作表中插入一个图表对象
    Set cht = ws.ChartObjects.Add(Left:=rng.Left,Width:=700,Top:=rng.Top,Height:=170)
    '设置图表数据源
    cht.chart.SetSourceData Source:=wa.Range("$T$59:$X$62")
    '设置图表类型为柱形图
    cht.chart.chartType = xlColumnClustered
    '添加数据标签
    cht.chart.SeriesCollection(1).ApplyDataLabels
    '设置图表标题
    cht.chart.HasTitle = True
    cht.chart.ChartTitle.Text = "获取现金能力评价"
    '设置图例位置
    cht.chart.HasLegend = True
    cht.chart.Legend.Position = xlLegendPositionBottom
End Sub
```

步骤二：运行代码，嵌入柱形图。更改图表类型（方法同上），便可制成可视化动态分析图。如图6-32所示。

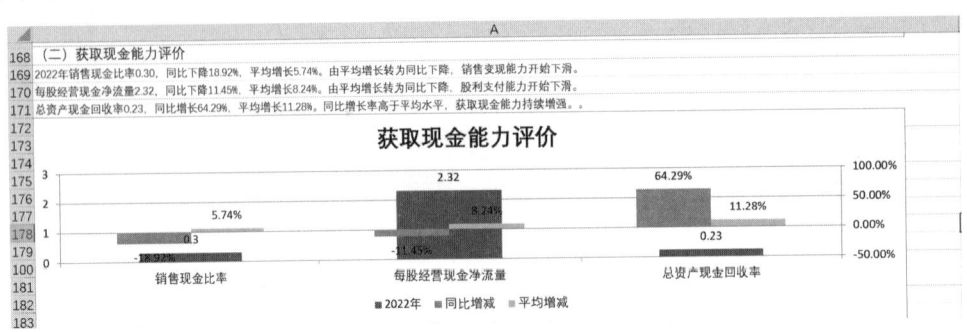

图6-32 获取现金能力动态分析图

6.6.3 财务弹性评价

6.6.3.1 分析重点

财务弹性分析，反映了企业再投资的能力。主要包括现金再投资比率、折旧影响率、营运指数。

1. 现金再投资比率

$$现金再投资比率 = 业务活动净现金流量/(固定资产 + 长期投资 + 其他资产 + 运营资金) = 经营现金流量/资本性支出$$

公式中的分母各组成部分是某个特定时点上的存量。其中营运资金指的是流动资产减去流动负债之后的余额。

该比率越高，表明企业可用于再投资在各项资产的现金越多，企业再投资能力强；反之，则表示企业再投资能力弱。一般而言，凡现金再投资比率达到8%~10%的，即被认为是一项理想的比率。

2. 折旧影响率

折旧影响率是固定资产折旧与经营活动现金净流量比，反映固定资产更新改造现金保障能力。

3. 营运指数

营运指数即现金营运指数，是指经营现金净流量与经营现金毛流量的比率。将营运中产生的流量、收益、利润、净额、税率等关系数值，通过固定的公式计算所得出明细，能够帮助了解运营过程中的损失和收益。

$$现金营运指数 = 经营现金净流量 \div 经营现金毛流量（经营所得现金）$$

$$经营现金净流量 = 经营活动现金流量净额 \pm 非经营所得税$$

$$经营现金净流量 = 经营活动净收益 + 折旧与摊销 \pm 营运资本变动$$

$$= (净收益 - 非经营净收益) + 折旧与摊销 \pm 营运资本变动$$

$$= [净收益 \pm 非经营税前损益 \times (1 - 所得税税率)]$$

$$+ 折旧与摊销 \pm 营运资本变动$$

$$经营现金毛流量 = 经营活动净收益 + 折旧与摊销$$

$$= 净收益 \pm 非经营税前损益 \times (1 - 所得税税率)$$

$$+ 折旧与摊销（包括各项减值）$$

说明：营运资本包括存货、经营性应收项目、经营性应付项目。如果为营运资本增加，用"−"；如果为营运资本减少，则用"+"；非经营活动税前利润包括处置固定资产的收益、财务费用、投资收益。

注意：这里的"经营现金净流量"与现金流量表中的"经营活动现金净流量"有区别。

【例 6−2】某公司2003年度净利润为1000万元，计提的各项资产减值准备共计400万元，提取的固定资产折旧为300万元，处置固定资产的收益20万元，财务费用（借款利息）15万元，投资收益24万元，存货增加30万元，经营性应收项目增加38万元，经营性应付项目增加52万元。所得税率为25%。则：

①第1类调整项目（折旧与摊销）= 400 + 300 = 700（万元）；②第2类调整项目（非经营活动税前利润）= 20 − 15 + 24 = + 29（万元）；③第3类调整项目（营业资本变动）= 30 + 38 − 52 = 16（万元）；现金营运指数 = [1000 + 700 − 29 × (1 − 25%) − 16] ÷ [1000 + 700 − 29 × (1 − 25%)] = 0.99。

现金营运指数是反映企业现金回收质量、衡量现金风险的指标。理想的现金营运指数应为1，小于1的现金营运指数反映了公司部分收益没有取得现金，而是停留在实物或债权形态，而实物或债权资产的风险远大于现金。现金营运指数越小，以实物或债权形式存在的收益占总收益的比重越大，收益质量越差。

6.6.3.2　VBA 智能分析代码

步骤一：编写现金再投资分析代码。参考代码如下所示：

成功之钥匙

代码含义：

```
Sub 现金再投资率分析()
    'i 代表描述信息变量
    Dim i As String,j,k,wa As Worksheet,wb As Worksheet
    Set wa = Worksheets("现金流量表分析报告")
    Set wb = Worksheets("现金流量基础表")
    wa.Cells(184,1) = "(三)财务弹性评价"
    '读取数据
    j = 94:k = 185
i = wb.Cells(2,14)& Format(wb.Cells(j,14),"现金再投资率 0.00%,")& Format(wb.Cells(j,16),"同比增长 0.00%,;同比下降 0.00%,")&_
    Format(wb.Cells(j,17),"平均增长 0.00%。;平均下降 0.00%。")
        '如果同比增长高于平均水平,持续增强。
    If wb.Cells(j,16) > wb.Cells(j,17)And wb.Cells(j,16) > 0 And wb.Cells(j,17) > 0 Then
        wa.Cells(k,1) = i &"同比增长率高于平均水平,现金再投资保障能力持续增强。"
        '如果同比增长等于平均增长,同比与平均都正增长,趋于稳定
    ElseIf wb.Cells(j,16) = wb.Cells(j,17)And wb.Cells(j,16) > 0 And wb.Cells(j,17) > 0 Then
        wa.Cells(k,1) = i &"同比增长率等于平均水平,现金再投资保障能力趋于稳定。"
        '如果同比增长等于平均增长,同比增长和平均增长为负数,下滑趋势没改
    ElseIf wb.Cells(j,16) = wb.Cells(j,17)And wb.Cells(j,16) < 0 And wb.Cells(j,17) < 0 Then
        wa.Cells(k,1) = i &"同比下降率等于平均下降水平,现金再投资保障能力下滑趋势没改。"
        '如果同比增长低于平均增长,同比增长和平均增长为正数,增速放缓
    ElseIf wb.Cells(j,16) < wb.Cells(j,17)And wb.Cells(j,16) > 0 And wb.Cells(j,17) > 0 Then
        wa.Cells(k,1) = i &"同比增长率低于平均水平,现金再投资保障能力增速放缓。"
        '由平均负增长转为增长,开始复苏
    ElseIf wb.Cells(j,16) > wb.Cells(j,17)And wb.Cells(j,16) > 0 And wb.Cells(j,17) < 0 Then
        wa.Cells(k,1) = i &"由平均下降转为同比增长,现金再投资保障能力开始复苏。"
        '由平均增长转为同比负增长,开始下滑销售变现能力
    ElseIf wb.Cells(j,16) < wb.Cells(j,17)And wb.Cells(j,16) < 0 And wb.Cells(j,17) > 0 Then
        wa.Cells(k,1) = i &"由平均增长转为同比下降,现金再投资保障能力开始下滑。"
        '同比负增长低于平均负增长,开始放缓
    ElseIf Abs(wb.Cells(j,16)) < Abs(wb.Cells(j,17))And wb.Cells(j,16) < 0 And wb.Cells(j,17) < 0 Then
        wa.Cells(k,1) = i &"同比下降低于平均下降水平,现金再投资保障能力开始放缓。"
        '同比负增长高于平均负增长,持续加速
```

```vba
    ElseIf Abs(wb.Cells(j,16)) > Abs(wb.Cells(j,17)) And wb.Cells(j,16) < 0 And wb.Cells(j,17) < 0 Then
        wa.Cells(k,1) = i & "同比下降高于平均下降水平,现金再投资保障能力持续下滑。"
    End If
End Sub
```

步骤二：编写折旧影响率分析代码。参考代码如下所示：

🗝 成功之钥匙

代码含义：

```vba
Sub 折旧影响率分析()
    'i 代表描述信息变量
    Dim i As String,j,k,wa As Worksheet,wb As Worksheet
    Set wa = Worksheets("现金流量表分析报告")
    Set wb = Worksheets("现金流量基础表")
    wa.Cells(184,1) = "(三)财务弹性评价"
    '读取数据
    j = 95:k = 186
    i = Format(wb.Cells(j,14),"折旧影响率0.00%,") & Format(wb.Cells(j,16),"同比增长0.00%,;同比下降0.00%,") & _
        Format(wb.Cells(j,17),"平均增长0.00%。;平均下降0.00%。")
    '如果同比增长高于平均水平,持续增强。
    If wb.Cells(j,16) > wb.Cells(j,17) And wb.Cells(j,16) > 0 And wb.Cells(j,17) > 0 Then
        wa.Cells(k,1) = i & "同比增长率高于平均水平,现金保障固定资产更新能力持续增强。"
    '如果同比增长等于平均增长,同比与平均都正增长,趋于稳定
    ElseIf wb.Cells(j,16) = wb.Cells(j,17) And wb.Cells(j,16) > 0 And wb.Cells(j,17) > 0 Then
        wa.Cells(k,1) = i & "同比增长率等于平均增长和平均增长为负数,下滑趋势没改。"
    '如果同比增长等于平均增长,同比增长和平均增长为负数,下滑趋势没改。
    ElseIf wb.Cells(j,16) = wb.Cells(j,17) And wb.Cells(j,16) < 0 And wb.Cells(j,17) < 0 Then
        wa.Cells(k,1) = i & "同比下降率等于平均下降水平,现金保障固定资产更新能力下滑趋势没改。"
    '如果同比增长低于平均增长,同比增长和平均增长为正数,增速放缓
    ElseIf wb.Cells(j,16) < wb.Cells(j,17) And wb.Cells(j,16) > 0 And wb.Cells(j,17) > 0 Then
        wa.Cells(k,1) = i & "同比增长率低于平均水平,现金保障固定资产更新能力增速放缓。"
    '由平均负增长转为增长,开始复苏
    ElseIf wb.Cells(j,16) > wb.Cells(j,17) And wb.Cells(j,16) > 0 And wb.Cells(j,17) < 0 Then
        wa.Cells(k,1) = i & "由平均下降转为同比增长,现金保障固定资产更新能力开始复苏。"
    '由平均增长转为同比负增长,开始下滑销售变现能力
    ElseIf wb.Cells(j,16) < wb.Cells(j,17) And wb.Cells(j,16) < 0 And wb.Cells(j,17) > 0 Then
        wa.Cells(k,1) = i & "由平均增长转为同比下降,现金保障固定资产更新能力开始下滑。"
    '同比负增长低于平均负增长,开始放缓
    ElseIf Abs(wb.Cells(j,16)) < Abs(wb.Cells(j,17)) And wb.Cells(j,16) < 0 And wb.Cells(j,17) < 0 Then
        wa.Cells(k,1) = i & "同比下降低于平均下降水平,现金保障固定资产更新能力开始放缓。"
    '同比负增长高于平均负增长,持续加速
    ElseIf Abs(wb.Cells(j,16)) > Abs(wb.Cells(j,17)) And wb.Cells(j,16) < 0 And wb.Cells(j,17) < 0 Then
        wa.Cells(k,1) = i & "同比下降高于平均下降水平,现金保障固定资产更新能力持续下滑。"
    End If
End Sub
```

步骤三：编写营运指数分析代码。参考代码如下所示：

🗝 成功之钥匙

代码含义：

```vba
Sub 营运指数分析()
    'i 代表描述信息变量
    Dim i As String,j,k,wa As Worksheet,wb As Worksheet
    Set wa = Worksheets("现金流量表分析报告")
    Set wb = Worksheets("现金流量基础表")
    wa.Cells(184,1) = "(三)财务弹性评价"
    '读取数据
    j = 96:k = 187
    If wb.Cells(j,14) >= 1 Then
        i = Format(wb.Cells(j,14),"营运指数0.00,") & "公司全部收益都取得了现金,实物或债权资产的风险较小。" & _
            Format(wb.Cells(j,16),"同比增长0.00%,;同比下降0.00%,") & _
            Format(wb.Cells(j,17),"平均增长0.00%。;平均下降0.00%。")
    Else
        i = Format(wb.Cells(j,14),"营运指数0.00,") & "公司部分收益没有取得现金,而是停留在实物或债权形态,应关注实物或债权资产的风险。" & _
```

```
              Format(wb.Cells(j,16),"同比增长 0.00%,;同比下降 0.00%,") &_
              Format(wb.Cells(j,17),"平均增长 0.00%;平均下降 0.00%。")
        End If
        '如果同比增长高于平均水平,持续增强。
        If wb.Cells(j,16) >wb.Cells(j,17)And wb.Cells(j,16) >0 And wb.Cells(j,17) >0 Then
wa.Cells(k,1) =i &"同比增长率高于平均水平,以实物或债权形式存在的收益占总收益的比重持续下降,收益质量提升。"
        '如果同比增长等于平均增长,同比与平均都正增长,趋于稳定
        ElseIf wb.Cells(j,16) =wb.Cells(j,17)And wb.Cells(j,16) >0 And wb.Cells(j,17) >0 Then
              wa.Cells(k,1) =i &"同比增长率等于平均水平,以实物或债权形式存在的收益占总收益的比重趋稳,收益质量稳定。"
        '如果同比增长等于平均增长,同比增长和平均增长为负数,下滑趋势没改。
        ElseIf wb.Cells(j,16) =wb.Cells(j,17)And wb.Cells(j,16) <0 And wb.Cells(j,17) <0 Then
wa.Cells(k,1) =i &"同比下降率等于平均下降水平,以实物或债权形式存在的收益占总收益的比重下滑趋势没改,收益质量没有好转。"
        '如果同比增长低于平均增长,同比增长和平均增长为正数,以实物或债权形式存在的收益占总收益的比重增速放缓,收益质量有所减弱。
        ElseIf wb.Cells(j,16) <wb.Cells(j,17)And wb.Cells(j,16) >0 And wb.Cells(j,17) >0 Then
wa.Cells(k,1) =i &"同比增长率低于平均水平,以实物或债权形式存在的收益占总收益的比重增速放缓,收益质量有所减弱。"
        '由平均负增长转为增长,开始复苏
        ElseIf wb.Cells(j,16) >wb.Cells(j,17)And wb.Cells(j,16) >0 And wb.Cells(j,17) <0 Then
wa.Cells(k,1) =i &"由平均下降转为同比增长,以实物或债权形式存在的收益占总收益的比重开始复苏,收益质量有所回升。"
        '由平均增长转为同比负增长,开始下滑销售变现能力
        ElseIf wb.Cells(j,16) <wb.Cells(j,17)And wb.Cells(j,16) <0 And wb.Cells(j,17) >0 Then
wa.Cells(k,1) =i &"由平均增长转为同比下降,以实物或债权形式存在的收益占总收益的比重开始下滑,收益质量有所回落。"
        '同比负增长低于平均负增长,开始放缓
        ElseIf Abs(wb.Cells(j,16)) <Abs(wb.Cells(j,17))And wb.Cells(j,16) <0 And wb.Cells(j,17) <0 Then
wa.Cells(k,1) =i &"同比下降低于平均下降水平,以实物或债权形式存在的收益占总收益的比重下滑开始放缓,收益质量有所反弹。"
        '同比负增长高于平均负增长,持续加速
        ElseIf Abs(wb.Cells(j,16)) >Abs(wb.Cells(j,17))And wb.Cells(j,16) <0 And wb.Cells(j,17) <0 Then
wa.Cells(k,1) =i &"同比下降高于平均下降水平,以实物或债权形式存在的收益占总收益的比重持续下滑,收益质量回落。"
        End If
End Sub
```

6.6.3.3 可视化图表

步骤一:编写制作图表代码。选择现金流量辅助分析表 M2:Q2,M94:Q96 区域数据,制作成柱形图,存放到现金流量表分析报告 A188 位置。参考代码如下所示:

成功之钥匙

代码含义:

```
Sub 制作财务弹性评价图表()
    Dim wa As Worksheet
    Dim ws As Worksheet
    Dim cht As ChartObject
    Dim rng As Range
    '选择"利润基础表"工作表
    Set wa =ThisWorkbook.Sheets("现金流量基础表")
     '复制 M2:Q2,M94:Q96 区域的数据
    wa.Range("M2:Q2,M94:Q96").Copy
    '将数据粘贴到 T64:X67 区域
    wa.Range("T64:X67").PasteSpecial Paste:=xlPasteValues
    '设置工作表
    Set ws =ThisWorkbook.Sheets("现金流量表分析报告")
    '定义图表位置
    Set rng =ws.Range("A188")
    '在工作表中插入一个图表对象
    Set cht =ws.ChartObjects.Add(Left:=rng.Left,Width:=700,Top:=rng.Top,Height:=170)
    '设置图表数据源
    cht.chart.SetSourceData Source:=wa.Range("$T$64:$X$67")
    '设置图表类型为柱形图
    cht.chart.chartType =xlColumnClustered
    '添加数据标签
    cht.chart.SeriesCollection(1).ApplyDataLabels
    '设置图表标题
    cht.chart.HasTitle =True
    cht.chart.ChartTitle.Text ="财务弹性评价评价"
    '设置图例位置
    cht.chart.HasLegend =True
    cht.chart.Legend.Position =xlLegendPositionBottom
```

End Sub

步骤二：运行代码，嵌入柱形图。更改图表类型（方法同上），便可制成可视化动态分析图。如图6-33所示。

图6-33　财务弹性动态分析图

6.6.4　应用ChatGPT生成现金流量评价报告

将通过VBA生成的智能分析结果，导入ChatGPT，可以生成现金流量评价报告。

步骤一：通过编写VBA代码，将"现金流量表分析报告"中，现金流量情况A151：A187区域分析结果导入Word文档中。参考代码如下所示：

🖐 成功之钥匙

代码含义：

```vba
Option Explicit
Sub 将现金流量情况导入文档()
    Dim WordApp As Object
    Dim WordDoc As Object
    Dim ExcelRange As Range
    Dim WordRange As Object
    Dim rowCount As Integer
    Dim i As Integer
    '创建一个新的Word文档
    Set WordApp = CreateObject("Word.Application")
    WordApp.Visible = True
    Set WordDoc = WordApp.Documents.Add
    '指定Excel中的数据范围
    Set ExcelRange = ThisWorkbook.Sheets("现金流量表分析报告").Range("A151:A187")
    '在Word文档中逐行插入Excel数据
    Set WordRange = WordDoc.Content
    For i = 1 To ExcelRange.Rows.Count
        WordRange.InsertAfter ExcelRange.Cells(i,1).Value & vbCrLf
        Set WordRange = WordDoc.Content
    Next i
    '清除对象
    Set WordApp = Nothing
    Set WordDoc = Nothing
    Set ExcelRange = Nothing
    Set WordRange = Nothing
End Sub
```

步骤二：运行代码。在Word文档中获得导入结果。如图6-34所示。

四、现金流量评价

（一）现金偿还能力评价

2022 年，现金到期债务比率 7.69，大于 1.5，有充足的现金偿还债务。同比增长 146.47%，平均增长 90.82%。同比增长率高于平均水平，偿还到期债务能力增强。

现金流动负债比率 0.68，现金偿还流动负债能力不足。同比下降 15.00%，平均增长 20.74%。由平均增长转为同比下降，偿还流动负债能力开始下滑。

现金流量负债比率 0.53，现金偿还负债能力不足。同比下降 28.38%，平均增长 15.29%。由平均增长转为同比下降，偿还负债能力开始下滑。

流动负债偿还期 1.46 年，同比增长 16.80%，平均下降 17.42%。由平均下降转为同比增长，债务偿还期限开始反弹。

全部负债偿还期 1.89 年，同比增长 38.97%，平均下降 13.33%。由平均下降转为同比增长，债务偿还期限开始反弹。

（二）获取现金能力评价

2022 年销售现金比率 0.30，同比下降 18.92%，平均增长 5.74%。由平均增长转为同比下降，销售变现能力开始下滑。

每股经营现金净流量 2.32，同比下降 11.45%，平均增长 8.24%。由平均增长转为同比下降，股利支付能力开始下滑。

总资产现金回收率 0.23，同比增长 64.29%，平均增长 11.28%。同比增长率高于平均水平，获取现金能力持续增强。

（三）财务弹性评价

2022 年现金再投资率 64.00%，同比增长 236.84%，平均增长 33.75%。同比增长率高于平均水平，现金再投资保障能力持续增强。

折旧影响率 27.29%，同比增长 29.46%，平均下降 18.47%。由平均下降转为同比增长，现金保障固定资产更新能力开始复苏。

营运指数 0.84，公司部分收益没有取得现金，而是停留在实物或债权形态，应关注实物或债权资产的风险。同比下降 30.35%，平均下降 1.09%。同比下降高于平均下降水平，以实物或债权形式存在的收益占总收益的比重持续下滑，收益质量回落。

图 6－34　导入数据效果图

步骤三：编辑"提示词"。在导入的文档中添加"我想让你充当财务分析师，我提供背景资料，请根据背景资料要求，帮助写一个'现金流量评价报告'。分析报告分三个部分：情况分析、风险评估、措施建议。背景资料如下："。第一部分情况分析小标题提示词要求详细描述这部分 n 项指标数据，包括平均增长、同比增长等，并分析原因，进行评价。第二部分风险评估提示词根据第一部分的情况分析，分析企业可能存在的风险，要详细具体一些。第三部分措施建议提示词根据第二部分风险评估情况，针对存在的风险，提出合理化建议，要详细具体。编辑后的提示词，如图 6－35 所示。

我想让你充当财务分析师，我提供背景资料，请根据背景资料要求，帮助写一个"现金流量评价报告"。分析报告分三个部分：情况分析、风险评估、措施建议。
背景资料如下：

现金流量评价报告

一、情况分析

（一）现金偿还能力评价（要求详细描述这部分 4 项指标数据，包括平均增长、同比增长等，并分析原因，进行评价。）

1、2022 年，现金到期债务比率 7.69，大于 1.5，有充足的现金偿还债务。同比增长 146.47%，平均增长 90.82%。同比增长率高于平均水平，偿还到期债务能力增强。

现金流动负债比率 0.68，现金偿还流动负债能力不足。同比下降 15.00%，平均增长 20.74%。由平均增长转为同比下降，偿还流动负债能力开始下滑。

2、现金流量负债比率 0.53，现金偿还负债能力不足。同比下降 28.38%，平均增长 15.29%。由平均增长转为同比下降，偿还负债能力开始下滑。

3、流动负债偿还期 1.46 年，同比增长 16.80%，平均下降 17.42%。由平均下降转为同比增长，债务偿还期限开始反弹。

4、全部负债偿还期 1.89 年，同比增长 38.97%，平均下降 13.33%。由平均下降转为同比增长，债务偿还期限开始反弹。

（二）获取现金能力评价（要求详细描述这部分 3 项指标数据，包括平均增长、同比增长等，并分析原因，进行评价。）

1、2022 年销售现金比率 0.30，同比下降 18.92%，平均增长 5.74%。由平均增长转为同比下降，销售变现能力开始下滑。

2、每股经营现金净流量 2.32，同比下降 11.45%，平均增长 8.24%。由平均增长转为同比下降，股利支付能力开始下滑。

3、总资产现金回收率 0.23，同比增长 64.29%，平均增长 11.28%。同比增长率高于平均水平，获取现金能力持续增强。

（三）财务弹性评价（要求详细描述这部分 3 项指标数据，包括平均增长、同比增长等，并分析原因，进行评价。）

1、2022 年现金再投资率 64.00%，同比增长 236.84%，平均增长 33.75%。同比增长率高于平均水平，现金再投资保障能力持续增强。

2、折旧影响率 27.29%，同比增长 29.46%，平均下降 18.47%。由平均下降转为同比增长，现金保障固定资产更新能力开始复苏。

3、营运指数 0.84，公司部分收益没有取得现金，而是停留在实物或债权形态，应关注实物或债权资产的风险。同比下降 30.35%，平均下降 1.09%。同比下降高于平均下降水平，以实物或债权形式存在的收益占总收益的比重持续下滑，收益质量回落。

二、风险评估（根据第一部分的情况分析，分析企业可能存在的风险，要详细具体一些。）

三、措施建议（根据第二部分风险评估情况，针对存在的风险，提出合理化建议，要详细具体。）

图 6－35　提示词

步骤四：将提示词复制粘贴到 ChatGPT 提问区输入窗口。Ctrl+V，点击回车，便可获取智能分析报告。如图6-36所示。

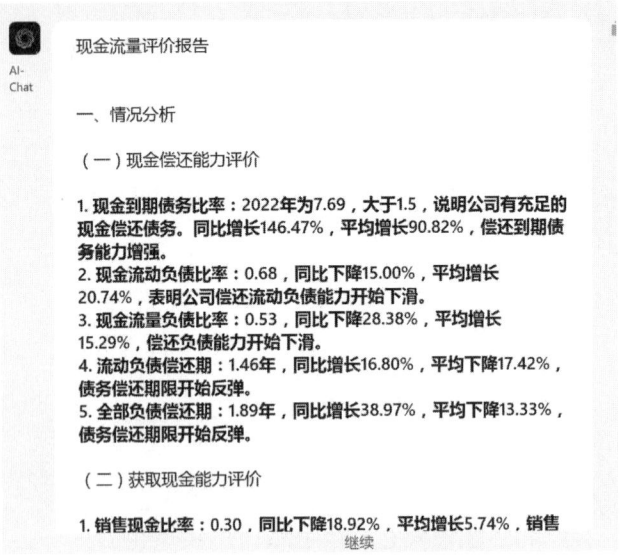

图6-36 ChatGPT反馈的智能报告

步骤五：点击 ChatGPT 答复区右上角复制按钮■，便可将反馈报告复制粘贴到 Word 文档中。

现金流量评价报告

一、情况分析

（一）现金偿还能力评价

1. 现金到期债务比率：2022年为7.69，大于1.5，说明公司有充足的现金偿还债务。同比增长146.47%，平均增长90.82%，偿还到期债务能力增强。

2. 现金流动负债比率：0.68，同比下降15.00%，平均增长20.74%，表明公司偿还流动负债能力开始下滑。

3. 现金流量负债比率：0.53，同比下降28.38%，平均增长15.29%，偿还负债能力开始下滑。

4. 流动负债偿还期：1.46年，同比增长16.80%，平均下降17.42%，债务偿还期限开始反弹。

5. 全部负债偿还期：1.89年，同比增长38.97%，平均下降13.33%，债务偿还期限开始反弹。

（二）获取现金能力评价

1. 销售现金比率：0.30，同比下降18.92%，平均增长5.74%，销售变现能力开始下滑。

2. 每股经营现金净流量：2.32，同比下降11.45%，平均增长8.24%，股利支付能力开始下滑。

3. 总资产现金回收率：0.23，同比增长64.29%，平均增长11.28%，获取现金能力持续增强。

（三）财务弹性评价

1. 现金再投资率：64.00%，同比增长236.84%，平均增长33.75%，现金再投资保障能力持续增强。

2. 折旧影响率：27.29%，同比增长29.46%，平均下降18.47%，现金保障固定资产更新能力开始复苏。

3. 营运指数：0.84，同比下降30.35%，平均下降1.09%，以实物或债权形式存在的收益占总收益的比重持续下滑，收益质量回落。

二、风险评估

1. 现金偿还能力下降风险：现金流动负债比率和现金流量负债比率的下降表明公司在偿还流动负债和负债方面存在压力，可能影响公司的财务稳定。

2. 销售变现能力下滑风险：销售现金比率的下降表明公司的销售变现能力减弱，可能影响公司的收入和利润。

3. 收益质量下滑风险：营运指数的下降表明公司部分收益以实物或债权形式存在，可能导致收益质量下滑。

三、措施建议

1. 提高现金流动性：通过加强现金管理，提高现金流动性，确保公司有足够的现金流来应对债务偿还和业务需求。

2. 提升销售变现能力：通过优化销售策略，提高销售收入，增强销售变现能力，提高公司的财务稳定性。

3. 加强收益质量控制：通过加强收益管理，确保收益质量，避免实物或债权资产的风险，提高公司的收益质量。

4. 提高财务弹性：通过提高现金再投资率和折旧影响率，增强公司的财务弹性，提高公司的竞争力。

6.7 应用 ChatGPT 生成现金流量表综合分析报告

在上述各节中，应用编写 VBA 获取的智能分析结果，结合 ChatGPT 分别介绍了分布式编写分析报告的方法。本节将介绍应用 ChatGPT 生成现金流量综合分析报告的方法。

6.7.1 背景资料获取

应用 VBA 代码设计生成科学合理、清晰明了的数据基础分析报告，是结合 ChatGPT 生成高质量综合分析报告的关键，也是编写 ChatGPT 提示词的基础数源。背景资料获取的基本方法是：将 VBA 代码生成的基础分析报告导入 Word 中，为编写提示词提供数源。具体步骤如下：

步骤一：运行导出基础分析报告代码。将现金流量表分析报告 A1：A187 区域内容导入 Word 文档中。参考代码如下所示：

成功之钥匙

代码含义：

```
Option Explicit
Sub 将现金流量表分析报告导入文档()
    Dim WordApp As Object
    Dim WordDoc As Object
    Dim ExcelRange As Range
    Dim WordRange As Object
    Dim rowCount As Integer
    Dim i As Integer
    '创建一个新的 Word 文档
    Set WordApp = CreateObject("Word.Application")
    WordApp.Visible = True
    Set WordDoc = WordApp.Documents.Add
    '指定 Excel 中的数据范围
```

```
Set ExcelRange = ThisWorkbook.Sheets("现金流量表分析报告").Range("A1:A187")
'在 Word 文档中逐行插入 Excel 数据
Set WordRange = WordDoc.Content
For i = 1 To ExcelRange.Rows.Count
    WordRange.InsertAfter ExcelRange.Cells(i,1).Value & vbCrLf
    Set WordRange = WordDoc.Content
Next i
'清除对象
Set WordApp = Nothing
Set WordDoc = Nothing
Set ExcelRange = Nothing
Set WordRange = Nothing
End Sub
```

步骤二：运行代码，获取背景资料如下：

<h3 style="text-align:center">现金流量表分析报告</h3>

一、现金流量总体情况

（一）现金流量净额情况分析

2022 年年末现金及现金等价物余额 127.00 亿元，同比增长 12.99%，平均增长 70.10%。同比增长率低于平均水平，现金规模增速放缓。

经营活动产生的现金净流量 30.58 亿元，同比下降 11.46%，平均增长 19.85%。由平均增长转为同比下降，经营活动现金保障能力开始回落。

投资活动产生的现金净流量赤字 20.56 亿元，同比增长 8.10%，平均增长 37.50%。同比增长率低于平均水平，投资支出下滑放缓。

筹资活动产生的现金净流量 2.90 亿元，同比下降 89.98%，平均增长 109.96%。由平均增长转为同比下降，筹资保障能力开始回落。

从总体情况看，经营上能自给自足，还有现金净流入；同时也在融资与投资，经营现金流量与融资为投资提供了资金保障，但应防止投资规模过快。

（二）现金流入情况分析

2022 年现金流入总额 156.11 亿元，经营活动现金流入 100.20 亿元，占现金流入总量的 64.19%，同比增长 5.20%，平均增长 12.81%。同比增长率低于平均水平，经营活动现金回报能力增速放缓。

投资活动现金流入 40.43 亿元，占现金流入总量的 25.90%，同比增长 58.55%，平均下降 8.38%。由平均下降转为同比增长，投资活动现金回报能力开始复苏。

筹资活动现金流入 15.48 亿元，占现金流入总量的 9.92%，同比下降 71.76%，平均增长 106.36%。由平均增长转为同比下降，筹资活动现金回报能力开始下滑。

（三）现金流出情况分析

2022 年现金流出总额 143.15 亿元，经营活动现金流出 69.59 亿元，占现金流出总量的 48.61%，同比增长 14.65%，平均增长 10.28%。同比增长率高于平均水平，经营活动现金流出规模持续增强。

投资活动现金流出 60.98 亿元，占现金流出总量的 42.60%，同比增长 36.97%，平均下降 0.87%。由平均下降转为同比增长，投资活动现金流出规模开始复苏。

筹资活动现金流出 12.58 亿元，占现金流出总量的 8.79%，同比下降 51.50%，平均增长 15.29%。由平均增长转为同比下降，筹资活动现金流程规模开始下滑。

二、现金流入总体情况

（一）经营活动现金流入构成分析

2022 年，经营活动现金流入总额 100.20 亿元，销售商品提供劳务收到的现金 94.60 亿元，占经营活动现金流入总额的 94.41%，同比增长 4.80%，平均增长 13.04%。同比增长率低于平均水平，销售业务回款能力增速放缓。

收到的税费返还没有发生额。

收到的其他与经营活动有关的现金 4.74 亿元，占经营活动现金流入总额的 4.73%，同比增长 6.50%，平均增长 12.52%。同比增长率低于平均水平，由此产生的现金流入增速放缓。

（二）投资活动现金流入构成分析

收回投资收到的现金 0.42 亿元，占投资活动现金流入总额的 1.04%。以前年度没有发生额。

取得投资收益收到的现金 0.31 亿元，占投资活动现金流入总额的 0.78%，同比增长 40.08%，平均增长 28.45%。同比增长率高于平均水平，投资现金回报能力持续增强。

处置固定资产、无形资产和其他长期资产收回的现金净额 0.65 亿元，占投资活动现金流入总额的 1.61%，同比增长 1442.18%，平均增长 55.26%。同比增长率高于平均水平，处置资产现金回报能力持续增强。

处置子公司及其他营业单位收到的现金没有发生额。

收到的其他与投资活动有关的现金 39.04 亿元，占投资活动现金流入总额的 96.56%，同比增长 54.74%，平均下降 9.09%。由平均下降转为同比增长，其他投资活动现金回报能力开始复苏。

（三）筹资活动现金流入构成分析

2022 年，筹资活动现金流入总额 15.48 亿元，吸收投资收到的现金 6.40 亿元，占筹资活动现金流入总额的 41.36%，同比下降 87.17%，平均增长 65.49%。由平均增长转为同比下降，吸收投资能力开始下滑。

子公司吸收少数股东投资收到的现金没有发生额。

取得借款收到的现金 8.48 亿元，占筹资活动现金流入总额的 54.78%，同比增长 495.51%，基期没有发生额。

发行债券收到的现金没有发生额。

收到的其他与筹资活动有关的现金 0.60 亿元，占筹资活动现金流入总额的 3.86%，同比下降 82.92%，基期没有发生额。

三、现金流出总体情况

（一）经营活动现金流出构成分析

2022 年，经营活动现金流出总额 69.59 亿元，购买商品、接受劳务支付的现金 39.30 亿元，占经营活动现金流出总额的 56.47%，同比增长 19.67%，平均增长 10.60%。同比增长率高于平均水平，商品和劳务现金支付规模持续增强。

支付给职工以及为职工支付的现金 22.00 亿元，占经营活动现金流出总额的 31.61%，同比增长 11.79%，平均增长 12.12%。同比增长率低于平均水平，对职工现金支付规模增速放缓。

支付的各项税费 5.61 亿元，占经营活动现金流出总额的 8.06%，同比增长 3.15%，平均增长 8.75%。同比增长率低于平均水平，各项税费现金支付规模增速放缓。

支付其他与经营活动有关的现金 2.69 亿元，占经营活动现金流出总额的 3.86%，同比下降 2.04%，平均下降 1.54%。同比下降高于平均下降水平，其他与经营活动有关的现金支付规模持续下滑。

（二）投资活动现金流出构成分析

2022 年，投资活动现金流出总额 60.98 亿元，购建固定资产、无形资产和其他长期资产支付的现金 21.35 亿元，占投资活动现金流出总额的 35.01%，同比增长 68.64%，平均增长 40.72%。同比增长率高于平均水平，长期资产现金支付规模持续增强。

投资支付的现金 2.81 亿元，占投资活动现金流出总额的 4.61%，同比下降 78.08%，基期没有发生额。

取得子公司及其他营业单位支付的现金净额 0.79 亿元，占投资活动现金流出总额的 1.29%。以前年度没有发生额。

支付其他与投资活动有关的现金 36.04 亿元，占投资活动现金流出总额的 59.10%，同比增长 89.29%，平均下降 11.10%。由平均下降转为同比增长，由此产生的现金支付规模开始复苏。

（三）筹资活动现金流出构成分析

2022年，筹资活动现金流出总额12.58亿元，偿还债务所支付的现金9.62亿元，占筹资活动现金流出总额的76.50%，同比增长46.22%，平均增长39.70%。同比增长率高于平均水平，债务支付保障能力持续增强。

分配股利、利润或偿付利息支付的现金2.54亿元，占筹资活动现金流出总额的20.15%，同比增长107.28%，平均增长18.63%。同比增长率高于平均水平，股东分配和利息支付保障能力持续增强。

子公司支付给少数股东的股利、利润没有发生额。

支付的其他与筹资活动有关的现金0.43亿元，占筹资活动现金流出总额的3.38%，同比下降97.65%，平均下降40.14%。同比下降高于平均下降水平，由此产生的现金支付规模持续下滑。

四、现金流量评价

（一）现金偿还能力评价

2022年，现金到期债务比率7.69，大于1.5，有充足的现金偿还债务。同比增长146.47%，平均增长90.82%。同比增长率高于平均水平，偿还到期债务能力增强。

现金流动负债比率0.68，现金偿还流动负债能力不足。同比下降15.00%，平均增长20.74%。由平均增长转为同比下降，偿还流动负债能力开始下滑。

现金流量负债比率0.53，现金偿还负债能力不足。同比下降28.38%，平均增长15.29%。由平均增长转为同比下降，偿还负债能力开始下滑。

流动负债偿还期1.46年，同比增长16.80%，平均下降17.42%。由平均下降转为同比增长，债务偿还期限开始反弹。

全部负债偿还期1.89年，同比增长38.97%，平均下降13.33%。由平均下降转为同比增长，债务偿还期限开始反弹。

（二）获取现金能力评价

2022年销售现金比率0.30，同比下降18.92%，平均增长5.74%。由平均增长转为同比下降，销售变现能力开始下滑。

每股经营现金净流量2.32，同比下降11.45%，平均增长8.24%。由平均增长转为同比下降，股利支付能力开始下滑。

总资产现金回收率0.23，同比增长64.29%，平均增长11.28%。同比增长率高于平均水平，获取现金能力持续增强。

（三）财务弹性评价

2022年现金再投资率64.00%，同比增长236.84%，平均增长33.75%。同比增长率高于平均水平，现金再投资保障能力持续增强。

折旧影响率27.29%，同比增长29.46%，平均下降18.47%。由平均下降转为同比增长，现金保障固定资产更新能力开始复苏。

营运指数0.84，公司部分收益没有取得现金，而是停留在实物或债权形态，应关注实物或债权资产的风险。同比下降30.35%，平均下降1.09%。同比下降高于平均下降水平，以实物或债权形式存在的收益占总收益的比重持续下滑，收益质量回落。

6.7.2 报告框架设计

报告框架是生成智能分析报告的提纲。可以请求ChatGPT帮助草拟报告提纲，用户再根据实际需要进行修改完善。如在ChatGPT输入提示词："我正在编写现金流量表分析报告，请帮助写一个报告提纲，内容包括五个部分：公司简介、报告背景、情况分析、风险评估及措施建议、综合结论。提纲要详细具体。"便可以获得初步的报告提纲。如图6-37所示。

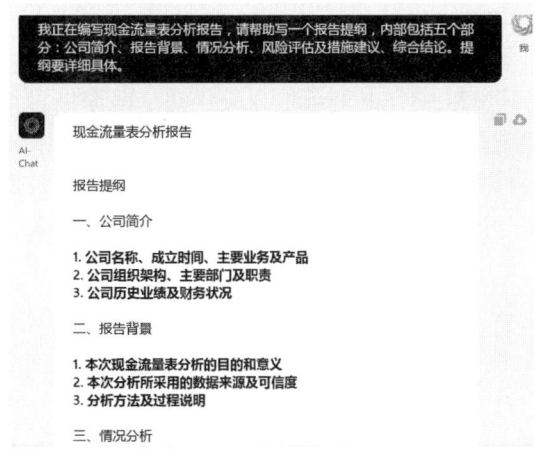

图 6-37 现金流量表分析报告提纲

经调整后的现金流量表分析报告提纲。如图 6-38 所示。

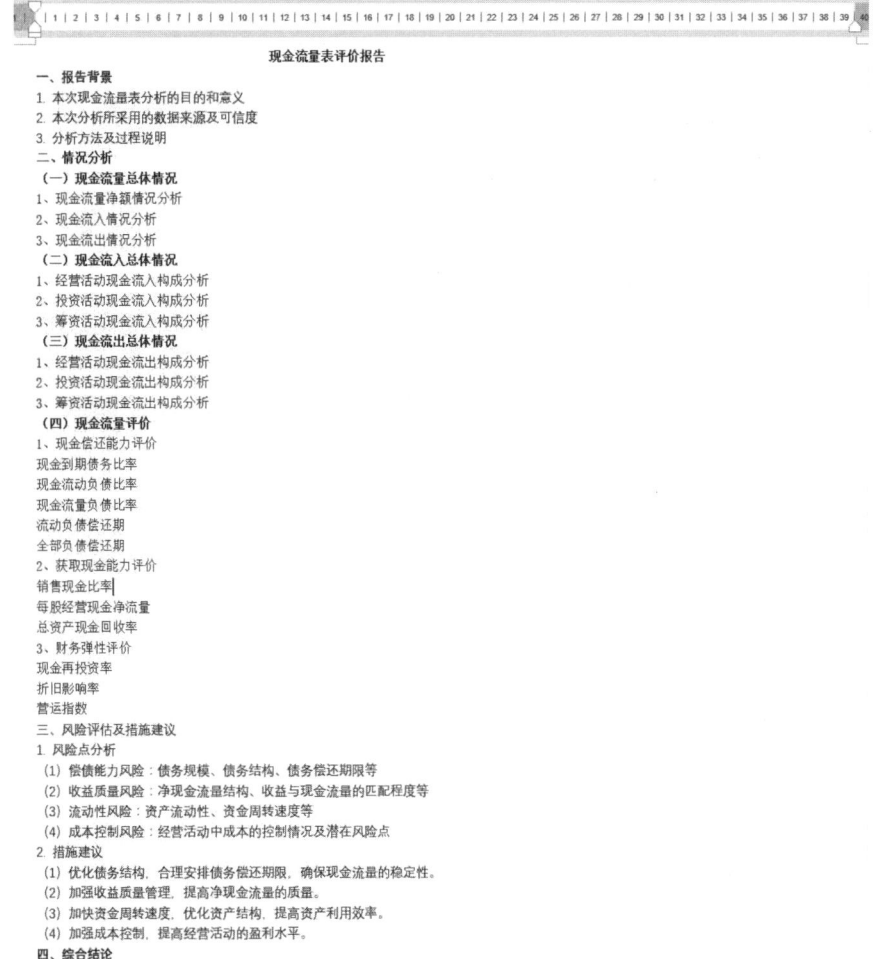

图 6-38 调整后的现金流量表分析报告提纲

6.7.3 报告生成方式

报告生成方式包括分段式和整体式两种。分段式就是根据报告编写提纲，让 ChatGPT 分段生成分析报告；整体式就是按照报告编写提纲设计提示词，让 ChatGPT 一次性生成分析报告。这里以分段式生成分析报告为例，介绍报告生成方式。在背景资料比较多的情况下，采用分段式方法生成分析报告的好处是可以避免因信息量大可能导致 ChatGPT 运行中断而产生读取的信息失真问题。

步骤一：与 ChatGPT 建立对话关系。提示词"你是财务分析师，我提供编写提纲和背景资料，你能帮助写一个详细完整的《现金流量表评价报告》吗？" ChatGPT 会作出如下回答。如图 6-39 所示。

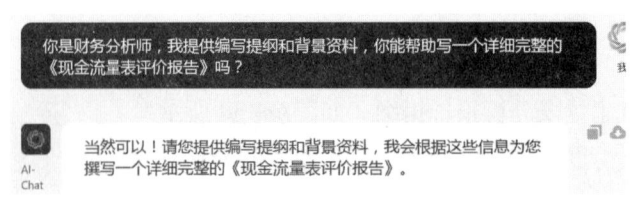

图 6-39 与 ChatGPT 建立对话关系

步骤二：提供报告编写提纲。提示词"请你熟悉一下《现金流量表评价报告》编写提纲，报告分四个部分：报告背景、情况分析、风险评估及措施建议、综合结论。如果熟悉了，请告知。因为报告背景资料比较多，我分步提供背景资料，按报告背景、情况分析、风险评估及措施、综合评价顺序编写报告可以吗？"如图 6-40 所示。

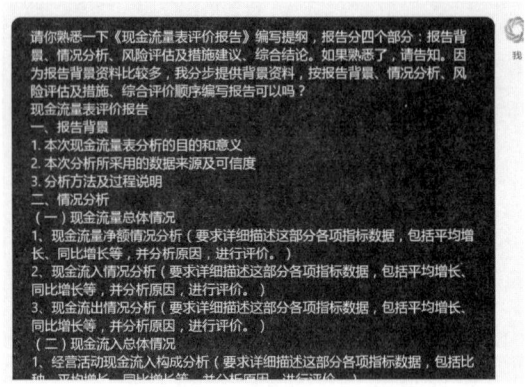

图 6-40 提供报告编写提纲

报告提纲内容：

现金流量表评价报告

一、报告背景

1. 本次现金流量表分析的目的和意义
2. 本次分析所采用的数据来源及可信度
3. 分析方法及过程说明

二、情况分析

（一）现金流量总体情况

1. 现金流量净额情况分析（要求详细描述这部分各项指标数据，包括平均增长、同比增长等，并分析原因，进行评价。）

2. 现金流入情况分析（要求详细描述这部分各项指标数据，包括平均增长、同比增长等，并分析原因，进行评价。）

3. 现金流出情况分析（要求详细描述这部分各项指标数据，包括平均增长、同比增长等，并分析原因，进行评价。）

（二）现金流入总体情况

1. 经营活动现金流入构成分析（要求详细描述这部分各项指标数据，包括比种、平均增长、同比增长等，并分析原因，进行评价。）

2. 投资活动现金流入构成分析（要求详细描述这部分各项指标数据，包括比种、平均增长、同比增长等，并分析原因，进行评价。）

3. 筹资活动现金流入构成分析（要求详细描述这部分各项指标数据，包括比种、平均增长、同比增长等，并分析原因，进行评价。）

（三）现金流出总体情况

1. 经营活动现金流出构成分析（要求详细描述这部分各项指标数据，包括比种、平均增长、同比增长等，并分析原因，进行评价。）

2. 投资活动现金流出构成分析（要求详细描述这部分各项指标数据，包括比种、平均增长、同比增长等，并分析原因，进行评价。）

3. 筹资活动现金流出构成分析（要求详细描述这部分各项指标数据，包括比种、平均增长、同比增长等，并分析原因，进行评价。）

（四）现金流量评价

1. 现金偿还能力评价（要求详细描述这部分各项指标数据，包括平均增长、同比增长等，并分析原因，进行评价。）

2. 获取现金能力评价（要求详细描述这部分各项指标数据，包括平均增长、同比增长等，并分析原因，进行评价。）

3. 财务弹性评价（要求详细描述这部分各项指标数据，包括平均增长、同比增长等，并分析原因，进行评价。）

三、风险评估及措施建议（要求根据第第二部分情况分析结果，分析可能存在分风险，提出措施建议。）

（一）风险点分析

（二）措施建议

四、综合结论

1. 本次现金流量表分析的结果和结论。

2. 对公司未来发展的建议和展望。

步骤三：ChatGPT 反馈信息。如图 6-41 所示。

了解您提供的《现金流量表评价报告》编写提纲。请您按照报告的四个部分逐步提供背景资料，我将根据您提供的信息逐步撰写报告。

首先，请提供报告背景的相关资料，包括现金流量表分析的目的和意义、数据来源及可信度、分析方法及过程说明。

图 6-41　ChatGPT 反馈信息

步骤四：提供第一个背景资料。提示词"现在开始写第一部分报告背景"如图 6-42 所示。

一、报告背景

1. 本次现金流量表分析的目的和意义
2. 本次分析所采用的数据来源及可信度
3. 分析方法及过程说明。如图6-42所示。

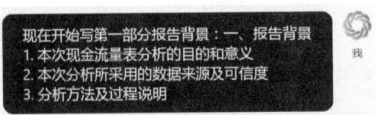

图6-42 第一部分报告背景提示词

步骤五：获取第一部分报告背景结果。

一、报告背景

1. 本次现金流量表分析的目的和意义：

本次现金流量表分析的目的是评估公司的现金流量状况，为公司的财务管理和决策提供参考依据。通过分析现金流量表，可以了解公司的现金流入和流出情况，以及现金的流动性、偿债能力和财务弹性等指标，从而评估公司的财务健康状况和风险水平。

2. 本次分析所采用的数据来源及可信度：

本次现金流量表分析所采用的数据来源于公司财务报表，经过专业审计机构的审计确认，数据来源可靠、可信度高。同时，我们采用了多种数据验证方法和数据处理技术，确保数据的准确性和完整性。

3. 分析方法及过程说明：

我们采用了定性和定量相结合的分析方法，通过对现金流量表的数据进行统计分析，并结合公司的经营状况和市场环境，对现金流量状况进行综合评价。分析过程包括数据筛选、数据整理、数据分析、结果解读等步骤，确保分析结果的准确性和可靠性。

步骤六：提供第二部分情况分析背景资料。 提示词如图6-43所示。

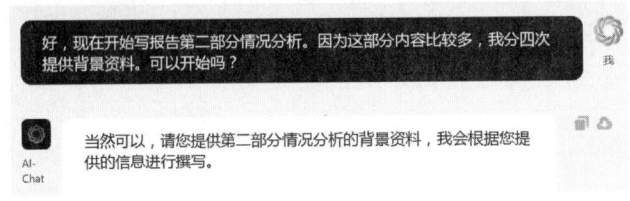

图6-43 第二部分提示词

1. 第二部分背景资料（1）

二、情况分析

（一）现金流量总体情况

1. 现金流量净额情况分析（要求详细描述这部分5项指标数据，包括平均增长、同比增长等，并分析原因，进行评价。）

（1）2022年期末现金及现金等价物余额127.00亿元，同比增长12.99%，平均增长70.10%。同比增长率低于平均水平，现金规模增速放缓。

（2）经营活动产生的现金净流量30.58亿元，同比下降11.46%，平均增长19.85%。由平均增长转为同比下降，经营活动现金保障能力开始回落。

（3）投资活动产生的现金净流量赤字20.56亿元，同比增长8.10%，平均增长37.50%。同比增长率低于平均水平，投资支出下滑放缓。

（4）筹资活动产生的现金净流量2.90亿元，同比下降89.98%，平均增长109.96%。由平均增长转为同比下降，筹资保障能力开始回落。

（5）从总体情况看，经营上能自给自足，还有现金净流入；同时也在融资与投资，经营现金流量与融资为投资提供了资金保障，但应防止投资规模过快。

2. 现金流入情况分析（要求详细描述这部分3项指标数据，包括占比、平均增长、同比增长等，并分析原因，进行评价。）

（1）2022年现金流入总额156.11亿元，经营活动现金流入100.20亿元，占现金流入总量的64.19%，同比增长5.20%，平均增长12.81%。同比增长率低于平均水平，经营活动现金回报能力增速放缓。

（2）投资活动现金流入40.43亿元，占现金流入总量的25.90%，同比增长58.55%，平均下降8.38%。由平均下降转为同比增长，投资活动现金回报能力开始复苏。

（3）筹资活动现金流入15.48亿元，占现金流入总量的9.92%，同比下降71.76%，平均增长106.36%。由平均增长转为同比下降，筹资活动现金回报能力开始下滑。

3. 现金流出情况分析（要求详细描述这部分3项指标数据，包括占比、平均增长、同比增长等，并分析原因，进行评价。）

（1）2022年现金流出总额143.15亿元，经营活动现金流出69.59亿元，占现金流出总量的48.61%，同比增长14.65%，平均增长10.28%。同比增长率高于平均水平，经营活动现金流出规模持续增强。

（2）投资活动现金流出60.98亿元，占现金流出总量的42.60%，同比增长36.97%，平均下降0.87%。由平均下降转为同比增长，投资活动现金流出规模开始复苏。

（3）筹资活动现金流出12.58亿元，占现金流出总量的8.79%，同比下降51.50%，平均增长15.29%。由平均增长转为同比下降，筹资活动现金流程规模开始下滑。

ChatGPT 根据第二部分背景资料（1）反馈的信息。如图6-44所示。

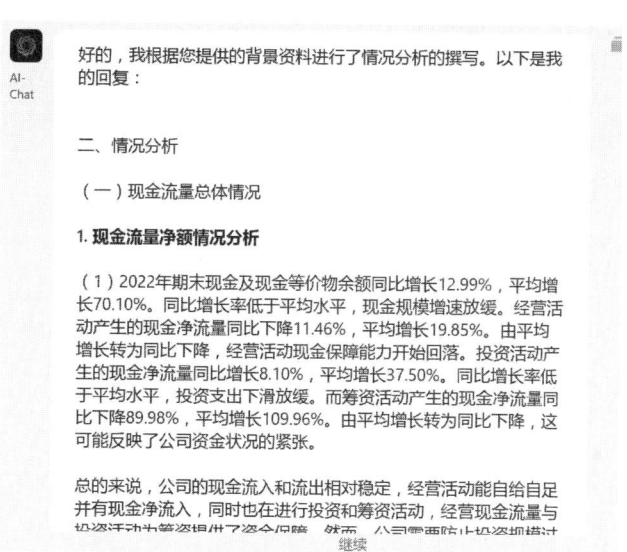

图6-44 根据背景资料（1）反馈的信息

好的，我根据您提供的背景资料进行了情况分析的撰写。以下是我的回复：

二、情况分析

（一）现金流量总体情况

1. 现金流量净额情况分析

（1）2022年期末现金及现金等价物余额同比增长12.99%，平均增长70.10%。同比增长率低于平均水平，现金规模增速放缓。经营活动产生的现金净流量同比下降 11.46%，平均增长 19.85%。由平均增长转为同比下降，经营活动现金保障能力开始回落。投资活动产生的现金净流量同比增长 8.10%，平均增长 37.50%。同比增长率低于平均水平，投资支出下滑放缓。而筹资活动产生的现金净流量同比下降 89.98%，平均增长 109.96%。由平均增长转为同比下降，这可能反映了公司资金状况的紧张。

总的来说，公司的现金流入和流出相对稳定，经营活动能自给自足并有现金净流入，同时也在进行投资和筹资活动，经营现金流量与投资活动为筹资提供了资金保障。然而，公司需要防止投资规模过快。

（2）现金流入情况分析

2022 年现金流入总额同比增长 5.20%，其中经营活动现金流入同比增长 5.20%，投资活动现金流入同比增长 58.55%，而筹资活动现金流入同比下降 71.76%。这种变化可能是由于公司的融资策略或者市场环境的变化。

（3）现金流出情况分析

2022 年现金流出总额同比增长 14.65%，其中经营活动现金流出同比增长 14.65%，投资活动现金流出同比增长 36.97%，而筹资活动现金流出同比下降 51.50%。这种变化可能是由于公司对投资活动的增加或者融资策略的变化。

2. 第二部分背景资料（2）

(二) 现金流入总体情况

1. 经营活动现金流入构成分析（要求详细描述这部分 2 项指标数据，包括占比、平均增长、同比增长等，并分析原因，进行评价。）

（1）2022 年，经营活动现金流入总额 100.20 亿元，销售商品提供劳务收到的现金 94.60 亿元，占经营活动现金流入总额的 94.41%，同比增长 4.80%，平均增长 13.04%。同比增长率低于平均水平，销售业务回款能力增速放缓。

（2）收到的其他与经营活动有关的现金 4.74 亿元，占经营活动现金流入总额的 4.73%，同比增长 6.50%，平均增长 12.52%。同比增长率低于平均水平，由此产生的现金流入增速放缓。

2. 投资活动现金流入构成分析（要求详细描述这部分 3 项指标数据，包括占比、平均增长、同比增长等，并分析原因，进行评价。）

（1）收回投资收到的现金 0.42 亿元，占投资活动现金流入总额的 1.04%。以前年度没有发生额。

取得投资收益收到的现金 0.31 亿元，占投资活动现金流入总额的 0.78%，同比增长 40.08%，平均增长 28.45%。同比增长率高于平均水平，投资现金回报能力持续增强。

（2）处置固定资产、无形资产和其他长期资产收回的现金净额 0.65 亿元，占投资活动现金流入总额的 1.61%，同比增长 1442.18%，平均增长 55.26%。同比增长率高于平均水平，处置资产现金回报能力持续增强。

（3）收到的其他与投资活动有关的现金 39.04 亿元，占投资活动现金流入总额的 96.56%，同比增长 54.74%，平均下降 9.09%。由平均下降转为同比增长，其他投资活动现金回报能力开始复苏。

3. 筹资活动现金流入构成分析（要求详细描述这部分 3 项指标数据，包括占比、平均增长、同比增长等，并分析原因，进行评价。）

（1）2022 年，筹资活动现金流入总额 15.48 亿元，吸收投资收到的现金 6.40 亿元，占筹资活动现金流入总额的 41.36%，同比下降 87.17%，平均增长 65.49%。由平均增长转为同比下降，吸收投资能力开始下滑。

（2）取得借款收到的现金 8.48 亿元，占筹资活动现金流入总额的 54.78%，同比增长 495.51%，基期没有发生额。

（3）收到的其他与筹资活动有关的现金 0.60 亿元，占筹资活动现金流入总额的 3.86%，同比下降 82.92%，基期没有发生额。

ChatGPT 反馈如下：感谢您提供第二部分的情况分析的背景资料。以下是根据您提供的信息编写的现金流入总体情况构成分析：

（二）现金流入总体情况

1. 经营活动现金流入构成分析

2022 年，经营活动现金流入总额为 100.20 亿元，其中销售商品提供劳务收到的现金占比 94.41%，同比增长 4.80%，平均增长 13.04%。收到的其他与经营活动有关的现金占比 4.73%，同比增长 6.50%，平均增长 12.52%。销售业务回款能力增速放缓，而其他经营活动现金流入增速也有所放缓。

2. 投资活动现金流入构成分析

投资活动现金流入总额为 40.45 亿元。收回投资和取得投资收益收到的现金占比 1.82%，同比增长 40.08%，平均增长 28.45%。处置固定资产、无形资产和其他长期资产收回的现金净额占比 1.61%，同比增长 1442.18%，平均增长 55.26%。其他与投资活动有关的现金占比 96.56%，同比增长 54.74%，平均下降 9.09%。投资活动现金回报能力在整体上持续增强，但其他投资活动回报能力有所复苏。

3. 筹资活动现金流入构成分析

筹资活动现金流入总额为 15.48 亿元。吸收投资收到的现金占比 41.36%，同比下降 87.17%，平均增长 65.49%。取得借款收到的现金占比 54.78%，同比增长 495.51%。其他与筹资活动有关的现金占比 3.86%，同比下降 82.92%。吸收投资能力开始下滑，而借款活动现金回报能力大幅增强。

ChatGPT 反馈：接下来将撰写部分内容。请您继续提供第二部分剩余背景资料。

3. 第二部分背景资料（3）

ChatGPT 反馈：感谢您提供第二部分的情况分析的背景资料。以下是根据您提供的信息编写的现金流出总体情况构成分析：

（三）现金流出总体情况

1. 经营活动现金流出构成分析（要求详细描述这部分 4 项指标数据，包括占比、平均增长、同比增长等，并分析原因，进行评价。）

（1）2022 年，经营活动现金流出总额 69.59 亿元，购买商品、接受劳务支付的现金 39.30 亿元，占经营活动现金流出总额的 56.47%，同比增长 19.67%，平均增长 10.60%。同比增长率高于平均水平，商品和劳务现金支付规模持续增强。

（2）支付给职工以及为职工支付的现金 22.00 亿元，占经营活动现金流出总额的 31.61%，同比增长 11.79%，平均增长 12.12%。同比增长率低于平均水平，对职工现金支付规模增速放缓。

（3）支付的各项税费 5.61 亿元，占经营活动现金流出总额的 8.06%，同比增长 3.15%，平均增长 8.75%。同比增长率低于平均水平，各项税费现金支付规模增速放缓。

（4）支付其他与经营活动有关的现金 2.69 亿元，占经营活动现金流出总额的 3.86%，同比下降 2.04%，平均下降 1.54%。同比下降高于平均下降水平，其他与经营活动有关的现金支付规模持续下滑。

2. 投资活动现金流出构成分析（要求详细描述这部分 4 项指标数据，包括占比、平均增长、同比增长等，并分析原因，进行评价。）

（1）2022 年，投资活动现金流出总额 60.98 亿元，购建固定资产、无形资产和其他长期资产支付的现金 21.35 亿元，占投资活动现金流出总额的 35.01%，同比增长 68.64%，平均增长 40.72%。同比增长率高于平均水平，长期资产现金支付规模持续增强。

（2）投资支付的现金 2.81 亿元，占投资活动现金流出总额的 4.61%，同比下降 78.08%，基期没有发生额。

（3）取得子公司及其他营业单位支付的现金净额 0.79 亿元，占投资活动现金流出总额的 1.29%，以前年度没有发生额。

（4）支付其他与投资活动有关的现金 36.04 亿元，占投资活动现金流出总额的 59.10%，同比增长

89.29%，平均下降11.10%。由平均下降转为同比增长，由此产生的现金支付规模开始复苏。

3. 筹资活动现金流出构成分析（要求详细描述这部分3项指标数据，包括占比、平均增长、同比增长等，并分析原因，进行评价。）

（1）2022年，筹资活动现金流出总额12.58亿元，偿还债务所支付的现金9.62亿元，占筹资活动现金流出总额的76.50%，同比增长46.22%，平均增长39.70%。同比增长率高于平均水平，债务支付保障能力持续增强。

（2）分配股利、利润或偿付利息支付的现金2.54亿元，占筹资活动现金流出总额的20.15%，同比增长107.28%，平均增长18.63%。同比增长率高于平均水平，股东分配和利息支付保障能力持续增强。

（3）支付的其他与筹资活动有关的现金0.43亿元，占筹资活动现金流出总额的3.38%，同比下降97.65%，平均下降40.14%。同比下降高于平均下降水平，由此产生的现金支付规模持续下滑。

ChatGPT反馈：非常感谢您提供第二部分现金流出总体情况的背景资料。以下是根据您提供的信息编写的现金流出总体情况构成分析：

（三）现金流出总体情况

1. 经营活动现金流出构成分析

2022年，经营活动现金流出总额为69.59亿元，其中购买商品、接受劳务支付的现金占比56.47%，同比增长19.67%，平均增长10.60%。支付给职工以及为职工支付的现金占比31.61%，同比增长11.79%，平均增长12.12%。支付的各项税费占比8.06%，同比增长3.15%，平均增长8.75%。支付其他与经营活动有关的现金占比3.86%，同比下降2.04%。商品和劳务现金支付规模持续增强，而其他经营活动现金支付规模持续下滑。

2. 投资活动现金流出构成分析

投资活动现金流出总额为60.98亿元。购建固定资产、无形资产和其他长期资产支付的现金占比35.01%，同比增长68.64%，平均增长40.72%。投资支付的现金占比4.61%，同比下降78.08%。取得子公司及其他营业单位支付的现金净额占比1.29%。支付其他与投资活动有关的现金占比59.10%，同比增长89.29%。长期资产现金支付规模持续增强，其他投资活动现金支付规模开始复苏。

3. 筹资活动现金流出构成分析

筹资活动现金流出总额为12.58亿元。偿还债务所支付的现金占比76.50%，同比增长46.22%，平均增长39.70%。分配股利、利润或偿付利息支付的现金占比20.15%，同比增长107.28%，平均增长18.63%。支付的其他与筹资活动有关的现金占比3.38%，同比下降97.65%。债务支付保障能力持续增强，股东分配和利息支付保障能力持续增强。

ChatGPT反馈：接下来将撰写现金流量评价部分内容。请您继续提供第二部分剩余背景资料。

（四）现金流量评价

1. 现金偿还能力评价（要求详细描述这部分4项指标数据，包括平均增长、同比增长等，并分析原因，进行评价。）

（1）2022年，现金到期债务比率7.69，大于1.5，有充足的现金偿还债务。同比增长146.47%，平均增长90.82%。同比增长率高于平均水平，偿还到期债务能力增强。

（2）现金流动负债比率0.68，现金偿还流动负债能力不足。同比下降15.00%，平均增长20.74%。由平均增长转为同比下降，偿还流动负债能力开始下滑。

（3）现金流量负债比率0.53，现金偿还负债能力不足。同比下降28.38%，平均增长15.29%。由平均增长转为同比下降，偿还负债能力开始下滑。

（4）流动负债偿还期1.46年，同比增长16.80%，平均下降17.42%。由平均下降转为同比增长，债务偿还期限开始反弹。

全部负债偿还期1.89年，同比增长38.97%，平均下降13.33%。由平均下降转为同比增长，债务偿还期限开始反弹。

2. 获取现金能力评价（要求详细描述这部分3项指标数据，包括平均增长、同比增长等，并分析原因，进行评价。）

（1）2022年销售现金比率0.30，同比下降18.92%，平均增长5.74%。由平均增长转为同比下降，销售变现能力开始下滑。

（2）每股经营现金净流量2.32，同比下降11.45%，平均增长8.24%。由平均增长转为同比下降，股利支付能力开始下滑。

（3）总资产现金回收率0.23，同比增长64.29%，平均增长11.28%。同比增长率高于平均水平，获取现金能力持续增强。

3. 财务弹性评价（要求详细描述这部分3项指标数据，包括占比、平均增长、同比增长等，并分析原因，进行评价。）

（1）2022年现金再投资率64.00%，同比增长236.84%，平均增长33.75%。同比增长率高于平均水平，现金再投资保障能力持续增强。

（2）折旧影响率27.29%，同比增长29.46%，平均下降18.47%。由平均下降转为同比增长，现金保障固定资产更新能力开始复苏。

（3）营运指数0.84，公司部分收益没有取得现金，而是停留在实物或债权形态，应关注实物或债权资产的风险。同比下降30.35%，平均下降1.09%。同比下降高于平均下降水平，以实物或债权形式存在的收益占总收益的比重持续下滑，收益质量回落。

ChatGPT反馈：非常感谢您提供第二部分现金流量评价的背景资料。以下是根据您提供的信息编写的现金流量评价部分：

（四）现金流量评价

1. 现金偿还能力评价

2022年，现金到期债务比率为7.69，大于1.5，表明公司有充足的现金偿还债务能力。同比增长146.47%，平均增长90.82%，偿债能力增强。然而，现金流动负债比率和现金流量负债比率较低，分别为0.68和0.53，现金偿还流动负债和总负债能力较低。此外，流动负债偿还期为1.46年，全部负债偿还期为1.89年，债务偿还期限有所反弹，但仍需注意偿还期较短的问题。

2. 获取现金能力评价

销售现金比率下滑，每股经营现金净流量同比下降，表明销售变现能力和股利支付能力有所下滑。然而，总资产现金回收率增长，说明获取现金能力持续增强。

3. 财务弹性评价

现金再投资率增长较快，折旧影响率也有所增长，现金再投资和固定资产更新能力有所提升。营运指数下降，公司部分收益停留在实物或债权形态，需要关注实物或债权资产的风险。总体来看，现金再投资保障能力增强，但收益质量有所下降。

综合以上分析，建议公司应进一步加强现金偿还能力，优化财务结构，增加现金流动性，提升偿还能力；同时，加强销售现金比率和每股经营现金净流量，提高销售变现能力和股利支付能力；另外，要重视营运指数下降的问题，控制实物或债权资产的风险，确保收益质量。

以上是本次现金流量表评价报告的内容，如有需要请提出进一步的要求或问题。

步骤七：提供第三部分风险评估及措施建议背景资料。如图6-45所示。

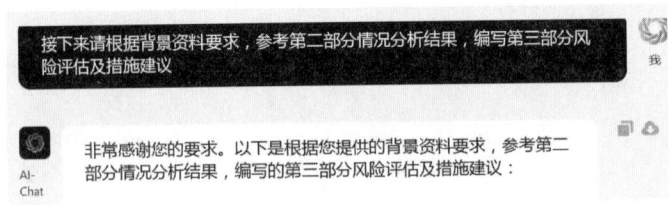

图 6-45　提供第三部分背景资料提示词

步骤八：将背景资料复制粘贴到 ChatGPT 输入窗口。点击"回车键"便可获得报告结果。如图 6-46 所示。

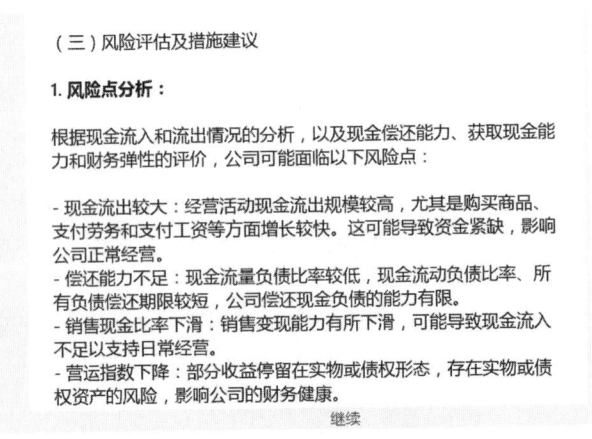

图 6-46　输入编写提纲，获取评价结果

从 ChatGPT 复制粘贴生成的报告内容：非常感谢您的要求。以下是根据您提供的背景资料要求，参考第二部分情况分析结果，编写的第三部分风险评估及措施建议：

（三）风险评估及措施建议

1. 风险点分析：

根据现金流入和流出情况的分析，以及现金偿还能力、获取现金能力和财务弹性的评价，公司可能面临以下风险点：

- 现金流出较大：经营活动现金流出规模较高，尤其是购买商品、支付劳务和支付工资等方面增长较快。这可能导致资金紧缺，影响公司正常经营。
- 偿还能力不足：现金流量负债比率较低，现金流动负债比率、所有负债偿还期限较短，公司偿还现金负债的能力有限。
- 销售现金比率下滑：销售变现能力有所下滑，可能导致现金流入不足以支持日常经营。
- 营运指数下降：部分收益停留在实物或债权形态，存在实物或债权资产的风险，影响公司的财务健康。

2. 措施建议：

- 加强财务规划：公司应制定财务规划，合理规划现金流入和流出，优化资金运作，确保经营资金健康运转。
- 提升现金流入能力：加强销售现金比率管理，提升销售变现能力，增加现金流入，增强公司的现金储备。
- 优化负债结构：降低现金流动负债比率和现金流量负债比率，延长偿还期限，提升债务偿还能力，保障公司资金安全。
- 强化风险管控：加强对实物或债权资产的风险识别与管控，控制未实现收益的风险，确保收益的质量和安全。

以上措施建议是为了帮助公司有效应对可能存在的风险点，优化经营状况，提升财务健康水平。公司在实施时应根据自身情况进行适当调整和优化。

步骤九：提供第四部分综合评价背景资料。提示词如图 6-47 所示。

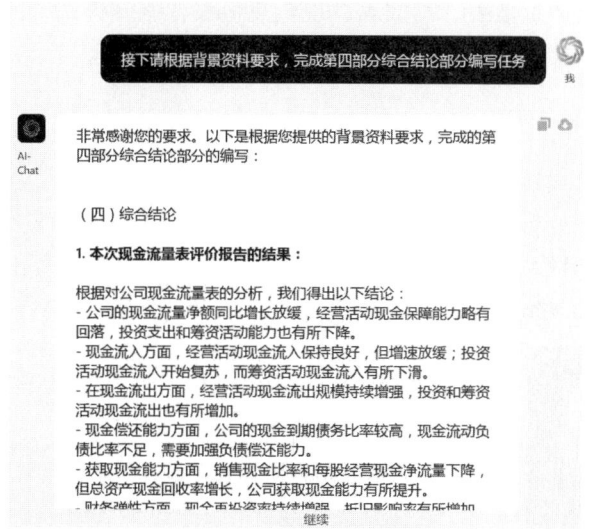

图 6-47　提供第四部分综合评价背景资料提示词

从 ChatGPT 复制粘贴生成的报告内容：非常感谢您的要求。以下是根据您提供的背景资料要求，完成的第四部分综合结论部分的编写：

四、综合结论

1. 本次现金流量表评价报告的结果：

根据对公司现金流量表的分析，我们得出以下结论：

- 公司的现金流量净额同比增长放缓，经营活动现金保障能力略有回落，投资支出和筹资活动能力也有所下降。

- 现金流入方面，经营活动现金流入保持良好，但增速放缓；投资活动现金流入开始复苏，而筹资活动现金流入有所下滑。

- 在现金流出方面，经营活动现金流出规模持续增强，投资和筹资活动现金流出也有所增加。

- 现金偿还能力方面，公司的现金到期债务比率较高，现金流动负债比率不足，需要加强负债偿还能力。

- 获取现金能力方面，销售现金比率和每股经营现金净流量下降，但总资产现金回收率增长，公司获取现金能力有所提升。

- 财务弹性方面，现金再投资率持续增强，折旧影响率有所增加，但公司营运指数下降，需关注收益质量下降的问题。

2. 对公司未来发展的建议和展望：

- 提高经营活动现金流入速度，优化资金使用效率，加强销售现金比率管理，增加现金流入来源。

- 优化负债结构，延长现金流动负债偿还期限，提升债务偿还能力，确保公司财务安全。

- 加强风险管理，控制实物或债权资产风险，确保收益的质量，维护公司财务稳定与健康发展。

综上所述，公司应加强财务规划，提升现金流入能力，优化负债结构，强化风险管控，确保公司财务健康和持续发展。展望未来，随着公司不断优化财务状况和财务管理，相信公司将能够保持稳健的财务态势，实现长期可持续发展。

6.8　智能财务报告操作系统

以上章节介绍了资产负债表、利润表、现金流量表智能分析系统的创建过程，那么，以怎样的方式发出指令，才能将系统运行的结果展现出来呢？

6.8.1　创建文件夹

6.8.1.1　文件夹

创建文件夹就是将分析系统所需的全部文件资料存放到一个母文件夹里，以便建立一个完整的操作系统。母文件夹名称为"智能财务报告分析系统"。存放的文件包括财务报告文件夹、可视化财务智能分析系统模型工作簿。如图6-48所示。

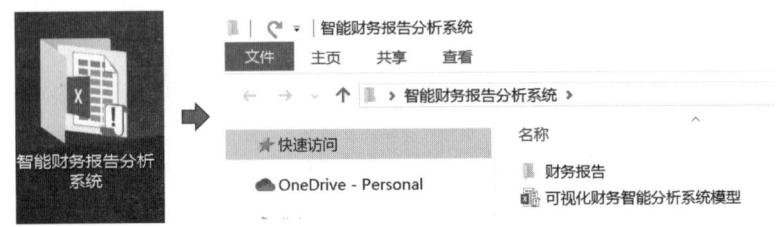

图6-48　母文件夹界面

6.8.1.2　财务报告文件夹

在财务报告文件夹中存放有年度财务报告工作簿。案例中是2018~2022年度财务报告工作簿。文件夹中可以根据需要添加相关年度财务报告。

在各年度财务报告工作簿中存有资产负债表、利润表和现金流量表三个工作表。如图6-49所示。

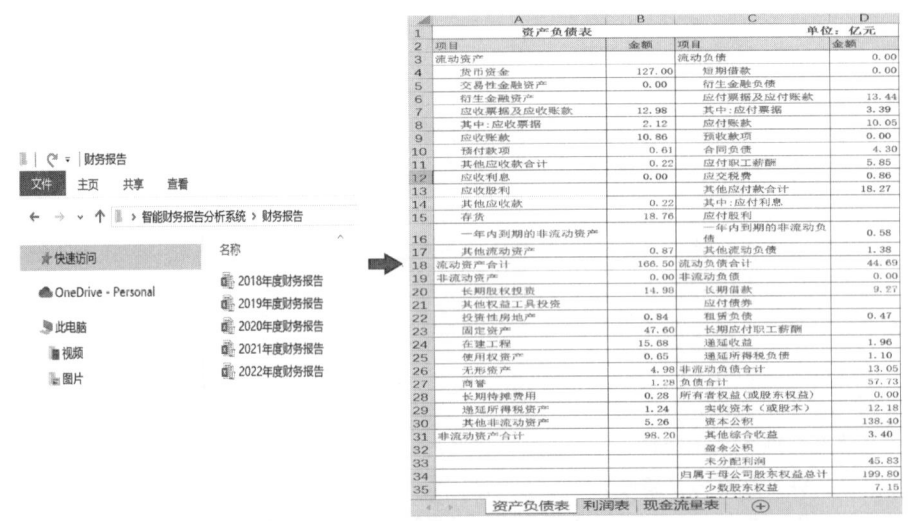

图6-49　财务报告文件夹界面

文件存放路径有多种，在实际操作中用户可参见第一章相关内容。

6.8.1.3 可视化财务智能分析系统模型

可视化财务智能分析系统模型是创建资产负债表、利润表、现金流量表可视智能分析系统的载体。智能财务报告操作系统，实质上是将资产负债表智能分析系统、利润表智能分析系统、现金流量表智能分析系统集成到"财务可视化动态分析模型"的工作簿上，再通过设置目录、按钮等方式，建立的用户操作界面。如图 6-50 所示。

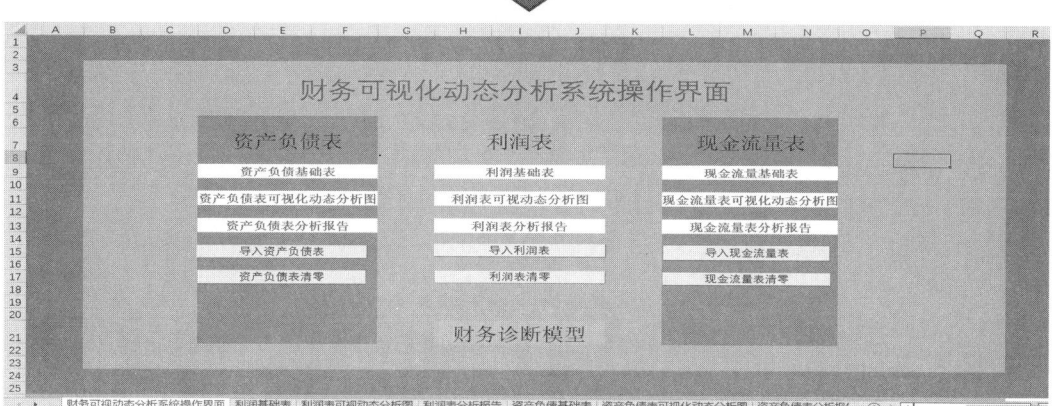

图 6-50 财务可视化动态分析模型工作簿界面

财务可视化动态分析模型工作簿中存放有：利润可视化动态分析系统中的利润基础表、利润表可视化动态分析图、利润表分析报告；资产负债表可视化动态分析系统中的资产负债基础表、资产负债表可视化动态分析图、资产负债表分析报告;现金流量表可视化动态分析系统中的现金流量基础表、现金流量表可视化动态分析图、现金流量表分析报告;财务可视动态分析系统操作界面等。

6.8.2 财务可视化动态分析系统操作界面

6.8.2.1 创建工作簿目录

在财务可视化动态分析模型工作簿上编写 Excel VBA 程序代码,创建一个操作系统工作簿目录,命名为"财务可视化动态分析系统操作界面"。参考代码如下所示:

> 成功之钥匙

代码含义:

```
Option Explicit
Sub 系统窗口()
    'T 代表放置目录工作表
    Dim T As Worksheet
    '执行 Add 方法创建一个新工作表,并将该工作表赋值给变量 T
    Set T = Worksheets.Add
    '新建工作表名称为"财务可视化动态分析系统操作界面"
    T.Name = "财务可视动态分析系统"
    'sht 代表系统窗口工作表,Irow 代表放置目录工作表行
    Dim sht As Worksheet, Irow As Integer
    '存放目录工作表第 2 行开始
    Irow = 2
    '循环每一个工作表,将其赋值给 sht
    For Each sht In Worksheets
'调用 Hyperlinks.Add 方法,设置超级链接的位置为'T.Cells(Irow,"A"),超级链接的地址为空格,单击鼠标后目录名称转到 A1
    'ScreenTip:="点击鼠标跳转到   [" & sht.Name & "]工作表"表示当鼠标移到超级链接是,屏幕上显示的同时信息;
    TextToDisplay:= sht.Name 存放系统窗口目录工作表单元格链接的文本
T.Hyperlinks.Add Anchor:=T.Cells(Irow,"A"),Address:="",SubAddress:="'" & sht.Name & "'! A1", _
    ScreenTip:="点击鼠标跳转到   [" & sht.Name & "]工作表",TextToDisplay:= sht.Name
    '循环下一个工作表增加 1 行
    Irow = Irow + 1
    Next sht
End Sub
```

运行代码,建立起工作簿目录。如图 6-51 所示。

图 6-51 工作簿目录效果界面

6.8.2.2 设计财务可视化动态分析系统操作界面

财务可视化动态分析系统操作界面,是在工作簿目录的基础上,通过复制粘贴、添加 Excel VBA 代码按钮、调整表格格式、美工等方法合成。

步骤一:在财务可视化动态分析系统操作界面工作表上,设置资产负债表、利润表、现金流量表、财务诊断模型四个模块,将工作表目录上的文件名通过复制粘贴的方式,分别归

类到四个模块中。点击任何目录名称，便可看到相应工作表内容。如图 6-52 所示。

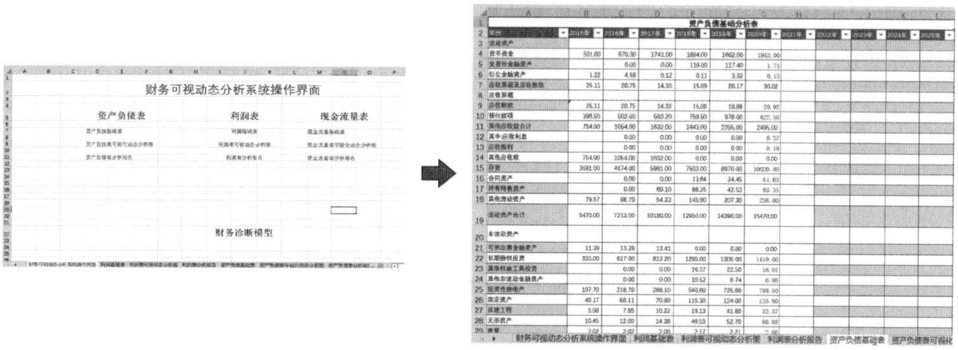

图 6-52　操作界面及影响效果

步骤二：在操作界面上添加 Excel VBA 代码按钮。将资产负债表可视化动态分析系统、利润表可视化动态分析系统、现金流量表可视化动态分析系统上的 Excel VBA 代码按钮添加到操作界面上。

设置"导入资产负债表"按钮：点击 Excel 工作表上的"开发工具"—"插入"—"按钮（窗体控件）"—将"+"放置在"资产负债表分析报告"下方—选定"导入资产负债表"—"确定"；点击"按钮"右键—"编辑文字"—"导入资产负债表"如图 6-53 所示。

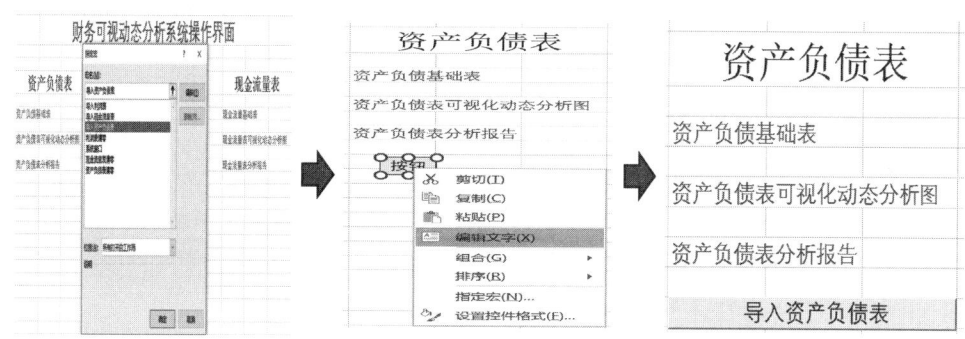

图 6-53　导入资产负债表 Excel VBA 代码按钮过程

用同样的方法可以设置资产负债表清零、导入利润表、利润表清零、导入现金流量表、现金流量表清零等代码按钮。如图 6-54 所示。

图 6-54　设置其他代码按钮界面

步骤三：检验 Execl VBA 代码按钮运行效果。以资产负债表模块上的"导入资产负债表""资产负债表清零"按钮运行为例，其他模块检验方法与此相同。

点击"资产负债表清零"按钮—"询问"—"是"，会将存放在"财务可视化动态分析系统模块"工作簿上的"资产负债基础表"上的数据清零。如图 6-55 所示。

图 6-55　检验"资产负债表清零"按钮过程及效果

点击"导入资产负债表"按钮将数据从"资产负债表"文件夹中导入"资产负债基础表"上。如图 6-56 所示。

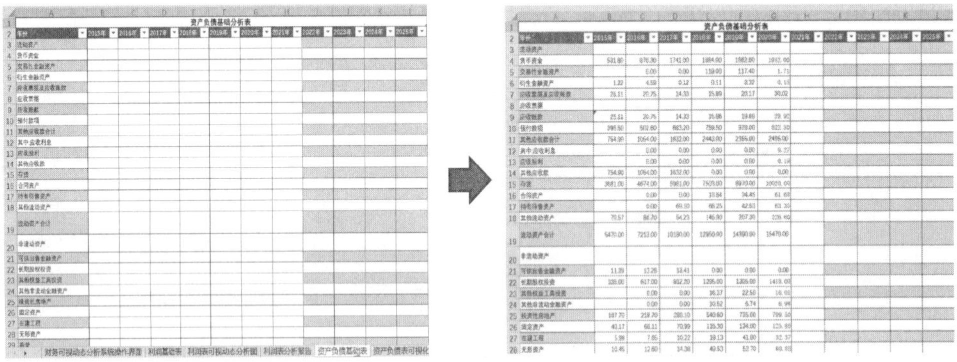

图 6-56　检验"导入资产负债表"按钮过程及效果

步骤四：进行美工后，创建完成财务可视动态分析系统操作界面。如图 6-57 所示。

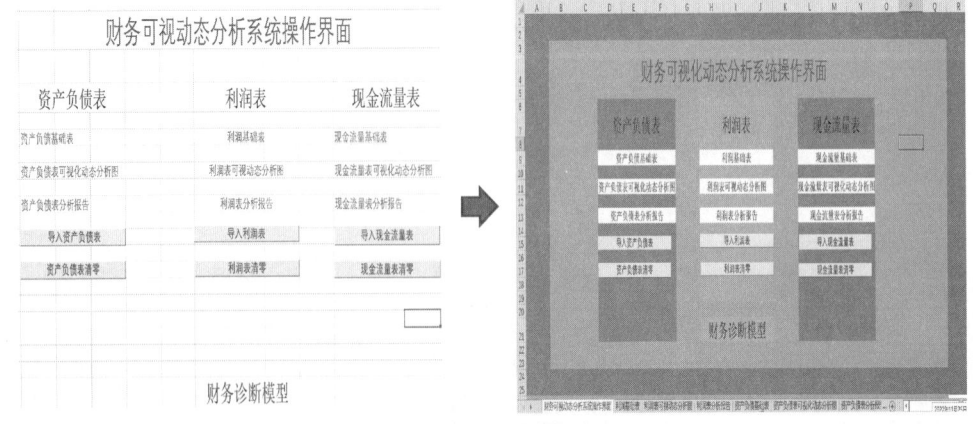

图 6-57　操作界面美工效果

6.8.3 财务可视化动态分析系统操作程序

将财务可视化动态分析系统集成到一个操作界面后，可以按以下程序操作：

步骤一：打开"财务可视化动态分析系统"文件夹，进入"财务可视化动态分析系统"工作簿，点击"财务可视化动态分析系统操作界面"工作表名称，展示出"财务可视化动态分析系统操作界面"。如图6-58所示。

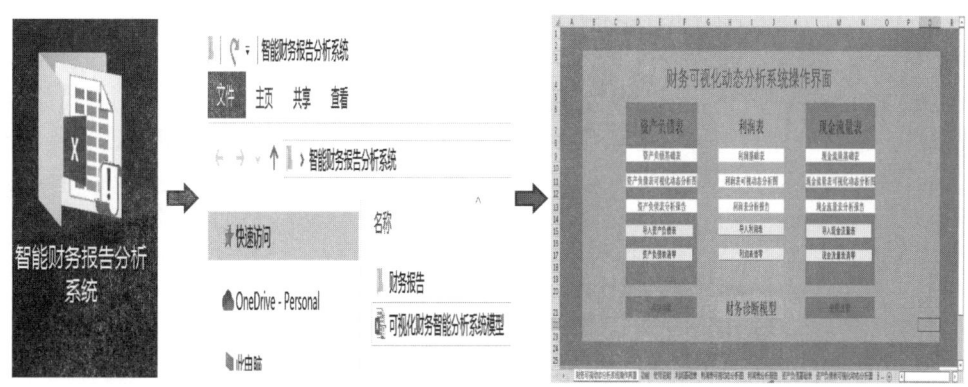

图6-58　进入财务可视化动态分析系统操作界面过程

步骤二：点击"系统功能"，可以了解到财务可视化动态分析系统全部功能；点击"使用说明"，可以了解到财务可视化动态分析系统使用程序。

步骤三：置换数据。点击"清零"按钮，将资产负债基础表、利润基础表、现金流量基础表上的数据清零；点击"导入"按钮，将文件夹中置换后的资产负债表、利润表、现金流量表数据分别导入相应的基础工作表中，之后，系统会自动生成可视化动态分析图和财务分析报告。

步骤四：查看相关信息。点击"基础表"按钮，可以分别查看到资产负债基础表、利润基础表、现金流量基础表信息；点击"可视化动态分析图"按钮，可以分别查看到资产负债表可视化动态分析图、利润表可视化动态分析图、现金流量表可视化动态分析图；点击"分析报告"按钮，可以分别查看到资产负债表分析报告、利润表分析报告、现金流量表分析报告。

第7章 企业财务绩效评价

企业财务绩效评价，是指以投入产出分析为基本方法，通过建立综合评价指标体系，对照相应行业评价标准，对企业特定经营期间的盈利回报、资产运营、风险控制、持续发展以及管理状况等进行的综合评价。本章参照国务院国资委设定的财务绩效定量评价指标体系，应用 Excel VBA 和函数公式等技术方法，介绍如何建立一个自动化可视化企业财务绩效定量评价模型。

7.1 框架设计

企业财务绩效评价框架是进行财务绩效评价的组织架构体系，包括企业绩效评价指标体系、企业绩效评价标准值、企业绩效评价模型、企业绩效评价数据库等。

7.1.1 评价指标及权重设定

7.1.1.1 评价指标及权重

财务绩效定量评价指标由反映企业盈利回报、资产运营、风险防控和持续发展四个方面的十六个指标构成，用于综合评价企业财务会计报表所反映的经营绩效状况。按照企业功能性质分别竞争性企业、国家安全类企业和公益类企业给各项指标赋予权重。如图 7-1 所示。

竞争性企业绩效评价指标及权重表		国家安全类企业绩效评价指标及权重表		公益类企业绩效评价指标及权重表	
项目	权重	项目	权重	项目	权重
一、盈利回报指标	40	一、盈利回报指标	30	一、盈利回报指标	20
净资产收益率（%）	12	净资产收益率（%）	10	净资产收益率（%）	6
营业收入利润率（%）	12	营业收入利润率（%）	10	营业收入利润率（%）	6
总资产报酬率（%）	8	总资产报酬率（%）	5	总资产报酬率（%）	4
盈余现金保障倍数	8	盈余现金保障倍数	5	盈余现金保障倍数	4
二、资产运营指标	20	二、资产运营指标	20	二、资产运营指标	25
总资产周转率（次）	6	总资产周转率（次）	6	总资产周转率（次）	8
应收账款周转率（次）	6	应收账款周转率（次）	6	应收账款周转率（次）	8
流动资产周转率（次）	4	流动资产周转率（次）	4	流动资产周转率（次）	5
两金占流动资产比重（%）	4	两金占流动资产比重（%）	4	两金占流动资产比重（%）	4
三、风险防控指标	20	三、风险防控指标	25	三、风险防控指标	25
资产负债率（%）	6	资产负债率（%）	8	资产负债率（%）	8
现金流动负债比率（%）	6	现金流动负债比率（%）	8	现金流动负债比率（%）	8
带息负债比率（%）	4	带息负债比率（%）	5	带息负债比率（%）	5
已获利息倍数	4	已获利息倍数	4	已获利息倍数	4
四、持续发展指标	20	四、持续发展指标	25	四、持续发展指标	30
研发经费投入强度（%）	5	研发经费投入强度（%）	8	研发经费投入强度（%）	12
全员劳动生产率（万元/人）	5	全员劳动生产率（万元/人）	8	全员劳动生产率（万元/人）	10
经济增加值率（%）	5	经济增加值率（%）	5	经济增加值率（%）	4
国有资本保值增值率（%）	5	国有资本保值增值率（%）	4	国有资本保值增值率（%）	4

图 7-1 评价指标及权重表

7.1.1.2 权重代码

权重代码是根据系统视窗选择的企业功能要素编写的确定评价指标权重的代码。参考代码如下所示：

成功之钥匙

代码含义:

```
Option Explicit
Sub 企业功能()
    Dim wa As Worksheet,wb As Worksheet
    Set wa = Worksheets("企业概况")
    Set wb = Worksheets("财务绩效评价模型表")
    If wa.Cells(15,15) = "竞争性企业"Then
wb.Cells(4,7) =40:wb.Cells(5,7) =12:wb.Cells(6,7) =12:wb.Cells(7,7) =8:wb.Cells(8,7) =8:wb.Cells(9,7) =_
20:wb.Cells(10,7) =6:wb.Cells(11,7) =6:wb.Cells(12,7) =6:wb.Cells(13,7) =6:wb.Cells(14,7) =20:wb.Cells(15,7) =_
6:wb.Cells(16,7) =6:wb.Cells(17,7) =4:wb.Cells(18,7) =4:wb.Cells(19,7) =20:wb.Cells(20,7) =5:wb.Cells(21,7) =_
    5:wb.Cells(22,7) =5:wb.Cells(23,7) =5
    ElseIf wa.Cells(15,15) ="国家安全类企业"Then
wb.Cells(4,7) =30:wb.Cells(5,7) =10:wb.Cells(6,7) =10:wb.Cells(7,7) =5:wb.Cells(8,7) =5:_
wb.Cells(9,7) =20:wb.Cells(10,7) =6:wb.Cells(11,7) =6:wb.Cells(12,7) =4:wb.Cells(13,7) =4:_
wb.Cells(14,7) =25:wb.Cells(15,7) =8:wb.Cells(16,7) =8:wb.Cells(17,7) =5:wb.Cells(18,7) =4:_
wb.Cells(19,7) =25:wb.Cells(20,7) =8:wb.Cells(21,7) =8:wb.Cells(22,7) =5:wb.Cells(23,7) =4
    ElseIf wa.Cells(15,15) ="公益类企业"Then
        wb.Cells(4,7) =20:wb.Cells(5,7) =6:wb.Cells(6,7) =6:wb.Cells(7,7) =4:wb.Cells(8,7) =4:_
wb.Cells(9,7) =25:wb.Cells(10,7) =8:wb.Cells(11,7) =8:wb.Cells(12,7) =5:wb.Cells(13,7) =4:_
wb.Cells(14,7) =25:wb.Cells(15,7) =8:wb.Cells(16,7) =8:wb.Cells(17,7) =5:wb.Cells(18,7) =4:_
wb.Cells(19,7) =30:wb.Cells(20,7) =12:wb.Cells(21,7) =10:wb.Cells(22,7) =4:wb.Cells(23,7) =4
    End If
End Sub
```

7.1.1.3 评价指标计算方法

1. 盈利回报指标

(1) 净资产收益率 = 净利润/平均所有者权益×100%

平均净资产 = (年初所有者权益合计 + 年末所有者权益合计)/2

净资产收益率是评价企业自有资本及其积累获取报酬水平的最具综合性与代表性的指标,反映企业资本运营的综合性收益。一般认为,净资产收益率越高,企业自有资本收益的能力越强,运营效益越好,对企业投资人、债权人利益的保障程度越高。

(2) 营业收入利润率 = 营业利润/主营业务收入×100%

营业收入利润率越高,表明企业市场竞争力越强,发展潜力越大,盈利能力越强。

(3) 总资产报酬率 = (利润总额 + 利息支出)/平均资产总额×100%

平均资产总额 = (年初资产总额 + 年末资产总额)/2

一般情况下,该指标越高,表明企业的资产利用效益越好,整个企业获利能力越强,经营管理水平越高。

(4) 盈余现金保障倍数 = 经营活动产生的现金净流量/净利润

通过比较企业净利润和经营现金流,既可以知道企业年度净利润有多少,也可以通过现金流入情况知道净利润是否含有"水分";具体来说,如果企业的净利润高,经营活动产生的现金净流量低,很容易发现企业净利润有"水分",所以盈余现金保障倍数通常用于检查企业净利润的质量。

2. 资产运营指标

(1) 总资产周转率(次)= 主营业务收入/平均资产总额

总资产周转率越高,表明企业全部资产的使用效率越高;反之,如果该指标越低,则说明企业利用全部资产进行交易的效率越差,最终会影响企业获利能力。

(2) 应收账款周转率(次)= 主营业务收入/应收账款平均余额

应收账款平均余额 = [(年初应收账款净额 + 年初应收账款坏账准备)

+（年末应收账款净额+年末应收账款坏账准备）]/2

一般情况下，应收账款周转率越高越好，应收账款周转率高，表明收账迅速，账龄较短；资产流动性强，短期偿债能力强；可以减少坏账损失等。

（3）流动资产周转率（次）=主营业务收入/平均流动资产总额

平均流动资产=（年初流动资产总额+年末流动资产总额）/2

流动资产周转次数越多，表明以相同的流动资产完成的周转额越多，流动资产利用效果越好。

（4）两金占流动资产比重=（应收账款+存货）/流动资产×100%

"两金"压控不仅能加快资金回笼和资金周转，保持经营活动现金流量的持续增长，还能推动企业提质增效，优化资源配置。

3. 风险防控指标

（1）资产负债率=负债总额/资产总额×100%

（2）现金流动负债比率=经营现金净流量/流动负债×100%

现金流动负债比率越大，表明企业经营活动产生的现金净流量越多，越能保障企业按期偿还到期债务。

（3）带息负债比率=（短期借款+一年内流动负债+长期借款+应付债券+应付利息）/负债总额×100%

带息负债比率高说明企业的还债压力大，尤其是偿还利息的压力会很大，国际上公认的带息负债对资本比率的资本安全警戒线为100%。

（4）已获利息倍数=（利润总额+利息支出）/财务费用下利息支出

一般情况下，已获利息倍数越高，企业长期偿债能力越强。国际上通常认为，该指标为3时较为适当，从长期来看至少应大于1。

4. 持续发展指标

（1）研发费用投入强度=本年研发（R&D）经费投入合计/营业总收入

（2）全员劳动生产率（万元/人）=劳动生产总值/本年平均从业人数

劳动生产总值=劳动报酬+固定资产折旧+生产税净额+营业盈余

（3）经济增加值率=经济增加值/调整后资本×100%

经济增加值=税后净营业利润−调整后资本×平均资本成本率（5.5%或4.1%）

税后净营业利润=净利润+（利息支出+研究开发费用调整项）×（1−25%）

调整后资本=平均所有者权益+平均带息负债−平均在建工程

平均资本成本率=债权资本成本率×平均带息负债/（平均带息负债+平均所有者权益）×（1−25%）+股权资本成本率×平均所有者权益/（平均带息负债+平均所有者权益）

债权资本成本率=利息支出总额/平均带息负债

经济增加值是一种评价企业经营者有效使用资本和为股东创造价值的能力，体现企业最终经营目标的经营业绩考核工具。经济增加值为正，表明经营者在为企业创造价值；经济增加值为负，表明经营者在损毁企业价值。

（4）国有资本保值增值率=扣除客观因素后的年末国有资本及权益/年初国有资本及权益×100%

5. 补充资料

（1）营业现金比率＝经营活动产生的现金流量净额/营业收入总额

（2）国有资本回报率＝归属于母公司所有者的净利润/平均归属于母公司所有者权益×100%

$$平均归属于母公司所有者权益 = (年初归属于母公司所有者权益$$
$$+ 年末归属于母公司所有者权益)/2$$

（3）EBITDA（息税折旧摊销前利润）率＝（净利润＋所得税＋利息支出＋固定资产折旧＋无形资产摊销）/主营业务收入×100%

EBITDA剔除摊销和折旧，则是因为摊销中包含的是以前会计期间取得无形资产时支付的成本，而并非投资人更关注的当期的现金支出。而折旧本身是对过去资本支出的间接度量，将折旧从利润计算中剔除后，投资者能更方便地关注对于未来资本支出的估计，而非过去的沉没成本。

（4）百元收入支付的成本费用＝成本费用总额/营业总收入×100%

成本费用总额＝营业成本＋税金及附加＋销售费用＋管理费用＋研发费用＋财务费用

（5）存货周转率（次）＝主营业务成本/存货平均余额

$$存货平均余额 = (年初存货 + 年末存货)/2$$

（6）速动比率＝速动资产/流动负债

（7）利润总额增长率＝本年利润总额增长额/上年利润总额×100%

（8）营业总收入增长率＝本年营业总收入增长额/上年营业总收入×100%

7.1.2 企业绩效评价标准值

企业财务绩效定量评价标准包括国内行业标准和国际行业标准，按照不同行业、不同规模及指标类别，分别测算出优秀值、良好值、平均值、较低值和较差值五个档次。参考依据是国务院国资委编制的《企业绩效评价标准值》，将这些标准值置入企业绩效评价系统中，作为企业开展绩效评价的对标依据。如图7-2所示。

7.1.3 评价计分方法

财务绩效评价计分采用百分制。单项指标计分采用功能系数法，以企业指标实际值对照标准值进行计分。准确理解和把握各项计分方法的内涵是编写企业绩效评价模型代码的关键。

7.1.3.1 计分方法

财务绩效定量评价指标计分是按照功效系数法的计分原理，将评价指标实际值对照行业评价标准值，按照规定的计分公式计算各项指标得分。

$$企业绩效评价得分 = \sum 单项指标得分 + 加分 - 扣分$$
$$本档基础分 = 指标权数 \times 本档标准系数 \times 100$$
$$上档基础分 = 指标权数 \times 上档标准系数 \times 100$$
$$功效系数 = (实际值 - 本档标准值)/(上档标准值 - 本档标准值)$$

本档标准值是指图7-2中上下两档标准值居于较低等级一档，上档标准值是指上下两档标准值居于较高档位标准值。

	A	B	C	D	E	F
1			工业			
2	项目	优秀值	良好值	平均值	较低值	较差值
3	一、盈利回报指标					
4	净资产收益率（%）	13.3	9.4	6.3	0.1	-4.3
5	营业收入利润率（%）	17.5	11.1	6.1	-1.7	-7.9
6	总资产报酬率（%）	7.7	5.3	4.0	0.1	-2.5
7	盈余现金保障倍数	6.0	2.9	1.0	0.2	-1.5
8	二、资产运营指标					
9	总资产周转率（次）	0.9	0.7	0.4	0.2	0.1
10	应收账款周转率（次）	18.0	9.6	5.3	2.3	0.3
11	流动资产周转率（次）	2.0	1.7	1.2	0.6	0.2
12	两金占流动资产比重（%）	14.0	23.1	33.4	47.4	57.7
13	三、风险防控指标					
14	资产负债率（%）	48.0	53.0	58.0	68.0	83.0
15	现金流动负债比率（%）	26.9	15.9	8.5	-3.1	-13.8
16	带息负债比率（%）	30.1	39.9	52.9	65.6	78.7
17	已获利息倍数	8.4	4.7	2.4	0.8	-1.4
18	四、持续发展指标					
19	研发经费投入强度（%）	3.7	2.5	2.0	1.5	0.6
20	全员劳动生产率（万元/人）	69.5	48.9	28.4	17.0	9.4
21	经济增加值率（%）	8.4	3.5	-0.4	-5.1	-8.2
22	国有资本保值增值率（%）	111.1	106.6	103.9	98.0	90.2
23	五、补充指标					
24	营业现金比率（%）	45.5	23.2	5.0	0.0	-5.3
25	国有资本回报率（%）	11.6	8.2	5.5	0.0	-9.4
26	EBITDA率（%）	27.5	17.3	9.3	2.3	-3.5
27	百元收入支付的成本费用（元）	82.3	90.9	96.4	102.6	110.9
28	存货周转率（次）	19.5	12.1	7.3	4.9	3.4
29	速动比率	1.4	1.2	0.8	0.6	0.3
30	利润总额增长率（%）	22.5	12.3	-2.9	-17.5	-27.2
31	营业总收入增长率（%）	22.5	15.6	5.2	-7.4	-17.8

图 7-2 企业绩效评价标准值

标准系数是绩效评价标准的水平参数，优秀、良好、平均、较低、较差五个档位的标准系数分别为 1.0、0.8、0.6、0.4、0.2。

7.1.3.2 特殊规定

（1）单项指标实际值达到优秀值以上，该项指标得满分；处于较差值以下，该项指标得 0 分。

（2）净资产收益率指标分母为负数，该项指标得 0 分。

（3）资产负债率≥100%，指标得 0 分；对永续债规模偏高的企业，经审核认定，按照一定比例视同负债核定资产负债率。

（4）盈余现金保障倍数指标，分子为正数且分母为负数，该指标参照良好值计分；分子分母同为负数的，该项指标得 0 分。

（5）国有资本保值增值率指标，分母为负且分子大于分母的，视同该项指标实际值为 100% 进行加分；分母为负且分子小于分母的，该项指标得 0 分。

（6）对非主业利润占比偏高的企业，特别是制造企业，经审核认定，在核算盈利回报指标时按照一定比率剔除非主业利润。

7.1.4　评价模型表

根据评价指标设定、绩效评价标准值、评价计分等要求，可以根据实际需要设计企业财务绩效评价模型。如图 7－3 所示。

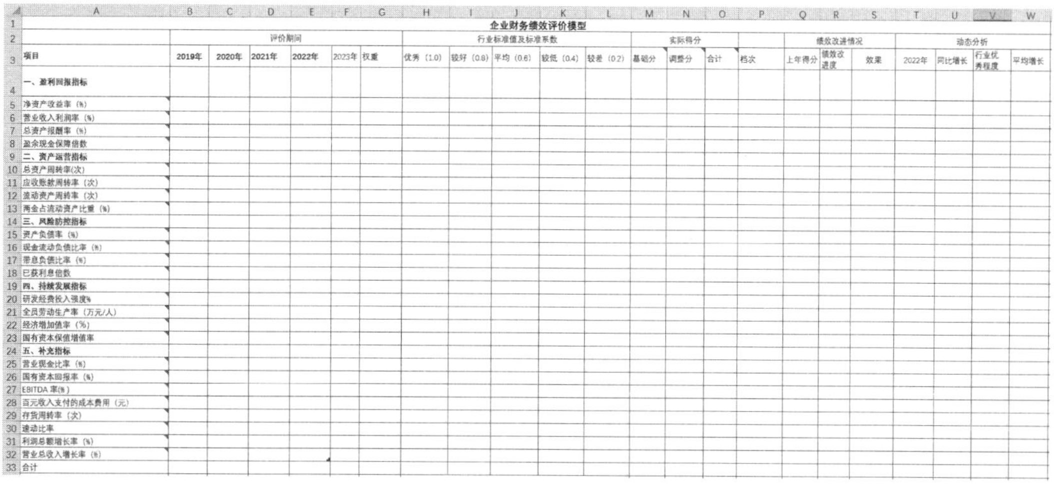

企业财务绩效评价模型																						
	评价期间						行业标准值及标准系数					实际得分				绩效改进情况			动态分析			
项目	2019年	2020年	2021年	2022年	2023年	权重	优秀（1.0）	较好（0.8）	平均（0.6）	较低（0.4）	较差（0.2）	基础分	调整分	合计	档次	上年得分	绩效改进度	效果	2022年	同比增长	行业优秀程度	平均增长
一、盈利回报指标																						
净资产收益率（%）																						
营业收入利润率（%）																						
总资产报酬率（%）																						
盈余现金保障倍数																						
二、资产运营指标																						
总资产周转率(次)																						
应收账款周转率（次）																						
流动资产周转率（次）																						
两金占流动资产比重（%）																						
三、风险防控指标																						
资产负债率（%）																						
现金流动负债比率（%）																						
带息负债比率（%）																						
已获利息倍数																						
四、持续发展指标																						
研发经费投入强度%																						
全员劳动生产率（万元/人）																						
经济增加值率（%）																						
国有资本保值增值率																						
五、补充指标																						
营业现金比率（%）																						
国有资本回报率（%）																						
EBITDA 率(%)																						
百元收入支付的成本费用（元）																						
存货周转率（次）																						
速动比率																						
利润总额增长率（%）																						
营业总收入增长率（%）																						
合计																						

图 7－3　企业财务绩效评价模型

企业财务绩效评价模型表设定六大栏：第一大栏为评价指标，包括反映企业盈利回报、资产运营、风险控制和持续发展四个方面的十六个基本指标和八个补充指标；第二大栏为评价指标值，反映评价期各项指标的实际值及评价权重；第三大栏为行业标准值及标准系数，反映优秀值、良好值、平均值、较低值和较差值五个档次标准系数；第四大栏为实际得分，反映基础分、调整分、实际得分及档次情况；第五大栏为绩效改进情况，反映上年得分、绩效改进度及效果；第六大栏为动态分析，反映评价期各项评价指标同比增长、行业优秀程度、平均增长水平等。

7.1.5　下拉列表

下拉列表是自动导入评价年度绩效评价实际值的按钮，点击可以在企业财务绩效评价模型中自动生成选定年度的“动态分析栏目”中设定的指标。

步骤一：在企业财务绩效评价模型中选择单元格 T3—数据—数据工具—数据验证—设置—允许—序列—来源（＝$B$3：$F$3）。如图 7－4 所示。

步骤二：移动 T3 下拉列表里的年度便可显示出动态评价年考核指标数据。如图 7－5 所示。

7.1.6　基础数据表

企业绩效评价基础数据表是计算财务绩效评价实际指标值的基础，用于从利润表、资产负债表、现金流量表、绩效评价辅助表中导入计算绩效评价实际值所需的相关项目数据，为应用 Excel VBA 编写实际值代码提供架构基础。如图 7－6 所示。

图 7 –4　数据验证

图 7 –5　下拉列表按钮界面

	A	B	C	D	E	F
1	绩效评价基础数据表					
2	编制单位：					
3	项 目	2018年	2019年	2020年	2021年	2022年
4	**一. 资产负债表项目**					
5	资产总计	73.98	84.31	90.27	130.20	116.30
6	流动资产合计	71.64	81.49	87.56	104.70	109.90
7	应收账款	10.96	9.65	7.63	11.24	11.61
8	存货	26.93	33.98	36.87	41.20	39.50
9	固定资产	0.89	0.86	0.93	1.06	1.01
10	在建工程	0.00	0.00	0.00	0.01	
11	负债合计	31.10	36.83	37.49	43.82	46.28
12	流动负债合计	31.10	36.83	37.48	41.57	43.55
13	股东权益合计	42.88	47.47	52.78	66.38	70.02
14	归属于母公司股东权益总计	42.48	46.99	51.99	65.56	69.18
15	实收资本（或股本）	15.00	15.00	15.00	16.80	16.80
16	资本公积	17.46	17.46	17.46	23.97	23.97
17	**二. 利润表项目**					
18	营业总收入	409.10	382.70	337.90	507.60	471.20
19	营业成本	397.90	363.10	323.20	491.90	452.90
20	税金及附加	0.35	0.45	0.51	0.78	0.69
21	销售费用	3.11	3.70	3.54	4.61	4.50
22	管理费用	0.95	1.29	1.15	1.38	1.46
23	研发费用	0.03	0.09	0.05	0.15	0.28
24	财务费用	0.64	0.93	0.92	0.62	0.24
25	其中:利息费用	0.80	1.08	1.11	1.04	0.72
26	营业利润	4.09	5.90	5.58	0.64	8.60
27	利润总额	4.89	6.07	6.29	10.01	9.47
28	减:所得税	1.20	1.57	1.27	2.03	1.80
29	净利润	3.69	4.50	5.02	7.98	7.67
30	归属于母公司股东的净利润	3.62	4.52	5.00	7.94	7.65
31	**三. 现金流量表项目**					
32	经营活动产生的现金流量净额	(0.25)	5.06	5.56	8.15	11.93
33	**四. 补充资料**					
34	带息负债合计	24.57	30.31	31.06	36.74	36.74
35	利息支出总额	0.80	1.06	1.11	1.04	1.04
36	年初应收账款坏账准备	1.00	0.21	0.01	0.37	0.37
37	年末应收账款坏账准备	0.21	0.01	0.37	0.05	0.05
38	年初存货跌价准备	0.10	0.10	0.02	0.30	0.01
39	年末存货跌价准备	0.05	0.20	0.03	0.40	0.01
40	本年研发（R&D）经费投入合计	0.03	0.09	0.05	0.15	0.28
41	劳动生产总值	409.10	382.70	337.90	507.60	471.20
42	本年平均从业人员数	39700.00	39600.00	39800.00	39000.00	39000.00
43	从业人员数	39743.00	39750.00	39733.00	39743.00	39743.00
44	经济增加值	1.35	2.76	2.06	4.10	4.10
45	调整后资本	67.45	74.91	83.47	100.27	100.27
46	年初国有资本及权益总额	21.95	23.85	25.65	27.64	28.64
47	年末国有资本及权益总额	23.85	25.65	27.64	28.64	32.64
48	本年国有资本及权益客观增加额	1.00	3.00	1.00	1.00	0.00
49	本年国有资本及权益客观减少额	1.00	2.00	1.00	1.00	0.00
50	本年计提的固定资产折旧额	0.07	0.07	0.08	0.08	0.09
51	本年计提的无形资产摊销额	0.01	0.03	0.03	0.04	0.04

图 7 –6　企业绩效评价基础数据表

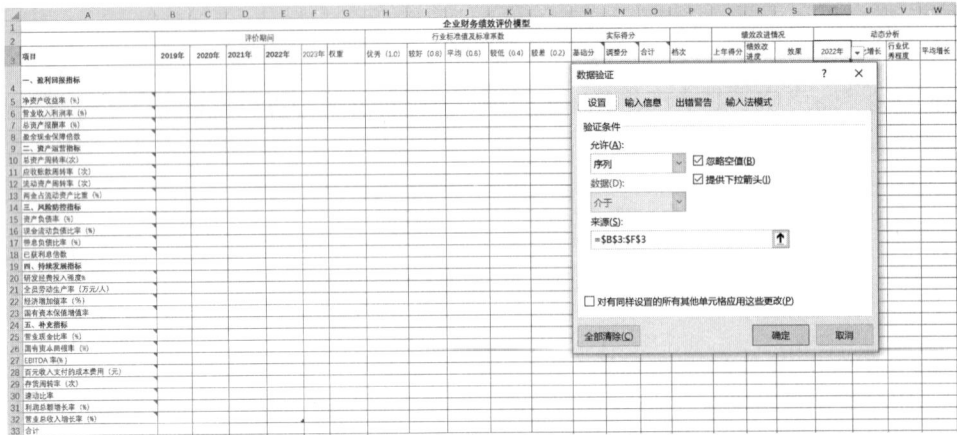

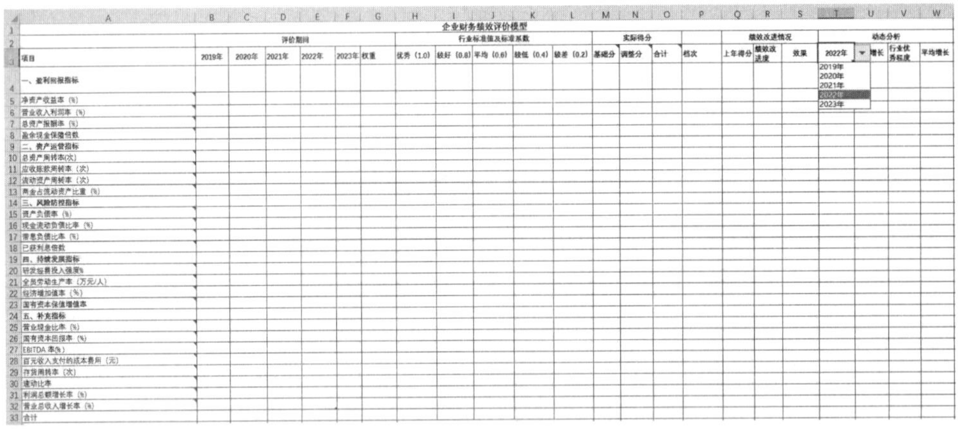

7.2 评价系统

7.2.1 系统视窗

系统视窗是企业绩效评价系统运行的基本操作界面，企业可以根据实际需要设计。基本内容包括企业概况标题、企业名称、企业负责人、企业代码；选择行业、企业类型、从业人员、营业收入、资产总额、企业功能定位、行业类型；基础数据、评价期间实际值、行业标准值、评价指标、调查问卷等。如图 7-7 所示。

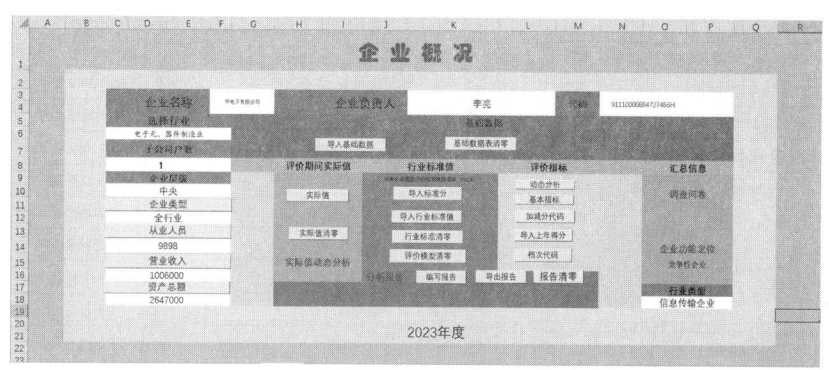

图 7-7 企业进行评价系统界面

7.2.1.1 选择行业列表

行业分类是确定财务绩效评价标准值的基础，是编写导入行业标准代码的基本要素。财务绩效评价标准划分为四个层次上百个明细行业：第一层次为全国国有企业标准值，适应所有企业的评价需要。第二层次为按国民经济部门划分为工业、建筑业、批发和零售业等大门类；第三层次为在部类划分的基础上，按国民经济行业类别划分的如冶金工业、石油工业等中类；第四层次为在行业类别划分的基础上，进一步按国民经济具体产业划分的如煤炭开采、煤炭洗选等小类。

可以通过下拉列表方式设置类别列表，在事先定义好的若干行业中，选择符合要求的行业进行评价。

步骤一：定义产业类别名称。在系统界面工作表 V3：V164 单元格内定义行业类别。如图 7-8 所示。

步骤二：设置下拉列表。点击单元格 C6—数据—数据验证—序列—来源（=$V$3：$V$165）。点击"确定"建立选择行业类别列表框。如图 7-9 所示。

7.2.1.2 企业规模类型

1. 企业分类

根据国家统计局《统计上大中小微型企业划分办法（2017）》，财务绩效评价标准划分为全行业和大型、中型、小型规模标准值，微型企业选择小型规模标准值进行评价。如图 7-10 所示。

	V
67	电气机械及器材制造业
68	电机制造业
69	输配电及控制设备制造业
70	电工器材制造业
71	家用电器制造业
72	照明器具制造业
73	仪器仪表及文化、办公用制造业
74	通用仪器仪表制造业
75	专用仪器仪表制造业
76	钟表制造业
77	(十一)电子工业
78	通信设备制造业
79	广播电视设备制造业
80	电子计算机制造业
81	电子元、器件制造业
82	家用影视设备制造业
83	(十二)电力热力燃气工业
84	电力生产业
85	火力发电业
86	水力发电业
87	电力供应业
88	热力生产和供应业
89	燃气生产和供应业
90	(十三)水生产与供应业
91	(十四)轻工工业
92	采盐业
93	酒和饮料制造业
94	白酒制造业
95	啤酒制造业
96	制革业
97	纺织服装服饰业
98	皮革毛皮羽绒及其制品业
99	家具制造业
100	造纸及纸制品业

	V
101	印刷业记录媒介复制业
102	文教体育用品制造业
103	工艺品及其他制造业
104	(十五)其他工业
105	二、建筑业
106	(一)房屋和土木工程建筑业
107	房屋建筑业
108	土木工程建筑业
109	(二)建筑安装业
110	(三)建筑装饰业
111	三、交通运输仓储及邮政业
112	(一)铁路运输业
113	(二)道路运输业
114	高速公路
115	(三)城市公共交通业
116	公共电汽车客运业
117	轨道交通业
118	(四)水上运输业
119	港口业
120	(五)航空运输业
121	机场
122	(六)仓储业
123	四、信息技术服务业
124	(一)电信业
125	(二)计算机服务与软件业
126	五、批发与零售贸易业
127	(一)商业贸易
128	食品、饮料及烟草制品批发与零售
129	纺织、服装及日用品批发与零售
130	文化、体育用品及器材批发与零售
131	医药及医疗器ot发与零售
132	综合零售

	V
133	(二)物资贸易
134	矿产品、建材及化工产品批发
135	机械设备、五金及电子产品批发
136	汽车、摩托车、燃料及零配件专门零售
137	(三)粮食业
138	粮油批发与零售
139	粮油仓储
140	六、住宿和餐饮业
141	(一)住宿
142	(二)餐饮业
143	七、房地产业
144	(一)房地产开发业
145	(二)物业管理
146	八、社会服务业
147	(一)信息咨询服务业
148	(二)公共设施管理业
149	(三)科研设计企业
150	工程管理服务业
151	(四)大旅游
152	(五)投资公司
153	(六)地质勘查业
154	(七)人力资源服务
155	(八)汽车修理与维护服务业
156	九、传播与文化业
157	(一)出版业
158	(二)广播电影电视业
159	(三)文化艺术业
160	十、农林牧渔业
161	(一)农业
162	(二)林业
163	(三)畜牧业
164	(四)渔业

图7-8 定义产业类别

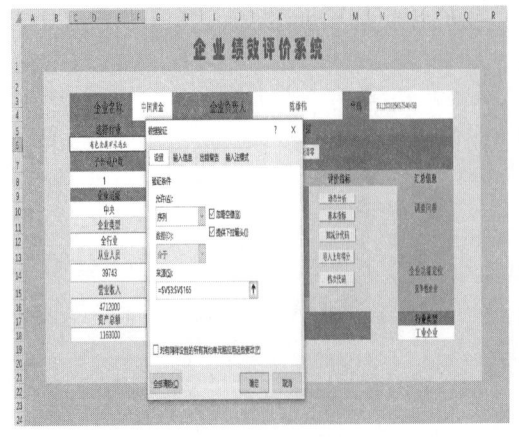
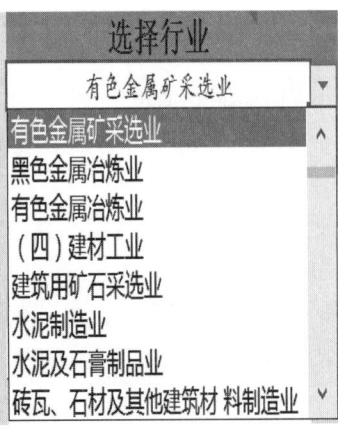

图7-9 选择行业类别列表

	A	B	C	D	E	F	G
1			统计上大中小微型企业划分标准				
2	行业名称	指标名称	计量单位	大型	中型	小型	微型
3	农、林、牧、渔业	营业收入(Y)	万元	Y≥20000	500≤Y<20000	50≤Y<500	Y<50
4	工业*	从业人员(X)	人	X≥1000	300≤X<1000	20≤X<300	X<20
5		营业收入(Y)	万元	Y≥40000	2000≤Y<40000	300≤Y<2000	Y<300
6	建筑业	营业收入(Y)	万元	Y≥80000	6000≤Y<80000	300≤Y<6000	Y<300
7		资产总额(Z)	万元	Z≥80000	5000≤Z<80000	300≤Z<5000	Z<300
8	批发业	从业人员(X)	人	X≥200	20≤X<200	5≤X<20	X<5
9		营业收入(Y)	万元	Y≥40000	5000≤Y<40000	1000≤Y<5000	Y<1000
10	零售业	从业人员(X)	人	X≥300	50≤X<300	10≤X<50	X<10
11		营业收入(Y)	万元	Y≥20000	500≤Y<20000	100≤Y<500	Y<100
12	交通运输业*	从业人员(X)	人	X≥1000	300≤X<1000	20≤X<300	X<20
13		营业收入(Y)	万元	Y≥30000	3000≤Y<30000	200≤Y<3000	Y<200
14	仓储业*	从业人员(X)	人	X≥200	100≤X<200	20≤X<100	X<20
15		营业收入(Y)	万元	Y≥30000	1000≤Y<30000	100≤Y<1000	Y<100
16	邮政业	从业人员(X)	人	X≥1000	300≤X<1000	20≤X<300	X<20
17		营业收入(Y)	万元	Y≥30000	2000≤Y<30000	100≤Y<2000	Y<100
18	住宿业	从业人员(X)	人	X≥300	100≤X<300	10≤X<100	X<10
19		营业收入(Y)	万元	Y≥10000	2000≤Y<10000	100≤Y<2000	Y<100
20	餐饮业	从业人员(X)	人	X≥300	100≤X<300	10≤X<100	X<10
21		营业收入(Y)	万元	Y≥10000	2000≤Y<10000	100≤Y<2000	Y<100
22	信息传输业*	从业人员(X)	人	X≥2000	100≤X<2000	10≤X<100	X<10
23		营业收入(Y)	万元	Y≥100000	1000≤Y<100000	100≤Y<1000	Y<100
24	软件和信息技术服务业	从业人员(X)	人	X≥300	100≤X<300	10≤X<100	X<10
25		营业收入(Y)	万元	Y≥10000	1000≤Y<10000	50≤Y<1000	Y<50
26	房地产开发经营	营业收入(Y)	万元	Y≥200000	1000≤Y<200000	100≤Y<1000	Y<100
27		资产总额(Z)	万元	Z≥10000	5000≤Z<10000	2000≤Z<5000	Z<2000
28	物业管理	从业人员(X)	人	X≥1000	300≤X<1000	100≤X<300	X<100
29		营业收入(Y)	万元	Y≥5000	1000≤Y<5000	500≤Y<1000	Y<500
30	租赁和商务服务业	从业人员(X)	人	X≥300	100≤X<300	10≤X<100	X<10
31		资产总额(Z)	万元	Z≥120000	8000≤Z<120000	100≤Z<8000	Z<100
32	其他未列明行业*	从业人员(X)	人	X≥300	100≤X<300	10≤X<100	X<10

图 7-10 统计上大中小微企业划分标准

大型、中型和小型企业须同时满足所列指标的下限，否则下划一档；微型企业只须满足所列指标中的一项即可；附表中各行业的范围以《国民经济行业分类》（GB/T4754—2017）为准。带 * 的项为行业组合类别，其中，工业包括采矿业，制造业，电力、热力、燃气及水生产和供应业；交通运输业包括道路运输业，水上运输业，航空运输业，管道运输业，多式联运和运输代理业、装卸搬运，不包括铁路运输业；仓储业包括通用仓储，低温仓储，危险品仓储，谷物、棉花等农产品仓储，中药材仓储和其他仓储业；信息传输业包括电信、广播电视和卫星传输服务，互联网和相关服务；其他未列明行业包括科学研究和技术服务业，水利、环境和公共设施管理业，居民服务、修理和其他服务业，社会工作，文化、体育和娱乐业，以及房地产中介服务，其他房地产业等，不包括自有房地产经营活动。企业划分指标以现行统计制度为准。(1) 从业人员，是指期末从业人员数，没有期末从业人员数的，采用全年平均人员数代替。(2) 营业收入，工业、建筑业、限额以上批发和零售业、限额以上住宿和餐饮业以及其他设置主营业务收入指标的行业，采用主营业务收入；限额以下批发与零售业企业采用商品销售额代替；限额以下住宿与餐饮业企业采用营业额代替；农、林、牧、渔业企业采用营业总收入代替；其他未设置主营业务收入的行业，采用营业收入指标。(3) 资产总额，采用资产总计代替。

2. 行业名称窗口

从图 7-10 可以看出，大型、中型、小型企业规模是按营业收入、从业人员、资产总额划分的，工业、建筑业等不同行业指标的上下限不尽相同。要确定企业规模首先应当确定企业所处的行业类型，设置行业名称窗口是编写行业规模类型的基本要素。

步骤一：定义行业类型名称。在系统界面工作表 T8：T26 单元格内定义行业类型。如图

7-11所示。

	T
8	工业企业
9	建筑业企业
10	批发业企业
11	零售业企业
12	交通运输业企业
13	邮政业企业
14	住宿和餐馆业企业
15	农林牧渔企业
16	仓储企业
17	房地产企业
18	金融企业
19	地质勘查和水利环境管理企业
20	文体、娱乐企业
21	信息传输企业
22	计算机服务及软件企业
23	租赁企业
24	商务及科技服务企业
25	居民服务企业
26	其他企业

图7-11 行业类型名称

步骤二：设置下拉列表。点击单元格018—数据—数据验证—序列—来源（=$T$8：$T$26）。点击"确定"建立选择行业类型列表框。如图7-12所示。

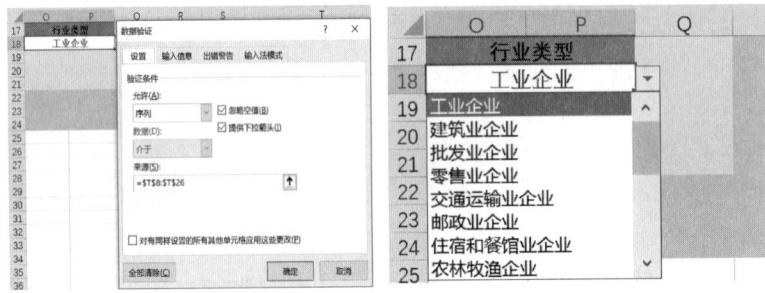

图7-12 行业类型窗口

3. 企业类型窗口

企业类型窗口包括选择行业、子公司户数、企业层级、企业规模类型、从业人员、营业收入、资产总额。企业类型窗口指标是编写导入标准值和确定企业规模类型的基本要素。如图7-13所示。

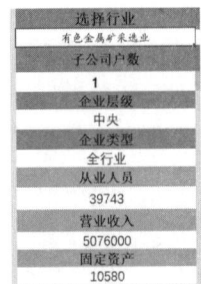

图7-13 企业类型窗口

7.2.2 界面数据读取

7.2.2.1 导入从业人员代码

从业人员是系统视窗的项目，将从业人员数从基础数据表导入系统视窗工作表单元格是编写企业规模类型代码的基本要素。参考代码如下所示：

第 7 章　企业财务绩效评价

成功之钥匙

代码含义：

```
Option Explicit
Sub 导入从业人员数据()
    Dim wa As Worksheet,wb As Worksheet,wc As Worksheet
    Set wa=Worksheets("企业概况")
    Set wb=Worksheets("基础数据表")
    Set wc=Worksheets("财务绩效评价模型表")
      If wb.Cells(3,2)=wc.Cells(3,20)Then
        wa.Cells(14,4)=wb.Cells(43,2)
      ElseIf wb.Cells(3,3)=wc.Cells(3,20)Then
        wa.Cells(14,4)=wb.Cells(43,3)
      ElseIf wb.Cells(3,4)=wc.Cells(3,20)Then
        wa.Cells(14,4)=wb.Cells(43,4)
      ElseIf wb.Cells(3,5)=wc.Cells(3,20)Then
        wa.Cells(14,4)=wb.Cells(43,5)
      ElseIf wb.Cells(3,6)=wc.Cells(3,20)Then
        wa.Cells(14,4)=wb.Cells(43,6)
      End If
End Sub
```

7.2.2.2　导入销售额代码

销售额是系统视窗的项目，将销售额从基础数据表导入系统视窗工作表单元格是编写企业规模类型代码的基本要素。参考代码如下所示：

成功之钥匙

代码含义：

```
Sub 导入销售额数据()
    Dim wa As Worksheet,wb As Worksheet,wc As Worksheet
    Set wa=Worksheets("企业概况")
    Set wb=Worksheets("基础数据表")
    Set wc=Worksheets("财务绩效评价模型表")
      If wb.Cells(3,2)=wc.Cells(3,20)Then
        wa.Cells(16,4)=wb.Cells(18,2)*10000
      ElseIf wb.Cells(3,3)=wc.Cells(3,20)Then
        wa.Cells(16,4)=wb.Cells(18,3)*10000
      ElseIf wb.Cells(3,4)=wc.Cells(3,20)Then
        wa.Cells(16,4)=wb.Cells(18,4)*10000
      ElseIf wb.Cells(3,5)=wc.Cells(3,20)Then
        wa.Cells(16,4)=wb.Cells(18,5)*10000
      ElseIf wb.Cells(3,6)=wc.Cells(3,20)Then
        wa.Cells(16,4)=wb.Cells(18,6)*10000
      End If
End Sub
```

7.2.2.3　导入资产总额代码

资产总额是系统视窗的项目，将资产总额从基础数据表导入系统视窗工作表单元格是编写企业规模类型代码的基本要素。参考代码如下所示：

成功之钥匙

代码含义：

```
Sub 导入资产额数据()
    Dim wa As Worksheet,wb As Worksheet,wc As Worksheet
    Set wa=Worksheets("企业概况")
    Set wb=Worksheets("基础数据表")
    Set wc=Worksheets("财务绩效评价模型表")
      If wb.Cells(3,2)=wc.Cells(3,20)Then
        wa.Cells(18,4)=wb.Cells(5,2)*10000
```

```
        ElseIf wb.Cells(3,3)=wc.Cells(3,20)Then
            wa.Cells(18,4)=wb.Cells(5,3)* 10000
        ElseIf wb.Cells(3,4)=wc.Cells(3,20)Then
            wa.Cells(18,4)=wb.Cells(5,4)* 10000
        ElseIf wb.Cells(3,5)=wc.Cells(3,20)Then
            wa.Cells(18,4)=wb.Cells(5,5)* 10000
        ElseIf wb.Cells(3,6)=wc.Cells(3,20)Then
            wa.Cells(18,4)=wb.Cells(5,6)* 10000
        End If
End Sub
```

7.2.2.4 企业规模类型代码

根据从业人员、销售额、资产总额，参照《统计上大中小微企业划分标准》编写的企业规模类型参考代码如下所示：

成功之钥匙

代码含义：

```
Option Explicit
Sub 确定企业规模类型()
    Dim w As Worksheet
    Set w=Worksheets("企业概况")
    If w.Cells(18,15)="工业企业"Then
        If w.Cells(8,4)>0 Then
            w.Cells(12,4)="全行业"
        ElseIf w.Cells(14,4)>=2000 And w.Cells(16,4)>=30000 And w.Cells(18,4)>=40000 Then
            w.Cells(12,4)="大型企业"
        ElseIf w.Cells(14,4)>=300 And w.Cells(14,4)<2000 And w.Cells(16,4)>=3000 And w.Cells(16,4)<30000 And_
            w.Cells(18,4)>=4000 And w.Cells(18,4)<40000 Then
            w.Cells(12,4)="中型企业"
            ElseIf w.Cells(14,4)<300 And w.Cells(16,4)<3000 And w.Cells(18,4)<4000 Then
            w.Cells(12,4)="小型企业"
            Else
            w.Cells(12,4)="微型企业"
            End If
        ElseIf w.Cells(18,15)="建筑业企业"Then
            If w.Cells(8,4)>0 Then
                w.Cells(12,4)="全行业"
        ElseIf w.Cells(14,4)>=3000 And w.Cells(16,4)>=30000 And w.Cells(18,4)>=40000 Then
            w.Cells(12,4)="大型企业"
        ElseIf w.Cells(14,4)>=600 And w.Cells(14,4)<3000 And w.Cells(16,4)>=3000 And w.Cells(16,4)<30000 And_
            w.Cells(18,4)>=4000 And w.Cells(18,4)<40000 Then
            w.Cells(12,4)="中型企业"
            ElseIf w.Cells(14,4)<600 And w.Cells(16,4)<3000 And w.Cells(18,4)<4000 Then
            w.Cells(12,4)="小型企业"
            Else
            w.Cells(12,4)="微型企业"
            End If
        ElseIf w.Cells(18,15)="批发业企业"Then
            If w.Cells(8,4)>0 Then
                w.Cells(12,4)="全行业"
            ElseIf w.Cells(14,4)>=200 And w.Cells(16,4)>=30000 Then
                w.Cells(12,4)="大型企业"
        ElseIf w.Cells(14,4)>=100 And w.Cells(14,4)<200 And w.Cells(16,4)>=3000 And w.Cells(16,4)<30000 Then
            w.Cells(12,4)="中型企业"
            ElseIf w.Cells(14,4)<100 And w.Cells(16,4)<3000 Then
            w.Cells(12,4)="小型企业"
            Else
            w.Cells(12,4)="微型企业"
            End If
        ElseIf w.Cells(18,15)="零售业企业"Then
            If w.Cells(8,4)>0 Then
                w.Cells(12,4)="全行业"
            ElseIf w.Cells(14,4)>=500 And w.Cells(16,4)>=15000 Then
                w.Cells(12,4)="大型企业"
        ElseIf w.Cells(14,4)>=100 And w.Cells(14,4)<500 And w.Cells(16,4)>=1000 And w.Cells(16,4)<15000 Then
```

```
                w.Cells(12,4) = "中型企业"
            ElseIf w.Cells(14,4) <100 And w.Cells(16,4) <1000 Then
                w.Cells(12,4) = "小型企业"
            Else
                w.Cells(12,4) = "微型企业"
            End If
        ElseIf w.Cells(18,15) = "交通运输业企业" Then
            If w.Cells(8,4) >0 Then
                w.Cells(12,4) = "全行业"
            ElseIf w.Cells(14,4) > =3000 And w.Cells(16,4) > =30000 Then
                w.Cells(12,4) = "大型企业"
            ElseIf w.Cells(14,4) > =500 And w.Cells(14,4) <3000 And w.Cells(16,4) > =3000 And w.Cells(16,4) <30000 Then
                w.Cells(12,4) = "中型企业"
            ElseIf w.Cells(14,4) <500 And w.Cells(16,4) <3000 Then
                w.Cells(12,4) = "小型企业"
            Else
                w.Cells(12,4) = "微型企业"
            End If
        ElseIf w.Cells(18,15) = "邮政业企业" Then
            If w.Cells(8,4) >0 Then
                w.Cells(12,4) = "全行业"
            ElseIf w.Cells(14,4) > =1000 And w.Cells(16,4) > =30000 Then
                w.Cells(12,4) = "大型企业"
            ElseIf w.Cells(14,4) > =400 And w.Cells(14,4) <1000 And w.Cells(16,4) > =3000 And w.Cells(16,4) <30000 Then
                w.Cells(12,4) = "中型企业"
            ElseIf w.Cells(14,4) <400 And w.Cells(16,4) <3000 Then
                w.Cells(12,4) = "小型企业"
            Else
                w.Cells(12,4) = "微型企业"
            End If
        ElseIf w.Cells(18,15) = "住宿和餐馆业企业" Then
            If w.Cells(8,4) >0 Then
                w.Cells(12,4) = "全行业"
            ElseIf w.Cells(14,4) > =800 And w.Cells(16,4) > =15000 Then
                w.Cells(12,4) = "大型企业"
            ElseIf w.Cells(14,4) > =400 And w.Cells(14,4) <800 And w.Cells(16,4) > =3000 And w.Cells(16,4) <15000 Then
                w.Cells(12,4) = "中型企业"
            ElseIf w.Cells(14,4) <400 And w.Cells(16,4) <3000 Then
                w.Cells(12,4) = "小型企业"
            Else
                w.Cells(12,4) = "微型企业"
            End If
        ElseIf w.Cells(18,15) = "农林牧渔企业" Then
            If w.Cells(8,4) >0 Then
                w.Cells(12,4) = "全行业"
            ElseIf w.Cells(14,4) > =3000 And w.Cells(16,4) > =15000 Then
                w.Cells(12,4) = "大型企业"
            ElseIf w.Cells(14,4) > =500 And w.Cells(14,4) <3000 And w.Cells(16,4) > =1000 And w.Cells(16,4) <15000 Then
                w.Cells(12,4) = "中型企业"
            ElseIf w.Cells(14,4) <500 And w.Cells(16,4) <1000 Then
                w.Cells(12,4) = "小型企业"
            Else
                w.Cells(12,4) = "微型企业"
            End If
        ElseIf w.Cells(18,15) = "仓储企业" Then
            If w.Cells(8,4) >0 Then
                w.Cells(12,4) = "全行业"
            ElseIf w.Cells(14,4) > =500 And w.Cells(16,4) > =15000 Then
                w.Cells(12,4) = "大型企业"
            ElseIf w.Cells(14,4) > =100 And w.Cells(14,4) <500 And w.Cells(16,4) > =1000 And w.Cells(16,4) <15000 Then
                w.Cells(12,4) = "中型企业"
            ElseIf w.Cells(14,4) <100 And w.Cells(16,4) <1000 Then
                w.Cells(12,4) = "小型企业"
            Else
                w.Cells(12,4) = "微型企业"
            End If
        ElseIf w.Cells(18,15) = "房地产企业" Then
            If w.Cells(8,4) >0 Then
```

```vba
                    w.Cells(12,4) = "全行业"
                ElseIf w.Cells(14,4) >=200 And w.Cells(16,4) >=15000 Then
                    w.Cells(12,4) = "大型企业"
                ElseIf w.Cells(14,4) >=100 And w.Cells(14,4) <100 And w.Cells(16,4) >=1000 And w.Cells(16,4) <15000 Then
                    w.Cells(12,4) = "中型企业"
                ElseIf w.Cells(14,4) <100 And w.Cells(16,4) <1000 Then
                    w.Cells(12,4) = "小型企业"
                Else
                    w.Cells(12,4) = "微型企业"
                End If
            ElseIf w.Cells(18,15) = "金融企业" Then
                If w.Cells(8,4) >0 Then
                    w.Cells(12,4) = "全行业"
                ElseIf w.Cells(14,4) >=500 And w.Cells(18,4) >=50000 Then
                    w.Cells(12,4) = "大型企业"
                ElseIf w.Cells(14,4) >=100 And w.Cells(14,4) <500 And w.Cells(18,4) >=5000 And w.Cells(18,4) <50000 Then
                    w.Cells(12,4) = "中型企业"
                ElseIf w.Cells(14,4) <100 And w.Cells(18,4) <5000 Then
                    w.Cells(12,4) = "小型企业"
                Else
                    w.Cells(12,4) = "微型企业"
                End If
            ElseIf w.Cells(18,15) = "地质勘查和水利环境管理企业" Then
                If w.Cells(8,4) >0 Then
                    w.Cells(12,4) = "全行业"
                ElseIf w.Cells(14,4) >=2000 And w.Cells(18,4) >=20000 Then
                    w.Cells(12,4) = "大型企业"
                ElseIf w.Cells(14,4) >=600 And w.Cells(14,4) <2000 And w.Cells(18,4) >=5000 And w.Cells(18,4) <50000 Then
                    w.Cells(12,4) = "中型企业"
                ElseIf w.Cells(14,4) <600 And w.Cells(18,4) <2000 Then
                    w.Cells(12,4) = "小型企业"
                Else
                    w.Cells(12,4) = "微型企业"
                End If
            ElseIf w.Cells(18,15) = "文体、娱乐企业" Then
                If w.Cells(8,4) >0 Then
                    w.Cells(12,4) = "全行业"
                ElseIf w.Cells(14,4) >=600 And w.Cells(16,4) >=15000 Then
                    w.Cells(12,4) = "大型企业"
                ElseIf w.Cells(14,4) >=200 And w.Cells(14,4) <600 And w.Cells(16,4) >=3000 And w.Cells(16,4) <15000 Then
                    w.Cells(12,4) = "中型企业"
                ElseIf w.Cells(14,4) <200 And w.Cells(16,4) <3000 Then
                    w.Cells(12,4) = "小型企业"
                Else
                    w.Cells(12,4) = "微型企业"
                End If
            ElseIf w.Cells(18,15) = "信息传输企业" Then
                If w.Cells(8,4) >0 Then
                    w.Cells(12,4) = "全行业"
                ElseIf w.Cells(14,4) >=400 And w.Cells(16,4) >=30000 Then
                    w.Cells(12,4) = "大型企业"
                ElseIf w.Cells(14,4) >=100 And w.Cells(14,4) <400 And w.Cells(16,4) >=3000 And w.Cells(16,4) <30000 Then
                    w.Cells(12,4) = "中型企业"
                ElseIf w.Cells(14,4) <100 And w.Cells(16,4) <3000 Then
                    w.Cells(12,4) = "小型企业"
                Else
                    w.Cells(12,4) = "微型企业"
                End If
            ElseIf w.Cells(18,15) = "计算机服务及软件企业" Then
                If w.Cells(8,4) >0 Then
                    w.Cells(12,4) = "全行业"
                ElseIf w.Cells(14,4) >=300 And w.Cells(16,4) >=30000 Then
                    w.Cells(12,4) = "大型企业"
                ElseIf w.Cells(14,4) >=100 And w.Cells(14,4) <300 And w.Cells(16,4) >=3000 And w.Cells(16,4) <30000 Then
                    w.Cells(12,4) = "中型企业"
                ElseIf w.Cells(14,4) <100 And w.Cells(16,4) <3000 Then
                    w.Cells(12,4) = "小型企业"
                Else
```

```
                w.Cells(12,4)="微型企业"
            End If
        ElseIf w.Cells(18,15)="租赁企业"Then
            If w.Cells(8,4)>0 Then
                w.Cells(12,4)="全行业"
            ElseIf w.Cells(14,4)>=300 And w.Cells(16,4)>=15000 Then
                w.Cells(12,4)="大型企业"
            ElseIf w.Cells(14,4)>=100 And w.Cells(14,4)<300 And w.Cells(16,4)>=1000 And w.Cells(16,4)<15000 Then
                w.Cells(12,4)="中型企业"
            ElseIf w.Cells(14,4)<100 And w.Cells(16,4)<1000 Then
                w.Cells(12,4)="小型企业"
            Else
                w.Cells(12,4)="微型企业"
            End If
        ElseIf w.Cells(18,15)="商务及科技服务企业"Then
            If w.Cells(8,4)>0 Then
                w.Cells(12,4)="全行业"
            ElseIf w.Cells(14,4)>=400 And w.Cells(16,4)>=15000 Then
                w.Cells(12,4)="大型企业"
            ElseIf w.Cells(14,4)>=100 And w.Cells(14,4)<400 And w.Cells(16,4)>=1000 And w.Cells(16,4)<15000 Then
                w.Cells(12,4)="中型企业"
            ElseIf w.Cells(14,4)<100 And w.Cells(16,4)<1000 Then
                w.Cells(12,4)="小型企业"
            Else
                w.Cells(12,4)="微型企业"
            End If
        ElseIf w.Cells(18,15)="居民服务企业"Then
            If w.Cells(8,4)>0 Then
                w.Cells(12,4)="全行业"
            ElseIf w.Cells(14,4)>=800 And w.Cells(16,4)>=15000 Then
                w.Cells(12,4)="大型企业"
            ElseIf w.Cells(14,4)>=200 And w.Cells(14,4)<800 And w.Cells(16,4)>=1000 And w.Cells(16,4)<15000 Then
                w.Cells(12,4)="中型企业"
            ElseIf w.Cells(14,4)<200 And w.Cells(16,4)<1000 Then
                w.Cells(12,4)="小型企业"
            Else
                w.Cells(12,4)="微型企业"
            End If
        ElseIf w.Cells(18,15)="其他企业"Then
            If w.Cells(8,4)>0 Then
                w.Cells(12,4)="全行业"
            ElseIf w.Cells(14,4)>=100 And w.Cells(16,4)>=500 Then
                w.Cells(12,4)="大型企业"
            ElseIf w.Cells(14,4)>=200 And w.Cells(14,4)<1000 And w.Cells(16,4)>=1000 And w.Cells(16,4)<15000 Then
                w.Cells(12,4)="中型企业"
            ElseIf w.Cells(14,4)<100 And w.Cells(16,4)<1000 Then
                w.Cells(12,4)="小型企业"
            Else
                w.Cells(12,4)="微型企业"
            End If
        End If
End Sub
```

7.2.3 文件夹

文件夹是进行绩效评价的数据库,将评价过程中获取的基本数据存放到统一的文件夹中是应用绩效评价系统的基础。

7.2.3.1 母文件夹

母文件夹是绩效评价系统的总文件夹,是评价系统数据库的总载体,包括财务报告文件夹、财务绩效评价辅助表文件夹、企业绩效评价标准值文件夹、企业绩效评价模型工作簿。如图7-14所示。

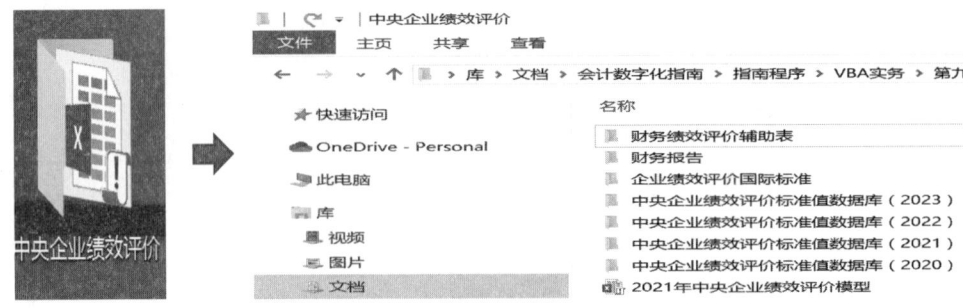

图 7-14 企业绩效评价文件夹

7.2.3.2 财务报告文件夹

财务报告文件夹属于子文件夹，包括评价期间各年度现金流量表、利润表、资产负债表三个工作表。如图 7-15 所示。

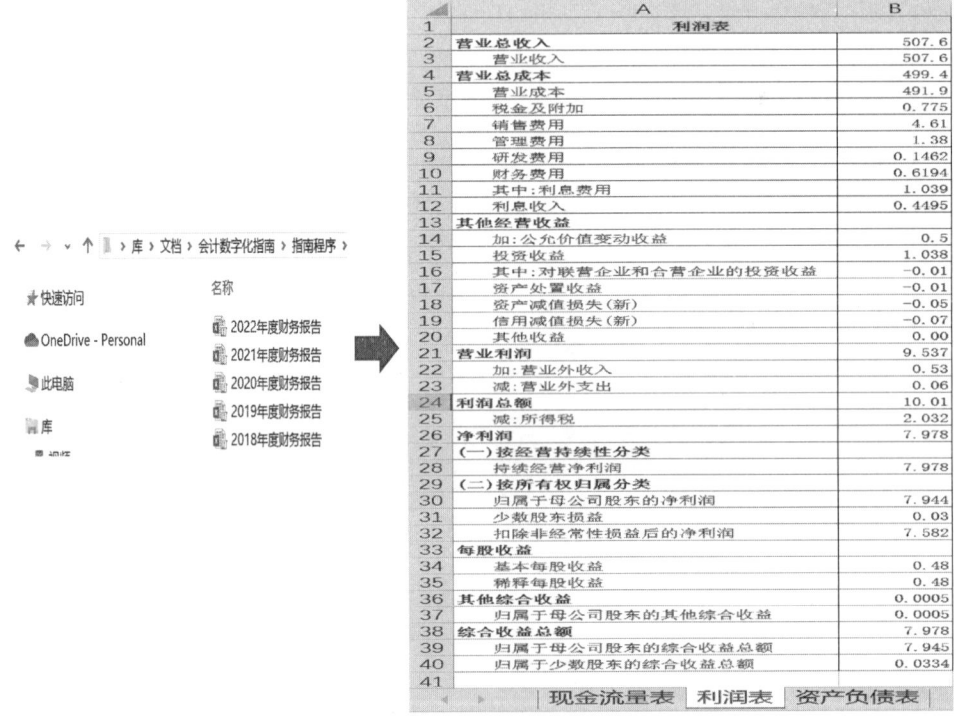

图 7-15 财务报告文件夹

7.2.3.3 辅助表文件夹

辅助表文件夹属于子文件夹，包括各年度辅助表工作簿。辅助表工作簿包括国有资本权益变动情况表、基本情况表、人力资源情况表、带息负债情况表、成本费用情况表、经营业绩完成考核情况表、资产减值情况表。如图 7-16 所示。

7.2.3.4 标准值文件夹

企业绩效评价标准值文件夹属于子文件夹，包括行业绩效评价标准值文件夹、行业类别工作簿、企业类型工作簿。企业类型工作簿包括全行业、大型企业、中型企业、小型企业四个工作表。如图 7-17 所示。

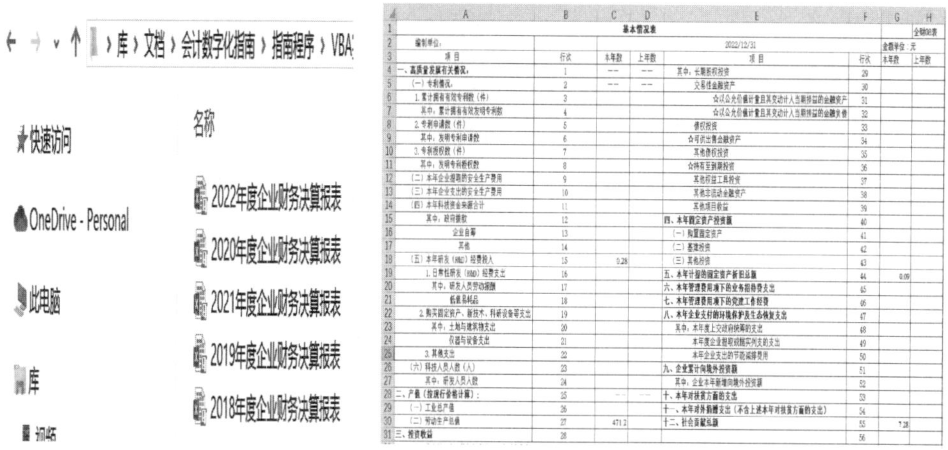

	A	B	C	D	E	F	G	H
1	基本情况表							企财08表
2	编制单位：		2022/12/31				金额单位：元	
3	项　目	行次	本年数	上年数	项　目	行次	本年数	上年数
4	一、高质量发展有关情况：	1	——	——	其中：长期股权投资	29		
5	（一）专利情况：	2	——	——	交易性金融资产	30		
6	1. 累计拥有有效专利数（件）	3			☆以公允价值计量且其变动计入当期损益的金融资产	31		
7	其中：累计拥有有效发明专利数	4			☆以公允价值计量且其变动计入当期损益的金融负债	32		
8	2. 专利申请数（件）	5			债权投资	33		
9	其中：发明专利申请数	6			☆可供出售金融资产	34		
10	3. 专利授权数（件）	7			其他债权投资	35		
11	其中：发明专利授权数	8			☆持有至到期投资	36		
12	（二）本年企业提取的安全生产费用	9			其他权益工具投资	37		
13	（三）本年企业支出的安全生产费用	10			其他非流动金融资产	38		
14	（四）本年科技资金来源合计	11			其他项目收益	39		
15	其中：政府拨款	12			四、本年固定资产投资额	40		
16	企业自筹	13			（一）购置固定资产	41		
17	其他	14			（二）基建投资	42		
18	（五）本年研发（R&D）经费投入	15	0.28		（三）其他投资	43		
19	1. 日常性研发（R&D）经费支出	16			五、本年计提的固定资产折旧总额	44	0.09	
20	其中：研发人员劳动报酬	17			六、本年管理费用项下的业务招待费支出	45		
21	低值易耗品	18			七、本年管理费用项下的党建工作经费	46		
22	2. 购买固定资产、新技术、科研设备等支出	19			八、本年企业支付的环境保护及生态恢复支出	47		
23	其中：土地与建筑物支出	20			其中：本年度上交政府统筹的支出	48		
24	仪器与设备支出	21			本年度企业提取或据实列支的支出	49		
25	3. 其他支出	22			本年企业支出的节能减排费用	50		
26	（六）科技人员人数（人）	23			九、企业累计向境外投资额	51		
27	其中：研发人员人数	24			其中：企业本年新增向境外投资额	52		
28	二、产值（按现行价格计算）：	25	——	——	十、本年对扶贫方面的支出	53		
29	（一）工业总产值	26			十一、本年对外捐赠支出（不含上述本年对扶贫方面的支出）	54		
30	（二）劳动生产总值	27	471.2		十二、社会贡献总额	55	7.28	
31	三、投资收益	28				56		

图 7－16　辅助表文件夹

	A	B	C	D	E	F
1	范围：全行业	有色金属矿采选业（2020年）				
2	项　目	优秀值	良好值	平均值	较低值	较差值
3	一、盈利能力状况					
4	净资产收益率（%）	13.9	8.9	3.1	-1.7	-8.6
5	总资产报酬率（%）	10.3	7.1	2.1	-1.9	-7.4
6	销售（营业）利润率（%）	12.9	7.7	2.6	-5.6	-13.3
7	盈余现金保障倍数	10.4	4.5	1.2	0.6	-3.2
8	成本费用利润率（%）	18.1	12.5	3.2	-3.7	-12
9	资本收益率（%）	15	9.8	4.1	-2. 1	-8. 9
10	二、资产质量状况					
11	总资产周转率（次）	2.4	1.6	0.8	0.3	0.2
12	应收账款周转率（次）	28	19.7	11.6	5.9	1.7
13	不良资产比率（%）	0.1	0.5	2.8	6.9	10.5
14	流动资产周转率（次）	2.9	2.1	1.2	0.6	0.3
15	资产现金回收率（%）	15.9	9	2.5	-2.5	-8.4
16	三、债务风险状况					
17	资产负债率（%）	48.6	53.6	58.6	68.6	83.6
18	已获利息倍数	5.7	3.6	2.2	0.6	-2.4
19	速动比率（%）	126	97.8	77.9	67	48.4
20	现金流动负债比率（%）	22.7	15	6.2	-1. 1	-7. 5
21	带息负债比率（%）	41.9	50	58.6	72.6	84.2
22	或有负债比率（%）	2.3	3	4.6	8.6	13.3
23	四、经营增长状况					
24	销售（营业）增长率（%）	22.3	17.2	4.9	-2.1	-9. 7
25	资本保值增值率（%）	114.8	109.2	103.8	97.8	92.2
26	销售（营业）利润增长率（%）	19.9	14.5	4	-3.1	-9.9
27	总资产增长率（%）	13.2	9.1	4.5	-1.5	-7.9
28	技术投入比率（%）	1.6	1.3	1.2	0.8	0.5
29	五、补充资料					
30	存货周转率（次）	15.8	10.3	5.4	3.3	1.3
31	两金占流动资产比重（%）	7.5	17.9	24.9	34.1	42.9
32	成本费用占营业总收入比重（%）	82.3	89.2	95.1	101.7	106
33	经济增加值率（%）	11.8	6.6	0.8	-5	-11.4
34	EBITDA率（%）	32.3	18.9	8.1	0.8	-4.3
35	资本积累率（%）	43.5	21.6	5.7	-5.4	-13

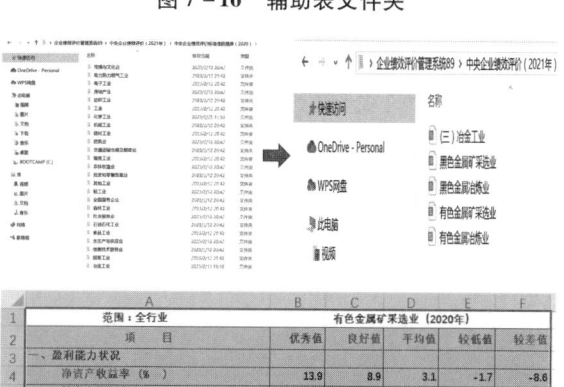

图 7－17　企业绩效评价标准值文件夹

7.2.3.5　评价模型工作簿

企业财务绩效评价模型工作簿包括上年企业绩效评价模型、企业绩效评价模型、基础数据、系统界面、分析报告、实际值代替分析六个工作表。如图 7－18 所示。

	A	B	C	D	E	F	G	H	I	J	K	L	M	N	O	P	Q	R	S	T	U	V	W
1	企业财务绩效评价模型																						
2		评价期间						行业标准值及标准系数					实际得分				绩效改进情况			动态分析			
3	项目	2019	2020	2021年	2022年	2023年	权重	优秀（1.0）	较好（0.8）	平均（0.6）	较低（0.4）	较差（0.2）	基础分	调整分	合计	档次	上年得分	绩效改进度	效果	2022年	同比增长	行业优秀程度	平均增长
4	一、盈利回报指标						40								27.4231	中（C）	30.14	0.91	绩效上升				
5	净资产收益率（%）	9.97	10.02	13.39	11.25		12	17.80	11.60	6.20	0.50	-4.60	7.2	2.243467	9.44347	平均	12.00	0.787	绩效上升	11.25	(16.00)	63.19	4.12
6	营业收入利润率（%）	1.54	1.65	1.88	1.82		12	19.20	14.00	8.90	0.70	-7.00	4.8	-0.20488	4.60	较低	5.32	0.863	绩效上升	1.82	(2.88)	9.50	5.78
7	总资产报酬率（%）	9.04	8.48	11.02	8.99		8	9.90	6.30	3.80	-0.50	-5.90	6.4	1.197449	7.60	较好	8.00	0.95	绩效上升	8.99	(18.41)	90.85	-0.17
8	盈余现金保障倍数	1.12	1.11	1.02	1.56		8	2.40	1.90	1.00	-0.50	-3.40	4.8	0.987036	5.79	平均	4.82	1.201	绩效上升	1.56	52.26	64.80	11.47
9	二、资产运营指标						20								18.00	优（A+）	17.04	1.056	绩效上升	0.00	0.00	0.00	0.00
10	总资产周转率(次)	4.84	3.87	5.06	4.16		6	0.90	0.70	0.40	0.20	0.10	6	0	6.00	优秀	6.00	1	绩效上升	4.16	(17.84)	462.30	-4.89
11	应收账款周转率（次）	36.74	38.28	52.65	41.06		6	28.60	20.30	12.20	5.90	1.70	6	0	6.00	优秀	6.00	1	绩效上升	41.06	(22.01)	143.56	3.77
12	流动资产周转率（次）	5.00	4.00	5.28	4.39		6	2.50	2.00	1.30	0.60	0.20	6	0	6.00	优秀	4.00	1.5	绩效上升	4.39	(16.83)	175.66	-4.22
13	两金占流动资产比重（%）	53.80	51.27	50.52	46.56		6	7.50	17.90	24.90	34.10	43.60	0	0	0.00	较差	1.04	0	无变化	46.56	(7.83)	620.81	-4.70
14	三、风险防控指标						20								17.38	优（A）	15.20	1.143	绩效上升	0.00	0.00	0.00	0.00
15	资产负债率（%）	43.68	41.53	39.76	39.79		6	48.00	53.00	58.00	68.00	83.00	6	0	6.00	优秀	6.00	1	绩效上升	39.79	0.07	82.90	-3.06
16	现金流动负债比率（%）	13.73	14.82	19.60	27.39		6	25.30	17.50	8.30	0.80	-4.80	6	0	6.00	优秀	5.20	1.153	绩效上升	27.39	39.74	108.28	25.91
17	带息负债比率（%）	82.30	82.65	83.85	79.39		4	41.70	49.80	58.40	67.10	84.00	0.8	0.581981	1.38	较差	0.00	0	无变化	79.39	(5.32)	190.39	-1.19
18	已获利息倍数	6.62	6.65	10.63	14.15		4	8.30	5.00	3.20	0.80	-1.40	4	0	4.00	优秀	4.00	1	绩效上升	14.15	33.03	170.45	28.81
19	四、持续发展指标						20								13.76	中（C）	12.07	1.14	绩效上升	0.00	0.00	0.00	0.00
20	研发经费投入强度%	0.02	0.01	0.03	0.06		5	2.50	1.70	1.30	0.90	0.60	0	0.00	0.00	较差	0.00	0	无变化	0.06	101.09	2.38	36.20
21	全员劳动生产率（万元/人）	961.56	848.99	1301.54	1208.21		5	77.60	51.30	27.90	15.80	7.80	5	0.00	5.00	优秀	5.00	1	绩效上升	1208.21	(7.17)	1556.97	7.91
22	经济增加值率（%）	3.68	2.46	4.09	4.09		5	8.80	3.40	-0.90	-6.20	-9.70	4	0.13	4.13	较好	4.12	1.002	绩效上升	4.09	0.00	46.49	3.59
23	国有资本保值增值率	103.35	107.76	103.62	113.97		5	115.90	110.60	105.00	99.00	93.50	4	0.64	4.64	较好	2.95	1.57	绩效上升	113.97	9.99	98.33	3.31
24	五、补充指标																			0.00	0.00	0.00	0.00
25	营业现金比率（%）	1.32	1.64	1.61	2.53			39.30	25.60	8.20	0.40	-4.80				较低				2.53	57.71	6.44	24.22
26	国有资本回报率（%）	10.09	10.11	13.52	11.36			15.50	10.10	5.50	0.00	-5.40				较好				11.36	(15.95)	73.29	4.02
27	EBITDA 率(%)	1.90	2.22	2.20	2.19			38.50	27.00	10.60	5.60	-1.80				较差				2.19	(0.50)	5.69	4.94
28	百元收入支付的成本费用（元）	96.57	97.48	98.39	97.64			78.30	86.80	92.90	99.90	104.60				较低				97.64	(0.77)	124.70	0.37
29	存货周转率（次）	11.87	9.09	12.53	11.17			16.90	10.90	6.50	3.40	1.40				较好				11.17	(10.89)	66.08	-2.02
30	速动比率	1.29	1.35	1.53	1.62			1.10	0.90	0.70	0.50	0.20				优秀				1.62	5.83	146.96	7.81
31	利润总额增长率（%）	24.34	3.56	59.14	(5.44)			19.70	11.30	0.80	-13.80	-23.60				较低				(5.44)	(109.21)	-27.64	-160.70
32	营业总收入增长率（%）	(8.45)	(11.71)	50.22	(7.17)			28.40	20.20	8.00	-6.90	-17.10				较差				(7.17)	(114.28)	-25.25	-48.09
33	合计														76.57	良（B）	74.46	1.03	绩效上升	0.00	0.00	0.00	0.00
34	六、调整项目																			0.00			
35	1、加分项												基础分	调整分						0			
36	归属于母公司所有者权益的净利润增长率占中央企业归属于母公司所有者权益的净利润增长率比重（%）	-0.1383	-9.2137	35.4831	-14.47								0.00	0.00			1.2245			-14.474			

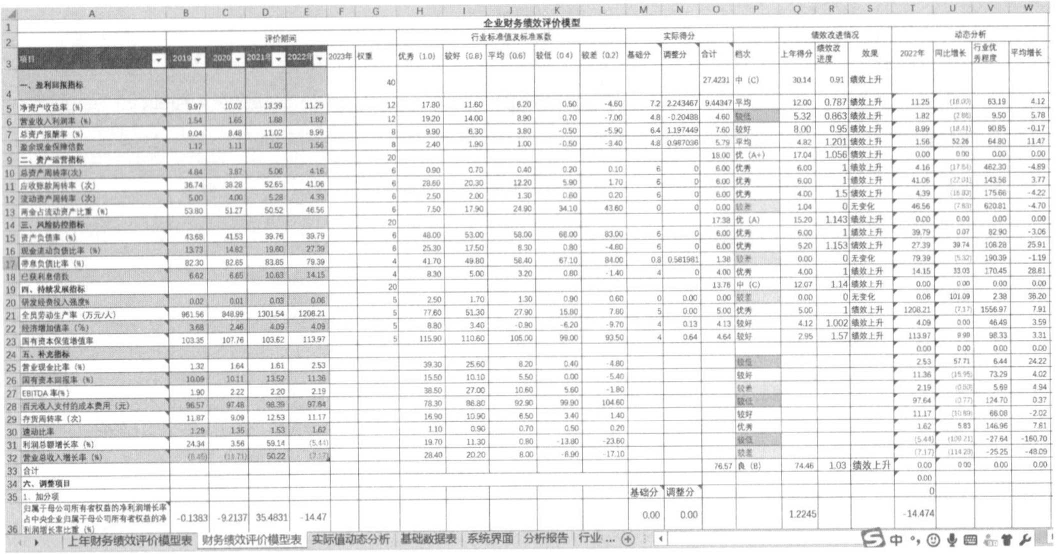

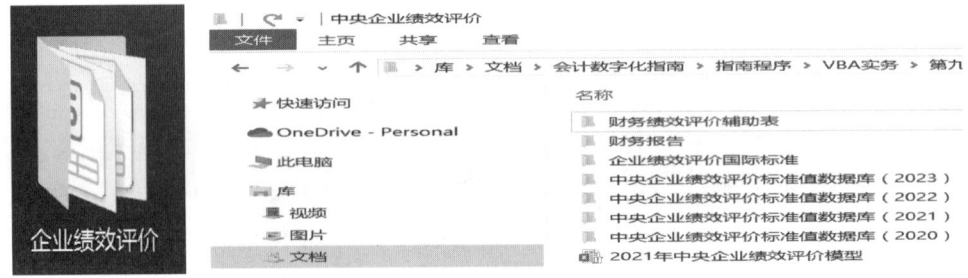

图 7－18　企业财务绩效评价模型工作簿

7.2.4　系统操作程序

7.2.4.1　企业绩效评价系统操作程序

步骤一：打开企业绩效评价文件夹。如图 7－19 所示。

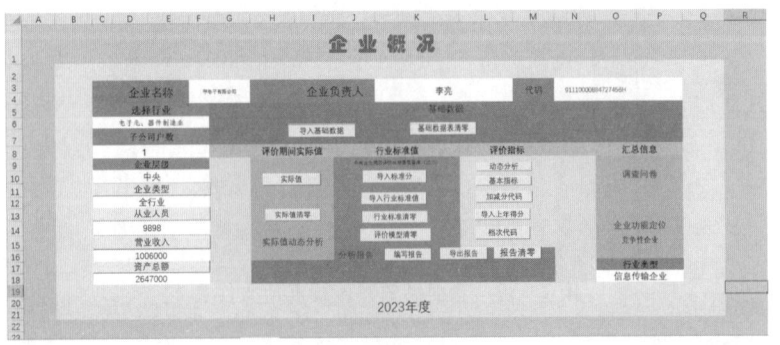

图 7－19　打开企业绩效评价文件夹

步骤二：打开企业绩效评价模型，点击“系统视窗”工作表。如图 7－20 所示。

图 7－20　企业概况工作表

步骤三：确定企业功能定位。点击系统视窗工作表中“企业功能定位”下拉列表，确定评价企业功能类型。

步骤四：确定企业所属行业。点击系统视窗工作表中"行业类型"下拉列表，确定评价企业所属行业。

步骤五：选择行业。点击系统视窗工作表中"选择行业"下拉列表，确定评价企业所属具体行业。根据"由小及大"的原则，一般根据企业主营业务领域对照评价行业分类，自下而上逐层遴选适用的行业标准值。

步骤六：在系统视窗工作表中填入子公司户数。点击从业人员信息、营业收入和资产总额按钮，系统自动输入相应数据。

步骤七：确定企业类型。导入子公司户数、从业人员、营业收入、资产总额数据后，系统会自动显示出企业类型。

步骤八：导入基础数据。点击系统视窗工作表上的"导入基础数据"按钮，系统会自动将财务报告和企业绩效评价辅助表数据导入基础数据表中。

步骤九：导入企业绩效评价标准值。点击行业标准模块中的下拉列表，选定评价年度标准值数据库，点击"导入行业标准值"按钮，系统会将行业绩效评价标准值导入企业绩效评价模型工作表中。对集团型企业进行财务绩效评价工作时，一般不用规模标准，直接选择某行业全行业标准值。

步骤十：点击"运行"按钮获取评价结果。

7.2.4.2 重点信息显示方法

步骤一：通过设置添加格式方式凸显出"较低""较差"项目所处档次，以便进行重点分析。点击得分单元格—开始—条件格式—突出显示单元格规则—文本包含。如图7-21所示。

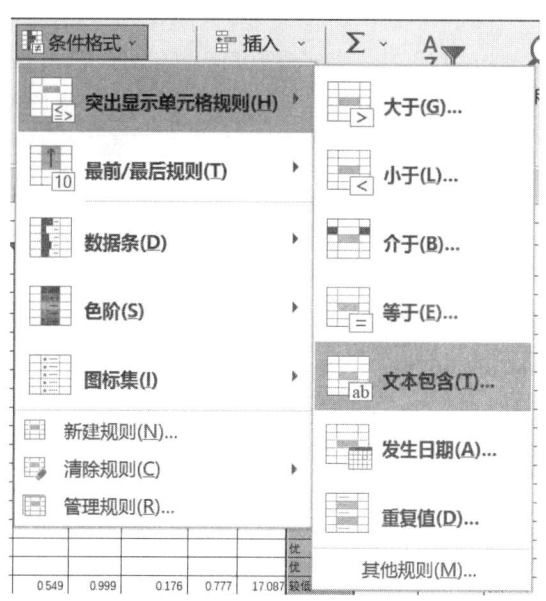

图 7-21 设置条件格式界面

步骤二：在"为包含以下文本的单元格设置格式"填入"较低"，设置为"浅红填充色深红色文本"—"确定"。如图7-22所示。

图 7-22　设置"较低"档次条件格式

步骤三：按上述程序设置"较差"档次条件格式。完成设置程序后，企业财务绩效评价系统便可自动完成评价得分工作。如图 7-23 所示。

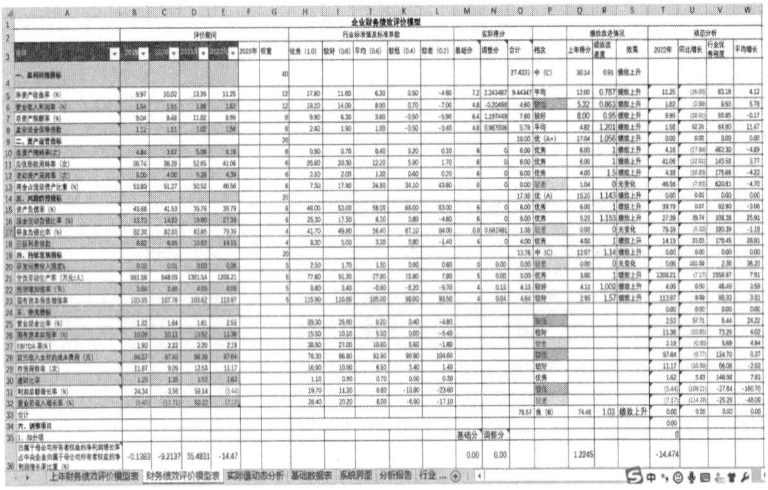

图 7-23　企业绩效评价结果

7.3　导入基础数据代码

在建立企业绩效评价架构和系统视窗后，可以应用 Excel VBA 编写企业财务绩效评价模型表中设计的各项指标代码，用以自动完成企业财务绩效评价工作。下面以某黄金行业企业为例介绍如何建立一个科学合理的企业财务绩效评价模型。

【例 7-1】某黄金集团股份有限公司是专门从事黄金采选业务的大型企业集团。按照国务院国资委的统一部署，开展了 2022 年度企业财务绩效评价工作。基础资料：

1. 2018 年财务报告和辅助评价表

（1）资产负债表、利润表、现金流量表。如图 7-24 所示。

资产负债表	
流动资产	金额
货币资金	26.24
应收票据及应收账款	10.96
其中：应收票据	0
应收账款	10.96
预付款项	1.073
其他应收款合计	2.384
1. 存货	26.93
其他流动资产	4.062
2. 流动资产合计	71.64
非流动资产	
可供出售金融资产	0
长期股权投资	1.23
其他权益工具投资	0
投资性房地产	0.05712
固定资产	0.8934
3. 在建工程	0
使用权资产	0
无形资产	0.07131
商誉	0
长期待摊费用	0.7671
递延所得税资产	0.43
非流动资产合计	2.343
4. 资产总计	73.98
流动负债	
短期借款	0
交易性金融负债	
以公允价值计量且其变动计入当期损益的金融负债	24.57
应付票据及应付账款	1.18
其中：应付账款	1.18
预收款项	2.041
合同负债	0
应付职工薪酬	0.2258
应交税费	0.0061134
其他应付款合计	1.949
其中：应付利息	0.121
一年内到期的非流动负债	0
其他流动负债	0
流动负债合计	31.1
非流动负债	
租赁负债	0
递延所得税负债	0
非流动负债合计	0
负债合计	31.1
所有者权益（或股东权益）	
实收资本（或股本）	15
资本公积	17.46
其他综合收益	0
盈余公积	0.2784
未分配利润	9.743
归属于母公司股东权益总计	42.48
少数股东权益	0.4042
股东权益合计	42.88
负债和股东权益总计	73.98

现金流量表　利润表　资产负债表

利润表	
项目	金额
营业总收入	409.1
营业收入	409.1
营业总成本	402.9
营业成本	397.9
税金及附加	0.3493
销售费用	3.105
管理费用	0.95
研发费用	0.03464
财务费用	0.6385
其中：利息费用	0.798
利息收入	0.1888
其他经营收益	
加：公允价值变动收益	-0.898
投资收益	-0.254
其中：对联营企业和合营企业的投资收益	0.00
资产处置收益	0.00
资产减值损失（新）	-0.33
信用减值损失（新）	0.00
其他收益	0.00
营业利润	4.689
加：营业外收入	0.21
减：营业外支出	0.01
利润总额	4.885
减：所得税	1.2
净利润	3.685
（一）按经营持续性分类	
持续经营净利润	0
（二）按所有权归属分类	
归属于母公司股东的净利润	3.616
少数股东损益	0.07
扣除非经常性损益后的净利润	3.47
每股收益	
基本每股收益	0.24
稀释每股收益	0.24
其他综合收益	0
归属于母公司股东的其他综合收益	0
综合收益总额	3.685
归属于母公司股东的综合收益总额	3.616
归属于少数股东的综合收益总额	0.0691

现金流量表　利润表　资产负债表

现金流量表	
经营活动产生的现金流量	
销售商品、提供劳务收到的现金	462
收到其他与经营活动有关的现金	3.339
经营活动现金流入小计	464.4
购买商品、接受劳务支付的现金	456.6
支付给职工以及为职工支付的现金	1.711
支付的各项税费	2.665
支付其他与经营活动有关的现金	3.704
经营活动现金流出的平衡项目	0
经营活动现金流出小计	464.6
经营活动产生的现金流量净额平衡项目	0
经营活动产生的现金流量净额	-0.25
投资活动产生的现金流量	
取得投资收益收到的现金	0.03
处置固定资产、无形资产和其他长期资产收回的现金净额	0.00
收到的其他与投资活动有关的现金	0.00
投资活动现金流入小计	0.03
购建固定资产、无形资产和其他长期资产支付的现金	0.53
投资支付的现金	0.06
支付其他与投资活动有关的现金	0.00
投资活动现金流出小计	0.59
投资活动产生的现金流量净额	-0.56
筹资活动产生的现金流量	
吸收投资收到的现金	0
其中：子公司吸收少数股东投资收到的现金	0
取得借款收到的现金	0
筹资活动现金流入小计	0
偿还债务所支付的现金	0
分配股利、利润或偿付利息支付的现金	0.71
其中：子公司支付给少数股东的股利、利润	0
支付的其他与筹资活动有关的现金	0
筹资活动现金流出小计	0.71
筹资活动产生的现金流量净额	-0.71
现金及现金等价物净增加额	1.516
加：期初现金及现金等价物余额	27.75
期末现金及现金等价物余额	26.23
补充资料	
净利润	3.685
资产减值准备	0.33
固定资产和投资性房地产折旧	0.07
其中：固定资产折旧、油气资产折耗、生产性生物资产折旧	0.07
无形资产摊销	0.01
长期待摊费用摊销	0.25
处置固定资产、无形资产和其他长期资产的损失	0.00
固定资产报废损失	0
公允价值变动损失	0.897
财务费用	0.798
投资损失	0.254
递延所得税	-0.25
其中：递延所得税资产减少	-0.21
递延所得税负债增加	-0.043
存货的减少	3.244
经营性应收项目的减少	7.896
经营性应付项目的增加	4.804
其他	0.035
经营活动产生的现金流量净额	-0.248
现金的期末余额	26.23
减：现金的期初余额	27.75
现金及现金等价物的净增加额	1.516

现金流量表　利润表　资产负债表

图 7－24　2018 年财务报告

（2）辅助评价表：包括中央企业负责人经营业绩考核目标完成情况表、应收账款情况表、存货情况表、成本费用情况表、金融投资及分析情况表、带息负债情况表、人力资源情况表、基本情况表、资产减值准备情况表、国有资本权益变动情况表。如图 7－25 所示。

国有资本权益变动情况表						企财05表
编制单位：	2018年度					金额单位：元
项　目	行次	金　额	项　目		行次	金　额
一、年初国有资本权益总额	1	21.95	（一）经国家专项批准核销		17	
二、本年国有资本权益增加	2	3	（二）无偿划出		18	
（一）国家、国有单位直接或追加投资	3		（三）资产评估减少		19	
（二）无偿划入	4		（四）清产核资减少		20	
（三）资产评估增加	5		（五）产权界定减少		21	
（四）清产核资增加	6		（六）消化以前年度潜亏和挂账而减少		22	
（五）产权界定增加	7		（七）因自然灾害等不可抗拒因素减少		23	
（六）资本（股本）溢价	8	1	（八）因主辅分离减少		24	
（七）接受捐赠	9		（九）企业按规定已上缴利润		25	1
（八）债权转股权	10		（十）资本（股本）折价		26	
（九）税收返还	11		（十一）中央和地方政府确定的其他因素		27	
（十）减值准备转回	12		（十二）经营减值		28	0.1
（十一）会计调整	13		四、年末国有资本权益总额		29	23.85
（十二）中央和地方政府确定的其他因素	14		五、年末其他国有资金		30	
（十三）经营积累	15	2	六、年末合计国有资本总量		31	23.85
三、本年国有资本权益减少	16	1.1			32	

资产减值准备情况表														企财06表	
编制单位：							2018年度							金额单位：元	
项　目	行次	年初账面余额	本期增加额				本期减少额					期末账面余额	项　目	行次	金额
			本期计提额	合并增加额	其他原因　增加额	合计	资产价值回升转　回额	转销额	合并减少额	其他原因　减少额	合计				
栏　次	—	1	2	3	4	5	6	7	8	9	10	11	栏　次	—	12
一、坏账准备	1	1										0.21	补充资料：	22	——
其中：应收账款坏账准备	2												一、政策性挂账	23	2
二、存货跌价准备	3	9.1										0.05	二、当年处理以前年度损失和挂账	24	1
三、合同资产减值准备	4												其中：在当年损益中处理以前年度损失挂账	25	1
四、合同取得成本减值准备	5													26	
五、合同履约成本减值准备	6													27	
六、持有待售资产减值准备	7						——							28	
七、债权投资减值准备	8	1.1										0.08		29	
☆八、可供出售金融资产减值准备	9													30	
☆九、持有至到期投资减值准备	10													31	
十、长期股权投资减值准备	11						——							32	
十一、投资性房地产减值准备	12						——							33	
十二、固定资产减值准备	13						——							34	
十三、在建工程减值准备	14						——							35	
十四、生产性生物资产减值准备	15						——							36	
十五、油气资产减值准备	16						——							37	
十六、使用权资产减值准备	17						——							38	
十七、无形资产减值准备	18						——							39	
十八、商誉减值准备	19						——							40	
十九、其他减值准备	20													41	
合　计	21	2.2										0.34		42	

基本情况表

企财08表
编制单位：　　　　　　　　　　　　2018/12/31　　　　　　　　　　　　金额单位：元

项目	行次	本年数	上年数	项目	行次	本年数	上年数
一、高质量发展有关情况：	1	--	--	其中：长期股权投资	29		
（一）专利情况：	2	--	--	交易性金融资产	30		
1.累计拥有有效专利数（件）	3			☆以公允价值计量且其变动计入当期损益的金融资产	31		
其中：累计拥有有效发明专利数	4			☆以公允价值计量且其变动计入当期损益的金融负债	32		
2.专利申请数（件）	5			债权投资	33		
其中：发明专利申请数	6			☆可供出售金融资产	34		
3.专利授权数（件）	7			其他债权投资	35		
其中：发明专利授权数	8			☆持有至到期投资	36		
（二）本年企业提取的安全生产费用	9			其他权益工具投资	37		
（三）本年企业支出的安全生产费用	10			其他非流动金融资产	38		
（四）本年科技经费来源合计	11			其他项目收益	39		
其中：政府拨款	12			四、本年固定资产投资额	40		
企业自筹	13			（一）购置固定资产	41		
其他	14			（二）基建投资	42		
（五）本年研发（R&D）经费投入	15	0.03		（三）其他投资	43		
1.日常性研发（R&D）经费支出	16			五、本年计提的固定资产折旧总额	44	0.07	
其中：研发人员劳动报酬	17			六、本年管理费用项下的业务招待费支出	45		
低值易耗品	18			七、本年管理费用项下的党建工作经费	46		
2.购买固定资产、新技术、科研设备等支出	19			八、本年企业支付的环境保护及生态恢复费用	47		
其中：土地与建筑物支出	20			其中：本年度上交政府统筹的支出	48		
仪器与设备支出	21			本年度企业提取或据实列支的支出	49		
3.其他支出	22			本年企业支出的节能减排费用	50		
（六）科技人员人数（人）	23			九、企业累计对外境外投资额	51		
其中：研发人员人数	24			其中：企业本年新增对境外投资额	52		
二、产值（按现行价格计算）：	25	--	--	十、本年对扶贫方面的支出	53		
（一）工业总产值	26			十一、本年对外捐赠支出（不含上述本年对扶贫方面的支出）	54		
（二）劳动生产总值	27	409.1		十二、社会贡献总额	55	4.4	
三、投资收益	28				56		

人力资源情况表

企财09表
编制单位：　　　　　　　　　　　　2018/12/31　　　　　　　　　　　　金额单位：元

项目	行次	本年数	上年数	项目	行次	本年数	上年数
一、企业人数情况：	1			（一）年初不在岗职工人数（人）	22		
（一）年末从业人员数	2	39743		（二）年末不在岗职工人数（人）	23		
（二）本年平均从业人数	3	39700		（三）本年累计解除劳动关系人数（人）	24		
（三）年末职工人数	4			其中：需支付经济补偿人数	25		
其中：本年末在岗职工人数	5			本年累计支付经济补偿金额	26		
（四）本年平均职工人数	6			其中：财政负担部分	27		
其中：本年平均在岗职工人数	7			三、工资及福利情况：	28		
（五）年末劳务派遣人数	8			（一）本年应发职工薪酬总额	29		
（六）本年平均劳务派遣人数	9			（二）本年实际发放职工薪酬总额	30		
（七）年末离休人数	10			其中：本年实际发放职工工资总额	31		
（八）年末退休人数	11			其中：本年实际发放在岗职工工资总额	32		
（九）参加基本养老保险的年末职工人数	12			本年支付的劳务派遣金额	33		
（十）参加补充养老保险的年末职工人数	13			（三）企业提取的工资总额	34		
（十一）参加基本医疗保险（生育保险）的年末职工人数	14			1.非工挂企业工资总额	35		
（十二）参加补充医疗保险的年末职工人数	15			2.工挂企业工资总额	36		
（十三）参加失业保险的年末职工人数	16			（四）本年支付的离退休人员养老金及福利补助	37		
（十四）参加工伤保险的年末职工人数	17			（五）本年支付的企业负责人薪酬总额	38		
（十五）实行工效挂钩职工人数	18			企业负责人人数	39		
（十六）未实行社会化管理的离退休人员人数	19			（六）本年支付的职工福利费	40		
（十七）年末党员人数	20			（七）本年提取的职工教育培训经费	41		
二、企业不在岗职工及劳动关系处理情况：	21	--	--	（八）本年支付的职工教育培训经费	42		

带息负债情况表

企财10表
编制单位：　　　　　　　　　　　　2018/12/31　　　　　　　　　　　　金额单位：元

项目	行次	本金		项目	行次	本年金额	上年金额
		年初余额	年末余额				
栏次		1	2	栏次		3	4
一、带息流动负债合计	1		0	补充资料：	27	--	--
（一）短期借款	2		0	利息支出总额	28	0.798	
其中：银行借款	3			其中：利息资本化金额	29		
非银行金融机构借款	4			二、带息负债融资成本率（%）	30		
（二）一年内到期的非流动负债	5			三、计入权益的融资情况	31		
其中：一年内到期的长期借款	6			（一）计入权益的融资本金额	32		
一年内到期的应付债券	7			1.优先股	33		
一年内到期的融资租赁款	8			2.永续债	34		
一年内到期的租赁负债	9			永续债券	35		
（三）交易性金融负债	10		0	其他永续债	36		
☆（四）以公允价值计量且其变动计入当期损益的金融负债	11		24.57	3.并表基金	37		
（五）其他带息流动负债	12			（二）计入未分配利润的融资成本	38		
其中：短期债券（含超短期融资券）	13			1.优先股	39		
其他短期债券	14			2.永续债	40		
二、带息非流动负债合计	15		0	3.并表基金	41		
（一）长期借款	16			四、境外发债情况（由集团总部填列）：	42	--	--
其中：银行借款	17			（一）境外发行外币债券余额（以人民币填列）	43		
非银行金融机构借款	18			其中：美元债（以美元填列）	44		
（二）应付债券	19			欧元债（以欧元填列）	45		
其中：中期票据	20			港元债（以港元填列）	46		
企业债券	21				47		
公司债券	22			（二）境外发行人民币债券余额	48		
（三）其他带息非流动负债	23		0		49		
其中：融资租赁款	24				50		
租赁负债	25		0		51		
带息负债合计	26		24.57		52		

	A	B	C	D	E	F	G	H	I	J	K	L
1	成本费用情况表										企财20表	
2	编制单位：	2018年度										金额单位：元
3	项目	行次	本年数	上年数	项目	行次	本年数	上年数	项目	行次	本年数	上年数
4	一、营业成本	1	402.9		1. 职工薪酬	24			补充资料：	47	——	——
5	其中：原材料费用（采购成本）	2			2. 保险费	25			一、集中采购情况：	48	——	——
6	人工成本	3			3. 折旧费	26	0.02		（一）采购总额	49		
7	折旧费	4	0.05		4. 修理费	27			（二）集中采购额	50		
8	二、金融企业营业成本	5			5. 无形资产摊销	28	0.01315		1. 集团总部集中采购额	51		
9	三、税金及附加	6	0.3493		6. 存货盘亏	29			2. 集团所属单位集中采购额	52		
10	四、销售费用	7	3.105		7. 业务招待费	30			（三）集中采购比例（%）	53		
11	1. 包装费	8			8. 差旅费	31	0.07215		（四）集中采购节约金额	54		
12	2. 运输费	9			9. 办公费	32			二、科技收入情况：	55	——	——
13	3. 装卸费	10			10. 会议费	33			（一）取得的科技收入	56		
14	4. 仓储保管费	11			11. 诉讼费	34			1. 科技创新收入	57		
15	5. 保险费	12			12. 聘请中介机构费	35			其中：四技收入	58		
16	6. 展览费	13			其中：年度决算审计费用	36			2. 新产品销售收入	59		
17	7. 广告费	14			13. 咨询费	37			3. 其他收入	60		
18	8. 销售服务费	15			14. 技术转让费	38			（二）确认为无形资产的开发支出	61	1	
19	9. 职工薪酬	16			15. 董事会费	39			（三）加计扣除研究开发费用	62		
20	10. 业务经费	17			16. 排污费	40				63		
21	11. 委托代销手续费	18			17. 其他	41				64		
22	12. 折旧费	19			六、研发费用	42	0.03464			65		
23	13. 修理费	20			七、财务费用	43	0.6385			66		
24	14. 样品及产品损耗	21			八、勘探费用	44				67		
25	15. 其他	22			成本费用总额	45	407.98			68		
26	五、管理费用	23	0.95			46				69		

	A	B	C	D	E	F	G	H	I
1	中央企业负责人经营业绩考核目标完成情况表								
2	编报单位：			2018年度					
3	项 目	行次	计量单位	考核目标值	基准值	财务决算数	责任书约定调整项	考核完成数	备注
4	栏 次	–	–	1	2	3	4	5	6
5	净利润	1	万元			3.685			
6	“期间费用”项下的“研发费用”	2	万元		–	0.03464			
7	其中：承担关键核心技术攻关的研发费用	3	万元						
8	基础研究研发投入	4	万元						
9	应用基础研究研发投入	5	万元						
10	处理历史遗留问题的因素	6	万元						
11	当年安排的国有资本经营预算费用性支出	7	万元						
12	其他需要考虑的因素	8	万元		–				
13	经济增加值	9	万元			1.35			
14	（一）税后净营业利润	10	万元		–	5.05948			
15	其中：净利润	11	万元		–	3.685			
16	利息支出	12	万元		–	0.798			
17	研究开发费调整项	13	万元		–	1.03464			
18	其中：“期间费用”项下的“研发费用”	14	万元		–	0.03464			
19	当期确认为无形资产的研究开发支出	15	万元		–	1			
20	勘探费用	16	万元		–				
21	所得税率	17	%	25					
22	（二）资本成本	18	万元		–	3.71			
23	调整后资本	19	万元		–	67.45			
24	平均所有者权益	20	万元		–	42.88			
25	平均带息负债	21	万元		–	24.57			
26	其中：银行、保险、证券等企业平均带息负债	22	万元		–	0			
27	其中：短期借款	23	万元		–				
28	一年内到期的非流动负债	24	万元		–				
29	交易性金融负债	25	万元		–				
30	其他带息流动负债	26	万元		–				
31	长期借款	27	万元		–				
32	应付债券	28	万元		–				
33	其他带息非流动负债	29	万元		–				
34	平均在建工程	30	万元		–	0			
35	平均资本成本率	31	%			5.50%			
36	其中：股权资本成本率	32	%		–	2.25%			
37	债权资本成本率	33	%		–	3.25%			
38	其中：利息支出总额	34	万元		–	0.798			

图 7－25　2018 年度辅助评价表

2. 2019 年财务报告和辅助评价表

（1）资产负债表、利润表、现金流量表。如图 7－26 所示。

	A	B
1	资产负债表	
2	流动资产	
3	货币资金	19.9
4	应收票据及应收账款	9.651
5	其中:应收票据	0
6	应收账款	9.651
7	预付款项	1.929
8	其他应收款合计	1.946
9	1.存货	33.96
10	其他流动资产	4.083
11	2.流动资产合计	81.49
12	非流动资产	
13	可供出售金融资产	0
14	长期股权投资	1.186
15	其他权益工具投资	0
16	投资性房地产	0.05474
17	固定资产	0.863
18	3.在建工程	0
19	使用权资产	0
20	无形资产	0.1366
21	商誉	0
22	长期待摊费用	0.6348
23	递延所得税资产	1.012
24	非流动资产合计	2.819
25	4.资产总计	84.31
26	流动负债	
27	短期借款	0
28	交易性金融负债	30.31
29	以公允价值计量且其变动计入当期损益的金融负债	0
30	应付票据及应付账款	1.243
31	其中:应付账款	1.243
32	预收款项	1.071
33	合同负债	0
34	应付职工薪酬	0.2086
35	应交税费	0.737
36	其他应付款合计	2.374
37	其中:应付利息	0.09068
38	一年内到期的非流动负债	0
39	其他流动负债	0
40	流动负债合计	36.83
41	非流动负债	
42	租赁负债	0
43	递延所得税负债	0
44	非流动负债合计	0
45	负债合计	36.83
46	所有者权益(或股东权益)	
47	实收资本（或股本）	16
48	资本公积	17.46
49	其他综合收益	0
50	盈余公积	0.3128
51	未分配利润	14.22
52	归属于母公司股东权益总计	46.99
53	少数股东权益	0.4816
54	股东权益合计	47.47
55	负债和股东权益总计	84.31

现金流量表　利润表　资产负债表

	A	B
1	利润表	
2	项目	金额
3	营业总收入	382.7
4	营业收入	382.7
5	营业总成本	369.6
6	营业成本	363.1
7	税金及附加	0.4473
8	销售费用	3.7
9	管理费用	1.294
10	研发费用	0.08527
11	财务费用	0.9311
12	其中:利息费用	1.081
13	利息收入	0.1743
14	其他经营收益	
15	加:公允价值变动收益	1.774
16	投资收益	4.909
17	其中:对联营企业和合营企业的投资收益	0.00
18	资产处置收益	0.00
19	资产减值损失(新)	-0.01
20	信用减值损失(新)	-0.57
21	其他收益	0.00
22	营业利润	5.899
23	加:营业外收入	0.18
24	减:营业外支出	0.00
25	利润总额	6.074
26	减:所得税	1.572
27	净利润	4.502
28	(一)按经营持续性分类	
29	持续经营净利润	4.502
30	(二)按所有权归属分类	
31	归属于母公司股东的净利润	4.515
32	少数股东损益	0.01
33	扣除非经常性损益后的净利润	4.389
34	每股收益	
35	基本每股收益	0.3
36	稀释每股收益	0.3
37	其他综合收益	0
38	归属于母公司股东的其他综合收益	0
39	综合收益总额	4.502
40	归属于母公司股东的综合收益总额	4.515
41	归属于少数股东的综合收益总额	0.0126

现金流量表　利润表　资产负债表

	A	B
1	现金流量表	
2	经营活动产生的现金流量	
3	销售商品、提供劳务收到的现金	432.7
4	收到其他与经营活动有关的现金	3.919
5	经营活动现金流入小计	436.6
6	购买商品、接受劳务支付的现金	421.9
7	支付给职工以及为职工支付的现金	1.992
8	支付的各项税费	4.328
9	支付其他与经营活动有关的现金	3.297
10	经营活动现金流出的平衡项目	0
11	经营活动现金流出小计	431.5
12	经营活动产生的现金流量净额平衡项目	0
13	经营活动产生的现金流量净额	5.055
14	投资活动产生的现金流量	
15	取得投资收益收到的现金	0.00
16	处置固定资产、无形资产和其他长期资产收回的现金净额	0.00
17	收到的其他与投资活动有关的现金	0.00
18	投资活动现金流入小计	0.00
19	购建固定资产、无形资产和其他长期资产支付的现金	0.47
20	投资支付的现金	0.00
21	支付其他与投资活动有关的现金	0.01
22	投资活动现金流出小计	0.48
23	投资活动产生的现金流量净额	-0.47
24	筹资活动产生的现金流量	
25	吸收投资收到的现金	0.09
26	其中:子公司吸收少数股东投资收到的现金	0.09
27	取得借款收到的现金	8.95
28	筹资活动现金流入小计	9.04
29	偿还债务所支付的现金	8.95
30	分配股利、利润或偿付利息支付的现金	1.111
31	其中:子公司支付给少数股东的股利、利润	0
32	支付的其他与筹资活动有关的现金	0
33	筹资活动现金流出小计	10.06
34	筹资活动产生的现金流量净额	1.021
35	现金及现金等价物净增加额	3.563
36	加:期初现金及现金等价物余额	26.23
37	期末现金及现金等价物余额	29.8
38	补充资料	
39	净利润	4.502
40	资产减值准备	0.01
41	固定资产和投资性房地产折旧	0.07
42	其中:固定资产折旧、油气资产折耗、生产性生物资产折旧	0.07
43	无形资产摊销	0.03
44	长期待摊费用摊销	0.29
45	处置固定资产、无形资产和其他长期资产的损失	0.00
46	固定资产报废损失	0
47	公允价值变动损失	1.774
48	财务费用	1.071
49	投资损失	4.909
50	递延所得税	-0.58
51	其中:递延所得税资产减少	-0.58
52	递延所得税负债增加	0
53	存货的减少	7.025
54	经营性应收项目的减少	0.196
55	经营性应付项目的增加	-0.76
56	其他	0
57	经营活动产生的现金流量净额	5.065
58	现金的期末余额	29.8
59	减:现金的期初余额	26.23
60	现金及现金等价物的净增加额	3.563

现金流量表　利润表　资产负债表

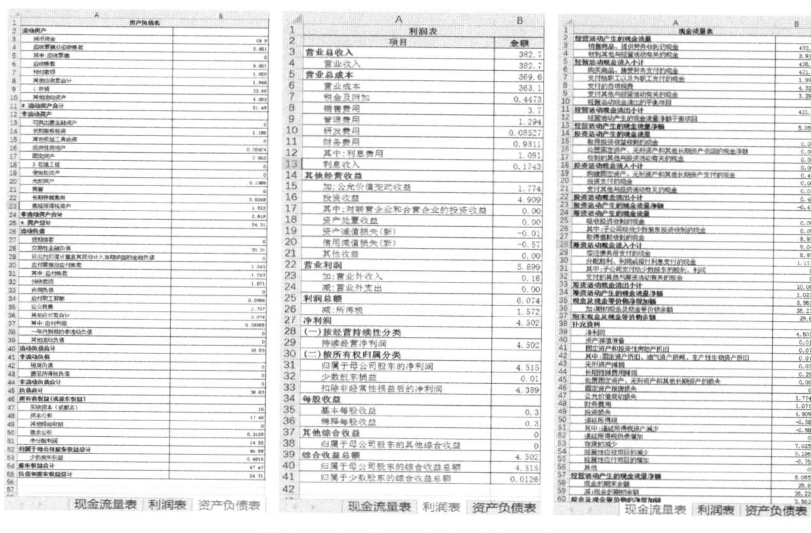

图 7－26　2019 年度财务报告

（2）辅助评价表。如图 7-27 所示。

带息负债情况表							
						企财10表	
编制单位:				2019/12/31		金额单位：元	
		本金					
项 目	行次	年初余额	年末余额	项 目	行次	本年金额	上年金额
栏 次	—	1	2	栏 次	—	3	4
一、带息流动负债合计	1	24.57	30.31	补充资料：	27	——	——
（一）短期借款	2	0	0	一、利息支出总额	28	1.081	
其中：银行借款	3			其中：利息资本化金额	29		
非银行金融机构借款	4			二、带息负债融资成本率（%）	30		
（二）一年内到期的非流动负债	5	0	0	三、计入权益的融资情况：	31	——	——
其中：一年内到期的长期借款	6			（一）计入权益的融资本金余额	32		
一年内到期的应付债券	7			1. 优先股	33		
一年内到期的融资租赁款	8			2. 永续债	34		
一年内到期的租赁负债	9			其中：永续债券	35		
（三）交易性金融负债	10	0	30.31	其他永续债	36		
☆（四）以公允价值计量且其变动计入当期损益的金融负债	11	24.57	0	3. 并表基金	37		
（五）其他带息流动负债	12			（二）计入未分配利润的融资成本	38		
其中：短期融资券（含超短期融资券）	13			1. 优先股	39		
其他短期债券	14			2. 永续债	40		
二、带息非流动负债合计	15	0		3. 并表基金	41		
（一）长期借款	16			四、境外发债情况（由集团总部填列）：	42	——	——
其中：银行借款	17			（一）境外发行外币债券余额（以人民币填列）	43		
非银行金融机构借款	18			其中：美元债（以美元填列）	44		
（二）应付债券	19			欧元债（以欧元填列）	45		
其中：中期票据	20			港元债（以港元填列）	46		
企业债券	21			（二）境外发行人民币债券余额	47		
公司债券	22				48		
（三）其他带息非流动负债	23	0			49		
其中：融资租赁款	24				50		
租赁负债	25	0			51		
带息负债合计	26	24.57	30.31		52		

成本费用情况表											
										企财20表	
编制单位：	2019年度										金额单位：元
项目	行次	本年数	上年数	项目	行次	本年数	上年数	项目	行次	本年数	上年数
一、营业成本	1	369.6	402.9	1. 职工薪酬	24			补充资料：	47	——	——
其中：原材料费用（采购成本）	2			2. 保险费	25			一、集中采购情况：	48	——	——
人工成本	3			3. 折旧费	26	0.02	0.02	（一）采购总额	49		
折旧费	4	0.05	0.05	4. 修理费	27			（二）集中采购额	50		
二、金融企业营业成本	5			5. 无形资产摊销	28	0.02741	0.01315	1. 集团总部集中采购额	51		
三、税金及附加	6	0.4473	0.3493	6. 存货盘亏	29			2. 集团所属单位集中采购额	52		
四、销售费用	7	3.7	3.105	7. 业务招待费	30			（三）集中采购比例（%）	53		
1. 包装费	8			8. 差旅费	31			（四）集中采购节约金额	54		
2. 运输费	9			9. 办公费	32			二、科技收入情况：	55	——	——
3. 装卸费	10			10. 会议费	33			（一）取得的科技收入	56		
4. 仓储保管费	11			11. 诉讼费	34			1. 科技创新收入	57		
5. 保险费	12			12. 聘请中介机构费	35			其中：四技收入	58		
6. 展览费	13			其中：年度决算审计费用	36			2. 新产品销售收入	59		
7. 广告费	14			13. 咨询费	37			3. 其他收入	60		
8. 销售服务费	15			14. 技术转让费	38			（二）确认为无形资产的开发支出	61	2	
9. 职工薪酬	16			15. 董事会费	39			（三）加计扣除研究开发费用	62		
10. 业务经费	17			16. 排污费	40				63		
11. 委托代销手续费	18			17. 其他	41				64		
12. 折旧费	19			六、研发费用	42	0.08527	0.03464		65		
13. 修理费	20			七、财务费用	43	0.9311	0.6385		66		
14. 样品及产品损耗	21			八、勘探费用	44				67		
15. 其他	22			成本费用总额	45	376.05767	407.98		68		
五、管理费用	23	1.294	0.95		46				69		

中央企业负责人经营业绩考核目标完成情况表								
编报单位：			2021年度					
项 目	行次	计量单位	考核目标值	基准值	财务决算数	责任书约定调整项	考核完成数	备注
栏 次	-	-	1	2	3	4	5	6
净利润	1	万元			4.502			
"期间费用"项下的"研发费用"	2	万元		-	0.08527			
其中：承担关键核心技术攻关的研发费用	3	万元						
基础研究研发投入	4	万元						
应用基础研究研发投入	5	万元						
处理历史遗留问题的因素	6	万元						
当年安排的国有资本经营预算费用性支出	7	万元						
其他需要考虑的因素	8	万元		-				
经济增加值	9	万元			2.76			
（一）税后净营业利润	10	万元		-	6.88			
其中：净利润	11	万元		-	4.502			
利息支出	12	万元		-	1.081			
研究开发费调整项	13	万元		-	2.08527			
其中："期间费用"项下的"研发费用"	14	万元		-	0.08527			
当期确认为无形资产的研究开发支出	15	万元		-	2			
勘探费用	16	万元		-				
所得税率	17	%						25
（二）资本成本	18	万元		-	4.12			
调整后资本	19	万元		-	74.91			
平均所有者权益	20	万元		-	47.47			
平均带息负债	21	万元		-	27.44			
其中：银行、保险、证券等企业平均带息负债	22	万元		-	0			
其中：短期借款	23	万元		-				
一年内到期的非流动负债	24	万元		-				
交易性金融负债	25	万元		-				
其他带息流动负债	26	万元		-				
长期借款	27	万元		-				
应付债券	28	万元		-				
其他带息非流动负债	29	万元		-				
平均在建工程	30	万元		-	0			
平均资本成本率	31	%			5.50%			
其中：股权资本成本率	32	%		-	1.56%			
债权资本成本率	33	%		-	3.94%			
其中：利息支出总额	34	万元		-	1.081			

图 7－27　2019 年辅助评价表

3. 2020 年财务报告和辅助评价表

（1）资产负债表、利润表、现金流量表。如图 7－28 所示。

资产负债表	
流动资产	
货币资金	34.2
应收票据及应收账款	7.626
其中：应收票据	0
应收账款	7.626
预付款项	2.958
其他应收款合计	1.402
1. 存货	36.87
其他流动资产	4.51
2. 流动资产合计	87.56
非流动资产	
可供出售金融资产	0
长期股权投资	1.145
其他权益工具投资	0
投资性房地产	0.05137
固定资产	0.9251
3. 在建工程	0
使用权资产	0
无形资产	0.1509
商誉	0.0482
长期待摊费用	0.5518
递延所得税资产	0.87
非流动资产合计	2.712
4. 资产总计	90.27
流动负债	
短期借款	0
交易性金融负债	31.06
以公允价值计量且其变动计入当期损益的金融负债	0
应付票据及应付账款	1.175
其中：应付账款	1.175
预收款项	0
合同负债	1.225
应付职工薪酬	0.3157
应交税费	0.9357
其他应付款合计	2.613
其中：应付利息	0.01639
一年内到期的非流动负债	0
其他流动负债	0.158
流动负债合计	37.48
非流动负债	
租赁负债	0
递延所得税负债	0.01288
非流动负债合计	0.01288
负债合计	37.49
所有者权益（或股东权益）	
实收资本（或股本）	15
资本公积	17.46
其他综合收益	0
盈余公积	0.7217
未分配利润	18.82
归属于母公司股东权益总计	51.99
少数股东权益	0.7885
股东权益合计	52.78
负债和股东权益总计	90.27

现金流量表 | 利润表 | 资产负债表

利润表	
项目	金额
营业总收入	337.9
营业收入	337.9
营业总成本	329.3
营业成本	323.2
税金及附加	0.5052
销售费用	3.544
管理费用	1.146
研发费用	0.05406
财务费用	0.9229
其中：利息费用	1.113
利息收入	0.2142
其他经营收益	
加：公允价值变动收益	1.1
投资收益	3.547
其中：对联营企业和合营企业的投资收益	0.00
资产处置收益	541.9
资产减值损失(新)	-0.37
信用减值损失(新)	-0.15
其他收益	0.00
营业利润	5.582
加：营业外收入	0.71
减：营业外支出	0.00
利润总额	6.29
减：所得税	1.269
净利润	5.021
(一) 按经营持续性分类	
持续经营净利润	5.021
(二) 按所有权归属分类	
归属于母公司股东的净利润	5.002
少数股东损益	0.02
扣除非经常性损益后的净利润	4.441
每股收益	
基本每股收益	0.33
稀释每股收益	0.33
其他综合收益	0
归属于母公司股东的其他综合收益	0
综合收益总额	5.021
归属于母公司股东的综合收益总额	5.002
归属于少数股东的综合收益总额	0.0190

现金流量表 | 利润表 | 资产负债表

现金流量表	
经营活动产生的现金流量	
销售商品、提供劳务收到的现金	381.6
收到其他与经营活动有关的现金	1.973
经营活动现金流入小计	383.6
购买商品、接受劳务支付的现金	369.6
支付给职工以及为职工支付的现金	1.88
支付的各项税费	3.197
支付其他与经营活动有关的现金	3.355
经营活动现金流出的平衡项目	0
经营活动现金流出小计	378
经营活动产生的现金流量净额平衡项目	0
经营活动产生的现金流量净额	5.555
投资活动产生的现金流量	
取得投资收益收到的现金	0
处置固定资产、无形资产和其他长期资产收回的现金净额	0
收到的其他与投资活动有关的现金	0.10
投资活动现金流入小计	0.10
购建固定资产、无形资产和其他长期资产支付的现金	0.22
投资支付的现金	0.00
支付其他与投资活动有关的现金	0.00
投资活动现金流出小计	0.22
投资活动产生的现金流量净额	-0.12
筹资活动产生的现金流量	
吸收投资收到的现金	0
其中：子公司吸收少数股东投资收到的现金	0
取得借款收到的现金	5.99
筹资活动现金流入小计	5.99
偿还债务所支付的现金	5.99
分配股利、利润或偿付利息支付的现金	1.169
其中：子公司支付给少数股东的股利、利润	0
支付的其他与筹资活动有关的现金	0
筹资活动现金流出小计	7.159
筹资活动产生的现金流量净额	1.169
现金及现金等价物净增加额	4.268
加：期初现金及现金等价物余额	29.8
期末现金及现金等价物余额	34.06
补充资料	
净利润	5.021
资产减值准备	0.37
固定资产和投资性房地产折旧	0.08
其中：固定资产折旧、油气资产折耗、生产性生物资产折旧	0.08
无形资产摊销	0.03
长期待摊费用摊销	0.30
处置固定资产、无形资产和其他长期资产的损失	541.9
固定资产报废损失	0
公允价值变动损失	1.1
财务费用	1.113
投资损失	3.547
递延所得税	0.157
其中：递延所得税资产减少	0.144
递延所得税负债增加	0.0128
存货的减少	3.26
经营性应收项目的减少	1.187
经营性应付项目的增加	2.024
其他	0
经营活动产生的现金流量净额	5.555
现金的期末余额	34.06
减：现金的期初余额	29.8
现金及现金等价物的净增加额	4.268

现金流量表 | 利润表 | 资产负债表

图 7-28　2020 年度财务报告

（2）辅助评价表。如图 7-29 所示。

国有资本权益变动情况表					企财05表
编制单位：	2020年度				金额单位：元
项　目	行次	金　额	项　目	行次	金　额
一、年初国有资本权益总额	1	25.65	（一）经国家专项批准核销	17	
二、本年国有资本权益增加	2	3	（二）无偿划出	18	
（一）国家、国有单位直接或追加投资	3		（三）资产评估减少	19	
（二）无偿划入	4		（四）清产核资减少	20	
（三）资产评估增加	5		（五）产权界定减少	21	1
（四）清产核资增加	6		（六）消化以前年度潜亏和挂账而减少	22	
（五）产权界定增加	7		（七）因自然灾害等不可抗拒因素减少	23	
（六）资本（股本）溢价	8	1	（八）因主辅分离减少	24	
（七）接受捐赠	9		（九）企业按规定已上缴利润	25	
（八）债权转股权	10		（十）资本（股本）折价	26	
（九）税收返还	11		（十一）中央和地方政府确定的其他因素	27	
（十）减值准备转回	12		（十二）经营减值	28	0.01
（十一）会计调整	13		四、年末国有资本权益总额	29	27.64
（十二）中央和地方政府确定的其他因素	14		五、年末其他国有资金	30	
（十三）经营积累	15	2	六、年末合计国有资本总量	31	27.64
三、本年国有资本权益减少	16	1.01		32	

资产减值准备情况表														企财00表	
			编制单位：						2020年度					金额单位：元	
项　目	行次	年初账面余额	本期增加额				本期减少额					期末账面余额	项　目	行次	金额
			本期计提额	合并增加额	其他原因 增加额	合计	资产价值回升转 回额	转销额	合并减少额	其他原因 减少额	合计				
栏　次	—	1	2	3	4	5	6	7	8	9	10	11	栏　次	—	12
一、坏账准备	1	0.01										0.37	补充资料：	22	— —
其中：应收账款坏账准备	2												一、政策性挂账	23	1.9
二、存货跌价准备	3	0.02										0.03	二、当年处理以前年度损失和挂账	24	1
三、合同资产减值准备	4												其中：在当年损益中处理以前年度损失挂账	25	1
四、合同取得成本减值准备	5													26	
五、合同履约成本减值准备	6													27	
六、持有待售资产减值准备	7						— —							28	
七、债权投资减值准备	8													29	
☆八、可供出售金融资产减值准备	9													30	
☆九、持有至到期投资减值准备	10													31	
十、长期股权投资减值准备	11						— —							32	
十一、投资性房地产减值准备	12						— —							33	
十二、固定资产减值准备	13						— —							34	
十三、在建工程减值准备	14						— —							35	
十四、生产性生物资产减值准备	15						— —							36	
十五、油气资产减值准备	16						— —							37	
十六、使用权资产减值准备	17						— —							38	
十七、无形资产减值准备	18						— —							39	
十八、商誉减值准备	19						— —							40	
十九、其他减值准备	20													41	
合　计	21	0.01										0.37		42	

	A	B	C	D	E	F	G	H
1	基本情况表							企财08表
2	编制单位:				2021/12/31		金额单位：元	
3	项 目	行次	本年数	上年数	项 目	行次	本年数	上年数
4	一、高质量发展有关情况：	1	——	——	其中：长期股权投资	29		
5	（一）专利情况：	2	——	——	交易性金融资产	30		
6	1. 累计拥有有效专利数（件）	3			☆以公允价值计量且其变动计入当期损益的金融资产	31		
7	其中：累计拥有有效发明专利数	4			☆以公允价值计量且其变动计入当期损益的金融负债	32		
8	2. 专利申请数（件）	5			债权投资	33		
9	其中：发明专利申请数	6			☆可供出售金融资产	34		
10	3. 专利授权数（件）	7			其他债权投资	35		
11	其中：发明专利授权数	8			☆持有至到期投资	36		
12	（二）本年企业提取的安全生产费用	9			其他权益工具投资	37		
13	（三）本年企业支出的安全生产费用	10			其他非流动金融资产	38		
14	（四）本年科技资金来源合计	11			其他项目收益	39		
15	其中：政府拨款	12			四、本年固定资产投资额	40		
16	企业自筹	13			（一）购置固定资产	41		
17	其他	14			（二）基建投资	42		
18	（五）本年研发（R&D）经费投入	15	0.05		（三）其他投资	43		
19	1. 日常性研发（R&D）经费支出	16			五、本年计提的固定资产折旧总额	44	0.08	
20	其中：研发人员劳动报酬	17			六、本年管理费用项下的业务招待费支出	45		
21	低值易耗品	18			七、本年管理费用项下的党建工作经费	46		
22	2. 购置固定资产、新技术、科研设备等支出	19			八、本年企业支付的环境保护及生态恢复支出	47		
23	其中：土地与建筑物支出	20			其中：本年度上交政府统筹的支出	48		
24	仪器与设备支出	21			本年度企业提取或据实列支的支出	49		
25	3. 其他支出	22			本年企业支出的节能减排费用	50		
26	（六）科技人员人数（人）	23			九、企业累计向境外投资额	51		
27	其中：研发人员人数	24			其中：企业本年新增向境外投资额	52		
28	二、产值（按现行价格计算）：	25	——	——	十、本年对扶贫方面的支出	53		
29	（一）工业总产值	26			十一、本年对外捐赠支出（不含上述本年对扶贫方面的支出）	54		
30	（二）劳动生产总值	27	337.9		十二、社会贡献总额	55	5.08	
31	三、投资收益	28				56		

	A	B	C	D	E	F	G	H
1	人力资源情况表						企财09表	
2	编制单位：				2020/12/31		金额单位：元	
3	项 目	行次	本年数	上年数	项 目	行次	本年数	上年数
4	一、企业人数情况（人）：	1	——	——	（一）年初不在岗职工人数（人）	22		
5	（一）年末从业人员人数	2	39733		（二）年末不在岗职工人数（人）	23		
6	（二）本年平均从业人员人数	3	39800		（三）本年累计解除劳动关系人数（人）	24		
7	（三）年末职工人数	4			其中：需支付经济补偿人数	25		
8	其中：年末在岗职工人数	5			（四）本年累计支付经济补偿金额	26		
9	（四）本年平均职工人数	6			其中：财政负担部分	27		
10	其中：本年平均在岗职工人数	7			三、工资及福利情况：	28	——	——
11	（五）年末劳务派遣人数	8			（一）本年应发职工薪酬总额	29		
12	（六）本年平均劳务派遣人数	9			（二）本年实际发放职工薪酬总额	30		
13	（七）年末离休人数	10			其中：本年实际发放职工工资总额	31		
14	（八）年末退休人数	11			其中：本年实际发放在岗职工工资总额	32		
15	（九）参加基本养老保险的年末职工人数	12			本年支付的劳务派遣金额	33		
16	（十）参加补充养老保险的年末职工人数	13			（三）企业提取的工资总额	34		
17	（十一）参加基本医疗保险（生育保险）的年末职工人数	14			1. 非工挂企业工资总额	35		
18	（十二）参加补充医疗保险的年末职工人数	15			2. 工挂企业工资总额	36		
19	（十三）参加失业保险的年末职工人数	16			（四）本年支付的离退休人员养老金及福利性补助	37		
20	（十四）参加工伤保险的年末职工人数	17			（五）本年支付的企业负责人薪酬总额	38		
21	（十五）实行工效挂钩职工人数	18			企业负责人人数（人）	39		
22	（十六）未实行社会化管理的离退休人员人数	19			（六）本年支付的职工福利费	40		
23	（十七）年末党员人数	20			（七）本年提取的职工教育培训经费	41		
24	二、企业不在岗职工及劳动关系处理情况：	21	——	——	（八）本年支付的职工教育培训经费	42		

	A	B	C	D	E	F	G	H
1	带息负债情况表						企财10表	
2	编制单位：				2020/12/31		金额单位：元	
3			本金					
4	项 目	行次	年初余额	年末余额	项 目	行次	本年金额	上年金额
5	栏 次	—	1	2	栏 次	—	3	4
6	一、带息流动负债合计	1	30.31	31.06	补充资料：	27	——	——
7	（一）短期借款	2	0	0	一、利息支出总额	28	1.113	
8	其中：银行借款	3			其中：利息资本化金额	29		
9	非银行金融机构借款	4			二、带息负债融资成本率（%）	30		
10	（二）一年内到期的非流动负债	5	0	0	三、计入权益的融资情况：	31	——	——
11	其中：一年内到期的长期借款	6			（一）计入权益的融资本金余额	32		
12	一年内到期的应付债券	7			1. 优先股	33		
13	一年内到期的融资租赁款	8			2. 永续债	34		
14	一年内到期的租赁负债	9			其中：永续债券	35		
15	（三）交易性金融负债	10	30.31	31.06	其他永续债	36		
16	☆（四）以公允价值计量且其变动计入当期损益的金融负债	11	0	0	3. 并表基金	37		
17	（五）其他带息流动负债	12			（二）计入未分配利润的融资成本	38		
18	其中：短期融资券（含超短期融资券）	13			1. 优先股	39		
19	其他短期债券	14			2. 永续债	40		
20	二、带息非流动负债合计	15			3. 并表基金	41		
21	（一）长期借款	16			四、境外发债情况（由集团总部填列）：	42	——	——
22	其中：银行借款	17			（一）境外发行外币债券余额（以人民币填列）	43		
23	非银行金融机构借款	18			其中：美元债（以美元填列）	44		
24	（二）应付债券	19			欧元债（以欧元填列）	45		
25	其中：中期票据	20			港元债（以港元填列）	46		
26	企业债券	21			（二）境外发行人民币债券余额	47		
27	公司债券	22				48		
28	（三）其他带息非流动负债	23				49		
29	其中：融资租赁款	24				50		
30	租赁负债	25		0		51		
31	带息负债合计	26	30.31	31.06		52		

	A	B	C	D	E	F	G	H	I	J	K	L
1					成本费用情况表						企财20表	
2	编制单位：	2020年度										金额单位：元
3	项目	行次	本年数	上年数	项目	行次	本年数	上年数	项目	行次	本年数	上年数
4	一、营业成本	1	323.2	402.9	1. 职工薪酬	24			补充资料：	47	——	——
5	其中：原材料费用（采购成本）	2			2. 保险费	25			一、集中采购情况：	48	——	——
6	人工成本	3			3. 折旧费	26	0.02	0.02	（一）采购总额	49		
7	折旧费	4	0.06	0.05	4. 修理费	27			（二）集中采购额	50		
8	二、金融企业营业成本	5			5. 无形资产摊销	28	0.0288	0.02741	1. 集团总部集中采购额	51		
9	三、税金及附加	6	0.5052	0.3493	6. 存货盘亏	29			2. 集团所属单位集中采购额	52		
10	四、销售费用	7	3.544	3.105	7. 业务招待费	30			（三）集中采购比例（%）	53		
11	1. 包装费	8			8. 差旅费	31			（四）集中采购节约金额	54		
12	2. 运输费	9			9. 办公费	32			二、科技收入情况：	55	——	——
13	3. 装卸费	10			10. 会议费	33			（一）取得的科技收入	56		
14	4. 仓储保管费	11			11. 诉讼费	34			1. 科技创新收入	57		
15	5. 保险费	12			12. 聘请中介机构费	35			其中：四技收入	58		
16	6. 展览费	13			其中：年度决算审计费用	36			2. 新产品销售收入	59		
17	7. 广告费	14			13. 咨询费	37			3. 其他收入	60		
18	8. 销售服务费	15			14. 技术转让费	38			（二）确认为无形资产的开发支出	61	1	
19	9. 职工薪酬	16			15. 董事会费	39			（三）加计扣除研究开发费用	62		
20	10. 业务经费	17			16. 排污费	40				63		
21	11. 委托代销手续费	18			17. 其他	41				64		
22	12. 折旧费	19			六、研发费用	42	0.05406	0.08527		65		
23	13. 修理费	20			七、财务费用	43	0.9229	0.9311		66		
24	14. 样品及产品损耗	21			八、勘探费用	44				67		
25	15. 其他	22			成本费用总额	45	329.37216	376.05767		68		
26	五、管理费用	23	1.146	0.95		46				69		

中央企业负责人经营业绩考核目标完成情况表								
编报单位：			2021年度					
项 目	行次	计量单位	考核目标值	基准值	财务决算数	责任书约定调整项	考核完成数	备注
栏 次	-	-	1	2	3	4	5	6
净利润	1	万元			5.021			
“期间费用”项下的“研发费用”	2	万元		-	0.05406			
其中：承担关键核心技术攻关的研发费用	3	万元						
基础研究研发投入	4	万元						
应用基础研究研发投入	5	万元						
处理历史遗留问题的因素	6	万元						
当年安排的国有资本经营预算费用性支出	7	万元						
其他需要考虑的因素	8	万元		-				
经济增加值	9	万元			2.06			
（一）税后净营业利润	10	万元		-	6.65			
其中：净利润	11	万元		-	5.021			
利息支出	12	万元		-	1.113			
研究开发费调整项	13	万元		-	1.05406			
其中：“期间费用”项下的“研发费用”	14	万元		-	0.05406			
当期确认为无形资产的研究开发支出	15	万元		-	1			
勘探费用	16	万元		-				
所得税率	17	%						25
（二）资本成本	18	万元		-	4.59			
调整后资本	19	万元		-	83.47			
平均所有者权益	20	万元		-	52.78			
平均带息负债	21	万元		-	30.69			
其中：银行、保险、证券等企业平均带息负债	22	万元		-	0			
其中：短期借款	23	万元		-				
一年内到期的非流动负债	24	万元		-				
交易性金融负债	25	万元		-				
其他带息流动负债	26	万元		-				
长期借款	27	万元		-				
应付债券	28	万元		-				
其他带息非流动负债	29	万元		-				
平均在建工程	30	万元		-	0			
平均资本成本率	31	%			5.50%			
其中：股权资本成本率	32	%		-	1.87%			
债权资本成本率	33	%		-	3.63%			
其中：利息支出总额	34	万元		-	1.113			

图 7－29　2020 年辅助评价表

4. 2021 年财务报告和辅助评价表

（1）资产负债表、利润表、现金流量表。如图 7－30 所示。

资产负债表	
流动资产	
货币资金	46.26
应收票据及应收账款	11.24
其中:应收票据	0
应收账款	11.24
预付款项	0.84
其他应收款合计	0.175
1.存货	41.2
其他流动资产	4.941
2.流动资产合计	104.7
非流动资产	
可供出售金融资产	0
长期股权投资	4.593
其他权益工具投资	0.05047
投资性房地产	0.04849
固定资产	1.058
3.在建工程	0.0138
使用权资产	2.53
无形资产	0.1536
商誉	0.0482
长期待摊费用	0.513
递延所得税资产	0.67
非流动资产合计	5.549
4.资产总计	110.2
流动负债	
短期借款	0
交易性金融负债	34.17
以公允价值计量且其变动计入当期损益的金融负债	0
应付票据及应付账款	1.769
其中:应付账款	1.769
预收款项	0
合同负债	1.324
应付职工薪酬	0.1754
应交税费	0.6584
其他应付款合计	2.965
其中:应付利息	0.08797
一年内到期的非流动负债	0.3217
其他流动负债	0.1862
流动负债合计	41.57
非流动负债	
租赁负债	2.252
递延所得税负债	0
非流动负债合计	2.252
负债合计	43.82
所有者权益(或股东权益)	
实收资本（或股本）	16.8
资本公积	23.97
其他综合收益	0.0004725
盈余公积	1.89
未分配利润	22.9
归属于母公司股东权益总计	65.56
少数股东权益	0.8219
股东权益合计	66.38
负债和股东权益总计	110.2

现金流量表　利润表　资产负债表

利润表	
项目	金额
营业总收入	507.6
营业收入	507.6
营业总成本	499.4
营业成本	491.9
税金及附加	0.775
销售费用	4.61
管理费用	1.38
研发费用	0.1462
财务费用	0.6194
其中:利息费用	1.039
利息收入	0.4495
其他经营收益	
加:公允价值变动收益	0.5
投资收益	1.038
其中:对联营企业和合营企业的投资收益	-0.01
资产处置收益	-0.01
资产减值损失(新)	-0.05
信用减值损失(新)	-0.07
其他收益	0.00
营业利润	9.537
加:营业外收入	0.53
减:营业外支出	0.06
利润总额	10.01
减:所得税	2.032
净利润	7.978
(一)按经营持续性分类	
持续经营净利润	7.978
(二)按所有权归属分类	
归属于母公司股东的净利润	7.944
少数股东损益	0.03
扣除非经常性损益后的净利润	7.582
每股收益	
基本每股收益	0.48
稀释每股收益	0.48
其他综合收益	0.0005
归属于母公司股东的其他综合收益	0.0005
综合收益总额	7.978
归属于母公司股东的综合收益总额	7.945
归属于少数股东的综合收益总额	0.0334

现金流量表　利润表　资产负债表

现金流量表	
经营活动产生的现金流量	
销售商品、提供劳务收到的现金	568.6
收到其他与经营活动有关的现金	3.035
经营活动现金流入小计	571.6
购买商品、接受劳务支付的现金	552.4
支付给职工以及为职工支付的现金	2.682
支付的各项税费	4.646
支付其他与经营活动有关的现金	3.762
经营活动现金流出的平衡项目	0.01
经营活动现金流出小计	563.5
经营活动产生的现金流量净额平衡项目	0.01
经营活动产生的现金流量净额	8.149
投资活动产生的现金流量	
取得投资收益收到的现金	0
处置固定资产、无形资产和其他长期资产收回的现金净额	0
收到的其他与投资活动有关的现金	0.00
投资活动现金流入小计	0.00
购建固定资产、无形资产和其他长期资产支付的现金	0.32
投资支付的现金	0.40
支付其他与投资活动有关的现金	0.00
投资活动现金流出小计	0.72
投资活动产生的现金流量净额	-0.72
筹资活动产生的现金流量	
吸收投资收到的现金	8.31
其中:子公司吸收少数股东投资收到的现金	0
取得借款收到的现金	0
筹资活动现金流入小计	8.31
偿还债务所支付的现金	0
分配股利、利润或偿付利息支付的现金	3.527
其中:子公司支付给少数股东的股利、利润	0
支付的其他与筹资活动有关的现金	0.15
筹资活动现金流出小计	3.677
筹资活动产生的现金流量净额	4.633
现金及现金等价物净增加额	12.06
加:期初现金及现金等价物余额	34.06
期末现金及现金等价物余额	46.13
补充资料	
净利润	7.978
资产减值准备	0.05
固定资产和投资性房地产折旧	0.08
其中:固定资产折旧、油气资产折耗、生产性生物资产折旧	0.08
无形资产摊销	0.04
长期待摊费用摊销	0.24
处置固定资产、无形资产和其他长期资产的损失	0.011
固定资产报废损失	4839
公允价值变动损失	-0.5
财务费用	1.039
投资损失	1.038
递延所得税	0.182
其中:递延所得税资产减少	0.195
递延所得税负债增加	-0.0128
存货的减少	4.025
经营性应收项目的减少	-0.34
经营性应付项目的增加	4.022
其他	0
经营活动产生的现金流量净额	8.149
现金的期末余额	46.13
减:现金的期初余额	34.06
现金及现金等价物的净增加额	12.06

现金流量表　利润表　资产负债表

图 7－30　2021 年度财务报告

（2）辅助评价表。如图 7－31 所示。

第7章 企业财务绩效评价

国有资本权益变动情况表

企财05表
编制单位： 2021年度 金额单位：元

项目	行次	金额	项目	行次	金额
一、年初国有资本权益总额	1	27.64	（一）经国家专项批准核销	17	
二、本年国有资本权益增加	2	4	（二）无偿划出	18	
（一）国家、国有单位直接或追加投资	3		（三）资产评估减少	19	
（二）无偿划入	4		（四）清产核资减少	20	
（三）资产评估增加	5		（五）产权界定减少	21	
（四）清产核资增加	6		（六）消化以前年度潜亏和挂账而减少	22	
（五）产权界定增加	7		（七）因自然灾害等不可抗拒因素减少	23	1
（六）资本（股本）溢价	8	1	（八）因主辅分离减少	24	
（七）接受捐赠	9		（九）企业按规定已上缴利润	25	
（八）债权转股权	10		（十）资本（股本）折价	26	
（九）税收返还	11		（十一）中央和地方政府确定的其他因素	27	
（十）减值准备转回	12		（十二）经营减值	28	
（十一）会计调整	13		四、年末国有资本权益总额	29	28.64
（十二）中央和地方政府确定的其他因素	14		五、年末其他国有资金	30	
（十三）经营积累	15	3	六、年末合计国有资本总量	31	28.64
三、本年国有资本权益减少	16	1		32	

资产减值准备情况表

企财06表 编制单位： 2021年度 金额单位：元

（表格内容，数据略）

基本情况表

企财08表 编制单位： 2021/12/31 金额单位：元

（表格内容，数据略）

人力资源情况表

企财09表 编制单位： 2021/12/31 金额单位：元

（表格内容，数据略）

图 7-31　2021 年辅助评价表

5. 2022 年财务报告和辅助评价表

（1）资产负债表、利润表、现金流量表。如图 7－32 所示。

	A	B
1	资产负债表	
2	流动资产	
3	货币资金	52.71
4	应收票据及应收账款	11.61
5	其中：应收票据	
6	应收账款	11.61
7	预付款项	0.83
8	其他应收款合计	0.33
9	1. 存货	39.5
10	其他流动资产	4.913
11	2. 流动资产合计	109.9
12	非流动资产	
13	可供出售金融资产	
14	长期股权投资	0.46
15	其他权益工具投资	0.047
16	投资性房地产	0.046
17	固定资产	1.01
18	3. 在建工程	
19	使用权资产	2.539
20	无形资产	0.14
21	商誉	0.048
22	长期待摊费用	0.048
23	递延所得税资产	1.644
24	非流动资产合计	6.412
25	4. 资产总计	116.3
26	流动负债	
27	短期借款	
28	交易性金融负债	33.97
29	以公允价值计量且其变动计入当期损益的金融负债	
30	应付票据及应付账款	1.881
31	其中：应付账款	1.881
32	预收款项	
33	合同负债	2.357
34	应付职工薪酬	0.23
35	应交税费	1.23
36	其他应付款合计	3.066
37	其中：应付利息	0
38	一年内到期的非流动负债	0.51
39	其他流动负债	0.31
40	流动负债合计	43.55
41	非流动负债	
42	租赁负债	2.101
43	递延所得税负债	0.63
44	非流动负债合计	2.732
45	负债合计	46.28
46	所有者权益（或股东权益）	
47	实收资本（或股本）	16.8
48	资本公积	23.97
49	其他综合收益	-0.00032
50	盈余公积	2.066
51	未分配利润	26.35
52	归属于母公司股东权益总计	69.18
53	少数股东权益	0.84
54	股东权益合计	70.02
55	负债和股东权益总计	116.3

	A	B
1	利润表	
2	营业总收入	471.20
3	营业收入	471.20
4	营业总成本	460.00
5	营业成本	452.90
6	税金及附加	0.69
7	销售费用	4.50
8	管理费用	1.46
9	研发费用	0.28
10	财务费用	0.24
11	其中：利息费用	0.72
12	利息收入	0.51
13	其他经营收益	
14	加：公允价值变动收益	-1.19
15	投资收益	-1.25
16	其中：对联营企业和合营企业的投资收益	0.00
17	资产处置收益	0.00
18	资产减值损失(新)	-0.03
19	信用减值损失(新)	-0.14
20	其他收益	0.00
21	营业利润	8.60
22	加：营业外收入	0.87
23	减：营业外支出	0.01
24	利润总额	9.47
25	减：所得税	1.80
26	净利润	7.67
27	(一)按经营持续性分类	
28	持续经营净利润	7.67
29	(二)按所有权归属分类	
30	归属于母公司股东的净利润	7.65
31	少数股东损益	0.02
32	扣除非经常性损益后的净利润	6.95
33	每股收益	
34	基本每股收益	0.46
35	稀释每股收益	0.46
36	其他综合收益	0.00
37	归属于母公司股东的其他综合收益	0.00
38	综合收益总额	7.67
39	归属于母公司股东的综合收益总额	7.65
40	归属于少数股东的综合收益总额	0.02

	A	B
1	现金流量表	
2	经营活动产生的现金流量	
3	销售商品、提供劳务收到的现金	516.5
4	收到其他与经营活动有关的现金	2.193
5	经营活动现金流入小计	517.7
6	购买商品、接受劳务支付的现金	494.2
7	支付给职工以及为职工支付的现金	2.847
8	支付的各项税费	4.429
9	支付其他与经营活动有关的现金	4.303
10	经营活动现金流出的平衡项目	
11	经营活动现金流出小计	505.8
12	经营活动产生的现金流量净额平衡项目	
13	经营活动产生的现金流量净额	11.93
14	投资活动产生的现金流量	
15	取得投资收益收到的现金	
16	处置固定资产、无形资产和其他长期资产收回的现金净额	
17	收到的其他与投资活动有关的现金	
18	投资活动现金流入小计	--
19	购建固定资产、无形资产和其他长期资产支付的现金	0.41
20	投资支付的现金	0
21	支付其他与投资活动有关的现金	0.41
22	投资活动现金流出小计	
23	投资活动产生的现金流量净额	-0.41
24	筹资活动产生的现金流量	
25	吸收投资收到的现金	
26	其中：子公司吸收少数股东投资收到的现金	
27	取得借款收到的现金	
28	筹资活动现金流入小计	--
29	偿还债务所支付的现金	
30	分配股利、利润或偿付利息支付的现金	4.716
31	其中：子公司支付给少数股东的股利、利润	0.48
32	支付的其他与筹资活动有关的现金	
33	筹资活动现金流出小计	5.198
34	筹资活动产生的现金流量净额	-5.198
35	现金及现金等价物净增加额	6.327
36	加：期初现金及现金等价物余额	46.13
37	期末现金及现金等价物余额	52.45
38	补充资料	
39	净利润	7.671
40	资产减值准备	0.027
41	固定资产和投资性房地产折旧	0.093
42	其中：固定资产折旧、油气资产折耗、生产性生物资产折旧	0.093
43	无形资产摊销	0.054
44	长期待摊费用摊销	0.25
45	处置固定资产、无形资产和其他长期资产的损失	
46	固定资产报废损失	0.0001928
47	公允价值变动损失	1.19
48	财务费用	0.72
49	投资损失	1.246
50	递延所得税	-0.34
51	其中：递延所得税资产减少	-0.34
52	递延所得税负债增加	0.0098
53	存货的减少	1.685
54	经营性应收项目的减少	-0.66
55	经营性应付项目的增加	-0.52
56	其他	
57	经营活动产生的现金流量净额	11.93
58	现金的期末余额	52.45
59	减：现金的期初余额	46.13
60	现金及现金等价物的净增加额	6.327

图 7－32　2022 年度财务报告

（2）辅助评价表。如图 7－33 所示。

	A	B	C	D	E	F
1	国有资本权益变动情况表					企财05表
2	编制单位：	2022年度				金额单位：元
3	项 目	行次	金 额	项 目	行次	金 额
4	一、年初国有资本权益总额	1	28.64	（一）经国家专项批准核销	17	
5	二、本年国有资本权益增加	2	4	（二）无偿划出	18	
6	（一）国家、国有单位直接或追加投资	3		（三）资产评估减少	19	
7	（二）无偿划入	4		（四）清产核资减少	20	
8	（三）资产评估增加	5		（五）产权界定减少	21	
9	（四）清产核资增加	6		（六）消化以前年度潜亏和挂账而减少	22	
10	（五）产权界定增加	7		（七）因自然灾害等不可抗拒因素减少	23	
11	（六）资本（股本）溢价	8		（八）因主辅分离减少	24	
12	（七）接受捐赠	9		（九）企业按规定已上缴利润	25	
13	（八）债权转股权	10		（十）资本（股本）折价	26	
14	（九）税收返还	11		（十一）中央和地方政府确定的其他因素	27	
15	（十）减值准备转回	12		（十二）经营减值	28	
16	（十一）会计调整	13		四、年末国有资本权益总额	29	32.64
17	（十二）中央和地方政府确定的其他因素	14		五、年末其他国有资金	30	
18	（十三）经营积累	15	4	六、年末合计国有资本总量	31	32.64
19	三、本年国有资本权益减少	16	0		32	

	A	B	C	D	E	F	G	H	I	J	K	L	M	N	O	P
1	资产减值准备情况表														企财06表	
2				编制单位：					2022年度						金额单位：元	
3–4	项 目	行次	年初账面余额	本期增加额				本期减少额					期末账面余额	项 目	行次	金额
5–6				本期计提额	合并增加额	其他原因 增加额	合计	资产价值回升转 回额	转销额	合并减少额	其他原因 减少额	合计				
7	栏 次	—	1	2	3	4	5	6	7	8	9	10	11	栏 次	—	12
8	一、坏账准备	1	0.37										0.05	补充资料：	22	——
9	其中：应收账款坏账准备	2												一、政策性挂账	23	2.1
10	二、存货跌价准备	3	0.01										0.01	二、当年处理以前年度损失和挂账	24	1.2
11	三、合同资产减值准备	4												其中：在当年损益中处理以前年度损失挂账	25	1.2
12	四、合同取得成本减值准备	5													26	
13	五、合同履约成本减值准备	6													27	
14	六、持有待售资产减值准备	7						——							28	
15	七、债权投资减值准备	8													29	
16	☆八、可供出售金融资产减值准备	9													30	
17	☆九、持有至到期投资减值准备	10													31	
18	十、长期股权投资减值准备	11						——							32	
19	十一、投资性房地产减值准备	12						——							33	
20	十二、固定资产减值准备	13						——							34	
21	十三、在建工程减值准备	14						——							35	
22	十四、生产性生物资产减值准备	15						——							36	
23	十五、油气资产减值准备	16						——							37	
24	十六、使用权资产减值准备	17						——							38	
25	十七、无形资产减值准备	18						——							39	
26	十八、商誉减值准备	19						——							40	
27	十九、其他减值准备	20													41	
28	合 计	21	0.37										0.05		42	

基本情况表

编制单位：　　　　　　　　　　　　　　2022/12/31　　　　　　　　　　企财08表　　金额单位：元

项目	行次	本年数	上年数	项目	行次	本年数	上年数
一、高质量发展有关情况：	1	—	—	其中：长期股权投资	29		
（一）专利情况：	2	—	—	交易性金融资产	30		
1.累计拥有有效专利数（件）	3			☆以公允价值计量且其变动计入当期损益的金融资产	31		
其中：累计拥有有效发明专利数	4			☆以公允价值计量且其变动计入当期损益的金融负债	32		
2.专利申请数（件）	5			债权投资	33		
其中：发明专利申请数	6			☆可供出售金融资产	34		
3.专利授权数（件）	7			其他债权投资	35		
其中：发明专利授权数	8			☆持有至到期投资	36		
（二）本年企业提取的安全生产费用	9			其他权益工具投资	37		
（三）本年企业支出的安全生产费用	10			其他非流动金融资产	38		
（四）本年科技资金来源合计	11			其他项目收益	39		
其中：政府拨款	12			四、本年固定资产投资额	40		
企业自筹	13			（一）购置固定资产	41		
其他	14			（二）基建投资	42		
（五）本年研发（R&D）经费投入	15	0.28		（三）其他项目	43		
1.日常性研发（R&D）经费支出	16			五、本年计提的固定资产折旧总额	44	0.09	
研发人员劳动报酬	17			六、本年管理费用下的业务招待费支出	45		
低值易耗品	18			七、本年管理费用下的党建工作经费	46		
2.购买固定资产、无形资产、科研设备等支出	19			八、本年企业支付的环境保护与生态恢复支出	47		
其中：土地与建筑物支出	20			其中：本年度上交政府的支出	48		
仪器与设备支出	21			本年度企业提取或据实列支的支出	49		
3.其他支出	22			本年企业支付的节能减排费用	50		
（六）科技从员人数（人）	23			九、企业累计对外投资额	51		
其中：研发人员人数	24			其中：企业本年新增对境外投资额	52		
二、产值（按现行价格计算）：	25			十、本年对外捐支出	53		
（一）工业总产值	26			十一、本年对外捐赠支出（不含上述本年对扶贫方面的支出）	54		
（二）劳动生产总值	27	471.2		十二、社会贡献总额	55	7.28	
三、投资收益	28				56		

人力资源情况表

编制单位：　　　　　　　　　　　　　　2022/12/31　　　　　　　　　　企财09表　　金额单位：元

项目	行次	本年数	上年数	项目	行次	本年数	上年数
一、企业人数情况：	1			（一）年初不在岗职工人数（人）	22		
（一）年末从业人员数	2	39743		（二）年末不在岗职工人数（人）	23		
（二）本年平均从业人员人数	3	39000		（三）本年累计解除劳动关系人数	24		
（三）年末职工人数	4			其中：需支付经济补偿人数	25		
其中：年末在岗职工人数	5			（四）本年累计支付经济补偿金额	26		
（四）本年平均职工人数	6			其中：财政统筹部分	27		
其中：本年平均在岗职工人数	7			三、工资及福利情况：	28		
（五）年末劳务派遣人数	8			（一）本年应发职工薪酬总额	29		
（六）本年平均劳务派遣人数	9			（二）本年实际发放职工薪酬总额	30		
（七）年末离休人数	10			其中：本年实际发放工资总额	31		
（八）年末退休人数	11			其中：本年实际发放在岗职工工资总额	32		
（九）参加基本养老保险的年末职工人数	12			本年支付的劳务派遣金额	33		
（十）参加补充养老保险的年末职工人数	13			（三）企业提取的工资总额	34		
（十一）参加基本医疗保险（生育保险）的年末职工人数	14			1.非工挂企业工资额	35		
（十二）参加补充医疗保险的年末职工人数	15			2.工挂企业工资额	36		
（十三）参加失业保险的年末职工人数	16			（四）本年支付的离退休人员养老金及福利性补助	37		
（十四）参加工伤保险的年末职工人数	17			（五）本年支付的企业负责人薪酬总额	38		
（十五）实行工效挂钩职工人数	18			企业负责人人数（人）	39		
（十六）未实行社会化管理的离退休人员人数	19			（六）本年支付的职工福利费	40		
（十七）年末党员人数	20			（七）本年提取的职工教育培训经费	41		
二、企业不在岗职工及劳动关系处理情况：	21	—	—	（八）本年支付的职工教育培训经费	42		

带息负债情况表

编制单位：　　　　　　　　　　　　　　2022/12/31　　　　　　　　　　企财10表　　金额单位：元

项目	行次	本金		项目	行次	本年金额	上年金额
栏次		年初余额 1	年末余额 2	栏次		3	4
一、带息流动负债合计	1	31.06	34.4917	补充资料：	27		
（一）短期借款	2	0	0	一、利息支出总额	28	1.039	
其中：银行借款	3			其中：利息资本化金额	29		
非银行金融机构借款	4			二、带息负债融资成本率（%）	30		
（二）一年内到期的非流动负债	5	0	0.3217	三、计入权益的融资情况：	31		
其中：一年内到期的长期借款	6			（一）计入权益的融资本金余额	32		
一年内到期的应付债券	7			1.优先股	33		
一年内到期的融资租赁负债	8			2.永续债	34		
一年内到期的租赁负债	9			其中：永续债券	35		
（三）交易性金融负债	10	31.06	34.17	其他永续债	36		
☆（四）以公允价值计量且其变动计入当期损益的金融负债	11	0	0	3.并表基金	37		
（五）其他带息流动负债	12			（二）计入未分配利润的融资成本	38		
其中：短期融资券（含超短期融资券）	13			1.优先股	39		
其他短期债券	14			2.永续债	40		
二、带息非流动负债合计	15	2.252		3.并表基金	41		
（一）长期借款	16		0	四、境外发债情况（由集团总部填列）：	42		
其中：银行借款	17			（一）境外发行外币债券余额（以人民币填列）	43		
非银行金融机构借款	18			其中：美元债（以美元填列）	44		
（二）应付债券	19		0	欧元债（以欧元填列）	45		
其中：中期票据	20			港元债（以港元填列）	46		
企业债券	21			（二）境外发行人民币债券余额	47		
公司债券	22				48		
（三）其他带息非流动负债	23		2.252		49		
其中：融资租赁负债	24				50		
租赁负债	25		2.252		51		
带息负债合计	26	31.06	36.7437		52		

成本费用情况表

编制单位：　　　　　　　　　　　　　　2018年度　　　　　　　　　　企财20表　　金额单位：元

项目	行次	本年数	上年数	项目	行次	本年数	上年数	项目	行次	本年数	上年数
一、营业成本	1	402.9		1.职工薪酬	24			补充资料：	47		
其中：原材料费用（采购成本）	2			2.保险费	25			一、集中采购情况：	48	—	—
人工成本	3			3.折旧费	26	0.02		（一）采购总额	49		
折旧费	4	0.05		4.修理费	27			（二）集中采购额	50		
二、金融企业营业成本	5			5.无形资产摊销	28	0.01315		1.集团总部集中采购额	51		
三、税金及附加	6	0.3495		6.办公费	29			2.所属成员企业集中采购额	52		
四、销售费用	7	3.105		7.会议费	30			（三）集中采购比例（%）	53		
1.包装费	8			8.差旅费	31	0.07215		（四）集中采购节约的金额	54		
2.运输费	9			9.办公费	32			二、科技收入情况：	55		
3.装卸费	10				33			1.科技收入	56		
4.仓储保管费	11			10.聘请中介机构费	34			其中：四技收入	57		
5.保险费	12			其中：年度决算审计费用	35			2.其他收入	58		
6.展览费	13			11.咨询费	36			三、无形资产开发支出	59		
7.广告费	14			12.诉讼费	37			（一）无形资产的开发支出	60	1	
8.销售服务费	15			13.技术转让费	38			（二）加计扣除研究开发费用	61		
9.职工薪酬	16			14.销售产品成本	39				62		
10.业务费	17			15.董事会费	40				63		
11.业务招待费	18			其他	41				64		
12.折旧费	19			六、研发费用	42	0.03464			65		
13.修理费	20			七、财务费用	43	0.6385			66		
14.煤电及产品损耗	21			八、勘探费	44				67		
15.其他	22			成本费用总额	45	407.98			68		
五、管理费用	23	0.95			46				69		

中央企业负责人经营业绩考核目标完成情况表

项目	行次	计量单位	考核目标值	基准值	财务决算数	责任书约定调整项	考核完成数	备注
栏次	—	—	1	2	3	4	5	6
净利润	1	万元			7.978			
"期间费用"项下的"研发费用"	2	万元		—	0.1462			
其中：承担关键核心技术攻关的研发费用	3	万元						
基础研究投入	4	万元						
应用基础研究研发投入	5	万元						
处理历史遗留问题的因素	6	万元						
当年安排的国有资本经营预算费用性支出	7	万元						
其他需要考虑的因素	8	万元						
经济增加值	9	万元			4.10			
（一）税后净营业利润	10	万元			9.62			
其中：净利润	11	万元			7.978			
利息支出	12	万元			1.039			
研究开发费调整项	13	万元			1.1462			
其中："期间费用"项下的"研发费用"	14	万元		—	0.1462			
当期确认为无形资产的研究开发支出	15	万元		—	1			
勘探费用	16	万元						
所得税率	17	%	25					
（二）资本成本	18	万元			5.51			
调整后资本	19	万元		—	100.26805			
平均所有者权益	20	万元		—	66.38			
平均带息负债	21	万元		—	33.90185			
其中：银行、保险、证券等企业平均带息负债	22	万元		—	0			
其中：短期借款	23	万元						
一年内到期的非流动负债	24	万元						
交易性金融负债	25	万元						
其他带息流动负债	26	万元						
长期借款	27	万元						
应付债券	28	万元						
其他带息非流动负债	29	万元						
平均在建工程	30	万元			0.0138			
平均资本成本率	31	%			5.50%			
其中：股权资本成本率	32	%			2.44%			
债权资本成本率	33	%			3.06%			
其中：利息支出总额	34	万元			1.039			

图 7-33　2022 年辅助评价表

6. 2020 年至 2023 年企业绩效评价标准值（有色金属行业）。如图 7-34 所示。

有色金属矿采选业（2020年）

项目	优秀值	良好值	平均值	较低值	较差值
一、盈利能力状况					
净资产收益率（%）	13.9	8.9	3.1	-1.7	-8.6
总资产报酬率（%）	10.3	7.1	2.1	-1.9	-7.4
销售（营业）利润率（%）	12.9	7.7	2.6	-5.6	-13.3
盈余现金保障倍数	10.4	4.5	1.2	0.6	-3.2
成本费用利润率（%）	18.1	12.5	3.2	-3.7	-12
资本收益率（%）	15	9.8	4.1	-2.1	-8.9
二、资产质量状况					
总资产周转率（次）	2.4	1.6	0.8	0.3	0.2
应收账款周转率（次）	28	19.7	11.6	5.9	1.7
不良资产比率（%）	0.1	0.5	2.8	6.9	10.5
流动资产周转率（次）	2.9	2.1	1.2	0.6	0.3
资产现金回收率（%）	15.9	9	2.5	-2.5	-8.4
三、债务风险状况					
资产负债率（%）	48.6	53.6	58.6	68.6	83.6
已获利息倍数	5.7	3.6	2	0.6	-2.4
速动比率（%）	126	97.8	77.9	67	48.4
现金流动负债比率（%）	22.7	15	6.2	-1.1	-7.5
带息负债比率（%）	41.9	50	58.6	72.6	84.2
或有负债比率（%）	2.3	3	4.6	8.6	13.3
四、经营增长状况					
销售（营业）增长率（%）	22.3	17.2	4.9	-2.1	-9.7
资本保值增值率（%）	114.8	109.2	103.8	97.8	92.2
销售（营业）利润增长率（%）	19.9	14.5	4	-3.1	-9.9
总资产增长率（%）	13.2	9.1	4.5	-1.5	-7.9
技术投入比率（%）	1.6	1.3	1.2	0.8	0.5
五、补充资料					
存货周转率（次）	15.8	10.3	5.4	3.3	1.3
两金占流动资产比重（%）	7.5	17.9	24.9	34.1	42.9
成本费用总额占营业总收入比重（%）	82.3	89.2	95.1	101.7	106
经济增加值率（%）	11.8	6.6	0.8	-5	-11.4
EBITDA率（%）	32.3	18.9	8.1	0.8	-4.3
资本积累率（%）	43.5	21.6	5.7	-5.4	-13

有色金属矿采选业（2021）

项目	优秀值	良好值	平均值	较低值	较差值
一、盈利能力状况					
净资产收益率（%）	13.6	7.7	4.7	-0.9	-7
总资产报酬率（%）	7.1	4.6	4.1	-0.8	-5.6
销售（营业）利润率（%）	14.2	9	3.9	-4.3	-12
盈余现金保障倍数	3.2	1.9	1.6	-0.2	-2.8
成本费用利润率（%）	19.7	10.6	4.3	-2.6	-10.9
资本收益率（%）	15	9.8	4	-2	-8.8
二、资产质量状况					
总资产周转率（次）	0.6	0.4	0.3	0.2	0.1
应收账款周转率（次）	30.2	21.9	13.8	5.4	3
不良资产比率（%）	0.1	0.5	2.8	6.9	10.5
流动资产周转率（次）	2.3	2	1	0.3	0.2
资产现金回收率（%）	10.6	6.8	4.7	-0.2	-6.2
三、债务风险状况					
资产负债率（%）	48.3	53.3	58.3	68.3	83.3
已获利息倍数	9.4	4.6	2.3	0.1	-2.3
速动比率（%）	126	97.8	77.9	67	48.4
现金流动负债比率（%）	23	16.2	6.5	-1	-7.4
带息负债比率（%）	41.9	50	58.6	72.6	84.2
或有负债比率（%）	2.3	3	4.6	8.6	13.3
四、经营增长状况					
销售（营业）增长率（%）	19.9	14.8	2	-5	-12.7
资本保值增值率（%）	114.8	109.8	103.7	97.8	92.8
销售（营业）利润增长率（%）	22	16.6	5.7	-1.5	-8.4
总资产增长率（%）	7.7	3.7	0.6	-4.6	-8.7
技术投入比率（%）	1.6	1.3	1.2	0.8	0.5
五、补充资料					
存货周转率（次）	16.8	10.1	6.4	2.3	1.2
两金占流动资产比重（%）	7.5	17.9	24.9	34.1	42.9
成本费用总额占营业总收入比重（%）	80.5	88.5	95.2	101.8	106.1
经济增加值率（%）	7	2.2	-1.4	-6.5	-6.9
EBITDA率（%）	38.6	29.6	6.1	3.9	-6.4
资本积累率（%）	19.2	9.4	1.3	-2.1	-7.2

图 7-34 企业绩效评价标准值表

	A	B	C	D	E	F
1	范围：全行业	有色金属矿采选业（2022）				
2	项目	优秀值	良好值	平均值	较低值	较差值
3	一、盈利能力状况					
4	净资产收益率（%）	16.9	11.6	6.6	-0.2	-2.5
5	总资产报酬率（%）	10.3	5.9	3.9	-0.4	-5.8
6	销售（营业）利润率（%）	17.5	12.3	7.2	-1	-8.7
7	盈余现金保障倍数	2.5	1.5	1.2	-0.2	-3.2
8	成本费用利润率	21	14.1	5.4	-1.5	-9.8
9	资本收益率（%）	18.4	11.5	5.3	1.5	-5.3
10	二、资产质量状况					
11	总资产周转率（次）	0.7	0.6	0.5	0.3	0.1
12	应收账款周转率（次）	30.5	22.2	14.1	5.1	3
13	不良资产比率（%）	0.1	0.5	2.8	6.9	10.5
14	流动资产周转率（次）	3.3	2.7	2	1.1	0.9
15	资产现金回收率（%）	12.8	6.6	3	-0.3	-7.9
16	三、债务风险状况					
17	资产负债率（%）	48	53	58	68	83
18	已获利息倍数	8.1	5	3.3	0.1	-1.1
19	速动比率（%）	108.9	80.7	60.8	49.9	31.3
20	现金流动负债比率（%）	23.8	16.4	7.3	-0.5	-4.4
21	带息负债比率（%）	42.2	50.3	58.9	72.9	84.5
22	或有负债比率（%）	2.3	3	4.6	8.6	13.3
23	四、经营增长状况					
24	销售（营业）增长率（%）	46.2	32.1	20.2	-10.6	-25.8
25	资本保值增长率（%）	116	110.8	105.6	99.4	93.6
26	销售（营业）利润增长率（%）	43.5	29.2	19.2	-11.8	-26.3
27	总资产增长率（%）	14.1	9.9	5.8	0	-5.6
28	研发经费投入强度（%）	2.1	1.3	1.2	0.8	0.5
29	五、补充资料					
30	存货周转率（次）	17.9	12	7.5	2.3	1.3
31	两金占流动资产比重（%）	7.5	17.9	24.9	34.1	42.9
32	成本费用总额占营业总收入比重（%）	76.7	87.3	92.8	105.1	106.1
33	经济增加值（%）	10.5	4.4	0.8	-5.5	-7.9
34	EBITDA率（%）	35.4	23.4	2.8	-4.1	-8
35	资本积累率（%）	19.6	6.5	-2.4	-8.4	

	A	B	C	D	E	F
1		有色金属矿采选业（2023）				
2	项目	优秀值	良好值	平均值	较低值	较差值
3	一、盈利回报指标					
4	净资产收益率（%）	17.8	11.6	6.2	0.5	-4.6
5	营业收入利润率（%）	19.2	14.0	8.9	0.7	-7.0
6	总资产报酬率（%）	9.9	6.3	3.8	-0.5	-5.9
7	盈余现金保障倍数	2.4	1.9	1.0	-0.5	-3.4
8	二、资产运营指标					
9	总资产周转率（次）	0.9	0.7	0.4	0.2	0.1
10	应收账款周转率（次）	28.6	20.3	12.2	5.9	1.7
11	流动资产周转率（次）	2.5	2.0	1.3	0.6	0.2
12	两金占流动资产比重（%）	7.5	17.9	24.9	34.1	43.6
13	三、风险防控指标					
14	资产负债率（%）	48.0	53.0	58.0	68.0	83.0
15	现金流动负债比率（%）	25.3	17.5	8.3	0.8	-4.8
16	带息负债比率（%）	41.7	49.8	58.4	67.1	84.0
17	已获利息倍数	8.3	5.0	3.2	0	-1.4
18	四、持续发展指标					
19	研发经费投入强度（%）	2.5	1.7	1.3	0	0.6
20	全员劳动生产率（万元/人）	77.6	51.3	27.9	15.8	7.8
21	经济增加值率	8.8	3.4	-0.9	-6.2	-9.7
22	国有资本保值增值率（%）	115.9	110.6	105.0	99.0	93.5
23	五、补充指标					
24	营业现金比率（%）	39.3	25.6	8.2	0	-4.8
25	国有资本回报率（%）	15.5	10.1	5.5	0	-5.4
26	EBITDA率（%）	38.5	27.0	10.6	5.6	-1.8
27	百元收入支付的成本费用	78.3	86.8	92.9	99.9	104.6
28	存货周转率（次）	16.9	10.9	6.5	3.4	1.4
29	速动比率	1.1	0.9	0.7	0.5	0.2
30	利润总额增长率（%）	19.7	11.3	0	-13.8	-23.6
31	营业总收入增长率（%）	28.4	20.2	0	-6.9	-17.1

图 7-34 企业绩效评价标准值表

7. 企业绩效评价模型表。如图 7-35 所示。

图 7-35 企业绩效评价模型表

要请：根据所给资料编写出企业财务绩效评价模型表中的 Excel VBA 代码，用以完成企业财务绩效评价工作。

7.3.1 导入财务报告数据表代码

7.3.1.1 导入现金流量表数据代码

在编写导入基础数据 Excel VBA 程序时，主要参考资料是企业财务绩效评价文件夹中的财务报告、绩效评价辅助表工作簿和基础数据工作表。打开企业绩效评价模型工作表 VBA 程序窗口，在 VBA 窗口上编写导入基础数据 Excel VBA 程序。将现金流量表数据导入基础数据表是将一定期间的现金流量表中经营活动产生的现金净流量导入基本工作表中。参考代码如下所示：

成功之钥匙

代码含义：

```vba
Option Explicit
Sub 导入基础数据()
Application.DisplayAlerts = False
    Call 将现金流量表数据导入基础数据表
    Call 将利润表数据导入基础数据表
    Call 将资产负债表数据导入基础数据表
    Call 将带息负债和利息支出导入基础数据表
    Call 将经济增加值和调整资本导入基础数据表
    Call 将国有资本导入基础数据表
    Call 将坏账准备和存货跌价准备导入基础数据表
    Call 将劳动生产总值社会总贡献等导入基础数据表
    Call 将从业人员数据导入基础数据表
    Call 将中央企业数据导入基础数据表
    Call 将企业审计数据导入基础数据表
    Call 将国际对标得分导入基础数据表
    Application.DisplayAlerts = True
End Sub
Sub 将现金流量表数据导入基础数据表()
    Dim i,j,k,wb As Workbook,ws As Worksheet
    '手动计算
 Application.Calculation = xlManual
    '处理工作簿时,让窗口不闪烁
    Application.ScreenUpdating = False

'循环汇总表列1到5,构造待汇总的工作簿名称
    For i = 1 To 5
    '根据变量i构造出工作簿路径与文件名,并打开工作簿且让wb指向它.工作簿中的工作表名为
    '2018年财务时,i 第一次循环年度为1 + 2017,第2次循环年度为2 + 2017…第 i 次循环年度为 i + 2017
    Set wb = Workbooks.Open(ThisWorkbook.Path & "\财务报告\" & i + 2017 & "年度财务报告.xlsm")
    '让变量ws代表工作簿中的"现金流量表"工作表
    Set ws = wb.Worksheets("现金流量表")
    '此处利用了"汇总"表的格式特征,即第i年的数字处于汇总表格中第i+1列
    ThisWorkbook.Worksheets("基础数据表").Cells(32,i+1) = ws.Cells(13,2)
    '关闭该工作簿,继续循环,汇总下一个年度工作表
    wb.Close
    Next i
    '恢复闪烁
    Application.ScreenUpdating = True
    '自动计算
    Application.Calculation = xlAutomatic
End Sub
```

7.3.1.2 导入利润表数据代码

将利润表数据导入基础数据表就是将利润表中营业总收入、营业成本、税金及附加、销售费用、管理费用、研发费用、财务费用、利息费用、营业利润、利润总额、所得税、净利润、归属于母公司股东净利润导入基础数据表中。参考代码如下所示：

成功之钥匙

代码含义：

```vba
Sub 将利润表数据导入基础数据表()
    Dim i,j,k,wb As Workbook,ws As Worksheet
    '手动计算
 Application.Calculation = xlManual
    '处理工作簿时,让窗口不闪烁
```

```vba
    Application.ScreenUpdating = False
    '循环汇总表列1到5,构造待汇总的工作簿名称
    For i = 1 To 5
        '根据变量i构造出工作簿路径与文件名,并打开工作簿且让wb指向它.工作簿中的工作表名为
        '2018年财务报告时,i第一次循环年度为1+2017,第2次循环年度为2+2017…第i次循环年度为i+2017
        Set wb = Workbooks.Open(ThisWorkbook.Path & "\财务报告\" & i + 2017 & "年度财务报告.xlsm")
        '让变量ws代表工作簿中的"利润表"工作表
        Set ws = wb.Worksheets("利润表")
        '循环汇总表行变量k
        For k = 18 To 30
            '循环待汇总工作表行变量j
            For j = 2 To ws.Rows.Count
                '如果待汇总工作表j行1列某一项目与汇总表k行某一项目相互一致,那么就运行下面代码
                If Trim(ws.Cells(j,1)) = Trim(ThisWorkbook.Worksheets("基础数据表").Cells(k,1)) Then
                    '循环结束后j就是待汇总数字所在行,将该行数字写入目标工作簿的"汇总"表
                    '此处利用了"汇总"表的格式特征,即第i年的数字处于汇总表格中第i+1列
                    ThisWorkbook.Worksheets("基础数据表").Cells(k, i+1) = ws.Cells(j,2)
                    '既然发现了对应项目就没有必要再扫描后面的各行,此时退出程序可以大大节省时间
                    Exit For
                End If
            Next j
        Next k
        '关闭该工作簿,继续循环,汇总下一个年度工作表
        wb.Close
    Next i
    '恢复闪烁
    Application.ScreenUpdating = True
    '自动计算
    Application.Calculation = xlAutomatic
End Sub
```

7.3.1.3 导入资产负债表数据代码

将资产负债表数据导入基础数据表就是将资产负债表中资产总计、流动资产合计、应收账款、存货、固定资产、在建工程、负债合计、流动负债合计、股东权益合计、归属于母公司股东权益合计、实收资本（或股本）、资本公积导入基础数据表中。参考代码如下所示：

👆 **成功之钥匙**

代码含义：

```vba
Sub 将资产负债表数据导入基础数据表()
    Dim i,j,k,wb As Workbook,ws As Worksheet
    '手动计算
    Application.Calculation = xlManual
        '处理工作簿时,让窗口不闪烁
        Application.ScreenUpdating = False
    '循环汇总表列1到5,构造待汇总的工作簿名称
    For i = 1 To 5
        '根据变量i构造出工作簿路径与文件名,并打开工作簿且让wb指向它.工作簿中的工作表名为
        '2018年财务报告时,i第一次循环年度为1+2017,第2次循环年度为2+2017…第i次循环年度为i+2017
        Set wb = Workbooks.Open(ThisWorkbook.Path & "\财务报告\" & i + 2017 & "年度财务报告.xlsm")
        '让变量ws代表工作簿中的"资产负债表"工作表
        Set ws = wb.Worksheets("资产负债表")
        '循环汇总表行变量k
        For k = 5 To 16
            '循环待汇总工作表行变量j
            For j = 3 To ws.Rows.Count
'如果待汇总工作表j行1列某一项目与汇总表k行某一项目相互一致,那么就运行下面代码.InStr(Cells(j,1),".")表示"."位置.
                If Trim(Mid(ws.Cells(j,1),InStr(ws.Cells(j,1),".")+1,Len(ws.Cells(j,1))-InStr(Cells(j,1),"."))) = _
                    Trim(ThisWorkbook.Worksheets("基础数据表").Cells(k,1)) Then
                    '循环结束后j就是待汇总数字所在行,将该行数字写入目标工作簿的"汇总"表
                    '此处利用了"汇总"表的格式特征,即第i年的数字处于汇总表格中第i+1列
                    ThisWorkbook.Worksheets("基础数据表").Cells(k, i+1) = ws.Cells(j,2)
                    ThisWorkbook.Worksheets("基础数据表").Cells(54, i+1) = ws.Cells(7,2)
                    '既然发现了对应项目就没有必要再扫描后面的各行,此时退出程序可以大大节省时间
                    Exit For
```

```
            End If
          Next j
       Next k
       '关闭该工作簿,继续循环,汇总下一个年度工作表
       wb.Close
   Next i
   '自动计算
   Application.Calculation = xlAutomatic
      '恢复闪烁
      Application.ScreenUpdating = True
End Sub
```

7.3.2 导入辅助报告基础数据表代码

7.3.2.1 导入带息债务和利息支出代码

将带息负债和利息支出导入基础数据表就是将带息负债情况表中的带息负债合计、利息支出总额导入基础数据表中。参考代码如下所示:

☞ 成功之钥匙

代码含义:

```
Sub 将带息负债和利息支出导入基础数据表()
   'i 代表工作簿变量,j 代表待汇总工作表行,wb 代表工作簿,ws 代表工作表
   Dim i,j,wb As Workbook,ws As Worksheet
      '手动计算
   Application.Calculation = xlManual
      '处理工作簿时,让窗口不闪烁
      Application.ScreenUpdating = False
   '循环生成 1 到 11,构造待汇总的工作簿名称
   For i = 1 To 5
         '根据变量 i 构造出工作簿路径和文件名,并打开该工作簿且让 wb 指向它
Set wb = Workbooks.Open(ThisWorkbook.Path &"\财务绩效评价辅助表\"& i +2017 &"年度企业财务决算报表.xlsm",0)
         '让 ws 代表该工作簿中的利润表
         Set ws = wb.Worksheets("带息负债情况表")
         '此处利用了汇总表格式特点,即第 i 年的数字处于表格中的 i +1 列
         ThisWorkbook.Worksheets("基础数据表").Cells(34,i +1) = ws.Cells(31,4)
         ThisWorkbook.Worksheets("基础数据表").Cells(35,i +1) = ws.Cells(7,7)
         '关闭工作簿,继续循环,汇总下一个年度的数据
         wb.Close
   Next i
   '自动计算
   Application.Calculation = xlAutomatic
      '恢复闪烁
      Application.ScreenUpdating = True
End Sub
```

7.3.2.2 将经济增加值和调整资本导入基础数据表代码

将经济增加值和调整资本导入基础数据表就是将中央企业负责人经营业绩考核目标完成情况表中的经济增加值和调整后资本导入基础数据表中。参考代码如下所示:

☞ 成功之钥匙

代码含义:

```
Sub 将经济增加值和调整资本导入基础数据表()
   'i 代表工作簿变量,j 代表待汇总工作表行,wb 代表工作簿,ws 代表工作表
   Dim i,j,wb As Workbook,ws As Worksheet
      '手动计算
   Application.Calculation = xlManual
      '处理工作簿时,让窗口不闪烁
      Application.ScreenUpdating = False
```

```vba
        '循环生成1到11,构造待汇总的工作簿名称
        For i = 1 To 5
            '根据变量i构造出工作簿路径和文件名,并打开该工作簿且让wb指向它
Set wb = Workbooks.Open(ThisWorkbook.Path &"\财务绩效评价辅助表\"& i +2017 &"年度企业财务决算报表.xlsm",0)
            '让ws代表该工作簿中的利润表
            Set ws = wb.Worksheets("经营业绩考核完成情况表")
            '此处利用了汇总表格式特点,即第i年的数字处于表格中的i+1列
            ThisWorkbook.Worksheets("基础数据表").Cells(44,i+1) = ws.Cells(13,6)
            ThisWorkbook.Worksheets("基础数据表").Cells(45,i+1) = ws.Cells(23,6)
            '关闭工作簿,继续循环,汇总下一个年度的数据
            wb.Close
        Next i
        '自动计算
        Application.Calculation = xlAutomatic
        '恢复闪烁
        Application.ScreenUpdating = True
End Sub
```

7.3.2.3 将国有资本导入基础数据表代码

将国有资本导入基础数据表就是将国有资本权益变动情况表中的年初国有资本权益总额、年末国有资本权益总额、本年国有资本权益增加总额、本年国有资本权益减少总额导入基础数据表中。参考代码如下所示:

> **成功之钥匙**

代码含义:

```vba
Sub 将国有资本导入基础数据表()
    'i代表工作簿变量,j代表待汇总工作表行,wb代表工作簿,ws代表工作表
    Dim i,j,wb As Workbook,ws As Worksheet
    '手动计算
    Application.Calculation = xlManual
        '处理工作簿时,让窗口不闪烁
        Application.ScreenUpdating = False
    '循环生成1到11,构造待汇总的工作簿名称
    For i = 1 To 5
            '根据变量i构造出工作簿路径和文件名,并打开该工作簿且让wb指向它
Set wb = Workbooks.Open(ThisWorkbook.Path &"\财务绩效评价辅助表\"& i +2017 &"年度企业财务决算报表.xlsm",0)
            '让ws代表该工作簿中的利润表
            Set ws = wb.Worksheets("国有资本权益变动情况表")
            '此处利用了汇总表格式特点,即第i年的数字处于表格中的i+1列
            ThisWorkbook.Worksheets("基础数据表").Cells(46,i+1) = ws.Cells(4,3)
            ThisWorkbook.Worksheets("基础数据表").Cells(47,i+1) = ws.Cells(16,6)
            ThisWorkbook.Worksheets("基础数据表").Cells(48,i+1) = ws.Cells(5,3) - ws.Cells(18,3)
            ThisWorkbook.Worksheets("基础数据表").Cells(49,i+1) = ws.Cells(19,3) - ws.Cells(15,6)
            '关闭工作簿,继续循环,汇总下一个年度的数据
            wb.Close
    Next i
    '自动计算
    Application.Calculation = xlAutomatic
        '恢复闪烁
        Application.ScreenUpdating = True
End Sub
```

7.3.2.4 将减值准备导入基础数据表代码

将减值准备导入基础数据表就是将资产减值准备情况表中的年初应收账款坏账准备、年末应收账款坏账准备、年初存货跌价准备、年末存货跌价准备导入基础数据表中。参考代码如下所示:

成功之钥匙

代码含义：

```
Sub 将坏账准备和存货跌价准备导入基础数据表()
    'i 代表工作簿变量,j 代表待汇总工作表行,wb 代表工作簿,ws 代表工作表
    Dim i,j,wb As Workbook,ws As Worksheet
    '手动计算
    Application.Calculation = xlManual
    '处理工作簿时,让窗口不闪烁
    Application.ScreenUpdating = False
    '循环生成 1 到 11,构造待汇总的工作簿名称
    For i = 1 To 5
        '根据变量 i 构造出工作簿路径和文件名,并打开该工作簿且让 wb 指向它
Set wb = Workbooks.Open(ThisWorkbook.Path &"\财务绩效评价辅助表\"& i +2017 &"年度企业财务决算报表.xlsm",0)
        '让 ws 代表该工作簿中的利润表
        Set ws = wb.Worksheets("资产减值情况表")
        '此处利用了汇总表格式特点,即第 i 年的数字处于表格中的 i +1 列
        ThisWorkbook.Worksheets("基础数据表").Cells(36,i +1) = ws.Cells(8,3)
        ThisWorkbook.Worksheets("基础数据表").Cells(37,i +1) = ws.Cells(8,13)
        ThisWorkbook.Worksheets("基础数据表").Cells(38,i +1) = ws.Cells(10,3)
        ThisWorkbook.Worksheets("基础数据表").Cells(39,i +1) = ws.Cells(10,13)
        '关闭工作簿,继续循环,汇总下一个年度的数据
        wb.Close
    Next i
    '自动计算
    Application.Calculation = xlAutomatic
    '恢复闪烁
    Application.ScreenUpdating = True
End Sub
```

7.3.2.5 将劳动生产总值社会总贡献导入基础数据表代码

将劳动生产总值社会总贡献导入基础数据表就是将基本情况表中的劳动生产总值和社会总贡献、本年计提的固定资产折旧总额、本年研发（R&D）经费投入合计，成本费用表中的无形资产摊销导入基础数据表中。参考代码如下所示：

成功之钥匙

代码含义：

```
Sub 将劳动生产总值社会总贡献等导入基础数据表()
    'i 代表工作簿变量,j 代表待汇总工作表行,wb 代表工作簿,ws 代表工作表
    Dim i,j,wb As Workbook,ws As Worksheet,wc As Worksheet
    '手动计算
    Application.Calculation = xlManual
    '处理工作簿时,让窗口不闪烁
    Application.ScreenUpdating = False
    '循环生成 1 到 11,构造待汇总的工作簿名称
    For i = 1 To 5
        '根据变量 i 构造出工作簿路径和文件名,并打开该工作簿且让 wb 指向它
Set wb = Workbooks.Open(ThisWorkbook.Path &"\财务绩效评价辅助表\"& i +2017 &"年度企业财务决算报表.xlsm",0)
        '让 ws 代表该工作簿中的利润表
        Set ws = wb.Worksheets("基本情况表")
        Set wc = wb.Worksheets("成本费用情况表")
        '此处利用了汇总表格式特点,即第 i 年的数字处于表格中的 i +1 列
        ThisWorkbook.Worksheets("基础数据表").Cells(40,i +1) = ws.Cells(18,3)
        ThisWorkbook.Worksheets("基础数据表").Cells(41,i +1) = ws.Cells(30,3)
        ThisWorkbook.Worksheets("基础数据表").Cells(50,i +1) = ws.Cells(19,7)
        ThisWorkbook.Worksheets("基础数据表").Cells(53,i +1) = ws.Cells(30,7)
        ThisWorkbook.Worksheets("基础数据表").Cells(51,i +1) = wc.Cells(8,7)
        '关闭工作簿,继续循环,汇总下一个年度的数据
        wb.Close
    Next i
    '自动计算
    Application.Calculation = xlAutomatic
```

```
            '恢复闪烁
            Application.ScreenUpdating = True
End Sub
```

7.3.2.6 将从业人数导入基础数据表代码

将从业人数导入基础数据表就是将人力资源情况表中的本年平均从业人数、从业人数导入基础数据表中。参考代码如下所示:

> **成功之钥匙**

代码含义:

```
Sub 将从业人员数据导入基础数据表()
    'i 代表工作簿变量,j 代表待汇总工作表行,wb 代表工作簿,ws 代表工作表
    Dim i,j,wb As Workbook,ws As Worksheet
    '手动计算
 Application.Calculation = xlManual
    '处理工作簿时,让窗口不闪烁
        Application.ScreenUpdating = False
    '循环生成 1 到 11,构造待汇总的工作簿名称
    For i = 1 To 5
        '根据变量 i 构造出工作簿路径和文件名,并打开该工作簿且让 wb 指向它。在扩展名后加 0 表示自动不更新。
Set wb = Workbooks.Open(ThisWorkbook.Path &"\财务绩效评价辅助表\"& i +2017 &"年度企业财务决算报表.xlsm",0)
        '让 ws 代表该工作簿中的利润表
        Set ws = wb.Worksheets("人力资源情况表")
        '此处利用了汇总表格式特点,即第 i 年的数字处于表格中的 i +1 列
        ThisWorkbook.Worksheets("基础数据表").Cells(42,i +1) = ws.Cells(6,3)
        ThisWorkbook.Worksheets("基础数据表").Cells(43,i +1) = ws.Cells(5,3)
        '关闭工作簿,继续循环,汇总下一个年度的数据
        wb.Close
    Next i
    '自动计算
 Application.Calculation = xlAutomatic
    '恢复闪烁
        Application.ScreenUpdating = True
End Sub
```

7.3.2.7 基础数据表清零代码

将基础数据清零,参考代码如下所示:

> **成功之钥匙**

代码含义:

```
Sub 基础数据表清零()
 Dim i As Integer
 Dim j As Integer
 '手动计算
 Application.Calculation = xlManual
    '处理工作簿时,让窗口不闪烁
        Application.ScreenUpdating = False
If MsgBox("是否确定清零,一旦清零数据不可恢复",vbYesNo + vbDefaultButton2 + vbQuestion,"询问") = vbYes Then
    Sheets("基础数据表").Select
    For i = 5 To 60
        For j = 2 To 6
            Cells(i,j).Value = ""
        Next j
    Next i
 End If
    '自动计算
 Application.Calculation = xlAutomatic
'恢复闪烁
        Application.ScreenUpdating = True
End Sub
```

7.3.2.8　代码按钮设置

将代码按钮放置到企业概况工作表上。点击“开发工具”—“插入”—“按钮（窗体控件)”—“出现 +”—“点击评价区域任一位置鼠标左键”—“指定宏”—“选定宏名”如图 7 – 36 所示。

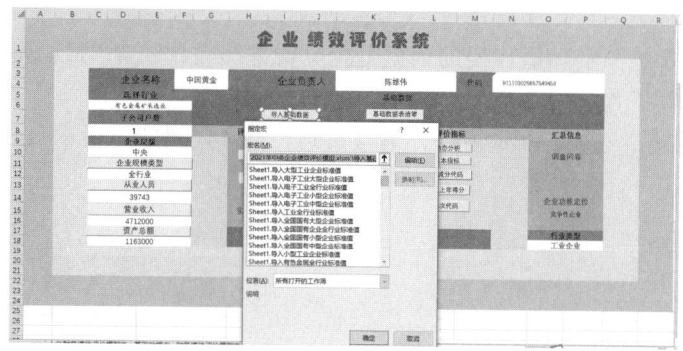

图 7 – 36　指定宏窗口

点击“确定”，在企业概况工作表评价区域完成按钮设置工作。如图 7 – 37 所示。

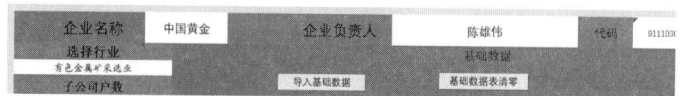

图 7 – 37　导入基础数据按钮界面

点击导入基础数据按钮，便可以将企业财务报告和绩效评价辅助表中的数据导入基础工作表中。如图 7 – 38 所示。

	A	B	C	D	E	F
1	绩效评价基础数据表					
2	编制单位：					
3	项 目	2018年	2019年	2020年	2021年	2022年
4	一. 资产负债表项目					
5	资产总计	73.98	84.31	90.27	110.20	116.30
6	流动资产合计	71.64	81.49	87.56	104.70	109.90
7	应收账款	10.96	9.65	7.63	11.24	11.61
8	存货	26.93	33.98	36.87	41.20	39.50
9	固定资产	0.89	0.86	0.93	1.06	1.01
10	在建工程	0.00	0.00	0.00	0.01	
11	负债合计	31.10	36.83	37.49	43.82	46.28
12	流动负债合计	31.10	36.83	37.48	41.57	43.55
13	股东权益合计	42.88	47.47	52.78	66.38	70.02
14	归属于母公司股东权益总计	42.48	46.99	51.99	65.56	69.18
15	实收资本（或股本）	15.00	15.00	15.00	16.80	16.80
16	资本公积	17.46	17.46	17.46	23.97	23.97
17	二. 利润表项目					
18	营业总收入	409.10	382.70	337.90	507.60	471.20
19	营业成本	397.90	363.10	323.20	491.90	452.90
20	税金及附加	0.35	0.45	0.51	0.78	0.69
21	销售费用	3.11	3.70	3.54	4.61	4.50
22	管理费用	0.95	1.29	1.15	1.38	1.46
23	研发费用	0.03	0.09	0.05	0.15	0.28
24	财务费用	0.64	0.93	0.92	0.62	0.24
25	其中: 利息费用	0.80	1.08	1.11	1.04	0.72
26	营业利润	4.69	5.90	5.58	9.54	8.60
27	利润总额	4.89	6.07	6.29	10.01	9.47
28	减: 所得税	1.20	1.57	1.27	2.03	1.80
29	净利润	3.69	4.50	5.02	7.98	7.67
30	归属于母公司股东的净利润	3.62	4.52	5.00	7.94	7.65
31	三. 现金流量表项目					
32	经营活动产生的现金流量净额	(0.25)	5.06	5.56	8.15	11.93
33	四. 补充资料					
34	带息负债合计	24.57	30.31	31.06	36.74	36.74
35	利息支出总额	0.80	1.08	1.11	1.04	1.04
36	年初应收账款坏账准备	1.00	0.21	0.01	0.37	0.37
37	年末应收账款坏账准备	0.21	0.01	0.37	0.05	0.05
38	年初存货跌价准备	0.10	0.10	0.02	0.30	0.01
39	年末存货跌价准备	0.05	0.20	0.03	0.40	0.01
40	本年研发（R&D）经费投入合计	0.03	0.09	0.05	0.15	0.28
41	劳动生产总值	409.10	382.70	337.90	507.60	471.20
42	本年平均从业人员数	39700.00	39800.00	39800.00	39000.00	39000.00
43	从业人员数	39743.00	39750.00	39733.00	39743.00	39743.00
44	经济增加值	1.35	2.78	2.06	4.10	4.10
45	调整后资本	67.45	74.91	83.47	100.27	100.27
46	年初国有资本及权益总额	21.95	23.85	25.65	27.64	28.64
47	年末国有资本及权益总额	23.85	25.65	27.64	28.64	32.84
48	本年国有资本及权益客观增加额	1.00	3.00	1.00	1.00	0.00
49	本年国有资本及权益客观减少额	1.00	2.00	1.00	1.00	0.00
50	本年计提的固定资产折旧额	0.07	0.07	0.08	0.08	0.09
51	本年计提的无形资产摊销额	0.01	0.03	0.03	0.04	0.04
52	中央企业归属于母公司所有者的净利润	20.00	25.00	30.00	37.00	41.00
53	社会贡献总额	4.40	6.32	5.08	7.30	7.28

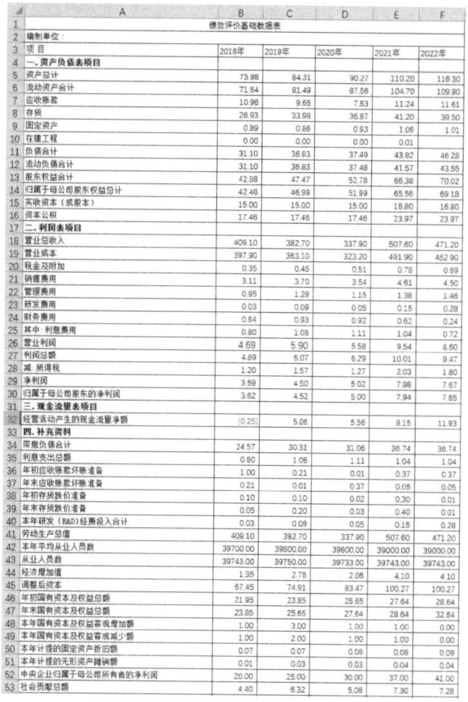

图 7 – 38　基础数据表界面

7.4 评价指标运算代码

7.4.1 盈利回报指标代码

应用 Excel VBA 编写实际值代码的依据是企业财务绩效评价基础数据表。代码编写在企业财务绩效评价模型工作表所在的工作簿上。

点击"开发工具",进入 VBE 窗口,编写代码。参考代码如下所示:

成功之钥匙

代码含义：

```vba
Option Explicit
Sub 评价指标代码()
    Call 盈利回报指标代码
    Call 资产运营指标代码
    Call 风险防控指标代码
    Call 持续发展指标代码
    Call 补充指标代码
    Call 调整项代码
End Sub
Sub 盈利回报指标代码()
Dim i,ws As Workbook,wa As Worksheet,wb As Worksheet
    '循环2021年汇总表列
    For i=2 To 5
        Set wa=Worksheets("财务绩效评价模型表")
        Set wb=Worksheets("基础数据表")
        '净资产收益率=净利润/((期初所有者权益+期末所有者权益)/2)*100,基础数据表列循环为i+1
        wa.Cells(5,i)=wb.Cells(29,i+1)/((wb.Cells(13,i)+wb.Cells(13,i+1))/2)*100
        '营业收入利润率=营业利润/营业收入
        wa.Cells(6,i)=wb.Cells(26,i+1)/wb.Cells(18,i+1)*100
        '总资产报酬率=(净利润+所得税费用+利息费用)/((期初总资产+期末总资产)/2)*100
wa.Cells(7,i)=wb.Cells(29,i+1)+wb.Cells(28,i+1)+wb.Cells(25,i+1))/((wb.Cells(5,i)+wb.Cells(5,i+1))/2)*100
        '盈余现金保障倍数=经营活动产生的现金净流量/净利润
        wa.Cells(8,i)=wb.Cells(32,i+1)/wb.Cells(29,i+1)
    Next i
        '权重合计
        wa.Cells(4,7)=40
        '指标权重
        wa.Cells(5,7)=12:wa.Cells(6,7)=12:wa.Cells(7,7)=8:wa.Cells(8,7)=8
End Sub
```

7.4.2 资产运营指标代码

点击"开发工具",进入 VBE 窗口,编写代码。参考代码如下所示:

成功之钥匙

代码含义：

```vba
Sub 资产运营指标代码()
Dim i,ws As Workbook,wa As Worksheet,wb As Worksheet
    For i=2 To 5
        Set wa=Worksheets("财务绩效评价模型表")
        Set wb=Worksheets("基础数据表")
        '总资产周转率=营业总收入/平均资产总额
        wa.Cells(10,i)=wb.Cells(18,i+1)/((wb.Cells(5,i)+wb.Cells(5,i+1))/2)
'应收账款周转率=营业总收入/([(年初应收账款净额+年初应收账款坏账准备)+(年末应收账款净额+年末应收账款坏账准备)]/2)
wa.Cells(11,i)=wb.Cells(18,i+1)/((wb.Cells(7,i)+wb.Cells(37,i)+wb.Cells(7,i+1)+wb.Cells(37,i+1))/2)
        '流动资产周转率=营业总收入/平均流动资产总额
```

```
        wa.Cells(12,i)=wb.Cells(18,i+1)/((wb.Cells(6,i)+wb.Cells(6,i+1))/2)
        '两金占流动资产比重=((应收账款净额+坏账准备)+(存货+存货跌价准备))/流动资产
wa.Cells(13,i)=((wb.Cells(7,i+1)+wb.Cells(37,i+1))+(wb.Cells(8,i+1)+wb.Cells(39,i+1)))/wb.Cells(6,i+1)*100
    Next i
    '权重合计
    wa.Cells(9,7)=20
    '指标权重
    wa.Cells(10,7)=6:wa.Cells(11,7)=6:wa.Cells(12,7)=4:wa.Cells(13,7)=4
End Sub
```

7.4.3　风险控制指标代码

点击"开发工具",进入 VBE 窗口,编写代码。参考代码如下所示:

👉 成功之钥匙

代码含义:

```
Sub 风险防控指标代码()
Dim i,ws As Workbook,wa As Worksheet,wb As Worksheet
    For i=2 To 5
        Set wa=Worksheets("财务绩效评价模型表")
        Set wb=Worksheets("基础数据表")
        '资产负债率=负债总额/资产总额
        wa.Cells(15,i)=wb.Cells(11,i+1)/wb.Cells(5,i+1)*100
        '现金流动负债比率=经营现金净流量/年末流动负债
        wa.Cells(16,i)=wb.Cells(32,i+1)/wb.Cells(12,i+1)*100
        '带息负债比率=年末带息负债/负债总额
        wa.Cells(17,i)=wb.Cells(34,i+1)/wb.Cells(11,i+1)*100
        '已获利倍数=息税前利润/财务费用下的利息费用
wa.Cells(18,i)=(wb.Cells(29,i+1)+wb.Cells(28,i+1)+wb.Cells(25,i+1))/wb.Cells(25,i+1)
    Next i
        '权重合计
        wa.Cells(14,7)=20
        '指标权重
        wa.Cells(15,7)=6:wa.Cells(16,7)=6:wa.Cells(17,7)=4:wa.Cells(18,7)=4
End Sub
```

7.4.4　持续发展指标代码

点击"开发工具",进入 VBE 窗口,编写代码。参考代码如下所示:

👉 成功之钥匙

代码含义:

```
Sub 持续发展指标代码()
Dim i,ws As Workbook,wa As Worksheet
Dim wb As Worksheet
    For i=2 To 5
        Set wa=Worksheets("财务绩效评价模型表")
        Set wb=Worksheets("基础数据表")
        '研发经费投入强度=本年研发经费总额/营业总收入
        wa.Cells(20,i)=wb.Cells(40,i+1)/wb.Cells(18,i+1)*100
        '全员劳动生产率=劳动生产总值/本年平均采用人员数
        wa.Cells(21,i)=wb.Cells(41,i+1)*1000/wb.Cells(42,i+1)*100
        '经济增加值率=经济增加值/调整后资本
        wa.Cells(22,i)=wb.Cells(44,i+1)/wb.Cells(45,i+1)*100
        '资本保值增值率=扣除客观因素之后的年末国有资本及权益/年初国有资本及权益
wa.Cells(23,i)=(wb.Cells(47,i+1)-wb.Cells(48,i+1)+wb.Cells(49,i+1))/wb.Cells(46,i+1)*100
    Next i
        '权重合计
        wa.Cells(19,7)=20
        '指标权重
        wa.Cells(20,7)=5:wa.Cells(21,7)=5:wa.Cells(22,7)=5:wa.Cells(23,7)=5
End Sub
```

7.4.5 补充资料代码

点击“开发工具”，进入 VBE 窗口，编写代码。参考代码如下所示：

成功之钥匙

代码含义：

```
Sub 补充指标代码()
Dim i,j,ws As Workbook,wa As Worksheet,wb As Worksheet
    For i =2 To 5
        Set wa =Worksheets("财务绩效评价模型表")
        Set wb =Worksheets("基础数据表")
        '营业现金比率 =经营活动产生的现金流量净额/营业总收入
         wa.Cells(25,i) =wb.Cells(32,i +1)/wb.Cells(18,i +1)* 100
          '国有资本回报率 =归属于母公司所有者净利润/平均归属于母公司所有者权益
          wa.Cells(26,i) =wb.Cells(30,i +1)/((wb.Cells(14,i) +wb.Cells(14,i +1))/2)* 100
        'EBITD =(净利润 +所得税 +利息支出 +固定资产折旧 +无形资产摊销)/营业总收入
wa.Cells(27,i) =(wb.Cells(29,i +1) +wb.Cells(28,i +1) +wb.Cells(25,i +1) +wb.Cells(50,i +1) +_
          wb.Cells(51,i +1))/wb.Cells(18,i +1)* 100
          '百元收入支付的成本费用 =成本费用总额/营业总收入
          wa.Cells(28,i) =(wb.Cells(19,i +1) +wb.Cells(20,i +1) +wb.Cells(21,i +1) +_
          wb.Cells(22,i +1) +wb.Cells(23,i +1)_
          +wb.Cells(24,i +1))/wb.Cells(18,i +1)* 100
        '存货周转率 =营业成本/存货平均余额
        wa.Cells(29,i) =wb.Cells(19,i +1)/((wb.Cells(8,i) +wb.Cells(39,i) +wb.Cells(8,i +1) +_
wb.Cells(39,i +1))/2)
        '速动比率 =(流动资产 -存货)/流动负债
        wa.Cells(30,i) =(wb.Cells(6,i +1) -wb.Cells(8,i +1))/wb.Cells(12,i +1)
        '利润总额增长率 =本年利润总额增长额/上年利润总额
         wa.Cells(31,i) =(wb.Cells(27,i +1) -wb.Cells(27,i))/wb.Cells(27,i)* 100
        '营业总收入增长率 =本年营业收入总增长额/上年营业收入总额
        wa.Cells(32,i) =(wb.Cells(18,i +1) -wb.Cells(18,i))/wb.Cells(18,i)* 100
    Next i
End Sub
```

编写完 Excel VBA 程序代码后，运行代码便可获取评价期间实际值。如图 7 -39 所示。

企业财务绩效评价模型																						
	评价期间						行业标准值及标准系数					实际得分				绩效改进情况			动态分析			
项目	2019	2020	2021年	2022年	2023年	权重	优秀（1.0）	较好（0.8）	平均（0.6）	较低（0.4）	较差（0.2）	基础分	调整分	合计	档次	上年得分	绩效改进度	效果	2022年	同比增长	行业优秀程度	平均增长
一、盈利回报指标						40																
净资产收益率（%）	9.97	10.02	13.39	11.25		12																
营业收入利润率（%）	1.54	1.65	1.88	1.82		12																
总资产报酬率（%）	9.04	8.48	11.02	8.99		8																
盈余现金保障倍数	1.12	1.11	1.02	1.56		8																
二、资产运营指标						20																
总资产周转率(次)	4.84	3.87	5.06	4.16		6																
应收账款周转率（次）	36.74	38.28	52.65	41.06		6																
流动资产周转率（次）	5.00	4.00	5.28	4.39		4																
两金占流动资产比重（%）	53.80	51.27	50.52	46.56		4																
三、风险防控指标						20																
资产负债率（%）	43.68	41.53	39.76	39.79		6																
现金流动负债比率（%）	13.73	14.82	19.60	27.39		6																
带息负债比率（%）	82.30	82.85	83.85	79.39		4																
已获利息倍数	6.62	6.65	10.63	14.15		4																
四、持续发展指标						20																
研发经费投入强度%	0.02	0.01	0.03	0.06		5																
全员劳动生产率（万元/人）	961.56	848.99	1301.54	1208.21		5																
经济增加值率（%）	3.68	1.46	4.09	4.00		6																
国有资本保值增值率	103.35	107.76	103.62	113.97		5																
五、补充指标																						
营业现金比率（%）	1.32	1.64	1.61	2.53																		
国有资本回报率（%）	10.09	10.11	13.52	11.36																		
EBITDA 率(%)	1.90	2.22	2.20	2.19																		
百元收入支付的成本费用（元）	96.57	97.48	98.39	97.64																		
存货周转率（次）	11.87	9.09	12.53	11.17																		
速动比率	1.29	1.35	1.53	1.62																		
利润总额增长率（%）	24.34	3.56	59.14	(5.44)																		
营业总收入增长率（%）	(6.45)	(11.71)	50.22	(7.17)																		
合计																						

图 7 -39　评价结果

7.5 导入行业标准值代码

导入行业标准值代码就是通过编写 Excel VBA 代码将行业标准值导入企业财务绩效评价模型中，为财务绩效评价提供对标值。

7.5.1 代码文件存放路径

企业财务绩效评价系统设有两个层级标准值数据库：《中央企业绩效评价标准值数据库》《中央企业绩效评价国际标准值数据库》，这两个数据库中包括了上百个行业。数据库分别存放在中央企业绩效评价系统和企业绩效评价国际标准系统所在的文件夹中。各数据库文件存放基本路径：数据库\所属行业\所属产业\企业类型。如图 7-40 所示。

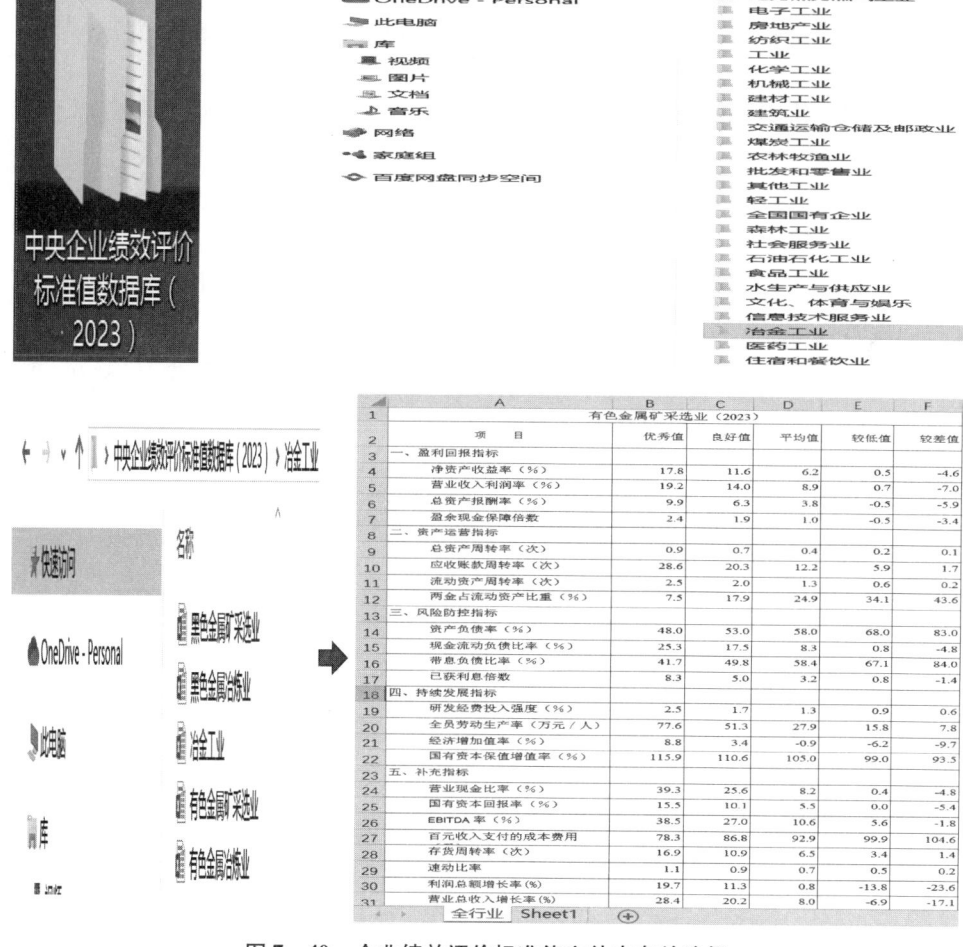

图 7-40 企业绩效评价标准值文件夹存放路径

因为数据库涉及上百个行业，而每个企业只能属于一个行业类型，编写 Excel VBA 导入数据程序的关键是明确企业绩效评价标准值文件存放路径。

7.5.2 导入行业标准值代码

7.5.2.1 导入标准值代码

行业绩效评价标准值代码是将绩效评价对标值导入绩效评价模型上的代码。代码编写依据是系统窗口企业规模类型单元格显示的全行业、大型企业、中型企业、小型企业名称及企业绩效评价标准值存放路径。

VBA 代码主要用于在一个工作簿中查找特定的行业数据文件,并将其中的标准值导入指定的工作表中。以下是代码的基本构建思路:

(1) 定义了一个名为 findname 的函数,用于查找与输入参数 route1 匹配的文件路径。该函数首先通过 Dir 函数遍历指定文件夹下的所有文件夹,计算文件夹数量,并逐一检查每个文件夹中是否包含与 route1 匹配的文件。如果找到匹配的文件,则返回该文件的路径和名称。

(2) 定义了一个名为'导入行业标准值'的子程序。该子程序首先关闭屏幕更新功能,然后从当前工作簿中获取指定单元格的数值赋值给 route1 和 sec 变量。

(3) 调用 findname 函数,查找与 route1 匹配的文件。如果找到匹配的文件,那么打开该文件并将其中名为 sec 的工作表赋值给 ws 变量。

(4) 通过嵌套的循环遍历 ws 工作表中的数据,将标准值逐一导入"财务绩效评价模型表"工作表中指定的单元格中。

(5) 循环结束后,关闭已经打开的文件,并继续处理下一个年度的工作表。

(6) 最后恢复屏幕更新,使得用户可以看到最终结果或消息提示。

通过查找特定行业数据文件,然后将其标准值导入另一个工作表中,实现数据的自动导入和处理的功能。编写步骤:

步骤一:编写函数代码。点击"开发工具",进入 VBE 窗口,编写函数代码。参考代码如下所示:

成功之钥匙

代码含义:

```
Option Explicit
'route1 下拉菜单变量
Function findname(route1 As String)As String
Dim fn,route As String
Dim n,m,i As Integer
'vbDirectory 历遍所有文件夹
route=Dir(ThisWorkbook.Path &"\"& Range("folders")&"\",vbDirectory)
'Len(route)文件夹名称不是空
Do While route<>""
'继续循环文件夹
route=Dir()
n=n+1
Loop
'm 逐一查找到的文件夹,2 表示第一个子文件夹
For m=2 To n-1
'重新打开行业根目录
route=Dir(ThisWorkbook.Path &"\"& Range("folders")&"\",vbDirectory)
'循环到第 m-1 个子文件夹
For i=1 To m
'循环找到第 m-1 个子文件夹
route=Dir()
Next i
```

```
'route 第 m-1 个子文件夹里是否有一个文件的名称包含当前下拉菜单对应的名称(*"& route1 &"*)
fn = Dir(ThisWorkbook.Path &"\"& Range("folders")&"\"& route &"\"& route1 &"*")
'如果找到了含有当前下拉菜单对应名称的文件,这个自定义函数就会返回这个文件所在路径及其名称本身
If fn <> """Then findname = route &"\"& fn
    Next m
End Function
```

步骤二：编写导入标准值代码。点击"开发工具"，进入 VBE 窗口，编写导入标准值代码。参考代码如下所示：

成功之钥匙

代码含义：

```
Sub 导入行业标准值()
   'wb 代表汇总工作簿,ws 代表待汇总工作簿中的工作表
   Dim i,j,k,r,wb As Workbook,ws As Worksheet,wr As Worksheet
   Dim route1 As String,sec As String
     '处理工作簿时,让窗口不闪烁
   Application.ScreenUpdating = False
   Set wr = ThisWorkbook.Worksheets("企业概况")
   '让 route1 变量的值等于下拉菜单当前值
   route1 = wr.Cells(6,3)
   '企业类型变量值
   sec = wr.Cells(12,3)
   '按路径打开工作簿中的汇总1工作表
   If findname(route1) <> ""Then
   'findname(route1)返回这个文件所在路径及其名称本身
    Set wb = Workbooks.Open(ThisWorkbook.Path &"\"& Range("folders")&"\"& findname(route1))
      '让变量 ws 代表工作簿中的"行业"工作表
       Set ws = wb.Worksheets(sec)
         '循环标准值工作表行变量 k
         For k = 4 To 35
           '循环电信行业标准值工作表列变量 i
             For i = 2 To 6
         '将标准值数据导入评价模型工作表
             ThisWorkbook.Worksheets("2021 年").Cells(k+1,i+6) = ws.Cells(k,i)
               Next i
         Next k
         '关闭该工作簿,继续循环,汇总下一个年度工作表
        wb.Close
      Else:MsgBox"无此行业数据"
      End If
    '恢复闪烁
   Application.ScreenUpdating = True
End Sub
```

步骤三：编写标准值清零代码。点击"开发工具"，进入 VBE 窗口，编写标准值清零代码。参考代码如下所示：

成功之钥匙

代码含义：

```
Sub 行业标准清零()
 Dim i As Integer
 Dim j As Integer
If MsgBox("是否确定清零,一旦清零数据不可恢复",vbYesNo + vbDefaultButton2 + vbQuestion,"询问") = vbYes Then
  Sheets("2021 年").Select
    For i = 5 To 36
       For j = 8 To 12
        Cells(i,j).Value = ""
        Next j
    Next i
 End If
End Sub
```

7.5.2.2 代码按钮设置

在系统窗口工作表上设置的行业标准值模块，包括数据库下拉列表、导入行业标准值按钮、行业标准清零按钮。

步骤一：设置下拉列表。用于选定评价年度数据库。在企业概况工作表 T3：T6 单元格区域设置下拉列表参数—点击 J9 单元格—"数据"—"数据工具"—"数据验证"—"允许"—"序列"—"来源"—"$T$3：$T$6—"确定"。如图 7-41 所示。

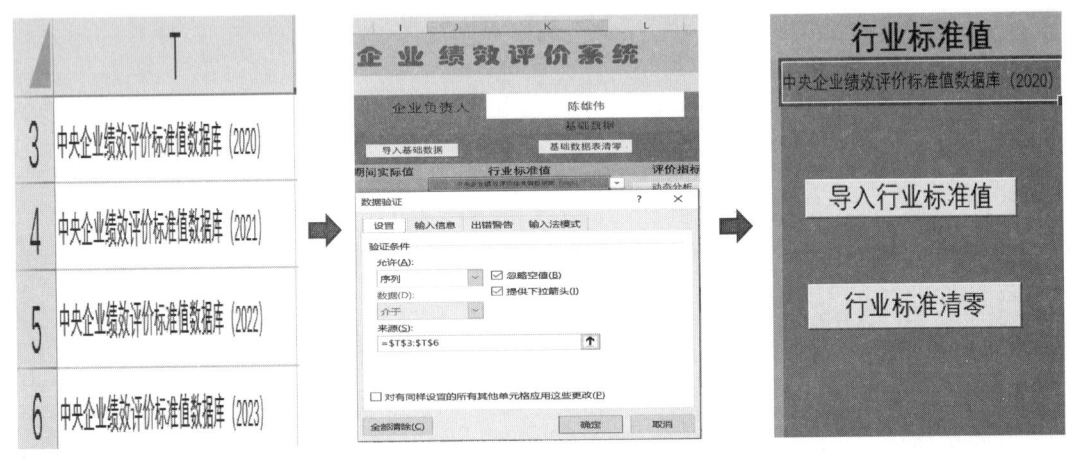

图 7-41 设置下拉列表流程图

步骤二：设置导入标准值代码按钮。点击"开发工具"—"插入"—"按钮（窗体控件）"—"出现+"—"点击评价区域任一位置鼠标左键"—"指定宏"—"选定宏名"。点击"确定"，在系统窗口工作表评价区域完成按钮设置工作。如图 7-42 所示。

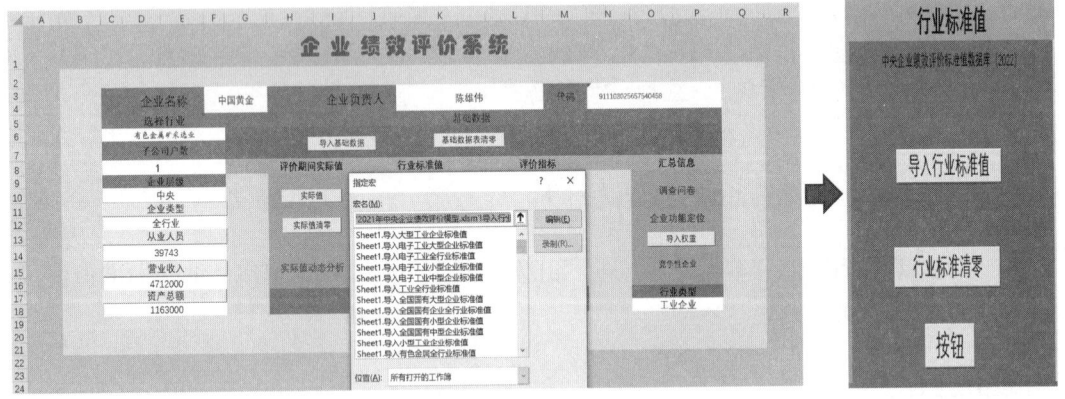

图 7-42 指定宏窗口

步骤三：设置导入标准值清零代码按钮。方法同步骤二。

步骤四：导入数据。点击行业标准值模块下的下拉列表选定年度数据库—点击选择行业模块下拉列表下的行业—有色金属矿采选业—点击"导入行业标准值"按钮，便可以将标准值导入企业财务绩效评价模型工作表中的行业标准值及标准系数栏内容。如将冶金工业全行业标准值导入绩效评价模型里。如图 7-43 所示。

第 7 章　企业财务绩效评价

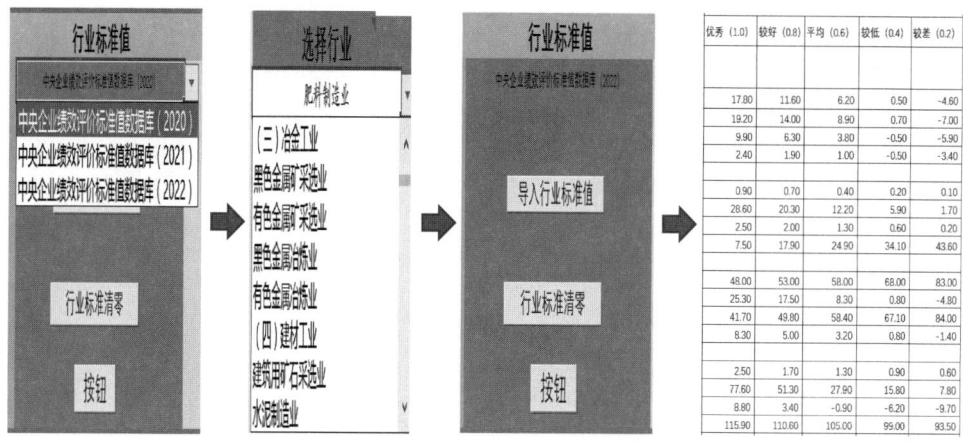

图 7-43　导入行业标准值及标准系数流程界面

7.6　评价赋分

7.6.1　基础分代码

7.6.1.1　盈利回报基础分代码

点击"开发工具",进入 VBE 窗口,编写盈利回报基础分代码。参考代码如下所示:

> **成功之钥匙**
>
> 代码含义:

```
Option Explicit
Sub 基本指标代码()
    Call 盈利回报指标基础分代码
    Call 资产运营指标基础分代码
    Call 风险防控指标基础分代码
    Call 持续发展指标基础分代码
    Call 盈利回报指标调整分代码
    Call 资产运营指标调整分代码
    Call 风险控制指标调整分代码
    Call 持续发展指标调整分代码
End Sub
Sub 盈利回报指标基础分代码()
Dim i,wa As Worksheet
    For i =5 To 8
    Set wa =Worksheets("财务绩效评价模型表")
'基础分 = IF(T5 > = H5,G5 * MID( $H$3,4,3),IF(AND(T5 > = I5,T5 < H5),G5 * MID( $I$3,4,3),IF(AND(T5 > =
'J6,T5 < I6),G5 * MID( $J$3,4,3),IF(AND(T5 > = K5,T5 < L5),G5 * MID( $L$3,4,3),IF(T5 < L5,0)
    If wa.Cells(i,20) > = wa.Cells(i,8)Then
        wa.Cells(i,13) = wa.Cells(i,7) * Mid(wa.Cells(3,8),4,3)
    ElseIf wa.Cells(i,20) > = wa.Cells(i,9)And wa.Cells(i,20) < wa.Cells(i,8)Then
        wa.Cells(i,13) = wa.Cells(i,7) * Mid(wa.Cells(3,9),4,3)
    ElseIf wa.Cells(i,20) > = wa.Cells(i,10)And wa.Cells(i,20) < wa.Cells(i,9)Then
        wa.Cells(i,13) = wa.Cells(i,7) * Mid(wa.Cells(3,10),4,3)
    ElseIf wa.Cells(i,20) > = wa.Cells(i,11)And wa.Cells(i,20) < wa.Cells(i,10)Then
        wa.Cells(i,13) = wa.Cells(i,7) * Mid(wa.Cells(3,11),4,3)
    ElseIf wa.Cells(i,20) > = wa.Cells(i,12)And wa.Cells(i,20) < wa.Cells(i,11)Then
        wa.Cells(i,13) = wa.Cells(i,7) * Mid(wa.Cells(3,12),4,3)
    ElseIf wa.Cells(i,20) < wa.Cells(i,12)Then
        wa.Cells(i,13) = 0
    End If
    Next i
End Sub
```

7.6.1.2 资产运营指标基础分代码

点击"开发工具",进入 VBE 窗口,编写资产运营指标基础分代码。参考代码如下所示:

成功之钥匙

代码含义:

```
Sub 资产运营指标基础分代码()
Dim i,wa As Worksheet
    For i =10 To 12
    Set wa =Worksheets("财务绩效评价模型表")
    If wa.Cells(i,20) > =wa.Cells(i,8)Then
        wa.Cells(i,13) =wa.Cells(i,7)* Mid(wa.Cells(3,8),4,3)
      ElseIf wa.Cells(i,20) > =wa.Cells(i,9)And wa.Cells(i,20) <wa.Cells(i,8)Then
        wa.Cells(i,13) =wa.Cells(i,7)* Mid(wa.Cells(3,9),4,3)
      ElseIf wa.Cells(i,20) > =wa.Cells(i,10)And wa.Cells(i,20) <wa.Cells(i,9)Then
        wa.Cells(i,13) =wa.Cells(i,7)* Mid(wa.Cells(3,10),4,3)
      ElseIf wa.Cells(i,20) > =wa.Cells(i,11)And wa.Cells(i,20) <wa.Cells(i,10)Then
        wa.Cells(i,13) =wa.Cells(i,7)* Mid(wa.Cells(3,11),4,3)
      ElseIf wa.Cells(i,20) > =wa.Cells(i,12)And wa.Cells(i,20) <wa.Cells(i,11)Then
        wa.Cells(i,13) =wa.Cells(i,7)* Mid(wa.Cells(3,12),4,3)
      ElseIf wa.Cells(i,20) <wa.Cells(i,12)Then
        wa.Cells(i,13) =0
    End If
    Next i
    '两金占流动资产比重
    For i =13 To 13
    If wa.Cells(i,20) < =wa.Cells(i,8)Then
        wa.Cells(i,13) =wa.Cells(i,7)* Mid(wa.Cells(3,8),4,3)
      ElseIf wa.Cells(i,20) < =wa.Cells(i,9)And wa.Cells(i,20) >wa.Cells(i,8)Then
        wa.Cells(i,13) =wa.Cells(i,7)* Mid(wa.Cells(3,9),4,3)
      ElseIf wa.Cells(i,20) < =wa.Cells(i,10)And wa.Cells(i,20) >wa.Cells(i,9)Then
        wa.Cells(i,13) =wa.Cells(i,7)* Mid(wa.Cells(3,10),4,3)
      ElseIf wa.Cells(i,20) < =wa.Cells(i,11)And wa.Cells(i,20) >wa.Cells(i,10)Then
        wa.Cells(i,13) =wa.Cells(i,7)* Mid(wa.Cells(3,11),4,3)
      ElseIf wa.Cells(i,20) < =wa.Cells(i,12)And wa.Cells(i,20) >wa.Cells(i,11)Then
        wa.Cells(i,13) =wa.Cells(i,7)* Mid(wa.Cells(3,12),4,3)
      ElseIf wa.Cells(i,20) >wa.Cells(i,12)Then
        wa.Cells(i,13) =0
    End If
    Next i
End Sub
```

7.6.1.3 风险防控指标基础分代码

点击"开发工具",进入 VBE 窗口,编写债务风险状况基础分代码。参考代码如下所示:

成功之钥匙

代码含义:

```
Sub 风险防控指标基础分代码()
Dim i,wa As Worksheet
    Set wa =Worksheets("财务绩效评价模型表")
    '资产负债率
    For i =15 To 15
    If wa.Cells(i,20) < =wa.Cells(i,8)Then
        wa.Cells(i,13) =wa.Cells(i,7)* Mid(wa.Cells(3,8),4,3)
      ElseIf wa.Cells(i,20) < =wa.Cells(i,9)And wa.Cells(i,20) >wa.Cells(i,8)Then
        wa.Cells(i,13) =wa.Cells(i,7)* Mid(wa.Cells(3,9),4,3)
      ElseIf wa.Cells(i,20) < =wa.Cells(i,10)And wa.Cells(i,20) >wa.Cells(i,9)Then
        wa.Cells(i,13) =wa.Cells(i,7)* Mid(wa.Cells(3,10),4,3)
      ElseIf wa.Cells(i,20) < =wa.Cells(i,11)And wa.Cells(i,20) >wa.Cells(i,10)Then
```

```
        wa.Cells(i,13) = wa.Cells(i,7) * Mid(wa.Cells(3,11),4,3)
      ElseIf wa.Cells(i,20) <= wa.Cells(i,12) And wa.Cells(i,20) > wa.Cells(i,11) Then
        wa.Cells(i,13) = wa.Cells(i,7) * Mid(wa.Cells(3,12),4,3)
      ElseIf wa.Cells(i,20) > wa.Cells(i,12) Then
        wa.Cells(i,13) = 0
      End If
    Next i
    '现金流动负债比
    For i = 16 To 16
      If wa.Cells(i,20) >= wa.Cells(i,8) Then
        wa.Cells(i,13) = wa.Cells(i,7) * Mid(wa.Cells(3,8),4,3)
      ElseIf wa.Cells(i,20) >= wa.Cells(i,9) And wa.Cells(i,20) < wa.Cells(i,8) Then
        wa.Cells(i,13) = wa.Cells(i,7) * Mid(wa.Cells(3,9),4,3)
      ElseIf wa.Cells(i,20) >= wa.Cells(i,10) And wa.Cells(i,20) < wa.Cells(i,9) Then
        wa.Cells(i,13) = wa.Cells(i,7) * Mid(wa.Cells(3,10),4,3)
      ElseIf wa.Cells(i,20) >= wa.Cells(i,11) And wa.Cells(i,20) < wa.Cells(i,10) Then
        wa.Cells(i,13) = wa.Cells(i,7) * Mid(wa.Cells(3,11),4,3)
      ElseIf wa.Cells(i,20) >= wa.Cells(i,12) And wa.Cells(i,20) < wa.Cells(i,11) Then
        wa.Cells(i,13) = wa.Cells(i,7) * Mid(wa.Cells(3,12),4,3)
      ElseIf wa.Cells(i,20) < wa.Cells(i,12) Then
        wa.Cells(i,13) = 0
      End If
    Next i
    '带息负债比率
    For i = 17 To 17
      If wa.Cells(i,20) <= wa.Cells(i,8) Then
        wa.Cells(i,13) = wa.Cells(i,7) * Mid(wa.Cells(3,8),4,3)
      ElseIf wa.Cells(i,20) <= wa.Cells(i,9) And wa.Cells(i,20) > wa.Cells(i,8) Then
        wa.Cells(i,13) = wa.Cells(i,7) * Mid(wa.Cells(3,9),4,3)
      ElseIf wa.Cells(i,20) <= wa.Cells(i,10) And wa.Cells(i,20) > wa.Cells(i,9) Then
        wa.Cells(i,13) = wa.Cells(i,7) * Mid(wa.Cells(3,10),4,3)
      ElseIf wa.Cells(i,20) <= wa.Cells(i,11) And wa.Cells(i,20) > wa.Cells(i,10) Then
        wa.Cells(i,13) = wa.Cells(i,7) * Mid(wa.Cells(3,11),4,3)
      ElseIf wa.Cells(i,20) <= wa.Cells(i,12) And wa.Cells(i,20) > wa.Cells(i,11) Then
        wa.Cells(i,13) = wa.Cells(i,7) * Mid(wa.Cells(3,12),4,3)
      ElseIf wa.Cells(i,20) > wa.Cells(i,12) Then
        wa.Cells(i,13) = 0
      End If
    Next i
    '已获利息倍数
    For i = 18 To 18
      If wa.Cells(i,20) >= wa.Cells(i,8) Then
        wa.Cells(i,13) = wa.Cells(i,7) * Mid(wa.Cells(3,8),4,3)
      ElseIf wa.Cells(i,20) >= wa.Cells(i,9) And wa.Cells(i,20) < wa.Cells(i,8) Then
        wa.Cells(i,13) = wa.Cells(i,7) * Mid(wa.Cells(3,9),4,3)
      ElseIf wa.Cells(i,20) >= wa.Cells(i,10) And wa.Cells(i,20) < wa.Cells(i,9) Then
        wa.Cells(i,13) = wa.Cells(i,7) * Mid(wa.Cells(3,10),4,3)
      ElseIf wa.Cells(i,20) >= wa.Cells(i,11) And wa.Cells(i,20) < wa.Cells(i,10) Then
        wa.Cells(i,13) = wa.Cells(i,7) * Mid(wa.Cells(3,11),4,3)
      ElseIf wa.Cells(i,20) >= wa.Cells(i,12) And wa.Cells(i,20) < wa.Cells(i,11) Then
        wa.Cells(i,13) = wa.Cells(i,7) * Mid(wa.Cells(3,12),4,3)
      ElseIf wa.Cells(i,20) < wa.Cells(i,12) Then
        wa.Cells(i,13) = 0
      End If
    Next i
End Sub
```

7.6.1.4 经营状况基础分代码

点击"开发工具",进入 VBE 窗口,编写经营状况基础分代码。参考代码如下所示:

成功之钥匙

代码含义:

```
Sub 持续发展指标基础分代码()
Dim i,wa As Worksheet
    Set wa = Worksheets("财务绩效评价模型表")
```

```
      For i =20 To 23
        If wa.Cells(i,20) >=wa.Cells(i,8)Then
            wa.Cells(i,13) =wa.Cells(i,7)* Mid(wa.Cells(3,8),4,3)
          ElseIf wa.Cells(i,20) >=wa.Cells(i,9)And wa.Cells(i,20) <wa.Cells(i,8)Then
            wa.Cells(i,13) =wa.Cells(i,7)* Mid(wa.Cells(3,9),4,3)
          ElseIf wa.Cells(i,20) >=wa.Cells(i,10)And wa.Cells(i,20) <wa.Cells(i,9)Then
            wa.Cells(i,13) =wa.Cells(i,7)* Mid(wa.Cells(3,10),4,3)
          ElseIf wa.Cells(i,20) >=wa.Cells(i,11)And wa.Cells(i,20) <wa.Cells(i,10)Then
            wa.Cells(i,13) =wa.Cells(i,7)* Mid(wa.Cells(3,11),4,3)
          ElseIf wa.Cells(i,20) >=wa.Cells(i,12)And wa.Cells(i,20) <wa.Cells(i,11)Then
            wa.Cells(i,13) =wa.Cells(i,7)* Mid(wa.Cells(3,12),4,3)
          ElseIf wa.Cells(i,20) <wa.Cells(i,12)Then
            wa.Cells(i,13) =0
        End If
      Next i
End Sub
```

7.6.2 调整分代码

7.6.2.1 盈利回报调整分代码

点击"开发工具",进入 VBE 窗口,编写盈利回报调整分代码。参考代码如下所示:

👆成功之钥匙

代码含义:

```
Sub 盈利回报指标调整分代码()
Dim i,wa As Worksheet
    For i =5 To 8
    Set wa =Worksheets("财务绩效评价模型表")
'调整分 =((实际值 - 本档标准值)/(上档标准值 - 本档标准值))* 指标权重 *(上档标准系数 - 本档标准系数)
    If wa.Cells(i,20) >=wa.Cells(i,8)Or wa.Cells(i,20) <wa.Cells(i,12)Then
        wa.Cells(i,14) =0
        ElseIf wa.Cells(i,20) >=wa.Cells(i,9)And wa.Cells(i,20) <wa.Cells(i,8)Then
          wa.Cells(i,14) =((wa.Cells(i,20) -wa.Cells(i,9))/(wa.Cells(i,8) -wa.Cells(i,9)))_
 * (wa.Cells(i,7)* Mid(wa.Cells(3,8),4,3) -wa.Cells(i,7)* Mid(wa.Cells(3,9),4,3))
        ElseIf wa.Cells(i,20) >=wa.Cells(i,10)And wa.Cells(i,20) <wa.Cells(i,9)Then
     wa.Cells(i,14) =((wa.Cells(i,20) -wa.Cells(i,10))/(wa.Cells(i,9) -wa.Cells(i,10)))_
 * (wa.Cells(i,7)* Mid(wa.Cells(3,9),4,3) -wa.Cells(i,7)* Mid(wa.Cells(3,10),4,3))
        ElseIf wa.Cells(i,20) >=wa.Cells(i,11)And wa.Cells(i,20) <wa.Cells(i,10)Then
     wa.Cells(i,14) =((wa.Cells(i,27) -wa.Cells(i,11))/(wa.Cells(i,10) -wa.Cells(i,11)))_
 * (wa.Cells(i,7)* Mid(wa.Cells(3,10),4,3) -wa.Cells(i,7)* Mid(wa.Cells(3,11),4,3))
        ElseIf wa.Cells(i,20) >=wa.Cells(i,12)And wa.Cells(i,20) <wa.Cells(i,11)Then
     wa.Cells(i,14) =((wa.Cells(i,20) -wa.Cells(i,12))/(wa.Cells(i,11) -wa.Cells(i,12)))_
 * (wa.Cells(i,7)* Mid(wa.Cells(3,11),4,3) -wa.Cells(i,7)* Mid(wa.Cells(3,12),4,3))
    End If
    '单项得分
    wa.Cells(i,15) =wa.Cells(i,13) +wa.Cells(i,14)
    '单项得分合计
    wa.Cells(4,15) =wa.Cells(4,15) +wa.Cells(i,15)
    Next i
End Sub
```

7.6.2.2 资产运营调整分代码

点击"开发工具",进入 VBE 窗口,编写资产运营指标调整分代码。参考代码如下所示:

👆成功之钥匙

代码含义:

```
Sub 资产运营指标调整分代码()
Dim i,wa As Worksheet
    For i =10 To 12
```

```
    Set wa=Worksheets("财务绩效评价模型表")
     If wa.Cells(i,20)>=wa.Cells(i,8)Or wa.Cells(i,20)<wa.Cells(i,12)Then
       wa.Cells(i,14)=0
       ElseIf wa.Cells(i,20)>=wa.Cells(i,9)And wa.Cells(i,20)<wa.Cells(i,8)Then
         wa.Cells(i,14)=((wa.Cells(i,20)-wa.Cells(i,9))/(wa.Cells(i,8)-wa.Cells(i,9)))_
          *(wa.Cells(i,7)*Mid(wa.Cells(3,8),4,3)-wa.Cells(i,7)*Mid(wa.Cells(3,9),4,3))
       ElseIf wa.Cells(i,20)>=wa.Cells(i,10)And wa.Cells(i,20)<wa.Cells(i,9)Then
         wa.Cells(i,14)=((wa.Cells(i,20)-wa.Cells(i,10))/(wa.Cells(i,9)-wa.Cells(i,10)))_
          *(wa.Cells(i,7)*Mid(wa.Cells(3,9),4,3)-wa.Cells(i,7)*Mid(wa.Cells(3,10),4,3))
       ElseIf wa.Cells(i,20)>=wa.Cells(i,11)And wa.Cells(i,20)<wa.Cells(i,10)Then
         wa.Cells(i,14)=((wa.Cells(i,27)-wa.Cells(i,11))/(wa.Cells(i,10)-wa.Cells(i,11)))_
          *(wa.Cells(i,7)*Mid(wa.Cells(3,10),4,3)-wa.Cells(i,7)*Mid(wa.Cells(3,11),4,3))
       ElseIf wa.Cells(i,20)>=wa.Cells(i,12)And wa.Cells(i,20)<wa.Cells(i,11)Then
         wa.Cells(i,14)=((wa.Cells(i,20)-wa.Cells(i,12))/(wa.Cells(i,11)-wa.Cells(i,12)))_
          *(wa.Cells(i,7)*Mid(wa.Cells(3,11),4,3)-wa.Cells(i,7)*Mid(wa.Cells(3,12),4,3))
     End If
     Next i
    '两金占流动资产比率
     For i=13 To 13
      If wa.Cells(i,20)<=wa.Cells(i,8)Or wa.Cells(i,20)>wa.Cells(i,12)Then
       wa.Cells(i,14)=0
       ElseIf wa.Cells(i,20)<=wa.Cells(i,9)And wa.Cells(i,20)>wa.Cells(i,8)Then
         wa.Cells(i,14)=((wa.Cells(i,20)-wa.Cells(i,8))/(wa.Cells(i,9)-wa.Cells(i,8)))_
          *(wa.Cells(i,7)*Mid(wa.Cells(3,8),4,3)-wa.Cells(i,7)*Mid(wa.Cells(3,9),4,3))
       ElseIf wa.Cells(i,20)<=wa.Cells(i,10)And wa.Cells(i,20)>wa.Cells(i,9)Then
         wa.Cells(i,14)=((wa.Cells(i,20)-wa.Cells(i,9))/(wa.Cells(i,10)-wa.Cells(i,9)))_
          *(wa.Cells(i,7)*Mid(wa.Cells(3,9),4,3)-wa.Cells(i,7)*Mid(wa.Cells(3,10),4,3))
       ElseIf wa.Cells(i,20)<=wa.Cells(i,11)And wa.Cells(i,20)>wa.Cells(i,10)Then
         wa.Cells(i,14)=((wa.Cells(i,20)-wa.Cells(i,10))/(wa.Cells(i,11)-wa.Cells(i,10)))_
          *(wa.Cells(i,7)*Mid(wa.Cells(3,10),4,3)-wa.Cells(i,7)*Mid(wa.Cells(3,11),4,3))
       ElseIf wa.Cells(i,20)<=wa.Cells(i,12)And wa.Cells(i,20)>wa.Cells(i,11)Then
         wa.Cells(i,14)=((wa.Cells(i,20)-wa.Cells(i,11))/(wa.Cells(i,12)-wa.Cells(i,11)))_
          *(wa.Cells(i,7)*Mid(wa.Cells(3,11),4,3)-wa.Cells(i,7)*Mid(wa.Cells(3,12),4,3))
     End If
     Next i
     For i=10 To 13
    '单项得分
     wa.Cells(i,15)=wa.Cells(i,13)+wa.Cells(i,14)
    '单项得分合计
     wa.Cells(9,15)=wa.Cells(9,15)+wa.Cells(i,15)
      Next i
End Sub
```

7.6.2.3 风险防控调整分代码

点击"开发工具",进入 VBE 窗口,编写风险防控指标调整分代码。参考代码如下所示。

🖐 成功之钥匙

代码含义:

```
Sub 风险控制指标调整分代码()
Dim i,wa As Worksheet
    Set wa=Worksheets("财务绩效评价模型表")
'资产负债率
    For i=15 To 15
    If wa.Cells(i,20)<=wa.Cells(i,8)Or wa.Cells(i,20)>wa.Cells(i,12)Then
     wa.Cells(i,14)=0
     ElseIf wa.Cells(i,20)<=wa.Cells(i,9)And wa.Cells(i,20)>wa.Cells(i,8)Then
       wa.Cells(i,14)=((wa.Cells(i,20)-wa.Cells(i,8))/(wa.Cells(i,9)-wa.Cells(i,8)))_
        *(wa.Cells(i,7)*Mid(wa.Cells(3,8),4,3)-wa.Cells(i,7)*Mid(wa.Cells(3,9),4,3))
     ElseIf wa.Cells(i,20)<=wa.Cells(i,10)And wa.Cells(i,20)>wa.Cells(i,9)Then
       wa.Cells(i,14)=((wa.Cells(i,20)-wa.Cells(i,9))/(wa.Cells(i,10)-wa.Cells(i,9)))_
        *(wa.Cells(i,7)*Mid(wa.Cells(3,9),4,3)-wa.Cells(i,7)*Mid(wa.Cells(3,10),4,3))
     ElseIf wa.Cells(i,20)<=wa.Cells(i,11)And wa.Cells(i,20)>wa.Cells(i,10)Then
wa.Cells(i,14)=((wa.Cells(i,20)-wa.Cells(i,10))/(wa.Cells(i,11)-wa.Cells(i,10)))_
        *(wa.Cells(i,7)*Mid(wa.Cells(3,10),4,3)-wa.Cells(i,7)*Mid(wa.Cells(3,11),4,3))
```

```vba
        ElseIf wa.Cells(i,20) <= wa.Cells(i,12) And wa.Cells(i,20) > wa.Cells(i,11) Then
wa.Cells(i,14) = ((wa.Cells(i,20) - wa.Cells(i,11))/(wa.Cells(i,12) - wa.Cells(i,11))) _
        * (wa.Cells(i,7)* Mid(wa.Cells(3,11),4,3) - wa.Cells(i,7)* Mid(wa.Cells(3,12),4,3))
    End If
    Next i
    '现金流动负债比
    For i =16 To 16
      If wa.Cells(i,20) >= wa.Cells(i,8) Or wa.Cells(i,20) < wa.Cells(i,12) Then
        wa.Cells(i,14) =0
        ElseIf wa.Cells(i,20) >= wa.Cells(i,9) And wa.Cells(i,20) < wa.Cells(i,8) Then
            wa.Cells(i,14) = ((wa.Cells(i,20) - wa.Cells(i,9))/(wa.Cells(i,8) - wa.Cells(i,9))) _
          * (wa.Cells(i,7)* Mid(wa.Cells(3,8),4,3) - wa.Cells(i,7)* Mid(wa.Cells(3,9),4,3))
        ElseIf wa.Cells(i,20) >= wa.Cells(i,10) And wa.Cells(i,20) < wa.Cells(i,9) Then
            wa.Cells(i,14) = ((wa.Cells(i,20) - wa.Cells(i,10))/(wa.Cells(i,9) - wa.Cells(i,10))) _
            * (wa.Cells(i,7)* Mid(wa.Cells(3,9),4,3) - wa.Cells(i,7)* Mid(wa.Cells(3,10),4,3))
        ElseIf wa.Cells(i,20) >= wa.Cells(i,11) And wa.Cells(i,20) < wa.Cells(i,10) Then
wa.Cells(i,14) = ((wa.Cells(i,27) - wa.Cells(i,11))/(wa.Cells(i,10) - wa.Cells(i,11))) _
        * (wa.Cells(i,7)* Mid(wa.Cells(3,10),4,3) - wa.Cells(i,7)* Mid(wa.Cells(3,11),4,3))
        ElseIf wa.Cells(i,20) >= wa.Cells(i,12) And wa.Cells(i,20) < wa.Cells(i,11) Then
wa.Cells(i,14) = ((wa.Cells(i,20) - wa.Cells(i,12))/(wa.Cells(i,11) - wa.Cells(i,12))) _
        * (wa.Cells(i,7)* Mid(wa.Cells(3,11),4,3) - wa.Cells(i,7)* Mid(wa.Cells(3,12),4,3))
      End If
    Next i
    '带息负债比率
    For i =17 To 17
      If wa.Cells(i,20) <= wa.Cells(i,8) Or wa.Cells(i,20) > wa.Cells(i,12) Then
        wa.Cells(i,14) =0
        ElseIf wa.Cells(i,20) <= wa.Cells(i,9) And wa.Cells(i,20) > wa.Cells(i,8) Then
            wa.Cells(i,14) = ((wa.Cells(i,20) - wa.Cells(i,8))/(wa.Cells(i,9) - wa.Cells(i,8))) _
          * (wa.Cells(i,7)* Mid(wa.Cells(3,8),4,3) - wa.Cells(i,7)* Mid(wa.Cells(3,9),4,3))
        ElseIf wa.Cells(i,20) <= wa.Cells(i,10) And wa.Cells(i,20) > wa.Cells(i,9) Then
            wa.Cells(i,14) = ((wa.Cells(i,20) - wa.Cells(i,9))/(wa.Cells(i,10) - wa.Cells(i,9))) _
            * (wa.Cells(i,7)* Mid(wa.Cells(3,9),4,3) - wa.Cells(i,7)* Mid(wa.Cells(3,10),4,3))
        ElseIf wa.Cells(i,20) <= wa.Cells(i,11) And wa.Cells(i,20) > wa.Cells(i,10) Then
wa.Cells(i,14) = ((wa.Cells(i,20) - wa.Cells(i,10))/(wa.Cells(i,11) - wa.Cells(i,10))) _
        * (wa.Cells(i,7)* Mid(wa.Cells(3,10),4,3) - wa.Cells(i,7)* Mid(wa.Cells(3,11),4,3))
        ElseIf wa.Cells(i,20) <= wa.Cells(i,12) And wa.Cells(i,20) > wa.Cells(i,11) Then
wa.Cells(i,14) = ((wa.Cells(i,20) - wa.Cells(i,11))/(wa.Cells(i,12) - wa.Cells(i,11))) _
        * (wa.Cells(i,7)* Mid(wa.Cells(3,11),4,3) - wa.Cells(i,7)* Mid(wa.Cells(3,12),4,3))
      End If
    Next i
    '已获利息倍数
    For i =18 To 18
      If wa.Cells(i,20) >= wa.Cells(i,8) Or wa.Cells(i,20) < wa.Cells(i,12) Then
        wa.Cells(i,14) =0
        ElseIf wa.Cells(i,20) >= wa.Cells(i,9) And wa.Cells(i,20) < wa.Cells(i,8) Then
            wa.Cells(i,14) = ((wa.Cells(i,20) - wa.Cells(i,9))/(wa.Cells(i,8) - wa.Cells(i,9))) _
          * (wa.Cells(i,7)* Mid(wa.Cells(3,8),4,3) - wa.Cells(i,7)* Mid(wa.Cells(3,9),4,3))
        ElseIf wa.Cells(i,20) >= wa.Cells(i,10) And wa.Cells(i,20) < wa.Cells(i,9) Then
            wa.Cells(i,14) = ((wa.Cells(i,20) - wa.Cells(i,10))/(wa.Cells(i,9) - wa.Cells(i,10))) _
            * (wa.Cells(i,7)* Mid(wa.Cells(3,9),4,3) - wa.Cells(i,7)* Mid(wa.Cells(3,10),4,3))
        ElseIf wa.Cells(i,20) >= wa.Cells(i,11) And wa.Cells(i,20) < wa.Cells(i,10) Then
wa.Cells(i,14) = ((wa.Cells(i,27) - wa.Cells(i,11))/(wa.Cells(i,10) - wa.Cells(i,11))) _
        * (wa.Cells(i,7)* Mid(wa.Cells(3,10),4,3) - wa.Cells(i,7)* Mid(wa.Cells(3,11),4,3))
        ElseIf wa.Cells(i,20) >= wa.Cells(i,12) And wa.Cells(i,20) < wa.Cells(i,11) Then
wa.Cells(i,14) = ((wa.Cells(i,20) - wa.Cells(i,12))/(wa.Cells(i,11) - wa.Cells(i,12))) _
        * (wa.Cells(i,7)* Mid(wa.Cells(3,11),4,3) - wa.Cells(i,7)* Mid(wa.Cells(3,12),4,3))
      End If
    Next i
     For i =15 To 18
     '单项得分
     wa.Cells(i,15) = wa.Cells(i,13) + wa.Cells(i,14)
      '单项得分合计
      wa.Cells(14,15) = wa.Cells(14,15) + wa.Cells(i,15)
      Next i
End Sub
```

7.6.2.4 持续发展指标调整分代码

点击"开发工具",进入 VBE 窗口,编写持续发展指标调整分代码。参考代码如下所示:

> 🔑 **成功之钥匙**
>
> 代码含义:

```
Sub 持续发展指标调整分代码()
Dim i,wa As Worksheet
    Set wa=Worksheets("财务绩效评价模型表")
    For i=20 To 23
    If wa.Cells(i,20)>=wa.Cells(i,8)Or wa.Cells(i,20)<wa.Cells(i,12)Then
        wa.Cells(i,14)=0
        ElseIf wa.Cells(i,20)>=wa.Cells(i,9)And wa.Cells(i,20)<wa.Cells(i,8)Then
          wa.Cells(i,14)=((wa.Cells(i,20)-wa.Cells(i,9))/(wa.Cells(i,8)-wa.Cells(i,9)))_
          *(wa.Cells(i,7)*Mid(wa.Cells(3,8),4,3)-wa.Cells(i,7)*Mid(wa.Cells(3,9),4,3))
        ElseIf wa.Cells(i,20)>=wa.Cells(i,10)And wa.Cells(i,20)<wa.Cells(i,9)Then
          wa.Cells(i,14)=((wa.Cells(i,20)-wa.Cells(i,10))/(wa.Cells(i,9)-wa.Cells(i,10)))_
          *(wa.Cells(i,7)*Mid(wa.Cells(3,9),4,3)-wa.Cells(i,7)*Mid(wa.Cells(3,10),4,3))
        ElseIf wa.Cells(i,20)>=wa.Cells(i,11)And wa.Cells(i,20)<wa.Cells(i,10)Then
          wa.Cells(i,14)=((wa.Cells(i,20)-wa.Cells(i,11))/(wa.Cells(i,10)-wa.Cells(i,11)))_
          *(wa.Cells(i,7)*Mid(wa.Cells(3,10),4,3)-wa.Cells(i,7)*Mid(wa.Cells(3,11),4,3))
        ElseIf wa.Cells(i,20)>=wa.Cells(i,12)And wa.Cells(i,20)<wa.Cells(i,11)Then
          wa.Cells(i,14)=((wa.Cells(i,20)-wa.Cells(i,12))/(wa.Cells(i,11)-wa.Cells(i,12)))_
          *(wa.Cells(i,7)*Mid(wa.Cells(3,11),4,3)-wa.Cells(i,7)*Mid(wa.Cells(3,12),4,3))
    End If
    '单项得分
    wa.Cells(i,15)=wa.Cells(i,13)+wa.Cells(i,14)
    '单项得分合计
    wa.Cells(19,15)=wa.Cells(19,15)+wa.Cells(i,15)
    Next i
    '总分
    wa.Cells(33,15)=wa.Cells(4,15)+wa.Cells(9,15)+wa.Cells(14,15)+wa.Cells(19,15)
End Sub
```

7.6.3 档次代码

7.6.3.1 盈利回报档次代码

点击"开发工具",进入 VBE 窗口,编写盈利回报档次代码。参考代码如下所示:

> 🔑 **成功之钥匙**
>
> 代码含义:

```
Option Explicit
Sub 档次代码()
Call 盈利回报档次代码
Call 资产运营档次代码
Call 风险防控档次代码
Call 持续发展档次代码
Call 补充指标档次代码
Call 层级代码
Call 绩效改进度代码
End Sub
Sub 盈利回报档次代码()
Dim i,wa As Worksheet
    For i=5 To 8
    Set wa=Worksheets("财务绩效评价模型表")
'盈利回报=IF(T5>=H5,"优秀",IF(AND(T5>=I5,D5<H5),"较好",IF(AND(T5>=J5,D5<I5),"平均",IF(AND(T5>=K5,D5<J5),"较低",IF(T5<L5,"较差")))))
    If wa.Cells(i,20)>=wa.Cells(i,8)Then
        wa.Cells(i,16)="优秀"
        ElseIf wa.Cells(i,20)>=wa.Cells(i,9)And wa.Cells(i,20)<wa.Cells(i,8)Then
          wa.Cells(i,16)="较好"
        ElseIf wa.Cells(i,20)>=wa.Cells(i,10)And wa.Cells(i,20)<wa.Cells(i,9)Then
```

```
            wa.Cells(i,16)="平均"
         ElseIf wa.Cells(i,20)>=wa.Cells(i,11)And wa.Cells(i,20)<wa.Cells(i,10)Then
            wa.Cells(i,16)="较低"
         ElseIf wa.Cells(i,20)>=wa.Cells(i,12)And wa.Cells(i,20)<wa.Cells(i,11)Then
            wa.Cells(i,16)="较差"
         Else
            wa.Cells(i,16)="较差"
      End If
   Next i
End Sub
```

7.6.3.2　资产运营档次代码

点击"开发工具",进入 VBE 窗口,编写资产运营档次代码。参考代码如下所示:

👆 成功之钥匙

代码含义:

```
Sub 资产运营档次代码()
Dim i,wa As Worksheet
    For i=10 To 12
    Set wa=Worksheets("财务绩效评价模型表")
'盈利回报=IF(T5>=H5,"优秀",IF(AND(T5>=I5,D5<H5),"较好",IF(AND(T5>=J5,D5<I5),"平均",IF(AND(T5>=K5,D5<J5),"较低",IF(T5<L5,"较差")))))
   If wa.Cells(i,20)>=wa.Cells(i,8)Then
      wa.Cells(i,16)="优秀"
      ElseIf wa.Cells(i,20)>=wa.Cells(i,9)And wa.Cells(i,20)<wa.Cells(i,8)Then
         wa.Cells(i,16)="较好"
      ElseIf wa.Cells(i,20)>=wa.Cells(i,10)And wa.Cells(i,20)<wa.Cells(i,9)Then
         wa.Cells(i,16)="平均"
      ElseIf wa.Cells(i,20)>=wa.Cells(i,11)And wa.Cells(i,20)<wa.Cells(i,10)Then
         wa.Cells(i,16)="较低"
      ElseIf wa.Cells(i,20)>=wa.Cells(i,12)And wa.Cells(i,20)<wa.Cells(i,11)Then
         wa.Cells(i,16)="较差"
      Else
         wa.Cells(i,16)="较差"
   End If
   Next i
'两金占流动资产比率
   For i=13 To 13
   If wa.Cells(i,20)<=wa.Cells(i,8)Then
      wa.Cells(i,16)="优秀"
      ElseIf wa.Cells(i,20)<wa.Cells(i,9)And wa.Cells(i,20)>=wa.Cells(i,8)Then
         wa.Cells(i,16)="较好"
      ElseIf wa.Cells(i,20)<wa.Cells(i,10)And wa.Cells(i,20)>=wa.Cells(i,9)Then
         wa.Cells(i,16)="平均"
      ElseIf wa.Cells(i,20)<wa.Cells(i,11)And wa.Cells(i,20)>=wa.Cells(i,10)Then
         wa.Cells(i,16)="较低"
      ElseIf wa.Cells(i,20)>=wa.Cells(i,11)Then
         wa.Cells(i,16)="较差"
   End If
   Next i
End Sub
```

7.6.3.3　风险防控档次代码

点击"开发工具",进入 VBE 窗口,编写风险防控档次代码。参考代码如下所示:

👆 成功之钥匙

代码含义:

```
Sub 风险防控档次代码()
Dim i,wa As Worksheet
    Set wa=Worksheets("财务绩效评价模型表")
'资产负债率
    For i=15 To 15
   If wa.Cells(i,20)<=wa.Cells(i,8)Then
```

```
            wa.Cells(i,16)="优秀"
        ElseIf wa.Cells(i,20)<wa.Cells(i,9)And wa.Cells(i,20)>=wa.Cells(i,8)Then
            wa.Cells(i,16)="较好"
        ElseIf wa.Cells(i,20)<wa.Cells(i,10)And wa.Cells(i,20)>=wa.Cells(i,9)Then
            wa.Cells(i,16)="平均"
        ElseIf wa.Cells(i,20)<wa.Cells(i,11)And wa.Cells(i,20)>=wa.Cells(i,10)Then
            wa.Cells(i,16)="较低"
        ElseIf wa.Cells(i,20)>=wa.Cells(i,11)Then
            wa.Cells(i,16)="较差"
       End If
      Next i
    '现金流动负债比
     For i=16 To 16
     If wa.Cells(i,20)>=wa.Cells(i,8)Then
          wa.Cells(i,16)="优秀"
        ElseIf wa.Cells(i,20)>=wa.Cells(i,9)And wa.Cells(i,20)<wa.Cells(i,8)Then
            wa.Cells(i,16)="较好"
        ElseIf wa.Cells(i,20)>=wa.Cells(i,10)And wa.Cells(i,20)<wa.Cells(i,9)Then
            wa.Cells(i,16)="平均"
        ElseIf wa.Cells(i,20)>=wa.Cells(i,11)And wa.Cells(i,20)<wa.Cells(i,10)Then
            wa.Cells(i,16)="较低"
        ElseIf wa.Cells(i,20)>=wa.Cells(i,12)And wa.Cells(i,20)<wa.Cells(i,11)Then
            wa.Cells(i,16)="较差"
          Else
            wa.Cells(i,16)="较差"
       End If
      Next i
    '带息负债比率
     For i=17 To 17
   If wa.Cells(i,20)<=wa.Cells(i,8)Then
        wa.Cells(i,16)="优秀"
        ElseIf wa.Cells(i,20)<wa.Cells(i,9)And wa.Cells(i,20)>=wa.Cells(i,8)Then
            wa.Cells(i,16)="较好"
        ElseIf wa.Cells(i,20)<wa.Cells(i,10)And wa.Cells(i,20)>=wa.Cells(i,9)Then
            wa.Cells(i,16)="平均"
        ElseIf wa.Cells(i,20)<wa.Cells(i,11)And wa.Cells(i,20)>=wa.Cells(i,10)Then
            wa.Cells(i,16)="较低"
        ElseIf wa.Cells(i,20)>=wa.Cells(i,11)Then
            wa.Cells(i,16)="较差"
       End If
      Next i
    '已获利息倍数
     For i=18 To 18
   If wa.Cells(i,20)>=wa.Cells(i,8)Then
         wa.Cells(i,16)="优秀"
        ElseIf wa.Cells(i,20)>=wa.Cells(i,9)And wa.Cells(i,20)<wa.Cells(i,8)Then
            wa.Cells(i,16)="较好"
        ElseIf wa.Cells(i,20)>=wa.Cells(i,10)And wa.Cells(i,20)<wa.Cells(i,9)Then
            wa.Cells(i,16)="平均"
        ElseIf wa.Cells(i,20)>=wa.Cells(i,11)And wa.Cells(i,20)<wa.Cells(i,10)Then
            wa.Cells(i,16)="较低"
        ElseIf wa.Cells(i,20)>=wa.Cells(i,12)And wa.Cells(i,20)<wa.Cells(i,11)Then
            wa.Cells(i,16)="较差"
          Else
            wa.Cells(i,16)="较差"
       End If
      Next i
End Sub
```

7.6.3.4 持续发展档次代码

点击"开发工具",进入 VBE 窗口,编写持续发展档次代码。参考代码如下所示:

成功之钥匙

代码含义:

```
Sub 持续发展档次代码()
```

```vba
Dim i,wa As Worksheet
    For i =20 To 23
    Set wa =Worksheets("财务绩效评价模型表")
'盈利回报=IF(T5>=H5,"优秀",IF(AND(T5>=I5,D5<H5),"较好",IF(AND(T5>=J5,D5<I5),"平均",IF(AND(T5>=K5,D5<J5),"较低",IF(T5<L5,"较差")))))
    If wa.Cells(i,20) >= wa.Cells(i,8)Then
        wa.Cells(i,16) ="优秀"
        ElseIf wa.Cells(i,20) >= wa.Cells(i,9)And wa.Cells(i,20) <wa.Cells(i,8)Then
            wa.Cells(i,16) ="较好"
        ElseIf wa.Cells(i,20) >= wa.Cells(i,10)And wa.Cells(i,20) <wa.Cells(i,9)Then
            wa.Cells(i,16) ="平均"
        ElseIf wa.Cells(i,20) >= wa.Cells(i,11)And wa.Cells(i,20) <wa.Cells(i,10)Then
            wa.Cells(i,16) ="较低"
        ElseIf wa.Cells(i,20) >= wa.Cells(i,12)And wa.Cells(i,20) <wa.Cells(i,11)Then
            wa.Cells(i,16) ="较差"
        Else
            wa.Cells(i,16) ="较差"
        End If
    Next i
End Sub
```

7.6.3.5 补充资料档次代码

点击"开发工具",进入VBE窗口,编写补充资料档次代码。参考代码如下所示:

> 成功之钥匙

代码含义:

```vba
Sub 补充指标档次代码()
Dim i,wa As Worksheet
    For i =25 To 27
    Set wa =Worksheets("财务绩效评价模型表")
    If wa.Cells(i,20) >= wa.Cells(i,8)Then
        wa.Cells(i,16) ="优秀"
        ElseIf wa.Cells(i,20) >= wa.Cells(i,9)And wa.Cells(i,20) <wa.Cells(i,8)Then
            wa.Cells(i,16) ="较好"
        ElseIf wa.Cells(i,20) >= wa.Cells(i,10)And wa.Cells(i,20) <wa.Cells(i,9)Then
            wa.Cells(i,16) ="平均"
        ElseIf wa.Cells(i,20) >= wa.Cells(i,11)And wa.Cells(i,20) <wa.Cells(i,10)Then
            wa.Cells(i,16) ="较低"
        ElseIf wa.Cells(i,20) >= wa.Cells(i,12)And wa.Cells(i,20) <wa.Cells(i,11)Then
            wa.Cells(i,16) ="较差"
        Else
            wa.Cells(i,16) ="较差"
    End If
    Next i
    '百元收入支付的成本费用
    For i =28 To 28
    If wa.Cells(i,20) <= wa.Cells(i,8)Then
        wa.Cells(i,16) ="优秀"
        ElseIf wa.Cells(i,20) <wa.Cells(i,9)And wa.Cells(i,20) >= wa.Cells(i,8)Then
            wa.Cells(i,16) ="较好"
        ElseIf wa.Cells(i,20) <wa.Cells(i,10)And wa.Cells(i,20) >= wa.Cells(i,9)Then
            wa.Cells(i,16) ="平均"
        ElseIf wa.Cells(i,20) <wa.Cells(i,11)And wa.Cells(i,20) >= wa.Cells(i,10)Then
            wa.Cells(i,16) ="较低"
        ElseIf wa.Cells(i,20) >= wa.Cells(i,11)Then
            wa.Cells(i,16) ="较差"
    End If
    Next i
    For i =29 To 32
    If wa.Cells(i,20) >= wa.Cells(i,8)Then
        wa.Cells(i,16) ="优秀"
        ElseIf wa.Cells(i,20) >= wa.Cells(i,9)And wa.Cells(i,20) <wa.Cells(i,8)Then
            wa.Cells(i,16) ="较好"
        ElseIf wa.Cells(i,20) >= wa.Cells(i,10)And wa.Cells(i,20) <wa.Cells(i,9)Then
            wa.Cells(i,16) ="平均"
        ElseIf wa.Cells(i,20) >= wa.Cells(i,11)And wa.Cells(i,20) <wa.Cells(i,10)Then
```

```
            wa.Cells(i,16) = "较低"
         ElseIf wa.Cells(i,20) > =wa.Cells(i,12)And wa.Cells(i,20) <wa.Cells(i,11)Then
            wa.Cells(i,16) = "较差"
         Else
            wa.Cells(i,16) = "较差"
      End If
   Next i
End Sub
```

7.6.4 层级与绩效改进度代码

7.6.4.1 评价结果方式

财务绩效评价结果以评价得分、评价类型和评价级别表示。

评价类型是根据评价分数对企业综合绩效所划分的水平档次，用文字和字母表示，分为优（A）、良（B）、中（C）、低（D）、差（E）五种类型。

评价级别是对每种类型再划分级次，以体现同一评价类型的不同差异，采用在字母后标注"＋、－"号的方式表示。

企业综合绩效评价结果以85分、70分、50分、40分作为类型判定的分数线。

（1）评价得分达到85分以上（含85分）的评价类型为优（A），在此基础上划分三个级别，分别为：A ++≥95分；95分＞A +≥90分；90分＞A≥85分。

（2）评价得分达到70分以上（含70分）但不足85分的评价类型为良（B），在此基础上划分三个级别，分别为：85分＞B ++≥80分；80分＞B +≥75分；75分＞B≥70分。

（3）评价得分达到50分以上（含50分）但不足70分的评价类型为中（C），在此基础上划分两个级别，分别为：70分＞C +≥60分；60分＞C≥50分。

（4）评价得分在40分以上（含40分）但不足50分的评价类型为低（D）。

（5）评价得分在40分以下的评价类型为差（E）。

7.6.4.2 评价结果代码

1. 盈利回报层级

点击"开发工具"，进入VBE窗口，编写盈利回报层级代码。参考代码如下所示：

成功之钥匙

代码含义：

```
Sub 层级代码()
Dim i,wa As Worksheet
 Set wa =Worksheets("财务绩效评价模型表")
    '盈利回报指标
    For i =4 To 4
    If(wa.Cells(i,15)/wa.Cells(i,7))* 100 > =95 Then
       wa.Cells(i,16) = "优(A + +)"
ElseIf(wa.Cells(i,15)/wa.Cells(i,7))* 100 > =90 And(wa.Cells(i,15)/wa.Cells(i,7))* 100 <95 Then
       wa.Cells(i,16) = "优(A +)"
ElseIf(wa.Cells(i,15)/wa.Cells(i,7))* 100 > =85 And(wa.Cells(i,15)/wa.Cells(i,7))* 100 <90 Then
       wa.Cells(i,16) = "优(A)"
ElseIf(wa.Cells(i,15)/wa.Cells(i,7))* 100 > =80 And(wa.Cells(i,15)/wa.Cells(i,7))* 100 <85 Then
       wa.Cells(i,16) = "良(B +)"
ElseIf(wa.Cells(i,15)/wa.Cells(i,7))* 100 > =80 And(wa.Cells(i,15)/wa.Cells(i,7))* 100 <85 Then
       wa.Cells(i,16) = "良(B +)"
ElseIf(wa.Cells(i,15)/wa.Cells(i,7))* 100 > =75 And(wa.Cells(i,15)/wa.Cells(i,7))* 100 <80 Then
       wa.Cells(i,16) = "良(B)"
ElseIf(wa.Cells(i,15)/wa.Cells(i,7))* 100 > =70 And(wa.Cells(i,15)/wa.Cells(i,7))* 100 <75 Then
       wa.Cells(i,16) = "良(B -)"
ElseIf(wa.Cells(i,15)/wa.Cells(i,7))* 100 > =60 And(wa.Cells(i,15)/wa.Cells(i,7))* 100 <70 Then
```

```
            wa.Cells(i,16) ="中(C)"
    ElseIf(wa.Cells(i,15)/wa.Cells(i,7))* 100 > =50 And(wa.Cells(i,15)/wa.Cells(i,7))* 100 <60 Then
            wa.Cells(i,16) ="中(C-)"
    ElseIf(wa.Cells(i,15)/wa.Cells(i,7))* 100 > =40 And(wa.Cells(i,15)/wa.Cells(i,7))* 100 <50 Then
            wa.Cells(i,16) ="低(D)"
    ElseIf(wa.Cells(i,15)/wa.Cells(i,7))* 100 > =40 And(wa.Cells(i,15)/wa.Cells(i,7))* 100 <50 Then
            wa.Cells(i,16) ="差(E)"
        End If
Next i
```

2. 资产运营层级

点击"开发工具",进入VBE窗口,编写资产运营层级代码。参考代码如下所示:

👆 成功之钥匙

代码含义:

```
'资产运营指标
    For i =9 To 9
    If(wa.Cells(i,15)/wa.Cells(i,7))* 100 > =95 Then
        wa.Cells(i,16) ="优(A++)"
    ElseIf(wa.Cells(i,15)/wa.Cells(i,7))* 100 > =90 And(wa.Cells(i,15)/wa.Cells(i,7))* 100 <95 Then
            wa.Cells(i,16) ="优(A+)"
    ElseIf(wa.Cells(i,15)/wa.Cells(i,7))* 100 > =85 And(wa.Cells(i,15)/wa.Cells(i,7))* 100 <90 Then
            wa.Cells(i,16) ="优(A)"
    ElseIf(wa.Cells(i,15)/wa.Cells(i,7))* 100 > =80 And(wa.Cells(i,15)/wa.Cells(i,7))* 100 <85 Then
            wa.Cells(i,16) ="良(B+)"
    ElseIf(wa.Cells(i,15)/wa.Cells(i,7))* 100 > =80 And(wa.Cells(i,15)/wa.Cells(i,7))* 100 <85 Then
            wa.Cells(i,16) ="良(B+)"
    ElseIf(wa.Cells(i,15)/wa.Cells(i,7))* 100 > =75 And(wa.Cells(i,15)/wa.Cells(i,7))* 100 <80 Then
            wa.Cells(i,16) ="良(B)"
    ElseIf(wa.Cells(i,15)/wa.Cells(i,7))* 100 > =70 And(wa.Cells(i,15)/wa.Cells(i,7))* 100 <75 Then
            wa.Cells(i,16) ="良(B-)"
    ElseIf(wa.Cells(i,15)/wa.Cells(i,7))* 100 > =60 And(wa.Cells(i,15)/wa.Cells(i,7))* 100 <70 Then
            wa.Cells(i,16) ="中(C)"
    ElseIf(wa.Cells(i,15)/wa.Cells(i,7))* 100 > =50 And(wa.Cells(i,15)/wa.Cells(i,7))* 100 <60 Then
            wa.Cells(i,16) ="中(C-)"
    ElseIf(wa.Cells(i,15)/wa.Cells(i,7))* 100 > =40 And(wa.Cells(i,15)/wa.Cells(i,7))* 100 <50 Then
            wa.Cells(i,16) ="低(D)"
    ElseIf(wa.Cells(i,15)/wa.Cells(i,7))* 100 > =40 And(wa.Cells(i,15)/wa.Cells(i,7))* 100 <50 Then
            wa.Cells(i,16) ="差(E)"
        End If
    Next i
```

3. 风险防控层级

点击"开发工具",进入VBE窗口,编写风险价格层级代码。参考代码如下所示:

👆 成功之钥匙

代码含义:

```
'风险防控指标
    For i =14 To 14
    If(wa.Cells(i,15)/wa.Cells(i,7))* 100 > =95 Then
        wa.Cells(i,16) ="优(A++)"
    ElseIf(wa.Cells(i,15)/wa.Cells(i,7))* 100 > =90 And(wa.Cells(i,15)/wa.Cells(i,7))* 100 <95 Then
            wa.Cells(i,16) ="优(A+)"
    ElseIf(wa.Cells(i,15)/wa.Cells(i,7))* 100 > =85 And(wa.Cells(i,15)/wa.Cells(i,7))* 100 <90 Then
            wa.Cells(i,16) ="优(A)"
    ElseIf(wa.Cells(i,15)/wa.Cells(i,7))* 100 > =80 And(wa.Cells(i,15)/wa.Cells(i,7))* 100 <85 Then
            wa.Cells(i,16) ="良(B+)"
    ElseIf(wa.Cells(i,15)/wa.Cells(i,7))* 100 > =80 And(wa.Cells(i,15)/wa.Cells(i,7))* 100 <85 Then
            wa.Cells(i,16) ="良(B+)"
    ElseIf(wa.Cells(i,15)/wa.Cells(i,7))* 100 > =75 And(wa.Cells(i,15)/wa.Cells(i,7))* 100 <80 Then
            wa.Cells(i,16) ="良(B)"
    ElseIf(wa.Cells(i,15)/wa.Cells(i,7))* 100 > =70 And(wa.Cells(i,15)/wa.Cells(i,7))* 100 <75 Then
```

```
                wa.Cells(i,16) ="良(B-)"
        ElseIf(wa.Cells(i,15)/wa.Cells(i,7))* 100 >=60 And(wa.Cells(i,15)/wa.Cells(i,7))* 100 <70 Then
                wa.Cells(i,16) ="中(C)"
        ElseIf(wa.Cells(i,15)/wa.Cells(i,7))* 100 >=50 And(wa.Cells(i,15)/wa.Cells(i,7))* 100 <60 Then
                wa.Cells(i,16) ="中(C-)"
        ElseIf(wa.Cells(i,15)/wa.Cells(i,7))* 100 >=40 And(wa.Cells(i,15)/wa.Cells(i,7))* 100 <50 Then
                wa.Cells(i,16) ="低(D)"
        ElseIf(wa.Cells(i,15)/wa.Cells(i,7))* 100 >=40 And(wa.Cells(i,15)/wa.Cells(i,7))* 100 <50 Then
                wa.Cells(i,16) ="差(E)"
        End If
    Next i
```

4. 持续发展层级

点击"开发工具",进入 VBE 窗口,编写持续发展层级代码。参考代码如下所示:

成功之钥匙

代码含义:

```
    '持续发展指标
     For i =19 To 19
     If(wa.Cells(i,15)/wa.Cells(i,7))* 100 >=95 Then
        wa.Cells(i,16) ="优(A++)"
ElseIf(wa.Cells(i,15)/wa.Cells(i,7))* 100 >=90 And(wa.Cells(i,15)/wa.Cells(i,7))* 100 <95 Then
        wa.Cells(i,16) ="优(A+)"
ElseIf(wa.Cells(i,15)/wa.Cells(i,7))* 100 >=85 And(wa.Cells(i,15)/wa.Cells(i,7))* 100 <90 Then
        wa.Cells(i,16) ="优(A)"
ElseIf(wa.Cells(i,15)/wa.Cells(i,7))* 100 >=80 And(wa.Cells(i,15)/wa.Cells(i,7))* 100 <85 Then
        wa.Cells(i,16) ="良(B+)"
ElseIf(wa.Cells(i,15)/wa.Cells(i,7))* 100 >=80 And(wa.Cells(i,15)/wa.Cells(i,7))* 100 <85 Then
        wa.Cells(i,16) ="良(B+)"
ElseIf(wa.Cells(i,15)/wa.Cells(i,7))* 100 >=75 And(wa.Cells(i,15)/wa.Cells(i,7))* 100 <80 Then
        wa.Cells(i,16) ="良(B)"
ElseIf(wa.Cells(i,15)/wa.Cells(i,7))* 100 >=70 And(wa.Cells(i,15)/wa.Cells(i,7))* 100 <75 Then
        wa.Cells(i,16) ="良(B-)"
ElseIf(wa.Cells(i,15)/wa.Cells(i,7))* 100 >=60 And(wa.Cells(i,15)/wa.Cells(i,7))* 100 <70 Then
        wa.Cells(i,16) ="中(C)"
ElseIf(wa.Cells(i,15)/wa.Cells(i,7))* 100 >=50 And(wa.Cells(i,15)/wa.Cells(i,7))* 100 <60 Then
        wa.Cells(i,16) ="中(C-)"
ElseIf(wa.Cells(i,15)/wa.Cells(i,7))* 100 >=40 And(wa.Cells(i,15)/wa.Cells(i,7))* 100 <50 Then
        wa.Cells(i,16) ="低(D)"
ElseIf(wa.Cells(i,15)/wa.Cells(i,7))* 100 >=40 And(wa.Cells(i,15)/wa.Cells(i,7))* 100 <50 Then
        wa.Cells(i,16) ="差(E)"
    End If
    Next i
    '合计
     For i =33 To 33
     If wa.Cells(i,15) >=95 Then
        wa.Cells(i,16) ="优(A++)"
      ElseIf wa.Cells(i,15) >=90 And wa.Cells(i,15) <95 Then
        wa.Cells(i,16) ="优(A+)"
      ElseIf wa.Cells(i,15) >=85 And wa.Cells(i,15) <90 Then
        wa.Cells(i,16) ="优(A)"
      ElseIf wa.Cells(i,15) >=80 And wa.Cells(i,15) <85 Then
        wa.Cells(i,16) ="良(B+)"
      ElseIf wa.Cells(i,15) >=80 And wa.Cells(i,15) <85 Then
        wa.Cells(i,16) ="良(B+)"
      ElseIf wa.Cells(i,15) >=75 And wa.Cells(i,15) <80 Then
        wa.Cells(i,16) ="良(B)"
      ElseIf wa.Cells(i,15) >=70 And wa.Cells(i,15) <75 Then
        wa.Cells(i,16) ="良(B-)"
      ElseIf wa.Cells(i,15) >=60 And wa.Cells(i,15) <70 Then
        wa.Cells(i,16) ="中(C)"
      ElseIf wa.Cells(i,15) >=50 And wa.Cells(i,15) <60 Then
        wa.Cells(i,16) ="中(C-)"
      ElseIf wa.Cells(i,15) >=40 And wa.Cells(i,15) <50 Then
        wa.Cells(i,16) ="低(D)"
```

```vba
        ElseIf wa.Cells(i,15) <40 Then
            wa.Cells(i,16) ="差(E)"
        End If
    Next i
End Sub
```

7.6.4.3 绩效改进度代码

1. 导入上年得分代码

点击"开发工具",进入 VBE 窗口,编写导入上年得分代码。参考代码如下所示:

🔑 **成功之钥匙**

代码含义:

```vba
Option Explicit
Sub 导入上年得分()
    'ws 代表 2020 年得分表,w 代表 2021 年得分表
    Dim ws As Worksheet,w As Worksheet
    'j 代表 2020 年得分行变量,k 代表 2021 年得分表行变量
    Dim k,j
    '让 w 始终代表 2021 年工作表
    Set w = Worksheets("财务绩效评价模型表")
        '让 ws 始终代表 2020 年工作表
        Set ws = Worksheets("上年财务绩效评价模型表")
            '循环 2021 年工作表行
            For k = 4 To 45
                '循环 2020 年工作表行
                For j = 4 To 45
                    '如果 2021 年与 2020 年指标项目一致
                    If ws.Cells(j,1) = w.Cells(k,1) Then
                        '将数据导入
                        w.Cells(k,17) = ws.Cells(j,15)
                    End If
                Next j
            Next k
End Sub
```

2. 绩效改进度代码

点击"开发工具",进入 VBE 窗口,编写绩效改进度代码。参考代码如下所示:

🔑 **成功之钥匙**

代码含义:

```vba
Sub 绩效改进度代码()
Dim i,wa As Worksheet
    Set wa = Worksheets("财务绩效评价模型表")
    For i = 4 To 23
    '绩效改进度 = O4/Q4
    If wa.Cells(i,17) >0 Then
    wa.Cells(i,18) = wa.Cells(i,15)/wa.Cells(i,17)
      Else
      wa.Cells(i,18) = 0
      End If
    '效果 = IF(W4 > =1,"绩效上升","绩效下滑")
    If wa.Cells(i,18) >0 Then
        wa.Cells(i,19) = "绩效上升"
        ElseIf wa.Cells(i,18) <0 Then
        wa.Cells(i,19) = "绩效下滑"
        ElseIf wa.Cells(i,18) = 0 Then
        wa.Cells(i,19) = "无变化"
    End If
    Next i
      '合计
      For i = 33 To 33
    '绩效改进度 = O4/Q4
```

```
      wa.Cells(i,18) = wa.Cells(i,15)/wa.Cells(i,17)
      '效果 = IF(W4 > =1,"绩效上升","绩效下滑")
      If wa.Cells(i,18) > =1 Then
         wa.Cells(i,19) = "绩效上升"
         Else
         wa.Cells(i,19) = "绩效下滑"
      End If
      Next i
       '合计
        For i =45 To 45
      '绩效改进度 = O4/Q4
      wa.Cells(i,18) = wa.Cells(i,15)/wa.Cells(i,17)
      '效果 = IF(W4 > =1,"绩效上升","绩效下滑")
      If wa.Cells(i,18) > =1 Then
         wa.Cells(i,19) = "绩效上升"
         Else
         wa.Cells(i,19) = "绩效下滑"
      End If
      Next i
End Sub
```

7.6.5 应用 Excel VBA 程序编写动态分析情况代码

应用 Excel VBA 程序编写动态分析情况代码。参考代码如下所示：

成功之钥匙

代码含义：

```
Option Explicit
Sub 动态数据计算主程序()
Call 导入报告期数据
Call 计算同比增长率
Call 行业优秀程度
Call 计算平均增长率
End Sub
Sub 导入报告期数据()
   'w 财务绩效评价模型表
   Dim w As Worksheet
   'i 代表工作表行;j 代表工作表列
   Dim i,j
    Set w = Worksheets("财务绩效评价模型表")
      '循环工作表行
      For i =5 To 32
         '循环工作表列
         For j =2 To 5
            '在财务绩效评价模型表中循环查找 3 行 j 列与 3 行 20 列对应的年度
               If Trim(w.Cells(3,j)) = Trim(w.Cells(3,20)) Then
               '一旦找到就将其数字存入 i 行 j 列数据存入 i 行 20 列
                  w.Cells(i,20) = w.Cells(i,j)
               End If
         Next j
      Next i
End Sub
Sub 计算同比增长率()
   Dim ws As Worksheet
   Dim growthRate As Double
   Dim i As Long
   Set ws = ThisWorkbook.Worksheets("财务绩效评价模型表")
     '循环工作表行
   For i =5 To 32
   If Trim(ws.Cells(3,2)) = Trim(ws.Cells(3,20)) Then
     ws.Range("U" & i).Value =0
   ElseIf Trim(ws.Cells(3,3)) = Trim(ws.Cells(3,20)) Then
     If ws.Range("B" & i).Value < >0 Then
        growthRate = (ws.Range("C" & i).Value - ws.Range("B" & i).Value)/ws.Range("B" & i).Value
        ws.Range("U" & i).Value = growthRate* 100 '将同比增长率写入 D2 单元格,并添加百分号
```

```vba
            Else
                ws.Range("U" & i).Value = ""
            End If
        ElseIf Trim(ws.Cells(3,4)) = Trim(ws.Cells(3,20)) Then
            If ws.Range("C" & i).Value <> 0 Then
                growthRate = (ws.Range("D" & i).Value - ws.Range("C" & i).Value)/ws.Range("C" & i).Value
                ws.Range("U" & i).Value = growthRate * 100   '将同比增长率写入 D2 单元格,并添加百分号
            Else
                ws.Range("U" & i).Value = ""
            End If
        ElseIf Trim(ws.Cells(3,5)) = Trim(ws.Cells(3,20)) Then
            If ws.Range("D" & i).Value <> 0 Then
                growthRate = (ws.Range("E" & i).Value - ws.Range("D" & i).Value)/ws.Range("D" & i).Value
                ws.Range("U" & i).Value = growthRate * 100   '将同比增长率写入 D2 单元格,并添加百分号
            Else
                ws.Range("U" & i).Value = ""
            End If
        ElseIf Trim(ws.Cells(3,6)) = Trim(ws.Cells(3,20)) Then
            If ws.Range("E" & i).Value <> 0 Then
                growthRate = (ws.Range("F" & i).Value - ws.Range("E" & i).Value)/ws.Range("E" & i).Value
                ws.Range("U" & i).Value = growthRate * 100   '将同比增长率写入 D2 单元格,并添加百分号
            Else
                ws.Range("U" & i).Value = ""
            End If
        ElseIf Trim(ws.Cells(3,7)) = Trim(ws.Cells(3,20)) Then
            If ws.Range("F" & i).Value <> 0 Then
                growthRate = (ws.Range("G" & i).Value - ws.Range("F" & i).Value)/ws.Range("F" & i).Value
                ws.Range("U" & i).Value = growthRate * 100   '将同比增长率写入 D2 单元格,并添加百分号
            Else
                ws.Range("U" & i).Value = ""
            End If
        End If
    Next i
End Sub
Sub 行业优秀程度()
    Dim ws As Worksheet
    Dim i As Long
    Set ws = ThisWorkbook.Worksheets("财务绩效评价模型表")
    For i = 5 To 32
        If ws.Cells(i,8) = 0 Then
        ws.Cells(1,22) = 0
        Else
        ws.Cells(i,22) = (ws.Cells(i,20)/ws.Cells(i,8)) * 100
        End If
    Next i
End Sub
Sub 计算平均增长率()
    Dim ws As Worksheet
    Dim lastCol As Integer
    Dim avgGrowthRate As Double
    Dim n As Integer
    Dim rng As Range
    Dim i As Long
    Dim j As Long
    '定义工作表
    Set ws = ThisWorkbook.Sheets("财务绩效评价模型表")
    Set rng = ws.Range("B5:E32")
    '循环工作表列
    For j = 2 To 5
    '循环工作表行
    For i = 5 To 32
    '获取数据的列数
    lastCol = rng.Columns(j).Column
    '计算数据个数
    n = lastCol - 1
    If ws.Cells(3,lastCol) = ws.Cells(3,20) Then
    '当报告期大于零,基期也大于零时
        If ws.Cells(i,lastCol).Value > 0 And ws.Cells(i,2).Value > 0 Then
```

```
        '计算平均增长率
        avgGrowthRate = (ws.Cells(i,lastCol).Value/ws.Cells(i,2).Value)^(1/(n-1))-1
        '将结果输出到工作表
        ws.Cells(i,23).Value = avgGrowthRate * 100
        '当报告期小于零,基期小于零时。
        ElseIf ws.Cells(i,lastCol).Value <0 And ws.Cells(i,2).Value <0 Then
        '计算平均增长率
        avgGrowthRate = ((Abs(ws.Cells(i,lastCol).Value)/Abs(ws.Cells(i,2).Value))^(1/(n-1)))-1
        '将结果输出到工作表
        ws.Cells(i,23).Value = avgGrowthRate* 100
        '当报告期小于零,基期大于零时。
        ElseIf ws.Cells(i,lastCol).Value <0 And ws.Cells(i,2).Value >0 Then
        '计算平均增长率
        avgGrowthRate = ((Abs(ws.Cells(i,lastCol).Value)/ws.Cells(i,2).Value)^(1/(n-1)))-1
        '将结果输出到工作表
        ws.Cells(i,23).Value = avgGrowthRate* 100
        '当报告期小于零或大于零,基期为零时。
        ElseIf ws.Cells(i,lastCol).Value <0 Or ws.Cells(i,lastCol).Value >0 And_
        ws.Cells(i,2).Value = 0 Then
            ws.Cells(i,23).Value = ""
        '当报告期大于零,基期小于零时。
        ElseIf ws.Cells(i,lastCol).Value >0 And ws.Cells(i,2).Value <0 Then
        '计算平均增长率
        avgGrowthRate = (1 - (ws.Cells(i,lastCol).Value/ws.Cells(i,2).Value))^(1/(n-1))
        '将结果输出到工作表
        ws.Cells(i,23).Value = avgGrowthRate* 100
            End If
        End If
    Next i
    Next j
End Sub
```

7.7 绩效评价报告

7.7.1 总体情况评价代码

根据财务绩效评价模型表将综合评价结果存放到财务绩效评价报告工作表 A1：A4 区域。参考代码如下所示：

成功之钥匙

代码含义：

```
Option Explicit
    Sub 评价报告()
        Dim i,wa As Worksheet,wb As Worksheet
        Set wa = Worksheets("分析报告")
        Set wb = Worksheets("财务绩效评价模型表")
        wa.Cells(1,1) = "财务绩效评价报告"
        wa.Cells(1,1).Font.Bold = True
        wa.Cells(3,1) = "一、总体情况"
        wa.Cells(3,1).Font.Bold = True
wa.Cells(4,1) = wb.Cells(3,20) & ",企业绩效评价综合得分"& Format(wb.Cells(45,15),"0.00")&"分,评定等级为"&_
wb.Cells(45,16)&"。绩效改进度为"& Format(wb.Cells(45,18),"0.00%")&",较上年"& wb.Cells(45,19)&"。"
    End Sub
```

7.7.2 盈利回报情况评价

7.7.2.1 VBA 智能评价代码

以财务绩效评价表 T5：W8 为数据源，编写盈利回报指标 VBA 评价代码，将评价结果存放到财务绩效评价报告工作表 A5：A10 区域。

步骤一：编写净资产收益率评价代码。参考代码如下所示：

成功之钥匙

代码含义：

```vba
Sub 净资产收益率情况()
    Dim i,j,k,r,wa As Worksheet,wb As Worksheet
    Set wa = Worksheets("分析报告")
    Set wb = Worksheets("财务绩效评价模型表")
    wa.Cells(5,1) = "二、盈利回报情况"
    wa.Cells(5,1).Font.Bold = True
    wa.Cells(6,1) = wb.Cells(3,20) &",盈利回报得分"& Format(wb.Cells(4,15),"0.00") &"分,评定等级为"& _
    wb.Cells(4,16) &"。绩效改进度为"& Format(wb.Cells(4,18),"0.00%") &",较上年"& wb.Cells(4,19) &"。"
    '净资产收益率
    i = Format(wb.Cells(5,20)/100,"净资产收益率 0.00%,;净资产损失率 0.00%,")&"处于行业"& wb.Cells(5,16) &"水平。"& _
    Format(wb.Cells(5,21)/100,"同比增长 0.00%,;同比下降 0.00%,")& Format(wb.Cells(5,23)/100,"平均增长 0.00%,;平均下降 0.00%,")
    If wb.Cells(5,21) > wb.Cells(5,23) And wb.Cells(5,21) > 0 And wb.Cells(5,23) > 0 Then
        wa.Cells(7,1) = i &"同比增长高于平均水平,自有资本获取收益的能力增强,对投资人和债权人的利益保障程度提高。"
    ElseIf wb.Cells(5,21) < wb.Cells(5,23) And wb.Cells(5,21) > 0 And wb.Cells(5,23) > 0 Then
        wa.Cells(7,1) = i &"同比增长低于平均水平,自有资本获取收益的能力有所放缓,对投资人和债权人的利益保障程度减弱。"
    ElseIf wb.Cells(5,21) > wb.Cells(5,23) And wb.Cells(5,21) > 0 And wb.Cells(5,23) < 0 Then
        wa.Cells(7,1) = i &"由平均负增长转为同比增长,自有资本获取收益的能力回弹,对投资人和债权人的利益保障程度开始提升。"
    ElseIf wb.Cells(5,21) < wb.Cells(5,23) And wb.Cells(5,21) < 0 And wb.Cells(5,23) > 0 Then
        wa.Cells(7,1) = i &"由平均增长转为同比负增长,自有资本获取收益的能力大幅下滑,对投资人和债权人的利益保障程度大幅减弱。"
    ElseIf wb.Cells(5,21) > wb.Cells(5,23) And wb.Cells(5,21) < 0 And wb.Cells(5,23) < 0 Then
        wa.Cells(7,1) = i &"同比负增长低于平均水平,自有资本获取收益的能力回弹,对投资人和债权人的利益保障程度开始复苏。"
    ElseIf wb.Cells(5,21) < wb.Cells(5,23) And wb.Cells(5,21) < 0 And wb.Cells(5,23) < 0 Then
        wa.Cells(7,1) = i &"同比负增长高于平均水平,自有资本获取收益的能力减弱,对投资人和债权人的利益保障程度加速下滑。"
    End If
End Sub
```

步骤二：编写营业收入利润率评价代码。参考代码如下所示：

成功之钥匙

代码含义：

```vba
Sub 营业收入利润率()
    Dim i,j,k,r,wa As Worksheet,wb As Worksheet
    Set wa = Worksheets("分析报告")
    Set wb = Worksheets("财务绩效评价模型表")
    '营业收入利润率
    j = Format(wb.Cells(6,20),"营业收入利润率 0.00;营业收入损失率 0.00")&"%,处于行业"& wb.Cells(6,16) &"水平。"& _
    Format(wb.Cells(6,21),"同比增长 0.00;同比下降 0.00")& Format(wb.Cells(6,23),"%,平均增长 0.00;%,平均下降 0.00")
    If wb.Cells(6,21) > wb.Cells(6,23) And wb.Cells(6,21) > 0 And wb.Cells(6,23) > 0 Then
        wa.Cells(8,1) = j &"%,同比增长高于平均水平,企业创造利润能力增强。"
    ElseIf wb.Cells(6,21) < wb.Cells(6,23) And wb.Cells(6,21) > 0 And wb.Cells(6,23) > 0 Then
        wa.Cells(8,1) = j &"%,同比增长低于平均水平,企业创造利润能力有所放缓。"
    ElseIf wb.Cells(6,21) > wb.Cells(6,23) And wb.Cells(6,21) > 0 And wb.Cells(6,23) < 0 Then
        wa.Cells(8,1) = j &"%,由平均负增长转为同比增长,企业创造利润能力开始增强。"
    ElseIf wb.Cells(6,21) < wb.Cells(6,23) And wb.Cells(6,21) < 0 And wb.Cells(6,23) > 0 Then
        wa.Cells(8,1) = j &"%,由平均增长转为同比负增长,企业创造利润能力迅速减弱。"
    ElseIf wb.Cells(6,21) > wb.Cells(6,23) And wb.Cells(6,21) < 0 And wb.Cells(6,23) < 0 Then
        wa.Cells(8,1) = j &"%,同比负增长低于平均水平,企业创造利润能力开始复苏。"
    ElseIf wb.Cells(6,21) < wb.Cells(6,23) And wb.Cells(6,21) < 0 And wb.Cells(6,23) < 0 Then
        wa.Cells(8,1) = j &"%,同比负增长高于平均水平,企业创造利润能力加速下滑。"
    End If
End Sub
```

步骤三：编写总资产报酬率评价代码。参考代码如下所示：

成功之钥匙

代码含义：

```vba
Sub 总资产报酬率()
```

```
        Dim i,j,k,r,wa As Worksheet,wb As Worksheet
          Set wa=Worksheets("分析报告")
            Set wb=Worksheets("财务绩效评价模型表")
k=Format(wb.Cells(7,20),"总资产报酬率 0.00;总资产损失率 0.00") &"%,处于行业"& wb.Cells(7,16)&"水平。"&_
Format(wb.Cells(7,21),"同比增长 0.00;同比下降 0.00") & Format(wb.Cells(7,23),"%,平均增长 0.00,;%,平均下降 0.00,")
            '总资产报酬率
            If wb.Cells(7,21)>wb.Cells(7,23)And wb.Cells(7,21)>0 And wb.Cells(7,23)>0 Then
                wa.Cells(9,1)=k &"%,同比增长高于平均水平,资产利用效益好,整体获利能力增强。"
            ElseIf wb.Cells(7,21)<wb.Cells(7,23)And wb.Cells(7,21)>0 And wb.Cells(7,23)>0 Then
                wa.Cells(9,1)=k &"%,同比增长低于平均水平,资产利用效益有所放缓,整体获利能力有所减弱。"
            ElseIf wb.Cells(7,21)>wb.Cells(7,23)And wb.Cells(7,21)>0 And wb.Cells(7,23)<0 Then
                wa.Cells(9,1)=k &"%,由平均负增长转为同比增长,资产利用效益回弹,整体获利能力开始增强。"
            ElseIf wb.Cells(7,21)<wb.Cells(7,23)And wb.Cells(7,21)<0 And wb.Cells(7,23)>0 Then
wa.Cells(9,1)=k &"%,由平均增长转为同比增长增长,资产利用效益迅速下滑,整体获利能力大幅减弱。"
            ElseIf wb.Cells(7,21)>wb.Cells(7,23)And wb.Cells(7,21)<0 And wb.Cells(7,23)<0 Then
                wa.Cells(9,1)=k &"%,同比负增长低于平均水平,资产利用效益回升,整体获利能力开始复苏。"
            ElseIf wb.Cells(7,21)<wb.Cells(7,23)And wb.Cells(7,21)<0 And wb.Cells(7,23)<0 Then
                wa.Cells(9,1)=k &"%,同比负增长高于平均水平,资产利用效益减弱,整体获利能力加速下滑。"
            End If
End Sub
```

步骤四：编写盈余现金保障倍数评价代码。参考代码如下所示：

成功之钥匙

代码含义：

```
Sub 盈余现金保障倍数()
  Dim i,j,k,r,wa As Worksheet,wb As Worksheet
  Set wa=Worksheets("分析报告")
  Set wb=Worksheets("财务绩效评价模型表")
r=Format(wb.Cells(8,20),"盈余现金保障倍数 0.00,;亏损现金保障倍数 0.00,")&"%,处于行业"& wb.Cells(8,16)&"水平。"&_
Format(wb.Cells(8,21),"同比增长 0.00;同比下降 0.00") & Format(wb.Cells(8,23),"%,平均增长 0.00;%,平均下降 0.00")
            '盈余现金保障倍数
    If wb.Cells(8,21)>wb.Cells(8,23)And wb.Cells(8,21)>0 And wb.Cells(8,23)>0 Then
        wa.Cells(10,1)=r &"%,同比增长高于平均水平,现金收益的保障程度增强,盈余质量提高。"
    ElseIf wb.Cells(8,21)<wb.Cells(8,23)And wb.Cells(8,21)>0 And wb.Cells(8,23)>0 Then
        wa.Cells(10,1)=r &"%,同比增长低于平均水平,现金收益的保障程度有所放缓,盈余质量有所减弱。"
    ElseIf wb.Cells(8,21)>wb.Cells(8,23)And wb.Cells(8,21)>0 And wb.Cells(8,23)<0 Then
        wa.Cells(10,1)=r &"%,由平均负增长转为同比增长,现金收益的保障程度开始增强,盈余质量提高。"
    ElseIf wb.Cells(8,21)<wb.Cells(8,23)And wb.Cells(8,21)<0 And wb.Cells(8,23)>0 Then
        wa.Cells(10,1)=r &"%,由平均增长转为同比负增长增长,现金收益的保障程度迅速下滑,盈余质量减弱。"
    ElseIf wb.Cells(8,21)>wb.Cells(8,23)And wb.Cells(8,21)<0 And wb.Cells(8,23)<0 Then
        wa.Cells(10,1)=r &"%,同比负增长低于平均水平,现金收益的保障程度开始回弹,盈余质量复苏。"
    ElseIf wb.Cells(8,21)<wb.Cells(8,23)And wb.Cells(8,21)<0 And wb.Cells(8,23)<0 Then
        wa.Cells(10,1)=r &"%,同比负增长高于平均水平,现金收益的保障程度加速下滑,盈余质量下降。"
  End If
End Sub
```

7.7.2.2　可视化动态图

步骤一：编写制作盈利回报指标图表代码。以财务绩效评价模型表 T3：W3，T5：W8，A3：A3，A5：A8 区域为数据源，编写嵌入式柱形图，将其存放到财务绩效评价报告工作表 A11 位置。参考代码如下所示：

成功之钥匙

代码含义：

```
Sub 制作盈利回报指标图表()
    Dim wa As Worksheet
    Dim ws As Worksheet
    Dim cht As ChartObject
    Dim rng As Range
    '选择"财务绩效评价模型表"工作表
    Set wa=ThisWorkbook.Sheets("财务绩效评价模型表")
        '复制 T3:W3,T5:W8 区域的数据
```

```vba
wa.Range("T3:W3,T5:W8").Copy
'将数据粘贴到AA2:AD6区域
wa.Range("AA2:AD6").PasteSpecial Paste:=xlPasteValues
'复制A3:A3,A5:A8区域的数据
wa.Range("A3:A3,A5:A8").Copy
'将数据粘贴到Z2:Z6区域
wa.Range("Z2:Z6").PasteSpecial Paste:=xlPasteValues
'设置工作表
Set ws = ThisWorkbook.Sheets("分析报告")
'定义图表位置
Set rng = ws.Range("A11")
'在工作表中插入一个图表对象
Set cht = ws.ChartObjects.Add(Left:=rng.Left, Width:=800, Top:=rng.Top, Height:=170)
'设置图表数据源
cht.Chart.SetSourceData Source:=wa.Range("$Z$2:$AD$6")
'设置图表类型为柱形图
cht.Chart.ChartType = xlColumnClustered
'添加数据标签
cht.Chart.SeriesCollection(1).ApplyDataLabels
'设置图表标题
cht.Chart.HasTitle = True
cht.Chart.ChartTitle.Text = "盈利回报情况分析"
'设置图例位置
cht.Chart.HasLegend = True
cht.Chart.Legend.Position = xlLegendPositionBottom
End Sub
```

步骤二：运行代码，插入柱形图。如图7-44所示。

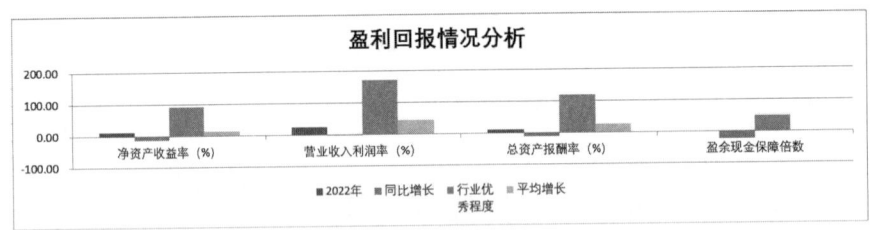

图7-44　插入柱形图

步骤三：更改图表类型。点击图表任意位置右键—"更改图表类型"—"组合图"—"将同比增长、平均增长选为折线图，并改为次坐标"—"确定"，便可制成可视化动态分析图。如图7-45所示。

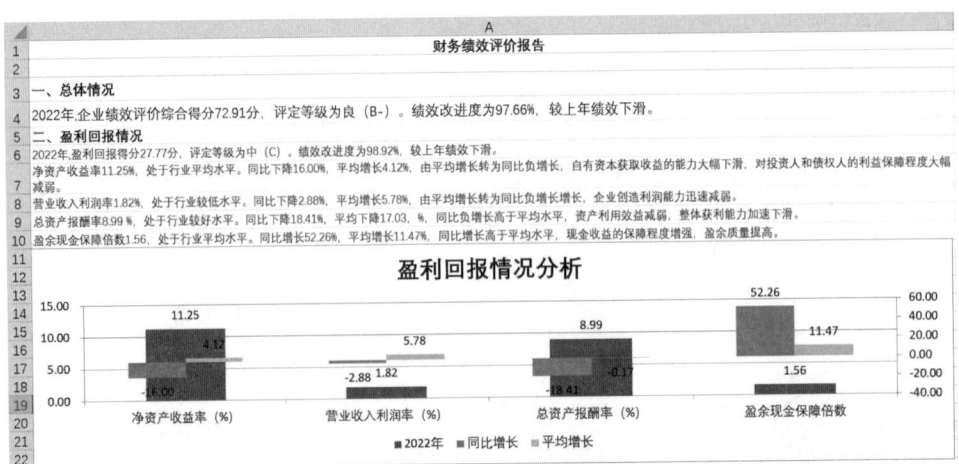

图7-45　盈利回报可视化图

7.7.3 资产运营情况评价

7.7.3.1 VBA 智能评价代码

以财务绩效评价表 T10：W13 为数据源，编写资产运营指标 VBA 评价代码，将评价结果存放到财务绩效评价报告工作表 A23：A28 区域。

步骤一：编写整体情况及总资产周转率评价代码。参考代码如下所示：

👉 成功之钥匙

代码含义：

```
Sub 总资产周转率()
    Dim i,j,k,r,wa As Worksheet,wb As Worksheet
    Set wa=Worksheets("分析报告")
    Set wb=Worksheets("财务绩效评价模型表")
    wa.Cells(23,1)="三、资产运行情况"
    wa.Cells(23,1).Font.Bold=True
wa.Cells(24,1)=wb.Cells(3,20)&",资产运行得分"& Format(wb.Cells(9,15),"0.00")&"分,评定等级为"&_
wb.Cells(9,16)&"。绩效改进度为"& Format(wb.Cells(9,18),"0.00%")&",较上年"& wb.Cells(9,19)&"。"
    '总资产周转率
    i=Format(wb.Cells(10,20),"总资产周转率0.00次,")&"处于行业"& wb.Cells(10,16)&"水平。"&_
    Format(wb.Cells(10,21)/100,"同比增长0.00%,;同比下降0.00%,")&_
    Format(wb.Cells(10,23)/100,"平均增长0.00%,;平均下降0.00%,")
    If wb.Cells(10,21)>wb.Cells(10,23)And wb.Cells(10,21)>0 And wb.Cells(10,23)>0 Then
        wa.Cells(25,1)=i &"同比增长高于平均水平,全部资产的使用效率持续提高。"
ElseIf wb.Cells(10,21)<wb.Cells(10,23)And wb.Cells(10,21)>0 And wb.Cells(10,23)>0 Then
        wa.Cells(25,1)=i &"同比增长低于平均水平,全部资产的使用效率有所放缓。"
ElseIf wb.Cells(10,21)>wb.Cells(10,23)And wb.Cells(10,21)>0 And wb.Cells(10,23)<0 Then
        wa.Cells(25,1)=i &"由平均负增长转为同比增长,全部资产的使用效率回弹。"
ElseIf wb.Cells(10,21)<wb.Cells(10,23)And wb.Cells(10,21)<0 And wb.Cells(10,23)>0 Then
        wa.Cells(25,1)=i &"由平均增长转为同比负增长增长,全部资产的使用效率下滑。"
ElseIf wb.Cells(10,21)>wb.Cells(10,23)And wb.Cells(10,21)<0 And wb.Cells(10,23)<0 Then
        wa.Cells(25,1)=i &"同比负增长低于平均水平,全部资产的使用效率开始复苏。"
ElseIf wb.Cells(10,21)<wb.Cells(10,23)And wb.Cells(10,21)<0 And wb.Cells(10,23)<0 Then
        wa.Cells(25,1)=i &"同比负增长高于平均水平,全部资产的使用效率加速下滑。"
    End If
End Sub
```

步骤二：编写应收账款周转率评价代码。参考代码如下所示：

👉 成功之钥匙

代码含义：

```
Sub 应收账款周转率()
    Dim i,j,k,r,wa As Worksheet,wb As Worksheet
    Set wa=Worksheets("分析报告")
    Set wb=Worksheets("财务绩效评价模型表")
    '应收账款周转率
    j=Format(wb.Cells(11,20),"应收账款周转率0.00次,")&"处于行业"& wb.Cells(11,16)&"水平。"&_
Format(wb.Cells(11,21)/100,"同比增长0.00%,;同比下降0.00%,")&_
    Format(wb.Cells(11,23)/100,"平均增长0.00%,;平均下降0.00%,")
    If wb.Cells(11,21)>wb.Cells(11,23)And wb.Cells(11,21)>0 And wb.Cells(11,23)>0 Then
        wa.Cells(26,1)=j &"同比增长高于平均水平,应收账款的变现能力持续增强。"
ElseIf wb.Cells(11,21)<wb.Cells(11,23)And wb.Cells(11,21)>0 And wb.Cells(11,23)>0 Then
        wa.Cells(26,1)=j &"同比增长低于平均水平,应收账款的变现能力有所放缓。"
ElseIf wb.Cells(11,21)>wb.Cells(11,23)And wb.Cells(11,21)>0 And wb.Cells(11,23)<0 Then
        wa.Cells(26,1)=j &"由平均负增长转为同比增长,应收账款的变现能力回弹。"
ElseIf wb.Cells(11,21)<wb.Cells(11,23)And wb.Cells(11,21)<0 And wb.Cells(11,23)>0 Then
        wa.Cells(26,1)=j &"由平均增长转为同比负增长增长,应收账款的变现能力下滑。"
ElseIf wb.Cells(11,21)>wb.Cells(11,23)And wb.Cells(11,21)<0 And wb.Cells(11,23)<0 Then
        wa.Cells(26,1)=j &"同比负增长低于平均水平,应收账款的变现能力开始复苏。"
ElseIf wb.Cells(11,21)<wb.Cells(11,23)And wb.Cells(11,21)<0 And wb.Cells(11,23)<0 Then
        wa.Cells(26,1)=j &"同比负增长高于平均水平,应收账款的变现能力加速下滑。"
```

```
        End If
End Sub
```

步骤三：编写流动资产周转率评价代码。参考代码如下所示：

💡 **成功之钥匙**

代码含义：

```
Sub 流动资产周转率()
    Dim i,j,k,r,wa As Worksheet,wb As Worksheet
       Set wa=Worksheets("分析报告")
        Set wb=Worksheets("财务绩效评价模型表")
    k=Format(wb.Cells(12,20),"流动资产周转率0.00次,")&"处于行业"& wb.Cells(12,16)&"水平。"&_
    Format(wb.Cells(12,21)/100,"同比增长0.00%;同比下降0.00%")&_
        Format(wb.Cells(12,23)/100,"平均增长0.00%;平均下降0.00%")
        '流动资产周转率
    If wb.Cells(12,21)>wb.Cells(12,23)And wb.Cells(12,21)>0 And wb.Cells(12,23)>0 Then
        wa.Cells(27,1)=k &"同比增长高于平均水平,流动资产利用效率持续增强。"
    ElseIf wb.Cells(12,21)<wb.Cells(12,23)And wb.Cells(12,21)>0 And wb.Cells(12,23)>0 Then
        wa.Cells(27,1)=k &"同比增长低于平均水平,流动资产利用效率有所减弱。"
    ElseIf wb.Cells(12,21)>wb.Cells(12,23)And wb.Cells(12,21)>0 And wb.Cells(12,23)<0 Then
        wa.Cells(27,1)=k &"由平均负增长转为同比增长,流动资产利用效率开始回升。"
    ElseIf wb.Cells(12,21)<wb.Cells(12,23)And wb.Cells(12,21)<0 And wb.Cells(12,23)>0 Then
        wa.Cells(27,1)=k &"由平均增长转为同比负增长,流动资产利用效率持续下滑。"
    ElseIf wb.Cells(12,21)>wb.Cells(12,23)And wb.Cells(12,21)<0 And wb.Cells(12,23)<0 Then
        wa.Cells(27,1)=k &"同比负增长低于平均水平,流动资产利用效率开始回弹。"
    ElseIf wb.Cells(12,21)<wb.Cells(12,23)And wb.Cells(12,21)<0 And wb.Cells(12,23)<0 Then
        wa.Cells(27,1)=k &"同比负增长高于平均水平,流动资产利用效率加速下滑。"
    End If
End Sub
```

步骤四：编写"两金"占流动资产比重评价代码。参考代码如下所示：

💡 **成功之钥匙**

代码含义：

```
Sub 两金占流动资产比重()
    Dim i,j,k,r,wa As Worksheet,wb As Worksheet
       Set wa=Worksheets("分析报告")
        Set wb=Worksheets("财务绩效评价模型表")
    k=Format(wb.Cells(12,20),"流动资产周转率0.00次,")&"处于行业"& wb.Cells(12,16)&"水平。"&_
    Format(wb.Cells(12,21)/100,"同比增长0.00%,;同比下降0.00%")&_
        Format(wb.Cells(12,23)/100,"平均增长0.00%,;平均下降0.00%")
        '两金占流动资产比重
    r=Format(wb.Cells(13,20)/100,"两金占流动资产比重0.00%")&"处于行业"& wb.Cells(13,16)&_
    "水平。"& Format(wb.Cells(13,21)/100,"同比增长0.00%,;同比下降0.00%")&_
            Format(wb.Cells(13,23)/100,"平均增长0.00%,;平均下降0.00%")
    If wb.Cells(13,21)>wb.Cells(13,23)And wb.Cells(13,21)>0 And wb.Cells(13,23)>0 Then
        wa.Cells(28,1)=r &"同比增长高于平均水平,两金占比过快增长,运行风险加大。"
    ElseIf wb.Cells(13,21)<wb.Cells(13,23)And wb.Cells(13,21)>0 And wb.Cells(13,23)>0 Then
        wa.Cells(28,1)=r &"同比增长低于平均水平,两金占增长有所放缓,运行风险有所减弱。"
    ElseIf wb.Cells(13,21)>wb.Cells(13,23)And wb.Cells(13,21)>0 And wb.Cells(13,23)<0 Then
        wa.Cells(28,1)=r &"由平均负增长转为同比增长,两金占比增长有回升,运行风险有所回弹。"
    ElseIf wb.Cells(13,21)<wb.Cells(13,23)And wb.Cells(13,21)<0 And wb.Cells(12,23)>0 Then
        wa.Cells(28,1)=r &"由平均增长转为同比负增长,两金占比增长迅速下降,运行风险开始减弱。"
    ElseIf wb.Cells(13,21)>wb.Cells(13,23)And wb.Cells(13,21)<0 And wb.Cells(13,23)<0 Then
        wa.Cells(28,1)=r &"同比负增长低于平均水平,两金占比增长有所放缓,运行风险有所减弱。"
    ElseIf wb.Cells(13,21)<wb.Cells(13,23)And wb.Cells(13,21)<0 And wb.Cells(13,23)<0 Then
        wa.Cells(28,1)=r &"同比负增长高于平均水平,两金占比增长加速下降,运行风险减弱。"
    End If
End Sub
```

7.7.3.2 可视化动态图

步骤一：编写制作资产运营指标图表代码。以财务绩效评价模型表T3：W3，T5：W8，A3：A3，A5：A8区域为数据源，编写嵌入式柱形图，将其存放到财务绩效评价报告工作表

A11 位置。参考代码如下所示：

成功之钥匙

代码含义：

```vb
Sub 制作资产运行情况图表()
    Dim wa As Worksheet
    Dim ws As Worksheet
    Dim cht As ChartObject
    Dim rng As Range
    '选择"财务绩效评价模型表"工作表
    Set wa = ThisWorkbook.Sheets("财务绩效评价模型表")
    '复制T3:W3,T10:W13区域的数据
    wa.Range("T3:W3,T10:W13").Copy
    '将数据粘贴到AA8:AD12区域
    wa.Range("AA8:AD12").PasteSpecial Paste:=xlPasteValues
    '复制A3:A3,A10:A13区域的数据
    wa.Range("A3:A3,A10:A13").Copy
    '将数据粘贴到Z8:Z12区域
    wa.Range("Z8:Z12").PasteSpecial Paste:=xlPasteValues
    '设置工作表
    Set ws = ThisWorkbook.Sheets("分析报告")
    '定义图表位置
    Set rng = ws.Range("A29")
    '在工作表中插入一个图表对象
    Set cht = ws.ChartObjects.Add(Left:=rng.Left, Width:=700, Top:=rng.Top, Height:=170)
    '设置图表数据源
    cht.Chart.SetSourceData Source:=wa.Range("$Z$8:$AD$12")
    '设置图表类型为柱形图
    cht.Chart.ChartType = xlColumnClustered
    '添加数据标签
    cht.Chart.SeriesCollection(1).ApplyDataLabels
    '设置图表标题
    cht.Chart.HasTitle = True
    cht.Chart.ChartTitle.Text = "资产运行情况分析"
    '设置图例位置
    cht.Chart.HasLegend = True
    cht.Chart.Legend.Position = xlLegendPositionBottom
End Sub
```

步骤二：运行代码，获取资产运营可视化图如图7-46所示（可视化动态图制作方法同上）。

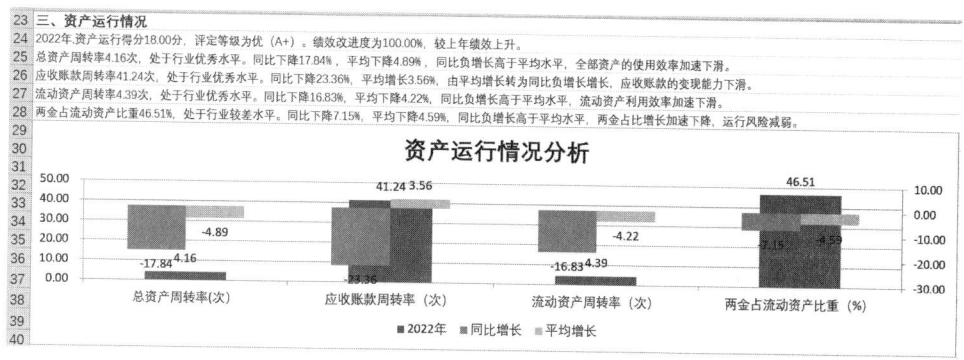

图7-46 资产运营可视化图

7.7.4 风险防控分析

7.7.4.1 VBA智能评价代码

以财务绩效评价表T10:W13为数据源，编写风险防控指标VBA评价代码，将评价结果

存放到财务绩效评价报告工作表 A23：A28 区域。

步骤一：编写风险防控得分代码及资产负债率评价代码。参考代码如下所示：

👉 成功之钥匙

代码含义：

```
Sub 资产负债率()
  Dim i,j,k,r,wa As Worksheet,wb As Worksheet
    Set wa=Worksheets("分析报告")
    Set wb=Worksheets("财务绩效评价模型表")
  wa.Cells(41,1)="四、风险防控情况"
  wa.Cells(41,1).Font.Bold=True
wa.Cells(42,1)=wb.Cells(3,20)&",风险防控得分"& Format(wb.Cells(14,15),"0.00")&"分,评定等级为"&_
wb.Cells(14,16)&"。绩效改进度为"& Format(wb.Cells(14,18),"0.00%")&",较上年"& wb.Cells(14,19)&"。"
    '资产负债率
    i = Format(wb.Cells(15,20)/100,"资产负债率0.00%")&"处于行业"& wb.Cells(15,16)&"水平。"&_
      Format(wb.Cells(15,21)/100,"同比增长0.00%,;同比下降0.00%,")&_
        Format(wb.Cells(15,23)/100,"平均增长0.00%,;平均下降0.00%,")
    If wb.Cells(15,21)>wb.Cells(15,23)And wb.Cells(15,21)>0 And wb.Cells(15,23)>0 Then
        wa.Cells(43,1)=i &"同比增长高于平均水平,债务风险持续提高。"
    ElseIf wb.Cells(15,21)<wb.Cells(15,23)And wb.Cells(15,21)>0 And wb.Cells(15,23)>0 Then
        wa.Cells(43,1)=i &"同比增长低于平均水平,债务有所放缓。"
    ElseIf wb.Cells(15,21)>wb.Cells(15,23)And wb.Cells(15,21)>0 And wb.Cells(15,23)<0 Then
        wa.Cells(43,1)=i &"由平均负增长转为同比增长,债务风险开始回升。"
    ElseIf wb.Cells(15,21)<wb.Cells(15,23)And wb.Cells(15,21)<0 And wb.Cells(15,23)>0 Then
        wa.Cells(43,1)=i &"由平均增长转为同比负增长增长,债务风险持续下降。"
    ElseIf wb.Cells(15,21)>wb.Cells(15,23)And wb.Cells(15,21)<0 And wb.Cells(15,23)<0 Then
        wa.Cells(43,1)=i &"同比负增长低于平均水平,债务风险开始回弹。"
    ElseIf wb.Cells(15,21)<wb.Cells(15,23)And wb.Cells(15,21)<0 And wb.Cells(15,23)<0 Then
        wa.Cells(43,1)=i &"同比负增长高于平均水平,债务风险加速下降。"
    End If
End Sub
```

步骤二：编写现金流动负债比评价代码。参考代码如下所示：

👉 成功之钥匙

代码含义：

```
Sub 现金流动负债比()
  Dim i,j,k,r,wa As Worksheet,wb As Worksheet
    Set wa=Worksheets("分析报告")
    Set wb=Worksheets("财务绩效评价模型表")
    '现金流动负债比
  j = Format(wb.Cells(16,20)/100,"现金流动负债比0.00%")&"处于行业"& wb.Cells(16,16)&"水平。"&_
      Format(wb.Cells(16,21)/100,"同比增长0.00%,;同比下降0.00%,")&_
        Format(wb.Cells(16,23)/100,"平均增长0.00%,;平均下降0.00%,")
    If wb.Cells(16,21)>wb.Cells(16,23)And wb.Cells(16,21)>0 And wb.Cells(16,23)>0 Then
        wa.Cells(44,1)=j &"同比增长高于平均水平,当期偿付短期负债的能力持续提高。"
    ElseIf wb.Cells(16,21)<wb.Cells(16,23)And wb.Cells(16,21)>0 And wb.Cells(16,23)>0 Then
        wa.Cells(44,1)=j &"同比增长低于平均水平,当期偿付短期负债的能力有所放缓。"
    ElseIf wb.Cells(16,21)>wb.Cells(16,23)And wb.Cells(16,21)>0 And wb.Cells(16,23)<0 Then
        wa.Cells(44,1)=j &"由平均负增长转为同比增长,当期偿付短期负债的能力开始回升。"
    ElseIf wb.Cells(16,21)<wb.Cells(16,23)And wb.Cells(16,21)<0 And wb.Cells(16,23)>0 Then
        wa.Cells(44,1)=j &"由平均增长转为同比负增长增长,当期偿付短期负债的能力加速下滑。"
    ElseIf wb.Cells(16,21)>wb.Cells(16,23)And wb.Cells(16,21)<0 And wb.Cells(16,23)<0 Then
        wa.Cells(44,1)=j &"同比负增长低于平均水平,当期偿付短期负债的能力开始回弹。"
    ElseIf wb.Cells(16,21)<wb.Cells(16,23)And wb.Cells(16,21)<0 And wb.Cells(16,23)<0 Then
        wa.Cells(44,1)=j &"同比负增长高于平均水平,当期偿付短期负债的能力加速下滑。"
    End If
End Sub
```

步骤三：编写带息负债比率评价代码。参考代码如下所示：

成功之钥匙

代码含义：

```
Sub 带息负债比率()
  Dim i,j,k,r,wa As Worksheet,wb As Worksheet
    Set wa=Worksheets("分析报告")
    Set wb=Worksheets("财务绩效评价模型表")
    '带息负债比率
    k=Format(wb.Cells(17,20)/100,"带息负债比率0.00%,")&"处于行业"& wb.Cells(17,16)&"水平。"&_
Format(wb.Cells(17,21)/100,"同比增长0.00%,;同比下降0.00%,")&_
    Format(wb.Cells(17,23)/100,"平均增长0.00%,;平均下降0.00%,")
  If wb.Cells(17,21)>wb.Cells(17,23)And wb.Cells(17,21)>0 And wb.Cells(17,23)>0 Then
    wa.Cells(45,1)=k &"同比增长高于平均水平,企业未来的偿债,尤其是偿还利息压力持续提高。"
  ElseIf wb.Cells(17,21)<wb.Cells(17,23)And wb.Cells(17,21)>0 And wb.Cells(17,23)>0 Then
    wa.Cells(45,1)=k &"同比增长低于平均水平,企业未来的偿债(尤其是偿还利息)压力有所放缓。"
  ElseIf wb.Cells(17,21)>wb.Cells(17,23)And wb.Cells(17,21)>0 And wb.Cells(17,23)<0 Then
    wa.Cells(45,1)=k &"由平均负增长转为同比增长,企业未来的偿债,尤其是偿还利息压力开始回升。"
  ElseIf wb.Cells(17,21)<wb.Cells(17,23)And wb.Cells(17,21)<0 And wb.Cells(17,23)>0 Then
    wa.Cells(45,1)=k &"由平均增长转为同比负增长增长,企业未来的偿债,尤其是偿还利息压力加速下滑。"
  ElseIf wb.Cells(17,21)>wb.Cells(17,23)And wb.Cells(17,21)<0 And wb.Cells(17,23)<0 Then
    wa.Cells(45,1)=k &"同比负增长低于平均水平,企业未来的偿债,尤其是偿还利息压力开始回弹。"
  ElseIf wb.Cells(17,21)<wb.Cells(17,23)And wb.Cells(17,21)<0 And wb.Cells(17,23)<0 Then
    wa.Cells(45,1)=k &"同比负增长高于平均水平,企业未来的偿债,尤其是偿还利息压力持续下滑。"
  ElseIf wb.Cells(17,21)=wb.Cells(17,23)Then
    wa.Cells(45,1)=k &"没有承担带息债务,财务风险控制的比较好。"
  End If
End Sub
```

步骤四：编写已获利息倍数评价代码。参考代码如下所示：

成功之钥匙

代码含义：

```
Sub 已获利息倍数()
  Dim i,j,k,r,wa As Worksheet,wb As Worksheet
    Set wa=Worksheets("分析报告")
    Set wb=Worksheets("财务绩效评价模型表")
    '已获利息倍数
    r=Format(wb.Cells(18,20),"已获利息倍数0.00")&"处于行业"& wb.Cells(18,16)&"水平。"&_
      Format(wb.Cells(18,21)/100,"同比增长0.00%,;同比下降0.00%,")&_
      Format(wb.Cells(18,23)/100,"平均增长0.00%,;平均下降0.00%,")
  If wb.Cells(18,21)>wb.Cells(18,23)And wb.Cells(18,21)>0 And wb.Cells(18,23)>0 Then
    wa.Cells(46,1)=r &"同比增长高于平均水平,支付债务利息的的能力持续提高。"
  ElseIf wb.Cells(18,21)<wb.Cells(18,23)And wb.Cells(18,21)>0 And wb.Cells(18,23)>0 Then
    wa.Cells(46,1)=r &"同比增长低于平均水平,支付债务利息的的能力有所放缓。"
  ElseIf wb.Cells(18,21)>wb.Cells(18,23)And wb.Cells(18,21)>0 And wb.Cells(18,23)<0 Then
    wa.Cells(46,1)=r &"由平均负增长转为同比增长,支付债务利息的的能力开始回升。"
  ElseIf wb.Cells(18,21)<wb.Cells(18,23)And wb.Cells(18,21)<0 And wb.Cells(18,23)>0 Then
    wa.Cells(46,1)=r &"由平均增长转为同比负增长增长,支付债务利息的的能力持续下滑。"
  ElseIf wb.Cells(18,21)>wb.Cells(18,23)And wb.Cells(18,21)<0 And wb.Cells(18,23)<0 Then
    wa.Cells(46,1)=r &"同比负增长低于平均水平,支付债务利息的的能力开始回弹。"
  ElseIf wb.Cells(18,21)<wb.Cells(18,23)And wb.Cells(16,21)<0 And wb.Cells(18,23)<0 Then
    wa.Cells(46,1)=r &"同比负增长高于平均水平,支付作为利息的能力持续下滑。"
  ElseIf wb.Cells(18,21)=wb.Cells(18,23)Then
    wa.Cells(46,1)=r &"支付作为利息费用的能力比较稳定。"
  End If
End Sub
```

7.7.4.2 可视化动态图

步骤一：编写制作债务风险指标图表代码。以财务绩效评价模型表T3：W3，T5：W8，A3：A3，A5：A8区域为数据源，编写嵌入式柱形图，将其存放到财务绩效评价报告工作表A11位置。参考代码如下所示：

成功之钥匙

代码含义：

```vba
Sub 制作风险防控情况图表()
    Dim wa As Worksheet
    Dim ws As Worksheet
    Dim cht As ChartObject
    Dim rng As Range
    '选择"财务绩效评价模型表"工作表
    Set wa = ThisWorkbook.Sheets("财务绩效评价模型表")
    '复制T3:W3,T15:W18区域的数据
    wa.Range("T3:W3,T15:W18").Copy
    '将数据粘贴到AA15:AD19区域
    wa.Range("AA15:AD19").PasteSpecial Paste:=xlPasteValues
    '复制A3:A3,A15:A18区域的数据
    wa.Range("A3:A3,A15:A18").Copy
    '将数据粘贴到Z15:Z19区域
    wa.Range("Z15:Z19").PasteSpecial Paste:=xlPasteValues
    '设置工作表
    Set ws = ThisWorkbook.Sheets("分析报告")
    '定义图表位置
    Set rng = ws.Range("A47")
    '在工作表中插入一个图表对象
    Set cht = ws.ChartObjects.Add(Left:=rng.Left, Width:=700, Top:=rng.Top, Height:=170)
    '设置图表数据源
    cht.Chart.SetSourceData Source:=wa.Range("$Z$15:$AD$19")
    '设置图表类型为柱形图
    cht.Chart.ChartType = xlColumnClustered
    '添加数据标签
    cht.Chart.SeriesCollection(1).ApplyDataLabels
    '设置图表标题
    cht.Chart.HasTitle = True
    cht.Chart.ChartTitle.Text = "风险防控情况分析"
    '设置图例位置
    cht.Chart.HasLegend = True
    cht.Chart.Legend.Position = xlLegendPositionBottom
End Sub
```

步骤二：运行代码，获取可视化动态图。如图7-47所示。

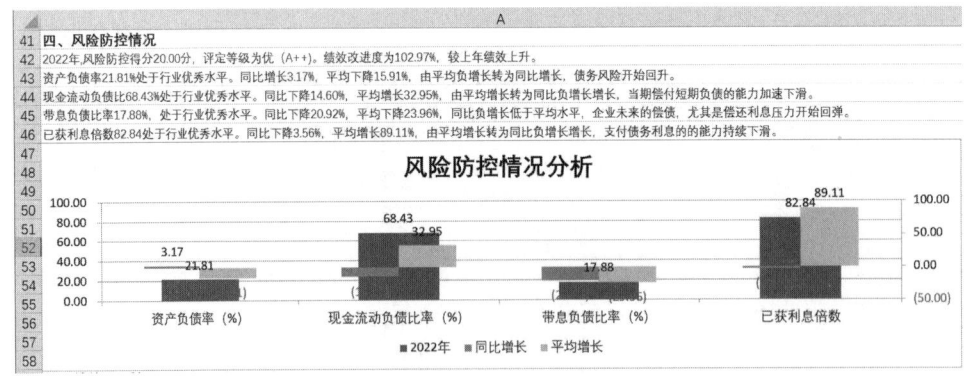

图7-47 风险防控可视化图

7.7.5 持续发展分析

7.7.5.1 VBA智能评价代码

以财务绩效评价表T20：W23为数据源，编写持续发展指标VBA评价代码，将评价结果存放到财务绩效评价报告工作表A59：A64区域。

步骤一：编写持续发展得分代码与研发费用投入强度评价代码。参考代码如下所示：

成功之钥匙

代码含义：

```
Sub 研发费用投入强度()
  Dim i,j,k,r,wa As Worksheet,wb As Worksheet
   Set wa=Worksheets("分析报告")
   Set wb=Worksheets("财务绩效评价模型表")
    wa.Cells(59,1)="五、持续发展情况"
    wa.Cells(59,1).Font.Bold=True
wa.Cells(60,1)=wb.Cells(3,20)&",持续发展得分"& Format(wb.Cells(19,15),"0.00")&"分,评定等级为"&_
wb.Cells(19,16)&"。绩效改进度为"& Format(wb.Cells(19,18),"0.00%")&",较上年"& wb.Cells(19,19)&"。"
    '研发经费投入强度
    i=Format(wb.Cells(20,20)/100,"研发经费投入强度0.00%,")&"处于行业"& wb.Cells(20,16)&"水平。"&_
     Format(wb.Cells(20,21)/100,"同比增长0.00,;同比下降0.00%,")&_
     Format(wb.Cells(20,23)/100,"平均增长0.00%,;平均下降0.00%,")
    If wb.Cells(20,21)>wb.Cells(20,23)And wb.Cells(20,21)>0 And wb.Cells(20,23)>0 Then
       wa.Cells(61,1)=i &"同比增长高于平均水平,研发投入力度持续提高。"
    ElseIf wb.Cells(20,21)<wb.Cells(20,23)And wb.Cells(20,21)>0 And wb.Cells(20,23)>0 Then
       wa.Cells(61,1)=i &"同比增长低于平均水平,研发投入力度有所放缓。"
    ElseIf wb.Cells(20,21)>wb.Cells(20,23)And wb.Cells(20,21)>0 And wb.Cells(20,23)<0 Then
       wa.Cells(61,1)=i &"由平均负增长转为同比增长,研发投入力度开始回升。"
    ElseIf wb.Cells(20,21)<wb.Cells(20,23)And wb.Cells(20,21)<0 And wb.Cells(20,23)>0 Then
       wa.Cells(61,1)=i &"由平均增长转为同比负增长增长,研发投入力度持续下降。"
    ElseIf wb.Cells(20,21)>wb.Cells(20,23)And wb.Cells(20,21)<0 And wb.Cells(20,23)<0 Then
       wa.Cells(61,1)=i &"同比负增长低于平均水平,研发投入力度开始回弹。"
    ElseIf wb.Cells(20,21)<wb.Cells(20,23)And wb.Cells(20,21)<0 And wb.Cells(20,23)<0 Then
       wa.Cells(61,1)=i &"同比负增长高于平均水平,研发投入力度加速下降。"
    End If
End Sub
```

步骤二：编写全员劳动生产率评价代码。参考代码如下所示：

成功之钥匙

代码含义：

```
Sub 全员劳动生产率()
  Dim i,j,k,r,wa As Worksheet,wb As Worksheet
    Set wa=Worksheets("分析报告")
    Set wb=Worksheets("财务绩效评价模型表")
    '全员劳动生产率
    j=Format(wb.Cells(21,20),"全员劳动生产率人均0.00万元,")&"处于行业"& wb.Cells(21,16)&"水平。"&_
      Format(wb.Cells(21,21)/100,"同比增长0.00,;同比下降0.00%,")&_
      Format(wb.Cells(21,23)/100,"平均增长0.00%,;平均下降0.00%,")
    If wb.Cells(21,21)>wb.Cells(21,23)And wb.Cells(21,21)>0 And wb.Cells(21,23)>0 Then
       wa.Cells(62,1)=j &"同比增长高于平均水平,生产效率持续提升,生产经营管理水平不断提高。"
    ElseIf wb.Cells(21,21)<wb.Cells(21,23)And wb.Cells(21,21)>0 And wb.Cells(21,23)>0 Then
       wa.Cells(62,1)=j &"同比增长低于平均水平,生产效率有所下降,需要优化管理和业务流程。"
    ElseIf wb.Cells(21,21)>wb.Cells(21,23)And wb.Cells(21,21)>0 And wb.Cells(21,23)<0 Then
       wa.Cells(62,1)=j &"由平均负增长转为同比增长,生产效率回弹,经营管理水平有所提高。"
    ElseIf wb.Cells(21,21)<wb.Cells(21,23)And wb.Cells(21,21)<0 And wb.Cells(21,23)>0 Then
       wa.Cells(62,1)=j &"%。由平均增长转为同比负增长,生产效率下滑,需要进一步优化管理和业务流程。"
    ElseIf wb.Cells(21,21)>wb.Cells(21,23)And wb.Cells(21,21)<0 And wb.Cells(21,23)<0 Then
wa.Cells(62,1)=j &"%。同比负增长低于平均水平,生产效率开始回升,经营管理水平和职工劳动积极性有所提高。"
    ElseIf wb.Cells(21,21)<wb.Cells(21,23)And wb.Cells(21,21)<0 And wb.Cells(21,23)<0 Then
       wa.Cells(62,1)=j &"%。同比负增长高于平均水平,劳动生产率持续下滑,需要提高生产技术水平、职工技术熟练程度和劳动积极性。"
    End If
End Sub
```

步骤三：编写经济增加值评价代码。参考代码如下所示：

成功之钥匙

代码含义：

```
Sub 经济增加值率()
    Dim i,j,k,r,wa As Worksheet,wb As Worksheet
    Set wa = Worksheets("分析报告")
    Set wb = Worksheets("财务绩效评价模型表")
    '经济增加值率
    k = Format(wb.Cells(22,20)/100,"经济增加值率0.00%,;经济增加值负率0.00%,") & "处于行业" & _
wb.Cells(22,16) & "水平。" & _
        Format(wb.Cells(22,21)/100,"同比增长0.00%,;同比下降%,") & _
        Format(wb.Cells(22,23)/100,"平均增长0.00%,;平均下降0.00%,")
    If wb.Cells(22,21) > wb.Cells(22,23) And wb.Cells(22,21) > 0 And wb.Cells(22,23) > 0 Then
        wa.Cells(63,1) = k & "同比增长高于平均水平,企业经营者有效使用资本为股东创造价值能力持续增强。"
    ElseIf wb.Cells(22,21) < wb.Cells(22,23) And wb.Cells(22,21) > 0 And wb.Cells(22,23) > 0 Then
        wa.Cells(63,1) = k & "同比增长低于平均水平,企业经营者有效使用资本为股东创造价值能力有所放缓。"
    ElseIf wb.Cells(22,21) > wb.Cells(22,23) And wb.Cells(22,21) > 0 And wb.Cells(22,23) < 0 Then
        wa.Cells(63,1) = k & "由平均负增长转为同比增长,企业经营者有效使用资本为股东创造价值能力回弹。"
    ElseIf wb.Cells(22,21) < wb.Cells(22,23) And wb.Cells(22,21) < 0 And wb.Cells(22,23) > 0 Then
        wa.Cells(63,1) = k & "由平均增长转为同比负增长,企业经营者有效使用资本为股东创造价值能力下滑。"
    ElseIf wb.Cells(22,21) > wb.Cells(22,23) And wb.Cells(22,21) < 0 And wb.Cells(22,23) < 0 Then
        wa.Cells(63,1) = k & "同比负增长低于平均水平,企业经营者有效使用资本为股东创造价值能力开始复苏。"
    ElseIf wb.Cells(22,21) < wb.Cells(22,23) And wb.Cells(22,21) < 0 And wb.Cells(22,23) < 0 Then
        wa.Cells(63,1) = k & "同比负增长高于平均水平,企业经营者有效使用资本为股东创造价值能力持续下滑。"
    End If
End Sub
```

步骤四：编写国有资产保值增值率评价代码。参考代码如下所示：

成功之钥匙

代码含义：

```
Sub 国有资本保值增值率()
    Dim i,j,k,r,wa As Worksheet,wb As Worksheet
    Set wa = Worksheets("分析报告")
    Set wb = Worksheets("财务绩效评价模型表")
    '国有资本保值增值率
r = Format(wb.Cells(23,20)/100,"国有资本保值增值率0.00%,") & "处于行业" & wb.Cells(23,16) & "水平。长" & _
        Format(wb.Cells(23,21)/100,"同比增长0.00%,;同比下降0.00%,") & _
        Format(wb.Cells(23,23)/100,"平均增长0.00%,;平均下降0.00%,")
    If wb.Cells(23,21) > wb.Cells(23,23) And wb.Cells(23,21) > 0 And wb.Cells(23,23) > 0 Then
        wa.Cells(64,1) = r & "同比增长高于平均水平,国有资本保值增值能力持续提高,为保障国有资产的安全和长期价值奠定了基础。"
    ElseIf wb.Cells(23,21) < wb.Cells(23,23) And wb.Cells(23,21) > 0 And wb.Cells(23,23) > 0 Then
        wa.Cells(64,1) = r & "同比增长低于平均水平,国有资本保障增值能力有所放缓,应关注提升保障国有资产的安全和长期价值变化情况。"
    ElseIf wb.Cells(23,21) > wb.Cells(23,23) And wb.Cells(23,21) > 0 And wb.Cells(23,23) < 0 Then
        wa.Cells(64,1) = r & "由平均负增长转为同比增长,国有资本保值增值能力回生,国有资产安全性和长期价值保障水平有所提高。"
    ElseIf wb.Cells(23,21) < wb.Cells(23,23) And wb.Cells(23,21) < 0 And wb.Cells(23,23) > 0 Then
wa.Cells(64,1) = r & "由平均增长转为同比负增长,国有资本保值增值能力下滑,国有资产安全保障程度下降。"
    ElseIf wb.Cells(23,21) > wb.Cells(22,23) And wb.Cells(23,21) < 0 And wb.Cells(23,23) < 0 Then
        wa.Cells(64,1) = r & "同比负增长低于平均水平,国有资本保值增值能力开始复苏,国有资产安全保障程度有所提高。"
    ElseIf wb.Cells(23,21) < wb.Cells(22,23) And wb.Cells(23,21) < 0 And wb.Cells(23,23) < 0 Then
wa.Cells(64,1) = r & "同比负增长高于平均水平,国有资本保值增值能力加速下滑,国有资产安全保障程度风险加大。"
    End If
End Sub
```

7.7.5.2 可视化动态图

步骤一：编写制作持续发展指标图表代码。以财务绩效评价模型表 T3：W3，T20：W23，A3：A3，A20：A18 区域为数据源，编写嵌入式柱形图，将其存放到财务绩效评价报告工作表 A65 位置。参考代码如下所示：

成功之钥匙

代码含义：

```vba
Sub 制作持续发展情况图表()
  Dim wa As Worksheet
  Dim ws As Worksheet
    Dim cht As ChartObject
    Dim rng As Range
    '选择"财务绩效评价模型表"工作表
    Set wa = ThisWorkbook.Sheets("财务绩效评价模型表")
    '复制T3:W3,T20:W23区域的数据
    wa.Range("T3:W3,T20:W23").Copy
    '将数据粘贴到AA21:AD25区域
    wa.Range("AA21:AD25").PasteSpecial Paste:=xlPasteValues
    '复制A3:A3,A20:A18区域的数据
    wa.Range("A3:A3,A20:A23").Copy
    '将数据粘贴到Z21:Z25区域
    wa.Range("Z21:Z25").PasteSpecial Paste:=xlPasteValues
    '设置工作表
    Set ws = ThisWorkbook.Sheets("分析报告")
    '定义图表位置
    Set rng = ws.Range("A65")
    '在工作表中插入一个图表对象
    Set cht = ws.ChartObjects.Add(Left:=rng.Left,Width:=700,Top:=rng.Top,Height:=170)
    '设置图表数据源
    cht.Chart.SetSourceData Source:=wa.Range("$Z$21:$AD$25")
    '设置图表类型为柱形图
    cht.Chart.ChartType = xlColumnClustered
    '添加数据标签
    cht.Chart.SeriesCollection(1).ApplyDataLabels
    '设置图表标题
    cht.Chart.HasTitle = True
    cht.Chart.ChartTitle.Text = "持续发展情况分析"
    '设置图例位置
    cht.Chart.HasLegend = True
    cht.Chart.Legend.Position = xlLegendPositionBottom
End Sub
```

步骤二：运行代码，获取持续发展可视化图表。如图7-48所示。

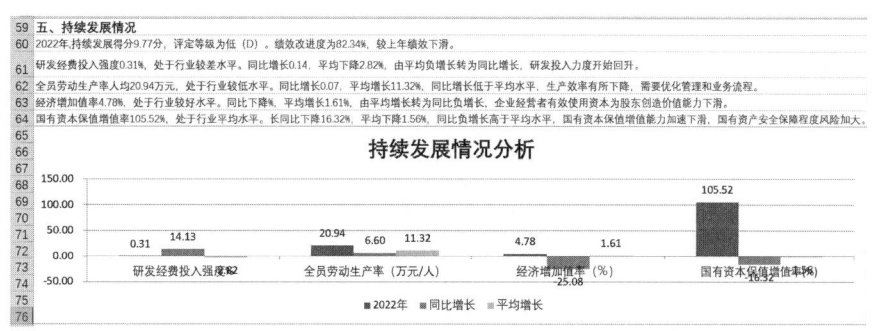

图7-48 持续发展可视化图

7.7.6 补充指标分析

7.7.6.1 VBA智能评价代码

以财务绩效评价表T25：W32为数据源，编写补充指标VBA评价代码，将评价结果存放到财务绩效评价报告工作表A77：A85区域。

步骤一：编写营业现金比评价代码。参考代码如下所示：

💡 **成功之钥匙**

代码含义：

```
Sub 营业现金比()
Dim i,j,k,r,s,t,u,v,wa As Worksheet,wb As Worksheet
    Set wa = Worksheets("分析报告")
    Set wb = Worksheets("财务绩效评价模型表")
    wa.Cells(77,1) = "六、补充情况"
    wa.Cells(77,1).Font.Bold = True
    '营业现金比率
i = Format(wb.Cells(25,20)/100,"营业现金比率0.00%,;营业现金负比率0.00%,") & _
"处于行业" & wb.Cells(25,16) & "水平。" & Format(wb.Cells(25,21)/100,"同比增长0.00%,;同比下降0.00%,") & _
Format(wb.Cells(25,23)/100,"平均增长0.00%,;平均下降0.00%,")
If wb.Cells(25,21) > wb.Cells(25,23) And wb.Cells(25,21) > 0 And wb.Cells(25,23) > 0 Then
    wa.Cells(78,1) = i & "同比增长高于平均水平,收入获取现金能力增强,持续投资能力提升。"
 ElseIf wb.Cells(25,21) < wb.Cells(25,23) And wb.Cells(25,21) > 0 And wb.Cells(25,23) > 0 Then
    wa.Cells(78,1) = i & "同比增长低于平均水平,收入获取现金能力放缓,应关注现金流的安全。"
 ElseIf wb.Cells(25,21) > wb.Cells(25,23) And wb.Cells(25,21) > 0 And wb.Cells(25,23) < 0 Then
    wa.Cells(78,1) = i & "由平均负增长转为同比增长,收入获取现金能力回弹,收入质量开始提升。"
 ElseIf wb.Cells(25,21) < wb.Cells(25,23) And wb.Cells(25,21) < 0 And wb.Cells(25,23) > 0 Then
    wa.Cells(78,1) = i & "由平均增长转为同比负增长增长,收入获取现金能力下降,收入质量下滑,流动性风险加大。"
 ElseIf wb.Cells(25,21) > wb.Cells(25,23) And wb.Cells(25,21) < 0 And wb.Cells(25,23) < 0 Then
    wa.Cells(78,1) = i & "同比负增长低于平均水平,收入获取现金能力复苏,收入质量开始回升。"
 ElseIf wb.Cells(25,21) < wb.Cells(25,23) And wb.Cells(25,21) < 0 And wb.Cells(25,23) < 0 Then
    wa.Cells(78,1) = i & "同比负增长高于平均水平,收入获取现金能力下降,收入质量加速下滑,流动性风险增大。"
    End If
End Sub
```

步骤二：编写国有资本回报率评价代码。参考代码如下所示：

💡 **成功之钥匙**

代码含义：

```
Sub 国有资本回报率()
   Dim i,j,k,r,s,t,u,v,wa As Worksheet,wb As Worksheet
    Set wa = Worksheets("分析报告")
    Set wb = Worksheets("财务绩效评价模型表")
    '国有资本回报率
   j = Format(wb.Cells(26,20)/100,"国有资本回报率0.00%,;国有资本回报损失率0.00%,") & _
"处于行业" & wb.Cells(26,16) & "水平。" & Format(wb.Cells(26,21)/100,"同比增长0.00%,;同比下降0.00%,") & _
   Format(wb.Cells(26,23)/100,"平均增长0.00%,;平均下降0.00%,")
    If wb.Cells(26,21) > wb.Cells(26,23) And wb.Cells(26,21) > 0 And wb.Cells(26,23) > 0 Then
       wa.Cells(79,1) = j & "同比增长高于平均水平,国有资本投资效益提高,投资者的风险下降。"
     ElseIf wb.Cells(25,21) < wb.Cells(25,23) And wb.Cells(25,21) > 0 And wb.Cells(25,23) > 0 Then
       wa.Cells(79,1) = j & "同比增长低于平均水平,国有资本投资效益有所放缓,投资者的风险有所上升。"
     ElseIf wb.Cells(26,21) > wb.Cells(26,23) And wb.Cells(26,21) > 0 And wb.Cells(26,23) < 0 Then
       wa.Cells(79,1) = j & "由平均负增长转为同比增长,国有资本投资效益开始增强,投资者的风险下降。"
     ElseIf wb.Cells(26,21) < wb.Cells(26,23) And wb.Cells(26,21) < 0 And wb.Cells(26,23) > 0 Then
       wa.Cells(79,1) = j & "由平均增长转为同比负增长增长,国有资本投资效益迅速下滑,投资者的风险提升。"
     ElseIf wb.Cells(26,21) > wb.Cells(26,23) And wb.Cells(26,21) < 0 And wb.Cells(26,23) < 0 Then
       wa.Cells(79,1) = j & "同比负增长低于平均水平,国有资本投资经济效益开始回弹,投资者的风险回落。"
     ElseIf wb.Cells(26,21) < wb.Cells(26,23) And wb.Cells(26,21) < 0 And wb.Cells(26,23) < 0 Then
       wa.Cells(79,1) = j & "同比负增长高于平均水平,国有资本投资效益迅速下滑,投资者的风险明显加大。"
    End If
End Sub
```

步骤三：编写现金流入比率评价代码。参考代码如下所示：

💡 **成功之钥匙**

代码含义：

```
Sub 现金流入比率()
  Dim i,j,k,r,s,t,u,v,wa As Worksheet,wb As Worksheet
  Set wa = Worksheets("分析报告")
```

```vb
    Set wb = Worksheets("财务绩效评价模型表")
    '现金利润比率(EBITDA)
    k = Format(wb.Cells(27,20),"税息折旧及摊销前利润比率0.00%,;税息折旧及摊销前利润比率0.00%,") & _
    "处于行业" & wb.Cells(27,16) & "水平。" & Format(wb.Cells(27,21)/100,"同比增长0.00%,;同比下降0.00%,") & _
      Format(wb.Cells(27,23)/100,"平均增长0.00%,;平均下降0.00%,")
    If wb.Cells(27,21) > wb.Cells(27,23) And wb.Cells(27,21) > 0 And wb.Cells(27,23) > 0 Then
       wa.Cells(80,1) = k & "同比增长高于平均水平,销售收入的盈利能力以及回收折旧和摊销的能力持续增强。"
    ElseIf wb.Cells(27,21) < wb.Cells(27,23) And wb.Cells(27,21) > 0 And wb.Cells(27,23) > 0 Then
       wa.Cells(80,1) = k & "同比增长低于平均水平,销售收入的盈利能力以及回收折旧和摊销的能力有所放缓。"
    ElseIf wb.Cells(27,21) > wb.Cells(27,23) And wb.Cells(27,21) > 0 And wb.Cells(27,23) < 0 Then
       wa.Cells(80,1) = k & "由平均负增长转为同比增长,销售收入的盈利能力以及回收折旧和摊销的能力回弹。"
    ElseIf wb.Cells(27,21) < wb.Cells(27,23) And wb.Cells(27,21) < 0 And wb.Cells(27,23) > 0 Then
       wa.Cells(80,1) = k & "由平均增长转为同比负增长,销售收入的盈利能力以及回收折旧和摊销的能力下滑。"
    ElseIf wb.Cells(27,21) > wb.Cells(27,23) And wb.Cells(27,21) < 0 And wb.Cells(27,23) < 0 Then
       wa.Cells(80,1) = k & "同比负增长低于平均水平,销售收入的盈利能力以及回收折旧和摊销的能力就开始复苏。"
    ElseIf wb.Cells(27,21) < wb.Cells(27,23) And wb.Cells(27,21) < 0 And wb.Cells(27,23) < 0 Then
       wa.Cells(80,1) = k & "同比负增长高于平均水平,销售收入的盈利能力以及回收折旧和摊销的能力持续下滑。"
    End If
End Sub
```

步骤四:编写百元收入支付的成本费用评价代码。参考代码如下所示:

成功之钥匙

代码含义:

```vb
Sub 百元收入支付的成本费用()
  Dim i,j,k,r,s,t,u,v,wa As Worksheet,wb As Worksheet
    Set wa = Worksheets("分析报告")
    Set wb = Worksheets("财务绩效评价模型表")
    '百元收入支付的成本费用
    r = Format(wb.Cells(28,20),"百元收入支付的成本费用0.00元,") & "处于行业" & wb.Cells(28,16) & "水平。" & _
    Format(wb.Cells(28,21)/100,"同比增长0.00%,;平均下降0.00%,") & _
      Format(wb.Cells(28,23)/100,"平均增长0.00%,;平均下降0.00%,")
    If wb.Cells(28,21) > wb.Cells(28,23) And wb.Cells(28,21) > 0 And wb.Cells(28,23) > 0 Then
       wa.Cells(81,1) = r & "同比增长高于平均水平,成本费用控制能力减弱,主营业务盈利能力下降。"
    ElseIf wb.Cells(28,21) < wb.Cells(28,23) And wb.Cells(28,21) > 0 And wb.Cells(28,23) > 0 Then
       wa.Cells(81,1) = r & "同比增长低于平均水平,成本费用控制能力有所提升,主营业务盈利能力有所回升。"
    ElseIf wb.Cells(28,21) > wb.Cells(28,23) And wb.Cells(28,21) > 0 And wb.Cells(28,23) < 0 Then
       wa.Cells(81,1) = r & "由平均负增长转为同比增长,成本费用控制能力迅速减弱,主营业务盈利能力下降。"
    ElseIf wb.Cells(28,21) < wb.Cells(28,23) And wb.Cells(28,21) < 0 And wb.Cells(28,23) > 0 Then
       wa.Cells(81,1) = r & "由平均增长转为同比负增长,成本费用控制能力迅速提升,主营业务盈利能力增。"
    ElseIf wb.Cells(28,21) > wb.Cells(28,23) And wb.Cells(28,21) < 0 And wb.Cells(28,23) < 0 Then
       wa.Cells(81,1) = r & "同比负增长低于平均水平,成本费用控制能力有所回升,主营业务盈利能力有所回弹。"
    ElseIf wb.Cells(28,21) < wb.Cells(28,23) And wb.Cells(28,21) < 0 And wb.Cells(28,23) < 0 Then
       wa.Cells(81,1) = r & "同比负增长高于平均水平,成本费用控制能力有所提升,主营业务盈利能力有所回升。"
    End If
End Sub
```

步骤五:编写存货周转率评价代码。参考代码如下所示:

成功之钥匙

代码含义:

```vb
Sub 存货周转率()
  Dim i,j,k,r,s,t,u,v,wa As Worksheet,wb As Worksheet
   Set wa = Worksheets("分析报告")
   Set wb = Worksheets("财务绩效评价模型表")
    '存货周转率
   s = Format(wb.Cells(29,20),"存货周转率0.00次,") & "处于行业" & wb.Cells(29,16) & "水平。" & _
   Format(wb.Cells(29,21)/100,"同比增长0.00%,;同比下降0.00%,") & _
      Format(wb.Cells(29,23)/100,"平均增长0.00%,;平均下降0.00%,")
    If wb.Cells(29,21) > wb.Cells(29,23) And wb.Cells(29,21) > 0 And wb.Cells(29,23) > 0 Then
       wa.Cells(82,1) = s & "同比增长高于平均水平,存货资产变现能力增强,占用在存货上的资金周转速度加快。"
    ElseIf wb.Cells(29,21) < wb.Cells(29,23) And wb.Cells(29,21) > 0 And wb.Cells(29,23) > 0 Then
wa.Cells(82,1) = s & "同比增长低于平均水平,企业存货资产变现能力放缓,占用在存货上的资金周转速度越快有所放慢。"
    ElseIf wb.Cells(29,21) > wb.Cells(29,23) And wb.Cells(29,21) > 0 And wb.Cells(29,23) < 0 Then
```

```vba
wa.Cells(82,1) = s &"由平均负增长转为同比增长,企业存货资产变现能力回弹,占用在存货上的资金周转速度回升。"
    ElseIf wb.Cells(29,21) < wb.Cells(29,23) And wb.Cells(29,21) < 0 And wb.Cells(29,23) > 0 Then
wa.Cells(82,1) = s &"由平均增长转为同比负增长增长,企业存货资产变现能力下降,占用在存货上的资金周转速度下滑。"
    ElseIf wb.Cells(29,21) > wb.Cells(29,23) And wb.Cells(29,21) < 0 And wb.Cells(29,23) < 0 Then
wa.Cells(82,1) = s &"同比负增长低于平均水平,企业存货资产变现能力复苏,占用在存货上的资金周转速度开始回升。"
    ElseIf wb.Cells(29,21) < wb.Cells(29,23) And wb.Cells(29,21) < 0 And wb.Cells(29,23) < 0 Then
wa.Cells(82,1) = s &"同比负增长高于平均水平,企业存货资产变现能力下降,占用在存货上的资金周转速度加速下滑。"
    End If
End Sub
```

步骤六:编写速动比率评价代码。参考代码如下所示:

🔑 **成功之钥匙**

代码含义:

```vba
Sub 速动比率()
    Dim i,j,k,r,s,t,u,v,wa As Worksheet,wb As Worksheet
        Set wa = Worksheets("分析报告")
        Set wb = Worksheets("财务绩效评价模型表")
    '速动比率
    t = Format(wb.Cells(30,20),"速动比率0.00")&"处于行业"& wb.Cells(30,16)&"水平。"&_
        Format(wb.Cells(30,21)/100,"同比增长 0.00%,;平均增长 0.00%")&_
        Format(wb.Cells(30,23)/100,"平均增长 0.00%,;平均下降 0.00%")
    If wb.Cells(30,21) > wb.Cells(30,23) And wb.Cells(30,21) > 0 And wb.Cells(30,23) > 0 Then
        wa.Cells(83,1) = t &"同比增长高于平均水平,流动资产中可以立即用于偿还流动负债的能力持续提高。"
    ElseIf wb.Cells(30,21) < wb.Cells(30,23) And wb.Cells(30,21) > 0 And wb.Cells(30,23) > 0 Then
        wa.Cells(83,1) = t &"同比增长低于平均水平,流动资产中可以立即用于偿还流动负债的能力有所放缓。"
    ElseIf wb.Cells(30,21) > wb.Cells(30,23) And wb.Cells(30,21) > 0 And wb.Cells(30,23) < 0 Then
        wa.Cells(83,1) = t &"由平均负增长转为同比增长,流动资产中可以立即用于偿还流动负债的能力开始回升。"
    ElseIf wb.Cells(30,21) < wb.Cells(30,23) And wb.Cells(30,21) < 0 And wb.Cells(30,23) > 0 Then
        wa.Cells(83,1) = r &"由平均增长转为同比负增长增长,流动资产中可以立即用于偿还流动负债的能力加速下滑。"
    ElseIf wb.Cells(30,21) > wb.Cells(30,23) And wb.Cells(30,21) < 0 And wb.Cells(30,23) < 0 Then
        wa.Cells(83,1) = t &"同比负增长低于平均水平,流动资产中可以立即用于偿还流动负债的能力开始回弹。"
    ElseIf wb.Cells(30,21) < wb.Cells(30,23) And wb.Cells(30,21) < 0 And wb.Cells(30,23) < 0 Then
        wa.Cells(83,1) = t &"同比负增长高于平均水平,流动资产中可以立即用于偿还流动负债的能力加速下滑。"
    End If
End Sub
```

步骤七:编写利润总额增长率评价代码。参考代码如下所示:

🔑 **成功之钥匙**

代码含义:

```vba
Sub 利润总额增长率()
    Dim i,j,k,r,s,t,u,v,wa As Worksheet,wb As Worksheet
        Set wa = Worksheets("分析报告")
        Set wb = Worksheets("财务绩效评价模型表")
    '利润总额增长率
    u = Format(wb.Cells(31,20)/100,"利润总额增长率 0.00%,;利润总额下降率 0.00%,")&"处于行业"&_
wb.Cells(31,16)&_
        "水平。"& Format(wb.Cells(31,21)/100,"同比增长 0.00%,;同比下降 0.00%,")&_
        Format(wb.Cells(31,23)/100,"平均增长 0.00%,;平均下降 0.00%,")
    If wb.Cells(31,21) > wb.Cells(31,23) And wb.Cells(31,21) > 0 And wb.Cells(31,23) > 0 Then
        wa.Cells(84,1) = u &"同比增长高于平均水平,盈利能力持续提高。"
    ElseIf wb.Cells(31,21) < wb.Cells(31,23) And wb.Cells(31,21) > 0 And wb.Cells(31,23) > 0 Then
        wa.Cells(84,1) = u &"同比增长低于平均水平,盈利能力有所放缓。"
    ElseIf wb.Cells(31,21) > wb.Cells(31,23) And wb.Cells(31,21) > 0 And wb.Cells(31,23) < 0 Then
        wa.Cells(84,1) = u &"由平均负增长转为同比增长,盈利能力回弹。"
    ElseIf wb.Cells(31,21) < wb.Cells(31,23) And wb.Cells(31,21) < 0 And wb.Cells(31,23) > 0 Then
        wa.Cells(84,1) = u &"由平均增长转为同比负增长增长,盈利能力下滑。"
    ElseIf wb.Cells(31,21) > wb.Cells(31,23) And wb.Cells(31,21) < 0 And wb.Cells(31,23) < 0 Then
        wa.Cells(84,1) = u &"同比负增长低于平均水平,盈利能力开始复苏。"
    ElseIf wb.Cells(31,21) < wb.Cells(31,23) And wb.Cells(31,21) < 0 And wb.Cells(31,23) < 0 Then
        wa.Cells(84,1) = u &"同比负增长高于平均水平,盈利能力加速下滑。"
    End If
End Sub
```

步骤八：编写营业收入增长率评价代码。参考代码如下所示：

成功之钥匙

代码含义：

```
Sub 营业收入增长率()
  Dim i,j,k,r,s,t,u,v,wa As Worksheet,wb As Worksheet
    Set wa=Worksheets("分析报告")
    Set wb=Worksheets("财务绩效评价模型表")
  '营业总收入增长率
v="营业总收入增长率为"& Format(wb.Cells(32,20)/100,"营业总收入增长率0.00%,;营业总收入下降率0.00%,")&_
"处于行业"& wb.Cells(32,16)&"水平。"& Format(wb.Cells(32,21)/100,"同比增长0.00%,;同比下降0.00%,")&_
Format(wb.Cells(32,23)/100,"平均增长0.00%,;平均下降0.00%,")
If wb.Cells(32,21)>wb.Cells(32,23)And wb.Cells(32,21)>0 And wb.Cells(32,23)>0 Then
    wa.Cells(85,1)=v &"同比增长高于平均水平,经营能力和竞争力持续提高。"
ElseIf wb.Cells(32,21)<wb.Cells(32,23)And wb.Cells(32,21)>0 And wb.Cells(32,23)>0 Then
    wa.Cells(85,1)=v &"同比增长低于平均水平,经营能力和竞争力有所放缓。"
ElseIf wb.Cells(32,21)>wb.Cells(32,23)And wb.Cells(32,21)>0 And wb.Cells(32,23)<0 Then
    wa.Cells(85,1)=v &"由平均负增长转为同比增长,经营能力和竞争力回弹。"
ElseIf wb.Cells(31,21)<wb.Cells(32,23)And wb.Cells(32,21)<0 And wb.Cells(31,23)>0 Then
    wa.Cells(85,1)=v &"由平均增长转为同比负增长增长,经营能力和竞争力下滑。"
ElseIf wb.Cells(32,21)>wb.Cells(32,23)And wb.Cells(32,21)<0 And wb.Cells(32,23)<0 Then
    wa.Cells(85,1)=v &"同比负增长低于平均水平,经营能力和竞争力开始复苏。"
ElseIf wb.Cells(32,21)<wb.Cells(32,23)And wb.Cells(32,21)<0 And wb.Cells(32,23)<0 Then
    wa.Cells(85,1)=v &"同比负增长高于平均水平,经营能力和竞争力加速下滑。"
End If
End Sub
```

7.7.6.2 可视化动态图

步骤一：编写制作资产运营指标图表代码。以财务绩效评价模型表 T3：W3，T25：W32，A3：A3，A20：A18 区域为数据源，编写嵌入式柱形图，将其存放到财务绩效评价报告工作表 A86 位置。参考代码如下所示：

成功之钥匙

代码含义：

```
Sub 制作补充情况图表()
    Dim wa As Worksheet
    Dim ws As Worksheet
    Dim cht As ChartObject
    Dim rng As Range
    '选择"财务绩效评价模型表"工作表
    Set wa=ThisWorkbook.Sheets("财务绩效评价模型表")
    '复制 T3:W3,T25:W32 区域的数据
    wa.Range("T3:W3,T25:W32").Copy
    '将数据粘贴到 AA27:AD35 区域
    wa.Range("AA27:AD35").PasteSpecial Paste:=xlPasteValues
    '复制 A3:A3,A20:A18 区域的数据
    wa.Range("A3:A3,A25:A32").Copy
    '将数据粘贴到 Z27:Z35 区域
    wa.Range("Z27:Z35").PasteSpecial Paste:=xlPasteValues
    '设置工作表
    Set ws=ThisWorkbook.Sheets("分析报告")
    '定义图表位置
    Set rng=ws.Range("A86")
    '在工作表中插入一个图表对象
    Set cht=ws.ChartObjects.Add(Left:=rng.Left,Width:=700,Top:=rng.Top,Height:=170)
    '设置图表数据源
    cht.Chart.SetSourceData Source:=wa.Range("$Z$27:$AD$35")
    '设置图表类型为柱形图
    cht.Chart.ChartType=xlColumnClustered
    '添加数据标签
    cht.Chart.SeriesCollection(1).ApplyDataLabels
```

```
    '设置图表标题
    cht.Chart.HasTitle = True
    cht.Chart.ChartTitle.Text = "补充情况分析"
    '设置图例位置
    cht.Chart.HasLegend = True
    cht.Chart.Legend.Position = xlLegendPositionBottom
End Sub
```

步骤二：运行代码或补充指标可视化动态图如图7-49所示。

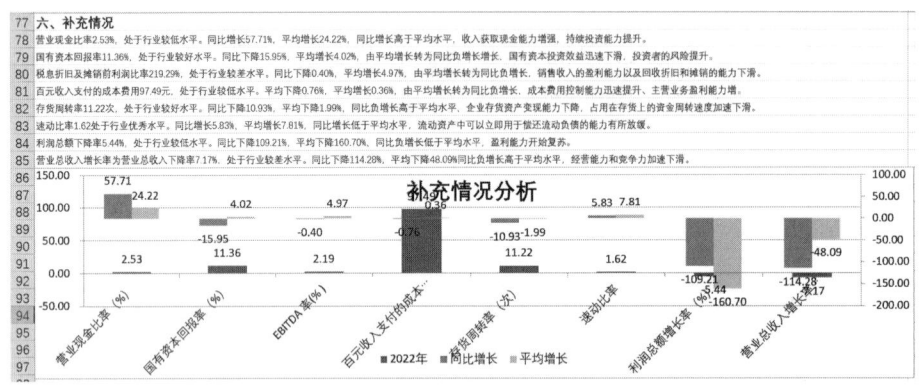

图7-49 补充指标动态评价图

7.7.6.3 报告编写操作方式

步骤一：编写主程序代码。用于统一调度子程序代码，将子程序代码放置到财务绩效评价系统操作界面，运行代码，便可编写完成评价报告。如图7-50所示。

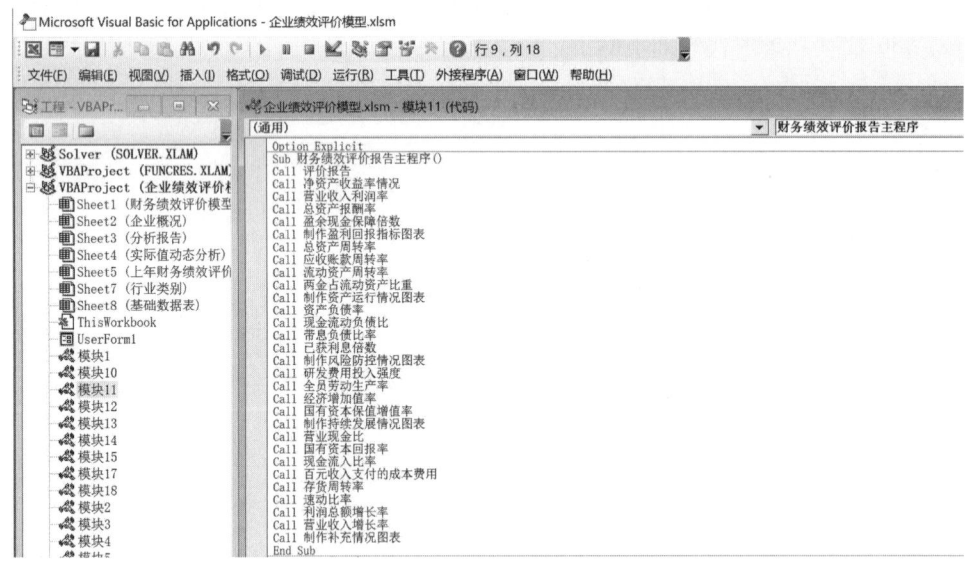

图7-50 子程序代码

步骤二：编写报告清零代码。用于清空财务绩效评价报告工作表中的原始信息，以便存放新的报告内容。参考代码如下所示：

👆 成功之钥匙

代码含义：
Sub 财务绩效评价报告清零()

```
    Dim i As Integer
    Dim j As Integer
If MsgBox("是否确定清零,一旦清零数据不可恢复",vbYesNo + vbDefaultButton2 + vbQuestion,"询问") = vbYes Then
    Sheets("分析报告").Select
        For i = 1 To 100
            For j = 1 To 1
                Cells(i,j).Value = ""
            Next j
        Next i
    End If
    '声明一个名为'chartObj'的变量,用于存储图表对象。
    Dim chartObj As ChartObject
    '声明一个名为'ws'的变量,用于存储工作表对象。这里将在后面将当前工作簿下的一个工作表对象分配给该变量。
    Dim ws As Worksheet
    '使用'ThisWorkbook'关键字来引用当前工作簿,通过'Worksheets("您的目标工作表名称")'方法来获取指定名称的工作表,并将其引用赋给变量'ws'。
    Set ws = ThisWorkbook.Worksheets("分析报告")
    '使用'For Each'循环遍历'ws'工作表下的所有图表对象,每次循环时将当前图表对象赋值给'chartObj'变量。
    For Each chartObj In ws.ChartObjects
    '删除当前循环中'chartObj'指向的图表对象。
        chartObj.Delete
    '结束本次循环,继续下一个图表对象的删除操作。
    Next chartObj
End Sub
```

步骤三:编写导出报告代码。用于将存放在 Excel 工作表中的文本内容导入 Word 文档中。参考代码如下所示:

成功之钥匙

代码含义:

```
Option Explicit
Sub 将财务绩效评价报告导入文档()
    Dim WordApp As Object
    Dim WordDoc As Object
    Dim ExcelRange As Range
    Dim WordRange As Object
    Dim rowCount As Integer
    Dim i As Integer
    '创建一个新的 Word 文档
    Set WordApp = CreateObject("Word.Application")
    WordApp.Visible = True
    Set WordDoc = WordApp.Documents.Add
    '指定 Excel 中的数据范围
    Set ExcelRange = ThisWorkbook.Sheets("分析报告").Range("A1:A85")
    '在 Word 文档中逐行插入 Excel 数据
    Set WordRange = WordDoc.Content
    For i = 1 To ExcelRange.Rows.Count
        WordRange.InsertAfter ExcelRange.Cells(i,1).Value & vbCrLf
        Set WordRange = WordDoc.Content
    Next i
    '清除对象
    Set WordApp = Nothing
    Set WordDoc = Nothing
    Set ExcelRange = Nothing
    Set WordRange = Nothing
End Sub
```

7.8 应用 ChatGPT 生成财务绩效评价报告

7.8.1 背景资料获取

应用 VBA 代码设计生成科学合理、清晰明了的基础分析报告,是结合 ChatGPT 生成高质量综合分析报告的关键，也是编写 ChatGPT 提示词的基础数源。背景资料获取的基本方法是：将 VBA 代码生成的基础分析报告导入 Word 中，为编写提示词提供数源。现在将应用“财务绩效智能评价系统”生成的基础分析报告导入 Word 文档中，具体步骤如下：

步骤一：运行导出基础分析报告代码。将财务绩效评价报告 A1 : A85 区域的内容导入 Word 文档中。参见 7.7“报告编写方式中的代码”。

步骤二：运行代码，获取背景资料如图 7 - 51 所示。

财务绩效评价报告

一、总体情况

2022 年,企业绩效评价综合得分 94.57 分，评定等级为优（A+）。绩效改进度为 103.46%，较上年绩效上升。

二、盈利回报情况

2022 年,盈利回报得分 36.67 分，评定等级为优（A+）。绩效改进度为 95.36%，较上年绩效下滑。

净资产收益率 13.61%，处于行业较好水平。同比下降 11.72%，平均增长 14.86%，由平均增长转为同比负增长，自有资本获取收益的能力大幅下滑，对投资人和债权人的利益保障程度大幅减弱。

营业收入利润率 25.22%，处于行业优秀水平。同比下降 0.79%，平均增长 44.72%，由平均增长转为同比负增长增长，企业创造利润能力迅速减弱。

总资产报酬率 11.04 %，处于行业优秀水平。同比下降 10.31%，平均增长 26.25，%，由平均增长转为同比负增长增长，资产利用效益迅速下滑，整体获利能力大幅减弱。

盈余现金保障倍数 1.18，处于行业平均水平。同比下降 23.08%，平均增长 1.52%，由平均增长转为同比负增长增长，现金收益的保障程度迅速下滑，盈余质量减弱。

三、资产运行情况

2022 年,资产运行得分 17.91 分，评定等级为优（A）。绩效改进度为 96.62%，较上年绩效下滑。

总资产周转率 0.41 次，处于行业较低水平。同比下降 13.45% ，平均下降 10.24% ，同比负增长高于平均水平，全部资产的使用效率加速下滑。

应收账款周转率 9.85 次，处于行业优秀水平。同比增长 2.38%，平均增长 6.71%，同比增长低于平均水平，应收账款的变现能力有所放缓。

流动资产周转率 0.64 次，处于行业较低水平。同比下降 11.15%，平均下降 17.09%，同比负增长低于平均水平，流动资产利用效率开始回弹。

两金占流动资产比重 17.79%，处于行业优秀水平。同比增长 4.35%，平均下降 21.46%，由平均负增长转为同比增长，两金占比增长有回升，运行风险有所回弹。

四、风险防控情况

2022 年,风险防控得分 20.00 分，评定等级为优（A++）。绩效改进度为 102.97%，较上年绩效上升。

资产负债率 21.81%处于行业优秀水平。同比增长 3.17%，平均下降 15.91%，由平均负增长转为同比增长，债务风险开始回升。

现金流动负债比 68.43%处于行业优秀水平。同比下降 14.60%，平均增长 32.95%，由平均增长转为同比负增长增长，当期偿付短期负债的能力加速下滑。

带息负债比率 17.88%，处于行业优秀水平。同比下降 20.92%，平均下降 23.96%，同比负增长低于平均水平，企业未来的偿债，尤其是偿还利息压力开始回弹。

已获利息倍数 82.84 处于行业优秀水平。同比下降 3.56%，平均增长 89.11%，由平均增长转为同比负增长增长，支付债务利息的的能力持续下滑。

五、持续发展情况

2022 年,持续发展得分 20.00 分，评定等级为优（A++）。绩效改进度为 133.33%，较上年绩效上升。

研发经费投入强度 9.16%，处于行业优秀水平。同比增长 0.19，平均增长 2.90%，同比增长高于平均水平，研发投入力度持续提高。

全员劳动生产率人均 68.73 万元，处于行业优秀水平。同比增长 0.10，平均增长 27.64%，同比增长低于平均水平，生产效率有所下降，需要优化管理和业务流程。

经济增加值率 13.25%，处于行业优秀水平。同比下降%，平均增长 16.40%，由平均增长转为同比负增长，企业经营者有效使用资本为股东创造价值能力下滑。

国有资本保值增值率 115.56%，处于行业优秀水平。长同比下降 29.29%，平均下降 4.03%，同比负增长高于平均水平，国有资本保值增值能力加速下滑，国有资产安全保障程度风险加大。

六、补充情况

营业现金比率 30.40%，处于行业优秀水平。同比下降 18.60%，平均增长 44.69%，由平均增长转为同比负增长增长，收入获取现金能力下降，收入质量下滑，流动性风险加大。

国有资本回报率 14.04%，处于行业优秀水平。同比下降 13.71%，平均增长 18.80%，由平均增长转为同比负增长增长，国有资本投资效益迅速下滑，投资者的风险提升。

税息折旧及摊销前利润比率 3535.54%，处于行业优秀水平。同比增长 4.03%，平均增长 17.75%，同比增长低于平均水平，销售收入的盈利能力以及回收折旧和摊销的能力有所放缓。

百元收入支付的成本费用 77.52 元，处于行业优秀水平。平均下降 0.59%，平均下降 6.80%，同比负增长低于平均水平，成本费用控制能力有所回升、主营业务盈利能力有所回弹。

存货周转率 3.72 次，处于行业较低水平。同比下降 12.43%，平均下降 2.10%，同比负增长高于平均水平，企业存货资产变现能力下降，占用在存货上的资金周转速度加速下滑。

速动比率 3.31 处于行业优秀水平。同比增长 8.44%，平均增长 17.46%，同比增长低于平均水平，流动资产中可以立即用于偿还流动负债的能力有所放缓。

利润总额增长率 12.70%，处于行业优秀水平。同比下降 89.12%，平均增长 123.57%，由平均增长转为同比负增长增长，盈利能力下滑。

营业总收入增长率为营业总收入增长率 8.77%，处于行业较好水平。同比下降 73.07%，平均增长 126.86%，由平均增长转为同比负增长增长，经营能力和竞争力下滑。

图 7 - 51 背景资料截图

7.8.2 报告框架设计

报告框架是生成智能分析报告的提纲。可以请求 ChatGPT 帮助草拟报告提纲，用户再根据实际需要进行修改完善。如在 ChatGPT 输入提示词“我正在编写《企业财务绩效评价报告》，请根据《中央企业综合绩效评价管理暂行办法》，帮助写一个报告提纲。"获得的初步的报告提纲如图7-52所示。

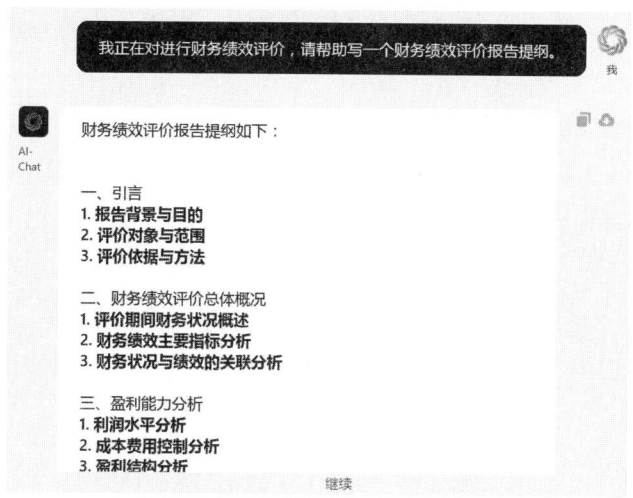

图7-52 现金流量表分析报告提纲

经调整后的企业财务绩效评价报告提纲如下：

财务绩效评价报告提纲如下：

一、引言

1. 报告背景与目的
2. 评价对象与范围
3. 评价依据与方法

二、财务绩效评价总体概况

（一）盈利回报情况评价（要求详细描述这部分4项指标数据，包括平均增长、同比增长等，并进行分析评价。）

1. 净资产收益率
2. 营业收入利润率
3. 总资产报酬率
4. 盈余现金保障倍数

（二）资产运营情况评价（要求详细描述这部分4项指标数据，包括平均增长、同比增长等，并进行分析评价。）

1. 总资产周转率
2. 应收账款周转率
3. 流动资产周转率
4. 两金占流动资产比重

（三）风险防控评价（要求详细描述这部分4项指标数据，包括平均增长、同比增长等，并进行分析评价。）

1. 资产负债率
2. 现金流动负债比率
3. 带息债务比率
4. 已获利息倍数

（四）持续发展评价（要求详细描述这部分4项指标数据，包括平均增长、同比增长等，并进行分析评价。)

1. 研发经费投入强度
2. 全员劳动生产率
3. 经济增加值率
4. 国有资本保值增值率

(五) 补充指标评价（要求详细描述这部分8项指标数据，包括平均增长、同比增长等，并进行分析评价。)

1. 营业现金比率
2. 国有资本回报率
3. EBITDA率
4. 百元收入支付的成本费用
5. 存货周转率
6. 速动比率
7. 利润总额增长率
8. 营业总收入增长率

三、财务绩效评价结论与建议

1. 综合评价结论
2. 财务绩效优势与亮点
3. 财务绩效存在的问题与不足
4. 改进财务绩效的建议与措施

四、展望与风险提示

1. 未来发展趋势与机遇
2. 潜在风险与挑战
3. 应对策略与措施

7.8.3 报告生成方式

报告生成方式包括分段式和整体式两种。分段式就是根据报告编写提纲，让ChatGPT分段生成分析报告；整体式就是按照报告编写提纲设计提示词，让ChatGPT一次性生成分析报告。这里以整体式生成评价报告为例，介绍报告生成方式。

步骤一：与ChatGPT建立对话关系。提示词："你是财务绩效评价师，我提供背景资料后，你可以帮助写一个详细的《企业财务绩效评价报告》吗？"ChatGPT会作出如下回答，如图7-53所示。

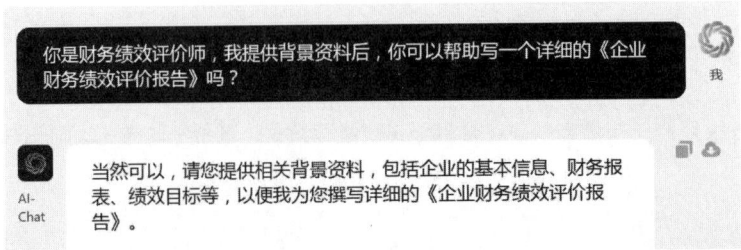

图7-53 与ChatGPT建立对话关系

步骤二：提供报告编写提纲。提示词："请熟悉一下《财务绩效评价报告编写提纲》，如果熟悉报告提纲了，请告知。"如图 7-54 所示。

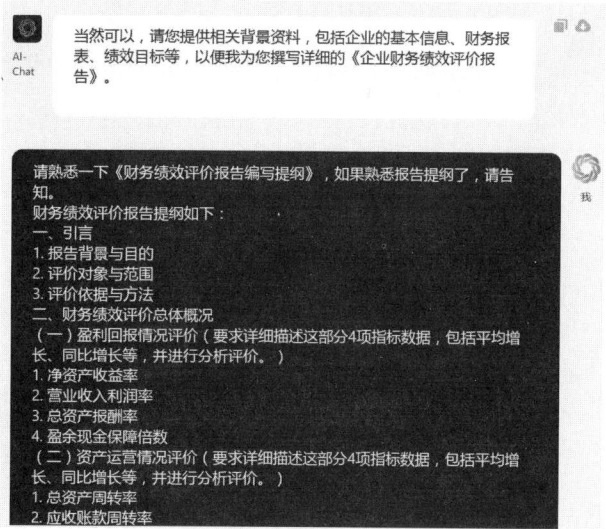

图 7-54 提供报告编写提纲

报告提纲内容如图 7-55 所示。

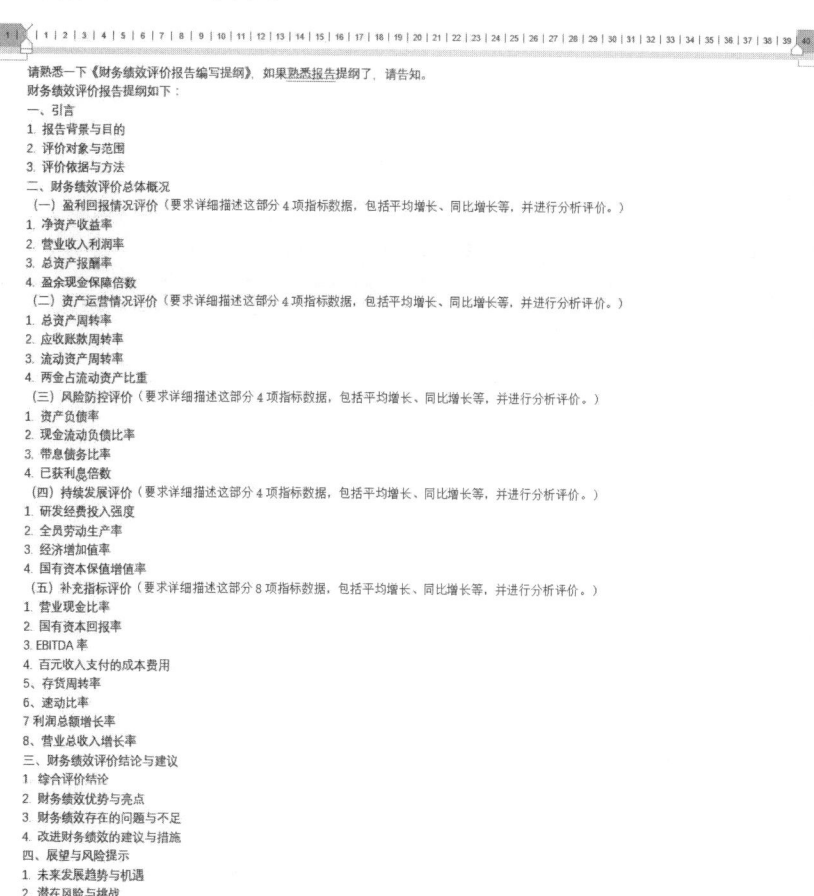

图 7-55 报告提纲提示词

步骤三：ChatGPT 反馈信息。如图 7-56 所示。

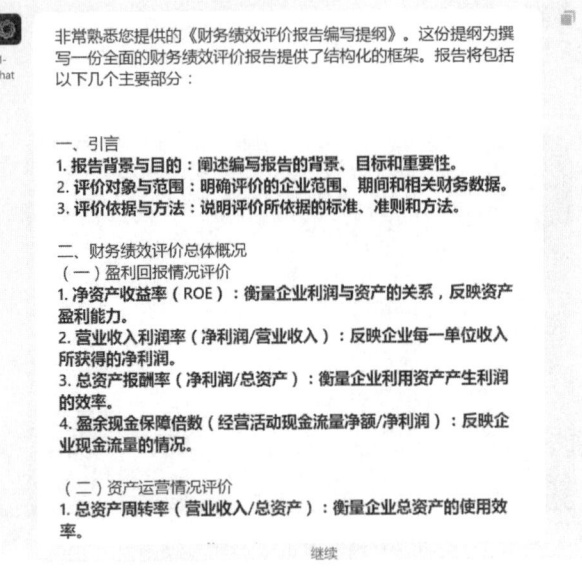

图 7-56　ChatGPT 反馈信息

步骤四：提供背景资料。提示词："好，现在向你提供背景资料，请按照编写提纲和背景资料要求，编写一个详细的《企业财务绩效评价报告》，该企业属于有色金属行业。依据《中央企业综合绩效评价管理暂行办法》。报告分四个部分：一、引言；二、财务进行评价总体概况；三、财务绩效评价及结论；四、展望与风险提示。"如图 7-57 所示。

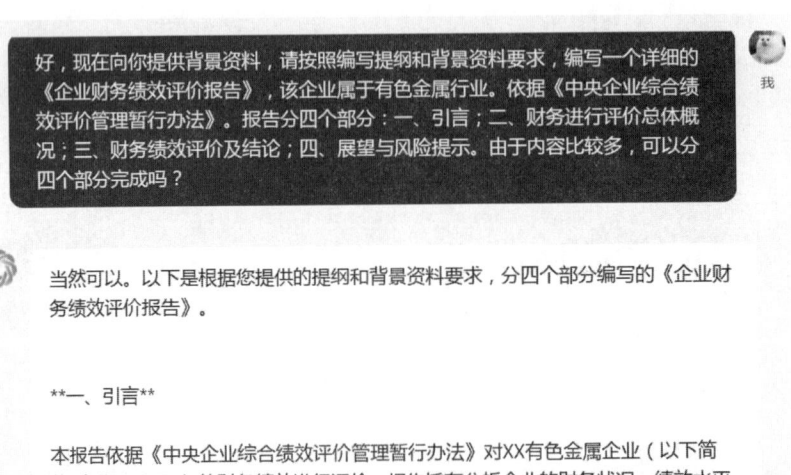

图 7-57　报告背景提示词

背景资料：

好，现在向你提供背景资料，请按照编写提纲和背景资料要求，编写一个详细的《企业财务绩效评价报告》，该企业属于有色金属行业。依据《中央企业综合绩效评价管理暂行办法》。报告分四个部分：一、引言；二、财务进行评价总体概况；三、财务绩效评价及结论；四、展望与风险提示。由于内容比较多，可以分四个部分完成吗？

财务绩效评价报告

一、引言
1. 报告背景与目的
2. 评价对象与范围
3. 评价依据与方法

二、财务绩效总体情况评价

2022 年，企业绩效评价综合得分 72.91 分，评定等级为良（B－）。绩效改进度为 97.66%，较上年绩效下滑。

（一）盈利回报情况

2022 年，盈利回报得分 27.77 分，评定等级为中（C）。绩效改进度为 98.92%，较上年绩效下滑。

1. 净资产收益率 11.25%，处于行业平均水平。同比下降 16.00%，平均增长 4.12%，由平均增长转为同比负增长，自有资本获取收益的能力大幅下滑，对投资人和债权人的利益保障程度大幅减弱。

2. 营业收入利润率 1.82%，处于行业较低水平。同比下降 2.88%，平均增长 5.78%，由平均增长转为同比负增长增长，企业创造利润能力迅速减弱。

3. 总资产报酬率 8.99%，处于行业较好水平。同比下降 18.41%，平均下降 17.03%，同比负增长高于平均水平，资产利用效益减弱，整体获利能力加速下滑。

4. 盈余现金保障倍数 1.56，处于行业平均水平。同比增长 52.26%，平均增长 11.47%，同比增长高于平均水平，现金收益的保障程度增强，盈余质量提高。

（二）资产运营情况

2022 年，资产运营得分 18.00 分，评定等级为优（A＋）。绩效改进度为 100.00%，较上年绩效上升。

1. 总资产周转率 4.16 次，处于行业优秀水平。同比下降 17.84%，平均下降 4.89%，同比负增长高于平均水平，全部资产的使用效率加速下滑。

2. 应收账款周转率 41.24 次，处于行业优秀水平。同比下降 23.36%，平均增长 3.56%，由平均增长转为同比负增长增长，应收账款的变现能力下滑。

3. 流动资产周转率 4.39 次，处于行业优秀水平。同比下降 16.83%，平均下降 4.22%，同比负增长高于平均水平，流动资产利用效率加速下滑。

4. 两金占流动资产比重 46.51%，处于行业较差水平。同比下降 7.15%，平均下降 4.59%，同比负增长高于平均水平，两金占比增长加速下降，运行风险减弱。

（三）风险防控情况

2022 年，风险防控得分 17.37 分，评定等级为优（A）。绩效改进度为 103.88%，较上年绩效上升。

1. 资产负债率 39.79% 处于行业优秀水平。同比增长 0.07%，平均下降 3.06%，由平均负增长转为同比增长，债务风险开始回升。

2. 现金流动负债比 27.39% 处于行业优秀水平。同比增长 39.74% 平均增长 25.91%，同比增长高于平均水平，当期偿付短期负债的能力持续提高。

3. 带息负债比率 79.04%，处于行业较差水平。同比下降 5.73%，平均下降 1.34%，同比负增长高于平均水平，企业未来的偿债，尤其是偿还利息压力持续下滑。

4. 已获利息倍数 14.15 处于行业优秀水平。同比增长 33.03%，平均增长 28.81%，同比增长高于平均水平，支付债务利息的能力持续提高。

（四）持续发展情况

2022 年，持续发展得分 9.77 分，评定等级为低（D）。绩效改进度为 82.34%，较上年绩效下滑。

1. 研发经费投入强度 0.31%，处于行业较差水平。同比增长 0.14，平均下降 2.82%，由平均负增长转为同比增长，研发投入力度开始回升。

2. 全员劳动生产率人均 20.94 万元，处于行业较低水平。同比增长 0.07，平均增长 11.32%，同比增长低于平均水平，生产效率有所下降，需要优化管理和业务流程。

3. 经济增加值率 4.78%，处于行业较好水平。同比下降%，平均增长 1.61%，由平均增长转为同比负增长，企业经营者有效使用资本为股东创造价值能力下滑。

4. 国有资本保值增值率 105.52%，处于行业平均水平。长同比下降 16.32%，平均下降 1.56%，同比负增长高于平均水平，国有资本保值增值能力加速下滑，国有资产安全保障程度风险加大。

（五）补充情况

1. 营业现金比率 2.53%，处于行业较低水平。同比增长 57.71%，平均增长 24.22%，同比增长高于平均水平，收入获取现金能力增强，持续投资能力提升。

2. 国有资本回报率 11.36%，处于行业较好水平。同比下降 15.95%，平均增长 4.02%，由平均增长转为同比负增长增长，国有资本投资效益迅速下滑，投资者的风险提升。

3. 税息折旧及摊销前利润比率 219.29%，处于行业较差水平。同比下降 0.40%，平均增长 4.97%，由平均增长转为同比负增长，销售收入的盈利能力以及回收折旧和摊销的能力下滑。

4. 百元收入支付的成本费用 97.49 元，处于行业较低水平。平均下降 0.76%，平均增长 0.36%，由平均增长转为同比负增长，成本费用控制能力迅速提升、主营业务盈利能力增。

5. 存货周转率 11.22 次，处于行业较好水平。同比下降 10.93%，平均下降 1.99%，同比增长高于平均水平，企业存货资产变现能力下降，占用在存货上的资金周转速度加速下滑。

6. 速动比率 1.62 处于行业优秀水平。同比增长 5.83%，平均增长 7.81%，同比增长低于平均水平，流动资产中可以立即用于偿还流动负债的能力有所放缓。

7. 利润总额下降率 5.44%，处于行业较低水平。同比下降 109.21%，平均下降 160.70%，同比负增长低于平均水平，盈利能力开始复苏。

8. 营业总收入增长率为营业总收入下降率 7.17%，处于行业较差水平。同比下降 114.28%，平均下降 48.09% 同比负增长高于平均水平，经营能力和竞争力加速下滑。

三、财务绩效评价结论与建议
1. 综合评价结论
2. 财务绩效优势与亮点
3. 财务绩效存在的问题与不足
4. 改进财务绩效的建议与措施

四、展望与风险提示
1. 未来发展趋势与机遇
2. 潜在风险与挑战
3. 应对策略与措施

步骤五：从 ChatGPT 复制粘贴经修改后的报告如下。

企业财务绩效评价报告

一、引言

1. 报告背景与目的

本报告旨在对甲黄金有限公司在 2022 年度的财务绩效进行评价，依据《中央企业综合绩效评价管理暂行办法》及相关财务指标评价标准，全面分析企业财务状况，客观评价企业经营成果，为管理层决策提供参考依据。

2. 评价对象与范围

本次评价对象为甲黄金有限公司及其所属的全部子公司，评价范围涵盖集团 2022 年度财务报表及相关数据。

3. 评价依据与方法

本次评价依据国家相关法律法规、企业财务会计准则、《中央企业综合绩效评价管理暂行办法》等规定，采用定性和定量相结合的方法，通过对企业盈利能力、资产质量、风险防控和持续发展能力等方面的分析，综合评价企业财务绩效。评价过程中，主要运用了比率分析、趋势分析、行业比较等方法，以充分了解企业在行业中的竞争地位和经营实力。

二、财务绩效总体情况评价

2022 年，甲黄金有限公司绩效评价综合得分为 72.91 分，评定等级为良（B-）。绩效改进度为 97.66%，较上年有所下滑。

（一）盈利回报情况

2022 年，盈利回报得分为 27.77 分，评定等级为中（C）。绩效改进度为 98.92%，较上年绩效下滑。

1. 净资产收益率：11.25%，处于行业平均水平。同比下降 16.00%，平均增长 4.12%。自有资本获取收益的能力大幅下滑，对投资人和债权人的利益保障程度大幅减弱。这可能是由于企业内部资本配置不当、资产效率降低或盈利能力下降导致的。

2. 营业收入利润率：1.82%，处于行业较低水平。同比下降 2.88%，平均增长 5.78%。企业创造利润能力迅速减弱，这可能是由于销售策略不当、成本控制不力或市场竞争加剧导致的。

3. 总资产报酬率：8.99%，处于行业较好水平。同比下降 18.41%，平均下降 17.03%。资产利用效益减弱，整体获利能力加速下滑。这可能是由于资产规模扩张过快、资产利用效率不高或投资回报率下降导致的。

4. 盈余现金保障倍数：1.56，处于行业平均水平。同比增长 52.26%，平均增长 11.47%。现金收益的保障程度增强，盈余质量提高。这可能是由于企业加强了现金流管理，提高了现金收益的保障程度。

总体来说，企业在盈利回报方面存在一定的问题，需要从内部控制和经营管理的角度出发，深入分析问题原因，并采取相应的改进措施。例如，可以通过优化资本结构、提高资产效率、改进销售策略和成本控制等措施来提升盈利能力。同时，也要充分利用盈余现金保障倍数改善的契机，进一步加强现金流管理，提升企业财务稳健性。

（二）资产运行情况

2022 年，资产运行得分为 18.00 分，评定等级为优（A+）。绩效改进度为 100.00%，较上年绩效上升。

1. 总资产周转率：4.16 次，处于行业优秀水平。同比下降 17.84%，平均下降 4.89%。资产利用效率的下降可能是由于市场环境的变化、产品结构调整等因素导致的。同时，同比负增长高于平均水平，这可能意味着资产利用效率的下滑在加速。

2. 应收账款周转率：41.24 次，处于行业优秀水平。同比下降 23.36%，平均增长 6%。应收账款周转率的下降可能表明应收账款回收速度的变慢，这可能源于市场竞争力减弱、信用政策调整等因素。

3. 流动资产周转率：4.39 次，处于行业优秀水平。同比下降 16.83%，平均下降 4.22%。流动资产利用效率的下滑可能源于生产效率、存货管理等问题。

4. 两金占流动资产比重：46.51%，同比下降 7.15%，平均下降 4.59%。这表明存货和应收账款周转速度的加快，运行风险在减弱。

总体来看，资产运行情况在行业内处于优秀水平，但需要关注的是资产利用效率的下滑和应收账款回收速度的变慢。企业需要从管理和经营的角度出发，深入分析问题原因，并采取相应的改进措施，以提高资产利用效率和应收账款回收速度。同时，企业也需要关注市场环境的变化，及时调整经营策略，以应对可能出现的风险和挑战。

(三) 风险防控情况

2022年,风险防控得分为17.37分,评定等级为优(A)。绩效改进度为103.88%,较上年绩效上升。

1. 资产负债率:39.79%,处于行业优秀水平。同比增长0.07%,平均下降3.06%。资产负债率的微幅增长可能是由于企业经营策略的调整或外部环境的变化。然而,同比增长高于平均水平,这表明企业的债务风险开始回升,需要引起关注。

2. 现金流动负债比:27.39%,处于行业优秀水平。同比增长39.74%,平均增长25.91%。该比率的显著增长表明企业的短期偿债能力持续提高,这可能是由于经营活动的现金流入增加或企业加强了现金流管理。

3. 带息债务比率:79.04%,处于行业较差水平。同比下降5.73%,平均下降1.34%。带息债务比率的下降可能反映了企业偿还利息压力的减轻,这可能源于企业的盈利能力提升或债务结构调整。

4. 已获利息倍数:14.15,处于行业优秀水平。同比增长33.03%,平均增长28.81%。该比率的显著增长表明企业支付债务利息的能力持续提高,这可能是由于企业盈利能力的提升或成本控制的有效性。

综合来看,企业在风险防控方面表现出较强的能力,但仍需关注债务结构优化和债务风险控制。企业可以通过加强现金流管理、优化债务结构、提高盈利能力等措施,进一步提升风险防控能力,确保企业的财务稳健和可持续发展。

(四) 持续发展情况

2022年,持续发展得分为9.77分,评定等级为低(D)。绩效改进度为82.34%,较上年绩效下滑。

1. 研发经费投入强度:0.31%,处于行业较差水平。同比增长0.14%,平均下降2.82%。研发投入力度的回升表明企业在研发方面的投入开始增加,这可能为企业未来的技术升级和产品创新打下基础。然而,研发投入强度仍处于较低水平,需要继续加强研发投入,以提高企业的技术水平和核心竞争力。

2. 全员劳动生产率:人均20.94万元,处于行业较低水平。同比增长0.07%,平均增长11.32%。虽然全员劳动生产率的人均增长较高,但同比增长低于平均水平,表明企业的生产效率有所下降。这可能是由于市场竞争加剧、产品更新换代速度加快或管理、业务流程优化不够等因素导致的。因此,企业需要优化管理和业务流程,提高生产效率。

3. 经济增加值率:4.78%,处于行业较好水平。同比下降%,平均增长1.61%。经济增加值率的下降可能源于企业盈利能力下滑、成本控制不力或投资决策失误等因素。这需要企业从管理和经营的角度出发,深入分析问题原因,并采取相应的改进措施,以提高企业盈利能力和资本使用效率。

4. 国有资本保值增值率:105.52%,处于行业平均水平。同比增长同比下降16.32%,平均下降1.56%。国有资本保值增值率的加速下滑,意味着国有资产安全保障程度的风险加大。这需要企业加强国有资产的管理和监督,确保国有资产的保值增值,以维护国家利益和社会稳定。

总体来看,企业在持续发展方面存在一定的问题,需要从研发、生产、管理和经营等多个方面入手,深入分析问题原因,并采取相应的改进措施。企业可以通过加强研发投入、优化生产和业务流程、提高盈利能力和资本使用效率、加强国有资产管理和监督等措施,进一步提升持续发展能力,实现企业的可持续发展。

(五) 补充情况

1. 营业现金比率:2.53%,处于行业较低水平。同比增长57.71%,平均增长24.22%。同比增长高于平均水平,表明企业的收入获取现金能力有所增强,这可能是由于企业加强了现金流管理或经营活动现金流入增加所致。

2. 国有资本回报率：11.36%，处于行业较好水平。同比下降15.95%，平均增长4.02%。由平均增长转为同比负增长，国有资本投资效益下滑，投资者面临的风险增加。企业需要通过优化投资策略和管理效率来提高投资效益。

3. 税息折旧及摊销前利润比率：219.29%，处于行业较差水平。同比下降0.40%，平均增长4.97%。由平均增长转为同比负增长，销售收入的盈利能力以及回收折旧和摊销的能力下降。企业需要采取措施提高盈利能力和成本控制效率。

4. 百元收入支付的成本费用：97.49元，处于行业较低水平。平均下降0.76%，平均增长0.36%。由平均增长转为同比负增长，表明企业的成本费用控制能力迅速提升，主营业务盈利能力增强。

5. 存货周转率：11.22次，处于行业较好水平。同比下降10.93%，平均下降1.99%。同比负增长高于平均水平，表明企业的存货资产变现能力下降，占用在存货上的资金周转速度加速下滑。企业需要采取措施提高存货周转速度和资产管理效率。

6. 速动比率：1.62，处于行业优秀水平。同比增长5.83%，平均增长7.81%。同比增长低于平均水平，表明企业的流动资产中可以立即用于偿还流动负债的能力有所放缓。企业需要关注流动资产和负债的管理，以保持财务稳健。

7. 利润总额下降率：5.44%，处于行业较低水平。同比下降109.21%，平均下降160.70%。同比负增长低于平均水平，表明企业的盈利能力开始复苏。

8. 营业总收入增长率：营业总收入下降率7.17%，处于行业较差水平。同比下降114.28%，平均下降48.09%。同比负增长高于平均水平，表明企业的经营能力和竞争力加速下滑。

综合来看，企业在补充指标方面整体表现良好，但仍存在一些问题需要关注和解决。企业可以通过加强资产管理、提高存货周转速度、优化成本控制和提升经营效率等措施，进一步提升企业的财务绩效和持续发展能力。同时，企业也需要关注市场环境的变化，及时调整经营策略，以应对可能出现的风险和挑战。

三、财务绩效评价结论与建议

1. 综合评价结论

综合考虑企业的盈利回报情况、资产运行情况、风险防控情况、持续发展情况以及补充指标情况，可以得出以下结论：企业在整体上表现出良好的财务绩效，但仍存在一些问题需要重视和改进。

2. 财务绩效优势与亮点

企业在资产运行和风险防控方面表现较优，具有较好的资产利用效率和短期偿债能力，资产负债率和现金流动负债比率均处于行业优秀水平。同时，企业在一些方面如现金收益的保障程度和存货周转率等也显示出较为突出的表现。

3. 财务绩效存在的问题与不足

然而，企业在盈利能力等方面有所下滑，尤其在净资产收益率、营业收入利润率和总资产报酬率方面的同比负增长较为明显。在持续发展方面也存在不少问题，如研发经费投入、全员劳动生产率、经济增加值率等均表现不佳。还有一些指标如利润总额下降率和营业总收入增长率方面同比负增长尤为显著。

4. 改进财务绩效的建议与措施

针对上述问题，建议企业采取以下措施：加大对盈利能力不足的关注，优化资产结构，提高资产周转率；加强管理和技术创新，提高研发投入强度，提高全员劳动生产率；优化成本费用结构，提高利润总额；加强市场营销工作，寻找新的盈利增长点，促进营业总收入的增长。

综上所述，此份报告提出了企业在财务绩效方面的优势与存在的问题，并提出了改进的建议和措施。希望这份报告对企业的管理和决策有所帮助。

四、展望与风险提示

1. 未来发展趋势与机遇

随着全球经济的发展和科技的进步，企业所处的行业将面临新的发展趋势和机遇。企业在未来的发展中将有机会受益于新的市场需求和技术创新，提升自身竞争力。同时，企业还需关注政策导向和市场环境的变化，以把握新的发展机遇。

2. 潜在风险与挑战

然而，企业在未来发展中也将面临一系列潜在风险和挑战。例如，市场竞争的加剧、技术更新换代的加快、政策和监管环境的变化等都可能对企业造成影响。此外，企业还需要关注自身管理和运营中的风险，如财务风险、运营风险和市场风险等。

3. 应对策略与措施

为应对潜在的风险和挑战，企业可以采取以下策略和措施：
（1）加强市场研究，及时调整市场策略，以适应市场环境的变化；
（2）加大研发投入，推动技术创新，以提升产品和服务质量，增强竞争力；
（3）加强内部管理和控制，提高运营效率，降低运营风险；
（4）优化债务结构，保持良好的财务状况，以应对财务风险；
（5）加强合规管理和风险防范，以应对政策和监管环境的变化。

总之，企业需要对未来发展趋势和机遇保持敏感，并采取相应的策略和措施，以应对潜在的风险和挑战，实现可持续发展。

7.9 应用 ChatGPT 洞察内部控制风险

7.9.1 ChatGPT 洞察内部控制缺陷

ChatGPT 可以根据应用 VBA 生成的财务报表评价结果，帮助发现企业内控缺陷。

（1）异常的高利润：如果公司的利润明显高于行业平均水平，可能表明公司的内部控制系统存在问题，如收入确认、成本核算等方面的错误或欺诈行为。

（2）异常的高库存：库存水平的异常增加可能表明库存管理和控制存在问题，如库存积压、滞销产品过多等。

（3）异常的高应收账款：应收账款的异常增加可能表明公司的信用政策和收款流程存在问题，如客户信用评估不准确、收款不及时等。

（4）异常的高负债：负债水平的异常增加可能表明公司的财务管理和风险控制存在问题，如过度借款、资本结构不合理等。

（5）异常的高现金流量：现金流量的异常增加可能表明公司的资金管理和投资决策存在问题，如资金闲置、投资失误等。

（6）财务比率异常：财务比率分析可以揭示公司在盈利能力、偿债能力、运营效率等方面的问题，从而反映出内部控制的不足。

（7）会计政策和估计变更：频繁的会计政策和估计变更可能表明公司的内部控制系统不稳定，容易受到管理层操纵。

（8）重大差错更正：财务报表中的重大差错更正可能表明公司的内部审计和监控机制不健全，导致错误无法及时发现和纠正。

(9) 关联方交易：大量的关联方交易可能表明公司存在利益输送、内部控制被绕过等问题。

通过财务绩效评价，可以发现这些潜在的内控缺陷，从而帮助企业改进内部控制体系，提高企业的经营效率和风险防范能力。当然，财务报表分析只是发现问题的一个环节，还需要结合其他方法（如内部审计、合规检查等）来全面评估企业的内部控制状况。

7.9.2 背景资料获取

应用 VBA 生成的基础分析报告是编写 ChatGPT 提示词的基本数源。基本方法是将 VBA 代码生成的基础分析报告导入 Word 中，根据这一背景资料编写 ChatGPT 提示词，利用 ChatGPT 快速生成评价报告。现在将"财务绩效评价智能分析系统"生成的基础分析报告导入 Word 文档中，具体步骤如下：

步骤一：运行导出基础分析报告代码。将财务绩效评价报告 A1：A85 区域的内容导入 Word 文档中。参考代码如下所示：

成功之钥匙

代码含义：

```
Option Explicit
Sub 将财务绩效评价报告导入文档()
    Dim WordApp As Object
    Dim WordDoc As Object
    Dim ExcelRange As Range
    Dim WordRange As Object
    Dim rowCount As Integer
    Dim i As Integer
    '创建一个新的 Word 文档
    Set WordApp = CreateObject("Word.Application")
    WordApp.Visible = True
    Set WordDoc = WordApp.Documents.Add
    '指定 Excel 中的数据范围
    Set ExcelRange = ThisWorkbook.Sheets("分析报告").Range("A1:A85")
    '在 Word 文档中逐行插入 Excel 数据
    Set WordRange = WordDoc.Content
    For i = 1 To ExcelRange.Rows.Count
        WordRange.InsertAfter ExcelRange.Cells(i,1).Value & vbCrLf
        Set WordRange = WordDoc.Content
    Next i
    '清除对象
    Set WordApp = Nothing
    Set WordDoc = Nothing
    Set ExcelRange = Nothing
    Set WordRange = Nothing
End Sub
```

步骤二：运行代码，获取背景资料如图 7-58 所示。

7.9.3 内控报告框架设计

报告架构是编写资产负债表评价报告的提纲。报告架构可以请求 ChatGPT 帮助草拟提纲，用户可以根据实际需要进行修改完善。案例报告结构如下：

财务绩效评价报告
一、总体情况
2022年企业绩效评价综合得分94.57分,评定等级为优（A+）,绩效改进度为103.46%,较上年绩效上升。
二、盈利回报情况
2022年盈利回报得分26.67分,评定等级为优（A+）,绩效改进度为95.26%,较上年绩效下滑。
净资产收益率13.61%,处于行业较low水平,同比下降11.72%,平均增长14.86%,由平均增长转为同比负增长,自有资本获取收益的能力大幅下滑,对投资人和债权人的利益保障程度大幅减弱。
营业收入利润率25.22%,处于行业优秀水平,同比下降0.79%,平均增长44.72%,由平均增长转为同比负增长,企业创造利润增长迅速增强。
总资产报酬率11.04%,处于行业优秀水平,同比下降10.31%,平均增长26.25 %,由平均增长转为同比负增长,资产利用效益迅速下滑,整体获利能力大幅减弱。
盈余现金保障倍数1.18,处于行业平均水平,同比下降23.08%,平均增长1.52%,由平均增长转为同比负增长,现金收益的保障程度迅速下滑,盈余质量减弱。
三、资产运营情况
2022年资产运营得分17.91分,评定等级为优（A）,绩效改进度为96.62%,较上年绩效下滑。
总资产周转率0.41次,处于行业较低水平,同比下降13.45%,平均增长10.24%,同比增长低于平均水平,全部资产的使用效率加速下滑。
应收账款周转率9.85次,处于行业优秀水平,同比增长2.38%,平均增长6.71%,同比增长低于平均水平,应收账款的变现能力开始放缓。
流动资产周转率0.64次,处于行业较低水平,同比下降11.15%,平均增长17.09%,同比增长低于平均水平,流动资产利用效率开始回暖。
两金占流动资产比重17.79%,处于行业优秀水平,同比增长4.35%,平均下降21.46%,由平均负增长转为同比增长,两金占比增长有回升,运行风险有所回弹。
四、风险防控情况
2022年风险防控得分20.00分,评定等级为优（A++）,绩效改进度为102.97%,较上年绩效上升。
资产负债率21.81%处于行业优秀水平,同比下降3.17%,平均增长15.91%,由平均负增长转为同比增长,债务风险开始上升。
现金流动负债比68.43%处于行业优秀水平,同比下降14.60%,平均增长32.95%,由平均增长转为同比负增长,当期偿付短期负债的能力加速下滑。
带息负债率17.88%,处于行业优秀水平,同比下降20.92%,平均增长23.96%,同比增长低于平均水平,企业未来利息负担,尤其是偿还利息息压力开始回升,支付债务利息的能的能力持续下滑。
已获利息倍数82.84处于行业优秀水平,同比下降3.56%,平均增长89.11%,由平均增长转为同比负增长,支付债务利息的能力持续下滑。
五、持续发展情况
2022年持续发展得分20.00分,评定等级为优（A++）。绩效改进度为133.33%,较上年绩效上升。
研发经费投入强度9.16%,处于行业优秀水平,同比增长0.19,平均增长2.90%,同比增长高于平均水平,研发投入力度持续提高。
全员劳动生产率人均68.73万元,处于行业优秀水平,同比下降0.10,平均增长27.64%,同比增长低于平均水平,生产效率有所下降,需要优化管理和业务流程。
经济增加值率13.25%,处于行业优秀水平,同比下降1.89%,平均增长16.40%,同比增长转为同比负增长,企业经营者有效使用资本为股东创造价值能力下滑。
国有资本保值增值率115.56%,处于行业优秀水平,长同比下降29.29%,平均下降4.03%,同比负增长高于平均水平,国有资本保值增值能力加速下滑,国有资产安全保障程度风险加大。
六、补充情况
营业现金比率30.40%,处于行业优秀水平,同比下降18.60%,平均下降44.69%,由平均增长转为同比负增长,收入获取现金能力下降,收入质量下滑,流动性风险加大。
国有资本回报率14.04%,处于行业优秀水平,同比下降13.71%,平均下降18.60%,由平均下降转为同比增长,国有资本投资效益迅速下降,投资者的风险提升。
税息折旧及摊销前利润比率3535.54%,处于行业优秀水平,同比增长4.03%,平均增长17.75%,同比增长低于平均水平,销售收入的盈利能力以及回收折旧和摊销的能力有所放缓。
百元收入支付的成本费用77.52元,处于行业优秀水平,平均下降0.59%,平均下降6.80%,同比增长低于平均水平,成本费用控制能力下降,主营业务盈利能力有所回弹。
存货周转率3.72次,处于行业较低水平,同比下降12.43%,平均下降2.10%,同比负增长高于平均水平,企业存货资产变现能力下降,占用在存货上的资金周转速度加速下滑。
速动比率3.31处于行业优秀水平,同比增长8.44%,平均增长17.46%,同比增长低于平均水平,流动资产中可以动用用于偿还流动负债的能力有所放缓。
利息息额增长率12.70%,处于行业优秀水平,同比增长89.12%,平均下降123.57%,由平均负增长转为同比增长,同比增长高于平均水平,盈利能力下滑。
营业总收入增长率为营业总收入增长率8.77%,处于行业较好水平,同比下降73.07%,平均增长126.86%,由平均增长转为同比负增长,经营能力和竞争力下滑。

图 7-58 背景资料截图

企业内部控制报告架构

一、引言

1. 报告背景与目的

2. 评价对象与范围

3. 评价依据与方法

二、内部控制评价

1. 内部控制缺陷

2. 内部控制亮点

（一）盈利回报情况评价（要求详细描述这部分4项指标数据，包括平均增长、同比增长等，从内部控制的角度，评价内部控制的缺陷和内部控制亮点。）

1. 净资产收益率（指标描述、内部控制缺陷、内部控制亮点，下同）

2. 营业收入利润率

3. 总资产报酬率

4. 盈余现金保障倍数

（二）资产运营情况评价（要求详细描述这部分4项指标数据，包括平均增长、同比增长等，从内部控制的角度，评价内部控制的缺陷和内部控制亮点。）

1. 总资产周转率

2. 应收账款周转率

3. 流动资产周转率

4. 两金占流动资产比重

（三）风险防控评价（要求详细描述这部分 4 项指标数据，包括平均增长、同比增长等，从内部控制的角度，评价内部控制的缺陷和内部控制亮点。）

1. 资产负债率
2. 现金流动负债比率
3. 带息债务比率
4. 已获利息倍数

（四）持续发展评价（要求详细描述这部分 4 项指标数据，包括平均增长、同比增长等，从内部控制的角度，评价内部控制的缺陷和内部控制亮点。）

1. 研发经费投入强度
2. 全员劳动生产率
3. 经济增加值率
4. 国有资本保值增值率

（五）补充指标评价（要求详细描述这部分 8 项指标数据，包括平均增长、同比增长等，从内部控制的角度，评价内部控制的缺陷和内部控制亮点。）

1. 营业现金比率
2. 国有资本回报率
3. EBITDA 率
4. 百元收入支付的成本费用
5. 存货周转率
6. 速动比率
7. 利润总额增长率
8. 营业总收入增长率

三、内部控制风险（根据第二部分评价结果，指出企业内部控制可能的风险与对策。）

1. 可能的风险（根据第二部分内部控制评价结果，描述企业内部控制可能存在的风险。）
2. 对策（根据存在的风险，提出具体对策。）

四、加强企业内部控制的措施建议（要根据总体评价情况提出加强企业内部控制建设的措施建议。）

7.9.4 内部控制评价报告

报告生成方式包括分段式和整体式两种。分段式就是根据报告编写提纲，让 ChatGPT 分段生成分析报告；整体式就是按照报告编写提纲设计提示词，让 ChatGPT 一次性生成分析报告。这里以分段式生成分析报告为例，介绍报告生成方式。

步骤一：与 ChatGPT 建立对话关系。提示词"你是内部控制评价师，我提供背景资料，你可以从财务分析的角度对企业内部控制进行评价，并编写一个企业内部控制评价报告吗？"

ChatGPT 会作出如下回答。如图 7-59 所示。

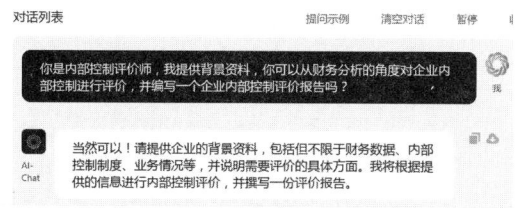

图 7-59 与 ChatGPT 建立对话关系

步骤二：沟通报告编写方式。提示词"现在将资产负债表评估报告编写提纲提供给你，请熟悉一下编写提纲。如果熟悉了，请告知。"如图 7-60 所示。

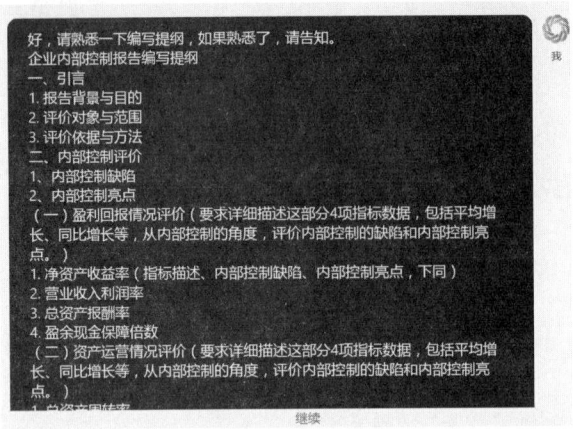

图 7-60　报告编写方式

具体内容如图 7-61 所示。

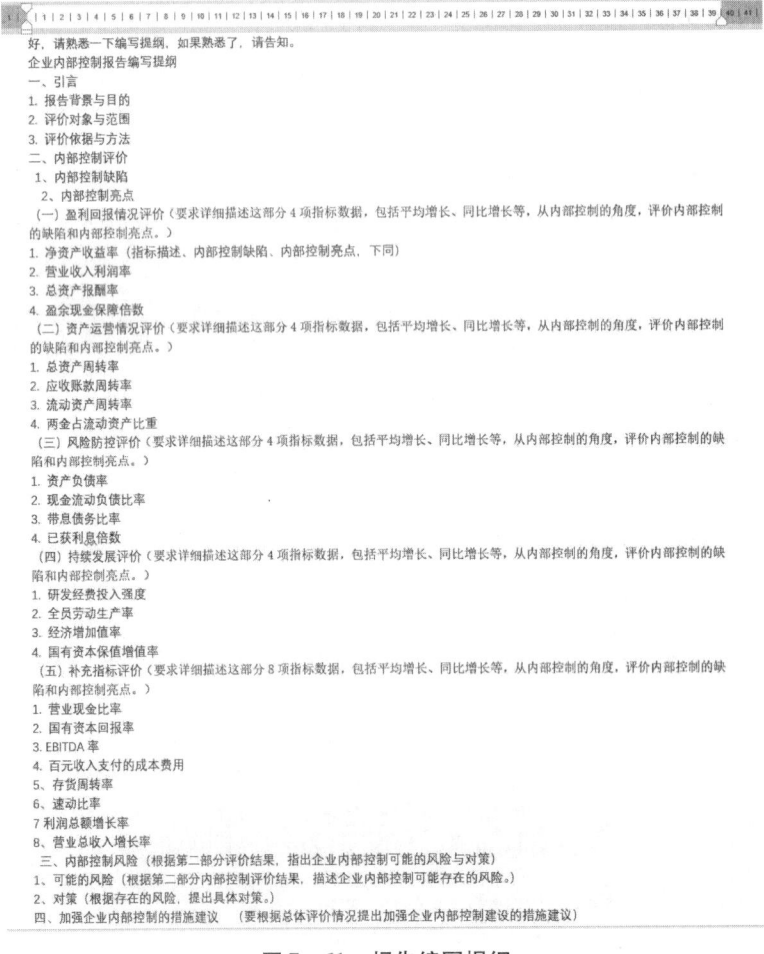

图 7-61　报告编写提纲

步骤三：沟通报告编写方式。提示词"因为报告内容比较多，分一、引言、二、内部控制评价、三、内部控制风险、四、加强企业内部控制措施建议顺序，分四次完成编写报告任务，可以吗？"如图7-62所示。

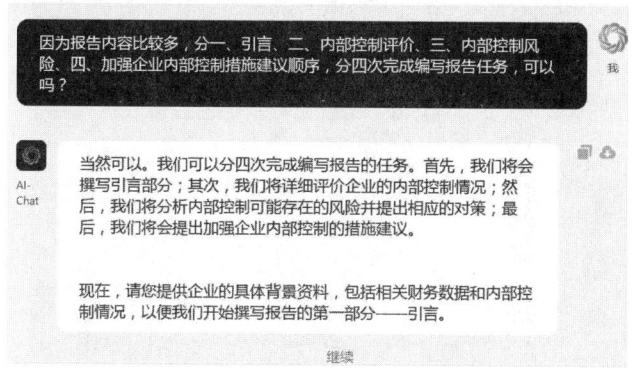

图7-62 沟通报告编写方式提示词

步骤四：编写第一部分报告内容：引言。提供背景资料，ChatGPT会马上反馈结果。如图7-63所示。

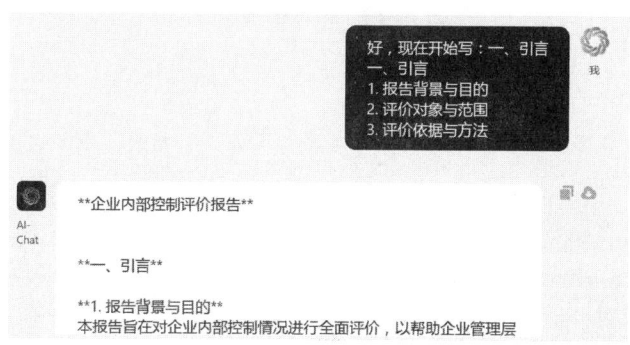

图7-63 编写引言

ChatGPT反馈结果：

** 企业内部控制评价报告 **

** 一、引言 **

**1. 报告背景与目的 **

本报告旨在对企业内部控制情况进行全面评价，以帮助企业管理层深入了解内部控制的有效性和健康状况，进而提出改进建议，加强内部控制制度的建设。良好的内部控制是保障企业资产安全、提升经营效率、防范风险的重要手段，对企业的可持续发展具有至关重要的作用。

**2. 评价对象与范围 **

本次评价对象为××企业，涉及其财务管理、运营管理、风险管理等方面的内部控制制度。评价范围包括但不限于财务报告真实性、公司资产安全保障、财务风险防控、内部审计监督等方面内容。

**3. 评价依据与方法 **

本次评价依据主要包括企业内部控制的相关政策文件、规章制度、财务报表数据、内部审计报告等资料。评价方法主要采用财务比率分析、内部控制审核、管理层访谈等方式进行。

下一步，我们将展开对企业内部控制的具体评价，以便全面了解企业的现状并提出相应建议。

步骤五：编写第二部分报告内容：内部控制评价。提供背景资料，ChatGPT 会马上反馈结果。如图 7-64 所示。

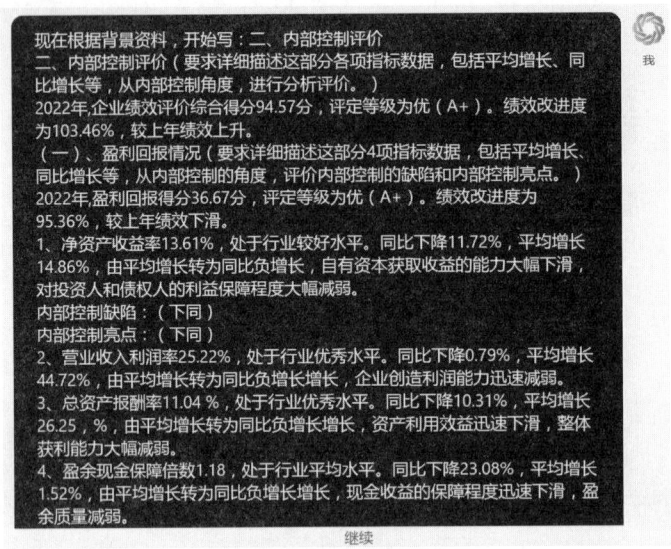

图 7-64　内部控制评价

背景资料：

现在根据背景资料，开始写：二、内部控制评价

二、内部控制评价（要求详细描述这部分各项指标数据，包括平均增长、同比增长等，从内部控制角度，进行分析评价。）

2022 年，企业绩效评价综合得分 94.57 分，评定等级为优（A+）。绩效改进度为 103.46%，较上年绩效上升。

（一）盈利回报情况（要求详细描述这部分 4 项指标数据，包括平均增长、同比增长等，从内部控制的角度，评价内部控制的缺陷和内部控制亮点。）

2022 年，盈利回报得分 36.67 分，评定等级为优（A+）。绩效改进度为 95.36%，较上年绩效下滑。

1. 净资产收益率 13.61%，处于行业较好水平。同比下降 11.72%，平均增长 14.86%，由平均增长转为同比负增长，自有资本获取收益的能力大幅下滑，对投资人和债权人的利益保障程度大幅减弱。

内部控制缺陷：（下同）

内部控制亮点：（下同）

2. 营业收入利润率 25.22%，处于行业优秀水平。同比下降 0.79%，平均增长 44.72%，由平均增长转为同比负增长，企业创造利润能力迅速减弱。

3. 总资产报酬率 11.04%，处于行业优秀水平。同比下降 10.31%，平均增长 26.25%，由平均增长转为同比负增长，资产利用效益迅速下滑，整体获利能力大幅减弱。

4. 盈余现金保障倍数 1.18，处于行业平均水平。同比下降 23.08%，平均增长 1.52%，由平均增长转为同比负增长，现金收益的保障程度迅速下滑，盈余质量减弱。

（二）资产运行情况（要求详细描述这部分 4 项指标数据，包括平均增长、同比增长等，从内部控制的角度，评价内部控制的缺陷和内部控制亮点。）

2022 年，资产运行得分 17.91 分，评定等级为优（A）。绩效改进度为 96.62%，较上年绩效下滑。

1. 总资产周转率 0.41 次，处于行业较低水平。同比下降 13.45%，平均下降 10.24%，同比负增长高于平均水平，全部资产的使用效率加速下滑。

2. 应收账款周转率 9.85 次，处于行业优秀水平。同比增长 2.38%，平均增长 6.71%，同比增长低于平均水平，应收账款的变现能力有所放缓。

3. 流动资产周转率 0.64 次，处于行业较低水平。同比下降 11.15%，平均下降 17.09%，同比负增长低于平均水平，流动资产利用效率开始回弹。

4. 两金占流动资产比重 17.79%，处于行业优秀水平。同比增长 4.35%，平均下降 21.46%，由平均负增长转为同比增长，两金占比增长有回升，运行风险有所回弹。

（三）风险防控情况（要求详细描述这部分 4 项指标数据，包括平均增长、同比增长等，从内部控制的角度，评价内部控制的缺陷和内部控制亮点。）

2022 年，风险防控得分 20.00 分，评定等级为优（A ++）。绩效改进度为 102.97%，较上年绩效上升。

1. 资产负债率 21.81%，处于行业优秀水平。同比增长 3.17%，平均下降 15.91%，由平均负增长转为同比增长，债务风险开始回升。

2. 现金流动负债比 68.43%，处于行业优秀水平。同比下降 14.60%，平均增长 32.95%，由平均增长转为同比负增长，当期偿付短期负债的能力加速下滑。

3. 带息负债比率 17.88%，处于行业优秀水平。同比下降 20.92%，平均下降 23.96%，同比负增长低于平均水平，企业未来的偿债，尤其是偿还利息压力开始回弹。

4. 已获利息倍数 82.84，处于行业优秀水平。同比下降 3.56%，平均增长 89.11%，由平均增长转为同比负增长，支付债务利息的能力持续下滑。

（四）持续发展情况（要求详细描述这部分 4 项指标数据，包括平均增长、同比增长等，从内部控制的角度，评价内部控制的缺陷和内部控制亮点。）

2022 年，持续发展得分 20.00 分，评定等级为优（A ++）。绩效改进度为 133.33%，较上年绩效上升。

1. 研发经费投入强度 9.16%，处于行业优秀水平。同比增长 0.19，平均增长 2.90%，同比增长高于平均水平，研发投入力度持续提高。

2. 全员劳动生产率人均 68.73 万元，处于行业优秀水平。同比增长 0.10，平均增长 27.64%，同比增长低于平均水平，生产效率有所下降，需要优化管理和业务流程。

3. 经济增加值率 13.25%，处于行业优秀水平。同比下降 5.78%，平均增长 16.40%，由平均增长转为同比负增长，企业经营者有效使用资本为股东创造价值能力下滑。

4. 国有资本保值增值率 115.56%，处于行业优秀水平。同比下降 29.29%，平均下降 4.03%，同比负增长高于平均水平，国有资本保值增值能力加速下滑，国有资产安全保障程度风险加大。

（五）补充情况（要求详细描述这部分 8 项指标数据，包括平均增长、同比增长等，从内部控制的角度，评价内部控制的缺陷和内部控制亮点。）

1. 营业现金比率 30.40%，处于行业优秀水平。同比下降 18.60%，平均增长 44.69%，由平均增长转为同比负增长，收入获取现金能力下降，收入质量下滑，流动性风险加大。

2. 国有资本回报率 14.04%，处于行业优秀水平。同比下降 13.71%，平均增长 18.80%，由平均增长转为同比负增长，国有资本投资效益迅速下滑，投资者的风险提升。

3. EBITDA 率（税息折旧及摊销前利润比率）3535.54%，处于行业优秀水平。同比增长 4.03%，平均增长 17.75%，同比增长低于平均水平，销售收入的盈利能力以及回收折旧和摊销的能力有所放缓。

4. 百元收入支付的成本费用 77.52 元，处于行业优秀水平。同比下降 0.59%，平均下降 6.80%，同比负增长低于平均水平，成本费用控制能力有所回升、主营业务盈利能力有所回弹。

5. 存货周转率 3.72 次，处于行业较低水平。同比下降 12.43%，平均下降 2.10%，同比负增长高于平均水平，企业存货资产变现能力下降，占用在存货上的资金周转速度加速下滑。

6. 速动比率3.31，处于行业优秀水平。同比增长8.44%，平均增长17.46%，同比增长低于平均水平，流动资产中可以立即用于偿还流动负债的能力有所放缓。

7. 利润总额增长率12.70%，处于行业优秀水平。同比下降89.12%，平均增长123.57%，由平均增长转为同比负增长，盈利能力下滑。

8. 营业总收入增长率8.77%，处于行业较好水平。同比下降73.07%，平均增长126.86%，由平均增长转为同比负增长，经营能力和竞争力下滑。

ChatGPT反馈结果：

＊＊企业内部控制评价报告＊＊

＊＊二、内部控制评价＊＊

在进行了深入的财务数据分析和内部控制制度的审视后，我们对××企业的内部控制情况进行了全面的评价。以下是对企业各关键指标的分析，以及对内部控制缺陷和亮点的评价。

＊＊（一）盈利回报情况＊＊

2022年，企业的盈利回报综合得分为36.67分，评定等级为优（A＋）。尽管绩效改进度达到了95.36%，显示出企业在此方面的努力，但与上一年相比，绩效出现了下滑。

1. 净资产收益率（ROE）：13.61%，处于行业较好水平。但同比下降11.72%，平均增长14.86%。这一指标的同比负增长表明，自有资本获取收益的能力大幅下滑，对投资人和债权人的利益保障程度大幅减弱。

2. 营业收入利润率：25.22%，处于行业优秀水平。同比下降0.79%，平均增长44.72%。增长趋势的转变表明，企业创造利润的能力迅速减弱。

3. 总资产报酬率：11.04%，处于行业优秀水平。同比下降10.31%，平均增长26.25%。资产利用效益的下滑说明，整体获利能力大幅减弱。

4. 盈余现金保障倍数：1.18，处于行业平均水平。同比下降23.08%，平均增长1.52%。现金收益保障程度的下滑反映了盈余质量的减弱。

＊＊内部控制缺陷＊＊：盈利指标的普遍下滑可能指向内部控制的不足，如成本控制、投资决策、现金流管理等方面可能存在问题。

＊＊内部控制亮点＊＊：尽管存在下滑，但企业在此方面的历史平均增长表现良好，显示出内部控制制度在以往期间的有效性。

＊＊（二）资产运行情况＊＊

2022年，资产运行得分为17.91分，评定等级为优（A）。绩效改进度为96.62%，显示出资产运行效率的提高。

1. 总资产周转率：0.41次，处于行业较低水平。同比下降13.45%，平均下降10.24%。全部资产的使用效率的加速下滑是一个值得关注的信号。

2. 应收账款周转率：9.85次，处于行业优秀水平。同比增长2.38%，平均增长6.71%。变现能力的放缓可能影响企业的现金流状况。

3. 流动资产周转率：0.64次，处于行业较低水平。同比下降11.15%，平均下降17.09%。流动资产利用效率的回弹是一个积极的信号。

4. 两金占流动资产比重：17.79%，处于行业优秀水平。同比增长4.35%，平均下降21.46%。两金占比的增长回升表明运行风险有所回弹。

＊＊内部控制缺陷＊＊：资产运行效率的下滑可能与内部控制中的资产管理、资金使用效率、应收账款管理等方面有关。

＊＊内部控制亮点＊＊：流动资产周转率的回弹显示出企业在流动资产管理上的控制力有所提升。

＊＊（三）风险防控情况＊＊

2022年，风险防控得分为20.00分，评定等级为优（A＋＋）。绩效改进度为102.97%，显示出企业在风险防控上的强化。

1. 资产负债率：21.81%，处于行业优秀水平。同比增长3.17%，平均下降15.91%。债务风险的回升需要引起注意。

2. 现金流动负债比率：68.43%，处于行业优秀水平。同比下降14.60%，平均增长32.95%。短期偿债能力的下滑速度超过了长期偿债能力的提升。

3. 带息负债比率：17.88%，处于行业优秀水平。同比下降20.92%，平均下降23.96%。企业未来的偿债压力开始回弹。

4. 已获利息倍数：82.84，处于行业优秀水平。同比下降3.56%，平均增长89.11%。支付债务利息能力的持续下滑可能影响企业的财务稳定性。

内部控制缺陷：资产负债率和现金流动负债比率的变动可能指向内部控制中财务风险管理和现金流管理的不足。

内部控制亮点：风险防控得分的提升显示出企业在风险识别和应对上的强化。

（四）持续发展情况

2022年，持续发展得分为20.00分，评定等级为优（A++）。绩效改进度为133.33%，显示出企业在持续发展方面的强劲表现。

1. 研发经费投入强度：9.16%，处于行业优秀水平。同比增长0.19%，平均增长2.90%。研发投入力度的持续提高显示出企业对于未来发展的重视。

2. 全员劳动生产率：人均68.73万元，处于行业优秀水平。同比增长0.1%，平均增长27.64%。生产效率的下降需要进一步优化管理和业务流程。

内部控制缺陷：全员劳动生产率的下降可能提示内部控制制度在激励员工、提高生产效率等方面存在不足。

内部控制亮点：持续发展得分的提升显示出企业在持续发展策略和执行上的亮点，如研发投入的持续增长和生产效率的优化。

（五）补充情况

1. 存货周转率：3.72次，处于行业较低水平。同比下降12.43%，平均下降2.10%。企业存货资产变现能力的下降可能与库存管理、供应链管理等内部控制有关。

2. 速动比率：3.31，处于行业优秀水平。同比增长8.44%，平均增长17.46%。企业在应对短期偿债能力方面表现良好，内部控制体系相对稳健。

3. 利润总额增长率：12.70%，处于行业优秀水平。同比下降89.12%，平均增长123.57%。尽管当期表现出现下滑，但历史平均增长显示出企业盈利能力的强劲表现。

4. 营业总收入增长率：8.77%，处于行业较好水平。同比下降73.07%，平均增长126.86%。企业的经营能力和竞争力在当期有所下滑，但整体表现仍较为稳健。

内部控制缺陷：存货周转率的下滑可能暗示着库存管理方面的控制不足，而利润总额增长率的下降可能与成本控制、盈利模式等有关。

内部控制亮点：速动比率的增长和相对稳定的营业总收入增长率显示出企业在应对短期偿债和长期经营发展方面的积极表现。

接下来，我们将对内部控制可能存在的风险进行分析，并提出对策。请继续关注后续报告内容。

步骤六：编写第三部分报告内容：内部控制风险。提供背景资料，ChatGPT会马上反馈结果。如图7-65所示。

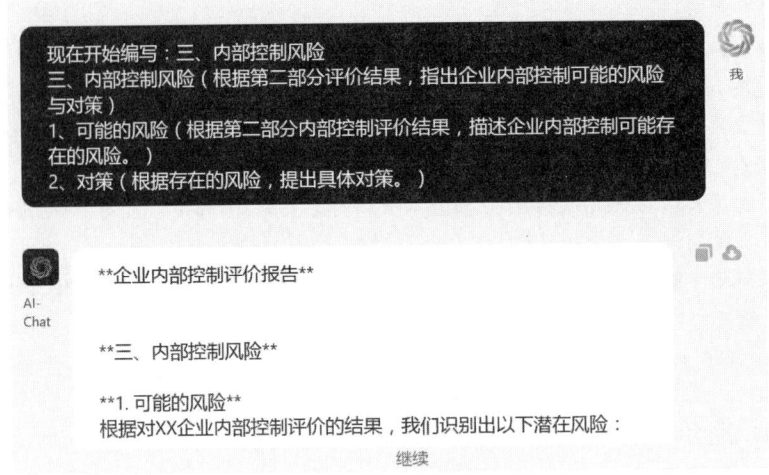

图7-65 内部控制分析

ChatGPT 反馈结果:

** 企业内部控制评价报告 **

三、内部控制风险

1. 可能的风险

根据对××企业内部控制评价的结果,进一步充实和完善的可能风险如下:

- **盈利能力下降风险**:净资产收益率持续下滑可能反映出企业资本运营效率的不足,需要关注企业盈利模式和成本控制的优化。
- **资产运行效率问题**:总资产周转率和流动资产周转率的下降暗示着资产运行效率存在瓶颈,需要优化资产结构和提高资产利用效率。
- **风险防控薄弱**:资产负债率和带息负债比率的上升可能带来财务风险的增加,需要加强风险管理和资产负债结构优化。
- **持续发展能力受限**:研发经费投入力度下滑和国有资本保值增值率的下降可能会影响企业的创新能力和资产保值增值情况,需要加强研发投入和资本管理。

2. 对策

为了有效应对上述风险,以下是针对性的对策建议:

- **加强成本管理**:优化成本结构,控制经营成本,提高盈利能力。
- *优化资产结构**:加强资产配置管理,提高资产周转率,优化资金利用效率。
- **强化风险管理**:优化资本结构,加强财务预警监控,有效降低财务风险。
- **加大研发投入**:提升企业创新能力,加强产品研发和市场开拓。
- **强化内部控制体系**:建立健全的内部控制制度,强化内部审计和监督机制,提高内部控制的有效性和稳定性。

通过执行上述对策,企业可以有效化解内部控制风险,提升管理效能,增强企业的持续竞争力和发展潜力。这些建议将为企业在未来的发展中提供指导和帮助。

步骤七:编写第四部分报告内容:加强企业内部控制的措施建议。提供背景资料,ChatGPT 会马上反馈结果。如图7-66所示。

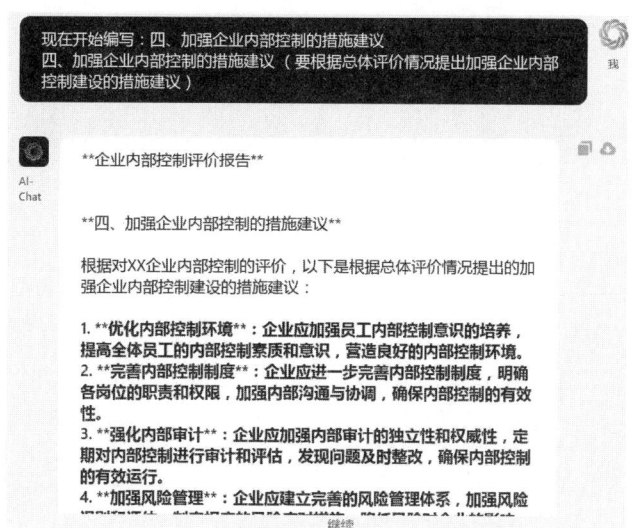

图 7-66　加强企业内部控制的措施建议

ChatGPT 反馈结果：

** 企业内部控制评价报告 **

** 四、加强企业内部控制的措施建议 **

根据对××企业内部控制的评价，以下是根据总体评价情况提出的加强企业内部控制建设的措施建议：

1. ** 优化内部控制环境 **：企业应加强员工内部控制意识的培养，提高全体员工的内部控制素质和意识，营造良好的内部控制环境。

2. ** 完善内部控制制度 **：企业应进一步完善内部控制制度，明确各岗位的职责和权限，加强内部沟通与协调，确保内部控制的有效性。

3. ** 强化内部审计 **：企业应加强内部审计的独立性和权威性，定期对内部控制进行审计和评估，发现问题及时整改，确保内部控制的有效运行。

4. ** 加强风险管理 **：企业应建立完善的风险管理体系，加强风险识别和评估，制定相应的风险应对措施，降低风险对企业的影响。

5. ** 提高信息技术的运用 **：企业应加强信息技术的运用，建立完善的信息系统，提高信息传递的及时性和准确性，增强内部控制的效率和效果。

6. ** 加强内部控制的监督和评估 **：企业应定期对内部控制进行监督和评估，发现问题及时整改，确保内部控制的持续改进。

7. ** 建立有效的激励机制 **：企业应建立有效的激励机制，鼓励员工积极参与内部控制，提高内部控制的执行力和有效性。

通过以上措施的实施，企业可以进一步加强内部控制建设，提高管理效能，增强企业的竞争力和可持续发展能力。